Max Haller

Die Europäische Integration als Elitenprozess

Max Haller

Die Europäische Integration als Elitenprozess

Das Ende eines Traums?

VS VERLAG FÜR SOZIALWISSENSCHAFTEN

Bibliografische Information der Deutschen Nationalbibliothek
Die Deutsche Nationalbibliothek verzeichnet diese Publikation in der
Deutschen Nationalbibliografie; detaillierte bibliografische Daten sind im Internet über
<http://dnb.d-nb.de> abrufbar.

Eine englische Fassung dieses Werkes erschien unter dem Titel „European Integration as an Elite Process. The Failure of a Dream?" bei Routledge, New York/London 2008.

1. Auflage 2009

Alle Rechte vorbehalten
© VS Verlag für Sozialwissenschaften | GWV Fachverlage GmbH, Wiesbaden 2009

Lektorat: Frank Engelhardt

VS Verlag für Sozialwissenschaften ist Teil der Fachverlagsgruppe
Springer Science+Business Media.
www.vs-verlag.de

Das Werk einschließlich aller seiner Teile ist urheberrechtlich geschützt. Jede Verwertung außerhalb der engen Grenzen des Urheberrechtsgesetzes ist ohne Zustimmung des Verlags unzulässig und strafbar. Das gilt insbesondere für Vervielfältigungen, Übersetzungen, Mikroverfilmungen und die Einspeicherung und Verarbeitung in elektronischen Systemen.

Die Wiedergabe von Gebrauchsnamen, Handelsnamen, Warenbezeichnungen usw. in diesem Werk berechtigt auch ohne besondere Kennzeichnung nicht zu der Annahme, dass solche Namen im Sinne der Warenzeichen- und Markenschutz-Gesetzgebung als frei zu betrachten wären und daher von jedermann benutzt werden dürften.

Umschlaggestaltung: KünkelLopka Medienentwicklung, Heidelberg
Druck und buchbinderische Verarbeitung: Krips b.v., Meppel
Gedruckt auf säurefreiem und chlorfrei gebleichtem Papier
Printed in the Netherlands

ISBN 978-3-531-15778-8

Für Martha
(23.3.1949 - 5.6.2006)

Inhalt

Vorwort   11

1   Leben in zwei Welten? Die zunehmende Kluft zwischen Eliten und Bürgern in der Haltung zur europäischen Integration   23
Einleitung   23
    1.1   Die Franzosen und Niederländer lehnen die Verfassung für Europa ab. Ein Schock für das politische Establishment   24
    1.2   Repräsentieren Parlamentsabgeordnete ihre Bürger? Eine Analyse der Resultate von Referenden und parlamentarischen Abstimmungen über die europäische Integration, 1972–2005   34
    1.3   Stolz und Ängste über die europäische Integration unter den Eliten und Bürgern   44
Ausblick   61

2   Europäische Integration als Elitenprozess. Eine soziologische Perspektive   63
Einleitung   63
    2.1   Eliten und Demokratie   64
    2.2   Europäische Integration als Elitenprozess   72
    2.3   Ideen, Werte und die Rolle der Intellektuellen im Prozess der europäischen Integration   84
    2.4   Der historische und situative Kontext bei der Gründung, der Vertiefung und Expansion der EU   90
Ausblick   96

3   Die politischen Eliten. Wie die europäische Integration ein weites Feld für neue politische Karrieren und Einflussnahmen eröffnet hat   99
Einleitung   99
    3.1   Wie die charismatischen Gründer der EWG den Charakter der späteren Integration geprägt haben   100
    3.2   Veränderungen in den Strukturen und in der Arbeitsweise der Politik in Westeuropa, 1950–2000   113
    3.3   Die neuen europäischen politischen Eliten: I. Gewählte Politiker   126

	3.4 Die neuen europäischen politischen Eliten: II. Politische Bürokraten und die Profession der Juristen	146
	Ausblick	162
4	Die ökonomischen Eliten. Zwischen globalem Kapitalismus und europäischem (Neo-) Korporatismus	165
	Einleitung	165
	4.1 Die europäischen ökonomischen Eliten und ihre Rolle im Integrationsprozess	166
	4.2 Stellt die EU wirklich eine stark integrierte wirtschaftliche Gemeinschaft dar?	172
	4.3 Die Rolle der ökonomischen Eliten am Beginn und in der weiteren Entwicklung der Integration	183
	4.4 Umverteilung von unten nach oben: die Agrarpolitik der EU	195
	4.5 Die Osterweiterung der EU: Wiedervereinigung von Europa oder »Anschluss« von acht neuen Mitgliedsstaaten?	205
	Ausblick	218
5	Die Eurokratie. Das unwiderstehliche Wachstum einer neuen und mächtigen supranationalen bürokratischen Elite	221
	Einleitung	221
	5.1 Die Bürokratie als Herrschaftsinstrument und der spezifische Charakter der Eurokratie	222
	5.2 Das Personal: Umfang, Wachstum und soziale Merkmale der Eurokratie	232
	5.3 Materielle Gratifikationen und Lebensstile: Der Aufstieg einer neuen »Euro-Elite«?	249
	5.4 Die Funktions- und Arbeitsweise der Eurokratie	258
	Ausblick	280
6	Eine Union oder viele? Das Bild der EU in den verschiedenen Mitgliedstaaten	283
	Einleitung	283
	6.1 Die Integration und Identität von Gesellschaften und die EU	284
	6.2 Die strukturelle Position der verschiedenen Länder und die Einstellung ihrer Bevölkerungen zur Integration: Eine empirische Klassifikation	294
	6.3 Die sieben Gesichter der Europäischen Union. Eine soziologische Typologie	301
	6.4 Die Europäische Union als »Wertegemeinschaft«?	334

6.5	Legitimation durch Output? Der bescheidene wirtschaftlich-soziale Erfolg der Integration und seine zutreffende Wahrnehmung durch die Bürger	343
6.6	Strategien der Eliten, die Zustimmung der Bevölkerung zur Integration zu gewinnen	354
	Ausblick	362

7 Der Traum von Europa. Intellektuelle Ideen der Integration und ihre »Realisierung« 365
  Einleitung 365
  7.1 Der Traum von Europa in der Geschichte: Eine kritische Analyse der Ideen über die europäische Einigung vom Abbé de Saint-Pierre (1713) bis Richard Coudenhove-Kalergi (1923) 367
  7.2 Demokratie und Friede in Europa: Der universale Traum von Kant und seine politisch-praktische Bedeutung in Geschichte und Gegenwart 380
  7.3 Historische Visionen und das »reale Europa« 390
  7.4 Wo sind die kritischen Intellektuellen geblieben? 419
  Ausblick 428

8 Die Europäische Union als eine »soziale Rechtsgemeinschaft«. Vorschläge für eine Stärkung ihres sozialen und demokratischen Charakters 431
  Einleitung 431
  8.1 Grundmerkmale der Sozialstruktur und des politischen Systems der EU 432
  8.2 Möglichkeiten und Grenzen der Verfassung für Europa: die Sicht der Bürger 443
  8.3 Die EU als eine »soziale Rechtsgemeinschaft« und die Charta der Grundrechte als Ansatz für ein *Soziales Europa* 453
  8.4 Verbesserung der Transparenz und Stärkung der direkten Demokratie: Folgerungen aus dem Charakter der EU als konsensuellem politischem System 468
  8.5 Vorschlag zur Herbeiführung eines erneuerten »konstitutionellen Moments« 493
  Ausblick 505

Bibliographie 507

Vorwort

Das Problem

Am 29. Mai bzw. 1. Juni 2005 lehnten die Franzosen und Niederländer die neue »Verfassung für Europa« ab. Diese Ereignisse in zwei wichtigen Gründungsstaaten der Europäischen Gemeinschaft wirkten in ganz Europa wie ein Donnerschlag. Sie bestätigten ein Phänomen, das kritischen Beobachtern schon lange bewusst war: Die Tatsache, dass sich zwischen Eliten und Bürgern eine erhebliche Kluft im Hinblick auf die Bewertung des Integrationsprozesses aufgetan hat. In nahezu allen früheren, nationalen Entscheidungen über den Beitritt zur Union bzw. über wichtige Schritte der institutionellen Vertiefung war die Zustimmung in den nationalen Parlamenten sehr viel höher gewesen als unter den Bürgern, so ferne darüber auch Volksabstimmungen durchgeführt worden waren. In zwei der reichsten und demokratisch stabilsten westeuropäischen Länder, Norwegen und Schweiz, lehnten die Bürger den Beitritt zur EU ab, obwohl ihre Eliten diesen mit Nachdruck empfohlen hatten. Die Teilnahme an Europawahlen ist überall deutlich niedriger als jene bei nationalen Wahlen und sie nimmt in den meisten Mitgliedsländern signifikant ab.

Der Enthusiasmus für die europäische Einigung und Integration, der noch in der Nachkriegszeit in vielen Ländern Europas bestand, ist verschwunden und hat einer Ernüchterung, ja vielfach skeptischen Haltung Platz gemacht, nachdem weitreichende Schritte der institutionellen Integration und Vertiefung gesetzt worden sind. In dieser Periode hat sich die EWG bzw. EU von den ursprünglichen sechs auf derzeit 27 Mitgliedsländer erweitert; darin sind auch 12 neue Mitgliedsländer im ehemals kommunistischen Mittel-Osteuropa und im Mittelmeer eingeschlossen; Verhandlungen über weitere Beitritte, einschließlich der Türkei, sind seit Längerem im Gange. Angesichts der oben erwähnten Krisenzeichen stimmen jedoch führende Politiker und Kommentatoren überein, dass etwas Wichtiges im Prozess der europäischen Integration schief gelaufen sein muss.

Die zentrale These dieser Studie lautet, dass es die zunehmende Kluft zwischen Eliten und Bürgern ist, welche den Hauptgrund für die Krise, wenn nicht gar Sackgasse darstellt, in welcher sich die EU derzeit befindet. Über das Bestehen einer solchen Krise darf auch die in den meisten Mitgliedsstaaten bereits erfolgte Ratifizierung des Lissabon-Vertrages nicht hinwegtäuschen. In Irland, dem einzigen Land, in welchem diese nur sehr leicht »abgespeckte« Version der

»Verfassung für Europa« am 12. Juni 2008 einem Referendum unterzogen wurde, wurde auch sie mit 53% mehrheitlich abgelehnt. Ein zentrales Element der Krise der europäischen Integration ist die Tatsache, dass sie an einem ernsthaften Demokratiedefizit leidet. Ein anderes ist die Tatsache, dass es eine große Kluft gibt zwischen den vielfach großspurigen Reden und hohen Versprechungen der EU im Hinblick auf ihre Zielsetzungen und Leistungen und der realen ökonomischen und sozialen Entwicklung ihrer Mitgliedsländer. Dies ist insbesondere der Fall in Bereichen, die große Teile der Bevölkerung betreffen, wie dem Problem der Beschäftigung, des Lebensstandards und in jüngster Zeit auch der Entwicklung der Preise. Im Zusammenhang mit diesen Problemen und zum Teil als Folge davon ergeben sich weitere Probleme – wie das weitverbreitete Gefühl, dass mächtige Gruppen und Organisationen in Brüssel weit mehr Einfluss haben als einfache Bürger, und dass hinter dem Integrationsprozess neo-liberale Prinzipien der Wirtschaftspolitik stehen, wodurch das Modell des Wohlfahrtsstaats unterminiert wird, das sich in verschiedenen Varianten in Europa entwickelt hat.

Theoretischer Ansatz und empirische Datenbasis

Diese Studie geht aus von der Idee Max Weber's von der »Soziologie als Wirklichkeitswissenschaft« (Weber 1973a) und von den normativen Prinzipien der »demokratischen Elitentheorie" (Etzioni-Halevy 1993). Ein Verständnis der europäischen Integration muss demnach eine systematische Berücksichtigung von vier Ebenen bzw. Bereichen einschließen: (1) Die grundlegenden Werte, Ideen und Prinzipien, die den Integrationsprozess seit seinem Beginn in den früheren 1950er Jahren gesteuert haben; (2) die spezifische institutionelle Form, in welcher sich die Integration seither entwickelt hat; (3) die Interessen der Eliten – vor allem der politischen, ökonomischen und bürokratischen Machteliten – am Integrationsprozess, die Entwicklung ihres Umfangs, ihrer Privilegien und ihrer Beziehungen untereinander sowie zu den Bürgern; (4) die Wahrnehmungen und Bewertungen der Bürger, insbesondere soweit diese die Struktur, die Strategien und das Verhalten der Eliten betreffen sowie die sich daraus ergebenden Folgen für den Integrationsprozess. Die These dieser Studie lautet, dass heute in all diesen Aspekten signifikante Diskrepanzen zwischen den Eliten und Bürgern existieren: Im Hinblick auf die grundlegenden Werte und Ziele der Integration; im Hinblick auf die institutionelle Struktur, welche die EU über die Jahrzehnte hinweg entwickelt hat; im Hinblick auf die faktischen und wahrgenommenen Interessen, Beziehungsmuster und Verhaltensweisen der Eliten; und schließlich im Hinblick auf die Entwicklung der Lebensverhältnisse der Bürger im Allgemeinen und der schwächeren sozialen Schichten und Klassen im Besonderen.

Wie sind diese Diskrepanzen entstanden? Im Folgenden wird argumentiert, dass der europäische Integrationsprozess seit seinem Beginn nach dem Zweiten Weltkrieg signifikante Veränderungen erfahren hat. Am Anfang der 1950er Jahre standen wirtschaftlicher Wiederaufbau und Sicherung des Friedens im Vordergrund; die »Gründungsväter« der Europäischen Wirtschaftsgemeinschaft waren hoch respektierte Persönlichkeiten; viele von ihnen waren von den faschistischen Regimes verfolgt oder vertrieben worden. Im Laufe der 1970er und 1980er Jahre wurde Integration auch zu einem zentralen Ziel großer Konzerne und der sich dynamisch entwickelnden, mächtigen EG- bzw. EU-Bürokratie in Brüssel. Zugleich entwickelte sich ein neuer Typ von Politikern, die ihre Karrieren förderten durch die Etablierung enger Netzwerke mit einer breiten Klientel im öffentlichen und halböffentlichen Bereich sowie engen Beziehungen zu privaten Wirtschaftsunternehmen und Organisationen. Es wurden auch Bemühungen zur Einführung demokratischer Elemente in die EG/EU gestartet, die zur Einrichtung eines direkt von den Bürgern in den Mitgliedsstaaten gewählten europäischen Parlaments führten. Diese und andere Maßnahmen waren jedoch nicht in der Lage, die Herausbildung einer zunehmenden Kluft zwischen Eliten und Bürgern zu verhindern. Ein Grund dafür ist die Tatsache, dass die Politik auf der Ebene der Europäischen Union ein »Konkordanz-« oder »Konsenssystem« darstellt, das es schwierig, wenn nicht unmöglich macht zu erkennen, wer für welche Maßnahmen verantwortlich ist. Darüber hinaus entwickelte sich die Wirtschaft in der »Eurozone« im Vergleich zu jener in anderen fortgeschrittenen Wirtschaftsregionen der Welt (Nordamerika, Ostasien) keineswegs so positiv wie prognostiziert und die Bevölkerung nimmt dies auch sehr deutlich wahr (wie in Kapitel 6 gezeigt werden wird).

Diese Studie beruht auf einer Vielfalt an qualitativen und quantitativen Daten. Es wurden ausführliche mündliche Interviews durchgeführt mit Politikern auf der nationalen und europäischen Ebene, mit Mitgliedern und Beamten der EU-Kommission in Brüssel, und mit Beamten, die auf der Ebene von Mitgliedsstaaten mit europäischen Angelegenheiten befasst sind; mit den Vertretern von Mitgliedsstaaten, die an den Verhandlungen zum EU-Beitritt ihres Landes beteiligt waren; mit Vertretern von Wirtschafts- und Arbeitnehmerverbänden. Es wurden die Biografien führender Europapolitiker der »ersten Stunde« analysiert im Hinblick auf ihre grundlegenden Wertorientierungen, Zielsetzungen und politischen Strategien. Aufgrund der Informationen, die das Europäische Parlament auf seiner Homepage veröffentlicht, wurde ein Datensatz über die sozialen Merkmale seiner Mitglieder erstellt und analysiert. Große, repräsentative Bevölkerungs-Surveys unterschiedlicher Auftraggeber und wissenschaftlicher Institutionen werden verwendet, um die Wahrnehmungen und Einstellungen der Bürger zum europäischen Integrationsprozess darzustellen und zu analysieren, so etwa die regelmäßigen *Eurobarometer*-Erhebungen der EU, Umfragen im Rahmen des *International Social Survey Programme* (ISSP) sowie europaweite Umfragen mehrerer unabhängiger Forschungsinstitutionen in verschiedenen Mitgliedsländern. Im Zusammenhang mit den Europawahlen 2004 wurden in neun Mitgliedsländern der EU zwei kleinere Umfragen speziell für diese Studie durchgeführt. Statistische Daten von Eurostat und nationalen statistischen Ämtern wurden reanalysiert bzw. für die Zwecke dieser Studie Datensätze neu erstellt (z.B. im Hinblick auf den Umfang der »Europäischen Stellvertreter-Bürokratie« in den Mitgliedsstaaten). Umfangreiche Texte zu Fragen der europäischen Integration wurden Inhaltsanalysen unterzogen; darunter befanden sich historische Dokumente und Schriften über die »Idee Europa«, Medien- und Zeitungsberichte, der Text der »Verfassung für Europa«, sowie die Mitschrift einer Diskussion des französischen Präsidenten Chirac mit Jugendlichen seines Landes. Jede dieser Datenquellen dient dazu, spezifische Fragestellungen und Hypothesen zu untersuchen und zu testen. Die Studien werden im Detail vorgestellt in jenen Abschnitten, in denen die Befunde daraus dargestellt werden. Zusätzlich zu den genannten empirischen Datenquellen werden in verschiedenen Abschnitten auch die Befunde wichtiger neuerer Forschungen von Zeithistorikern, Ökonomen, Politikwissenschaftlern, Soziologen und Anthropologen und von Europarechts-Experten dargestellt.

Dies ist die erste umfassende Studie über die neuen europäischen Eliten und ihre Netzwerke von Macht und Einfluss auf der Ebene der Europäischen Union, sowie über die Wahrnehmung dieser Elite durch die Öffentlichkeit und die Bürger in ihren 27 Mitgliedsstaaten. Der theoretische Ansatz und das empirische Design dieser Studie sind umfassender angelegt als die typischen Elitestudien, die sich meist auf die Beschreibung und Analyse der Merkmale von Eliten konzentrieren. Sie stellt die Analyse der Eliten in den Rahmen einer systematischen Analyse des institutionellen Kontextes, innerhalb dessen sie wirken, sowie ihrer Beziehung zu und ihrer Wahrnehmung durch die Bürger. Die Interpretation des Charakters des politischen Systems der EU, welche in dieser Studie vorgeschlagen wird, ist vereinbar mit ihren Leistungen, erklärt aber auch ihre Schwächen und Misserfolge. Sie beinhaltet Vorschläge für eine Stärkung der demokratischen und sozialen Elemente der EU. Das Buch füllt damit eine deutliche Lücke in der Literatur zur europäischen Integration. Einige der wenigen Werke, welche sich mit der Frage von Eliten und Macht in der EU befasst haben (Galtung 1973; Holland 1980) sind inzwischen veraltet. Sie haben sich auf die wirtschaftlichen und politischen Eliten konzentriert, was auch für wichtige neuere Arbeiten (Bornschier 2000a; van Apeldoorn 2002) zutrifft. Eine zentrale These dieser Studie lautet dagegen, dass auch die professionellen und die neuen bürokratischen europäischen Eliten (die »Eurokratie«) eine entscheidende, eigenständige

Rolle im Integrationsprozess spielen. Der Großteil der inzwischen kaum mehr überschaubaren Literatur zur europäischen Integration wurde verfasst von Juristen und Experten im Bereich des Europarechts, sowie von Politikwissenschaftlern in der Tradition der »vergleichenden Regierungslehre«. Viele dieser Arbeiten haben aber entweder eine primär normative Orientierung, indem sie (explizit oder implizit) bestimmte Modelle der Integration unhinterfragt als gegeben voraussetzen oder als wünschenswert betrachten, oder eine eher praxisbezogene Ausrichtung, indem sie die Arbeitsweise des komplexen politischen Mehrebenensystems der EU analysieren. Was jedoch in aller Regel fehlt, ist ein Ansatz, der diese beiden Orientierungen und Zugangsweisen miteinander kombiniert – eine Vorgangsweise, die schon der berühmte französische politische Denker Montesquieu in seinem klassischem Werk *Vom Geist der Gesetze* von 1748 befolgt hatte (Montesquieu 1965). Seine – auch heute noch gültige – Grundannahme lautete, dass es nicht ausreicht, Verfassungen nur vom juridischen Standpunkt aus zu betrachten oder am Schreibtisch ideale Verfassungsmodelle zu entwerfen, sondern dass man zugleich die sozialen Bedingungen berücksichtigen muss, die es erst ermöglichen (oder verhindern), dass eine Verfassung für eine Gesellschaft geeignet ist und auch tatsächlich »funktioniert«.

Überblick über den Inhalt

Dieses Buch besteht aus acht Kapiteln. Im ersten Kapitel wird die zunehmende Kluft zwischen Eliten und Bürgern im Hinblick auf den Prozess der europäischen Integration dokumentiert; im zweiten Kapitel wird der theoretische Ansatz der Studie entwickelt. Die Kapitel 3 bis 5 untersuchen die Struktur und Rolle der politischen, wirtschaftlichen und bürokratischen Eliten; die Kapitel 6 bis 8 stellen die Wahrnehmungen und Einstellungen der Bürger und die Rolle der intellektuellen Eliten dar, und sie untersuchen die Frage des institutionellen Charakters der Union sowie der Finalität der Integration.

Im ersten Kapitel wird das zentrale Problem, von welchem diese Studie ausgeht, dargestellt und ausführlich dokumentiert, nämlich die zunehmende Kluft zwischen Eliten und Bürgern über den Prozess der europäischen Integration. Hier werden die negativen Resultate und Hintergründe der Referenda zur EU-Verfassung in Frankreich und den Niederlanden untersucht, die Kluft zwischen den Ergebnissen von parlamentarischen Abstimmungen und Volksabstimmungen über Entscheidungen zur institutionellen Vertiefung bzw. zum Beitritt zur EU und die sehr unterschiedlichen Sichtweisen von Eliten und Bürgern im Hinblick auf Ziele und Arbeitsweise der EU werden dargestellt. Hier wird auch der weit verbreitete Skeptizismus zur Integration dokumentiert, der sich insbesondere in den demokratisch reifsten Mitgliedsländern der EU zeigt.

Das zweite Kapitel stellt die theoretischen Grundbegriffe und -annahmen des Buches vor und entwickelt eine Reihe von konkreten Hypothesen zum Integrationsprozess. Die zentralen Thesen lauten, dass die verschiedenen Elitegruppen jeweils ganz spezifische Interessen am Integrationsprozess haben und diesen in unterschiedlicher Weise jeweils auf ihre Art fördern. Die politischen und wirtschaftlichen Eliten besitzen einen ausschlaggebenden Einfluss, wenn einzelne, weitgehende Integrationsschritte stattfinden; die bürokratischen und professionellen Eliten dagegen sorgen für ein kontinuierliches Fortschreiten der Integration auch in Phasen von scheinbarer Stagnation (»Eurosklerose«). Die intellektuellen Eliten sind wichtig als kritische Beobachter und Kommentatoren, aber sie werden von den Machteliten auch kooptiert, um den Integrationsprozess durch respektable Ideen zu legitimieren. Es wird also angenommen, dass auch Ideen für den Integrationsprozess eine zentrale Rolle spielen; diese Ideen müssen jedoch, so eine These dieses Buches, aus einer wissenssoziologischen Perspektive untersucht werden, welche die gesellschaftliche und politische Funktion dieser Ideen einbezieht.

In Kapitel 3 werden die politischen Eliten untersucht. Auf der Grundlage der Annahme, dass charismatische Elitepersönlichkeiten einen entscheidenden Einfluss auf den Gang der Geschichte nehmen können, werden hier zunächst die charakteristischen sozialen Merkmale und Orientierungen der drei »Gründungsväter« der Integration, Konrad Adenauer, Alcide Degasperi und Robert Schuman, wie auch ihres einflussreichen »Spin-Doktors« Jean Monnet dargestellt. Es wird gezeigt, dass die Werte und Strategien dieser Männer sowohl die positiven wie die problematischen Aspekte der späteren Integration vorweggenommen haben. Des Weiteren wird dargestellt, dass sich in einigen Gründungsländern der Union ein signifikanter Wandel des politischen Lebens vollzog, der zu Klientelismus und Korruption auf großer Stufenleiter geführt hat. Dieses Faktum hat zweifellos mit dazu beigetragen, dass sich unter dem allgemeinen Publikum ein zunehmendes Misstrauen gegenüber der Politik auf der nationalen und auf der europäischen Ebene ausgebreitet hat. In vielen dieser Länder hoffte man, dass sich nationale Probleme durch die EG- bzw. EU-Mitgliedschaft lösen würden; tatsächlich zeigte sich, dass nationale Missstände auch auf die Ebene der EU selbst übertragen wurden. Schließlich werden die heutigen »Europapolitiker« untersucht. Sie umfassen die gewählten Regierungsmitglieder der Nationalstaaten, die Mitglieder des Europäischen Parlaments, der Europäischen Kommission und des Europäischen Gerichtshofes. Es wird gezeigt, dass sie alle spezifische Interessen an einer Fortsetzung des Integrationsprozesses haben. Diese reichen von einer Entlastung bei unangenehmen nationalen Entscheidungen bis hin zur

Eröffnung eines breiten Felds an Möglichkeiten der Einflussnahme und der Schaffung lukrativer neuer politischer Positionen und Karrieren.

In Kapitel 4 wird die Rolle der wirtschaftlichen Eliten im europäischen Integrationsprozess untersucht. Die Interessen der Besitzer und Manager der multinationalen Korporationen in diesem Zusammenhang sind gut bekannt, ebenso wie jene der großen Agrarproduzenten. Es wird hier gezeigt, dass die multinationalen Unternehmen in mancher Hinsicht weniger auf den Integrationsprozess angewiesen sind als vielfach behauptet; es gibt auch keine Hinweise darauf, dass sich so etwas wie eine europäische Wirtschaftselite oder »Kapitalistenklasse« herausbildet. Trotzdem steht außer Frage, dass wirtschaftliche Interessen auf das Engste mit dem Prozess der Integration verflochten sind und ihm in bestimmten Perioden ein besonderes Tempo und eine Richtung verleihen, die zum Teil als neoliberal, zum Teil aber auch als neo-korporatistisch zu bezeichnen ist. Es wird weiters gezeigt, dass die wirtschaftliche Integration der postkommunistischen Länder Osteuropas durch eine Logik gesteuert wurde, welche zu einer zeitweise massiven Verschlechterung der Lebensstandards weiter Kreise der Bevölkerung und einer (zweifellos auf lange Frist etablierten) Dominanz westeuropäischen Kapitals in dieser Region geführt hat.

In Kapitel 5 wird die Struktur und das Wachstum der »Eurokratie«, der neuen, großen europäischen Bürokratie in Brüssel und anderen Hauptstädten der EU, untersucht. Hier wird die vorherrschende Sicht dieser Bürokratie als ein kleiner und hocheffizienter Apparat kritisiert, indem ihre dynamische, bislang ungebremste Expansionstendenz belegt wird sowie die Entstehung einer parallelen, neuen »EU-Stellvertreterbürokratie« auf der Ebene der Mitgliedsstaaten. Es werden auch Forschungsergebnisse über Misswirtschaft und Klientelismus in Brüssel zusammengefasst. Daten zur Entlohnung und zu den weiteren materiellen und immateriellen Vergünstigungen der Eurokratie belegen, dass diese inzwischen eine sehr mächtige und privilegierte Position einnimmt.

In Kapitel 6 werden die Einstellungen der Bürger wie auch jene der Eliten in den verschiedenen Mitgliedsländern der EU untersucht. Es zeigen sich hier, neben der allgemeinen Kluft zwischen Eliten und Bürgern, auch erhebliche Divergenzen zwischen den Mitgliedsländern. Eine soziologische Typologie von Haltungen zur EU zeigt, das – am negativen Pol – die Integration in manchen Ländern grundsätzlich abgelehnt oder sehr kritisch gesehen wird, während sie – am positiven Pol – in anderen von den Eliten als Mittel zur Durchsetzung nationaler Ziele gesehen wird, von welchen man annimmt, dass man sie allein nicht erreichen kann. Es wird auch gezeigt, dass die immer häufiger anzutreffende Charakterisierung der EU als »Wertegemeinschaft« einer kritischen Analyse nicht standhält; wie jede andere politische Einheit ist auch die EU in allererster Linie eine Interessengemeinschaft. Angesichts all dieser Widersprüche erhält die

Frage des institutionellen Charakters der EU sowie der Finalität der Integration besondere Bedeutung.

Diese Frage wird in den beiden letzten Kapiteln aufgegriffen. In Kapitel 7 werden die Ideen der europäischen Integration untersucht, die im Laufe der vergangenen Jahrhunderte entwickelt wurden. Es ergeben sich zwei Hauptbefunde. Der erste lautet, dass es historisch nicht eine einzige und einheitliche, sondern eine Vielzahl unterschiedlicher Ideen zur Einigung Europas gab; manche davon hatten einen weit weniger vornehmen Charakter, als er ihnen in der Regel zugeschrieben wird. Die Politiker heute beziehen sich aber (verständlicherweise) nur auf die positiven Ideen, wie Sicherung des Friedens und Förderung von Wohlstand und Wohlfahrt. Zum Zweiten wird gezeigt, dass es eine wichtige Idee gab – ausgedrückt am klarsten durch den deutschen Aufklärungsphilosophen Immanuel Kant (1795) – die bis zum heutigen Tage nichts von ihrer Gültigkeit eingebüßt hat. Sie lautet, dass Frieden (und Wohlstand) in Europa in allererster Linie dadurch gesichert werden könne, dass alle seine Länder demokratisch werden. Die Idee einer »immer engeren Union« (»*an ever closer Union*«), seit dem Vertrag von Rom das Leitprinzip der Integration, erscheint aus dieser Sicht schlicht überflüssig, ja sogar fragwürdig. Diese Sicht wird durch eine Vielzahl empirischer Studien über die Friedlichkeit der Beziehungen demokratischer Nationen untereinander bestätigt.

Gestützt auf diese Befunde wird in Kapitel 8 die Frage des Charakters und der Finalität der europäischen Integration aufgegriffen. Hier wird zunächst dargestellt, dass die hohe sozialstrukturelle und politische Vielfalt innerhalb der EU nur durch ein politisches Konsenssystem adäquat repräsentiert werden kann. Es wird sodann vorgeschlagen, die EU als eine »*soziale Rechtsgemeinschaft*« zu verstehen. Dadurch würde eine stimmige und kohärente Lösung des Dilemmas ermöglicht, dass man auf der einen Seite die wirtschaftliche und politische Effizienz des Regierens in der EU sichern (was derzeit nur in begrenztem Ausmaße möglich ist), und auf der anderen Seite die demokratische Qualität der Politik aufrechterhalten (oder sogar stärken) muss und dass eine ausgewogene Balance zwischen sozialer, wohlfahrtsstaatlicher Integration und nationaler Autonomie hergestellt werden kann. Als »soziale Rechtsgemeinschaft« sollte die EU darauf verzichten, wie eine »Regierung« zu agieren (was sie derzeit zu einem erheblichen Teil beansprucht), und sich stattdessen auf die Formulierung und Durchsetzung von allgemeinen Regeln beschränken, deren konkrete Implementierung den Mitgliedsstaaten überlassen bleiben sollte. Zugleich sollte aber die Reichweite der EU-Regulierungen ausgeweitet und auch explizite soziale Rechte der Einzelnen eingeschlossen werden. Dies würde zu einer ausgewogeneren Balance zwischen wirtschaftlicher und sozialer Integration führen. Es würde auch die hohen, vielfach überspannten Erwartungen in Bezug auf die demokratische Qualität der EU auf ein realistisches Niveau reduzieren.

Danksagungen

Diese Arbeit entstand aus meinem langjährigen Interesse an Fragen der europäischen Integration und an Problemen regionaler, nationaler und europäischer Identität sowie Fragen demokratischer Einstellungen und Partizipation auf diesen unterschiedlichen Ebenen politischer Gemeinschaften. Der Anstoß zur Arbeit an diesem Buch ergab sich im Rahmen meiner Professur an der *Università degli Studi* von Trient (Italien) von Herbst 2002 bis Sommer 2005 im Rahmen des Programmes MUIR (*Incentivi per la mobilità di studiosi impegnati all'estero*). Im Rahmen dieser Professur erhielt ich Mittel für ein Forschungsprojekt mit dem Titel dieses Buches. Ich bin den Kollegen der *Facoltà di Sociologia* und besonders dem Dekan in diesen Jahren, Prof. Antonio Scaglia, zu großem Dank verpflichtet. Er und die Kollegen Renzo Gubert, Antonio Chiesi, Sergio Fabbrini, Gaspare Nevola, Gabriele Pollini und Riccardo Scartezzini unterstützten meine Arbeit kontinuierlich.

Eine Reihe weiterer Kolleginnen und Kollegen haben Teile dieser Arbeit gelesen und ausführlich kommentiert. David Lane (Cambridge) und Mattei Dogan (Paris) gaben mir wertvolle Ratschläge bezüglich der Gesamtstruktur des Buches und zu mehreren Kapiteln. Während ihres Besuches an der Universität Graz im Juni 2005 konnte ich die Konzepte dieser Studie mit Eva Etzioni-Halevy (Israel) diskutieren. Wertvolle Kommentare zu mehreren Kapiteln erhielt ich von meinen Kollegen an der Universität Graz: Markus Hadler, Franz Höllinger, Helmut Kuzmics, Manfred Prisching und Dieter Reicher, sowie Peter Koller und Klaus Poier. Albert Reiterer stellte mir eigene Teilstudien zur Verfügung und las kritisch mehrere Kapitel, ebenso wie Bastian van Apeldoorn, Reinhard Blomert, Harald Greib, Anders Hellström, Stefan Immerfall, Robert Jackall, Michael Lützeler, John Meyer, Gerd Nollmann, Vittorio Olgiati, Bernhard Plè und Hermann Strasser.

Zu Dank verpflichtet bin ich einer Reihe junger Soziologinnen und Soziologen sowie Studierenden der Soziologie an der Universität Graz, die mich bei der Erhebung und Auswertung spezifischer Materialien und Daten unterstützten. Dott. Liria Veronesi (Trient) führte die statistischen Re-Analysen der Eurobarometer-Umfragen durch, sammelte biographische Materialien über führende europäische Politiker und half mit, die spezielle Umfrage im Zusammenhang mit den Europawahlen 2004 zu organisieren. Mag. Regina Ressler (Graz) führte viele statistische Analysen durch und war Koautorin mehrerer Forschungsberichte, die zum Teil Eingang in diese Publikation gefunden haben. Mag. Gerd Kaup und Florian Haller unterstützten mich bei der Erstellung von Tabellen, Grafiken und Indizes, Layoutierung usw. Mag. Theresa Hofbauer stellte mir Teile ihrer laufenden anthropologischen Studie über die EU-Bürokratie in Brüssel zur Verfügung. Spezielle Informationen zu einzelnen Ländern erhielt ich von Bogdan Mach und Krzysztof Zagorski (Warschau), Therese Jacobs (Brüssel), Laura Suna (Riga) und Viera Uhlárová (Bratislava).

Im Zusammenhang mit den Europawahlen 2004 wurde in neun EU-Mitgliedsländern eine kleine Umfrage durchgeführt. Dabei unterstützten mich die folgenden jungen Forscherinnen und Forscher in den beteiligten Ländern: Beatriz Diez-Hernando (Madrid), Antje Springer (Mannheim), Laurent Tessier (Paris), Tina Burret (Cambridge), Calle Hanson (Umea), Marcin W. Zielinski (Warschau) und Zsombor Vasvari (Budapest). Im Studienjahr 2006/07 erhielt ich wertvolle Materialien für dieses Werk im Rahmen eines studentischen Lehrforschungsprojekts zum Thema der europäischen Integration am Institut für Soziologie der Universität Graz. Die 27 Studierenden, die daran teilnahmen, sammelten umfassendes empirisches Material in Österreich und – im Rahmen einer Exkursion – in Brüssel. Sie interviewten Bürger, Politiker und Beamte, analysierten Pressemeldungen und Statistiken und verfassten einen schönen Endbericht (Hrsg. Haller/Ressler 2006). Ihr Enthusiasmus inspirierte und ermutigte mich.

Danken möchte ich hier auch all jenen Politikern und Beamten, die mir und meinen Mitarbeiterinnen und Mitarbeitern ihre wertvolle Zeit für ausführliche und spannende Interviews zur Verfügung stellten. Ich selber interviewte die Europaabgeordneten Hans-Peter Martin, Hannes Swoboda und Johannes Voggenhuber in Wien, Michel Rocard (auch französischer Ex-Premier) und Bernard Lehideux (Paris), Peter Olajos (Budapest), Giuseppe Gargani (Rom) und Sepp Kusstatscher (Brixen); weiters den polnischen Vize-Außenminister Jan Truszczynski (Leiter der polnischen Verhandlungsdelegation beim EU-Beitritt) und Tomasz Nowakowski (beide in Warschau). In Brüssel konnte ich Interviews mit den EU-Abgeordneten Jo Leinen (Deutschland), Jens Bonde (Dänemark), und Dr. Edeltraud Böhm-Amtmann (Leiterin des Büros von Bayern in Brüssel) durchführen. Die italienischen EU-Abgeordneten Armando Dionisi, Antonio Panzeri, Francesco Speroni und Mauro Zani wurden von Liria Veronesi interviewt. Ich hoffe, dass sie alle den kritischen Geist würdigen können, der hinter dieser Veröffentlichung steht. Ich bin überzeugt, dass ein solcher Geist und die Forschungsfragen und -analysen, die sich daraus ergeben, langfristig auch für die Politiker viel fruchtbarer sind als es eine unkritische Selbstbeweihräucherung je sein könnte.

Die Arbeit an diesem Werk profitierte schlussendlich von der Möglichkeit, dass ich Teilergebnisse auf verschiedenen Konferenzen und bei Vorträgen präsentieren konnte. Besonders wertvoll war in dieser Hinsicht das »*International Network on the Study of Elites and EU Enlargement*«, begründet von David Lane und gesponsert vom *British Council*; in dessen Rahmen fand eine Reihe von internationalen Workshops statt: in Trient im Juni 2002, in Budapest im September 2004, in Prag im Februar 2005 und in Kiev im Oktober 2006. Teile des Buches konnte ich präsentieren auf den Tagungen »*Sociological Perspectives on European Integration*« (Klagenfurt, September 2006, organisiert von Josef Langer); »*Repräsentation und Verfassung*« (Wien, Dezember 2004, organisiert von der Österreichischen Gesellschaft für Politikwissenschaft); sowie im Rahmen interner Vortragsreihen an der Universität Graz, organisiert von Gerald Angermann-Mozetic und Heinz Kurz, sowie einem Vortrag am Institut für Soziologie der Universität Bamberg im Oktober 2007. In verschiedenen Teilen dieses Buches konnte ich mich auf eigene frühere Publikationen stützen; sie werden in den entsprechenden Abschnitten zitiert. Alle Teile dieses Buches sind jedoch vollkommen neu geschrieben worden. Danken möchte ich auch Herrn Frank Engelhardt vom VS Verlag für Sozialwissenschaften, der großes Interesse an einer deutschen Ausgabe dieses Buches gezeigt hat, das zuerst auf Englisch im Verlag Routledge (New York und London) erschienen ist.[1]

Dieses Buch widme ich meiner Frau (und Mutter unserer drei Söhne) Martha. Sie, die mich über dreißig Jahre in jeder Hinsicht unterstützt hat, starb viel zu früh, während ich an diesem Werk gearbeitet habe.

---

[1] Übersetzungen aus fremdsprachlichen Arbeiten wurden von mir selbst vorgenommen.

1 Leben in zwei Welten?
Die zunehmende Kluft zwischen Eliten und Bürgern in der Haltung zur europäischen Integration

Einleitung

Wissenschaftliche Forschung beginnt mit Problemen (Popper 1972). Die Europäische Union hat seit längerer Zeit ein großes Problem: eine zunehmende Kluft zwischen Eliten und Bürgern. Diese Kluft trat in aller Schärfe Ende Mai/Anfang Juni 2005 hervor, als klare Mehrheiten der Franzosen und Niederländer die Verfassung für Europa ablehnten. Tatsächlich existiert diese Kluft schon länger. Sie trat erstmals offen zutage in den früher 1990er Jahren, als die Ratifikation des Maastricht-Vertrages auf unerwartete Schwierigkeiten stieß. Das Europäische Parlament hielt den Vertrag für ungenügend; in Referenden wurde er nur mit dünnen Mehrheiten der Franzosen akzeptiert, von den Dänen wurde er abgelehnt. Wenig später stimmten nur schwache Mehrheiten der Bürger von Finnland und Schweden für den Beitritt zur EU, die Norweger und die Schweizer lehnten ihn ab. Für Juan Diez Medrano (2003: 2) stellte »die überraschende Ablehnung des Maastricht-Vertrages durch die dänische Bevölkerung die triumphale Rückkehr des Volkes auf die Zentralbühne des europäischen Einigungsprozesses« dar. Sie wurde als »Schock für die Gemeinschaft« bezeichnet.[1] Die Kluft zwischen Eliten und Bürgern zeigte sich auch in der Tatsache, dass sich bei Volksabstimmungen und bei parlamentarischen Abstimmungen große Unterschiede in den Mehrheiten für Beitritte bzw. Vertiefungsschritte ergaben. Die Ergebnisse für jene vier Länder, in denen ein Referendum abgehalten wurde, werden im ersten Abschnitt dieses Kapitels präsentiert. Selbst wenn sich in manchen Referenden deutliche Mehrheiten für die Integration ergaben, bedeuten die Ergebnisse nicht wirklich eine überwältigende Zustimmung der Bürger; in den meisten dieser Fälle war die Beteiligung an den Abstimmungen niedrig, wie im zweiten Abschnitt gezeigt wird. Im letzten Abschnitt wird dokumentiert, dass sich die Kluft zwischen Bürgern und Eliten auch in den Ergebnissen von Meinungsumfragen und in qualitativen Studien zeigt.

---

[1] R. Augstein, L'Europe Oui, Maastricht non, Der Spiegel, 14.9.1992.

1.1 Die Franzosen und Niederländer lehnen die Verfassung für Europa ab. Ein Schock für das politische Establishment

Die Ausarbeitung des Vertrags für eine Verfassung für Europa wurde zu Recht als einer der wichtigsten Schritte zur weiteren Integration Europas seit den 1950er Jahren gesehen. Der Europäische Rat von Nizza 2001 war beim Versuch gescheitert, eine institutionelle Lösung für das Problem der Arbeitsfähigkeit der EU nach Aufnahme der zehn neuen Mitgliedsländer Osteuropas zu finden. In der Folge wurde eine besondere Versammlung (später als Verfassungsgebende Versammlung bezeichnet) einberufen mit der Aufgabe, Vorschläge zur Lösung dieses Problems auszuarbeiten. Diese Versammlung funktionierte sehr effizient und erarbeitete einen umfangreichen, mehrere hundert Seiten langen Text. Er enthielt wichtige neue Elemente, die die Union effizienter und demokratischer machen sollten; alle früheren Verträge wurden in den Text eingearbeitet, wodurch diese nun übersichtlicher und besser lesbar wurden.

Die negativen Ergebnisse der Referenden in Frankreich und in den Niederlanden über diesen Verfassungsentwurf waren der bislang eindeutigste Ausdruck der Kluft zwischen Eliten und Bürgern. Betrachten wir daher die Ergebnisse dieser Referenden genauer; dabei werden auch die Wahlbeteiligung und die Ergebnisse einer Eurobarometer-Umfrage vom Herbst 2005 einbezogen. Die Ergebnisse werden auch mit jenen in Luxemburg und Spanien verglichen, in denen ebenfalls Referenden über die Verfassung abgehalten wurden. In deren Fall kann man die Resultate der Referenden auch mit den darauf folgenden parlamentarischen Abstimmungen vergleichen. EU-weit waren solche Volksabstimmungen nur in Dänemark und Irland durch die Verfassung vorgeschrieben. In den anderen Ländern wurden sie von den Regierungen aus freien Stücken angekündigt um der Verfassung für Europa mehr Legitimität zu verleihen; dies war der Fall in Frankreich, der Tschechischen Republik, Großbritannien, den Niederlanden, Portugal und Spanien. Tatsächlich wurden aber nur in den vorher genannten vier Ländern Volksabstimmungen durchgeführt. Dies vor allem deshalb, weil der Europäische Rat im Juni 2007 beschloss, die Verfassung für Europa in einigen Punkten zu verändern und sie unter neuer Bezeichnung (Lissabon-Vertrag über die Europäische Union) nur mehr von den Parlamenten ratifizieren zu lassen. Auf dieses fragwürdige Verfahren wird noch zurückzukommen sein.

1 Leben in zwei Welten? 25

Foto 1:
Die Staats- und Regierungschefs und die Außenminister der 25 EU-Mitgliedsstaaten nach der Unterzeichung der *Verfassung für Europa*, Rom, 29. Oktober 2004. Die Verfassung wurde auch durch die Regierungschefs der Kandidatenländer Bulgarien, Rumänien und Türkei unterzeichnet.
Quelle: Europäische Gemeinschaft, Audiovisueller Dienst

Eine demokratische Pflichtübung mit wenig überzeugendem Resultat. Das Verfassungsreferendum in Spanien

Das Verfassungsreferendum in Spanien wurde vom sozialistischen Premier J. Zapatero und dem Parlament aus freien Stücken angeordnet; es war die erste Volksabstimmung, seit die Demokratie in Spanien wieder eingeführt worden war. Eine große Mehrheit (77 %) der Wähler, die an der Abstimmung teilnahmen, stimmten für die Verfassung. Dies war wenig überraschend, da alle großen Parteien dafür waren und die Spanier allgemein eine sehr positive Einstellung zur europäischen Integration haben. Das spanische Ergebnis wurde EU-weit als ein sehr positiver Start des Ratifizierungsprozesses gesehen. Es gab dabei allerdings einen erheblichen Schönheitsfehler: Nur 43,2 % der Wahlberechtigten hatten am Referendum teilgenommen; dies war die niedrigste Wahlbeteiligung der jüngeren Geschichte des demokratischen Spanien. Besonders störend wirkte die Tatsache, dass die Wahlbeteiligung unter den jüngsten Wählern am niedrigsten war.[2] Mehrere Gründe waren für die niedrige Wahlbeteiligung verantwortlich, u.a. auch der späte Start der Kampagne für das Referendum. Problematischer war die Tatsache, dass sich in Spanien allgemein eine »weitverbreitete Apathie im Hinblick auf den Verfassungsvertrag zeigte, und eine große Unkenntnis seines Inhalts«.[3] Aus einer Umfrage der Regierung ergab sich, dass 90 % der Wähler angaben, wenig oder keine Kenntnis über seinen Inhalt zu haben.[4] Vergleichen wir die Ergebnisse des Referendums mit jenen von Meinungsumfragen und mit der Abstimmung im spanischen Parlament.

Tabelle 1.1 zeigt, dass eine klare Mehrheit der Spanier (62% laut Eurobarometer Herbst 2005) eine Verfassung für die EU grundsätzlich befürwortet. Hohe Anteile der Spanier nahmen jedoch weder an den Europawahlen 2004 noch am Verfassungsreferendum teil. Es scheint daher, »dass Europa für viele Bürger eine politische und institutionelle Einheit bleibt, zu der sie eine große Distanz empfinden, wenngleich sie die Vorteile der spanischen EU-Mitgliedschaft anerkennen.«[5] Bezogen auf die gesamte Wählerschaft stimmten nur 32 % der Spanier der EU-Verfassung zu. Ein völlig anderes Ergebnis wurde bei den Abstimmungen im spanischen Parlament und Senat erzielt, die nach dem Referendum durchgeführt wurden: 94,2 % bzw. 97,4 % der Abgeordneten stimmten für die Verfassung. Es trat also schon hier eine erhebliche Kluft hervor.

Politische Führer, die ihren Bürgern für einen kurzen Moment vertrauten: Großbritannien und Frankreich

In Frankreich erfolgte die Ratifizierung der Europäischen Verfassung auf ganz andere Weise. Auch hier schrieb die Verfassung kein Referendum vor; ein solches wurde von Präsident Chirac persönlich angeordnet. Er tat dies im Rahmen seines traditionellen Interviews zum Nationalfeiertag am 14. Juli 2004 mit den Worten: »Ich vertraue meinem Volk; die Bürger sind direkt betroffen, daher sollen sie auch direkt befragt werden.« Die Erwartung war, dass sich eine solide Mehrheit für die Verfassung ergeben würde.[6] Eine der ersten Reaktionen auf diese Ankündigung kam aus London: der britische Außenminister Denis MacShane stellte

---

[2] Flash Eurobarometer »The European Constitution: Post-referendum survey in Spain.« European Commission, 2005, S. 4, 19.
[3] http://www.wikipedia.org/wiki/Spanish_European_Contitutions_referendum.
[4] Ibidem.
[5] Flash Eurobarometer on the Spanish referendum, S. 32 (siehe vorhergehende Fußnote).
[6] News Welt, 14.7.2007.

fest, er freue sich über Chiracs Mut. Bei seiner Entscheidung hatte sich Chirac auch von persönlichen Interessen leiten lassen; so erwartete er sich von einem positiven Resultat eine Stärkung seines Ansehens und Einflusses und eine Spaltung seiner politischen Gegner. Seine Entscheidung war aber auch durch die Haltung der Briten beeinflusst worden. Betrachten wir daher auch diese kurz.

Der britische Premier Tony Blair hatte bereits zwei Monate vorher, am 20. April 2004, eine Volksabstimmung über die Verfassung für Europa angekündigt. Mit dieser Entscheidung hatte er eine Kehrtwende um 180 Grad vollzogen; vorher hatte er die Bedeutung der Verfassung eher heruntergespielt und ein Referendum als unnötig bezeichnet. Er selbst war für die Verfassung – es war schon immer eines seiner Hauptziele gewesen, die Briten zu »besseren Europäern« zu machen. Seiner Meinung nach kursierten in England zahlreiche Mythen über die EU; daher sei es angebracht, »den Stier bei den Hörnern zu packen« und sich direkt mit dieser [Negativ-] Kampagne auseinander zu setzen.[7] Ein weiteres Motiv von Blair war ohne Zweifel die Tatsache, dass die europäische Verfassung – wie die EU-Mitgliedschaft generell – in den Medien und in der Öffentlichkeit Großbritanniens ein heiß umstrittenes Thema darstellt. Befürworter und Gegner finden sich in den beiden großen politischen Lagern. Blair's Ankündigung »let's people speak« stellte daher eine Strategie dar, um die Diskussion ein- für allemal zu beenden.

Nach der Ankündigung des Referendums durch Chirac entwickelte sich in Frankreich eine äußerst lebhafte öffentliche Diskussion, sowohl in den Printmedien also auch in Rundfunk und Fernsehen. Über eine Million Bücher zum Thema »Europäische Verfassung« wurden verkauft; über die Verfassung wurden fast vierzig Bücher verfasst.[8] Der Text der Verfassung wurde vor dem Referendum allen Wahlberechtigten per Post zugesandt.

Das Resultat dieser Debatte war eine außerordentlich hohe Wahlbeteiligung von 70 %, eine der höchsten in der Geschichte der Fünften Republik. Eine klare Mehrheit der Abstimmenden – 54,8 % – lehnte die Verfassung ab. Präsident Chirac zeigte sich persönlich geschockt. Er entließ seinen Premierminister J.P. Raffarin und ersetzte ihn durch D. De Villepin – im Gegensatz zu seiner Ankündigung in der Fernsehdiskussion, die im nächsten Abschnitt analysiert wird. In Frankreich und vielen anderen EU-Mitgliedsstaaten entwickelte sich eine hitzige Debatte über die Ursachen dieser Ablehnung. Die Befürworter der Verfassung interpretierten sie vor allem als eine persönliche Lektion für Präsident Chirac und die französische politische Elite im Allgemeinen. Ihnen wurde vorgeworfen, sie seien unfähig gewesen, die tiefgehenden Probleme des Landes, etwa seine hohe Arbeitslosigkeit, zu lösen. In Abschnitt 8.1 (vgl. Seite **432ff.**) wird eine

---

[7] http://www.wikipedia.org/wiki/Spanish_European_Contitutions_referendum.
[8] Democracy International, Presseaussendung (abgerufen am 27. Juli 2007); vgl. auch http://democracy-international.org/bestseller.html.

Analyse der Wählermotive durchgeführt, die zeigt, dass dieses Argument allenfalls eine Teilwahrheit darstellt. Dieses Argument bzw. die implizite Folgerung, die daraus gezogen wurde, ist aber auch aus demokratietheoretisch-normativer Perspektive grundsätzlich fragwürdig. Hat eine politische Partei jemals das Ergebnis einer demokratischen Wahl als irrelevant oder ungültig angefochten, weil die Wähler die falschen Motive für ihre Entscheidung hatten?

Es wurde auch argumentiert, dass die Nein-Wähler durch extrem linke und rechte Parteien, grundsätzlich Gegner der europäischen Integration, »angestiftet« wurden. Auch dieses Argument ist nur teilweise richtig. Es stimmt insoferne, als die großen politischen Parteien die Verfassung befürwortet hatten (innerhalb der Sozialisten und der UMP, *Union pour un mouvement populaire*, gab es allerdings eine Minderheit, die gegen die Verfassung war) und nur kleinere Parteien, wie die Kommunistische Partei, die Trotzkisten und andere linke Gruppen, sowie die rechte *Front National* dagegen waren. Diese These ist jedoch unhaltbar im Hinblick auf die Wähler selbst. Es wird schwerlich jemand behaupten können, dass mehr als die Hälfte der Franzosen Links- oder Rechtsextreme sind. Darüberhinaus zeigten Meinungsumfragen, dass die Mehrheit – nämlich fast zwei Drittel – der Wähler grundsätzlich für eine EU-Verfassung war, genauso wie in Spanien, Luxemburg und den Niederlanden (vgl. Tabelle 1.1).

Tabelle 1.1: Ergebnisse von Meinungsumfragen, Volksabstimmungen und parlamentarischen Abstimmungen über die *Verfassung für Europa* in Spanien, Frankreich, den Niederlanden und Luxemburg (2005)

Land	Volksabstimmungen			Parlamentarische Abstimmungen			Eurobarometer-Umfrage 64 (Herbst 2005)
	Datum	Wahlbeteiligung (%)	dafür/dagegen (%)	Datum	Institution	% dafür	% dafür
Spanien	(20.2.)	42,3	76,2/23,8	(28.4.)	Parlament	94,2	62
				(19.5.)	Senat	97,4	
Frankreich	(29.2.)	70,0	45,1/54,8	-			67
Niederlande	(1.6.)	63,3	38,4/61,6	-			62
Luxemburg	(10.7.)	86,2	56,5/43,5	(28.6.)	Parlament	100,0	69
				(25.10.)	Parlament	98,2	

Quellen: Centrum für angewandte Politikforschung (CAP), München. Vgl. http://www.cap-lmu/themen/eu-reform/ratifikation/index.php; http://en.wikinews.org/wiki/France_votes_no_in_EU_referendum; und viele andere Internet Quellen.

1 Leben in zwei Welten? 29

K.O. für die Europäische Verfassung? Das Referendum in den Niederlanden

Nur drei Tage nach dem französischen Referendum wurde ein solches auch in den Niederlanden abgehalten und sein Resultat wurde ohne Zweifel durch jenes in Frankreich beeinflusst. Nicht weniger als 61,1 % der Wähler lehnten die Verfassung ab, und dies bei einer auch für die Niederlande hohen Wahlbeteiligung von 63,3 %. Man könnte das Resultat dieser beiden Abstimmungen mit einem Boxkampf vergleichen: Die französischen Wähler versetzten dem Kontrahenten einen so schweren Schlag, dass er sich in den Netzen des Boxringes verfing, sodass ihm die Niederlande den endgültigen K.O.-Schlag versetzen konnten. Nach der Ablehnung durch die Holländer ließen Politiker in vielen Ländern der EU verlauten, der Ratifizierungsprozess könne nicht weitergehen wie geplant, ja die ganze Verfassung sei »tot«. Mehrere Länder beschlossen, ihren eigenen Ratifizierungsprozess und geplante Referenden auszusetzen, allen voran Tony Blair in Großbritannien.

Foto 2:
»Die Verfassung für Europa unterzeichnen zu dürfen, ist ein Traum, den viele geträumt haben; nun ist er Wirklichkeit geworden.« Ausspruch des deutschen Bundeskanzlers Gerhard Schröder, hier beim Unterzeichnen der Verfassung, gemeinsam mit Außenminister Joschka Fischer (rechts).
Quelle: Reuters

Auch beim Referendum in den Niederlanden trat eine tiefe Kluft zwischen Eliten und Bürgern zutage, auch hier war das Referendum nicht zwingend vorgeschrieben. Seine Durchführung war durch drei linke Parteien im Parlament erzwungen worden, unterstützt durch einige kleinere Parteien (darunter die Grünen und die Liste des rechtspopulistischen Parteiführers Pim Fortuyn, der im Jahre 2002 aus politischen Gründen ermordet worden war). In einer parlamentarischen Abstimmung vom 25. November 2003 war beschlossen worden, das Resultat der Abstimmung nur bei einer Wahlbeteiligung von mindestens 30 % als bindend zu betrachten (darüber wurde allerdings weiterhin debattiert). Alle größeren Parteien, sowohl jene der Regierung als auch der Opposition, wie auch die größten Zeitungen unterstützten die Verfassung. Sie engagierten sich in der Kampagne jedoch nicht sehr stark; Befürworter und Gegner der Verfassung erhielten in etwa gleich viel finanzielle Unterstützung. Dies stellte einen deutlichen Gegensatz zu Spanien dar, wo für die Kampagne zugunsten der Verfassung 20 Millionen Euro zur Verfügung gestellt wurden, wobei u.a. der berühmte holländische Fußballstar Johan Cruyff als populäres Werbemedium eingesetzt wurde.

In der öffentlichen Debatte in den Niederlanden dominierten die linken Gegner der Verfassung. Ihre Kampagne trug durchaus auch populistische Züge: Sie warnten vor einer politischen Zentralisierung in Brüssel, einem abnehmenden Einfluss der Niederlande und einer Dominanz der Großstaaten in der EU, einer Überschwemmung durch Ausländer und einer zunehmenden Arbeitsmarktkonkurrenz im Zusammenhang mit dem EU-Beitritt der Türkei, sowie einer steigenden Inflation als Folge der Einführung des Euro. Aber auch die Befürworter scheuten sich nicht, populistische Parolen einzusetzen. Eine gewisse Rolle spielte auch die geringe Popularität der Regierung von Ministerpräsident Balkenende. Auch die Holländer waren nicht prinzipiell gegen eine EU-Verfassung. 62 % befürworteten sie grundsätzlich (vgl. *Tabelle 1.1*). In einer Online-Umfrage eines Forschungsinstituts, an der sich 800.000 Personen beteiligten, waren sogar 75 % für eine solche Verfassung.[9] In dieser Umfrage sprachen sich aber auch 73 % für mehr Transparenz im Rahmen der EU aus, und 70 % befürworteten ein Volksbegehren (wie es die EU-Verfassung auch vorsah). Man muss also folgern, dass die gegenüber der Verfassung für Europa kritischen Bürger der Niederlande nicht für ihre gänzliche Verwerfung plädierten. Im Gegensatz zu den politischen Eliten wünschten sie sich jedoch ihre Überarbeitung und Neuverfassung (vgl. dazu auch den folgenden Abschnitt). Man hätte ihre Ablehnung daher auch als Chance, nicht nur als Katastrophe sehen können (Kühnhardt 2005).

---

[9] Vgl. die CAP-Webseite, die in der vorhergehenden Fußnote zitiert wurde.

1 Leben in zwei Welten?

Ein Musterschüler kündigt den »permissiven Konsens« auf: Das Verfassungsreferendum in Luxemburg

Am 10. Juli 2005 wurde in Luxemburg ein viertes Referendum über die Verfassung für Europa abgehalten. Auch hier war es nicht durch die Verfassung vorgeschrieben, sondern wurde vorgeschlagen von Premier Jean-Claude Juncker, ein in seinem Land sehr beliebter und in ganz Europa angesehener Politiker. Es war dies das erste Referendum über die europäische Integration, das in dem kleinen Großherzogtum abgehalten wurde. Premier Juncker verband das Referendum mit seinem persönlichen politischen Schicksal, indem er drohte, bei einem negativen Ausgang von seinem Amt zurückzutreten. Auch hier bildete die herrschende politische Elite eine Einheitsfront für die EU-Verfassung.[10] Später warnte Juncker auch noch davor, dass nur ein positiver Ausgang die nationalen Interessen des Landes sicherstellen würde. Die Opposition gegen die Verfassung wurde koordiniert durch ein eigens eingerichtetes Komitee, dem Gruppen angehörten wie die *Action pour la Démocratie*, die Antiglobalisierungsbewegung *Attac*, verschiedene Gewerkschaften und zwei links stehende, nicht im Parlament vertretene Parteien. Das Resultat der Abstimmung entsprach dem Wunsch der politischen Eliten und Führer: 56,6 % der Wähler stimmten für die Verfassung. Dies war jedoch eher ein bescheidenes Resultat angesichts des starken Einsatzes der Befürworter, aber auch der vielen Vorteile, welche die EU-Mitgliedschaft für Luxemburg erbringt (vgl. dazu Abschnitt 6.3). Auch die Wahlbeteiligung von 86,2 % kann nicht als sehr hoch bezeichnet werden, da ja eine Wahlpflicht bestand.

Auch in Luxemburg zeigte sich die Kluft zwischen Eliten und Bürgern. Unter den letzteren befürworteten immerhin 48,7 % (86,2 x 56,5 %) die Verfassung für Europa, und auch Meinungsumfragen zeigten eine klare Mehrheit der Befürworter (siehe Tabelle 1.1). In den vorher bzw. nachher durchgeführten parlamentarischen Abstimmungen stimmten dagegen 100 % bzw. 98,2 % der Abgeordneten dafür. Das Resultat von Luxemburg bestätigt ebenfalls deutlich, »dass der permissive Konsensus, der es den Regierungen seit Jahrzehnten ermöglicht hatte, relativ frei über den Integrationsprozess zu entscheiden, selbst in den integrationsfreundlichsten Staaten an ein abruptes Ende gestoßen war.«[11] Selbst in diesem Lande hatte sich das Referendum als ein riskantes Unternehmen erwiesen als vorausgesehen. Die wichtigsten Asse der Befürworter waren die allgemein positive Einstellung zur EU sowie die Popularität von Premier Juncker. Die Argumente der Gegner bezogen sich stärker auf die Verfassung selbst: Sie sei zu

---

[10] Piere Hausemer (Department of Government, LSE), Luxembourg's referendum on the European Constitutional Treaty, July 2005. Vgl. http://www.sussex.ac.uk/sei/documents/epern-rb_luxembour _2005.pdf.
[11] Hausemer, ibidem, S. 5.

kompliziert und zu liberal und müsse daher überarbeitet werden; auch die Gegnerschaft gegen die Erweiterung der EU spielte eine Rolle.

Foto 3:
Paris, 29. Mai 2007: Triumphale Feier junger Menschen in Paris nach der Ablehnung der *Verfassung für Europa* durch die Bürger von Frankreich.
Quelle: Associated Press, Frankfurt/Main

Unterschiede zwischen Meinungsumfragen und Resultaten von Wahlen und Volksabstimmungen

Es wurde vielfach argumentiert, dass die Ergebnisse der Referenten in Frankreich und den Niederlanden hauptsächlich durch innenpolitische Themen bestimmt waren; Meinungsumfragen würden demgegenüber die wirklichen Einstellungen zur Integration besser erfassen. In Volksabstimmungen über den Beitritt zur Europäischen Union oder ihre Verfassung geht es um sehr komplexe Sachverhalte, und es gibt in dieser Hinsicht sehr viele Für und Wider; man könnte deswegen vielleicht sagen, dass das Ergebnis letztlich Resultat eines Zufalls ist. Außerdem ist es immer der Fall, dass bei Volksabstimmungen viele andere politische Themen mit eine Rolle spielen, die nicht den konkreten Abstimmungstext betreffen. Diese Argumente enthalten beide eine gewisse Wahrheit. Trotzdem wäre der Schluss verfehlt, dass Meinungsumfragen ein gültigerer Indikator des wahren Volkswillens sind als Wahlen. Es gibt signifikante Unterschiede zwischen den Ergebnissen von Meinungsumfragen und von Wahlen beziehungsweise Referenden. Beide sind gültige Indikatoren der Meinungen der Bevölkerung und ihrer politischen Wünsche, aber beide geben unterschiedliche Informationen.

Eine Meinungsumfrage erfasst die Einstellungen der Bevölkerung zu einem bestimmten Zeitpunkt. Wir wissen aus Forschungen über die Umfragemethodik, dass es leicht ist, auf praktisch jede Frage eine Antwort zu erhalten; dass die Formulierung von Fragen und der Kontext, in dem sie stehen, die gegebenen Antworten beeinflussen; schließlich, dass die subjektive Stimmung der Befragten zum Zeitpunkt des Interviews signifikante Effekte auf die geäußerten Meinungen haben kann (Rossi et al. 1983; Diekmann 1995). Diese Fakten entwerten nicht die Bedeutung von Surveys im Allgemeinen, sie relativieren sie jedoch als zuverlässige Indikatoren für reales Verhalten (Ajzen/Fishbein 1980; Markard 1984). Im Falle einer Wahl oder einer Volksabstimmung stellt sich die Situation anders dar. Der Wahlakt bedeutet aus der Sicht des individuellen Wählers eine reale Entscheidung. Er erfordert, dass man sich vorher Gedanken macht und sich dann zum Wahlort begibt. Das Wählen ist auch ein zeitbezogener Prozess der Meinungsbildung in der öffentlichen Sphäre; er schließt eine Reihe von Prozessen ein, wie das Sammeln von Informationen, Diskussionen mit Freunden und Bekannten und persönliche Überlegungen, Gefühls- und Denkprozesse. In einer realen Entscheidung, die sowohl ein rationaler wie auch emotionaler Prozess ist, wird eine Person auch über andere Handlungsmöglichkeiten nachdenken und ihre Kosten in Betracht ziehen. Durch den Prozess der öffentlichen Diskussion und Meinungsbildung hat der individuelle Wähler die Möglichkeit, seine eigene Meinung und Entscheidung entsprechend anzupassen (Luthardt 1995; Hadler 2005). Daher können wir sagen, dass die Ergebnisse von Wahlen und Volksabstimmungen aus politischer Sicht sehr viel mehr Gewicht haben als jene von Meinungsumfragen, und dies nicht nur deshalb, weil die ersteren auch faktische rechtlich-politische Konsequenzen haben.

Zwei weitere Argumente unterstreichen insbesondere die politische Bedeutung der Ergebnisse von Referenden. Eines davon betrifft die hohe Beteiligung, die in aller Regel stattfindet, wenn ein Referendum ein entscheidendes Thema betrifft und von den Bürgern als wichtig betrachtet wird. Dies war der Fall sowohl in Frankreich wie in den Niederlanden, wo große Anteile der Wählerschaft am Referendum teilgenommen haben. In beiden Ländern fand vor den Referenden eine äußerst intensive öffentliche Diskussion statt, wie bereits gezeigt wurde. Das andere Faktum betrifft die Bedeutung des Resultats. In Frankreich haben die Wähler sehr selten einen Vorschlag abgelehnt, den ihnen ihre politischen Eliten vorgelegt haben. In den neun Referenden, die in der zweiten Republik (zwischen

1958 und 2000) abgehalten wurden, wurde von den Bürgern nur ein einziger Vorschlag abgelehnt; in sechs Fällen erhielt er eine Zweidrittel-Mehrheit oder sogar einen noch höheren Anteil an Befürwortern (Perrineaux 2005: 233). Es ist daher offenkundig, dass die Bürger grundlegende Einwände haben müssen um in einem Referendum mit Nein zu antworten.

1.2 Repräsentieren Parlamentsabgeordnete ihre Bürger? Eine Analyse der Resultate von Referenden und parlamentarischen Abstimmungen über die europäische Integration, 1972–2005

Was wir im vorhergehenden Abschnitt für vier Länder gezeigt haben, soll nun für die EU insgesamt dargestellt werden. Es ist dies das Faktum, dass es eine tiefe Kluft zwischen Eliten und Bürgern gibt, wenn man die Ergebnisse von Parlamentsabstimmungen und Referenden miteinander vergleicht. Zu diesem Zweck wurden die Resultate aller Referenden über die europäische Integration seit den frühen 1970er Jahren in *Tabelle 1.2a* und *Tabelle 1.2b* zusammengestellt, einschließlich der Wahlbeteiligung und der Anteile derer, die die Integration befürworteten. Für die Entscheidungen seit 1972 (Maastricht) bis 2003 wurden auch die Resultate der vorhergehenden oder nachfolgenden Abstimmungen in den jeweiligen parlamentarischen Versammlungen zusammengestellt.[12] Drei Themen sollen hier untersucht werden: die Anzahl der insgesamt durchgeführten Volksabstimmungen und der Anteil der positiven und negativen Ergebnisse; der Unterschied in den positiven Anteilen bei Referenden und bei Parlamentsabstimmungen; und die Beziehung zwischen der Teilnahme an den Referenden und ihren Ergebnissen.

Die positiven Ergebnisse von Volksabstimmungen als Indikator für eine allgemeine Zustimmung zur Integration

Eine erste Beobachtung im Hinblick auf die Volksabstimmungen ist die Tatsache, dass ein viel größerer Anteil davon positive Ergebnisse zeigte, das heißt, Befürwortungen des Beitritts zur EU oder einer institutionellen Vertiefung, als Ablehnungen der Integration (23 gegenüber 8). Der Beitritt zur EU (oder eine

---

[12] Die parlamentarischen Abstimmungen über den Maastricht Vertrag in jenen Ländern, in denen kein Referendum stattgefunden hat, wurden nicht in die Tabelle eingeschlossen. Sie gingen alle positiv aus.

1 Leben in zwei Welten?

enge Kooperation mit ihr) wurde von den Norwegern und den Schweizern zweimal abgelehnt. Eine politische Gemeinschaft, die Insel Grönland, eine autonome Provinz von Dänemark, beschloss sogar aus der Europäischen Union auszutreten. Das negative Resultat des Referendums im Jahre 1982 war das Ergebnis einer Volksbewegung, die gegen eine Überfischung des Meeres um Grönland und gegen die Ausbeutung der natürlichen Ressourcen der Insel durch Unternehmen aus der EU agitiert hatte.[13] Seit seinem Austritt aus der EU 1985 hat Grönland den Status eines assoziierten überseeischen EU-Mitgliedsstaates.

Eine institutionelle Vertiefung der EU wurde durch die Dänen und die Schweden abgelehnt (Maastricht Vertrag, Euro). Das negative Votum der Iren zum Vertrag von Nizza muss eher als ein Arbeitsunfall angesehen werden, da auch die Wahlbeteiligung sehr niedrig war (34,8 %) und die Iren den Vertrag im darauffolgenden Jahr akzeptierten. Insgesamt können wir diese Ergebnisse dahingehend interpretieren, dass die Bürger im Großen und Ganzen eine sehr positive Haltung zum Prozess der Europäischen Integration haben.

Abbildung 1.1: Ergebnisse von parlamentarischen Abstimmungen und von Volksabstimmungen über den Prozess der europäischen Integration in sechs Ländern, 1992–1994

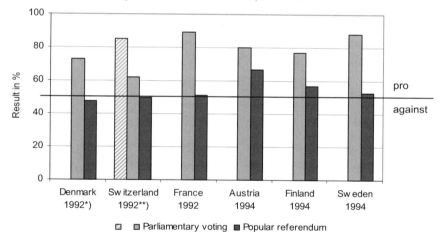

*) Dänemark 1992, Volksabstimmung: 47,9 % dafür = 52,1 % dagegen
**) Schweiz 1992, Ständerat: 85 % dafür; Nationalrat: 62 % dafür; Volksabstimmung: 49,7 % dafür; 50,3 % dagegen

---

[13] Vgl. http://de.wikipedia.org/wiki/Gr%C3%B6nland.

Tabelle 1.2a: Ergebnisse von Volksabstimmungen und parlamentarischen Abstimmungen über den Beitritt zur EG/EU und die Ratifikation wichtiger Integrationsverträge; positive Resultate, 1972–2005

Land und Thema	Jahr und Art der Abstimmung	Wahlbeteiligung %	% dafür
Irland: Beitritt zur EG	10.05.1972: Referendum	70,9	83,1
Dänemark: Beitritt zur EG	02.10.1972: Referendum	90,1	63,3
Großbritannien: Verbleib in der EG	05.06.1975: Referendum	64,0	67,2
Dänemark: Einheitliche Europäische Akte	27.02.1986: Referendum	75,4	56,2
Irland: Einheitliche Europäische Akte	26.05.1987: Referendum	44,1	69,9
Irland: Ratifikation Maastricht Vertrag	19.06.1992: Referendum	57,3	69,1
Frankreich: Ratifikation Maastricht Vertrag	23.06.1992: Kongress		89,0
	20.09.1992: Referendum	69,7	51,1
Dänemark: 2. Ratifikation Maastricht Vertrag	18.05.1993: 2. Referendum	85,5	56,8
Österreich: Beitritt zur EU	05.05.1994: Nationalrat		80,0
	12.06.1994: Referendum	82,4	66,6
Finnland: Beitritt zur EU	16.10.1994: Referendum	70,4	56,9
	18.11.1994: Eduskunta		77,0
Schweden: Beitritt zur EU	13.11.1994: Referendum	83,3	52,7
	15.12.1994: Riksdag		88,0
Irland: Ratifikation Amsterdam Vertrag	22.05.1998: Referendum	56,3	61,7
Dänemark: Ratifikation Amsterdam Vertrag	28.05.1998: Referendum	76,2	55,1
Schweiz: Spezialvertrag mit der EU	21.05.2000: Referendum	48,0	67,2
Malta: Beitritt zur EU	08.03.2003: Referendum	91,0	53,6
	14.07.2003: Parlament		58,6
Slowenien: Beitritt zur EU	23.03.2003: Referendum	60,3	89,6
	28.01.2004: Parlament		100,0
Ungarn: Beitritt zur EU	12.04.2003: Referendum	45,6	83,8
	15.12.2003: Parlament		100,0
Litauen: Beitritt zur EU	10./11.05.2003: Referendum	63,4	91,0
Slowakei: Beitritt zur EU	16./17.05.2003: Referendum	52,2	92,5
	01.07.2003: Parlament		92,1
Polen: Beitritt zur EU	07./08.06.2003: Referendum	58,9	77,5
Tschechische Republik: Beitritt zur EU	13./14.06.2003: Referendum	55,2	77,3
Zypern: Ratifikation des Beitrittsvertrags	14.07.2003: Parlament		100,0
Estland: Beitritt zur EU	14.09.2003: Referendum	63,0	66,8
	21.01.2004: Parlament		100,0
Lettland: Beitritt zur EU	20.09.2003: Referendum	72,5	67,0
Bulgarien: Ratifikation des Beitrittsvertrags	11.05.2005: Parlament		99,2
Rumänien: Ratifikation des Beitrittsvertrags	17.05.2005: Parlament		100,0

Quellen: Siehe Tabelle 1.2b

Tabelle 1.2b: Ergebnisse von Volksabstimmungen und parlamentarischen Abstimmungen über den Beitritt zu EG/EU und die Ratifikation von wichtigen Integrationsverträgen; negative Resultate, 1972–2003

Land und Thema	Jahr und Art der Abstimmung	Wahlbeteiligung %	Ergebnis %
Norwegen: Beitritt zur EG	26.09.1972: 1. Referendum	79,2	53,5 dagegen
Grönland: Verbleib in der EG	23.02.1982: Referendum	74,9	54,0 dagegen
Norwegen: Beitritt zur EU	1992: Parlament		67,0 dafür
Dänemark: Ratifikation Maastricht Vertrag	1992: Parlament		72,6 dafür
	02.06.1992: Referendum	82,9	52,1 dagegen
Schweiz: Beitritt zur EEA	1992: Ständerat		85,0 dafür
	1992: Nationalrat		62,0 dafür
	06.12.1992: Referendum	78,0	50,3 dagegen
Norwegen: Beitritt zur EU	28.11.1994: 2. Referendum	89,0	52,2 dagegen
Dänemark: Beitritt zur EWU (Euro)	28.09.2000: Referendum	87,5	53,1 dagegen
Irland: Ratifikation Nizza Vertrag	07.06.2001: Referendum	34,8	53,9 dagegen
Schweden: Beitritt zur EWU (Euro)	14.09.2003: Referendum	81,2	56,1 dagegen

Quellen: PFETSCH (1997: 290ff.); FISCHER WELTALMANACH, verschiedene Bände; Schweiz: Rust 1993 (S. 31); Initiative and Referendum Institute Europe: »List of all 29 referendums on European integration, 1972–2001«, vgl. http://www.iri-europe.org/?page_name=referendums (2006-02-04)

Das wichtigste Ergebnis in den *Tabellen 1.2a* und *1.2b* betrifft jedoch die Beziehung zwischen den positiven Voten zur Integration in den Referenden und in den parlamentarischen Abstimmungen. Die letzteren waren durchwegs sehr viel höher als die ersteren. Abbildung 1.1 zeigt die Unterschiede in grafischer Form für sechs Fälle. Der Unterschied war am größten im Falle der französischen Ratifikation des Maastricht Vertrages: Eine ganz knappe Mehrheit von 51,1 % der Wähler befürworteten den Vertrag, aber 89 % der Mitglieder des Kongresses (eine gemeinsame Versammlung von Parlament und Senat) – eine beachtliche Differenz von 38 %. Eine vergleichbar hohe Differenz zeigte sich in der Schweiz zwischen dem Wahlverhalten der Bevölkerung und jenem des Ständerats, als es um die Frage des Beitritts zum Europäischen Wirtschaftsraum ging. Die geringste Differenz zeigte sich in Österreich im Jahre 1994: hier stimmten 66 % der Wähler und 80 % der Parlamentsabgeordneten dem EU-Beitritt zu. Diese Differenz muss man jedoch als verzerrt betrachten. Die hohe Zustimmung der Bevölkerung zum Beitritt war auch das Resultat einer massiven Werbepropaganda der österreichischen Regierung und aller großen Interessengruppen, die unter anderem auch fragwürdige Drohungen von Mitgliedern der Regierung im Falle eines Nichtbeitritts beinhaltete (Heschl 2002). Meinungsumfragen kurz vor der Volksabstimmung hatten nur eine ganz geringe Mehrheit der Befürworter des EU-

Beitritts gezeigt. In den meisten anderen Fällen waren die parlamentarischen Abstimmungen für die Integration etwa 20 % höher als jene unter der allgemeinen Bevölkerung.

In jenen Ländern, wo nur parlamentarische Abstimmungen über die Europäische Verfassung stattfanden, ergaben sich die folgenden Prozente dafür: 95 % und mehr in Österreich und Deutschland; 90–93 % in Griechenland, Italien und Litauen; 80–89 % in Belgien und Slowenien; 70–79 % in Ungarn und der Slowakei. Es ist nahezu undenkbar, dass es bei Volksabstimmungen ähnlich überwältigende Mehrheiten gegeben hätte.

Man könnte einwenden, dass diese Diskrepanzen nicht auf eine unzureichende Vertretung der Haltungen großer Teile der Bevölkerung durch ihre Abgeordneten zurückzuführen sind, sondern einfach auf den Wahlmechanismus zu nationalen Parlamenten. Dieses Argument könnte zutreffen in jenen Fällen, wo die Wahlverfahren klar nach dem Mehrheitsprinzip ausgerichtet sind, sodass die siegreiche Partei einen überproportionalen Anteil von Parlamentssitzen erhält. Dies ist in den verglichenen Ländern jedoch schwerlich der Fall. Die einzige Folgerung, die man aus den vorher dargestellten Ergebnissen ziehen, kann lautet daher, dass die politischen Parteien in den Parlamenten dieser Länder tatsächlich die Einstellungen großer Teile ihrer Wähler in Bezug auf den Prozess der Europäischen Integration nicht repräsentierten. Man muss annehmen – und das sieht in der Tat jedermann, der politische Prozesse verfolgt – dass auch innerhalb der politischen Parteien ein starker Druck dahingehend erfolgt, eine geschlossene Meinung zu vertreten. In der Folge bildet sich eine einheitliche Meinung zur Frage der Europäischen Integration heraus (wie zu allen Themen von hoher Bedeutung), die von allen Abgeordneten einer Partei unterstützt werden muss. Auf diese Weise verfolgen sowohl politische Parteien insgesamt, aber auch jene ihrer Abgeordneten, die persönlich andere Ansichten haben, eine Linie, die von vielen ihrer Wähler abweicht. Um nur ein Beispiel zu geben: die Grünen in Österreich waren für lange Zeit entschiedene Gegner eines Beitritts zur Europäischen Gemeinschaft bzw. EU; seit Österreichs Beitritt zur EU gehören sie zu den stärksten Befürwortern einer weiteren Integration. Es ist höchst unwahrscheinlich, dass ihre Wähler – deren Sozialstruktur sich nicht verändert hat – ihre Meinung so grundlegend verändert haben.

Die Diskrepanz zwischen den Ergebnissen von Parlaments- und Volksabstimmungen

Ein zweiter wichtiger Befund betrifft die Beziehung zwischen der Wahlbeteiligung und den Ergebnissen der Volksabstimmungen zur EU. Hier kann man eine

1 Leben in zwei Welten?

weitere signifikante Tatsache beobachten: je höher die Wahlbeteiligung, desto niedriger die Zustimmung zur Integration. Die Beziehung zwischen diesen beiden Dimensionen zeigt Abbildung 1.2. Was man auf den ersten Blick bereits sieht, wird durch die statistische Analyse bestätigt: die Korrelation zwischen den beiden Dimensionen beträgt nicht weniger als –.51. Betrachten wir die Wahlbeteiligung als unabhängige Variable, so bestimmt sie nicht weniger als 26 % der Varianz in der abhängigen Variable, dem Resultat.

Abbildung 1.2: Streudiagramm von Wahlbeteiligung und Ergebnissen nationaler Referenden über die europäische Integration in 30 Ländern, 1972–2003

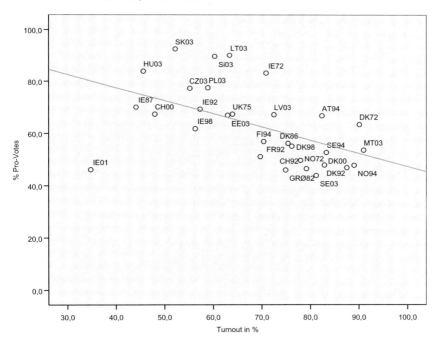

Anmerkung: Norwegen 1992, Cypern 2003, Bulgarien and Rumänien 2005: keine Referenda
Quellen: Tabellen 1.2a, 1.2b

Betrachten wir die Extremfälle in diesem Streudiagramm. Im linken, oberen Teil der Abbildung – hier zeigt sich niedrige Wahlbeteiligung und hohe Zustimmung zur Integration – finden wir Fälle wie das irische Wahlergebnis von 1987 (44 %

Wahlbeteiligung – 70 % Zustimmung), und die Ergebnisse der ungarischen und slowakischen Abstimmungen über den Beitritt zur EU 2003. Im rechten, mittleren Teil des Diagramms – hohe Wahlbeteiligung, niedrige Zustimmung – finden sich Fälle wie die Beitrittsreferenden in Dänemark 1972, Norwegen 1994 und Malta 2003. Wir können den Befund vom vorhergehenden Abschnitt daher vollkommen bestätigen. In jenen Ländern, in denen eine äußerst lebhafte Debatte über die Integration stattgefunden hat, war das Resultat der Volksabstimmung über die Verfassung der EU negativ (Frankreich, Niederlande), aber in Spanien, wo es eine viel weniger lebendige Diskussion in der Öffentlichkeit gab, war das Resultat positiv. Die Kluft zwischen Bürgern und Eliten war am stärksten ausgeprägt (a) in Ländern, in denen eine intensive Debatte stattgefunden hat, und (b) in Ländern mit einer sehr gut etablierten demokratischen Tradition.

Dass die Bürger der EU im Allgemeinen eine positive Einstellung zur Idee der Verfassung haben, zeigt sich auch in Eurobarometer-Umfragen. Im Herbst 2005 waren in allen EU-Ländern 63 % der Befragten für eine europäische Verfassung, im Frühjahr 2006 61 %.[14] Auch in den Niederlanden und Frankreich konnte man ähnlich hohe Zustimmungsraten feststellen. Äußerst signifikant erscheint die in den gleichen Umfragen festgestellte Tatsache, dass das Wissen über die Konstitution genau in jenen Ländern am höchsten war, in denen ein Referendum mit einer sehr lebhaften öffentlichen Debatte stattgefunden hatte (Frankreich, Luxemburg, Niederlande). Es bestätigt sich daher neuerdings, dass es eine signifikante Kluft zwischen Wählern und ihren politischen Vertretern gibt. Dieses Problem wiegt im Falle des Europäischen Rates besonders schwer, weil hier nur gewählte Regierungen vertreten sind, aber keine Oppositionsparteien und deren Wähler. In den meisten Mitgliedsstaaten der EU existierte in den letzten Jahrzehnten ein ähnlicher Trend in die Richtung, dass Mitte-Rechts Parteien Wahlen gewonnen haben. Sie waren daher in der Lage, ihre politischen Präferenzen in der Europäischen Gemeinschaft beziehungsweise der EU in den Verfassungsrang zu heben (Schäfer 2006: 195; Manow et al. 2006). Da auch die nationalen Parlamente immer weniger in der Lage sind ihre Regierungen zu kontrollieren, entsteht eine Kluft, die die Legitimation der Integration unterhöhlen könnte:

> »Die Wähler und ihre Vertreter leben in zwei verschiedenen Welten, und die Positionen jener Wähler, die skeptisch oder sogar gegen den Integrationsprozess sind, werden fast völlig ignoriert« (Bartolini 1999: 49; zitiert in Schäfer 2006: 196).

---

[14] Eurobarometer 65, Jänner 2007; Europäische Kommission, Brüssel, S. 149.

1 Leben in zwei Welten?

Eliten, die ihren Bürgern misstrauen? Länder, in denen noch nie eine Volksabstimmung über die europäische Integration stattgefunden hat

In wie vielen Mitgliedsländern der EG/EU hatten die Bürger überhaupt die Möglichkeit, ihre Meinung über den weitreichenden Prozess der Europäischen Integration zum Ausdruck zu bringen? Auch in dieser Hinsicht zeigen sich zwei überraschende Befunde.

Zum Ersten: Es haben bei weitem nicht alle Regierungen der EU-Mitgliedsstaaten ihren Bürgern diese Möglichkeit überhaupt eröffnet. Wenn man die 15 »alten« EU-Mitglieder betrachtet, so haben in fünf von ihnen – Belgien, Deutschland, Griechenland, Italien und Portugal – die Bürger noch nie eine solche Möglichkeit gehabt. Dies ist außerordentlich bemerkenswert, da die Mitgliedschaft eines Landes in der EU ohne Zweifel das politische System dieser Länder grundlegend geändert hat. In den weiteren alten Mitgliedsländern – Luxemburg, Niederlande und Spanien – gab es eine solche Möglichkeit erst im Jahre 2005, in Frankreich erst im Jahre 1992, also 25 Jahre nach der Gründung der Europäischen Wirtschaftsgemeinschaft. Nur in jenen zehn Mitgliedsstaaten, die der Union im Jahre 2004 beitraten, wurden Referenda abgehalten. Dies entspricht der Tatsache, dass Volksabstimmungen auch in ihren nationalen Verfassungen verankert sind (Adam/Heinrich 1987). Nur in jenen zwei postkommunistischen Ländern, Bulgarien und Rumänien, die der EU im Jahre 2007 beitraten, wurden keine Volksabstimmungen abgehalten. Dies sind auch die zwei Länder mit den in demokratischer Hinsicht am wenigsten entwickelten Systemen.

Zum Zweiten: Es ist evident, dass es eine eindeutige Beziehung zwischen der politisch-demokratischen Geschichte eines Landes und der Abhaltung von Referenden über die europäische Integration gibt. Unter jenen Ländern, die Volksabstimmungen abgehalten haben, finden wir zwei Gruppen: (a) die alten und gefestigten west- und nordeuropäischen Demokratien, Frankreich, Großbritannien und die skandinavischen Länder. In diesem Zusammenhang sind auch die Schweiz und Norwegen zu nennen, deren Bürger die Mitgliedschaft abgelehnt haben. Es wird in Kapitel 7 gezeigt, dass diese Ablehnung sehr stark mit der Furcht ihrer Bürger zusammenhing, dass die Qualität ihrer nationalen Demokratie unterminiert werden würde; (b) die vorhin genannten neuen Demokratien in Osteuropa.

Die Länder, die nie oder erst in jüngster Zeit eine Volksabstimmung abgehalten haben, schließen ebenfalls zwei Gruppen ein: (a) Im Fall der Beneluxländer scheint die Zustimmung der Bevölkerung von vorn herein gegeben zu sein, vor allem angesichts der hohen Interdependenz dieser Länder mit ihren Nachbarstaaten, dem direkten Nutzen, den sie aus der Beherbergung großer EU-Behörden ziehen (Belgien, Luxemburg), und einer gewissen Angst, vom großen

Nachbarn Deutschland dominiert zu werden (Niederlande). (b) Die zweite Gruppe enthält Länder, die im Laufe des 20. Jahrhunderts faschistische Regierungen hatten, insbesondere Deutschland, Italien, Griechenland und Portugal. Auch in Spanien wurde erst im Jahre 2005 ein Referendum abgehalten, also 20 Jahre nachdem das Land der Europäischen Gemeinschaft beigetreten ist.

Aus der Perspektive von Volksabstimmungen, als einem wichtigen Element einer Demokratie, erscheint es außerordentlich bemerkenswert, dass die Bürger von Deutschland noch nie die Möglichkeit hatten, in einer Volksabstimmung selber über ihre Mitgliedschaft in der Europäischen Gemeinschaft bzw. der EU zu entscheiden. Die politischen Eliten dieses Landes fanden dies offenkundig nicht nötig, und sie hatten – so scheint es – gute Gründe für diese Einstellung. »Wir brauchen die Europäische Union um Deutschland vor sich selber zu beschützen – vor seiner Geschichte«, sagte ein deutscher Manager (zitiert in Newhouse 1997: 115). Das Misstrauen der Deutschen in ihre politischen Eliten scheint also seine Parallele in einem ebensolchen Misstrauen der Eliten gegenüber ihren Bürgern zu haben. Der unmittelbare Grund für dieses Misstrauen ist zweifellos das Faktum, dass die deutsche Bevölkerung gewisse Integrationsschritte abgelehnt hätte, wenn sie direkt befragt worden wäre. Eine deutliche Mehrheit der Deutschen und viele ihrer Ökonomen waren gegen die Ersetzung der deutschen Mark durch den Euro, da die DM ein Symbol des deutschen Wirtschaftswunders und seiner Stabilität und Prosperität dargestellt hatte.[15] Erhebungen des *Allensbacher Instituts für Demoskopie* haben gezeigt, dass im Jahre 1994 58 % der Deutschen gegen, und nur 22 % für die Einführung des Euro waren; im Jahre 1999, kurz vor seiner Einführung, nahm die Befürwortung zwar zu (40 % dafür, 31 % dagegen); bis zum September 2001 nahm sie jedoch wieder ab (29 % dafür, 45 % dagegen); im März 2001 betrachteten 60 % der Deutschen die Einführung des Euro als »schlecht«, nur 23 % als eine »gute« Entscheidung.[16]

Es ist daher nicht überraschend, dass sich der deutsche Bundesverfassungsgerichtshof zweimal (1993 und 1998) mit Verfassungsklagen gegen die EU-Mitgliedschaft Deutschlands befassen musste. In seiner ersten Stellungnahme stellte er fest, dass die EU noch nicht als ein Staat betrachtet werden könne, sondern nur als eine Verbindung zwischen Staaten, da die Mitgliedsstaaten weiterhin den Grad der Integration bestimmten und wichtige Rechte der Souveränität

---

[15] Im Jahre 1993 veröffentlichte eine Gruppe deutscher Universitätslehrer, angeführt von der Ökonomin Renate Ohr, ein Memorandum gegen die Einführung des Euro (Nollmann 2002: 233). Vgl. http://www.ifd-allensbach.de/news/news/.

[16] Etwas andere Ergebnisse werden jedoch in der *Eurobarometer* Umfrage zitiert, nach welchen die Mehrheit der Deutschen (60 %) im Herbst 2001 die Einführung des Euro befürworteten (vgl. *Eurobarometer* 56).

1 Leben in zwei Welten? 43

inne hatten.[17] In diesem Fall hat eine jurististische Autorität durch ein Dekret über eine Angelegenheit entschieden, die in den meisten modernen Demokratien als etwas betrachtet wird, zu dem man die Bürger direkt befragen soll. Dies ist für Deutschland nicht untypisch, wo politische Fragen oft als rechtliche Fragen umdefiniert werden (Münch 2008a). Es stimmt zwar der Einwand, dass die deutsche Verfassung auf der nationalen Ebene generell keine Referenden vorsieht, ausgenommen die Schaffung neuer Bundesländer.[18] Diese Tatsache müsse Deutschland jedoch nicht davon abhalten, eine Volksabstimmung über die Europäische Union durchzuführen, wie viele Verfassungsexperten meinen. Eine große Mehrheit der Deutschen (81 %) war für die Abhaltung eines solchen Referendums[19] und selbst viele deutsche Bundestagsabgeordnete haben ein Referendum gefordert; das gleiche war der Fall in Österreich.

Aus dieser Sicht kann die Verneinung der Politiker, den Bürgern die Möglichkeit zu geben selber über den Prozess der Integration zu entscheiden, als ein weiteres Beispiel für die typische Beziehung zwischen politischen und staatlichen Autoritäten und Bürgern in Deutschland gesehen werden. Diese ist seit jeher durch eine gewisse Arroganz und Paternalisierung von Seiten der ersteren und eine Unterwürfigkeit von Seiten der letzteren gekennzeichnet, wie zahlreiche Historiker und politische Schriftsteller festgestellt haben (Jaspers 1966; Dahrendorf 1968; Greiffenhagen 1979; Engelmann 1993; dies war auch das Thema in Heinrich Manns Roman *Der Untertan*). Es ist wohl kein Zufall, dass es im Englischen keine Entsprechung für das deutsche Wort *Untertan* gibt. Die problematische Beziehung zwischen Eliten und Bürgern muss man weiters auch als Teil der Erinnerung an den Nationalsozialismus sehen, die dem kollektiven Bewusstsein der Deutschen ein tiefes Schuldgefühl eingebrannt hat (Haller 1999b). Diese Tatsache kam sehr deutlich zum Ausdruck in den intensiven Tiefen-Interviews, die Juan Diez Medrano (2003) mit gewöhnlichen Bürgern und lokalen Eliten in Deutschland durchgeführt hat, wie auch aus seiner Inhaltsanalyse von Zeitungen und Romanen in Deutschland seit 1950. Diez Medrano fand, dass die Erinnerung an das Nazi-Regime einen »Hauptfaktor für die Gestaltung der westdeutschen nationalen Politik und Außenpolitik« in der zweiten Hälfte des 20. Jahrhunderts dargestellt hat; sie war auch eines der Hauptargumente für die Teilnahme Deutschlands an der Europäischen Integration (Diez Medrano 2003: 179). Einer der Antwortenden sagte, dass Deutschland Mitglied der EU sein müsse »um sich gegen seine eigenen Dämonen zu schützen« (ibid., S. 39). Die deutschen Eliten befanden also, dass so wichtige Entscheidungen nicht den Bürgern überlassen werden könnten, weil diese bereits einmal im 20. Jahrhundert einen Diktator an

---

[17] Bericht im FISCHER WELTALMANACH 1995, S. 213.
[18] Verfassung von Deutschland, Art. 29 (Verfassungen der EU-Mitgliedsstaaten 2005, S. 66f.).
[19] Laut einem Survey des Forsa-Instituts, Juni/Juni 2004. Vgl. ngo-online, 31.5.2007.

die Macht gebracht hätten. Tatsächlich jedoch war dies keineswegs so, wie in Kapitel 7 gezeigt werden wird. Es gab nie eine Mehrheit der deutschen Bürger, die Hitler und seine NSDAP gewählt hatten; im deutschen Reichstag jedoch erhielt er eine überwältigende Mehrheit von den Abgeordneten. In dieser kritischen Phase der deutschen Geschichte des 20. Jahrhunderts kann also genau das selbe Muster beobachtet werden, wie wir es schon in vielen anderen Mitgliedsstaaten der EU in den letzten zwei Jahrzehnten gesehen haben: starke Befürwortung der Integration unter den politischen Eliten, jedoch eine begrenzte Befürwortung, wenn nicht gar eine mehrheitliche Ablehnung unter der Bevölkerung. Auf lange Sicht ist jedoch zu befürchten, dass die Vermeidung von Volksabstimmungen über ein so grundlegendes Thema zur Entwicklung einer gefährlichen Ressentimenthaltung unter erheblichen Teilen der deutschen Bevölkerung führen kann.

1.3 Stolz und Ängste über die europäische Integration unter den Eliten und Bürgern

Zum Abschluss dieses Kapitels sollen drei weitere Quellen empirischer Evidenz über die zunehmende Kluft zwischen Eliten und Bürgern in Bezug auf die europäische Integration dargestellt werden: Ergebnisse mehrerer repräsentativer Umfragen unter politischen Eliten und Bürgern über die Einstellungen zur Integration; Ergebnisse aus qualitativen Interviews mit EU-Politikern in Brüssel und einfachen Menschen in Österreich; und die Analyse einer Fernsehdiskussion von Präsident Chirac mit Jugendlichen seines Landes.

Stolz auf Europa: Die Kluft zwischen der Bevölkerung und den politischen Eliten

Eine Gruppe von deutschen und englischen Politikwissenschaftlern hat eine große, informative Studie über *Politische Repräsentation und Legitimität in der Europäischen Union* veröffentlicht (Schmitt/Thomassen 1999). Sie verwendeten zwei Datenquellen: (a) Bevölkerungsumfragen in Zusammenhang mit den Wahlen zum Europäischen Parlament von 1979–1994 in allen Mitgliedsstaaten der EU/EG und den Kandidatenländern Österreich, Finnland und Schweden; (b) Umfragen unter allen Kandidaten und Mitgliedern der nationalen Parlamente und des Europäischen Parlaments. Von den vielen Ergebnissen dieser Studie wird in Tabelle 1.3 dargestellt, wie hoch der Stolz Europäer zu sein in der allgemeinen Bevölkerung und bei Kandidaten bzw. Mitgliedern der Parlamente ist.

1 Leben in zwei Welten? 45

Tabelle 1.3: Stolz Europäer zu sein unter Wählern, Mitgliedern nationaler Parlamente (MNP's) und Mitgliedern des Europäischen Parlaments (MEP'S) in 15 Ländern (1994)

	% stolz auf Europa			Unterschied Wähler	
	Wähler	MNP's	MEP's	-MNP's	-MEP's
Süd- und West-Europa					
Frankreich	65	72	64	+7	-1
Italien	80	86	80	+6	0
Spanien	66	92	86	+26	+20
Portugal	64	76	69	+12	+5
Griechenland	47	58	82	+11	+35
Mittelwert	*64*	*77*	*76*	*+12*	*+12*
Zentral-Europa					
Deutschland	42	62	83	+20	+41
Österreich	46	-	70	-	+24
Luxemburg	70	50	100	-20	+30
Belgien	60	66	78	+6	+18
Niederlande	45	42	86	-3	+41
Mittelwert	*53*	*55*	*83*	*0,7*	*+31*
Nordwest-Europa					
Dänemark	49	-	38	-	-11
Schweden	37	-	64	-	+27
Finnland	41	-	73	-	+32
Großbritannien	51	-	68	-	+17
Irland	64	81	89	+17	+25
Mittelwert	*48*	*-*	*66*	*-*	*18*
Gesamt-Mittelwert	*55*	*68*	*75*	*+8*	*20*

Quelle: Schmitt/Thomassen (1999), S. 37, Tabelle 2.2. Repräsentative Bevölkerungsumfragen (N ca. 1000 in allen Ländern); sowie Umfragen unter den Mitgliedern nationaler Parlamente (N=1367), Kandidaten für das EP (N=1726) und Mitgliedern des EP (N=314).

Drei Ergebnisse sind hier von besonderem Interesse: Zum Ersten können wir signifikante Unterschiede im Stolz auf Europa zwischen Ländern erkennen: er ist sehr hoch in Italien und Luxemburg, hoch auch in Belgien, Frankreich, Spanien, Portugal und Irland, aber deutlich niedriger in Skandinavien, Großbritannien, Österreich und Deutschland. Zum zweiten zeigt sich, dass die politischen Eliten sehr viel stolzer auf Europa sind als ihre Wähler. Dies gilt besonders für die Abgeordneten zum Europaparlament (MEPs): In zwölf der 15 EU-Mitgliedsstaaten ist die Differenz Wähler–Abgeordnete positiv; in neun Staaten ist sie sehr groß. In der EU insgesamt sind etwas mehr als die Hälfte der Wähler (55 %) stolz Europäer zu sein, aber zwei Drittel der Mitglieder der nationalen Parlamente (68 %), und drei Viertel der MEPs (75 %).

Zum Dritten können wir signifikante Differenzen im Hinblick auf die Kluft zwischen Eliten und Bürgern zwischen den Ländern erkennen. Die Kluft zwischen Wählern und ihren politischen Vertretern ist im Süden und Südwesten Europas deutlich geringer als in Zentraleuropa und Nordwesteuropa. Die größte Kluft existiert in Deutschland, den Niederlanden und Luxemburg: In diesen drei Ländern beträgt der Unterschied im Stolz zwischen Bürgern und Eliten 3o bis 41 %. 80 % bis 100 % der Mitglieder des Europäischen Parlaments dieser Länder sind sehr stolz Europäer zu sein, aber nur 40 % bis 70 % ihrer Bürger. In Nordwesteuropa (Skandinavien, Großbritannien, Irland) ist die Bevölkerung am wenigsten stolz auf Europa (40–60 %), aber auch die politischen Eliten sind hier weit weniger enthusiastisch. Deshalb ist die Differenz zwischen Eliten und Bürgern etwas geringer, aber insgesamt immer noch 18 %. Eine sehr geringe oder überhaupt keine Kluft besteht zwischen Bürgern und Eliten in Frankreich, Italien und Portugal. In Dänemark sind die Wähler sogar stolzer als ihre Abgeordneten – aber beide auf einem sehr niedrigen Niveau.

Die Autoren dieser Studie ziehen eine nüchterne Folgerung aus ihren Ergebnissen:

> »Man kann sich fragen, ob die Regierungen und Politiker, die für den Maastricht-Vertrag verantwortlich sind, in der gleichen europäischen Welt leben wie die Bürger, von denen sie behaupten, dass sie sie repräsentieren. Eine mögliche Nichtübereinstimmung zwischen politischen Eliten und dem Massenpublikum über die Zukunft Europas kann nicht nur ein Hinweis auf ein ineffizientes System der politischen Repräsentation sein, sondern auch einen Mangel an Legitimität der Institutionen der EU anzeigen.« (Schmitt/Thomassen 1999: 4)

Wie wichtige Entscheidungsträger die europäische Integration sehen und ihre Distanz zur allgemeinen Bevölkerung

Es gibt zwei neuere Studien, die die Sicht von Eliten und Bürgern vergleichen und die Kluft zwischen beiden ebenfalls bestätigen. Eine davon wurde durch das *Centre for the Study of Political Change* (CIRCAP) der Universität von Siena

1 Leben in zwei Welten?

(Italien) durchgeführt.[20] Die andere Studie wurde von EOS Gallup Europa im Auftrag der Europäischen Kommission (D.G. X – Information, Kommunikation, Kultur) im Jahre 1996 unter 3.778 Top-Entscheidungsträgern in 15 Mitgliedsstaaten der EU durchgeführt.[21] Die Studie untersuchte die Meinungen der Mitglieder von Spitzeneliten zur Europäischen Integration. Die Stichprobe schloss fünf Gruppen ein: gewählte Politiker, hohe Beamte, Industrie- und Wirtschaftsführer, Spitzenvertreter der Medien, sowie kulturelle, akademische und religiöse Führungskräfte. Ausgehend von einer Liste von 22.000 solcher Führungspersönlichkeiten in der ganzen EU wurden in jedem der kleineren und mittelgroßen Ländern 30–40 Führungspersönlichkeiten interviewt, unter den vier großen jeweils 90 (großteils telefonisch); die Gesamtstichprobe der Befragten variierte demnach von 150 für die kleineren Länder bis zu 450 für die größeren Mitgliedsländer. Die endgültige Stichprobe erfasste 3.778 Mitglieder dieser fünf Eliten. Einige Fragen wurden in dieser Studie in genau derselben Weise wie in den Eurobarometer-Erhebungen gestellt. Das durchschnittliche Alter der Befragten war 52,5 Jahre, die große Mehrheit (89 %) waren Männer. Insgesamt ergibt diese Studie ein hervorragendes Bild über die Meinung der Eliten im Vergleich zu jener der Bürger in den verschiedenen Ländern.

Es wurden zwei allgemeine Fragen gestellt: »Glauben Sie, dass die Mitgliedschaft [unseres Landes] in der EU eine gute Sache/eine schlechte Sache/weder gut noch schlecht/weiß nicht ist«; und: »Wenn man alles in Betracht zieht, würden Sie sagen, dass [unser Land] aus der EU-Mitgliedschaft einen Vorteil gezogen hat oder nicht?« Die Ergebnisse sprechen für sich (siehe *Tabelle 1.4*): Unter den Eliten herrscht praktisch Einstimmigkeit im Hinblick auf die Integration und ihre positiven Effekte: 94 % glauben, dass die Mitgliedschaft ihres Landes eine gute Sache ist, und 90 % glauben, dass das Land von der Integration profitiert hat. Nur 8 % dieser Führungspersönlichkeiten glauben, dass ihr Land keinen Nutzen daraus gezogen hat, und eine winzige Minderheit von 2 % glaubt, dass die Mitgliedschaft in der EU eine schlechte Sache ist. Unter der Bevölkerung besteht ein völ-

---

[20] Leider bekam ich von der CIRCAP Studie erst nach Abschluss des Manuskripts Kenntnis. In dieser Studie wurden 205 Mitglieder des Europaparlaments und 50 hohe Beamte der EU-Kommission zwischen Mai und Juli 2006 interviewt; sie stammten aus 9 Mitgliedsstaaten der EU; außerdem wurden 1000 Bürger in jedem dieser Länder interviewt. Auch diese Studie zeigte sehr große Differenzen in den Meinungen von Eliten und Bürgern; die ersteren drückten »extrem positive Gefühle über die Entwicklung und Führung der EU aus«, und waren viel enthusiastischer über die europäische Integration als die Bürger; diese sahen weniger globale Bedrohungen und waren viel skeptischer gegenüber dem EU-Beitritt der Türkei als die Eliten (CIRCAP 2006).
[21] Die Europäische Union »A View from the Top.« Top Decision Makers and the European Union, Bericht erstellt von Jacqueline M. Spence, durchgeführt von EOS Gallup Europe, Wavre (Belgien). Der Bericht ist auch über Internet zugänglich: http://ec.europa.eu/public_opinion/archives/top/top.pdf.

lig anderes Bild: hier glauben weniger als die Hälfte (46 %), dass die Mitgliedschaft des eigenen Landes eine gute Sache ist, und nur knapp mehr als die Hälfte (57 %), dass das eigene Land von der EU-Mitgliedschaft profitiert hat. 13 % der Bürger betrachten die Mitgliedschaft schlichtweg als eine schlechte Sache und nicht weniger als 36 % sind der Meinung, dass sie keinen Nutzen für das eigene Land mit sich gebracht hat. Das heißt, in dieser grundlegenden Einschätzung der EU-Mitgliedschaft besteht eine Meinungsdifferenz von 46 % beziehungsweise 57 % zwischen den politischen, ökonomischen, bürokratischen und kulturellen Eliten einerseits und der Bevölkerung andererseits; dies ist eine außerordentlich tiefgreifende Kluft, ein markanter Kontrast. Zwischen den verschiedenen Eliten existiert nahezu Einstimmigkeit im Hinblick auf die europäische Integration. Im Gegensatz zur Erwartung, dass intellektuelle und kulturelle Eliten etwas kritischer eingestellt sein könnten, sind die Differenzen gering: 92 % der Beamten, 91 % der Industrie- und Wirtschaftsführer, 90 % der Politiker, 89 % der kulturellen und intellektuellen Eliten und 86 % der Medien-Eliten glauben, dass ihr Land von der EU-Mitgliedschaft profitiert hat. Zusätzliche Befunde zeigen, dass die Wirtschaftseliten die Integration am stärksten befürworten. Das einzige sozio-demografische Merkmal unter den Eliten, das einen leichten Effekt hat, ist das Geschlecht: 91 % der männlichen Eliten sehen nur positive Effekte der Mitgliedschaft, aber »nur« 80 % der weiblichen Spitzeneliten.

Tabelle 1.4 Die Bewertung der EU-Mitgliedschaft durch die Eliten und durch die allgemeine Bevölkerung (EU-15, 1996)

	(1) Eliten (top decision makers)	(2) Allgemeine Bevölkerung	(3) Unterschied (1) - (2)
Die Mitgliedschaft (LAND) in der EU ist ...	%	%	%
... gut	94	48	+46
... schlecht	2	15	-13
... weder gut noch schlecht	4	28	-24
Zusammen	100	100	
Ist die EU-Mitgliedschaft ein Vorteil oder Nachteil?			
Vorteil	90	43	+57
Nachteil	8	36	-28
Weiss nicht	2	36	-19
	100	100	

Quelle: Top Decision Makers: The European Union. A View from the Top. EOS Gallup Europe 1996. Decision Makers: N=3778. Allgemeine Bevoelkerung: Eurobarometer.

1 Leben in zwei Welten?

Sehr bezeichnend sind auch die Unterschiede zwischen den Mitgliedsländern im Hinblick auf die Wahrnehmung der Integrationseffekte bei Eliten und Bürgern. *Abbildung 1.3* zeigt, dass die Kluft zwischen Eliten und Bürgern in Deutschland am größten ist (im wahrgenommenen Nutzen beträgt sie 60 %), knapp gefolgt von Belgien (Differenz von 57 %). Dann folgen sechs Länder, in denen die Differenz zwischen 40 % und 47 % beträgt: Frankreich, Großbritannien, Schweden, Finnland, Spanien und Österreich; in vier Ländern (Luxemburg, Italien, Griechenland und Dänemark) beträgt die Differenz zwischen 32 und 38 %; in den Niederlanden und Portugal beträgt sie 27 % bzw. 26 %. In Irland ist die Kluft zwischen Eliten und Bürgern am geringsten, nur 21 %; normalerweise würde man aber selbst eine solche Differenz als Indikator für eine ziemlich problematische Kluft betrachten.

Abbildung 1.3 Die Wahrnehmung der EU-Mitgliedschaft als Vorteil bei Entscheidungsträgern und Bürgern nach Ländern 1996 (in %)

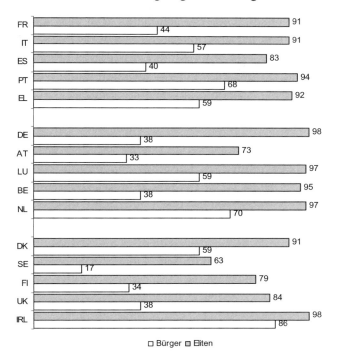

Quelle: Top Decision Makers: The European Union. A View from the Top, p. 5

Diese Unterschiede kann man sehr gut interpretieren, wenn man die Ergebnisse in Betracht zieht, die in den folgenden Kapiteln dieser Studie präsentiert werden (vgl. besonders Kapitel 6): In Deutschland wird die Mitgliedschaft in der EU von den Eliten vor allem als ein Mittel gesehen, die schwache nationale Identität und den geringen Nationalstolz zu überwinden, und Deutschland ist eines der wenigen Mitgliedsländer der EU, in denen die Bürger noch nie die Möglichkeit hatten, ihre Zustimmung zur Integration in einem Referendum zum Ausdruck zu bringen; Meinungsumfragen zeigten, wie bereits erwähnt, dass wichtige Integrationsschritte im Gegensatz zur Meinung der Mehrheit oder zumindest großer Teile der Bürger standen. In Großbritannien, den skandinavischen Ländern und in Österreich werden die EU und Brüssel von zahlreichen Bürgern als ein weit entfernter bürokratischer Apparat gesehen, der in viele Bereiche nationaler Autonomie und Unabhängigkeit eingreift. Sogar in Frankreich und in den Niederlanden, seit Beginn »Motoren« der Integration, besteht offenkundig eine tiefe Kluft zwischen Bürgern und Eliten. Die negativen Resultate der Referenden über die Verfassung für Europa in diesen beiden Ländern haben belegt, dass diese Meinungsumfragen sehr feste und folgenreiche Einstellungen zu Tage gebracht haben. Es mag überraschend erscheinen, dass sogar in Ländern wie Belgien oder Luxemburg, die offenkundig direkt und stark von der Europäischen Union profitieren (da sie die wichtigsten Institutionen der EU beherbergen), eine tiefe Kluft zwischen Bürgern und Eliten besteht. Wenn man jedoch die unterschiedlichen Effekte der Integration für Eliten und für Bürger bedenkt, ist es nicht mehr so überraschend. In diesen beiden Ländern haben vor allem die Hauptstadt und jene Menschen, die direkt von der EU beschäftigt werden, einen unmittelbaren Nutzen von der Integration. Die übrige Bevölkerung und das Land insgesamt kann sogar negativ betroffen sein; in Brüssel kann dies geschehen etwa durch steigende Preise für Wohnung und Essen, einen starken Zustrom ausländischer Arbeitnehmer usw.

Die weiteren Ergebnisse dieses Survey bestätigen, welcher Enthusiasmus unter den Spitzeneliten für die europäische Integration besteht: 85 % von ihnen sind für den Euro (dies ist wieder ein starker Unterschied zu den Bürgern, bei denen dies nur die Hälfte sind); sie glauben, dass die EU keine ausreichend große Rolle in der Welt spielt und sie befürworten sehr stark die gemeinsame Verteidigungs- und Außenpolitik. Auch in diesen Fragen stehen die Bürger einer Ausweitung der Kompetenzen der EU weit weniger positiv gegenüber als die Eliten.

1 Leben in zwei Welten?

Die Sicht der EU von oben und von unten: Ergebnisse qualitativer Forschungen über die Wahrnehmungen und Bewertungen von Bürgern und Eliten

Wie bereits im Vorwort erwähnt, wurde von einer Gruppe von Soziologiestudenten der Universität Graz eine Reihe von Studien zur Wahrnehmung der Europäischen Union bei den politischen, bürokratischen und ökonomischen Eliten in Brüssel und bei der Bevölkerung im österreichischen Bundesland Steiermark durchgeführt (Haller/Ressler 1996a). Diese Studien beinhalteten eine kleine Bevölkerungsumfrage (N = 329), detaillierte Interviews mit Mitgliedern des Europäischen Parlaments aus Österreich und anderen Ländern, und mit Beamten und Vertretern von Nationalstaaten und Lobbygruppen in Brüssel, sowie Gruppendiskussionen mit Bürgern. Eine zentrale Frage dieser Studien war, wie die Integration durch die Eliten und die Bürger wahrgenommen wird. Im Folgenden werden einige exemplarischen Ergebnisse dieser Studie dargestellt.

Ein Thema, das EU-weit sehr kritisch gesehen wird, betrifft die Rolle des Lobbyismus in Brüssel. Die österreichische Bevölkerungsumfrage zeigte, dass dies auch für die Bürger gilt: Die Aussage »Im Allgemeinen kann man den Einfluss von Lobbys auf die politischen Prozesse in Brüssel positiv bewerten« wurde von 75 % der Befragten abgelehnt; 23 % sagten »stimme teilweise zu« und nur 3 % sagten »stimme voll zu«. Die Meinung der Eliten und Experten auf EU-Ebene entsprach jenen 3 % der Bürger, die eine positive Sicht hatten. Ein österreichisches Mitglied des Europäischen Parlaments von der bürgerlichen Volkspartei argumentierte, dass Lobbying ein unverzichtbares positives Element des Prozesses der Meinungsbildung und Entscheidung in Brüssel darstelle:

> »Kurz und präzise ausgedrückt: Lobbyismus ist professionell, er bringt Vorschläge, er ermöglicht den Aufbau von Netzwerken, die Herstellung persönlicher Kontakte ...« (Haller/Ressler 1996a: 167ff.).

Weniger überraschend ist, dass ein leitendes Mitglied der österreichischen Wirtschaftskammer dies genau so sieht, nämlich als eine unverzichtbare Methode und als Aspekt einer wechselseitig nützlichen Beziehung zwischen Wirtschaft, Verwaltung und Politik. Nach Meinung dieser Experten und Politiker braucht die EU-Kommission den Lobbyismus um konkrete Vorschläge für Richtlinien und Regulierungen ausarbeiten zu können. Nach Meinung der politischen Eliten und der Vertreter der Interessengruppen bestehen unter der Bevölkerung zahlreiche irreführende Wahrnehmungen und Vorurteile über den Lobbyismus. Sie distanzieren sich sehr stark von problematischen Methoden in diesem Zusammenhang, wie Einladungen zu Abendessen, Bestechung u.ä. Das vorhin zitierte Mitglied des Europaparlaments sagte:

»Sollte ich je in eine Situation kommen, wo jemand versucht ›ein gutes Klima mit finanziellen Mitteln zu erzeugen‹ – dann wird er die Tür meines Büros nie so schnell von hinten gesehen haben.«

Der Vizedirektor im Büro des Kommissars für Agrarfragen sagte, dass Lobbyismus im Hinblick auf die Verteilung von EU-Subventionen und ihre regionale Allokation praktisch irrelevant sei, weil diese vollständig in der Hand der nationalen, regionalen und lokalen Verwaltungen läge. Methoden wie Geschenke und Bestechungen würden von niemandem mehr angewandt; der Zweck des Lobbyismus sei ausschließlich »die richtige Idee, zum richtigen Zeitpunkt, der richtigen Person in der Kommission mitzuteilen«. Lobbying ist seiner Meinung nach nicht der Grund dafür, warum der Löwenanteil des EU-Budgets weiterhin in den Agrarsektor geht; große Länder haben in dieser Hinsicht nicht mehr Einfluss als kleine. In der Fernsehdiskussion des französischen Präsidenten Chirac, die im folgenden Abschnitt analysiert wird, bestätigt Chirac, dass genau dies der Fall ist:

»Heute [haben sie] eine einzige Idee, nämlich die gemeinsame Agrarpolitik zu beenden, die hauptsächlich Frankreich nützt [...]. Es ist unmöglich, dass der Präsident von Frankreich zu irgendeiner Zeit diese gemeinsame Agrarpolitik nicht verteidigen wird.«[22]

In diesem Interview sagte Chirac auch ganz offen:

»Heute kommen 80 % der Subventionen für die französischen Farmer von der EU. Dies sind 10,5 Milliarden Euro pro Jahr, und wir haben erreicht, dass dies bis zum Jahre 2013 so bleibt; wir sind die Einzigen gewesen, die dies gefordert haben. Wie haben wir dies erreicht? Ganz einfach, in Zusammenhang mit einer umfangreichen Verhandlung sind wir mit unseren deutschen Freunden übereingekommen [...], wir haben entschieden, dass der Kanzler [Schröder] und ich, in Zukunft wir beide uns jederzeit arrangieren werden, wenn es notwendig sein wird, selbst wenn wir nicht die gleichen Interessen haben.«

In Kapitel 4 wird gezeigt, dass Lobbyismus tatsächlich eine sehr wichtige Methode für Großunternehmen und einflussreiche landwirtschaftliche Organisationen ist, in Brüssel Einfluss zu gewinnen. Die Frage, die hier relevant ist, betrifft jedoch die Wahrnehmungen und Bewertungen der Eliten. Aufgrund der vorhin dargestellten Fakten muss festgestellt werden, dass sie dieses Problem gar nicht erkennen: Das Problem besteht nicht, oder nicht hauptsächlich darin, dass Beste-

---

[22] Vgl. dazu auch Beatrice Gorawantschy, Frankreich vor dem Referendum, Konrad-Adenauer-Stiftung, Bonn, April 2005. Vgl. http://www.kas.de/db_files/dokumente/7_dokument_dok_pdf_67 03_1.pdt.

1 Leben in zwei Welten? 53

chung, Korruption und andere Formen halb-legaler und illegaler Praktiken in Brüssel heute tatsächlich existieren. Es mag stimmen, dass solche Praktiken nicht typisch sind und dass die meisten Lobbyisten, Politiker und Beamten in Brüssel sie nicht verwenden. Das Hauptproblem besteht jedoch darin, dass wirtschaftliche und andere machtvolle Organisationen einen Einfluss in Brüssel haben, der für die Öffentlichkeit intransparent ist und der viel stärker ist als jener anderer gesellschaftlicher Gruppen.

Ein Präsident, der seine Jugend nicht versteht: Analyse einer Fernsehdiskussion mit Jacques Chirac

Als Teil der französischen Kampagne vor dem Referendum über die Verfassung für Europa wurde am 14. April 2005 eine Fernsehdiskussion von Präsident Chirac mit 83 jungen Franzosen und Französinnen zwischen 18 und 30 Jahren abgehalten. Die Jugendlichen kamen aus allen Regionen von Frankreich und aus allen Berufsgruppen, sozialen Schichten und politischen Lagern. Die Diskussion wurde von vier Fernsehjournalisten geleitet. Sie fand auf dem privaten Fernsehkanal TF1 statt, dauerte zwei Stunden und wurde von nicht weniger als 7,4 Millionen Menschen gesehen.[23] Man kann daher sagen, dass diese Diskussion in der entscheidenden Periode vor dem französischen Referendum ein wichtiges öffentliches Ereignis darstellte. Sie ermöglicht eine weitere Einsicht in das Problem, das in diesem Abschnitt diskutiert wurde, nämlich die Beziehung zwischen politischen Eliten und Bürgern. Die Diskussion wird hier unter zwei Gesichtspunkten analysiert: einmal im Hinblick auf ihre formalen Merkmale und zum anderen im Hinblick auf die inhaltlichen Themen, die zur Sprache kamen.

Betrachten wir zuerst die soziale Dynamik der Diskussion. Es sollte vor allem ein Dialog stattfinden, wie der Moderator Patrick Poivre d'Arvor feststellte:

> »Hier sind wir für zwei Stunden in einer großen Sendung zusammen gekommen, die sehr einmalig ist und mit großer Spannung erwartet worden ist, weil der Dialog eines Staatsoberhauptes mit jungen Erwachsenen wirklich selten stattfindet. Daher sollte jeder Teilnehmer und jede Teilnehmerin einen Dialog und nicht einen Monolog führen; ich bitte Sie daher, in Ihren Fragen und Antworten so knapp und präzise wie möglich zu sein ...« (S. 1).

---

[23] Diese Analyse stützt sich nur auf die Transkription des Textes. In dieser sind aber auch einige Informationen über die Dynamik der Diskussion enthalten. So wird zum Beispiel angegeben, ob ein Sprecher unterbrochen wurde. Der Text wurde auf der offiziellen Webseite des französischen Präsidenten veröffentlicht (http://www.elysee.fr); der Ausdruck des Textes wurde hergestellt und mir übermittelt durch Laurent Tessier, Paris. Die Übersetzung aus dem Französischen erfolgte durch M. Haller, mit Hilfe von Laura Perres (Graz/Paris).

Wenn die Diskussion wirklich ein Dialog war, sollten die Rede-Chancen für alle Teilnehmer vergleichbar gewesen sein. Tabelle 1.5 zeigt einige einfache Zahlen in dieser Hinsicht. Man sieht, dass dies nur zum Teil der Fall war: Die jungen Menschen, obwohl 83 an der Zahl, hatten am seltensten die Möglichkeit zu Wort zu kommen; wenn sie sprachen, wurden sie oft unterbrochen. Wer am häufigsten sprach und auch andere unterbrach, waren die Journalisten. Dies ist verständlich, wenn man an ihre Rolle als Moderatoren denkt, die darauf achten müssen, dass die Redezeit nicht zu ungleich verteilt wird. Es ist jedoch evident, dass die Journalisten oft eine bevormundende Rolle spielten, indem sie vielfach sehr ausführlich eine Problematik darstellten, selber Fragen an den Präsidenten richteten, und oft die Antworten der Jugendlichen interpretierten oder diesen selber Antworten gaben. Die jungen Sprecher waren auch im Hinblick auf die gesamte Redezeit deutlich unterrepräsentiert (wenn man diese in der Anzahl der Wörter misst); sie hatten gerade ein Viertel der gesamten Redezeit (27 %), nicht viel mehr als die Hälfte der Redezeit von Präsident Chirac (47 %).

Tabelle 1.4: Analyse einer Fernsehdiskussion von Präsident Jacques Chirac mit jungen Französinnen und Franzosen, April 2005

		Moderatoren	Präsident Chirac	Junge Menschen	Zusammen (n)
Ersuchen um Sprechgelegenheit	%	42.3	33.5	24.1	99.9 (340)
Anzahl der Unterbrechungen ...					
... selber durchgeführt	%	47.4	32.2	20.3	99.9 (59)
... von anderen erfahren	%	39.6	32.1	28.3	100 (53)
Länge der Sprechzeit					
(Anzahl der Wörter)	%	27.4	47.5	27.1	100 (10.870)

Quelle: Eigene Auswertung anhand des Typoscripts der Diskussion

Wenn man die Niederschrift der Diskussion liest, bekommt man den Eindruck, dass die jungen Menschen in erster Linie als Stichwortgeber fungierten, deren Äußerungen vom Präsidenten (und manchmal auch von den Journalisten) für lange Monologe genutzt wurden.

Die inhaltlichen Aussagen des Präsidenten sind nicht besonders bemerkenswert. Sie sind hier von Interesse hauptsächlich deswegen, weil sie in den Reden von führenden Politikern überall in der EU immer wieder zur Sprache gebracht werden. Der Unterschied zwischen solchen Reden – nach denen üblicherweise keine Diskussion stattfindet – und dieser Fernsehdiskussion ist jedoch die Tatsache, dass es im Rahmen der letzteren viel deutlicher wurde, dass die Argumente und Antworten des Präsidenten sehr diffus und vage und damit sehr unbefriedigend für die Fragesteller blieben. Sechs Hauptargumente von Präsident Chirac sind zu erwähnen: (1) Es werden sehr allgemeine Werte als Hauptargumente für die Notwendigkeit einer Verfassung herangezogen; (2) der Unterschied zwischen solchen allgemeinen Werten und spezifischen Verfassungsbestimmungen wird nicht erkannt; (3) wenn die Franzosen die Verfassung ablehnen, wird dies ihren Einfluss in Europa vermindern; (4) die Verfassung ist notwendig, um die Rolle der EU als mächtiger Akteur in der Welt zu stärken; (5) die Verfassung wurde sehr stark durch Frankreich geprägt und stellt einen Gegensatz zum angelsächsischen »Ultraliberalismus« dar; (6) negative Effekte der Integration werden nicht erwähnt. Betrachten wir diese sechs Aspekte bzw. Argumente etwas näher.

(1) Es werden nur sehr allgemeine Argumente für die Notwendigkeit einer Verfassung angeführt. Alexandra aus Marseille fragte, warum eine Verfassung überhaupt notwendig sei; nach ihrer Auffassung sei dies schwer zu verstehen. Die Antwort von Präsident Chirac:

> »Man muss den Zustand der Welt betrachten und die Frage, was die Zukunft bringen wird. Ich möchte gerne, dass jeder versteht, wie die Welt heute ist. Diese Mächte, wir können sie nicht allein bewältigen. Frankreich hat nicht die Mittel dazu [...]. Wir müssen einen Rahmen schaffen. Europa muss stark und organisiert sein um dieser Entwicklung entgegentreten zu können. Wir haben zwei mögliche Lösungen: die Lösung des ›laissez faire‹, d.h. ein von ultraliberalen Kräften getriebenes Europa, sozusagen ein ›angelsächsisches atlantisches Europa‹. Dies ist nicht das, was wir möchten. Der zweite Weg ist ein humanistisches Europa, das – um seinen Humanismus, seine Werte zu institutionalisieren – organisiert und stark sein muss.«

Später kritisiert ein Fragesteller den Präsidenten dafür, dass er einen »Doppeldiskurs« im Hinblick auf den Ultraliberalismus pflege: In Frankreich führe sein Premierminister J. P. Raffarin eine solche Politik tatsächlich durch, indem er viele öffentliche Dienste privatisiere; auf der Ebene der Welt argumentiere der Präsident dagegen. Chirac antwortet, dass die Europäische Verfassung die öffentliche Bereitstellung grundlegender sozialer Dienste garantiere; auf der Ebene von Europa und der Welt aber befänden wir uns

> »an einer Straßenkreuzung. Auf der einen Seite gibt es die internationale, ultraliberale Strömung, auf der anderen Seite die organisierte humanistische Strömung. Und diese möchten wir verteidigen.«

Später fügt er hinzu:

> »Würden Sie ein organisiertes Europa bevorzugen, das seinen Einfluss in der Zukunft geltend machen kann, ein Europa, in welchem Frankreich seine entscheidende Rolle beibehält [...] oder würden Sie ein Europa in seinem jetzigen Zustand vorziehen, der zwar nicht dramatisch ist, der aber dennoch nicht in der Lage ist, unsere

Werte und unsere Interessen in der Welt heute durchzusetzen, sowohl gegenüber den aufsteigenden großen Mächten wie auch gegenüber der ultraliberalen Strömung?«

(2) Ein Journalist bittet den Präsidenten nur »drei kleine, konkrete Dinge« zu nennen, die sich ändern würden, wenn die Verfassung angenommen würde. J. Chirac:

> «Gewiss, eine ganze Anzahl von Dingen: Zuerst einige wenige Punkte. In erster Linie werden alle Hauptprinzipien, die in unseren Werten enthalten sind, die nun an als die Grundwerte jeder europäischen Politik definiert. Zum Beispiel Gleichheit zwischen Männern und Frauen, Kampf gegen alle Formen von Diskriminierung, Schutz des öffentlichen Dienstes, Stärkung der Eurogruppe und der Macht unserer Währung, Zusammenarbeit im Kampf gegen Terrorismus, internationale Kriminalität und illegale Immigration, Umweltthemen.«

Eine junge Frau, die angibt, als Krankenschwester zu arbeiten, frägt, ob im Gesundheitssektor Minimalstandards aufrechterhalten werden. Der Präsident antwortet, dass die Gesundheitsdienste national bleiben werde, dass niemand Angst haben müsse. Ein anderer Fragesteller nimmt dieses Thema wieder auf:

> »Herr Präsident, Sie haben von Furcht gesprochen. Ich bitte Sie um Verzeihung, aber hier geht es nicht um Furcht. In der Tat, wir leben nicht in der gleichen Realität. Praktisch bin ich der Meinung, dass wir uns alle als Europäer fühlen. Wir fragen nach etwas Konkretem. Wir fragen nach konkreten Veränderungen, die sich durch die Verfassung ergeben und warum sie einen Meilenstein darstellen soll«.

Präsident Chirac:

> »Was konkret ist, Fräulein, ist die Tatsache, dass alle Werte, auf welche unsere nationale und europäische Ambition gerichtet ist, klar bestätigt, anerkannt und offiziell für Europa eingesetzt werden. Dies bedeutet, dass zum ersten Mal alle Werte die ich erwähnt habe […] verfassungsmäßige Werte werden.«

Ich werde in Kapitel 8 argumentieren, dass die Definition der EU als einer »Gemeinschaft von Werten« sehr vage ist, und dass man eine klare Unterscheidung machen muss zwischen der Erklärung von grundlegenden und allgemeinen Werten auf der einen Seite, und der Formulierung konkreter Rechte und Pflichten in einer Verfassung auf der anderen Seite. Eine Hauptschwäche der Europäischen Verfassung, speziell im Hinblick auf den sozialen Aspekt der Integration, ist die Tatsache, dass sie sich auf den ersten Aspekt beschränkt, das heißt, auf die Erklärung allgemeiner Werte.

1 Leben in zwei Welten? 57

(3) Ein weiteres sehr typisches Argument, das J. Chirac bringt, lautet, dass im Falle einer Ablehnung der Verfassung fatale Folgen eintreten werden. So stellt er etwa im Zusammenhang mit der Landwirtschaftspolitik fest, dass in einer erweiterten Gemeinschaft, wenn alle 24 Mitglieder mit Ja stimmen, die Wahrscheinlichkeit hoch sei, dass ein schwarzes Schaf, das alles blockiert hat, im Europa von morgen nichts mehr zählt. Später spricht er von einer »Operation Boomerang« in Zusammenhang mit der Möglichkeit, dass die Franzosen die Verfassung ablehnen. Dies würde die Folge haben, dass das Gewicht von Frankreich und seine Fähigkeit, seine Interessen zu verteidigen, empfindlich geschwächt würden. Kurz vor Ende der Diskussion bekräftigt er dies nochmals:

> » ... diese Verfassung ist notwendig um Europa zur organisieren und die spezifischen französischen Werte zu bewahren, die sich Europa seit zwei Jahrhunderten aufgeprägt haben. Wenn andererseits die Franzosen die Verfassung ablehnen würden, würde Frankreich aufhören innerhalb Europas politisch zu existieren, zumindest für einige Zeit.«

Diese These wurde tatsächlich nach der Ablehnung der Verfassung durch die Franzosen sehr häufig aufgestellt. Praktisch niemand unter den einflussreichen Eliten argumentierte, dass das Nein auch als eine große Chance hätte wahrgenommen werden können um die Form und den Inhalt der Verfassung zu überdenken und eine erneuerte, breiter basierte und EU-weite Diskussion über die Verfassung in Gang zu bringen (Kühnhardt 2005).

(4) Ein zentrales Argument für die Verfassung lautet, nach Meinung von Chirac, dass sie es Europa ermöglicht, ein *Big Player* zu werden, der seine Werte weltweit verteidigen kann. Im Zusammenhang mit der Frage der EU-Mitgliedschaft der Türkei ist der folgende Dialog von Chirac mit einem Journalisten erhellend. Dieser fragte, warum die Türkei ein EU-Mitglied werden sollte. Chirac:

> »Aus zwei Gründen. Zum Ersten muss Europa, wenn es machtvoll genug werden will im Vergleich zu den Großen anderen, eine genügend große Bevölkerung und Größe haben.«

Patrick Poivre d'Arvor: »Wir sind bereits jetzt 450 Millionen, das ist nicht gerade wenig ...«. Chirac: »Absolut. Aber wenn wir diese Macht bewahren wollen, ist es notwendig, [mit der Erweiterung] fortzufahren.« Gegen Ende kommt er auf dieses Argument zurück im Zusammenhang mit seinem Wunsch, dass die Franzosen die Verfassung unterstützen: »Europa muss mächtig genug sein, um dem Druck großer Blöcke zu widerstehen oder sie beeinflussen zu können.«

(5) In diesem Zusammenhang ist es sehr interessant, dass die Verfassung laut Chirac in hohem Maße durch Frankreich inspiriert worden ist. Er sieht darin einen Hauptgrund dafür, warum die Franzosen sie bestätigen sollten:

»Die europäische Verfassung ist der Erbe des französischen Denkens. Sie wurde nicht zufällig von zahlreichen Franzosen seit ihrem Beginn unterstützt bis zum Präsidenten des Verfassungskonvents Giscard d'Estaing. Dies ist einfach deshalb der Fall, weil der Geist des ganzen Textes [...] wesentlich französisch ist.«

Diese Aussagen sind wahrscheinlich richtig, wie in Kapitel 6 gezeigt werden wird, wo die Ziele dargestellt werden, die mit der europäischen Integration in den verschiedenen Mitgliedsstaaten verfolgt werden. Das Problem ist jedoch, dass eine Verfassung für Europa keine Chance hat, von einer breiten Basis und in allen Mitgliedsländern akzeptiert zu werden, wenn sie sehr stark durch den spezifischen Geist eines Landes geprägt wird. In Kapitel 8 werden Vorschläge gemacht, wie die Verfassung überarbeitet werden sollte, um zum Beispiel auch von den Briten und von den neuen Mitgliedsstaaten in Mittel/Ost-Europa, die ebenfalls sehr liberal orientiert sind, akzeptiert werden zu können.

(6) Schließlich verneint Jacques Chirac negative Folgen der Integration und argumentiert, dass die Verfassung damit nichts zu tun hat. Dies betrifft Fragen wie die Privatisierung öffentlicher Dienste in Frankreich, die Spaltung von Arbeitsmärkten, die Zunahme unsicherer Teilzeitbeschäftigungsverhältnisse und der organisierten internationalen Kriminalität. Die europäische Integration ist sicher nicht der einzige und auf jeden Fall nicht der Hauptfaktor, der für all diese Probleme verantwortlich ist. Es steht jedoch außer Frage, dass sie mit der Zunahme dieser Probleme zu tun hat. Eine Antwort, die die Bürger als adäquater ansehen könnten wäre etwa, dass (a) diese negativen Effekte akzeptiert werden müssen als Nebenprodukte anderer, wichtigerer Ziele (wie etwa das wirtschaftliche Aufholen der armen Länder in Europa) und dass (b) auf der Ebene der alten Mitgliedstaaten gewisse Maßnahmen getroffen werden sollten, um die negativen Effekte der Integration für betroffene Gruppen zu mildern.

Die Gefühle der jungen Diskutanten und Diskutantinnen – wie jene der Fernsehzuseher – nach dieser Diskussion werden nicht allzu positiv gewesen sein. Eine journalistische Beurteilung der Diskussion lautet folgendermaßen: Chirac »konnte keine angemessenen Antworten auf die authentischen Anliegen der jungen Menschen geben. Unmittelbar nach der Diskussion zeigten Umfrageergebnisse, dass der Anteil der Wähler, die gegen die Verfassung stimmen wollten, für kurze Zeit von 52 % auf 56 % angestiegen ist; das Verhalten des Präsidenten wurde von den französischen Medien als ›realitätsfern‹, ›intoktrinierend‹ und insgesamt kontraproduktiv bezeichnet; sein päpstlicher Ratschlag »*Habt keine*

1 Leben in zwei Welten? 59

Angst« war wahrscheinlich ein Ausdruck seiner eigenen Angst vor dem Ausgang des Referendums und es konnte die Opponenten sicherlich nicht überzeugen.«

Wir können daher auch in diesem Fall folgern, dass dieser einflussreiche, politische Führer an eine ganz andere Welt dachte und von ganz anderen Idealen sprach als seine jungen Landsleute. Es ergibt sich wieder als eine zentrale Aufgabe der Sozialwissenschaft die Gründe zu erforschen, warum die Bürger um so vieles weniger enthusiastisch über den europäischen Integrationsprozess sind als ihre politischen Führer.

Abstimmung der Ahnungslosen. Was deutsche Abgeordnete über die EU wissen

Es wäre von größtem Interesse zu wissen, wie gut der Informationsstand der Abgeordneten in den Mitgliedsstaaten der EU im Hinblick auf die verschiedenen Integrations-Verträge war, denen sie zu so viel höheren Anteilen zugestimmt haben als ihre Bürger. Repräsentative Umfragen unter Abgeordneten zu dieser Frage sind leider nicht bekannt. Ein paar grelle Lichtstrahlen fielen jedoch darauf durch Interviews mit einigen Abgeordneten des Deutschen Bundestages im Zusammenhang mit dessen Abstimmungen über die Verfassung für Europa bzw. über den Lissabon-Vertrag.

In der Sendung »*Panorama*« des Ersten Deutschen Fernsehens am 12.5. 2005 stellte die Moderatorin Anja Reschke dar, wie gut fünf Bundestagsabgeordnete, jeweils einer aus allen Parteien (Ernst-Reinhard Beck, Marga Elser, Wolfgang Gerhardt, Friedbert Pflüger, Horst Schild), über die EU-Verfassung Bescheid wussten; am gleichen Tage hatte der Bundestag mit 95,7% für diese Verfassung gestimmt.[24] Die Moderatorin leitete die Sendung folgendermaßen ein:

> »Wie gut, dass wir keine Franzosen oder Niederländer sind. Sonst müssten wir uns jetzt in fünfhundert Seiten, 448 Artikel und 36 Zusatzprotokolle einarbeiten. Aber hier in Deutschland stimmt nicht das Volk, sondern das Parlament über die neue EU-Verfassung ab. Praktisch, sparen wir uns auch gleich teure Aufklärungskampagnen. Unsere Aufgabe als Bürger ist simpel, wir sollen Europa einfach gut finden und uns sonst möglichst nicht einmischen. Da uns ja der Blick auf das Große und Ganze fehlt, wie Politiker immer wieder beteuern, sollen wir uns nur auf unsere gewählten Volksvertreter verlassen. Und dass die 601 deutschen Abgeordneten heute Morgen nach bestem Gewissen und vor allem aber Wissen abgestimmt haben, versteht sich ja von selbst – oder?«

---

[24] Vgl. http://www.uni-kassel.de/fb5/frieden/themen/Europa/verf-ratifiz-komm.html. Das Video ist zugänglich auf http://daserste.ndr.de/panorama/archiv/2005/erste8742.html. (Beide abgerufen am 24.9.2008).

Vier einfache Fragen über den Inhalt der EU-Verfassung wurden an die Abgeordneten gestellt. Sie lauteten wie folgt:

- Gibt es auf EU-Ebene die Möglichkeit für ein Bürgerbegehren? (Richtige Antwort: Ja). Antwort der Befragten: fünfmal Nein;
- Auf welchen Politikfeldern z.B. hat laut Verfassung der Bundestag nichts mehr zu melden, wo ist die EU zuständig? (Richtige Antwort auf diese zweifellos sehr wichtige Frage: Zölle, Wettbewerb, Eurowährungspolitik). Die Antworten der Abgeordneten: viermal »kann ich nicht sagen«; einmal: europäische Verteidigungspolitik (!).
- Welche qualifizierte Mehrheit ist nötig, um in Brüssel ein Gesetz zu beschließen? (Über diese ebenfalls sehr wichtige Frage wurden zwischen den Staaten monatelang verhandelt; richtige Antwort: 55% der Mitgliedsstaaten mit mindestens 65% der EU-Bevölkerung). Antworten der Abgeordneten: fünfmal »weiß nicht«.
- Wie viele Sterne sind auf der EU-Flagge? (Richtige Antwort: 12). Antworten der Abgeordneten: zweimal »weiß nicht«, einmal: 25; einmal: 12 oder 15.

Nicht nur die Moderatorin beschloss die Sendung sehr kritisch (»In Unwissenheit geeint«). Auch angesehene Zeitungen schrieben, bei dem Votum des Bundestags habe es sich wohl um eine »Abstimmung der Ahnungslosen« gehandelt.[25] Eine Zeitung schrieb: »... in Deutschland gibt es keine Volksabstimmung über die Verfassung. Hier misstrauen die Politiker der rechtsstaatlichen Reife ihrer Bürger auch nach 60 Jahren Demokratie so sehr, dass sie das Volk direkt nur sozusagen im Laufstall mitreden lassen [...]. Wahrscheinlich wäre das deutsche Interesse für diese Verfassung Europas in den vergangenen Wochen wesentlich größer gewesen, wenn der Bürger direkt hätte darüber entscheiden können. Aber so standen selbst die Politiker nicht einmal unter Druck, das Wahlvolk zu überzeugen. Sie hatten genug damit zu tun, [...] die Zahl der Abweichler und Zweifler im Bundestag klein zu halten«.[26]

Dass diese Wissenslücken nicht auf einer zufälligen Auswahl von besonders Unkundigen beruhten, zeigte sich in einer ähnlichen Befragung drei Jahre später, am 22. April 2008, zwei Tage vor der Abstimmung über den EU-Reformvertrag von Lissabon. Sie wurde von »Mehr Demokratie e.V.« in direkter Anlehnung an die vorhin dargestellte Befragung durchgeführt; einige der Fragen wurden wiederholt.[27] Es wurden 20 Bundestagsabgeordnete kontaktiert; die Mehrheit davon

---

[25] Vgl. z.B. Süddeutsche Zeitung, 13.5.2005: Bernd Oswald, »Tal der Ahnungslosen«.
[26] Der Tagesspiegel, 13.5.2005, Gerd Appenzeller, »Freude, kleiner Götterfunken«.
[27] Vgl. http://www.mehr-demokratie.de/eu-umfrage.html (24.9.2008)

lehnte die Beantwortung ab, etwa mit der Begründung, dass man kein Europa-Fachmann sei oder dass es noch Zeit sei, den Vertrag zu lesen. Bei den sieben Abgeordneten, die die Fragen beantworteten, zeigten sich wieder erhebliche Wissenslücken. Auf die Frage, wofür die EU allein zuständig sei, antwortete einer richtig. Bei der Frage, welche qualifizierten Mehrheiten für die Verabschiedung eines Gesetzes notwendig seien, wurde von zweien die richtige Antwort vage angedeutet; alle anderen wussten nichts darüber. Die Frage nach der Möglichkeit des Bürgerbegehrens konnte die Hälfte richtig beantworten. Die Frage, welche neuen Kompetenzen die EU durch den Reformvertrag erhält, wurde von keinem einzigen richtig beantwortet. Mehrheitlich richtig waren die Antworten auf die beiden folgenden Fragen: Was besagt der EU-Reformvertrag über militärische und Rüstungsfragen? und: Gibt es ein europäisches Streikrecht?

Es ist nicht anzunehmen, dass der Wissensstand der Abgeordneten in den anderen EU-Mitgliedsländern sehr viel höher war. Höchst unwahrscheinlich ist dies in jenen Ländern der Fall, wo der EU-Beitritt außer Frage stand (wie in Süd- und Osteuropa), aber auch im EU-skeptischen Großbritannien, wo der allgemeine Informationsstand über die EU ebenfalls niedrig ist. Dass aber gerade deutsche Abgeordnete so wenig Bescheid wussten, erscheint als besonders peinlich, ja erschreckend angesichts der Tatsache, dass die politischen Eliten in diesem Land – wie in kaum einem anderen – der Meinung sind, nur sie, aber nicht das Volk, seien informiert und verantwortungsbewusst genug, um über eine so wichtige und komplexe Materie abzustimmen. Es wird in Abschnitt 6.3 gezeigt, dass diese Haltung nicht zuletzt auf einer irreführenden Interpretation der deutschen Geschichte im 20. Jahrhundert beruht.

Ausblick

Von außen betrachtet war die europäische Integration ein äußerst erfolgreicher Prozess. Seit 1945 hat es auf diesem Kontinent keinen Krieg mehr gegeben und es ist sehr unwahrscheinlich, dass es in der Zukunft einen geben wird; das Wirtschaftswachstum war in dieser Periode insgesamt gesehen spektakulär; und die Einführung der gemeinsamen Währung Euro markiert die letzte Innovation, die sowohl aus substantieller als auch aus symbolischer Sicht wichtig war, wenn es um die Schaffung einer »immer engeren Union« geht, das Ziel, das sich der Vertrag von Rom gestellt hat. Trotz all dieser Fakten haben die Bürger von Frankreich und den Niederlanden im Frühjahr 2005 mit großen Mehrheiten eine neue Verfassung für Europa abgelehnt, die alle früheren Integrationsschritte konsolidiert und einigermaßen übersichtlich zusammengefasst, und einige innovativen, institutionellen Reformen hinzugefügt hätte, durch welche die Transparenz und die Effizienz des politischen Systems der EU verbessert werden sollten. In diesem Kapitel wurden die Umstände dieser äußerst überraschenden Ablehnung dargestellt. Wir fanden, dass sie nur die jüngste Manifestation einer tiefen und zunehmenden Kluft zwischen Eliten und Bürgern war, die sich bereits seit den früher 1990er Jahren entwickelt hat.

Diese Studie beruht auf zwei allgemeinen Annahmen im Hinblick auf diese Kluft zwischen Eliten und Bürgern. Die eine lautet, dass die Eliten den Integrationsprozess ohne Einbeziehung der Bürger vorangetrieben haben. Als Folge davon sehen die neuen Institutionen keine Möglichkeit für eine substantielle Mitarbeit der Bürger vor; tatsächlich wurden die Möglichkeiten der demokratischen Mitbestimmung auch auf der Ebene der Mitgliedsstaaten reduziert, weil viele ihrer Kompetenzen auf die Union übertragen wurden. Der andere Grund ist, dass auch im Hinblick auf die soziale und wirtschaftliche Entwicklung Eliten und Bürger sehr unterschiedlich vom Integrationsprozess profitieren. Dies wurde in den letzten Jahrzehnten, nach der Beseitigung des eisernen Vorhanges und dem Beitritt der früheren staatssozialistischen Länder in die EU am deutlichsten. Diese Prozesse eröffneten immense Möglichkeiten für Investitionen und Profite für westeuropäische Wirtschaftsunternehmen, sie führten aber nicht zu einem entsprechenden Anstieg von Beschäftigungsmöglichkeiten und Einkommen unter der Bevölkerung insgesamt. In den folgenden drei Kapiteln dieses Buches werden die Motive, Strategien und Handlungsweisen der drei mächtigen Elitengruppen – der politischen, ökonomischen und bürokratischen Eliten – untersucht. In den Kapiteln 6 und 7 werden die Wahrnehmungen und Bewertungen der Bürger in den verschiedenen Mitgliedsstaaten sowie die Ideen von Intellektuellen in Zusammenhang mit der europäischen Integration dargestellt. Es werden sich hier erhebliche Diskrepanzen zeigen zwischen diesen Ideen und der tatsächlichen Form des Integrationsprozesses, die dieser seit 1950 angenommen hat. Auf der Basis dieser Befunde werden im letzten Kapitel Vorschläge entwickelt für eine institutionelle Weiterentwicklung der Union, die abweicht von dem elitären Weg, den sie bis heute noch immer verfolgt.

2 Europäische Integration als Elitenprozess
Eine soziologische Perspektive

Einleitung

Die Ablehnung der Verfassung für Europa durch die Franzosen und Niederländer im Mai 2005 hat erstmals sehr spektakulär gezeigt, dass eine tiefe Kluft zwischen Eliten und Bürgern im Prozess der europäischen Integration besteht. Im Gegensatz zu dem, was man erwarten könnte, nimmt die Zustimmung zur Integration unter den Bürgern über die Zeit hinweg nicht zu, sondern stagniert oder nimmt tendenziell sogar ab.

In diesem Kapitel wird ein soziologischer Ansatz zum Verständnis und zur Erklärung dieser Kluft entwickelt. Sie stellt ein Rätsel dar, wenn man sich die vorherrschende Sicht der europäischen Integration vergegenwärtigt, wonach diese ein Prozess ist, der Frieden, Demokratie und Wohlstand in Europa garantiert. Der hier entwickelte Ansatz geht davon aus, dass die Integration als ein kontinuierlicher Interaktionsprozess gesehen werden muss, indem (a) die entscheidenden Akteure, die politischen, ökonomischen und bürokratischen Eliten (b) auf verändernde gesellschaftliche und politische Umstände reagieren, indem sie neue Formen der Kooperation und neue Institutionen entwickeln, und (c) in welchem eine kontinuierliche Interaktion zwischen Eliten und Bürgern stattfindet. Aus normativer Sicht ist dieser Ansatz inspiriert durch die demokratische Elitentheorie, die davon ausgeht, dass transparente Beziehungen innerhalb der Eliten bestehen müssen und das Verhalten der Eliten auf die Wünsche der Bürger Rücksicht nehmen muss. Dieser Ansatz wird in den nächsten beiden Abschnitten dargestellt. In den Beziehungen zwischen den Eliten und den Bürgern spielen auch Ideen und Werte als Instrumente der Legitimation eine wichtige Rolle, wie im dritten Abschnitt gezeigt wird; intellektuelle Kritiker herrschender Ideologien, die in der Lage sind, alternative Visionen zu entwickeln, sind in dieser Hinsicht ebenfalls zentral. Der letzte Abschnitt dieses Kapitels stellt eine erste Anwendung dieses soziologischen Rahmens dar; darin wird der historische Kontext zur Zeit der Gründung der Europäischen Gemeinschaft für Kohle und Stahl ECSC und der Europäischen Wirtschaftsgemeinschaft EEC dargestellt.

2.1 Eliten und Demokratie

In diesem Abschnitt stellen wir den soziologischen Ansatz dar, der dieser Studie zugrunde liegt; er besteht aus zwei Teilen. Der erste ist die demokratische Elitentheorie, der zweite die Perspektive der Soziologie als Wissenschaft der sozialen Realität.

Einsichten aus der klassischen Elitentheorie

Die sozialwissenschaftliche Theorie der Eliten beschäftigt sich mit der Frage der Machtverteilung in einer Gesellschaft; ihre zentrale These lautet, dass es in jeder politischen Gemeinschaft relativ kleine Gruppen gibt, die eine überproportionale Macht besitzen. Diese Eliten umfassen in der Regel nur eine geringe Anzahl von Personen; ihr Gegenpart ist die gesamte Bevölkerung, in der klassischen Elitentheorie als »Masse« bezeichnet. Da der Umfang der Eliten sehr viel kleiner ist als jener der Bevölkerung, können sich die Eliten viel leichter organisieren; die Nicht-Eliten sind in der Regel viel weniger gut organisiert.[1] Empirische Forschung für die Vereinigten Staaten hat gezeigt, dass es einen hohen Grad an direkter sozialen Interaktion und Kommunikation zwischen den verschiedenen Eliten gibt (Mills 1959; Domhoff 1990). Betrachten wir kurz die zentralen Annahmen der klassischen Elitentheorie, bevor wir einige Hypothesen über die Beziehung zwischen Eliten und europäischer Integration entwickeln.[2]

Die Elitentheorie wurde durch das bekannte Trio Vilfredo Pareto (1848–1923), Gaetano Mosca (1858–1941) und Roberto Michels (1876–1936) begründet.[3] Paretos Elitentheorie besagt, dass jede Gesellschaft eine kleine Gruppe von Eliten oder »Aristokraten« enthält – Personen, die die begabtesten und effizien-

---

[1] Vgl. als neuere Einführungen in die soziologische Elitentheorie Scott 1990; Dogan 2003; Hradil/Imbusch 2003; Coenen-Huther 2004; Wasner 2004. Das informativste Werk über Eliten aus international vergleichender Perspektive ist immer noch Putnam 1976.
[2] Der Begriff der »Eliten« erscheint zum Studium der europäischen Integration brauchbarer als jener der »sozialen Klasse«, weil dieser Begriff auch das Bestehen sozialer und kultureller Gemeinsamkeiten voraussetzt (insbesondere intergenerationale Vererbung und Heiratsmuster); es gibt aber keine genuin europäischen Oberschichten oder »herrschenden Klassen« und sie sind auch nicht im Entstehen. Das neo-marxistische Konzept der »kapitalistischen Klasse« unterschätzt die Rolle der Politik und Bürokratie im EU-Kontext, wie auch jene von Ideen und Institutionen, wie der Demokratie. In der Praxis handelt es sich hierbei vielleicht aber nur um begrifflich-taxonomische Unterscheidungen, weniger um fundamental andere Ansätze und Fragestellungen. Bastian van Apeldoorn, der im Rahmen einer neo-marxistischen, Gramscianischen Perspektive arbeitet, verwendet z.B. auch die Begriffe wie »Klassen-Eliten« oder »Europas korporative Elite« (van Apeldoorn 2000).
[3] Für Zusammenfassungen der Theorien dieser »klassischen« Autoren vgl. Putnam 1976; Etzioni-Halevy 1993; Coenen-Huther 2004; Wasner 2004.

testen Menschen in dem jeweiligen gesellschaftlichen Bereich darstellen. Der Kampf zwischen diesen und die Ersetzung einer Elite durch eine andere ist das Wesen der Geschichte; wenn eine Elite nicht mehr erfolgreich ist, wird sie durch eine andere, neue Elite gestürzt. Für Gaetano Mosca (1966) ist jede Gesellschaft zweigeteilt, in jene, die regieren und jene, die regiert werden. Die kleine »*politische Klasse*« ist in Folge ihrer straffen Organisation in der Lage, alle politischen Machtfunktionen auszuüben und sich dadurch viele Privilegien anzueignen. Robert Michels' »*eisernes Gesetz der Oligarchie*« besagt, dass auch in allen Parteien und Organisationen eine interne Dichotomie besteht zwischen einer Minderheit von Führern, die die notwendigen Fähigkeiten besitzen, große und komplexe Organisationen und ihre Mitglieder zu steuern, während die letzteren nichts anderes tun, als die Anordnungen der ersteren auszuführen. Das Denken dieser Elitentheoretiker kann man in gewisser Weise als »bürgerlichen Marxismus« bezeichnen: sie betonen, dass es eine tiefgehende Ungleichheit der Machtverteilung in der Gesellschaft gibt, aber – im Gegensatz zu Marx –sehen sie keinen Weg, der aus dieser Situation herausführen könnte. Ihre grundlegenden Ideen wurden auch durch einige zeitgenössische Soziologen übernommen. Am bekanntesten darunter ist C. Wright Mills (1959); er war der Ansicht und belegte dies durch vielfältige empirische Fakten, dass die US-amerikanische Gesellschaft durch eine »*Machtelite*« beherrscht wird, die aus einem engen Netzwerk von Mitgliedern der *Upperclass* zusammengesetzt ist, zu dem Mitglieder der unternehmerischen, politischen und militärischen Eliten gehören.

Diese allgemeine Perspektive der klassischen Elitentheorie ist auch heute noch relevant; nicht alle ihre Annahmen können jedoch akzeptiert werden. Es sind vor allem drei kritische Punkte anzumerken: (1) Es gibt nicht nur eine simple Dichotomie zwischen jenen, die herrschen, und jenen, die beherrscht werden. Nicht erst die tiefgreifenden Transformationen der Sozialstrukturen in Europa seit 1945 – steigende Niveaus von Bildung und Einkommen, Übergang zu postindustriellen Gesellschaften, usw. – haben zu einer sehr differenzierten sozialen Struktur geführt (Guttsman 1990; Hoffmann-Lange 1992: 310). Die moderne Technologie und Kultur hat auch die Möglichkeiten sehr stark erhöht, verschiedene Themen und soziale Gruppen zu organisieren (Meyer und Jepperson 2000). (2) Die vielfältigen politischen Ämter moderner Demokratien führen zu einer komplexen Struktur der politischen Schichtung (Putnam 1976: 8f.). Demokratische Verfassungen haben Mechanismen eingerichtet, durch welche die Macht der Eliten begrenzt wird und die Bürger können an der Auswahl oder Ablöse der politischen Eliten mitwirken. Es gilt daher, dass Eliten heute nicht mehr über alle Macht verfügen; sie müssen diese mit Subeliten teilen, außerdem kontrollieren die Eliten unterschiedlicher Sektoren einander. (3) Politische Eliten werden darüber hinaus in verschiedenster Weise durch die Bürger kontrolliert. Die Gesamtbevölkerung ist auch keine undifferenzierte »Masse«, sondern besteht aus sehr differenzierten Subgruppen mit unterschiedlichen Interessen, die vielfältige Möglichkeiten haben, ihre Interessen zu formulieren und zur Geltung zu bringen. Was in der klassischen Elitentheorie weiters fehlt, ist eine Beachtung des Verfassungsrahmens, innerhalb dessen die Eliten wirken. In modernen Gesellschaften ist dies die Institution der Demokratie, die explizit entwickelt wurde, um mit dem Problem der Kontrolle der politischen Macht zu Rande zu kommen.

Man kann auch nicht sagen, dass Eliten grundsätzlich nur nach Macht streben, egoistisch und rücksichtslos oder sogar korrupt seien. Sie sind aber auch nicht an und für sich effizient und nur für das Wohl der Allgemeinheit tätig (wie die Eliten selbst und die konservative Elitentheorie es gerne hätten). Ihre Handlungen sind gelenkt durch eine Kombination von utilitaristisch-rationalen, wertbezogenen und emotionalen Komponenten, und dies jeweils in Reaktion auf die Situation, in welcher sie sich befinden. Als Inhaber der wichtigsten und einflussreichsten Positionen haben Eliten eine besondere Verantwortung, die zentralen und gesellschaftlichen Werte zu beachten (Lasch 1995). Empirische Forschung in Deutschland hat gezeigt, dass die politischen Eliten die grundlegenden demokratischen Werte sogar stärker befürworten als die Bevölkerung im Allgemeinen (Faelcker 1991).

Folgerungen aus der demokratischen Elitentheorie

Einige klassische und zeitgenössische Sozialtheoretiker haben die Grundlagen eines Bezugsrahmens entwickelt, der eine sachliche, aber auch kritische Sicht der Rolle der Eliten in modernen Gesellschaften ermöglicht (vgl. Etzioni-Halevy 1993: 53ff.; Haller 1995). Einer der ersten und wichtigsten darunter war der große französische politische Philosoph Montesquieu (1689–1755). Er argumentierte, dass die politische Macht im Interesse der individuellen Rechte und Pflichten eingeschränkt werden muss (Montesquieu 1955). Das Hauptinstrument dafür ist eine klare Trennung zwischen der gesetzgebenden, ausführenden und richterlichen Gewalt als Grundlage der Demokratie. Wenn diese drei Funktionen in einer Person oder Gruppe vereint sind, ergibt sich absolute Macht oder Tyrannei; wenn sie getrennt sind, kontrollieren die Inhaber der unterschiedlichen Machtformen einander. Diese Idee wurde von Sozialwissenschaftlern im 20. Jahrhundert aufgenommen, wie etwa von Josef Schumpeter (1962), R. Aron, S. Eisenstadt und anderen. Sie entwickelten »die liberale Idee der Trennung der Mächte innerhalb des Staates, zusammen mit der Forderung nach unabhängigen Eliten außerhalb des Staates« (Etzioni-Halevy 1993: 60). Man kann diese Ansätze unter dem Begriff »demokratische Elitentheorie« zusammenfassen. Liberale britische Denker

2 Europäische Integration als Elitenprozess

wie John S. Mill und Jeremy Bentham argumentierten, dass gesellschaftliche Institutionen und Rechte existieren müssen, die wesentlich zur Kontrolle von Macht beitragen, wie die Freiheit der Presse und der Rede und der Versammlung; die Verantwortlichkeit der Regierenden muss durch periodische, freie Wahlen sicher gestellt werden. Der deutsche Soziologe Max Weber (1864–1920) konzentrierte sich auf die Rolle der Macht der modernen bürokratischen Eliten – ein neues und sehr wichtiges Thema auch im Zusammenhang mit der Europäischen Union (vgl. Kapitel 5). Für Weber stellt die Bürokratie die rationalste und effektivste Methode der Herrschaft in modernen Gesellschaften dar. Alle Staatsbürokratien tendieren jedoch dazu mächtig zu werden; daher müssen sie durch andere Institutionen und Akteure kontrolliert werden.

Die demokratische Elitentheorie ist auf zwei Perspektiven begründet. Eine davon wird repräsentiert durch politische Philosophen wie Montesquieu oder Hannah Arendt (1951, 1963). Sie analysieren die entscheidenden Merkmale demokratischer Systeme aus einer normativen Sicht. Sozialwissenschaftlich orientierte Elitentheoretiker und Forscher fragen dagegen, wie Demokratien tatsächlich funktionieren. Diese Unterscheidung spiegelt sich auch in den Hauptfragestellungen der verschiedenen sozialwissenschaftlichen Disziplinen wider, die sich mit der europäischen Integration befassen: Während sich die Rechtswissenschaft primär auf normative Fragen konzentriert, untersuchen Ökonomie und Soziologie vor allem, wie die Institutionen der EU tatsächlich arbeiten und welche Effekte die Integration hat. Die politische Wissenschaft steht in der Mitte, da sie sowohl Forschung aus der normativen Perspektive (wie der vergleichenden Regierungslehre), wie auch aus der empirisch-erklärenden Perspektive (wie in der Forschung über Wahlen und öffentliche Meinung) einschließt.

In dieser Arbeit wird angenommen, dass die sozialwissenschaftliche Analyse sowohl die normative als auch die empirisch-analytische Perspektive beinhalten muss. Empirische Forschung über die faktische Arbeitsweise von Institutionen, über die Interessen der involvierten Akteure usw., kann in einer viel informierteren Weise durchgeführt werden und hat viel mehr praktisch-politische Relevanz, wenn sie systematisch auf normative Prinzipien bezogen wird (vgl. auch Wiener und Diez 2004: 244). Die Unterscheidung zwischen der normativen und der empirisch-analytischen Perspektive muss in der Forschung jedoch sehr deutlich gemacht werden. In einem Großteil der europabezogenen Forschung wie auch in den dominanten Integrationstheorien ist dies nicht der Fall. Die funktionalistische bzw. neofunktionalistische Integrationstheorie, die annimmt, dass Integration im ökonomischen Sektor beginnt und dann mehr oder weniger automatisch auf andere Sektoren übergreift, »war von Beginn an durchdrungen von pro-integrativen Annahmen« (Jensen 2003: 81; für zusammenfassende Übersichten über Integrationstheorien vgl. Rosamond 2000; Cini 2003a, Part 2; Wiener und Diez 2004; Faber 2005). Das gleiche gilt für die intergouvermentalistische Integrationstheorie und im Besonderen für die Theorie des Föderalismus; hier wird die Integration als Resultat geplanter Aktionen von Regierungen gesehen und es wird erwartet, dass das Endergebnis die »Vereinigten Staaten von Europa« sein werden (für kritische Übersichten vgl. Burgess 2003; Dehove 2004; Faber 2005).

Ideen und Institutionen, Akteure und soziale Strukturen im Prozess der europäischen Integration. Die soziologische Perspektive

Die theoretischen Annahmen und Hypothesen zur europäischen Integration, die in diesem und im folgenden Abschnitt präsentiert werden, basieren zum zweiten auf der Idee der Soziologie als »Wirklichkeitswissenschaft«.[4] Dieser Ansatz stellt einen allgemeinen Rahmen zur Verfügung, innerhalb dessen spezifische politische, gesamtgesellschaftliche Prozesse, wie auch die europäische Integration, lokalisiert werden können. Vier Prinzipien sind für diese Perspektive zentral.[5]

Das erste Prinzip betrifft die Unterscheidung zwischen vier Ebenen oder Bereichen der sozialen Realität und dementsprechenden Typen der soziologischen Analyse (vgl. Übersicht 2.1). Es sind dies: (1) die Ebene der Ideen und Werte; (2) die Ebene der sozialen und politischen Institutionen; (3) die Ebene der konkreten Akteure und sozialen Prozesse; (4) die Ebene der sozial-strukturellen und historischen Bedingungen des Handelns (Weber 1973, 1978a; Popper 1972; Meleghy 2001; Haller 2003a: 487ff.). Die Grundidee ist, dass Prozesse auf allen diesen Ebenen eine jeweils eigene Logik besitzen, aber durch die anderen Ebenen in zwei Formen beeinflusst werden: Zum Einen »determiniert« die jeweils höhere Ebene die Prozesse auf der darunterliegenden Ebene. Ein Beispiel ist der Wert der Gleichheit: Wenn es einmal anerkannt ist, dass dieser Wert sich auch auf die Beziehung zwischen den Geschlechtern bezieht, ist es nicht mehr möglich zu einer Ideologie zurückzukehren, die das Prinzip der Gleichheit zwischen Mann und Frau grundsätzlich verneint; Menschen in Ländern, in denen dieses Prinzip noch nicht realisiert ist, können darauf verweisen. Zum Zweiten gilt, dass bestimmte Bedingungen auf den niedrigeren Ebenen notwendig sind dafür, damit Prozesse auf höheren Ebenen funktionieren können. Das Funktionieren demokra-

---

[4] Dieser Ansatz wurde entwickelt von soziologischen Klassikern wie G. H. Mead, M. Weber, K. R. Popper, N. Elias und anderen; für eine kurze Zusammenfassung vgl. Haller 2001, für eine ausführlichere Darstellung Haller 2003a.
[5] Vgl. auch weitere soziologische Arbeiten zur europäischen Integration: Bryant 1991; Münch 1993; Bach 2000; Immerfall 1994, 2000; Rumford 2002; Nieminen 2005; Vobruba 2005. Erst nach Abschluss des Manuskripts erschien Altvater/Mahnkopf 2007.

tischer Institutionen setzt zum Beispiel ein bestimmtes Niveau der Bildung und des Wissens unter den Bürgern voraus. Spezifische Institutionen werden nur in solchen Gesellschaften gut funktionieren, die bestimmte soziale Strukturen und Beziehungen aufweisen. So ist die Demokratie beispielsweise unverträglich mit offenen Formen von Sklaverei (vgl. auch Montesquieu 1965: 90).

Übersicht 2.1:   Die zentralen Elemente der soziologischen Analyse und die Beziehungen zwischen ihnen

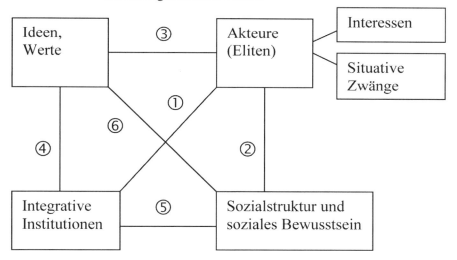

Versuchen wir einige der wichtigsten Fragestellungen und Thesen in Bezug auf die europäische Integration aus dieser Sicht zu formulieren. Die jeweils angesprochenen Forschungsfragen entsprechen den eingekreisten Nummern in Abbildung 2.1.

1. Die europäische Integration und die Entstehung der EG/EU wurden initiiert und vorangetrieben hauptsächlich durch die (politischen) Eliten. Warum waren die Eliten bereit, ein so weitreichendes Unternehmen in Angriff zu nehmen? In funktionalen und intergouvernementalen Integrationstheorien gibt es oft keine konkreten Akteure. Regierungen, gesellschaftliche Sektoren und Ähnliches bleiben nur schemenhafte Einheiten und Figuren. Der Rahmen, innerhalb dessen die Eliten agieren, sind die neuen europäischen Institutionen. Wenn diese Institutionen einmal etabliert sind, stellen sie eine neue Umwelt für politisches Handeln dar, und sie können auch neue Formen von Eliten »erzeugen«. Die zwei wich-

tigsten unter ihnen sind die »Eurokraten« und die europäischen politischen und rechtlichen Eliten.

2. Die allgemeine Öffentlichkeit in Europa hat den Prozess der Integration für lange Zeit mit einem »permissiven Konsensus« begleitet. In jüngster Zeit breitet sich jedoch mehr und mehr eine kritische Haltung zu diesem Prozess aus. Warum ist dies der Fall, wenn man den scheinbar so hohen Erfolg der Integration betrachtet? Nach der Ablehnung der Verfassung für Europa durch die französischen und niederländischen Wähler wurde eine Sackgasse erreicht. Der Ausweg, den die politischen Eliten dann eingeschlagen haben – die Verfassung für Europa mit einigen sekundären linguistischen und kosmetischen Änderungen als »Vertrag von Lissabon« in Kraft zu setzen – stellt zweifellos eine Rückkehr zum alten Muster der »elitären Integration« dar.

3. Die weitverbreitete Skepsis gegenüber der Integration ist auch schwer zu verstehen, weil die Eliten argumentieren, dass sie nur durch universelle und fortschrittliche Ideen und Werte inspiriert worden sind. Eine Untersuchung ihrer Rolle und ihres Handelns aus der Sicht einer kritischen Soziologie des Wissens zeigt jedoch, dass viele dieser Werte von den Eliten nur als Legitimationsinstrumente bemüht wurden. Die Eliten sprechen dagegen viel weniger über die Interessen und die weit weniger vornehmen Ideen, die hinter ihren Aktionen stehen. Dies gilt auch für die europäische Integration.

4. Ideen und Werte, wie Frieden, Demokratie und Menschenrechte werden meist als Grundprinzipien für die Integrationsverträge und die Institutionen der Europäischen Union genannt. Eine Inhaltsanalyse der wichtigsten Ideen in der »Verfassung für Europa« erbringt in dieser Hinsicht überraschende Resultate; sie zeigt ein viel stärkeres Gewicht anderer Ideen und Interessen.

5. Die Verfassung der Europäischen Union wird auch in Bezug auf ihre interne Struktur untersucht. Hier werden wir fragen, bis zu welchem Ausmaß es möglich ist, mit der hoch differenzierten internen Struktur der Union in sozioökonomischer und kultureller Hinsicht zu Rande zu kommen, und mit den extremen Größen- und Machtdifferenzen zwischen ihren Mitgliedern.

6. Schließlich wird die Beziehung zwischen den grundlegenden Ideen und Werten zu erforschen sein, die den Integrationsprozess eingeleitet haben, und der sozialstrukturellen Lage, der Wahrnehmungen und der Einstellungen der allgemeinen Bevölkerung. Es wird gezeigt, dass in dieser Hinsicht erhebliche Widersprüche und Konflikte bestehen. Die Implikation ist, dass die Integration nicht ohne Weiteres in eine Richtung weitergehen kann, welche durch die Mehrheit der Menschen in einigen Mitgliedsländern, und erhebliche Minderheiten in anderen, abgelehnt wird.

Ein zweites Prinzip der Soziologie als Wirklichkeitswissenschaft lautet, dass sozialwissenschaftliche Erklärung das Verstehen und die statistisch kausale

2 Europäische Integration als Elitenprozess

Erklärung miteinander kombinieren muss. Verstehen beinhaltet eine rationale Rekonstruktion der Situation, innerhalb derer sich ein Handelnder befindet, wenn er eine bestimmte Handlung ausführt. Die Begriffe der »*Problemsituation*« und der »*Situationsanalyse*« erfordern, dass man rekonstruiert, wie Handelnde selber die Zwänge, Konflikte und Möglichkeiten wahrgenommen haben, innerhalb derer sie ihre Handlung ausführten; dabei wird grundsätzlich angenommen, dass sich Handelnde von rationalen Überlegungen leiten lassen (Popper 1972; Farr 1985; Haller 2003a: 560). Eine solche Situationsanalyse wird in Abschnitt 2.4 im Folgenden angewandt, wo wir die ökonomische und politische Situation untersuchen, in welcher sich die »Motoren« der Integration, Frankreich und Deutschland, nach dem Zweiten Weltkrieg befunden haben.

Das dritte Grundprinzip der Soziologie als Wissenschaft der sozialen Realität betrifft die Notwendigkeit der Entwicklung von Idealtypen, um soziale Prozesse und menschliche Handlungen zu verstehen und zu erklären. Dieser Begriff ist auch nützlich, um die Charakteristika der Europäischen Union herauszuarbeiten, die Rolle ihrer Mitgliedsstaaten, und ihren spezifischen Charakter als einem neuen politischen Mehrebenensystem des Regierens. Die EU besteht aus Mitgliedsstaaten mit sehr unterschiedlichen Formen von industriellen Beziehungen, Bildungs- und kulturellen Systemen und wohlfahrtsstaatlichen Institutionen. Man kann diese untereinander vergleichen, wie auch in ihrer Beziehung zu den gemeinsamen Institutionen. Der Erfolg der europäischen Integration ist wesentlich davon abhängig, dass effiziente Kompromisse gefunden werden zwischen der Bewahrung national überlieferter, sozialer und politischer Institutionen und der Entwicklung eines gemeinsamen institutionellen Rahmens. Es wird in Kapitel 8 argumentiert, dass Recht und Gesetz in dieser Hinsicht das zentrale, institutionelle Instrument darstellt. Die Europäische Union selber kann jedoch in sehr fruchtbarer Weise auch mit anderen komplexen und/oder großpolitischen Gemeinschaften in der Welt verglichen werden, wie der Schweiz, den Vereinigten Staaten von Amerika und Indien. Die Relevanz des Prinzips der Entwicklung und des Vergleiches von Idealtypen sozialer und politischer Institutionen für Elitenanalysen liegt auf der Hand. Mattei Dogan (2003: 6) hat festgestellt, dass viele Elitenstudien »in einen begrifflichen Turm von Babel eingeschlossen zu sein scheinen, wo die Wissenschaftler mit unklaren Begriffen spielen, wie ›regierende Klasse‹, ›herrschende Klasse‹, ›Machteliten‹, ›Führungsgruppen‹, ›Oberklasse‹ usw. [...]. Es würde viel versprechender sein, Typologien und Konfigurationen zu entwickeln.«

Das vierte methodologische Prinzip betrifft die hinter der Soziologie als Wirklichkeitswissenschaft stehende Handlungstheorie. In dieser Hinsicht gehen wir nicht aus von einer Sicht des Menschen als einer rationalen »Rechenmaschine«, die Kosten und Nutzen unterschiedlicher Handlungsmöglichkeiten gegenüberstellt und dann entscheidet. Das zentrale Konzept ist vielmehr jenes der *Identität*, das annimmt, dass die konkreten Handlungen von individuellen und kollektiven Akteuren immer durch ihr gesamtes Selbstbild bestimmt werden. Dieses »Selbst« schließt eine gewisse Anzahl grundlegender Werte ein, eine Einschätzung der eigenen Fähigkeiten, und eine Rangordnung der verschiedenen Lebensziele. Die Identität ist eng verknüpft mit dem sozialen Kontext in dem man lebt; eine Identität muss auch durch andere anerkannt werden. Eines der zentralen Ziele politischer Führer ist öffentliche Anerkennung und Statur zu gewinnen. Für gewöhnliche Menschen liegt es darin, einen respektierten, sozialen Status zu erlangen. Das politische System spielt in dieser Hinsicht eine entscheidende Rolle, zum Ersten, indem es Staatsbürgerschaft an bestimmte Kategorien von Menschen verleiht oder sie ihnen verwehrt. Auch Ansprüche auf Einfluss und Macht werden verschiedenen Kategorien von Personen in unterschiedlichem Ausmaße eröffnet. Diese Fakten bestimmen sowohl die Form der legalen und politischen Teilnahme, wie auch informelle Praktiken sozialer und politischer Einschließung und Ausschließung (Hoover 1997: 6). Aus dieser Sicht sind auch Fragen der nationalen Identität und ihre Beziehung zur europäischen Identität von zentraler Bedeutung. Es wird eine zentrale Frage dieser Studie sein, wie die Möglichkeiten für die Bürger sich politisch einzubringen, die Entwicklung eines europäischen Bewusstseins beeinflussen (vgl. auch Haller und Richter 1994; Haller 1999; Haller und Ressler 2006b; Nissen 2006). In dieser Hinsicht steht der soziologische Ansatz der anthropologischen Perspektive nahe (Wallace and Young 1997; Bellier und Wilson 2000; Shore 2000). Durch ihre Konzentration auf konkrete individuelle, politische Persönlichkeiten und Eliten (die aus einer idealtypischen Perspektive analysiert werden), überschreitet sie die dominanten Integrationstheorien.

2.2 Europäische Integration als Elitenprozess

Kommen wir nun zu einer Diskussion über die Rolle der Eliten im Prozess der europäischen Integration. Folgende grundsätzliche Fragen sind in diesem Zusammenhang wichtig: die Definition, Zusammensetzung und der Umfang der Eliten; die funktionale Differenzierung und Netzwerkstrukturen zwischen ihnen; der Prozess der Rekrutierung und Auswahl der Eliten wie auch ihre Entlohnungen; die Beziehung zwischen Eliten und Bürgern. Ein Überblick über diese Probleme und die Hauptfragen in Bezug auf die EU aus der normativ-demokratischen und empirisch-analytischen Perspektive gibt Tabelle 2.1.

2 Europäische Integration als Elitenprozess

Tabelle 2.1: Die normativ-funktionale und die empirisch-analytische Perspektive in der Analyse von Eliten: Forschungsbereiche aus sozialwissenschaftlicher Sicht

Forschungsbereich	Normativ-funktionale Perspektive (Ziele und Werte und funktionale Voraussetzungen für das Handeln der Eliten)	Empirisch-analytische Perspektive (aktuelle Werte, Interessen und Verhaltensweisen der Eliten)
Ziele und Werte	<ul><li>Grundlegender Konsens über die wichtigsten gesellschaftlichen Werte und Ziele</li><li>Offenlegung der grundlegenden Werte und Ziele</li><li>Angemessener Wertkonsens zwischen Eliten und Bevölkerung</li></ul>	<ul><li>Eigenmächtige Festlegung grundlegender Werte und Ziele</li><li>Opportunistische Betonung vornehmer und populärer Werte, Verbergen anderer Werte und Ziele</li><li>Fehlen einer angemessenen Übereinstimmung zwischen den Werten von Eliten und Bevölkerung</li></ul>
Funktionale Differenzierung	<ul><li>Angemessene funktionale Differenzierung zwischen den Eliten</li><li>Relative Autonomie der verschiedenen Eliten</li><li>Angemessene Darlegung der Kompetenzen und Beschränkung auf die jeweilige Sphäre</li></ul>	<ul><li>Usurpation von so vielen Kompetenzen als möglich</li><li>Treffen von Entscheidungen ohne Einschließen der betroffenen Gruppen</li><li>Sich einmischen in die Kompetenzen anderer Gruppen und Eliten</li></ul>
Netzwerkstruktur	<ul><li>Angemessene und transparente Beziehungen mit anderen Eliten</li><li>Offenlegung relevanter Beziehungen zu anderen Eliten</li></ul>	<ul><li>Etablierung effizienter Netzwerkstrukturen, die nur auf Selbstinteresse basieren</li><li>Verbergen von Netzwerkstrukturen</li></ul>
Rekrutierung	<ul><li>Rekrutierung, die auf Kriterien der funktionalen Eignung und Leistung begründet ist</li><li>Angemessene Rekrutierung aus allen großen Schichten und Gruppen der Gesellschaft</li></ul>	<ul><li>Soziale Exklusivität in den Rekrutierungsregeln und -praktiken</li><li>Verbergen extra-funktionaler Rekrutierungskriterien</li></ul>
Anerkennung und Entlohnung	<ul><li>Funktional und gesellschaftlich adäquate Formen der Anerkennung und Entlohnung</li><li>Angemessener Umfang der materiellen Remunerationen</li><li>Offenlegung aller Formen und Beträge von Remunerationen</li></ul>	<ul><li>Usurpierung von so vielen und umfangreichen Entlohnungen als möglich</li><li>Verstecken bestimmter Formen von Remunerationen und Privilegien und ihres Umfanges</li></ul>

Die Definition, Zusammensetzung und der Umfang der verschiedenen Eliten

Eine Darstellung der Eliten muss zwei Dimensionen berücksichtigen: die horizontale Differenzierung innerhalb der verschiedenen Elitengruppen und die vertikale Differenzierung zwischen Eliten und Nichteliten. Betrachten wir zuerst die horizontale Unterscheidung zwischen verschiedenen gesellschaftlichen Sektoren und ihren Eliten. Entsprechend den wichtigsten Subsystemen der Gesellschaft können wir aus funktionaler Sicht zwischen sozialen, ökonomischen, politischen und kulturellen Eliten unterscheiden. Die Eliten unterscheiden sich voneinander und – in der vertikalen Dimension – von den Nichteliten durch den Besitz spezifischer gesellschaftlicher Ressourcen, wie Kontrolle der physischen Mittel und Institutionen des Zwanges (Polizei und Armee), administrativ-bürokratische Ressourcen, ökonomisch-materielle Ressourcen und symbolische Ressourcen (Wissen, Information und die Fähigkeit, die Meinung anderer zu beeinflussen). Auf der Basis dieser Ressourcen kann man zwei Gruppen von Eliten unterscheiden: Die erste schließt die politischen, ökonomischen und bürokratischen Eliten ein, die als »Machteliten« jeweils über spezifische Quellen der Macht verfügen; die zweite Gruppe schließt alle anderen Elitegruppen ein, wie kulturelle und intellektuelle Eliten (Etzioni-Halevy 1993: 94ff.).

Die europäische Integration war vor allem ein politischer Prozess; daher müssen die *politischen Eliten* im Zentrum unserer Betrachtung stehen. Die politische Elite umfasst auf der europäischen Ebene die Chefs und Mitglieder der nationalen Regierungen, die, als Mitglieder des Europäischen Rates und des Europäischen Ministerrates, die grundsätzlichen politischen Weichenstellungen vornehmen. Die europäische politische Elite schließt des Weiteren die Mitglieder des Europäischen Parlamentes, der Europäischen Kommission und des Europäischen Gerichtshofes ein. Eine Elitegruppe, die für den Integrationsprozess besonders wichtig geworden ist, ist die neue europäische bürokratische Elite, die *»Eurokratie«*. Die Europäische Kommission ist eine echt supranationale Autorität, die mit einem hohen Ausmaß an Unabhängigkeit und Macht ausgestattet wurde. Ihre Zuständigkeiten und ihr Mitarbeiterstab nehmen kontinuierlich zu – ein Faktum, das von den meisten Sozialwissenschaftlern übersehen wurde, wie in Kapitel 5 gezeigt werden wird.

Eine weitere, sehr einflussreiche Gruppe im Prozess der europäischen Integration, die ebenfalls oft viel zu wenig beachtet wird, sind die *ökonomischen Eliten*. Seit ihrem Beginn konzentrierte sich die Integration auf die wirtschaftliche Marktintegration; die Einführung einer gemeinsamen Währung war der letzte signifikante Schritt in dieser Hinsicht. In allen Integrationsschritten haben die ökonomischen Eliten eine signifikante, oft sogar die entscheidende Rolle gespielt. Auch die ökonomischen Eliten sind intern sehr differenziert, wie in Kapitel 4 gezeigt werden wird. Im Prozess der europäischen Integration sind jedoch die Inhaber und Manager der großen Korporationen und die Führer von Bauern- und Wirtschaftsverbänden am einflussreichsten gewesen.

Auch *intellektuelle* und *kulturelle Eliten* spielen im Integrationsprozess eine wichtige Rolle; sie können ihren Einfluss aber nur indirekt ausüben, da sie über keine eigenen politischen, administrativen oder wirtschaftlich-materiellen Ressourcen verfügen. Eine Ausnahme ist die Medienelite; sie schließt die Besitzer der großen Medienkorporationen ein und die weniger machtvollen, wenn oft auch einflussreichen Journalisten, die einem großen Publikum bekannt sind.

Eine weitere Gruppe sind die *akademischen Eliten* innerhalb und außerhalb der Universitäten, und die *intellektuellen* und *kulturellen Eliten*, das heißt, all jene Personen, die an öffentlichen Dialogen über die Ideen und Ziele der Integration teilnehmen. Diese beiden Gruppen sind wichtig, weil sie wissenschaftlich-technisches Wissen zur Verfügung stellen (das auch als Legitimationsinstrument dienen kann), aber auch, weil sie neue Ideen über den Prozess der Integration entwickeln und kritische Analysen dazu durchführen. In Kapitel 6 wird die Rolle der akademischen und intellektuellen Eliten seit Beginn der europäischen Integration nach dem Zweiten Weltkrieg diskutiert; in Kapitel 7 werden wir die Ideen der europäischen Integration untersuchen, die Intellektuelle seit mehreren Jahrhunderten entwickelt haben.

Schließlich müssen auch aktive Vertreter der weniger privilegierten Gruppen in der Gesellschaft berücksichtigt werden, wenn wir die Rolle der Eliten in modernen Gesellschaften betrachten (Etzioni-Halevy 1993: 95). Hier sind die Vertreter der Arbeiter und Arbeitnehmer auf der nationalen und europäischen Ebene einzubeziehen, wie auch die Führer sozialer Bewegungen, außerparlamentarischer oppositioneller Gruppen, NGO's und anderen.

Die vertikale Differenzierung innerhalb der Eliten und die Rolle charismatischer Führer

Im Hinblick auf die vertikale Differenzierung zwischen den mehr oder weniger machtvollen Segmenten der Eliten erscheint es sinnvoll, eine Unterscheidung zwischen drei Subgruppen vorzunehmen: charismatische Führungs- oder Elitenpersönlichkeiten, Elitenkern und Subeliten (vgl. auch Putnam 1976: 8).

Der *Elitenkern* schließt jene begrenzte Anzahl von Personen ein, welche die machtvollsten Positionen in den Mitgliedsstaaten und auf der Ebene der EU innehaben; die meisten von ihnen sind dem Publikum in mehr als nur einem Mitgliedsland bekannt. Sie schließen einige Regierungschefs von Mitgliedsländern ein (speziell der großen Mitgliedsländer); einige führende Parlamentarier und Kommissionsmitglieder und vielleicht auch einige einflussreiche Unternehmer und Manager großer Konzerne (die auch politisch aktiv sind), sowie einzelne Vertreter großer Interessengruppen. Man kann daher sagen, dass der Elitenkern die Mitglieder jener Eliten umfasst, die die Spitzenpositionen im »Kern der gesellschaftlichen Macht« (Dogan 2003) in den verschiedenen Sektoren des komplexen Mehrebenensystems der europäischen Politik umfassen. Die *Subelite* umfasst all jene politischen und wirtschaftlichen Akteure, die zwar theoretisch unabhängig, aber praktisch diesem Elitenkern untergeordnet sind. Hierin befinden sich die gewöhnlichen Mitglieder der nationalen Gesetzgebungskörperschaften, die Manager von größeren Unternehmen, weniger bekannte Mitglieder nationaler Regierungen und der Europäischen Kommission und Ähnliche.

Im Zentrum des Elitekerns stehen herausragende, *charismatische Elitepersönlichkeiten*. Auch diese müssen als eine außerordentlich wichtige, soziologisch relevante Kategorie betrachtet werden. Charismatische Autorität beruht »auf der Hingabe der außerordentlichen Heiligkeit, des Heroismus oder dem beispielhaften Charakter einer individuellen Person, und auf normativen Mustern der Ordnung, die sie repräsentiert« (Weber 1978a: 215, 1111ff.; Bendix 1960: 298ff.; Zingerle 1981: 130ff.; Nippel 2000). Außerordentliche, sendungsbewusste und energetische Persönlichkeiten spielen auch im heutigen politischen Leben eine zentrale Rolle. So zeigt die Forschung über Wahlen, dass die Spitzenkandidaten oft ausschlaggebend für die Entscheidung der Wähler sind (Gabriel 2000; Hadler 2005). Auch die persönliche, moralische Integrität der Kandidaten für politische Spitzenämter ist ein wichtiges Element. Charismatische Führer waren ausschlaggebend zum Beispiel für die die Form, in welcher die Auflösung alter und die Errichtung neuer Nationen in Zentral- und Osteuropa in den 1980er und 1990er Jahren stattgefunden hat (Haller 1996a). In Kapitel 3 wird gezeigt, dass das gleiche für den Prozess der europäischen Integration gilt. Eine soziologische Analyse von Eliten versucht nicht, eine umfassende historische Darstellung von Elitepersönlichkeiten und ihren Handlungen zu geben; dies ist Aufgabe von Historikern. Das Ziel ist vielmehr, diese Persönlichkeiten aus einer idealtypischen Perspektive zu betrachten und ihre Merkmale und Handlungen systematisch auf die spezifischen Perioden, die politischen Konstellationen und Probleme zu beziehen, innerhalb derer sie gewirkt haben.[6]

In Bezug auf die Rolle von Elitepersönlichkeiten im Prozess der europäischen Integration wird die folgende Hypothese aufgestellt:

(2.1) Einflussreiche politische Persönlichkeiten, wie die Chefs der Regierungen großer Mitgliedsstaaten oder die Inhaber von Spitzenämtern in der EU,

---

[6] Aus einer solchen Perspektive besteht weniger die Gefahr, dass diese Persönlichkeiten idealisiert oder ihr Einfluss überschätzt wird, wovor Pelinka (2005: 151f.) warnt.

bestimmen den Verlauf der Integration in einem entscheidenden Ausmaß. Es ist daher unverzichtbar, ihre sozialen Charakteristika und Handlungsstrategien zu untersuchen, um die Dynamik des europäischen Integrationsprozesses zu verstehen.

Die europäischen politischen Eliten

Woher kommt die so aktive und oft enthusiastische Teilnahme der politischen Eliten am Prozess der europäischen Integration? Aus der Sicht der etablierten Integrationstheorien handeln Eliten im Interesse ihrer Staaten und Völker. Dies ist jedoch eine sehr unvollständige Erklärung, sowohl aus der Sicht einer realistischen Theorie der Politik, wie auch aus der Sicht einer Theorie der Identität. Zum Ersten sind die Interessen eines Staates vielfältig und sehr schwierig zu definieren. Hinten dem behaupteten nationalen Interesse stehen oft Interessen spezifischer Gruppen. Ein relevantes aktuelles Beispiel ist der behauptete Druck der Globalisierung. Der Bezug auf diese scheinbar unwiderstehbare Macht wird häufig nur als Instrument verwendet, um neoliberalistische Politiken durchzusetzen, oder um den europäischen Integrationsprozess zu beschleunigen.

Auch persönliche politische Ziele stellen eine wichtige Motivation nationaler Politiker für ihre enthusiastische Teilnahme am Prozess der europäischen Integration dar. Zwei sehr starke Motive für Politiker sind das Streben nach Macht und Prestige. Beide Motive können durch die Teilnahme an der Integration befriedigt werden (Vaubel 1995: 36ff.). Die Politiker spüren offensichtlich, dass die Teilnahme an zentralen Entscheidungen dieser neuen, riesigen politischen Gemeinschaft die Verluste mehr als aufwiegt, die sich aus einer teilweisen Aufgabe der nationalen Unabhängigkeit ergeben. Darüberhinaus benutzen die Chefs und Mitglieder nationaler Regierungen Entscheidungen auf der Ebene der EU häufig, um bei ihnen zu Hause eine Politik zu realisieren, die sie allein nicht hätten durchsetzen können. Auch die Relevanz des Prestiges ist offenkundig. Die Teilnahme an den immer wieder stattfindenden Gipfeln der Regierungschefs der Mitgliedsstaaten verleiht allen Teilnehmern das erhebende Gefühl, an großen Zeremonien und welthistorischen Ereignissen partizipieren zu können (vgl. Collins 2005 über die allgemeine Bedeutung gesellschaftlicher Rituale dieser Art). Die Gruppenfotos von den Gipfeltreffen zeigen dies sehr deutlich. Aufgrund dieser Überlegungen wird die folgende Hypothese formuliert:

(2.2) Die politischen Eliten sehen ihre Teilnahme am Prozess der Integration als Mittel politische Ziele durchzusetzen, die sie allein nicht würden durchsetzen können. Darüberhinaus sind das Streben nach Prestige und Macht wichtige Motive für ihre Teilnahme am Prozess der Integration. Sie haben das Gefühl,

dass die Mitgliedschaft in der EU ihnen eine Größe und einen weltpolitischen Einfluss verleiht und ihnen auch mehr Gewicht und Prestige zu Hause vermittelt. Ein zentrales Thema in diesem Zusammenhang sind die Muster der Rekrutierung, Zusammensetzung und Verhaltensweisen der politischen Eliten. In dieser Hinsicht hat in Europa ein signifikanter Wandel stattgefunden. Heutzutage erfolgt die Selektion politischer Persönlichkeiten vor allem durch die Parteien. Das System der Parteien hat sich in den letzten Jahrzehnten systematisch verändert. Auf der einen Seite haben alle größeren Parteien ihre traditionellen Ideologien abgeschleift und weniger »kantige« politische Programme entwickelt, die für die Mehrheit der Wähler akzeptabel erscheinen. Auf der anderen Seite wurden die Politiker immer mehr in die Interessen und Entscheidungen einbezogen, die mit dem expandierenden Staatsfunktionen zusammenhängen. Auf diese Weise hat sich der Charakter vieler politischer Führer verändert, und zwar von dem eines Vertreters einer bestimmten politischen Orientierung (konservativ, liberal, sozialistisch usw.) zu einer Person, die ein effizienter »Netzwerker« sein muss, ein erfolgreicher Manager von Wahlkampagnen, einer Person, die ihren Anhängern die vielfältigsten Gratifikationen zukommen lassen kann (Scheuch 1992; Klages 1993). Wir können eine solche Person einen »*politischen Macher*« nennen. Die Expansion des Wohlfahrtsstaates hat alle diese Trends verstärkt: während die Bürger mehr und mehr von der Regierungen abhängig wurden, hat das Vertrauen in die politischen Institutionen und Persönlichkeiten abgenommen (Dogan 1997; Lipset und Schneider 1983). Da die europäische Politik aber weniger direkt mit wohlfahrtsstaatlicher Verwaltung und Umverteilung befasst ist, könnte ihr Image unter Umständen besser sein, als jenes der Politik auf der nationalen Ebene. Auf der Basis dieser Trends wird die folgende Hypothese formuliert:

(2.3) Wir können in Europa eine Verschiebung im vorherrschenden Typus der politischen Führer beobachten, und zwar von jenem des Repräsentanten eines bestimmten politischen Lagers hin zu jenem eines erfolgreichen »Politikmachers«. Diese Verschiebung hängt zusammen mit einer zunehmenden Distanz zwischen Eliten und Bürgern und einem steigenden Misstrauen der Bevölkerung gegenüber der Politik und den Politikern. Dieses Misstrauen betrifft auch die Einstellungen zur EU. Im Allgemeinen mag das Misstrauen gegenüber der EU geringer sein, als gegenüber nationalen politischen Institutionen und Persönlichkeiten, weil die europäischen Politiker in Brüssel weniger Möglichkeiten haben, direkt Geld und Sachleistungen an individuelle Empfänger zu verteilen als nationale Regierungen und Parteien. Zusätzlich reduziert die Distanz von Brüssel zu den Bürgern der meisten Mitgliedsstaaten die öffentliche Aufmerksamkeit und das Wissen über politische Affären in Brüssel.

2 Europäische Integration als Elitenprozess

Die ökonomischen Eliten

Die europäische Integration eröffnet auch den ökonomischen Eliten zahlreiche Vorteile. Die Europäische Union und ihre Erweiterung bieten ihnen einen riesigen und sicheren internen Markt, der sich in seinem Umfang kontinuierlich erweitert – ein zentrales Element für das Prosperieren des kapitalistischen Systems seit seinem Beginn (Luxemburg 1923; Wallerstein 1974). Innerhalb der ökonomischen Eliten werden die Besitzer und Manager der multinationalen Kooperationen die stärksten Befürworter der Integration sein; sie sind auch an einer Politik der Deregulierung interessiert, aber auch an der Etablierung neuer Marktregulationen und am Erhalt finanzieller Unterstützungen für kostspielige technologische Forschung und Entwicklung. Unter den anderen Gruppen der unternehmerischen Klassen wie auch unter den Vertretern der Arbeitnehmer wird die Unterstützung der Integration weniger enthusiastisch sein. Ihre Zustimmung wird jedoch durch eine Reihe verschiedener Strategien erreicht, welche die Einführung von Elementen des Korporatismus einschließt, die dazu dienen sollen, den EU-internen Markt gegenüber dem weltweiten Markt abzuschirmen. Strategien dieser Art waren am notwendigsten und effizientesten im Fall der Landwirtschaft. Anders sieht es im Falle der Arbeitnehmerorganisationen aus. Sie wurden durch den Integrationsprozess wie auch durch den Trend zu postindustriellen Beschäftigungsstrukturen und einer Zunahme des Wettbewerbs innerhalb des Arbeitsmarktes geschwächt. Ihre Bemühungen, Elemente des sozialen Schutzes in den Integrationsprozess einzubringen, sind aus verschiedenen Gründen jedoch schwierig (Mangel an Organisationsmacht auf der europäischen Ebene, Widerstand von Seiten bestimmter Länder und von Seiten der Arbeitgeber usw.). Eine wichtige Frage in diesem Zusammenhang ist auch, ob die Eigentümer und Manager der großen EU-Kooperationen als Teil einer neuen globalen *business class* zu verstehen sind (Sklair 1997). In Kapitel 4 wird gezeigt, in Übereinstimmung mit neuerer vergleichender Forschung über Werte und Zielsetzung von Managern, dass dies nicht der Fall ist (M. Hartmann 1999; Bauer and Bertin-Mourot 1999; Wasner 2004: 217ff.; Axt und Deppe 1979: 199). In Bezug auf die Wirtschaftseliten wird die folgende These aufgestellt:

(2.4) Der Kern der Wirtschaftseliten, die Besitzer und Manager der großen, multinationalen europäischen Kooperationen sind unter den entschiedensten Befürwortern der Integration, weil sie direkt von diesem Prozess profitieren. Sie sind besonders erpicht darauf, die Integration als Folge der Globalisierung voranzutreiben, wie auch in Perioden, wenn – als Folge grundlegender politischer Veränderungen auf der internationalen Szene (zum Beispiel durch die Öffnung des Eisernen Vorhangs) – die Eröffnung ganz neuer Märkte möglich wird. Die Zustimmung anderer ökonomischer Eliten (etwa der Bauern und Führer der

Bauernverbände) wird gewonnen, indem man ihnen massive Unterstützungen gewährt. Als Folge ihrer internen Interessendivergenzen und fortbestehender nationaler Systeme von Eigentum, Organisation und Management werden die ökonomischen Eliten auf der europäischen Ebene sich jedoch nicht in eine kohärente, geschlossene kapitalistische Elite (oder Klasse) integrieren. Dadurch wird ihr politischer Einfluss aber nicht unterminiert und dies auch deshalb nicht, weil ökonomische Gegeneliten (wie die Vertreter der Arbeitnehmer) auf der europäischen Ebene viel schwächer sind als auf der nationalen Ebene.

Die neue europäische Bürokratie und die EU-Dienstklasse

Eine sehr unterschiedliche Situation existiert im Fall der bürokratischen Eliten. Eine zentrale These dieses Buches, die in Kapitel 5 ausführlich belegt werden wird, besagt, dass eine echt neue europäische Elite (»die *Eurokratie*«) im Entstehen ist, die eine Haupttriebkraft für den anscheinend unwiderstehlichen Prozess der kontinuierlichen Integration darstellt. Das Funktionieren des komplexen politischen Systems der EU setzt die Existenz einer bürokratischen Elite oder »Dienstklasse« voraus, die viel größer ist als üblicherweise angenommen. Auf der Grundlage der Tatsache, dass die zentralen EU-Institutionen (Rat, Kommission, Parlament, Europäischer Gerichtshof) hauptsächlich gesetzgeberische Funktionen erfüllen, ist ein umfangreicher zusätzlicher Apparat notwendig (eine EU »Ersatzbürokratie«), die diese Gesetze in den Hauptstädten der Mitgliedsstaaten, auf der Ebene der einzelnen Nationalstaaten und ihrer Regionen implementiert (vgl. auch Burley und Mattli 1993). Bedingt durch die kontinuierliche Zunahme dieser gesetzgeberischen Aktivitäten nimmt auch die EU-Dienstklasse kontinuierlich zu, ohne dass eine parallele Reduktion der Beamten auf der Ebene der Nationalstaaten stattfindet. Die Folge ist, dass die europäische Integration den Umfang und die Macht dieses »Molochs Europa« (Dogan und Pelassy 1987) signifikant erhöht.

In diesem Zusammenhang wird die folgende Hypothese aufgestellt:

(2.5) Die Eurokratie (im speziellen die Kommission und ihr Verwaltungsapparat) stellt den stärksten Faktur der Kontinuität im Prozess der europäischen Integration dar. Auch die Eurokratie ist stark an einer kontinuierlichen Expansion ihrer eigenen Kompetenzen und Macht interessiert. Dabei wird sie unterstützt durch den Europäischen Gerichtshof und durch eine EU-Ersatzbürokratie in den Mitgliedsstaaten, aber auch durch das Europäische Parlament. In Folge der Stärke ihrer institutionellen Position, ihrer Distanz zu den nationalen Hauptstädten und das Fehlen einer europäischen Öffentlichkeit ist diese Eurokratie in der Lage gewesen, sich erstaunliche materielle Privilegien zu sichern.

2 Europäische Integration als Elitenprozess

Die funktionale Differenzierung und die Beziehung zwischen den verschiedenen Eliten

Im Hinblick auf die Beziehung zwischen den verschiedenen Eliten können wir fünf Bereiche unterscheiden (Tabelle 2.1; vgl. auch Putnam 1976; Etzioni-Halevy 1993). Sie betreffen die Ideen und Werte der Eliten (dieses Thema wird im nächsten Abschnitt behandelt), die funktionale Differenzierung innerhalb und die Beziehung zwischen den verschiedenen Elitegruppen, die Muster ihrer Selektion, Anstellung und Rekrutierung, und die Entlohnungsstrukturen.

Ein grundlegendes normatives Erfordernis einer gut funktionierenden Demokratie ist eine angemessene funktionale Differenzierung zwischen den Eliten. Im Hinblick auf die EU betrifft dies die Beziehung innerhalb der regierenden Eliten (Mitglieder des Europäischen Rates, der Kommission, des Parlaments und des EUGH) und die Beziehung zwischen diesen und anderen, insbesondere den ökonomischen Eliten. Diese Beziehungen werden durch das höchst komplexe politische System der Europäischen Union strukturiert.[7] Die Komplexität dieses Systems ist auch der Hauptgrund dafür, dass es keine geschlossene »herrschende Klasse« oder »Machtelite« in der EU gibt, sondern nur ein sehr komplexes Netzwerk von Eliten (vgl. auch Risse-Kappen 1996). Ein Hauptmerkmal des Mehrebenensystems der Regierung der EU ist die Tatsache, dass es nicht klar zwischen den gesetzgeberischen, ausführenden und gerichtlichen Funktionen unterscheidet. Die Kommission ist weltweit eine einzigartige hybride Institution, die teilweise alle diese drei Funktionen ausübt; der Europäische Rat übt Funktionen der politischen Steuerung und der Gesetzgebung aus; beide diese Institutionen werden nicht direkt von den Bürgern in der gesamten Union gewählt. Das Europäische Parlament hat zwar kontinuierlich an Kompetenzen gewonnen, aber es hat immer noch viel weniger Macht als nationale Parlamente; es kann Gesetzesentwürfe nur verändern oder zurückweisen, aber nicht selbst initiieren; bei grundlegenden Entscheidungen hat es keine Möglichkeit der direkten Mitwirkung. Die Wahlen zum Europäischen Parlament erfolgen in den verschiedenen Mitgliedsländern nach sehr unterschiedlichen Regeln und die Teilnahmen an diesen Wahlen sind stark abnehmend. Sie betrugen 1979 noch 63 % und sanken bis 2004 auf 45,6 %. Ein weiteres wichtiges Merkmal des politischen Systems der EU ist die Schwäche (wenn nicht überhaupt die Nichtexistenz) einer europaweiten, öffentlichen Sphäre (Kleinsteuber 1994; Gerhards 2000).

---

[7] Es gibt eine Vielzahl an Studien über das politische System der EU. Erwähnt seien hier einige Standardwerke in deutscher und englischer Sprache: Neisser 1993; Jachtenfuchs/Kohler-Koch 1996; Pfetsch 1997; Dinan 1999, insbesondere S.205ff.; Hartmann 2001; Nicoll/Salmon 2001, bes. S.79ff.; Cini 2003; Moussis 2006; Pollak/Slominski 2006.

Insgesamt kann man das politische System der EU als *Konkordanzsystem* bezeichnen, das heißt, als ein System, wo die Entscheidungen das Resultat komplexer Verhandlungen sind, und Ergebnisse erst dann akzeptiert werden, wenn alle wichtigsten Verhandlungspartner zustimmen. Die Konzentration von Kompetenzen in der EU-Kommission ermöglicht es dieser kompakten Institution den Integrationsprozess kontinuierlich voranzutreiben, während die Aktionen des Rates stärker von den Ergebnissen von nationalen Wahlen, internationalen politischen Veränderungen usw. abhängen. Die institutionelle Schwäche des Europäischen Parlaments, wie auch seine Größe reduzieren seine Fähigkeit als Opposition zu fungieren; sie verleiten es dazu, sich mit einer Vielfalt von Problemen zu befassen, auch wenn es keine wirkliche Entscheidungsgewalt dabei hat. Das Fehlen eines offenen Wettbewerbs zwischen Regierung und Opposition erschwert es den Medien, aufregende Berichte über das Geschehen in Brüssel zu bringen, die ein europaweites, öffentliches Interesse erwecken könnten. Darüberhinaus werden die Medien oft von den politischen Eliten beeinflusst, um in einer günstigen Weise über die EU-Angelegenheiten zu berichten.

Ein Hauptproblem im Hinblick auf die *Netzwerkstrukturen* betrifft die Beziehung zwischen den politischen und ökonomischen Eliten. Die Entwicklung und Expansion der zentralen EU-Institutionen in Brüssel hat zur Herausbildung einer großen Anzahl von Lobbyisten und Lobbying-Agenturen geführt, die versuchen den so folgenreichen Prozess der EU-Gesetzgebung zu beeinflussen. Das Phänomen des Lobbyismus ist auch in anderen fortgeschrittenen Gesellschaften (speziell in den USA) bekannt; in der EU hat es jedoch einen besonderen Charakter. Dies ist deshalb der Fall, weil nur eine geringe Transparenz existiert und zwar in mehrfacher Hinsicht: im Hinblick auf die Anzahl der Lobbyisten, auf ihre Sponsoren und auf die Art und Weise, in der sie die Entscheidungsprozesse beeinflussen. Man kann ohne Zweifel annehmen, dass die starke Präsenz dieser Lobbyisten in Brüssel Großunternehmen und mächtigen ökonomischen und politischen Interessengruppen ein überproportionales Ausmaß an Einfluss ermöglicht. Daraus ergeben sich eine Reihe von Konsequenzen: eine Überproduktion von Regulierungen, die oft nur im Interesse von sehr kleinen Gruppen sind; eine Einseitigkeit der gesetzgeberischen Aktivitäten zu Gunsten der Interessen dieser Gruppen; eine relative Vernachlässigung der Interessen von Bevölkerungsgruppen, die wenig Ressourcen haben und nur schwach organisiert sind. Das allgemeine Publikum wird diese Tatsachen zur Kenntnis nehmen und kritische Einstellungen dazu entwickeln; dies kann auch negative Konsequenzen für die allgemeine Einstellung zur europäischen Integration haben.

Im Hinblick auf die Muster der Auswahl, Einsetzung und Rekrutierung der Eliten sind mehrere Probleme relevant. Eines ist die Tatsache, dass die Mitglieder der zentralen politischen Entscheidungsinstitutionen, des Rates und des Europäischen Rates, nicht direkt durch EU-weite Wahlen von den Bürgern gewählt werden. Ein anderes ist, dass die Wahlen zum Europäischen Parlament sowohl von nationalen Politikern als auch von den Bürgern im Allgemeinen als »*Wahlen zweiter Ordnung*« betrachtet werden, bei denen keine »heißen« (europäischen) Themen zur Debatte stehen.

Schließlich existieren auch in Bezug auf die Anerkennung und Entlohnung spezifische Probleme auf der Ebene der EU. Die europäischen Politiker und Bürokraten werden zweifellos hoch qualifiziert sein und sie müssen unter komplexen und spezifisch belastenden Arbeitsbedingungen tätig sein, vor allem auch insoferne, als sie sich in Brüssel niederlassen müssen. Zugleich fehlt jedoch eine Öffentlichkeit, die sie kontrolliert; der spezielle Kontext der EU ermöglicht es ihnen, im Hinblick auf ihre Beschäftigungsbedingungen, die Entlohnung, die Besteuerung und Ähnliches spezielle Privilegien zu entwickeln. Die Folge wird sein, dass die materiellen Privilegien der EU-Politiker und -Bürokraten nicht nur sehr hoch, sondern auch nicht mit einem entsprechenden Grad der sozialen Anerkennung verknüpft sein werden.

Auf der Grundlage dieser Überlegungen werden die folgenden Hypothesen aufgestellt:

(2.6) Das komplexe politische System der EU hat zur Folge, dass die europäischen, politischen Eliten zur gleichen Zeit sehr stark von einander differenziert und in einer komplexen Weise miteinander verflochten sind. Es gibt keine europäische »Machtelite«, wie es in homogeneren Nationalstaaten der Fall sein kann. Trotzdem interagieren die wirtschaftlichen, politischen und bürokratischen europäischen Eliten sehr eng miteinander, allerdings oft in einer sehr intransparenten Weise. Auch die Prozesse der Auswahl und Rekrutierung sowie der Entlohnung werden durch diese neuen Probleme tangiert, indem sie sich weniger transparent und unpersönlicher gestalten, als es auf der Ebene der Mitgliedsstaaten der Fall ist.

Wie das Zusammenwirken der verschiedenen Teil-Eliten die Dynamik des europäischen Integrationsprozesses erzeugt

Die über die Zeit hinweg äußerst unterschiedlich starke und oft widersprüchliche Form der Integration ist als Resultat einer komplexen Interaktion zwischen den Interessen und Strategien der verschiedenen Elitegruppen zu sehen. Die europäische Integration wurde durch die politischen Eliten initiiert, dabei wurden diese jedoch von den ökonomischen Eliten unterstützt und später auch von den kontinuierlich wachsenden neuen europäischen bürokratischen Eliten. Die Interessen, Ressourcen und Strategien dieser drei Gruppen in Bezug auf den Integrationsprozess unterschieden sich in verschiedenen Perioden und Aspekten jedoch signifikant voneinander. Die politischen Eliten waren verantwortlich für die wichtigsten Einzelschritte zur Initiierung und Vertiefung der Integration, aber auch für Momente der Krisen und des Abbruchs. Politische Eliten handeln sicherlich oft auf der Basis ihrer Ideen und Werte in Bezug auf die Integration, sie sind aber auch vielfältigen Erwartungen und Zwängen anderer Kräfte innerhalb und außerhalb ihres eigenen Landes ausgesetzt. Die ökonomischen Eliten sind im Allgemeinen ebenfalls starke Befürworter der Integration und beeinflussen ihre Richtung nicht selten in einer Weise, die aus der Sicht der Politiker problematisch wird. Ein Beispiel ist der Druck zur Erweiterung der EU. Nach einer gewissen Zeit sind es jedoch die neuen bürokratischen europäischen Eliten, welche sich zum kontinuierlichsten und stärksten Motor der Integration entwickeln. Man könnte dieses unterschiedliche Verhalten der verschiedenen Eliten mit dem Blauen und dem Weißen Nil vergleichen: Die politischen Eliten entsprechen dem Blauen Nil, der zu den Zeiten des Regens im Hochland von Äthiopien für eine kurze Zeit den größten Teil des Wassers zum Nil beisteuert (dies ist die Periode, in der die fruchtbaren Felder im ägyptischen Niltal bewässert werden), während der weiße Nil, der in den schneebedeckten Gebirgen in Burundi und Ruanda entspringt, das ganze Jahr über kontinuierlich zum Wasser des Nils bis zu seiner Mündung im Mittelmeer beisteuert; in dieser Hinsicht kann er mit der Rolle der neu entstandenen Eurokratie verglichen werden. Auf der Grundlage dieser Überlegungen werden die folgenden Hypothesen aufgestellt.

(2.7) Die europäische Integration stellt insgesamt einen diskontinuierlichen Prozess dar, in welchem Momente dynamischer Integration abgelöst werden durch Perioden der Stagnation und Phasen der Krise. Die politischen Eliten sind eine Kraft der Beschleunigung, aber auch der Verlangsamung des Integrationsprozesses. Die ökonomischen und die neuen bürokratischen und professionellen Eliten sind jene Kräfte, die die Integration kontinuierlich vorantreiben. Als Folge des Wirkens dieser unterschiedlichen Kräfte entwickelt sich die Geschwindigkeit und Richtung der Integration oft sehr widersprüchlich und führt nicht selten zu problematischen Ergebnissen.

2.3 Ideen, Werte und die Rolle der Intellektuellen im Prozess der europäischen Integration

Aus der soziologischen Perspektive ist eine systematische Betrachtung der Ideen und Werte in Bezug auf den Prozess der europäischen Integration von grundlegender Bedeutung. Die soziale und politische Integration einer Gesellschaft wäre nicht möglich, wenn diese nur auf politische und bürokratische Kontrolle oder

2 Europäische Integration als Elitenprozess

auf rein utilitaristisch-ökonomischen Interessen begründet wäre (Kluckhohn 1951; Parsons 1951; Münch 1982; Wolfe 1989). Die Werte einer Gesellschaft bieten aber keine schon seit jeher existierenden, unwandelbaren oder voll kohärenten Systeme. Selbst im Laufe weniger Generationen können sie sich beziehungsweise ihre Gewichtung wesentlich verändern; dies ergibt ernsthafte Widersprüche und Konflikte zwischen verschiedenen Werten und ihren Vertretern; alle positiven Werte haben einen negativen Gegenpol; Werte existieren nicht ohne ein gewisses Ausmaß an sozialer Kontrolle (Cancian 1975; Inglehart 1977; Etzioni 1988; Haller 1987; Coleman 1990; Bourdieu 1999).

Eine kritische soziologische Analyse von Ideen und Werten und ihrer Funktionen in sozialen und politischen Prozessen ist auf zwei Prinzipien basiert (vgl. auch Mannheim 1970; Lepsius 1988; Liebermann 2002: 709; Boudon 1986, 2004; Camic und Gross 2004; Haller 2003a: 485ff.). Zum Ersten gilt, dass Werte sehr konkret benannt werden müssen, und es muss gezeigt werden, wie bestimmte Institutionen auf diese Werte bezogen sind. Zum Zweiten muss die relative Bedeutung verschiedener Werte im Zusammenhang mit den dahinterstehenden Interessen spezifiziert werden. Wir können nie ohne weiteres annehmen, dass jene Werte, die ein Handelnder als Grund für sein Handeln angibt, tatsächlich die wahren Gründe für das Verhalten sind; sie können auch nur vorgeschoben werden, um bestimmte Verhaltensweisen zu legitimieren oder um bestimmte Interessen zu verschleiern.

Explizite und implizite Werte im Prozess der europäischen Integration

Betrachtet man die europäische Integration und die Argumente, die dabei vorgebracht werden, so wimmelt es nur von Werten, auf die dabei Bezug genommen wird. Nicht nur die politischen Akteure, sondern auch Historiker, Sozialwissenschaftler, Philosophen, Journalisten und Kommentatoren aller Art betonen, wie wichtig Werte für den Integrationsprozess sind. In der Tat wird die Europäische Union vielfach als eine *Wertegemeinschaft* bezeichnet – eine besonders überraschende Charakterisierung, deren Begründung in Kapitel 6 näher untersucht wird. Angesichts dieser Tatsache erscheint es sehr befremdlich, dass die EU-Literatur bislang Ideen weitgehend ignoriert hat (Risse-Kappen 1996: 59). Es ist jedoch wenig überraschend, dass Ideen und Werte, die als Begründung für den Integrationsprozess zitiert werden, sehr oft widersprüchlich sind. In verschiedenen Teilen und Mitgliedsländern der EU werden sehr unterschiedliche Werte und Erwartungen in Zusammenhang mit der Integration genannt. Man kann schwerlich sagen, dass es Werte gibt, die Europa von anderen entwickelten westlichen Ländern und Regionen, wie Nordamerika oder Australien, unterscheiden (Heit

2005). Es ist daher von essentieller Bedeutung, einen ideologisch-kritischen Ansatz auch auf den Prozess der europäischen Integration anzuwenden und »Europa auf die Füße zu stellen«, wie ein treffender Satz im Buch eines jungen schwedischen Soziologen lautet (Hellström 2006).[8] In dieser Hinsicht sind vier allgemeine Fragen wichtig: (1) Wie viele und welche Werte haben den Prozess der europäischen Integration nach den Aussagen der relevanten Akteure (besonders der politischen Eliten) bestimmt? (2) Woher sind diese Werte gekommen? (3) Welche Bedeutung hatten diese Werte für das tatsächliche Verhalten der Akteure im Integrationsprozess? (4) Welche Bedeutung hatten diese Werte für das Design der europäischen Institutionen?

Wie bereits erwähnt gibt es eine Vielzahl von Aussagen über die Bedeutung von Werten im Prozess der europäischen Integration, sowohl in politischen als auch in wissenschaftlichen Reden und Schriften. Auch sozialwissenschaftliche Integrationstheorien sind nicht frei von Werten in dieser Hinsicht. Die föderalistischen Integrationstheorien zum Beispiel »waren begründet in einem echten moralischen Imperativ, der seine geistige Grundlage aus dem deutschen Begriff der *Bundestreue* bezog ...« (Burgess 2003: 67). Der Begriff der »europäischen Staatsbürgerschaft« impliziert das ethisch-moralische Prinzip einer Solidarität zwischen den Völkern der EU-Mitgliedsstaaten (Poferl 2006). Der Anthropologe Douglas R. Holmes (2000: 94) stellt in dieser Hinsicht einen Widerspruch fest: Das Projekt der EU ist »begründet auf einer breit basierten gesellschaftlichen Theorie, die eine komplexe moralische Vision und technokratische Praktik vermischt, dabei aber über keine spezifische formale Verfassungstheorie für sich selber verfügt.«

Werte sind auch eng mit *sozialen Konflikten* verknüpft. Werte können von den Eliten benutzt werden, um Interessen und soziale Widersprüche zu verbergen, mit der Absicht, den Umfang offener Konflikte in einer Gesellschaft zu reduzieren. Untergeordnete oder benachteiligte Gruppen können sich auf Werte berufen, um eine moralische Legitimation für Forderungen in Bezug auf die Veränderung von Macht und Privilegien zu erreichen (Moore 1978). Viele sind der Ansicht, dass nur eine hoch integrierte Gesellschaft, eine Gesellschaft mit wenig oder keinen Konflikten, auch eine »gute Gesellschaft« darstellt (Shils 1982). Eine solche Gesellschaft zu entwickeln war schon immer das Ziel von Regierungen und Herrschern. Zur Erreichung dieses Ziels versuchten sie auch, die gesellschaftliche Homogenität in Bezug auf gültige Werte zu erhöhen.

Die Tendenz, gemeinsame Werte als Grundlage für die EU zu bemühen, scheint parallel mit dem Wachstum, der Größe und Heterogenität der Gemein-

---

[8] Hellström verwendet den englischen Begriff »bringing Europe down to earth«; meine Übersetzung oben erscheint sinngemäß am Besten.

2 Europäische Integration als Elitenprozess

schaft zuzunehmen. Im Vertrag über die Europäische Gemeinschaft für Kohle und Stahl (EGKS), der 1951 zwischen sechs Ländern geschlossen wurde, die kulturell relativ homogen waren, werden nur zwei Werte ausdrücklich erwähnt: Friede sowie ökonomisches Wachstum und Wohlstand. Ein halbes Jahrhundert später, jetzt mit 25 Mitgliedsstaaten und einer Bevölkerung von fast einer halben Milliarde, zählt die Verfassung für Europa fast ein Dutzend grundlegender Werte auf (vgl. Kapitel 7). Darüberhinaus kann man beobachten, dass die EU im Allgemeinen eine Sprache befürwortet, die Integration anstelle von Interessenskonflikten betont. So wird zum Beispiel an Stelle des Konzepts der sozialen Ungleichheit, das sich auf die Sozialstruktur insgesamt bezieht, der Begriff der »sozialen Ausschließung« bevorzugt, der in erster Linie benachteiligte Gruppen meint und technokratische Strategien der Sozialpolitik involviert (Heschl 2003). Angesichts der hoch differenzierten internen Struktur und der Vielfalt der Ideen, die für die Integration herangezogen werden, machen die europäischen Eliten auch extensiven Gebrauch von Überredungsstrategien, um die Bürger in der gesamten EU über die Segnungen der Integration zu überzeugen (vgl. Kapitel 6). Dies erscheint auch notwendig, besonders weil der »Erfolgsmythos« der 1960er Jahre (Etzioni 2001: 254) in jüngster Zeit eher fragwürdig geworden ist.

Die Konzentration auf den Aspekt der Integration ist aber möglicherweise gar nicht im langfristigen Interesse der Union selber. Es sind gerade Konflikte, die Normen und Regeln in das öffentliche Bewusstsein bringen, die ansonsten oft gar nicht ausgesprochen wurden; solche Konflikte führen zu Innovation und Reformen (Coser 1956: 127; Simmel 1971 [1908]). Daher sind Konflikte wesentlich, um einen Typ von Integration zu erzeugen, der nicht nur oberflächlich ist, sondern tatsächlich auf einem gemeinsamen Wertesystem beruht. Wenn es keinen öffentlichen »moralischen Dialog« gibt, in dem die grundlegenden Werte ausformuliert und explizit diskutiert werden, können wichtige Werte mancher Bürger verletzt und die Legitimität des gesamten Integrationsprozesses unterminiert werden (Etzioni 2001: xxxvi; Heit 2005).

Insbesondere in Situationen, in denen es keine eindeutigen Problemdefinitionen gibt, sind allgemeine Ideen unentbehrlich, um Probleme zu erkennen und zu definieren und um praktische Strategien und Maßnahmen zu legitimieren (Jachtenfuchs 1996b). Auch subnationale Gemeinschaften hängen von »kollektiv geteilten Werten und gemeinsamem Wissen« ab (Risse-Kappen 1996: 59). Die europäische Integration ist auf einem ganzen Bündel von Werten begründet (Münch 1993). Die äußerst umfangreiche Integrationsliteratur in den Rechtswissenschaften, in der politischen Wissenschaft und in der Ökonomie hat die Rolle dieser Werte jedoch entweder ignoriert oder selber einen implizit normativen oder apologetischen Standpunkt eingenommen. Es wurden spezifische »europäische Mythen« erfunden, die sich auf die vergangenen und in der Zukunft erwarteten Leistungen der Integration beziehen; sie beschwören auch die Gefahren und Verluste, die im Falle der Nichtintegration eintreten würden (Etzioni 2001: 252). Der äußerst umfangreiche *Cecchini Report*, der die ökonomischen Verluste als Folge der Nichtintegration aufzeigen wollte, kann als ein politisch erstellter Bericht bezeichnet werden, der dazu diente, den Integrationsprozess zu legitimieren. So kann der Bezug auf Werte als Legitimationsstrategie für politische Strategien und Entscheidungen dienen; Werte können rückblickend auch als Rechtfertigung für getroffene Entscheidungen angerufen werden (Bourdieu 1999). Im Falle der europäischen Integration geschieht es auch häufig und regelmäßig, dass kritische Meinungsäußerungen und Analysen zur Integration denunziert werden. Anders Hellström (2006: 217) hat eine ausführliche Analyse offizieller Dokumente, öffentlicher Erklärungen und Argumente durchgeführt, die im Zuge der EU-Referenden in Irland, Dänemark und Frankreich zur Sprache kamen; er fand acht Kriterien, durch welche »gute« und »schlechte« Europäer von einander unterschieden wurden. Man kann sagen, dass Integration an sich ein dominanter Wert (im Sinne von Kluckhohn [1951: 415]) im Nachkriegs-Europa geworden ist.

Es ist in diesem Zusammenhang auch noch ein Punkt klarzustellen, der die irreführende Gleichstellung des Begriffs »Europa« mit jenem der Europäischen Union betrifft. Diese Gleichsetzung wird tagtäglich in vielen Reden und Artikeln gemacht. Von Ländern, die EU-Mitglieder werden möchten, wird gesagt, dass sie »auf dem Weg nach Europa« sind. Der Begriff Europa schließt jedoch ein außerordentlich breites und reichhaltiges Arsenal von historischen, geografischen, kulturellen und politischen Bildern und Konnotationen ein, aber er ist auch sehr vage und unbestimmt (Kaelble 1987; Jordan 1988; Therborn 1995; Haller 1990; Hellström 2006). Er darf nicht mit jenem der »Europäischen Union« verwechselt werden, der eine historisch und geografisch spezifische politische Einheit bezeichnet. So gehört Russland, obwohl auf absehbare Zeit nicht Mitglied der EU, ohne Zweifel zu Europa

Auf der Grundlage dieser Überlegungen werden die folgenden Hypothesen aufgestellt:

(2.8) Ideen und Werte sind im Prozess der europäischen Integrationen von hoher Bedeutung. Ihre Rolle ist aber häufig mehr implizit als explizit. Es gibt eine Kluft zwischen einer Vielzahl an offiziellen (»feierlichen«) Erklärungen von Werten einerseits, und der aktuellen Bedeutung dieser Werte für politische Strategien und Entscheidungen andererseits. Die Berufung auf gemeinsame Werte kann als eine gezielte Strategie der europäischen politischen Eliten gesehen werden, von möglichen Spannungslinien und Konflikten innerhalb der Union abzulenken und die bestehenden Unterschiede und Konflikte zwischen den Werten, Interessen und Lebensstilen zwischen den verschiedenen sozialen, kulturel-

2 Europäische Integration als Elitenprozess 89

len und politisch-territorialen Subgruppen und Einheiten der EU durch Strategien der »Depolitisierung« herunter zu spielen (Hoffmann-Lange 1992: 312). Die europäische Integration wird von den Eliten als ein Prozess dargestellt, der für alle gleichermaßen positiv und nützlich ist und gelenkt durch nichts anderes als Rationalität und die Idee des Fortschritts (Hansen und Williams 1999). Personen und Gruppen, die diesen Prozess kritisch sehen, werden als »Anti-Europäer« stigmatisiert, die den Werten von Modernität und Fortschritt feindlich gegenüber stehen.

Die Rolle der Intellektuellen im Prozess der europäischen Integration

In diesem Zusammenhang ist es unerlässlich, auch die Rolle der Intellektuellen in der Entwicklung und Verbreitung der Ideen und Werte über die europäische Integration zu betrachten. Intellektuelle sind Personen, die an öffentlichen Diskursen über wichtige soziale und politische Themen beteiligt sind; sie gehören üblicherweise zu den wissenschaftlichen, künstlerischen oder literarischen Professionen. Sie analysieren und kommentieren soziale und politische Entwicklungen und Probleme auf der Basis universeller Werte, wie Freiheit, Gleichheit, soziale Gerechtigkeit, die als Leitprinzipien einer »guten Gesellschaft« gelten können (Mannheim 1970; Lepsius 1988; Charle 2001). Dies bringt sie meist, aber nicht notwendig immer, in Opposition zu den Mächtigen. Faktisch ist es das Hauptziel der Intellektuellen, öffentliche Aufmerksamkeit und Einfluss bei den Mächtigen zu gewinnen (Boudon 2004). In der neueren Geschichte haben Intellektuelle eine entscheidende Rolle in großen sozialen Transformationen gespielt, indem sie Ideen und Visionen für eine bessere Gesellschaft und neue politische Institutionen entwickelt haben. Dies war vor allem der Fall im Zeitalter der zivilen und sozialen Revolutionen zwischen der Mitte des 17. und dem frühen 20. Jahrhunderts, und es war auch der Fall in den Bewegungen für nationale Unabhängigkeit im 19. Jahrhundert. Selbst in der jüngsten europäischen Revolution, dem Übergang vom Staatssozialismus zu demokratischen und markwirtschaftlichen Systemen in Osteuropa in den 1980er und 1990er Jahren, waren die Intellektuellen jene, die die Veränderungen propagiert haben und die für sie kämpften, lange bevor sie tatsächlich stattgefunden haben. In vielen Fällen erfolgten die tatsächlichen Veränderungen und Transformationen jedoch nicht in der Weise, wie sie von den Intellektuellen angestrebt worden waren. Das Gleiche war der Fall im Rahmen der europäischen Integration. Die »Idee von Europa«, die eine friedliche Einigung des Kontinents beinhaltete, wurde von Denkern und Intellektuellen seit Jahrhunderten propagiert (vgl. Kapitel 7). Der reale Integrationsprozess seit dem Zweiten Weltkrieg erfolgte jedoch in einer Weise, die von vielen dieser Intellektuellen nicht vorausgesehen wurde.

Auf der Basis dieser Überlegungen werden die folgenden Hypothesen aufgestellt:

(2.9) Intellektuelle Eliten haben eine bedeutende Rolle in der Entwicklung der Idee eines friedlichen und »geeinten« Europa im Laufe der Jahrhunderte gespielt. Die politischen Eliten beziehen sich sehr häufig auf diese Ideen, um ihre Strategien zu legitimieren. Sie tun dies jedoch in einer einseitigen und selektiven Weise; betont werden jene historischen Ideen, die die konkrete Realisierung der europäischen Integration seit 1945 zu bestätigen scheinen. Seit dieser Zeit sind die Intellektuellen jedoch vielfach verstummt, und zwar aus zwei Gründen: Erstens, weil die konkrete Form der europäischen Integration nicht manchen der historischen Visionen entsprach; zweitens, weil viele der akademischen und professionellen Gruppen, aus denen sich Intellektuelle typischerweise rekrutieren, durch die politischen Eliten für deren spezifisches Projekt der europäischen Integration kooptiert wurden.

2.4 Der historische und situative Kontext bei der Gründung, der Vertiefung und Expansion der EU

Ein zentrales Element des soziologischen Ansatzes, der dieser Arbeit zugrunde liegt, ist die Berücksichtigung des situativen Kontextes, in welchem die europäische Integration begonnen hat und die Veränderung dieser Situation im Laufe der Zeit. Dieser Kontext schließt zwei Elemente ein, die *internationale* oder *globale Situation* und die *interne Situation* innerhalb der Union. Beide dieser Aspekte wurden in der Integrationsforschung vielfach vernachlässigt. Indem wir sie berücksichtigen, wird es möglich, eine überzeugende Erklärung für den Start des Integrationsprozesses zu geben und auch einige der Rätsel zu verstehen, welche diesen Prozess bis heute charakterisieren.

Die Bildung von Föderationen als Reaktion auf externe Bedrohungen

Wenn man den Ursprung von Föderationen zwischen unabhängigen Staaten betrachtet, ist eine Berücksichtigung der internationalen Situation unabdingbar. Elisabeth Fix (1992/93) hat die Geschichte der Entstehung solcher Föderationen von der Zeit des alten Griechenland bis zu Europa im 19. Jahrhundert untersucht. Sie fand, dass in allen Fällen ein Hauptgrund für die Bildung solcher Allianzen war, Sicherheit gegenüber einem fremden, großen und starken, meist despoti-

2 Europäische Integration als Elitenprozess

schen Staat zu gewinnen. Äußere Bedrohungen und die Bildung solcher Allianzen fielen häufig auch mit inneren Krisen zusammen.

Wir können diese Idee auch auf die Situation in Europa und dessen Position im internationalen System nach dem Zweiten Weltkrieg anwenden. Die allgemein anerkannte These im Hinblick auf das Hauptmotiv für die europäische Integration lautet, dass es den kontinentaleuropäischen Ländern, insbesondere Frankreich und Deutschland, als das Wichtigste erschien, weitere Kriege zwischen ihnen zu vermeiden. Daher entwickelten sie die Idee einer engen ökonomischen Zusammenarbeit, als Grundlage für eine spätere politische Zusammenarbeit und Integration, durch welche ein solcher Krieg ein für allemal verhindert werden sollte. Eine nähere Betrachtung der historischen Umstände und der wirklichen Kräfte, die in der Nachkriegszeit am Werke waren, ergibt jedoch ein anderes Bild.

»S'unir ou perir.« Westeuropa nach dem Zweiten Weltkrieg

Drei Aspekte änderten sich fundamental als Folge des Zweiten Weltkrieges (Lipgens 1974; Elias 1985; Kuzmics 2001; Loth 1996). Der erste war, dass die Sowjetunion und die Vereinigten Staaten aus dem Krieg als neue Weltmächte hervorgingen und die früheren europäischen Großmächte auf den Status zweitrangiger politischer und militärischer Mächte reduziert wurden. Dieser Aspekt allein hätte jeden weiteren Krieg zwischen Frankreich und Deutschland sinnlos gemacht. Der Erste und auch der Zweite Weltkrieg brachen ja aus, weil sich diese europäischen Mächte noch um die Weltherrschaft stritten. Die Situation Frankreichs und Deutschlands nach dem Zweiten Weltkrieg war jedoch die einer grundlegenden Schwäche. Dies stand außer Frage im Fall von Deutschland, das ökonomisch zerstört, in militärische Besatzungszonen geteilt und durch Faschismus und Holocaust moralisch diskreditiert war. Für Deutschland erschien der Nationalismus als eine ein für alle mal diskreditierte Ideologie. Das überragende Ziel seiner Politik nach dem Krieg war es, internationalen Respekt und politische Autonomie und Handlungsfähigkeit wiederzugewinnen. Die Teilnahme an der europäischen Integration erschien und erscheint den Deutschen bis heute als die einzige politische Strategie zur Erreichung dieser Ziele. Aber auch für die anderen großen westlichen Staaten war es ein Problem, wie man das geschlagene Deutschland behandeln sollte und eine neuerliche Aggression Deutschlands unmöglich machen konnte. Dies war besonders ein Problem für Frankreich, das außerdem auch noch Kontrolle über die umstrittene industrielle Region Ruhr zu erlangen versuchte (Gillingham 1987). Aber auch Frankreich befand sich nach dem Krieg in einer sehr schwachen Situation (Ähnliches galt im Falle von Italien). Es war ebenfalls eine geschlagene Nation mit einer schwachen Ökonomie und einer beschädigten moralischen Reputation, als Folge der Kollaboration vieler mit dem Vichy Regime (Wolton 2004).

Die neue bipolare Struktur der Welt erzeugte neue Akteure und Interessen, und diese entschieden über den Lauf der Ereignisse im Nachkriegs-Europa (Waltz 1979; Mearsheimer 2001; Siedschlag 2006). Die Sowjetunion war nicht bereit, ihre Macht über Osteuropa aufzugeben und die Vereinigten Staaten entschlossen sich, Westeuropa in ihren Einflussbereich zu integrieren. Sie entwickelten daher den Marshall Plan, damit sich die schwachen Ökonomien erholen konnten und Westeuropa »einschließlich Deutschlands« ein Alliierter der Vereinigten Staaten werden konnte. Der Ost-West-Konflikt hatte daher eine Hebammenfunktion für die europäische Integration (Lipgens 1974: 522). Die Zusammenarbeit zwischen den alten Feinden, insbesondere Frankreich und Deutschland, wurde als bester Weg gesehen, um ihre gemeinsame Schwäche zu überwinden; dies kam zum Ausdruck in dem Satz, der zu dieser Zeit weit verbreitet war: »S'unir ou perir« (sich vereinigen oder untergehen). Die Vereinigten Staaten unterstützten die westeuropäische Integration daher aktiv und übten sogar einen Druck in diese Richtung aus, indem sie die finanzielle Hilfe im Rahmen des Marshall Plans abhängig machten von einer Kooperation zwischen den Empfängerstaaten (Hyde-Price 2006: 225; Loh 1996: 48ff.). Diese Erklärung der Ursprünge der europäischen Integration als ein Resultat der Entstehung der Rivalität zwischen den zwei neuen Weltmächten wird auch durch eine einfache Überlegung gestützt, welche die Rolle der Sowjetunion betrifft. Wäre die Verhinderung zukünftiger Kriege tatsächlich der Hauptgrund für die europäische Integration gewesen, wäre es schwer zu verstehen, warum man keine Bemühungen machte, die Sowjetunion in das europäische Friedensprojekt einzuschließen. Sie war auch jenes Land, das im Zweiten Weltkrieg die gewaltigsten Opfer erbracht hatte.

Aufstieg zur Weltmacht? Die Situation und Perspektiven der EU am Beginn des 21. Jahrhunderts

Im Verlauf der Jahrzehnte nach dem Zweiten Weltkrieg hat sich die Situation in Westeuropa grundlegend verändert, nicht zuletzt aufgrund der Tatsache, dass der Integrationsprozess in ökonomischer Hinsicht anscheinend sehr erfolgreich war. Der kontinuierliche Prozess der institutionellen Vertiefung und Erweiterung führte zu einem steigenden Selbstbewusstsein der EG/EU, auch im Hinblick auf ihre Rolle in der Welt. Der Wettbewerbsdruck von Seiten anderer führender Ökonomien (USA, Japan) führte in den 1980er Jahren zu einer neuen Koalition

2 Europäische Integration als Elitenprozess

zwischen den wirtschaftlichen Interessen multinationaler Konzerne und der Europäischen Kommission, und zur Idee der Vertiefung des gemeinsamen Marktes und einer aktiven Förderung der technologisch-industriellen Entwicklung (Bornschier 1998; Ziltener 2000). Ein Meilenstein war der Fall des Eisernen Vorhangs im Jahre 1989/90, der die weltpolitische Situation veränderte und das militärische Weltsystem durch ein unipolares System ersetzte, in welchem die Vereinigten Staaten die beherrschende Rolle übernahmen. Diese Veränderungen hatten für Europa wichtige Konsequenzen (Hyde-Price 2006: 226f.): Es bestand weitgehend Übereinstimmung darüber, dass auch ein vereinigtes größeres Deutschland eng in die EU integriert bleiben sollte, um die Sicherheitsbedürfnisse seiner Nachbarn zu befriedigen. Der Maastricht Vertrag über die Europäische Union etablierte das wirtschaftliche Ziel, Europa zu stärken und seine Wettbewerbsfähigkeit im Vergleich mit den USA zu verbessern. In Folge dieser Veränderungen erlangte die EU eine neue Rolle als Faktor, der politische Stabilität und wirtschaftliche Prosperität im postkommunistischen Osteuropa fördern sollte. Er erleichterte auch den Beitritt von politisch neutralen Staaten, wie Österreich und Schweden, zur EU; dieser Beitritt wurde von Vertretern der multinationalen Konzerne schon lange gefordert (Bieler 2002).

Auf dem Hintergrund dieser Veränderungen begann die EU eine neue Rolle auf der internationalen Bühne zu entwickeln, die zwei widersprüchliche Strategien beinhaltete: die eine war die Entwicklung einer gemeinsamen europäischen Sicherheits- und Verteidigungspolitik (GASP); die andere lag im Anspruch, man repräsentiere eine neue Form von »Zivilmacht«, die weniger durch Militär- und Machtpolitik angeleitet würde als durch »weiche« und friedliche Formen internationaler Verhandlungen und Aktivitäten. In beiderlei Hinsicht sind jedoch Vorbehalte zu machen. In Bezug auf die GASP ist zu bemerken, dass die Leistungen der EU bislang sehr bescheiden waren, wenn sie nicht ganz versagt hat. Die Unentschiedenheit der EU und die interne Uneinigkeit im Falle des Krieges in Jugoslawien und die tiefe Kluft zwischen zwei Lagern innerhalb der EU im Falle des zweiten Irakkrieges, sind noch in frischer Erinnerung. Dessen ungeachtet fährt die EU fort, so zu reden und zu handeln, als wäre sie auf dem Weg ein *global player* zu werden. Vieles davon ist jedoch bis heute vor allem »Rhetorik und Selbstdarstellung« (Siedschlag 2006: 5).

Was lässt sich sagen im Hinblick auf die Möglichkeit der EU in der internationalen Politik eine ganz neue Rolle als Zivilmacht zu spielen, die ihre Ansprüche hauptsächlich auf ethische und moralische Überlegungen gründet? Auch in dieser Hinsicht muss man Fragen stellen. Wenn wir den im vorhergehenden Abschnitt entwickelten ideologischkritischen Ansatz anwenden, kann man verstehen, warum diese Sicht in politischen Kreisen so beliebt ist. In dieser Weise kann die EU dargestellt werden, als würde sie einen Ansatz verfolgen, der auf

»weiche« Strategien der »Diplomatie, Überzeugung, Verhandlung und des Kompromisses« beruht, im Gegensatz zur (amerikanischen) Methode, die auch militärische Mittel und Zwang einschließt (Hyde-Pride 2006: 217ff.). Ein solcher Ansatz übersieht jedoch die Rolle der Macht. Es ist in sich widersprüchlich anzunehmen, dass zivile und/oder normative Macht immer etwas Gutes sei. Aus einer realistischen Perspektive sollten wir von den folgenden zwei Annahmen ausgehen: (1) Wie jeder Akteur auf der internationalen Szene wird auch die EU zu einem hohen Grad (wenn auch nicht ausschließlich) durch kühle Interessen der Sicherheit, der Gewinnung von Einfluss und Macht charakterisiert sein. (2) Die EU wird sich zu unterschiedlichen Akteuren auf der Weltszene ganz unterschiedlich verhalten, je nach deren Macht. Sind sie sehr stark, wird sie eher vorsichtig agieren (man denke hier an Länder wie die USA, Russland oder China); sind sie schwach, wird sie auch nicht davor zurückscheuen ihre Macht einzusetzen, falls es als opportun erscheint (vgl. auch Galtung 1973).

Auf der Grundlage dieser Überlegung werden die folgenden Thesen aufgestellt:

(2.10) Der Beginn der europäischen Integration und ihre weitere Entwicklung kann nicht verstanden werden, wenn man nur die explizit formulierten Absichten der führenden Akteure in Europa betrachtet; man muss vielmehr auch nationale Interessen sowie Veränderungen in der weltpolitischen Konstellation berücksichtigen. Integration muss auch gesehen werden als ein Mittel um nationale Autonomie und Prestige, Sicherheit und Einfluss auf der internationalen Ebene (wieder-) zu gewinnen. Diese Motive waren entscheidend für den Beginn der Integration in den 1950er Jahren und für die beschleunigte institutionelle Vertiefung und Erweiterung seit den späten 1980er Jahren. Heute wird die EU vielfach als ein ökonomischer Gigant charakterisiert, der auch sein politisches Gewicht auf der Weltbühne zur Geltung bringen sollte. In dieser Hinsicht existieren jedoch zwei widersprüchliche Ziele und Visionen: jenes einer neuen globalen Macht, die ausgestattet ist mit eigenen militärischen Kräften; und jenes einer »Zivilmacht«, die internationalen Einfluss durch Formen »weicher« Diplomatie und ökonomischer Anreizeund Sanktionen gewinnt.

Die zunehmende Kluft zwischen Eliten und Bürgern in den Einstellungen zur Integration

Im Zentrum dieser Studie steht das Problem der zunehmenden Kluft zwischen Eliten und Bürgern im Hinblick auf den Prozess der europäischen Integration. Die ersteren sehen sie als eine welthistorisch einmalige Leistung; die letzteren sind in dieser Hinsicht vielfach skeptisch. Dies ist in der Tat ein bemerkenswertes Rätsel, da man erwarten könnte, dass im Laufe der Zeit die Einstellungen zu und die Bindung an die neue politische Gemeinschaft immer positiver bzw. stärker werden sollten. Es gibt zwei Entwicklungslinien, die uns helfen dieses zentrale Problem zu verstehen und zu erklären.

Es sind dies zum Einen die Entwicklungen und Strategien der Eliten im Rahmen des politischen Systems der EU, die in den vorhergehenden Abschnitten angedeutet wurden. Bis zu den 1980er Jahren war die europäische Integration ein weitgehend elitärer Prozess mit wenig öffentlicher Diskussion und geringer Teilnahme von Seiten der Bürger. Diese Situation hat sich aus mehreren Gründen verändert: Die Integration hat mehr und mehr alle Bereiche des sozialen und politischen Lebens erfasst; die zunehmende Ausstattung der neuen europäischen Institutionen mit Kompetenzen und Macht hat die Möglichkeit zu demokratischer Mitbestimmung und Einflussnahme auf der Ebene der Nationalstaaten reduziert; und schließlich war – zumindest in den letzten Jahrzehnten – der sozioökonomische Erfolg der Integration bescheidener als erwartet.

Signifikante Veränderungen haben zum Zweiten auch auf der Ebene der Bevölkerung und der Bürger in den Mitgliedsstaaten der EU stattgefunden. Diese schlossen unter anderem ein: sozialstrukturelle Veränderungen, die zu einer zunehmenden Bildung der Bevölkerung führten; die Umstrukturierung der wirtschaftlichen aktiven Bevölkerung vom primären und sekundären Sektor (Landwirtschaft und Industrie) zum dritten Sektor (Dienstleistungen), und zu wissensbasierten beruflichen Aktivitäten; Prozesse der Verstädterung und Verbreitung moderner Massenmedien (Bell 1999; Mendras 1988; Castells 1997, 1999). Grundlegende Veränderungen haben auch in den Werten und Lebensstilen der Menschen stattgefunden, die zu einer Ablösung traditioneller Formen des Denkens und Verhaltens und hin zu mehr individualistischen und säkularen Verhaltensweisen geführt haben (Beck 1986; Inglehart 1997). Diese Trends wurden verstärkt durch den Beitritt der nordwesteuropäischen Länder zur EG, deren Sozialstruktur sehr fortgeschritten ist, und deren Bevölkerung sehr hohe Ansprüche in Bezug auf demokratische Mitbestimmung hat. Im politischen Bereich hat die Teilnahme an traditionellen Formen der Teilnahme (Parteimitgliedschaft, parteibezogenes Wahlverhalten) abgenommen und es haben sich kritischere Einstellungen zu den politischen Eliten und Institutionen entwickelt. Die europäische Integration hat zu diesen Trends in verschiedener Hinsicht beigetragen. Auf der Grundlage dieser Überlegungen werden folgende Thesen aufgestellt:

(2.11) Ein halbes Jahrhundert europäischer Integration hat nicht zu einer zunehmend positiven Einstellung aller Bürger zu diesem Projekt und zur Europäischen Union geführt, sondern eher zu einer Stagnation und teilweisen Abnahme dieser Zustimmung. Die Gründe waren (a) das Verhalten der politischen Eliten, das oft nicht mit ihren deklarierten Zielen überein zu stimmen scheint; (b)

die institutionelle Entwicklung der EG/EU, die die Möglichkeiten für die Mitbestimmung der Bürger reduziert hat; (c) Veränderungen in der Sozialstruktur und in den Wertorientierungen, die die politischen Standards und Erwartungen der Bürger erhöht haben.

Ausblick

Wir können dieses Kapitel abschließen, indem wir nochmals auf die Hauptunterschiede unseres Ansatzes hinweisen, die dieser im Vergleich zu den zwei etablierten Integrationstheorien aufweist, zur neofunktionalistischen und intergouvernementalistischen Theorie. Die *funktionalistische Integrationstheorie* nimmt an, dass sich politisch unabhängige Einheiten in wirtschaftlicher Hinsicht zusammen tun, weil dies zu einem Gewinn an Produktivität und Wohlfahrt führt. Sobald die Integration in einem Sektor etabliert wurde, breitet sie sich jedoch auch auf andere Sektoren aus, insbesondere vom ökonomischen zum politischen Bereich. Das heißt, Integrationsprozesse erlangen eine eigene Logik und verstärken sich selbst mit zunehmendem internationalen Austausch und Arbeitsteilung. In diesem Prozess bilden die neu etablierten supranationalen Institutionen eine zentrale Rolle. Das Endstadium des Integrationsprozesses wird erreicht, wenn eine hoch integrierte ökonomische und politische Gemeinschaft entstanden ist (Deutsch 1957; Haas 1958; Taylor 1993; Jensen 2003; Schmitter 2004; Faber 2005). Im Rahmen der *intergouvernementalistischen Integrationstheorie* stellt die Integration eine Strategie dar, die die nationalen Regierungen bewusst verfolgen, um im Rahmen einer veränderten internationalen Situation Sicherheit zu gewinnen und in der Lage zu sein, mit den Kräften der Globalisierung fertig zu werden. Hier wird angenommen, dass die Integration die Rolle der nationalen Regierungen sowohl innerhalb ihrer eigenen Staaten, als auch auf der internationalen Ebene stärkt (Hoffman 1966; Milward 1992; Moravcsik 1998; für Kritiken vgl. Faber 2005: 86ff.; Burgess 2003).

Der in dieser Studie vertretene Ansatz weicht von diesen Theorien in mehrfacher Hinsicht ab. Erstens vermeidet er die Gleichsetzung funktionaler mit kausalen Erklärungen. Die Funktion der Integration kann sich von den Gründen, die zu ihrer Initiierung geführt haben, sehr unterscheiden. Eine Begleiterscheinung des funktionalen Ansatzes ist ein teleologisches Denken, das eine inhärente Entwicklungslogik und ein klar definiertes Endstadium des Integrationsprozesses annimmt. Diese Art des Denkens ist auch typisch für den Föderalismus, einer Variante des intergouvernementalen Ansatzes, der die Entstehung der »Vereinigten Staaten von Europa« voraussieht. Zum Zweiten spricht unser Ansatz nicht nur von Systemen und nationalen Regierungen, sondern unterscheidet klar zwi-

2 Europäische Integration als Elitenprozess

schen verschiedenen Typen von Akteuren und ihren vielfältigen Interessen. Neben Regierungen und politischen Eliten stellen auch wirtschaftliche, bürokratische, professionelle und intellektuelle Eliten wichtige Akteure dar. Ein dritter Schwerpunkt unseres Ansatzes, der in den etablierten Theorien nur eine geringe oder überhaupt keine Rolle spielt, berifft die Rolle der Bürger und ihrer Interessen. Diese unterscheiden sich von jenen der Eliten und sie sind in verschiedenen Mitgliedsländern durchaus unterschiedlich. Zum Vierten schließt unser Ansatz systematisch die Rolle von Ideen und Werten im Integrationsprozess ein, sowohl in ihrer positiven Funktion als Motivationskräfte wie auch in ihrer Legitimationsfunktion, welche zum Tragen kommt, wenn sie verwendet werden, um bestimmte Aktionen zu rechtfertigen und/oder Interessen zu verbergen.

In den nächsten drei Kapiteln wird die Rolle der politischen, ökonomischen und bürokratischen Eliten untersucht. In Kapitel 6 werden die Wahrnehmungen und Einstellungen der Bevölkerung zur Integration dargestellt, wie auch die Strategien der Eliten, um die Zustimmung der Bürger zu gewinnen. In den letzten beiden Kapiteln wird die Frage der Finalität der europäischen Integration wieder aufgenommen. Kapitel 7 untersucht die Visionen der historischen und gegenwärtigen Eliten, und konfrontiert sie mit dem aktuellen Verlauf der Integration. In Kapitel 8 wird vorgeschlagen, die Europäische Union als eine »soziale Rechtsgemeinschaft« zu betrachten. Eine solche Sichtweise eröffnet einen schlüssigen Weg um nationale Autonomie mit dem notwendigen Ausmaß an Kooperation und Integration zu vereinbaren, wie auch einen institutionellen Rahmen, innerhalb dessen Eliten effizient arbeiten und transparente Beziehungen zu einem informierten und am Integrationsprozess aktiv teilnehmenden Publikum herstellen und pflegen können.

3 Die politischen Eliten
Wie die europäische Integration ein weites Feld für neue politische Karrieren und Einflussnahmen eröffnet hat

Einleitung

In diesem Kapitel werden die europäischen politischen Eliten untersucht. Politische Eliten sind definiert als die Inhaber der zentralen politischen Machtpositionen; zu ihnen gehören vor allem die Mitglieder der Regierungen und Parlamente. Die »europäischen politischen Eliten« umfassen die Mitglieder der nationalstaatlichen Regierungen, die im Rahmen des Europäischen Rates die Politik der EU entscheidend mitbestimmen, die Mitglieder des Europäischen Parlaments (EP) und die EU-Kommissare. Obwohl sie nicht Politiker im engeren Sinne sind, schließen wir hier auch die Mitglieder des Europäischen Gerichtshofes (EuGH) ein, weil sie de facto entscheidend zum Integrationsprozess beigetragen haben.

Der Begriff der politischen Eliten macht es notwendig, dass wir die Aufmerksamkeit auch auf die persönlichen Merkmale, Interessen und Motive einzelner politischer Akteure richten. Aus dieser Sicht erscheint es als Rätsel, warum führende nationale Politiker bereit waren, erhebliche Machtbefugnisse an die EG bzw. EU abzutreten. Der elitentheoretische Ansatz ermöglicht es, hierauf eine Antwort zu geben.

Im ersten Teil dieses Kapitels wird ein soziologisches Porträt jener wenigen politischen Persönlichkeiten gegeben, die in der Entstehungsphase der europäischen Einigung von entscheidendem Einfluss waren. Zu ihnen gehören die drei »Gründungsväter« der EWG, Konrad Adenauer, Alcide Degasperi und Robert Schuman, sowie der politisch-bürokratische »Unternehmer« Jean Monnet. In der Folge werden Veränderungen in den politischen Systemen großer Mitgliedsländer untersucht, wobei besonderes Augenmerk auf die Ausbreitung von Parteienklientelismus und Korruption gelegt wird. Im dritten und vierten Abschnitt werden die drei wichtigsten Gruppen der neuen europäischen Politiker, die Mitglieder des EP, die EU-Kommissare und die Mitglieder des EuGH untersucht.

3.1 Wie die charismatischen Gründer der EWG den Charakter der späteren Integration geprägt haben

Nach dem Zweiten Weltkrieg gab es drei verschiedene Optionen für die wirtschaftliche Erholung und Entwicklung Europas (Loth 1996: 9ff.): Die erste und umfassende war, Europa als Ganzes wirtschaftlich wieder aufzubauen und zu entwickeln – unter Einschluss der von der Sowjetunion besetzten Länder Osteuropas. Dies war der Kern eines Vorschlags des amerikanischen Außenministers John Foster Dulles im Jahre 1947 (er wurde später als *Marshall-Plan* nur für Westeuropa realisiert). Die zweite Idee war, ein Vereinigtes Europa als »dritte Macht« neben den zwei neuen Supermächten, den USA und der UdSSR, zu errichten. Dieser Vorschlag wurde vor allem von den westeuropäischen Sozialdemokraten, einschließlich der britischen Labour Party, vertreten. Die dritte Idee war, nur jene Länder zu integrieren, die nicht unter sowjetischer Besatzung standen. Dieser Vorschlag bedeutete eine Akzeptierung der neuen Ost-West Teilung Europas und das Abtreten von Polen, der Tschechoslowakei, Ungarns und aller anderen osteuropäischen Ländern an die sowjetische (Fremd-)Herrschaft. Heute wird oft behauptet, dies sei die einzig realistische Möglichkeit gewesen. Dies trifft aber nicht zu. Kollektive Erinnerungen dieser Art – die man klar von historischem Wissen unterscheiden muss – sind auch immer mit aktuellen politischen Machtinteressen verknüpft (Müller J.W. 2002). Die EU hat, wie jeder Nationalstaat, ihren eigenen »Gründungsmythos« entwickelt, der dazu dient, die gegenwärtige Politik und Entwicklung zu legitimieren.

Die oben genannten, vier führenden europäischen Politiker der Nachkriegszeit trugen entscheidend zu dieser Entwicklung bei. Eine soziologische Analyse ihres sozialen, weltanschaulichen und politischen Hintergrunds ist daher von großem Interesse: Sie trägt dazu bei, ein kritischere und historisch objektivere Sicht über die Ursprünge und die Entwicklung der europäischen Integration zu gewinnen.

Gemeinsame soziale Merkmale der drei katholischen »Gründungsväter« der EWG

Drei politische Persönlichkeiten bzw. Staatsmänner waren von entscheidender Bedeutung für den Durchbruch der europäischen Einigung durch die Gründung der *Europäischen Gemeinschaft für Kohle und Stahl* (EGKS) im Jahre 1952: der französische Außenminister Robert Schuman, der deutsche Bundeskanzler Konrad Adenauer und der italienische Ministerpräsident Alcide Degasperi. Sie hatten vier Merkmale gemeinsam: (1) Sie waren alle geboren zwischen 1889 und 1890 und hatten den faschistischen und nationalsozialistischen Terror in ihrem besten Erwachsenenalter erlebt; (2) sie waren überzeugte und praktizierende Katholiken; (3) sie waren glühende Feinde des Kommunismus; (4) auch wenn sie im Prinzip Demokraten waren, zeigten sie – insbesondere Adenauer und Degasperi – doch stark autokratische Tendenzen. Diese Merkmale sind eng aufeinander bezogen. Seit Entstehung der sozialistischen und kommunistischen Bewegungen im 19. Jahrhundert war die katholische Kirche einer ihrer erbittertsten Gegner. Dies war nicht zuletzt deshalb, weil Marx und Engels Religion als »Opium für das Volk« erklärt hatten, das heißt, als eine Ideologie, die vor allem dazu diente, die kapitalistische Expansion und Ausbeutung zu rechtfertigen. Nach dem 2. Weltkrieg stiegen die christdemokratischen Parteien in vielen Ländern Westeuropas in eine führende Rolle auf, weil sie in der Lage waren, das ideologische Vakuum auszufüllen, das nach dem Zusammenbruch der faschistischen Regime und der Ächtung der kommunistischen Parteien in vielen Ländern Westeuropas entstanden war (Greschat/Loth 1994). Alle diese Parteien unterstützten die europäische Einigung, ebenso wie Papst Pius XII. (1939–1958) es in einer Reihe von Reden und Schriften tat.

Der Katholizismus enthält zwei weitere Aspekte, die seine positive Haltung zur europäischen Integration ebenso erklären wie die spezifisch elitäre Form dieser Integration. Der erste kann als sehr positiv gesehen werden; es ist eine universalistische Einstellung, die im Gegensatz zu jedem engstirnigen Nationalismus und Chauvinismus steht. Der Katholizismus war bzw. ist in der Regel deutlich weniger eng mit dem Staat und seinen Autoritäten verbunden als es im Protestantismus und im orthodoxen Christentum der Fall ist; er stellt eine wahrhaft universale Religion dar, die sich über die gesamte Erde ausgebreitet hat (Höllinger 1996). Ein anderes Merkmal des Katholizismus ist weniger positiv. Das katholische Denken neigt zur Betonung von Tradition und Dogma, Hierarchie und Autorität. Das katholische Weltbild sieht eine Kontinuität zwischen allen Institutionen auf der Welt; der Staat ist zwar eine weltliche und unabhängige Einrichtung, er ist aber doch der Kirche als der Gemeinschaft der Heiligen untergeordnet, erhält seine Existenzberechtigung durch Gott und ist Teil der hierarchischen Struktur des Kosmos (Hauser 1949). Diese Haltung kommt am deutlichsten zum Ausdruck im katholischen Dogma der absoluten Wahrheit (Unfehlbarkeit des Papstes), einer herausgehobenen Stellung des Klerus, der Verpflichtung der einfachen Kirchenmitglieder zu glauben und zu gehorchen, und einer rigiden innerkirchlichen Hierarchie (Krämer 1973). Bis weit in das 19. Jahrhundert hinein war die katholische Kirche eine entschiedene Unterstützerin der alten monarchischen Dynastien und Ständestrukturen in Europa (Maier 1983: 23). Noch in der ersten Hälfte des 20. Jahrhunderts blieb die Haltung des Katholizismus (insbesondere auch des Papstes Pius XII.) gegenüber den faschistischen Diktaturen zweideutig. Die rigide vertikale Struktur der katholischen Kirche und das Bestehen darauf, dass der Vatikan in allen Fragen von Ethik und Moral die entscheidende letzte Autorität darstellt, reflektieren diese Haltung bis heute (Morel 2003). Alle diese Merkmale sind von Bedeutung für die Form, in welcher sich die europäische Einigung von Beginn an entfaltete.

Foto 4:
Zwei Architekten der europäischen Integration: Jean Monnet (links) und Robert Schuman
Quelle: Europäische Gemeinschaft, Audiovisueller Dienst

Die älteste der drei politischen Persönlichkeiten war *Konrad Adenauer* (1876–1967), deutscher Bundeskanzler zwischen 1949 und 1963. Adenauer hatte schon in der Weimarer Republik erheblichen Einfluss in der deutschen Politik als langjähriger Bürgermeister von Köln (1917–1933), führendes Mitglied der katholischen *Zentrumspartei* und Vorsitzender des preußischen *Staatsrats*[1] (Planitz 1975: 47ff.). Seit seiner Jugend war Adenauer ein Gegner von Bismarck's Großmachtpolitik. Die Nationalsozialisten enthoben Adenauer seiner Ämter, beschlagnahmten sein Vermögen (allerdings wurde ihm eine erhebliche Staatspen-

---

[1] Zu dieser Zeit gehörte Köln zu Preußen, dem größten und dominanten Teilstaat der Weimarer Republik.

sion zugesprochen) und er konnte das Regime später nur im Schweizer Exil überleben. Signifikant ist, dass Adenauer schon in den 1920er Jahren die Idee einer »*Westdeutschen Republik*« entwickelt hatte, die langfristige friedliche Beziehungen mit Frankreich entwickeln sollte. Diese Idee entstand aus seiner tief sitzenden Abneigung gegenüber der »Fremdherrschaft« des protestantischen Preußen, welche in dem von Preußen 1815 besetzten katholischen Rheinland weit verbreitet war (Maier 1983). Verabscheute Charakteristika des »Preußentums« waren sein Militarismus, die Vergötterung des Staates, sein Nationalismus und Materialismus (Greschat/Loth 1994: 239)

Foto 5
18. April 1951: Die Außenminister der sechs Gründungsstaaten unterzeichnen den Vertrag von Paris (EGKS): Paul van Zeeland, Joseph Bech, Carlo Sforza, Robert Schuman, Konrad Adenauer (deutscher Bundeskanzler und Außenminister), Dirk Uipko Stikker (von links nach rechts)
Quelle: Europäische Gemeinschaft, Audiovisueller Dienst

Die zweite, herausragende politische Persönlichkeit in der ersten Phase der europäischen Integration war *Robert Schuman* (1886–1963). Auch Schuman hatte sich schon in der Zwischenkriegszeit für eine Versöhnung zwischen den Völkern und Staaten Europas eingesetzt und war aktiv tätig in der Widerstandsbewegung gegen Hitler und seine Kollaborateure in Frankreich. Geboren in Luxemburg, war er bis zum Ende des 1. Weltkriegs deutscher Staatsbürger und Soldat; 1919 wurde er Mitglied der französischen Nationalversammlung, im 2. Weltkrieg Vize-Staatssekretär für Flüchtlingsfragen. Er wurde dann nach Nazi-Deutschland verschleppt und konnte seiner Hinrichtung nur durch Flucht entkommen. Der berühmte Schuman-Plan, entwickelt von Jean Monnet, sah die Integration der deutschen und französischen Grundstoff- und Schwerindustrie vor und legte die Basis für die europäische Integration. Schuman kann, mehr noch als Adenauer und Degasperi, als der »Vater von Europa« bezeichnet werden (Debus 1995: 28).

Eine dritte führende politische Persönlichkeit der unmittelbaren Nachkriegszeit war *Alcide Degasperi* (1881–1954), italienischer Ministerpräsident von 1945 bis 1953. Er stammte aus dem oberitalienischen Trentino, einem früheren Teil von Tirol und der Habsburgermonarchie. Degasperi war bereits im *Reichsrat* der Monarchie in Wien als Parlamentsabgeordneter vertreten. Nach dem 1. Weltkrieg wurde er Mitglied der neuen katholischen Volkspartei (*Partito Popolare*) des Don Luigi Sturzo. Nach dem Verbot dieser Partei durch Mussolini überlebte Degasperi die faschistische Periode als Bibliothekar im Vatikan. Während des 2. Weltkriegs war er Mitbegründer der *Democrazia Christiana* (DC), die zu der für Jahrzehnte maßgeblichen politischen Kraft Italiens aufstieg, bis sie 1994 nach Aufdeckung eines Sumpfes von Korruption aufgelöst wurde (Chubb/Vannicelli 1988). Degasperi war der erste, der den Monnet-Schuman Plan voll unterstützte, weil er der Ansicht war, dass Italien unbedingt am Prozess der europäischen Integration teilnehmen müsse. Diese Haltung ist für Italien und seine Eliten bis heute typisch (vgl. Kapitel 6).

Es wird behauptet, dass die schrecklichen Erfahrungen im Zusammenhang mit Faschismus, Nationalsozialismus und dem Zweiten Weltkrieg die Haltung der politischen Eliten und Bürger in Europa grundlegend geändert und ihnen die Notwendigkeit friedlicher Beziehungen und Zusammenarbeit vor Augen geführt haben. Aus der Sicht der drei soeben charakterisierten Politiker ist diese Ansicht falsch. Alle drei hatten die Notwendigkeit eines friedlichen Zusammenlebens in Europa schon in der Zwischenkriegszeit erkannt. Angesichts der Umstände zu dieser Zeit (Wirtschaftskrise, Arbeitslosigkeit, Aufstieg der faschistischen Regimes) kamen ihre Ideen aber gewissermaßen zu früh.

Betrachten wir nun die relevanten sozialen Merkmale dieser drei politischen Persönlichkeiten näher. Das erste war ihre bereits erwähnte *katholische Weltanschauung*. Dass dies eine ganz entscheidende Determinante im Leben von Robert Schuman war, steht außer Zweifel. Er war mehr als nur praktizierender Katholik (Debus 1995: 12ff.). Schuman fungierte als Führer der Diözesanjugend und Mitorganisator des Katholikentages in Metz 1913. Nach dem Tod seiner geliebten Mutter im Jahre 1910 dachte er kurzfristig daran, seine Rechtsanwaltsrobe mit einem Priestergewand zu vertauschen. In seinen späteren Jahren führte Schuman, der unverheiratet blieb, ein mönchisches Leben, gewidmet dem Lesen und Beten. Als Mensch war Schuman außerordentlich bescheiden und häufig in sozialen Aktivitäten engagiert. Er vermied es jedoch, dass seine religiösen Ansichten sein politisches Handeln beeinflussten ebenso wie politische Macht- und Intrigenspiele.

Auch Alcide Degasperi war ein ausgesprochen religiöser Mensch. Er stammte aus einer tiefkatholischen Provinz und fungierte als Student als Vorsitzender einer Universitätsvereinigung, der *Associazione Catholica Universitaria Trentina*. Später wurde er, wie erwähnt, (Mit-) Begründer zweier katholischer Parteien. Seit seiner Jugend unterhielt Degasperi enge persönliche Beziehungen zu Kirchenfürsten, einschließlich des Papstes.

Schließlich kann man auch von Konrad Adenauer feststellen, dass er ein sehr aktiver Katholik war, der ein Leben ohne persönliche Skandale führte, seiner Frau (die viel früher verstarb als er selber) und seiner großen Familie eng verbunden. Wie Schuman versuchte auch Adenauer zwischen seinen religiösen Anschauungen und seinen politischen Tätigkeiten klar zu trennen; er wies auch politische Interventionsversuche von Kirchenführern zurück. Ein bedeutender politischer Erfolg von Adenauer war die Aussöhnung zwischen den deutschen Katholiken und Protestanten, indem er die neue, umfassende Christlich-Demokratische Union (CDU) gründete. Dies war mit einer der Gründe dafür, dass sich das politische Leben in der Bundesrepublik Deutschland weit stabiler und berechenbarer entfaltete als in der Weimarer Republik.

Es gibt auch indirekte Belege für die These, dass der katholische Hintergrund ein entscheidendes soziokulturelles Element für den Beginn der europäischen Integration in dieser Zeit darstellt. Einer davon ist die Einstellung des beliebten Wirtschaftsministers in der Regierung Adenauer, Ludwig Erhard, zur Integration. Erhard, der als Protestant erzogen worden war, war ein ausgesprochener Kritiker jener Form der Integration, wie sie durch diese Politiker entworfen wurde (Hentschel 1996: 228ff.; Bandulet 1999: 45). Direkte Marktregulierungen, Subventionen und alles, was nur entfernt nach »geplanter Wirtschaft« roch, wurde von Erhard verdammt (vgl. z.B. Erhard 1957). Tatsächlich waren Elemente dieser Art sowohl im EGKS- wie im EWG-Vertrag klar enthalten, wie im folgenden Kapitel gezeigt werden wird. Ein weiteres Indiz für die These von der Bedeutung des Katholizismus für die europäische Einigung ist die Tatsache, dass die gewichtigsten Bedenken auf Länderebene von jenem Gründungsstaat kamen, in welchem der Protestantismus sehr einflussreich war, nämlich aus den Niederlanden (Greschat/Loth 1994: 109).

Adenauer und Degasperi teilten ein zweites Merkmal, nämlich *autokratische Einstellungen und Verhaltensweisen*, die aus demokratischer Sicht oft problematisch erschienen. Was Adenauer anbelangt, ist dieses Merkmal wohlbekannt. Seine Neigung zu alleinigen Entscheidungen, die oft in selbstherrlicher Weise getroffen wurden, kostete ihn einmal beinahe seine Wiederwahl als Bürgermeister von Köln. Auch als deutscher Bundeskanzler praktizierte er dieses Verhaltensmuster häufig; es veranlasste Biographen, Deutschland unter seiner Führung als eine »Autokratie« zu bezeichnen (Planitz 1975: 134; Maier 1983: 338ff.). Der angesehene Philosoph Karl Jaspers schrieb, dass Adenauers Führungsstil signifikant zur Kontinuität eines autoritären und unterwürfigen politischen Lebens im Nachkriegsdeutschland beitrug (Jaspers 1966).

Adenauers Widerpart in Italien, Alcide Degasperi, war insoferne sehr erfolgreich, als er die *Democrazia Christiana* (DC) zur führenden politischen Partei im Nachkriegs-Italien führte; 1948 erhielt sie 48% der Wählerstimmen. Er erreichte dies jedoch mit Hilfe einer aggressiven und gehässigen Wahlkampagne, in der die italienische kommunistische Partei (PCI), die einen starken Rückhalt in breiten Bevölkerungsgruppen besaß, als Wegbereiterin eines kommunistischen Regimes à la Sowjetunion verleumdet wurde (Procacci 1983: 386ff.). Zugleich wurden auch kritische und liberale Kräfte des Zentrums, die bereit gewesen wären, Reformen zu unterstützen, mehr oder weniger von der Macht ausgeschlossen. Auf diese Weise wurde der Grundstein gelegt für eine jahrzehntelange Dominanz der DC, die 1992 abrupt endete, als ihre tiefe Verstrickung in Klientelismus und Korruption aufgedeckt wurde. (Wir werden darauf noch zurückkommen). Sehr negative Folgen hatte auch die Tatsache, dass die Einheitsgewerkschaft CGIL zerschlagen wurde; in dieser Hinsicht (wie auch in anderen) gab es eine geheime Kooperation zwischen katholischen Kreisen in Italien und amerikanischen Kräften (Alf 1977: 96). Indem drei nach weltanschaulichen Gesichtspunkten getrennte Gewerkschaften gegründet wurden (je eine kommunistisch, sozialdemokratisch und christlich ausgerichtete), wurde die Basis für die »italienische Krankheit« excessiver, gesamtwirtschaftlich schädlicher Streiks gelegt.

In Rahmen dieser Ereignisse kam ein drittes Merkmal zum Vorschein, das für Adenauer und Degasperi typisch war, nämlich der *militante Antikommunismus*. In Deutschland hatte dieser schon seit den Zeiten des 1. Weltkriegs Tradition. Im Jahre 1919 wurden in Berlin die Kommunistenführer Karl Liebknecht und Rosa Luxemburg ermordet, nicht zuletzt deshalb, weil sie gegen Deutschlands Beteiligung am 1. Weltkrieg agitiert hatten. Der Kampf gegen die Kommunistische Partei setzte sich in der Weimarer Republik fort, als sie von allen bürgerlichen Parteien geächtet wurde. In Kapitel 6 wird gezeigt, dass die Unfähigkeit der deutschen Zentrums- und Rechtsparteien, mit den Sozialdemokraten und Kommunisten zusammen zu arbeiten, der Hauptgrund für die Machtübernahme durch die Nationalsozialisten war. Nach 1945 setzte Adenauer seine harte Politik gegen die Kommunistische Partei Deutschlands (KPD) fort, die in allen

3 Die politischen Eliten

vier Besatzungszonen unter Zustimmung der Besatzungstruppen wieder gegründet worden war.[2] Adenauer denunzierte aber auch die Sozialdemokraten, die er als ideologische Brüder des Kommunismus bezeichnete. Nach erheblichem Druck von Adenauer verbot das Bundesverfassungsgericht im Jahre 1956 die KPD. Die Folge dieses Verbots waren geschätzte 150 000 bis 200 000 Gerichtsverfahren gegen Personen, die oft nur eine sehr periphere oder überhaupt keine Beziehung zur KPD hatten. Die Öffentlichkeit, die Medien und kritische Intellektuelle kritisierten dieses Verbot heftig, als zu demokratischen Prinzipien in Widerspruch stehend und Adenauer persönlich wurde beschuldigt, den Bundesverfassungsgerichtshof unter Druck gesetzt zu haben.

Der Kampf gegen den Kommunismus war auch ein entscheidendes Element der Politik von Alcide Degasperi als italienischer Ministerpräsident (1945–1953). In den unmittelbaren Nachkriegsjahren waren die Kommunisten – ausgezeichnet durch ihre Widerstandsbewegung gegen den Faschismus – Teil der Regierung und sie trugen zur Ausarbeitung einer revolutionären Verfassung bei (vgl. Kapitel 8, in welchem einige Elemente dieser Verfassung mit der vorgeschlagenen Verfassung für Europa verglichen werden). Im Jahre 1948 jedoch, und unter amerikanischen Druck, war Degasperi in der Lage – indem er mit der gefährlichen Bedrohung durch eine Volksfront (Malgeri 1982: 103) und der Unterdrückung des Volkes in der UdSSR argumentierte – die Wahlen mit großer Mehrheit zu gewinnen (Procacci 1983: 387). Als Regierungschef setzte er seine Bemühungen fort, die *Democrazia Christiana* in eine dominante Position zu bringen. Er sah dies als notwendig an und benützte alle taktischen Mittel dafür »ohne Komplexe und ohne Zögern« (Malgeri 1982: 103).

Wir können aus dieser kurzen Charakterisierung dieser drei europäischen Politiker der »ersten Stunde« mehrere Folgerungen ziehen. Auf der einen Seite können Adenauer, Degasperi und Schuman in der Tat als herausragende, charismatische politische Persönlichkeiten gesehen werden, basierend auf ihrem Widerstand gegen den Faschismus, ihrer persönlichen Integrität, ihren festen ideologischen Überzeugungen und ihre weitreichenden politischen Entscheidungen. Zu einer Zeit, als die Blockade von Berlin durch die UdSSR die Gefahr eines dritten Weltkrieges herauf beschwor und in der ein erhebliches Misstrauen zwischen den früheren Kriegsgegnern bestand (Frankreich und England gegenüber Deutschland), war es sicher eine historische Leistung, Vertrauen und eine enge Zusammenarbeit zwischen diesen Ländern zu begründen. Es erscheint daher mehr als verdient, dass Adenauer, Degasperi und Schmuman mit dem *Karlspreis* der Stadt Aachen ausgezeichnet wurden. Es gibt jedoch auch andere Seiten dieser drei Politiker (dies gilt für Adenauer und Degasperi mehr als für Schuman),

---

[2] Vgl. auch http://de.wikipedia.org/wiki/KPD-Verbot.

die man sehr kritisch sehen muss und die auch die Grundlage gelegt haben für die problematische, elitäre Art der weiteren europäischen Integration. Dies war ihr oft sehr autoritäres und diskriminierendes, ausschließendes Verhalten im Hinblick auf linke Parteien. Die andere war ihre Entscheidung, die Ost-West-Teilung Europas durch den Eisernen Vorhang zu akzeptieren und zu verfestigen, und Westeuropa einseitig in den westlichen Teil der neuen bipolaren Weltmachtstruktur zu integrieren. Aus dieser Sicht ist die viel gelobte »Wiedervereinigung von Europa« 1989/90 und 2004 in der Tat nicht eine Wiederherstellung eines alten »geeinten Europa« (das in der Geschichte nie existiert hat).

Jean Monnet: Ein elitärer politisch-bürokratischer Unternehmer und »Spindoktor«

Eine ganz andere politische Persönlichkeit war der Franzose Jean Monnet (1888–1979), dessen Wirken vermutlich nicht weniger ausschlaggebend für den erfolgreichen Start der europäischen Integration war als jenes der drei politischen Persönlichkeiten, die soeben dargestellt wurden (Morgan 1992).[3] Monnet war ein sehr erfolgreicher »Spindoktor« für viele Politiker in der ersten Hälfte des 20. Jahrhunderts. Auch seine Persönlichkeit, seine Ideen und Handlungsstrategien zeigen einige Merkmale, die für den Charakter bezeichnend sind, welchen die neue Gemeinschaft in den darauffolgenden Jahrzehnten entwickeln sollte.[4] Die Analyse dieser Merkmale kann auch mithelfen zu erklären, warum Jean Monnet viel erfolgreicher war als andere »Europäer« zu dieser Zeit, einschließlich des Grafen Coudenhove-Kalergi mit seiner alten und viel breiter begründeten Paneuropa Bewegung. Monnet hielt Distanz zu diesen Bewegungen, und er hatte sogar eine gewisse Verachtung für ihren Populismus. Er war kein Visionär, sondern ein »elitär und pragmatisch denkender Politiker, ohne jede Bindung an eine bestimmte Partei, motiviert nur durch »die rastlose Ideologie der Effizienz« (Dinan 1999: 11). Monnet war jedoch fähig, eine »unglaubliche Hingabe an seine Ideen unten jenen zu erzeugen, die mit ihm arbeiteten« (Spierenburg/Poidevin 1994: 78) und er war selbst ein sehr harter Arbeiter.

Monnet wurde 1888 in Cognac geboren, einer kleinen französischen Stadt, die berühmt ist für ihr einmaliges, alkoholisches Produkt. In seiner Familie gab es zwei ideologische Einflüsse: seine Mutter und eine Schwester waren streng gläubige Katholiken; der Vater war ein »Radikalsozialist«, was zu dieser Zeit

---

[3] Vgl. auch »Jean Monnet, die Montanunion und die Anfänge der Europäischen Gemeinschaft«, Neue Solidarität 51/2000 (verfügbar im Internet).
[4] Die folgenden biografischen Informationen sind entnommen der Autobiografie von Monnet (1988) und Duchene, Jean Monnet: The Statesmen of Independence (1994); vgl. auch Dinan 1999: 11–35.

bedeutete, dass er sehr liberal und antiklerikal war. Es scheint, dass der Sohn mehr die Merkmale des Vaters als jene der Mutter übernahm. Sehr relevant ist auch Jean Monnets Erfahrung als selbständiger Unternehmer; als solcher führte er extensive Reisen und Auslandsaufenthalte durch. Sehr früh, im Alter von 16 Jahren, kam er für zwei Jahre zu einer Lehre nach London. Hier erwarb er eine Kenntnis der englischen Sprache und Lebensweise aus erster Hand; sicherlich für einen jungen Franzosen zu dieser Zeit untypisch. In seiner Jugend führte er das Geschäft seines Vaters fort. Später, zwischen 1922 und 1932, fungierte er als leitender Partner der europäischen Filiale der amerikanischen *Bank Blair & Co.* und als Finanzberater für amerikanische Firmen. Bis zum Ersten Weltkrieg führte Jean Monnet weite Reisen nach England und in die Vereinigten Staaten, nach Skandinavien, Russland und Ägypten durch. Diese Reiseerfahrungen und eine Kenntnis vieler Länder, insbesondere der angelsächsischen Welt, stellten zweifellos einen wichtigen Antrieb für die politischen Interessen und Aktivitäten von Jean Monnet dar; praktisch alle bezogen sich auf die Etablierung internationaler Versöhnung und Zusammenarbeit. Nach dem Ausbruch des Ersten Weltkriegs entwickelte Monnet die Idee einer Kooperation zwischen Frankreich und England für die Bereitstellung militärischer Ausrüstung. Im Krieg versuchte er auch die Herstellung einer Beziehung von Frankreich zu *Hudson Bay Company* herzustellen, bei der es um den Import lebenswichtiger Zivilgüter (zum Beispiel Weizen) aus Nordamerika ging. Später beteiligte er sich an der Gründung des Alliierten Seetransportrates. Nach dem Krieg wurde Monnet Vize-Generalsekretär des Völkerbundes.

Später, im Angesicht des Zweiten Weltkriegs, nahm Monnet seine Aktivitäten internationaler politischer Koordination wieder auf: Zum Einen organisierte er die Wiederbewaffnung der französischen Luftflotte; dann wurde er Präsident eines französisch-englischen Komitees zur Koordinierung der Ressourcen. Gegen Ende des Krieges entwickelte er den Monnet-Plan, der auf einen wirtschaftlichen Wiederaufbau Frankreichs abzielte und dann institutionalisiert wurde in Form des *Commissariat Général du Plan*, wobei Monnet dessen Präsident wurde. Später, 1950, entwickelte er zusammen mit dem französischen Außenminister Robert Schuman den historisch weitreichenden Schumann Plan[5], der vorschlug, dass Frankreich und Deutschland ihre Kohle- und Stahlindustrien integrieren sollten. Dieser Plan wurde 1950 realisiert – gemeinsam mit den Benelux-Ländern und Italien – unter dem Namen der *Europäischen Gemeinschaft für Kohle und Stahl* (EGKS). Jean Monnet wurde der erste Präsident des Direktoriums der »*Hohen Autorität*« – dem Nukleus der Bürokratie der späteren Europäi-

---

[5] Der Begriff »Schuman Plan« wurde gewählt, weil der französische Außenminister Schuman den Plan der Öffentlichkeit vorstellte. Die Ideen zum Plan stammten jedoch hauptsächlich von Monnet.

schen Gemeinschaft. Nach seinem freiwilligen Ausscheiden als Präsident dieser hohen Behörde im Jahre 1955 gründete er das »Aktionskomitee für die Vereinigten Staaten von Europa« – eine Bewegung, die unter seiner Leitung 20 Jahre lang aktiv blieb (vgl. Middlemas 1995: 31). Monnet hatte nie in seinem Leben ein formales politisches Amt als gewählter Politiker oder Bürokrat inne (ausgenommen die vier Jahre als Präsident der EGKS). Diese kurze Skizze der Persönlichkeit und Handlungsstrategien von Jean Monnet enthält fünf Merkmale, die auch die Europäische Union bis heute charakterisieren. Betrachten wir sie kurz im Einzelnen.

Erstens: Die europäische Integration und die Gründung der EGKS waren eindeutig elitäre »Schöpfungen von oben« ohne Einbeziehung der Völker und nur mit einer nachträglichen Einbeziehung ihrer gewählten Repräsentanten, der Parlamente (vgl. auch Dinan 1999: 14). Nach dem Zweiten Weltkrieg waren vielfältige Bewegungen für Frieden und Integration in vielen Ländern Europas aktiv (Jost 1999: 49–60). Alle diese Bewegungen waren jedoch eine Sache der besser Gebildeten und politisch aktiven sozialen Gruppen. Die Pläne und Aktionen von Monnet hatten einen klar elitären Charakter. Er entwickelte seine Pläne mit einer sorgfältig ausgewählten, kleinen und verschworenen Gruppe von Anhängern und Mitkämpfern. Die Pläne wurden dann direkt führenden politischen Persönlichkeiten vorgetragen, zu denen Monnet persönliche Kontakte entwickelt hatte. Solange er nicht die Unterstützung dieser Politiker hatte, wurden die Pläne strikt geheim gehalten, um negative öffentliche Diskussionen zu vermeiden. Diese Strategie wird in der Biografie von Monnet immer wieder betont (Monnet 1988: 375ff.; Spierenburg/Poidevin 1994: 10). Demokratische Verfahren spielten nur eine sekundäre, korrigierende Funktion im Monnet-Schuman-Plan (wenn sie überhaupt eine Bedeutung hatten). In dieser Hinsicht hatte Monnet eine ähnliche Haltung wie Adenauer und Degasperi. Auch die Beurteilung des parlamentarischen Ratifikationsprozesses für die EGKS, die in den Mitgliedsländern über ein Jahr dauerte, zeigt nicht, dass Monnet ein entschiedener Demokrat war: »Ich glaube nicht, dass die Forderung nach demokratischer Kontrolle die Zähigkeit und Verschwommenheit demokratischer, parlamentarischer Verfahren, die ihre eigenen Riten und Rhythmen besitzen, rechtfertigt« (Monnet 1988: 458). In all diesen Aspekten erscheint Monnet's Projekt als wahres Erbe der Ideen seines großen Landsmannes Saint-Simon; man kann sagen, dass Monnet auf eine »Art Saint-Simoneanische Modernisierung von Europa« hinzielte (Siedentop 2001: 33). Es gibt auch überraschende Ähnlichkeiten zwischen Monnet und seinem Landsmann Jacques Delors, dem herausragenden späteren Präsidenten der Europäischen Kommission.

Das zweite Merkmal von Jean Monnet ist eng auf das erste bezogen. Vielleicht als Alternative zu demokratischen Verfahren betrachtete Monnet die *Stra-*

3 Die politischen Eliten

tegie der Überredung und Überzeugung als Hauptweg zur Durchsetzung weitreichender politischer Reformen und Innovationen. Charles Lindblom (1977) betrachtet *persuasion* als dritte Form gesellschaftlicher Steuerung, neben dem Markt und politischer Herrschaft. Monnet wurde ausdrücklich als »Überzeuger« bezeichnet (Monnet 1988: 418). Er betonte immer wieder, dass Überredung und Überzeugung sehr starke und effiziente Strategien sein können, wenn »die Kraft einfacher Ideen zur Debatte steht und wenn diese Ideen immer wieder wiederholt werden« (ibid.). Auch in dieser Hinsicht nahm Monnet eine zentrale und sehr wichtige Strategie der EG/EU bis heute vorweg. Indem die EU riesige Mengen an Broschüren und Büchern verteilt, Public Relations Kampagnen vor wichtigen Wahlen und Referenda durchführt, Informationsbüros in allen Mitgliedsstaaten unterhält, versucht sie das geringe Interesse der Menschen an ihren Angelegenheiten zu kompensieren und den fehlenden Kontakt zwischen Bürgern in den Mitgliedsstaaten und den EU-Behörden in Brüssel auszugleichen.

Ein drittes Merkmal von Monnet ist, dass er sehr viele verschiedene Pläne internationaler Zusammenarbeit und Integration entwickelte. *Flexibilität* und *Erfindungsreichtum* waren auch einer der Schlüssel für den späteren Erfolg des Planes der EGKS. Monnet war oft in der Lage einen Plan zu präsentieren, wenn die Umstände dafür günstig waren: »Um offen zu sein, waren unsere Initiativen oft nur deshalb erfolgreich, weil es keine Mitbewerber gab« (Monnet 1988: 420). Ein Grund für den Erfolg des EGKS-Plans war, dass er nur eine sehr bescheidene, eng umgrenzte ökonomische Kooperation mit einer kleinen Verwaltungseinheit vorsah. Er war daher viel leichter durch die Regierungen akzeptierbar als der Plan einer weitreichenden politischen Integration. Diese Flexibilität und Phantasie in der Entwicklung vieler verschiedener Pläne, die jeweils den Umständen angepasst wurden (im Hinblick auf die wirtschaftliche und politische Situation, die öffentliche Meinung und Ähnliches), ist ein grundlegendes Merkmal der Arbeitsweise der EU bis heute. Die EU entwickelt üblicher Weise nicht umfassende und kohärente Pläne für die weitere Integration, sondern arbeitet in einer unsystematischen Weise, stellt eine neue Maßnahme vor, wartet auf die öffentlichen Reaktionen und realisiert sie, wenn es keine ernsthafte Kritik dagegen gibt; so hat es der Premier von Luxemburg, Jean Claude Juncker, einmal offen dargestellt. In dieser Hinsicht werden viele Innovationen realisiert, ohne dass es eine breite Diskussion oder auch nur eine Kenntnisnahme durch die Öffentlichkeit gibt.

Zum Vierten wurde mit der Hohen Autorität eine *bürokratische, unabhängige Agentur* eingerichtet, deren Kompetenzen jenen der nationalen Regierungen übergeordnet wurden. Die Einrichtung dieser Behörde und die Absicherung ihrer Unabhängigkeit gegenüber den nationalen Regierungen war ein zentrales Element des Monnet-Schuman Plans. Indem sie diese Hohe Autorität als eine stabile

Institution einrichteten, erwarteten sie, dass der Prozess der Integration eine eigene, unumkehrbare Dynamik entwickeln würde und damit Unabhängigkeit vom Wohlwollen und von den Handlungen individueller politischer Persönlichkeiten und nationaler Regierungen, wie Monnet richtigerweise erwartete (Fontaine 2000: 19; Salmon 2002).

Die Einrichtung der Hohen Behörde war in der Tat der folgenreichste Aspekt des Monnet-Schumann Plans; in Kapitel 5 wird gezeigt, dass sein Nachfolger, die Europäische Kommission, sich kontinuierlich und bis einer Größe entwickelt entwickelt hat, die von Monnet in keiner Weise erwartet worden war. Er hat in dieser Hinsicht geschrieben:»Ich war entschlossen, die Hohe Autorität nur als so kleinen Apparat wie möglich einzurichten. Der erste Nukleus würde sich nur in dem Ausmaß erweitern, wie die Aufgaben zunahmen, die er zu bewältigen hatte« (Monnet 1988: 469). Monnet selber war sich wohl kaum bewusst, welche Eigendynamik eine solche Bürokratie entwickeln würde (Mazey 1992: 31; Page/Wouters 1995). In dieser Hinsicht ist eine kleine Geschichte sehr erhellend, die Monnet in seiner Autobiografie erwähnt. Zur Zeit seines freiwilligen Rücktritts als Präsident der hohen Behörde wurde er daran erinnert, dass er eine Wette verloren hatte; ein Kollege sagte ihm, dass er nach der Übernahme dieses Amtes festgestellt hätte:»Wenn [die Hohe Behörde] eines Tages mehr als 200 Personen haben wird, war unser Projekt ein Misserfolg« (Monnet 1988: 515; Page/Wouters 1995: 191). In der Tat hatte diese Behörde bereits im Zuge der Präsidentschaft von Monnet um das Sechsfache zugenommen!

Ein fünftes Merkmal der Pläne von Monnet (wie all seine früheren politischen Aktivitäten) war ihre Betonung auf der *ökonomischen Zusammenarbeit*. Der Vorschlag, die Kohle- und Stahlindustrien von Frankreich und Deutschland unter eine gemeinsame Verwaltung zu stellen, war auch im Interesse der Unternehmer dieser industriellen Sektoren; der große Kohlenbergbau Frankreichs benötigte die starke deutsche Stahlindustrie als Kooperationspartner und umgekehrt (vgl. Kapitel 4). Ein zentrales Element dieser bescheidenen und engbegrenzten Zielsetzung war jedoch die Idee, dass ein funktionales Übergreifen (*spillover*) der Integration von einem Bereich – der Kohle- und Stahlproduktion – auf andere Bereiche der wirtschaftlichen und später auch nichtwirtschaftlichen Zusammenarbeit stattfinden würde. Dieses Übergreifen würde laut Monnet nur in einer langsamen und unspektakulären Weise stattfinden. Auf lange Frist würde es jedoch zu einer umfassenden Integration und zur Entwicklung eines neuen europaweiten Gefühls der Solidarität führen (Monnet 1988: 382). Monnet hatte jedoch keine konkrete Vision, wie dieser Endzustand eines integrierten Europa aussehen würde, ausgenommen das allgemeine Ziel einer immer engeren Zusammenarbeit (Middlemas 1995: 615f.).

3.2 Veränderungen in den Strukturen und in der Arbeitsweise der Politik in Westeuropa, 1950–2000

Die frühen 1950er Jahre, in denen die Grundlagen für die europäische Integration gelegt wurden, repräsentierten in gewisser Weise noch die »alte Welt« mit Politikern, die bereits in den Jahrzehnten vorher aktiv gewesen waren. In den früher faschistischen Ländern wurden jedoch neue politische Institutionen und Parteien etabliert, die die Basis für ein demokratischeres und besser geordnetes politisches Leben legten, als es in der Zwischenkriegszeit der Fall gewesen war. Darüberhinaus waren die meisten Menschen voll engagiert, ihre Besitztümer und Unternehmen wieder in Gang zu bringen, oder neue Unternehmen aufzubauen, für welche die Zeit des *Wirtschaftswunders* vielfältige Möglichkeiten eröffnete. In diesem Klima wurden die charismatischen politischen Persönlichkeiten und ihre Aktivitäten und Strategien, die vorher dargestellt wurden, nicht in Frage gestellt. Die Situation veränderte sich jedoch im Laufe der 1960er und 1970er Jahre grundlegend. Die Studentenrevolte (1968) war nur der Beginn tiefgreifender Veränderungen und eines Transformationsprozesses des alten soziokulturellen und politischen Systems. Eine Betrachtung dieser Veränderungen hilft uns, die Beziehung zwischen den Eliten und Bürgern heute besser zu verstehen, sowohl auf der nationalen wie auf der europäischen Ebene.

Erosion des Vertrauens in die politischen Institutionen und Eliten

In vielen Ländern verschoben sich die politischen Mehrheiten von christlichen und konservativen Parteien zu linken Parteien. Neue Parteien auf der linken und der rechten Seite des politischen Spektrums wurden gegründet und auch solche mit ganz neuen Programmen – wie die Grünen – traten auf. Die traditionellen Formen der politischen Parteien – ideologische Bindung an ein bestimmtes Programm, ausgestattet mit einem großen Verwaltungsapparat und verankert in bestimmten Segmenten von Wählern – begannen sich aufzulösen. Dies war eine Folge sowohl des Wandels innerhalb der Wählerschaft (Zunahme der Ausbildung und der Frauenbeschäftigung, Übergang zur postindustriellen Gesellschaft) wie auch des Aufstiegs von Radio und Fernsehen als neuen, dominanten Medien der Massenkommunikation (Gellner/Veen 1995). Am offenkundigsten war dieser Wandel innerhalb der großen Linksparteien; die sozialistischen Parteien eliminierten das militante Vokabular des Klassenkampfes aus ihren Programmen und machten ihre Parteien für das politische Zentrum wählbar (Giddens 1998). Die Wähler wurden in ihren Entscheidungen wählerischer; viele wurden Wechselwähler, die ihre Wahlpräferenzen von Wahl zu Wahl verändern, jeweils abhängig von den politischen Persönlichkeiten und Programmen, die angeboten werden. Als Folge all dieser Veränderungen stehen die Bürger ihren politischen Eliten und der Arbeitsweise des demokratischen Systems heute viel kritischer gegenüber. Eine Erosion des Vertrauens in die öffentlichen Institutionen fand statt, die alle großen Organisationen und Verbände betraf, wie Gewerkschaften und Kirchen, aber im Besonderen auch politische Institutionen und Parteien. Dieses Phänomen ist durchgehend und international beobachtbar; es hat nicht nur strukturelle Gründe und nicht nur einen emotionalen oder ideologischen Aspekt, sondern auch einen rational-pragmatischen Charakter (Dogan 2005: 4ff.; Brechon 2004).

Die europäische Integration, die nach 1992 immer mehr einen politischen Charakter annahm, wurde von diesen Trends direkt betroffen. Die Versöhnung zwischen den europäischen Staaten, der Übergang von wechselseitigem nationalen Misstrauen zu wechselseitigem Vertrauen, war zweifellos ein positiver Trend, der das zunehmende Misstrauen in die Politik innerhalb der Nationalstaaten teilweise kompensierte (Dogan 2005: 31). Es zeigte sich jedoch, dass die Zunahme des Vertrauens zwischen den europäischen Völkern sich nicht umsetzte in ein zunehmendes Vertrauen in die EG/EU-Institutionen (Reichel 1984: 292ff.). Die Art und Weise, wie der Prozess der europäischen Integration selber gestaltet wurde, hat zweifellos zur Zunahme einer kritischen Haltung vieler Bürger gegenüber den politischen Institutionen und Eliten, sowohl in den Heimatstaaten als auch in Brüssel, beigetragen. Europäische Politik kann heute nicht mehr klar von nationaler Politik getrennt werden. Die Zufriedenheit oder Unzufriedenheit mit nationaler Politik kann auch durch politische Maßnahmen beeinflusst werden, die aus Brüssel kommen, und umgekehrt.

Auf dem Hintergrund dieser Überlegungen werden wir im Folgenden dokumentieren, wie in vielen EU-Mitgliedsstaaten, aber auch auf der Ebene der EU-Kommission in Brüssel selber, politische Skandale zu Tage traten. Hinter dieser Darstellung stehen drei allgemeine Argumente: (1) Die Europäische Union und speziell die Europäische Kommission ist nicht weniger offen für politisches Fehlverhalten und Korruption, wie viele ihrer Mitgliedsstaaten, trotz häufiger Behauptungen des Gegenteils (vgl. Kapitel 5); dies ist auch gar nicht anders zu erwarten angesichts der Tatsache, dass Korruption ein weltweites Phänomen darstellt, das in keiner Weise nur auf die weniger entwickelten Länder der Erde beschränkt ist (Roniger/Günes-Ayata 1994); (2) Die EU-Mitgliedschaft eines Landes mit einem schlecht funktionierenden politischen System und Verwaltung führt keineswegs automatisch zur Beseitigung dieser Praktiken; es ist vielmehr der Fall, dass sich schlechte Praktiken auf der Ebene eines Mitgliedsstaates häufig auf die EU übertragen; (3) das zunehmende Misstrauen der Bürger zu ihren politischen Institutionen und Vertretern darf nicht nur negativ gesehen werden, und das zu Tage treten politischer Skandale eröffnet auch einen Weg für Reformen des politischen Systems, sowohl auf nationaler Ebene wie auf der Ebene der EU.

Aufdeckung von Parteienklientelismus und Korruption im katholischen Süd- und Zentraleuropa

Im Laufe der 1990er Jahre traten in allen großen katholischen Mitgliedsstaaten der EU in Süd- und Zentraleuropa massive Skandale politischer Parteien zu Tage, in die höchste politische Persönlichkeiten involviert waren. Dieses Faktum hat zweifellos zur Abnahme des Vertrauens in die Politik und in die Politiker auf der nationalen, aber vielleicht auch auf der europäischen Ebene beigetragen. Im Folgenden werden diese Skandale kurz dargestellt, nicht nur um zu zeigen, wie schlecht sich viele Politiker heute verhalten. Aus soziologischer Sicht müssen wir politische Korruption und Skandale differenzierter betrachten, auch aus einer konstruktiven Perspektive (Markovits/Silverstein 1988). Zeitungen, Fernsehen und andere haben ein Interesse an der Entdeckung und »Erzeugung« von Skandalen, weil es ihre Verkaufs- und Einschaltziffern erhöht. Ähnliches gilt für die Feinde einer politischen Gruppe oder Institution, weil sie dadurch mit Munition ausgestattet werden. Man kann nicht argumentieren, dass das Auftreten politischer Skandale die Legitimität eines politischen Systems notwendigerweise unterminiert. Ein politischer Skandal besteht darin, dass Korruption aufgedeckt und in der Öffentlichkeit angeklagt wird. Die Art und Weise, wie Skandale auftreten, gibt eine besonders gute Einsicht in die Arbeitsweise eines politischen Systems, sowohl aus der Makro- wie aus der Mikrosperspektive. Um zu solchen Einsichten zu gelangen, müssen wir zwei soziale Funktionen und Bedeutungen von Skandalen in Betracht ziehen (Markovits/Silverstein 1988: 2ff).

Aus der Perspektive von Emil Durkheim verstärkt die Aufdeckung und öffentliche Anklage von norm-übertretendem Verhalten das *kollektive Bewusstsein* einer Gemeinschaft, ihre gemeinsamen moralischen Normen; sie trägt auch dazu bei, Sündenböcke und Feinde zu erzeugen, die jede Gemeinschaft braucht und hilft, dass sich soziale Prozesse der Legitimierung und Massenmobilisierung entwickeln. Korruption und ihre Aufdeckung durch Skandale sind auch eng auf das politische System und die Machtstruktur einer Gesellschaft bezogen. In liberalen Gesellschaften gibt es eine kontinuierliche Spannung zwischen dem liberalen Pol – der darauf hinarbeitet, die Staatsmacht so weit wie möglich einzuschränken – und dem demokratischen Pol, dessen Ziel darin besteht, möglichst umfangreiche Möglichkeiten der Teilnahme und Gleichheit aller durchzusetzen. Skandale können nur in liberalen Demokratien vorkommen, und ihr Wesen besteht in der Überschreitung der Unterscheidung zwischen dem Privaten und dem Öffentlichen – eine Unterscheidung, die essentiell für Demokratien ist. Der entscheidende Aspekt eines Skandals ist nicht das absolute Ausmaß der Korruption, der persönlichen Bereicherung oder der normativen Bedeutung der Ziele, sondern »das Vorhandensein jeder Aktivität, die politische Macht auf Kosten von [demokratischen, transparenten] Prozessen und Verfahren auszuweiten sucht« (Markovits/Silverstein 1988: 5).

Ein dramatischer Auftakt zu einer Serie von Skandalen erfolgte im Jahre 1992 in Italien, als Staatsanwälte in Mailand Untersuchungen gegen mehrere tausend Politiker, Unternehmer, Manager, Richter und Gerichtsanwälte wegen Korruption und illegaler Parteienfinanzierung eröffneten. Eine der Hauptpersönlichkeiten, die angeklagt wurden, war der italienische Ministerpräsident Bettino Craxi; gegen ihn wurden Untersuchungen wegen Korruption in nicht weniger als 40 Fällen eröffnet; er wurde auch verurteilt, ebenso, wie zwei frühere Minister (Fischer Weltalmanach 1996: 360ff.). Im Jahre 1994 liefen in Italien gerichtliche Untersuchungen gegenüber 6 000 Personen, darunter 335 Abgeordnete, 100 Senatoren, 453 regionale und Provinzräte, 1 524 Gemeinderäte, 973 Unternehmer und 1 373 Beamte (Dogan 2005: 40). Beinnahe eine ganze politische Klasse, die gut etablierte *Partitocrazia,* wurde entmachtet. Als Folge dieses Skandals wurden die zwei größten italienischen Parteien, die *Democrazia Cristiana* und die Kommunistische Partei Italiens (PCI) aufgelöst. Der Skandal und seine Lösung waren aber auch der Beginn des Aufstiegs einer schillernden Persönlichkeit, des Unternehmers und Medienbesitzers (»Fininvest«) Silvio Berlusconi. Er wurde inzwischen zum dritten Mal italienischer Ministerpräsident (1994–1995, 2001–2006, 2008–); das zweite und dritte Mal wurde er wieder gewählt, obwohl massive Anklagen gegen ihn erhoben worden waren wegen seiner aus demokratischer Sicht verdächtigen Medienmacht und seiner fragwürdigen wirtschaftlichen Beziehungen, die Personen im Dunstkreis der Mafia einschlossen. Berlusconi wurde mehrfach angeklagt, Beamte bestochen zu haben und seine Parteien illegal finanziert zu haben. Bei vielen dieser Vorwürfe konnte er weitere Anklagen und Verurteilungen nur vermeiden, indem er seine parlamentarische Mehrheit verwendete, um die entsprechenden Gesetze zu ändern (Veltri und Travaglio 2001). Am 22.7.2008 verabschiedete seine Parlamentsmehrheit ein Gesetz, das den Staats- und Ministerpräsidenten (also Berlusconi selbst), sowie die Präsidenten von Parlament und Senat während der Amtszeit vor jeder Strafverfolgung schützt. Diese Ereignisse waren einmalig in Europa, in Italien allerdings weniger überraschend.

Italien ist eines der europäischen Länder mit dem höchsten Ausmaß an Korruption; dies kommt auch zum Ausdruck in dem von italienischen Journalisten geprägten Begriff *tangentopoli* (Bestechungsrepublik). Eng zusammen hängt das hohe Ausmaß an Korruption in Italien mit der Durchdringung vieler Sektoren des öffentlichen Lebens durch den Einfluss von Parteien; der Buchtitel *La Repubblica dei Partiti* (Scoppola 1991) bringt dies treffend zum Ausdruck. Seit den 1960er Jahren hatte sich der Verfall des politischen Systems beschleunigt; der Anteil der Italiener, die eine negative Meinung über die Würde und Ehrlichkeit ihrer Herrscher hatten, stieg innerhalb weniger Jahre von 33 % auf 70 % an (Dogan 2005: 50). Seit Mitte der Siebziger Jahre wurden Beziehungen zwischen der sizilianischen Mafia (die zu dieser Zeit eine dominante Position im internationalen Drogenhandel inne hatte) und bestimmten Sektoren der italienischen politischen Eliten gestärkt (Chubb/Vannicelli 1988; Ginsborg 2004).

Frankreich ist ein weiterer EU-Mitgliedsstaat, der schon lange ein hohes Niveau politischer Korruption aufweist. Hier wurden im Laufe der 1990er Jahre gut dreißig Personen wegen Korruption angeklagt, darunter Spitzenmanager und Mitglieder von Regierungen.[6] Im Jahre 2000 kamen auch in diesem Land massive politische Skandale ans Tageslicht. Nach kontinuierlichen Anschuldigungen in den Medien, die von den Gerichten jedoch selten aufgegriffen wurden, wurden gerichtliche Untersuchungen erstmals eröffnet in Zusammenhang mit finanziellen Machenschaften, in welche die in Staatsbesitz befindliche Petroleum Gesellschaft Elf involviert war. Diese Erdölgesellschaft war schon seit langem, insbesondere auch unter Präsident Mitterand, in dubiose Machenschaften mit afrikanischen Potentaten verwickelt gewesen. Im Jahre 2000 wurde nach sechsjährigen Ermittlungen Anklage wegen Betrugs erhoben gegen Außenminister Roland Dumas, den Gouverneur der Nationalbank von Frankreich, J.C. Trichet, und die frühere Ministerpräsidentin und EU-Kommissarin Edith Cresson.[7] Dumas und drei weitere Personen wurden 2003 verurteilt, zusammen mit 37 Managern und Vermittlungspersonen, die in den Skandal involviert waren. Die staatliche Petroleum Gesellschaft Elf war von de Gaulle im Jahre 1963 gegründet worden, um Frankreichs Unabhängigkeit in der Versorgung mit Erdöl zu sichern. Die Gesellschaft entwickelte enge Beziehungen besonders mit Afrika, wobei sie vielfach zweifelhafte politische militärische Operationen des Präsidenten unterstützte. Später erneuerte Präsident Mitterand die politische Kontrolle über die Gesellschaft, die kontinuierlich in das politische Leben interveniert hatte, indem sie ihr genehme politische Parteien und Kandidaten finanzierte.

Dokumente eines verstorbenen Realitätenvermittlers und Politikers warfen auch einen starken Verdacht auf Präsident Jacques Chirac wegen illegaler Parteienfinanzierung. Es wurde festgestellt, dass während Chiracs Langzeitfunktion als Bürgermeister von Paris für öffentliche Bauten gewidmetes Geld in großem

---

[6] Vgl. »Europa im Sumpf der Korruption« von Olivia Schoeller, http://www.toni-schonfelder.com/print.asp?idte=129.
[7] Fischer Weltalmanach 2001: 301.

Umfang in Parteikanäle transferiert worden war. Über Bankkonten in der Schweiz flossen nachweislich mehr als 600 Millionen Francs in Parteikassen.[8] Jacques Chirac ist eine Person, die in besonderer Weise repräsentativ für das neuere französische System von Klientelismus und Korruption ist. Seit seiner frühen politischen Karriere – einer Zeit, in der er enge Beziehungen zu Industriellen geknüpft hatte – war er immer wieder in zweifelhafte politische Aktivitäten involviert. Sie schlossen unter anderem die Unterstützung krimineller Herrscher in Afrika ein, sowie die Lieferung von Ausrüstungen für Atomanlagen an Diktatoren wie Saddam Hussein. Der Autor eines umfassenden Werkes über diese Aktivitäten fragt: Wie war es möglich, dass die Franzosen diesen Präsidenten gewählt und toleriert haben, »eine Persönlichkeit, die verantwortlich für und Mitwisser so vieler Delikte und Verbrechen ökonomischer und politischer Natur auf der nationalen und internationalen Ebene war?« (Verschave 2002: 267).

Mitte der 1990er Jahre kam auch die langjährige sozialistische Regierung von Felipe Gonzales in Spanien unter starken politischen Druck, weil Mitglieder von ihr in dubiose Affären und Skandale involviert waren.[9] Darunter war eine Affäre in Zusammenhang mit Staatsterrorismus (ein schmutziger Untergrundkrieg) im Kontext des öffentlichen Kampfes gegen die militante baskische Untergrundbewegung ETA; hier waren der Geheimdienst, hohe Beamte und Politiker involviert.

Schließlich trat sogar in der politisch so stabilen und viel weniger korruptionsanfälligen Bundesrepublik Deutschland ein Skandal über Parteienfinanzierung ans Licht, der den langjährigen Kanzler Helmut Kohl in schiefes Licht brachte.[10] Im Zusammenhang mit Untersuchungen gegen den früheren Schatzmeister der Christlich-Demokratischen Union (CDU) wegen Steuerhinterziehung stellte man fest, dass Kohl illegale Konten für die Partei unterhalten hatte. Kohl legte seine Ehrenpräsidentschaft der Partei zurück; die CDU wurde verurteilt, eine Schadenersatzsumme von 42 Millionen DM zu bezahlen. Im Vergleich zu den Anschuldigungen gegen die Spitzenpolitiker in Italien und Frankreich war das Fehlverhalten von Kohl zweifellos weit weniger gravierend. In der Tat kritisierten französische Zeitungen nicht die Tätigkeit von Kohl, sondern diesen Skandal an sich, die Art und Weise, wie sich die deutschen Medien auf Kohl gestürzt hatten. Trotzdem ist auch dieses unrühmliche Ende einer herausragenden politischen Karriere aus der Sicht der Legitimität der politischen Eliten in Deutschland und Europa von großer Bedeutung, weil es einen Politiker betraf, der mit den von ihm immer wieder propagierten Grundtugenden von »Vaterland, Pflichtgefühl, Liebe für das eigene Land, Fleiß« (Leydendecker et al. 2000: 21)

---

[8] Fischer Weltalmanach 2002: 303.
[9] Fischer Weltalmanach 1996: 631.
[10] Fischer Weltalmanach 2001: 259.

3 Die politischen Eliten

der Inbegriff des neuen, verlässlichen deutschen Staatsmannes gewesen war. Kohl war jedoch bereits in den frühen 1980er Jahren unter Verdacht geraten. Zu dieser Zeit wurde bekannt, dass er einer der Hauptempfänger illegaler Spenden des Unternehmers Friedlich Flick (des größten Aktieninhabers des Daimler Benz Konzerns) gewesen war. Drei Biografien beschreiben Kohl seit seinem ersten politischen Schritt als einen machthungrigen Mann; schon als Parteiführer und Ministerpräsident des Bundeslandes Rheinland-Pfalz hatte er ein enges persönliches politisches Netzwerk etabliert (Leydendecker et al. 2000).

Aber nicht nur dieses »System Kohl« war problematisch, sondern die allgemeine Entwicklung der politischen Parteien. Überall in Europa, aber inbesondere in Deutschland, benötigten die politischen Parteien immer mehr Geld für ihren Verwaltungsapparat, für ihre umfangreichen öffentlichen Aktivitäten und ihre aufwendigen Wahlkampagnen. Da die Beiträge der Mitglieder abnehmen, musste man nach anderen Einkommensquellen suchen. Man fand sie in der öffentlichen Finanzierung sowie in Beiträgen starker Finanzgruppen und Unternehmen. Die öffentliche Finanzierung der Parteien wurde gesetzlich in Deutschland schon sehr früh festgelegt und ist hier besonders wichtig (Nassmacher 1982, 1992). Zur gleichen Zeit nahm der Einfluss der politischen Parteien zu, wenn es um die Ausschreibung von öffentlichen Verträgen und von Spitzenjobs ging. Die Parteien reagierten auf die Verschärfung von Gesetzen betreffend ihre Finanzierung ebenfalls mit »verfeinerten Methoden der Spendenwäsche und mit anhaltender Skrupellosigkeit« (Leydendecker et al. 2000: 496). Die Soziologen Erwin und Ute Scheuch (1992) diagnostizierten auf Basis einer empirischen Studie eine »Feudalisierung des politischen Systems« in Deutschland: erfolgreiche Politiker scharen heute große Gruppen von »Vasallen« um sich und achten darauf, dass diese bekommen, was sie wünschen (Stellen, Ämter, Subventionen usw.; vgl. auch Scholz 1995; Rudzio 1995; von Armin 2000). Es ist zunehmend weniger wichtig, ob eine Partei Mitglied der Regierung ist oder nicht, da in einer proportionalen Demokratie auch Oppositionsparteien Teile des öffentlichen Kuchens erhalten. Es ist daher nicht überraschend, dass nicht nur die christlich-konservativen Parteien, sondern auch die liberalen und sozial-demokratischen Parteien immer wieder in Skandale betreffend illegale Parteienfinanzierung und Geldwäsche involviert waren. Diese Thematik griff das deutsche Wochenmagazin *Der Spiegel* in einer Titelgeschichte auf, und gab seinem Land den gleichen Titel wie italienische Journalisten dem ihrigen gegeben hatten: »Republik der Bestechung«.[11]

---

[11] *Der Spiegel*, Nr. 12, 18.3.2002. Nach diesem Bericht hat sich die Zahl der Korruptionsfälle mit Bestechungen in Deutschland zwischen 1994 und 2000 vervierfacht (von 258 auf 1 243).

Erdbeben in Brüssel. Klientelismus und Korruption in der EU-Kommission

Die größte unmittelbare Bedeutung für die Kluft zwischen Eliten und Bevölkerung in Bezug auf die europäische Integration hatte aber wohl ein Skandal, der die politischen Eliten und die Institutionen der EU direkt betraf. Seit Jahren wurden Anschuldigungen wegen Nepotismus und Korruption gegen einzelne Mitglieder der EU-Kommission erhoben. Im Jahre 1999 richtete das Europäische Parlament eine unabhängige Untersuchungskommission zu diesem Thema ein. Ihr Bericht war ein Schock für die Kommission: er enthüllte massive Unregelmäßigkeiten in verschiedenen Entwicklungsprogrammen (etwa im Programm für Weiterbildung Leonardo da Vinci) und zeigte zahlreiche Fälle von Nepotismus und Begünstigung von Freunden und Verwandten durch EU-Politiker und hohe Beamte auf. Er zeigte auch, dass in vielen Fällen von Irregularitäten, die intern schon bekannt geworden waren, keinerlei Untersuchungen in Gang gesetzt worden waren; vielmehr wurden die beschuldigten Beamten ehrenvoll und mit großzügigen Kompensationen in den Ruhestand versetzt. Die hauptsächliche Entschuldigung der Kommission – nichts über diese Affären gewusst zu haben – wurde selbst angeprangert; die Kommission, die diese Anschuldigungen bestätigte, argumentierte, dass die Kommission die Kontrolle über ihre Verwaltung verloren hatte (Bandulet 1999: 224). Auch der Europäische Rechnungshof hatte immer wieder Probleme in der Verwaltung und Kontrolle des EU-Budgets aufgedeckt. Im Jahresbericht von 1998 wurde festgestellt, dass etwa 5 % aller Zahlungen fehlerhaft waren als Folge administrativer Fehler und Betrügereien; dies galt im Besonderen für die Bereiche der Landwirtschaft und Strukturpolitik (Fischer Weltalmanach 2001: 1080).

Als Folge dieses Berichts trat die gesamte von Jacques Santer geleitete Kommission am 16. März 1999 zurück. Besonders bemerkenswert an dieser Affäre war die Tatsache, dass alle Kommissare, die direkt in Fälle von Missmanagement und Nepotismus involviert waren, aus den südwestlichen katholischen Mitgliedsstaaten der EU stammten. Die am stärksten beschuldigte Kommissarin war die Französin Edith Cresson, frühere Ministerpräsidentin unter Präsident Mitterand. Sie hatte unter anderem ihren Zahnarzt beauftragt, gut bezahlte wissenschaftliche Gutachten zu erstellen, für welche er keinerlei Qualifikation besaß. Cresson fühlte sich in keiner Weise schuldig, was verständlich ist, da sie nichts anderes tat, als französische politische Usancen auch in Brüssel zu praktizieren (Bandulet 1992: 22). Zwei weitere beschuldigte Kommissare waren der Spanier Manuel Marin und der Portugiese Joao de Deus Pinheiro. Die These, dass in all diesen Fällen die »politische Kultur« der südwestlichen katholischen Mitgliedsländer nach Brüssel übertragen worden war, wird bestätigt durch eine sehr signifikante Tatsache. Weniger als 15 % der italienischen, spanischen und

3 Die politischen Eliten 121

portugiesischen Mitglieder des Europaparlaments unterstützten die Absetzung der Kommission, jedoch 65–76 % jener aus Dänemark und Schweden und 93 % jener aus Deutschland. Die Person, die am meisten zur Aufdeckung dieser Affäre beigetragen hatte, war der dänische EU-Beamte Paul van Buitenen; als Folge seiner Integrität wurde er von seinem Vorgesetzten in der EU-Verwaltung unter schweren Druck gesetzt (Bandulet 1999: 16ff.).

Dieser Skandal war nur der spektakulärste unter einer Vielzahl anderer, weniger auffälliger Vorfälle von Unterschlagung und Korruption auf der Ebene der zentralen Verwaltung der EU und in den Mitgliedsstaaten in ihrer Funktion als Empfänger und Verteiler von EU-Subventionen. Speziell im Bereich der landwirtschaftlichen Subventionen gibt es immer Missbrauch von Mitteln, Erstellung von falschen Informationen, die aufbereitet werden, um Subventionen zu erhalten, und Deklarierung von Exporten in Länder, die nur als formelle Empfänger fungieren. Betrügereien dieser Art sind ein kontinuierliches Problem und schaffen viel Arbeit für den Europäischen Rechnungshof und für das neue Europäische Amt für Betrugsbekämpfung (OLAF). In seinem Jahresbericht 2005 stellte dieses Amt eine Zahl von 12 076 Unregelmäßigkeiten fest, mit einer finanziellen Gesamtsumme von 1 042 Millionen Euro.[12] Im neuesten Bericht (2006) wird ein weiterer Zuwachs festgestellt.[13] Eine zusätzliche Milliarde Euro verschwindet auf der Ebene der Mitgliedsstaaten.

Was können wir aus diesen Fakten und Analysen schließen? Es scheint, dass die drei am Beginn dieses Abschnitts formulierten Thesen vollkommen bestätigt worden sind. Zum ersten steht es außer Frage, dass es Phänomene von Klientelismus und Korruption nicht nur in einigen der ältesten und größten Mitgliedsstaaten, sondern auch auf der Ebene der zentralen EU-Institutionen in Brüssel gibt.

Zum Zweiten ist auch die These bestätigt worden, dass die Phänomene von Klientelismus und Korruption sich von den am meisten davon betroffenen Ländern auf die EU selber ausweiten. Dieses Problem könnte sich in den kommenden Jahrzehnten noch verstärken. Im Jahre 2004 wurden viele Staaten Mitglieder der Union, die durch sehr hohe Niveaus von Korruption zu Hause charakterisiert sind. Der *Internationale Korruptionswahrnehmungs-Index* 2006 zeigt, dass EU-Mitglieder wie Polen und Bulgarien und Kandidatenländer wie Kroatien und die Türkei höhere Niveaus der Korruption aufweisen als Länder der Dritten Welt, wie Tunesien, Namibien, die Dominikanische Republik oder Costa Rica. Insbesondere die beiden am 1.1.2007 in die EU aufgenommenen neuen Mitgliedsstaa-

---

[12] Bericht der Europäischen Kommission an das Europäische Parlament und an den Europäischen Rat zum Schutz der finanziellen Interessen der Europäischen Gemeinschaften und im Kampf gegen die Korruption – Jahresbericht 2005 (verfügbar im Internet unter http://ec.europa.eu).
[13] Bericht in *Der Standard* (Wien), 10.7.2007, S. 15.

ten Bulgarien und Rumänien weisen ein hohes Niveau an betrügerischem Bezug von EU-Fördermitteln auf. Im Jahre 2007 entfielen 60 % aller derartigen Fälle auf nur fünf Mitgliedsstaaten, nämlich Belgien, Italien, Deutschland, Bulgarien und Rumänien.[14] Im Juli 2007 veröffentlichte die EU einen »vernichtenden« Fortschrittsbericht über die unzureichenden Maßnahmen Rumäniens zur Bekämpfung von Korruption; vor allem wurde kritisiert, dass keine Verfahren gegen beschuldigte ehemalige Minister eingeleitet worden waren.[14a] Für Bulgarien wird festgestellt, dem Land fehle es an politischem Willen zu Reformen im Justiz- und Innenbereich.

Zum Dritten ist festzustellen, dass die Vernachlässigung dieses sehr wichtigen politischen Problems in der Forschung über die EU nicht nur das eines wissenschaftlichen Bias ist, sondern in zweierlei Hinsicht auch negative praktische Folgen hat. Die Aufdeckung von Skandalen hat auch positive Aspekte; sie kann Reformprozesse initiieren. Dies ist in der Tat in vielen Mitgliedsländern der EU geschehen. Unternehmer, Politiker und Beamte sind heutzutage in ihren Beziehungen zueinander sehr viel sorgfältiger; in vielen Ländern wurden gesetzliche Vorschriften erlassen über Spenden an politische Parteien, über die zugelassene Größe dieser Spenden sowie Verpflichtungen zu ihrer Veröffentlichung und Ähnliches. Solche Reformprozesse wurden auch auf der Ebene der EU initiiert. Eine der wichtigsten Maßnahmen war die bereits erwähnte Einrichtung des *Europäischen Amtes für Betrugsbekämpfung* (OLAF), das Betrug und Korruption innerhalb der EU-Institutionen untersucht. Eine andere Konsequenz der Vernachlässigung der Probleme von Betrug und Korruption bei den Sozialwissenschaftlern ist die Tatsache, dass man das hohe Niveau von Skepsis und Unzufriedenheit mit der europäischen Integration in der Bevölkerung nicht erklären kann. Dass diese zwei Probleme eng miteinander verknüpft sind, soll im folgenden Abschnitt gezeigt werden.

Klientelismus als ein Hauptfaktor, der die Zufriedenheit der Bürger mit dem Funktionieren der Demokratie reduziert

Es ist zu erwarten, dass Phänomene des Klientelismus, der Korruption und des Betrugs im Zusammenhang mit der Politik und dem öffentlichen Dienst einen signifikanten Einfluss auf das Urteil der Bürger über die Qualität ihrer Demokratie haben. Menschen in Ländern mit hohen Niveaus der Korruption mögen erwarten, dass die Mitgliedschaft in der EU für ihr Land eine Verbesserung mit

---

[14] *Der Standard* (Wien), 23.7.2008, Seite 15: »EU-Betrug auf wenige Länder konzentriert.« Grundlage dieses Artikels war ein Bericht der EU-Betrugsbehörde OLAF.
[14a] »Scharfe EU-Kritik an Sofia und Bukarest«, *Der Standard* (Wien), 22.7.2008.

3 Die politischen Eliten

sich bringt; jene in Ländern mit niedrigen Korruptionsniveaus könnten dagegen vielleicht mehr Probleme in einer Mitgliedschaft in der EU sehen. Der hohe Skeptizismus in Bezug auf die europäische Integration in Ländern wie Großbritannien, in den skandinavischen Ländern und Österreich mag sehr eng mit diesem Problem verknüpft sein; hier befürchten vielleicht viele Menschen, dass Demokratie und Transparenz durch die EU eher beeinträchtigt werden.

Wir können diese Hypothese mehr oder weniger direkt testen. In den Eurobarometer-Umfragen wird regelmäßig eine Frage über die Zufriedenheit mit der Demokratie auf der Ebene des eigenen Staates und auf jener der EU gestellt. Die Frage lautet: »Sind Sie zufrieden, nicht sehr zufrieden oder überhaupt nicht zufrieden mit der Art und Weise, wie die Demokratie in [unserem Land/in der Europäischen Union] funktioniert.« Insgesamt betrug der Anteil der sehr Zufriedenen mit der Demokratie im eigenen Land in allen 27 EU-Mitgliedsstaaten 9 %; 47 % waren damit zufrieden, 30 % nicht sehr zufrieden und 11 % überhaupt nicht zufrieden. Die Niveaus der Zufriedenheit mit der Demokratie auf der Ebene der EU betrugen 6 %, 44 %, 26 % und 8 %. Man kann also sagen, dass eine Mehrheit (56 %) mit der Demokratie im eigenen Land zufrieden ist und etwa die Hälfte mit der Demokratie auf der Ebene der EU. Zufriedenheit mit der Demokratie im eigenen Land ist also merklich höher als jene mit der Demokratie auf der Ebene der EU. Es gibt jedoch signifikante Unterschiede zwischen den alten und den neuen Mitgliedsstaaten. Unter den 15 alten Mitgliedsstaaten sind 59 % mit ihrer eigenen Demokratie zufrieden oder sehr zufrieden, auf der Ebene der EU nur 49 %. In den 10 neuen Mitgliedsstaaten sieht die Situation ganz anders aus: hier sind 49 % mit der eigenen Demokratie zufrieden, aber 60 % mit jener auf der Ebene der EU. Dies ist eine erste Bestätigung der Hypothese, die wir vorhin aufgestellt haben. Sie kann aber auch belegt werden, wenn wir einzelne Länder betrachten.

Obwohl es scheint, dass im Allgemeinen kein deutlicher Zusammenhang zwischen diesen beiden Variablen[15] besteht, zeigt sich ein solcher sehr deutlich, wenn man bestimmte Gruppen von Ländern betrachtet. In *Tabelle 3.1* wurden die Länder nach dem Niveau der Zufriedenheit in diesen beiden Dimensionen in mehrere Gruppen zusammengefasst; hier wurden auch die Kandidatenländer Kroatien und Türkei eingeschlossen. Man kann in dieser Hinsicht acht Gruppen voneinander unterscheiden; zwei Länder (Italien und Portugal) zeigen ein besonderes Muster.

(1) Die Menschen in den drei Beneluxländern, in Dänemark und Irland sind durch ein sehr hohes Niveau der Zufriedenheit mit ihrer eigenen Demokratie und

---

[15] In einem Streudiagramm, das die Lage der verschiedenen Länder auf einem Koordinatenfeld von Zufriedenheit mit der eigenen Demokratie und Zufriedenheit mit der Demokratie in der EU zeigt.

auch mit jener der EU charakterisiert. Aber auch in diesen Fällen ist die Zufriedenheit mit der nationalen Demokratie deutlich höher als jene mit der EU-Demokratie, insbesondere in Dänemark und Luxemburg.

(2) Die zwei skandinavischen Länder, Österreich und die Niederlande weisen eine hohe Zufriedenheit mit der nationalen Demokratie, aber eine unterdurchschnittliche Zufriedenheit mit der EU-Demokratie auf; der Unterschied zwischen der Zufriedenheit mit der nationalen Demokratie und mit der EU-Demokratie ist in dieser Gruppe unter allen 27 Ländern am höchsten.

(3) Die drei größten Mitgliedsstaaten, Großbritannien, Frankreich und Deutschland, zeigen ein durchschnittliches Niveau der Zufriedenheit mit der Demokratie zu Hause (diese ist etwas höher in Großbritannien, aber niedriger in Frankreich) und eine Zufriedenheit mit der EU-Demokratie, die deutlich unterhalb des allgemeinen Durchschnitts liegt.

(4) Die nächste Gruppe schließt drei Mittelmeerländer ein (Spanien, Malta, Zypern); hier liegt die Zufriedenheit mit der nationalen Demokratie über dem Durchschnitt, aber auch jene mit der EU; die Zufriedenheit mit der ersteren ist aber immer noch höher als jene mit der letzteren.

(5) Ab dieser Gruppe verändert sich dieses Muster. In Malta, Estland und der Türkei befindet sich die Zufriedenheit mit der nationalen und mit der EU-Demokratie etwa auf der gleichen (mittleren) Ebene.

(6) Als nächstes folgen die entwickelten osteuropäischen Länder (Tschechische Republik, Polen usw.); in diesen besteht eine deutlich höhere Einschätzung der Qualität der Demokratie auf der Ebene der EU als jener zu Hause.

(7) Das gleiche gilt noch stärker ausgeprägt auch für die zwei letzten Gruppen, Litauen, Slowakei und Kroatien sowie Rumänien und Bulgarien. In diesen Ländern wird die Qualität der nationalen Demokratie sehr negativ eingeschätzt (nur etwa ein Viertel der Bürger ist mit ihr zufrieden), aber die Zufriedenheit mit der EU-Demokratie ist sehr viel höher (zwischen 43 % und 55 % sind damit zufrieden).

(8) Schließlich gibt es noch zwei besondere Fälle. Im Unterschied zu allen anderen alten Mitgliedsstaaten sind die Italiener und die Portugiesen mit der Demokratie auf der Ebene der EU zufriedener als mit jener auf der Ebene ihres Heimatstaates. Im Falle von Italien ist das nicht überraschend, wenn man sich die Fakten vor Augen hält, die im Vorhergehenden präsentiert wurden.

3 Die politischen Eliten

Tabelle 3.1: Zufriedenheit mit der Demokratie im eigenen Land und auf der Ebene der EU sowie Korruptionsniveaus in den EU-Mitglieds- und Kandidatenländern (2006)

Länder	Zufriedenheit mit der Demokratie (% zufrieden)			Korruptions-index 2006
	im eigenen Land	in der EU	Differenz	
Dänemark	93	65	28	9.5
Luxemburg	83	63	20	8.6
Irland	75	65	10	7.4
Belgien	68	67	1	7.3
Finnland	78	42	36	9.6
Schweden	74	45	29	9.2
Österreich	75	45	30	8.6
Niederlande	75	47	18	8.7
Großbritannien	60	40	20	8.6
Deutschland	55	43	12	8.0
Frankreich	45	40	5	7.4
Spanien	71	60	9	6.8
Zypern	63	54	9	5.6
Grichenland	55	52	3	4.4
Malta	48	49	-1	6.4
Türkei	50	49	1	6.4
Estland	43	47	-4	6.7
Italien	53	58	-5	4.9
Tschechische Republik	58	64	-6	4.8
Slowenien	54	65	-11	6.4
Ungarn	46	60	-14	5.2
Lettland	41	53	-13	4.7
Polen	38	62	-24	3.7
Portugal	30	39	-9	6.6
Litauen	23	47	-24	4.8
Slowakei	25	43	-18	4.7
Kroatien	22	43	-21	3.4
Rumänien	27	55	-28	3.1
Bulgarien	22	54	-32	4.0
Durchschnitt	56	50		

Quelle: Eurobarometer 65 (Frühjahr 2006)

Es ist auch offenkundig, dass ein enger Zusammenhang besteht zwischen der Ebene von Korruption in einem Land und der Zufriedenheit mit der Demokratie. In *Tabelle 3.1* werden auch die Niveaus der Korruption in den EU-Mitgliedsstaaten und Kandidatenländern dargestellt. Wenn wir den Blick vom oberen zum unteren Teil der Tabelle gehen lassen – was eine abnehmende Zufriedenheit mit der Demokratie zuhause impliziert – nimmt das Korruptionsniveau mehr oder weniger regelmäßig zu. Die Korruption ist in allen westeuropäischen Ländern – ausgenommen Italien – deutlich niedriger, zugleich ist hier die Zufriedenheit mit der nationalen Demokratie relativ hoch, aber jene mit der Demokratie auf der Ebene der EU signifikant niedriger. In den ost- und südost-europäischen EU Mitglieds- und Kandidatenländern mit hohen Niveaus interner Korruption ist die Zufriedenheit mit dem Funktionieren der Demokratie zuhause extrem niedrig.

3.3 Die neuen europäischen politischen Eliten: I. Gewählte Politiker

In der Politikwissenschaft besteht ein Konsens darüber, dass die Europäische Union ein komplexes Mehrebenensystem der Regierung darstellt, an welchem sowohl nationale als auch europäische Politiker, Bürokraten und Professionelle teilnehmen. Wenn man die neuen europäischen Eliten untersucht, muss man daher auch die nationalen Eliten einbeziehen, die an diesem Prozess teilnehmen. Dies soll im folgenden Abschnitt in einer kurzen Diskussion geschehen. Im nächsten Abschnitt wird eine detailliertere Analyse einer spezifischen neuen europäischen Elite gegeben, der Mitglieder des Europäischen Parlaments.

(a) Nationale politische Eliten als Europa-Politiker

Die entscheidenden Impulse für die europäische Integration sind stets durch führende nationale Politiker, die Chefs und Mitglieder ihrer Regierungen gegeben worden. Warum waren diese bereit, einen erheblichen Teil ihrer Macht an supranationale Institutionen zu übertragen? Es ist nicht möglich, eine systematische Analyse der komplexen Motive, Strategien und Handlungsweisen durchzuführen, die hier zur Debatte stehen. Es soll jedoch zumindest eine grobe Skizze einer Erklärung gegeben werden, die auf der in diesem Buch entwickelten elitentheoretischen Perspektive beruht. Die Handlungsweisen der nationalen Eliten und der spezifischen europäischen Eliten sind in diesem Zusammenhang sehr eng aufeinander bezogen. Zwei allgemeine Fragen müssen hier beantwortet werden: Wie viel Macht haben die nationalen politischen Eliten tatsächlich abgegeben, als sie die supranationalen Organisationen eingerichtet haben? Was verloren sie dadurch, was haben sie dadurch hinzu gewonnen?

Wie viel Macht gaben die nationalen Eliten ab, als sie die Europäische Kommission, den Europäischen Gerichtshof und – später – das Europäische Parlament einrichteten? Es gibt zwei Antworten auf diese Frage. Die eine lautet, dass sie tatsächlich gar nicht viel Macht abgegeben haben. So hat Alan Milward (1992) in seinem Buch *The European Rescue of the Nation State* (Die europäische Rettung des Nationalstaates) überzeugend argumentiert, dass die europäische Integration gesehen werden kann als ein Mittel um nationale Autonomie und Unabhängigkeit in einer Zeit der Supermächte und Globalisierung zu bewahren oder wieder herzustellen. Dies war offenkundig in mehreren kritischen Zeitpunkten der neuen europäischen Geschichte tatsächlich das zentrale Problem: Wie bereits in Abschnitt 2.4 gezeigt wurde, befanden sich nach dem Zweiten Weltkrieg sowohl Frankreich als auch Deutschland in einer sehr schlechten wirtschaftlichen und politischen Situation, und dies bot den Anstoß für Schuman und Adenauer, die Europäische Gemeinschaft für Kohle und Stahl (EGKS) zu gründen; Ende der 1970er Jahre führten Währungsturbulenzen und ökonomische Krisen Giscard d'Estaing und Helmut Schmidt zur Etablierung des europäischen Währungssystems; im Jahre 1989 eröffnete der Zusammenbruch des Sowjetsystems eine einmalige Chance zur Wiedervereinigung Deutschlands; diese Chance wurde durch Helmut Kohl ergriffen und mit einer entscheidenden Stufe der Vertiefung der europäischen Integration verbunden (Einführung des Euro), die auch im Interesse von Frankreich lag und von François Mitterand unterstützt wurde.

Die fortdauernde Bedeutung der Regierungen der Mitgliedsstaaten zeigt sich auch in der institutionellen Entwicklung der Union. Nicht zuletzt als Konsequenz von Charles de Gaulle's frühem Widerstand gegen zentralisierende Tendenzen in der EWG durch Stärkung der Europäischen Kommission und des Europäischen Parlaments wurde im Jahr 1974 der *Europäische Rat* etabliert. Dieser garantiert, dass die Regierungschefs der Mitgliedsstaaten das letzte Wort in allen politisch entscheidenden Fragen der Integration haben. In dieser Hinsicht besteht wahrscheinlich der grundlegendste Unterschied zwischen der Europäischen Union und der Sowjetunion (welche in manch anderer Hinsicht erstaunliche Parallelen aufweisen, wie Boukovsky [2005] zeigt): Selbst der Ministerpräsident eines Ministaates hat die Möglichkeit Nein zu sagen, wenn er der Meinung ist, dass ein zentrales Interesse seines Landes verletzt wird. Der Beitritt zur EU und die Teilnahme in ihr ist eine frei gewählte Entscheidung und Strategie der Regierungen aller Mitgliedsländer.

Was gewinnen die nationalen politischen Eliten – individuell und kollektiv – durch die Teilnahme an der Integration? Aus der Sicht der Elitentheorie sind sehr unterschiedliche Arten von Zielen und Gewinnen relevant. Man kann dabei zwischen kollektiv-politischen und persönlich-individuellen Zielen unterscheiden. In politischer Hinsicht mögen die Chefs der nationalen Regierungen meist überzeugt sein, dass es im Interesse ihrer Länder ist, der Union beizutreten bzw. ihre Stärkung zu unterstützen. Dies wird besonders der Fall sein in jenen Ländern, die weniger entwickelt sind als der Durchschnitt der EU-Mitglieder, etwa im Süden und im Osten Europas. Für die letzteren war ein Hauptmotiv dieser Art zweifellos die Erwartung, dass ihre Länder damit verstärkt am westlich-kapitalistischen Wirtschaftswachstum teilnehmen sowie politische Autonomie und Sicherheit gewinnen konnten, nachdem sie ein halbes Jahrhundert fremdbestimmt worden waren; in Kapitel 8 wird gezeigt, dass Sicherheit ein sehr wichtiges und weitgehend unterschätztes Interesse der EU darstellt. Mitglied der EU zu werden oder zu sein eröffnet nationalen politischen Eliten neue Möglichkeiten politische Ziele durchzusetzen: sie können bei wichtigen europäischen Weichenstellungen mitbestimmen; und sie können auf der Ebene der Union oft politische Ziele verfolgen und durchsetzen, die sie zu Hause allein nicht durchsetzen wollen oder können; dabei verwenden sie Entscheidungen auf der Ebene der EU oft auch als Vorwand (in dem sie sich so verhalten, tragen sie allerdings zweifellos zum negativen Image der EU zuhause bei).

Zum Dritten kann man sagen, dass die europäische Integration, die ein weites Feld neuer politischer, bürokratischer und professioneller Berufe und Karrieren eröffnet, auch den nationalen Politikern zusätzliche Quellen von Einfluss und Macht eröffnet, indem sie es ihnen ermöglicht mitzubestimmen, wer diese Jobs erhält. Häufig ist es ja auch so, dass nationale Politiker selbst nach Ende ihrer Amtszeit in Jobs in die europäischen Institutionen überwechseln. Schließlich ermöglicht die Teilnahme an der europäischen Integration auch zusätzliche Gratifikationen für nationale politische Führer. Die Teilnahme an den Treffen des Europäischen Rates und anderer feierlicher Gipfel stellt für Regierungschefs großer und kleiner Mitgliedsstaaten eine unmittelbare Gratifikation dar, wie es die Teilnahme an allen derartigen Ritualen tut (Collins 2005). Mitbestimmung in Brüssel verleiht Prestige im Ausland und zu Hause und dies insbesondere dann, wenn der Vorschlag eines Regierungschefs durch die anderen akzeptiert worden ist. Diese Chance zu neuen Wirkungsmöglichkeiten auf der EU-Ebene ist aber auch einer jener Mechanismen, die den Prozess der Integration ständig am Laufen halten. Jedes Land und jede Regierung, die die halbjährige Präsidentschaft des Europäischen Rates übernimmt, ist begierig darauf, ein ambitioniertes Programm der weiteren Integration zu entwickeln und durchzusetzen.

Die europäische Integration kann man daher nicht verstehen, wenn man nicht den entscheidenden Einfluss und die Strategien und Aktionen der nationalen politischen Führer und Eliten einschließt. Einflussreiche und bedeutende Führer großer Mitgliedsstaaten – einige davon wurden bereits erwähnt – haben oft historische Statur erlangt, indem sie entscheidende Schritte der europäischen Integration durchgesetzt haben. Aber auch die Vorschläge und Handlungen der Regierungschefs kleinerer Länder waren in dieser Hinsicht oft von großer Bedeutung, wenn auch erst nach einer gewissen Zeit. Aus früherer Zeit können wir hier Persönlichkeiten erwähnen wie Henri Spaak (Niederlande), Pierre Werner (Luxemburg), oder Leo Tindemans (Belgien).

Im Hinblick auf den zeitlichen Einfluss der Handlungen nationaler politischer Führer im Vergleich zu jenen von europäischen politischen und bürokratischen Eliten gibt es einen interessanten Unterschied. Die letzteren fördern die europäische Integration in kontinuierlicher Weise, auch wenn ihre Vertreter vielfach keine herausragenden politischen Persönlichkeiten darstellen, wie in Kapitel 5 gezeigt werden wird. Nationale politische Führer handeln dagegen sprunghafter, abhängig von der Zeit und den jeweiligen politischen Umständen. Der Einfluss dieser beiden Kategorien von Eliten kann verglichen werden mit der wunderbaren »Zusammenarbeit« zwischen den beiden Quellflüssen des längsten Stroms der Welt, des Nil: Während der Weiße Nil das ganze Jahr hindurch eine bestimmte Wassermenge zum unteren Nil (von Khartum im Sudan bis zur Mündung des Nil in das Mittelmeer) beisteuert, sorgt der Blaue Nil für die saisonale Flut, die den Boden im ägyptischen Niltal bewässert und damit zur Entstehung der größten Hochkultur der Antike beigetragen hat. Normalerweise steuert der Weiße Nil nur 31 % zur jährlichen Wassermenge des Nil bei; in der Trockensaison jedoch steigt sein Anteil auf 80 % bis 90 %.[16] Genau das gleiche Muster kann im Rahmen der europäischen Integration beobachtet werden: selbst in Phasen eines scheinbaren politischen Stillstands fahren die europäischen Institutionen, die Kommission, das Europäische Parlament und der Europäische Gerichtshof, kontinuierlich mit ihrer Arbeit fort und garantieren, dass die Integration nie zum Stillstand kommt.

Eine letzte Bemerkung bezieht sich auf die Erklärung des Gesamtprozesses der Integration. Wir müssen in dieser Hinsicht drei Arten von Effekten unterscheiden: die Motive der Akteure, die kausalen Kräfte und die Folge bestimmter Aktionen. Die individuellen Motive der beteiligten Akteure sind zweifellos sehr wichtig, aber sie dürfen nicht mit den Ursachen ihres Verhaltens verwechselt werden. Den Frieden in Europa zu sichern war zweifellos ein wichtiges Motiv für die Gründungsväter der Integration; wir werden in Kapitel 7 jedoch argumentieren, dass es falsch ist anzunehmen, dass die Integration notwendig war um den Frieden in Europa zu sichern. Ein ähnlicher Fall sind die Erwartungen im Zusammenhang mit dem Wirtschaftswachstum als Folge der Integration; auch diese Erwartungen waren und sind sicherlich wichtige Motive für viele nationale Re-

---

[16] http://en.wikipedia.org/wiki/Nile.

gierungschefs, um für den Beitritt zur Union zu kämpfen; empirische Daten zeigen jedoch, dass der reale Effekt der Integration auf das Wirtschaftswachstum relativ gering war, wenn er überhaupt messbar ist. Auf der anderen Seite gibt es Ursachen und Folgen der Integration, welche von den politischen Eliten und Führern selten oder gar nicht erwähnt bzw. gesehen werden. Eine der Ursachen dafür ist, dass die europäischen Institutionen eine neue Ebene politischer und administrativer Lenkung darstellen, und daher ein breites Feld für neue Jobs und Karrieren eröffnen. Es gibt auch Konsequenzen, die die politischen Eliten überhaupt nicht vorhergesehen haben; nicht die letzte unter ihnen ist die Tatsache, dass die Integration oft sehr viel weiter geht, als man es beabsichtigt oder erwartet hatte.

(b) Die Mitglieder des Europäischen Parlaments

Die Mitglieder des Europäischen Parlaments (MEPs) können als der Kern der neuen europäischen politischen Klasse betrachtet werden. Wenn auch die Kompetenzen des Europäischen Parlaments (EP) und die tatsächliche Macht seiner Abgeordneten noch immer viel zu wünschen übrig lassen, ist es doch eine Tatsache, dass die MEPs die einzige Gruppe sind, die von den Bürgern in der gesamten Union direkt gewählt werden und die ihre Arbeit ausschließlich der Union widmen. Aus der Sicht einer elitentheoretischen Perspektive ist es daher unerlässlich, diese Gruppe näher zu betrachten. Im Folgenden wird eine kurze Charakterisierung der MEPs nach ihrem sozialen Hintergrund, ihrer Ausbildung und ihren Karrieren gegeben; weiters werden ihre Arbeitsbedingungen und Arbeitsbelastungen, ihr Einkommen und sonstige Remunerationen sowie die Motive für ihre politische Aktivität und ihre Sicht der europäischen Integration dargestellt. Dies ist in erster Linie eine elitentheoretische Analyse. Eine kurze institutionelle Betrachtung des EP erfolgt am Ende dieses Abschnitts sowie in Kapitel 8.

Wir können diese Fragen auf dem Hintergrund dreier gegensätzlicher Hypothesen über die Rolle der Mitglieder des Europäischen Parlaments untersuchen. Die erste und zweite Hypothese besagen, dass – angesichts der immer noch begrenzten Kompetenzen des Europäischen Parlaments – eine Karriere im EP normalerweise keine volle politische Karriere darstellt. So kann sie eine vorübergehende, erste Etappe zu weiter gehenden politischen Ambitionen darstellen (Katz/ Wessels 1999: 89). Die zweite Hypothese lautet, dass das Europäische Parlament lukrative Jobs für verdiente Persönlichkeiten eröffnet, die anderswo keinen Platz mehr finden. Hier stellt diese Tätigkeit also ein angenehmes Ende einer vorhergehenden politischen Karriere dar. Die Möglichkeit eines Jobs im EP als »Trostpreis« (Feron et al. 2006) für verdiente ältere Politiker scheint bestätigt zu werden durch die Tatsache, dass bei europäischen Wahlen häufig ältere Politiker kandidieren, deren nationale politische Karrieren in der Tat an das Ende gekommen zu sein scheinen. Die »Abschiebung« nach Brüssel ermöglicht es Parteien, bislang einflussreichen, aber nicht mehr erfolgversprechenden Politikern einen akzeptablen Abgang zu verschaffen. Eine dritte These besagt, dass es für eine politische Partei nützlich ist, wenn sie sich mit attraktiven Namen als Europaabgeordneten schmücken kann. Diese These wird unterstützt durch die Tatsache, dass oft auch Schauspieler, bekannte Sportler oder Fernsehsprecher als Kandidaten aufgestellt werden; ihre Hauptqualifikation als Kandidat des Europäischen Parlaments scheint in ihrer öffentlichen Bekanntheit zu liegen.

Im Folgenden wird eine Analyse wichtiger sozialer Merkmale der Mitglieder des Europäischen Parlaments im Juli 2007 präsentiert. Die Daten wurden den Homepages der MEPs auf der Website des Europäischen Parlaments entnommen. In den meisten Fällen enthalten diese Websites nicht nur die Parteizugehörigkeit und Mitgliedschaft der Abgeordneten in den verschiedenen Komitees des EP, sondern auch ein kurzes Curriculum mit Geburtsjahr, Ausbildung, früheren Jobs, Berufslaufbahn und Auszeichnungen. Schon diese Daten geben uns einige interessante Einsichten. Im Anschluss daran präsentieren wir die Ergebnisse ausführlicher persönlicher Interviews mit 22 MEPs in sieben verschiedenen Mitgliedsstaaten der EU.[17]

Soziale Merkmale der MEPs

Ein erstes interessantes Merkmal der MEPs betrifft ihre Altersstruktur (*Tabelle 3.2*). Die große Mehrheit der MEPs befindet sich in der Altersgruppe 50–59 Jahre (41 %); darauf folgen die Altersgruppen 30–39 und 60–69 Jahre. Diese Altersstruktur kann man in zweierlei Hinsicht interpretieren. Zum einen scheint es, dass man erst dann Mitglied des Europäischen Parlaments wird, wenn man ein erhebliches Ausmaß an beruflicher Erfahrung gewonnen hat, aber sich noch in einer Alterskohorte mit hoher Arbeitskapazität befindet. Auf der anderen Seite scheint die These, dass das EP eine Endstation für verdiente ältere Politiker darstellt, durch diese Altersverteilung eine gewisse Bestätigung zu erfahren.

---

[17] Die untersuchten Länder waren Österreich (9 Interviews), Italien (6), Deutschland (2), Frankreich (2), Tschechische Republik, Litauen und Ungarn (je 1). Die Interviews wurden durchgeführt in Wien, Rom, Budapest, Warschau, Paris und Brüssel.

Tabelle 3.2: Altersstruktur und Ausbildung der Mitglieder des Europäischen Parlaments nach Geschlecht (2007)

Soziale Merkmale		Männer %	Frauen %	Alle %
Alter in Jahren	– 29	0.4	0	0.3
	30 – 39	8.5	14.9	10.4
	40 – 49	19.3	21.9	20.1
	50 – 59	38.5	46.7	41.0
	60 – 69	27.2	15.7	23.8
	70 +	5.5	0.8	4.3
Höchste abgeschlossene Ausbildung	Akademische Ausbildung	82.7	81.0	82.1
	Andere Ausbildung	10.4	9.5	10.1
	Keine Information	7.0	9.5	7.8
Fachrichtung der Ausbildung	Rechtswissenschaften	19.3	14.5	17.8
	Volks- und Betriebswirtschaftslehre	13.1	8.7	11.8
	Sozialwissenschaften	9.8	7.9	9.2
	Geisteswissenschaften	9.8	21.5	13.4
	Naturwissenschaften	12.2	9.5	11.4
	Medizinische Wissenschaften	6.5	3.7	5.6
	Andere akademische Ausbildung	6.6	11.6	8.2
	Keine akademische Ausbildung, Ausbildung nicht angegeben	22.8	22.7	22.8
Insgesamt		100	100	100
(N)		(543)	(242)	(785)
%		69.2	30.8	100

Quelle: Homepage des Europäischen Parlaments (www.europarl.europa.eu), Juli 2007, eigene Datenaufbereitung und Auswertung

Ein zweites Merkmal betrifft das Geschlecht der Mitglieder des Europäischen Parlaments. Das EP ist durch einen bemerkenswert hohen Frauenanteil gekennzeichnet – nahezu ein Drittel der Abgeordneten sind Frauen. Seit den frühen Jahren des EP hat sich dieser Anteil kontinuierlich erhöht (Katz/Wessels 1999: 99). Die Frauenanteile variieren stark nach Ländern (*Tabelle 3.3*): sie sind erheblich höher (43 % und mehr) in den skandinavischen Ländern, in den Niederlanden, in Luxemburg und Frankreich und in Teilen Osteuropas (Estland, Slowenien, Bulgarien). Sehr niedrig sind sie dagegen (20 % und weniger) in Italien, den Inselstaaten im Mittelmeer (Malta, Zypern), aber auch in anderen osteuropäischen Ländern (Tschechische Republik, Polen, Lettland). Im Großen und Ganzen deckt sich dies mit den bekannten Unterschieden zwischen diesen Ländern bzw. Makroregionen in Bezug auf ihre Sozialstruktur und Werthaltungen. So ist die weibliche Erwerbsbeteiligung in protestantischen Ländern mit einem starken Wohlfahrtsstaat (Skandinavien) und in Ländern, die sehr viele Unterstützungsmöglichkeiten für berufstätige Mütter bereitstellen (Frankreich) höher als in den katholischen Ländern Südeuropas. Bemerkenswert ist auch der Unterschied zwischen den politischen Gruppen (Fraktionen) im Europäischen Parlament. Die Sozialisten, die Liberalen und Demokraten, und die Grünen/Europäische Freie Allianz weisen einen überproportionalen Anteil an Frauen auf, die Europäische Volkspartei, die eher nationalistischen und EU-kritischen Gruppen (Europa der Nationen, Independence/Democracy Group) einen unterdurchschnittlichen Anteil.

Ein wichtiges Merkmal der Sozialstruktur einer politischen Elite ist die Art und Höhe ihrer Ausbildung. Der Trend zu einer Professionalisierung der Politik impliziert, dass Politiker heute ein hohes Niveau auch an berufsspezifischem Wissen, Kenntnissen und Erfahrungen besitzen müssen. Auf der anderen Seite gibt es auch die normative Anforderung, dass die Abgeordneten sich in ihrer sozialen Zusammensetzung nicht allzu sehr von den Wählern unterscheiden sollten. *Tabelle 3.2* zeigt, dass die überwältigende Mehrheit (82 %) der Abgeordneten zum EP eine akademische Ausbildung haben. Dies ist zweifellos weit höher als die Ausbildung in der allgemeinen Bevölkerung, wo höchstens 20–30 % einen akademischen Grad besitzen. Diese hohen Anteile sind jedoch nicht viel anders als in den nationalen Parlamenten.[18]

Im Hinblick auf die Studienfelder, welche von den MEPs absolviert wurden, befinden sich die Rechtswissenschaften mit 18 % an der Spitze; dann folgen die Geisteswissenschaften, die Ökonomie und die Naturwissenschaften. Das heißt also, dass auch im EP die Rechtswissenschaften einen zentralen Platz als Grundlage für europäische Politik einnehmen – wenn auch unten den Abgeordneten seine Dominanz nicht so stark ist wie unter den »Eurokraten«, wie in Kapitel 5 gezeigt werden wird. Im Allgemeinen bestätigen diese Daten jedoch die Thesen von Richard Katz und Bernhard Wessels (1999: 92ff.), dass ein hoher Anteil der MEPs aus »*Maklerberufen*« kommt – gemeint sind damit Tätigkeiten, in denen es vor allem um Verhandlungen mit Menschen und Gruppen unterschiedlicher Art geht. Es sind dies auch meist Berufe, die es ermöglichen, dass man daneben eine vollzeitliche politische Karriere verfolgt, weil sie flexible Arbeitszeiten haben und auch politisch relevante Fähigkeiten voraussetzen und fördern; typisch dafür sind Bereiche wie das Rechtswesen, die Medien oder Parteiämter.

Es gibt einen signifikanten Unterschied zwischen Männern und Frauen im Hinblick auf die häufigsten Studienfelder: die Männer haben häufiger Abschlüsse in Rechtswissenschaften, Ökonomie, Sozial- und Naturwissenschaften, die

---

[18] Im Deutschen Bundestag ist der Anteil etwa gleich groß. Vgl. www.bundestag.de/.

Frauen häufiger in Geisteswissenschaften. Dies entspricht auch den unterschiedlichen Präferenzen von Männern und Frauen für verschiedene Studienrichtungen in den meisten Ländern.

Tabelle 3.3: Der Frauenanteil nach Ländern und politischen Gruppen im Europäischen Parlament (2007)

Anteil von Frauen unter den MEP's ausgewählter Länder			
Bulgarien	44%	Zypern	0%
Estland	50%	Malta	0%
Slowenien	43%	Italien	17%
Dänemark	43%	Polen	13%
Schweden	47%	Tschechische Republik	21%
Niederlande	48%	Lettland	22%
Frankreich	43%		
Luxemburg	50%	Alle Länder	30.8% (N=785)

Anteil von Frauen nach politischen Gruppen		
Europäische Volkspartei (Christdemokraten) and Europäische Demokraten (EVP-DE)	24%	(278)[1]
Sozialdemokratische Fraktion (SPE)	40%	(216)
Allianz der Liberalen und Demokraten für Europa (ALDE)	38%	(104)
Union für das Europa der Nationen (UEN)	11%	(44)
Grüne/Freie Europäische Allianz (GRÜNE/EFA)	48%	(42)
Vereinigte Europäische Linke/Nordische Grüne (KVEL/NGL)	29%	(41)
Unabhängigkeit/Demokratie (IND/DEM)	12%	(24)
Identität, Tradition und Souveränität (ITS)	22%	(23)
Keiner Gruppe zugeordnete Mitglieder	15%	(13)

[1] Gesamtzahl der Abgeordneten
Quelle: Homepage des Europäischen Parlaments (www.europarl.europa.eu), Juli 2007, eigene Datenaufbereitung und Auswertung

Ein Abschluss in den Rechtswissenschaften ist weiters eher typisch für Abgeordnete der Europäischen Volkspartei, ein Abschluss in Ökonomie oder Sozialwissenschaften für die Abgeordneten der Sozialistischen Gruppe.

Eine weitere relevante Information betrifft die Berufserfahrung der MEPs. Hier lautet die Frage, ob diese Politiker im Großteil ihres bisherigen Lebens Politiker waren, oder ob sie auch andere berufliche Erfahrungen gesammelt haben. Die Daten zeigen, dass auch in dieser Hinsicht ein hoher Grad der Professionalisierung besteht. Der Anteil jener, die vor ihrem Eintritt in das EP nicht in der Politik tätig waren, beträgt in den meisten Ländern weniger als 10%. In Italien (etwas weniger ausgeprägt auch in Frankreich) ist eine ausschließlich politische Karriere viel typischer als in Nordwest-Europa (Großbritannien, Beneluxländer und skandinavische Länder). Auch in der sozialistischen Gruppe ist eine

3 Die politischen Eliten 135

ausschließlich politische Karriere häufiger als bei den anderen Parteigruppen im EP. *Tabelle 3.4* bringt auch einige Befunde über die Art der nichtpolitischen Funktionen und Positionen, die die Abgeordneten vor ihrem Eintritt in das EP ausgeübt haben oder die sie parallel dazu ausüben. Die häufigsten darunter waren Rechtsberufe (Rechtsanwalt usw.) und das Lehren an einer Universität; viele MEPs haben auch in einfacheren oder mittleren Angestelltenberufen gearbeitet, etwa als Manager in der Privatwirtschaft oder in akademischen Professionen. Weibliche MEPs haben häufiger in mittleren Angestelltenberufen gearbeitet (was zeigt, dass die europäische Politik für sie gute Chancen eröffnet hat), die Männer etwas häufiger in der Privatwirtschaft. Ein weiterer Befund ist, dass die osteuropäischen MEPs häufiger (28 % gegenüber einem Durchschnitt von 18 %) Universitätslehrer gewesen sind.

Der Anteil jener, die ihre gesamte Karriere ausschließlich der Politik gewidmet haben, ist nicht hoch – je nach Region und Land zwischen 15% und 30%. 60–75% der MEPs haben jedoch in ihrem früheren Arbeitsleben politische und nichtpolitische berufliche Tätigkeiten kombiniert. Der Bereich der beruflichen Tätigkeiten, die die MEPs ausgeübt haben, ist sehr breit – die meisten darunter erfordern eine akademische Ausbildung. Um nur einige davon beispielhaft zu nennen: Rezeptionist, Buchbinder, Laboratoriumstechniker, Pfarrer, Weinbauer, Direktor oder Manager verschiedener Arten von Unternehmen im öffentlichen und privaten Sektor, Rechtsanwalt, Dolmetscher, Lehrer, Universitätsprofessor, Journalist, Doktor, Tierarzt, Ingenieur, Konzertpianist und andere Musiker. *Tabelle 3.4* zeigt auch, in welcher Art von politischen Positionen oder Funktionen die MEPs neben ihrer Aktivität im EP noch tätig waren oder tätig sind:[19] der größte Anteil (ungefähr zwei Drittel) hat in irgendeiner Vereinigung, einem Interessenverband oder einer Lobbygruppe mitgearbeitet. Viele dieser Positionen und Funktionen haben einen semipolitischen Charakter; dies gilt insbesondere für autonome Organisationen, die im Interesse einer speziellen Gruppe tätig sind. Funktionen dieser Art sind im Hinblick auf die Verantwortung und die Zeit, die sie erfordern, meist weniger anspruchsvoll als etwa privates Unternehmertum. Auch die früheren oder jetzigen zusätzlichen politischen Aktivitäten der MEPs schließen sehr viele verschiedene Positionen und Tätigkeiten ein: Arzt, Mitglied in Gemeindeämtern und Provinzräten, Bürgermeister, Abgeordnete zu nationalen Parlamenten, Mitarbeiter in Ministerbüros und Staatssekretäre. Das gleiche gilt für die Verbände und Organisationen, für welche die MEPs gearbeitet haben. Hier werden genannt: Jugendverbände, Frauenverbände, Umweltgruppen, Gewerkschaften, politische Parteien usw. Es gibt einige deutliche Unterschiede

---

[19] Aus der Information auf der Homepage geht nicht immer klar hervor, ob die andere Funktion noch immer ausgeübt wird oder nicht.

zwischen Ländergruppen in der Häufigkeit der Mitarbeit in solchen Aktivitäten: die skandinavischen MEPs waren früher häufiger Mitglieder der nationalen Parlamente; die osteuropäischen MEPs hatten häufiger die Position eines Ministers oder andere hohe politische Funktionen inne; die deutschen MEPs waren häufiger Funktionäre von Organisationen oder Verbänden; unter den britischen Europaabgeordneten ist der Anteil exklusiv politischer Karrieren am niedrigsten.

Table 3.4: Frühere (und aktuelle gleichzeitige) berufliche Tätigkeiten der Europaabgeordneten (2007)

Frühere (und aktuelle gleichzeitige) berufliche Tätigkeiten	%
Minister, Staatssekretär und andere politische Spitzenpositionen	9.9
Abgeordneter, Gemeinde- u.a. Ratsmitglied, Bürgermeister	6.1
Funktionär einer Interessengruppe oder Lobby-Organisation	65.7
Andere politische Funktion (Parteisekretär, Assistent eines Abgeordneten usw.)	3.9
Keine politische Funktion	10.4
Keine Angabe	3.8
Andere beruflich-professionelle Funktionen	
Nur politische Funktionen	18.1
Öffentlicher Dienst, höhere Position	5.4
Privatwirtschaft: Manager u.a. höhere Position	12.0
Rechtsanwalt oder anderer Rechtsberuf	7.6
Universitätsprofessor	17.7
Anderer akademischer Beruf (Arzt, Ingenieur usw.)	10.1
Einfacher oder mittlerer Angestellter oder Beamter	16.8
Selbständiger Unternehmer	4.8
Anderes (Arbeiter, Bauer)	7.5
Zusammen	100
	(N=785)

Quelle: Homepage des Europäischen Parlaments (www.europarl.europa.eu), Juli 2007, eigene Datenaufbereitung und Auswertung

In diesem Zusammenhang ist auch relevant, wie lange die Abgeordneten bereits im Europäischen Parlament tätig sind. Die Analyse der MEPs im sechsten EP zeigt das Folgende: 54% der Abgeordneten sind zum ersten Mal im EP, 46% das zweite Mal, 20% das dritte Mal, das heißt, bereits seit 15 Jahren. Acht Personen sind EP-Mitglieder seit 1979/80, also bereits seit 28 Jahren (Jens-Peter Bonde, Elmar Brok, Ingo Friedrich, Klaus Hänsch, Marco Pannella, Hans-Gert Pöttering, Karl von Wogau, Francis Wurtz). Die Tatsache, dass die meisten von ihnen wichtige Funktionen im EP eingenommen haben oder einnehmen (zwei sind Vorsitzende einer politischen Gruppe, Hänsch und Pöttering Parlamentspräsidenten) scheint zu indizieren, dass eine Karriere im EP zu einem erheblichen Ausmaß Sache eines guten »Sitzfleisches« ist, und nicht nur Folge herausragender

3 Die politischen Eliten 137

politischer Fähigkeiten. Dies ist zumindest die entschiedene Meinung eines kritischen Mitglieds des EP, das von uns interviewt worden ist. Angesichts der Tatsache, dass ein MEP weder innerhalb noch außerhalb des EP sehr viele Möglichkeiten hat, seine politischen Fähigkeiten unter Beweis zu stellen – wie rhetorische Fähigkeiten, Popularität, Fähigkeit, ein Ziel auch gegenüber massivem Widerstand durchzusetzen usw. – scheint eine solche Folgerung nicht ganz von der Hand zu weisen. Wenn sie stimmt, würde sie ein ernsthaftes Problem darstellen, weil das Parlament in einer Demokratie die wichtigste Institution darstellt, in welcher begabte und charismatische politische Nachwuchs-Persönlichkeiten Erfahrungen sammeln können (Weber 1988: 348).

Berufliche Herausforderungen, Gratifikationen und Zwänge

Wie bewerten Mitglieder des EP ihre eigenen politischen Karrieren auf der Ebene der EU? Wurde es als persönliche Berufung empfunden, dass man Mitglied des EP geworden ist oder war es eher die Fortsetzung einer normalen politischen Karriere? Die Aussagen der interviewten MEPs zeigen, dass eindeutig das letztere der Fall war. Wir fragten die Europaabgeordneten, wie sie in die europäische Politik gekommen seien. Die Antworten waren sehr einheitlich und sehr allgemeiner Natur: »Es war die Vervollständigung einer politischen Erfahrung. In den 1960er und 1970er Jahren, als ich meine politische Aktivität begonnen habe, war Europa sehr weit weg [...] dann, um 1990/2000, brachte mich die neue Rolle des Europäischen Parlaments – die sich heute noch verstärkt – zu dieser Entscheidung. Diese Entscheidung war sehr konkret und ein wichtiger Wendepunkt für mich. Heute gibt es keine nationale Politik ohne die europäische Dimension«, sagte Giuseppe Gargani, ein einflussreicher italienischer Europaabgeordneter seit 1999, Mitglied der Europäischen Volkspartei und Vorsitzender des Komitees für Rechtsangelegenheiten. Geboren 1935 und graduiert in Rechtswissenschaft, startete er seine politische Karriere in der Jugendbewegung der DC im Jahre 1960, war Regionalratsabgeordneter, dann Mitglied des italienischen Parlaments und höherer Beamter im Justizministerium in Rom. Eine ähnliche Aussage gab sein Landsmann Armando Dionisi (ebenfalls Gruppe der Volkspartei im EP): »Nach einer langen politischen Erfahrung auf der regionalen Ebene entschied ich mich für das EP zu kandidieren, weil ich dachte, es würde angemessen sein, die Interessen dieser Region auch auf der europäischen Ebene zu repräsentieren.« Andere stellten fest, dass sie sich bereits in ihrer früheren politischen Aktivität mit EU-Angelegenheiten befasst hatten. Die österreichische EU-Abgeordnete der Grünen, Eva Lichtenberger, war seit jeher am Problem des Alpentransits interessiert und damit bereits im Parlament in Wien befasst (der Transitverkehr ist ein sehr heißes Thema in Tirol, dem Bundesland aus dem sie kommt): »Verkehrspolitik ohne die EU ist heute ein Nonsens.« Eine typische Karriere ist auch jene der früheren österreichischen Europaabgeordneten Dr. Maria Berger (Sozialdemokratische Gruppe), geboren 1956. Sie begann ihre Berufslaufbahn als Universitätsassistentin für Öffentliches Recht mit einer Betonung auf dem Europarecht, arbeitete dann in zwei Ministerien in Wien, wo sie u.a. die Aufgabe hatte, den österreichischen EU-Beitritt vorzubereiten. Sie war Mitglied des EP seit 1996; im Jahre 2007 verließ sie das EP, um Justizministerin in der neuen österreichischen Regierung zu werden. Eine andere, sehr einfache und authentische Begründung, um in der europäischen Politik aktiv zu werden, wurde von mehreren anderen gegeben: Ich wurde als Kandidat von meiner Partei benannt.

Es ist evident, dass das EP vielfältige neue Möglichkeiten für die Fortsetzung einer politischen Karriere eröffnet, die auf der lokalen, regionalen oder nationalen Ebene begonnen hat. Aber sie eröffnet eine neue Karrieremöglichkeit nicht nur für die Europaabgeordneten selber, sondern auch für viele andere Menschen. Johannes Voggenhuber, Europaabgeordneter der österreichischen Grünen und ein einflussreiches Mitglied des Verfassungskonvents, machte dies sehr deutlich: »Jeder von uns [MEPs] hat zumindest zwei Mitarbeiter. Eine politische Gruppe (Fraktion) mit 50 Mitgliedern hat sechs wissenschaftliche Mitarbeiter. Dies bedeutet, dass das EP einen sehr intensiven Arbeitsmarkt darstellt …«. Die Tatsache, dass die meisten MEPs nicht aufgrund eines Gefühls, einer Berufung oder einer besonderen Mission in die europäische Politik gegangen sind, sondern eher eine Möglichkeit sahen, ihre politische Karriere fortzusetzen und zu sichern, muss nicht bedeuten, dass sie nur von individuellen oder persönlichen Interessen motiviert sind. Der österreichische Europaabgeordnete Paul Rübig (Europäische Volkspartei) stellte in dieser Hinsicht etwa fest: »In der gleichen Weise wie meine Landsleute in Österreich für ihr Budget kämpfen, kämpfen wir für die europäischen Bürger. In der europäischen Politik kämpfen wir nicht für uns, sondern für Programme wie Leonardo oder Socrates.« Diese Aussage könnte wahrscheinlich von jedem Europaabgeordneten unterschrieben werden. Die Tatsache, dass die Position eines Mitglieds des Europaparlaments ein sehr gutes Einkommen gewährt und eine gesicherte Zukunftsperspektive (auch für die Zeit nach der Pensionierung) eröffnet, wird als selbstverständlich angesehen – vielleicht ausgenommen in jenen wenigen parlamentarischen Sitzungen, in welchen die MEPs über ihr eigenes Einkommen und ihre Remunerationen entscheiden.

Die Tätigkeit und Karriere eines MEP wird auch aus persönlicher Sicht der Abgeordneten als sehr interessant, anstrebenswert und wertvoll erachtet. Dies zeigte sich in den meisten Interviews. (Man könnte es auch zeigen, wenn man die Art und Weise untersuchen würde, wie die Kandidatenlisten für die Europawahlen aufgestellt werden. Man kann sehr selten lesen, dass eine politische Partei Schwierigkeiten hätte, genügend Kandidaten zu finden. Im Gegenteil, der übliche Eindruck ist der eines intensiven Kampfes um die verfügbaren Posten.) Für Maria Berger ist die Arbeit im EP »sehr aufregend, weil im Bereich der Rechtspolitik ... ein riesiger jungfräulicher Boden besteht. So treffen zum Beispiel neue biotechnologische Erfindungen mit komplexen legalen Problemen zusammen. Oder denken Sie an den Prozess der Ausarbeitung einer neuen Verfassung für 480 Millionen Bürger unterschiedlicher Nationalitäten, und dies in einem multikulturellen Parlament, mit sehr intelligenten und engagierten Kollegen aus vielen Ländern und in einer Debatte, die in der Regel eher geschäftsmäßig abläuft als in der Politik auf der Ebene der Nationalstaaten.« Eine ähnliche Aussage, allerdings mit einigen zusätzlichen Aspekten, machte der italienische Europaabgeordnete Francesco Speroni, Mitglied der *Lega Nord* und der Gruppe *Unabhängige Demokratie* im Europaparlament: »In einer politischen Aktivität hat man den Nachteil, öffentlich ausgesetzt zu sein; das private Leben leidet besonders dann, wenn Sie an der Spitze sind und die Menschen genau betrachten, wie Sie gekleidet sind, wie Sie essen und Ähnliches. Der Vorteil ist, dass Sie eine Person sind, die entscheidet, die nicht nur Ideen hat, sondern auch die Möglichkeit, diese Ideen in gesetzliche Normen umzusetzen. Ich selber habe mich in der Tat an erster Stelle immer als politischer Gesetzgeber verstanden ... Die Befriedigung liegt darin, dass Sie sehen können, wie ein von Ihnen entworfenes Gesetz eine Norm wird und in der *Gazzetta Ufficiale* (Amtszeitung) veröffentlicht wird. Eine politische Tätigkeit ermöglicht es Ihnen auch, ihre Aktivitäten in freier Weise zu gestalten; tatsächlich sind die parlamentarischen Pflichten nicht sehr schwer und mit zwei, drei Tagen pro Woche können Sie sie erledigen ...« Eine hübsche Charakterisierung der Arbeit eines Europaabgeordneten wurde von Mauro Zani (Sozialdemokratische Gruppe), einem Mitglied der Parlamentskommission zur Entwicklungspolitik, gegeben. Es sei unmöglich, sagte er sinngemäß, alles zu verfolgen, was im EP diskutiert wird, sondern man müsse sich auf spezielle Themen konzentrieren: »Ich erforsche im Moment nicht aus einem bestimmten dringenden Grund heraus die Situation im Raum der Großen Seen in Afrika und ich glaube, dass wir einige Jahre brauchen, um die reale Situation dort zu verstehen. Im Vergleich mit der Arbeit eines Abgeordneten auf der Ebene der Mitgliedsstaaten, die mehr operativ ist, wo es eine direkte Beziehung zum Wähler gibt, und wo Sie jede Woche in Ihrem Wahlkreis gegenwärtig sein müssen, ist die Arbeit eines europäischen Abgeordneten mehr eine von Studium und Forschung. Diese zwei Komponenten, Studium und Forschung, sind zentral ...«

Die vorher zitierte Aussage von Speroni über den geringen Zeitdruck scheint der häufig anzutreffenden Klage von Politikern über ihre sehr hohe zeitliche Involvierung und den Stress ihrer Arbeit zu widersprechen. Auch solche Aussagen wurden von den interviewten MEPs gemacht, und sie sind zweifellos glaubwürdig. Auf die Frage, ob sie das Gefühl haben, dass die Einkommen der Europaabgeordneten ein Privileg darstellen, wiesen mehrere von ihnen auf die Tatsache hin, dass ihre Arbeitswoche zwischen 70 und 80 Stunden ausmache; einige nannten auch die Mühe, ständig reisen zu müssen, sowie die langfristige Abwesenheit von ihren Familien. Die Erklärung für diesen Widerspruch scheint nicht zu schwierig zu sein: Die meisten Europaabgeordneten sind nicht nur für ihre parlamentarischen (oder anderen) Verpflichtungen tätig, sondern versuchen auch in ihren Wahlkreisen bei Versammlungen aller Art anwesend zu sein, regelmäßig öffentliche Ansprachen zu halten, Ehrenpräsidenten und Ähnliches in Verbänden aller Art zu werden und – im Falle des EP – auch durch ganz Europa, wenn nicht durch die ganze Welt zu reisen, um die Plätze und Gruppen direkt zu sehen, mit deren Problemen sich das EP befasst.

Politische Aktivität in dieser Form kann sehr wohl zu einer *greedy occupation*, zu einer »verzehrenden Tätigkeit« werden, die nur physisch und psychisch sehr robuste Persönlichkeiten über längere Zeit durchhalten können. Ein herausragender Vertreter eines »politischen Mannes« dieser Art war Otto Habsburg (geboren 1912), Seniormitglied des EP durch 20 Jahre (1979–1999). Habsburg reist trotz seines jetzigen hohen Alters weiterhin sehr viel, gibt Vorträge und besucht ethnische Minderheiten in ganz Europa. Andere MEPs, speziell solche mit einem sehr hohen politischen Ethos und einer geringeren Belastbarkeit (oder auch einem weniger effizienten Zeitmanagement), mögen unter einer derartigen Belastung auch oft sehr leiden. Ein tragisches Beispiel war Alexander Langer, geboren 1946 in Sterzing (Südtirol), italienischer Europaabgeordneter und Mitpräsident der Grünen im EP 1989–1995; nach einem rastlosen und idealistischen politischen Leben, das ihn ständig durch ganz Europa reisen sah, beging er im Jahre 1995 Selbstmord. Einer der Hauptgründe dafür war eine tiefgehende physische und psychisch-geistige Erschöpfung (vgl. Kronbichler 2005).

Die meisten MEPs erwähnten ihre langen Arbeitszeiten, wenn sie gefragt wurden, ob sie ihre großzügigen Einkommen, Spesensätze und Sozialleistungen als angemessen bzw. gerecht betrachteten. Es zeigte sich im Besonderen, dass MEPs aus Ländern mit einer sehr positiven Einstellung zur EU (Ungarn, Italien) keinerlei Probleme in dieser Hinsicht sahen. Mehrere stellten definitiv fest, dass sie ihre Einkommen als adäquat betrachteten; sie bezogen sich auf das Gehalt der Richter am Europäischen Gerichtshof, das noch erheblich höher sei; sie beschuldigten die Medien, dieses Problem zu übertreiben und zu skandalisieren; und sie betonten die Tatsache, dass sie einen erheblichen Teil ihres Gehalts den politischen Parteien abliefern müssten, für welche sie gewählt worden waren. Es erscheint in diesem Punkt notwendig, kurz die objektive Einkommenssituation der MEPs zu betrachten.

3 Die politischen Eliten 141

Das Grundeinkommen der MEPs wird durch die Mitgliedsstaaten bezahlt und entspricht jenem der Abgeordneten in den nationalen Parlamenten; aus dieser Sicht sind sie in vielen Ländern nicht besonders hoch. Es impliziert jedoch, dass die Grundgehälter extrem zwischen den Ländern variieren. Sie sind weit niedriger sind für MEPs aus den neuen Mitgliedsländern (in manchen dieser Länder betragen sie weniger als 1 000 Euro pro Monat, in Italien hingegen fast 10 000 Euro). Zusätzlich erhalten die MEPs einen Kostenersatz für ihre Auslagen, und die Sätze dafür sind für alle Abgeordneten gleich und sehr großzügig (dadurch werden die Differenzen in den Grundgehältern ausgeglichen). In Ländern mit einer sehr kritischen Einstellung zur EU sind diese Gehälter und Regulierungen immer wieder unter scharfe Kritik gekommen, insbesondere auch deshalb, weil sie vielfach wenig Beziehung zu den tatsächlichen Ausgaben haben. In Österreich hat der Europaabgeordnete Hans Peter Martin dies zum Hauptthema bei den Europawahlen 2004 gemacht und (mit massiver Unterstützung des dominanten Boulevardblattes *Kronenzeitung*) nicht weniger als 14 % der Stimmen gewonnen.

Die Kostensätze der Europaabgeordneten schließen unter anderem folgendes ein (vgl. von Arnim 2006: 268ff.): eine fixe Summe (268 Euro) für die Teilnahme an einer Plenar- oder Komiteesitzung; dies kann sich pro Monat bis zu 3 500 Euro aufsummieren; fixe Kostensätze für Reisen, auch mit sehr teuren Economy-Class Flügen (de facto nehmen die MEPs oft billigere Flüge, erhalten aber den Ersatz für den teuren Flug); eine monatliche Unterstützung von 2 785 Euro für Kosten in den heimatlichen Wahlkreisen; eine großzügige Gesundheitsversorgung und Pensionsversicherung, die in der Regel die nationalen Pensionsansprüche nicht schmälert. Zusätzlich kann ein MEP bis zu 14 865 Euro pro Monat für Mitarbeiter erhalten. Diese Kosten müssen dokumentiert werden, aber der Abgeordnete entscheidet ganz allein über die Person, die er oder sie beschäftigt (es ist auch nicht verboten, Verwandte anzustellen). Wenn man all diese zusätzlichen Vergütungen betrachtet; steht außer Frage, dass die Abgeordneten im Europaparlament bezüglich ihrer Einkommen, Kosten- und Spesensätze sehr privilegiert sind. Dieses Urteil wird weithin geteilt, sogar im EP selbst, das seit Jahrzehnten versucht, neue Regeln in dieser Hinsicht zu entwickeln – vor allem auch wegen immer wiederkehrender scharfer Kritik in der Öffentlichkeit. Im Mai 2005 war das EP in der Lage eine Reform zu verabschieden.[20] Das neue Statut, das im Jahre 2009 in Kraft treten soll, setzt das Grundgehalt mit 38,5 % des Gehalts eines Richters am Europäischen Gerichtshof fest; derzeit würden

---

[20] Vgl. http://www.europarl.europa.eu/oeil/file.jsp?id=5254742, Statut für die Mitglieder des Europäischen Parlaments.

dies etwa 7 000 Euro sein; Reisekosten werden nur entsprechend den tatsächlichen Ausgaben rückerstattet.

Die Bewertung des EP als Institution

Wie effizient arbeitet das Europaparlament? Mehrere MEPs haben betont, dass die Arbeit im EP viel sachlicher ist als in nationalen Parlamenten, weil die politischen Zwänge von Seiten der Parteien weniger stark sind. So wird das EP als ein »effizientes Arbeitsparlament«, als das einflussreichste Parlament in Europa charakterisiert (Voggenhuber). Einige Interviewpartner betrachteten auch den Einfluss einzelner Abgeordnete als erheblich, insbesondere dann, wenn er/sie Berichterstatter (*Rapporteur*) in einer Angelegenheit ist. Viele bringen jedoch auch kritische Kommentare zum Ausdruck. Die Charakterisierung des EP als »riesige Abstimmungsmaschine« (Voggenhuber) ist wahrscheinlich zutreffend. An manchen Tagen werden 300 bis 400 Abstimmungen durchgeführt, oft in wenigen Blöcken, die sehr unterschiedliche Themen beinhalten. In der übrigen Zeit wird im Plenum Rede nach Rede gehalten mit praktisch keinerlei Diskussion. Wie jeder Besucher beobachten kann, nehmen an einer normalen Plenarsitzung nur ca. 50 Abgeordnete – 5% aller MEPs – teil, praktisch nur jene, die darauf warten, dass sie als nächste an die Reihe kommen; jeder Redner richtet seine Worte vor allem an den jeweiligen Präsidenten, der die Sitzung in stoischer Weise leitet. Nur wenn eine Abstimmung naht, strömen plötzlich Hunderte von Abgeordneten in den Saal.

Drei Probleme im Hinblick auf die Arbeitsweise des EP sind besonders bemerkenswert. Zum Ersten muss man sagen, dass es die Größe des EP für die meisten MEP's äußerst schwer macht, eine bemerkbare Rolle zu spielen. Daher kämpfen die MEPs um die Aufgabe eines Berichterstatters zu erhalten; um dies für viele zu ermöglichen, werden viele Themen in Subthemen aufgeteilt, wie der Europaabgeordnete Hans Peter Martin feststellte. Der italienische Grünen-Abgeordnete Sepp Kusstatscher aus Südtirol beobachtete: »Wenn es etwa 50 Mitglieder in einem Komitee gibt, der eine fleißiger als der andere, hat dies zur Folge, dass die Resolutionen länger und länger werden und zahlreiche Feinheiten integriert werden, mit dem Ergebnis, dass alles viel zu detailliert wird.« Dies führt zu einem zweiten Problem, nämlich der Tatsache, dass das EP sich mit einer Vielzahl von hoch spezialisierten Themen oder mit weltpolitischen Fragen befasst, die weit außerhalb seiner Kompetenzen liegen; es werden Resolutionen über Probleme in allen möglichen Ländern in der Welt verabschiedet. Das gleiche gilt aber auch für ganz spezifische nationale oder regionale Probleme innerhalb der EU, deren Lösung man viel besser einzelnen oder weniger betroffenen

3 Die politischen Eliten 143

Staaten überlassen würde.[21] Die meisten unserer Interviewpartner gaben zu, dass dies der Fall ist. Für das französische Mitglied des Europaparlaments, Michel Rocard (Sozialdemokratische Fraktion), französischer Ministerpräsident von 1988 bis 1991, ist dies ein Überbleibsel aus den ersten Jahren des EP, als es noch wenig Kompetenzen hatte und sich daher auf solche Resolutionen konzentrierte. Das dritte Problem ist, dass es für einen einzelnen Abgeordneten unmöglich ist, persönlich alle Punkte und Probleme zu verfolgen, die auf der Tagesordnung stehen, selbst in den Sitzungen von Komitees. Auf die Frage, ob er die vielen Resolutionen des EP verfolgen könne, antwortete der italienische Abgeordnete Mauro Zani (Sozialdemokratische Gruppe) wie folgt: »Ich bin nicht in der Lage, ihnen zu folgen. Das ganze ist für mich extrem komplex, schon wegen der enormen Masse an Papier.« Das Abstimmungsverhalten der einzelnen MEPs kann daher gar nicht anders erfolgen, als dass in den meisten Fällen die Linie befolgt wird, die die politische Partei oder Gruppe vorgibt, welcher er/sie angehört.

Ein paradoxer Nebeneffekt dieses hohen Grades an Spezialisierung ist die Tatsache, dass die Mitglieder des EP gegenüber dem Einfluss von Lobbyisten sehr offen sind. Einige MEPs (insbesondere jene der Volkspartei) sehen im Lobbyismus nur positive Aspekte (wir werden auf dieses bereits angesprochene Problem im nächsten Kapitel nochmals zurückkommen); manche von ihnen argumentieren, dass sie sowieso so abgestimmt hätten, wie es eine bestimmte Lobbygruppe gewünscht hatte. Andere berichten jedoch über massive Einflussnahmen in dieser Hinsicht. Ona Jukneviciene, eine Europaabgeordnete aus Litauen, ausgebildete Ökonomin und früher tätig für den *Internationalen Währungsfond* (IWF), berichtete folgendes: »Ich wurde unter starken Lobbyismusdruck gesetzt von Seiten des englischen Verbandes der Industriellen, als wir an einer Direktive über die Arbeitszeit arbeiteten, weil die Engländer viel längere Arbeitsstunden pro Woche befürworteten. Ich habe Kontakte mit anderen Organisationen [...] unter anderem mit Unternehmen der Tabakindustrie in Bezug auf das Budgetkontrollkomitee, weil es unterschiedliche Restriktionen für die Tabakindustrien gibt, sodass diese sehr an solchen Richtlinien interessiert sind. Das Lobbying im EP ist sehr viel stärker als in unseren nationalen Parlamenten, ich würde sagen es ist sehr stark, tatsächlich sehr stark.«

Es war überraschend, zumindest auf den ersten Blick, dass keiner der interviewten MEPs irgendein ernstes Problem in der Beziehung des EP mit der EU-Kommission sah: »Es gibt Konflikte (im EP), aber nicht mit der Kommission« (Voggenhuber); »die Kommission ist die Tochter des Parlaments« (Gargani).

---

[21] Ein Beispiel: Anlässlich eines Besuches im EP Anfang der 1990er Jahre griff ich wahllos in eine der großen Metallkisten, in denen die Unterlagen der MEP's von Brüssel nach Strassburg und zurück transportiert wurden. Eines der umfangreichen Papiere, das ich entnahm, betraf den Schutz von Braunbären in den Pyrenäen.

Die meisten meinten, dass die Kommissare oder hohen Beamten der EU-Kommission sehr gut zugänglich seien, wenn sie mit ihnen sprechen wollten. Was ist der Grund dafür? Einer ist wahrscheinlich das Prinzip, das »einer dem anderen nicht weh tut« (Martin). Der Hauptgrund wird wohl darin liegen, dass es im gemeinsamen Interesse sowohl des Parlaments wie der Kommission liegt, die europäische Integration voranzutreiben und die europäischen Institutionen im Speziellen (EP, Kommission, EUGH) gegenüber den intergouvernementalen Institutionen, wie dem Europäischen Rat, zu stärken. Der Europaabgeordnete Johannes Voggenhuber machte in dieser Hinsicht eine Unterscheidung zwischen der Kommission (und implizit dem EP), das seiner Meinung nach das *Gemeinschaftseuropa* präsentiert, und den *intergouvernementalen Institutionen*, die die Nationalstaaten repräsentieren: »›Gemeinschaftseuropa‹ war erfolgreich und das intergouvernementale Europa war ein Misserfolg.« Diese Aussage enthält sehr viel Wahrheit, wenn man zum Beispiel an die kontroverse Gemeinsame Agrarpolitik denkt, wo die EU das meiste Geld ausgibt und welche eindeutig vom Europäischen Rat bestimmt wird (vgl. Kapitel 4).

Wir können diese kurze Skizze der MEPs abschließen, indem wir ihre Ansichten über die notwendigen Reformen des EP und über die Zukunft der EU darstellen (vgl. auch Blondel et al. 1998). Die meisten Europaabgeordneten sahen die Notwendigkeit von Reformen, wobei sie unter anderem folgendes nannten: eine Stärkung des Persönlichkeitselements bei Europawahlen; eine Straffung der Tagesordnung bei den diversen Sitzungen; die Ausstattung des EP mit der Kompetenz, eigene Gesetzesinitiativen zu entwickeln; die Verbesserung der Kommunikationspolitik des EP (vgl. auch Scully und Farell 2003; Anderson und McLeod 2004). Nahezu alle MEPs (ausgenommen die französischen) sind der Meinung, dass die drei Sitze des EP – Brüssel, Strassburg und Luxemburg – eine unglaubliche Verschwendung von Zeit und Geld darstellen und ein ernsthaftes Handicap für die Arbeit des EP bedeuten. Konfrontiert mit der Frage eines Demokratiedefizits in der EU, bejahten die meisten die Existenz eines solchen; sie betonen aber auch, dass es in jüngster Zeit erheblich reduziert worden sei. Einige sind der festen Ansicht, dass die EU ein *global player* werden müsse, der auf gleichen Füßen mit den neuen aufsteigenden Weltmächten China und Indien stehen solle. (Die Proponenten dieser These sind eher auf der konservativen Seite und unter den Italienern zu finden). Andere – hauptsächlich MEPs von Linken und Grünen Parteien – sehen ein Hauptdefizit der EU in ihrer schwachen sozialen Dimension; ein gemeinsames Steuersystem »wäre ein Traum« (Jörg Leichtfried, österreichisches MEP der Sozialdemokratischen Gruppe). Für den ungarischen Europaabgeordneten Peter Olayos (Europäische Volkspartei) liegt eine ernsthafte Schwäche der EU darin, dass sie die Probleme der Minderheiten vernachlässigt. Angesichts der großen ungarischen Minorität in Rumänien ist dies verständlich; der Südtiroler MEP Michl Ebner (Südtirol ist eine Minderheitsprovinz in Italien) beklagt sich über das gleiche Problem (Ebner 2004). Mehrere der interviewten Europaabgeordneten stimmen der These zu, dass die europäische Integration für lange Zeit ein bürokratisches Elitenprojekt gewesen ist (Swoboda). Nur MEPs von politischen Gruppen, die der Integration generell kritisch gegenüberstehen, bringen grundsätzliche Zweifel zum Ausdruck. Enrico Speroni, Mitglied der *Lega Nord* und der Gruppe *Unabhängige Demokraten* im EP, antwortet folgendermaßen auf die Frage, was die hauptsächlichen Vorteile und Nachteile der Mitgliedschaft in der EU sind:»Wenn ich einem Wähler erklären muss, was die Vorteile der Mitgliedschaft in der EU sind, habe ich Schwierigkeiten, abgesehen von der Annehmlichkeit, dass Sie nicht mehr Lira in Schilling wechseln müssen, wenn Sie von Mailand nach Graz fahren […]. Es ist schwierig Vorteile zu sehen, wenn man an einen Schweizer oder Norweger denkt, die auch sehr gut da stehen und einen hohen Lebensstandard haben, auch ohne Mitglied der EU zu sein …«

Die Ergebnisse dieser kleinen Studie über die Europaabgeordneten haben deutlich gezeigt, dass hier ein weiter Bereich neuer Karrieremöglichkeiten für die politische Elite geschaffen wurde. Es ist sicherlich legitim, dass Politiker – wie jede andere Profession – auch ihre eigenen Interessen verfolgen. In mancher Hinsicht (zum Beispiel betreffend Entlohnungen und Vergütungen) erscheint die Situation aus der Perspektive der normativen Demokratietheorie, die im vorhergehenden Kapitel dargestellt wurde, jedoch als sehr problematisch. Darüberhinaus zeigt auch die Arbeitsweise des EP einige sehr problematischen Aspekte. Einer ist die Tatsache, dass sich die Mitglieder in eine ungeheure Abstimmungsmaschinerie eingebunden fühlen; ein anderer die extreme Fragmentierung und Spezialisierung der Arbeit. Das EP scheint selbst nicht ganz unschuldig daran zu sein, dass es unter den Bürgern in der EU nur ein bescheidenes Image hat. Dass dies der Fall ist, wird auch dadurch belegt, dass die Wahlbeteiligung bei Europawahlen signifikant zurückgeht (vgl. auch Blondel et al. 1998). Carrubba et al. (2004) fanden, dass im EP »Parteigruppen, die große Mehrheit der gesetzgeberischen Abstimmungen von den Augen der Wähler abschirmen und damit das gesetzgeberische Verhalten verheimlichen«. Es steht außer Frage, dass die Mehrheit der MEPs ihre Rolle sehr ernst nimmt (Scully/Farrell 2003: 286). Angesichts der grundlegenden Probleme der Legitimität der EU im Allgemeinen und des EP im Speziellen scheinen jedoch tiefgreifende Reformen notwendig zu sein. Wir werden auf dieses Thema in Kapitel 8 zurückkommen.

3.4 Die neuen europäischen politischen Eliten: II. Politische Bürokraten und die Profession der Juristen

Neben den gewählten Politikern spielen auch zwei Gruppen von ernannten politischen Akteuren eine entscheidende Rolle im Prozess der »kommissarischen Neuordnung Europas« (Puntscher-Riekmann 1998): die EU-Kommissare und die Europarechtler, insbesondere die Mitglieder des *Europäischen Gerichtshofes*.

(a) Die EU-Kommissare[22]

Die Europäische Kommission nimmt im politischen Prozess der Europäischen Union eine zentrale Stellung ein. Sie ist jene Institution, die hauptsächlich dafür verantwortlich ist, die Interessen der Integration zu vertreten: »... durch ihren multinationalen Beamtenapparat, ihr ausschließliches Recht, in der ersten Säule Gesetze zu initiieren und durch ihre quasi ausführende Autorität ist die Kommission der Inbegriff von Supra-Nationalismus und sie steht im Zentrum des EU-Systems. Es ist nicht überraschend, dass die Kommission und Berlaymont, ihr Hauptquartier in Brüssel, synonym mit der EU selber sind« (Dinan 1999: 205; vgl. auch Donnelly/Ritchie 1994). An der Spitze der EU-Bürokratie stehen die Kommissare und ihre Generaldirektoren. Eine Analyse ihres politischen Hintergrunds, ihrer Persönlichkeiten, Karrieren und Verhaltensweisen ermöglicht es uns, eine besondere Einsicht in die Art und Weise zu erhalten, wie die EU arbeitet, welches die Macht und die Schwächen der Eurokratie sind. Die Kommissare haben ein sehr breites Spektrum von Aufgaben. Sie haben in der Tat »sechs Berufe«, wie Jacques Delors einmal gesagt hat: »Politische Innovatoren, Gesetzgeber, Gesetzesvollstrecker, Manager der Gemeinschaftspolitik, Diplomaten und politische Makler« (Shore 2000: 143). In diesem Abschnitt sollen drei Themen diskutiert werden: der Charakter der Mitglieder der Kommission; ihre sozialen Merkmale, Karrieren und politischen Profile; und die Macht der Kommission als kollektiver Akteur.

Die EU-Kommissare – Politiker oder Bürokraten?

Eine erste wichtige Frage in Hinblick auf die Position und die Rolle der Kommissionsmitglieder lautet: Sind sie Politiker oder Bürokraten? Dies ist nicht nur eine akademische Frage, sondern sie führt uns ins Zentrum des Problems des Charakters der Europäischen Union, der Frage, ob diese bereits einen Staat dar-

---

[22] Für diesen Abschnitt war ein für diese Publikation erstellter Bericht von Albert Reiterer (Wien) über »Europäische Identität und ›europäische‹ Eliten sehr hilfreich.

3 Die politischen Eliten

stellt oder nur ein »intergouvernementales Regime« (vgl. auch Edwards/Spence 1994: 6). Diese Frage kann aus zwei Perspektiven beantwortet werden. Zum Einen können wir die Charakteristika eines idealtypischen Politikers und Bürokraten und die relevanten Merkmale dieser beiden Rollen betrachten (vgl. dazu Weber 1973b, 1978a, b; Jarass 1975: 126ff.; Dogan 1975: 4).

Wie wir aus *Tabelle 3.5* ersehen, teilen die EU-Kommissare zwei von vier Merkmalen mit einem Politiker: sie haben typischerweise einen politischen oder professionellen Hintergrund und ihr Amt ist zeitlich begrenzt, obwohl sie eine erstaunliche Arbeitsplatz-Sicherheit genießen, sobald sie einmal im Amt sind (Donnelly und Ritchie 1994: 34). Der frühere holländische Kommissar Karel van Miert (2000: 46) berichtet zum Beispiel, dass er während seiner vierjährigen Amtszeit mit vier unterschiedlichen Verkehrsministern in Frankreich und Großbritannien verhandeln musste. Auf der anderen Seite werden die Kommissare in ihr Amt eingesetzt (durch die Chefs der nationalen Regierungen) und sie sind kollektiv für ihre Arbeit verantwortlich. Man kann daher sagen, dass die Rolle eines Kommissars eine hybride Rolle darstellt, die Merkmale sowohl von Politikern wie von Bürokraten beinhaltet (vgl. auch Page/Wouters 1995: 201).

Tabelle 3.5: Die Kommissare der EU – Politiker oder Bürokraten?

Charakteristika	Politiker	Bürokrat	EU-Kommissar
Typische Berufe und Karrieren	Unterschiedliche berufliche Hintergründe, obwohl Politik als Beruf dominiert	Kontinuierliche beruflich-bürokratische Karriere	Unterschiedlicher Hintergrund, aber hauptsächlich politisch
Zugang zum Amt	Wahl	Einsetzung	Einsetzung
Dauer der Amtsinhabe	Begrenzt in der Zeit, unvorhersehbar	Ungegrenzt, Beamtenstatus	Begrenzt in der Zeit, vorhersehbar
Verantwortung	Persönliche Verantwortung	Kollektive Verantwortung	Kollektive Verantwortung

Als Politiker können die Kommissare einen erheblichen Einfluss auf die Entwicklung und Politik der Integration ausüben. Vermutlich haben die meisten von Ihnen ein sehr hohes Aspirationsniveau, wenn sie ihr Amt übernehmen und es gibt in jeder Kommission einige sehr entschiedene, durchsetzungsfähige und erfolgreiche Persönlichkeiten. Ein herausragendes Beispiel in dieser Hinsicht war Jacques Delors. Aus dieser Sicht kann man sagen, dass »die Leistung eines

Kommissionspräsidenten nicht so sehr von den Eigenschaften des Amtes selber abhängt, sondern von seiner Persönlichkeit, seinem Herkunftsland, seinen nationalen politischen Erfahrungen und seinen Zukunftserwartungen« (Dinan 1999: 205ff.). Allerdings ist die andere »Rolle« der Kommissare als Bürokraten zumindest von eben solcher, wenn nicht noch höherer Bedeutung. Die bürokratische Seite der Kommissare wird oft übersehen. Als Bürokraten müssen weder der Kommissionspräsident noch seine Kollegen eine starke politische Rolle spielen oder in der Öffentlichkeit sehr bekannt sein. Ihre Aufgabe besteht nur darin, die Arbeitsweise der mächtigen Eurokratie intern und in Beziehung zu den anderen Akteuren im Regierungssystem der EU zu koordinieren und zu befördern. Dies kann in einer wenig spektakulären, aber dennoch sehr effizienten Form erfolgen. Auf diese Weise üben die Kommission und ihr Apparat in der Tat eine sehr große Macht aus. Diese faktische Macht der Kommission wird oft verschleiert durch den häufigen Gebrauch des Begriffs der »Kompetenz« anstelle des Begriffs von Macht: »Der Begriff ›Kompetenz‹ suggeriert, dass jene Macht haben, die auch kompetent dazu sind. Dieser abstrakte Begriff geht zurück auf die Monnet-Methode einer guten bürokratischen Praxis und er verbirgt daher die Notwendigkeit für demokratische Legitimation ... Eine Diskussion über die Zuweisung von ›Kompetenzen‹ suggeriert eine unpolitische Diskussion über die relative Erfahrung. Eine Diskussion über die Zuweisung von ›Macht‹ dagegen, betont die Notwendigkeit von Politik und einer Diskussion über die relativen Zuständigkeiten« (Halberstam 2003). Der bürokratisch-politische Charakter der Rolle der Kommissare wird verstärkt durch die Tatsache, dass praktisch alle Mitglieder ihre eigenen Kabinette haben (speziell auf Zeit angestellte Beamte), die alle Karrierebeamte sind und meist aus ihren Heimatländern stammen (Page/Wouters 1995: 201). Diese Kabinette, die ursprünglich nur eine Hand voll Personen umfassten, haben sich in den letzten Jahrzehnten zu beachtlichen Büros ausgeweitet (Donnelly/Ritchie 1994: 43). Dieser Wildwuchs von Kabinettsmitgliedern hat auch negative Effekte insoferne, als er die Arbeitsmoral der fix angestellten Beamten reduziert und Barrieren zwischen den Kommissaren und den allgemeinen Direktoraten erzeugt.

Soziale Merkmale und Karrieren der EU-Kommissare. Ein soziologisches Profil

Die zweite Möglichkeit, die Frage zu beantworten, wer die Kommissare sind und wie groß ihre »wirkliche« politische Macht ist, besteht darin, die Prozesse ihrer Einsetzung, ihre sozialen Charakteristika und ihr politisches Verhalten zu untersuchen. Auf dem Hintergrund der Hypothese einer doppelten Rolle der EU-Kommissare als Politiker und Bürokraten werden viele sonst als paradox erscheinende Charakteristika und Merkmale verständlich. Sie müssen nicht nur ihre Rolle optimal spielen, sondern auch sicherstellen, dass die Hauptinteressen der mächtigen Mitgliedsstaaten nicht bedroht werden (Hartmann 2001: 101). So wurde zum Beispiel auch Jacques Delors, der hoch respektierte Kommissionspräsident 1985–1995, am Ende seiner Amtszeit »das Subjekt der größten Feindschaft von Seiten einiger Mitgliedsstaaten« (Middlemas 1995: 218) nicht zu letzt deshalb, weil er so entschieden und erfolgreich agierte.

Übersicht 3.2 stellt einige Informationen über die sozialen Merkmale der Kommissionspräsidenten seit 1958 zusammen. Fünf allgemeine Merkmale und Tendenzen sind dabei besonders aufschlussreich: (1) Nahezu zwei Drittel der Kommissionspräsidenten (sieben von elf) waren von der Ausbildung her Juristen. Dies bestätigt den starken Einfluss dieser Profession und den Charakter der EU als einer »Rechtsgemeinschaft«, wie wir in Kapitel 8 argumentieren werden. (2) Es besteht eine starke Überrepräsentation der französischsprachigen Welt; fünf von elf Präsidenten kamen aus Frankreich, Belgien oder Luxemburg. Diese Tatsache trägt zweifellos zum besonderen Einfluss des französischen politischen Systems und seiner Kultur auf die Eurokratie in Brüssel bei. (3) Wir können annehmen, dass die Rolle der Kommissare signifikant durch ihren nationalen Hintergrund beeinflusst wird. Ein Kommissar aus einem großen Mitgliedsstaat wird in einer viel besseren Position sein, eine machtvolle Rolle zu entwickeln, wenn er durch seine nationale Regierung unterstützt wird. Tatsächlich waren jene drei Kommissare, die als »stark« bezeichnet werden können, aus Frankreich, Deutschland und England. In anderen Fällen – insbesondere jenen von Italien – kann man sehen, dass die Instabilität der nationalen Politik sich auch in einer bescheidenen Rolle ihrer Kommissionspräsidenten widerspiegelt: Franco Malfatti (1970–1972) und Romano Prodi (1999–2004) müssen eher als schwache Präsidenten bezeichnet werden. (4) Praktisch alle Kommissionspräsidenten waren Politiker, bevor sie ihr EU-Amt übernommen haben. Bis zu den frühen 1980er Jahren war der typische Kommissionspräsident ein Staatssekretär oder Minister, manchmal auch nur ein Abgeordneter zum nationalen Parlament. Seit dieser Zeit jedoch wurden nur mehr frühere Premierminister als Kommissionspräsidenten ernannt. Dieser Trend weist wohl darauf hin, dass die Kommissionspräsidenten mehr und mehr an politischer Statur gewinnen. Eine genauere Betrachtung ihrer Macht und ihres Einflusses zeigt jedoch, dass nur wenige darunter in der Lage waren, diese Möglichkeit umzusetzen. Bis heute können nur zwei oder drei Kommissionspräsidenten als wirklich starke politische Persönlichkeiten betrachtet werden (Hallstein, Jenkins, Delors; vgl. auch Hartmann 2001: 109f.). Diese Tatsache ist an sich wichtig, weil sie den primär bürokratischen Charakter dieses Amtes unterstreicht. (5) Schließlich ist es von Interesse, die Aktivitäten der Kommissionspräsidenten nach Ende ihrer Amtszeit zu betrachten. Hier können wir sehen, dass drei von ihnen Führungspositionen in der Privatwirtschaft übernahmen, meist in Unternehmen, die unter starkem politischem Einfluss stehen (F.X. Ortoli, G. Thorn und J. Santer). Solche Karrieren sind nicht unbedingt ein Hinweis darauf, dass für sie die Politik eine wirkliche Berufung (Weber 1973b) dargestellt hat.

Übersicht 3.2: Die Präsidenten der EU-Kommissionen und ihre sozialen und politischen Charakteristika (1958–2008)

Name (Nationalität) (Amtsperiode/Jahre im Amt)	Akademische Ausbildung	Berufliche Tätigkeit vor dem EU-Amt	Berufliche Tätigkeit nach dem EU-Amt	Führungsstärke[*)]
Walter Hallstein (D) (1958–1967/10)	Rechtswissenschaft	Staatssekretär, Universitätsprof.	Parlamentsabgeordneter	stark
Jean Rey (B) (1967–1970/3)	Rechtswissenschaft	Rechtsanwalt, Politiker	Minister	schwach
Franco Malfatti (I) (1970–1972/2)	Keine	Journalist	Parlamentsabgeordneter	schwach
Sicco Mansholt (NL) (1972/1)	Keine	Bauer, Minister	Ehrenamtliche politische Tätigkeiten	schwach
Francois-X. Ortoli (F) (1973–1977/4)	Rechtswissenschaft, ENA	Minister, Abgeordneter	Präsident einer Erdölgesellschaft	schwach
Roy Jenkins (UK) (1977–1981/5)	Politische Wiss., Ökonomie	Minister	Parteigründer	stark
Gaston Thorn (Lux) (1981–1985/5)	Rechtswissenschaft	Ministerpräsident	Bankpräsident, Präsident einer TV-Gesellschaft	schwach
Jacques Delors (F) (1985–1995/10)	Keine formelle (jurid. u. ökon. Studien)	Minister	Ehrenamtliche Positionen und Tätigkeiten	stark
Jacques Santer (Lux) (1995–1999/5)	Rechtswissenschaft	Rechtsanwalt, Ministerpräsident	MEP, Präsident einer TV-Gesellschaft	schwach
Romano Prodi (I) (1999–2004/5)	Rechtswissenschaft, Ökonomie	Universitätsprof., Ministerpräsident	Politiker, Ministerpräsident	schwach
Manuel Barroso (Port) (2004–)	Rechtswissenschaft, politische Wissenschaft	Minister, Ministerpräsident	–	schwach

[*)]Bis zu Santer nach Dinan (1999: 207); für Prodi und Barroso eigene Einschätzung, basierend auf Presseberichten.

3 Die politischen Eliten

Aus soziologischer Sicht können wir drei Typen von Kommissionspräsidenten unterscheiden: der *neutrale Makler*, der *einflussreiche politische Akteur* und der *abgewählte Premierminister*.

Der *neutrale Makler* ist ein Kommissionspräsident, der typischer Weise aus einem kleinen, alten Mitgliedsstaat kommt (das heißt, aus den Beneluxländern). Man kann erwarten, dass er sorgfältig darauf bedacht sein wird, politische Kompromisse zwischen den divergierenden Interessen der großen und einflussreichen Mitgliedsstaaten zu finden. Aus dieser Sicht ist es leicht verständlich, warum der Ministaat Luxemburg bereits zwei Kommissionspräsidenten (Thorn, Santer), also mehr als Deutschland, stellen konnte. Ein Politiker aus diesem Land ist persönlich nicht mit den Interessen eines bestimmten großen Mitgliedsstaates verquickt. Auch einer der »Gründungsväter« der EU, Robert Schumann, war in Luxemburg geboren und sprach fließend Deutsch und Französisch. In der letzten Besetzungsrunde im Jahre 2004 wurde der derzeitige Premier von Luxemburg, Jean Claude Juncker, in der gesamten Union als Idealkandidat für das Amt des Präsidenten angesehen.

Die These, dass die Premierminister aus Kleinstaaten vorgezogen werden, weil sie optimale »Kompromiss«-Kandidaten sind, kann überprüft werden, indem wir den Prozess ihrer Bestellung betrachten. Im Falle von Jacques Santer wurde dieser Prozess von D. Dinan (1999: 208ff.) beschrieben. Entsprechend einem inoffiziellen Rotationssystem wäre im Jahre 1995 ein Präsident an die Reihe gekommen, der ein Christdemokrat war und aus einem kleinen Land kam, um auf den französischen Sozialisten Jacques Delors zu folgen. Ruud Lubbers, der profilierte holländische Premier, schien die naheliegendste Wahl zu sein. Seine Kandidatur führte jedoch schnell zu Schwierigkeiten. Wegen Lubbers früherem Widerstand gegen die deutsche Einigung war Kanzler Kohl gegen seine Kandidatur. Mit der Unterstützung von Präsident Mitterand schlug er einen anderen Kandidaten vor, Jean-Luc Dehaene, auch ein konservativer Premierminister aus einem kleinen Land (Belgien). Die informelle Vorentscheidung dieser zwei erzeugte jedoch sofort Unbehagen bei vielen anderen Mitgliedsstaaten. Großbritannien war jedoch entschieden gegen Dehaene; Premier John Major versuchte intern politisches Profil zu gewinnen, indem er Dehaene als »rabiaten Euroföderalisten« karikierte.[23] Erst auf einer speziellen Gipfeltagung und in der letzten Minute konnte man einen Kompromisskandidaten in der Person des Premiers von Luxemburg, Jacques Santer, finden (auch er ein Christdemokrat aus einem kleinen Land), ungeachtet der Tatsache, dass er ein ebenso ausgeprägter »Euroföderalist« war wie Dehaene. Dieser politische »Kuhhandel« bei der Be-

---

[23] »Euroföderalist« bedeutet im britischen Verständnis, dass jemand für die Weiterentwicklung der EU zu einem echten Bundesstaat ist.

setzung hatte einen sehr negativen Einfluss auf das Image des Europäischen Rates wie auch auf Santers eigene Reputation (Dinan 1999: 209).

Der *starke politische Akteur* ist ein Kommissionspräsident, der in seinem Amt ein klares persönliches, politisches Profil entwickeln konnte. Bis jetzt können nur zwei der elf Kommissionspräsidenten – Walter Hallstein und Jacques Delors – als solche bezeichnet werden. Es ist interessant, dass keiner von ihnen Premierminister in seinem Heimatland war; ihre Stärke basierte viel eher auf einer Kombination von persönlichen Visionen, Ambitionen und Tatkraft, sowie entscheidender Unterstützung durch einen oder mehrere große Mitgliedsstaaten. Der erste, *Walter Hallstein* (Präsident 1958–1967) war Jurist und Universitätsprofessor nach Ausbildung und Beruf (vgl. Hallstein 1979; Loth et al. 1995; Middlemas 1995: 216f.). Hallstein hatte an der Schuman-Konferenz in Paris 1950 teilgenommen, die zur Gründung der Europäischen Gemeinschaft für Kohle und Stahl führte. Von 1951 bis 1958 wirkte er im Kabinett von Adenauer als Staatssekretär und er wurde von Frankreich und Deutschland als erster Kandidat für die Präsidentschaft der Kommission der neuen *Europäischen Wirtschaftsgemeinschaft* vorgeschlagen. Hallstein war entschiedener Befürworter der Integration; unter seiner Führung wurden wichtige Integrationsschritte gemacht, wie die Publikation des Hallstein-Plans für einen gemeinsamen Markt (1959) und die Entwicklung der gemeinsamen Agrarpolitik. Hallstein »hatte keine Scheu davor, ›Theorie, Doktrin, Utopie, Vorhersagen, Planung, Futurologie (und) Visionen‹ in seine Schriften einzubeziehen, und er scheute sich auch nicht auszusprechen, dass das Endstadium der Integration für ihn ein ›voller und kompletter Bundesstaat‹ war« (Spence 1994: 64). Der Einfluss von Hallstein wurde beendet durch de Gaulle's Bestreben und Politik, die Macht der Kommission einzuschränken. Hallstein's Vorschlag, der EWG eine eigene finanzielle Grundlage zu geben, wurde zurückgewiesen und er wurde im Jahre 1967 gezwungen zurückzutreten.

Der andere herausragende Kommissionspräsident war *Jacques Delors* (1985–1995; vgl. auch Delors 1993; Edwards/Spence 1994: 13ff.; Middlemas 1995: 218f.; Schneider 2001). Delors kann in mehrerlei Hinsicht mit Jean Monnet verglichen werden (Grant 1994: 272ff.): er kam aus einem katholischen Familienhintergrund; er erlangte keinen formellen akademischen Abschluss (obwohl er während des Krieges ein Studium der Rechtswissenschaft und später der Ökonomie begann); seine politische Ausrichtung war liberal, jedoch mit sozialdemokratischen und linkskatholischen Elementen. Wie Monnet war auch Delors direkt in Prozesse der sozioökonomischen Reform und Planung in Frankreich involviert als Mitglied des französischen Wirtschafts- und Sozialrates und des allgemeinen Planungskomitees (in den 1960er Jahren) und als Minister für Wirtschaft und Finanzen unter Präsident Mitterand. Die EU-Karriere von Delors begann 1979, als er Mitglied des Europäischen Parlaments und Vorsitzender von

3 Die politischen Eliten 153

dessen Wirtschafts- und Finanzkomitee wurde. Unter seinen drei Perioden als Kommissionspräsident (1985–1995) wurden sehr wichtige Integrationsschritte gesetzt: die Vervollständigung der *Europäischen Wirtschafts- und Währungsunion* (EWWU), die Verabschiedung der *Einheitlichen Europäischen Akte* (1987) und des *Vertrags über die Europäische Union* (besser bekannt als Maastricht Vertrag, 1992); die Erweiterung der Union nach Süden und Norden (Spanien und Portugal 1985; Österreich, Finnland und Schweden 1995). Delors persönliches und durchaus von Idealen getragenes Engagement für die europäische Integration wird auch bestätigt durch seine fortdauernden Aktivitäten nach Ende seiner Amtszeit 1995: er wurde Präsident des Verwaltungsrates des Collège d'Europe in Brüssel, Direktor der Forschungsgruppe Notre Europe und Präsident des Rates für Beschäftigung, Einkommen und soziale Kohäsion. Die Leistungen von Delors sind weithin anerkannt worden; er erhielt eine Vielzahl internationaler Auszeichnungen, einschließlich von zwei Dutzend Ehrendoktoraten. Aber auch im Falle von Delors waren die institutionelle Unterstützung und die günstigen Gegebenheiten zu seiner Zeit ebenso entscheidend für den Erfolg wie seine persönlichen Eigenschaften (Ross 1995). Nach einer längeren Periode der »Eurosklerose« riefen viele in ganz Europa nach einer Erneuerung der Bemühungen um eine Vertiefung der Integration; die europäischen multinationalen Unternehmen forderten die volle Etablierung und Erweiterung des gemeinsamen Marktes. In der Tat hat Delors seine Vorschläge in dieser Hinsicht weitgehend vom *European Round Table of Industrialists* übernommen (vgl. Kapitel 4).

Seit den späten 1990er Jahren entwickelte sich ein neues Rekrutierungsmuster für die Präsidenten der Kommission insoferne, als jetzt zwei frühere Ministerpräsidenten großer Mitgliedsstaaten Präsidenten wurden. Auch diese beiden haben jedoch ein gemeinsames Merkmal, das wieder bestätigt, dass die politische Statur des Kommissionspräsidenten nicht sehr viel größer wurde. Sie hatten ihre Posten als Premierminister in den nationalen Wahlen ihrer Länder bereits verloren, bevor sie Kommissionspräsidenten geworden waren. Einer von ihnen war *Romano Prodi*. Prodi hatte in Mailand Rechtswissenschaften und an der London School of Economics Ökonomie studiert und war Universitätsprofessor für Ökonomie geworden; später wurde er Minister und Manager der großen italienischen Staatsholding IRI. 1995 wurde er Führer des links-liberalen Wählerbündnisses *Ulivo* und 1996 italienischer Premierminister. Er musste jedoch bereits 1998 zurücktreten, da er eine Vertrauensabstimmung im Parlament verlor. Prodi wurde mit großen Sympathien als neuer Präsident der Europäischen Kommission 1999 aufgenommen, war aber nicht in der Lage, den Erwartungen zu entsprechen. Nach seiner Rückkehr in die italienische Politik 2004 gelang es ihm, Silvio Berlusconi zu besiegen und wieder italienischer Premierminister zu werden. Auch diese neuerliche Amtszeit währte jedoch nur bis 2008.

Der zweite frühere Premierminister aus einem größeren Land, der Präsident der EU-Kommission wurde, ist *José Manuel Barroso*. Er hatte Rechtswissenschaften und politische Wissenschaft studiert. Seine politische Aktivität begann früh; als Student war er einer der Führer der maoistischen Studentenbewegung. Später trat er der portugiesischen sozialdemokratischen Partei bei, die eine Mitte-Rechts Orientierung hatte. Barroso arbeitete auch als akademischer Wissenschaftler in Lissabon und Washington. 1987 wurde er Staatssekretär für Außenpolitik – ein Posten, in dem er sich durch den Erfolg im Friedensprozess in Angola auszeichnen konnte. 1992 wurde er Außenminister, 1995 zum Führer seiner Partei gewählt und 2002 portugiesischer Premierminister. Bei den Europawahlen 2004 verlor seine Partei jedoch viele Stimmen. In seinem Land war Barroso zuletzt ziemlich unpopulär, sowohl wegen seiner Unterstützung des Bush-Krieges gegen den Irak (er hatte kurz vor Beginn dieses Krieges Bush, Blair und Aznar zu einem Gipfeltreffen auf den Azoren eingeladen) als auch wegen seines rigiden Sparprogramms zur Reduktion des Defizitbudgets seines Landes im Rahmen des Stabilitäts- und Wachstumspaktes der EU. Über den Prozess der Einsetzung von Barroso schrieb eine deutsche Zeitung: »Das Stück mit dem Titel ›Zweiklassige Qualität‹ wurde bereits zehn Jahre früher am gleichen Ort gespielt. Nur die Akteure waren andere ... Händeringend hatten die Christdemokraten lange nach dem richtigen Kandidaten gesucht. Aber jener, den sich jeder wünschte ... konnte nicht umgestimmt werden, der Premierminister von Luxemburg, Jean-Claude Juncker ... Es erschien daher wahrscheinlich, dass der liberale Verhofstedt das Rennen machen konnte ...«.[24] Es gab jedoch ein Veto von Seiten des britischen Premiers Tony Blair, nicht zuletzt deshalb, weil Verhofstedt gegen den Irakkrieg gewesen war. Schließlich wurde Barroso akzeptiert, weil er nicht als eine Person erschien, die etwas tun würde, was andere verstimmen könnte. Internationale Kommentatoren beschrieben Barroso als »kleinsten gemeinsamen Nenner« und als »Kompromisskandidaten«, als einen Karrieristen mit wenig Charisma, aber mit der Fähigkeit, eine gute Möglichkeit zu ergreifen, wenn sie sich ergibt.[25] Dies ist eine perfekte Charakterisierung des Verhaltens und des Geheimnisses des Erfolgs der Eurokratie im Allgemeinen (vgl. auch Kapitel 5).

Die Macht der Kommission als kollektiver Agent

Die EU-Kommissare sind nur als kollektive Gruppe für die Politik der Europäischen Kommission verantwortlich – eine Tatsache, die ihren Charakter als büro-

---

[24] Frankfurter Allgemeine Zeitung, 1. Juli 2004.
[25] Berichte des Zweiten Deutschen Fernsehens ZDF (Tagesschau vom 13. Mai 2006) und der Zeitung *Die Welt* (http://www.welt.de/data/2005/04/706154.hml).

3 Die politischen Eliten

kratische Einheit unterstreicht. Die Verhandlungen der Kommission werden geheim abgehalten; abweichende Meinungen einzelner Kommissare werden nicht veröffentlicht (Verheugen 2005: 44). Das wichtige Prinzip des Amtsgeheimnisses (Weber 1978a) ist also auch in der Eurokratie voll wirksam – ein Prinzip, dessen Ursprünge auf die Zeit der absoluten Monarchien im 18. Jahrhundert zurückgehen (Beninger 2004: 37). Aus diesem Grund ist die Schwäche einzelner Präsidenten und Mitglieder der Kommission kein großes Problem. Es reicht aus, wenn es einige wenige innovative und starke Persönlichkeiten gibt. Dies ist auch der Fall; in praktisch allen Kommissionen gibt es ein paar phantasievolle und einflussreiche Kommissare, die in der Lage sind, neue Ideen zu entwickeln und durchzusetzen. Aber auch die weniger innovativen Kommissare sind in der Lage, den Prozess der Integration voranzutreiben. Sie müssen nur einige der vielen neuen Vorschläge aufgreifen, die kontinuierlich in den Abteilungen ausgearbeitet werden, die ihnen unterstehen. Dieser bürokratische Charakter der Kommission ist vielfach kritisiert worden (vgl. zum Beispiel Edwards/Spence 1994: 6). Auf diese Weise konnte praktisch jede Kommission den Prozess der europäischen Integration in signifikanter Weise vorantreiben. Hier zeigt sich die Genialität von Monnets Idee, dass die Kommission insgesamt der verantwortliche Akteur sein sollte, am deutlichsten. Betrachten wir jedoch einige Beispiele für den Einfluss einzelner Kommissare und Eurokraten.

Ein einflussreicher früher Kommissar war der Holländer *Sicco Mansholt* (1908–1995). Er war zwar nur zwei Jahre Kommissionspräsident (1972–1973), aber ein Hauptakteur in der Politik der Europäischen Wirtschaftsgemeinschaft als erster und langzeitiger Kommissar für Landwirtschaft (1958–1972). Mansholt hatte einen sehr unkonventionellen Hintergrund; seine Eltern waren Bauern und Sozialisten. Er war im Widerstand gegen die deutsche Besetzung aktiv gewesen, hatte auf einer Teeplantage in Indonesien gearbeitet und später selbst eine Farm in den Niederlanden aufgebaut. Nach dem Krieg war er dreizehn Jahre lang holländischer Minister für Landwirtschaft. Unter seiner Ägide als Kommissar führte die EWG-Landwirtschaftspolitik – die am Beginn vor allem aus extensiven Subventionen für landwirtschaftliche Produkte bestand – zu einer enormen Überproduktion in vielen Bereichen. Eine Reform wurde daher überfällig. Der »*Mansholt Plan*« hatte die Absicht, die Zahl der Beschäftigten in der Landwirtschaft abzubauen und die Entwicklung größerer und effizienterer landwirtschaftlicher Betriebe zu fördern (in dieser Hinsicht hatte sicherlich sein sozialdemokratischer Hintergrund einen Einfluss); insofern wurde seine Politik nicht zu Unrecht von Kleinbauern in ganz Europa als Bedrohung gesehen.[26]

---

[26] *Der Standard*, 29.5.2006, S. 11.

Ein weiteres einflussreiches früheres Mitglied der Kommission war der Italiener *Altiero Spinelli* (1907–1986). Als Sohn eines sozialistischen Vaters wurde er in seiner Jugend Mitglied der italienischen kommunistischen Partei und nahm am Kampf gegen den Faschismus teil. Er wurde 1927 von den Faschisten inhaftiert; während seiner Haft schrieb er (mit Ernesto Rossi) das berühmte *Manifest von Ventotene*, ein wichtiges frühes Dokument, das ein Vereintes Europa forderte, das nach dem föderativen Prinzip organisiert sein sollte. 1943 begründete Spinelli die *Föderalistische Bewegung von Europa*, deren Sekretär er bis 1962 blieb. In den unmittelbaren Nachkriegsjahren nahm er an der *Europabewegung* teil, unterstützte die Entwicklung der *Europäischen Verteidigungsunion* (die dann vom französischen Parlament 1954 abgelehnt wurde). Spinelli war Mitglied der Europäischen Kommission (1970–1976) und des Europäischen Parlaments (1976–1989). Seine zentrale Idee in Hinblick auf die europäische Integration war, dass die Nationalstaaten erhebliche Teile ihrer Kompetenz an die Union übertragen und die Völker am Integrationsprozess teilnehmen sollten – eine Idee, deren Bedeutung sich heute noch deutlicher zeigt. Entsprechend seiner Initiative verabschiedete das Europäische Parlament 1984 eine Erklärung über die Gründung einer »Europäischen Union«, die ein wichtiger Schritt zum Maastricht-Vertrag von 1992 war.

Ein anderes einflussreiches Mitglied und Vizepräsident der Kommission (1977–1985) war der Belgier *Etienne Davignon* (geboren 1932), ausgebildet als Jurist, Philosoph und Ökonom. Vor seiner Arbeit in der EWG war Davignon Kabinettschef des belgischen Außenministers P. H. Spaak und Präsident der Internationalen Energiebehörde. Als Kommissar entwarf er den *Davignon Report* (1975), der die Möglichkeiten für eine Förderung des Integrationsprozesses darstellte und einen Mechanismus der Konsultation in Fragen der äußeren Beziehungen vorschlug. Nach seiner Amtszeit für die Kommission wurde Davignon Mitglied der *Société Générale de Belgique* und unterstützte die Gründung der SN *Brussels Airlines* (als Nachfolgegesellschafter der in Konkurs gegangenen Fluggesellschaft *Sabena*).

In diesem Zusammenhang könnte man auch Kommissare aus liberalen Parteien nennen, die aufgrund ihrer politischen Grundorientierung Vorbehalte gegenüber einer Ausweitung der politischen Steuerungsaktivitäten der EU haben sollten. In der Tat trugen auch diese Kommissare, wie etwa der deutsche Soziologe Ralf Dahrendorf (Kommissionsmitglied 1973–1976) oder Martin Bangemann (1989–1999), früherer Vorsitzender der deutschen liberalen Partei (FDP) und Wirtschaftsminister, ihren Teil bei zur Konsolidierung und Vertiefung des Integrationsprozesses. In der Amtszeit von Bangemann wurden zum Beispiel zum ersten Mal Fragen von Bildung und Wissenschaft in die Kommission eingebracht. Bangemann wiederum initiierte den *Bangemann-Bericht* (1994), der die

Perspektiven für eine europäische »Informationsgesellschaft« auslotete und ausführliche politische Empfehlungen für deren Förderung enthielt. Während seiner Amtszeit zeigte sich »dass ein scheinbarer ökonomischer Liberalismus sich sehr schnell umwandelte in eine Neigung, wirtschaftliche Schlüsselsektoren zu protegieren« (Middlemas 1995: 248; van Miert 2000: 63).

Man kann in diesem Zusammenhang auch Kommissare nennen, die aus dem christlich-demokratischen oder dem sozialdemokratischen Lager kommen. Einer der in letzter Zeit einflussreichen Kommissare bürgerlicher Herkunft war der Österreicher Franz Fischler, Kommissar für Agrarfragen 1995–2004. Das Generaldirektorat für Landwirtschaft ist eines der größten in der EU-Kommission< es beschäftigte bereits in den frühen 1990er Jahren 5 000 Beamte (Donelly/Ritchie 1994: 38). Fischler war der Sohn eines kleinen Bauern in Tirol, studierte Agrarwissenschaft und wurde Direktor des Österreichischen Bauernbundes und Minister für Landwirtschaft. Als Mitglied der EU-Kommission war er erfolgreich, indem er die ersten Schritte des Übergangs zu produktorientierten Landwirtschaftssubventionen schaffte, im Unterschied zu betriebs- oder personenorientierten Subventionen. Andere, die in diesem Zusammenhang erwähnt werden können, sind der holländische Sozialist Karel van Miert, Kommissar für Wettbewerb (1989–1999), der eine sehr kritische Einstellung gegenüber den Interessen und Aktionen der europäischen multinationalen Konzerne hatte (vgl. van Miert 2000). Der frühere britische Führer der *Labour Party*, Neil Kinnock (Kommissar 1995–2004) war verantwortlich für Transport und später Vizepräsident der Kommission für Personal und Verwaltung. Auch dieser und andere britische Kommissare, wie zum Beispiel Leon Brittain, Chris Patten oder Peter Mandelson waren – trotz der EU-Einstellungen in ihrem Heimatland – stets bereit und darin auch erfolgreich, die europäische Integration voranzutreiben. Ein gutes Beispiel ist der Kommissar und Vizepräsident Leon Brittain (1989–1999), früherer Minister in der konservativen britischen Regierung. In einer Rede mit dem Titel »Eine pro-europäische Politik für Konservative«[27], die er am 21.7.1999 hielt, kritisierte er die in Großbritannien weitverbreitete Auffassung, dass eine Unterstützung für die EU in jedem Fall falsch sei und die gemeinsame Währung eine »ernsthafte Krankheit« darstelle.

Wir können eine eindeutige Schlussfolgerung aus diesem kurzen Überblick über die Orientierungen und Aktionen dieser verschiedenen Kommissare ziehen: auch wenn viele von ihnen zu Amtsantritt keine ausgeprägten Zielvorstellungen und im Amt eher wenig Kompetenzbereiche hatten, war trotzdem jeder von ihnen in der Lage, den Integrationsprozess in seinem Bereich erheblich voranzutreiben. Unterschiedliche persönliche und politische Hintergründe scheinen dabei

---

[27] http://core.try.org.uk/publications/proeuropeanpolicy.html.

irrelevant zu sein. Kein einziger von ihnen machte je Vorschläge, das Engagement der EU in seinem Bereich zu stoppen oder sogar zu reduzieren. Man kann daher folgern: eines erreicht die EU-Kommission als kollektive Körperschaft über die Jahrzehnte hinweg ohne Zweifel, nämlich, dass der Prozess der Integration kontinuierlich weiter geht und der Trend zu einer »immer engeren Union« nie unterbrochen wird.

In diesem Zusammenhang ist es bezeichnend, dass Kommissare nach ihrer Amtszeit oft eine sehr viel kritischere Einstellung zur EU entwickeln als während dieser. So äußerte der holländische Kommissar Frits Bolkestein, ein Liberaler, der als EU-Kommissar 1999 bis 2004 für den internen Markt verantwortlich war, in einem Interview im Juni 2005: »Die Europäische Union tut viel zu viel [...]. Alle Angelegenheiten, die ein Mitgliedsstaat selber erledigen kann, sollten auch dort erledigt werden [...]. Österreich zahlt Geld ein und bekommt Geld zurück. Ich bin gegen dieses Rezyklieren von Geld.«[28] Der österreichische Kommissar für Landwirtschaft, Franz Fischler, machte nach Ende seiner Amtszeit den Vorschlag, erhebliche Teile der Agrarpolitik wieder auf die Nationalstaaten zurückzuverlagern.[29]

(b) Eine stille Revolution durch Recht: die Juristen und der Europäische Gerichtshof

Es gibt eine weitere Institution und Elite, deren Handeln für den Prozess der europäischen Integration äußerst folgenreich geworden ist, die von der Öffentlichkeit aber trotzdem wenig beachtet und in wissenschaftlichen Analysen des politischen Systems der EU vielfach unterschätzt wurde. Diese Institution ist der *Europäische Gerichtshof* (EuGH) und die professionellen Eliten sind die Rechtsexperten. Es ist hier nicht möglich eine ausführliche Darstellung des EuGH und der Rolle der Rechtsprofession zu geben; trotzdem ist es wichtig, auf einige zentrale Aspekte in diesem Zusammenhang hinzuweisen. Dies aus zwei Gründen: zum Ersten wird in Kapitel 8 argumentiert, dass die Natur der EU und die Finalität der Integration am besten zu verstehen ist, wenn man sie als eine »Rechtsgemeinschaft« sieht; zum Zweiten trägt gerade der eliten-theoretische Ansatz dieser Arbeit signifikant zu einem Verständnis des hohen Einflusses des EuGH im Integrationsprozess bei.

---

[28] Interview mit dem Titel »Der EU müssen Grenzen gesetzt werden« in *Der Standard*, 25./26.6.2005, S. 28.
[29] Interview mit dem Titel »Sonst wird das System explodieren« in *Der Standard*, 30.6.2005, S. 19.

3 Die politischen Eliten

Zur Einführung in die Thematik soll kurz die Entstehung und Arbeitsweise des EuGH charakterisiert werden.[30] Der EuGH wurde 1952 zusammen mit der *Europäischen Gemeinschaft für Kohle und Stahl* gegründet; als Sitz wurde Luxemburg bestimmt und seine Funktionen im *Vertrag von Rom* festgehalten, insbesondere in Artikel 177. Da die Verträge über die EWG nur sehr allgemein formuliert waren, war eine Institution notwendig, die in Fällen unterschiedlicher oder abweichender Interpretationen entscheiden konnte. Es wurde beschlossen, dass jedes Mitglied einen Richter für den EuGH stellt (daher gibt es heute 27 Richter). Die Richter werden für einen Zeitraum von sechs Jahren bestellt; einmalige Wiederbestellung ist möglich. Sie werden aus Rechtsexperten ausgewählt, deren Unabhängigkeit außer Zweifel steht und die die notwendigen Qualifikationen besitzen.[31] Die Mitglieder des EuGH wählen aus ihrer Mitte einen Präsidenten für drei Jahre. Der EuGH setzt zusätzlich acht Generalanwälte und einen Schriftführer ein. Die Hauptaktivitäten des EuGH sind die folgenden: Urteile in Vorabentscheidungsverfahren; in diesen Fällen bringen die Gerichtshöfe von Mitgliedsstaaten Fälle, die einen Bezug zum Gemeinschaftsrecht haben, vor den EuGH und erwarten von ihm, dass er ein Urteil über die richtige Entscheidung fällt (die in der Regel dann in der gesamten EU gültig ist); Vertragsverletzungsverfahren, das heißt, Aktionen gegen einen Mitgliedsstaat, der Verpflichtungen nicht erfüllt, die sich aus dem Gemeinschaftsrecht ergeben (in diesem Falle tritt die Europäische Kommission als Kläger auf); Verfahren für die Annullierung (wie auch gegen die Nichterfüllung von Verpflichtungen) einer Maßnahme, die eine Gemeinschaftsinstitution implementiert hat.

In den ersten Jahren seines Bestehens war die Arbeit des EuGH weniger auffällig, aber im Laufe der Zeit erlangte sie mehr und mehr Bedeutung. Der Grund lag darin, dass der EuGH durch seine speziellen Entscheidungen über individuelle Fälle Prinzipien etablierte, die die rechtliche Situation in der gesamten Gemeinschaft in fundamentaler Weise geändert haben. Zwei dieser Prinzipien sind von herausragender Bedeutung: das Prinzip des *direkten Effekts*, welches etabliert wurde im Falle *Van Gend en Loos* (1963); es besagt, dass jede EU-Regulation (und zum Teil auch EU-Richtlinien) direkt auf Personen in den Mitgliedsstaaten angewandt werden kann; zum Zweiten das Prinzip der *Überlegenheit des Gemeinschaftsrechts* (erstmals festgelegt im Fall *Costa vs. Enel* 1964), welches das nationale Recht in den meisten Fällen außer Kraft setzt. Zwischen 1967 und 1995 haben die Fälle vor dem EuGH, die Vorabentscheidungen betrafen, kontinuierlich zugenommen, von weniger als 10 auf über 250 pro Jahr (Pollack 2003: 187). Entsprechend ist auch die Arbeitsbelastung des EuGH gestiegen; sein Gesamtper-

---

[30] Für Überblicke vgl. Dinan 1999: 301–312; Arnull 1999, 2003: 179–192; Nicoll/Salmon 2001: 143–156; Pollack 2003: 155–202; Chalmers 2004.
[31] Vgl. http://curia.europa.eu/en/instit/presentationfr/cje.htm.

sonal umfasste im Jahre 2006 1 757 Personen (vgl. *Tabelle 5.1*). Man kann ohne Zweifel sagen, dass es der EuGH war, der zu einem erheblichen Teil den Prozess der europäischen Integration praktisch realisiert hat, indem er konkrete Regeln entwickelt und die Gültigkeit der EU-Gesetze und -Regulierungen in vielen Bereichen des wirtschaftlichen und sozialen Lebens in der gesamten Union durchgesetzt hat. Seine Arbeitsweise war tatsächlich eine »stille Revolution durch Recht« (Dehousse 1994: 32). Durch seine Aktivitäten und Entscheidungen hat der EuGH eine »Konstitutionalisierung« der Rechtsordnung der Gemeinschaft bewirkt; das Gemeinschaftsrecht stellt heute nicht mehr bloß eine Ergänzung der nationalen Rechtssysteme dar, sondern hat die Grundstruktur dieser, wie auch der nationalen Verfassungen insgesamt, entscheidend verändert. Wodurch entstand dieser weithin anerkannte, aber auch kontroverse rechtliche Aktivismus (Arnull 2003: 188f.)? Es gab zwei Hauptquellen dafür: die eine ist der spezifische Charakter und das Ziel rechtlicher Arbeit im Allgemeinen, die andere sind die professionell-beruflichen Interessen der Rechtselite selber.

Ein zentrales Prinzip rechtlicher Arbeit liegt darin, Normensysteme zu entwickeln, die so kohärent und umfassend wie möglich sind. Dieses Prinzip hat auch die Arbeit der Richter am EuGH inspiriert, wie es in der folgenden Charakterisierung der »Politik« der Richter deutlich zum Ausdruck kommt: »Unter Politik (policy) versteht man die Werte und Einstellungen der Richter – die Ziele, welche sie zu ihrer Beförderung suchen. Die Politiken des EuGH sind im Grunde die folgenden: 1. Stärkung der Gemeinschaft, 2. Ausweitung des Bereichs und der Effizienz des Gemeinschaftsrechts; 3. Ausdehnung der Macht der Gemeinschaftsinstitutionen« (Hartley 1998: 79, zitiert in Pollack 2003: 189; Rasmussen 1986). Man kann also sagen, dass der EuGH sehr aktivistisch war und die Verträge in einer teleologischen Weise interpretierte, das heißt, stets in Richtung einer verstärkten Integration hin zu einer »immer engeren Union«. Wie war es möglich, dass die Nationalstaaten und die nationalen Gerichtshöfe dieser weitgehenden Interpretation und folgenreichen Handlungsweise des EuGH zustimmten, die ihre eigenen Kompetenzen zusehends einschränkten? Hier scheint eine Interpretation, die die professionell-elitären Interessen der Rechtsberufe in Betracht zieht, notwendig zu sein. Tatsächlich sind sich die nationalen Gerichtshöfe der eigenen Unterstützung dieser Aktivitäten des EuGH bewusst. Indem sie sich selbst direkt an den EuGH wenden, können die Verfassungsgerichtshöfe die höheren Institutionen ihrer eigenen Länder umgehen und an Autonomie gewinnen. Darüberhinaus sind nicht nur einzelne Richter, sondern die gesamte Rechtsprofession eines Landes an einer Verstärkung und einer Ausweitung des Europarechts interessiert. An nahezu allen Universitäten in der gesamten EU wurden neue Institute für Europarecht eingerichtet; die Forschung und Lehre an diesen Instituten umfasst sicherlich mehrere Tausend Menschen. Es gibt also auch eine

3 Die politischen Eliten   161

enge Beziehung zwischen Universitäten und dem EuGH; bekannte Professoren des Europarechts werden häufig als Mitglieder des EuGH rekrutiert.

Diese Hypothesen werden durch einen herausragenden Experten des Europarechts, den amerikanischen Verfassungswissenschaftler Joseph Weiler (1999: 203) bestätigt. Auch er findet es überraschend, dass sich unter den Akademikern keine Kritik des elite-getriebenen Prozesses der europäischen Integration entwickelt hat. Er schreibt dies zwei Fakten zu: (1) einer theoretisch begründeten Vernachlässigung des rechtlichen Aspekts der Integration von Seiten der Politikwissenschaftler und Ökonomen; (2) der Tatsache, dass die Universitätsprofessoren für Rechtswissenschaft historisch in Europa immer eine herausragende Stelle im Rechtsdiskurs eingenommen haben – viel stärker als in den Vereinigten Staaten. Unter den Rechtswissenschaftlern selbst gab es keine Vernachlässigung dieser Dimension, sondern sogar eine Tendenz sie über zu betonen; es gibt einen »nahezu einstimmigen unkritischen Ansatz und Haltung [...] gegenüber dem Europäischen Gerichtshof« (Weiler 2003: 205). Der Grund dafür ist, dass das »Gemeinschaftsrecht und der Europäische Gerichtshof all das repräsentierten, wovon ein internationaler Rechtsexperte nur träumen konnte: der EuGH erschuf eine neue Ordnung von internationalem Recht, in welchem Normen noch Normen waren und Sanktionen noch Sanktionen ...«.

Aus soziologischer, eliten-theoretischer Sicht können wir vielleicht hinzufügen, dass diese wundervolle neue Welt des Europarechts nicht nur eine enorme intellektuelle Herausforderung darstellte, sondern auch vielfältige neue Chancen für Jobs und Karrieren eröffnete. Viele dieser Jobs bieten nicht nur hervorragende Einkommenschancen (die Einkommen der EuGH-Richter sind die höchsten im EU-System), sondern auch herausfordernde und einflussreiche neue Berufsrollen. Die Mitgliedschaft im EuGH oder eine Expertentätigkeit für ihn ermöglichen es Rechtsexperten, eine quasi politische Rolle zu übernehmen. Entscheidungen eines obersten Gerichtshofes haben, wie im Grunde jeder gesetzgeberische Akt, auch einen politischen Aspekt. In der EU und beim EuGH ist dieser Aspekt von zentraler Bedeutung. Dies gilt auch, obwohl die Entscheidungen des EuGH durch die Verträge angeleitet und begrenzt werden, und dass es seine eigene Reputation und die Gültigkeit und Implementierung seiner Urteile beeinträchtigen würde, wenn er diese Grenzen nicht respektieren würde (Pollack 2003: 188). Der europäische Rechtsexperte ist ein paradigmatisches Beispiel für die allgemeine These in der Soziologie der Professionen, dass neue Institutionen und Organisationen oft auch neue Berufe und Professionen erzeugen (Abbott 1988).

Ein weiterer wichtiger Aspekt der Entwicklung des EuGH sind seine Beziehungen zu anderen Körperschaften im politischen System der EU, insbesondere zur Kommission und zum Europäischen Parlament. In dieser Hinsicht stimmen alle Beobachter darin überein, dass diese Beziehungen, trotz gelegentlicher Konflikte, insgesamt sehr harmonisch und positiv sind. Der Grund ist einfach: alle diese Institutionen haben das gleiche Ziel – die europäische Integration voranzutreiben. Wenn manche Regierungen geglaubt haben, sie könnten den Aktivismus des EuGH begrenzen oder verlangsamen, war dies »eine törichte Hoffnung [...] zentrale Rechtsinstitutionen haben stets primär zentralisierende und nicht partikularisierende Tendenzen ...« (Chalmers 2004: 63).

Wir können diese kurzen Bemerkungen mit einem Ausblick abschließen. Heute entwickelt sich zusehends eine kritische Einstellung gegenüber den Aktivitäten des EuGH, sowohl unter Wissenschaftlern als auch unter Politikern. Es steht außer Frage, dass die Tätigkeit des EuGH die Prozesse der Zentralisierung, der wirtschaftlichen Integration und, im Besonderen, die Durchsetzung einer liberalistischen Wirtschaftsordnung begünstigt hat, die hauptsächlich im Interesse von Unternehmen und wirtschaftlichen Kooperationen liegt. Es wäre jedoch töricht, den EuGH grundsätzlich zu kritisieren und seine Legitimität in Frage zu stellen. Notwendig ist vielmehr, dass seine Rolle und seine Arbeitsweise neu definiert werden müssten, zusammen mit einer allgemeinen Umorientierung der gesamten EU. Man könnte hier etwa an Reformen der Einsetzung der Richter und der Arbeitsweise des EuGH denken, aber – grundlegender – auch an eine stärkere Betonung der individuellen sozialen Rechte in der gesamten Verfassung der EU und an eine Beschränkung der Kompetenzen des EuGH bei politischen Grundsatzfragen. So wäre es durchaus vorstellbar, dass grundlegende politische Weichenstellungen, die bislang oft in juristische Entscheidungen des EuGH verkleidet waren, EU-weiten Volksabstimmungen unterzogen werden. Würde man das tun, könnte man die zutreffende Interpretation der EU als eine »Rechtsgemeinschaft« beibehalten und die wichtige Rolle des EuGH anerkennen, jedoch die Kritik vieler Menschen ernst nehmen, dass die EU an einem Demokratiedefizit leide und ihr die soziale Dimension fehle. Dieses Thema wird in Kapitel 8 detaillierter behandelt.

Ausblick

Es erscheint paradox, dass die europäischen Eliten die europäische Integration vorangetrieben haben, welche ihnen erhebliche Kompetenzen auf der Ebene ihres eigenen Staates weggenommen hat. Die Erklärung, die für dieses Paradox üblicherweise gegeben wird, lautet, dass die nationalen Politiker dazu bereit waren, weil sie – angesichts des Aufstiegs neuer Supermächte und des Durchbruchs der Globalisierung – auf diese Weise die Autonomie ihres eigenen Staates aufrecht erhalten oder wieder herstellen konnten. Das heißt, dass die Eliten im

Interesse ihrer Nationen handeln. Diese Interpretation ist jedoch schwer verträglich mit der zunehmenden Kluft zwischen Eliten und Bürgern im Hinblick auf die Zustimmung zur Integration. Warum sollten die Bürger so hehren Zielen immer kritischer gegenüberstehen? Die Analysen dieses Kapitels sind von der Grundannahme ausgegangen, dass die europäische Integration von den Eliten auch deshalb vorangetrieben wird, weil sie ihnen vielfältige, persönliche und kollektive Vorteile bringt. Denken muss man in diesem Zusammenhang vor allem an die Einrichtung vieler neuer politischer Positionen und Karrieren im Europäischen Parlament, in der Kommission und im Europäischen Gerichtshof. Diese Positionen eröffnen Möglichkeiten für neue Karrierechancen für nationale Politiker außerhalb ihres eigenen Staates, die früher gar nicht existiert haben. Darüber hinaus besitzt die Teilnahme der Mitglieder von nationalen Regierungen an den regelmäßigen Treffen und Entscheidungen auf der europäischen Ebene einen hohen symbolischen Wert und sie eröffnet schließlich auch Möglichkeiten, politische Ziele durchzusetzen, die zuhause wenig populär sind.

In dieser Hinsicht war eine kurze Betrachtung der Werte, Interessen und Strategien einzelner charismatischer Politiker in der Gründungsphase der EWG aufschlussreich. Es wurde gezeigt, dass die Merkmale und Strategien dieser »Gründungsväter« in signifikanter Weise die Form vorweg genommen haben, in welcher die Integration später vorangetrieben wurde: diese beinhaltet sowohl das autokratische Verhalten der katholischen Europa-Politiker der ersten Stunde (Adenauer, Degasperi, Schuman) als auch die elitäre Denk- und Handlungsweise des hauptsächlichen »Spin-Doktors« der Integration, Jean Monnet. Veränderungen in der politischen Kultur in den letzten Jahrzehnten, insbesondere in katholischen Mitgliedsstaaten wie Italien und Frankreich, haben jedoch zu einem zunehmenden Misstrauen gegenüber der Politik und den politischen Eliten unter dem allgemeinen Publikum geführt. Klientelismus und Korruption haben inzwischen die EU-Institutionen in Brüssel selbst erreicht. Auch dies hat zu einer Zunahme von Skeptizismus gegenüber der Integration unter den Bürgern beigetragen. Es wäre jedoch ein Irrtum, Probleme von Missmanagement, Korruption usw. nur den individuellen Interessen oder dem persönlichen Missverhalten einzelner Mitglieder der politischen Elite zuzuschreiben. Vielmehr hat auch die Art und Weise, wie sich das politische System der EU entwickelt hat, zur Entstehung dieser Probleme beigetragen. Diese Probleme beinhalten unter anderem: Ein Parlament, das von vielen Abgeordneten selbst als große »Abstimmungsmaschine« gesehen wird; Kommissionspräsidenten, die durch die nationalen Regierungschefs in einer Art Basarhandel eingesetzt werden; Juristen, die weitreichende politische Entscheidungen auf der Grundlage von Verträgen treffen, die primär auf ökonomisch-liberalistische Integration abzielen. Sie alle werden in einer sehr schwierigen Position sein, wenn es darauf ankommt Positionen zu entwickeln, die im Hinblick auf die verschiedenen sozialen Interessen der Mitglieder einer Gesellschaft unabhängig und ausgewogen sind. Es erscheint daher wichtig, die grundlegenden Ideen und Ziele der Integration und ihre Wahrnehmung unter der Bevölkerung insgesamt genauer zu betrachten. Dies wird in den Kapiteln 6 und 7 geschehen. Aus dieser Analyse können wir sodann konkrete Folgerungen im Hinblick auf notwendige Reformen und die Weiterentwicklung der politischen Institutionen der EU ableiten.

4 Die ökonomischen Eliten
Zwischen globalem Kapitalismus und europäischem (Neo-) Korporatismus

Einleitung

Wirtschaft und Politik sind in modernen Gesellschaften eng miteinander verknüpft. Dies gilt für den Prozess der europäischen Integration in besonderer Weise, der als koordinierte Verwaltung einiger weniger Grundindustrien begann, sich dann in eine Freihandelszone ausweitete und noch immer – auch wenn man von einer »Union« spricht – in erster Linie als ein großer gemeinsamer Markt definiert ist. Dieser Markt ist nicht nur durch intensive interne Handelsbeziehungen charakterisiert, sondern wird in zunehmender Weise auch durch große multinationale »europäische Konzerne« dominiert. Fast 40% der hundert größten Konzerne der Welt gehören zur EU.[1] Aber auch andere ökonomische Gruppen und Verbände, wie jene der Landwirtschaft, haben im Prozess der Integration eine entscheidende Rolle gespielt. Trotz immer wiederkehrender Kritik geht der größte Brocken des Budgets der EU (55%) weiterhin in die Landwirtschaft. Angesichts all dieser Fakten ist die Ausnahme naheliegend, dass ökonomische Interessen und ihre Vertreter, die ökonomischen Eliten, eine zentrale Rolle im Integrationsprozess gespielt haben. Es hat den Anschein, dass die bestehenden Theorien der Integration die Rolle der ökonomischen Eliten klar unterschätzen,[2] während diese Rolle in sozialhistorischen Darstellungen nicht vernachlässigt werden kann (vgl. als Beispiel Middlemas 1995).

In diesem Kapitel wird die Rolle der ökonomischen Eliten im Integrationsprozess in vier Schritten untersucht. Zum Ersten werden einige allgemeine Thesen über ihre Zusammensetzung, Interessen und Strategien im Integrationsprozess entwickelt. Es wird hier auch diskutiert, welches die dominante Integrationsideologie gewesen ist. Zweitens wird gefragt, ob die europäische Integration in der Tat zu einem voll integrierten wirtschaftlichen Raum geführt hat. Diese Frage ist von zentraler Bedeutung, weil immer wieder argumentiert wird, dass die wirtschaftliche Integration der dynamischste und grundlegendste Prozess

---

[1] Vgl. World's Business Leaders 2000, http://www.forbes.com.
[2] In der umfassenden Studie von Pollack (2003) tauchen Begriffe wie Korporationen, Firmen, Unternehmen, ökonomische Eliten und ähnliche weder im Inhalts- noch Stichwortverzeichnis auf.

unter allen Aspekten der Integration ist. Ihre Beantwortung ist auch wichtig im Hinblick auf die Frage, ob es so etwas wie eine europäische ökonomische Elite gibt. Zum Dritten wird die konkrete Rolle der ökonomischen Eliten bei der Gründung und der Weiterentwicklung der Integration und Erweiterung der EWG, EG bzw. EU untersucht. Dann betrachten wir die Agrarpolitik der EU, einen Bereich, wo die Kluft zwischen Eliten und Bürgern besonders auf der Hand liegt. Zum Fünften untersuchen wir die Rolle der ökonomischen Eliten im Prozess der Osterweiterung der EU.

4.1 Die europäischen ökonomischen Eliten und ihre Rolle im Integrationsprozess

In diesem Abschnitt werden drei Themen diskutiert: der Begriff der ökonomischen Eliten und die Elitentheorie; die Rolle und Interessen der ökonomischen Eliten im Integrationsprozess; und die Frage der dominanten Integrationsideologie.

Der Einfluss der ökonomischen Eliten aus der Sicht der Elitentheorie

Politische und wirtschaftliche Eliten sind zwei Gruppen, die über eine eigene unabhängige Machtbasis verfügen. Die Machtbasis der ökonomischen Eliten sind finanzielle Mittel, der Besitz von Produktionsmitteln und die Kontrolle großer Organisationen. Die Inhaber von Großunternehmen und deren Topmanager beherrschen Arbeitsorganisationen, die Zehn- oder sogar Hunderttausende von Menschen beschäftigen und ein Budget kontrollieren, das oft größer ist als jenes vieler Nationalstaaten rund um die Welt. Es liegt daher auf der Hand, dass diese Eliten einen immensen Einfluss haben. Dies trifft insbesondere auf die Europäische Union zu, angesichts ihres wohlbekannten demokratischen Defizits. Im Folgenden werden drei Thesen aufgestellt und untersucht: (1) Die ökonomischen Eliten haben in allen Phasen des europäischen Integrationsprozesses eine strategische Rolle gespielt; in unterschiedlichen Phasen dieses Prozesses sind unterschiedliche Subgruppen der Eliten besonders einflussreich gewesen. (2) Die Ausübung dieses Einflusses erfolgte meist in einer Weise, die von der Öffentlichkeit und selbst von wissenschaftlichen Beobachtern übersehen wurde. (3) Die Entwicklung der Institutionen der EU und die Folgen der Integration haben zu einem zunehmenden öffentlichen Skeptizismus und einem Misstrauen der Bürger gegenüber Großunternehmen und gegenüber dem ökonomisch-politischen System der EU insgesamt geführt.

4 Die ökonomischen Eliten

Zusammensetzung und Interessen, Strategien und Aktionen der ökonomischen Eliten im Zug der europäischen Integration

Wenn man von ökonomischen Eliten spricht, denkt man heute meist nur an die Besitzer und Manager der großen Korporationen, weil diese am mächtigsten sind und einen direkten Einfluss auf die Politik ausüben können. Wir müssen jedoch auch kleine und mittlere Unternehmen in die Betrachtung einbeziehen. Auch sie können für die Politik in zweierlei Hinsicht wichtig sein: erstens, weil die von ihnen Beschäftigten große Teile der Wähler darstellen; zweitens, weil einige von ihnen in sehr starken Interessenverbänden organisiert sind. Für die Zwecke der folgenden Diskussion mag eine Unterscheidung zwischen drei ökonomischen Interessengruppen bzw. Eliten ausreichend sein: (1) Bauern und ihre Verbände; (2) kleine und mittlere Unternehmen (mit einigen hundert oder tausend Beschäftigten) und ihre Organisationen; heute operieren auch diese Unternehmen oft auf globaler Ebene; (3) große Unternehmen, die auf der nationalen und internationalen Ebene tätig sind, die sogenannten *multinationalen Korporationen* (MNCs). Es wird gezeigt, dass nicht nur die MNCs, sondern auch die anderen Unternehmen und ihre Interessengruppen im Prozess der europäischen Integration sehr aktiv und einflussreich gewesen sind. Bei den ersteren sind insbesondere die sogenannten »großen Netzwerker« (big linkers) unter den Spitzenmanagern von Banken und Industrieunternehmen wichtig; sie haben zahlreiche Positionen in Aufsichtsräten inne und sie sind auch jene, die allgemeine Unternehmensstrategien für ökonomische und politische Probleme im Interesse großer Teile der Unternehmer und Kapitalbesitzer formulieren (Fennema 1982: 207).

Um die Einstellungen und Handlungen der ökonomischen Eliten in Bezug auf die Integration zu verstehen, muss danach gefragt werden, welches ihre wichtigsten Interessen waren bzw. sind. Wir können hier drei Typen von Interessen unterscheiden:

Das Interesse oder Motiv ein *adäquates Einkommen* oder einen *Profit* zu erzielen; dies ist das allgemein anerkannte Motiv. Der Begriff *angemessenes Einkommen* scheint besser geeignet als der bloße Begriff eines Profitmotivs, welches nur mit den Erträgen aus investiertem Kapital definiert ist und daher nicht adäquat ist für den Fall eines Bauern oder eines kleinen Geschäftsmannes. Der Begriff adäquat bezieht sich auf die wichtige soziologische Erkenntnis, dass die Erwartungen in Bezug auf das adäquate Einkommen für die eigenen Bemühungen sich äußerst stark zwischen sozialen Schichten, Wirtschaftssektoren und Ländern usw. unterscheiden. Dieser Aspekt ist besonders wichtig für die Agrarpolitik; das relativ niedrige Einkommen der Bauern war stets eine der Hauptbegründungen für die extensiven staatlichen Interventionen in diesem Sektor.

Das *Sicherheitsinteresse*. Sicherheit bedeutet in diesem Zusammenhang, dass ein Unternehmen in der Lage ist, Probleme und Schwierigkeiten zu bewältigen, die sich aus der Erfindung neuer Technologien, der Erweiterung von Märkten, der Intensivierung des Wettbewerbs usw. ergeben. Motive dieser Art sind zentral für kleine und große Unternehmen. Für die letzteren mögen sie sogar noch wichtiger sein. Für ein Großunternehmen ist es schwieriger, sich in einer kurzen Zeit an Probleme der Nichtausnützung von Kapazitäten, der Abnahme von Gewinnspannen oder sogar Verluste, die sehr rasch gewaltige Dimensionen annehmen können, anzupassen.

Das Interesse *Macht, Einfluss* und *Prestige* zu gewinnen. Dieses Interesse wird bei Großunternehmen am Wichtigsten sein; je stärker eine Firma einen bestimmten Markt kontrolliert, desto eher kann sie einen direkten Einfluss auf die Festsetzung der Preise, Druck auf die Lieferanten usw. ausüben (Arndt 1980). Auch das Interesse Prestige zu gewinnen, das nicht immer klar von Machtinteressen unterschieden werden kann (Macht selber verleiht Prestige und umgekehrt), ist für Großunternehmen oft relevant. Fast wöchentlich kann man in Tageszeitungen lesen, dass diese oder jene Firma in der Lage gewesen ist, einen ihrer Konkurrenten zu verschlucken und dadurch eine der größten (oder die zweit- oder drittgrößte) Firmen ihres Sektors in Europa oder sogar in der Welt zu werden. Eine tiefgehende Studie von Managern hat gefolgert, dass ein großer Teil ihrer Arbeit »aus kontinuierlichen Kämpfen für Dominanz und Status besteht. Tatsächliche organisatorische Effektivität ergibt sich ... aus dem Prestige, das man in den Augen anderer Manager hat ... aus den sozial anerkannten Fähigkeiten seinen Willen durchzusetzen, seinen Weg zu gehen ...« (Jackall 1989: 195). Nur aus dieser Sicht sind auch die exorbitanten Gehälter von Topmanagern verständlich, die in neuerer Zeit zu Recht vielfache öffentliche Kritik auf sich gezogen haben.

Eine soziologische Erklärung der Handlungsweisen der ökonomischen Eliten (wie aller anderen Akteure) muss auch die situativen Umstände in Betracht ziehen, innerhalb derer sie wirken. In dieser Hinsicht werden vier Thesen aufgestellt; die erste bezieht sich auf die Situation nach dem Ende des Zweiten Weltkrieges, die zweite auf die Entwicklungen innerhalb der EG/EU, die dritte auf die neuen Herausforderungen, die sich aus der Globalisierung seit Anfang der 1980er Jahre ergeben und die vierte auf die Wahrnehmung der ökonomischen Eliten und ihrer Strategien in der Öffentlichkeit.

(1) In Kapitel 2 wurde gezeigt, dass die Problemsituation und die politischen Aktionen, die in der unmittelbaren Nachkriegszeit von den Gründungsstaaten der EWG getroffen wurden, zu einem großen Teil ein Erbe der Vergangenheit oder eine Fortsetzung früher traditioneller Praktiken waren. Diese These steht weitgehend im Widerspruch zur etablierten Sicht, wonach die EG/EU eine

4 Die ökonomischen Eliten

total neue »Erfindung« darstellt. Sie ist jedoch vereinbar mit der Idee der *Pfadabhängigkeit* in der politischen und soziologischen Theorie, die annimmt, dass neue Institutionen nicht aus dem Nichts erzeugt werden können, sondern auf der traditionellen institutionellen Struktur einer Gesellschaft aufbauen müssen. (2) Zwei Faktoren spielten in der unmittelbaren Nachkriegszeit eine besondere Rolle: auf der einen Seite die wirtschaftliche und politische Schwäche der Hauptakteure (Unternehmen, Regierungen); auf der anderen Seite die Existenz und das Einfluss-Streben ökonomischer Interessengruppen. Dies kann sehr deutlich sowohl in den Interessen der Kohle- und Stahlindustrie, wie auch in der Agrarpolitik der EU gezeigt werden. (3) Im Laufe der Nachkriegsjahrzehnte ergaben sich neue Probleme, die zu einem erheblichen Teil Folgen der Strategien und Handlungen waren, die man verfolgt bzw. getroffen hatte. In 1980er Jahren war die Etablierung des völlig freien Marktes und eines gemeinsamen Währungssystems eine Antwort auf den zunehmenden globalen Wettbewerb; in den 1990er Jahren eröffnete die Beseitigung des Eisernen Vorganges riesige neue Märkte für das Kapital und die Politik antwortete darauf mit einer raschen Aufnahme vieler mittel- und osteuropäischen Länder in die EU. (4) Die Öffentlichkeit in der gesamten EU wird sich jedoch immer mehr des Einflusses dieser mächtigen ökonomischen Interessen und der engen Netzwerke zwischen den ökonomischen und politischen Eliten bewusst. Diese kritische Wahrnehmung ist einer der Hauptgründe für die skeptische Einstellung zur Integration, die sich in vielen Mitgliedsstaaten ausgebreitet hat.

Die vorherrschende Ideologie der ökonomischen Integration

Die europäische Integration wurde seit jeher begründet und legitimiert vor allem durch ökonomische Theorien und Argumente. Eine verbreitete These in diesem Zusammenhang besagt, dass eine neo-liberalistische ökonomische Politik dieser Hinsicht dominant war. Ich gehe hier jedoch von der These aus, dass die dominante ideologische Theorie nie jene eines unbegrenzten Neoliberalismus war, der auf einen völlig ungezügelten freien Markt abzielte. Vielmehr versuchten sowohl die Führer der Industrieunternehmen wie auch die politischen Eliten von Beginn an die EU und die Großunternehmen als »big player« auf der weltpolitischen, ökonomischen Szene zu etablieren. Betrachten wir einige wichtige Schritte in dieser Hinsicht.

Der ausschlaggebende Anstoß zur europäischen Integration war die Gründung der *Europäischen Gemeinschaft für Kohle und Stahl* (EGKS) im Jahre 1952. Man argumentierte, dass die Fusion der französischen und deutschen Grundstoffindustrien, die die Grundlage für die Waffenproduktion darstellten, einen Krieg zwischen diesen beiden Ländern ein für allemal unmöglich machen würde. Diese weitverbreitete Darstellung ist aber nur bis zu einem begrenzten Maß richtig. Zum Ersten ist die These nicht haltbar, dass die Integration der wesentliche Faktor war, der den Frieden in Europa seit 1945 sicherstellte (vgl. Kapitel 7). Zweitens mag es stimmen, dass die ökonomische Integration ein Mittel für politische Ziele war; diese Sicht lenkte aber die Aufmerksamkeit von der Tatsache ab, dass die Interessen und Netzwerke der Industrieunternehmer selber eine entscheidende Rolle spielten. Der *Vertrag von Rom* (1957), der einen freien Markt zwischen den Teilnehmerländern etablierte, führte auch eine gemeinsame Agrarpolitik ein und es wurde ein europäischer Sozialfonds eingerichtet. Trotzdem wurde dieser Vertrag nicht überall und von allen willkommen geheißen. Die Kritik, dass er den Schutz der nationalen Industrie aufheben würde, kam von französischer Seite (Dinan 1999: 31). Diese Vorbehalte konnten durch zwei Maßnahmen überwunden werden. Zum Einen wurde, parallel zur Etablierung der EWG, der EURATOM-Vertrag abgeschlossen, der eine gemeinsame Industriepolitik im Bereich der Atomenergie etablierte. Zum Zweiten wurde der EWG-Vertrag als ein Mittel dargestellt, die Position der Industrieunternehmen der Mitgliedsstaaten zu stärken, indem für sie ein großer Heimmarkt geschaffen wurde. Dies war der Grund, warum der liberal ausgerichtete deutsche Wirtschaftsminister Ludwig Erhard gegen die EWG war: er war der Meinung, dass die Beseitigung von Handelsrestriktionen auf der Welt insgesamt eine viel bessere Strategie sein würde.

Die Absicht, Europa zu einem starken ökonomischen und politischen »Player« auf globaler Ebene zu machen, trat noch deutlicher in den 1960er und 1970er Jahren hervor. Im einflussreichen Buch *Die amerikanische Herausforderung* argumentierte Jean-Jacques Servan-Schreiber (1968), dass sich die Europäische Wirtschaftsgemeinschaft nicht damit begnügen dürfe, ein freier Markt zu bleiben, sondern dass sie auch ihre eigene Industriepolitik entwickeln müsse. Sie sollte die Entstehung großer Firmen fördern, insbesondere in strategischen Bereichen wie Luftfahrt, Raumfahrt und elektronischer Industrie, um diese Sektoren mit amerikanischen Firmen wettbewerbsfähig machen. Sehr ähnliche Argumente wurden in den 1980er Jahren von Jacques Delors vertreten, um seinen letzlich erfolgreichen Plan für den einheitlichen Markt durchzusetzen. Dieser Plan beruht zu einem großen Teil auf Vorschlägen, welche der *European Round Table of Industrialists* (ERT) gemacht hatte. Die Absichten dieser äußerst einflussreichen Gruppe von führenden Industriellen und Managern in Westeuropa wurden durch eine eingehende Studie folgendermaßen beschrieben: »Der ERT war nicht nur an einer Beseitigung der Gesetzgebung über Handelshemmnisse interessiert. Die Gruppe wollte auch nicht ein ‚Deregulierungsprogramm a la Thatcher' durchsetzen. Viel mehr forderte diese Gruppe eine Restrukturierung

4 Die ökonomischen Eliten 171

dieses Regulierungsrahmens der Europäischen Wirtschaftsgemeinschaft und eine Neuausrichtung der sozialen, ökonomischen und politischen Beziehungen, um einen einheitlichen Markt zu schaffen, der einer ‚Reindustrialisierung von Europa' förderlich wäre« (Green Cowles 1995: 503; vgl. auch Bornschier 2000a).

Dieses Grundziel der Verstärkung der wirtschaftlichen Macht der EG/EU durch die Förderung strategischer Industriesektoren und Unternehmen wurden in allen späteren Verträgen beibehalten. Seine jüngste Aktualisierung fand es in der Agenda von Lissabon im März 2000, als die Regierungschefs sich das Ziel setzten, die EU bis zum Jahre 2010 »zur wettbewerbstärksten und dynamischsten, wissensbasierten Ökonomie [der Welt] zu machen, fähig zu einem nachhaltigen Wachstum mit mehr und besseren Jobs und größerer sozialer Kohäsion«. Die vorgesehenen Maßnahmen schlossen unter anderem ein:[3] die Unterstützung von Wissen und Innovation in Europa; die Reform staatlicher Förderungen; die Vereinfachung der Regulierungen für Unternehmen; die Vervollständigung des internen Marktes für Dienstleistungen. Zentral für diese Strategie, wenn auch öffentlich weniger betont, waren Maßnahmen zur Stärkung von Unternehmen, Firmen und insbesondere von strategischen Sektoren wie der Informationstechnologie, Reduktion der Unternehmensbesteuerung und die Etablierung eines EU-weiten einheitlichen Unternehmensbesteuerungssystems, sowie Maßnahmen, mehr Investitionen aus dem Ausland anzuziehen.

Was können wir aus diesen Fakten im Hinblick auf die dominante ökonomische Legitimierung des europäischen Integrationsprozesses folgern? Aus einer linksorientierten Perspektive ist dieser Integrationsprozess ein Transfer des U.S. Modells eines *neoliberalen Kapitalismus* nach Europa. Für Pierre Bourdieu (2000) z.B. schließt ein solches Modell die folgenden Grundaxiome ein: Der Markt ist das beste Mittel um eine effiziente und gerechte Produktion und Verteilung zu erreichen; die Globalisierung erfordert die Beseitigung aller Barrieren für freien internationalen Handel und die Reduzierung der Sozialausgaben des Staates; soziale Rechte sind ineffizient und sollen auf ein Minimalniveau reduziert werden. Für Bourdieu stellt die weltweite Durchsetzung dieser Ideen auch einen typischen Fall einer symbolischen Herrschaft dar. Die Europäer haben sich einer Art der Kolonialisierung unterworfen, indem sie die ideologische Herrschaft dieses neoliberalen Modells akzeptiert haben. Eine völlig andere Interpretation der europäischen Integration wurde durch Kritiker von der liberalen Seite gegeben. Für den tschechischen Präsidenten Vaclav Klaus, einen ausgebildeten Professor für Ökonomie, hat sich die europäische Integration seit Maastricht in einen Prozess der *Vereinigung* (unification) umgewandelt, welcher politische

---

[3] Communication from the Commission to the Council and the European Parliament, SEC (2005) 981, 20.7.2005 (COM (2005) 330 final), S. 4.

Zentralisierung, Verlust von Freiheit und Beschneidung der Demokratie impliziert.[4] Wie andere EU-Kritiker, die persönliche Erfahrung mit dem Staatssozialismus bzw. Kommunismus gemacht haben (wie etwa Boukovsky 2005), sieht auch Klaus erhebliche Ähnlichkeiten zwischen dem früheren Sowjetsystem und der EU; seiner Meinung nach zeigen beide, dass Regulierung umso nötiger wird, je komplexer ein System ist.

Beide diese Argumentationen enthalten eine gewisse Wahrheit, sie sind für sich allein aber zu einseitig. Die These, die hier aufgestellt wird, ist, dass die europäische Integration beide Elemente enthält, das einer Liberalisierung und Entfesselung von Marktkräften, der Deregulierung und Privatisierung, aber zugleich auch die Wiedereinführung wohlbekannter älterer europäischer Formen supranationaler Kooperation und konzertierter Aktion zwischen Unternehmern, wirtschaftlichen Interessensverbänden und Staat. Dies kann auch im Bereich der Handelspolitik gezeigt werden. Während die EU in vieler Hinsicht eine internationale Handelsliberalisierung befürwortet, sind die Ausnahmen, die die EU selber gegenüber dem freien Handel errichtet hat, zahlreich genug, um die Ansicht zu widerlegen, dass sie grundsätzlich liberal orientiert ist (eine sehr gute Zusammenfassung dieser kritischen Argumente wird von Vaubel 1995: 16ff. gegeben). Die bedeutendste dieser Ausnahmen ist die Agrarpolitik, die immense Kosten sowohl für die EU selbst (in ihren hohen Budgetausgaben) darstellt und auch als »Virus« fungiert, der den freien Handel in anderen Bereichen erschwert. Auch im Bereich von Industrie und Dienstleistungen existiert eine Vielfalt von Tarifen, Antidumping-Maßnahmen und Ähnlichem; all dies entspricht schwerlich dem Prinzip eines unbegrenzten Liberalismus. Die Möglichkeiten, Begrenzungen des Außenhandels einzuführen, sind seit 1994 sogar erleichtert worden; neben dieser defensiven Handelspolitik wurden die Instrumente für eine aktive Industriepolitik verstärkt, wobei Frankreich der stärkste Befürworter solcher Maßnahmen war (Borrmann et al. 1995: 161ff.).

4.2 Stellt die EU wirklich eine stark integrierte wirtschaftliche Gemeinschaft dar?

Es mag weit hergeholt erscheinen zu fragen, ob die Europäische Union nach einem halben Jahrhundert der Integration tatsächlich einen stark integrierten Wirtschaftsraum darstellt. Trotzdem ist eine positive Antwort auf diese Frage keineswegs selbstverständlich. Im vorhergehenden Abschnitt wurde darauf hingewiesen, dass viele Ökonomen argumentieren, die Etablierung eines weltweiten

---

[4] Vgl. http://www.klaus.cz/klaus2/asp/clanek.asp?id=zWV7JeVDR33K.

freien Handels wäre einer regionalen wirtschaftlichen Integration vorzuziehen. Aus soziologischer Sicht ist es fraglich, ob die Beseitigung von Handelsbarrieren in einer bestimmten Region automatisch dazu führt, dass man sich »in natürlicher Weise miteinander entfaltet«. Nationenspezifische Muster der industriellen Organisation und des Managements, Sprachgrenzen, religiöse Differenzen und andere kulturelle Traditionen fallen nicht mit geografischer Nähe zusammen. Es erscheint daher von Interesse zu untersuchen, in welchem Ausmaß man sagen kann, dass die EU heute tatsächlich einen voll integrierten Wirtschaftsraum darstellt. Wenn dies der Fall ist, würde es die funktionale Theorie der Integration stützen.

Drei Themen sollen in diesem Abschnitt diskutiert werden: Erstens die Rolle der ökonomischen Integration für wirtschaftliches Wachstum und Wohlfahrt; zweitens die spezielle Bedeutung wirtschaftlicher Überlegungen für den Prozess der europäischen Integration; drittens die Interessen und Handlungsweisen der ökonomischen Eliten.

Internationale ökonomische Integration als Methode zur Förderung von Wirtschaftswachstum und Wohlfahrt

Ökonomen stimmen weitgehend in der These überein, dass Freihandel und intensive Wirtschaftsbeziehungen zwischen verschiedenen Regionen und Staaten positive Wachstums- und Wohlfahrtseffekte haben (Lipsey 1972: 591; Kleinert 2004; Ingham 2004; Farmer/Vlk 2005). Dies betrifft insbesondere die Beziehungen zwischen Ländern mit vergleichbaren Entwicklungsniveaus. In Übereinstimmung mit diesen Argumenten wurde in den 1950er und 1960er Jahren ökonomische Integration als wichtiges Mittel für Wirtschaftswachstum angesehen; auch die Vereinten Nationen unterstützten Bemühungen zur Förderung des Freihandels (El-Agraa 2004a:18). Tatsächlich erwies sich jedoch, dass Verhandlungen über weltweiten Freihandel langsam, mühsam und ineffizient waren und die Realisierung der damit verbundenen Intentionen sehr schwierig. Als Folge davon wurde die Idee von regionalen Freihandelszonen zwischen ähnlichen, benachbarten Gruppen von Ländern entwickelt.

Die internationale Ökonomie, eine neuer Zweig der Volkswirtschaftslehre, unterscheidet zwischen fünf Stufen der wirtschaftlichen Integration (El-Agraa 2004a:1f.): (1) *Freihandelszonen*, die freien Handel innerhalb, aber national bestimmte Politiken in der Beziehung mit der Außenwelt beinhalten; (2) *Zollunionen*, die gemeinsame Außenhandelsbeziehungen aufweisen; (3) *gemeinsame Märkte*, die freie interne Mobilität aller Produktionsfaktoren beinhalten (Kapital, Arbeit, Unternehmen, Güter und Dienste); (4) *vollständige Wirtschaftsunionen* mit integrierter Geld- und Fiskalpolitik, die durch eine zentrale Autorität ausgeübt wird; (5) *politische Unionen* oder Staaten.

Die Europäische Union stellt heute zweifellos einen gemeinsamen Markt dar, sie beinhaltet aber auch einige Elemente der Stufen (4) und (5). Aus der Sicht eines möglichen Freihandels zwischen allen Ländern der Welt muss man sagen, dass die Europäische Union nur die zweitbeste Lösung darstellt (Scitovsky 1962: 15; Smeets 1996: 48). Wirtschaftliche Integration steigert im Allgemeinen den Handelswettbewerb und die Spezialisierung zwischen den Mitgliedern und nützt ihnen allen. Sie kann jedoch gegenteilige Effekte auf den Handel und die Spezialisierung zwischen der Union und anderen Ländern haben, weil die Integration Handelsbeziehungen mit der Außenwelt umleitet oder sogar unterdrückt. Darüberhinaus können interne Wirtschaftspolitiken negative Effekte auf den Außenhandel haben. Ein wichtiger Fall ist die extensive Subvention der Landwirtschaft durch die EU, wodurch billige Landwirtschaftsprodukte auf den Weltmarkt geworfen werden. Dadurch werden die Erzeugnisse von Landwirten in armen Ländern der Dritten Welt aus dem Markt gedrängt (Smeets 1996: 63). Der Schutz der Landwirtschaft steht im Gegensatz zur Öffnung der EU-Märkte für andere Produkte aus diesen Ländern (Matthews 2004). Eine Reihe von Maßnahmen der EU-Außenhandelspolitik verletzen die Prinzipien des internationalen Freihandels (Ingham 2004: 87). Aus all diesen Gesichtspunkten ist es daher wesentlich sich zu fragen, welche Rolle der Freihandel für die europäische Integration tatsächlich gespielt hat.

»Vereinigung durch die Hintertür«: die strategische Rolle der Wirtschaft im Prozess der europäischen Integration

Die erwarteten positiven Effekte der Handelsintegration stellten eine wichtige Begründung für den Prozess der wirtschaftlichen Integration Europas dar. Von Beginn an war es jedoch eine erklärte Absicht der Politik, nicht nur Prozesse ökonomischer Integration zu initiieren und zu fördern, sondern den Prozess eines *spill-over* von der ökonomischen Integration zur sozialen und politischen Integration in Gang zu bringen. Die funktionalistische Theorie der Integration betrachtet diesen *spill-over*-Prozess als den Hauptgrund für den erfolgreichen und scheinbar unaufhaltsamen Prozess der Integration seit der Gründung der EGKS im Jahre 1952 (vgl. Kapitel 2). Die Wirtschaft musste eine entscheidende instrumentelle Rolle im allgemeinen Prozess der Integration spielen: »Kurz und mittelfristig sollte eine umfassende ökonomische Integration das Ziel sein. Die Erfahrungen, die man durch die Zusammenarbeit in diesem Bereich gewinnen würde, sollten dann den Weg ebnen für das Erreichen einer politischen Einheit, das heißt, politische Einheit sollte durch die ›Hintertür‹ eingeführt werden« (El-Agraa 2004b:29).

In diesem Abschnitt soll untersucht werden, wie weit der faktische ökonomische Integrationsprozess gegangen ist. Stellen wir fest, dass er sehr weit vorangeschritten ist, könnte man tatsächlich sagen, dass die europäische Integration ein Prozess ist, der sich »von unten« entwickelt hat. So hat Carl J. Friedrich (1969: 47) in seinem klassischen Werk *Europe: An Emergent Nation* geschrieben: »... es war der Unternehmer, der den größten Anteil an der Europäischen Gemeinschaft hatte, nachdem das Rahmenwerk von Institutionen durch die Politiker festgelegt worden ist.« Können wir aber keine so weitreichende wirtschaftliche Integration beobachten, muss man die europäische Integration primär als einen politisch induzierten Prozess sehen. In diesem Fall kann man auch annehmen, dass die europäische Integration im eigenen Interesse der politischen und ökonomischen Eliten gestanden ist.

Entwicklung eines europäischen Wirtschaftsraums und Aufstieg »europäischer Korporationen«?

Vier Fragen sollen hier untersucht werden: die Entwicklung und Intensität des internen Handels in der EU; Zusammenschlüsse und Fusionen von Unternehmen innerhalb der EU und über ihre Grenzen hinaus; der Aufstieg der »Eurokorporationen« und des »Euromanagers«; und die Entwicklung der Arbeitsmobilität innerhalb der EU.

Betrachten wir als erstes die Muster des Austausches von Gütern und Dienstleistungen, von Exporten und Importen. Die Frage ist, ob und in welchem Umfang diese Austauschprozesse innerhalb der EU stattfinden oder nicht. Angesichts der enormen Größe der EU ist zweifellos zu erwarten, dass der größte Anteil der Exporte und Importe intern erfolgt; Nachbarstaaten haben immer mehr Handel miteinander als mit anderen, weiter entfernten Staaten (Farmer/Vlk 2005: 21). Die entscheidende Frage ist, ob der Anteil des EU-internen Handels über die Zeit hinweg zunimmt. Betrachten wir einige Zahlen dazu.[5]

Zum Ersten ist es richtig, dass der größte Teil der Exporte und Importe innerhalb der EU erfolgt: 2005 betrugen die Anteile der Exporte zwischen EU-Mitgliedern am jeweiligen Handel des betreffenden Landes 60% bis 79% und bei Importen 55% bis 78%. Es gibt jedoch große Unterschiede zwischen verschiedenen Ländern. Es ist nicht überraschend, dass einige kleinere Länder (Österreich,

---

[5] Aus Raumgründen kann hier nicht die detaillierte Tabelle wiedergegeben werden, die für die erste Fassung des Manuskripts ausgearbeitet wurde.

Niederlande, Portugal) den höchsten Anteil von EU-internen Exporten aufweisen, und Länder, die an der geografischen Peripherie der EU liegen (Irland, Vereinigtes Königreich, Schweden, Griechenland, Italien) einen relativ geringeren Anteil. Betrachtet man die Importe, zeigt sich ein ähnliches Muster. Sehr interessant ist, dass einige Nicht-Mitglieder der EU, wie die Schweiz und Norwegen, äußerst eng mit dem gemeinsamen Markt verbunden sind: die Schweiz hat sogar den höchsten Anteil an EU-Importen (80%) und Norwegen hat den zweithöchsten Anteil von Exporten in die EU (81%); sie sind also enger mit der EU verflochten als viele Mitgliedsländer selbst. Es gibt eine damit zusammenhängende sehr interessante Tatsache, die diesen Befund einer begrenzten Relevanz der EU-Grenzen für ökonomische Beziehungen in Europa bestätigt. Der Gründer des einflussreichen *European Round Table of Industrialists* (ERT), Pehr Gyllenhammar, war ein schwedischer Manager, und vier von den siebzehn ersten Mitgliedern dieser Gruppe kamen aus Nicht-Mitgliedsstaaten der EG, insbesondere der Schweiz und Schweden (vgl. Green-Cowles 1995: 504ff.).

Die zweite Frage betrifft die Entwicklung der Muster des wirtschaftlichen Austauschs über die Zeit hinweg. Wir können sehen, dass sich in allen Ländern der Umfang des Austausches mit anderen EG/EU-Mitgliedsstaaten in den 1960er und 1970er Jahren stark erhöhte, nachher jedoch abschwächte. Mitte der 1950er Jahre gingen weniger als die Hälfte der Exporte und Importe in andere EG-Mitgliedsstaaten. In den meisten Ländern kann schon seit 1980 keine weitere Zunahme mehr beobachtet werden. In zwei Ländern (Irland und Griechenland) fand seit 1990 sogar eine Abnahme des EU-Anteils an den Exporten und Importen statt. All das erscheint sehr überraschend angesichts der Tatsache, dass einige dieser Länder erst Mitte der 1990er Jahre EU-Mitglieder wurden und der volle gemeinsame Markt 1992 Realität wurde. Aus der Sicht der ökonomischen Theorie ist es jedoch weniger überraschend. Wenn in einer Region einmal ein bestimmtes Niveau der Integration erreicht worden ist (mit oder ohne eine wirtschaftliche Union), bringt eine weitere Expansion des intra-industriellen Handels nur wenige zusätzliche Vorteile (Smeets 1996: 67). Wir müssen daher folgern, dass die europäische Integration im Rahmen der EWG/EG und EU nicht der Hauptfaktor für die Zunahme des intra-europäischen Handels seit 1950 gewesen ist. Der stärkste Zuwachs in diesem intra-europäischen Handel fand bereits in einer Periode statt, in welcher die EWG nur wenige Mitglieder umfasste; zu dieser Zeit waren auch die EG und die EFTA durch starke Handelsbeziehungen miteinander verflochten (Borrmann et al. 1995: 23); bis heute kann die »Europäisierung« der Handelsmuster bei einigen Nicht-EU-Mitgliedern ebenso stark beobachtet werden, wie bei den EU-Mitgliedsstaaten.

Die zweite Frage betrifft jene, ob ein neuer Typus von »*Eurokorporationen*« im Entstehen ist. Hier sollen zwei Aspekte betrachtet werden: zum Ersten

4 Die ökonomischen Eliten

die Muster und die Entwicklung von Übernahmen und Fusionen im Zeitablauf (Merger & Aquisitions); zweitens Trends im europäischen Management. Eine Fusion bedeutet, dass zwei Unternehmen in eine sehr enge Beziehung zu einander treten – sie beabsichtigen in der Tat, ein neues Unternehmen zu bilden. Dies ist in der Regel ein sehr ambitioniertes Vorhaben und es erfordert, dass man eine neue Einheit mit einer kohärenten organisatorischen Identität und Kultur entwickelt (Siegwart/Neugebauer 1998; Lucks/Meckl 2002; Kleinert 2004). Je unterschiedlicher die Ausgangskulturen der zwei Firmen sind, umso schwieriger wird dieser Prozess sein. Umfangreiche Forschungen haben gezeigt, dass aus diesen und anderen Gründen ein hoher Anteil von Fusionen (wahrscheinlich die Hälfte oder sogar mehr) sich als Misserfolge erweisen (Tichy 2002; Seldeslachts 2005). Wenn die EU tatsächlich eine eng integrierte Wirtschaftsunion darstellt, sollte die Fusion von Firmen innerhalb der EU viel leichter sein, als die Fusion von EU-Firmen mit Unternehmen außerhalb der EU.

Zusammenschluss- und Fusionsaktivitäten haben die Aufmerksamkeit der EU-Kommission von Beginn an auf sich gezogen, da solche Zusammenschlüsse negative Effekte auf den Wettbewerb innerhalb spezifischer Märkte haben können. Daher wurde bereits in den frühen 1980er Jahren ein System der Fusionskontrolle eingerichtet. Im Jahre 2004 wurde dieses System durch eine neue Regulierung ersetzt, die auch die Möglichkeit von positiven Effizienzgewinnen durch Fusionen anerkennt. (Praktisch bedeutet dies, dass mehr Zusammenschlüsse genehmigt werden können.) Betrachten wir zuerst kurz die allgemeine Entwicklung dieser Fusionsaktivitäten.

Unternehmensfusionen sind kein neues Phänomen der Wirtschaftsgeschichte der Nachkriegszeit (Siegwart/Neugebauer 1998). Sie kommen meistens in Wellen, typischerweise nach signifikanten technologischen Durchbrüchen, oft auch in Zusammenhang mit Perioden des Wirtschaftswachstums und einer Veränderung der politischen Rahmenbedingungen, die für die Wirtschaft relevant sind (Mayes/Kilponen 2004: 321). *Mergers & Aquisitions* (M&A)-Aktivitäten haben auf der ganzen Welt massiv zugenommen. In der EU erfolgte eine erste Welle in den 1980er Jahren; sie erreichte ihren Höhepunkt 1991. In diesem Jahr erfolgten 10 653 Fusionen, die einen Gesamtwert von 164 Milliarden Euro involvierten. Bis zur Mitte der 1990er Jahre nahm die Zahl auf zirka 9 400 ab, stieg dann aber wieder, um 1996 einen neuen Höhepunkt mit 14 294 M&A-Aktivitäten zu erreichen; in der Folge nahm die Zahl bis 2004 auf 9 811 ab (Meiklejohn 2006: 11; Fligstein 2001: 147ff.; Molle 2001: 347). Die meisten Fusionen involvierten die größeren Mitgliedsstaaten mit Großbritannien an der Spitze, gefolgt von Deutschland, Frankreich und den Niederlanden (vgl. *Tabelle 4.2*, erste Spalte). Relativ gesehen hatten jedoch kleinere Länder, wie die Niederlande, Finnland oder Schweden, einen höheren Anteil an Fusionen.

Tabelle 4.1: Zusammenschlüsse und Fusionen (M & A activities) in der EU-15 1991, 1995, 2000 and 2004, aufgegliedert nach nationalen, EU-internen und internationalen Zusammenschlüssen

		National	EU-intern*⁾	International**) Ziel in EU	Käufer in EU		Insgesamt
1991	%	54.4	11.9	26.3	7.3	33.6	100
1995	%	58.6	12.8	17.0	11.6	28.6	100
2000	%	54.8	15.2	13.2	16.9	30.1	100
2004	%	56.4	13.4	17.5	12.7	30.2	100
Durchschnitt 1991-2004	%	56.4	13.4	17.5	12.7	30.2	100

*) Zusammenschlüsse zwischen Firmen in verschiedenen EU Mitgliedsstaaten
**) Zusammenschlüsse zwischen Firmen in und außerhalb der EU-15
Quelle: Meiklejohn (2006), S.13

In diesem Zusammenhang ist die Frage relevant, zu welchem Land die zusammengeschlossenen Firmen gehörten. Zwei Arten von Daten sind hier relevant. Die ersten betreffen Fusionsaktivitäten nach nationalen, EU- und internationalen Zusammenschlüssen. Diese Befunde sprechen eine klare Sprache (vgl. *Tabelle 4.1*): (1) Mehr als die Hälfte aller Zusammenschlüsse erfolgen innerhalb der einzelnen Staaten der EU. Dies bedeutet, dass der nationale Kontext immer noch die wichtigste Einheit für ökonomische Transaktionen und Beziehungen darstellt. Es belegt auch, dass die Globalisierung die Relevanz und Autonomie der Nationalstaaten nicht beseitigt (Weiss 1998; Heismann 1999; Haller/Hadler 2004/05). (2) Die nächst häufige Konstellation waren Fusionen zwischen EU-Unternehmen und Unternehmen außerhalb der EU. Diese Fusionen betrugen etwa ein Drittel aller – das Doppelte des Anteils der Fusionen innerhalb der EU. (3) Eine leichte Zunahme der Fusionen innerhalb der EU erfolgte in den 1990er Jahren; seit 2000 hat dieser Typ von Fusionen jedoch abgenommen (Mayes/Kilponen 2004; Molle 2001).

Eine zweite relevante Information betrifft die Richtung jener Zusammenschlüsse, die Firmen innerhalb und außerhalb der EU involvieren. Sind diese mehr oder weniger gleichmäßig über alle Länder verteilt, oder können wir spezifische Muster erkennen? *Tabelle 4.2* zeigt, dass eindeutig das letztere der Fall ist. Wenn man diese Daten sieht, könnte man sogar folgern, dass die EU gar nicht existiert. Die Hauptrichtung von Fusionsaktivitäten folgt historischen und kulturellen Kriterien – hauptsächlich Sprachbarrieren – aber nicht den EU-Grenzen. Es bestehen fünf klar unterscheidbare Gruppen von Ländern, zwischen denen

4 Die ökonomischen Eliten 179

Fusionen am häufigsten sind: (1) die angelsächsischen Länder, mit Großbritannien, Irland und den Vereinigten Staaten. 24% der britischen Zusammenschluss- und Fusionsaktivitäten involvierten US-Firmen, aber nur neun Prozent französische Firmen (das nächst häufige Zielland); sehr ähnlich ist der Anteil von Fusionen irischer mit US-Firmen. (2) Die skandinavischen Länder Dänemark, Finnland und Schweden; in diesem Cluster ist auch das Nicht-EU-Mitglied Norwegen eingeschlossen, als zweitgrößtes Zielland von dänischen und schwedischen Erwerbungen. (3) Die französischsprachigen Länder Belgien, Luxemburg und Frankreich. (4) Die deutschsprachigen Länder Deutschland und Österreich; nach Deutschland ist Ungarn das nächst häufige Land, in welchem österreichische Firmen Partner finden. (5) Die iberischen Länder Spanien und Portugal, die die engsten Beziehungen miteinander haben, dann aber mit Argentinien und Brasilien. Sehr ähnliche Muster ergeben sich, wenn man die Handelsmuster zwischen europäischen Ländern (Tichy 1994) und zwischen Ländern weltweit betrachtet (Borrmann et al. 1995: 21). Die klare Teilung Westeuropas in diese unterschiedlichen Gruppen von Ländern hat nicht wenige Ökonomen dazu geführt zu argumentieren, dass die EG/EU keinen »optimalen Währungsraum« darstellt, da es keine volle Mobilität aller Produktionsfaktoren zwischen den Mitgliedsländern gibt. Ähnliche Ergebnisse wurden im Hinblick auf internationale Netzwerke in den 1970er Jahren berichtet: dort zeigten sich auch enge Beziehungen zwischen bestimmten Gruppen von amerikanischen und europäischen Banken und Industrieunternehmen (Fennema 1982).

Die ökonomische Fragmentierung innerhalb der EU ist offenkundig die Folge tief verwurzelter sozialer, kultureller und politischer Teilungen. Die engen Beziehungen zwischen Großbritannien und den Vereinigten Staaten waren auch politisch immer wieder höchst relevant. Im Jahre 2003/04, als die USA ihren zweiten Krieg gegen den Irak begannen, unterstützte sie Großbritannien. Indem sie dies taten, erzeugten die Briten eine der schwersten Krisen der EU-Außenpolitik, weil Frankreich, Deutschland und andere Mitgliedsstaaten stark gegen diesen Krieg waren. In Kapitel 7 wird gezeigt, dass die britischen Ideen und Erwartungen im Bezug auf die europäische Integration signifikant anders sind als jene der meisten anderen EU-Mitgliedsstaaten. Man muss daher sagen, das die europäischen Makroregionen, definiert nach soziökonomischen und kulturellen (sprachlichen und religiösen) Kriterien und die unterschiedlichen politischen Institutionen und historischen Erfahrungen der einzelnen Länder (Haller 1990; Rokkan 2000) auch heute noch vielfach weit wichtiger sind als die Europäische Union. Länder wie Irland und Großbritannien, aber auch Spanien und Portugal erfüllen potenziell sehr wichtige »Brückenfunktionen« (Haller 2003c) zwischen Europa und anderen Kontinenten.

Tabelle 4.2: Grenzüberschreitende Zusammenschlüsse von EU-15 Firmen
1991-2004: Die häufigsten Zielländer

Land des Käufers	Gesamtzahl der grenzübergreifenden Zusammenschlüsse	Zusammenschlüsse innerhalb der Gemeinschaft		Internationale Zusammenschlüsse	
		Gesamtzahl	Häufigstes Zielland	Gesamtzahl	Häufigstes Zielland
Irland	1.114	697	UK (494)	417	USA (224)
UK	10.660	4.437	Frankreich (977)	6.223	USA (2.557)
Dänemark	1.345	778	Schweden (212)	567	Norwegen (155)
Finnland	1.343	717	Schweden (279)	626	USA (126)
Schweden	2.752	1.577	Finnland (403)	1.175	Norwegen (311)
Niederlande	3.921	2.321	Deutschland (596)	1.600	USA (419)
Belgien	1.694	1.134	Frankreich (398)	560	USA (151)
Luxemburg	503	344	Frankreich (77)	159	USA (26)
Frankreich	5.118	2.760	Deutschland (626)	2.358	USA (600)
Deutschland	6.191	3.125	Frankreich (608)	3.066	USA (742)
Österreich	1.194	575	Deutschland (331)	620	Ungarn (110)
Italien	1.775	1.031	Frankreich (284)	744	USA (155)
Spanien	1.446	570	Portugal (172)	876	Argentinien (133)
Portugal	329	182	Spanien (132)	147	Brasilien (72)
Griechenland	346	114	UK (32)	232	Rumänien (33)

Quelle: Meiklejohn (2006), S. 13

Ein drittes Thema im Zusammenhang mit dem Thema, ob sich ein europäischer, ökonomischer Wirtschaftsraum entwickelt, bezieht sich auf die Frage der Entstehung eines neuen Typus des »*Euromanagers*«. Aus verschiedenen Gesichtspunkten erscheint dies in der Tat als eine reale Möglichkeit: die internationale Arbeitsmobilität ist unter den Professionen am höchsten; die Rolle der Manager wurde in den letzten Jahrzehnten professionalisiert, etwa durch die Entwicklung internationaler Business-Schools (Hartmann 2003); Englisch wird zusehends die *lingua franca* in ganz Europa. Eine empirische Studie von Michael Hartmann (1999, 2002) über die Zusammensetzung von Spitzenmanagern in den Großunternehmen verschiedener europäischer Länder hat jedoch gezeigt, dass sich ein solcher Euromanager nicht herausgebildet hat. Die Spitzenmanager der 100 größten Unternehmen in Deutschland, Frankreich und Großbritannien werden fast ausschließlich aus ihren Heimatuniversitäten rekrutiert. Sehr wenige Manager hatten Perioden längerer Arbeitserfahrungen im Ausland. Eine französische Studie stellte ähnliche Muster fest und der Autor folgerte: »Die herrschenden Klassen haben kein Interesse daran, die nationale Basis ihrer sozialen Überle-

4 Die ökonomischen Eliten 181

genheit zu verlassen, sondern sie beschränken sich mehr und mehr auf diese Beziehungen« (Wagner 2004: 139). Die neuen europäischen Business-Schools werden dieses Muster wahrscheinlich auch nicht verändern; MBA-Abschlüsse werden meist nur als eine Ergänzung, aber nicht als ein wesentlicher Teil der Ausbildung gesehen. Man kann daher nicht von der Entstehung eines Euromanagers oder gar eines »Weltmanagers« (Kanter 1995) sprechen.

Ähnliche Befunde zeigen sich, wenn man die Muster der Arbeitsmobilität betrachtet. In einem voll integrierten Markt sollten alle vier Produktionsfaktoren (Güter, Dienste, Kapital und Arbeit) mobil sein, um Ungleichgewichte zwischen den verschiedenen Nationalökonomien auszugleichen. Die Schaffung eines solchen Marktes auch im Bereich der Beschäftigung ist ein erklärtes Ziel der EU-Politik. Die EU argumentiert, dass Arbeitsmobilität nicht nur für die EU-Wirtschaft insgesamt nützlich ist, sondern auch für den einzelnen Arbeiter. So veröffentlicht der dafür zuständige EU-Kommissar Vladimir Spidla immer wieder Zeitungsartikel, in denen er die Vorteile der Mobilität anpreist.[6] Es gibt jedoch eine umfangreiche sozialwissenschaftliche Forschung, die gezeigt hat, dass mit geographischer Arbeitsmobilität auch erhebliche soziale Kosten verbunden sind. Sie involviert meist nicht nur die Abschwächung, wenn nicht den Abbruch vieler enger sozialer Beziehungen, sondern hängt oft auch mit Verlusten im Wert der erworbenen Qualifikationen und mit beruflichen Abstiegen zusammen. Aus dieser Sicht ist es nicht überraschend, dass die EU-Bürger nur eine sehr geringe Tendenz zeigen, in andere Länder zu wandern. Aus ökonomischen Überlegungen würde man erwarten, dass eine umfangreiche Arbeitsmobilität aus Ländern und Regionen mit niedrigen Einkommen oder hoher Arbeitslosigkeit zu jenen mit besseren Bedingungen stattfinden sollte. Eine soziologische Studie über die Intention geographisch mobil zu werden, zeigt jedoch, dass dieses ökonomische Angebots- und Nachfragemodell nur innerhalb der einzelnen Länder gilt, aber nicht zwischen Ländern (Hadler 2006). Viele soziale und kulturelle Faktoren spielen für die Frage der Mobilität eine Rolle, wie die persönliche und familiäre Situation, lokale, regionale und nationale Bindungen, Sprachbarrieren und ähnliches (Brinkmann 1981).

Alle diese Faktoren sprechen stark gegen die Entstehung eines voll integrierten Wirtschaftsraums innerhalb der EU. Zum ersten zeigt sich, das die EU-Bürger ein sehr niedriges Niveau geographischer Mobilität aufweisen, nur etwa die Hälfte jenes der USA-Bürger. Nur 38% der EU-Bürger haben ihren Wohnsitz im Lauf der letzten 10 Jahre gewechselt; und nur 4% haben dabei Staatsgrenzen überschritten.[7] Weniger als 1% der in der EU Ansässigen wandern innerhalb eines

---

[6] Vgl. z.B. Vladimir Spidla, »Lob der Arbeitsmobilität«, *Der Standard* (Wien), 26.9.2006.
[7] Ergebnisse des Eurobarometer, zitiert in Mayes/Kilponen 2004, S.325.

Jahres in einen anderen EU-Staat aus. In den USA ist diese Zahl sechsmal so groß. Darüber hinaus gibt es auch keinen Hinweis auf die Entstehung eines EU-Arbeitsmarktes im Laufe der Zeit. Bereits in der ersten Welle der europäischen Arbeitsmigration nach dem Krieg, von den 1960er bis zu den frühen 1970er Jahren, war diese Migration vor allem eine von außerhalb der EWG/EG in die EG, und zwar von südeuropäischen Ländern (die zu dieser Zeit noch keine EWG-Mitglieder waren) und aus Nordafrika, Jugoslawien und der Türkei zu den zentral- und nordeuropäischen Ländern, oder von außereuropäischen Commonwealth-Staaten nach Großbritannien (Münz/Seifert 2001; Mayes/Kilponen 2004: 326ff.). Seit 1990 hat eine signifikante Verschiebung zu einer Einwanderung von außerhalb Europas stattgefunden. Nach 1989 begann auch ein neuer Immigrationsstrom von Ost- nach Westeuropa. Heute kann man vielfach sogar »perverse« Mobilitätsströme sehen, von den armen Ländern Osteuropas (Rumänien, Ukraine) zur südeuropäischen Peripherie (Süditalien, Portugal) trotz hoher Niveaus der Arbeitslosigkeit in beiden diesen Regionen. Die Arbeitsbedingungen und Löhne auf den großen landwirtschaftlichen Plantagen in Spanien, sowie Dienstleistungsjobs im expandierenden Tourismussektor sind so schlecht, das es zusehends schwer wird, hier einheimische Arbeitskräfte zu finden. Auch die weitverbreitete Schwarzarbeit in diesen Ländern zieht Immigranten an. Dies gilt auch für die schlecht bezahlten persönlichen Dienste, wie zum Beispiel Pflege alter oder behinderter Menschen. Es wird geschätzt, dass bis zu 400.000 osteuropäische Pflegerinnen in Italien tätig sind. Als Folge davon müssen in Polen, Rumänien und anderen Ländern heute Zehntausende von Kindern praktisch ohne Eltern aufwachsen. Der Zustrom illegaler Immigranten aus Afrika trägt zu dieser modernen, der Sklaverei vergleichbaren Form der Ausbeutung bei (Milborn 2006).

Aus all diesen Befunden ergeben sich zwei Folgerungen: erstens, die Europäischen Union stellt keinen voll integrierten Wirtschaftsraum dar, der klar von der Außenwelt unterscheidbar ist. Zwei Faktoren haben die Entstehung eines solchen Raums verhindert: auf der einen Seite historisch überlieferte, interne soziale und kulturelle Barrieren zwischen den verschiedenen Regionen; andererseits die neuen Kräfte der Globalisierung, die zu einer zunehmenden Verflechtung zwischen allen Makroregionen in der Welt geführt haben, sowohl in wirtschaftlichen Beziehungen (Kapitalinvestitionen, Unternehmensfusionen, Handelsmuster) wie auch in Mustern der Migration. Die Globalisierung scheint eine stärkere Integrationskraft zu sein als die europäische Integration (Beck/Grande 2004: 173). Alle diese Verflechtungen sind klar beeinflusst durch überlieferte kulturelle Ähnlichkeiten und wirtschaftliche und politische Beziehungen zwischen Untergruppen von EU-Mitgliedsstaaten und der Außenwelt. Die zweite Folgerung betrifft den Grad der Integration unter den europäischen Wirtschaftseliten. Hier stützen die Befunde nicht die These der Entstehung einer neuen »europäischen Wirtschaftsklasse« (van Apeldoorn 2000, 2002) oder gar einer »transnationalen globalen kapitalistischen Klasse« (van der Pijl 1989; Holman 1992). Diese Autoren stellen zu Recht die Bedeutung von Macht und Einfluss der großen internationalen Konzerne und ihrer Eliten heraus. Sie unterschätzen jedoch die internen Differenzen zwischen den verschiedenen Subgruppen und Fraktionen dieser Eliten, die autonome Macht der politischen und bürokratischen Eliten, wie auch jene von Ideen und Institutionen wie der Demokratie.

4.3 Die Rolle der ökonomischen Eliten am Beginn und in der weiteren Entwicklung der Integration

In diesem Abschnitt soll die Rolle der ökonomischen Eliten in den verschiedenen Stadien des Prozesses der europäischen Integration diskutiert werden. Diese Stadien sind die Gründung der Europäischen Kohle- und Stahlgemeinschaft (EGKS); die Erneuerung der Integration in den 1980er Jahren; der Prozess der Vermarktung der Kontrolle von Korporationen und der Einfluss des Lobbyismus in jüngster Zeit. Abschließend werden einige Ergebnisse über die öffentliche Wahrnehmung der Macht der ökonomischen Elite präsentiert.

Unternehmsinteressen bei der Gründung der Europäischen Gemeinschaft für Kohle und Stahl (EGKS)

Es gibt eine weit verbreitete Erzählung über die Ursprünge der europäischen Integration und die strategische Rolle des Monnet-Schuman-Plans für die Errichtung der EGKS in den frühen 1950er-Jahren: um ein für allemal mit der Geschichte der blutigen Kriege in Europa zu brechen, schlugen Monnet und Schuman vor, die deutsche und französische Kohle- und Stahlindustrie der Ruhr und Lothringen, das Rückgrat der Waffenindustrien, unter eine gemeinsame Verwaltung zu stellen. Die Idee der europäischen Einigung war bereits seit den 1920er Jahren »in der Luft« und hatte zahllose Bemühungen und Pläne inspiriert; erst Jean Monnets genialer, praktischer Vorschlag wurde Realität (vgl. z.B. Dinan 1999: 11ff.). Dieser »Monnet-Mythus« hält einer genaueren Überprüfung nicht stand. Die formelle Zusammenarbeit zwischen den französischen und deutschen Stahl- und Kohleindustrien, die durch die EGKS initiiert wurde, war nichts Neues und sie war konsistent mit Nachkriegsbemühungen vieler anderer französischer Politiker zu dieser Zeit. Ihre Absicht war Deutschland in Europa zu integrieren und die Ruhr-Industrien einer »organischen Kontrolle« mit starkem französischem Einfluss zu unterwerfen (Gillingham 1986, 1987, 2004; Schäfer 2005).

Die Idee einer engen Zusammenarbeit zwischen den französischen und deutschen Grundstoffindustrien geht zurück auf das Internationale Stahlkartell (ISC), gegründet 1926, das umfassende Abmachungen zwischen Produzenten und Regierungen beinhaltete und als Instrument für diplomatische Kooperation und ökonomische Integration diente. In Deutschland hatte man vor dem Zweiten Weltkrieg keine Wettbewerbspolitik gekannt. Im späten 19. Jahrhundert wurde Kartellierung noch als legal angesehen; bis zu den frühen 1930er Jahren nahm die Anzahl der Kartelle in Deutschland auf 3000 bis 4000 zu (Nollert 2005: 165). Das ISC, aus den Zwängen der Weltwirtschaftskrise entstanden, hatte in der Tat nur eine neue Form funktionaler, internationaler Integration etabliert. 90% der Stahlexporte der Welt wurden durch dieses Kartell kontrolliert. Die nationalsozialistische Periode und der Zweite Weltkrieg zerstörten diese Art der Kooperation keineswegs. Die großen deutschen Kohle- und Stahlproduzenten unterdrückten ihre französischen, belgischen und anderen Koproduzenten nicht, sondern waren darauf bedacht die Netzwerke, die sie bereits vorher eingerichtet hatten, weiterhin zu pflegen. Während des Krieges wurde der deutsche Typus des »organisierten Kapitalismus« auf die besetzten Territorien übertragen. Nach vier Jahren deutscher Verwaltung »übernahmen die Produzentenverbände Frankreichs und anderer westeuropäischer Länder Merkmale, die dem Ruhrmodell in verblüffender Weise ähnlich waren« (Gillingham 1986: 382). Trotz des strikten Verbots der Kartelle durch die US-Besatzungsbehörde begannen die Produzenten von Frankreich und Deutschland rasch nach dem Zweiten Weltkrieg ihre Fühler auszustrecken um die alten Beziehungen und Organisationsformen wieder herzustellen. Aus dieser Sicht kann man das überraschende Faktum verstehen, dass Industrielle, nicht Politiker die ersten waren, die die Notwendigkeit einer intakten deutschen und französischen Grundstoffindustrie für den wirtschaftlichen Wiederaufbau Europas betonten. Im Jahre 1947 schlug etwa der deutsche Bankier Pferdmenges als Sprecher der Eisen- und Stahlindustrie der Ruhr vor, einen 50%-Anteil dieser Industrie französischen Investoren zu überlassen (Gillingham 1985: 166). Experten im französischen Planungskomitee, einschließlich von Jean Monnet, folgten dieser Idee, als sie den Vorschlag für eine gemeinsame Kohle- und Stahlbehörde ausarbeiteten.

Die Idee einer wirtschaftlichen Zusammenarbeit in Europa geht bereits auf die Jahre 1915 bis 1920 zurück. Zu dieser Zeit richtete Etienne Clémenceau (mehrmaliger französischer Ministerpräsident) ein System eines staatsgelenkten Managements der gesamten Ökonomie durch eine kleine Gruppe von »unbürokratischen Bürokraten« ein; sein *directeur de cabinet* war Jean Monnet (Holmes 2000: 99, 405). Nach dem Zweiten Weltkrieg nahm die Macht der nationalen Produzentenverbände im Grundstoffbereich zu, die Konzentration beschleunigte sich und viele Arten von Subventionen und anderen marktfremden Elementen wurden beibehalten. Der französische Außenminister George Bidault schlug schon 1948 vor, von einer Politik der Wiedergutmachung überzugehen zu einer Politik der Kooperation mit Deutschland (Gillingham 1987). Viele andere hohe französische Beamte und Politiker unterstützten die Idee einer Übereinkunft mit Deutschland. Druck von außen, durch Engländer und Amerikaner, ebnete schließlich den Weg für den Monnet-Schuman-Plan (Loth 1996). In Deutschland wurde die Zustimmung aller politischer Gruppen und der Gewerkschaften zur neuen französisch-deutschen Kooperation erreicht, indem man die Sozialpartnerschaft stärkte, das Prinzip der Mitbestimmung auf die Kohleindustrie ausdehnte und Investitionsanreize für diese Sektoren schuf. In diesem Prozess wurden auch neue »kooperative« supranationale Institutionen geschaffen, die jedoch immer noch den »muffigen Geruch der alten Kartelle« hatten (Gillingham 1987: 22).

Der Aufstieg der modernen Korporationen und der Beitrag der EU zur Vermarktung der Unternehmenskontrolle

Betrachten wir nun die Rolle von wirtschaftlichen Interessen im weiteren Prozess der europäischen Integration. Der wirtschaftliche Nachkriegsboom in Europa hing auch mit einem starken Prozess industrieller Konzentration zusammen. Um nur ein Beispiel zu geben: in den 1960er Jahren gab es in allen größeren Ländern noch Dutzende unabhängiger Automobilproduzenten. Am Ende des 20. Jahrhunderts produzierten nur mehr fünf große Unternehmen die Hälfte aller Autos in Europa; die meisten der kleineren Firmen waren verschwunden oder waren durch Großunternehmen geschluckt worden. Es wurde bereits darauf hingewiesen, dass 40% der größten Unternehmen der Welt sich in der EU befinden. S. Anderson und J. Cavanagh vergleichen das gesamte Bruttonationalprodukt kleinerer Nationalstaaten mit dem Gesamtumsatz der weltgrößten Unternehmen; es zeigt sich, dass die Hälfte der größten Einheiten multinationale Konzerne sind. General Motors, Daimler-Chrysler und drei andere Korporationen haben einen höheren Umsatz (mehr als 160 Mrd. $) als das Bruttoinlandsprodukt von Staaten wie Polen, Norwegen oder Griechenland.[8] Diese Autoren schließen, dass diese großen Konzerne heute mächtiger sind als viele Nationalstaaten der Welt. Andere Autoren haben diese Folgerungen allerdings kritisiert.[9] Wie dem auch sei, es steht außer Frage, dass multinationale Konzerne, die oft Hunderttausende von

---

[8] »The rise of corporate power«, Institute for Policy Studies, Dez. 2000; verfügbar auf: http//:www.ips-dc.org/downloads/Top_200.pdf.
[9] Paul de Grauwe/Filip Camerman, »How big are the big Multinational Companies?« University of Leuven/Belgian Senate 2002; verfügbar auf: http:www.econ.kuleuven.ac.be/ew/academic/intecon/Degrauwe/.

Arbeiternehmern beschäftigen und 50 und mehr Produktions- und Verteilungsstätten rund um den Globus haben, einen massiven ökonomischen und politischen Einfluss haben.

Warum sind diese riesigen Korporationen im westlichen Kapitalismus überhaupt entstanden?[10] Die Haupterklärung in diesem Zusammenhang heißt Effizienz. So heißt es schon in der großen wirtschaftshistorischen Studie von Alfred Chandler: »Das moderne Wirtschaftsunternehmen mit zahlreichen Einheiten ersetzte das kleine, traditionelle Unternehmen, sobald administrative Koordination größere Produktivität, geringere Kosten und höhere Profite ermöglichte als Koordination durch Marktmechanismen« (Chandler 1977: 6; hier zitiert nach van Apeldoorn/Horn 2005). Diese Erklärung, die auch dem Transaktionskostenansatz in der Ökonomie entspricht, wurde sowohl aufgrund von systematischen wie historischen Gründen in Frage gestellt. Aus historischer Sicht wurde gezeigt, dass die Entwicklung der modernen Korporationen auch durch Machtkämpfe um die Eigentumskontrolle, wie auch durch politische Kämpfe bestimmt wurde, die Klasseninteressen und den Staat einbezogen (Roy 1997). Diese Kämpfe brachten starke Opposition auch von Seiten kleiner Unternehmer und der Arbeiter mit sich, die sich durch die Macht der neuen Korporationen bedroht fühlten. Systematisch kann man zeigen, dass der Aufstieg der großen Korporationen, wie aller großen Organisationen, nicht immer die Effizienz erhöht, sondern oft auch zu Ineffizienzen, bürokratischer Verschwendung und Extra-Profiten führt (Schumacher 1973; Kohr 1978). Empirische ökonomische Studien haben gezeigt, das kleine und mittlere Unternehmen produktiver und effizienter arbeiten als große (Aiginger/Tichy o.J.).

Eine Folge des Aufstiegs der Wirtschaftskorporationen war die Trennung von Eigentum und Kontrolle. Der Aufstieg der Manager, die heute anstelle der Eigentümer die meisten privaten Großunternehmen leiten, war Gegenstand heftiger Debatten. Heute können wir sagen, dass das, was erfolgt ist, nicht eine Trennung von Eigentum und Kontrolle war (wie die bekannte These von Berle und Means besagt), sondern eine Trennung von Eigentum und Management, insbesondere im Zusammenhang mit der riesigen Expansion der Finanzmärkte in jüngster Zeit. Eigentum an Firmen wurde selbst in eine Ware verwandelt, getrennt vom sozialen Kontext, in welchen eine Firma eingebettet ist (van Apeldoorn/Horn 2005). Als wichtige Hilfsinstitutionen haben sich die Aktienmärkte entwickelt; sie arbeiten als reine Märkte für die Zirkulation von Eigentumsrechten als solchen, als Liquiditätsmechanismen. Auf diese Weise ist das Geld und Finanzkapitel selber eine unabhängige Macht geworden, wie es der Austromarxist und zweimalige deutsche Reichsfinanzminister Rudolf Hilferding schon 1910 dargestellt hatte

---

[10] Im folgenden stütze ich mich auf van Apeldoorn/Horn 2005.

4 Die ökonomischen Eliten

(Hilferding 1968). Als wichtige Hilfsinstitution haben sich die Aktienmärkte entwickelt; sie wirken als reine Märkte für die Zirkulation von Eigentumsrechten als solchen, als Mechanismen der Liquidität. In Westeuropa haben große institutionelle Eigentümer von Unternehmen (wie Banken und Versicherungen) noch bis mehrere Jahrzehnte nach dem Zweiten Weltkrieg den Kapitalismus dominiert. Dieser konnte als »organisierter Kapitalismus« bezeichnet werden, der sich aus einer stabilen Koalition oder »Interessengemeinschaften« von großen Aktieninhabern, Managern und Arbeitern darstellte. Seit den frühen 1990er Jahren hat jedoch eine Vermarktung der Kontrolle der Korporationen stattgefunden, in deren Rahmen die Manager und Firmen immer mehr von Bewegungen auf dem Aktienmarkt abhängig sind (van Apeldoorn/Horn 2005; Windolf 1994). Auf diesem Markt ist die Bewertung der Unternehmensleistung primär auf dem Wert der Aktien begründet. Die Manager müssen sich daher zusehends für diesen Aktienkurs interessieren und weniger für die tatsächliche Produktionskapazität des Unternehmens. In Märkten, wo dieses Prinzip dominiert, erhalten die Aktieninhaber größere Gewinne aus ihren Anteilen und die Einkommen der Manager sind höher als jener in traditionelleren Großunternehmen. Selbst die Gewerkschaften in diesen Unternehmen orientieren sich zunehmend an Effizienz und Leistung (in finanzieller Hinsicht) und weniger an traditioneller gewerkschaftlicher Solidarität (König 1999; Hartmann 2002; Höpner 2003).

Der Prozess der europäischen Integration hat signifikant zum Aufstieg dieses »Aktienkapitalismus« (*shareholder capitalism*) in Europa beigetragen (Windolf 1992; van Apeldoorn/Horn 2005: 20ff; Coen 1997). Die Grundlagen für diese Tendenz wurden durch das interne Marktprogramm gelegt, das seinerseits weitgehend durch den *European Round Table of Industrialists* (ERT) in den 1980er Jahren ausformuliert wurde (Bornschier 2000a). Die Rolle des ERT und seiner führenden Persönlichkeiten ist auch ein herausragendes Beispiel dafür, das zeigt, dass zielstrebige Persönlichkeiten und kohärente Elitenetzwerke einen entscheidenden Einfluss auf historische Ereignisse haben können. Der ERT wurde in den frühen 1980er Jahren durch Pehr Gyllenhammar gegründet, den Generaldirektor (CEO) des schwedischen Autoproduzenten Volvo (vgl. Foto 6). Er argumentierte, dass ein umfassender »Marshall Plan für Europa« notwendig sei, um die wirtschaftliche und industrielle Stagnation zu überwinden (Green Cowles 1995: 504; vgl. auch van Apeldoorn 2000). Gyllenhammar war ein »politischer Mensch«; außer Schwedisch sprach er fließend Französisch und Englisch, unterhielt enge Beziehungen zu führenden Wirtschaftsleuten und Politikern (einschließlich des französischen Präsidenten Mitterand) und trat gern in Kontakt zu den Medien. Er war in der Lage – in enger Zusammenarbeit mit dem EG-Industriekommissar Etienne Davignon – den ERT als eine informelle, aber bestens organisierte und einflussreiche Gruppe europäischer Unternehmer und Topmanagern zu etablieren. 1983 bis 1985 entwickelte diese Gruppe einen umfassenden Plan (ausformuliert auch in einem Papier von Wisse Decker, CEO von Philips) mit dem Namen »*Europa 1990*«. Das Ziel dieses Plans war es, nicht nur

Foto 6:
Pehr Gyllenhammar (geb. 1935), CEO von Volvo (1970-1990) und anderer schwedischer Konzerne; Gründer des *European Roundtable of Industrialists*.
Quelle: ERT

einen voll integrierten Markt zu schaffen, sondern auch Bemühungen zu konzentrieren und anzuregen um strategische Sektoren von Industrie und Forschung in Europa zu stärken. Die Ideen des ERT fanden stärkste Unterstützung unter französischen Politikern und wurden später formell als Ziel der EG/EU in der Einheitlichen Europäischen Akte und dem Maastricht-Vertrag niedergelegt; der letztere schloss (in Abschnitt XIII »Industrie«) das Ziel einer Verstärkung der Wettbewerbsfähigkeit der europäischen Industrie als ebenso wichtig ein wie

4 Die ökonomischen Eliten

jenes der Schaffung eines vollen, freien Marktes zu schaffen. Dieses Ziel führte zu einer »strategischen Industrie- und Handelspolitik«, in dessen Rahmen die EU die Herausbildung »europäischer Champions« unterstützt, auch wenn dies dem Ziel einer Sicherung des Wettbewerbs zuwiderläuft (Berthold/Hilpert 1996: 81ff.). Bemühungen, bestimmte europäische Industrien von äußerem Wettbewerb abzuschirmen und sie zu stärken, betreffen die Automobilindustrie ein (hier wurden Verträge mit Japan und der EU abgeschlossen, die die nationalen Importquoten ergänzen), die Mikroelektronik (Chip-Produktion) und die Luftfahrtindustrie, wo ungeheure Geldbeträge ausgegeben werden (zum großen Teil in Form von Subventionen für Forschung; vgl. auch Feldmann 1993). Aus dieser Sicht ist es nicht überraschend, dass die US-Handelskammer große Bedenken äußerte, nachdem vielfache Klagen von amerikanischen Unternehmen über hinderliche EG-Industriestandards, Grenzformalitäten und Exportlizenzen erhoben worden waren (Egan 2003: 35). Sie wurden auch alarmiert durch die hohen Subventionen der EU für die Luftfahrtindustrie, die in den letzten Jahren 15 Mrd. Euro betrugen (nach US-Quellen); 1992 haben die EU und die USA einen Vertrag abgeschlossen, der solche Subventionen wechselseitig toleriert.[11]

In der zweiten Hälfte der 1990er Jahre wurde das angeblich neoliberale Projekt der Marktintegration weiter vorangetrieben durch eine Reihe neuer Initiativen, die darauf abzielten, auch einen gemeinsamen Finanzmarkt zu schaffen. Das Cardiff Council des Europäischen Rates forderte die Kommission auf, einen Aktionsplan zur Beseitigung der noch bestehenden Hindernisse für einen integrierten Finanzmarkt vorzulegen; in der Folge brachte die Kommission den *Financial Services Action Plan* heraus. Der Aktionsplan der Kommission von 2003 zur »Modernisierung des Unternehmensrechts und Verbesserung der Unternehmensführung« führt diese politische Linie weiter. Ein Meilenstein hierbei war die Einrichtung der Europäischen Währungsunion (EWU) und die Einführung des Euro. Die EU-Kommission legte großen Wert auf Firmenzusammenschlüsse über Grenzen hinweg, deren Anzahl bereits in den 1980er und 1990er Jahren hoch gewesen war, wie im folgenden Abschnitt gezeigt werden wird. Jedoch gab es nur eine sehr kleine Anzahl von Fällen, in denen Fusionen untersagt wurden. In der Periode 1991 bis 2004 gab es in der EU ungefähr 152.000 Firmenzusammenschlüsse; nur 2336 darunter, das heißt 1,7%, wurden der Kommission zur Kenntnis gebracht. Von diesen wiederum wiesen nach Meinung der Kommission nur 5% ernsthafte Probleme im Hinblick auf den Wettbewerb auf, die nicht in der ersten Phase des Verfahrens geklärt werden konnten. Dies bedeutet, dass nur ein äußerst geringer Anteil aller Fusionsaktivitäten (M&A activities) als proble-

---

[11] *Süddeutsche Zeitung*, 1.6.2005, S. 25. Die USA subventionierten die US-Firma Boeing seit 1992 laut EU-Quellen mit 29 Milliarden Dollar.

matisch angesehen wurde (Ilzkovitz/Meiklejohn 2006: 11,22ff.). Es ist daher evident, »dass die Fusionskontrolle der Gemeinschaft im Hinblick auf die Regulierung der Fusionen keine schwere Bürde für die Unternehmen darstellt und ... dass die Kommission in der Anwendung ihrer eigenen Regeln nicht besonders streng ist« (ibidem, S.29).

Foto 7:
Der Euro, Gewinner des Karlspreises 2002. Dieser von Bürgern der Stadt Aachen gestiftete Preis wird »jährlich an verdiente Persönlichkeiten verliehen, die den Gedanken der abendländischen Einigung in politischer, wirtschaftlicher und geistiger Beziehung gefördert haben« (Proklamation von Aachen 1949).
Quelle: Europäische Gemeinschaft, Audiovisueller Dienst

4 Die ökonomischen Eliten 191

Der tatsächliche Einfluss und die Lobbyingaktivitäten der wirtschaftlichen Akteure in Brüssel

Eine wichtige Frage im Hinblick auf den der ökonomischen Eliten betrifft den Lobbyismus. Die Bedeutung dieses Themas ist evident: Es gibt heute keine andere Hauptstadt in der Welt, wo sich in den letzten Jahrzehnten so viele Lobbyisten niedergelassen haben. Es wird geschätzt, das in Brüssel ungefähr 15.000 Personen direkt oder indirekt mit Lobbyaktivitäten für Großunternehmen, Wirtschaftsorganisationen, Gewerkschaften, nationale und regionale politische Gemeinschaften, usw. befasst sind (König 1999: 204ff.; Attac 2006: 58ff.; Balanya et al. 2000). Exakte Daten über die Zahl der Lobbyisten gibt es nicht. Im Jahre 2005 waren 2030 Lobby-Organisationen mit 4007 Beschäftigten beim Europäischen Parlament akkreditiert und etwa 2180 Organisationen im *European Affairs Directory* aufgeführt.[12] Die Ausgabe 2008 dieses *Directory* gibt im Vorwort an, das man mit ihrer Hilfe 20.000 Top-Entscheidungsträger in Brüssel und in der EU finden kann.

Lobbying ist keine neue Erfindung auf der Ebene der EU – es ist auch in Washington sehr wichtig. Es kann auch nicht pauschal diskreditiert werden, weil es auch wichtige Funktionen der wechselseitigen Information zwischen Wirtschaft, Politik und öffentlicher Verwaltung erfüllt. Die Art und Weise, wie sich der Lobbyismus in Brüssel entwickelt hat, ist jedoch aus drei Gründen problematisch. Zum ersten gibt es keine klaren Regelungen über den Lobbyismus, einschließlich der Registrierung von aktiven Personen und Organisationen, über ihre Arbeitsweise und Ähnliches. Es gibt oft einen Austausch zwischen Positionen in der Kommission und einer Karriere als Lobbyist. Zweitens hat die EU-Kommission selber eine allgemein sehr positive Einstellung zum Lobbyismus und stützt sich in umfassender Weise auf Lobbyisten, wenn neue Regulierungen vorgeschlagen werden. Die Art und Weise, wie diese Informationen benützt werden, ist für die allgemeine Öffentlichkeit jedoch sehr intransparent. Zum dritten sind einflussreiche soziale Gruppen und Organisationen, wie Wirtschafts- und professionelle Verbände, unter den Lobbyisten stark überrepräsentiert, während die Gewerkschaften unterrepräsentiert sind (Kirchner 1977; Kirchner/Schwaiger 1981; Kohler-Koch 1996; Greenwood 1998; Eising 2004; Michalowitz 2004). Angesichts des notorischen Demokratiedefizits der EU ist dieser Einfluss des Lobbying zweifellos ein ernstes Problem.

Man kann auch nicht annehmen, dass alle Lobbyisten und alle Lobbying-Aktivitäten in Brüssel sehr erfolgreich sind. Viele kleinere Unternehmen und Verbände mögen Lobbyisten oft nur deshalb einsetzen, um »am Ball zu blei-

---

[12] European Affairs Consulting Group, Interessensvertretungen in Brüssel. Die Arbeiterkammer und ihr Umfeld in der Europahauptstadt, Brüssel 2005 (unveröffentlichter Bericht).

ben«. Die österreichische Politikwissenschaftlerin Irina Michalowitz (2004: 269) hat eine Reihe von politischen Entscheidungen auf der Ebene der EU untersucht und dabei festgestellt, dass Lobbying in vielen Fällen keine große Rolle spielt. Lobbyisten sind vor allem dann erfolgreich, wenn die Absichten ihrer Auftraggeber mit den Hauptzielen der politischen Akteure übereinstimmen. Einer der Gründe für den geringen Einfluss vieler Lobbyisten ist die Tatsache, dass ihre Büros oft sehr klein sind und nur aus einer oder bis zu drei Personen bestehen. Wie kann man diese überraschenden Befunde interpretieren? Zeigen sie, dass die Wirtschaftseliten insgesamt keinen so starken Einfluss auf die europäische Integration haben wie es hier behauptet wird? Es mag auf der einen Seite tatsächlich stimmen, dass die Wirtschaftseliten nicht so häufig und direkt in politische Prozesse intervenieren, wie es manche Autoren und anti-kapitalistische NGOs behaupten. Es wäre aber doch sehr irreführend zu sagen, dass der Lobbyismus in Brüssel kein Problem darstellt. Wie bereits festgestellt, wirkt der Lobbyismus in seiner derzeitigen Form eindeutig zugunsten von Großunternehmen und mächtigen Gruppen. Multinationale Konzerne und starke Wirtschaftsverbände haben auch viele informelle Möglichkeiten wichtige Entscheidungen zu beeinflussen. Ein Beispiel war die EU-Richtlinie über Bankbilanzen von 1987, die in maßgeblicher Weise durch den Bundesverband Deutscher Banken beeinflusst worden ist (Coen 1997; König 1999: 200ff.). Ein ähnliches Bild ergibt sich aus einer Fallstudie über die Einrichtung von EADS, der *European Aeronautic Defense and Space Company*, einem Gemeinschaftsunternehmen von Großfirmen in Deutschland (Daimler-Chrysler), Frankreich (Aérospatiale-Matra) und Spanien (CASA), die den Airbus und die Eurofighter produziert. EADS wurde als ein enges Netzwerk zwischen den beteiligten Firmen gegründet. Die Europäische Kommission und die beteiligten Regierungen der Mitgliedsstaaten spielten dabei eine entscheidende Rolle (Bockstette 2002). Die beteiligten Firmen verwendeten ihre finanziellen Mittel für massive Public Relations-Aktivitäten; es gab keinerlei Gegen-Lobby zu ihnen. Auch einzelne Manager, wie Jürgen Schrempp (von Daimler-Chrysler) oder Jean-Luc Lagardère (von Aérospatiale) spielten eine ausschlaggebende Rolle.[13] Zum zweiten ist festzustellen, das der Kern vieler Lobbyingaktivitäten genau darin besteht, ohne große Öffentlichkeitswirksamkeit zu agieren. Es ist vielfach entscheidend für den Erfolg einer Aktivität, eine ganz spezielle entscheidungsbefugte Person in der Kommission oder im Parlament zu kennen und zur richtigen Zeit zu intervenieren (Hörmann 1997). Dies ist für große Büros viel leichter als für kleine. Zum dritten gilt, das die Öffentlichkeit in der gesamten EU sich dieser Fakten recht gut bewusst ist (Näheres dazu weiter

---

[13] Man kann hier erwähnen, dass Schrempp auch der Architekt der »Heirat« zwischen Daimler-Benz und Chrysler war, die sich später (2006/07) als ein gigantischer Flop entpuppte; Schrempp wurde 2005 seiner Position enthoben.

unten). Man muss daher folgern, dass der Lobbyismus, solange er in seiner gegenwärtigen Form in Brüssel weiter besteht, signifikant zum »Europaskeptizismus« unter dem allgemeinen Publikum beitragen wird. Betrachten wir die Probleme in diesem Zusammenhang näher.

Die öffentliche Wahrnehmung von Macht und Einfluss der Grossunternehmen in Brüssel

Es gibt zwei Datenquellen zur öffentlichen Wahrnehmung des Lobbyismus in Brüssel in den Mitgliedsstaaten der EU. Die erste ist eine kleine Bevölkerungsumfrage in Österreich[14] und Interviews mit Politikern und Kommissionsmitgliedern in Brüssel im Frühjahr 2006 (Haller/Ressler 2006a). Die Absicht dieser Studien war, Unterschiede in der Wahrnehmung und den Einstellungen von Eliten und Bürgern zu erforschen. Beiden Gruppen wurden dieselben Fragen über den Einfluss verschiedener Gruppen in Brüssel gestellt. In der Bevölkerungsumfrage wurden in einer standardisierten Frage neun Gruppen genannt und die Befragten sollten angeben, ob der Einfluss dieser Gruppen ihrer Meinung nach sehr hoch, gerade richtig oder zu schwach war. Es wurde bereits in Kapitel 1 gezeigt, das eine tiefe Kluft entstanden ist zwischen Bürgern und Eliten im Hinblick auf die Bedeutung und den Zweck des Lobbyismus in Brüssel. In der vorhin genannten Bevölkerungsumfrage in Österreich zeigte sich, das die interviewten Bürger sehr kritisch waren, während die politischen Eliten (Europaabgeordnete und hohe EU-Beamte) nur positive Aspekte am Lobbying sahen. In ihrer Sicht ist Lobbying ein unverzichtbares und notwendiges Instrument für Politiker und EU-Beamte, um relevante Informationen für neue politische Initiativen, Regulierungen und Gesetze zu erhalten. Problematische Aspekte des Lobbying aus der Sicht von Transparenz und demokratischer Verantwortlichkeit wurden kaum genannt.

Die zweite Datenquelle ist eine kleine Studie, die eigens für dieses Buch unter 250 Bürgern in neun Mitgliedsländern der EU im Zusammenhang mit den Europawahlen im Juni 2004 durchgeführt wurde. Auch hier wurde eine Frage gestellt über jene Gruppen in Brüssel, von welchen man glaubte, das sie sehr viel Einfluss und Macht haben und solche, die zuwenig Einfluss haben (vgl. *Abbildung 4.1*). Die Ergebnisse zeigen eine scharfe Unterscheidung zwischen zwei Gruppen: auf der einen Seite finden sich jene, die man als sehr mächtig betrachtet und auf der anderen Seite jene, die man als zu schwach betrachtet. Die machtvollen Akteure beinhalten große Mitgliedsstaaten, multinationale Konzer-

---

[14] Die Studie umfaßte 300 Personen im Bundesland Steiermark und wurde im Frühjahr 2006 durchgeführt (vgl. Haller/Ressler 2006a).

ne und politische Eliten. Zu wenig Einfluss wird kleinen Mitgliedsländern, kleinen und mittleren Unternehmen, den Arbeitslosen und den einfachen Bürgern zugeschrieben. Wenn wir annehmen, das der gewöhnliche Bürger »die Demokratie am stärksten notwendig hat, um seine Interessen und Wünsche durchzusetzen« (Fabbrini 2003: 126), muss man es wohl als alarmierendes Resultat betrachten, das weniger als 1% der von uns Befragten diesen Bürgern einen hohen Einfluss im politischen System der Europäischen Union zuschreiben. Ein ganz ähnliches Bild ergibt sich in den Antworten auf eine offene Frage, die im Anschluss an diese standardisierte Frage gestellt wurde. Auf die Bitte selber anzugeben, welche Gruppen in Brüssel zu viel Einfluss haben, wurden vor allem drei genannt: große Mitgliedsstaaten (27%), multinationale Konzerne (17%) und Politiker (9%); nur 13% der Befragten gaben an, das es keine solchen Gruppen gebe. Bei jenen Gruppen, deren Interessen nach Meinung der Befragten in Brüssel nicht ausreichend repräsentiert sind, lagen kleine Mitgliedsstaaten (21%) an der Spitze, gefolgt von Armen und benachteiligten Bevölkerungsgruppen (10%). Zusätzlich wurden hier eine Reihe weiterer Gruppen genannt, wie Arbeiter, Pensionisten, Konsumenten, Minderheitengruppen, Einwanderer und Behinderte.

Abbildung 4.1: Bewertung des Einflusses verschiedener Gruppen auf die EU-Politik

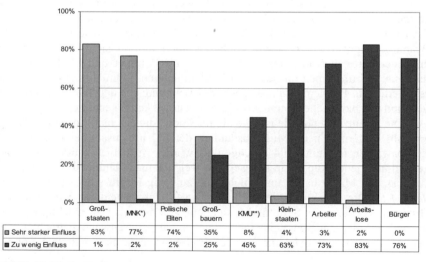

*) MNK: Multinationale Konzerne
**) KMU: Kleine und mittlere Unternehmen
Quelle: Special European Survey 2004, N=250 (9 EU-Mitgliedsstaaten)

4 Die ökonomischen Eliten   195

Die Ergebnisse dieser kleinen Studie wurden durch eine neue EU-weite Studie der unabhängigen Organisation *Open Europe* (London) bestätigt: von den im Jahre 2007 interviewten 17.443 Personen waren 56% der Meinung, dass die EU die einfachen Menschen nicht repräsentiert. (Die detaillierten Ergebnisse dieser Studie werden in Kapitel 6 dargestellt).

Die europäischen politischen Eliten scheinen sich dieser äußerst kritischen – und realistischen – Wahrnehmung der Machtstruktur in der EU durch die Öffentlichkeit kaum bewusst zu sein. Wenige Tage nach den Europawahlen von 2004 trafen sich der französische Präsident Chirac und der deutsche Bundeskanzler Schröder – beide hatten in den Europawahlen starke Verluste erlitten – in Aquisgrana in Frankreich und kündigten an, eine Gruppe von deutsch-französischen Industriellen einzurichten, deren Aufgabe es sein sollte, sich regelmäßig mit den Regierungen zu treffen und neue Strategien für die Industriepolitik auszuarbeiten.[15] Man hörte von keinerlei vergleichbarem Vorschlag der politischen Eliten, der in die Richtung gegangen wäre, den Arbeitern, Arbeitslosen oder einfachen Bürgern mehr Mitsprache einzuräumen.

4.4 Umverteilung von unten nach oben: die Agrarpolitik der Europäischen Union

Die gemeinsame Agrarpolitik (GAP) der EU ist einer der Grundpfeiler der europäischen Integration. In diesem Bereich ist es am stärksten der Fall, dass das Vorherrschen von sektoralen Interessen, von Kollusionen (geheimen Abstimmungen) zwischen den Interessen von wirtschaftlichen, politischen und bürokratischen Eliten auf Kosten der Bürger, aber auch der ideologische Appell an hehre Ideale und Werte, ganz bestimmte Teilinteressen verbergen. So wurde festgestellt, das »die GAP ein herausragendes Beispiel dafür ist, was passiert, wenn es keine wirkliche Beziehung zwischen den EU-Institutionen und den EU-Bürgern gibt« (Fouilleux 2003: 251). Ökonomen und politische Wissenschaftler diskutieren heute nicht mehr über den Erfolg oder das Fehlschlagen dieser Politik – die Mehrheit betrachtet sie, trotz partieller Erfolge, als Misserfolg – sondern vor allem über die Gründe, warum sie noch immer nicht in einer radikalen Weise reformiert werden konnte. Es scheint in diesem Zusammenhang daher unerlässlich zu sein, einen Abschnitt der gemeinsamen EU-Agrarpolitik zu widmen. Dafür sprechen zwei Gründe: erstens, weil es der größte Ausgabenposten im EU-Budget ist; zweitens weil die GAP einen paradigmatischen Fall für die Kluft

---

[15] *La Stampa* (Torino), 15.6.2004, S. 15.

zwischen Eliten und Bürgern darstellt. Drei Themen sollen hier behandelt werden: das Gewicht der Landwirtschaftsausgaben im EU-Budget, der historische und ideologische Hintergrund und die heutige Arbeitsweise der Gemeinsamen Agrarpolitik.

Die perverse Verteilung der Ausgaben im EU-Budget

Das Budget einer politischen Gemeinschaft gibt aus der Sicht der Finanzsoziologie eine konzentrierte Information über ihre tatsächlichen politischen Prioritäten (Goldscheid/Schumpeter 1976; Ardi/El-Agraa 2004). Wenn man das EU-Budget betrachtet (vgl. *Tabelle 4.3*), zeigt sich eine Situation, die man geradezu als pervers bezeichnen muss. Sie steht in deutlichem Gegensatz zur Selbstpräsentation dieses Budgets durch die EU, die den Titel trägt »Investition in Wachstum und mehr und bessere Jobs. Auseinandersetzung mit heutigen Bedürfnissen – Errichtung einer Grundlage für die Zukunft.« Im Jahre 2006 ging der größte Brocken des EU-Budgets von 121 Mrd. Euro – 54,8% oder 66 Milliarden – in den Bereich der Landwirtschaft und der größte Teil davon wieder in direkte Maßnahmen der Marktunterstützung. Der Anteil dieser Ausgaben wurde im Vergleich zum Vorjahr nicht reduziert. Die Größe und das Gewicht der Agrarausgaben kann nicht durch das Argument relativiert werden – wie es meist wird – indem man auf die Tatsache verweist, das das EU-Budget insgesamt nur 1% des Bruttonationaleinkommens aller Mitgliedsstaaten darstellt. Die EU-Ausgaben für die Landwirtschaft allein haben ziemlich genau den gleichen Umfang wie das Gesamtbudget des Staates Österreich – ein mittelgroßes Mitgliedsland der EU. Man kann auch sagen, dass die EU allein mehr für Landwirtschaft ausgibt, als die Hälfte ihrer Mitgliedsstaaten insgesamt zur Verfügung haben. Dies muss wohl als eine absonderliche Situation in einer Zeit betrachtet werden, in der die Landwirtschaft in den meisten Mitgliedsstaaten weniger als 5% der Beschäftigten umfasst und nur ein bis drei Prozent zum Bruttonationalprodukt beisteuert. Die Charakterisierung dieses Budgets als eines »historischen Relikts« durch international anerkannte Experten mag der Wahrheit wohl sehr nahe kommen.[16]

Wie ist es zu einer solchen Situation gekommen? Die folgenden Probleme sollen hier diskutiert werden: der historisch-institutionelle Hintergrund der GAP; ihre ursprünglichen Ziele; die Entscheidungsprozesse innerhalb der GAP; und ihre Resultate in verschiedenen Aspekten.

---

[16] André Sapir et al. (2003), A New Agenda for a Growing Europe. Making the EU Economic System Deliver, Report of an Independent High-Level Study Group, Juli 2003.

4 Die ökonomischen Eliten

Tabelle 4.3: Der EU – Haushalt 2007 (Ausgabenschätzungen) und Veränderungen gegenüber 2006

	Haushalt 2007 (%)	Veränderung gegenüber 2006
Nachhaltiges Wachstum	**54,9**	**15,4%**
Wettbewerbsfähigkeit *einschließlich*	9,4	18,6%
Allgemeine und berufliche Bildung	0,9	31,0%
Forschung	5,5	3,6%
Wettbewerbsfähigkeit und Innovation (Informationsgesellschaft*)	0,4	53,6%
Energie und Verkehrsnetze	1.0	32,9%
Sozialagenda	0,2	8,6%
Kohäsion *einschließlich*	45,5	14,8%
Konvergenz	35,5	16,8
Regionale Wettbewerbsfähigkeit und Beschäftigung (Regionale Entwicklung*)	9,0	11,5%
Kohäsionsfonds – Investitionen in Umwelt und Verkehr	6.0	17.5%
Territoriale Zusammenarbeit	1,1	-11,7%
Natürliche Ressourcen *einschließlich*	**56.3**	**1,0%**
Umwelt	0.2	17,9%
Ausgaben für die Landwirtschaft und Direkthilfen	42,7	0,6%
Entwicklung des ländlichen Raums	12,4	3,0%
Freiheit, Sicherheit und Recht *einschließlich* Grundrechte und Justiz, Sicherheit und Freiheitsrechte, Migrationsströme	0,6	12,8%**
Unionsbürgerschaft *einschließlich* öffentliche Gesundheit und Verbraucherschutz	0,6	0,8%**
EU als globaler Partner *einschließlich*	**6,8**	**4,5%**
Beitrittsvorbereitung	1,3	16,5%
Europäische Nachbarschaft	1,4	11,1%
Entwicklungszusammenarbeit	2,2	-5,4%
Humanitäre Hilfe	0,7	3,1%
Demokratie und Menschenrechte	0,1	9,6%
Gemeinsame Außen- und Sicherheitspolitik	0,2	55,2%
Stabilitätsinstrument	0,1	143,6%
Verwaltung *einschließlich*	**6,9**	**5,1%**
Europäische Kommission	3,3	5,3%
Andere Institutionen	2,6	4,8%
Ausgleichszahlungen zugunsten der neuen Mitgliedsstaaten	**0,4**	**-58,6%***
Insgesamt (in Mrd. Euro)	**126,5**	**5,0%**

* Bezeichnung im Haushalt 2006
** Ohne Berücksichtigung einiger Übergangsfonds für die neuen Mitgliedsstaaten, die gemäß den Beitrittsverträgen auf 77 Millionen Euro für 2006 festgesetzt sind.
*** Gemäß den Beitrittsverträgen festgesetzte Beträge
Quelle: http://ec.europa.eu/budget/library/publications/budget_in_fig/dep_eu_budg_2006_en.pdf#sear%20ch=%22eu%20budget

Die historischen und ideologischen Grundlagen der gemeinsamen Agrarpolitik

Nach dem Zweiten Weltkrieg stellte die Landwirtschaft in Europa einen sehr wichtigen Sektor, aber auch einen Problembereich dar: in den frühen 1960er Jahren arbeiteten etwa 20 bis 25% der Beschäftigten in der EWG in der Landwirtschaft und sie trug 10% und mehr zum Bruttonationalprodukt bei. Zur gleichen Zeit begann jedoch eine starke Landflucht und die Einkommen der Bauern fielen hinter jenen aller anderen Sektoren zurück; zu dieser Zeit dominierten in den meisten Mitgliedsstaaten kleine und ineffiziente Betriebe und eine unüberschaubare Vielfalt von Regulierungen existierte nebeneinander (Fennell 1987: 1ff.; Tracy 1989: 215ff.). Angesichts des Ziels einen gemeinsamen Markt zu schaffen, war es daher unerlässlich auch ein gemeinsames institutionelles Rahmenwerk für die landwirtschaftliche Produktion einzurichten. Für diese Politik setzte man sich die folgenden Ziele: die Sicherstellung der Versorgung mit Grundnahrungsmitteln; Garantie der Stabilität der Märkte für landwirtschaftliche Produkte; Sicherstellung eines adäquaten Einkommens für die Bauern; Verbesserung der Effizienz der landwirtschaftlichen Produktion. Später wurden weitere Anliegen wie Nahrungsmittelsicherheit und Umweltschutz hinzugefügt (El Agraa 2004b: 355).

Die Gründungsväter der europäischen Integration hatten jedoch nicht nur diese Ziele im Auge; sie waren auch durch soziale, politische und kulturelle Faktoren beeinflusst, die zu dieser Zeit wirksam waren. Schon am Ende des 19. Jahrhunderts hatten Herausforderungen durch den überseeischen Wettbewerb zu einer ersten Welle von Protektionsmaßnahmen in der Landwirtschaft geführt (besonders in Frankreich und Deutschland), die eine »schwere Hypothek für Europa« darstellten (Tracy 1989: 32). Nur Dänemark und die Niederlande antworteten auf diese Probleme mit konstruktiven Reformen, durch welche ihre Landwirtschaft gestärkt und die Grundlage für ihre bis heute hohe Produktivität gelegt wurde. Die öffentlichen Interventionen im Farm-Sektor nahmen im Zuge der Weltwirtschaftskrise der 1930er Jahre stark zu und noch mehr während des Zweiten Weltkriegs – trotz kontinuierlicher internationaler Bemühungen, die Märkte für landwirtschaftliche Produkte zu liberalisieren.[17] In dieser Periode propagierten nicht nur die Nationalsozialisten in Deutschland, sondern auch führende französische Politiker (so etwa Henri Philippe Pétain, Oberbefehlshaber der französischen Armee im Ersten Weltkrieg und französischer Präsident zur Zeit der Besetzung durch Hitler) das Ziel der Selbstgenügsamkeit in der Nahrungsmittelproduktion und eine Philosophie der Rückkehr zum Land (*retour à la*

---

[17] Solche Bemühungen waren etwa die *Brussels Sugar Convention* von 1902, die Gründung des *International Institute of Agriculture* 1905, und das *International Wheat Agreement* von 1933 (Tracy 1989: 139ff.).

terre). Auch in Frankreich wurde eine umfassende Bauernorganisation (die *Corporation Paysanne*) eingerichtet, sehr ähnlich Hitlers *Reichsnährstand* in Deutschland. Zu dieser Zeit war in ganz Europa die Ideologie des bäuerlichen Familienbetriebes als Grundpfeiler von Gesellschaft und Demokratie sehr einflussreich.

Zwei Folgen dieser Tendenzen waren entscheidend: zum ersten wurden die früher eingeführten protektionistischen Maßnahmen nicht beseitigt (wie ursprünglich beabsichtigt), sondern beibehalten, sodass die Weltmärkte in ein noch größeres Chaos stürzten (Tracy 1989: 143). Zum zweiten entstanden einflussreiche Bauernorganisationen und Gewerkschaften – ein Trend, der sich in den Jahren nach dem Zweiten Weltkrieg noch verstärkte.[18] Diese Organisationen waren sehr erfolgreich ihren Bemühungen Einkommen und Preisgarantien für die Landwirtschaft zu erhalten; bedingt durch ihre ideologische Nähe zu den konservativen christlich-demokratischen Regierungen, die zu dieser Zeit in mehreren Ländern an der Macht waren, hatten sie einen privilegierten politischen Zugang. Zusätzlich wendeten die Bauern vielfältige und effiziente außerparlamentarische Taktiken an, um ihre Interessen durchzusetzen; so Besetzungen von EU-Büros und Demonstrationen in Brüssel und bei EU-Treffen, bei denen oft erhebliche Gewalt angewandt wurde.

Mechanismen der Umverteilung von unten nach oben

Die EU-Landwirtschaftspolitik verwendet drei hauptsächliche Instrumente (vgl. Koester/El-Agraa 2004: 371ff.[19]): (1) Importregulierungen und Tarife für die wichtigsten landwirtschaftlichen Produkte (Weizen, Zucker, Milch, Rindfleisch), aber auch für viele andere Produkte; hier werden Schwellenpreise festgesetzt, die meist weit über den Weltmarktpreisen liegen. (2) Interne Marktregulierungen, wie Interventionspreise und Ankäufe von Produkten durch die EU, wenn der Marktpreis unter diese Interventionspreise fällt; direkte Zahlungen an Bauern, die bestimmte Erzeugnisse herstellen – ein zentrales Element; Produktionsquoten, die 1984 eingeführt wurden, um mit der zunehmenden Überproduktion und dem Auftreten extremer Differenzen zwischen internen Preisen und Weltmarktpreisen zu Rande zu kommen; Verbraucherpreisstützungen für spezifische landwirtschaftliche Erzeugnisse; weitere Marktregulierungen für wichtige Produkte

---

[18] In Großbritannien war die stärkste die NFU – National Farmers Union, in Frankreich die FNSEA – Fédération Nationale des Syndicats des Exploitants Agricoles, in Deutschland der DBV – Deutscher Bauernverband.
[19] Vgl. auch die konzise Zusammenfassung in http://wikipedia.org/wiki/Common_Agricultural_ Policy, and http://wikipedia.org/wiki/Agricultural_subsidy.

(vor allem Weizen), detaillierte Interventionspreise, Prämienzahlungen, usw. (3) Exportregulierungen und Subventionen: diese wurden wichtig, als sich die EG/EU von einem Importeur zu einem Exporteur landwirtschaftlicher Produkte entwickelte. In der Folge von zunehmendem Druck seitens der USA, der GATT und von WTO-Vereinbarungen in der Uruguay-Runde (1986-1994) mussten diese Subventionen jedoch reduziert werden.

Wie arbeiten die Entscheidungsprozesse in der EU im Bereich der Landwirtschaftspolitik? Die meisten Forscher stimmen darüber überein, dass dieser Prozess eindeutig die Interessen des Landwirtschaftssektors auf Kosten der allgemeinen Bevölkerung und der Konsumenten bevorzugt. Es ist erstens ein äußerst komplizierter Prozess mit einer undurchschaubaren Struktur. Es ist sehr viel schwieriger, etwas zu kritisieren, das sehr kompliziert ist. Um nur ein Beispiel zu geben: allein für die verschiedenen Arten von Preisen, die notwendig sind um spezielle Subventionen auszuzahlen, gibt es zehn unterschiedliche Begriffe.[20] Zweitens gibt es eine strukturelle Differenz zwischen den Interessen von Bauern und jenen der allgemeinen Öffentlichkeit – Konsumenten und Steuerzahler –, die die Subventionen für den Landwirtschaftssektor bezahlen müssen: für die ersteren sind die Subventionen direkt und spürbar; für die letzteren sind sie jedoch gering. Zusätzlich dazu sind die ersteren bestens organisiert und politisch sehr einflussreich. Die Bürger und Wähler sind dagegen kaum in der Lage ihre Präferenzen klar zu machen, weil sie nicht über die relevanten Informationen verfügen; das Gegenteil ist der Fall bei landwirtschaftlichen Produzenten (Koester 1977: 154ff.). Zum dritten gilt: die Entscheidungsprozesse im politischen System der EU favorisieren die Landwirtschaftsproduzenten auf Kosten der Konsumenten (Tracy 1989: 333ff.; Koester 1996): die Landwirtschaftsminister haben in ihren Entscheidungen einen breiten Spielraum und sie nützen diesen zugunsten des landwirtschaftlichen Sektors aus, während sie die Interessen der breiteren Bevölkerung eher vernachlässigen; die Praxis der Einstimmigkeit im Rat der EU-Landwirtschaftsminister führt zu komplizierten »Paketvereinbarungen«, die jedem irgendetwas zugestehen, aber oft weit von den ursprünglichen Vorschlägen der Kommission entfernt sind; die Kommission selber stimmt solchen Kompromissen oft viel zu rasch zu; auch das Europäische Parlament wird durch die Farm-Lobby häufig beeinflusst. Ein weiterer einflussreicher Akteur, der eine Fortsetzung dieser Agrarpolitik fördert, ist der europäische Bürokrat, der »seine Karriere besser fördern kann, indem er gute Beziehungen mit den Vertretern jenes Sektors aufrecht erhält, für welchen er beschäftigt ist, anstelle für un-

---

[20] Vier betreffen interne Marktpreise (target price, guide price, norm price and basic price), drei interne Preisstützungen (intervention price, withdrawal price, minimum price), und drei Export- und Import-Stützungen bzw. Regulierungen (threshold price, sluice-gate price and reference price; vgl. Fennell 1987: 99).

4 Die ökonomischen Eliten 201

populäre Reformen zu plädieren« (Tracy 1989: 362f.). Mit etwa 5.000 Beamten ist das Generaldirektorat Landwirtschaft und ländliche Entwicklung ein riesiger bürokratischer Apparat, mit Abstand das größte aller GDs in der EU-Bürokratie (vgl. Kapitel 5). Insbesondere die Zahlungen für die Exportsubvention führen zu einen hohen administrativen Aufwand für die Sammlung der relevanten Informationen (Koester/El Agraa 2004: 375).

Was war das Resultat dieser Politik, die von einem Ökonomen, der grundsätzlich sehr positiv zur EU eingestellt ist, als ein »zentraler politischer Misserfolg« bezeichnet wird (El-Agraa 2004b:365)? Auf der einen Seite erreichte die GAP einige ihrer wichtigsten Ziele: das Angebot an Grundnahrungsmitteln wurde sichergestellt; die Marktpreise wurden stabilisiert; die Einkommen der Landwirte sind sicherlich höher als sie es ohne GAP wären; und vielleicht das Wichtigste von allen: die Problematik der Landwirtschaft verhinderte nicht den Integrationsprozess insgesamt. Einige dieser Erfolge sind jedoch nicht auf die gemeinsame Agrarpolitik zurückzuführen. So war etwa der enorme Zuwachs im Nahrungsmittelangebot hauptsächlich das Ergebnis technischer Fortschritte und der allgemeinen »Dynamik der einzelnen Bauern in einem System freier Unternehmen« (Tracy 1989: 335). Aber auch die direkten Kosten und die Widersprüche der GAP sind erheblich. Erwähnt wurden bereits die Nachteile für Konsumenten und Steuerzahler. Es ergaben sich jedoch weitere unvorhergesehene Folgewirkungen, insbesondere im Hinblick auf die Verteilung von Kosten und Nutzen. Vier Typen von Konsequenzen sind besonders bemerkenswert.

Erstens führte die Zunahme der Produktivität der Landwirtschaft im Zusammenhang mit den großzügigen EU-Subventionen in vielen Bereichen zu einer Überproduktion. Die ersten Antworten darauf waren absonderlich und erzeugten in ganz Europa Abscheu, wie etwa die Vernichtung vollwertiger landwirtschaftlicher Produkte. Später wurden diese Produkte gehortet (»Butterberge«) und Quotensysteme im Hinblick auf die Produktion eingeführt. Solche Systeme werden von Ökonomen üblicherweise abgelehnt, weil sie der Idee einer Zollunion widersprechen, die besagt, dass die Produktion sich in jene Regionen und auf jene Unternehmen verlagern sollte, die am effizientesten sind. Sie werden jedoch von Politikern und Bürokraten sehr geschätzt, denn »je höher der administrative Aufwand, desto besser die Aussichten für Jobs und Karrieren« (Koester/El-Agraa 2004: 378).

Eine zweite Folge der GAP ist, dass unterschiedliche Länder sehr unterschiedlich davon profitieren: die weit verbreitete Ansicht, das der erste Anstoß für die Integration ein Kompromiss zwischen den französischen Bauern und den deutschen Industriellen war (R. Dahrendorf), ist nicht richtig; vielmehr sind beide Länder Netto-Zahler in der GAP, während die Hauptgewinner Länder wie Dänemark, die Niederlande und Irland sind. Selbst die südeuropäischen Länder erhielten weniger Subventionen für ihre landwirtschaftlichen Produkte als diese Länder (Buckwell et al. 1982: 136).

Tabelle 4.4: Die Disproportionalität der Direktzahlungen an die Landwirte in der EU-15 (Von den Farmen erhaltene Summen nach Größenklassen der Betriebe)

Größenklassen der landwirtschaftlichen Betriebe	Zahlung pro Betrieb (in Euro)	% der Betriebe in der Größenklasse	Zahl der Betriebe in der Größenklasse	% Zahlungen an alle Betriebe der Größenklasse
0 – 1.25	405	53,8	2,397,630	4.3
1.25 – 2	1,593	8.5	380,000	2.7
2 – 5	3,296	16.3	726,730	10.7
5 – 10	7,128	9.2	409,080	13.0
10 – 20	13,989	6.8	303,500	19.0
20 – 50	30,098	4.1	184,100	24.8
50 – 100	67,095	0.9	41,700	12.5
100 – 200	133,689	0.2	10,720	6.4
200 – 300	241,157	0.1	2,130	2.3
300 – 500	376,534	0.03	1,270	2.1
Über 500	768,333	0.01	610	2.1

Quelle: Baldwin 2005, S. 17 (Datenquelle: Europäische Kommission, Landwirtschaft in der EU – Statistik und Information, 2002).

Zum dritten hat der Wandel in der Struktur der Landwirtschaft – Abnahme kleiner Bauernbetriebe, Aufstieg von Agrarunternehmen – zu einer perversen Art von Umverteilung geführt. Preissubventionen fördern die Großproduzenten, da der Nahrungsmittelkonsum einen größeren Anteil der Ausgaben von armen Haushalten darstellt. Man muss daher sagen, dass »der Transfer von Konsumenten zu Produzenten regressiv ist, das heißt, er verläuft vor allem von Armen [Konsumentenhaushalten] zu Reichen [Produzenten]« (Buckwell et al. 1982: 166). *Tabelle 4.4* zeigt die Verteilung der Landwirtschaftsbetriebe in der EU-15 nach Größenklassen, den mittleren Subventionsbetrag, den ein Landwirtschaftsbetrieb in jeder Klasse erhält und die Gesamtzahlung an diese verschiedenen Größenklassen. Man sieht hier, das mehr als die Hälfte der Bauern sich in der niedrigsten Größenklasse befinden (53,7%), dass aber jeder von ihnen nur 405 Euro erhält, und sie alle zusammen nur 4,3% der gesamten Agrarzahlungen. Am oberen Ende erhält eine dünne Schicht von nur 610 landwirtschaftlichen Großbetrieben in der EU (0,01% aller Betriebe) 786.333 Euro pro Farm. Die 56.430 sehr großen Landwirtschaftsbetriebe (Größenklassen 50 und mehr), das sind 12,1% aller Betriebe, erhalten 25% aller EU-Subventionen. Es gilt daher, dass »praktisch jeder große Bauer in der EU einen großen Scheck erhält. Die 4.000 größten Farmer erhalten etwa den gleichen Anteil an den EU-Subventionen (6%) wie die

4 Die ökonomischen Eliten

2,7 Millionen Kleinstbauern zusammen. Da die Besitzer der größten Landwirtschaftsbetriebe zu den reichsten Bürgern in der EU gehören, ist die gemeinsame Agrarpolitik eine umgekehrte Robin-Hood-Politik« (Baldwin 2005: 17). Nicht nur die größten landwirtschaftlichen Betriebe, sondern auch Unternehmen der Nahrungsmittelverarbeitung und -verteilung in Europa sind Empfänger riesiger Geldsummen aus der GAP. Dieses Thema wurde in den letzten Jahren in der gesamten EU-Öffentlichkeit diskutiert und es hat die EU dazu geführt von ihren Mitgliedsstaaten zu verlangen, die Zahlen über die Großempfänger von landwirtschaftlichen Subventionen zu veröffentlichen. Bislang wurden diese Zahlen von den nationalen Regierungen und der EU als »top secret« betrachtet. dies bestätigt neuerlich, dass die Interessen der ökonomischen Eliten und ihrer Beziehungen zu den politischen Eliten zur Debatte gestellt werden müssen.

Es zeigte sich nun, dass in den Niederlanden und in Dänemark, zwei der größten Produzenten landwirtschaftlicher Produkte in der EU, die zehn Spitzenbezieher von EU-Subventionen nicht weniger als 35% (Niederlande) bzw. 22% (Dänemark) aller Unterstützungen erhielten; in Schweden und Portugal waren die entsprechenden Anteile 9% und 5%. Unter der Liste von Großunternehmen, die Subventionen aus verschiedenen EU-Quellen erhalten, sind die ersten vier multinationale landwirtschaftliche Unternehmen.[21] Zu ihnen gehören (in Klammern die Summen, die sie im Rahmen der GAP 2005 in Euro erhielten): *Tate & Lyle*, eine Firma mit Sitz in England, mit einem Umsatz von 5,5 Mrd. und Produktionsstätten in 29 Ländern (160 Mio.); *Campina Hilversum*, ein holländisches Unternehmen mit einem Umsatz von 3,5 Mrd. Euro und 7.000 Beschäftigten (111 Mio.); *ARLA Foods*, ein dänisches Unternehmen mit einem Umsatz von 6 Mrd. Euro und 20.000 Beschäftigten (95 Mio.); *Danisco*, ebenfalls ein dänischer Produzent von Nahrungsmitteln mit einem Umsatz von 21 Mrd. und 10.000 Beschäftigten in 46 Ländern (68 Mio.); *Czarnikow Sugar*, ein multinationaler Konzern (Weltmarktführer im Bereich von Zucker und Zucker-bezogenen Diensten) mit Hauptsitz in London, gegründet durch einen Russen (58 Mio.).[22] Dies sind nur die Spitzenbezieher von EU-Subventionen. Insgesamt steht außer Zweifel, dass der größere Teil der EU-Agrarsubventionen zu Großfirmen und landwirtschaftlichen Großunternehmen geht, nicht zu den in politischen Sonntagsreden hochgelobten bäuerlichen Familienbetrieben. Für Frankreich wurde geschätzt, das die 15 größten Subventionsempfänger 60% aller direkten GAP-Zahlungen erhalten, die französischen Kleinbauern – insgesamt 70% aller Bauern – jedoch nur 17%.[23]

---

[21] Vgl. www.farmsubsidy.org.
[22] Die Informationen wurden den Websites dieser Firmen entnommen.
[23] Vgl. http://www.oxfam.org/en/news/pressreleases2005/pr051107_france_eu.

Zum vierten muss man feststellen, das die gemeinsame Agrarpolitik viele Problemen mit verursacht, die mit dem Begriff *Festung Europa* verknüpft sind. Mit ihren hohen Subventionen für landwirtschaftliche Produkte trägt die EU zu einem unfairen Wettbewerb auf den Weltmärkten bei. Auch dies ist sehr problematisch, weil es zu einer ähnlich perversen Umverteilung zwischen Reichen und Armen auf der globalen Szene führt. Es wurde bereits festgestellt, dass die billigen (weil subventionierten) EU-Nahrungsmittel auf afrikanischen Märkten die Lebensgrundlage vieler Kleinbauern unterhöhlen, die unter das Subsistenzniveau rutschen, wenn sie ihre Erzeugnisse ebenso billig verkaufen müssen. Nach dem *Human Developement Report 2003* erhielt im Jahre 2000 eine durchschnittliche Milchkuh in der EU 913 US-Dollar an Subventionen, eine Person in Zentralafrika, der ärmsten Region der Welt, jedoch nur 8 US-Dollar.

In ihrem umfassenden und ausgewogenen Überblick schliessen Ulrich Koester und Ali El-Agraa (2004) daher unverblümt: »Die gemeinsame Agrarpolitik hat weitgehend versagt, wenn es um die Erreichung der Ziele geht, die sie sich gesetzt hat.« Viele argumentieren, dass Vorschläge für eine grundlegende Reform sich mehr auf eine Analyse der politischen Entscheidungsprozesse konzentrierten sollten als auf eine Analyse der immanenten Schwächen der Agrarpolitik. Solche Reformen wurden, wie bereits festgestellt, von Beginn an als notwendig angesehen. Während der erste darunter – der Mansholt-Plan der 1960er Jahre – fehlschlug, waren Reformen ab den 1980er Jahren erfolgreicher. Zu dieser Zeit begann der Einfluss des Farmblocks abzunehmen, die Umweltbewegung erhielt mehr Einfluss, die Überproduktion wurde offenkundig zu verschwenderisch und zu teuer und der Druck von Seiten externer Handelspartner nahm zu. Im Jahre 1992 wurden Grenzen für die Subvention von Agrarprodukten (insbesondere Weizen) eingeführt. Im Jahre 2003 initiierte der EU-Kommissar Franz Fischler eine wichtige Reform, die die Subventionen für spezielle Produkte reduzierte und Zahlungen an die Einzelbetriebe einführte. Diese Zahlungen berücksichtigen auch Aspekte der Umwelterhaltung, der Nahrungsmittelsicherheit, der Wohlfahrt der Tiere, und sie setzen Grenzwerte für die Subventionen für Großproduzenten, sowie Anreize für die Entwicklung von landwirtschaftlichem Boden. Ein weiterer Druck auf Reformen ergibt sich aus der EU-Erweiterung im Jahre 2004, die die Anzahl der Bauern in der EU von 7 auf 11 Mio. erhöhte und die landwirtschaftlichen Flächen um 30%. In der Folge wird es unmöglich sein, die bisherigen hohen Unterstützungen weiterzuführen. So wurde eine Übereinstimmung dahingehend erzielt, dass die Bauern in den neuen Mitgliedsstaaten bis zum Jahre 2013 geringere Zahlungen erhalten als in den alten Mitgliedsstaaten.[24] Es ist bemerkenswert und steht in Übereinstimmung mit den allgemeinen Beo-

---

[24] Vgl. http://en.wikipedia.org/wiki/Common_Agriculture_Policy.

bachtungen am Beginn dieses Kapitels, das diese Veränderungen in der gemeinsamen Agrarpolitik viel häufiger Antworten auf externen Druck auf die Union waren, als eine autonome und intelligente Antwort auf die verschiedenen Kritiker der Agrarpolitik innerhalb der EU.

4.5 Die Osterweiterung der EU: Wiedervereinigung von Europa oder »Anschluss« von acht neuen Mitgliedsstaaten?

Anfang des Jahres 2004 wurde die Europäische Union durch zehn neue Mitgliedsstaaten erweitert, unter denen sich acht frühere kommunistische Länder Osteuropas von den baltischen Staaten bis hinunter nach Slowenien befanden. Dies war ohne Zweifel ein historisches Ereignis. Die Europäische Union verherrlichte es als einen historischen Durchbruch, als »Wiedervereinigung von Europa« in den Worten von Romano Prodi, damals Präsident der EU-Kommission. Die Integration dieser Länder in die EU, so ihre Vertreter, würde deren Übergang zu Marktwirtschaft und Demokratie konsolidieren und sie zurückbringen auf einen Pfad von Wachstum und Wohlfahrt, welcher ihnen für ein halbes Jahrhundert verwehrt worden war. Die Art und Weise, in welcher diese »Wiedervereinigung« zu Stande kam und ihre Begleiterscheinungen und Folgen sind aber auch ein exemplarischer Fall dafür, welche Rolle ökonomische Interessen und ökonomische Eliten im Integrationsprozess spielen. Fünf Aspekte sollen in diesem Zusammenhang untersucht werden: (1) die ideologische Rechtfertigung für die Übergangsstrategie von staatssozialistischen zu Marktgesellschaften; (2) die Strategien und Handlungen der ökonomischen Eliten im postkommunistischen Osteuropa; (3) der Beitrittsprozess selber; (4) die sozio-ökonomische Entwicklung in Osteuropa seit dem Beitritt zur EU; (5) die neue Struktur der wirtschaftlichen und politischen Macht im heutigen Osteuropa.[25]

Die Theorie und Ideologie des Übergangs

Die seinerzeit herrschende Theorie über den Übergang der mittelosteuropäischen Länder von staatssozialistischen Zentralverwaltungswirtschaften zu kapitalistischen Marktwirtschaften und demokratischen politischen Gemeinschaften lautete wie folgt: das System des Staatssozialismus ist aufgrund seiner inhärenten Schwäche zusammengebrochen; der Übergangsprozess musste schnell und drastisch

---

[25] Für informative allgemeine Darstellungen des Erweiterungsprozesses aus ökonomischer Sicht vgl. Glenn 2003; El-Agraa 2004b:494ff.; Ingham 2004: 243ff.

erfolgen, um zu vermeiden, dass alte Gruppen und Interessen sich organisieren konnten um eine grundlegende Reform zu verhindern. Nachdem man »das Tal der Tränen« durchschritten hätte, würden sich die Länder jedoch erholen und auf einen Pfad starken Wirtschaftswachstums einschwenken. Es wurde daher ein ähnlicher Prozess erwartet, wie er den Beitritt der neuen südeuropäischen Mitgliedsstaaten in den 1970er Jahren begleitet hatte, also von Ländern, die damals auch hinter den alten Mitgliedsstaaten im Hinblick auf demokratische Reife und wirtschaftliche Entwicklung hinterhergehinkt waren. Der erfolgreiche Prozess der Integration dieser südeuropäischen Länder und die positive ökonomische Entwicklung mehrerer postkommunistischer Länder in den letzten Jahrzehnten scheinen diese Auffassung durchaus zu bestätigen.

Man muss jedoch feststellen, dass der Prozess des Übergangs keineswegs so vorherbestimmt oder unausweichlich war und die Konsequenzen der Integration bei weitem nicht nur so positiv, wie es in der vorhergehenden Darstellung suggeriert wird. Hier werden die folgenden Thesen aufgestellt und belegt: (1) Die »Schock-Therapie«, die einen schnellen und schmerzhaften Übergangsprozess vorschrieb, war sehr problematisch; (2) das westeuropäische Kapital und die multinationalen Korporationen hatten ein massives Interesse an einem solchen Übergangsprozess; (3) der Beitritt der postkommunistischen Länder zur EU muss zu einem gewissen Grad als »Anschluss« gesehen werden, auch wenn nicht offener Druck ausgeübt wurde; (4) für die Bevölkerung insgesamt, aber auch für das politische System dieser Länder hatte dieser von den Eliten vorangetriebene Prozess auch ernsthafte negative Konsequenzen.

Betrachten wir zuerst kurz die verschiedenen Stadien dieses Prozesses, beginnend mit der schwierigen Phase des Übergangs. Ein paradigmatischer Fall für die ökonomische »Schock-Therapie« war Polen (Hofbauer 2003: 47ff.). Den theoretischen Hintergrund für diese Strategie lieferte der amerikanische Ökonom Jeffrey Sachs, ein Schüler des neo-liberalen Ökonomen Milton Friedman. Der Übergang in Polen wurde durch den Finanzminister Leszek Balcerowicz im Jahre 1989 realisiert; er beinhaltete ein rigoroses Privatisierungsprogramm, den Verkauf der profitablen Teile von Staatsunternehmen an ausländische Gesellschaften, die Entlassung Tausender von Arbeitern, eine Entmachtung der Gewerkschaften und eine restriktive Geldpolitik. Manchen Sektoren, wie etwa der Waffenindustrie, wurden Exportrestriktionen auferlegt. Staatliche Unternehmen wurden durch Auferlegung einer Extra-Steuer diskriminiert. Diese harte Politik wurde nicht freiwillig durchgeführt. Auf der einen Seite schränkte eine Hyper-Inflation von 600% im Jahr 1989 den Spielraum für die Regierung immer mehr ein. Auf der anderen Seite hatte Polen (wie Ungarn) einen Schuldenberg gegenüber wesentlichen Banken; der Internationale Währungsfonds übte Druck auf die Regierung aus einen rigiden Sparkurs einzuschlagen. Die Folgen der Hyper-Inflation waren eine Enteignung der Sparer, eine drastische Reduktion des industriellen Outputs und massive reale Einkommensverluste von Arbeitern und Angestellten. Diese waren aber auch die Folge eines Stabilisierungspaktes, der 1989 zwischen Lech Walesas Gewerkschaft *Solidarnosc* und Balcerowicz abgeschlossen wurde, in welchem man übereinkam, dass die Löhne um 20% weniger steigen sollten als die Preise. Auf diese Weise wurde Polen und andere Nationalökonomien von postkommunistischen Ländern Mittelosteuropas in einer sehr brutalen Weise und in kürzester Zeit an die westlichen Märkte »angeschlossen«.

Im Zuge dieses Prozesses veränderten sich Struktur von Produktion und Exporten signifikant: während viele dieser Länder bisher industrielle Güter in andere COMECON-Länder exportiert hatten, wurden im Export nach Westeuropa Rohmaterialien und halbfertige Produkten vorherrschend und die Handelsbilanz verschlechterte sich. Die sozialen Konsequenzen der Schock-Therapie waren massiv: das Beschäftigungsniveau stürzte ab und die Arbeitslosigkeit explodierte ebenso wie die soziale und ökonomische Ungleichheit. Insgesamt fand eine massive Verschlechterung der Lebenssituation des größten Teils der Bevölkerung statt, die zum Ausdruck kam in einem signifikanten Absinken der Geburtsrate, der Lebenserwartung und einem starken Zuwachs der Sterberate. Dieser Übergangsprozess war in allen postkommunistischen Ländern ähnlich, obgleich er in einigen wenigen darunter (wie Slowenien oder der Tschechischen Republik) etwas besser kontrolliert werden konnte. In anderen dagegen (wie Rumänien und Bulgarien und in den meisten Nachfolgestaaten der *Gemeinschaft Unabhängiger Staaten* [GUS], die sich nach dem Zusammenbruch der Sowjetunion 1991 gebildet hatte) hatte er noch stärker zerstörerische Konsequenzen. Zum Zeitpunkt der Jahrhundertwende wiesen nur vier (Ungarn, Polen, Slowenien und Slowakei) unter den 20 postkommunistischen Ländern ein Bruttonationalprodukt auf, das ebenso hoch oder höher war wie jenes 1989. In acht von ihnen (Moldawien, Georgien, Ukraine, Turkmenistan, Kasachstan, Tadschikistan und Lettland) betrug das Bruttonationalprodukt weniger als die Hälfte jenes von 10 Jahren früher (Ingham 2004: 254). In einem internationalen Survey über das Niveau der Lebenszufriedenheit unter der Bevölkerung zeigte sich, dass die postkommunistischen Länder Osteuropas die niedrigste Position unter allen Ländern der Welt einnahmen (Haller/Hadler 2006).

Angesichts dieser dramatischen Entwicklungen geben heute führende Ökonomen, darunter der frühere Chefökonom des Internationalen Währungsfonds, Joseph Stiglitz, zu, das diese Form des Übergangs ein »bitterer und enttäuschender Fehlschlag« war und der *Washington-Konsensus* (Übergang vom Sozialismus zum Kapitalismus durch Liberalisierung, Stabilisierung und Privatisierung) ein »irreführendes Rezept« darstellte (Roland 2001; zitiert in Ingham 2004: 243,251). Manche Autoren beziehen sich in diesem Zusammenhang auf China und argumentieren, dass dieses Land eine mögliche alternative Strategie aufgezeigt hätte, weil es ökonomische und politische Reformen nicht zugleich durchgeführt hat (Ingham 2004: 244). Dieser Vergleich ist jedoch schwerlich angemessen. Die Veränderungen in Osteuropa – aber auch in Russland – beinhalteten eine wirkliche politische Revolution für Demokratie, die durch Intellektuelle und die Gesamtbevölkerung unterstützt wurde. Der Verzicht auf die politischen Reformen war nie eine Alternative für die postkommunistischen osteuropäischen Länder. Was eine wirkliche Alternative gewesen wäre, war jedoch ein weicherer Übergang in der ökonomischen Sphäre und ein besser kontrollierter und wohl auch langsamerer Prozess des Beitritts zur EU.

Der erfolgreiche Kampf des westeuropäischen Kapitals für die osteuropäischen Unternehmen

Ein sehr eindeutiger Indikator für die große Bedeutung von ökonomischen Faktoren am Übergangsprozess in Osteuropa ist die Tatsache, dass das westeuropäische Kapital sehr stark an den Investitionsmöglichkeiten in dieser Region interessiert war. Schon seit den frühen 1990er Jahren konnte man an einen wirklichen »Übernahmekampf« für osteuropäische Unternehmen beobachten. Wöchentlich berichteten Zeitungen in Schlagzeilen darüber, die etwa lauteten »Vorstoß nach Osteuropa« (Handelsblatt 5.2.1997), »Polen: ein Magnet für Investoren« (Süddeutsche Zeitung, 14.9.1999), »Dort, wo große Profite locken« (Die Welt, 4.11.2003), »Österreichische Banken gewannen den Kampf um ...«. Kämpfe dieser Art entwickelten sich nicht nur im Bezug auf verkäufliche Unternehmen in Osteuropa. Auch die Wissenschaftler nahmen an ähnlichen Diskussionen teil; so fand in Wien im Jahre 2006 eine Konferenz statt mit dem Titel »Der Kampf um die Ukraine«. Die Teilnehmer diskutierten die Aussichten für die politische und ökonomische Entwicklung der Ukraine mit der allgemeinen Frage im Hintergrund, ob der Westen, die EU und die NATO, oder Russland die Gewinner im Kampf für ökonomischen und politischen Einfluss in diesem großen Land sein würden. Man sieht hier ein klares Beispiel dafür, dass ökonomischer Wettbewerb den Charakter eines »Kampfes ohne Waffen« (Weber 1978a:38f.) annehmen kann.

Die Profitträchtigkeit von Investitionen in den postkommunistischen Ländern wurde durch die Tatsache gesteigert, dass diese Länder beachtliche Steueroasen für westliches Kapital darstellen. Während Unternehmen in Deutschland z.B. eine Steuerlast von über 30% haben, beträgt sie in vielen osteuropäischen Ländern nur zwischen 10 und 15%; das mittlere Niveau in den neuen Mitgliedstaaten betrug im Jahre 2004 19,7%.[26] Zusätzlich bieten diese Länder viele weitere Anreize und Erleichterungen für ausländische Unternehmen an, wie etwa: partielle oder vollständige Aufhebung der Unternehmenssteuern bis zu 10 Jahren; Subventionen für Investitionen und für die Beschäftigung bestimmter Gruppen von Arbeitnehmern; spezielle Wirtschaftsgebiete mit sehr niedrigem oder überhaupt keine Steuern; vollkommene Freiheit Kapitalgewinne von den Zweigunternehmen im Osten zu den Stammunternehmen im Westen zu transferieren.[27]

Das westliche Kapital hat von der Öffnung der osteuropäischen Märkte und der Übernahme signifikanter Teile der osteuropäischen Ökonomie enorm profitiert. Heute steht ein erheblicher Besitz der großen Privatunternehmen in Osteuropa in Besitz von westlichem Kapital (vermutlich 30% oder mehr). Bereits Mitte der 1990er Jahre besaß ausländisches Kapital z.B. 74% aller ungarischen Banken – ein Anteil, der zwei- oder dreimal so hoch war wie in Westeuropa (Várhegyi 1998). Der Anteil ausländischen Kapitals an ukrainischen Banken betrug im Mai 2007 29,3%; ein weiterer Anstieg auf 40 bis 45% bis zum Ende dieses Jahres wurde erwartet.[28] Nach neueren Pressemitteilungen beträgt der Anteil ausländischer Banken am Gesamtvermögen im Bankensektor in sechs osteuropäischen Ländern 90% oder mehr; in fünf anderen Ländern zwischen 70 und 89%.[29] Luca Kristóf und András Csite (2004) haben unter den 492 größten ungarischen Unternehmen einen Survey durchgeführt und festgestellt, dass 31% von ihnen sich in der Hand ausländischen Kapitals befanden. 65% der größten Produzenten und 50% der ersten Kunden dieser Gesellschaften waren Firmen in ausländischem Besitz. Die Exporte nach Osteuropa sind in den letzten Jahren geradezu explodiert. Die Import-Export-Bilanz für Deutschland nahm seit 1995 sehr stark zu Gunsten eines Exportüberschusses zu und die Profite der Unternehmen stiegen weit stärker als das Wachstum des Bruttonationalprodukts (Reimon/Weixler 2006: 101ff.). Die westeuropäischen Unternehmen können heute in den postkommunistischen Ländern enorme Profite machen. Das Gesamteinkommen, das ausländische Investoren aus ihren Investitionen in den entwickelteren osteuropäischen Ländern bezogen, betrug im Durchschnitt 7 bis 10%; in der Slowakei waren es 17%, in Russland 15%; etwa die Hälfte dieser Gewinne wurden nach Westen transferiert, die anderen 50% wurden in den neuen Mitgliedsländern reinvestiert (Hunya 2006).

---

[26] Klaus Morischat, *Handelsblatt* 7.4.2004.
[27] Vgl. die Bericht der Dresdner Bank, »Investieren in Mittel- und Osteuropa«, Oktober 2005; http://www.dresdner-bank.de/kontakt/ (9.12.2006); weiters den Bericht von Price Waterhouse Coopers: »Fördermöglichkeiten in Mittel- und Osteuropa«, von Grit Bugasch, fax.net (5.6.2003).
[28] Daten des Board of Bank Regulation in der Ukrainischen Zentralbank, berichtet in *Kyiv Weekly*, 14.-20. Juni 2007, S. 2.
[29] *Der Standard*, 12.7.2007, S. 24.

Es ist in diesem Zusammenhang jedoch interessant, das der EU-Beitritt der mittelosteuropäischen Ländern für das westliche Kapital und die westlichen Unternehmen keineswegs entscheidend war. Die Assoziationsverträge zwischen der EU und den postkommunistischen Ländern schufen bereits in den 1990er Jahren eine große Freihandelszone (Donges/Schleef 2001: 15). Schon seit dieser Zeit wurden westeuropäische Firmen und Banken in Mittelosteuropa sehr stark. Massive Investitionen fanden auch in Ländern statt, die erst später EU-Mitglieder wurden (wie Bulgarien und Rumänien) oder die es noch immer nicht sind (wie die Ukraine und Russland). Der Vertreter eines multinationalen Konzerns, des deutschen Volkswagen-Unternehmens, stellte fest, dass dieser keineswegs in erster Linie vom Export nach Osteuropa abhängig war; die Hauptorientierung dieses Konzerns ist vielmehr auf den Weltmarkt insgesamt gerichtet (Donges/Schleef 2001: 35ff.).

Man kann daher sagen, das der Prozess des ökonomischen Übergangs der mittelosteuropäischen Länder seit den frühen 1990er Jahren eine weitere Stufe im Prozess des seit Jahrhunderten stattfindenden »kapitalistischen Eroberungsfeldzugs« darstellte. Geographische Ausdehnung und die Eröffnung neuer Märkte waren eine zentrale Strategie der kapitalistischen Expansion seit seinen ersten Tagen (vgl. Luxemburg 1923; Wallerstein 1974; Bohle 2000). Eine solche Expansion fand in Deutschland und in anderen kontinentaleuropäischen Ländern, in denen die kapitalistische Entwicklung für mehrere Jahrzehnte verzögert worden war, nach dem Zweiten Weltkrieg statt (Lutz 1984). Heute ist das Gleiche der Fall in vielen Teilen der Dritten Welt, die hohe Raten des Wirtschaftswachstums aufweisen.

Man kann natürlich nicht sagen, dass die ausländischen Investitionen in den postkommunistischen Ländern grundsätzlich negativ zu bewerten sind. Tatsächlich spielen diese Investitionen eine positive Rolle, indem sie neue Jobs schaffen, den Transfer von technischen und manageriellem Know-how ermöglichen und zum wirtschaftlichen Wachstum beitragen (Breuss 2002; Zschiedrich 2004; Zarek 2006). Das Problem war jedoch die Schnelligkeit und Brutalität, in welcher dieser Prozess stattgefunden hat. Dieser Aspekt der Geschwindigkeit und zeitlichen Dynamik ist oft ebenso wichtig wie die substanziellen Ziele, an denen eine Reform oder Veränderung ausgerichtet ist. Negative Folgen der erzwungenen, schnellen Übergangsprozesse in Osteuropa umfassten die Schaffung eines gespaltenen Arbeitsmarktes, zunehmende Einkommensungleichheit und Arbeitslosigkeit, regionale Ungleichheiten und die Reduzierung des Handlungsspielraums der Wirtschaftspolitik in diesen Ländern. Negative Konsequenzen ergaben sich auch aus der Tatsache, dass die Expansion des westlichen Kapitals in den Osten oft hauptsächlich auf einen Erwerb der Handelsmärkte in diesen Ländern gerichtet war. Ein deutscher Ökonom (Hankel 1993) sieht dies als einen paradigmatischen Fall einer Erzeugung einer abhängigen Ökonomie, weil in einem solchen Prozess lokale Unternehmen und Industrien zerstört werden. Ein exemplarischer Fall eines solches Übergangs war auch die Wiedervereinigung von Ost- und Westdeutschland. Trotz eines Transfers von Milliarden nach Ostdeutschland blieb das Wirtschaftswachstum dort deutlich schwächer als erwartet.

Der Beitritt zur EU: Rückkehr nach Europa oder gewaltfreier »Anschluss«?

Wie vorher dargestellt, pries die EU die Öffnung des Eisernen Vorhanges als »Wiedervereinigung von Europa«. Hier wird jedoch die These aufgestellt, dass der Beitritt dieser Länder zur EU weniger den Charakter einer »Rückkehr nach Europa« hatte, als den eines »friedlichen Anschlusses« (Roesler 1999). In diesem Prozess spielten die Interessen der ökonomischen und bürokratischen Eliten in der EU, aber auch jene der neuen ökonomischen und politischen Eliten in den postkommunistischen Ländern eine zentrale Rolle. Die These eines friedlichen Anschlusses wird durch zwei Argumente begründet: (1) Die Unterschiede in der Größe und Macht zwischen den alten und den neuen EU-Mitgliedsstaaten; (2) die Tatsache, das die EU eine Reihe von Maßnahmen setzte, um den Übergangs- und Integrationsprozess zu beschleunigen.

Zum ersten: es ist evident, dass das Gewicht aller neuen postkommunistischen EU-Mitglieder im Hinblick auf Größe und wirtschaftliche und politische Stärke im Verhältnis den 15 alten EU-Mitgliedsstaaten sehr gering war. Die EU verhandelte getrennt mit jedem der Beitrittskandidaten über alle 31 Kapitel, welche den *acquis communautaire* umfassen, die umfangreichen rechtlichen und politischen Regulierungen, die in der EU gültig sind und die durch die Kandidatenländer vollständig übernommen werden müssen. Die sogenannten Kopenhagen-Kriterien von 1993 stellen fest, das es die Verpflichtung der Beitrittsländer ist, ihre wirtschaftlichen und politischen Institutionen den Regeln eines freien Marktes und der Demokratie anzupassen und die Menschenrechte und institutionelle Stabilität zu garantieren (vgl. Glenn 2003: 219ff.; Ingham 2004: 243ff.). In manchen Bereichen, etwa in der Sozialpolitik, forderte die EU sogar Anpassungen, wo sie selber in den alten Mitgliedsstaaten keine oder nur geringe Kompetenzen hat (Bohle 2000: 316). Die osteuropäischen Beitrittsländer konnten daher als Testgebiete für Reformen dienen, die man später auch in den westlichen einführen wollte.

Im Beitrittsprozess wurden die verschiedenen Kandidatenländer oft gegeneinander ausgespielt. Hannes Hofbauer (2003: 83ff.) hat Presseberichte in den westeuropäischen Medien über den Fortschritt der Beitrittsverhandlungen mit jenen eines Bootsrennens verglichen: einen Monat war dieses Land, im nächsten

Monat ein anderes Land in der Lage, ein Kapitel abzuschließen und sich dadurch an die Spitze derer zu stellen, die bald als neue Mitglieder akzeptiert werden würden. Die persönlichen Erfahrungen der Chefunterhändler in diesem Prozess bestätigen, dass dies oft ein wirklich schmerzhafter Prozess war.[30] Die Hauptabsicht der Verhandler von Seiten der EU lag darin, dass die Beitrittsländer einen Fortschritt entsprechend den Bedingungen des Internationalen Währungsfonds erreichen mussten; die sich daraus ergebenden wirtschaftlichen und sozialen Probleme wurden selten diskutiert (Hofbauer 2003: 76). Es ist auch mehr als evident, dass die westeuropäische Ökonomie und die westeuropäischen Unternehmen viel stärker waren als ihre Widerparte im Osten. Dort musste das private Unternehmertum in der Tat nach einem halben Jahrhundert des Staatssozialismus völlig neu geschaffen werden und es gab keine »kapitalistische Klasse« nach dem Zusammenbruch der kommunistischen Systeme (Eyal et al. 2000). Ein direkter Indikator der extremen Unterschiede in dieser Hinsicht sind die Einkommen der Erwerbstätigen. Im Jahre 2002 betrug das jährliche Bruttoeinkommen in Deutschland 34.622 Euro, in Österreich 32.434 Euro und in Italien 25.808 Euro. Die entsprechenden Zahlen für Osteuropa betrugen: Polen 7.065 Euro, Tschechische Republik 7.212 Euro und Ungarn 5.906.[31]

Zum dritten: die EU war außerordentlich interessiert an einem schnellen Transformationsprozess und setzte schon sehr früh Maßnahmen, die postkommunistischen Länder bei der Etablierung der neuen Institutionen zu unterstützen. Zu diesem Zweck wurde das *Phare-Programm* installiert. In dessen Rahmen wurden in der zweiten Hälfte der 1990er Jahre ungefähr 1200 Management- und Rechtsexperten ausgebildet, um den osteuropäischen Ländern bei der Etablierung der neuen Rechtsordnung und bei der Durchsetzung der Privatisierungsprogramme zu helfen. Zwischen 2000 und 2006 waren im Rahmen des Phare-Programmes (und in den zusätzlichen Programmen ISPA und Sapard; Hofbauer 2003: 73) 1,5 Milliarden Euro verfügbar. Verglichen mit den 30 Milliarden Euro, die zur gleichen Zeit durch die Strukturfonds der EU-15 verteilt wurden, ist dies jedoch eine geringe Summe. Im Jahre 2005 erhielten alle acht neuen osteuropäischen Mitgliedsstaaten zusammen ungefähr vier Milliarden Euro, verglichen mit sechs Milliarden allein für Spanien oder 13,4 Milliarden Euro für die alten »Kohäsionsländer« (Irland, Portugal, Spanien und Griechenland) zusammen.[32] Die neuen Mitgliedsstaaten waren aber gar nicht in der Lage, das zur Verfügung gestellte Geld zu verwenden. Tatsächlich stellen die vorher erwähnten Summen nur 26% jenes Betrags dar, den die EU versprochen hatte. Der Grund dafür ist, dass

---

[30] Dies ergab sich u.a. aus einem persönlichen Interview, das der Autor mit dem Leiter der polnischen EU-Delegation in den Beitrittsverhandlungen in Warschau führen konnte.
[31] Eurostat, Statistik kurz gefasst. Bevölkerung und soziale Bedingungen, No. 7/2006.
[32] *Der Standard*, 22. September, 2006, S.24.

4 Die ökonomischen Eliten

derartige EU-Mittel normalerweise mit der Verpflichtung verbunden sind, dass die Empfängerländer die Projekte mit 50% des Gesamtbetrages mitfinanzieren müssen. Dies impliziert sehr hohe Summen, die die öffentlichen Haushalte dieser Länder oft nicht tragen konnten. Darüber hinaus erfordert die Verwaltung der Projekte mit so großen Summen einen hohen Umfang an Know-how und Expertise. Zum diesem Zweck hat sich eine neue Gruppe von Projektexperten in diesen Ländern entwickelt, die sich darauf spezialisiert, lokale Autoritäten und Unternehmen dabei zu beraten, wie sie die EU-Fonds in Anspruch nehmen können. Diese »*Projektklasse*« (Kovách/Kucerová 2006: 4) schließt ein »Experten, Designer und Verwaltungsangestellte der EU, Manager nationaler, ländlicher und regionaler Entwicklungsprojekte, Intellektuelle, Vertreter von Nichtregierungsorganisationen und andere Professionelle.«

Es gibt einen weiteren Indikator für das hohe Interesse der EU am Erweiterungsprozess nach Osten. Tatsächlich unterstützte die EU Regierungen einzelner Mitgliedsstaaten direkt mit Public Relations-Kampagnen, bevor diese ihre Referenden über den Beitritt abgehalten haben, um eine Befürwortung durch Bevölkerungen zu erhalten. In einem der baltischen Staaten eröffnete die EU-Kommission ein Büro, das die gesamte Kampagne für das Referendum managte (vgl. auch Kapitel 6).

Die Entwicklung von Mittelosteuropa 1990-2005 und ihre Wahrnehmung durch die Bevölkerung

Betrachten wir abschließend noch kurz die tatsächliche Entwicklung in den osteuropäischen Ländern seit ihren inneren Revolutionen und ihrem Beitritt zur EU. Es geht dabei um die sozioökonomische und politische Entwicklung und um die Einstellung der Bevölkerung zur EU und zu den weiteren Perspektiven ihrer Länder.

Zum ersten können wir sehen, das sich diese Länder nach dem schmerzhaften Übergangsprozess in wirtschaftlicher Hinsicht sehr positiv entwickelt haben. In den meisten mittelosteuropäischen Ländern betrug das wirtschaftliche Wachstum gegen Ende des 20. Jahrhunderts drei bis vier Prozent; das Bruttonationalprodukt nahm in der Tschechischen Republik und Ungarn von 1990 bis 2004 zwischen 60 und 70% zu, in Polen sogar noch deutlich stärker; in allen neuen Mitgliedsstaaten um 170% (WIIW Handbook of Statistics 2005). Die meisten postkommunistischen Länder waren in der Lage, ihre Exporte zu steigern und den Anteil der verarbeiteten Produkte von 70 auf 80% zu erhöhen; der Anteil von *high-tech*-Produkten beträgt aber immer noch höchstens ein Zehntel, ausgenommen im Falle von Estland und Ungarn, wo er ein Viertel beträgt (Ingham

2004: 259f.). Auch die Zusammensetzung der Exporte verändert sich in Richtung eines größeren Anteils von Gütern höherer Qualität (Zarek 2006). Im Hinblick auf die Situation der Konsumenten sieht die Situation in den derzeitigen mittelosteuropäischen Ländern viel besser aus als einige Jahrzehnte früher. Tatsächlich war der Konsumismus im weitesten Sinne eine der Hauptattraktionen des westlichen ökonomischen Modells für die Bevölkerung Osteuropas (Sklair 1991: 75ff.). Diese positive Entwicklung hat sich in sozialer Hinsicht aber noch immer nicht voll niedergeschlagen. Das Bevölkerungswachstum nahm in praktisch allen Ländern ab und die Arbeitslosigkeit betrug 2004 in den meisten Ländern noch 6-8%, in Polen sogar 19%. Ökonomische Analysen haben zwar einen beeindruckenden Anstieg der Produktivität gezeigt, aber auch ein Hinterherhinken der Löhne; in manchen Ländern sind die Lohnzuwächse schwächer als das Wachstum des Bruttonationalprodukts. Die Gewerkschaften waren nicht in der Lage den Übergangsprozess wesentlich zu beeinflussen (Schroeder 2006). Ein Nebeneffekt dieses forcierten Übergangs zur Marktwirtschaft war daher eine massive Zunahme der wirtschaftlichen und sozialen Ungleichheit.

Ein zweites Charakteristikum der Entwicklung ist der hohe Grad an politischer Instabilität in den meisten Ländern. Praktisch keine der Regierungen wurde seit 1990 wieder gewählt. Am 23. September 2006 erschienen zwei große Schlagzeilen in einer österreichischen Zeitung nebeneinander: »Nun sinkt auch Polen ins Chaos« und »Der Osten – ein politischer Scherbenhaufen«.[33] Auch die tschechischen und slowakischen Regierungen bestehen zur Zeit (2007) aus unstabilen Parteikoalitionen, die wahrscheinlich nicht lange im Amt bleiben werden. Es gibt mehrere Erklärungen für diese politische Instabilität. Eine lautet, dass der EU-Beitritt der postkommunistischen Länder zu früh erfolgte. Man könnte argumentieren, dass ohne Beitritt zur EU die politische Instabilität in dieser Region noch höher wäre. Angesichts der Tatsachen, die im vorhergehenden Abschnitt präsentiert wurden, mag jedoch auch eine Erklärung zutreffen, die sich auf die Form und Schnelligkeit des Übergangsprozesses und EU-Beitritts bezieht. Problematisch waren die hohe Geschwindigkeit dieses Prozesses und die extremen Härten, welche durch die Schocktherapie erzeugt wurden. Angesichts der dadurch entstandenen massiven Ungleichgewichte und Ungleichheiten ist es für Interessenorganisationen und politische Parteien extrem schwierig kohärente politische Reformprogramme zu entwickeln und stabile Unterstützung durch die Bürger zu erlangen.

Werfen wir abschließend noch einen kurzen Blick darauf, wie die Bevölkerung den Prozess des Übergangs, des EU-Beitritts und die Zukunftsperspektiven dieser Länder einschätzt. Ein erster Indikator für die Einstellung der osteuropäi-

---

[33] *Die Kleine Zeitung* (Graz), 23. September 2006, S.12-13.

4 Die ökonomischen Eliten 215

schen Bevölkerung zum EU-Beitritt ihrer Länder sind Zahlen zur Beteiligung bei Referenda und Europawahlen. Es wurde bereits in Kapitel 1 gezeigt, dass die Ergebnisse dieser Referenda in den meisten Ländern positiv waren, jedoch die Beteiligung daran oft sehr niedrig. Man kann daher annehmen, dass die Bürger durch ein erhebliches Ausmaß von Indifferenz oder sogar Skeptizismus charakterisiert waren. Auch die Beteiligung an den Wahlen zum Europaparlament im Jahre 2004 war sehr niedrig. In fast allen postkommunistischen Ländern nahm nur die Hälfte der Wählerschaft teil; in manchen Ländern nur ein Drittel, in Polen nur 21%, in der Slowakei nur 17%. Aus dieser Sicht ist der demokratische Charakter des Erweiterungsprozess überhaupt in gewisser Hinsicht fraglich, da dieser Prozess von den Eliten ohne große öffentliche Diskussion ausverhandelt wurde (Glenn 2003: 223).

Welche Wahrnehmung hat die Bevölkerung über ihre Lebenssituation am Beginn des 21. Jahrhunderts? Es gibt eine Reihe von nationalen Umfragen, die ein sehr hohes Niveau von Gefühlen des Unbehagens und sogar der Angst zeigen. Das *Public Opinion Research Center* (CBOS) in Warschau führt regelmäßig Surveys über die allgemeinen Einstellungen der Bevölkerung in Polen, Tschechien, Ungarn und Russland durch. Im Januar 2003, ein Jahr vor dem EU-Beitritt Polens, wurde gefragt, wie die Bevölkerung die derzeitige wirtschaftliche Situation ihres Landes beurteilt.[34] Die Stimmung war am pessimistischsten in Polen, wo 64% der Befragten sagten, die Situation sei schlecht; nur 4% bezeichneten sie als gut; die entsprechenden Anteile negativer Einschätzungen betrugen 46% in Tschechien und Russland und 31% in Ungarn. In all diesen Ländern betrachteten weniger als 10% der Bevölkerung die ökonomische Situation ihres Landes als gut. 70% der Polen sahen Korruption als ein großes Problem ihres Landes. Auch die Erwartungen im Zusammenhang mit dem EU-Beitritt waren sehr bescheiden. 32% der Befragten erwarteten, das er mehr Verluste als Gewinne mit sich bringen würde; 42% erwarteten Gewinne für Polen insgesamt; persönliche Gewinne erwarteten nur 28%. Eine klare Mehrheit – 44% – der Befragten erwarteten, dass Polens Beitritt zur EU dieser mehr Gewinne bringen würde als für Polen selber. Unter den Optimisten waren junge Menschen, Menschen mit höherer Bildung und mit hohen Einkommen überrepräsentiert; unter den Pessimisten vor allem Menschen auf dem Land, Ältere, Pensionisten und Personen mit niedrigem Einkommen oder ohne Beschäftigung.

Auch die Eurobarometerumfragen geben ein gutes Bild der allgemeinen Stimmung unter der Bevölkerung in Osteuropa. Die Ergebnisse im Frühjahr

---

[34] CBOS, Polish Public Opinion (Newsletter), February 2003; vgl. auch http://www.cbos.pl. Ich danke dem Direktor von CBOS, Prof. Krzysztof Zagórski, für die Bereitstellung dieser Daten.

2005 zeigten folgendes:[35] zwischen 30 und 46% der Bürger der meisten osteuropäischen Mitgliedsländer waren mit ihrem derzeitigen Leben nicht zufrieden. In den alten Mitgliedsstaaten betrugen diese Anteile nur 10% bis 15%. Auf die Frage, wie sie ihre persönliche Situation derzeit im Vergleich zu der vor fünf Jahren einschätzten, sahen in Osteuropa ungefähr 40% eine Verbesserung, aber bis zu 20% eine Verschlechterung; die Erwartungen für die nächsten fünf Jahre waren etwas positiver (40% bis 50% erwarteten eine Verbesserung), aber auch in dieser Hinsicht erwarteten bis zu 20% eine Verschlechterung. Es gab jedoch nicht nur unter der allgemeinen Bevölkerung wenig Enthusiasmus für den EU-Beitritt. Eine Studie unter Eliten auf der regionalen und lokalen Ebene in diesen Ländern zeigte, dass auch viele von ihnen dem Beitrittsprozess sehr kritisch und distanziert gegenüber standen (Hughes et al. 2001).

Aufstieg eines neuen »Machtblocks« im postkommunistischen Europa?

Diskutieren wir abschließend auch kurz die Rolle der Intellektuellen, politischen und wirtschaftlichen Eliten in den postkommunistischen Ländern selber. Welches waren die Gruppen und Personen, die entscheidend zum Sturz der alten kommunistischen Regimes und zum Aufbau demokratischer Institutionen und marktwirtschaftlicher wirtschaftlicher Strukturen beigetragen haben?

Eine Theorie, die sich auf die Akteure in den Transformationsländern selber konzentriert, wurde von Ivan Szelenyi und Mitarbeitern vorgelegt (Eyal et al. 2000). Diese Theorie entwickelt die These vom Aufstieg der Klassen der Intellektuellen zur politischen Machtklasse im Staatssozialismus (Konrad/Szelenyi 1978) weiter und argumentiert, dass in Ungarn, der Tschechischen Republik und Polen in der Übergangsperiode ein »Kapitalismus ohne Kapitalisten« entstanden ist. Im Gegensatz zum Aufstieg des Kapitalismus im Westen, wo die Kapitalisten die ausschlaggebende Klasse waren, gab es im Staatssozialismus weder Privatkapital noch Kapitalisten. In dieser Situation kämpften die Mitglieder der neu aufsteigenden, gut ausgebildeten Klassen, einschließlich von Technikern, Wissenschaftlern und höheren Staatsbeamten, für die Etablierung einer bürgerlichen Gesellschaft und einer kapitalistischen Wirtschaftsordnung. In diesem Unternehmen, das schon im letzten Stadium des Kommunismus begann, setzten die Intellektuellen eine alte osteuropäische Tradition fort, in welcher die Bourgeoise traditionell sehr schwach gewesen ist. Frühere leitende Beamte, die auch kulturelles Kapital besaßen, waren in der Lage in ihren Positionen zu verbleiben oder neue

---

[35] Vgl. Eurobarometer 63, Mai-Juni 2005, European Commission, Directorate General Press and Communication. http://europa.eu.int/comm/public_opinion/index_en.htm.

4 Die ökonomischen Eliten

Führungspositionen in der Privatwirtschaft zu erlangen. Diese Gruppe trat in eine »Allianz mit der neuen Politokratie und der intellektuellen meinungsbildenden Elite ein, von denen viele frühere dissidente Intellektuelle gewesen waren« (Eyal et al. 2000: 13). Die Autoren folgern, dass »der postkommunistische Kapitalismus ein Produkt der Intelligenzija« war, die heute in einem neuen »Machtblock« dominiert, untermauert durch eine Manager-Ideologie.

Demgegenüber wird hier die These aufgestellt, dass die Rolle der Intellektuellen (die in erster Linie die öffentliche Meinung beeinflussen können, aber nicht wirkliche Macht haben) auf der einen Seite und jene der politischen und ökonomischen Machteliten auf der anderen Seite im Übergangsprozess sehr unterschiedlich war (für einen Überblick vgl. auch Bozóki 2003). Zum ersten ist es evident, dass die Intellektuellen eine entscheidende Rolle in den »Samtrevolutionen« spielten, welche zum Sturz der kommunistischen Regimes führten. Viele dieser Intellektuellen waren geisteswissenschaftlich ausgebildete Männer oder Schriftsteller – sehr ähnlich den Kämpfern für nationale Unabhängigkeit in Deutschland, Italien und anderen europäischen Ländern im 19. Jahrhundert. Diese Männer kämpften jedoch in erster Linie für Freiheit und Demokratie, und auch für soziale Gleichheit, aber nicht für Kapitalismus und bürgerliche Gesellschaft. In diesem Kampf wurden sie durch breite Schichten der Bevölkerung unterstützt. Es mag stimmen, dass manche Dissidenten des kommunistischen Systems später einflussreiche Mitglieder der neuen politischen Klasse wurden. Dies waren aber eher Ausnahmen als die Regel und auch diese Personen endeten meist auf politischen Positionen, die eher einen Ehren- bzw. Symbolcharakter haben, wie z.B. Staatspräsidenten. Lumir Gatnar (2004) fand in der Tschechoslowakei, das dort ein nahezu totaler Austausch der politischen Eliten stattgefunden hat. In der ersten Phase des Übergangs waren Dissidenten und Personen aus der Untergrundkultur häufig wichtige Akteure, aber die meisten von ihnen verließen die politische Szene bald. Der erfolgreiche Politiker in den postkommunistischen Ländern war ein ganz anderer Typus: es war entweder eine Person, die bereits im früheren System politisch aktiv gewesen war (wenn meist auch nicht in einer prominenten Position) oder ein politischer Newcomer, der in Macht- und Ränkespielen erfahren und geschickt war; aus diesem Grund waren auch oft sehr raue, aber durchsetzungsfähige Privatunternehmer in der Lage, erfolgreiche politische Karieren einzuschlagen. Es erscheint daher sehr zweifelhaft, ob »die Allianz von dissidenten Intellektuellen und reform-kommunistischen Technokraten« tatsächlich einen »hegemonialen Machtblock« bildete, wie Eyal et al. behaupten.

Diese Autoren unterschätzen auch den Einfluss des ausländischen Kapitals. Zwei Tatsachen sind evident, die den massiven Einfluss der Interessen von westlichem Privatkapital belegen: zum ersten wurde bereits gezeigt, dass der Übergang vom Staatssozialismus zum Kapitalismus weitgehend den Anforderungen entsprach, die das internationale Kapital stellte. Die neuen Machtinhaber in den postkommunistischen Ländern mussten außerordentlich sensitiv gegenüber den Wünschen ausländischer Investoren in ihren Ländern sein. Zum zweiten mag das relative Gewicht des ausländischen Kapitals bis zu den späten 1990er Jahren in der Tat eher gering gewesen sein; in jüngster Zeit jedoch hat sein Anteil massiv zugenommen, wie vorhin gezeigt worden ist.

Schließlich widerlegen empirische Befunde osteuropäischer Soziologen in Bezug auf die Beziehung zwischen den wirtschaftlichen und politischen Eliten die These eines »neuen Machtblocks«. Für Ungarn hat Gyorgy Lengyel (2004) gefunden, das es deutliche Differenzen in den Rekrutierungsmustern von Managern und Politikern gibt; die Mitglieder der Wirtschaftseliten wünschten nicht in politische Parteien eingebunden zu werden. Ähnliche Befunde eines seltenen Übergangs von Wirtschafts- zu politischen Karrieren wurden für die Tschechische Republik von Lumir Gatnar (2004) berichtet. In seiner Analyse der Charakteristika der 100 reichsten Polen stellte Wlodzimierz Wesolowski (2004) hohe Niveaus des wechselseitigen Austausches fest; darüber hinaus fand er ein hohes Niveau der Professionalisierung bei den Spitzenmanagern der öffentlichen Unternehmen; die meisten von ihnen hatten in der kommunistischen Periode noch keine solche Positionen inne gehabt. Für Russland folgert der britische Soziologe David Lane (1997), dass es dort heute eine »fragmentierte Elitestruktur« gibt. Dies ist wahrscheinlich eine zutreffende Beschreibung der Elitestruktur in allen postkommunistischen Ländern.

Ausblick

Die europäische Integration wurde und wird vor allem mit wirtschaftlichen Argumenten begründet: die Etablierung eines großen, freien Marktes fördert Wirtschaftswachstum und Wohlfahrt für alle. In diesem Kapitel wurde die These aufgestellt und empirisch belegt, dass die wirtschaftlichen Eliten seit Beginn der europäischen Integration auch eigene Interessen verfolgt und eine ausschlaggebende Rolle darin gespielt haben. Die Gründung der Europäischen Gemeinschaft für Kohle und Stahl war nicht nur als Friedensprojekt motiviert, sondern diente auch den Interessen der französischen und deutschen Kohle- und Stahlindustrie; ihre Weiterentwicklung zur EWG und zum vollen freien Markt der EU, ebenso wie die Erweiterung der Union nach Süden und Osten, wurden von den aufsteigenden europäischen Unternehmen und multinationalen Konzernen nach Kräften gefördert und auch nach ihren Vorstellungen gestaltet. Im Gegensatz zu Argumenten von linker Seite stimmt es aber auch nicht, das die europäische Integration ein rein »neoliberales Projekt« wirtschaftspolitisches Projekt darstellt. In

4 Die ökonomischen Eliten

manchen Aspekten wurde in der EU vielmehr eine besondere Form von »reguliertem Kapitalismus« institutionalisiert, der auch Elemente eines neuen Korporatismus auf großer Stufenleiter involviert. (Risse-Kappen 1996; Coens 1997). Es besteht ein Trend zu einer »Orientierung nach innen« unter Unternehmen und Politikern, der auch Tendenzen zum Interventionismus und Protektionismus innerhalb der EU fördert (Borrmann et al. 1995: 78; Forder 1999).

Darüber hinaus gilt, dass wirtschaftliche Interessen und wirtschaftspolitische Zielsetzungen allein die Dynamik der europäischen Integration nicht erklären können. Wirtschaftliche Integration diente den Politikern auch als Strategie, auf längere Sicht eine weitgehende politische Integration zu erreichen. Nur dies erklärt die koordinierten Strategien von Politikern und Grossunternehmen (und Eurokraten, wie im folgenden Kapitel zu zeigen sein wird) durch Unterstützung von Forschung und Entwicklung in strategischen Sektoren oder weitgehende Toleranz gegenüber Firmenfusionen die Entwicklung von »Eurokorporationen« zu fördern; damit sollte die EU auch auf globaler Ebene wirtschaftlich-technologische und politisch-militärische Unabhängigkeit erlangen.

Diese Fakten und Tendenzen sind in der Öffentlichkeit nicht unbemerkt geblieben. Die enge Verflechtung zwischen wirtschaftlichen und politischen Interessen, der überproportionale Einfluss von Großunternehmen und ihren Lobbyisten in Brüssel ist nicht zuletzt einer der Gründe für die zunehmende Skepsis gegenüber dem Integrationsprozess. Ein weiterer ist die Tatsache, dass die europäische Integration nicht jene großen Wohlstandszuwächse mit sich gebracht hat, die immer wieder versprochen wurden. (Dies wird in Abschnitt 6.5 gezeigt). Aus all diesen Fakten läßt sich vor allem die Folgerung ableiten, dass die Beziehungen zwischen wirtschaftlichen und politischen Eliten in Brüssel transparenter gestaltet werden müssen. Am Beispiel der EU-Agrarpolitik wurde gezeigt, dass eine solche Transparenz letztendlich auch die Effizienz der politischen Prozesse in der EU verbessern würde.

5 Die Eurokratie
Das unwiderstehliche Wachstum einer neuen und mächtigen supranationalen bürokratischen Elite

Einleitung

Wenn wir die Dynamik der europäischen Integration verstehen wollen, ist es von größter Bedeutung die Bürokratie der Europäischen Union in den Blick zu nehmen. Diese Bürokratie, die »Eurokratie«, ist der Hauptpfeiler der Union, der »Motor« der Integration. Die Eurokratie ist im internationalen Vergleich, ja sogar in welthistorischer Hinsicht, eine einmalige Konstruktion. In allen modernen Nationalstaaten sind Bürokratien mächtige Institutionen, die vielfach im Stillen »hinter« Regierungen und Parlamenten wirken. In der Europäischen Union wurde die Bürokratie jedoch ausdrücklich autorisiert auch gesetzesähnliche Regulierungen und Richtlinien zu erlassen. Die EU-Bürokratie aus sozialwissenschaftlicher und kritischer Sicht zu untersuchen ist notwendig auch deshalb, weil ihre zentrale Rolle in der bisherigen wissenschaftlichen Forschung nicht wirklich gesehen wurde (für Ausnahmen vgl. Edwards/Spence 1994; Puntscher-Riekmann 1998; Bach 1999; Shore 2000; Nugent 2002). Die Rolle der EU-Bürokratie wird in der Regel stark unterschätzt[1] und die Erforschung der Rolle ihrer »Gründer« der Arbeit von Historikern und Biographen überlassen.

Dieses Kapitel ist in vier Abschnitte gegliedert. Im Ersten wird der Begriff der Bürokratie als Herrschaftsapparat diskutiert und die besondere Situation der Eurokratie aus institutioneller Sicht dargestellt. Im zweiten Abschnitt werden der quantitative Umfang und die Entwicklung der Eurokratie sowie ihrer »Stellvertreterbürokratien« in den Mitgliedsstaaten dargestellt, im dritten Abschnitt ihre Privilegien und ihr Lebensstil in Brüssel. Der letzte Abschnitt befasst sich mit der Arbeitsweise der Eurokratie und ihrer (Un-) Zugänglichkeit gegenüber immer wiederkehrenden Reformversuchen.

---

[1] In den folgenden umfangreichen Arbeiten über die EU erscheint der Begriff »Bürokratie« (bureaucracy) weder im Inhalts- noch im Stichwortverzeichnis: Dinan (1999), Nicoll/Salmon (2001), Pollack (2003), Cini (2003a), Moussis (2006).

5.1 Die Bürokratie als Herrschaftsinstrument und der spezifische Charakter der Eurokratie

Bürokratien sind Institutionen der politischen Herrschaft und Steuerung. Dies wird schon durch die wörtliche Bedeutung des Begriffs nahegelegt, nämlich »Herrschaft des (oder durch) Büros (und seiner Angestellten)«. Dieser Aspekt, den vor allem Max Weber in seiner bahnbrechenden Arbeit betont hat, wird in zeitgenössischen Studien stark heruntergespielt oder überhaupt vernachlässigt.[2] Fragen von Interessen und Konflikten innerhalb und über Bürokratien werden viel zu wenig thematisiert. Dies gilt insbesondere auch für die sozialwissenschaftliche Literatur über die EG- und EU-Bürokratie.[3] So wurde Max Webers Theorie sogar kritisiert und behauptet, dass die von ihm hervorgehobenen Elemente der Bürokratie in konkreten zeitgenössischen Formen der Verwaltung empirisch nicht mehr feststellbar seien; behauptet wurde auch, dass er das Wachstum der Bürokratie überschätzt habe (Swedberg 1998: 42, 226). Wenn man jedoch die massive Expansion aller nationalen Bürokratien seit dem Beginn des 20. Jahrhunderts (der Periode, in welcher Weber seine Arbeiten verfasste) bis heute betrachtet, erweist sich seine These als eine der besten soziologischen Voraussagen, die je gemacht worden sind.

Der Aufstieg der Staatsbürokratien zu machtvollen Steuerungsinstrumenten im kontinentaleuropäischen Kapitalismus. Die Thesen von Max Weber

Obwohl das Phänomen an sich sehr alt ist, wurde der Begriff *Bürokratie* erst im 18. Jahrhundert in Frankreich erfunden (Albrow 1972: 13). Ausgehend von Frankreich verbreitete sich der Begriff Bürokratie auch in Deutschland und Großbritannien. Frankreich und Deutschland waren die ersten Länder, die ein System der Ausbildung und Qualifizierung für Mitglieder des öffentlichen Dienstes ausarbeiteten. Eine neue Wissenschaft – die sog. »*Kameralwissenschaft*« – wurde 1720 in Preußen eingerichtet; sie konzentrierte sich auf öffentliche Verwaltung und Finanzen (Mayntz 1985: 4). Später differenzierte sich diese Wissenschaft in die Disziplinen von Recht und Ökonomie aus. Bürokratische »Reform von oben«, die der aufgeklärte Absolutismus verfolgte, wurde das Äquivalent zur bürgerlichen Revolution in Großbritannien (Stürmer 1977: 10). Auch englische Autoren begannen früh über Bürokratie zu schreiben, aber be-

---

[2] Für kritische Darstellungen dieser Ansätze vgl. Schmid/Treiber 1975; Würtenberger 1977; Pierre 1995:xv.
[3] Vgl. z.B. Mayntz (1985) und Parsons/Smelser (1984).

zeichnenderweise vor allem in kritischer Perspektive, wobei sie sich auf die kontinentaleuropäischen Staatsverwaltungen bezogen (Albrow 1972). Im späteren 19. Jahrhundert erschienen die ersten systematischen Arbeiten über die Bürokratie, etwa Gaetano Moscas »*La classe politica*« (1895) und Robert Michels' »*Zur Soziologie des Parteiwesens*« (1925 [1911]; vgl. Mitchell 1968: 21). Für beide stellen Bürokraten ein zentrales Element der »herrschenden Eliten« dar, die dadurch in der Lage sind, ihre Macht zu bewahren und zu reproduzieren.

Der Charakter der Bürokratie variiert zwischen Nationen und Kulturen; die französischen und deutschen Modelle der Bürokratie haben aber eine exemplarische Rolle für die EU gespielt (Shore 2000: 179; Bourricaud 1958: 460). In diesen Ländern hat die Macht von staatlichen Institutionen seit dem späten Mittelalter kontinuierlich zugenommen, und zwar auf Kosten der Autonomie der politischen Macht. Am Ende des 19. Jahrhunderts entwickelte sich eine neue Art von »organisiertem Kapitalismus«, mit einer engen Verflechtung zwischen Privatunternehmen, großen Interessenorganisationen, öffentlichen Bürokratien und Regierungen mit dem Ziel, die nationale Stärke und Autarkie zu erhalten und zu fördern (Stürmer 1977: 18f.). Mattei Dogan und Dominique Pelassy (1987) haben gezeigt, dass seit dem Zweiten Weltkrieg das Wachstum des bürokratischen »Staatsmolochs« in Westeuropa kontinuierlich weiterging.

Max Weber (1864–1920) war der erste, der den Begriff der Bürokratie geklärt und starke Thesen über die Funktionen der Bürokratie in modernen Gesellschaften entwickelt hat. Für Weber hat Bürokratie zwei Bedeutungen (vgl. auch Bendix 1960: 423–57; Schmid/Treiber 1975: 21ff.). Auf der einen Seite ist sie die effizienteste Form von Verwaltung, die sowohl von Regierungen wie von Privatunternehmen als Mittel der Herrschaft eingesetzt wird. In diesem Sinne ist die Bürokratie eine äußerst alte Erfindung, die bis auf die antiken Hochkulturen, etwa in Ägypten, zurückgeht. Weber (1964: 709) nennt sechs Fälle als die »größten historischen Beispiele« von Bürokratien: das alte Ägypten, das spätere römische und das byzantinische Reich, die römisch-katholische Kirche, China bis in die Gegenwart, die modernen Staaten in Europa seit der Phase des Absolutismus und den kapitalistischen Großbetrieb (vgl. auch Peters 1995: 136ff.). Auf der anderen Seite ist die Bürokratie sehr eng verknüpft mit dem Aufstieg des modernen Staates. Dieser Staat wird allgemein charakterisiert als ein System »legaler Herrschaft mit einem bürokratischen Verwaltungsstaat« (Weber 1964: 160ff.).

Weber nennt drei Gründe für den Aufstieg der großen staatlichen Bürokratien, es ist evident, dass auch die Entwicklung der Eurokratie eng mit ihnen verknüpft ist. Der erste ist die Entwicklung des Kapitalismus selbst (Weber 1966: 165). Der Kapitalismus stellt der Bürokratie die notwendigen finanziellen Ressourcen durch Steuereinnahmen zur Verfügung. Zum zweiten machen technische Erfindungen in den Bereichen der Kommunikation und des Transports die Arbeitsweise der Bürokratie effizienter und präziser. In der EU haben diese Mittel besondere Bedeutung erlangt: das Zusammenbringen Tausender von Beamten aus den nationalen Bürokratien zu Treffen in Brüssel oder anderswo wäre unmöglich ohne den heutigen extensiven Flugverkehr zwischen allen größeren Städten Europas. Zum dritten entwickelt sich die Bürokratisierung als Folge des zunehmenden Wohlstands der Bevölkerung, ihrer steigenden Ansprüche an die Konsumgüter und als Folge der Expansion der wohlfahrtsstaatlichen Politik (vgl. schon A. de Tocqueville [1835] 1976: 787ff.).

Trotz ihres parallelen Aufstiegs entsteht ein potentieller Konflikt zwischen Bürokratie und Demokratie (vgl. auch Bendix 1960: 438ff.). Hier stellt sich vor allem das Problem der Kontrolle des bürokratischen Apparats. Spitzenbürokraten können machtvoller werden als ihre »politischen Meister« (Weber 1978a: 224). Wir werden zeigen, dass dies auch für die Generaldirektoren der EU (Bürokraten) im Vergleich zu ihren Kommissaren (den Politikern) gilt. Die Macht der Bürokraten über die Politiker ist bedingt durch ihr überlegenes technisches Wissen und die Erfindung des »Amtsgeheimnisses« – eines Prinzips, das die Bürokratie fanatisch verteidigt (Weber 1964: 165; 1047ff.; 1988: 353).

Alle diese Charakteristika haben eine Konsequenz: Bürokratien besitzen eine extrem starke Macht der Beharrung. Selbst die französische Revolution schwächte sie nicht. Vielmehr war das Gegenteil der Fall, wie Alexis de Tocqueville schon in seiner klassischen Studie *L'ancien Régime et la Révolution* von 1856 gezeigt hat.

Die Macht der Eurokratie

Fragen wir uns nun, welche Macht und welchen Einfluss die Bürokratie der EU – im Folgenden auch als *Eurokratie* bezeichnet (ohne dass damit negative Untertöne verknüpft sein sollen) – besitzt. Wie kann sie aus einer kritischen soziologischen Sicht, aber auch aus der Sicht der normativen Theorie der Demokratie, untersucht werden? Wir müssen in dieser Hinsicht sowohl die formell-institutionellen Rechte betrachten, die der Kommission verliehen wurden, wie auch die konkrete Arbeitsweise der Eurokratie. Wenn von der »Kommission« (oder Eurokratie) die Rede ist, ist damit sowohl die kleine Gruppe der 27 politisch eingesetzten Kommissare, wie auch deren großer Verwaltungsapparat gemeint. Vier Merkmale sind in diesem Zusammenhang von Bedeutung.[4]

---

[4] Es gibt viele Beschreibungen der Europäischen Kommission; die meisten stellen jedoch nur ihre formale Struktur dar. Für informativere Abhandlungen und Spezialstudien vgl. Edwards/Spence 1994; Wessels 1996; Dinan 1999: 205ff.; Nicoll/Salmon 2001: 129ff.; Egeberg 2003; Pollack 2003: 75ff..

5 Die Eurokratie

(1) Am wichtigsten ist die Tatsache, dass die europäische Bürokratie ein Privileg hat, das bisher noch keiner anderen Bürokratie zugestanden wurde, nämlich das exklusive Recht Gesetze vorzuschlagen. Dieses Recht – und die Macht, die sich daraus ergibt – ist äußerst wichtig, auch wenn die Regulierungen und Erlässe formal durch den Europäischen Rat und das Europäische Parlament ratifiziert werden müssen. Die Kommission ist sich dieser außerordentlichen Macht wohl bewusst: »Auf der Grundlage der Verträge hat die Kommission das faktische Monopol über Gesetzesinitiativen in den Bereichen der Kompetenz der Gemeinschaft«.[5] Die Kommission selber beschreibt sich als »ausführendes Organ« der EU, als ihr »Dynamo« (Shore 2000: 128) oder als »das Kraftwerk der europäischen Integration« (Müller 1994: 58). Der Schlüssel der Macht der Kommission liegt darin, dass sie »das alleinige Recht hat, Vorschläge zu machen. Sie hat ein Monopol. Diese Tatsache allein gibt dem Recht der Kommission Initiativen vorzuschlagen größere Bedeutung als das übliche Recht Gesetze zu initiieren, das wir aus den nationalen Verfassungen kennen.«[6] (2) Die Europäische Kommission ist weiters verantwortlich für die Überwachung der Implementierung der EU-Gesetze in den Mitgliedsstaaten. Aus dieser Sicht ist die Eurokratie so etwas wie ein Aufseher oder Wächter der Mitgliedsstaaten. (3) Die Europäische Kommission ist für ihre Politik nur kollektiv verantwortlich. Deshalb existieren für einzelne Kommissare nur begrenzte Möglichkeiten sich durch spezifische politische Ziele, Programme oder Maßnahmen auszuzeichnen. Das mäßige politische Profil vieler Kommissare hindert die Kommission jedoch nicht daran als Ganze kontinuierlich zur Vertiefung der Integration beizutragen, wie in diesem Kapitel gezeigt werden wird. (4) Die Mitglieder der Eurokratie unterhalb der Kommission werden nicht gewählt, sondern in ihre Ämter eingesetzt. Dies verstärkt den unpersönlichen, gesichtslosen Charakter der Kommission und der Eurokratie.

Die EU-Bürokratie als Arbeitsorganisation von Experten und als Netzwerkstruktur

Die Bürokratie der EU ist ein ganz besonderer Fall auch im Hinblick auf ihre Organisationsstruktur und Arbeitsweise. Zum Ersten ist sie hauptsächlich mit dem Vorbereiten und Erlassen von Gesetzen, Regulierungen und Empfehlungen befasst, aber nicht mit ihrer praktischen Implementierung; sie kann daher als

---

[5] Commission of the EC, »Action Plan: Simplifying and improving the regulatory environment", Doc. Com (2002) 278 Final.
[6] Rede von Walter Hallstein am British Institute of International and Comparative Law in London am 25. März 1965; Commission of the EC, Doc. 3574/X/65-E.

»Regulierungsbürokratie« (Bach 1992) bezeichnet werden. Für Bürokratien gilt allgemein, dass die Art der erforderten Ausbildung und des Wissens auf dem höchsten Niveau liegen (typisch akademisch) und eng bezogen sein wird auf die Aktivität des Erlasses von Regulierungen. Neben dem Fachwissen des Beamten spielt auch sein »Dienstwissen« eine entscheidende Rolle, die durch die eigene Arbeit erworbenen »Tatsachenkenntnisse«; nur der »private Erwerbsinteressent«, insbesondere der kapitalistische Unternehmer, ist dem Beamten an spezifischem Fachwissen in seinem Bereich überlegen (Weber 1964: 165f.)[7] Das Expertenwissen der EU-Kommission ist vor allem rechtlicher Natur, aber es enthält auch ökonomische und technische Elemente. Aus dieser Sicht ist die Kommission eine grundsätzlich legalistische Institution: »Alles was sie tut, muss eine rechtliche Basis haben, die zurückgeführt werden kann auf oder gerechtfertigt werden durch die Verträge« (Shore 2000: 132). Deshalb spielt auch der Rechtsdienst in der Arbeit der Kommission eine zentrale Rolle und ein überproportionaler Anteil ihrer Angestellten hat einen juristischen Hintergrund: »Das Europarecht und die europäischen Institutionen [...] unterstützen sich wechselseitig durch ein sich selbst verstärkendes System von Bürokratie und Recht« (Shore 2000: 138).

Wichtig ist weiters die Tatsache, dass die EU-Beamten, die in den EU-Städten Brüssel, Luxemburg und Straßburg arbeiten, nur einen Teil der gesamten bürokratischen Maschinerie darstellen, der EU-weit tätig ist. Die Eurokratie stützt sich auch auf ein umfangreiches Netzwerk von Beamten in den Mitgliedsstaaten, sowie von Experten in privaten Institutionen. Darüber hinaus sind spezialisierte »Europa-Abteilungen« mit der Aufrechterhaltung von Kontakten nach Brüssel und mit der Implementierung von EU-Regulierungen auf dem ganzen Kontinent befasst. Wir nennen diese im Folgenden die »EU-Stellvertreterbürokratie«. In diesem Kapitel wird erstmals eine empirisch fundierte Schätzung ihres Umfanges gegeben.

Arbeitsbeziehungen, Praktiken und Leistungen: »Bürokratismus« in Brüssel und anderswo

Der Vorwurf des »Bürokratismus« hat zwei Bedeutungen: zum einen bezieht er sich auf die Arbeit und das Verhalten der Bürokraten, das als unpersönlich und undurchschaubar charakterisiert wird; zum anderen bezieht er sich auf das Resultat der bürokratischen Arbeit, das oft als Überreglementierung bezeichnet wird, als Produktion unzähliger Gesetze und Erlässe, die im besten Falle überflüssig

---

[7] Einer der wenigen Autoren, die die Weitsicht von Weber im Hinblick auf die Bedeutung und Macht der Bürokratie anerkennen, ist Bruno Bandulet (1999: 82).

5 Die Eurokratie

sind, im schlechtesten Falle unternehmerische Aktivitäten behindern sowie Bürger und Konsumenten bevormunden.

Man kann die Eurokratie mit den Verwaltungen von Nationalstaaten wie auch mit jenen anderer internationaler Organisationen vergleichen, wie jenen der UNO, der OECD oder der ILO. Im Vergleich zwischen der EU-Bürokratie und ihren nationalen Gegenstücken wird die erstere oft als weniger »bürokratisch« gekennzeichnet. Sie sei viel stärker durch funktional orientierte Arbeitsprozesse, transnationale Netzwerke und eine funktionale Legitimität charakterisiert, die sich auf Aufgabenerfüllung und instrumentelle Problemlösung konzentriert (Bach 1992: 27). Aber nicht nur nationale, sondern auch internationale Bürokratien sind »weit entfernt von den schön dargestellten, in sich selber festgefügten und hierarchisch geordneten Modellen der Organisationstheoretiker« (Haas 1964: 98). Warum sollten wir annehmen, dass die Eurokratie um so vieles effizienter und nur auf das Gemeinwohl Europas hin orientiert sein soll, wie es im Selbstbild der Kommissionsbeamten dargestellt wird (Shore 2000: 178)? Zumindest drei Argumente lassen diese These als fraglich erscheinen.

Zum ersten stellt sich die Frage: was ist das »Ethos« der Eurokratie? Der Hauptunterschied zwischen dem Ethos des Politikers und Unternehmers und jenem eines Bürokraten liegt in der Verantwortung, die sie für ihre Handlungen übernehmen können (Weber 1978b: 1404). Die beiden ersten wollen eigene Ziele und Absichten durchsetzen; sie kämpfen für persönliche Macht um diese Ziele zu realisieren und sie nehmen ein Risiko auf sich, wenn sie keinen Erfolg haben. Der Bürokrat dagegen muss seine Pflicht erfüllen, das heißt, die Anordnungen seiner legitimen (politischen oder privaten) Chefs ausführen. Er hat eine lebenslange Anstellung in seinem Job; das höchste Risiko, welchem er ausgesetzt ist, besteht darin, dass er in ein anderes Amt oder in den Ruhestand versetzt wird. Auch die Eurokratie muss die Richtlinien und politischen Entscheidungen ihrer »Herren«, der Regierungen der Mitgliedsstaaten, vollziehen. Sie wurde jedoch mit einer eigenen Autorität ausgestattet als »Wächterin der Verträge« und hauptsächliche Förderin der supranationalen »europäischen Interessen«. Was sind diese Interessen? Da es keine starke Öffentlichkeit in der EU gibt und in ihren Institutionen nur begrenzt demokratisch-politische Entscheidungsverfahren existieren, verbleibt die Definition dieser Interessen zu einem erheblichen Ausmaß in den Händen der Eurokratie selber (vgl. auch Shore 2000: 135ff.).

Zum zweiten: Ist es plausibel anzunehmen, dass die Organisationsstruktur und Arbeitsprozesse auf der Ebene der EU sich signifikant von jenen in nationalen Bürokratien unterscheiden? Auch diese Annahme ist aus mindestens drei Gründen fragwürdig: (a) auch nationale Bürokratien sind nicht sehr systematisch strukturiert und wohlgeordnet. So wurde die französische Staatsverwaltung als »fragmentierte Maschine« charakterisiert, in welcher funktionale und hierarchische Prinzipien oft miteinander in Widerspruch geraten; auf der Ebene von Ministerien sind diese »ständig in Konflikt und stellen eine verwirrende Struktur dar« (Luc Rouban 1995: 42ff.). In der deutschen Ministerialbürokratie gibt es bei der praktischen Durchführung neuer Programme einen hohen Grad an Autonomie auf der Ebene untergeordneter Einheiten (Schmid/Treiber 1975). (b) Die formale Struktur der europäischen Demokratie ist eng verknüpft mit der Hierarchie von Bildungsabschlüssen; darüber hinaus gilt, dass die Eurokraten die gleichen Privilegien (etwa lebenslange Anstellung) genießen wie die Bürokraten in den Mitgliedsstaaten. Als Konsequenz all dieser Tatsachen sind formale Abschlüsse und organisatorische Hierarchien auch innerhalb der Eurokratie von großer Bedeutung. (c) Die Bedeutung solcher formaler Voraussetzungen und Strukturen nimmt in jeder Bürokratie zu, wenn sie älter wird (Downs 1967: 158ff.).

Zum dritten und letzten: Wie ist es möglich, die Leistungseffizenz der Eurokratie zu messen? Eine Möglichkeit ist, sich zu fragen, ob die Europäische Union die grundlegenden Ziele erreicht hat, die sie sich selber gesetzt hat, wie ökonomisches Wachstum, Vollbeschäftigung und Ähnliches. Wir werden in Kapitel 6 zeigen, das die Leistungsbilanz in dieser Hinsicht sehr gemischt aussieht. Die andere Möglichkeit ist zu betrachten, wie viele Regulierungen und Erlässe die EU-Bürokratie herausbringt. In dieser Hinsicht ist die Eurokratie ohne Zweifel hocheffektiv, wie im Folgenden gezeigt werden wird. Es erheben sich jedoch ernsthafte Zweifel, ob diese Art der Produktivität tatsächlich als Erfolg gesehen werden kann. Dies wird nicht zuletzt durch die Tatsache indiziert, dass Politiker und die Kommission immer wieder versuchen, den Output an Regulierungen und Erlässen zu reduzieren, wie in Abschnitt 5.4 gezeigt werden wird.

Akteure und Interessen in der Entwicklung der Eurokratie

Eine zentrale These dieser Studie lautet, dass konkrete, individuelle und kollektive Akteure eine zentrale Rolle bei der Entstehung und Entwicklung sozialer Institutionen spielen. Im Falle der europäischen Integration muss man fünf Kategorien von Akteuren in Betracht ziehen: politische Eliten; ökonomische, bürokratische und akademische Eliten; und die allgemeine Bevölkerung. Sie alle haben ein Interesse an der Expansion der Eurokratie, wenngleich es sich dabei auch oft um widersprüchliche Erwartungen und kritische Einstellungen handelt.

Politische Unternehmer und politische Elite: Anthony Downs (1967: 5ff.) hat in seiner Arbeit *Inside Bureaucracy* argumentiert, das ein neues Büro normalerweise durch eine kleine Gruppe charismatischer Führer eingerichtet wird, um eine besondere neue soziale Funktion zu erfüllen. Eine wichtige Rolle in diesem

5 Die Eurokratie

Zusammenhang spielen innovative und durchsetzungsfähige Persönlichkeiten (»Zealoten«), die seine Einrichtung vorschlagen und vorantreiben (Downs 1967: 5f.). Auch im Falle der europäischen Integration war die Rolle eines solchen »politischen Unternehmers«, nämlich von Jean Monnet, außerordentlich wichtig, wie in Kapitel 3 gezeigt wurde.

Zum zweiten müssen wir den Einfluss von nationalen Politikern in Betracht ziehen, insbesondere denen der Chefs und Mitglieder der Regierungen. Alle ihre Vorschläge und Handlungen, die durch die Idee motiviert sind, das Prinzip der europäischen Integration zu fördern, führen früher oder später auch zu einem Wachstum der Eurokratie. Oft haben nationale Politiker ein direktes Interesse an der Etablierung von neuen EU-Regulierungen. Auf diese Weise können sie Ziele realisieren, die sie auf der Ebene ihres eigenen Staates nicht durchzusetzen fähig sind.[8] (Für den Fall von Österreich vgl. dazu Heschl 2002). Dieses Argument wurde in vielen Ländern auch als Begründung für die Notwendigkeit des EU-Beitrittes herangezogen, insbesondere im Fall der postkommunistischen Staaten (Hofbauer 2003). Die Politiker der Mitgliedsstaaten haben auch ein Interesse daran, neue Positionen und Karriereaussichten für ihre politischen Anhänger zu eröffnen. Die Tausenden von höheren Positionen in den Institutionen in der EU bieten in dieser Hinsicht umfangreiche Chancen, insbesondere für Akademiker. Einige nationale Politiker, wie etwa Charles de Gaulle und Margaret Thatcher, waren sehr kritisch zur Eurokratie eingestellt. Es scheint jedoch, dass sie bei ihren Bestrebungen, deren Einfluss zu reduzieren, nicht erfolgreicher waren als Ronald Reagan oder George Bush senior in den USA; überall auf der Erde ist der öffentliche Sektor »schwer zu kontrollieren und noch schwerer zu reduzieren« (Peters 1995: 17).

Europapolitiker: Ein Interesse an einer starken, kontinuierlich wachsenden europäischen Bürokratie besteht ohne Zweifel bei den neuen »europäischen Politikern« im engeren Sinne, wie etwa den Mitgliedern des Europäischen Parlaments. Ein Parlament ist dann am einflussreichsten, wenn es Teil eines politischen System ist, das umfassende Kompetenzen besitzt. Die Hauptfunktion eines Parlaments, Gesetzgebung und Kontrolle, kann nur in Zusammenarbeit mit der Bürokratie ausgeübt werden. Deshalb wird das Europäische Parlament de facto einer der Hauptakteure sein, die das Wachstum der Eurokratie fördern. Tatsächlich sehen sich wie bereits gezeigt, das EP und die Kommission zunehmend als Alliierte im Streben nach Ausweitung der Macht und Kompetenzen der Union im Vergleich zu den nationalen Regierungen.

---

[8] Vgl. dazu den informativen Bericht »Die Diktatur der Bürokraten« in *Der Spiegel*, No. 23, 2005, S. 106–119.

Eigeninteressen der Eurokraten: Ist eine Bürokratie einmal eingerichtet, so entwickeln ihre Angehörigen vielfältige Interessen an der Aufrechterhaltung und Höherstufung ihrer Positionen. Ökonomische Theoretiker der Bürokratie sehen die Bürokraten als »Nutzenmaximierer«, die ihre Ziele rational verfolgen. Diese schließen nicht nur Eigeninteressen und »egoistische« Ziele ein, etwa im Hinblick auf Arbeitsplatzsicherheit und Einkommen, sondern auch zahlreiche weitere, hoch bewertete soziale Güter: Macht, Prestige, angenehme Arbeitsbedingungen, persönliche Loyalität zur eigenen Arbeitsgruppe oder zum Büro insgesamt, der Wunsch das öffentliche Interesse zu fördern, die Verpflichtung für ein spezifisches Aktionsprogramm, öffentliche Anerkennung und die Möglichkeit, bei der Vergabe von Ämtern mitzubestimmen (Downs 1967: 84; Niskanen 1971: 38). In internationalen Bürokratien ergeben sich zusätzliche Herausforderungen aus der Arbeit in einer anregenden, multikulturellen Umwelt. Niskanen (1971: 36ff.) argumentiert, das all diese individuellen Ziele von Bürokraten »eine positiv-monotone Funktion des totalen Budgets eines Büros« darstellen (Niskanen 1971: 38; vgl. auch Peters 1995: 213). Daher werden alle Bürokraten in Führungspositionen, einschließlich jener mit primär altruistischen Orientierungen oder mit Zielen, die voll mit den Aufgaben ihrer Institutionen übereinstimmen, dazu neigen für ein wachsendes Budget zu kämpfen.

Ökonomische Eliten: Im fortgeschrittenen Kapitalismus ist die Bürokratie ein unverzichtbares Instrument der Koordinierung und Steuerung. Die zunehmende Arbeitsteilung, die wachsende technische Komplexität und Interdependenz verschiedener Wirtschaftssektoren und der Prozess der Globalisierung erfordern Regulierungen, deren Ausarbeitung einer öffentlichen Autorität zugewiesen werden muss. Unternehmen und Korporationen sind selber an Gesetzen und Regulierungen interessiert, die in der gesamten EU gültig sind – im Gegensatz zu ihrer oft lautstarken Opposition gegen Staatsinterventionen in den »freien Markt«. Es ist daher nicht überraschend, dass die multinationalen Konzerne, die Vertreter von Wirtschaftsorganisationen und ihre Lobbys, Tausende von Personen in Brüssel beschäftigen, die versuchen, Einfluß auf die Regulierungs- und Gesetzgebungsaktivitäten der EU-Institutionen zu nehmen. Die Kommission mit ihren zahlreichen Direktoraten und Abteilungen ist ihr hauptsächlicher Kontaktpartner.

Das allgemeine Publikum: Die Eurokratie liegt weit außerhalb des Blickfeldes der Bevölkerung in den Mitgliedsländern. Trotzdem sind auch ihre Einstellungen und Erwartungen von großer Bedeutung. Allgemein sind diese Erwartungen jedoch sehr widersprüchlich: »Ein großer Teil unserer Bevölkerung wünscht, dass die Rolle der Regierung ausgeweitet wird […] ein ebenso großer Teil der Bevölkerung ärgert sich jedoch über die bürokratischen Methoden und ist mit der Leistung der Bürokratie unzufrieden« (Niskanen 1971: 3; vgl. auch Schmid/Trei-

5 Die Eurokratie

ber 1975: 13). Im Allgemeinen zeigt sich, dass die Bürger Regierung und Bürokratie und die damit zusammenhängenden Steuersysteme nur wenig unterstützen, dass diese negativen Haltungen jedoch verschwinden, wenn man nach besonderen Kategorien von Staatsaktivitäten oder Staatsausgaben fragt. Dem Staat werden in allen fortgeschrittenen Ländern weiterhin zahlreiche Aufgaben zugeschrieben, und dies nicht nur im Bereich der sozialen Wohlfahrt, sondern auch in Bereichen wie öffentliche Sicherheit, Beschäftigung, Umwelt, Industrie und Wirtschaftspolitik (Haller et al. 1990; Peters 1995: 37). Die Erwartungen der Bevölkerung im Hinblick auf die europäische Integration sind zweifellos wichtig, weil sie auch Eingang in politische Programme auf europäischer und nationaler Ebene finden. Wie in Kapitel 6 gezeigt werden wird, erwarten die Bürger, dass die Europäische Union praktisch in allen Politikbereichen eine wichtige Rolle spielen soll. Auch diese Einstellung stellt einen günstigen Hintergrund für die Expansion der Kompetenzen und des Verwaltungsapparates der Eurokratie dar.

Alle diese Faktoren mögen zur Tatsache beitragen, dass praktisch sämtliche Bürokratien eine Tendenz aufweisen über die Zeit hinweg zu wachsen. Diese Tendenz wurde pointiert dargestellt in »*Parkinsons Gesetz*«, das besagt, dass in einer Arbeitsorganisation jeder seine Arbeit in einem solchen Maß auszuweiten versucht, dass dadurch die verfügbare Zeit ausgefüllt wird (Parkinson 1957). Eine Folge dieses Gesetzes ist die Tatsache, dass der Verwaltungsapparat jeder öffentlichen Verwaltung kontinuierlich zunehmen wird (Parkinson postuliert in dieser Hinsicht einen relativ genauen Anteil von 5% bis 6% pro Jahr). Downs (1967: 17) nennt fünf konkrete Gründe, warum Behörden stets danach streben zu expandieren: (1) eine expandierende Organisation kann mehr fähiges Personal anziehen und behalten; (2) sie gewährt ihren Leitern zunehmend mehr Macht, Einkommen und Prestige; (3) sie reduziert interne Konflikte, indem sie hilft, Null-Summen-Spiele zu vermeiden; (4) sie kann die Qualität der Leistung verbessern; (5) die üblicherweise gültige Anreizstruktur im öffentlichen Bereich verleiht größere Belohnungen für die Zunahme als für die Reduktion von Ausgaben. Im Falle der Eurokratie werden diese Tendenzen durch ein wichtiges Merkmal der Verfassung der EU verstärkt: der Vertrag von Rom war, wie alle seine Nachfolgeverträge, ein »Grundlinienvertrag« wie Walter Hallstein 1965 betonte: »In so weiten Feldern wie Landwirtschaft, Transport, Außenhandel, Sozialpolitik, Wettbewerbspolitik und so weiter stellt der Vertrag einen Rahmen für kontinuierliches Handeln dar.«[9]

---

[9] Rede von Walter Hallstein in London, 1965, zitiert in Fußnote 6 oben.

5.2 Das Personal: Umfang, Wachstum und soziale Merkmale der Eurokratie

Daten über die Größe und die Entwicklung der Eurokratie sind ohne Zweifel grundlegend für eine adäquate Einschätzung ihres Einflusses. Die Daten, die im Folgenden präsentiert werden, stammen zum größten Teil von offiziellen Statistiken der EU und von Spezialstudien, die im Auftrag der Union oder durch unabhängige Forscher durchgeführt wurden. Viele dieser Daten sind nicht wirklich »neu«. Ihre systematische Darstellung und Interpretation aus der in diesem Buch entwickelten theoretischen Perspektive wirft jedoch ein neues Licht auf die Entwicklung und die Funktionen der Eurokratie. Im Hinblick auf einen wichtigen Aspekt – die Existenz und den Umfang der »EU-Stellvertreterbürokratie« in den Mitgliedsstaaten – werden im Folgenden die Ergebnisse einer eigenen Spezialstudie präsentiert.

Die Kleinheit der Bürokratie der EU – ein irreführendes Argument

Ein Standardeinwand gegen die These von der Bürokratisierung der EU lautet, dass deren Bürokratie im Vergleich mit den öffentlichen Verwaltungen der Mitgliedsstaaten äußerst schlank ist. Nach dem derzeitigen Vizepräsidenten der Kommission, Günther Verheugen, ist der Vorwurf des »Bürokratismus« der erste unter sechs »unbegründeten Mythen« über die EU: »Wenn ich deutschen Medien Glauben schenken will, verfügt die Europäische Kommission über ein gewaltiges Beamtenheer, das seine Krakenarme bis in die letzte Gemeinde ausstreckt. Tatsächlich arbeiten in der Europäischen Kommission nur knapp mehr als 20.000 Bedienstete, weniger als die Berliner Verkehrbetriebe Beschäftigte haben, weniger als die Stadtverwaltung in Köln, weniger als die britische Autobahnbehörde« (Verheugen 2005: 11). Zahllose Kommentatoren und Wissenschaftler vertreten diese These, dass die Europäische Kommission und ihre Bürokratie eine »überraschend kleine Organisation« darstellt (Spence 1994: 62; für ähnliche Feststellungen vgl. Peters 1995: 149; Bach 1999: 23; Shore 2000: 8; Hartmann 2001: 127).

5 Die Eurokratie

Foto 8:
Das Berlaymont-Gebäude in Brüssel, Sitz der EU-Kommission und der »Eurokratie.«
Quelle: Markus Würfel

Tatsächlich können die meisten der in diesem Zusammenhang genannten Zahlen nicht in Frage gestellt werden; aus dieser Sicht ist die Eurokratie tatsächlich sehr klein. Trotzdem ist das immer wieder wiederholte Argument über die geringe Größe der EU-Bürokratie außerordentlich irreführend. Aus drei Gründen ist ein Vergleich zwischen der EU-Bürokratie und den Verwaltungen von nationalen oder regionalen und lokalen Behörden unangebracht. Zum ersten ist die Europäische Union kein Staat und es ist unrealistisch zu erwarten, dass sie dies in der absehbaren Zukunft werden wird. Auch der Vergleich der Eurokratie mit einer typischen Großstadtverwaltung »ist abwegig, weil die Funktionen dieser beiden Organisationen völlig anders sind« (Nicoll/Salmon 2001: 129). Die EU-Verwaltung ist in erster Linie eine Maschinerie, die Gesetze und Verordnungen produziert, sie hat aber keine ausführenden Funktionen. Der Großteil der Beamten von

Staatsverwaltungen und lokalen Verwaltungen sind jedoch in diesem Bereich tätig (etwa als Finanzbeamte, Richter, Polizisten, Lehrer usw.). Zum zweiten beruht das Argument über die geringe Größe der EU-Bürokratie auf einer rein statischen Sicht. Die Entwicklung dieser Bürokratie in den vergangenen Jahrzehnten ergibt jedoch ein völlig anderes Bild (vgl. auch Page Wouters 1995: 191; Vaubel 1995: 36). Die heutigen Staatsverwaltungen in Europa konnten sich über zweihundert Jahre hinweg kontinuierlich entwickeln. Ein adäquater Vergleich der Eurokratie mit nationalen staatlichen Verwaltungen müsste den Umfang dieser am Ende des 18. Jahrhunderts als Vergleichsbasis heranziehen. Zum dritten übersieht die ausschließliche Betrachtung der Verwaltung in den zentralen Ämtern der EU die Tatsache, dass es Zehntausende von Beamten gibt, die in den Mitgliedsstaaten ausschließlich für die EU arbeiten und zwar auf allen Ebenen, in staatlichen, regionalen und lokalen Behörden.

Das Personal der Eurokratie und die Dynamik seiner Entwicklung

Betrachten wir als erstes die Anzahl der Beamten der Europäischen Union, wie sie aus den offiziellen Statistiken der Kommission hervorgeht. *Tabelle 5.1* zeigt, das die EU im Jahre 2006 rund 40.000 Personen beschäftigte; der Beamtenapparat der Kommission selber, das Herz der EU-Bürokratie, betrug 24.583 fix Angestellte und zusätzlich etwa 3.000 auf Zeit angestellte Beamte. Rund 11% dieser Beamten sind Dolmetscher und Übersetzer (im Jahre 2003 waren es 4.000).[10] Verglichen mit dem Umfang der öffentlichen Verwaltungen in den Mitgliedsstaaten ist dies in der Tat eine kleine Zahl. So beschäftigte der öffentliche Sektor im Jahre 2003 in kleineren Mitgliedsländern wie Österreich, Schweden oder Belgien insgesamt zwischen 200.000 und einer halben Million Menschen, in Italien und Großbritannien 1,9 Millionen, in Frankreich 2,4 Millionen, in Deutschland und in den USA 2,9 Millionen.[11] Dies sind jedoch Angestellte in der gesamten Kategorie »öffentliche Verwaltung, Verteidigung und öffentliche Sozialversicherung.« Wenn wir nur die zivilen Angestellten der Zentralregierungen (Bund, Bundesverwaltung) betrachten, sind die Zahlen viel geringer: 111.000 in Österreich, etwa 200.000 in den USA und 300.000 in Deutschland.[12]

---

[10] Für Übersetzer vgl. http://europe.eu.int/languages/de/chapter/40; die Daten für die Dolmetscher wurden von den einzelnen EU-Institutionen zur Verfügung gestellt.

[11] ILO Yearly Data. Tabellen 2B und 2E; für die USA: ILO-Public Sector Data (für beide vgl. auch http://laborsta.ilo.org); siehe auch Dogan/Pelassy 1987.

[12] Quellen: Wirtschafts- und Sozialstatistisches Taschenbuch der AK (Österreich); Statistisches Jahrbuch 2005, S. 596 (Bundesrepublik), (http://www.civilservice.gov.uk/management/statistics/publications/; U.S. Census Bureau, Federal government employment and payroll data (http://www.census.gov/govs/www/apesfed.html).

5 Die Eurokratie

Tabelle 5.1: Angestellte der Europäischen Union 2006 nach Typ der Institution

	EU-Angestellte			
	Beamte	Vertragsbedienstete	Zusammen	
	N	N	N	%
Europäische Kommission	24583	3045	27628	68.0
Verwaltung	18205	366	18571	45.7
Technisch-wissenschaftlicher Bereich (R & D)	3792		3792	9.3
Andere	2586	2679	5265	13.0
Europäisches Parlament	4883	918	5801	14.3
Europäischer Rat	3393	47	3440	8.5
Europäischer Gerichtshof	1346	411	1757	4.3
Europäischer Rechnungshof	657	134	791	1.9
Wirtschafts- und Sozialausschuss	642	29	671	1.7
Ausschuss der Regionen	425	32	457	1.1
Europäischer Bürgerbeauftragter	13	44	57	0.1
Leitung des Datenschutzes	24	0	24	0.1
Insgesamt N	35966	4660	40626	100.0
%	88.5	11.5	100.0	

Quelle: Daten erhalten von Eurostat/European Statistical Data Support (ESDS). Für die folgenden, auf frühere Perioden bezogenen Tabellen (mit kleineren Gesamtzahlen) vgl. Bulletin Statistique, veröffentlicht durch die Europäische Kommission – Generaldirektion Personal und Verwaltung.

Das Personal, das die EU direkt beschäftigt, ist aber nicht alles. Seit Jahrzehnten hat die EU unabhängige Agenturen eingerichtet, die spezielle Funktionen erfüllen. Eine neue Liste zählt 31 solcher Agenturen auf, deren Aufgabe es ist »sehr spezifische technische, wissenschaftliche oder managerielle Aufgaben zu erfüllen.«[13] Diese Agenturen befassen sich mit Problemen wie Sicherheit des See- und Luftverkehrs, Nahrungsmittelsicherheit, Eisenbahnen, Umwelt oder auch »Bildung, audiovisuelle Medien und Kulturen« – also Problemen, die laut Verträgen eindeutig den Mitgliedsstaaten zugeordnet sind. Wenn man die vorsichtige Annahme trifft, dass jede dieser Agenturen etwa dreißig Beschäftigte hat, so beschäftigen sie zusammen nochmals etwa tausend Angestellte.

Vierzigtausend Beamte mögen als eine »kleine« Zahl erscheinen, auch im Hinblick auf die Größe der EU. Das Bild sieht jedoch völlig anders aus, wenn wir die Dynamik der Entwicklung der EU-Bürokratie betrachten (vgl. *Abbildung 5.1*). Hier sehen wir ein beeindruckendes und kontinuierliches, nahezu lineares Wachstum: in den frühen 1970er Jahren wurde die Zahl von 10.000 erreicht und überschritten; in der Mitte der 1980er Jahre die Zahl 20.000; in der Mitte der 1990er 30.000; und im Jahre 2005 die Zahl 40.000. Das heißt, dass die Zahl der

---

[13] Vgl. http://europa.eu/agencies/index_de.htm (7.5.2007).

EG- bzw. EU-Beamten zwischen 1968 und 2006 um mehr als das Vierfache zugenommen hat. Keiner der vielen Autoren, die oben genannt wurden, hat dieses permanente Wachstum zur Kenntnis genommen. Man könnte argumentieren, dass ein Zuwachs des EU-Personals selbstverständlich und notwendig ist, da sich auch die Größe der Europäischen Union im Laufe dieser drei Dekaden von sechs auf 25 Länder (2006) erweitert hat, oder von einer Einwohnerzahl von ungefähr 185 Millionen 1968 auf über 450 Millionen. Es zeigt sich jedoch, das in den Jahren, in denen neue Länder der EU beitraten, kein besonders starker Zuwachs in der Zahl der EU-Beamten stattgefunden hat (vgl. auch Page/Wouters 1995: 191; Oldag Tillack 2005: 94). Auch kann man nicht annehmen, dass die Zahl der Beamten kontinuierlich im gleichen Umfang zunehmen muss wie die Zahl der Einwohner; wichtige politische Funktionen hängen nicht von der Bevölkerungszahl ab und sie müssen auch von einem kleinen Staat erfüllt werden; daher braucht auch dieser einen gewissen Beamtenapparat.

Abbildung 5.1: Die Entwicklung der absoluten Zahl der Beamten[1] der EG bzw. EU, 1968–2006

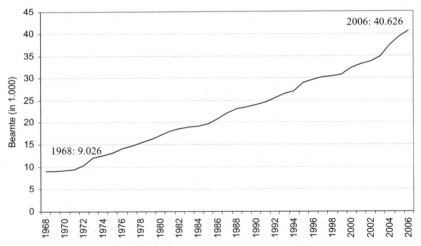

[1] Beamte in allen Institutionen, inkl. dezentrale Einheiten und Zeitbedienstete
Quelle: Eurostat/ESDS – European Statistical Data Support

Den Entwicklungstrend der Eurokratie kann man mit der Entwicklung der öffentlichen Verwaltungen in den Mitgliedsstaaten vergleichen; dabei ist zu berücksichtigen, dass eine säuberliche Unterscheidung zwischen dem öffentlichen Sektor und dem Rest der Wirtschaft sehr schwierig ist (Peters 1995: 18). Aus

5 Die Eurokratie

dieser Perspektive zeigt sich die einmalige Expansion der Eurokratie noch viel deutlicher. Seit 1990 hat die Zahl der Beschäftigten der öffentlichen Verwaltungen nur in wenigen Mitgliedsländern zugenommen (vgl. *Abbildung 5.2*). Dies war der Fall etwa in Frankreich in den frühen und in Großbritannien in den späten 1990er Jahren; später blieb blieben die Anteile in beiden Ländern stabil. In anderen Ländern – einschließlich typischer Wohlfahrtsstaaten wie Schweden und Dänemark – können in den 1990er Jahren starke Rückgänge beobachtet werden; der spätere neuerliche Zuwachs führte nur zu einem Umfang, wie er bereits früher existiert hatte. Insgesamt ergibt sich aus diesen Vergleichen der Eindruck, dass der Umfang der Beschäftigung in den meisten Mitgliedsstaaten der EU in den letzten Jahrzehnten stabil geblieben oder sich allenfalls leicht erhöht hat. Dies entspricht auch der zunehmenden Infragestellung des öffentlichen Sektors in der Politik seit den frühen 1980er Jahren (Pierre 1995: 2f.).

Abbildung 5.2: Die Entwicklung der absoluten Beschäftigtenzahlen in öffentlichen Verwaltungen ausgewählter Mitgliedsstaaten und EG/EU- Institutionen, 1990-2004

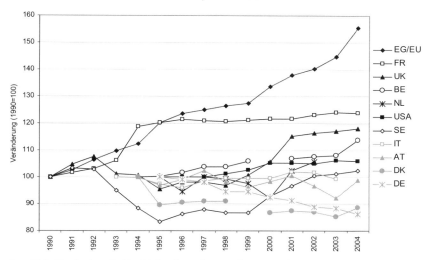

Quellen: ILO Yearly data, Table 2B (total employment by economic activity) und 2E (Frankreich) unter http://laborsta.ilo.org (15.3.2006); USA: ILO Public Sector Data unter http://laborsta.ilo.org (16.3.2006); EG/EU: Eurostat/ESDS – European Statistical Data Support

Betrachtet man einen längeren Zeitraum, so kann man in vielen Ländern sogar eine deutliche Abnahme erkennen. Die Beschäftigung im öffentlichen Sektor hat einen Spitzenwert in den 1980er Jahren erreicht und nachher abgenommen in Schweden und den Niederlanden[14], in Deutschland und in Großbritannien. In den Vereinigten Staaten fand seit 1970 eine Abnahme von 18,1% auf 14,3% statt.[15] Es ist bemerkenswert, dass in der Periode 1970-2000 in den USA die Beschäftigung um 70% expandierte und die Arbeitslosigkeit nie mehr als 5% betrug, während sie in der EU sehr stark, von durchschnittlich 3% auf 8-10%, anstieg und seit Jahrzehnten eine permanent hohe Arbeitslosigkeit herrscht. Man kann daher sagen, dass ein Hauptziel der Europäischen Union – die öffentliche Beschäftigung zugunsten privater Aktivitäten zurückzudrängen – tatsächlich auf der Ebene der Nationalstaaten realisiert worden ist, nicht jedoch auf der Ebene der Union selber. Die Eurokratie hat kontinuierlich zugenommen – auch in Phasen der sogenannten »Eurosklerose« (Shore 2001: 138).

Reduziert die Entwicklung der EU den Umfang der nationalen Bürokratien? Die EU-Stellvertreterbürokratie

Da die zentrale Bürokratie der EU, wie festgestellt, hauptsächlich mit dem Erlass von allgemeinen Richtlinien, Gesetzen und Verordnungen befasst ist, muss man annehmen, dass eine erhebliche Anzahl von öffentlichen Angestellten in den Mitgliedsstaaten mit der Implementierung dieser Gesetze befasst sein wird. In diesem Abschnitt wird erstmals gezeigt, dass die Entwicklung der EU direkt begleitet war von der parallelen Entwicklung einer »EU-Stellvertreterbürokratie« außerhalb der Hauptsitze der EU-Behörden in Brüssel, Luxemburg und Straßburg. Die Existenz und Entwicklung dieser Bürokratie ist praktisch allen Beobachtern der Eurokratie entgangen. In diesem Abschnitt werden Daten präsentiert, über die Anzahl der Büros (Abteilungen, Einheiten) und Beschäftigten auf der Ebene der Nationalstaaten, ihrer Provinzen und Gemeinden, die ausschließlich mit EU-Agenden befasst sind. Diese Aufgaben schließen die Implementierung von EU-Regulierungen ein, die Verteilung von Geldern aus EU-Fonds, die Beratung lokaler Regierungen und Unternehmen bei der Antragstellung für EU-Fonds, die Sammlung und Archivierung von Daten und die Verbreitung von Informationen über die EU.

Zu diesem Zweck wurden spezielle Studien in sechs regionalen bzw. lokalen politischen und administrativen Einheiten von vier Mitgliedsstaaten der EU

---

[14] Vgl. auch OECD, Historical Statistics 1960-1990, Paris; Tabelle 2.13, S. 42; Haller 1997, S. 401.
[15] Diese relative Abnahme hat jedoch vermutlich keine Abnahme in absoluten Ziffern bedeutet, weil die Gesamtzahl der Beschäftigten in dieser Periode stark zunahm.

5 Die Eurokratie 239

durch MitarbeiterInnen des Autors durchgeführt.[16] Die beteiligten Forscher sammelten zuerst umfangreiche Information über die Anzahl der Ämter innerhalb der jeweiligen Bundesregierungen, Provinzialregierungen und lokalen Verwaltungen, die mit EU-Angelegenheiten befasst waren. Dann gingen sie zu diesen Ämtern und führten persönliche Interviews mit ihren Leitern oder anderen informierten Personen durch um herauszufinden, wie viele der Mitarbeiter nahezu ausschließlich mit EU-Angelegenheiten befasst waren. Die regionalen Einheiten waren die oberitalienische Provinz Trient (466.000 Einwohner), die Hauptstadt Italiens Rom und ihr Umland, die Region Latium (ca. 5 Millionen); das österreichische Bundesland Steiermark (1,2 Millionen); das deutsche Bundesland Baden-Württemberg (10,7 Millionen); und schließlich die schwedischen Kreise (»Län«) Stockholm (1,8 Millionen) und Skane (1,1 Millionen Einwohner).

Tabelle 5.2: Die EU-Stellvertreterbürokratie in ca. 10 Gemeinden bzw. Regionen von vier EU-Mitgliedsstaaten

Land	Region/Provinz/Gemeinde	Anzahl der hauptsächlich mit EU-Angelegenheiten befassten Bediensteten
Italien	Gemeinde und Provinz Trient	83
	Stadt/Gemeinde Rom	25
	Provinz Rom	20
	Region Latium	22
Österreich	Gemeinde/Stadt Graz	7
	Bundesland Steiermark	23
Deutschland	Bundesland Baden-Württemberg	40
	40 größere Städte	48
	Gemeindetag	4
	Universitäten, technische Hochschulen	48
	Regierungspräsidien	20
	Ministerialverwaltungen	25
Schweden	Län (Kreis) Skane	16
	Län Stockholm	22
	Region Stockholm	10
	Region Skane	15

Quelle: Eigene Erhebungen, durchgeführt 2005–2006.

Ein erstes Ergebnis dieser eingehenden Studien war die Tatsache, dass es äußerst schwierig war exakte Schätzungen über den Umfang dieser Bürokratien zu fin-

---

[16] Die MitarbeiterInnen waren Liria Veronesi (Italien), Bernadette Müller (Österreich), Reinhard Blomert (Deutschland), und Anders Hellström (Schweden).

den. Der Grund war, dass zusätzlich zu jenen Einheiten, die ausschließlich mit EU-Agenden befasst waren, auch viele andere Beamte EU-bezogene Angelegenheiten in ihrer Arbeit berücksichtigen müssen. Diese Tatsache wurde am deutlichsten zum Ausdruck gebracht durch zwei schwedische Beamte, die zu diesem Zweck interviewt wurden. »EU-Angelegenheiten sind vollständig verflochten mit der täglichen Arbeit der Gemeinde- und Regionalbehörden« sagte Louise Carle von der »Region Stockholm«. Karl Löfmark, Chef des Internationalen Büros der Gemeinde Malmö, stellte folgendes fest: »Die Unterscheidung zwischen der europäischen und der nationalen Bürokratie ist überflüssig geworden. Es gibt auch viele lokale Initiativen, die unabhängig von zentraler Kontrolle sind. Nicht einmal kleinere Gemeinden wissen alles über die vielen EU-Projekte, die innerhalb ihres Verwaltungsbereiches ablaufen.«[17]

Dennoch war es – wenn auch in einer groben Weise – möglich, die Anzahl der Beamten in diesen verschiedenen Einheiten festzustellen, die hauptsächlich mit EU-Fragen befasst waren. Die entsprechenden Zahlen werden in *Tabelle 5.2* dargestellt. Man kann daraus ersehen, dass in den untersuchten Einheiten jeweils zwischen sieben und achtundvierzig Personen hauptsächlich mit EU-Angelegenheiten befasst waren. Die italienische Provinz Trient ist ein Ausreißer mit der hohen Anzahl von dreiundachtzig Personen. Dies mag mit ihrem Sonderstatus als autonome Provinz in Italien zusammenhängen sowie mit den vielen Aktivitäten, die sie (auch in Zusammenarbeit mit der Universität Trient) für internationale und interkulturelle Kontakte zwischen dem deutschen und italienischen Sprachraum durchführt. Im Falle der Region Latium wurden nur jene Behörden registriert, die in Rom ihren Sitz hatten. Wenn wir all diese Zahlen auf die vier Länder insgesamt extrapolieren (indem man die Anzahl und Größe der jeweiligen Provinzen in Betracht zieht), erhalten wir die folgenden groben Schätzungen für die Anzahl der Personen, die ausschließlich mit EU-Angelegenheiten befasst sind: in Österreich und Schweden etwa 500 bis 1200 Personen, und in Italien und Deutschland zwischen 1500 und 2500. Betrachtet man die EU insgesamt, so kann man annehmen, das in den acht kleineren Mitgliedsstaaten (mit weniger als fünf Millionen Einwohnern) jeweils zwischen 300 und 700 Beamte hauptsächlich mit EU-Angelegenheiten befasst sind, in den 13 mittelgroßen Mitgliedsstaaten (5 bis 29 Millionen Einwohner) etwa 500 bis 1200 und in den 6 großen Mitgliedsstaaten (30 Millionen und mehr Einwohner) etwa 1500 bis 2500. Auf diese Weise erhalten wir eine Schätzung der gesamten EU-Stellvertreterbürokratie zwischen 17900 und 36200 Personen. Wenn dies auch nur eine sehr grobe Schätzung mit einem breiten Streuungsintervall ist, kann man doch feststellen,

---

[17] Zitiert nach dem Bericht von Anders Hellström: The number, size and composition of the EU-bureaucracy in Sweden, November 2006, S. 10.

5 Die Eurokratie   241

dass in den Mitgliedsstaaten der EU eine zusätzliche »Stellvertreterbürokratie« existiert, die noch einmal etwa den gleichen Umfang hat wie die offizielle Eurokratie in Brüssel. Dabei müssen wir jedoch im Auge behalten, das dies bei weitem nicht die einzigen Beamten in den Mitgliedstaaten sind, die sich mit EU-Angelegenheiten befassen. Ein Vielfaches von ihnen ist tatsächlich täglich mit EU-Angelegenheiten befasst, wenn auch nicht ausschließlich oder nahezu ausschließlich. Diese Fakten belegen ganz klar die These, die von Chryssochoou et al. (1999: 217) in dieser Hinsicht aufgestellt wurde: »Es besteht kein Zweifel daran, dass die Europäische Union auch die Verwaltungsapparate in den Mitgliedstaaten vergrößert hat…«.

Foto 9:
Die Mitglieder der Europäischen Kommission, 2007.
Quelle: Europäische Gemeinschaft, Audiovisueller Dienst

Das Wachstum der Verwaltungsausgaben und der Gesetzesproduktion

Betrachten wir kurz zwei weitere Indikatoren für das Wachstum der Eurokratie, die Zunahme der Ausgaben für die Verwaltung und die Zunahme des Outputs an Gesetzen und Verordnungen.
  Abbildung 5.3 präsentiert die grundlegenden Daten über die Ausgaben von 1968 bis 2005. Hier können wir sehen, dass sowohl die Ausgaben der EU insgesamt, wie auch die Ausgaben für Verwaltung massiv gestiegen sind. Geht man

vom Jahr 1958 aus, so sind die Gesamtausgaben von 81,3 Millionen Euro auf 115,9 Milliarden, die Verwaltungsausgaben von 7,3 Millionen auf 6,29 Milliarden gestiegen. Das heißt, die allgemeinen Ausgaben der EU nahmen um den Faktor 1400 zu, die Verwaltungsausgaben etwas weniger, um den Faktor 861. Auch wenn man eine kürzere Periode betrachtet (mit 1968 als Ausgangsjahr) war das Wachstum weit stärker als jenes im Bereich des Personals, wo wir eine Zunahme um den Faktor 40 feststellen konnten. Zwei Gründe erklären den großen Unterschied: (1) die Ausgaben werden in absoluten Zahlen dargestellt, ohne die Inflation zu berücksichtigen; würde man eine Anpassung nach der Inflation durchführen, wäre der Zuwachs sicherlich bedeutend geringer; (2) mit zunehmendem »Alter« des administrativen Apparates wechselt ein zunehmender Teil der Beamten in den Status von Pensionisten, was wiederum die Verwaltungsausgaben erhöht.

Ein weiterer verlässlicher quantitativer, auch politisch relevanter Indikator für die Entwicklung der EU ist ihr Output von Regulierungen, Verordnungen und Gesetzen. Zwei Daten werden in dieser Hinsicht dargestellt. *Tabelle 5.3* zeigt die Anzahl der internen rechtlichen Akte – Regulierungen, Entscheidungen und Richtlinien (die für alle oder für Teile der Mitgliedsstaaten verbindlich sind) – der Kommission und die Entscheidungen anderer Institutionen der EG/EU in der Periode 1971-1975 bis 1996-2000 (Alesina et al. 2001). Hier sehen wir die gleiche Dynamik wie im Bereich von Personal und Ausgaben: ein kontinuierliches und starkes Wachstum bis in die jüngste Zeit. Die Anzahl dieser Entscheidungen nahm von 2.612 in der ersten Hälfte der 1970er Jahre auf 11.414 in der zweiten Hälfte der 1990er Jahre zu, das heißt um mehr als das Vierfache. Ein etwas weniger starker Zuwachs fand statt in der Anzahl der Entscheidungen des Europäischen Gerichtshofes und internationaler Abkommen. Zugleich jedoch sind die nichtverpflichtenden Empfehlungen und Stellungnahmen geradezu explodiert (eine Zunahme um den Faktor 22 von 68 auf 1505); hierzu gehören auch die *Weißbücher* und *Grünbücher* der EU, die um 1980 neu eingeführt wurden. Vergleichbare Zahlen ergeben sich, wenn wir die Entwicklung des Umfangs des offiziellen Amtsblattes der Europäischen Union betrachten, in dem alle Rechtsakte veröffentlicht werden müssen. Während sich die Anzahl der Bände pro Jahr zwischen 1970 und 2005 nicht sehr erhöht hat (von 285 auf 349), ist die Anzahl der Seiten und Wörter pro Jahr um mehr als das Dreifache gestiegen (die Zahl der Seiten von 6300 auf 21200, die Zahl der Wörter von 1890 auf 6360).

5 Die Eurokratie 243

Abbildung 5.3: Gesamt- und Verwaltungsausgaben der EG bzw. EU, 1968–2005

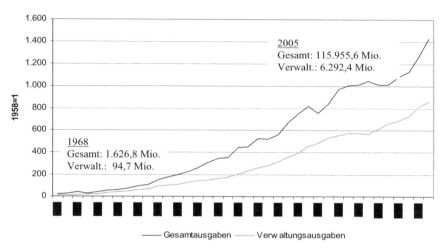

Quellen: 1958-2000: Financial Report 2004, S. 146f., Tabelle 7; verfügbar unter http://europa.eu.int/comm/budget/publications/fin_reports_en.htm (2006-04-28)
2005: General budget of the European Union for the financial year 2006, S. 7, Tabelle 2.1; verfügbar unter http://europa.eu.int/comm/budget/publications/budget_in_fig_en.htm (2006-04-28)

Die Zunahme des gesetzgeberischen Outputs ist sicherlich ein Phänomen, das nicht nur auf die EU beschränkt ist. Schon in den 1970er Jahren beklagten sich etwa Vertreter der deutschen Vereinigung der Städte und Gemeinden über eine »Gesetzesflut« (Waffenschmidt et al. 1979: 84). Die Gründe, die dieser Verband dafür benannte, sind sicherlich auch für die EU relevant: (1) Das Ziel von Abgeordneten und Regierungen, den Wählern zu jedem neuen Problem ein neues Gesetz zu präsentieren; (2) die Tendenz der hoch ausgebildeten Beamten in den Ministerialbürokratien nach Perfektion und Systematisierung; (3) ein zunehmendes Misstrauen des Publikums in die Kompetenz und Loyalität der öffentlichen Verwaltung. Der letztere Punkt mag für die Eurokratie besondere Relevanz besitzen, da ihre Richtlinien in 27 Staaten mit äußerst unterschiedlichen Verwaltungskulturen implementiert werden müssen. Auch die negativen Folgen dieser Inflation an Gesetzen und Regulierungen, die in der deutschen Analyse erwähnt werden, dürften für die EU relevant sein: eine zunehmende Unübersichtlichkeit der gesamten Rechtsordnung; eine Entfremdung der Bürger vom geltenden Recht; überhöhte Erwartungen an die öffentliche Verwaltung und eine zunehmende Bürokratisierung des öffentlichen Lebens (Waffenschmidt et al. 1979; vgl. auch Rasmussen 1986).

Tabelle 5.3: Gesetzgebungs- und Regulierungsaktivitäten der EG/EU, 1971–2000

Anzahl erlassener ...	1971-1975	1976-1980	1981-1985	1986-1990	1991-1995	1996-2000
Richtlinien	108	264	330	537	566	532
Regulierungen	1788	4022	6106	9124	7752	5583
Beschlüsse	716	2.122	2.591	3.251	4.242	5.299
Gesamtzahl der »internen« Rechtsakte	2612	6408	9027	12912	12560	11414
EuGH Entscheidungen	693	1155	1760	2127	2027	2487
Internationale Abkommen	454	488	517	542	852	1223
Empfehlungen und Stellungnahmen	68	114	95	143	1246	1505
Weiß- und Grünbücher	0	0	1	9	28	37
EU Ausgaben als % von ...						
EU BIP[1]	0.4	0.7	0.8	0.9	1.0	1.1
Regierungsausgaben	1.0	1.5	1.6	1.8	2.0	2.4

[1] Nur letztes Jahr der 5-Jahresperiode
Quelle: Alberto Alesina et al. (2001), What does the European Union do?

Die Organisationsstruktur der Eurokratie. Die Dominanz des französischen Modells der öffentlichen Verwaltung

Die Angestellten der EU werden unterteilt in Beamte, Vertragsbedienstete und externes Personal (vgl. Spence 1994: 65ff; Dinan 1999: 218ff). Für die Beamten existiert ein umfangreiches, 167 Seiten dickes Handbuch (»*Statut der Beamten und Beschäftigungsbedingungen für die sonstigen Bediensteten der Europäischen Wirtschaftsgemeinschaft und der Europäischen Atomgemeinschaft*«) welches ihre Rechte und Verpflichtungen, Karrieremuster, die Gehaltsskalen, die Sozialversicherung und die Pensionsregulierungen festlegt.[18] Beamte werden auf Dauer angestellt; ihr Anteil beträgt etwa 88% der gesamten EU-Mitarbeiter (2006). Zwei Drittel aller Beamten arbeiten für die Kommission, 14,3% für das Europäische Parlament und der Rest für die anderen EU-Institutionen wie den Europäischen Rat, den EuGH und die verschiedenen Komitees (vgl. *Tabelle 5.1* oben). Die Beamten werden in vier Kategorien oder Grade unterteilt: Kategorie

---

[18] Der englische Titel lautet: »Staff Regulations of officials of the European Communities. Conditions of Employment of other Servants of the European Communities" (2005).

5 Die Eurokratie

A umfasst Beamte mit Hochschulausbildung, die sich selbstständig mit Administrations- und Beratungstätigkeiten befassen; sie sind in zwölf Stufen unterteilt. Die Stufen A13 bis A16 werden nach Managementverantwortung unterschieden. Die Kategorie B umfasst Beamte mit ausführenden Verpflichtungen und einer höheren Sekundarschulausbildung; hier gibt es eine weitere Unterteilung in neun Stufen. Die Kategorie C schliesst Büro- und Verwaltungsmitarbeiter mit Sekundarschulbildung ein, weiter unterteilt in neun Stufen. Die Kategorie D beinhaltet Beamte mit einer Grundschulausbildung; sie werden hauptsächlich in manuellen oder einfachen Dienstleistungstätigkeiten (als Portiere, Chauffeure und ähnliches) beschäftigt.

Wir sehen also, dass auch in der Eurokratie eine sehr enge Beziehung besteht zwischen der abgeschlossenen Schulbildung und den beruflichen bzw. administrativen Positionen innerhalb des Verwaltungsapparats. Die belegt ganz deutlich, dass die Organisationsstruktur der EU nach dem Vorbild der traditionellen Struktur der öffentlichen Verwaltung in Kontinentaleuropa strukturiert ist. In den letzten Jahrzehnten haben einige dieser Länder versucht, die enge Beziehung zwischen Bildungsabschlüssen und Karrieren im öffentlichen Dienst aufzulockern zugunsten eines stärker leistungsorientierten Systems. Auch hier können wir feststellen, dass die EU selber stärker beim traditionellen Modell bleibt als ihre Mitgliedsstaaten. Der Eintritt in die höheren Ebenen des Dienstes in der EU-Verwaltung erfolgt durch einen Wettbewerb, der nach dem französischen Rekrutierungsmodell strukturiert ist und ein EU-weites Auslese- und Prüfungssystem umfasst. Neu Eintretende werden meistens in die niedrigsten Stufen der jeweiligen Grade eingeordnet. Diese Praxis wurde eingeführt, weil die Gewerkschaften eine negative Einstellung dagegen hatten Personen für mittlere und höhere Positionen von Außen zu rekrutieren; dadurch wurden die Chancen für interne Aufsteiger reduziert (Spence 1994: 67).

Eine grafische Darstellung der Verteilung der EU-Beamten nach Dienstgraden Zeit zeigt eine Art umgekehrte Pyramide (vgl. *Abbildung 5.4*): der zweithöchste Grad – Beamte auf den Ebenen A5–A12 – stellt die größte Einzelkategorie dar (44,3%), gefolgt von den zwei niedrigeren Graden (B und C), deren Umfang jeweils nur halb so groß ist. Es zeigt sich hier sehr deutlich, dass hoch gebildete Akademiker den Kern der EU-Bürokratie darstellen. Auf der höchsten und niedrigsten Ebene finden wir dagegen nur zwei sehr kleine Gruppen.

Betrachten wir die Zusammensetzung aller Mitglieder der EU-Bürokratie im Hinblick auf einige weitere soziale Charakteristika. Eine wichtige Frage betrifft hier den Prozess der Rekrutierung. Das dominante normative Prinzip in dieser Hinsicht ist heute das einer Rekrutierung nach Leistung; es soll sicherstellen, dass die fähigsten und tüchtigsten Menschen eingestellt, beschäftigt und befördert werden. Darüber hinaus gibt es die Idee der »repräsentativen Bürokratie«, die impliziert, das eine Bürokratie auch die Merkmale der Bevölkerung repräsentieren sollte, in deren Namen sie die ihr von der Politik zugewiesenen Aufgaben durchgeführt (Peters 1995: 92). Wie sieht die Eurokratie aus der Sicht dieser zwei Prinzipien aus? Betrachten wir zuerst ihre Zusammensetzung nach Geschlecht und Altersgruppen.

Abbildung 5.4: Personal in der Verwaltung der EU-Kommission nach Geschlecht und Dienstgraden (in %)

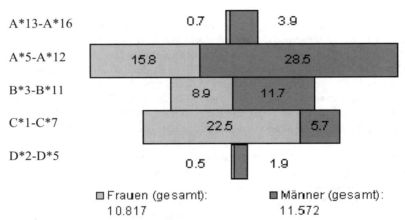

Anm.: Befristetes und unbefristetes Personal, ohne Externe; Dienstgrade von 1. Mai 2004 bis 30. April 2006 gültig
Quelle: Tabelle 5.1

Im Hinblick auf das Geschlecht zeigt sich, das Frauen nur wenig unterrepräsentiert sind; 48,3% aller EU-Beamten sind Frauen. Es scheint, das die entschiedene Politik der EU die Beschäftigung von Frauen zu fördern hier einigen Erfolg hatte. Die höchsten Ebenen der Kommission sind aber eindeutige »Männerbastionen« (Spence 1994: 83). Weniger als 10% der 72 Generaldirektoren im Jahre 2006 waren Frauen. Interessant ist jedoch, dass das selbe auch auf der niedrigsten Ebene, dem Grad D, der Fall ist (80% Männer). Die Tätigkeiten auf dieser Ebene betreffen Männer mit Grundausbildung in manuellen oder einfachen Dienstleistungstätigkeiten. Der Hauptgrund dafür mag sein, das auch diese Jobs im Vergleich zu ähnlichen Jobs im Arbeitsmarkt von Brüssel außerordentlich privilegiert sind. Es ist sehr aufschlussreich, dass es die EU für notwendig erachtete, die absolute Anzahl von Jobs auf dieser Ebene auf insgesamt 85 zu beschränken.

Im Hinblick auf das Alter zeigt das EU-Personal eine starke Überrepräsentation der Altersgruppen 38 bis 55 Jahre. Jüngere, aber auch ältere Gruppen sind unterrepräsentiert. Die Unterrepräsentierung der Jüngeren mag eine Konsequenz der Tatsache sein, das die Voraussetzungen dafür, einen Arbeitsplatz in der EU zu bekommen, normalerweise eine hohe Bildung und eine vorherige Berufserfahrung sind. Die Unterrepräsentation der älteren Gruppen kann zum einen Resultat einer Expansion der EU-Bürokratie in den letzten Jahrzehnten sein (vgl. auch Shore 200: 174). Dies könnte in der Zukunft ein großes Problem werden, wenn diese Expansion nicht im gleichen Tempo weitergehen kann, da die Unterrepräsentierung junger Beamter dann zu einer abnehmenden Dynamik der gesamten Bürokratie führen könnte. Ein zweiter Faktor mag die Tatsache sein, das die EU-Beamten schon im Alter von 60 Jahren in Pension gehen können. Dies ist wieder eine Tatsache, die dem allgemeinen politischen Ziel der EU widerspricht, nämlich die Dauer des Erwerbslebens in den Mitgliedsstaaten zu erhöhen, um dem Problem des steigenden Durchschnittsalters der Bevölkerung und der daraus folgenden zunehmenden Belastung der Sozialversicherungen und öffentlichen Haushalte zu beggenen.

Für diese Studie wurden auch detaillierte Daten zusammengestellt über die Verteilung der EU-Beamten nach Dienstgraden und Herkunft nach Mitgliedsländern; aus Raumgründen können diese Daten hier nicht im Detail präsentiert werden. Im Allgemeinen kann man feststellen, dass alle Mitgliedsstaaten unter den Eurokraten gut vertreten sind. Dies zeigt, dass die Auswahlprozedur für die EU-Jobs auch auf implizite, aber effiziente nationale Quotas bezogen ist. Dies ist sicher eine wichtige Frage politischer Kompromisse zwischen den Mitgliedsstaaten. Es mag aus dieser Sicht auch »notwendig« sein. Auf der anderen Seite belegt diese Tatsache wieder, das die EU keinerlei »bessere« Institution ist, als jede andere politische Gemeinschaft; sie alle berücksichtigen auch »politische« Kriterien bei Anstellungen im öffentlichen Bereich (Peters 1995: 91). Solche Kriterien widersprechen ohne Zweifel dem Ideal der Rekrutierung nach Leistung. Die Implementierung nationaler Quotas hat eine Reihe von dysfunktionalen Konsequenzen für das Personalmanagement in der EU. Aus verschiedenen Gründen – um einen angemessenen Anteil der verschiedenen Länder in der Kommission sicherzustellen, Wunsch höherer Beamter Mitarbeiter aus dem gleichen Land um sich zu haben, und der Wunsch, in zentralen politischen Bereichen mehr Mitarbeiter zu beschäftigen – »sind Maklergeschäfte und Paketlösungen stets Teil einer neuen Anstellungsrunde, die notwendig wird, wenn Mitarbeiter befördert werden oder die Verwaltung verlassen« (Spence 1994: 80). Oft werden auch externe Mitarbeiter rekrutiert, um die strengen Rekrutierungsregeln der EU zu umgehen – ein Faktum, das die Arbeitsmoral der EU-Beamten unterminieren kann. Die Mitglieder von *Kabinetten* versuchen und erhalten oft Extra-Beförderungen, insbesondere dann, wenn ihr Kommissar die EU verlässt. Wenn es der Beitritt neuer Mitgliedsstaaten notwendig macht, neue Stellen zu schaffen, werden ältere Mitarbeiter oft ermuntert in den frühen Ruhestand zu gehen. So wählten etwa in den Periode 1986-1988, als die Kommission 1320 neue Beamte aus Spanien und Portugal rekrutierte, 446 Beamte eine frühe Pensionierung und 939 Posten wurden neu geschaffen (Spence 1994: 82).

Trotzdem zeigt sich, dass manche Länder in der EU-Beamtenschaft über-, andere unterrepräsentiert sind. Unter den Beamten der höheren Stufen (Grade A13-A16) sind die Franzosen eindeutig überrepräsentiert (16,8% von ihnen sind Franzosen, verglichen mit 12% aus Großbritannien, 10% aus Deutschland und 8,6% aus Italien); dies belegt neuerlich den überproportionalen Einfluss der französischen Bürokratie. Bezogen auf die Bevölkerungszahl sind die Engländer und Deutschen unterrepräsentiert. Auf den mittleren und niedrigeren Ebenen (Grade B bis D) sind jedoch die Belgier stark überrepräsentiert; sie stellen hier ein Drittel aller Beamten bzw. Angestellten. Relativ gesehen trifft das Gleiche zu für Beamte aus Luxemburg, wenn deren absolute Zahlen auch gering sind. Dies ist einerseits selbstverständlich, da man weniger qualifiziertes Personal nicht aus ganz Europa rekrutieren muss; es verstärkt jedoch den Einfluss der französisch geprägten »Verwaltungskultur« in Brüssel.

Diese Dominanz des französischen Modells der Bürokratie in Brüssel wurde sehr detailliert vom englischen Anthropologen Chris Shore (2000: 179ff.; vgl. auch Spence 1994) untersucht und beschrieben. Dieses Modell ist charakterisiert durch die Rekrutierung hoch spezialisierter Experten und Technokraten aus den elitären *Grandes Écoles*, durch ein politisiertes höheres Management, ein machtvolles »Kabinettsystem« (umfangreiche »private« Büros der Kommissare) und durch eine Kombination von sehr rigiden bürokratischen Regeln und Strukturen einerseits mit einem ausgedehnten informellen System von persönlichen Netzwerken und flexiblen Arbeitsmethoden (vgl. auch Crozier 1967; Shore 2000: 180). Für Karrieren in der Eurokratie spielt die Hierarchie eine sehr wichtige Rolle. So wurde festgestellt, dass einige Generaldirektorate »Feudalsystemen« gleichen, deren Leiter wie mittelalterliche Barone agieren. Beförderungen auf höherer Ebene erfolgen meist nur innerhalb der vier großen Dienstklassen oder -grade. Innerhalb der Kategorie A jedoch besteht eine klare Barriere, die den Zugang zur höchsten Managerposition begrenzt; in diesem Fall spielen politische und soziale Netzwerkskriterien die entscheidende Rolle. Degradierung oder Herabstufung, das Gegenteil von Beförderung, ist in der Eurokratie praktisch inexistent; dies ist zum Teil auch ein Resultat des Einflusses der Mitgliedsstaaten, die eine schützende Hand über »ihre« Beamten in der Eurokratie halten. Zusammengenommen erzeugen alle diese Faktoren und Prozesse eine erhebliche

Frustration unter den mittleren, meist hochqualifizierten Beamten des A-Grades, wie eine interne (aber nie publizierte) Studie gezeigt hat (Spence 1994: 69).

5.3 Materielle Gratifikationen und Lebensstile: Der Aufstieg einer neuen »Euro-Elite«?

Eine Betrachtung des Einkommens und anderer materieller Entlohnung der Mitglieder der Eurokratie ist aus der Sicht einer elite-theoretischen Perspektive sehr wichtig. Zum einen sollte das Einkommen aus normativer Sicht den individuellen Bemühungen und Leistungen entsprechen. Diese können jedoch nicht in einer einfachen Weise objektiv gemessen werden, sondern werden zum ersten durch soziale Erwartungen mitbestimmt. Empirische Forschung hat gezeigt, dass es allgemein geteilte Normen darüber gibt, was eine angemessene oder gerechte Bezahlung für eine bestimmte Art von Arbeit darstellt (Jacques 1967). Zum Zweiten ist das Einkommen einer Gruppe auf die Knappheit bezogen, die sich aus der Nachfrage für bestimmte Qualifikationen ergibt, aus dem Grad der gewerkschaftlichen Organisation und aus der Macht der Organisation, in welcher jemand arbeitet (Brinkmann 1984). Zum Dritten hat die Höhe des Einkommens an sich einen hohen symbolischen Wert, weil sie den beruflichen und sozialen Status indiziert und einen gewissen Lebensstil ermöglicht. Alle diese Aspekte beziehen sich in besonderer Weise auf die Beschäftigung im öffentlichen Dienst, in welchem die Produktivität der individuellen Arbeit in der Regel nicht messbar ist und die Art der Arbeit außerdem oft auch keine Äquivalente im privaten Sektor hat (Peters 1995: 108).

Auf der Basis eines elite-kritischen Ansatzes sollten wir erwarten, dass sich die spezielle Situation und Macht der Eurokratie auch in sehr hohen Einkommen, Gratifikationen und Privilegien widerspiegeln sollte. Es gibt zumindest sechs Gründe für eine solche Erwartung; die ersten drei sind für alle öffentlichen Verwaltungen charakteristisch, die nächsten drei haben mit der speziellen Situation der Eurokratie zu tun. Diese Gründe sind: (1) ein großer Anteil der öffentlichen Angestellten sind hoch gebildet und qualifizierte Spezialisten. (2) Ihr Arbeitgeber, der Staat, kann nicht bankrott gehen wie eine private Firma, wenn sie über eine lange Zeit hinweg schlecht wirtschaftet (etwa auch zu hohe Löhne bezahlt). (3) Die öffentlich Bediensteten sind in allen Kontinentalstaaten Westeuropas sehr stark kollektiv organisiert. (4) Eine berufliche Tätigkeit in Brüssel beinhaltet für die meisten EU-Angestellten, dass sie mobil waren und jetzt in einem fremden Land leben; aus dieser Sicht ist es zweifellos gerechtfertigt, dass sie ein höheres Einkommen beziehen. (5) Die Eurokratie bestimmt die Höhe ihrer Einkommen praktisch selber; in dieser Hinsicht sind ihre Mitglieder vergleichbar den Spitzenmanagern großer Unternehmen, wo der Aufsichtsrat in der Regel die Vorschläge der Manager akzeptiert. (6) Die Einkommen und Privilegien der Eurokratie werden in der Öffentlichkeit selten diskutiert, da eine europäische »Öffentlichkeit« sich noch in den Kinderschuhen befindet und die Eurokratie in Brüssel, Luxemburg und Straßburg sehr weit entfernt ist von den Hauptstädten der Mitgliedsländer.

Das Einkommen der EU-Bediensteten im Vergleich zu anderen Bürokraten

Betrachten wir zunächst die offiziellen Einkommenstabellen für die Mitglieder der EU-Bürokratie (vgl. *Tabelle 5.4*). Hier können wir sehen, dass das monatliche Bruttoeinkommen zwischen 2325 bis zu 16000 Euro variiert. Das heißt, eine Person mit Grundschulbildung, die etwa als Portier oder Hausmeister arbeitet (Kategorie D), verdient von 2325 und 4252 Euro im Monat; dies entspricht dem Einkommen eines jungen Universitätsabsolventen in den Mitgliedsstaaten. Die monatlichen Gehälter von Sekretärinnen und Personen in ähnlichen Tätigkeiten mit einer einfachen oder mittleren beruflichen Ausbildung (Grade C1-C5) variieren zwischen 2325 und 5444 Euro; jene von Personen mit einem Abitur zwischen 3810 und 9045 Euro. Akademiker und/oder Personen in höher qualifizierten Positionen beginnen ihre Karriere mit einem Einkommen von etwa 5000 Euro pro Monat und können am Ende 10000 Euro und mehr verdienen. Generaldirektoren (A1) beziehen 14822 bis 16094 Euro pro Monat. Schon dies sind überraschend hohe Zahlen. Zusätzlich zu diesen Bruttoeinkommen erhält jeder EU-Bedienstete monatlich noch Folgendes:[19] (1) Eine Familienbeihilfe, bestehend aus einem Haushaltszuschuss (150 Euro plus 2% des Grundgehalts), eine Kinderbeihilfe von 328 Euro monatlich für jedes abhängige Kind (bis zum achtzehnten Lebensjahr des Kindes oder bis zum sechsundzwanzigsten Lebensjahr, falls es in Ausbildung ist); und eine Unterstützung für Aus- und Weiterbildung, die den tatsächlichen Kosten entspricht, bis zu 223 Euro pro Monat für jedes Kind, das in die Schule geht (in speziellen Situationen das Doppelte davon). (2) Eine Auslandszulage, die 16% des Grundgehalts zusätzlich Haushalt- und Kinderbeihilfe entspricht. Weiters erhalten EU-Bedienstete eine Einrichtungszulage (entsprechend einem Grundgehalt von zwei Monaten), wenn sie nach Brüssel umziehen (was verpflichtend ist), eine Übersiedlungsbeihilfe, einmal jährlich den Ersatz der Reisespesen für Flüge nach Hause (hier können Business-Class Flüge gebucht werden), Entfernungszulagen, usw. Wenn man diese monatlichen Zulagen zusammenrechnet, liegt das Einkommen eines EU-Beamten in Grad D1,

---

[19] Staff Regulations of Officials of the European Communities (2005), Title 5, S. I-31-34.

5 Die Eurokratie 251

Stufe 4 (unter der Annahme, dass er oder sie ein Kind hat) zwischen 4252 Euro und 5585 Euro; das heißt es erhöht sich um 31%. Diese Zunahme ist absolut stärker, je höher die Position ist. In Grad A1, Stufe 1, ist das faktische Einkommen nicht 16094 Euro, wie aus *Tabelle 5.4* ersichtlich, sondern 19584 Euro, das heißt um 21% höher.

Tabelle 5.4: Monatliches Brutto-Grundgehalt der EU-Beamten nach Dienstgraden und –Stufen (Kategorien), 2005 (in Euro)

Dienstgrade[1]		Stufen (Kategorien)		
		1	4	8
A1	(A*16)	14822	16094	16094
A4	(A*12)	9045	1094	11579
A8	(A*7)	4878	5444	-
B1	(B*11)	7994	8921	9045
B5	(B*5)	3810	4252	4878
C1	(C*7)	4878	5444	5519
C5	(C*1)	2325	2595	-
D1	(D*5)	3810	4252	4311
D4	(D*1)	2325	2595	-

[1] Alte Dienstgrade; in Klammer: neue Dienstgrade
Quelle: Staff Regulations of Officials of the European Communities, 1.1.2005, S. I-106f.

Es steht daher außer Frage, dass man die Einkommen der Eurokraten in der Tat als sehr hoch bezeichnen muss. Vergleichen wir sie kurz mit jenen anderer Gruppen,[20] etwa den Jahreseinkommen von öffentlich Bediensteten in Deutschland, Frankreich und Italien. Wir können uns in dieser Hinsicht auf einen Bericht stützten, den die EU selber in Auftrag gegeben hat.[21] Eigene ausführliche Recherchen in den nationalen Einkommensstatistiken für die Beamten in einigen Ländern (Österreich, Deutschland, Italien, Vereinigtes Königreich, Vereinigte Staaten von Amerika) haben bestätigt, das diese Daten verlässlich sind. Es zeigt sich, dass die Einkommen der Eurokraten sehr viel höher sind als jene von Beamten in den Mitgliedsländern. Das Einkommen einer gewöhnlichen Sekretärin oder eines Portiers in Brüssel ist um ungefähr 80% höher als jenes eines entsprechenden Angestellten im öffentlichen Dienst in Deutschland; es ist 94% bis 143% höher als jenes von Beamten in Frankreich und 161% bis 325% höher, das heißt es beträgt das Drei- bis Vierfache jenes eines Beamten in Italien. Bei den

---

[20] Aus Raumgründen können diese Daten hier nicht im Detail präsentiert werden. Für die erste (umfangreichere) Version des Buchmanuskripts wurden jedoch detaillierte Tabellen dazu ausgearbeitet.
[21] European Commission, Comparative Study of the Remunerations of officials of the European Institutions, Juni 2000, S. 15ff. Verfügbar unter: http://ec.europa.eu/reform/pdf/salaries_study-eu.pdf (13.6.2006).

Spitzenbeamten sind diese Unterschiede noch größer. Ein Generaldirektor in Brüssel verdient das Doppelte dessen, was ein entsprechender Spitzenbeamter in Deutschland und Frankreich verdient und mehr als das Dreifache eines solchen in Italien. Die Einkommen dieser leitenden Beamten in der Eurokratie sind vielfach höher als jene von Ministerpräsidenten oder von Staatspräsidenten in den Heimatländern.

Ein Vergleich des Nettojahreseinkommens der Mitglieder in der Eurokratie mit jenen von drei vergleichbaren Gruppen anderer internationaler Organisationen in Brüssel (Vertreter von Mitgliedsstaaten, Angehörige supranationaler Organisationen und Vertreter privater multinationaler Korporationen) zeigt, dass die EU-Beamten in etwa das Gleiche verdienen wie diese; sie verdienen sogar etwas weniger als Manager von multinationalen Konzernen. Aus dieser Sicht ist es zutreffend zu sagen, das die Gehälter der EU-Beamten nicht besonders hoch sind (Spence 1994: 70). In diesem Sinne stellte ein junger persönlicher Assistent eines Generaldirektors aus Deutschland, ausgebildet als Jurist, in einem Interview fest, das er sein Einkommen als adäquat betrachte, weil es für ihn durchaus eine berufliche Alternative wäre, für eine private internationale Beratungsfirma in Brüssel zu arbeiten.[22] Es ist hierbei jedoch zu beachten, dass die EU-Beamten besondere Privilegien besitzen, die in der Privatwirtschaft unbekannt sind. Diese beinhalten sowohl die vorhin angeführten zusätzlichen Zahlungen, wie auch niedrige Steuern, lebenslange Anstellung, eine erträgliche Arbeitsbelastung und ein sehr günstiges Pensionsschema (von Arnim 2006: 181ff.; Spence 1994: 70). Die Arbeitsbelastungen und Arbeitsmühen der EU-Beamten sind wahrscheinlich nicht immer sehr hoch. Der durchschnittliche EU-Beamte ist ohne Zweifel fleißig und erfüllt seine Verpflichtungen gut. Viele Beamte in höheren Positionen arbeiten über die normale Arbeitszeit hinaus und oft auch außerhalb der regulären Arbeitszeiten und dies vermutlich häufiger als ihre Kollegen in den nationalen Staatsverwaltungen.

Auch pensionierte EU-Beamte haben sehr gute Bedingungen,[23] sowohl im Hinblick auf das Pensionierungsalter wie die Höhe der Pensionen. Eine wohl einzigartige Regulierung des EU-Pensionsschemas ist die »Pensionierung im Interesse des Dienstes« (Artikel 50). In diesem Fall erhält der vom Dienst freigestellte Beamte bis zum normalen Pensionsalter von 63 Jahren eine Zulage, die für die ersten drei Monate 100% des Gehalts beträgt, für die nächsten fünf Jahre 70%, und später 60%. Die Begründung für diese Maßnahme ist sicherlich die Notwendigkeit neue Arbeitsplätze für Bewerber zu schaffen, die aus politischen

---

[22] Interview durchgeführt vom Autor im März 2006 in Brüssel.
[23] »Staff Regulations« 2005, Chapter 4 (I-25-27), Annex V (S.I-70-81).

5 Die Eurokratie

Gründen einen Job in Brüssel bekommen müssen, wie zum Beispiel nach dem Beitritt neuer Mitgliedsstaaten.

In dieser Hinsicht ist auch die symbolische Bedeutung von Einkommen und Einkommensrelationen wichtig. Die großen Unterschiede zwischen den Einkommen von Beamten der Mitgliedsstaaten und den EU-Beamten indizieren auch eine Beziehung der Über- bzw. Unterordnung zwischen den beiden. Als Beleg für diese These können wir analoge Einkommensrelationen innerhalb der Mitgliedsstaaten zwischen Beamten auf der Bundesebene und jenen auf der Ebene von Regionen oder Provinzen vergleichen. In Österreich ist zum Beispiel das Einkommen eines Beamten in der zentralen Verwaltung in Wien nicht wesentlich höher als jenes eines Beamten der Verwaltungen der neun Bundesländer. Eine zweite Möglichkeit besteht darin sich zu fragen, welche Erfahrungen Beamte der Mitgliedsstaaten in ihren Beziehungen mit den Eurokraten machen. Interviews darüber haben gezeigt, das die Interaktion oft nicht als eine auf gleichem Fuß verstanden wird, sondern die Beamten in Brüssel jene auf der Ebene der Mitgliedsstaaten als untergeordnet ansehen. In den vielen Komitees und Expertengruppen, die sich in Brüssel und anderen Orten treffen und die sowohl durch EU- und nationale Beamte beschickt werden, werden die Beziehungen vermutlich eher durch Gleichheit geprägt sein (vgl. Wessels 1996).

Was kann man im Hinblick auf die Transparenz der Einkommen der EU-Beamten sagen? Wie vorhin für die Eurokratie gezeigt wurde, ist auch aus Studien über nationale Staatsbürokratien bekannt, dass öffentlich Bedienstete sich neben ihren offiziellen Einkommen einer Vielzahl an Zulagen und Begünstigungen erfreuen können (vgl. z.B. Beninger 2004). Ein Grund dafür ist, dass durch solche Zulagen und nicht-finanzielle Leistungen die wirkliche Höhe der Einkommen nicht leicht ersichtlich ist und damit Kritik von Abgeordneten und Medien verhindert werden kann. Zahlreiche zusätzliche Komponenten der Entlohnung der EU-Beamten fallen unter diese Kategorie, so etwa Direktzahlungen zu verschiedensten Gelegenheiten (z.B. zu Weihnachten); Zahlungen bei Ausscheiden aus dem Dienst; Unterstützungen für die Ferien und für Weiterbildung und Sprachkurse (bei einem Sprachkurs an der Côte d'Azur wird schwer zu unterscheiden sein, ob es sich um Urlaub oder Weiterbildung handelt); zusätzliche Zahlungen und Extraleistungen, wie die Bereitstellung billiger Mahlzeiten, Zugang zu steuerfreien Supermärkten, besondere Haus-, Wohnungs- und Reisezulagen, Zulagen für Familien und Kinder, für Weiterbildung, Sprachkurse, usw.

Eine weitere Regelung, die wahrscheinlich einmalig für die EU-Kommission ist, ist der »nichtaktive Status« eines Beamten. Wenn ein Beamter »wegen der Reduktion im Umfang der Arbeit in seiner Institution überzählig geworden ist«,[24] hört er auf für die Kommission zu arbeiten und ein Gehalt zu beziehen. Er oder sie erhält jedoch eine Beihilfe, die jener im Falle einer »Pensionierung im Interesse der Dienste« entspricht. Man ist wieder erstaunt, wie EU-Beamte »überflüssig« werden können angesichts der häufigen Klage über die unzureichende Ausstattung des Apparates auf der einen Seite und den hohen Qualifikationen und vielseitigen Arbeitserfahrungen der EU-Beamten auf der anderen Seite. Man muss von einem »goldenen Handschlag« sprechen, wenn die EU ihren Beamten anbietet, sich bereits mit einem Alter von 50 Jahren oder nach 20 Dienstjahren in die Pension zurückzuziehen, um Posten für Bewerber aus neuen Mitgliedsstaaten freizumachen.[25] Mitglieder der Eurokratie, deren Arbeitsleistung den Anforderungen nicht entspricht, werden kaum je mit Disziplinarmaßnahmen konfrontiert, weil die EU-Beamtenschaft äußerst streitbar ist und sehr schnell vor Gericht geht, wo sie meist gegen die Kommission gewinnt. Freiwilliges Ausscheiden aus dem Dienst und Fluktuation des Personals sind extrem niedrig (Shore 2000: 195).

Viele Beobachter stellen daher fest, dass Beschäftigung, Arbeitsbedingungen und Einkommen der Eurokratie insgesamt äußerst vorteilhaft sind: »Es ist bekannt, dass die EU-Beamten zu den privilegiertesten öffentlichen Beamten in der Welt gehören« (Shore 2000: 193; vgl. auch Dinan 1999: 221; Vaubel 1995: 37); sie »leben in einem Schlaraffenland mit großzügigen Gehältern, Zulagen, Pensionsschemata und Steuersystemen«. Zwei britische Politikwissenschaftler haben geschrieben: »Eine Position im öffentlichen Dienst der EU wurde als ›Paradies eines Bürokraten‹ bezeichnet, zum Teil wegen der angeblichen Macht der Bürokraten [...]. Das Gehaltsniveau der EU-Bediensteten ist erheblich höher als jenes der Bediensteten in den Mitgliedsstaaten« (Page/Wouters 1995: 188–189). Die Gehälter und Privilegien der EU-Beamten waren häufiges Objekt von Kritik in den Medien der Mitgliedsstaaten. Diese wurden bereits zu einer Zeit laut, als die *Hohe Autorität* der EGKS im Jahre 1952 installiert wurde (Spierenburg/Poidevin 1994: 77). Für viele Medien, insbesondere für die großen Boulevardzeitungen in Großbritannien, Deutschland und Österreich, liefert dieses Thema immer wieder willkommenes, reißerisch aufmachbares Material. Ihre Berichte tragen zweifellos bei zur EU-Skepsis, ja zu einem verbreiteten allgemeinen Misstrauen gegenüber der EU.

Die hohen Gehälter haben auch negative Konsequenzen für die Beamtenschaft der EU selber. Der Leiter einer Einheit in der EU-Bürokratie sprach von einem »vergoldeten Käfig«, in welchem sich viele Eurokraten gefangen fühlen (Shore 2000: 195): »Die Menschen hier sind sehr gut bezahlt und beschützt. Sie

---

[24] Staff Regulations, 2005, Art. 41, Appendix IV
[25] »Goldener Handschlag für EU-Beamte«, *Der Standard* (Wien), 18.8.2005, S.5.

betrachten alles als selbstverständlich [...]. Der Lebensstil ist sehr viel komfortabler [als zu Hause]. Weil jeder so gut bezahlt ist, ist die Beförderung nicht mehr so wichtig: sie würde nur viel mehr Arbeit für nicht viel mehr Geld bedeuten ...«. Die hohen Gehälter der EU-Beamten sind vielleicht nicht die Hauptmotivation dafür einen Job in Brüssel anzustreben. Wenn die Beamten sich dort aber einmal etabliert haben, mögen sie jedoch ein wesentlicher Bestandteil ihrer Erwartungen und ihres Lebensstil werden.

Die Nachfrage nach Jobs in der Eurokratie. Ein Indikator ihres Status und ihrer Privilegien

Wie vorher dargestellt wurde, ist es sehr schwierig zu sagen, ob ein bestimmtes Einkommensniveau aus normativer Sicht angemessen oder »gerecht« ist (vgl. Jacques 1967; Brinkmann 1984). Es gibt jedoch einen indirekten Indikator, der einen klaren Hinweis auf die relative Benachteiligung oder Privilegierung einer bestimmten Gruppe gibt. Dies ist die Beziehung zwischen der Zahl der Bewerber für offene Jobs und der Zahl der verfügbaren Positionen. Wenn man dieses Kriterium betrachtet, muss man wieder schließen, dass Jobs in der EU-Bürokratie äußerst privilegiert sein müssen.

Die EU-weite Rekrutierung von neuem Personal für die Eurokratie ist ein mehrstufiger Selektionsprozess. In der ersten Stufe werden die Bewerbungen daraufhin durchleuchtet, ob sie die formalen Erfordernisse erfüllen; in der zweiten Stufe erfolgt eine Selbstselektion (einige der Bewerber kommen nicht zu den Tests); die dritte Stufe ist ein Test und eine Einladung zu einer formalen Bewerbung; die vierte Stufe ist ein mündliches Interview mit dem Kandidaten. Die erfolgreichen Kandidaten erhalten nicht unmittelbar einen Job, sondern werden auf eine Warteliste gesetzt; aus dieser Liste kann jedes EU-Büro Mitarbeiter rekrutieren, wenn es welche benötigt und eine freie Stelle verfügbar ist. Diese ganze Prozedur wurde im Jahre 2003 einem neuen unabhängigen Amt übertragen, dem *Europäischen Amt für Personalauswahl* (EPSO).

Wenn wir die Anzahl der Personen betrachten, die in diesen Selektionsprozess involviert sind, zeigen sich für das Jahr 2003 die folgenden Zahlen: 37647 Menschen bewarben sich für einen Job; 36647 wurden zur Vorselektion eingeladen; 18222 bestanden den ersten Test; 5774 wurden eingeladen sich formal zu bewerben; 3538 unterzogen sich einem mündlichen Test; und 2904 bestanden auch diese letzte Stufe erfolgreich. Es gibt also einen starken Ansturm auf EU-Jobs. Nur 7,7% jener, die sich am Beginn beworben haben, wurden letztendlich ausgewählt. Der Selektionsprozess war am schärfsten in der höchsten Kategorie (A), etwas in schwächer in der mittleren (C) und am schwächsten in den schwächsten Verwaltungskategorien. Klientelismus spielt in diesem Rekrutierungsprozess vermutlich keine Rolle; er stellt jedoch eine riesige »Eliminierungsmaschinerie« dar, in dessen Verlauf Zehntausende von Bewerbern bis auf einige Tausend ausgeschieden werden müssen, die dann tatsächlich in Betracht kommen und auf einige hundert Personen, für die dann tatsächlich Posten verfügbar sind.

Das Selektionsverfahren mag durchaus objektiv und neutral sein, wenn man übliche Standards von Auswahlverfahren anlegt. Massenauswahlverfahren dieser Art (man kann sie mit Spielen wie *Trivial Pursuit* vergleichen; Spence 1994: 67f.) weisen jedoch klare Begrenzungen auf. Sie sind in der Lage jene auszuscheiden, die leicht erfassbare Mängel aufweisen. Zugleich ist jedoch ein hohes Ausmaß an Zufall wirksam, wenn mehrere Zehntausend Menschen solche Tests ausfüllen. Das Endresultat mag sein, das einige sehr gute Bewerber ausgeschieden worden sind, während andere, die in der Vorbereitung und Durchführung der Tests schlau und zäh waren, letztendlich erfolgreich sind.

Der Aufstieg einer neuen Euroelite: Resozialisierung und Selbstisolierung des EU-Personals in Brüssel

Aus der Sicht eines elite-theoretischen Ansatzes ist es auch von Interesse zu untersuchen, wie sich die EU-Politiker und Bürokraten selber sehen und wie sie sich in ihrem täglichen Leben in Brüssel und anderswo verhalten. Eine zentrale Annahme und Hoffnung von Monnet war, dass die Etablierung einer neuen supranationalen Behörde, die allein für die Förderung des Integrationsprozesses verantwortlich ist, begleitet sein würde von einem Prozess der Resozialisierung ihres Personals in Richtung eines europäischen Bewusstseins. Ein solcher Prozess hat tatsächlich stattgefunden, wie es die tiefgehende Studie der EU-Kommission durch den britischen Anthropologen Chris Shore gezeigt hat (Shore 2000: 147ff.). Ein treffender Begriff zur Beschreibung dieses Prozesses ist das französische Wort *engrenage*; er gibt die Erfahrung wieder, die man hat, wenn man sich als Glied in einer Kette oder eines Rades fühlt. Wenn jemand länger in Brüssel arbeitet, fühlt er oder sie sich früher oder später »im System gefangen« und entwickelt eine starke Loyalität für die Anliegen der Gemeinschaft. Der Prozess des *engrenage* involviert viel mehr als nur eine berufliche oder organisatorische Loyalität für die Anliegen der EU; er inkludiert eine neue Art zu denken und einen neuen Lebensstil. Noch viel stärker als EU-Abgeordnete, die ja oft in ihre Heimatstaaten zurückkehren um ihre politischen Karrieren dort fortzusetzen, haben die EU-Bürokraten »ein mächtiges und wohlbegründetes Interesse an der Weiterentwicklung der EU: nachdem sie sich für eine Karriere im Dienste der

5 Die Eurokratie

Europäischen Union entschieden haben, sind ihr eigenes Schicksal, ihre Zukunftschancen und ihr Status und oft auch ihre persönliche Identität untrennbar mit dem Geschick der EU verwoben« (Shore 2000: 152). Diese Resozialisierung hat jedoch die Konsequenz einer Identifikation mit der Institution der Europäischen Union, nicht so sehr mit »Europa«. Da es die EU ist, welche ihnen Existenz und Status sichert, liegt dies auf der Hand. Dies ergab sich auch sehr klar aus den Interviews mit den Generaldirektoren der Kommission durch die deutsche *Identity Foundation* und es wurde durch unsere eigenen Interviews mit Beamten der EU bestätigt.

Eine der strukturellen Bedingungen für die Lebensstile der Eurokraten, die zu ihrer tiefgehenden Resozialisierung beitragen, ist der Charakter von Brüssel als der neuen selbsternannten »Hauptstadt von Europa« (Shore 2000: 147ff.). Eine solche Hauptstadt ist Brüssel in den letzten Jahrzehnten in der Tat geworden. Die Stadt wirkt als Magnet für Vertreter von Regierungen, Unternehmen, und für Lobbyisten von Interessengruppen aus der ganzen Welt, die um Einfluss in den Entscheidungsprozessen kämpfen, die direkt fast eine halbe Milliarde Menschen betreffen. Schon in den frühen 1990er Jahren beherbergte Brüssel über 160 Botschaften, 90 Ämter von Regionalverwaltungen, 2000 Büros von NGOs, ca. 10000 Lobbyisten, 800 Medienleute, Vertretungen von 2000 multinationalen Korporationen und eine Vielzahl internationaler Schulen, Konferenzräumlichkeiten und so weiter. Alle diese Ämter, Agenturen und Einrichtungen sind in einem bestimmten Bereich in der Stadt konzentriert, entlang dreier großer Strassen (rue Belliard, rue de la Loi, avenue Courtenberg). In diesem Stadtteil wurde eine völlig neue bauliche Infrastruktur errichtet. Die Menschen, die hier arbeiten, haben wenig Kontakt mit den älteren Teilen der Stadt und den in Brüssel ansässigen Belgiern. Die Eurokraten haben normalerweise lange Arbeitstage, gehen in Cafeterias und Speisesäle innerhalb ihrer Bürogebäude, wohnen üblicherweise in neuen Wohnquartieren und verbringen ihre Wochenende oft außerhalb von Brüssel (viele fliegen dann auch in ihre Heimatländer zurück). Auf diese Weise haben sich residenzielle Enklaven oder »Ghettos« reicher Diplomaten, Eurokraten und ausländischer Wirtschaftsvertreter entwickeln, während das »alte Brüssel« eine eher verschlafene, provinzielle Stadt geblieben ist. Innerhalb Brüssel ist eine duale Ökonomie entstanden, mit hohen Mieten und Grundstückspreisen und sehr hohen Preisen auch für alltägliche Dienste für das europäische und internationale Personal.

Der Lebensstil der Eurokraten unterscheidet sich sehr stark von jenem der Altansässigen in Brüssel: »Sie genießen diplomatische Privilegien, welche sie relativ immun machen gegenüber den Ärgerlichkeiten, mit denen die meisten Ortsansässigen kämpfen müssen, wenn sie sich mit den belgischen Autoritäten herumschlagen müssen; ihre Gehälter sind oft zwei- oder dreimal so hoch wie jene von Menschen in vergleichbaren Jobs in Belgien. [Die Eurokraten sind] vergleichbar den alten Kolonialoffizieren oder heutigen europäischen Diplomaten in manchen Ländern der Dritten Welt; ihr Beruf und ihr Status positionieren sie in ein soziale Kategorie außerhalb und oberhalb des sozialmoralischen Universums der Gesellschaft von Brüssel« (Shore 2000: 162). Unter den altansässigen Bürgern von Brüssel hat sich ein erhebliches Ressentiment gegen die Eurokraten entwickelt.[26] Viele EU-Beamte haben selbst das Gefühl, das sie in einer Art von »Exil« leben. Alle diese Tatsachen tragen dazu bei, das sich unter den EU-Beamten auf der einen Seite ein starker *esprit de corps* entwickelt hat, »ein handgreifliches Gefühl ›europäischer Identität‹ und europäischen Bewusstseins« (Shore 2000: 166). Auf der anderen Seite hat der Prozess des *engrenage* jedoch »die soziale und psychologische Distanz zwischen den EU-Beamten und den Bürgern in den Mitgliedsstaaten vergrößert und dadurch eine neue Art von Zentrum-Peripherie-Beziehung zwischen den Eliten in Brüssel und dem Volk von Europa erzeugt« (ibid.). »Die Eurokraten brauchen eine Realitätskontrolle« war der Titel eines Leserbriefs an den Herausgeber der Wochenzeitschrift *European Voice* in Brüssel[27]; darin berichtete der Schreiber über seine Beobachtungen des Verhaltens einiger EU-Beamten in einer Kantine der Kommission, die sich über den hohen Preis des »ekelhaften Mahls« beklagten. Nach Shore (2001: 32) wurde die EU-Beamtenschaft zu »einer sich selbst heraushebenden ›Gemeinschaft‹ mit ihrer eigenen speziellen Identität und einem besonderen Ethos. Verschiedene Faktoren [...] verstärken das wichtige Gefühl der ›Distinktion‹ und des *esprit de corps*, das die Verwaltungselite der EU in eine bürokratische Kaste verwandelt«.

5.4 Die Funktions- und Arbeitsweise der Eurokratie

Der Vorwurf einer »Bürokratisierung der EU« bezieht sich nicht nur auf den Umfang der EU-Verwaltung und die Anzahl ihrer Büros, sondern auch – oder sogar hauptsächlich – auf die Arbeitsweise dieser Bürokratie. Er impliziert, dass ein großer Teil ihrer Arbeit auf eine unübersichtliche innere Strukturierung zurückzuführen ist, auf die Tendenz zum Befolgen überdetaillierter Arbeitsregeln und Vorschriften, die aus funktionaler Sicht oft nutzlos sind, auf eine Überproduktion von Gesetzen, Regulierungen und Erlässen. Kritik dieser Art findet sich

---

[26] So wurde berichtet, dass ein Automechaniker nicht mehr bereit war, das Auto eines Kunden zu reparieren, nachdem er erkannt hatte, dass dieser ein EU-Beamter war.
[27] *European Voice*, 23-30 August, 2006, S.14. In diesem Brief kritisiert der Verfasser einen früheren Artikel eines finnischen EU-Beamten, der sich beklagt hatte, dass die Gehälter (der EU-Beamten) »zu niedrig sind« und er »unter einer kontinuierlichen Überlastung durch einen strukturellen Mangel an Mitarbeitern« leide.

auch in einer neuen Publikation des einflussreichen deutschen Kommissars und Kommissionsvizepräsidenten Günther Verheugen: »Zweifellos ist das System an der Grenze seiner Leistungsfähigkeit angekommen. Ohne es genau quantifizieren zu können, bin ich sicher, dass mehr als fünfzig Prozent der Gesamttätigkeit der Kommission in Binnenkoordinierung besteht. Das ist selbst für eine übernationale Behörde zu viel, denn im Klartext heißt es, dass sich die Kommission zu sehr mit sich selbst beschäftigt« (Verheugen 2005: 53).

Es liegt daher im Interesse der Eurokratie selber, ihre Arbeitsprozesse einer unabhängigen und kritischen sozialwissenschaftlichen Analyse zu unterwerfen. In diesem letzten Abschnitt sollen fünf Themen behandelt werden: die hoch komplexe interne Struktur der Eurokratie; die Rolle der Generaldirektoren; das System der einflussreichen »Komitologie«; bürokratische Verschwendung, Klientelismus und Korruption; und die (Un-)Fähigkeit der Eurokratie sich selber zu reformieren.

Die komplexe interne Organisationsstruktur

Die Absicht dieses Abschnittes ist nicht eine detaillierte Beschreibung der internen Struktur der Kommission im weiteren Sinne zu geben; stattdessen werden wir nur drei Hauptprobleme diskutieren, welche betrachtet werden müssen, um ein abgerundetes Bild der Eurokratie zu erhalten.

Das erste Thema betrifft die horizontale Arbeitsteilung zwischen den Kommissaren, den Generaldirektoraten und ihren Untereinheiten. Auf der Ebene der Kommissare sind ähnliche Prozesse am Werk wie in den Mitgliedsstaaten, wenn es um die Definition und Verteilung der Aufgabenbereiche (Portfolios) zwischen den Ministern geht. Dies ist in der Regel ein schwieriger Verhandlungsprozess, der nicht nur durch funktionale Überlegungen bestimmt wird, sondern auch durch die Notwendigkeit, die Interessen der verschiedenen politischen Parteien, die eine Regierung unterstützen, zu berücksichtigen. In der EU ist dieser Prozess noch komplizierter: insbesondere bei der Auswahl der Spitzenpositionen – der Kommissare und Generaldirektoren – ist ein komplexes Bündel von Voraussetzungen zu berücksichtigen: die Interessen der Mitgliedsstaaten, die Stärke der politischen Parteien und Richtungen im Europäischen Parlament, die Zusammensetzung nach Geschlechtern und vieles andere. Dem Resultat, das sich aus den Verhandlungsprozessen letztlich ergibt, fehlt oft Kohärenz; ein Bereich kann unter die Verantwortlichkeit mehrerer Kommissare fallen mit entsprechenden Koordinationsproblemen, die sich daraus ergeben. Diese Tatsache haben mehrere Kommissare berichtet (van Miert 2000: 38ff.; Verheugen 2005), und sie ist auch durch sozialwissenschaftliche Analysen belegt (Middlemas 1995: 232).

Ein ernsthaftes Problem in diesem Zusammenhang ist die Größe der Kommission: sie hat 27 Mitglieder, da jedes Mitgliedsland einen Kommissar stellt (von Arnim 2006: 197ff.). Ein so großes Gremium ist kaum in der Lage effizient zu arbeiten und es wurden viele Vorschläge gemacht, seine Größe zu reduzieren. Abgesehen von der Tatsache, dass die Kommission im engeren Sinne (das Gremium dieser 27 Kommissare) selber nur einen äußerst geringen Anteil aller Entscheidungen bestimmt, führt sie auch zu einer Vervielfachung von Aktivitäten, da jeder Kommissar die Wichtigkeit seines Bereichs zeigen und seine eigene Fähigkeit dokumentieren will. Die Sitzungen der Kommission selber müssen formell geregelt werden (etwa durch die Begrenzung der erlaubten Redezeit), wodurch eine lebhafte Diskussion abgewürgt und die Sitzungsdauer oft unnötig lang wird.[28]

Probleme bestehen auch im Hinblick auf die Abgrenzung der Funktionen und die Aufgaben der verschiedenen Generaldirektorate. Die Einrichtung eines Direktorats erfolgt nach drei Kriterien: einer administrativ-funktionalen Logik, den Richtlinien der Politik der Kommission sowie der Politik der Mitgliedsstaaten. Der erste Aspekt würde zu einem Zuwachs von Generaldirektoraten führen, je nachdem ob sich neue Aufgaben ergeben. Dies ist aber nicht immer der Fall (Spence 1994). Der Beitritt neuer Mitgliedsländer spielt eine Rolle, wenn es um die Schaffung neuer GDs geht, um auch sie mit diesen hoch dotieren Spitzenpositionen zu versorgen. Die Folge ist oft, dass die GDs nicht klar einem bestimmten, verantwortlichen Kommissar zugeordnet sind, und Rivalitäten zwischen den verschiedenen Kommissaren und Generaldirektoraten auftreten (Spence 1994: 105). Auch Arbeitsbelastungen und Arbeitskapazitäten sind unterschiedlich über die verschiedenen Generaldirektorate und Einheiten verteilt (Dinan 1999: 222). So sind manche Beamte mit Arbeit überlastet, während andere ein komfortables Leben führen können (van Miert 2000: 373).

Wie funktioniert das Prinzip der Hierarchie, eine zentrale Komponente jeder Bürokratie, im Rahmen der Eurokratie? Nach den idealtypischen, positiven Darstellungen der Eurokratie, die oben erwähnt wurden, sollten wir erwarten, dass dieses Prinzip in der EU viel weniger ins Gewicht fällt wie in klassischen Bürokratien. Dies könnte auch deshalb der Fall sein, weil die Struktur der EU-Bürokratie untypisch ist; sie zeigt nicht das Bild einer Pyramide, sondern eine Ausbuchtung auf dem zweithöchsten Niveau, jenem von hochqualifizierten, relativ unabhängigen akademischen Beamten (vgl. *Abbildung 5.4* oben). Dennoch fordert das bürokratische Prinzip der Hierarchie auch in der Eurokratie seinen Tribut. Eine Betonung von hierarchischen Unterscheidungen und detaillierten und

---

[28] So berichtet der ehemalige Kommissar van Miert (2000), sein Sitznachbar habe ihm gegen Ende einer Kommissionssitzung ein mit Zeichnungen ausgefülltes Blatt Papier zugeschoben mit der Bemerkung, dies sei das einzige konkrete Resultat der Sitzung.

rigiden Verfahrensregeln ergibt sich vor allem aus der französischen Verwaltungstradition. Manche Verwaltungsakte und Papiere müssen bis zu zehn Unterschriften erhalten – eine Tatsache, die etwa Kommissionspräsident Prodi beklagte und ihn zur Frage veranlasste: »Wer hat das Papier wirklich gelesen?« Das heißt, auch in dieser Hinsicht dominiert das Prinzip der mehrfachen Verantwortlichkeit – ein Prinzip, das im Hinblick auf die letztliche Verantwortlichkeit der Beamten sehr negative Konsequenzen hat (Oldag/Tillack 2005: 95).

Soziologische Forschung über Organisationen hat gezeigt, dass formelle Strukturen in der Praxis stets ergänzt – und konterkariert – werden durch informelle Strukturen. Dies ist insbesondere in der französischen Bürokratie der Fall und es trifft auch für die Eurokratie zu (Crozier 1967; Oldag/Tillack 2005: 91ff.). Als Folge der flachen Organisationsstruktur sind informelle Beziehungen und Netzwerke oft wichtiger als die formellen Beziehungen. Das Vertrauen auf informelle Netzwerke wird verstärkt durch die Praktik, dass die Kommissare umfangreiche persönliche »Kabinette« beschäftigen, sowie die durch die *Staff Regulations* vorgesehenen Möglichkeiten ausnutzen, Angestellte auf Zeit einzustellen. *Tabelle 5.1* zeigt, dass in der Kommission nicht weniger als 4460 Personen (11,5% aller Angestellten) als Beschäftigte auf Zeit arbeiten. Die Kriterien, nach denen sich personelle Netzwerke bilden und Kommunikationsmuster strukturiert sind, schließen ein: die nationale Zugehörigkeit; die politische Parteizugehörigkeit; klassen- und elitebezogene Netzwerke (insbesondere unter den Graduierten aus den französischen *Grandes Écoles*); sowie eine Reihe anderer mehr oder weniger enger oder diffuser Netzwerke, wie jenes der Mitglieder von Opus Dei oder der Freimaurer (Oldag/Tillack 2005: 82ff.; Shore 2000).

Ein weiteres zentrales Merkmal der Arbeitsweise jeder Bürokratie liegt darin, alle Entscheidungen in schriftlicher Form zu dokumentieren. Auf diese Weise kann später ihre Entstehung rekonstruiert werden, wenn ein anderer Beamter die Entscheidungen ausführen muss oder wenn sie von Klienten oder Bürgern in Frage gestellt werden. Das Niederschreiben von Protokollen und Akten mag jedoch oft zu einem Zweck an sich degenerieren. Wie funktioniert dieses Prinzip in der Eurokratie? Auf der einen Seite ist die Erstellung von Schriftstücken auch im Fall der EU sehr wichtig. Da die Kommission und ihre Verwaltung in erster Linie eine Institution ist, die Gesetze, Regulierungen und Richtlinien erlässt, ist das Erstellen von Schriftstücken eine Hauptaufgabe ihrer Beamten. Darüber hinaus produziert die EU-Verwaltung eine Vielfalt von Schriften, Broschüren und Prospekten für Spezialisten und für die allgemeine Öffentlichkeit um ihre Entscheidungen und Leistungen den Regierungen, Verwaltungen und Bürgern in der gesamten EU mitzuteilen. Auf der anderen Seit gibt es in dieser Hinsicht auch ernsthafte Probleme. Oldag und Tillack (2005: 92ff.) stellen fest, dass die EU-Bürokratie kein explizites System der Archivierung hat, kein System von Aktenkennzeichen kennt und Eingänge nicht systematisch in ein Register einträgt. Auch die Verfahren der Hunderte von Komitees und ad hoc Arbeitsgruppen werden oft nur wenig dokumentiert. Als Folge ergibt sich häufig Schlampigkeit, oft auch Manipulation. Solche Formen von Missmanagement finden vor allem in Bereichen statt, in welchen die Kommission Programme verwalten muss, durch welche Milliarden von Euros verteilt werden. In diesem Bereich besteht auch häufig ein besonderer Personalmangel.

Die Generaldirektoren der Kommission: die heimlichen Macher von Europa?

Der bürokratische Apparat der Europäischen Kommission ist intern in 36 Direktorate unterteilt, die durch Generaldirektoren geleitet werden.[29] Unterhalb dieser höchsten Ebene bestehen Direktorate, die von Direktoren geleitet werden und unterhalb dieser wiederum Einheiten (units) oder Abteilungen. Ein Generaldirektor leitet meist bis zu drei Direktorate; ein Direktor leitet etwa drei bis sieben Abteilungen. Das heißt, es besteht eine klare hierarchische Struktur innerhalb jedes Generaldirektorats, das jeweils mehrere Hundert und in einige Fällen mehrere Tausend hochqualifizierter Beamter umfasst.

Das Spitzenmanagement der Eurokratie – die 36 Generaldirektoren und die 30 stellvertretenden Generaldirektoren – hat äußerst wichtige Positionen inne (vgl. auch Middlemas 1995: 242ff.; Egeberg 2003: 140ff.). In mehreren Aspekten sind die Generaldirektoren sogar mächtiger als die Kommissare. Sie werden lebenslang bestellt und die Beschreibung ihrer Funktion schließt auch politische Aufgaben und Verpflichtungen ein. Ein Generaldirektor muss – wie auf der offiziellen Website der EU festgestellt wird – »ein hochkarätiger Manager sein, mit den höchsten Standards von Fähigkeiten, Effizienz und Integrität«. Seine oder ihre Kompetenzen schließen ein die Fähigkeit eine globale Vision und Strategie für das jeweilige Direktorat zu entwickeln; die Ziele der Kommission durchzusetzen; die Arbeit im Direktorat zu organisieren und strukturieren; offen zu sein gegenüber innovativen und kreativen Ideen, aber auch fähig Daten zu analysieren, Alternativen zu entwickeln und daraus Schlussfolgerungen zu ziehen; er oder sie ist verantwortlich für das Management seiner Mitarbeiter, muss Menschen in einem hierarchischen Kontext führen und multidisziplinäre und multinationale Teams leiten; seine/ihre Verpflichtungen schließen weiters ein interpersonelles Management sowie die Etablierung von Beziehungen und Netzwerken innerhalb und außerhalb der Organisation. Die Direktoren bleiben nicht ständig in ein und demselben Generaldirektorat, sondern rotieren alle fünf Jahre zwi-

---

[29] Vgl. http://europa.eu/comm/reform/2002/selection/chapter1-en.html.

5 Die Eurokratie

schen diesen. Betrachtet man alle diese Anforderungen zusammen, so ist evident, dass diese Generaldirektoren sehr gut mit den Spitzenbeamten im französischen öffentlichen Dienst verglichen werden können, jener Ebene »wo politische Macht und administratives Handeln sich vermischen« (Dogan 1975: 3; Bourricaud 1958: 466).

Es erscheint daher unerlässlich, eine kurze Charakterisierung dieser Gruppe im Hinblick auf nationale Herkunft, ihre Qualifikation und früheren Karrieren, die Dauer ihrer Arbeit für die EU, wie auch den Prozess ihrer Rekrutierung und Bestellung zu geben. Wir können uns dabei neben statistischen Daten, die die EU selbst zur Verfügung stellt, auch auf eine sehr informative, neuere Erhebung der deutschen *Identity Foundation* unter 33 der 36 Generaldirektoren stützten (*Identity Foundation* 2003).[30]

Betrachten wir als erstes einige grundlegenden sozialen Merkmale der Generaldirektoren und ihrer Stellvertreter. Praktisch alle haben eine akademische Ausbildung; die Mehrheit kommt aus Familien der Mittel- und Oberschicht; die Hälfte ist im Haushalt von öffentlichen Angestellten aufgewachsen. Viele haben internationale Schulen besucht oder im Ausland studiert. Ihre hauptsächlichen Studienrichtungen spiegeln deutlich den Charakter der EU als einer Wirtschafts- und Rechtsgemeinschaft: 39% haben einen akademischen Abschluss in Ökonomie oder Betriebswirtschaftslehre, 25% in Rechtswissenschaften; zusammen haben also zwei Drittel in diesen beiden akademischen Fächer graduiert. Nach M. Dogan (1975: 4) ist es nicht überraschend, dass die meisten Spitzenbeamten Juristen sind, weil eine Ausbildung in Rechtswissenschaft »notwendig ist um eine politische Entscheidung in Begriffen der Verwaltungssprache zu formulieren.« Eine solche Ausbildung ist besonders charakteristisch für den legalistischen Charakter der Kommission und die ökonomisch – technokratische Orientierung der EU (Shore 2000: 135). Die Analyse der Berufskarrieren der Generaldirektoren zeigt, dass 31% von Ihnen im öffentlichen Dienst gearbeitet haben, bevor sie in die EU eingetreten sind. Einige weitere (15%) waren in anderen Bereichen tätig, die sehr eng auf die Politik bezogen sind (diplomatischer Dienst, internationale Organisationen, Politik); die nächst häufigen früheren beruflichen Tätigkeiten waren akademische Positionen und die Privatwirtschaft.

Sehr bemerkenswert ist die Zusammensetzung der Generaldirektoren nach nationaler Herkunft: zwei Länder haben besonders viele GDs, nämlich Deutschland und Frankreich (12 bzw. 11 der 72 GDs bzw. stellvertretenden EDs); dann

---

[30] Die Ergebnisse dieser Befragung sind zusammengefasst im Bericht »The General Directors of the European Commission – Lines of Life and Visions of a European Elite« (vgl. http://www.euro.de/ europa/studie_eur_ kommission/studie.html) und in einer Presseinformation von Prof. Eugen Buss und Ulrike Fink-Heuberger in: www.soziologie.uni-hohenheim.de/C4_presse_presse-meldungen. htm), sowie im umfangreichen Bericht der *Identity Foundation* (2003).

kommen – mit je 7 Generaldirektoren – Italien, Großbritannien und Spanien.[31] In der Befragung der 33 Generaldirektoren, die die *Identity Foundation* (2003) durchgeführt hat, waren 21% französischer Herkunft. Weiters interessant ist auch, dass die Mehrheit der GDs katholisch ist. Die nächst größte Gruppe sind Generaldirektoren ohne religiöses Bekenntnis (42%); nur 6% sind Protestanten oder jüdischer Religionsgemeinschaft. Nicht weniger als 90% der GDs sind Männer – eine Tatsache, die klar der sonst deklarierten Politik der EU widerspricht, die Berufsperspektiven von Frauen zu fördern. Drei Viertel der GDs haben bereits zwanzig oder mehr Jahre für die Kommission gearbeitet. Das heißt, dass die meisten von ihnen eine sehr intime Kenntnis der Arbeitsweise der Kommission haben müssen, wie auch einen hohen Grad der Identifikation mit ihr.

Diese Tatsache wird durch den Survey der *Identity Foundation* bestätigt; in der Studie wurden zweistündige Interviews mit 33 der 36 Generaldirektoren durchgeführt. Die Ergebnisse zeigen, das praktisch alle GDs den Umfang ihrer Macht und Kompetenzen als sehr groß einschätzen; sie sehen sich als Ideenlieferanten für die europäische Integration und empfinden eine hohe Verantwortung dafür. Sich selbst sehen sie als Mitglieder einer Positions-Elite mit umfangreichen Privilegien. Ein interviewter Generaldirektor (Identity Foundation, 2003: 72) stellte offen fest: »Ja, wir gehören« zur herrschenden europäischen Klasse«. Der Titel dieser Studie – »Überlegungen über die heimlichen Macher von Europa« – bringt dies treffend zum Ausdruck. Die Ergebnisse entsprechen jenen der anthropologischen Studie der Kommission durch den britischen Wissenschaftler Chris Shore (2000: 199). Ein Generaldirektor mit fast vierzig Jahren Dienst verglich die Chefs der Generaldirektionen mit »mittelalterlichen Baronen«.

Die tatsächliche Macht des bürokratischen Apparats der Kommission, wie sie durch die Generaldirektoren und ihren Mitarbeiterstab repräsentiert wird, zeigt sich auch im Ausmaß des Einflusses, den sie auf den Erlass von Rechtsakten der EU haben. Der Kommissar Verheugen berichtete für das Jahr 2004 einige sehr interessante Fakten in dieser Hinsicht. In Entscheidungen über rechtliche Akte wird eine Unterscheidung gemacht zwischen A-Punkten, die von der Kommission (und dem Ministerrat) ohne Diskussion genehmigt werden und B-Punkten, die diskutiert werden, weil sie wichtige politische Themen oder umstrittene Probleme behandeln. Mit Abstand der größte Anteil autoritativer Entscheidungen der Gemeinschaft – 97,4% von insgesamt 9275 – wurden vom bürokratischen Apparat getroffen; sie schienen auf der Tagesordnung des leitenden politischen Gremiums der Kommissare gar nicht auf. Nur 244 kamen auf die Tagesordnung der Kommissare. Jedoch selbst bei diesen schriftlich dokumentier-

---

[31] Diese Daten über die sozialen Merkmale und Lebensläufe der GDs sind verfügbar unter: http://europa.eu/.

ten Verfahren ist eine häufig verwendete Entscheidungsstrategie die folgende: der Wunsch nach einer solchen wird »*greffe*« genannt (Spence 1994). Nur etwa acht Probleme (B-Punkte) wurden von den Kommissaren selbst diskutiert; ungefähr 160 (A-Punkte) wurden durch eine »*greffe*« entschieden und in den Sitzungen der Kommissare nicht diskutiert. Der Anteil der letzteren war weniger als ein Prozent aller Entscheidungen, die die Kommission und ihr bürokratischer Apparat insgesamt getroffen hatten (vgl. Oldag/Tillack 2005: 79; von Arnim 2006: 199). Tatsächlich nehmen auch Bürokraten der Mitgliedsstaaten, insbesondere des Ausschusses der ständigen Vertreter der Mitgliedsstaaten (COREPER), an der Formulierung dieser Entscheidungen teil (Müller 1994: 58).

Man kann daher sagen, dass die Generaldirektoren und ihre Spitzenbeamten, die »Barone der Kommission« (Oldag/Tillack 2005: 79), die Macht der Eurokratie verkörpern. In manchen Fällen haben Generaldirektoren sogar Entscheidungen der Kommissare umgestoßen. Auf diese Weise wird die politische Verantwortlichkeit der Kommissare vor dem Europäischen Parlament unterminiert. Der Kommissar und Vizepräsident der Kommission Günther Verheugen bemerkte einmal, dass der hohe Einfluss und die Beharrungskraft der Spitzenbeamten Reformversuche durch die bestellten Kommissare außerordentlich schwierig machen (Verheugen 2005: 45).

Komitologie – der »lange Arm« der Eurokratie

Die Komitologie ist ein zentraler Aspekt des politischen Systems der EU. Dieser Begriff bezeichnet die Hunderte von Komitees, die aus Repräsentanten (offiziellen Vertretern und Experten) der Mitgliedsstaaten bestehen, die die tägliche Arbeit der Kommission bei der Ausarbeitung von Verwaltungs- und Rechtsakten unterstützen. Die Existenz und Arbeitsweise dieser Komitees ist eine der Erklärungen, warum die »schlanke« Eurokratie in der Lage ist so weitreichende Aktivitäten zu entfalten. In der wissenschaftlichen Literatur wird dieses System zu Recht als eines der spezifischen Merkmale der EU bezeichnet (vgl. Docksey/Williams 1994: 117ff.; für allgemein Diskussionen vgl. Müller 1994: 52ff.; Puntscher-Riekmann 1998: 167ff.; Bach 1999: 51ff.; Hartmann 2001: 124ff.). Hier sollen nur einige der wichtigsten Aspekte des Systems der Komitologie zusammengefasst werden.

Das System der Komitees war in den Originalverträgen der Europäischen Wirtschaftsgemeinschaft nicht geplant. Es wurde im Zusammenhang mit dem Management der EU-Landwirtschaftspoltik in den frühen 1960er Jahren eingerichtet und formal durch den Europäischen Gerichtshof 1970 legitimiert (Bandulet 1999: 88). Seine Arbeitsweise wurde von Beginn an als problematisch angesehen; sie wurde 1987 und dann wieder in den späten 1990er Jahren reformiert. Die Aufgabe des Systems der Komitees war, die Kommission bei der Verwaltung der neuen Umverteilungsprogramme und Subventionen zu unterstützen und den Mitgliedsstaaten eine Möglichkeit zu geben, die Verteilung der Landwirtschaftsfonds der Kommission zu kontrollieren.

Es gibt drei Arten von Komitees: (1) *Beratende Komitees*, die Vorschläge machen können; (2) *Managementkomitees*, die mit der Implementierung von Entscheidungen im alltäglichen Management der Politiken der Union involviert sind; (3) *regulierende Komitees*, deren Aufgabe es ist, der Kommission bestimmte Maßnahmen vorzuschlagen, die sie dann implementieren muss. Die Komitees haben unterschiedliche Kategorien von Mitgliedern (Docksey/Williams 1994: 122): Vertreter der Mitgliedsstaaten, Vertreter von verschiedenen professionellen und ökonomischen Organisationen und Gruppen, wissenschaftliche Experten und andere hochqualifizierte Personen. Die Anzahl der Komitees ist sehr groß. Bereits 1986 identifizierte das Europäische Parlament 310 Komitees, die in 31 Kategorien von Verfahren tätig waren; 1993 gab es 361 Komitees (Docksey/Williams 1994: 122f.). In der Mitte der 1990er Jahre reisten zwischen 35000 und 40000 nationale Beamte und Experten regelmäßig zwischen ihren Hauptstädten und Brüssel hin und her; jährlich wurden etwa 360.000 solcher Reisen durchgeführt (Bach 1999: 54). Am Ende der 1990er Jahre existierten etwa 450 bis 500 Komitees (Bandulet 1999: 88; Hartmann 2001: 124). Eine zentrale Institution in diesem Zusammenhang ist COREPER (*Comité des représentants permanents*), der Ausschuss der ständigen Vertreter der Mitgliedsstaaten; es setzt sich zusammen aus den Botschaftern der Mitgliedsstaaten in Brüssel und ihren Mitarbeitern, einschließlich ausgewählter nationaler Spitzenbeamter. Seine Aufgaben umfassen u.a. die Vorbereitung der Tagesordnung des Europäischen Rates, die Einsetzung und Kontrolle der Tätigkeit von Arbeitsgruppen der Ständigen Vertretungen und anderer nationaler Beamter, die an der Erarbeitung von Rechtsakten mitwirken. COREPER ist »äußerst mächtig und noch verschwiegener als der Europäische Rat […] in gewissen Fällen ist COREPER der tatsächliche Gesetzgeber der EU« (Dinan 1999: 261).

Zwei Sachverhalte sind hier wichtig. Der erste bezieht sich auf die Macht der Komitees: stellen sie wirklich die Macht der Eurokratie in Frage, die in diesem Kapitel beschrieben wurde? Auf der einen Seite stellen die Komitees sicher, dass die Haltungen der verschiedenen Mitgliedsstaaten, wie auch jener von Experten aller Art, in Entscheidungsprozessen der EU berücksichtigt werden. Ihre Mitglieder aber können nur Vorschläge machen, die Kommission oder der Europäische Rat entscheiden letztlich darüber, was mit ihnen geschieht. Die Sitzungen der Komitees werden durch Mitglieder der Kommission geleitet. Man kann daher sagen, dass das System der Komitologie im Allgemeinen die Macht der

Kommission eher noch verstärkt (Hartmann 2001: 126; Puntscher-Riekmann 1998: 173; Greib 2006).

Ein zweites Problem ist auf die demokratische Elitentheorie bezogen. Hier muss man sich fragen, ob das System der Komitologie die bürokratisch dominierten Entscheidungsverfahren in der Europäischen Union verändert. Maurizio Bach (1999: 52ff.) hat überzeugend argumentiert, dass der gesamte Komplex der europäischen Bürokratie und das mit ihr verknüpfte Komitologie-System als eine Art von »supranationaler Technokratie« bezeichnet werden kann. Es mag eine Art von »europäischem Bewusstsein« fördern, aber die Interessen aller dabei Involvierten sind primär technokratischer Art und konzentrieren sich auf klar umgrenzte, spezifische Bereiche der Kompetenz. Die Folge ist eine Isolierung zwischen den verschiedenen Politikbereichen und unterschiedlichen Typen der Rationalität. Dazu kommt noch ein weiterer problematischer Aspekt: der Großteil der Arbeit der Komitees läuft hinter verschlossenen Türen ab, ohne jede öffentliche Diskussion und Teilnahme. Das heißt, der tatsächliche Einfluss und die wirklichen Interessens- und Machtstrukturen bleiben verborgen und es fehlt eine demokratische Verantwortlichkeit (Bach 1999: 103).

Eine Begleiterscheinung des Komitologie-Systems der EU ist die Tatsache, dass oft sehr kleine Einheiten einen außerordentlich starken Einfluss haben. Auf diese Weise sind einzelne Zirkel von Bürokraten, Politikern oder Lobbyisten in der Lage, grundlegend neue Richtungen der EU-Politik zu initiieren oder zu bestimmen (vgl. auch Page/Wouters 1995: 192; Michalowitz 2004: 63). Wie dies in der Praxis passiert, wurde in einer Fallstudie über die Familien- und Geschlechterpolitik der EU von Nora Fuhrmann (2005) gezeigt. In den späten 1990er Jahren waren drei kleine Büros (eines in der Kommission, eines im Europäischen Parlament und eines bei der europäischen Frauenlobby, in der Lage, das Prinzip des »gender mainstreaming« für die gesamte EU durchzusetzen, obwohl verschiedene Mitgliedsstaaten sehr unterschiedliche »Geschlechterregimes« besaßen und unterschiedliche Politiken verfolgten (vgl. dazu Esping-Andersen 1990; Sainsbury 1999; Haller/Höllinger/Gomilschak 2000; Hakim 2001). Dies war möglich, weil diese drei Einheiten sehr gut koordiniert und zielstrebig agierten und sämtliche verfügbaren strategischen Mittel und Koalitionen einsetzten, ohne jedoch die allgemeine Öffentlichkeit zu befassen. Laut Fuhrmann (2005) gingen sie dabei oft in einer sehr »trickreichen Art und Weise« vor.

Politischer Bürokratismus und Missmanagement, Klientelismus und Korruption

Bürokratismus und schlechtes Management, Klientelismus und Korruption sind Phänomene, die auf der gesamten Erde, in reichen und armen Ländern, existieren. Sie verursachen gravierende Nachteile für die dadurch betroffenen Personen und Institutionen und sie unterminieren das adäquate Funktionieren sozialer und politischer Prozesse (Roniger/Günes-Ayata 1994). Angesichts der Größe und Merkmale der Eurokratie wäre es überraschend, würde es hier keine derartigen Phänomene geben. Tatsächlich haben sie auch im Falle der Eurokratie sehr große Bedeutung und die Art und Weise, wie sie hier auftreten, wirft zusätzliches Licht auf die spezifischen Schwächen der Eurokratie. Wir müssen auch in diesem Falle eine überraschende Vernachlässigung dieses Themas in sozialwissenschaftlichen Analysen der EU-Bürokratie feststellen.[32] Wenn überhaupt, befassen sich allenfalls unabhängige Journalisten und Schriftsteller (Bandulet 1999; Oldag/Tillack 2005) oder kritische EU-Insider (van Buitenen 2000, 2004; Greib 2006) damit.

Man muss zwischen drei verschiedenen Formen solchen Missverhaltens unterscheiden. Die erste und gravierendste beinhaltet Verletzungen bestehender Gesetze um persönliche Vorteile und Gewinne zu erlangen, wie Betrug, Bestechung und so weiter; werden sie aufgedeckt, so fällt ihre Ahndung unter das Strafrecht. Zum zweiten gibt es eine Vielzahl leichterer Formen, die keine direkte Verletzung von gesetzlichen Normen beinhalten, aber nichtsdestoweniger als »unethisches Verhalten« bezeichnet werden müssen; ihre Entdeckung ist in der Regel sehr schwierig. Verhaltensweisen wie Klientelismus, Nepotismus, Ämterpatronage, sowie auch formal »gesetzmäßiger« Gebrauch von Verwaltungsmitteln zur Erlangung persönlicher Vorteile können unter diese Kategorie zusammengefasst werden. Der deutsche Soziologe Erwin Scheuch (1992) hat den Begriff *Vorteilsnahme* für alle diese Formen geprägt. Eva Etzioni-Halevy (1999: 114) verwendet den Begriff *Semi-Korruption*, um alle Formen von »Austausch von Ressourcen, die sich aus der Besetzung eines öffentlichen Amtes ergeben, für andere Ressourcen in halb-legitimen Wegen« zu bezeichnen. Zum dritten gibt es unterschiedlichste Formen von »Missmanagement« und »Bürokratismus«, die völlig legale Formen der Organisation und des Verhaltens darstellen, aber keinerlei sozial wertvolle Resultate hervorbringen und daher ebenfalls als Verschwendung bezeichnet werden müssen. Zum vierten besteht ein Typus, den man als »politischen Bürokratismus« bezeichnen könnte. Hier bestehen kostspielige, aber nutzlose bürokratische Aktivitäten und Ausgaben nur aufgrund von politischen Entscheidungen.

Auch in fortgeschrittenen Gesellschaften sind alle diese Formen weit verbreitet, vor allem aufgrund der zunehmenden Größe des öffentlichen Sektors, einer komplexen Verflechtung zwischen öffentlichem und privatem Sektor und

---

[32] In der umfangreichen Einführung in das System der EU durch Dinan (1999) tauchen die Begriffe »Korruption« und »Klientelismus« weder im Inhaltsverzeichnis noch im Stichwortregister auf. Diese Themen werden auch in den durchaus kritischen Arbeiten von Puntscher-Riekmann (1998) und Bach (1999) nicht behandelt. Eine Ausnahme ist von Arnim (2006).

5 Die Eurokratie

einem steigenden Einfluss politischer Parteien und Interessengruppen. Aus dieser Sicht wurde auch das heutige Deutschland mit Begriffen wie »Skandalrepublik« (Scheuch 1992; Scholz 1995; Leydendecker 2003) bezeichnet. In demokratischen Gesellschaften erzeugt Korruption nicht nur ökonomische Schäden; sie unterminiert das Vertrauen in die politischen Institutionen und trägt dadurch zu einer allgemeinen De-Legitimierung der Politik bei. Eine empirische Illustration der enormen Bedeutung dieser Tatsache ist, dass politische Parteien oder sogar einzelne politische Persönlichkeiten (wie Hans Peter Martin in Österreich oder Paul van Buitenen in den Niederlanden) in der Lage waren, bei den Europawahlen 2004 große Anteile von Wählern zu gewinnen, indem sie sich auf Fälle von Missmanagement und Korruption in der EU konzentrierten. Die spezifische Art der Korruption in der EU hat mit zwei Faktoren zu tun: einerseits mit der internen Struktur ihrer Institutionen und der Arbeitsweise der Eurokratie; auf der anderen Seite mit der Beziehung zwischen der EU und ihren Mitgliedsstaaten.

Drei Aspekte der internen Struktur der EU tragen direkt zur Entstehung von Missmanagement und Korruption bei. Das erste ist die Komplexität der Aufgaben und der Umfang der finanziellen Mittel, die von der Kommission verwaltet werden. Weil die Kommission immer wieder Aufgaben übernimmt, für welche sie nicht ausreichend qualifiziertes Personal hat, muss sie die konkrete Implementierung an externe private Agenturen und Institutionen delegieren. Ein zentraler Punkt der Kritik der Expertengruppe 1999 war die Tatsache, dass die Kommission sehr oft neue, politisch wichtige und kostspielige Aufgaben übernimmt, ohne über das notwendige Personal zu ihrer Verwaltung zu verfügen (Müller 1994; Bandulet 1999: 226; Shore 2000: 176; Oldag/Tillack 2005: 93).

Ein zweiter Aspekt ist die hohe Anzahl und die Komplexität der Regulierungen, die in der EU gültig sind. Auf diesen Punkt hat Vladimir Boukovsky (2005: 49ff.) in seinem provokanten Vergleich zwischen der früheren Sowjetunion und der EU hingewiesen. Das Argument ist sehr einfach: je mehr Regeln und Verbote in einer Institution oder Gesellschaft bestehen, desto mehr Möglichkeiten gibt es, sie zu brechen. Dies betrifft insbesondere Regeln, die schon lange etablierte Formen von sozialer Praxis ändern wollen. Boukovsky erwähnt den Fall der amerikanischen Gesetzgebung über das Verbot von Alkohol in den 1920er Jahren, das vor allem der amerikanischen Mafia zugute kam, die damit lukrative Kanäle zum geheimen Verkauf von alkoholischen Getränken einrichten konnte. In der EU existieren praktisch identische Fälle. Wie die Kommission in ihrem »Anti-Betrugsbericht 2005«[33] berichtet, waren die zwei Produkte, die am meisten durch finanzielle Unregelmäßigkeiten betroffen waren, Zigaretten (Ziga-

---

[33] »Report from the Commission to the European Parliament and the Council« über »Protection of the Communities' financial interests – Fight against fraud – Annual report 2005«; verfügbar im Internet.

rettenschmuggel) und Zucker – beides Produkte, die durch die Kommission stark reguliert werden. Im Jahre 2000 verklagte die EU-Kommission die Zigarettenkonzerne Philip Morris und R.T. Reynolds vor einem US-Gericht, weil sie sich an massivem Zigarettenschmuggel in die EU beteiligt hatten. 2004 wurde ein Kompromiss vereinbart, wonach die Firma Morris im Laufe von 12 Jahren der EU ca. 1,25 Milliarden Euro für Aktionen gegen Zigarettenschmuggel und Fälschungen der EU überweisen wird.[34] Wenn schon nicht wir, dann auch nicht andere! Das Problem des Betrugs im Zusammenhang mit zu komplizierten Regulierungen wurde schon vom früheren EU-Kommissar Karel van Miert (2000: 381) hervorgehoben: »Schon seit vielen Jahren ist die Europäische Kommission durch vielfache Formen von Betrug und Täuschung betroffen. Sie sind besonders umfangreich in der hochkomplexen Landwirtschaftspolitik, die geradezu prädestiniert ist für die unterschiedlichsten Formen von betrügerischen Manipulationen«. Auch der Europäische Rechnungshof nennt in seinen Jahresberichten immer wieder die Landwirtschaft als jenen Bereich, wo erhebliche Versäumnisse bei der Korrektheit der Ausgaben bestehen und die Kontrollen verbessert werden müssen.[35]

Ein dritter Aspekt des EU-Systems, das Korruption fördert, ist das Fehlen starker Medien und einer EU-weiten kritischen Öffentlichkeit. Die lokalen Medien in Brüssel, Luxemburg und Straßburg werden nicht besonders daran interessiert sein, Unregelmäßigkeiten in der Eurokratie aufzudecken, weil diese die Kuh ist, von der sie ihre Milch erhalten. Eine Reihe von Faktoren – die Komplexität der EU-Kommission, die Dichte der Regulierungen, der internationale Charakter aller Verfahren, sowie Sprachprobleme – tragen bei zur Tatsache, das Missmanagement und Skandale meist nicht von Journalisten oder Abgeordneten aufgedeckt werden, sondern – wenn überhaupt – hauptsächlich durch EU-interne Behörden (Müller 1994: 75). Diese werden aber nicht immer besonders erpicht darauf sein dies zu tun. Wenn der EU-Rechnungshof oder OLAF – das Europäische Amt für Betrugsbekämpfung, eingerichtet 1999 – Unregelmäßigkeiten aufdecken, liegt es an der Kommission, daraus Folgerungen zu ziehen. Diese werden oft aber erst mit großer zeitlicher Verzögerung und ohne die notwendige Konsequenz getroffen bzw. durchgeführt. Die Tatsache, dass die EU-Institutionen selber keine besonders positive Einstellung zur Aufdeckung von Missmanagement haben, wurde klar gezeigt im Falle des niederländischen EU-Beamten Paul van Buitenen, der als »*whistleblower*« fungierte, das heißt, als ein internes

---

[34] Berichtet in Manager-Magazin, 6.11.2000 (s. www.manager-magazin.de) und Pressemitteilung von Philip Morris International (http://www.philipmorrisinternational.com/global/downloads/pc/pr_200 40709_deu.pdf, 16.9.2008).
[35] Vgl. z.B. Rechnungshof – Jahresbericht zum Haushaltsjahr 2003, Amtsblatt der Europäischen Union, 47. Jg., 30. November 2004 (Document C 293).

5 Die Eurokratie

Mitglied der Eurokratie, das EU-Abgeordnete und die Medien über Unregelmäßigkeiten informierte. Als Reaktion auf sein Verhalten wurde van Buitenen seines Amtes enthoben und nachhaltigem Mobbing ausgesetzt mit dem Argument, dass er interne Information an Außenseiter verraten habe (vgl. van Buitenen 2000, 2004). Das gleiche passierte neun anderen EU-Beamten (van Buitenen 2004: 241ff.).

Der andere Faktor, der für die Zunahme von Missmanagement, Klientelismus und Korruption in der Eurokratie relevant ist, betrifft die Beziehung zwischen der EU und ihren Mitgliedsstaaten. Hier gibt es vier Arten von Problemen: das Überschwappen von Korruption von Mitgliedsstaaten zur EU; die direkten Interventionen der Mitgliedsstaaten in Brüssel; die Autonomie der Mitgliedsstaaten in der Verwaltung der EU-Fonds; und den »politisch bedingten Bürokratismus«, der sich aus besonderen Wünschen großer Mitgliedsstaaten ergibt und nur durch Aspekte des nationalen Prestiges zu erklären ist.

Wir haben festgestellt, dass die Eurokratie häufig als eine völlig neue, moderne und hocheffiziente Form supranationaler Verwaltung porträtiert wird. Es wäre jedoch naiv anzunehmen, dass Personen und Beamte, die von ihren Mitgliedsländern nach Brüssel entsendet werden, ihre gewohnten Denk- und Verhaltensformen hinter sich lassen. Die Verwaltungsverfahren in Brüssel werden nicht nur die besten Praktiken reflektieren, die in den Mitgliedsstaaten bestehen. Vielmehr wird die politische und die Verwaltungs-»Kultur« in Brüssel auch durch die schlechten Praktiken in den weniger entwickelten Mitgliedsstaaten beeinflusst (wie auch durch die in Belgien bestehende Verwaltungstradition). Um einen ersten Hinweis auf Prozesse dieser Art zu erhalten, können wir das Niveau der Korruption in den einzelnen Mitgliedsstaaten der EU betrachten, wie es im internationalen Korruptionsindex erfasst wird (CPI).[36] Dieser Index zeigt das Ausmaß der Korruption, wie es Unternehmer und Risikoagenturen wahrnehmen; es variiert vom Wert eins (sehr hoch) bis zehn (sehr niedrige Korruption). Wir können die 158 Länder der Erde, für welche der Index 2005 dargestellt wird, in fünf Gruppen teilen: sehr hohe (1-2,9), hohe (3-3,9), mittlere (4-5,9), niedrige (6-7,9), und sehr niedrige Korruption (8-9,9). Es ist zunächst schon überraschend, dass sich in der Gruppe mit sehr niedriger Korruption zum einen genau jene drei westeuropäischen Länder befinden, die keine EU-Mitgliedsstaaten sind (Island, Norwegen, Schweiz); und zum zweiten alle jene Mitgliedsstaaten, deren Bevölkerung sehr kritische Einstellungen zur EU aufweist (Dänemark, Großbritannien, Österreich, Schweden). In der Gruppe von Ländern mittlerer Niveaus der Korruption finden wir EU-Mitgliedsstaaten wie Ungarn, Italien, die Tschechische Republik, Griechenland, Slowakei und Lettland; in der gleichen Kategorie befin-

---

[36] Vgl. http://www.icg.org/downloads/Corruption... (1. August 2006).

den sich aber auch Länder wie Botswana, Taiwan, Uruguay oder Kolumbien. In der Gruppe mit hoher Korruption gibt es immer noch drei EU-Mitgliedsstaaten, nämlich Polen, Bulgarien und Rumänien, sowie das Kandidatenland Türkei. In der Gruppe mit sehr hoher Korruption befinden sich schließlich 36 Länder, die meisten davon aus der Dritten Welt; aber auch hier sind drei europäische Länder enthalten, die wahrscheinlich zukünftige Kandidatenländer sind (Bosnien-Herzegowina, Serbien, Ukraine). Im Jahre 2005 betrug der mittlere Wert der Korruption in den 15 alten EU-Mitgliedsstaaten 7,4, in den 12 neuen Mitgliedsstaaten 5,7. Zwei alte Mitgliedsstaaten, Italien und Griechenland, hatten höhere Korruptionsniveaus als mehrere neue Mitgliedsstaaten (wie Malta, Estland und Slowenien).

Wir können aus diesen Fakten zwei Folgerungen ziehen: zum ersten mag ein effizientes und transparentes System der öffentlichen Verwaltung in einem Mitgliedsland bei vielen Menschen den Verdacht erwecken, das das EU-System weniger korrekt ist; diese Wahrnehmung kann zu einer kritischen oder sogar negativen Einstellung zur EU beitragen. Zum zweiten ist es sehr wahrscheinlich, das Missmanagement, Klientelismus und Korruption auch in vielen der alten (besonders südeuropäischen) und in den meisten der neuen mittel-osteuropäischen Mitgliedsstaaten der EU existieren. Die in diesen Ländern bestehenden Praktiken werden zu einem gewissen Grad auch auf die EU übertragen und dies auf zwei Weisen: durch das Verhalten der EU-Beamten, die aus diesen Ländern kommen und durch die Fehlallokation und Zweckentfremdung von EU-Mitteln, die diese Länder erhalten und lokal verwalten.[37]

Diese Thesen sind durch historische Fakten bestätigt worden. Als die EU-Kommission unter Jacques Santer im Jahre 1999 unter schwere Attacken der Medien und des Europäischen Parlaments kam, waren all jene Kommissare in Fälle von Missmanagement und Klientelismus involviert, die aus Mitgliedsstaaten kamen, in denen solche Praktiken weit verbreitet sind. Darunter befanden sich – wie bereits in Kapitel 3 (insb. S. 117f.) festgestellt – die französische Kommissarin Edith Cresson, die ihren Zahnarzt und Freund als wissenschaftlichen Berater engagiert hatte; der Portugiese Pinheiro, der seine Frau als nationale Expertin angestellt hatte; der Spanier Manuel Marín, der seiner Frau einen hohen Job verschafft hatte (Bandulet 1999: 19ff.; van Buitenen 2000, 2004).

Es gibt zwei weitere Aspekte, in welchen die Mitgliedsstaaten zu Missmanagement, Klientelismus und Korruption im EU-System beitragen können. Erstens intervenieren sie selbst oft direkt in Brüssel, wenn es um die Zuweisung von Jobs und Experten in Komitees und Positionen unterschiedlichster Art geht, sowie um die Verteilung der gewaltigen finanziellen Summen aus der Agrarpoli-

---

[37] Vgl. auch »Corruption in Central and Eastern Europe«, http://www.eumap.org/topics/corruption.

5 Die Eurokratie

tik und den regionalen Strukturfonds der EU. Zum zweiten sind die Mitgliedsstaaten selber verantwortlich für die Verteilung der Gelder aus den EU-Fonds. Die Kontrolle des adäquaten Gebrauchs dieser Fonds hängt direkt von der Effizienz und Korrektheit ihrer Verwaltungen ab. Man könnte Hunderte von Beispielen aufzählen, in welchen Mittel aus diesen Fonds missbraucht oder in betrügerischer Weise erschlichen wurden (vgl. Müller 1994: 75ff.; Bandulet 1999: 49ff.; van Miert 2000; van Arnim 2006: 128ff.). Die Mitgliedsstaaten sind allerdings nicht gern bereit öffentliche Information über den Missbrauch solcher Mittel zur Verfügung zu stellen, weil dies zu deren Reduktion führen könnte.[38]

Wie versucht die EU mit diesen Problemen zu Rande zu kommen? Im Jahr 1988 wurde eine interne Stelle zur Koordinierung der Maßnahmen zur Betrugsbekämpfung (UCLAF – *Unité de coordination de la lutte anti-fraude*) eingerichtet (van Miert 2000: 381ff.). Deren Arbeit war nicht ohne Erfolg, sie litt jedoch von Beginn an unter einem Mangel an Personal und am Fehlen von klaren Arbeitsregeln. Besonders das Europäische Parlament und sein Komitee für Budgetkontrolle (mit dem Vorsitzenden Herbert Bösch aus Österreich) hatte Bedenken, dieser Institution mehr Unabhängigkeit und Macht zu geben und schlug statt dessen vor eine neue Institution einzurichten, die vollkommen unabhängig von der Kommission sein sollte. Dies geschah 1999 mit der Einrichtung des *Europäischen Amtes für Betrugsbekämpfung* (OLAF). Dies ist ein unabhängiges Amt mit einem Direktor, der für fünf Jahre bestellt wird, und etwa 350 Mitarbeitern. Es arbeitet in einer durchaus transparenten Weise, stellt Informationen in das Internet und veröffentlicht einen jährlichen Bericht (Draxler 2002; Haller/Ressler 2006a: 257ff.). Im Jahre 2005 wurden von diesem Amt 12076 Fälle von Unregelmäßigkeiten aufgedeckt, mit einem totalen finanziellen Volumen von über einer Milliarde Euro.[39]

Schließlich existiert das Phänomen des »*politischen Bürokratismus*«. Das offenkundigste Beispiel dafür sind die drei Sitze des Europäische Parlaments: Straßburg, wo die meisten Plenarsitzungen stattfinden; Luxemburg, wo der Generalsekretär und einige Verwaltungseinrichtungen residieren; und Brüssel, wo die Sitzungen der Parlamentskommissionen und außerordentliche Plenarsitzungen stattfinden. Sämtliche Beobachter – einschließlich der großen Mehrheit der MEPs – geben zu, dass diese Zersplitterung nur negative Folgen hat. Zum ersten, weil sie zusätzliche hohe Kosten für Gebäude und Infrastruktur erfordert. So wurde etwa in Straßburg ein sehr teures, neues Parlamentsgebäude gebaut, trotz der Tatsache, dass ein solches Gebäude bereits für den Europarat existiert. Dieses Gebäude wird den größten Teil des Jahres nicht benützt; seine hauptsächli-

---

[38] Persönliche Mitteilung von MEP Herbert Bösch, berichtet in Haller/Ressler 2006a, S. 253.
[39] Vgl. den oben genannten Kommissionsbericht über »Protection of the Communities' financial interests – Fight against fraud – Annual report 2005«.

chen »Nutzer« sind Touristen und Schüler. Zum zweiten, weil es eine extreme Zeitverschwendung für die Mitglieder und Beschäftigten des Europäischen Parlament darstellt, die zwölfmal im Jahr zwischen Brüssel und Straßburg pendeln müssen, zusammen mit einer Kolonne von Lastwagen, die Dokumente und Materialien hin und zurück transportieren. Wiederholte Versuche verschiedener Gruppen von Mitgliedern des Europaparlaments, diese Situation zu verändern, waren erfolglos, hauptsächlich deswegen, weil Frankreich darauf besteht Straßburg als offiziellen Sitz des Europäischen Parlaments beizubehalten.

Ein anderes Beispiel ist die *Sprachenpolitik der EU*. Hier gilt als Prinzip, dass jede nationale Sprache – so klein sie auch sein mag – gleichberechtigten offiziellen Status besitzt. Dies bedeutet, dass Tausende schriftlicher Dokumente in 23 offizielle Sprachen übersetzt und zahllose Sitzungen simultan gedolmetscht werden müssen. Die EU beschäftigt daher einen Stab von Übersetzern und Dolmetschern von über 5000 Personen[40] – der größte Sprachendienst in der Welt. Grundsätzlich kann man sagen, dass das Prinzip, jeder nationalen Sprache einen gleichen Status zu verleihen, sicherlich gut begründet ist. Es ist aber genauso evident, das man einen Kompromiss finden muss zwischen diesem Prinzip und jenem einer ökonomischen Verwendung von Personal und finanziellen Mitteln. So erscheint es höchst fraglich, welchen Sinn es ergibt, Sprachen wie das Maltesische oder das Irische (Gaeilge) zu offiziellen EU-Sprachen zu erklären. Beide werden von nur kleinen Gruppen von Menschen gesprochen (etwa 300.000 im Falle des Maltesischen, weniger als 100.000 im Falle des Irischen) und man kann annehmen, dass all ihre Sprecher (insbesondere die MEPs und Kommissionsbeamten) auch sehr gut Englisch oder eine andere offizielle EU-Sprache beherrschen. Diese Situation erscheint noch befremdlicher, wenn man die Tatsache berücksichtigt, dass Sprachen von großen nationalen Minderheiten – wie etwa das Katalanische, das mehr als sieben Millionen Menschen sprechen – nicht als offizielle EU-Sprachen anerkannt werden. Einige jüngere Entscheidungen korrigieren diese perverse Situation etwas, indem sie für die interne Kommunikation in der Kommission einige wenige »Arbeitssprachen« (Englisch, Französisch und Deutsch) festgelegt haben.

Ein drittes Beispiel betrifft das Fortbestehen von nationalen Einrichtungen, deren *raison d'être* offenkundig weggefallen ist, nachdem man entsprechende EU-Institutionen eingerichtet hat. Ein Beispiel sind die Nationalbanken in den Ländern der Euro-Zone. Mit der Einführung des Euro ist die Hauptaufgabe der Nationalbanken – die Versorgung der nationalen Ökonomien mit einer Währung,

---

[40] Die Anzahl der Übersetzer betrug 2005 ca. 3.200; 500 davon hatten fixe Verträge, der Rest arbeitete auf Basis von freien Dienst- oder Werkverträgen; die Zahl der Übersetzer betrug zumindest 2.000. Vgl. EU Commission, Directorate for General Interpretation: Interpretation: Where do we stand after one year of enlargement? Brussels 2005 sowie verschiedene Internet-Seiten der EU.

5 Die Eurokratie

die Währungspolitik und die Kontrolle aller damit zusammenhängenden Angelegenheiten – durch die Europäische Zentralbank in Frankfurt übernommen worden. Man hat jedoch nicht vernommen, dass irgendeine Nationalbank geschlossen worden wäre und wahrscheinlich haben wenige von ihnen – wenn überhaupt eine – ihren Mitarbeiterstab reduziert. Die Berücksichtigung der Mitgliedsstaaten bei der Politik der Europäischen Zentralbank wäre wohl auch möglich ohne dieses »Europäische System der Nationalbanken«, das nicht zuletzt deshalb auch sehr kostspielig ist, weil die Gehälter der Angestellten aller dieser Nationalbanken sehr hoch sind.

In diesem Zusammenhang ist es von Interesse, einige Ergebnisse über das Wissen und die Einstellung der Bevölkerung über Missmanagement und Korruption in der EU anzusehen. Eine kleine Umfrage in Österreich (n = 327) im Herbst 2005, die Menschen aus allen Bevölkerungsschichten umfasste, zeigte, dass der Europäische Rechnungshof und die Anti-Betrugsbehörde der Mehrheit der Befragten bekannt waren; die meisten betrachteten diese Kontrolleinrichtungen als sehr wichtig (Haller/Ressler 2006a: 243ff.). Geringer war jedoch das Vertrauen in die Effizienz dieser Institutionen; nur etwa ein Drittel der Befragten glaubten, dass es sehr gute Chancen für die Aufdeckung von Betrug und Korruption gebe. Die Bevölkerung schätzt die finanziellen Verluste aus diesen Formen von Betrug als viel höher ein als die tatsächlichen Summen, die von diesen Institutionen aufgedeckt werden. In der Beurteilung der Bürger mag auch die Bewertung des Missbrauchs der finanziellen Mittel im vorhin genannten Sinne eine Rolle spielen. Darüber hinaus sind auch die großzügigen und sachlich nicht gerechtfertigten Spesenregulierungen in diesem Zusammenhang ein großes Problem. So erhalten die EU-Abgeordneten Geld für teure Business-Class Flüge, unabhängig davon, welche Flüge sie tatsächlich benützen; da dies den Regulierungen der EU entspricht, würden der Europäische Rechnungshof oder OLAF keinerlei Irregularität feststellen. Es wurde in dieser Umfrage auch festgestellt, dass Menschen, die kritisch über Korruption und Betrug in der EU denken, auch eine weniger positive Einstellung zu ihr haben. Das heißt, dass das Problem der Korruption auch für die Frage der generellen Legitimität der EU von großer Bedeutung ist.

Ist die EU-Kommission fähig den Bürokratismus zu reduzieren? Einige überraschende Fakten zu neueren Reformbemühungen

Der bürokratische Apparat der Europäischen Union ist in jüngster Zeit auch von Seiten zahlreicher Politiker unter Kritik gekommen. Diese wurden dazu vor allem motiviert durch die abnehmende Legitimität des Integrationsprozesses in den Augen des allgemeinen Publikums. Die Kommission ist sich ernsthafter

Probleme in dieser Hinsicht bewusst. Sie ist auch jene Institution, die hauptsächlich verantwortlich ist für die Durchführung von Reformen und eine Zurückdrängung des Bürokratismus. Ist es realistisch zu erwarten, das sie in der Lage sein wird dieses Ziel zu erreichen? Um diese Frage beantworten zu können, ist es nicht ausreichend sich nur die Reformvorschläge der Kommission anzusehen (wie es z.b. Egeberg 2003: 134f. macht), sondern man muss auch die konkreten Schritte untersuchen, die zu diesem Zweck gesetzt wurden.

Die Notwendigkeit einer Reform wurde schon sehr früh wahrgenommen. Bereits in den 1970er Jahren, kurz nach dem Beitritt von Großbritannien und Dänemark, äußerten Beamte aus diesen Ländern eine Reihe von Kritikpunkten (Stevens 2002: 7). In Jahre 1985 veröffentlichte die Kommission ein Weißpapier über die Vervollständigung des Binnenmarktes 1992, das den Übergang von positiver Integration zu negativer Integration markierte; es wurde darin vorgeschlagen, nicht mehr einheitliche, überall durchzusetzende EU-Regulierungen zu erlassen, sondern bestehende nationale Regulierungen wechselseitig anzuerkennen (Attac 2006: 75; Dinan 1999: 109). So wurde auch vorgeschlagen, neue EU-Regulierungen nur für etwa 300 der insgesamt etwa 100.000 bestehenden Regulierungen in den Mitgliedsstaaten zu entwickeln. In neuerer Zeit haben führende Politiker in der gesamten EU den wachsenden EU-Bürokratismus als ein großes Problem benannt. Sowohl der frühere deutsche Bundeskanzler Helmut Kohl wie auch die gegenwärtige Kanzlerin Angela Merkel sprachen es offen an. Die letztere sprach sogar von einem »revolutionären Schritt« im Hinblick auf den notwendigen »Bürokratieabbau«.[41] Im Jahre 1995 führte der zuständige EU-Kommissar Erki Liikanen eine Reihe von Reformprogrammen in der Verwaltung ein. Sie betrafen hauptsächlich die Stärkung des finanziellen Managements und die Verbesserung der Betrugsprüfung in diesem Bereich; diese Reformprogramme waren jedoch bescheiden und der Erfolg begrenzt. Im Jahre 2002 wurde ein Dokument mit dem Titel »Vereinfachung und Verbesserung des Regulierungsumfeldes« verabschiedet.[42] Darin kann man lesen, dass sich die Kommission »bewusst ist, dass die Gesetzgebung immer detaillierter geworden ist – was es oft schwierig macht, sie zu verstehen und praktisch umzusetzen – und sie hat die Absicht in Zukunft zu vermeiden, dass ihre gesetzlichen Vorschläge unverständlich werden.« Es wird auch selbstkritisch vermerkt, dass »der Umfang des Gemeinschaftsrechtes über 80.000 Seiten umfasst und bereits Bedienungspersonal und Bürger betrifft.« Die grundsätzliche Absicht des Planes ist gut gemeint und richtig; er sollte sicherstellen, das die EU-Regulierungen in einem weniger kompli-

---

[41] Rede vor dem Deutschen Bundestag, Protokoll 15/35 der Plenarsitzung vom 11/5/2006; vgl. auch den Bericht in *European Voice*, 18.-23. Mai 2006, S. 8.
[42] Commission Document COM (2002) 278 Final: http://ec.europa.en/governance/law_making/law_making.eu.htm.

5 Die Eurokratie 277

zierten Stil verfasst werden, um Zeit zu sparen, die Kosten für Unternehmen und öffentliche Behörden zu reduzieren, und ein hohes Niveau von Rechtssicherheit in der gesamten EU sicherzustellen.

Die Kommission ist auf diese Bemühungen sehr stolz und preist sich selber mit den folgenden Worten: »Auf diesen Webseiten finden Sie Einzelheiten zur radikalsten internen Modernisierung, seitdem die Europäische Kommission 1958 ihre Arbeit begonnen hat... In den vergangenen fünf Jahren waren die Kommission und ihr Personal damit befasst, die Verwaltungsabläufe und -prozeduren zu reformieren, einschließlich des Finanz- und Personalmanagements sowie der Planung und Programmierung der Gemeinschaftsaktivitäten. Es war dabei durchgehendes Ziel, eine moderne und effiziente öffentliche Verwaltung zu schaffen, die auf den Prinzipien von Effizienz, Transparenz und Rechenschaftspflichtigkeit beruht.«[43] Entsprach die Reform diesen hochtrabenden Worten? Wenn man den Plan genauer ansieht, ist es sehr schwer Hinweise auf eine signifikante Reduzierung und Vereinheitlichung der EU-Regulierungen zu finden – eher ist das Gegenteil der Fall. Vier Merkmale des Planes sind in dieser Hinsicht besonders bezeichnend.

Zum ersten werden die Gründe für die immer größere Zahl und zunehmende Komplexität der EU-Gesetzgebung eher bei anderen Akteuren gesucht – so beim Europäischen Parlament, dem Europäischen Rat, oder bei den Mitgliedsstaaten – als bei der Kommission selber. Verpackt in einer sehr diplomatischen Sprache werden die folgenden Forderungen an das Europäische Parlament und den Europäischen Rat gerichtet: Bei der Beobachtung der Implementation von neuen EU-Gesetzen in den Mitgliedsstaaten (die oft eine sehr lange Zeit beansprucht) sollte die Kommission »das Europäische Parlament und den Rat ermuntern möglichst rasch zu einer Übereinstimmung zu kommen ...«.

Mit diesem Ton stimmt ein zweites Merkmal überein. Das Dokument macht es von Beginn an sehr klar, worauf die Reform nicht abzielt: »Es geht nicht darum, zu deregulieren oder die Handlungsmöglichkeiten der Gemeinschaft einzuschränken«. Aktion 2 schlägt sogar eine Verstärkung der Kommission im gemeinsamen Prozess der Ausarbeitung von gesetzgeberischen Maßnahmen mit dem Europäischen Parlament und dem Rat vor: »Dies setzt voraus, dass die Kommission systematischer bereits im Vorfeld der Verhandlungen einbezogen wird«. Aktion 5 sieht z. B. vor, dass die Gemeinschaft mehr Gebrauch von der Möglichkeit machen sollte, gesetzgeberische Vorschläge zurückzuziehen, insbesondere »wenn die von Europäischem Parlament und/oder Rat vorgenommenen Änderungen den Vorschlag in der Substanz verändern, ein mit den Zielen und den Bestimmungen des Vertrags unvereinbares Maß an Komplexität schaffen

---

[43] Vgl. http://ec.europa.eu/reform/index_de.htm (20.11.2006)

oder dem Protokoll über die Anwendung der Grundsätze der Subsidiarität und der Verhältnismäßigkeit zu widersprechen scheinen«. In diesem Zusammenhang wird die folgende bemerkenswerte Feststellung hinzugefügt: »Die Anwendung dieser Maßnahmen erfolgt selbstverständlich nach einer politischen Bewertung durch die Kommission«. Die Mitgliedsstaaten werden oft in einem Ton angesprochen, der sie nicht als »Herren der Verträge« sieht, sondern eher als untertänige lokale Verwaltungen. Aktion 12 schlägt eine Verbesserung der Mitteilungen der Mitgliedsstaaten über die Implementierung von EU-Gesetzen vor: »Die Mitgliedstaaten teilen ihre Umsetzungsmaßnahmen auf elektronischem Wege mit, mit Hilfe eines einheitlichen Formulars, das von der Gruppe Informatik des Rates vorgeschlagen wird«. Aktion 13 schlägt eine Verbesserung in den Konsultationen und Erfolgskontrollen der Gesetzgebung in den Mitgliedsstaaten vor und schreibt diesen vor, dass »der Inhalt des auf Gemeinschaftsebene verabschiedeten Rechtsakts nicht verändert werden und keine Verzögerung bei der Umsetzung durch die Mitgliedstaaten auftreten darf«.

Zum dritten würden viele der Vorschläge nicht, wenn man sie implementiert, zu einer Reduktion, sondern einer Zunahme von schriftlichem Material, aber auch der Aufgaben und des Personals führen. Aktion 3 schlägt vor, die erklärenden Memoranda auszuweiten, die bei Gesetzgebungsvorschlägen mitgeliefert werden, einschließlich von Informationen über die Konsultationen, die über Erfolgskontrollen durchgeführt wurden. Aktion 4 schlägt vor, den gesetzgeberischen Maßnahmen eine Bewertungsklausel anzufügen, insbesondere in jenen Bereichen, wo schneller technologischer Wandel stattfindet. Aktion 7 schlägt vor, ein internes kommissionelles Netzwerk für »bessere Gesetzgebung« einzuführen, das alle Direktorate einbeziehen sollte. Aktion 10 schlägt vor, den Umfang der gemeinsamen Gesetzgebung zu vereinfachen und zu reduzieren; zu diesem Zweck sollen interinstitutionelle ad hoc Gruppen eingerichtet werden, die die Verantwortlichkeiten für die Vereinfachung der Gesetzgebung benennen sollen. Als Maßnahmen zur Verbesserung der Qualität der Gesetze sollten neue Gesetzesvorschläge auch von Linguisten und Juristen gelesen werden. Aktion 14 schlägt vor, ein gesetzgeberisches Netzwerk zwischen EU-Institutionen und Mitgliedsstaaten einzurichten und Aktion 15 sieht eine zusätzliche jährliche Beurteilung der Qualität der Gesetzgebung vor.

Wie sollen alle diese Reformen implementiert werden? Hier wird folgendes vorgeschlagen: Um den notwendigen Abbau des Bürokratismus zu erreichen, sollte eine neue Verwaltungseinheit geschaffen werden, deren Mitglieder durch die Regierungen der Mitgliedsstaaten zu ernennen sind. Sie sollten die Kommission beraten, bestehende Regeln vereinheitlichen, vereinfachen oder beseitigen

5 Die Eurokratie

und bei der Formulierung neuer Regulierungen mitarbeiten![44] Wie bei vielen der vorher genannten Maßnahmen gilt also auch hier: Um einen Abbau des Bürokratismus zu erreichen, sollte eine neue bürokratische Einheit eingerichtet und neue Regulierungen erlassen werden – ein höchst fragwürdiges Unternehmen zur »Verschlankung« der Eurokratie und zum Abbau des Bürokratismus. Zu einer sehr kritischen Beurteilung all dieser Bemühungen, für die der EU-Kommissar Neil Kinnock zuständig war, gelangte ein kritischer Insider der Eurokratie: »Es war ein großer Fehler, den alten Kommissar Kinnock als Verantwortlichen für die Reformen eines Systems zu bestimmen, dessen Teil er selber war. Kinnock missachtete die grundsätzliche Zielrichtung des Reports der Experten [deren Bericht zum Rücktritt der Santer-Kommission geführt hatte]: Transparenz und Verantwortungsbewusstsein. Kinnocks Plan zielte letztlich ab auf eine Erweiterung der Bürokratie« (van Buitenen 2004: 227).

Sehr informativ ist ein neuerer Versuch, die EU-Gesetzgebung zu reduzieren und zu modernisieren. Am 22. Juli 2005 kündigte Kommissar Verheugen in Berlin an, dass Hunderte von EU-Regulierungen beseitigt würden und die Hälfte aller EU-Gesetzgebungspläne, die für die Wirtschaft relevant seien, fallengelassen würden. Diese »Reinigung« sollte »messbare positive Einflüsse auf Wachstum und Beschäftigung« haben.[45] Hier hat wahrscheinlich zum ersten Mal ein hoher EU-Politiker festgestellt, dass die EU-Gesetzgebung einen wirtschaftlichen Hemmschuh für Unternehmen darstellt. Unter der bestehenden Gesetzgebung sollten 900 Regulierungen beseitigt werden[46], fügte Verheugen hinzu; das End-Ziel sollte sein, die 85.000 Seiten gültiger Gemeinschaftsgesetze auf 35.000 Seiten zu reduzieren. Regulierungen, die Verheugen beseitigen wollte, betrafen insbesondere die Autoindustrie. Dies ist recht interessant, da derselbe Kommissar in einem anderen Kontext einmal festgestellt hatte, dass viele Regulierungen in diesem Sektor einen rein technischen Charakter besäßen (Verheugen 2005: 12).

Einige andere jüngere Ereignisse werfen ein weiteres überraschendes Licht auf die Bereitschaft und Fähigkeit der Eurokratie zu einer Reform des Bürokratismus. Laut einem Medienreport mit dem Titel »*Commissioners told to ›speed up‹*«[47] sagte Mitte Mai 2006 der Chefberater von Kommissionspräsident Barroso, Jean-Claude Thébault, dass bislang nur elf Initiativen aus einer Gesamtanzahl von 96 im Arbeitsprogramm für 2006 verabschiedet worden seien. Dies war nur ein Anteil von 11% verglichen mit 25% des letzten Jahres. Er nannte weitere Hindernisse gegen einen schnelleren Fortschritt im Entscheidungsprozess. Dieser

---

[44] Mitteilung der Deutschen Bundesregierung: http://www.bundesregierung.de/E-Magazin-Beitrag/,-977865/dokument.print.htm.
[45] Bericht auf der Homepage der Deutschen Bundesregierung www.staat-modern.de.
[46] Nach anderen Quellen 1.400 Regulierungen.
[47] European Voice, 24-31.5.2006, S.2.

Bericht stellt auch fest – und befürwortet dies auch im Prinzip – dass die Kommission im Jahre 2005 eine hohe Rate der Annahme von Gesetzgebungsvorschlägen beibehalten hatte. Eine noch bemerkenswertere Zunahme wird festgestellt im Hinblick auf den Anteil der bereits in der ersten Lesung durch das Europäische Parlament genehmigten Gesetzgebungsmaßnahmen: dieser Anteil betrug im Jahre 2002 18%, im Jahre 2003 38%, im Jahre 2004 47% und im Jahre 2005 68%. Praktisch bedeutet dies, dass auch die Anzahl der in gültiger Form verabschiedeten Gesetzgebungsmaßnahmen entsprechend zugenommen haben muss.

Aus diesem Überblick über neuere Bemühungen der Kommission zu einer Reform der Bürokratie ergibt sich eine klare Folgerung. Die gute Absicht und die generelle Zielsetzung dieser Bemühungen kann nicht in Frage gestellt werden. Ihr Erfolg ist aus verschiedenen Gründen jedoch äußerst fraglich: sie betreffen nur einen ganz geringen Anteil des riesigen Umfangs der EU-Regulierungen; sie führen oft zu zusätzlichen Regulierungen und mehr Personal; schließlich werden parallel zu ihnen Forderungen für neue Aufgaben erhoben und auch konkrete Schritte zur Implementierung entsprechender bürokratischer Apparate unternommen. Es wäre eher eine Illusion zu glauben, dass die Eurokratie in der Lage sein wird, sich selber in einer signifikanten Weise zu »entbürokratisieren«. Dies ist so »nicht zuletzt wegen der Trägheit oder auch offener Opposition gegen Reformen innerhalb von Teilen der Bürokratie selber« (Dinan 1999: 223). So sind etwa die einflussreichen Gewerkschaften in der EU-Verwaltung gegen Reformen, weil sie »die verfassungsmäßigen Garantien, Karrierestrukturen und Vergütungen der EU-Beamten als essentiellen Teil ihres spezifischen Status als Wächter des europäischen Projekts betrachten« (Stevens 2002: 8). Die Hoffnungen – auch unter sozialwissenschaftlichen Beobachtern – dass eine ernste und erfolgreiche Reform aus der Kommission selber kommen wird, sind daher ziemlich naiv (vgl. auch Dinan 1999: 223).[48]

Ausblick

Die im Jahre 1957 eingerichtete »Hohe Behörde« der EGKS, später weiterentwickelt zur heutigen EU-Kommission, ist die zentrale Institution, welche die berühmte »Monnet-Methode« zur Wirkung bringt, eine Methode, wonach die In-

---

[48] Desmond Dinan (1999: 223) schreibt in dieser Hinsicht recht realistisch: »Es ist selbst für den bemühtesten Präsidenten unmöglich […] die Kommission rasch und erfolgreich zu reformieren, nicht zuletzt wegen ihrer Trägheit oder wegen offener Opposition gegen Reformen innerhalb der Bürokratie«. Dann schreibt er jedoch weiter über die Reformbemühungen der Santer-Kommission, diese seien »ernsthaft und grundsätzlich wichtig« und hauptverantwortlich für den Fehlschlag von Reformen seien die Mitgliedsstaaten, »weil diese die Struktur der Kommission im Würgegriff haben«.

tegration kontinuierlich und in der Regel mit kleinen Schritten voranschreitet, ohne dass ein bestimmtes Endziel ausformuliert wird. In der Kommission und ihrer Verwaltung finden solche Schritte tagtäglich und tausendfach statt, ohne dass sie große öffentliche Aufmerksamkeit auf sich ziehen – auch in Zeiten von »Eurosklerose«. »Man muss immer und allezeit tätig sein« ist das inoffizielle Motto der Eurokratie aus der Sicht von Anthropologen (Bellier/Wilson 2000: 32), ein ständiger, unruhig-nervöser Aktivismus die Folge. Einmal eingerichtet, braucht die EU-Bürokratie keine energetischen und charismatischen Persönlichkeiten mehr um ihr weiteres Wachstum sicherzustellen. Dieses Wachstum wird garantiert zum einen durch eine kollektiv agierende Kommission und mächtige, von der Öffentlichkeit abgeschirmte Generaldirektoren, und zum zweiten durch die Existenz einer umfangreichen Bürokratie und eines eng mit ihr verflochtenen Netzwerks von nationalen und europäischen Politikern, Beamten, Experten und Lobbyisten. Sie alle entwickeln ein Eigeninteresse an der Aufrechterhaltung ihres Einflusses und ihrer Macht, ihres Status und ihrer Privilegien. In diesem Sinn ist eine echt neue »europäische Elite« entstanden – zusammengesetzt aus all den Menschen, deren Existenz und Zukunft eng mit der EU verknüpft ist. Dies sind vor allem die Mitglieder der Eurokratie, aber auch die Politiker und professionellen Experten, deren Arbeits- und Lebensschwerpunkt in Brüssel liegt. Auch wenn die Mitglieder all dieser Gruppen sozial und kulturell nicht so eng integriert sind, dass sie eine geschlossene »Machtelite« (Mills 1959) oder eine »herrschende soziale Klasse« (Middlemas 1995: 269f.) darstellen, unterscheiden sich ihre Lebensstile und Wertorientierungen doch sehr deutlich von jenen der Mitglieder der nationalen Eliten.

6 Eine Union oder viele?
Das Bild der EU in den verschiedenen Mitgliedstaaten

Einleitung

In Kapitel 1 wurde gezeigt, dass zwischen Bürgern und Eliten im Hinblick auf die allgemeine Zustimmung zum Prozess der Integration eine erhebliche Kluft existiert. Es wurde auch gezeigt, dass das Bild der EU in den verschiedenen Mitgliedsstaaten sehr unterschiedlich ist. In diesem Kapitel sollen die Wahrnehmungen und Bilder, Befürchtungen und Erwartungen in Bezug auf die europäische Integration in den verschiedenen Mitgliedsstaaten der EU genauer untersucht werden. Wir werden uns auf die Wahrnehmungen und Erwartungen der Bürger konzentrieren, aber auch die Ziele und Strategien der Eliten sowie den historischen Hintergrund und die strukturelle Situation der verschiedenen Länder einbeziehen. Indem wir diese unterschiedlichen Perspektiven untersuchen, können wir auch einen Beitrag zur Frage der Finalität der Integration leisten. Die These lautet, dass die Fortsetzung des Integrationsprozesses auf lange Sicht nur erfolgreich sein kann, wenn die Mehrheit der Bürger in allen Ländern der allgemeinen Zielsetzung der Integration zustimmt und wenn ihre Erwartungen mit denen der Eliten in Übereinstimmung gebracht werden können. Solange es in diesen Aspekten signifikante Diskrepanzen gibt, wird die Integration immer wieder Rückschläge erfahren.

Im ersten Abschnitt des Kapitels werden Überlegungen angestellt über die allgemeinen Bedingungen, welche die Integration oder Desintegration einer Gesellschaft fördern sowie über die Notwendigkeit jeder Gesellschaft – auch der der Europäischen Union – eine klare Identität zu entwickeln. Im zweiten und dritten Abschnitt wird eine Typologie der Beziehung der verschiedenen Länder zum Prozess der Integration ausgearbeitet, für die Wissen und Daten aus sehr viel verschiedenen Quellen herangezogen werden. Wir werden sieben unterschiedliche Haltungen zur EU unterscheiden. Im vierten Abschnitt diskutieren wir die Frage, ob die EU tatsächlich als eine »Wertegemeinschaft«, basierend auf dem Christentum oder auf einem spezifisch »europäischen Lebensstil«, betrachtet werden kann. Die Antwort auf diese Frage ist eher negativ. All diese Ergebnisse machen deutlich, wie notwendig es ist eine gemeinsame Vision für die

Integration zu entwickeln, die von allen Bürgern und sozialen Gruppen und in allen Mitgliedsstaaten der EU unterstützt werden kann.

6.1 Die Integration und Identität von Gesellschaften und die EU

Die Integration der Gesellschaft – *»ein zentrales, aber auch vernachlässigtes Problem sozialwissenschaftlicher Analyse«*

Ein grundlegendes Problem jeder Gesellschaft besteht darin, wie sie ein angemessenes Niveau der Integration erreichen kann. Dieses Problem ist in den letzten Jahrzehnten aus der Agenda der Sozialwissenschaften und auch der Soziologie verschwunden – im Unterschied zur Tatsache, dass es ein zentrales Thema unter den Herrschenden ist, die »stets ein praktisches Interesse an der Integration ihrer Gesellschaften haben: Sie haben ohne Ausnahme danach gestrebt, ein höheres Niveau der Integration zu erreichen, als es ihre Gesellschaften tatsächlich aufgewiesen haben ...« (Shils 1982: 52). Personen und Gruppen, die ihre Position aufrechterhalten wollen, neigen viel eher zur Auffassung, dass eine »gute Gesellschaft« eine solche ist, in der es keine Konflikte gibt. Was ist eine Gesellschaft? Man kann eine Gesellschaft bezeichnen als eine (relativ) große Anzahl von Menschen, die auf einem bestimmten Territorium zusammenleben, durch dichte Kommunikationsmuster und eine Vielfalt enger Beziehungen verbunden sind, und die auch durch soziale und politische Institutionen zusammengehalten werden. Der Nationalstaat wird meist als paradigmatische Form einer Gesellschaft angesehen. In der Phase der europäischen Integration und Globalisierung wird er jedoch immer enger mit anderen Staaten und mit der Welt insgesamt verflochten. Er verliert daher einen Teil seiner Autonomie (Luhmann 1975; Beck/Grande 2004). Trotzdem bleibt er weiterhin die wichtigste Einheit der sozialen Integration (Weiss 1998; Haller/Hadler 2004/05). Man muss jedoch zur Kenntnis nehmen, dass neue Einheiten höherer Ebenen (aber auch unterer subnationaler Einheiten) entstanden sind. Diese Tatsache hat nicht nur mit dem europäischen Integrationsprozess seit 1950 zu tun. Er geht Jahrhunderte zurück und schließt alle Länder auf diesem Kontinent ein (Friedrich 1969; Kaelble 1987; Busch 1991; Immerfall 1994, 2006; Mitterauer 2003). Bevor wir die Frage diskutieren, inwieweit »Europa« eine neue Gesellschaft geworden ist, diskutieren wir kurz die Faktoren, die generell zu gesellschaftlicher Integration führen.

Der Grad der Integration einer Gesellschaft kann höchst unterschiedlich sein. In der Geschichte der letzen hundert Jahre gibt es eine Reihe von Gesellschaften, die auseinander gefallen sind. Beispiele sind das österreichisch-unga-

6 Eine Union oder viele?

rische und das osmanische Empire nach dem Ersten Weltkrieg; viele postkolonialen Staaten in Afrika und in Asien, in denen nach der Erlangung der Unabhängigkeit blutige Stammes- und Bürgerkriege ausbrachen; das Auseinanderfallen multinationaler Staaten wie der Tschechoslowakei, Jugoslawiens und der Sowjetunion nach dem Sturz der kommunistischen Herrschaft 1989/90. Warum fielen diese Gesellschaften auseinander? Was sind die Merkmale einer gut integrierten, stabilen und krisenresistenten Gesellschaft? Drei Punkte sind in diesem Zusammenhang relevant.

Zum Ersten ist klar, dass Integration nicht voraussetzt, dass eine Gesellschaft frei von Konflikten ist. Die Partner in einem Konflikt weisen die Ansprüche ihrer Gegner zurück oder verweigern es ihre Autorität anzuerkennen, aber sie »sind nicht antagonistisch im Hinblick auf alle Ziele, die sie anstreben und jede Aktion, an der sie teilnehmen. Vor allem stimmen sie meist überein im Hinblick auf die Mittel, die sie anwenden [...] und in der Regel respektieren sie auch alle eine höhere Autorität, etwa die Autorität der Gesetze« (Shils 1982: 45).

Die Integration einer Gesellschaft schließt zum Zweiten »eine Anzahl unterschiedlicher Komponenten und Bedingungen ein, die zueinander in einer vielfältigen und komplexen Weise verknüpft sind« (Shils 1982: 9). Fünf Dimensionen sind in diesem Zusammenhang relevant: ein umgrenztes Territorium und die Bindung der Menschen an dieses Territorium; ein anerkannter Name; eine Arbeitsteilung und ein Netzwerk des Austausches von Gütern und Diensten; eine gemeinsame Kultur und meist auch gemeinsame Sprache; eine gemeinsam geteilte Vorstellung über eine angemessene Verteilung von knappen und hoch bewerteten Gütern.

Zum Dritten ist Integration nicht ein Alles-oder-Nichts, sondern ein hoch variables Phänomen (Shils 1982: 41ff.). Was in diesem Zusammenhang am Wichtigsten ist: Integration per se ist kein Ziel für sich, sondern sie kann auch negative Folgen haben: »Die Zunahme der Integration einer Gesellschaft erfolgt auf Kosten der internen Integration ihrer Teile und eine der wichtigsten Begrenzungen der Integration entsteht durch Ansprüche der Gemeinden, Verbände, Körperschaften und sozialen Schichten, ihre eigene interne Integrität zu erhalten; sie würden diese verlieren, wenn die Gesellschaft insgesamt hoch integriert wäre« (Shiels 1982: 41). Je größer eine soziale Einheit (wie etwa eine Organisation oder ein Staat), umso höher ist die Distanz zwischen Eliten und Bevölkerung; je größer die bürokratischen Apparate, desto geringer die »soziale Effizienz« (Schumacher 1973; Kohr 1977, 1978).

Die Macht der Identität

Jeder soziale Akteur – sei es ein Individuum oder eine kollektive Einheit – braucht eine Identität, um in einer kohärenten Weise handeln zu können (Mead 1934; Erikson 1980; Scheff 1990; Jenkins 1996; Haller 2003a:568ff.). Identität schließt all jene Selbstwahrnehmungen und Bewertungen ein, die für eine Person von zentraler Bedeutung sind und die ihr Verhalten und ihre Handlungen bestimmen. Identität schließt auch grundlegende Werte ein, aus welchen sich spezifische Ziele des Handelns ergeben (Taylor 1992). Nur wenn solche Werte und Ziele klar definiert sind, kann man sinnvoll und konsequent handeln. Die Effektivität einer kollektiven Einheit kann nur auf dem Hintergrund dieser Ziele beurteilt werden.

In modernen Gesellschaften haben sich eine hochkomplexe Arbeitsteilung und sehr stark ausdifferenzierte Muster der sozialen Organisation entwickelt. Der damit verbundene strukturelle Wandel befreit die Individuen auf der einen Seite und eröffnet ihnen viele neue Möglichkeiten der Wahl zwischen Mitgliedschaften unterschiedlicher sozialer Einheiten. Die Position und der Status innerhalb einer Einheit oder Gruppe, den man inne hat, ist heute im Prinzip unabhängig vom Status in anderen Einheiten. Die spezifische Konfiguration der Teilnahme in verschiedenen Subsystemen erzeugt die einmalige, individuelle »Persönlichkeit« (Simmel 1971). Auf der anderen Seite hat dieser Wandel zum Aufstieg von Korporationen als neuen und mächtigen Akteuren geführt; in Beziehung zu ihnen fühlen sich Individuen oft machtlos (Coleman 1982). Ein weiterer neuer Aspekt, der im Zusammenhang mit der europäischen Integration sehr bedeutend ist, ist die zunehmende Rolle des Rechtes beim Aufstieg korporativer Akteure. Korporative Akteure sind definiert und entstehen durch rechtliche Festlegungen. Die grundlegendsten dieser werden Verfassungen genannt; sie spezifizieren die Regeln für die Mitgliedschaft in diesen Einheiten und für ihre Arbeitsweisen und Ziele.

Das Konzept der Identität ist auch für das Verständnis von korporativen Akteuren grundlegend (Castells 1997). Firmen und Unternehmen haben die Bedeutung einer klaren Identität und Kultur schon seit langem erkannt. Der Begriff der »nationalen Identität« erfasst diese Problematik auch bei politischen Gemeinschaften. Die Identität einer politischen Gemeinschaft wie der Europäischen Union muss auch die drei essentiellen Elemente von Identität beinhalten: Wissen, eine emotionale Bindung ihrer Mitglieder, und eine Bereitschaft in einer bestimmten Weise für die Einheit zu handeln (Verhaltenskomponente). In der folgenden Analyse werden konkrete Indikatoren für jede dieser drei Einheiten untersucht, die sich auf das Verhältnis der Menschen in den verschiedenen Mitgliedsstaaten zur Europäischen Union beziehen.

Auf der Grundlage dieser allgemeinen Überlegungen können wir nun die Probleme der sozialen Integration und Identität im Falle der europäischen Union systematisch diskutieren.

Faktoren der sozialen Integration und Risiken der Desintegration der Europäischen Union

Zwei Themen sollen in diesem Abschnitt diskutiert werden: Das erste betrifft die Faktoren, die dazu beitragen, dass sich aus den Menschen, die auf einem bestimmten Territorium leben beziehungsweise aus den Mitgliedsstaaten einer politischen Gemeinschaft eine »integrierte Gesellschaft« bildet; das Zweite betrifft die Faktoren, die zur Desintegration und zum Auseinanderfallen oder zum Zusammenbruch einer Gesellschaft führen können. Vier Faktoren kann man als sozialstrukturelle Grenzen für eine weitgehende Integration im Falle der EU betrachten: Ihre interne soziale und kulturelle Struktur; das Fehlen zweier wichtiger Faktoren der Integration; das Fehlen einer klaren Vision über die Ziele der Integration.

Der erste Faktor, der alle Bemühungen zu einer weitgehenden Integration der EU in Frage stellt, ist *der konsolidierte Charakter ihrer Sozialstruktur.* Eine konsolidierte Struktur ist eine solche mit einer starken Überlappung zwischen den grundlegenden Parametern der Sozialstruktur in Hinblick auf ihre ethnischen sprachlichen, religiösen und sozioökonomischen Differenzierungen (Blau 1978). Die Vereinigten Staaten von Amerika sind ein Beispiel des ersten Typus. Die schwarze Bevölkerung und die Immigranten aus den verschiedensten Ländern leben nicht jeweils auf klar begrenzten Territorien, sondern sind über das ganze Land verstreut; darüber hinaus sind sie untereinander nicht konsistent in Hinblick auf Sprache oder Religion differenziert. Das Gegenteil gilt für die EU: hier haben über zwei Drittel der Mitgliedstaaten ihre eigene Sprache; darüber hinaus sind die meisten dieser Staaten intern homogen im Hinblick auf Religion und andere kulturelle Merkmale, sowie im Hinblick auf die sozioökonomische Entwicklung und sie haben eine spezifische eigene, kohärente institutionelle Struktur. Das heißt, die Mitgliedstaaten stellen jeweils sehr homogene Länder oder Gruppen von Ländern dar, die sich in mehr als nur einem wichtigen Kriterium voneinander unterscheiden.

Die Wahrscheinlichkeit, dass sich interne Konflikte in einer solchen Situation verschärfen können, ist sehr hoch. Der Grund ist einfach: In einem solchen Typus von Gesellschaft kann jeder Konflikt – wie trivial sein Grund sein mag – eskalieren, weil er stets eine breitere Bedeutung und ein größeres Gewicht annimmt, als er besitzt. Konstellationen dieser Art waren früher klar gegeben in Österreich – Ungarn und in neuerer Zeit in Jugoslawien und der Sowjetunion. Das Auseinanderfallen ist eine reale Möglichkeit auch für die Europäische Union. Sie würde zunächst in Form einer Sezession einzelner Mitgliedstaaten beginnen. Der Grund würde nicht allein ihre konsolidierte Struktur sein, sondern auch Divergenzen und Konflikte über grundlegende Werte und Prinzipien, die den Prozess der Integration leiten. Die ersten Mitgliedstaaten, die sich abtrennen würden, würden wahrscheinlich nicht die armen peripheren Länder in Süden und Osten Europas sein, sondern eher wohlhabende Länder im Norden und Nordwesten. Eine politische Gemeinschaft ist bereits aus der Union ausgeschieden, die autonome dänische Provinz Grönland.

Der zweite Faktor, der eine weitgehende Integration der Europäischen Union erschwert, ist das Fehlen einer gemeinsamen Sprache. Eine gemeinsame Sprache ist einer der stärksten Faktoren, der zur Integration einer Gesellschaft beiträgt (Deutsch 1966; Shils 1982). In ganz Europa (wie übrigens auf der ganzen Welt) betrachten die Menschen die Sprache als das wichtigste Charakteristikum der nationalen Identität (Haller/Ressler 2006b). Im Hinblick auf ihre Sprachen ist die Europäische Union – gemeinsam mit Indien – eine der zwei intern am stärksten differenzierten politischen Gemeinschaften auf der Welt.

Ein dritter Faktor, der eine starke Integration der Europäischen Union als Gesellschaft erschwert, ist ihre schwache zentrale Autorität. Die Union hat keinen Apparat von öffentlichen Funktionsträgern (Beamte, Polizisten usw.), die über ihr gesamtes Territorium präsent sind und direkt mit der Bevölkerung in Kontakt treten. Das heißt, die EU verfügt nicht über die Möglichkeit »unmittelbare Autoritätsakte auszuführen« (Shils 1982: 33) und auf diese Weise die Integration zu stärken.

Der vierte Faktor, der die kontinuierliche Zunahme der Integration in der EU bremst, ist das Fehlen einer klaren Identität. Diese Tatsache wird sich in den folgenden Analysen sehr deutlich zeigen, wenn wir die unterschiedlichen Erwartungen an die Union in den verschiedenen Mitgliedstaaten betrachten werden.

Es gibt aber auch Faktoren, die die Integration der Europäischen Union stärken. Wir müssen hier mindestens vier erwähnen.

Zum Ersten ist es eine Tatsache, dass die Beziehungen zwischen den Mitgliedstaaten wie auch zwischen individuellen Personen und Firmen, Organisationen und Verbänden in der gesamten Union sehr vielfältig sind und tendenziell zunehmen. Aus dieser Sicht haben politische Wissenschaftler (Friedrich 1969) und Sozialhistoriker (Kaelble 1987) zu Recht argumentiert, dass bereits seit einigen Jahrzehnten eine »europäische Gesellschaft« im Entstehen ist. Zum Zweiten existiert mit Brüssel ein Zentrum der Union, wenn es auch im Hinblick auf seine direkte Autorität schwach ist. Es ist jedoch sehr effizient im Hinblick auf die

Fähigkeit eine gemeinsame, in der gesamten Gemeinschaft gültige Gesetzgebung zu erlassen, welche über den nationalen Gesetzen steht. Zum Dritten würde, angesichts der dichten Beziehungen zwischen den Mitgliedstaaten, ein Austritt sehr kostspielig sein, wenn er auch keineswegs einen totalen Abbruch der bestehenden vielfältigen Beziehungen mit sich bringen müsste. Wie die Fälle der Schweiz und Norwegens zeigen, können Länder sehr enge Beziehungen mit der Union haben, auch ohne Mitglied zu sein. Die »Macht der Gewohnheit« ist in allen sozialen Beziehungen, die vielfältige Interessen involvieren, sehr stark und sie führt die Menschen dazu die Mitgliedschaft beizubehalten, auch wenn sie mit vielen Aspekten davon unzufrieden sind. Zum Vierten ist ein Zerfallen der Union solange unwahrscheinlich, wie die wirtschaftliche Entwicklung den meisten Mitgliedstaaten als günstig erscheint und so lange die reicheren Länder nicht das Gefühl haben, dass die Schwächeren nur einen Klotz an ihrem Hals darstellen.

Die Europäische Union auf der Suche nach einer Identität

Der Begriff der Identität ist auch für die Erklärung der Ursprünge und Entwicklung der europäischen Integration von ausschlaggebender Bedeutung. Drei Probleme sind hier von Bedeutung: Jede soziale und politische Gemeinschaft muss sicherstellen, (1) dass sie eine minimale Integration und (2) einen gewissen Grad an Kohärenz in ihren Beziehungen zur externen Welt aufweist; (3) wenn sie eine Einheit in *statu* ist, muss sie wissen – zumindest im Allgemeinen – wohin ihre Entwicklung letztlich führen soll. Diskutieren wir diese drei Themen kurz hintereinander.

Das Fehlen einer klaren Identität und spezifischer Zielsetzungen im Hinblick auf den Endzustand der europäischen Integration wurde von Sozialwissenschaftlern wie von Politikern häufig festgestellt. Bereits 1958 betonte Ernst Haas die Notwendigkeit der EWG, eine gemeinsame Idee als Basis für die weitere Integration zu entwickeln. Das Fehlen einer solchen Idee spiegelt sich in der Ambivalenz im Hinblick auf die Grenzen von Europa und in den unterschiedlichen und in den divergierenden Visionen über ihre Zukunft wider (Oswald 2003: 8ff.). Die hohen und vornehmen Aspirationen, die mit der europäischen Integration offiziell verbunden werden, verbergen oft nur die Schwierigkeiten, die sie mit ihrer Identität hat (Kastoryano 2002: 11). Es besteht eine zunehmende Diskrepanz zwischen der Union als einer wirtschaftlich-rechtlichen Einheit und der Union als einer ethisch-moralischen Gemeinschaft (Ferry 2000: 17).

Das Fehlen einer klaren Identität der EU ist am deutlichsten in ihren Bemühungen zu Tage getreten, eine gemeinsame Außenpolitik zu entwickeln. Einige der spektakulärsten Misserfolge der Union haben in diesem Bereich stattgefunden. Beispiele waren die inkonsistenten, ja widersprüchlichen Positionen der verschiedenen Mitgliedsstaaten während der Kriege in Jugoslawien und im Irak. (König/Sicking 2004). Es ist kein Zufall, dass sich die erste Erwähnung des Themas der Identität in einem offiziellen Dokument der EU zu ihrer Außenpolitik findet. Im Vertrag von Maastricht über die Europäische Union wird die Notwendigkeit der Entwicklung einer Identität explizit im Vorwort und in mehreren Paragraphen erwähnt:

> »Die Union setzt sich folgende Ziele: [...] die Behauptung ihrer Identität auf internationaler Ebene, insbesondere durch eine gemeinsame Außen- und Sicherheitspolitik, wozu auf längerer Sicht auch die Festlegung einer gemeinsamen Verteidigungspolitik gehört, die zu gegebener Zeit zu einer gemeinsamen Verteidigung führen könnte ...« (Art. B).

Im »Dokument über die europäische Identität« von 1973 werden zentrale Elemente einer europäischen Identität erwähnt, wie das gemeinsame Erbe Europas, seine spezifischen Interessen und seine besonderen Verpflichtungen. Im Hinblick auf die Entwicklung einer europäischen Identität betont dieses Dokument die Beziehung der EG zur restlichen Welt: In ihrem Zentrum stehen demnach »das gemeinsame Erbe, die eigenen Interessen, die besonderen Verpflichtungen« sowie die Feststellung der Verantwortlichkeit der EG durch »den bereits erreichten Grad des Zusammenhalts gegenüber der übrigen Welt [...]. Das Europa der Neun ist sich der weltpolitischen Verpflichtungen bewusst, die ihm aus seiner Einigung erwachsen. Diese Einigung ist gegen niemanden gerichtet und entspringt auch keinerlei Machtstreben.« Weiter heißt es darin: »In den Außenbeziehungen werden die Neun vor allem bemüht sein, ihre Identität im Verhältnis zu den anderen politischen Einheiten schrittweise zu bestimmen. Damit stärken sie bewusst ihren inneren Zusammenhalt und tragen zur Formulierung einer wirklich europäischen Politik bei« (Pfetsch 1997: 98).

Eine klare Identität ist schließlich unverzichtbar für die Fortsetzung und Vervollständigung des Prozesses der europäischen Integration. Dies gilt insbesondere für die EU angesichts ihres ambitionierten Ziels eine »immer engere Union zwischen den Völkern von Europa« zu schaffen (Schmidtke 1998: 49). In dieser Hinsicht muss jedoch auf ein ernstes Problem hingewiesen werden. Die berühmte Formel, dass die europäische Integration ein fortlaufender Prozess ist, dessen letztliches Resultat nicht im Voraus bestimmt werden kann, wurde bereits in den Vertrag von Rom eingefügt und zuletzt auch in die Präambel von Teil zwei der »Verfassung für Europa« aufgenommen: »Indem sie eine engere Union zwischen ihnen schaffen, sind die Völker von Europa entschlossen eine friedliche Zukunft begründet auf gemeinsamen Werten zu teilen«. Die faktische Entwicklung der Integration seit den frühen 1950er Jahren kann in der Tat gut unter diesem Titel beschrieben werden (Dinan 1999). Die allgemeine Idee, die hinter dieser Aussage liegt, muss jedoch als problematisch betrachtet werden. Eine voll integrierte Gesellschaft wäre letztlich eine totalitäre Gesellschaft. Ein sehr hoher Grad von Integration ist aber auch nicht unbedingt ein Zeichen für eine offene und liberale und damit moderne Gesellschaft. Sie könnte mit Alexis de Tocqueville (1947), auch als eine »wohlwollende Diktatur« (*benevolent dictatorship*) bezeichnet werden. Dieser Autor hat schon vor 150 Jahren – wie auch andere Sozialwissenschaftler seither (Kohr 1977; Elias 1978; Dogan/Pelassy 1987) – einen kontinuierlichen Trend zu einer immer stärkeren Integration und Zentralisierung in Europa festgestellt. Ein deutscher Ökonom hat eine konzise Schrift mit dem Titel *Die Zentralisierung von Westeuropa* veröffentlicht (Vaubel 1995). Die weitere Entwicklung der EU in Richtung auf eine stark integrierte Union würde auch eines der Geheimnisse des Erfolges Europas im welthistorischen Vergleich preisgeben. Die Tatsache, dass sich nur hier die moderne Gesellschaft entwickelt hat, war nicht zuletzt auf dem hohen Grad von schöpferischem Wettbewerb zwischen ihren verschiedenen territorialen-politischen Einheiten begründet. Nur in Europa gab es vom späten Mittelalter an eine Koexistenz von intensivem, wirtschaftlichem und kulturellen Austausch gleichzeitig mit politischer Fragmentierung (Shils 1982: 4; Swanson 1967; Baechler 1975).

Vier Thesen über die Widersprüche in den Visionen zur europäischen Integration

Aus den vorhergegangen Überlegungen kann man einige allgemeine Hypothesen über die Finalität der europäischen Integration und über die Diskrepanz zwischen den verschiedenen Konzepten in dieser Hinsicht ableiten. Zwei Dimensionen sind hier relevant: die Diskrepanzen über die Vorstellungen zur EU in den verschiedenen Ländern und Makroregionen in Europa und die Unterschiede zwischen den Meinungen der Eliten und Bürger. Die Ergebnisse dieser Analyse werden uns helfen, das Potenzial und die Möglichkeiten der weiteren Integration abzuschätzen. Wenn die Mehrheit der Bürger in einem Mitgliedsstaat gegen ein gewisses Ziel ist, kann es und sollte es wohl auch nicht realisiert werden. Das gleiche gilt für die Beziehungen zwischen Eliten und Bürgern. Die Eliten können den Integrationsprozess auch ohne Zustimmung der Bürger weit vorantreiben. Sie können dies jedoch nur unter erheblichem Risiko. Früher oder später wird das Fehlen einer breiten Unterstützung zu Tage treten und auf den Prozess der Integration zurückschlagen. Man darf die Meinungen der Bevölkerung allerdings auch nicht als eine unumstößliche letzte Bedingung ansehen. Das Wissen der Menschen ist begrenzt und Meinungen können durch Überredungskampagnen beeinflusst werden. Wenn jedoch eine klare Mehrheit der Bürger eine bestimmte Meinung vertritt, ist es äußerst wahrscheinlich, dass dahinter auch eine Wahrheit steht (Boudon 1999).

Formulieren wir nun fünf soziologische Thesen über den Integrationsprozess und seine Finalität.

1. *Die weitverbreitete Gleichsetzung zwischen den beiden Begriffen »Europa« und »Europäsche Union« ist irreführend und muss als Teil einer Ideologie gesehen werden, die die Integration auf jeden Fall befürwortet.* Die Europäische Union wird oft beschrieben als wäre sie die Wiederherstellung eines »Vereinigten Europa«, das in früherer Zeit einmal bestanden hat. Diese Idee ist besonders populär im postkommunistischen Osteuropa, wo viele von einer »Rückkehr zu Europa« oder der »Wiedervereinigung von Europa« sprechen (Gasparski 1996: 6). In geographischer und soziokultureller Hinsicht schließt Europa ohne Zweifel auch Osteuropa und Russland ein. Die europäische Gesellschaft in diesem weiteren Sinne umfasst alle jene Teile von Europa, die miteinander verflochten sind, wo es ähnliche Werte und Lebensziele gibt und wo die Menschen das Gefühl haben, dass sie eine gemeinsame Geschichte teilen, auch wenn diese viele tragische Ereignisse und Perioden einschließt (Kaelble 1987; Jordan 1988; Mitterauer 2003). Dieses Europa reicht ohne Zweifel vom Atlantik bis zum Ural, wenn nicht darüber hinaus.

2. *Es gibt tiefgehende Unterschiede innerhalb der Europäischen Union im Hinblick auf die letztendlichen Ziele des Integrationsprozesses zwischen den verschiedenen Mitgliedsländern und Makroregionen.* Ökonomisch starke und politisch stabile Länder, aber auch Länder mit einem starken historischen und politischen Selbstbewusstsein werden die Integration kritischer sehen als Länder, denen diese Merkmale fehlen. Die letzteren sehen die Integration oft als Mittel, ihre eigenen, schon lange bestehenden nationalen Probleme zu überwinden und zu lösen. Vereinigung und Integration auf der Grundlage von Schwäche stellt jedoch eine problematische Grundlage für die Gründung einer neuen politischen Gemeinschaft dar.

3. *Signifikante Unterschiede und Konflikte im Integrationsprozess bestehen auch zwischen Eliten und Bürgern.* Diese Tatsache wurde bereits in Kapitel 1 dokumentiert. »Starke« oder privilegierte soziale Gruppen (im Hinblick auf Bildung und Wissen, berufliche Positionen, finanzielle Ressourcen) werden die Integration stärker unterstützen als die Bevölkerung insgesamt oder sozial schwache Gruppen (wie Frauen, alte Menschen, weniger gebildete, arbeitslose Personen, Behinderte). Die letzteren als »Verlierer der Modernisierung« zu charakterisieren, ist sehr tendenziös und auch durch das ideologische Bestreben motiviert, ihre Deprivationen als unvermeidbare und nur kurzfristige Folgen jenes Fortschritts zu sehen, den die Integration angeblich für alle bringt. Die Gruppen, die

6 Eine Union oder viele? 293

am meisten an der Integration interessiert sind, werden jedoch die neuen politischen und bürokratischen europäischen Eliten sein, die am direktesten vom Integrationsprozess profitieren. Diese Eliten versuchen die Unterstützung großer Gruppen der Bevölkerung zu gewinnen – oder zumindest ihre passive Zustimmung – indem sie die Strategie der »Überredung« (Lindblom 1977), anwenden, das heißt, indem sie die tatsächlichen und vermeintlichen Vorteile der Integration auch in public relations-Kampagnen anpreisen.

4. *Die Definition der Europäischen Union als einer »Wertegemeinschaft« und die Tendenz, eine klare Definition der territorialen Grenzen ihrer Expansion zu vermeiden, die sich aus dieser Definition ergibt, muss kritisch hinterfragt werden.* Diese Tendenz kann den Eliten auch helfen ihre ökonomischen und politischen Interessen im Zusammenhang mit der Integration zu verschleiern. Wenn die Vorstellung der EU als »Wertegemeinschaft« sehr weitgehend realisiert werden würde, könnte dies zu einer Stigmatisierung oder gar Unterdrückung abweichender Meinungen und Werte führen, nicht unähnlich der Situation, die in der früheren Sowjetunion bestand (Boukovsky 2005). Die relative Distanz vieler kritischer Intellektueller zum Integrationsprozess kann auch als Hinweis darauf gesehen werden, dass die Europäische Union nicht in erster Linie eine Wertegemeinschaft ist, sondern eine Gemeinschaft, die primär auf Interessen basiert ist.

5. *Die Unterschiede in den Visionen über die Finalität der europäischen Integration können nicht ohne weiters miteinander versöhnt werden.* Im Hinblick auf die Frage der Finalität gibt es eine Reihe unterschiedlicher Modelle. Einige Aspekte dieser Unterschiede werden in den beiden folgenden Abschnitten anhand der divergierenden Sichtweisen der EU in den verschiedenen Mitgliedsländern dargestellt. Es wird jedoch argumentiert, dass diese divergenten Visionen tendenziell in Übereinstimmung gebracht werden können, wenn man die EU als eine »Soziale Rechtsgemeinschaft« sieht. Diese Auffassung wird im Kapitel 8 detailliert dargestellt.

Auf der Grundlage dieser allgemeinen Überlegungen werden nun empirische Befunde über die Sicht der EU und die Zielsetzung des Integrationsprozesses in den verschiedenen Ländern und unter den verschiedenen Gruppen in Europa dargestellt.

6.2 Die strukturelle Position der verschiedenen Länder und die Einstellung ihrer Bevölkerungen zur Integration: Eine empirische Klassifikation

Wie bereits angedeutet, erfüllt die europäische Integration für verschiedene Mitgliedstaaten, soziale Gruppen und Akteure sehr unterschiedliche Funktionen. Der erste Schritt zu einer Erklärung ist, diese unterschiedlichen Funktionen in einer Typologie darzustellen. In diesem Kapitel werden zwei solcher Typologien präsentiert; die erste ist empirisch-induktiv; sie basiert auf statistischen Daten und Umfrageergebnissen aus den Mitgliedstaaten der EU. Die zweite hat eine stärker analytische bzw. theoretische Absicht.

Die empirischen Analysen, die in diesem und im folgenden Abschnitt dargestellt werden, beruhen auf vier Arten von Daten:

1. Strukturelle Daten über das Entwicklungsniveau und die relative Position der Länder innerhalb der Europäischen Union;
2. Daten über Ideen, Werte und Ziele im Zusammenhang mit der Integration, die man aus dem historischen und kulturellen Hintergrund der Mitgliedsländer ableiten kann;
3. Daten über die Einstellungen und Emotionen (Erwartungen, Befürchtungen, allgemeine Bewertungen) der Eliten und der Bevölkerungen im Hinblick auf die Integration und die EU; hier werden Eurobarometer- und ISSP-Umfragedaten verwendet;
4. Daten über die Werte, Ziele und das Verhalten der politischen Eliten. Hier wird auch historisches Material herangezogen, welches hilft, die heutige Einstellung zur Integration in den verschiedenen Ländern zu verstehen.

Als erster Ansatz zu einer soziologischen Typologie sollen die Ergebnisse einer Cluster-Analyse dargestellt werden. Die Cluster-Analyse ist eine Methode, die es ermöglicht, eine große Anzahl von Einheiten in eine geringere Anzahl von größeren Gruppen (Clusters) zusammen zu fassen, indem man Basis-Kennziffern über die Merkmale aller Einheiten verwendet. Ihre Prinzipien sind: (1) All jene Einheiten werden in einen Cluster zusammengefasst, die einander in den ausgewählten Kriterien sehr ähnlich sind; (2) dies geschieht schrittweise; im ersten Schritt werden jene beiden Einheiten zusammengefasst, die sich am ähnlichsten sind, im zweiten Schritt die nächsten zwei Einheiten (eine darunter kann auch der Cluster sein, der in der ersten Stufe gebildet wurde) usw.

6 Eine Union oder viele?

Für die folgende Analyse wurde die Methode der hierarchischen Clusteranalyse ausgewählt.[1] Aufgrund dieser Analyse erhalten wir (1) ein Maß dafür, wie unterschiedlich voneinander die Einheiten auf verschiedenen Stufen sind; diese Maßzahl hilft zu entscheiden, welche Anzahl von Clusters als optimal angesehen werden kann; (2) ein Dendrogramm, das die verschiedenen Stufen und die daraus resultierenden Cluster zeigt; (3) eine Tabelle mit den Mittelwerten in allen Merkmalen, die zur Beschreibung der Cluster verwendet wurden.

Als Grundlage für die Analyse wurden acht Variablen verwendet; darunter befinden sich drei strukturelle und vier Einstellungsmerkmale aus den fünfzehn alten EU Staaten und den zehn Kandidatenländern (bezogen auf die Situation im Jahr 2003).

Die strukturellen Variablen (entnommen der Eurostat Website) sind: (1) BNP pro Kopf (in Kaufkraftparitäten); (2) die Beschäftigungsrate im Jahr 2003 (%); (3) die reale Wachstumsrate des BNP im Jahre 2003 (%); (4) für das Jahr 2005 prognostizierte Beiträge der verschiedenen Mitgliedsländer zum EU-Budget (in Millionen Euro).

Die vier Einstellungsvariablen wurden dem Eurobarometer 60 und aus dem Eurobarometer für die Kandidatenländer im Jahre 2003 entnommen (Herbst 2003). Aus diesen Umfrageergebnissen wurde der mittlere Einstellungswert für jedes Land berechnet. Das heißt, hier wurden die Einstellungsvariablen auch als Makrovariablen verwendet. Die Variablen in dieser Hinsicht beziehen sich auf die Antworten der folgenden vier Fragen: (1) »Ganz allgemein gesehen, sind sie der Meinung, dass die Mitgliedschaft ihres Landes in der EU ... eine gute Sache, eine schlechte Sache, weder gute noch schlechte Sache ist, weiß nicht?« (% gute Sache). (2) »Was würden sie alles in allem sagen, hat ihr Land aus der Mitgliedschaft in der Europäischen Union profitiert oder nicht? ... profitiert, nicht profitiert, weiß nicht« (% profitiert). (3) »Hat die EU im Allgemeinen für sie ... ein sehr positives Image, ein ziemlich positives Image, ein neutrales Image, ein sehr negatives Image?« (% sehr positiv und ziemlich positiv). (4) »Wenn sie diese Skala betrachten, was ist ihre Meinung, wie viel wissen sie über die Europäische Union, ihre Politik und Institutionen? 1 (weiß überhaupt nichts) ... 10 (weiß sehr viel)« (% Kategorien 6–10). Die Ergebnisse zu diesen Fragen werden für alle Länder in der *Tabelle 6.1* dargestellt.

---

[1] Es wurden zwei Methoden der Clusterbildung verwendet, *Average Linkage – Between groups* und *Complete linkage*; die Daten wurden standardisiert (in *Z* Werte transformiert); das Distanzmaß ist die quadrierte euklidische Distanz.

Tabelle 6.1: Clusteranalyse der 25 EU-Mitgliedsstaaten: Einstellungen und Strukturdaten zur EU

Länder	EU Mitgliedschaft ist eine gute Sache (%)	Unser Land hat von der EU-Mitgliedschaft profitiert (%)	EU hat positives Image (%)	Hohes Wissensniveau über die EU (%)	Arbeitslosigkeitsrate 2003	BIP pro Kopf 2003 in Kaufkraft-Paritäten	Reales Wachstum des BIP (%)	Prognostizierte Beiträge zum EU-Budget 2005 (Millionen €)	EU-Transfers 2004*): Nettozahler (-)/ Empfänger (+) (Millionen €)
Schweden	40	31	33	36	5,6	114,4	1,5	2.817	-1.060
Österreich	34	39	30	40	4,3	121,5	1,4	2.209	-365
Finnland	38	40	32	30	9,1	113,2	2,4	1.512	-70
Großbritannien	27	29	26	19	4,9	118,8(f)	2,5	12.339	-2.865
Frankreich	44	48	44	22	9,5	111,7	0,8	16.888	-3.051
Deutschland	47	37	40	35	9,0	109,1	-0,2	21.313	-7.141
Italien	58	49	60	29	8,4	106,1(**)	0,3	13.996	-2.947
Polen	52	56	47	29	19,2	45,6	3,8	2.367	+1.438
Slowakei	57	65	51	31	17,5	51,9	4,5	382	+169
Estland	41	48	32	21	10,2	48,7	6,7	99	+145
Lettland	47	58	46	30	10,4	40,7	7,5	126	+198
Litauen	59	66	53	26	12,7	45,5	9,7	211	+369
Spanien	62	66	56	18	11,3	98,9(f)	2,9	8.901	+8.502
Portugal	54	65	61	14	6,3	77,2	-1,1	1.385	+3.124
Dänemark	57	66	35	34	5,6	121,2	0,7	2.066	-225
Niederlande	62	54	39	31	3,7	125,9	-0,1	5.412	-2.035
Belgien	56	57	45	25	8,0	116,9	1,3	4.091	-536
Tschechische Republik	48	53	45	26	7,8	68,4	3,2	999	+272
Ungarn	58	64	47	19	5,8	59,6	2,9	896	+193
Zypern	58	69	53	34	4,5	81,6	2,0	157	+64
Slowenien	50	73	51	40	6,5	76,2	2,5	285	+110
Griechenland	62	75	58	32	9,7	80,6	4,7	1.848	+4.163
Malta	61	65	56	46	8,0	72,2	-1,9	51	+45
Irland	72	81	68	20	4,6	135,7	4,4	1.366	+1.594
Luxemburg	77	69	57	24	3,7	213,2	2,9	238	-93
Mittelwert	53	57	47	28	8,3	94,2	2,6	4.078	

*) Nicht für die Clusteranalyse verwendet; **) Prognose

Quellen: Eurobarometer 60, CCEB 2003.4 (Herbst 2003); Eurostat, http://epp.eurostat.cec.eu.int (Strukturindikatoren)

6 Eine Union oder viele?

Abbildung 6.1 zeigt das Dendrogramm, das sich aus der Clusteranalyse ergeben hat und *Abbildung 6.2* die Mittelwerte der 10 Cluster in sechs Merkmalen. Die Distanzkoeffizienten zwischen den Clustern legen nahe, dass eine Unterscheidung zwischen 10 Clustern am sinnvollsten ist und relativ klare und homogene Gruppen bildet. Betrachten wir sie alle kurz, indem wir vom oberen zum unteren Ende des Dendrogramms gehen.[2]

Die erste Gruppe umfasste drei Länder, die der Union 1995 beigetreten sind, Schweden, Finnland und Österreich. Sie sind durch eine relativ negative Einstellung der Bevölkerung zur EU charakterisiert, aber auch durch ein ziemlich hohes Wissen über sie; die Arbeitslosigkeit ist deutlich unterhalb des EU-Durchschnitts, das sozioökonomische Entwicklungsniveau ist am höchsten und alle sind Nettozahler zum EU-Budget. Finnland unterscheidet sich etwas von Österreich und Schweden durch sein niedrigeres Niveau des Wissens und seine höhere Arbeitslosigkeit.

In der zweiten Gruppe befindet sich nur Großbritannien. Dieses Land ist klar von allen anderen Ländern abgehoben durch die Tatsache, dass die EU bei den Briten das schlechteste Image hat; sie haben aber auch ein relativ geringes Wissen darüber. Die Arbeitslosigkeitsrate wie auch das Wachstum des Bruttonationalprodukts sind im Vergleich zum EU Durchschnitt relativ günstig. Die Nettobeiträge zur EU sind hoch, aber nicht so hoch wie jene von Deutschland.

Gruppe 3 umfasst die drei großen Mitgliedstaaten Frankreich, Deutschland und Italien. Die Einstellung der Bevölkerung zur EU ist in diesen Ländern vergleichbar dem allgemeinen Mittelwert. Das allgemeine ökonomische Niveau in diesen Ländern ist sehr hoch und sie zahlen die höchsten Summen zum EU Budget. Die wirtschaftliche Leistung (Arbeitslosigkeit, Wachstum) war zu Beginn des 21. Jahrhunderts relativ schlechter. Wenn man sich die Tatsache vergegenwärtigt, dass diese drei Länder die »Gründungsmitglieder« der EU waren, ist die Ähnlichkeit zwischen ihnen nicht überraschend. Es wäre jedoch eine voreilige Folgerung zu argumentieren, dass sie alle die gleichen Motive zur Etablierung des gemeinsamen Marktes hatten oder dass die lange Erfahrung innerhalb der Gemeinschaft sie wirklich ähnlicher gemacht hätte. Die verfeinerte soziologische Typologie, die im nächsten Abschnitt präsentiert wird, wird zeigen, dass es signifikante und wichtige Unterschiede zwischen ihnen gibt.

---

[2] Die benutzten Daten sind nicht die letzten verfügbaren (sie betreffen die Jahre 2003 – 2005). Dies ist kein Problem, weil sich die strukturellen Differenzen zwischen den Ländern, auf die sich die Analyse bezieht seither nicht wesentlich geändert haben. Vgl. dazu die Information auf der EU-Homepage: http://europa.eu.int/external_relations/sweitzerland/index.htm.

Abbildung 6.1: Die Einstellung der Bürger zur Integration: Clusteranalyse von 25 EU-Ländern (Dendogramm), 2003

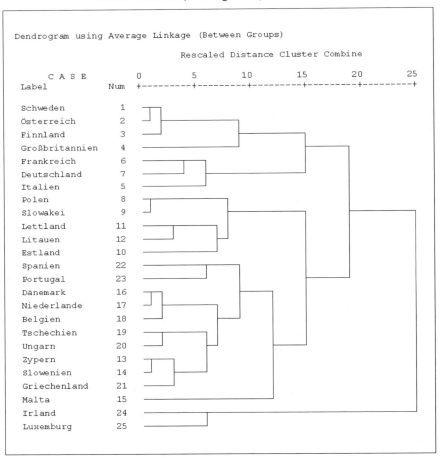

Quelle: Tabelle 6.1

Die Gruppen 4 und 5 umfassen fünf osteuropäische Länder aus dem früheren kommunistischen Block, Polen und Slowakei in der ersten, und die drei baltischen Staaten in der zweiten Gruppe. Diese zwei Gruppen von Ländern wurden von allen anderen hauptsächlich durch ihr niedriges Entwicklungsniveau (tatsächlich das niedrigste unter allen) abgehoben; auch die Arbeitslosigkeit ist sehr hoch; das Wirtschaftswachstum war jedoch stark, besonders in den baltischen

6 Eine Union oder viele?

Staaten. Im Hinblick auf die Einstellung zur EU zeigen diese Länder keine großen Abweichungen vom allgemeinen Durchschnittswert. Alle Länder sind Nettoempfänger von EU Zahlungen, wenn auch die Summen im Vergleich zu jenen der alten Mitgliedsstaaten bescheiden sind.

In Gruppe 6 finden wir die zwei Länder der Iberischen Halbinsel, Spanien und Portugal. Sie wurden herausgehoben vor allem aufgrund ihrer sehr positiven Einstellung zur EU; ihre Bevölkerung hat das geringste Wissen über die EU. Beide erhalten große Summen von der EU; Spanien ist in der Tat der größte Nettoempfänger. Die ökonomische Situation in diesen Ländern stellt sich gemischt dar: hohe Arbeitslosigkeit in Spanien, negatives Wirtschaftswachstum in Portugal. Ihr Entwicklungsniveau liegt etwa zwischen den west- und nordeuropäischen Ländern einerseits und den höher entwickelten post-kommunistischen Ländern andererseits.

Gruppe 7 ist wiederum in geographischer Hinsicht sehr homogen: Sie umfasst die zwei Beneluxstaaten (Belgien, Niederlande) und Dänemark. Diese Gruppe ist dem Cluster 1 sehr ähnlich. Die Länder darin sind die reichsten in der EU mit niedrigen Arbeitslosigkeitsraten, aber auch niedrigen Wachstumsraten; sie sind Nettozahler an die EU. Die Einstellung zur EU ist hier jedoch etwas positiver als in Gruppe 1; das Wissen darüber ist auch relativ hoch.

Gruppe 8 umfasst die drei fortgeschritteneren post-kommunistischen, zentraleuropäischen Staaten (Tschechische Republik, Ungarn, Slowenien) und zwei Länder an der südlichen Peripherie der EU (Griechenland, Zypern). Sie haben gemeinsam ein niedriges ökonomisches Entwicklungsniveau, aber eher niedrige Niveaus der Arbeitslosigkeit und relativ hohe Wachstumsraten. Die Einstellungen der Bevölkerung zur EU sind deutlich positiver als im Durchschnitt (aber etwas weniger positiv in der Tschechischen Republik; das Wissen in der EU ist so niedrig wie in Ungarn). Die Einstellungen zur EU liegen in dieser Gruppe über dem Durchschnitt.

Cluster 9 besteht aus nur einem Fall, dem Inselstaat Malta. Er wurde vor allem aufgrund seiner negativen Wachstumsrate hervorgehoben; in allen anderen Indikatoren ist Malta ziemlich ähnlich dem Cluster 8. Die Einstellung der Bevölkerung zur EU liegt über dem EU-Durchschnitt.

Gruppe 10 umfasst nur Irland und Luxemburg. Dies sind zwei der reichsten Länder in der EU und ihre wirtschaftlichen Leistungen in den letzten Jahren waren hervorragend (niedrige Arbeitslosigkeit, hohes Wachstum). Irland erhält auch erhebliche Nettozahlungen von der EU, während Luxemburg ein Nettozahler ist. Die Bevölkerung dieser beiden Länder hat die positivsten Einstellungen zur EU unter allen Gruppen; interessanterweise liegt aber das Wissen über die EU unterhalb des Durchschnitts.

300 6 Eine Union oder viele?

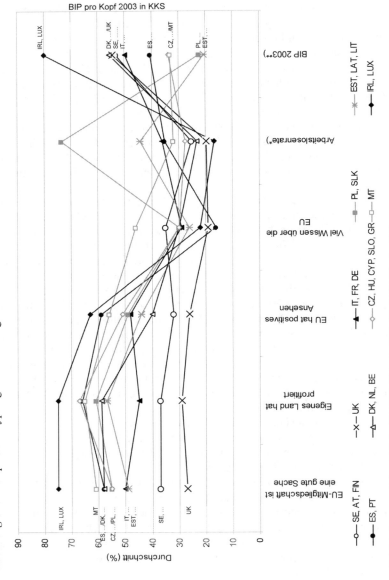

Abbildung 6.2: Empirische Typologie der EU-Mitgliedsländer: Durchschnittswerte für 10 Cluster

*) Arbeitslosenrate mit 4 multipliziert (PL, SLK: 18,4 x 4 = 73,6; IRL, LUX: 4,2 x 4 = 16,8)
**) BIP standardisiert (IRL, LUX = 174,5; EST, LAT, LIT = 45,0)
Quellen: Eurobarometer 60, CCEB 2003.4 (Herbst 2003); Eurostat, http://epp.eurostat.cec.eu.int (Structural indicators)

6 Eine Union oder viele? 301

Dieser erste Blick über die wichtigsten Unterschiede und Ähnlichkeiten zwischen den 25 EU-Mitgliedstaaten zeigt drei allgemeine Tatsachen. Zum Ersten sieht man, dass die Einstellung zur EU sich sehr stark zwischen den Ländern unterscheidet. Nur 27% der Briten glauben, dass die Mitgliedschaft eine gute Sache ist, aber 77% der Bürger von Luxemburg. Die Briten sind am unteren Ende auch im Hinblick auf die Wahrnehmung, dass sie von der Integration profitiert haben und dass die EU ein positives Image hat. Zum Zweiten finden wir starke internationale Variationen im Niveau des Wissens über die EU. Es ist am niedrigsten in Portugal und am höchsten in Malta (14% bzw. 46%). Sehr bemerkenswert ist, dass das Wissen sehr groß ist in einigen Ländern, deren Bevölkerung durch eine sehr kritische Einstellung zur EU charakterisiert ist (Österreich und Schweden), aber niedriger in vielen anderen, die eine sehr positive Einstellung zur EU haben. Dies bestätigt die Ergebnisse in Kapitel 1. Zum Dritten ist evident, dass die gesamtgesellschaftlichen und makroökonomischen Bedingungen in einem Land deutlich mit der Einstellung zur EU zusammenhängen. Diese Einstellungen sind im Allgemeinen in den peripheren und ärmeren Ländern positiver, aber deutlich weniger positiv in den reicheren west- und nordeuropäischen Ländern.

Im folgenden Abschnitt soll untersucht werden, wie diese Einstellungen zur europäischen Integration entstanden sind und was die Hauptziele sind, welche mit der EU-Mitgliedschaft in den verschiedenen Ländern verbunden werden. Zu diesem Zweck müssen wir näher auf den historischen Hintergrund und die derzeitige sozioökonomische und politische Situation in den verschiedenen Ländern eingehen.

6.3 Die sieben Gesichter der Europäischen Union. Eine soziologische Typologie

Die Einstellung der verschiedenen Länder (oder Gruppen von Ländern) zur europäischen Integration können unter eine begrenzte Anzahl von Grundorientierungen zusammengefasst werden (vgl. auch Pfetsch 1997: 70ff). Eine Grundansicht der Soziologie besagt, dass es in jeder Gesellschaft ein vorherrschendes Gesellschaftsbild gibt, ein »Kollektivbewusstsein« wie es Durkheim (1965) nannte (vgl. auch Haller, Mach und Zwicky 1995; Boudon 1999). Das Ziel in der im folgenden ausgearbeiteten Typologie besteht darin, die charakteristischen Merkmale unterschiedlicher Einstellungen zur EU und den sozialen Kontext dieser Einstellungen so deutlich wie möglich herauszuarbeiten. Die Typen, die sich daraus ergeben, kann man zwar nicht als »Idealtypen« im Sinne von Weber bezeichnen, sondern eher als empirisch abgeleitete charakteristische Konstellationen (Hopf 1991) der wichtigsten ökonomischen, sozialen und politischen Werte, Interessen und Kräfte in einem Land im Hinblick auf seine Stellung in Europa. Um ein umfassendes Bild über die Einstellung zur EU zu erhalten, müssen wir auch jene Länder einbeziehen, die keine Mitgliedsländer der EU sind, zu irgend einem Zeitpunkt ihrer neueren Geschichte aber eine Mitgliedschaft in Betracht gezogen haben.

Sieben »Idealtypen« von Einstellungen oder Haltungen zur EU werden unterschieden: (1) die EU als undemokratischer und bürokratischer Leviathan; (2) die EU als notwendiges Übel; (3) die EU als Krücke; (4) die EU als Ersatz für fehlende nationale Identität; (5) Mitgliedschaft in der EU als Ziel an sich (»dabei sein ist alles«); (6) die EU als Mittel globalen Einfluss (wieder) zu gewinnen; (7) die EU als »Milchkuh«. Betrachten wir diese verschiedenen Typen der Reihe nach.

Die EU als undemokratischer und bürokratischer Leviathan

Die Bürger zweier westeuropäischer Länder, der Schweiz und Norwegens, haben wiederholt die Mitgliedschaft in der EU abgelehnt. Die Schweiz ist in dieser Hinsicht ein extrem informativer Fall. Auf der einen Seite kann diese Nation von etwa 7 Millionen Menschen als ein Rollenmodell für die Union selbst angesehen werden. Trotz ihrer relativen Kleinheit ist sie eines der intern vielfältigsten Länder in Europa. Die Schweiz schließt vier Sprachgruppen ein (die italienische, französische, deutsche und rätoromanische); sie ist in religiöser Sicht heterogen und umfasst Protestanten, Katholiken und als Folge der Einwanderung heute auch über 300.000 Moslems; sie ist wahrscheinlich das offenste Land Europas im Hinblick auf ökonomischen Austausch wie auch Einwanderung; die Schweiz hat den höchsten Anteil an Ausländern aufgenommen (20% ansässige Ausländer; wahrscheinlich zusätzliche 10% sind Neubürger); das politische System ist stark föderalistisch organisiert und die Politik ist seit Jahrhunderten neutral und in der Lage, sich aus Kriegen herauszuhalten; schließlich hat die Schweiz eine schlanke Bundesregierung, die viel Raum für lokale und private Initiative in ökonomischer und sozialer Hinsicht lässt (Elsasser 1988; Bergier 1996; Kriesi 2005) – auch dies ist ein Ziel, nach dem die Europäische Union strebt. Warum haben die Schweizer dann, obwohl ihr Land so viel gemeinsam mit der EU hat, die Teilnahme am Integrationsprozess zurückgewiesen?

Zwei Punkte müssen klargestellt werden, bevor wir eine Antwort auf diese Frage geben können. Zum Ersten ist es eine Tatsache, dass die Schweizer den Prozess der europäischen Integration keineswegs grundsätzlich abgelehnt haben; vielmehr war das Gegenteil der Fall. Bereits 1972 wurde ein bilaterales Überein-

6 Eine Union oder viele?

kommen über den freien Handel mit Industrieprodukten zwischen der EWG und der Schweiz abgeschlossen; heute bestehen neun umfassende Abkommen, die eine sehr enge Beziehung zwischen der Schweiz und der EU festlegen. Im Jahre 2000 stimmten 67,2% der Bürger einem umfassenden Vertrag mit der EU zu, der Zusammenarbeit in zahlreichen Bereichen beinhaltet; weitere Abkommen über rechtliche Kooperationen wurden 2004 unterzeichnet und in zwei Referenda im Jahre 2005 durch 54% bzw. 56% der Bevölkerung gutgeheißen. Die Schweiz trägt sogar 130 Millionen Euro pro Jahr für 5 Jahre zur Förderung des sozialen und ökonomischen Zusammenhalts in der erweiterten EU bei; zwei Drittel der Schweizer Exporte und vier Fünftel ihrer Importe kommen aus der EU.[3] In Kapitel 4 wurde gezeigt, dass die Schweiz auch durch wirtschaftlichen Austausch auf das Engste mit der EU verknüpft ist. Tatsächlich kann man sagen, dass in vielen dieser Aspekte die Schweiz enger mit der EU integriert ist als manche ihrer peripheren Mitgliedsstaaten.

Zum Zweiten können wir in der Schweiz, wie auch in anderen Teilen Europas, tiefgehende interne Meinungsverschiedenheiten im Hinblick auf die europäische Integration beobachten. Auch hier besteht eine markante Kluft zwischen den politischen und wirtschaftlichen Eliten und der Bevölkerung. Am 6. Dezember 1992 fand ein Referendum über die Mitgliedschaft im Europäischen Wirtschaftsraum statt. Dies wurde durch eine schwache Mehrheit von 50,2% der Bürger abgelehnt, während eine überwältigende Mehrheit der politischen Eliten dafür war. 85% der Mitglieder des Ständerats (Rat der Kantone) und 62% des Nationalrats (Parlament) hatten dafür gestimmt, bevor das Referendum abgehalten worden war. Überdies kann innerhalb der Schweiz eine erhebliche Kluft zwischen den deutschsprachigen und »lateinischen« Regionen beobachtet werden; in den französischen und italienischen Kantonen hatten die Befürworter des Vertrages große Mehrheiten, während die »alten« deutschsprachigen Kantone im gebirgigen Zentrum des Landes ein Bollwerk der Opposition gegen den Beitritt bildeten.

---

[3] Vgl. www.eda.admin.ch/eda/g/home/foreign/eu.html.

304   6 Eine Union oder viele?

Foto 10:
Widerstand gegen den neuen europäischen »Leviathan« in den Alpen und im Nordwesten: Die Einstellungen der Bürger zur Integration spiegeln tief verwurzelte soziale, kulturelle und politische Spaltungen in Europa wider.
Quelle: M. Haller und G. Kaup

6 Eine Union oder viele?

Warum hat die Mehrheit der Schweizer Bevölkerung die Mitgliedschaft in der EU abgelehnt? Es gibt sechs Gründe dafür.[4] Die ersten drei betreffen Probleme der Demokratie der Schweiz, die nächsten beiden vermuteten negative Effekte einer EU- Mitgliedschaft.

Zum Ersten würde die Schweiz durch einen EU-Beitritt ihre politische Neutralität aufgeben müssen, ein Faktor, der diesem Land für Jahrhunderte Frieden und wirtschaftliches Wachstum garantiert hat. Da die Schweiz sowohl deutschsprachige wie auch französischsprachige Bevölkerungsgruppen umfasst, war die Neutralität auch für die interne Stabilität unverzichtbar, weil die meisten europäischen Konflikte der letzten Jahrhunderte Kriege von Frankreich gegenüber deutschsprachigen Nationen waren (Hirter 1993). Würde die Schweiz Mitglied einer so engen internationalen Organisation wie der EU, so könnte dies im Prinzip in Frage gestellt werden (Jost 1999). Dies ist ein sehr wichtiger Punkt und es wurde auch in anderen neutralen Ländern wie Österreich, Schweden und Irland heiß debattiert. Obwohl die EU bis jetzt keine wirkliche gemeinsame Verteidigungs- und Militärpolitik hat, erwartet sie von den Mitgliedsländern in dieser Hinsicht doch ohne Zweifel Kooperation.

Zum Zweiten würde die Schweiz ihr altes und bestens etabliertes System der direkten Demokratie aufgeben müssen, das alle wichtigen Entscheidungen Volksabstimmungen unterwirft. Tatsächlich werden jedes Jahr etwa zehn landesweite Referenda und Dutzende von Referenda von Kantonen abgehalten (Kriesi 1998). Diese Referenda würden gegenstandslos werden, weil die Regulierungen und Gesetze, die von der EU erlassen werden, von den Mitgliedstaaten voll und ganz übernommen werden müssen. (In Kapitel 8 werden wir vorschlagen, dass die EU selber Referenda einführen sollte).

Zum Dritten Argument würde auch das stark föderalistisch organisierte politische System der Schweiz unterminiert, wenn sie der EU betreten würde. Die starke Autonomie der Kantone und der Gemeinden würde durch das Prinzip der Vorherrschaft des europäischen vor dem nationalen Recht aufgegeben, da politische Entscheidungen der Union nicht länger einer zusätzlichen Prüfung und Mitbestimmung durch die Kantone und das Volk unterworfen werden könnten. Es ist in diesem Zusammenhang interessant, dass in einem großen Survey von 6.000 Personen in allen 26 Schweizer Kantonen ein positiver Zusammenhang festgestellt werden konnte zwischen dem Umfang der direkten Demokratie in einem Kanton und der Lebenszufriedenheit der Bürger (Frei/Stutzer 2002). Man

---

[4] Ein konzises Statement über diese Gründe findet sich auf der Homepage der Regionalzeitung »Mythen-Post« des Kantons Schwyz: http://mythen-post.ch/themen_uebersicht/eu_ewr.htm (3.2. 2006), sowie auf der Website des Schweizer Parlaments: Jean-Francois Aubert, »Switzerland's Political Institutions«: http://www.parlament.ch/e/homepage/sv-services-dummy/sv-ch-schweiz-kurze/sv-ch-staat. htm (3.2.2006). Vgl. auch Hirter 1993 und Kriesi 1998.

muss daher sagen, dass der Widerstand gegenüber der EU besonders unter der Bevölkerung der deutschsprachigen ländlichen Kantone nicht in erster Linie (wie es viele behaupteten) ein Ausdruck von Rückständigkeit war, sondern eine wohlbegründete Angst davor, dass die lokale Demokratie und politische Autonomie durch einen EU-Beitritt signifikant beschränkt würden. Umfragedaten zeigen, dass die Schweizer – zusammen mit den Holländern – an der Spitze unter 22 europäischen Ländern liegen, was den Stolz auf ihre eigene Demokratie betrifft. 84% der Schweizer sind in dieser Hinsicht stolz, aber nur 56% aller Europäer (und sogar weniger als 30% in den post-kommunistischen Ländern), wie sich in *Tabelle 6.2* zeigt.

Tabelle 6.2: Nationalstolz in 20 europäischen Ländern, 2003

	Sehr stolz/stolz auf ...			Sehr stolz auf ...		Nationalstolz insgesamt**[)]
	Demokratie	Wirtschaftliche Leistungen	Soziale Sicherheit	Geschichte [der eigenen Nation]	Angehöriger von [Nation] zu sein ...	
Österreich	72	79	76	31	50	20.7
Schweden	67	41	61	16	33	23.6
Finnland	65	70	79	35	42	22.0
Großbritannien	69	69	53	50	46	20.5
Frankreich	58	32	78	40	31	22.1
Deutschland/West	58	57	63	9	16	23.9
Deutschland/Ost	33	48	43	6	12	25.1
Italien	26*[)]	40	28			
Polen	23	28	12	28	47	25.3
Slowakei	16	24	8	32	30	26.5
Lettland	33	23	9	15	34	27.5
Spanien	66	72	69	24	45	21.5
Portugal	39	22	19	54	56	24.5
Dänemark	82	68	77	31	34	21.6
Niederlande*[)]	84	78	83			
Tschechische Republik	28	15	20	38	22	25.7
Ungarn	37	38	19	31	46	23.6
Slowenien	28	47	34	25	53	24.3
Irland	65	87	64	51	74	18.9
Norwegen	67	72	64	22	35	22.9
Schweiz	84	71	71	22	36	21.4
Durchschnitt	56	52	47	29	34	23.2

*[)] Daten aus ISSP 1995 »National Identity«
**[)] Mittelwert aus einem Summenscore von 10 Items zum Nationalstolz in verschiedenen Dimensionen; 10 = sehr hoch, 40 = sehr niedrig
Quelle: ISSP 2003 »National Identity«

6 Eine Union oder viele?

Die nächsten beiden Argumente betreffen wirtschaftliche Fragen. Das vierte Argument lautet, dass die vollkommene Einschließung der Schweiz in ein Wirtschaftsgebiet mit einem niedrigeren Lebensstandard Nachteile mit sich bringen würde. Die Schweiz hat ein höheres Einkommensniveau, ein niedrigeres Niveau der Arbeitslosigkeit und auch niedrigere Steuern als die meisten Mitgliedstaaten der EU. Zum Fünften wurde argumentiert, dass das höhere Niveau der Mehrwertsteuer und die verpflichtenden Nettobeiträge der Schweiz zur EU zu einer Verschlechterung der ökonomischen Situation des Landes beitragen würden. Die Schweizer zeigen auch einen sehr hohen Stolz in ihre wirtschaftlichen Leistungen und das soziale Sicherheitssystem ihres Landes (*Tabelle 6.2*).

Die Diskussionen in der Schweiz vor dem Referendum 1992 wiesen viele Merkmale auf, die typisch für ähnliche Diskussionen in anderen Ländern waren: Sowohl die Beitritts-Befürworter (wie Pascal Delamuraz) als auch die Gegner (wie Christoph Blocher) führten nicht nur harte Fakten und gute Argumente an, sondern griffen auch zu polemischen Übertreibungen.[5]

Die Beteiligung am Schweizer Referendum 1992 über den Beitritt zum Europäischen Wirtschaftsraum war außerordentlich hoch (78%). Das gleiche gilt für das Ausmaß der Information der Bevölkerung: 82% konnte man als gut informiert bezeichnen. Jeder Bürger erhielt fünf Wochen vor dem Referendum ein Exemplar des EWR Vertrags; in den Medien wurde das Thema sehr breit diskutiert. Man kann wahrscheinlich sagen, dass ein durchschnittlicher Schweizer Bürger mehr über den Europäischen Wirtschaftsraum wusste, als ein Mitglied des Schwedischen Parlaments, die den Vertrag erst einen Tag vor der parlamentarischen Entscheidung erhielten (Hirter 1993: 11). Dieses hohe Niveau an Information und Interesse steht in einem extremen Kontrast zum niedrigen Niveau der Teilnahme bei den Referenden in Spanien und in vielen post-kommunistischen Ländern. Die Schweizer Gegner des EWR waren auch keine »Anti-Europäer«, wie sie in solchen Fällen oft diskreditiert werden: 78% aller Wähler und sogar 63% der Gegner sagten, dass die Schweiz Solidarität gegenüber Europa zeigen müsse. So lehnten die Schweizer im Jahre 2005 auch zweimal Referenda ab, die von rechtsgerichteten Kräften initiiert wurden und sich gegen das Schengen-System (freier Grenzübertritt) und die Ausweitung der Abkommen zwischen der Schweiz und der EU über die freie Mobilität der Arbeitskräfte auf die zehn neuen Mitgliedsländer der EU richteten. Nicht eingetreten sind auch die prognostizierten negativen wirtschaftlichen Folgen der Nichtmitgliedschaft der Schweiz in der EU – im Gegensatz zu dem was etwa bei Vergleichen zwischen Österreich und der Schweiz in den letzten zehn Jahren oft behauptet wird. Der

---

[5] H.P. Kriesi et al., Analyse des votations fédérales du 6 décembre 1992, GFW Institut de Recherche, Université de Genève 1993.

Schweizer Franken ist weiterhin eine der stärksten Währungen der Welt.[6] *Tabelle 6.2* zeigt auch ein hohes Niveau des Nationalstolzes unter den Schweizern. Man kann daher sagen, dass aus Sicht vieler Schweizer die EU sich tatsächlich wie ein riesiger, zentralisierter Superstaat darstellt, wo die Entscheidungen durch intransparente bürokratische Verfahren getroffen werden, die durch kleine Staaten, gar nicht zu reden von gewöhnlichen Bürgern, kaum oder gar nicht beeinflusst werden können.

Diese Sicht unterscheidet sich nicht sehr viel von jener der Norweger. Die Norweger votierten in zwei Referenda – 1972 und 1994 – gegen die Mitgliedschaft in der EWG bzw. EU. Einer der Gründe war ähnlich wie in der Schweiz: Norwegen ist eines der reichsten Länder in Europa, es hat hohe Einnahmen aus seinen Ölfeldern in der Nordsee, und seine Wirtschaft ist dynamischer als jene der Eurozone. Auch die speziellen Interessen Norwegens in der Fischerei mögen eine Rolle gespielt haben: Es gibt ein »breites Gefühl, dass das ölreiche wachstumsstarke Norwegen keinen ökonomisch hinkenden europäischen Club braucht«.[7]

Aber auch im Fall von Norwegen waren politische Themen sehr wichtig, hier jedoch hauptsächlich jene der Sozialpolitik. Ein international anerkannter Pionier der Computerwissenschaft, der Mathematikprofessor Kristen Nygaard, war führend in der Anti-EU-Kampagne 1994. Er gründete die *»Nei til EU«-Bewegung* (Nein zur EU), die die größte politische Organisation in Norwegen wurde (1994 hatte sie 145.000 Mitglieder). Seine Hauptargumente gegen den Beitritt Norwegens zur EU waren die folgenden:[8] Bewahrung der Lebensfähigkeit der Tausenden kleinen Dörfer und ihrer Wirtschaft in einem Lande, das sich in einem schmalen Band 1300 km von Süden nach Norden erstreckt, unterbrochen durch Hunderte von Fjorden und Gebirgen; Bedrohung durch die vier Freiheiten, die in der EU gültig sind; Sicherstellen, dass die Ausbeutung der norwegischen Naturressourcen weiterhin unter staatlicher Kontrolle bleiben müsse; die Beibehaltung eines speziellen Fondssystems für die Bauern, das sich auf ihre Siedlungen konzentriert; Sicherung der Vollbeschäftigung (die norwegische Verfassung beinhaltet das Recht auf Arbeit für jeden Bürger); die Fortsetzung einer egalitären Sozial- und Einkommenspolitik. Würde Norwegen der EU beitreten, könnte ein »massiver Verlust von Souveränität und Unabhängigkeit« stattfinden;

---

[6] Man muss jedoch zugeben, dass die Stabilität auch mit der Tatsache zu tun hat, dass die Schweiz von vielen reichen und korrupten Personen aus der ganzen Welt benutzt wird, um Schwarzgeld zu deponieren. Der schweizerische Bankensektor war in den letzten Jahrzehnten in eine Reihe von Skandalen verwickelt (vgl. Ziegler 1998).

[7] Ivar Ekman, »In Norway, EU pros and cons (the cons still win),« International Herald Tribune, 27. Oktober 2005.

[8] Kristen Nygaard, »We are not against Europe. We are against Norwegian membership in the European Union,« verfügbar auf der Homepage der Universität Oslo: http://heim.ifi.uio.no/~kristen/POLITIKKDOK_MAPPE/P_EU_Munchen_eng.html.

der Europäische Rat wird gesehen als »die einzige Gesetzgebungs-Institution der westlichen Welt, die über Gesetze geheim abstimmt.«[9] Daten über den Nationalstolz zeigen, dass auch die Norweger in allen Aspekten sehr gut abschneiden, insbesondere im Hinblick auf die Wirtschaftsleistungen und das sozialstaatliche System (vgl. *Tabelle 6.2*).

Jene Bürger, die beim Referendum 1994 mit Nein stimmten, waren über all diese Themen stark besorgt. Sie konzentrierten sich auf die Gebiete außerhalb der Hauptstadt Oslo; Frauen, Jugendliche und alte Menschen, Gewerkschaftsmitglieder, Bauern und Fischer waren unter ihnen überrepräsentiert. Die Beteiligung in diesem Referendum war die höchste in der norwegischen Geschichte überhaupt (88,8%). Umfragen zeigten auch ein hohes Niveau an tatsächlichem Wissen über die EU und dieses nahm sogar zu – nicht ab –, je größer die geographische Distanz von Oslo war. Genauso wie die Schweiz ist auch Norwegen durch zahlreiche bilaterale Verträge sehr eng mit der EU verknüpft.

Man kann daher sagen, dass vier grundlegende Werte und Ziele die Schweizer und Norweger zu ihrer negativen Einstellung zu einer Mitgliedschaft an der EU geführt haben: (1) Friedensliebe, die viele Schweizer am besten durch politische Neutralität garantiert sehen; (2) Beibehaltung der Basisdemokratie und der Autonomie der lokalen und regionalen politischen Gemeinschaften; (3) Beibehaltung des wirtschaftlichen Wachstums und Wohlstands; (4) Sicherstellung einer ausgewogenen Entwicklung im Hinblick auf Wohlfahrt und soziale Gleichheit.

Europäische Integration als notwendiges Übel

Es gibt einen großen Staat in Westeuropa, in welchem die Integration eindeutig nicht als Ziel an sich angesehen wird, sondern als etwas, was man auf lange Sicht nicht vermeiden kann, weil sich bei Nichtbeitritt negative Folgen ergeben würden. Dieses Mitgliedsland ist Großbritannien; in einem geringeren Ausmaß fallen auch die skandinavischen Länder und Österreich in diese Kategorie. Es gibt zumindest drei Gründe für die ambivalente Haltung der Briten gegenüber der europäischen Integration: (1) Großbritannien war historisch das Zentrum des riesigen *British Commonwealth* und es unterhält immer noch enge Beziehungen mit dessen Nachfolgorganisation, dem *Commonwealth of Nations*. Dies ist zwar keine mächtige, aber trotzdem eine sehr lebendige Organisation.[10] (2) Großbritannien unterhält auch enge Beziehungen mit den Vereinigten Staaten, mit Kanada, Australien und Neuseeland – Länder, die ein gemeinsames kulturelles Erbe

---

[9] Ebenda.
[10] Vgl. http://en.widipedia.org/wiki/British_Commonwealth.

besitzen und intensive ökonomische, soziale, wissenschaftliche, kulturelle und politische Beziehungen pflegen. (3) Großbritannien hat eine starke Tradition des wirtschaftlichen und politischen Liberalismus, wie auch ein sehr altes und gut etabliertes demokratisches System; aufgrund beider Aspekte sind die Briten – genau wie die Schweizer – misstrauisch gegen zentralisierte politische Systeme und umfassende Wohlfahrtsstaaten.

In der Ansprache von Winston Churchill an der Universität Zürich im Jahre 1947 forderte er die Entwicklung der »Vereinigten Staaten von Europa«, aber er sah Großbritannien nicht als Teil dieses neuen Gebildes. Churchill schlug auch nur eine begrenzte Form der Integration vor, ein »unionistisches Modell« im Unterschied zu dem viel ambitionierteren Bundesstaatsmodell, das zu jener Zeit in Mode war. In der Folge fand die Gründung der Europäischen Wirtschaftsgemeinschaft ohne Großbritannien statt. Erst in den 1960er Jahren veränderte sich die britische Europapolitik signifikant. Aber selbst jetzt wurde sie bloß als »Politik des letzten Auswegs« verstanden (Pfetsch 1997: 74). Die Europäische Gemeinschaft wurde als notwendiger neuer Handelspartner gesehen, da sich die Beziehungen von England zu den früheren Kolonien zum Nachteil von Großbritannien drastisch verändert hatten. Zur gleichen Zeit ließen die ökonomische Prosperität und der zunehmende Einfluss der EWG die Engländer befürchten, dass sie in Europa Einfluss verlieren würden, wenn sie ihr nicht beitreten würden. Daher befürwortete Premierminister Harold Wilson 1961 »die britische Mitgliedschaft eher aus negativen als aus positiven Gründen« (Dinan 1999: 50). Der französische Präsident de Gaulle blockierte damals jedoch den britischen Beitritt zur EWG.

1971 brachte eine neue Abstimmung im britischen Parlament nach einem Antrag des konservativen Premiers Edward Heath eine Mehrheit für einen Beitritt. In der Folge trat Großbritannien der EWG am 1. Jänner 1973 bei. Die Briten fühlten sich in ihrer Position in der EWG jedoch bald wieder wenig wohl. Daher versprach die nächste Labour-Regierung bessere Bedingungen für Großbritannien herauszuverhandeln und dann ein Referendum abzuhalten. Dieses fand im April 1975 statt und es ergab einen überraschend hohen Anteil an Ja-Stimmen (67,2%). Drei Faktoren waren für diese hohe Zustimmung ausschlaggebend: zum Ersten die Popularität von Premier Harold Wilson, der erst ein Jahr zuvor an die Macht gekommen war; zum Zweiten eine massive Propagandakampagne, die von den Regierungsparteien in allen führenden Zeitungen durchgeführt und durch Banken und große Industrieunternehmen mitfinanziert wurde; zum Dritten ein sehr niedriges Niveau an Interesse und Information der Bevölkerung über die EWG, was bedeutete, dass dies eindeutig eine »Wahl zweiter Ordnung« war (Reif/Schmitt 1980), in der weniger europäische als nationale Themen das Resultat bestimmten.[11]

---

[11] Vgl. Wikipedia, United Kingdom referendum 1975.

6 Eine Union oder viele? 311

Foto 11:
Europäische Integration und die Medien: Eine Widerspiegelung der hochdifferenzierten und vielfach kritischen Sichtweisen der Integration in den verschiedenen Mitgliedsländern der EU

Quelle: Zusammenstellung von M. Haller und F. Haller

In den 1980er Jahren wurden neue Vorbehalte gegen die britische EU-Mitgliedschaft aufgeworfen, dieses Mal von Margaret Thatcher. Sie argumentierte stark für ein Europa als einer »Familie von Nationen« im Gegensatz zu einem integrierten Bundesstaat (Thatcher 1993: 537, 548). Ihre Vision war, dass die Europäische Union nur eine wenig regulierte große Freihandelszone bleiben sollte; sie sollte auch keine protektionistische Wirtschaftspolitik entwickeln, sondern für die Erhaltung von freien Märkten und Handel auf der ganzen Erde kämpfen (Thatcher 1993: 537ff.). Thatcher erreichte, dass im Vertrag von Maastricht Zusatzprotokolle eingeführt wurden, sodass Großbritannien nicht verpflichtet ist den Integrationsprozess im Bereich von Sozialpolitik und Währungsunion voll mit zu tragen.

Tabelle 6.3: Bindung an den Nationalstaat und an die EU und Einstellungen zur Auflösung der EU (EU-15, 2003)

	Bindung an ...						Differenz Bindung an National- staat/EU	Wenn sich die EU auflösen würde, ...		
	eigenes Land (Nationalstaat)			Europäische Union				... würde ich es sehr bedauern	... wäre mir egal	... ware ich sehr erleichtert*)
	sehr stark	ziemlich stark	(Zus.)	sehr stark	ziemlich stark	(Zus.)				
Österreich	59	33	(92)	23	43	(66)	(26)	34	36	18
Schweden	61	34	(95)	21	51	(72)	(23)	27	35	28
Finnland	65	32	(97)	11	51	(62)	(35)	29	31	30
Dänemark	75	22	(97)	22	51	(73)	(24)	44	27	18
Niederlande	44	40	(84)	6	23	(29)	(55)	40	34	17
Belgien	43	44	(87)	20	47	(67)	(20)	34	48	11
Frankreich	49	44	(93)	14	43	(67)	(26)	35	37	19
Deutschland/ West	39	47	(86)	15	47	(57)	(29)	45	29	11
Deutschland/ Ost	35	51	(86)	13	47	(60)	(26)	31	40	13
Italien	55	41	(96)	14	53	(68)	(28)	51	32	7
Großbritannien	47	41	(88)	7	34	(41)	(47)	16	44	30
Nordirland	50	39	(89)	5	33	(38)	(51)	30	43	21
Spanien	56	36	(92)	19	48	(67)	(25)	35	49	4
Portugal	63	34	(97)	16	47	(63)	(34)	49	33	6
Griechenland	87	10	(97)	16	34	(50)	(47)	44	45	6
Irland	65	31	(96)	14	44	(58)	(38)	50	31	6
Luxemburg	57	35	(92)	32	44	(76)	(16)	63	27	6
Insgesamt	56	36	(92)	16	44	(60)	(32)	38	36	15

*) Auf 100 fehlende Prozente: »weiß nicht«.
Quelle: Eurobarometer

Eine neue europäische Haltung scheint es seit 1977 zu geben, als eine Labourregierung unter Tony Blair an die Macht kam. Dennoch wandelte sich die Haltung

Großbritanniens zur Integration nicht grundlegend. In einer gefeierten Rede vor dem Europäischen Parlament am 26. Oktober 2005 erwähnte Blair z.B. das Problem der Arbeitslosigkeit in Europa. Der Vorschlag, wie man es lösen sollte, hätte jedoch auch von Margaret Thatcher kommen können: »Wir müssen unsere Arbeitsmärkte weniger restriktiv machen [...], wir müssen sicherstellen, dass wir in Forschung und Entwicklung und in der Innovation mit den besten Praktiken der Welt mithalten.«[12] Die Vorschläge der britischen Präsidentschaft im zweiten Halbjahr 2005 zielten schwerlich auf eine wirkliche Stärkung der EU hin (wenn Blair auch häufig den Begriff des »europäischen Sozialmodells« benutzte), als sie folgende Prioritäten setzte: Förderung von Forschung, Entwicklung und Innovation; Koordinierung der europäischen Energiepolitik durch die Schaffung eines offenen Energiemarktes; die europäischen Universitäten mit den amerikanischen wettbewerbsfähig machen; Kontrolle der Migration, aber auch ihre Verwendung um »die Effizienz und Wettbewerbsfähigkeit der europäischen Wirtschaft« zu fördern; die Methode der offenen Koordination auch im Hinblick auf die demographische Entwicklung in Europa zu verwenden; einen »Globalisierungsfonds« einzurichten, der »jenen Menschen helfen sollte, die durch den Wandel und die Umstrukturierung überflüssig geworden sind ...«. Nach der Ablehnung der Verfassung für Europa durch die französischen und holländischen Wähler ließ Blair seinen Plan fallen, die Verfassung auch in Großbritannien einem Referendum zu unterwerfen – ein Unterfangen, das bereits vorher sehr riskant gewesen wäre, jetzt aber zu einer sicheren Ablehnung geführt hätte.

Die Mitgliedschaft in der EU ist also nicht etwas, was die Briten lieben (vgl. auch Coxall et al. 2003: 269ff.). Dies zeigt sich sehr deutlich auch in Umfragedaten. Nur ein Viertel der Bevölkerung – der niedrigste Anteil aller EU-Mitgliedsländer – ist der Meinung, dass die britische Mitgliedschaft in der EU eine gute Sache ist, dass die EU ein positives Image hat und dass Großbritannien von der Mitgliedschaft profitiert hat. *Tabelle 6.1* zeigt, dass im Herbst 2003 die EU nur bei einem Viertel der Briten ein positives Image hatte. Die Briten scheinen aber auch sehr wenig Information und Wissen über die EU zu haben – vielleicht auch deshalb, weil sie sie als irrelevant betrachten. Dafür sind sie durch ein hohes Niveau von Nationalstolz gekennzeichnet, sowohl in allgemeiner Hinsicht als auch im Hinblick auf die Geschichte und die Armee des Landes (*Tabelle 6.2*). Die Briten fühlen sich großteils ihrer eigenen Nation näher als Europa; der Unterschied zwischen einer hohen Bindung an die Nation und an die EU ist in Großbritannien am höchsten (zusammen mit den Niederlanden; (*Tabelle 6.3*). Nur 16% der Briten würden es sehr bedauern, wenn die EU aufgelöst würde, aber 30% (gegenüber einem Mittelwert von 15% in der Gesamt-EU) wären darüber sehr

---

[12] Http://www.number10.gov.uk/output/page8384.as.

erleichtert. Das gleiche negative Bild ergibt sich im Hinblick auf die Gefühle, die in Großbritannien mit der EU verknüpft sind: Gefühle der Indifferenz, des Misstrauens und der Angst sind unter erheblichen Gruppen der Bevölkerung vorhanden (ein Viertel bis zu einem Drittel der Bevölkerung, siehe Tabelle 6.4). Schließlich können wir auch in Großbritannien eine deutliche Kluft zwischen den höheren und niedrigeren, privilegierten und weniger privilegierten sozialen Klassen und Gruppen beobachten: etwas mehr als die Hälfte der Studenten und höheren Angestellten und Beamten haben eine positive Einstellung zur EU, aber nur 29% der Facharbeiter und 17% der ungelernten Arbeiter (*Tabelle 6.5*).

Tabelle 6.4: Mit der EU verbundene Gefühle in den 15 Mitgliedsstaaten (% genannt)

Land	(N)	Enthusiasmus	Hoffnung	Vertrauen	Misstrauen	Gleichgültigkeit	Angst	Ablehnung
Österreich	(1010)	4	32	16	27	21	29	10
Schweden	(1000)	10	36	11	34	20	26	12
Finnland	(1018)	6	36	17	28	20	22	12
Dänemark	(1000)	6	35	27	23	19	14	3
Niederlande	(1006)	5	30	32	24	20	8	12
Belgien	(1022)	5	34	25	16	26	19	3
Frankreich	(1015)	8	36	18	27	19	31	4
Deutschland/West	(1016)	2	41	16	19	16	23	7
Deutschland/Ost	(1023)	2	33	13	22	19	32	9
Italien	(1008)	8	53	29	9	16	9	1
Großbritannien	(1055)	7	23	7	26	34	19	12
Nordirland	(307)	13	38	13	21	29	12	6
Spanien	(1000)	9	41	33	7	26	1	1
Portugal	(1000)	9	44	21	15	16	3	2
Griechenland	(1001)	5	50	27	10	15	17	2
Irland	(1014)	22	48	14	6	20	5	2
Luxemburg	(587)	6	44	28	13	15	19	1
Insgesamt	(16082)	7	38	20	19	20	17	6

Quelle: Eurobarometer 60 (Herbst 2003)

Es ist eine interessante Frage, warum die Briten ihre Meinungen seit dem Referendum von 1975 so stark geändert haben. Dafür gibt es vier Gründe. Zum Ersten mag der Wandel tatsächlich gar nicht so stark gewesen sein. Wie bereits vorhin erwähnt, mag die hohe Zustimmung im Referendum von 1975 nicht wirklich eine sehr positive Einstellung zur Integration zum Ausdruck gebracht haben. Zum Zweiten veränderte die Regierung von Margaret Thatcher (1979–1990) die Einstellung zur EU grundlegend in Richtung einer kritischeren Haltung. Ein ähnlicher Wandel vollzog sich in der Presse, insbesondere in den einflussreichen

Massenblättern von Rupert Murdoch (*The Sun* und *The News of the World*). Schließlich hat auch die Europäische Union ihren Charakter in dieser Zeit signifikant gewandelt von einer großen Freihandelszone zu einer immer stärker integrierten politischen Gemeinschaft (Alston/Weiler 1999: 2). Diese Tatsache mag auch erklären, warum Margaret Thatcher eine starke Befürworterin des Beitritts zur EWG 1975 war, aber später eine ihrer schärfsten Kritikerinnen wurde.

Eine ähnliche Einstellung zur EU kann man in verschiedenen skandinavischen Ländern beobachten. Ökonomisch gehören diese alle zu den reichsten Ländern der Welt. Zugleich sind die Menschen in diesen Ländern sehr stolz auf ihren Wohlfahrtsstaat und das System der sozialen Sicherheit, durch welche eine beträchtliche Egalisierung der Lebenschancen und die Beseitigung der Armut erreicht werden konnte.

Diese Tatsachen drücken sich in einem sehr hohen Niveau des Nationalstolzes aus (eine Ausnahme ist Schweden; vgl. *Tabelle 6.2*). Die Skandinavier sind auch sehr stolz auf ihre Demokratie und Geschichte und sie hängen ebenfalls sehr viel stärker an ihrem Nationalstaat als an Europa. Erhebliche Minderheiten der Bevölkerung (20–34%) verbinden mit der EU negative Gefühle (Indifferenzen, Misstrauen, Angst). Nur bei einer Minderheit der Bauern, Arbeitslosen und Pensionisten hat die EU ein positives Image (*Tabelle 6.5*).

Ein weiterer Faktor, der auch die Bevölkerung von Finnland und Schweden skeptisch in Bezug auf die Europäische Union machte, war die mögliche Bedrohung ihrer politischen Neutralität in der Außenpolitik. Man war der Meinung – besonders solange Europa in zwei feindliche Lager geteilt war – dass die Neutralität nicht mit einer Mitgliedschaft in der EG vereinbar war, weil die EG-Mitgliedstaaten enge Beziehungen mit Amerika und dem Militärbündnis NATO unterhielten. Eine starke Bindung an die politische Neutralität war einer der wichtigsten Gründe für die skeptische Haltung vieler Schweizer und Österreicher zur EG Mitgliedschaft. Die Bedeutung und Funktion der politischen Neutralität hat sich seit dem Zusammenbruch des Sowjetsystems und der Globalisierung zweifellos verändert (Kriesi 1998: 27ff). Trotzdem wird die politische Neutralität in der Bevölkerung von Österreich immer noch sehr hoch bewertet und als Hauptgarantie für Frieden gesehen (Haller 1996b:501ff.).

Die Europäische Union als Krücke

Verschiedene Länder erwarten von der europäischen Integration, dass sie durch Teilnahme an diesem Prozess ihre Probleme lösen können, die sie selber nicht fähig waren oder sind zu lösen. Vor allem in zwei Bereichen bestehen in dieser Hinsicht hohe Erwartungen. Zum Ersten *in wirtschaftlicher Hinsicht*: Länder, die im Hinblick auf die sozioökonomische Entwicklung hinterherhinken und durch kontinuierliche sozioökonomische Probleme charakterisiert sind, wie Arbeitslosigkeit, hohe Budgetdefizite und Inflationsraten, erwarten, dass der Prozess der ökonomischen Integration einen Anstoß zur Beschleunigung des Wachstums geben wird, den Aufholprozess fördern und die Lösung ökonomischer Krisenphänomene herbeiführen wird. Zum Zweiten *in politischer Hinsicht:* Länder, die im Hinblick auf ihre »demokratische Reife« hinterherhinken, erwarten, dass die Mitgliedschaft in der EU ihnen helfen wird, das demokratische System besser abzusichern und die Qualität und Effizienz ihrer Politik zu erhöhen.

Das Land, welches diesem Typ am stärksten entspricht, ist Italien. Dieses Land war durch die gesamte Nachkriegszeit durch eine sehr instabile politische Situation gekennzeichnet. Italien hatte zwischen 1945 und 2000 fünfzig Regierungen; die mittlere Dauer der Amtszeit einer Regierung betrug weniger als ein Jahr. Italien ist darüber hinaus durch hohe Niveaus von »antizivilem Verhalten« (wie Steuerhinterziehung, Klientelismus, Korruption und Ähnliches) unter den Eliten wie auch unter der Bevölkerung charakterisiert.[13] In Italien, aber auch in Griechenland, bestand die reale Gefahr der Regierungsübernahme durch starke kommunistische Parteien, besonders in den 1950er und 1960er Jahren. Auch in ökonomischer Hinsicht befand sich Italien die meiste Zeit der Nachkriegsgeschichte in einer kontinuierlichen Krise, trotz seines bis 1980 dynamischen Wirtschaftswachstums. Zu erwähnen sind hier die hohen Niveaus der Arbeitslosigkeit, der Staatsverschuldung und der Inflation, die auch verknüpft waren mit einem konflikthaften System von Arbeitsbeziehungen (extrem häufige Streiks). Es ist daher verständlich, dass Italien von Beginn an »ein bedingungsloser Befürworter des Supranationalismus war«. Ein paradigmatisches Bespiel für die ökonomische Instabilität von Italien war seine wiederholt abgewertete Währung, die Lira (Reinhardt 2004: 129). Die Italiener sahen daher die Einführung des Euro als die Realisierung von Plänen, die sie selber schon seit Jahrzehnten realisieren wollten (indem sie eine neue Währung mit dem Namen »Goldene Lira« einführen wollten) aber nicht fähig waren zu realisieren. Eine amüsante Parodie der Tendenz der Italiener, die Lösung aller nationalen Krankheiten von der EU

---

[13] Ich möchte jedoch nicht die Italiener insgesamt als unehrlich, ineffizient usw. diskreditieren. Der Großteil der Bevölkerung dieses Landes ist vielmehr, wie Victor Willi (1983) in einem amüsanten Buch geschrieben hat, bei der Durchführung aller Aufgaben durch hohe Verantwortlichkeit und Effizienz gekennzeichnet, trotz oft widriger Umstände. Nach meiner Meinung war der Hauptgrund für die hohe Instabilität der italienischen Nachkriegsregierungen, wie auch für die verbreitete Korruption die Tatsache, dass die große Kommunistische Partei (PCI) nicht als »Verfassungspartei« anerkannt und daher grundsätzlich von einer Regierungsbeteiligung ausgeschlossen wurde. Die Folge war, dass alle Koalitionsregierungen zwischen wenigen, meist denselben Parteien (DC, Sozialdemokraten und anderen, kleinen Zentrumsparteien) gebildet wurden; deren Monopol auf Regierungsämter förderte Klientelismus und Korrpuption.

6 Eine Union oder viele?

und vom Euro zu erwarten, schrieb der Journalist Giorgio Bocca in einem Artikel mit dem Titel »Santa Europa, Benedetto Euro«.[14]

Diese besondere Situation von Italien zeigt sich auch deutlich in den Einstellungen der Bevölkerung. Deren Einstellung zur EU kann als sehr positiv, aber nicht enthusiastisch bezeichnet werden. Extrem niedrig ist jedoch der Stolz auf die eigene Demokratie (26% gegenüber einem Mittelwert 56% in der EU). Die Italiener zeigen zwar das zweithöchste Niveau an Bedauern (51%), wenn die EU sich auflösen würde. Sie zeigen aber auch den höchsten Wert aller Länder im Hinblick in das Gefühl von »Hoffnung«, das man mit der EU verbindet (vgl. die *Tabellen 6.2 bis 6.4*). Angesichts des vergleichsweise hohen Korruptionsniveaus in diesem Land[15] ist es nicht überraschend, dass man der EU so stark vertraut (*Tabelle 6.4*). Alle diese Indikatoren bestätigen, dass Italiener der Mitgliedschaft ihres Landes in der EU sehr stark befürworten, aber primär auf Grund einer negativen Beurteilung ihrer eigenen politischen Institutionen. Ein zusätzlicher Grund könnte die Tatsache sein, dass die Italiener keine Angst vor einer möglichen Dominanz Deutschlands in Europa haben, wie es bei manch anderen von dessen Nachbarländern (etwa Polen oder Großbritannien) der Fall ist. Solche Ängste stellen eine signifikante Determinante der Einstellung zur europäischen Integration dar.

Auch die drei weiteren südeuropäischen Länder, die im Laufe der Nachkriegszeit noch diktatorische Regimes hatten, *Portugal, Spanien* und *Griechenland*, zählen zu diesem Typus. Es war in der Tat eine Voraussetzung für den Beitritt zur EU, dass sie vorher demokratische Regimes installierten. Alle sahen den Beitritt zur EU als entscheidenden Schritt, um ökonomische und kulturelle Rückständigkeit zu beenden, nationale Isolation zu überwinden und Modernisierungsprozesse nachholen zu können, die anderwärts bereits früher stattgefunden hatten (Diez Medrano 2003: 159).

Man kann daher für alle diese vier Mitgliedsländer der EU sagen, dass das Hauptmotiv für die Mitgliedschaft die Erwartung war, dass die europäische Integration als eine ökonomische und politische Stütze, ja geradezu Krücke fungieren würde (vgl. auch Pfetsch 1997: 77ff). Ein ähnlicher Aspekt mag auch im Falle von *Belgien*[16] eine Rolle gespielt haben. Auch die Belgier zeigen eine sehr

---

[14] Vgl. *Il Venerdi della Republica*, Supplemento del giornale *La Republica*, Roma, 27.2.1998, S. 38.
[15] Im Korruptions-Ranking von *Transparency International* steht Italien auf dem 42. Platz unter 145 Ländern; dies ist weit schlechter als alle anderen westeuropäischen Länder, und auch schlechter als Länder der Dritten Welt wie Uruguay, Bahrain, Malaysia, Costa Rica.
[16] Therese Jacobs (Universität Antwerpen) argumentierte in einem Vortrag an der Universität Graz (14.4.1998) dass die internen ethnisch-nationalen Konflikte zwischen den Flamen und Wallonen der Hauptfaktor für den geringen Nationalstolz sind. Die Belgier, insbesondere die französischsprachigen Wallonen, begrüßen die europäische Integration als ein Mittel um diese innere Teilung des Landes zu überwinden.

niedrige Bindung an ihre eigene Nation, aber eine sehr positive zur Europäischen Union (vgl. *Tabelle 6.3*). Die belgische Innenpolitik ist seit langer Zeit äußerst krisenhaft. Aufgrund des tief gehenden Konflikts zwischen der wallonischen und flämischen Bevölkerungsgruppe ist sogar das Fortbestehen der Staates in Frage gestellt. Auch das wirtschaftliche Motiv war für all diese Länder sehr wichtig. Angesichts eines relativen ökonomischen Rückstands bis zu den 1970er Jahren, mit einem hohen Anteil an armer, ländlicher Bevölkerung, erwartete man auch in Portugal, Griechenland und Spanien – wie schon früher in Italien – eine großzügige ökonomische Unterstützung durch die EG für die unterentwickelten ländlichen und peripheren Gebiete. Bis heute fließen gewaltige finanzielle Transfers der EU nach Griechenland, Portugal und Spanien; Spanien ist der Größte Nettoempfänger von EU-Geldern (vgl. *Tabelle 6.1*)

Die EU als Ersatz für nationale Identität

Eine ganz besondere Situation im Hinblick auf die Einstellungen und Verhaltensweisen von Eliten und Bürgern zur europäischen Integration kann man in der *Bundesrepublik Deutschland* beobachten, das – gemeinsam mit Frankreich – einer der zwei »Motoren« der Integration war. Wir haben festgestellt, dass die allgemeine Einstellung zur Integration in diesen beiden Ländern recht ähnlich ist. Eine nähere Betrachtung der historischen Hintergründe wie auch der heutigen innen- und außenpolitischen Konstellationen macht jedoch klar, dass es zwischen ihnen auch fundamentale Unterschiede gibt; sie haben mit drei Faktoren zu tun (siehe Gasteyger 1966; Loth 1996; Gillingham 2004).

Zum Ersten gilt, dass die französische Ökonomie in der Nachkriegszeit weniger dynamisch und stark war als die deutsche; diese Tatsache spiegelte sich sehr deutlich wider in der relativen Stärke ihrer nationalen Währungen. Die Deutsche Mark war eine der härtesten Währungen der Welt und die Entscheidungen der *Bundesbank* hatten direkte Folgen auch für Frankreich und praktisch alle Länder Westeuropas. Zum Zweiten haben die beiden Länder sehr unterschiedliche Verfassungsgeschichten und -strukturen. Während Frankreich einer der am stärksten zentralisierten Staaten in Europa ist, war Deutschland seit jeher durch eine föderalistische Struktur gekennzeichnet; die Verfassung der *Bundesrepublik* hat dieses Element noch verstärkt. Zum Dritten und vielleicht am wichtigsten überhaupt, ist die Tatsache, dass in Deutschland für zwölf Jahre die abschreckendste Variante eines faschistischen Regimes, der Nationalsozialismus, an der Macht war. Der Holocaust, die Ermordung von sechs Millionen Juden, aber auch die Auslösung des Zweiten Weltkriegs, hat dieses Regime mehr als jedes andere moralisch diskreditiert. Diese historische Tatsache hatte einen tiefgehenden, bis heute nachwirkenden Einfluss auf das öffentliche Leben und die Politik in Deutschland und sie führte zu tief verwurzelten Gefühlen der nationalen Scham (Noelle-Neumann/Köcher 1987; Westle 1999; Buruma 1994; Elwert 1999; Haller 1999b).

Tabelle 6.5: Positive Einstellungen zur EU nach Ländergruppen und Beschäftigungsstatus/beruflicher Position der Befragten (% »EU Mitgliedschaft ist eine gute Sache«

Status/ Position	Österreich, Schweden, Finnland, Dänemark (5123)	Frankreich, Belgien, Deutschland (4100)	Italien (1025)	Vereinigtes Königreich (1343)	Griechenland, Spanien, Portugal, Irland (4006)	Luxemburg (619)
Akademische Professionen, Manager, Unternehmer	58	58	66	46	82	84
Mittlere Manager	56	57	76	45	77	83
Angestellte in Büro- und Dienstleistungsberufen	45	48	59	46	69	73
Facharbeiter	42	39	48	29	62	63
Hilfs- und angelernte Arbeiter (Industrie und Dienstleistungen)	45	36	38	17	59	66
Selbständige Kaufleute, Handwerker u.Ä.	48	50	56	55	70	(75)
Bauern	22	13	57	43	76	(100)
Studenten	60	68	61	54	73	89
Arbeitslose	38	36	36	25	54	(69)
Rentner, Pensionisten	39	44	49	28	61	80
Insgesamt	57	46	54	32	65	74
Differenz zwischen dem höchsten und niedrigsten Wert	38	55	40	37	28	26

Quelle: Eurobarometer 61 (Frühling 2004); Wert in Klammer, falls n < 30.

Die Folge ist, dass die Deutschen heute durch ein sehr niedriges Niveau des nationalen Selbstbewusstseins und des Stolzes auf ihre Nation gekennzeichnet sind. Es ist das niedrigste Niveau unter allen 26 Ländern, welche in der weltweiten Studie über nationale Identität des *International Social Survey Programme* (ISSP) 1995 erfasst worden sind und eines der niedrigsten im *World Value Survey* von 1990 (vgl. auch Westle 1992).

Tabelle 6.2 zeigt, dass die Deutschen in Ost und West den niedrigsten Stolz in ihrer Geschichte aufweisen. (Das gleiche gilt für den Stolz auf die Bundeswehr, die nicht in der Tabelle enthalten ist). Das Bewusstsein des Holocaust bleibt für viele Deutsche bis heute ein schmerzhaftes Trauma. Dieses Thema wird in der deutschen Öffentlichkeit immer wieder heftig und kontrovers diskutiert.[17] Insofern ist Deutschland bis heute eine »beschämte Nation«. Diese These wird durch die Tatsache unterstützt, dass die Italiener, die im Zweiten Weltkrieg ebenfalls besiegt wurden, zwar auch einen sehr niedrigen Stolz auf ihre Armee haben, aber einen sehr hohen Stolz auf ihre Geschichte; das gleiche gilt für Österreich.

Die Daten über die Identifikation der Deutschen mit Europa zeigen keinen derartigen Enthusiasmus wie jene für die erste Gruppe von Ländern, die oben besprochen wurden. Die Deutschen weisen das niedrigste Niveau der Bindung an ihre eigene Nation auf und ihre Bindung an Europa liegt nur auf einem mittleren Niveau (*Tabelle 6.3*). Die nationale und die europäische Identität sind in Deutschland und in Italien in einer unterschiedlichen Art und Weise miteinander korreliert (Haller 1996b). Jene Deutschen, die sich in erster Linie mit Europa oder mit der »Welt« identifizieren, sind durch einen besonders niedrigen Nationalstolz gekennzeichnet; dies gilt nicht für Italien. Das heißt, dass für viele Deutsche die Identifikation mit Europa ein Substitut, einen Ersatz für die schwache nationale Identität und den geringen Nationalstolz darstellt.

Diese Interpretation erhält Unterstützung durch eine sehr interessante neue Studie mit dem Titel *Framing Europe* von Juan Diez Medrano, in welcher ausführliche Tiefeninterviews mit Menschen in Spanien, Deutschland und Großbritannien durchgeführt wurden. Aus seinen Interviews mit 27 Bürgern in Ost- und Westdeutschland schloss der Autor, dass »die Periode 1933–45 für den größten Teil der zweiten Hälfte des zwanzigsten Jahrhunderts den hauptsächlichen Bezugspunkt für die westdeutsche kollektive Identität und das westdeutsche kollektive Gedächtnis darstellte«. Die Charakteristika und das Verhalten des Nazi-Regimes waren darüber hinaus eine Hauptdeterminante für die westdeutsche Innen- und Außenpolitik, wie auch für die Einstellungen der anderen Länder und deren Verhalten zu Deutschland (Diez Medrano 2003: 179). Zwei Drittel jener Interviewpartner erwähnten die Rolle Deutschlands im Zweiten Weltkrieg, wenn die Thematik der europäischen Integration angesprochen wurde. Hunderte, wenn nicht Tausende von Erzählungen und Romanen wurden in Deutschland seit 1945 geschrieben, die sich mit dieser Periode auseinander setzen. Auch die offizielle deutsche Außenpolitik dieser Periode »zeigte eine starke Abhängigkeit von den

---

[17] Einer der jüngsten Fälle war das in der Öffentlichkeit stark diskutierte Buch von Daniel Goldhagen über die Einstellungen und das Verhalten der gewöhnlichen Deutschen im Zusammenhang mit dem Holocaust (Goldhagen 1996; vgl. auch Noelle-Neumann 1987; Scheff 1994).

Plänen der anderen Länder und vom internationalen Misstrauen gegenüber der Bundesrepublik« (Diez Medrano 2003: 181ff).

Diese Situation hat eine weitreichende Konsequenz für die deutsche Politik in Hinblick auf die europäische Integration. Seine Bürger erhielten nie die Chance, ihre eigene Meinung über den Integrationsprozess zum Ausdruck zu bringen. Viele kritische Wissenschaftler, aber auch Politiker, haben dies stark kritisiert mit dem Argument, das man schwerlich zurückweisen kann, nämlich der Tatsache, dass die Verfassung Deutschlands durch die Übertragung von Kompetenzen an die EU grundlegend verändert worden ist. Es ist überraschend, dass man die gleiche Tatsache – keine einzige Abstimmung über die europäische Integration – auch in den meisten jener anderer Mitgliedstaaten der EU beobachten kann, die im Laufe des zwanzigsten Jahrhunderts ebenfalls faschistische Regierungen hatten (Portugal, Italien und Griechenland). Im Falle von Deutschland besteht ein direkter Zusammenhang zwischen diesen beiden Fakten. Die deutschen politischen Eliten betrachten es nicht nur als überflüssig, ihre Bürger um die Zustimmung zur Integration zu befragen; sie finden, das wäre sogar »gefährlich«. Diese Haltung mag vielleicht einer der Gründe für die Tatsache gewesen sein, dass Referenda in der Verfassung der Bundesrepublik Deutschland mit einer Ausnahme nicht vorgesehen sind.[18]

Dieses Problem ist direkt relevant für die zentrale Frage dieser Untersuchung – nämlich das Verhältnis zwischen Eliten und Bürgen im Hinblick auf die europäische Integration. Implizit besagt es, dass es das deutsche Volk war, das die Machtergreifung durch die Nationalsozialisten ermöglicht hat, nicht seine Eliten. Da dies eine außerordentlich wichtige Frage ist, soll sie im Folgenden genauer untersucht werden.

Historischer Exkurs: Wer ermöglichte Hitlers Machtübernahme in Deutschland, die Eliten oder das Volk?

Betrachten wir zuerst einige Fakten und Zahlen über die Situation in den frühen 1930er Jahren, als Hitler und seine Nationalsozialisten dabei waren, die Macht in Deutschland zu übernehmen.[19] Heute scheint es nahezu unglaublich und scho-

---

[18] Eine Ausnahme ist der Fall der Bildung eines neuen Bundeslandes durch Teilung eines bestehenden. Dieser Verfassungstatbestand würde die Politiker der Bundesrepublik aber keineswegs grundsätzlich daran hindern, eine Volksabstimmung durchzuführen; auch in vielen anderen EU-Staaten gab es eine solche ohne Verpflichtung durch die Verfassung.
[19] Vgl. dazu die konzise Darstellung der Ereignisse durch den Historiker der Universität Oxford, R.A.C. Parker (1967). Detaillierte Zahlen über die Wahlergebnisse zum deutschen Reichstag 1919–1933 sind zusammengestellt auf der Website http://st-franziskus.region-kaiserslautern.de/projekte/Projst.text 23.htm.

ckierend, dass in den zwei Präsidentenwahlen des Jahres 1932 jeweils 11,5 bzw. 13,5 Millionen Deutsche ihre Stimme für Hitler als Reichspräsidenten abgaben, der dabei im Wettbewerb mit dem alten Präsidenten Hindenburg stand. Relativ gesehen waren diese aber nicht mehr als 40% der Wähler (die Gesamtzahl der Wähler betrug über 30 Millionen). 1930–1933 waren extrem turbulente Jahre der deutschen Politik; die meisten Regierungen waren nur wenige Monate im Amt. Im September 1930 wurden die Nationalsozialisten erstmals eine große Partei mit 18% der Stimmen. Bei den Wahlen zum Reichstag im November 1932 erhielten sie 33% der Stimmen; dies war jedoch ein Rückgang gegenüber den letzten Wahlen im Juli des gleichen Jahres, als sie bereits 37% erhalten hatten. Keiner der Reichskanzler dieser Jahre (Kurt von Schleicher, Franz von Papen) war fähig, eine stabile Mehrheit im Parlament im Reichstag zu gewinnen. Im Jänner 1933 wurde Hitler durch den 68jährigen Reichspräsidenten von Hindenburg als Reichskanzler eingesetzt. Die Parlamentswahl im März dieses Jahres erbrachte 44% der Stimmen für die Nationalsozialisten. Das heißt, diese erhielten auch jetzt keine absolute Mehrheit, ebenso wenig wie in der Präsidentenwahl im Jahr vorher. Dies ist um so bemerkenswerter, als die Reichtagswahlen bereits in einer Situation offensichtlichen Terrors durch die quasi-militärische Organisation der Nationalsozialisten, die SA (Sturmabteilung) stattfanden. Einmal im Amt, versuchte Hitler sofort das Ermächtigungsgesetz zu verabschieden, mit dem Ziel, die politische Freiheit und parlamentarische Demokratie zu beseitigen. Hitler hatte aber nicht die notwendige Zwei-Drittel-Mehrheit im Reichstag für eine solche Verfassungsreform. Es stimmten jedoch alle Parteien – ausgenommen die Sozialdemokraten und die Kommunisten (die bei dieser Abstimmung allerdings bereits vom Reichstag ausgeschlossen worden waren) – dem vorgeschlagenen Gesetz zu, das somit 441 von 535 Stimmen erhielt. Das heißt, nicht weniger als 82% aller Abgeordneten unterstützten Hitler's Ermächtigungsgesetz. Hätten auch alle Sozialdemokraten und Kommunisten mit einem negativen Votum teilgenommen, wäre der Anteil der Pro-Stimmen immer noch sehr hoch gewesen, nämlich 69%. Es ist daher mehr als evident, dass die Mehrheit der Deutschen nie für Hitler gestimmt hat, aber sehr wohl eine große Mehrheit ihrer politischen Vertreter. Es ist unbestreitbar, dass das Deutsche Parlament sich im Jahr 1933 selbst ausgeschalten hat.

Diese These wird bestätigt, wenn wir die gesamte Geschichte der Weimarer Republik betrachten. Der Hauptgrund für die Instabilität dieser Periode (1919–1933) war die Zerstrittenheit innerhalb der politischen Eliten Deutschlands, ihre Unfähigkeit Parteistreitigkeiten beiseite zu stellen und arbeitsfähige Regierungen zu bilden. Das heißt, es waren die politischen Eliten, die für den Zusammenbruch der Demokratie in der Weimarer Republik verantwortlich waren: »Das Parlament entfernte sich immer mehr vom Volk, weil es mit sich selbst und mit den sich kontinuierlich abwechselnden Regierungen beschäftigt war, anstatt für die Interessen des Staates zu sorgen. Es verbreitete sich immer stärker ein Gefühl der Verantwortungslosigkeit gegenüber dem Volk und der Demokratie. Dies ermöglichte es, dass die gegenüber der Demokratie feindlich eingestellten Kräfte die Macht übernehmen konnten.«[20] Diese elite-kritische Aussage entspricht umfangreichen historischen Untersuchungen (z.b. Schoenbaum 1967) wie auch der Meinung angesehener Sozialwissenschaftler. Laut Ralf Dahrendorf (1962: 247ff) beruhte der Aufstieg des Nationalsozialismus auf einer Koalition zwischen den vorindustriell-autoritären Eliten, die bis in die Weimarer Republik hinein Einfluss ausübten, und den neuen totalitären politischen Eliten. Diese Allianz war letztlich erfolgreich, weil von den anderen Parteien keine »demokratische Koalition« gebildet wurde und die Eliten in drei scharf voneinander getrennte, feindliche Lager (die Konservativen, Liberalen und Sozialdemokraten) zersplittert waren (vgl. auch Best 1990).

Es gibt in diesem Zusammenhang ein weiteres historisches Argument, das nach Meinung der heutigen deutschen Eliten dagegen spricht, der deutschen Bevölkerung die Möglichkeit für Volksabstimmungen zu geben. Dies ist die vermeintliche Tatsache, dass auch die Nationalsozialisten dieses Instrument mehrmals benutzt hätten, um weitreichende politische Entscheidungen durchzusetzen. Aber man kann Referenda unter diktatorischen Bedingungen nicht mit solchen unter demokratischen Bedingungen vergleichen. Darüber hinaus hatten mehrere Referenda in der Weimarer Republik gezeigt, dass sich die Wählerschaft durchaus sehr rational verhalten hat, da radikale antidemokratische Bewegungen und Kräfte klar zurückgewiesen wurden (von Arnim 2000: 179ff). Es ist daher sehr problematisch, vom Nationalsozialismus als einer »Katastrophe« zu sprechen und die deutsche Geschichte des neunzehnten und der ersten Hälfte des zwanzigsten Jahrhunderts als *Sonderweg* zu bezeichnen, wie es einflussreiche deutsche Historiker getan haben (vgl. etwa die Essays in Weidenfeld 1983). Eine solche Charakterisierung verwischt die konkrete Verantwortung der politischen Eliten und Führer für die Geschehnisse dieser Zeit.

Zwei der hervor beschriebenen Faktoren – das niedrige Niveau der nationalen Identität und des Nationalstolzes und die Furcht, alte Dämonen wieder zum Leben zu erwecken – hatten auch definitive Folgen für das Verhalten der deutschen politischen Eliten im Prozess der europäischen Integration. Am klarsten trat diese Furcht zutage, als sich die Chance zur Wiedervereinigung Deutschlands nach der Öffnung der Berliner Mauer am 9. November 1989 ergab. Die Teilung des Landes in zwei von einander vollständig getrennte Teile stellte eine tiefe Wunde für die Deutschen dar. Bundeskanzler Kohl sah hier eine einmalige

---

[20] Vgl. http://st-franziskus.region-kaiserslautern.de/projekte/projst/text23.html.

Chance, weil mit Michail S. Gorbatschow seit 1985 ein reformistischer Führer an der Spitze der Sowjetischen Kommunistischen Partei stand. Einige Mitglieder der Europäischen Union, insbesondere Frankreich und Großbritannien, hatten ernsthafte Einwände gegenüber einer deutschen Wiedervereinigung. Es ergab sich hier eine ähnliche Situation, wie sie bereits in den späten 1940er und frühen 1950er Jahren bestanden hatte, als die Europäische Gemeinschaft für Kohle und Stahl (EGKS) gegründet worden war: ein wirtschaftlich starkes vereinigtes Deutschland mit 80 Millionen Einwohnern würde mächtiger als jedes andere einzelne Mitglied der EU werden. Daher musste ein neuer Weg der Einbindung und Kontrolle dieses vergrößerten Deutschlands gefunden werden. Diese Position nahmen insbesondere Frankreich und sein Präsident Mitterand ein. Er kam zum Schluss, dass die Einführung einer gemeinsamen Währung, die durch die EU insgesamt kontrolliert werden könnte, der effizienteste Weg sein würde, das ökonomische Übergewicht Deutschlands und seiner Bundesbank auszugleichen (Reimon/Weixler 2006: 83ff.; Dinan 1999: 130f.). Kohl stimmte diesem Deal zu, wobei er sich über die Tatsache hinwegsetzte, dass viele deutsche Wirtschafts- und Finanzwissenschaftler, wie auch die Mehrheit der Bevölkerung, gegen die Ablösung der Deutschen Mark durch den Euro war (vgl. auch Shore 2000: 223).

Angesichts dieser Fakten ist es nicht überraschend, dass die Daten über die Einstellungen zur EU in Deutschland eine besonders ausgeprägte Kluft zwischen Eliten und Bürgern zeigen (vgl. Kapitel 1, *Tabelle 1.3*). *Tabelle 6.5* zeigt auch, dass der Unterschied in den Einstellungen zur Integration zwischen den besser Gestellten und den weniger Privilegierten im Cluster Deutschland, Frankreich und Italien am höchsten ist. In engem Zusammenhang mit dieser Kluft stehen signifikante Einstellungsunterschiede zwischen Ost- und Westdeutschland. Im Osten Deutschlands sind die Einstellungen zur EU deutlich weniger positiv als im Westen; 32% der Ost-Deutschen bringen Gefühle der Angst im Hinblick auf die EU zum Ausdruck (*Tabelle 6.4*). Diese Unterschiede können durch zwei Gründe erklärt werden: Ostdeutschland wurde mit Westdeutschland in Form eines *Anschlusses* vereinigt, das heißt, es musste sämtliche institutionellen Strukturen übernehmen, die in der Bundesrepublik bestanden. Trotz der gewaltigen Subventionen, die seither von West- nach Ostdeutschland flossen, sind viele Regionen Ostdeutschlands heute durch ein hohes Niveau von Arbeitslosigkeit und industrieller Stagnation charakterisiert.

In jüngster Zeit wurde Deutschland mehr und mehr selbst eine autonome, treibende Kraft der europäischen Integration. 1990/1 machten die Präsidenten Kohl und Mitterand den Vorschlag, den Prozess der Integration zu beschleunigen und eine europäische Verteidigungstruppe einzurichten, deren Zweck auch darin lag, Deutschland militärisch und sicherheitspolitisch stärker in die EU einzubinden.[21] Diese Vorschläge führten zum Maastricht Vertrag, der die Europäische Verteidigungsunion als einen der Pfeiler der vertieften europäischen Integration vorsah. Diese Integrationspolitik wurde durch die sozialdemokratisch-grüne Regierungs-Koalition von Gerhard Schröder bis 2005 fortgesetzt. Die Rede seines Außenministers Joschka Fischer an der Humboldt Universität Berlin am 4. Mai 2000 stellte ein bemerkenswertes Dokument der neuen weltpolitischen Ambitionen Deutschlands im Kontext der EU dar.

Europäische Integration als Ziel an sich

Viele der Merkmale der Einstellungen der südeuropäischen Länder zur europäischen Integration kann man auch in den acht postkommunistischen zentral- und osteuropäischen Ländern beobachten, die der EU im Jahre 2004 beigetreten sind. Ihre Situation war mit der jener südeuropäischen Länder vergleichbar, die noch für eine erhebliche Zeit nach dem Zweiten Weltkrieg faschistische Regimes hatten. Aber die postkommunistischen Länder mussten zwei Probleme auf einmal lösen, den ökonomischen Übergang zu Marktwirtschaften – eine Aufgabe, die schwierig war, weil Privateigentum und Markt weithin beseitig worden waren – und den politischen Übergang von autoritären Ein-Parteien-Systemen zu Demokratien. In manchen dieser Länder Mittelosteuropas (insbesondere in der Deutschen Demokratischen Republik und in der Tschechoslowakei) war die Bevölkerung für fast ein halbes Jahrhundert nahezu eingesperrt worden. Die Abschließung gegenüber dem Westen, sichtbar im Eisernen Vorhang, war eine Reaktion der herrschenden Klassen, unterstützt durch die Militärmacht der Sowjetunion, auf Massen-Flüchtlingsbewegungen und/oder wiederholte politische Aufstände. Die Hauptmotive für das hohe Interesse von Regierungen und Bevölkerung in den postkommunistischen Ländern, Mitglied der EU zu werden, liegen auf der Hand. Zwei Gruppen von Ursachen können hier erwähnt werden.

Die erste hat mit der wirtschaftlichen Rückständigkeit zu tun, in welche diese Länder während der 1970er und 1980er Jahre zusehends schlitterten. Diese Rückständigkeit hing eindeutig mit ihrer ein halbes Jahrhundert währenden Zugehörigkeit zur Zentralverwaltungswirtschaft sowjetischen Typs zusammen.[22]

---

[21] Bundeszentrale für politische Bildung, 13.2.2006, »Europapolitik« (Michael Woyke), http://www.bpb.de/wissen/
[22] Diese These trifft insbesondere auf die entwickelteren mittelosteuropäischen Länder zu, wie die Tschechische Republik oder Slowenien (vgl. Haller/Höllinger 1995), sowie auf jene, deren Ökonomie, dem sowjetischen Modell folgend, verstaatlicht wurde; weniger zutreffend ist sie für jene, in welchen nicht alle Privatunternehmen beseitigt wurden (wie in Polen, Ungarn oder Jugoslawien) oder jene, die vor der kommunistischen Machtübernahme ein sehr niedriges Entwicklungsniveau aufwiesen, wie Bulgarien oder Rumänien.

Man erwartete aus der Öffnung gegenüber dem Westen zahlreiche ökonomische Vorteile. Der Zugang zum gigantischen Markt der EU versprach Vorteile und Profite für verschiedene Gruppen: Starke Produzenten und Konsumenten waren begierig darauf, Güter zu exportieren bzw. westliche zu kaufen; mobile Menschen aller sozialer Schichten sahen eine Chance in westlichen Ländern Arbeit zu bekommen, für die fünf- bis zehnmal so hohe Löhne gezahlt wurden, als zuhause;[23] die Bauern erwarteten neue Absatzmärkte und Subventionen von der EU. Unter den politischen Motiven waren zwei besonders wichtig: die Beseitigung des Ein-Parteien Systems, der Übergang zur Demokratie im Innern und die Befreiung von der (wenn auch nur indirekten) Beherrschung durch den »Großen Bruder« Sowjetunion. Als Mitglied der EU würden nationale Souveränität und Unabhängigkeit am besten und für immer gesichert sein. Insbesondere für Polen, das größte unter den mittelosteuropäischen Ländern, war »die Europäische Union die zivilisatorische Wahl, eine nationale patriotische Pflicht. Polen wählte die EU als seine ›Rückkehr zu Europa‹, weil seine Geschichte zu Europa gehörte ...« (Guerra 2006: 7). In dieser Hinsicht scheint die Haltung Polens zur Integration jene von Italien wider zu spiegeln – ein Vergleich, der auch deshalb als sinnvoll erscheint, weil in beiden Ländern der Katholizismus die dominante Religion ist.

Es gab allerdings auch ernsthafte Vorbehalte gegenüber dem Beitritt zur EU und diese betrafen erhebliche, wenn auch unterschiedliche Gruppen der Bevölkerung. Zum Ersten war ein Abstieg und Machtverlust der alten *Nomenclatura* und ihrer Klientel zu erwarten; tatsächlich sind die höheren Schichten in den postkommunistischen Ländern heute signifikant weniger glücklich als die Angehörigen der Mittelschichten (Haller und Hadler 2006). Zum Zweiten mussten sich Beschäftigte im öffentlichen Dienst und in den Staatsindustrien über die Sicherheit ihrer Arbeitsplätze Sorgen machen, weil alle diese Bereiche im Vergleich zu westlichen Ländern mit viel zuviel Personal ausgestattet und sehr unproduktiv waren. Schließlich mussten sich große Teile der einfachen Bevölkerung – Arbeiter in manuellen Dienstleistungsberufen, Pensionisten, von Wohlfahrts- und Sozialleistungen Abhängige und so weiter – sich auf eine Reduktion vieler Arten von Unterstützungen gefasst machen; zugleich zeichnete sich ein signifikanter Anstieg der Preise für Basisgüter, wie Lebensmittel und Wohnungen, ab (Szczerbiak 2001: 114; Gasparski 1996). In Kapitel 4 wurde gezeigt, dass der Prozess der Integration dieser Länder in das System die westliche Machtwirtschaft im Allgemein und in die EU im Besonderen in einer äußerst raschen und schmerzhaften Weise stattfand.

---

[23] Eine polnische Umfrage in den 1980er Jahren zeigte, dass für die große Mehrheit der Polen die Auswanderung als der beste Weg »im Leben vorwärts zu kommen« angesehen wurde (verglichen mit guter Ausbildung, harter Arbeit usw.).

Angesichts dieser widersprüchlichen Fakten ist es nicht sehr überraschend, dass die Zustimmung der Bevölkerung dieser Länder zum EU-Beitritt bei weitem nicht so hoch war, wie man erwartet hatte; sie traten der EU keineswegs »enthusiastisch« bei, wie es im Westen oft behauptet wurde (Vetik 2003). Ein Indikator dafür ist die geringe Wahlbeteiligung bei den Referenden zum EU-Beitritt, wie in Kapitel 1 gezeigt wurde; diese Tatsache wurde in Medienberichten über die Resultate dieser Referenda meist diskret verschwiegen. Tatsächlich lag die Wahlbeteiligung bei diesen Referenden nur zwischen 45% in Ungarn und bis zu etwa 60% in den anderen Ländern. Im Falle von Polen und Ungarn bedeutet dies, dass de facto weniger als die Hälfte (zwischen 38% und 45%) der wahlberechtigten erwachsenen Bevölkerung tatsächlich für den Beitritt zu der EU gestimmt haben. In manchen dieser Länder hatten Vorwahlumfragen sogar noch niedrigere Anteile von Befürwortung gezeigt, als man sie später tatsächlich beobachten konnte. Ein sehr niedriges Niveau an Interesse zeigte sich auch bei den Wahlen zum Europaparlament im Juni 2004: In Polen und in der Slowakei nahmen nur ein Fünftel der Wählerschaft daran teil, in Slowenien und Estland weniger als ein Drittel und in allen anderen postkommunistischen Ländern weniger als der Hälfte der Bevölkerung. Derart niedrige Quoten der Wahlbeteiligung sind schwerlich ein Zeichen für EU-Enthusiasmus, allerdings auch nicht für ein großes demokratisches Interesse.

Diese Sicht wird auch durch Umfragen bestätigt. Die allgemeine Einstellung zur EU im postkommunistischen Osteuropa ist grundsätzlich positiv, aber keineswegs außerordentlich hoch. Für etwas mehr als die Hälfte der Bevölkerung hat die EU ein positives Image; die meisten sind der Meinung, dass ihr Land vom Beitritt profitiert hat. Das Wissen über die EU ist aber in vielen Ländern sehr niedrig (eine Ausnahme ist Slowenien; für Polen vgl. Guerra 2006; siehe auch *Tabelle 6.1*). Charakteristisch für die meisten dieser Länder ist auch ein sehr niedriges Niveau des Nationalstolzes und zwar in fast allen Dimensionen (etwa in Hinblick auf die Demokratie, die ökonomischen Leistungen, und das Sozialsystem; vgl. *Tabelle 6.2*). Trotzdem sind die Menschen ihrer Nation stark verbunden, insbesondere die Ungarn und Polen.

Eine allgemeine Charakterisierung der grundsätzlichen Haltung der Bürger in den postkommunistischen Ländern zur europäischen Integration in einem Stichwort könnte daher lauten *»Mitgliedschaft als Ziel an sich«* oder *»Dabei sein ist alles«*. In einer polnischen Studie über die Einstellung zur EU vor dem Beitritt wurde festgestellt, dass die meisten Befragten »Euroneutral sind, die der Idee der Mitgliedschaft zustimmen, aber keineswegs enthusiastisch darüber sind« (Szczerbiak 2001: 120). Diese Haltung einer »passiven Teilnahme« wurde auch durch osteuropäische Analytiker der öffentlichen Meinung in diesen Ländern diagnostiziert. Laut dem ungarischen Schriftsteller Peter Esterhazy meint das Wort *Freiheit* in Osteuropa heute nicht wirklich Freiheit, sondern bloß *Überleben*; als Ergebnis Jahrhunderte langer, ausländischer Herrschaft wurde »überall in diesen Ländern eine unglaubliche Listigkeit darin entwickelt, uns vor jeder Macht zu verstecken«.[24] Einen sehr ähnlichen Kommentar gab der ungarisch-österreichische Journalist Paul Lendvai über die politische Situation in Ungarn.[25] Ein herausragendes Beispiel in dieser Hinsicht ist Polen. Der Professor für Geschichte und Herausgeber des Magazins *Res Publica*, Marcin Krol, diagnostizierte einen sehr schlechten »Gesundheitszustand« der Demokratie in seinem Land, indiziert durch niedrige Wahlbeteiligung, ein hohes Niveau politischer Apathie und eine allgemeine depressive Stimmung der Bevölkerung. Vor der Parlamentswahl im Jahre 2005 sagten 60% der Polen in einer Umfrage, dass sie keine Verbesserung ihrer Lebensverhältnisse erwarteten.[26] Dies ist auch kaum überraschend, angesichts der hohen Arbeitslosigkeit zu dieser Zeit (20%), weitverbreiteter Armut und zunehmender Ungleichheit. Ein Hauptgrund für diese Entwickelung war das radikale neoliberale Umstrukturierungsprogramm, das in Kapitel 4 beschrieben worden ist. Im Herbst 2003 gab es in Warschau eine Serie von Demonstrationen verschiedenster Gruppen (Bergarbeiter, Beschäftigte im Gesundheitswesen, Bauern und Taxifahrer) gegen diese Art der Politik. Unter großen Teilen der Bevölkerung, insbesondere unter den Armen und wenig einflussreichen Gruppen (wie Arbeitslosen und Pensionisten), breiteten sich politische Frustration und Apathie aus; das Fehlen klarer Reformprogramme der politischen Parteien trug dazu bei. Der Wandel der politischen Situation Polens in Richtung rechter Parteien mit den Wahlsiegen der konservativen und nationalistischen Kaczynski-Brüder im Jahre 2005 ist auf diesem Hintergrund nicht so überraschend.

Ein weiteres interessantes Faktum und ein Indikator für eine zunehmende Kluft zwischen Eliten und Bürgern in diesen Ländern ist die Tatsache, dass viele der führenden Politiker und Wirtschaftsberater in Osteuropa einen strikt liberalistischen Ansatz befürworten. Ein prominenter Vertreter dieses Ansatzes ist der gegenwärtige tschechische Präsident (ein ausgebildeter Ökonom) Vaclav Klaus. Er argumentiert, dass die Europäische Union ein Modell eines korporatistischen Superstaates darstellt, der inspiriert ist durch sozialistische Ideen. In Übereinstimmung mit vielen Briten schlägt er vor, die EU soweit wie möglich zu erweitern, unter Einschluss der Ukraine, Kasachstans und Marokkos – »je mehr desto besser«[27] (siehe auch Strong 2006). Gleichzeitig sollten ihre Kompetenzen jedoch keineswegs ausgeweitet, ja eher verkürzt werden.

---

[24] Interview mit der italienischen Tageszeitung »La Repubblica«, 18.4.2004.
[25] Vgl. z.B. seinen Kommentar »Warnsignale aus Wien und Warschau« in der österreichischen Tageszeitung »Der Standard«, 27.10.2005, S. 35.
[26] Marcin Krol, »Der polnische Patient«, Artikel in »Der Standard«, 21.10.2005, S. 35.
[27] Interview, abgedruckt in »Frankfurter Allgemeine Zeitung«, 15.3.2005.

Die liberalistischen Ideen und Politiken der Eliten werden durch die neuen armen Schichten in Zentral- und Osteuropa nicht unterstützt. Eine Studie in Estland zeigt, dass für 40% der Befragten die Anwendung von EU-Standards nichts anders bedeutet, als dass die Elite ihre privaten Interessen verfolge (Vetik 2003). In dieser Gruppe neuer EU Mitglieder ist die Kluft zwischen Eliten und der Bevölkerung besonders groß ausgeprägt. Für Ostdeutschland wurde gezeigt, dass die Manager vor allem an kapitalistischen Zielen orientiert waren, wie hohen Profiten und Interessen der Kapitaleigentümer, stärker als ihre Kollegen in Westdeutschland (Best/Schmidt 2004). Eine Studie über die Reichen in Litauen fand, dass diese stärker an der EU orientiert sind, als an ihrer eigenen Gesellschaft (Mathonyte/Gaidys 2004). Alle diese Befunde zeigen, dass sich neue Konflikte und Widersprüche in diesen Gesellschaften auftun, die zu einer Vertiefung des Konflikts in der EU insgesamt führen können, zwischen den Befürwortern des neoliberalen Integrationsmodells einerseits und einem anderen Modell, das auch grundlegende soziale Rechte und bessere Chancen für politische Beteiligung der Bürger involviert.

Die EU als Mittel globalen Einfluss (wieder-) zu gewinnen

Zwei Hauptinteressen oder Motive spielten eine wichtige und positive Rolle in der europäischen Integration. Das Erste war jenes von Frieden und Sicherheit in Europa, das Zweite die Förderung von Wachstum und Wohlstand. Frankreich ist jenes Land, für welches die EU in erster Linie ein Mittel zur Förderung positiver politischer Interessen darstellt (vgl. auch Siedentop 2001: 140f., 223ff.). Dies wird zum Ersten bestätigt durch die Tatsache, dass mehrere der wichtigsten politischen Persönlichkeiten im europäischen Integrationsprozess – wie etwa Jean Monnet, Robert Schumann, Jacques Delors, F. Mitterand und G. d'Estaing – Politiker aus Frankreich waren. Aber auch Charles de Gaulle spielte im Prozess der europäischen Integration eine entscheidende politische Rolle (Dinan 1999: 37). Diese Behauptung mag auf den ersten Augenblick als überraschend erscheinen, da der Name de Gaulle üblicherweise mit der Blockierung des Beitritts Großbritanniens zur EWG und mit der Beschränkung der Macht von Kommission und Europäischem Parlament assoziiert wird. De Gaulle erreichte jedoch die vollständige Aussöhnung zwischen Frankreich und Deutschland und legte dadurch die Grundlage für den »Motor« der weiteren Integration. Darüber hinaus schlug er die Gemeinsame Agrarpolitik vor, eine zentrale Säule der Integration und er setzte auch die Erhaltung und Aufwertung des Europäischen Rates (Versammlung der Regierungschefs) als entscheidendes politisches Gremium in der EU durch.

Die französischen politischen Eliten waren zum Zweiten insgesamt äußerst erfolgreich, als sie den Prozess der europäischen Integration zu einem hohen Teil nach ihren Visionen gestalten konnten. Diese Eliten sind die am besten gebildeten und in ihrer politischen Zielsetzung am entschiedensten: »Ungeduldig über jede Opposition, sobald ein bestimmter Aktionsplan einmal als ›rational‹ erkannt und festgelegt wurde, setzt die französische politische Klasse das Ergebnis viel höher an als die Mittel« (Siedentop 2001: 135). Die starke Zentralisierung des französischen Staates und die Macht seiner Bürokratie sind in dieser Hinsicht von ausschlaggebender Bedeutung. In Kapitel 5 wurde gezeigt, dass die Spitzenpositionen der Eurokratie zu einem hohen Anteil durch Franzosen besetzt sind. Siedentop (2001: 136) geht so weit zu argumentieren, dass »die französische politische Klasse in der Lage war, in Brüssel ein europäisches Gebäude zu errichten, das die französischen Visionen von Europa, die französischen Gewohnheiten und die französischen Interessen reflektiert. De facto etablierte sich die französische politische Klasse als Vorsitzende über Europa.«

Warum waren die französischen Initiativen für die europäische Integration so erfolgreich? Frankreich kam aus dem Zweiten Weltkrieg nicht ungeschlagen und so stolz heraus wie Großbritannien. Es hatte durch Hitlers Blitzkrieg 1940 eine beschämende Niederlage erlitten; die Reputation vieler Spitzenpolitiker war infolge ihrer Kollaboration mit dem von Hitler eingesetztem Vichy-Regime beschädigt (Wolton 2004). Ökonomisch gesehen war Frankreich eine schwache Nation, nicht nur wegen der Kriegsschäden, sondern auch wegen scharfer Beschränkungen des Handels mit anderen Ländern, einem »starken Muster des Bilateralismus und der Autarkie«, das in Kontinentaleuropa zu dieser Zeit existierte (Milward 1992: 6). Frankreich war bereits vor dem Zweiten Weltkrieg in einer schwachen Situation gewesen, nicht nur in wirtschaftlicher und militärischer, sondern auch in moralischer Hinsicht (Monnet 1988: 297). Eine enge Kooperation auf der europäischen Ebene und insbesondere mit dem früheren alten und starken Feind Deutschland, eröffnete Frankreich die Möglichkeit, weiterhin eine bedeutende Rolle in der Weltpolitik zu spielen. Dies erschien auch deshalb notwendig, weil mit der Sowjetunion eine neue Supermacht aufgestiegen war, die Westeuropa bedrohte. Die Schatten des kommenden Kalten Krieges waren zu dieser Zeit schon deutlich sichtbar. Die Pionierrolle Frankreichs in der frühen Phase des europäischen Integrationsprozesses wird auch durch die Tatsache bestätigt, dass mehrere französische Politiker – schon vor der Gründung der EGKS – vorgeschlagen hatten, eine europäische Verteidigungsgemeinschaft zu gründen. Ein Vertrag über eine solche wurde in Paris im Mai 1952 tatsächlich unterzeichnet. Das französische Parlament, die *Assemblé Nationale*, lehnte diesen Vertrag jedoch ab, weil die Abgeordneten der Meinung waren, dass er zu viele Konzessionen an die Bundesrepublik Deutschland machte (Pfetsch 1997: 32f).

6 Eine Union oder viele? 331

Frankreich spielte auch eine führende Rolle im ökonomischen Integrationsprozess, der in den 1980er Jahren einen neuen Impuls erhielt, als Jacques Delors Präsident der EU-Kommission wurde. In dieser Periode gewannen die Interessen von Großunternehmen und multinationalen Konzernen im Integrationsprozess einen sehr großen Einfluss, wie in Kapitel 4 gezeigt worden ist. Die nächste Phase, in welcher Frankreich den Integrationsprozess wieder entscheidend vorantrieb, war das Jahr 1990, als Präsident Mitterand die Einführung einer gemeinsamen Währung vorschlug. Auch bei diesem Vorschlag spielte die Sorge um die nationale Unabhängigkeit Frankreichs eine zentrale Rolle; wie oben gezeigt, wurden der Euro und die französische Mitbestimmung bei der gemeinsamen Währungspolitik als Ausgleich für die Zustimmung zur deutschen Wiedervereinigung 1990 gesehen.

Betrachten wir die allgemeine Einstellung zur Integration, so zeigt sich auch in Frankreich eine deutliche Kluft zwischen Eliten und Bürgern. Zwar sind sowohl die nationale und die europäische Identität und der Nationalstolz in Frankreich höher als in Deutschland, sie sind aber auch nicht besonders hoch. Die Franzosen sind sehr stolz auf ihr Sozialsystem und ihre Geschichte, aber nicht sehr stolz auf die wirtschaftlichen Leistungen ihres Landes (siehe *Tabelle 6.2*). Besonders signifikant ist die Tatsache, dass es in Frankreich weit verbreitete Gefühle des Misstrauens (27% gegenüber einem EU-Mittelwert von 19%) und der Angst (31% gegenüber einem Mittelwert von 17%) im Zusammenhang mit der EU gibt. Auch die Unterschiede in der Einstellung zur Integration zwischen den verschiedenen sozialen Schichten sind in Frankreich beträchtlich. Diese reservierte Haltung zur Integration in erheblichen Teilen der französischen Bevölkerung konnte man schon seit längerem beobachten. Indikatoren waren Tatsachen, wie jene, dass der Vertrag über die Europäische Union (Maastricht-Vertrag) nur durch eine äußerst dünne Mehrheit von 50,7% 1992 angenommen wurde und die Verfassung für Europa im Jahre 2005 durch eine klare Mehrheit (54,8%) der Wähler abgelehnt wurde (siehe *Tabelle 1.1*).

Die Europäische Union als »Futtertrog«

Die Clusteranalyse hat gezeigt, dass zwei kleine Länder – Luxemburg und Irland – sich sehr deutlich von allen anderen Mitgliedstaaten der EU unterscheiden. Beide können in der Tat als spezifischer Typ im Hinblick auf die Europäische Integration betrachtet werden.

Ein besonders interessanter Fall in dieser Hinsicht ist das kleine »Großherzogtum« Luxemburg (etwa 460.000 Einwohner). Luxemburg wird oft als paradigmatisches Beispiel für den Nutzen angeführt, der sich aus der europäischen

Integration ergibt. Es ist heute in der Tat eines der reichsten Länder der Welt und ein erheblicher Teil dieses Reichtums hängt direkt mit der europäischen Integration zusammen. Es stimmt auch, dass die Bevölkerung von Luxemburg, situiert in einer zentralen Position zwischen der französischen und deutschsprachigen Welt, ein hohes Niveau der Offenheit zu anderen Ländern und Kulturen zeigt (indiziert etwa durch eine weit verbreitete Kenntnis ausländischer Sprachen); das Großherzogtum hat auch eine überproportionale Anzahl herausragender Europapolitiker hervorgebracht (inklusive zweier Kommissionspräsidenten, Gaston Thorn und Jacques Santer). Luxemburg ist aber auch jenes unter allen Mitgliedern der EU, das vermutlich am meisten aus dieser Mitgliedschaft profitiert. Dies geschieht in vier Hinsichten.

Luxemburg war zum Ersten seit Beginn Sitz mehrerer EU Institutionen. 1952 wurde es zum Sitz der Hohen Behörde der EGKS gewählt. Später wurden die Ämter des Europäischen Gerichtshofes, des Europäischen Rechnungshofes und verschiedene Verwaltungsstellen des Europäischen Parlaments und des Europäischen Rates hinzugefügt. Heute mögen etwa 6.500 EU Angestellte in Luxemburg arbeiten – eine Zahl, die in einem so kleinen Land ein erhebliches Gewicht hat. Zum Zweiten ist Luxemburg jenes Land, das pro Kopf der Einwohner die höchsten Subventionen der EU erhält (Baldwin 2005: 4). Im Jahr 2004 waren dies 2.359 Euro pro Person, einschließlich der administrativen Ausgaben für die Angestellten der EU; auch wenn man nur die Subventionen betrachtet (hauptsächlich für Landwirtschaft und Kohäsion) war Luxemburg der fünftgrößte Empfänger pro Person in der EU. Zum Dritten kann auch der private Wirtschaftssektor von Luxemburg (insbesondere das Bankwesen) große Vorteile aus der Mitgliedschaft in der EU ziehen. Die besonders günstigen Bedingungen (im Hinblick auf Besteuerung usw.) die in diesem Lande bestehen, ziehen zahlreiche ausländische Unternehmen an. 39% von Anträgen von Ausländern und eine absolute Anzahl von etwa 100.000 Beschäftigten, die täglich in das Großherzogtum Luxemburg einpendeln, machen dies mehr als deutlich. Zum Vierten hat Luxemburg in der EU eine privilegierte Position gerade wegen seiner Kleinheit. Im Verfassungssystem der EU wurde den kleinen Ländern ein überproportionales Gewicht eingeräumt. So hat Luxemburg z.B. sechs Abgeordnete (MEP's) im Europäischen Parlament und Deutschland 99. Das bedeutet, dass ein MEP in Luxemburg etwa 70.000 Wähler repräsentiert, aber ein MEP in Deutschland etwa 800.000. Das heißt, dass die Wahlstimme eines Bürgers in Luxemburg ein viel höheres Gewicht hat als jene eines Bürgers in den meisten anderen EU Mitgliedsländern.

Die Situation eines direkten Vorteils durch die Anwesenheit zahlreicher europäischer Institutionen besteht auch in der belgischen Hauptstadt Brüssel. Das quantitative Gewicht dieses Faktors ist hier sogar noch weit bedeutender; einschließlich der EU Angestellten im engeren Sinne, der Vertreter der Nationalstaaten, Provinzen usw., der Lobbyisten von Verbänden und Unternehmen, arbeiten heute zumindest 50.000 Personen in direktem Zusammenhang mit der EU in Brüssel. Dies ist ohne Zweifel ein ökonomischer Faktor ersten Ranges für die Finanzen der Stadt. Darüber hinaus sind Aufträge für die Bauwirtschaft, für den Privatsektor und andere, die von den EU Institutionen kommen, ökonomisch sehr bedeutsam. Im Jahr 1991 trug die EU 10% des Bruttonationalproduktes von Belgien bei (Shore 2000: 159). Die belgischen Behörden sind deshalb extrem sensitiv in Bezug auf alles, was die Reputation von Brüssel als »Hauptstadt von Europa« beschädigen könnte.

Das zweite Land, das ebenfalls zu diesem Typus »EU als Futtertrog« gehört, ist Irland. Auch nach Erlangung seiner politischen Unabhängigkeit im Jahre 1922 blieb diese Insel stark von England abhängig und vom Rest Europas isoliert. Erst in den 1960er Jahren wurde eine wirtschaftliche Öffnung initiiert, die 1973 im Beitritt zur EWG gemeinsam mit Großbritannien kulminierte. Eine mit dem Beitritt verbundene Hoffnung war, wirtschaftliche Unabhängigkeit von Großbritannien zu erlangen, eine andere sicherlich die, von den strukturellen Fonds und landwirtschaftlichen Subventionen der EU zu profitieren (Dinan 1999: 67ff.). Tatsächlich ist Irland das Land, das absolut pro Kopf die höchsten Subventionen erhält (vgl. *Tabelle 6.1*). Beide diese Fakten haben sicherlich dazu beigetragen, dass die irische Bevölkerung eine sehr positive Einstellung zur europäischen Integration zeigt. Die verschiedenen Referenda über den Beitritt in die institutionelle Vertiefung der EU (1972, 1987, 1992), ergaben klare Mehrheiten (70–80%) für die Integration (vgl. Kapitel 1). Das allgemeine Interesse an diesen Referenda war jedoch nicht sehr hoch, wie sich an der häufig niedrigen Wahlbeteiligung zeigt. Es scheint, dass die Iren eine recht nutzenorientierte Einstellung zur Integration haben. Dies zeigte sich am deutlichsten im Referendum von 2001 über den Vertrag von Nizza, als eine Mehrheit (54%) der Teilnehmer (dies waren aber nur 35% der Wählerschaft) den Vertrag zur großen Überraschung der politischen Elite ablehnte. Irland wurde als undankbares Kind gesehen. Die Wiederholung des Referendums im Jahre 2002 brachte dann das erwartete Resultat.

Seit seinem Beitritt zur EWG machte Irland eine sehr dynamische Entwicklung durch: Es war in der Lage – im Unterschied zu den südeuropäischen Mitgliedsländern Portugal, Spanien und Griechenland – voll zu den reicheren Mitgliedstaaten der EU aufzuschließen; seit Mitte der 1990er Jahre hatte es ein starkes Wirtschaftswachstum und abnehmende Arbeitslosigkeit zu verzeichnen. Im Jahr 2007 erreichte Irland das zweithöchste Niveau des Bruttonationalprodukts unter den 27 EU-Mitgliedstaaten, übertroffen nur mehr von Luxemburg.[28] 1970 hatte das mittlere Einkommen pro Kopf in Irland nur die Hälfte des EG-Mittelwertes betragen. Wir müssen im Falle von Irland daher eindeutig von einem »zweiten Wirtschaftswunder« sprechen. Die spektakuläre wirtschaftliche Entwicklung hat zweifellos zur allgemeinen sehr positiven Einstellung der Iren zur EU beigetragen: 81% – der höchste Anteil – sind der Meinung, dass das Land von der Mitgliedschaft profitiert hat. Die EU hat ein sehr positives Image, aber das Wissen darüber ist unterdurchschnittlich. Die Hälfte der Iren würde es sehr bedauern, wenn sich die EU auflösen würde und größere Anteile als anderswo verbinden mit der EU Gefühle des Enthusiasmus und der Hoffnung (vgl. *Tabellen 6.1–6.4*). Es wäre jedoch zu einfach, den Erfolg von Irland hauptsächlich der Unterstützung durch die EU-Fonds zuzuschreiben. Ein anderer Hauptfaktor dafür waren ohne Zweifel die massiven ausländischen (hauptsächlich US-) Investitionen, die durch die niedrigen Körperschaftssteuern (10%) in Irland angezogen wurden; die Sprache des Landes hat dies zusätzlich erleichtert. Irland stellt heute, genau wie Luxemburg, Liechtenstein und die Schweiz, eine Steueroase dar (Huemer 1994; Sweeney 1998).

Trotz dieses spektakulären wirtschaftlichen Aufholprozesses zeigte sich die im Grunde ambivalente Haltung der Iren zur EU neuerdings wieder, als sie am 12. Juni 2008 den Vertrag von Lissabon ablehnten. Die Hauptfolgerung, die man aus dieser Ablehnung ziehen muss, lautet wohl, dass ökonomische Vorteile allein nie ausreichen werden, um eine starke und dauerhafte Befürwortung des Integrationsprozesses unter den Bürgern zu erzeugen.

Es gibt eine weitere Folgerung, die man aus der Entwicklung von Irland und Luxemburg im Rahmen der EU ableiten kann. Sie lautet, dass es irreführend wäre, diese Länder als paradigmatisches Beispiel für die Wohltaten des Integrationsprozesses zu sehen. Ihre Prosperität ist zu einem erheblichen Teil nicht Folge der europäischen Integration, sondern spezieller Bedingungen und direkter Förderungen durch die EU, die in anderen Fällen, insbesondere in ärmeren Ländern der EU Peripherie, im Süden und Osten Europas, nicht gegeben sind.

6.4 Die Europäische Union als »Wertegemeinschaft«?

Die vorhergehenden Analysen haben gezeigt, dass im Hinblick auf die europäische Integration zwischen den verschiedenen Mitgliedsstaaten und Bürgern der EU sehr unterschiedliche Interessen, Ideen und Erwartungen bestehen. Angesichts dieser Divergenzen könnte man argumentieren, dass die Einheit und Integ-

---

[28] Daten von Eurostat, berichtet in http://wko.at/statistik/eu/europa-BIPjeEinwohner.pdf.

ration Europas weniger auf kurzfristige, soziale und ökonomische Gewinne begründet werden sollte, sondern eher auf allgemeine gemeinsame Werte. Dies ist in der Tat eine einflussreiche Denk- und Argumentationsfigur. Die Europäische Union wird durch Politiker, Intellektuelle und Schriftsteller immer häufiger als eine »Wertegemeinschaft« bezeichnet, in der Werte wie Freiheit, Menschenrechte, Demokratie und Ähnliches herrschen (vgl. auch Giorgi et al. 2006: 135ff.). Auch in den Grundverträgen der EU spielt der Bezug auf solche Werte eine wichtige Rolle. In diesem Abschnitt soll untersucht werden, ob dieser Anspruch zu Recht besteht. Zu diesem Zweck soll hier ein erster Blick auf den Inhalt der »Verfassung für Europa« geworfen werden (Eine systematische Inhaltsanalyse wird in Kapitel 7 durchgeführt). Dies ist der für diesen Zweck am besten geeignete Text, weil er alle früheren Grundlagenverträge der EG/EU in ein einziges Dokument integriert hat. Die Tatsache, dass die Verfassung für Europa inzwischen fallen gelassen und durch den Lissabon-Vertrag ersetzt wurde, macht diese Analyse nicht weniger gültig, weil der weitaus größte Teil (vermutlich 95%) der Verfassung für Europa auch in den Vertrag von Lissabon eingegangen ist.

Der Anspruch der EU, eine Wertegemeinschaft darzustellen

Der Text der Verfassung für Europa macht klar, dass die EU sich selber als Hüterin der grundlegenden und am meisten verehrten menschlichen Werte sieht (vgl. auch Giorgi et al. 2006: 135ff.). Gleich am Beginn (Art. I-2: »Die Werte der Union«) werden nicht weniger als 13 solcher Werte aufgezählt:

> »Die Werte, auf die sich die Union gründet, sind die Achtung der Menschenwürde, Freiheit, Demokratie, Gleichheit, Rechtsstaatlichkeit und die Wahrung der Menschenrechte einschließlich der Rechte der Personen, die Minderheiten angehören. Diese Werte sind allen Mitgliedsstaaten in einer Gemeinschaft gemeinsam, die sich durch Pluralismus, Nichtdiskriminierung, Toleranz, Gerechtigkeit, Solidarität und die Gleichheit von Frauen und Männern auszeichnet.«

Erst im nächsten Artikel werden die konkreten Ziele der Union definiert. In diesem Abschnitt werden spezifische Ziele – Wirtschaftswachstum, Preisstabilität, Umweltschutz usw. – aber vielfach mit den allgemeinen Zielen vermischt wie Frieden, dem allgemeinen Wohlergehen und »der Förderung ihrer Werte« (was immer das meinen mag). Auch wenn es um die Kriterien für die Aufnahme neuer Mitglieder geht, gibt es einen Bezug auf die grundlegenden Werte. Artikel I-58 stellt fest, dass die Union offen ist für »alle europäischen Staaten, die die in Artikel I-2 genannten Werte respektieren ...«. Eine neue Klausel (Art. I-59) stellt fest, dass gewisse Mitgliedschaftsrechte suspendiert werden, wenn »ein deutliches Risiko eines ernsthaften Bruches der Werte der EU durch einen Mitgliedstaat erfolgt«. Dieser Artikel wurde in die Verfassung aufgenommen, nachdem die EU Sanktionen gegen Österreich ausgesprochen hatte, weil sich dort die rechtsorientierte Freiheitliche Partei (FPÖ) an der Regierung beteiligt hatte; im folgenden Kapitel wird gezeigt, dass ein solcher Bruch von Werten keineswegs stattgefunden hat, dass solche Brüche jedoch laufend unter der Regierung Berlusconi in Italien stattfinden, die EU gegen diese aber nichts unternimmt.

Diese Selbstbeschreibung der EU als einer Wertegemeinschaft ist einmalig. Betrachtet man die Verfassung ihrer 27 Mitgliedstaaten, so zeigt sich, dass keine einzige davon eine ausdrückliche und systematische Aufzählung ihrer Grundwerte enthält.[29] Verfassungen beinhalten normalerweise zwei Abteilungen: Eine davon spezifiziert die Aufgaben und die Zuständigkeiten der verschiedenen politischen Institutionen (dies ist meist der größte Teil); der andere führt die Grundrechte der Bürger auf. Das Hauptdokument der österreichischen Verfassung enthält nicht einmal einen Abschnitt über die Grundrechte. Dasselbe gilt für die französische Verfassung, obwohl diese – im Anhang – die relativ kurze Erklärung der Menschenrechte von 1789 enthält. Ist dies ein Problem für Österreich? Da Österreich – wie alle EU Mitgliedstaaten – die UNO-Erklärung der Menschenrechte von 1948 und die Europäische Konvention der Menschenrechte von 1950 ratifiziert hat, scheint dies kein Problem zu sein. Es ist in der Tat nicht bekannt, dass die Menschenrechte in Österreich weniger geschützt wären als in irgendeinem anderen europäischen Staat. Nur in den USA findet sich im Vorwort zur Verfassung etwas Ähnliches. Aber diese Texte sprechen nicht von »Werten«, sondern von konkreten Zielen, welche durch die Union gefördert werden sollen oder sogar von menschlichen »Grundrechten«.[30] Vielleicht war die Verfassung der früheren Sowjetunion die einzige andere Verfassung der Welt, die auf ein explizites System von Werten begründet war (Boukovsky 2005).[31]

Im Rahmen von westlichen Demokratien hat die vorgeschlagene EU-Verfassung daher eine völlig neue Perspektive eröffnet, wenn sie sich selbst hauptsächlich als eine Wertegemeinschaft definiert. Die vorgeschlagene Verfas-

---

[29] Vgl. Verfassungen der EU-Mitgliedsstaaten (2005).
[30] In der Präambel wird festgestellt: »We the people of the United States ... establish justice, insure democratic tranquillity, provide for the common defence, promote the general welfare, and secure the blessings of liberty...«. In der *Declaration of Independence*, einem Anhang zur Verfassung, kann man lesen: »We hold that ... all men are endowed by their Creator with unalienable Rights, that among these are Life, Liberty and the pursuit of Happiness.«
[31] Vgl. Verfassung der Union der Sozialistischen Sowjetrepubliken vom 7.10.1977; http://www.verfassungen.de/su/udssr77.htm. Die neue russische Verfassung von 1993 hat mit dieser Tradition explizit gebrochen. Sie stellt fest: »Ideologische Pluralität soll in der Russischen Föderation anerkannt werden. Keine Ideologie darf als staatlich geförderte oder verpflichtende Ideologie institutionalisiert werden«. Vgl. http://www.departments.bucknell.edu/russian/const/ch1.html.

sung hat dieses Selbstbild nicht neu erfunden. Schon in Artikel 2 des Vertrages von Rom (1957) wurden eine große Anzahl von grundlegenden wertbezogenen Zielen aufgeführt (harmonische ökonomische Entwicklung, hohes Niveau der Beschäftigung und sozialen Sicherheit, Gleichheit von Mann und Frau, Verbesserung der Lebensqualität usw.). Seither haben die Staats- und Regierungschefs diese Werte und Ziele der Union immer wieder in Reden und »feierlichen Erklärungen« bekräftigt. Dies ist eine bemerkenswert andere Situation, als sie in den Rechts- und Sozialwissenschaften vorherrscht, in welcher sehr selten systematische Analysen der Ideale in Zusammenhang mit der europäischen Integration durchgeführt wurden. Man kann völlig Weiler (1999: 240) zustimmen, dass Werte zwar von zentraler Bedeutung sind (dieses Argument wurde bereits in Kapitel 2 vorgebracht); die Frage ist jedoch, ob die von der EU so feierlich hervorgehobenen Werte ihre institutionelle Struktur und ihre politische Praxis tatsächlich bestimmen. Diese Frage wird im nächsten Kapitel näher behandelt. Hier soll diskutiert werden, ob der Anspruch der EU, eine Gemeinschaft von Werten darzustellen, von zwei anderen Perspektiven her begründet ist; der eine bezieht sich auf ihren »christlichen« Charakter, der andere auf die Frage eines spezifisch »europäischen Lebensstils«.

Ist die Europäische Union eine auf christlichen Werten begründete politische Gemeinschaft?

Der Prozess der europäischen Integration wird oft bis auf die Zeit von Karl dem Großen zurückgeführt, der – so wird argumentiert, – Europa das erste Mal unter dem Christentum vereinigt habe. Während der Arbeit des Verfassungskonvents gab es eine heiße Debatte darüber, ob man einen Bezug auf das christliche Erbe von Europa in die Verfassung einschließen sollte. Einige katholische Mitgliedstaaten, insbesondere Polen, forderten dies und bezogen sich auf die Tatsache, dass das Christentum einen tiefen Einfluss auf Europa hatte und noch immer die »dominante« Religion in allen Mitgliedstaaten der EU sei. Diese Position wurde durch mehrere Bischöfe der protestantischen und katholischen Kirche unterstützt. Der endgültige Verfassungstext fand eine Lösung für dieses dornige Problem, indem man sich nur in allgemeiner Hinsicht auf »das kulturelle, religiöse und humanistische Erbe von Europa« (Präambel) bezog, ohne das Christentum explizit zu erwähnen.

Die Frage, ob die EU als eine »christliche« politische Gemeinschaft gesehen werden kann, wird hier nicht nur deshalb diskutiert, weil sie wieder auf die Tagesordnung kommen könnte (sollte die ganze Verfassung wieder überarbeitet werden), sondern auch weil sie uns hilft, besser zu verstehen, welches die Rolle von Werten für eine politische Gemeinschaft sein kann. Die Definition der EU als einer christlichen politischen Gemeinschaft ist inspiriert durch das allgemein akzeptierte Faktum, dass das jüdisch-christliche Erbe – neben der griechischen Philosophie und dem Römischen Recht – einen der historisch-kulturellen Grundsteine von Europa darstellt. Jüngst hat sogar Joseph Weiler (2003) vorgeschlagen, dass die EU-Verfassung einen ausdrücklichen Bezug auf das Christentum beinhalten sollte. Er stützt sein Argument auch auf die Tatsache, dass es eine spezifisch europäische Verfassungstradition gibt und jede Verfassung einen transzendentalen Kern enthält. Dies könne nur ein christlicher sein, weil nur dieser das Prinzip der Toleranz hochhält. Hier wird jedoch die These vertreten, dass aus Verständnis der EU als einer »christlichen« politischen Gemeinschaft dem Charakter einer modernen, intern hoch differenzierten politischen Gemeinschaft widersprechen würde. Es gibt drei Gründe dafür.

Zum Ersten ist die Idee eines »christlichen westlichen Europa« nur eine unter wenigstens drei verschiedenen Modellen der sozialen und politischen Kultur, die in den Mitgliedstaaten der EU heute bestehen (Antes 2005). Ein anderes Modell ist jenes einer völlig säkularen Gesellschaft, wie es die Französische Revolution von 1789 entwickelt hat. Das Prinzip des Säkularismus, der *»laicité culturelle«*, wurde seither unwiderruflich in der französischen Verfassung verankert (Dehove 2004: 21ff.). Eine EU-Verfassung mit Bezug auf das Christentum würde daher der französischen Verfassung, aber auch der tatsächlichen politischen Realität und Praxis, klar widersprechen. Ein drittes Modell ist jenes einer »multikulturellen« pluralistischen Gesellschaft, das von Bedeutung ist in Ländern wie Niederlande und Großbritannien. Dieses Modell hat seinen historischen Vorläufer im Römischen Reich. Angesichts dieser drei unterschiedlichen Modelle kann die EU nicht eines davon hervorheben, sondern muss eine Lösung finden, die allen Dreien gerecht wird.

Zum Zweiten gibt es heute eine große Vielfalt von religiösen Einstellungen und Praktiken in Europa. Große Teile der Bevölkerung in vielen Mitgliedstaaten der EU würden einer »christlichen« Union fremd gegenüberstehen, weil sie sich überhaupt nicht mehr mit dem Christentum identifizieren. Hierin sind drei Gruppen enthalten: (a) Menschen, die ausgesprochen antiklerikal sind, weil sie das Fehlverhalten der christlichen Kirche in der Geschichte Europas bis zum heutigen Tag sehen und kritisieren (man könnte hier an die unterdrückerische und nationalistisch-chauvinistische Rolle vieler Kirchenvertreter in Ländern wie Polen, Serbien und Russland denken, an die Unterstützung des Nationalsozialismus und Faschismus durch hohe Kirchenfürsten oder auch an das immer wieder zu Tage tretende moralische Fehlverhalten vieler Priester), oder weil sie persönlich sozialen Ausschluss und Unterdrückung durch die Kirche erfahren haben. In Frankreich ist dieser Antiklerikalismus sehr stark. (b) Ein weniger militanter, aber sehr großer und wachsender Teil der Bevölkerung, der sich bewusst von der Kirche aus verschiedenen Gründen abgewendet hat; in Ostdeutschland, den Niederlanden und England sind das bereits mehr als die Hälfte der Bevölkerung. (c) Die steigende Anzahl von Menschen in der EU, die keine Christen sind; hier sind insbesondere die eingewanderten Moslems und ihre Kinder zu erwähnen, deren Anzahl inzwischen auf 15 Millionen geschätzt wird. Wenn Bosnien, Albanien und der Kosovo Mitglieder der EU werden (was im Prinzip von niemandem bestritten wird), würden auch ganze Länder mit mehrheitlich moslemischer Bevölkerung zur EU gehören (eine knappe islamische Minderheit gibt es bereits derzeit in Bulgarien).

Schließlich ist auch das Argument von Weiler, dass die Europäische Verfassung auf bestehenden Verfassungstraditionen in Europa aufbauen müsse, nicht haltbar. Bei der Ausarbeitung einer Verfassung entscheiden die Bürger und ihre politischen Repräsentanten selbst über die gemeinsamen institutionellen Normen. Indem sie dies tun, werden sie zweifellos von ihren Traditionen inspiriert, sie werden dadurch aber auch nicht gebunden. Das zentrale Prinzip der Toleranz, das Weiler zu Recht betont, kann auch durch Bezug auf universelle menschliche Werte und Traditionen legitimiert werden.

Daraus folgt, dass die einzige tragfähige Lösung dieses Problems angesichts der hohen internen Vielfalt der EU in religiöser Hinsicht darin besteht, dass sie in diesem Aspekt vollkommen neutral bleibt. Hier kann sie dem Beispiel anderer intern hoch differenzierter politischer Gemeinschaft folgen. Man kann aus historisch-soziologischer Sicht sogar zeigen, dass eine klare Trennung zwischen Kirche und Staat auch den Interessen der Religion und der Kirche selbst am besten entspricht. Heute ist die Religiosität signifikant höher in jenen Ländern, die eine klare Trennung in dieser Hinsicht durchgeführt haben, als in jenen wo es »Staatskirchen« gegeben hat oder noch immer gibt (Höllinger 1996; Haller/Höllinger/Walle 2006). Die Vereinigten Staaten sind ein paradigmatisches Beispiel für den ersten Fall, Großbritannien und die skandinavischen Länder für den zweiten. In dieser Hinsicht könnte Indien als ein besonders beispielhafter Fall für die EU gesehen werden, aus dem sie sehr viel lernen könnte. In diesem riesigen und intern hoch differenzierten Land sind die Prinzipien des Multikulturalismus und der religiösen Neutralität ein integraler Teil der Verfassung. Indien versucht sogar das Modell eines »*Multi-Kommunitarismus*« zu realisieren, in welchem das Prinzip der Gleichheit, eine explizite Anerkennung von kultureller Vielfalt, Respekt für die Sensibilitäten von anderen und das Gefühl der Verpflichtung für soziale, kulturelle und zivile Verantwortlichkeiten kombiniert werden (Momin 2006).

Der dritte und wichtigste Grund, warum die EU nicht als eine »christliche« politische Gemeinschaft definiert werden kann, besteht darin, dass es einen fundamentalen Unterschied zwischen einer religiösen und einer politischen Gemeinschaft gibt. Als Zeuge für diese These können wir uns auf Josef Ratzinger, den gegenwärtigen katholischen Papst Benedikt XVI, berufen. In seinem Büchlein *Die Einheit der Nation* argumentiert er unter Bezug auf die Kirchenväter Origenes und Augustinus, dass es einen grundlegenden Unterschied zwischen dem göttlichen Imperium der Kirche und den weltlichen Imperien von politischen Gemeinschaften und Staaten gibt. Nur das erste schließt die Menschheit als Ganzes ein und repräsentiert die höchsten und universellsten Werte; nur das Reich Gottes ist unserer »höchsten Anteilnahme« würdig. Ein Staat repräsentiert im Gegensatz dazu nur »relative« Werte; er stellt die extrinsische (materielle und soziale) Existenz der Menschen sicher. Als solcher ist er ebenfalls unverzichtbar; wir dürfen ihn jedoch nicht überhöhen und mit geistigen Werten in Verbindung bringen, die er nicht repräsentiert (Ratzinger 2005). Auch aus dieser Überlegung folgt, dass die EU sehr schlecht beraten wäre, wenn sie sich als eine christliche Wertegemeinschaft definieren würde (vgl. auch Meyer 2004: 229).

Aufgrund all dieser Argumente muss man daher folgern, dass das Christentum nicht als ein definierendes Charakteristikum der EU angesehen werden kann. Genau die gleiche Folgerung wurde schon von Montesquieu (1965 [1748]) gezogen, als er schrieb, dass der Patriotismus, der sich in einer Republik als Liebe für die Gleichheit ausdrückt, weder eine moralische noch eine christliche, sondern eine *politische Tugend* ausdrücke. Das heißt nicht, dass Recht und Politik der EU nicht durch christliche Werte inspiriert werden können. Diese Werte sind zu einem großen Teil die selben, wie die universellen menschlichen Werte (Küng 1990; Khoury 1999) und das Christentum hat entscheidend zu ihrer Durchsetzung beigetragen (Siedentop 2001: 193). Man kann es daher durchaus positiv betrachten, wenn eine solche Inspiration der EU und ihrer Repräsentanten durch christliche Werte erfolgt. Aus dieser Perspektive erscheint jedoch ein anderer Ansatz fruchtbarer. Jene, die von den positiven Elemente in der christlichen Tradition überzeugt sind, sollten ihre Bemühungen darauf konzentrieren, den Inhalt der EU-Verfassung und Gesetzgebung kritisch zu durchleuchten und zu erforschen, ob sie jenen christlichen Prinzipien entspricht, die auch als universelle moralische Prinzipien gelten können, wie etwa Frieden, soziale Gleichheit, Toleranz und ähnliches (Belafi 2005).

Die »europäische Lebensform« – ein mehrdeutiges Konzept ohne empirische Substanz

Was bleibt von der kulturellen Eigenart Europas, wenn sein religiöses Erbe kein umfassendes Wertsystem bereitstellt, das ihre internen Differenzierungen und

6 Eine Union oder viele? 341

Spaltungen überwinden und die EU mit einer besonderen Identität im Vergleich zu anderen politischen Gemeinschaften in der Welt ausstatten kann? Eine andere Antwort auf diese Frage argumentiert, dass es einen besonderen »europäischen Lebensstil« gibt. Dieses Argument nimmt eine zentrale Stellung im weit verbreiteten Plädoyer von Jürgen Habermas für eine Europäische Verfassung ein. Das Projekt einer »immer engeren Union«, den Entwurf »eines Staates von Nationalstaaten« erfordert in seiner Sicht »die Legitimation durch geteilte Werte« (Habermas 2001): *»Wirtschaftliche Erwartungen reichen als Motiv nicht aus, um in der Bevölkerung politische Unterstützung für das risikoreiche Projekt einer Union, die diesen Namen verdiente, zu mobilisieren. Dazu bedarf es gemeinsamer Wertorientierungen. Gewiss hängt die Legitimität eines Regimes auch von seiner Effizienz ab. Aber politische Innovationen wie der Aufbau von Nationalstaaten bedürfen der politischen Mobilisierung für Ziele, die nicht nur an die Interessen, sondern auch an die Gemüter appellieren. [...] [Die ökonomischen Gründe] müssen sich mit Ideen ganz anderer Art verbinden, um in den Mitgliedsstaaten nationale Mehrheiten für eine Veränderung des politischen status quo zu gewinnen – sagen wir, mit der Idee der Bewahrung einer spezifischen, heute in Gefahr geratenen Kultur und Lebensform.«* Nach Jahrzehnten ökonomischen Wachstums haben die Europäer *»einen Sozialstaat [entwickelt], in dessen Rahmen sich die europäischen Nachkriegsgesellschaften regeneriert haben. Aber als Ergebnis dieser Regeneration zählt nur eins – Lebensweisen, in denen sich auf der Grundlage von Wohlstand und Sicherheit der Reichtum und die nationale Vielfalt einer über Jahrhunderte zurückreichenden, attraktiv erneuerten Kultur ausdifferenziert hat.«* Abgesehen vom Verweis auf den »europäischen Sozialstaat« gibt Habermas jedoch wenig Hinweise auf den Kern dieser »viel breiteren Vision« oder »Lebensform«. Eine klare Auskunft über den Inhalt dieses Konzepts finden wir auch in der Soziologie nicht, wo es häufig verwendet wird.

Wir können empirische Daten heranziehen um die Frage zu beantworten, ob es einen spezifischen »europäischen Lebensstil« überhaupt gibt. Es gibt zwei große, weltweite Soziale Surveys, in denen repräsentative Stichproben der Bevölkerung regelmäßig über ein breites Spektrum von sozialen und politischen Werten, Einstellungen und Verhaltensweisen befragt werden. Hier können wir die Einstellungen der Europäer mit jenen von Menschen in anderen Nationen und Kontinenten vergleichen und feststellen, ob sich die Europäer untereinander ähnlicher sind, als sie es mit anderen Weltregionen und Kulturen sind.

Eine Analyse dieses Typus wurde von Ronald Inglehart unter Verwendung der *World Value Surveys* durchgeführt (Inglehart/Baker 2000). Er untersuchte die typischen Werte und die Einstellung der Menschen in einer Reihe von sozialen Einstellungen und Verhaltensweisen (Ehe und Familie, Arbeit und Freizeit, Beziehungswerte, Einstellungen zu Minderheiten, zur Rolle von Wirtschaft und Regierung, usw.). Im Vergleich von 56 Ländern auf der gesamten Welt findet er, dass die europäischen Länder nicht einen einzigen Cluster bilden, der vom Rest getrennt wäre. Stattdessen zeigen sich die folgenden vier relativ homogenen Gruppen: (1) Die katholischen südeuropäischen Länder, die in ihren Einstellungen auch allen osteuropäischen orthodoxen Ländern sehr ähnlich sind; (2) die Deutschen bilden einen Cluster mit den skandinavischen Ländern, aber auch mit Japan; (3) Irland und Spanien sind den südeuropäischen und lateinamerikanischen Ländern am ähnlichsten; (4) Großbritannien ist am ähnlichsten Kanada, Neuseeland und Australien.

Eine ähnliche Analyse wurde unter Verwendung des *International Social Survey Programme* (ISSP) durchgeführt, einer Zusammenarbeit zwischen 40 Forschungsinstituten auf der Welt, die in ihren jährlichen Erhebungen in einem gemeinsamen Teil weltweit vergleichbare Einstellungsdaten hoher Qualität erfassen. Diese Daten wurden in einer Analyse dazu verwendet, um die Variation zwischen den sozialen und politischen Wertorientierungen der Befragten innerhalb großer Länder (in dem diese in drei oder vier Subregionen aufgeteilt wurden) und zwischen den Ländern insgesamt zu untersuchen. Es wurde eine Clusteranalyse von 23 Indikatoren für die Einstellungen zu Nationalstaat und Patriotismus durchgeführt. Dabei wurden die 46 Einheiten (die insgesamt aus 23 kleineren Ländern bestanden und aus 23 Subregionen der größeren Länder, nämlich von Deutschland, Italien, Spanien, Großbritannien, U.S.A., Kanada, Russland und Japan) auf ihre Ähnlichkeit hin untersucht. Es ergaben sich zwei relevante Befunde (Haller/Hadler 2004/05). Zum Ersten zeigte sich, dass in praktisch allen Fällen die regionalen Untereinheiten eines Landes in den ersten Stufen zusammengefasst wurden, sodass sich ein Land insgesamt als neue Einheit ergab. Das bedeutet nichts anderes, als dass die Wertorientierung der Bevölkerung in den verschiedenen Regionen in einem Land einander sehr ähnlich sind, auf jeden Fall ähnlicher als jene etwa zwischen Menschen benachbarter Regionen zweier verschiedener Länder (etwa zwischen Bayern und Westösterreich). Zum Zweiten zeigte sich im Hinblick auf Ähnlichkeiten zwischen den verschiedenen Ländern, dass sich vier große Gruppierungen ergaben, die recht ähnlich jenen waren, die Inglehart/Baker gefunden hatten: (1) Die angelsächsischen Länder (vor allem Großbritannien, Australien und Neuseeland); (2) Japan, Spanien und Irland; (3) die skandinavischen Länder (Dänemark, Norwegen und Schweden), Niederlande, Deutschland und Kanada; (4) Süd- (Italien) und osteuropäische Länder (Polen, Tschechien, Slowakei, Slowenien, Ungarn, Lettland, Bulgarien und Russland) und die Philippinen. Das heißt, in jedem der vier Cluster waren einige europäische Länder mit außereuropäischen Ländern zusammengefasst und es ergab sich wiederum kein einheitlicher Cluster »Europa«.

Die Gruppierungen, die sich aus beiden Analysen empirisch ergaben, sind konsistent mit umfangreichem Wissen über die Rolle von dominanten Wertorientierungen und dominanten Religionen (Protestantismus vs. Katholizismus bzw. Orthodoxie), aber auch mit den Systemen des Wohlfahrtsstaates in den verschiedenen Ländern und Regionen: in den meisten Ländern der angelsächsischen Welt – sowohl in Großbritannien wie in den USA – wird großer Wert auf individuelle Verantwortlichkeit und Leistung gelegt und Freiheit wird der Gleichheit vorgezogen, während der Staat von Vielen mit Misstrauen betrachtet wird. In der skandinavischen Welt, aber auch in Deutschland und Kanada, spielt der Staat im Hinblick auf Wohlfahrt sowie wirtschaftliche und soziale Planung allgemein, eine wichtige Rolle. In Süd- und Osteuropa, aber auch in Japan, ist der Wohlfahrtsstaat deutlich weniger entwickelt. Die Familie ist hier wichtiger (Haller/ Höllinger 1990). Die Folgerung ist daher eindeutig: Im Hinblick auf die sozialen und politischen Einstellungen und Werte sowie die Lebensstile der Bevölkerung stellt Europa keine »Makrogesellschaft« dar, die klar von anderen Makroregionen oder Kulturen der Welt unterschieden wäre. Europa ist vielmehr intern hoch differenziert. Vielfach sind Subregionen von Europa Ländern außerhalb von Europa ähnlicher, als anderen europäischen Ländern. Dieser Befund entspricht exakt den Ergebnissen in Kapitel 4 im Hinblick auf die internationalen Handels- und wirtschaftlichen Austauschbeziehungen. Er entspricht auch den fundamentalen Werten der verschiedenen Wohlfahrtsstaaten innerhalb Europas, wie sie in G. Esping-Andersen's Studie über die *Three Worlds of Welfare Capitalism* (1990) dargestellt wurden. Der englische Wohlfahrtsstaat, der sich in letzter Zeit entwickelt hat, ist wahrscheinlich ähnlicher dem amerikanischen als irgendeinem europäischen Modell. Daher ist auch die Rede von der Existenz eines typischen »europäischen Sozialmodells« zweifelhaft; in den meisten Aspekten ist die interne Differenzierung innerhalb der Mitglieder der EU stärker ausgeprägt als der Unterschied zwischen der EU und den Vereinigten Staaten (Alber 2006).

6.5 Legitimation durch Output? Der bescheidene wirtschaftlich-soziale Erfolg der Integration und seine zutreffende Wahrnehmung durch die Bürger

Wir haben gesehen, dass es bei der Wahrnehmung und Bewertung der europäischen Integration sehr große Unterschiede zwischen den verschiedenen Mitgliedstaaten gibt. Die Zustimmung zur Integration ist unter den Bürgern sehr viel begrenzter als unter den Eliten, wie in Kapitel 1 gezeigt wurde. Es besteht weiterhin eine Übereinstimmung darüber, dass die Europäische Union unter einem Demokratiedefizit leidet, insbesondere im Hinblick auf die *Inputlegitimität*, das heißt, die Möglichkeit der Bürger an politischen Entscheidungsprozessen und an der Auswahl ihrer politischen Vertreter mitzuwirken (*Regierung durch das Volk*). Es scheint einen Weg aus all diesem Dilemma zu geben: Wenn eine Institution zum Wohl aller Bürger funktioniert, kann man ihr dann nicht zuschreiben, dass sie eine hohe Legitimität besitzt? Politikwissenschaftler haben dafür das Konzept der *Outputlegitimität* entwickelt (Majone 1996; Schimmelfennig 1996; Scharpf 1997, 1999; Crum 2003; Boedeltje/Cornips 2005). Outputlegitimität ist dann gegeben, wenn ein System effizient funktioniert und dies von den Bürgern auch gewürdigt wird (*Regierung für das Volk*). Die öffentliche Wahrnehmung und Bewertung des Integrationsprozesses erhält heute zu Recht zunehmende Aufmerksamkeit. Eichenberg und Dalton (1998: 252) argumentieren, dass sich ein »Europa der Bürger« entwickelt, in welchem sich der Integrationsprozess beschleunigt, wenn die Bürger optimistisch sind und verlangsamt, wenn sie skeptisch sind (vgl. auch Eichenberg/Dalton 1993; Deflem/Pampel 1996; Gabel/Anderson 2002; Brettschneider et al. 2003).

Die politischen Eliten und die Vertreter der EU selbst haben eine sehr positive Sicht über den Integrationsprozess und seine Leistungen. Hier mögen einige Beispiele dafür genügen. So formulierte Romano Prodi 2001: »Unser derzeitiger Wohlstand würde ohne den einheitlichen Markt und den Euro nicht existieren. Sie haben eine Wirtschaftsmacht ersten Ranges geschaffen, die mit den Vereinigten Staaten in Wettbewerb treten kann«; Jacques Chirac (2000): »Heute ist die Europäische Union weltweit die größte ökonomische Handelsmacht, ein Gigant im Bereich von Forschung und Innovation«; Tony Blair (2005): »Als der Weltkrieg zu Ende war, stand Europa am Ruin. Heute steht ein Europa da, wie ein Monument für politische Leistungen. Nahezu 50 Jahre Frieden, 50 Jahre Wohlstand, 50 Jahre Fortschritt«; Angela Merkel (2006): »Alle positiven Wendepunkte in der Geschichte Nachkriegsdeutschlands sind untrennbar mit Europa verknüpft. Sei es nun die Wiederintegration in die Europäische Union oder die Wiedervereinigung Deutschlands: Wir verdanken der europäischen Integration eine unvergleichbare Periode des Friedens, der Freiheit und des Wohlstands«.[32] Ein Vizepräsident der EU-Kommission: »... die Integration nützt allen. Sie schafft eine win-win-Situation für alle Teilnehmer« (Verheugen 2005: 20).[33]

Auch für viele Ökonomen und Sozialwissenschaftler (gar nicht zu sprechen von Wirtschaftsführern) stehen die wirtschaftlichen Vorteile der Integration außerhalb jeder Frage (Bornschier 2000b; Trichet 2001; Galati/Tsatsaronis 2003; Bergsten 2005; Moussis 2006). Es gibt jedoch auch kritische Stimmen, die auf

---

[32] Alle Zitate aus Konrad Adenauer Stiftung, Europäische Grundsatzreden von 1946–2006; siehe http://www.europa-union.de.
[33] Entnommen aus: Fakten und Zahlen über Europa und die Europäer, Europäische Kommission, Brüssel, Mai 2005 (vgl. europa.eu.int/comm/pulbications).

6 Eine Union oder viele?

weniger positive Fakten hinweisen. Diese schließen persistent hohe Raten der Arbeitslosigkeit und ein bescheidenes Wirtschaftswachstum in vielen EU-Mitgliedstaaten ein; die Hartwährungspolitik der Europäischen Zentralbank wird für ein Abnehmen des ökonomischen Wachstums verantwortlich gemacht (Baader 1993; Friedman/Mundell 2001; Gabel/Anderson 2002; Eichengreen 2005; Caporale/Kontonika 2006; Wyplosz 2006).

Hier sollen zwei Fragestellungen untersucht werden: Die objektiven Leistungen der europäischen Integration und deren Wahrnehmung durch die Bürger. Dabei ist das Verhältnis beider zueinander von besonderem Interesse. Die politischen Eliten behaupten oft, dass die Einstellung der Bürger nur auf Emotionen beruht und dass sie unfähig sind, die Effekte der Integration rational zu beurteilen. Ist dies wirklich der Fall?

Die sozioökonomischen Entwicklungen in der EU im Vergleich zu den USA und Japan. Die Eurozone als »Rote Laterne« der Weltökonomie?

Wie sehen die objektiven Entwicklungen in der EU aus, wenn man sie jenen der Vereinigten Staaten und Japan gegenüberstellt?[34] Die EU wird ja sehr häufig mit diesen Ländern und deren Leistungen verglichen und ein vermeintliches Nachhinken Europas wurde immer wieder als Anlass dafür genommen, für eine verstärkte Integration zu plädieren.[35] *Tabelle 6.6* zeigt die Entwicklungen in der Periode 1995–2004 in fünf zentralen sozialen und wirtschaftlichen Indikatoren. Die Ergebnisse sind sehr eindeutig und nicht sehr positiv für die Europäische Union:

- Im Hinblick auf das Wirtschaftswachstum hatten die Vereinigten Staaten in sieben der zehn Jahre die besten Werte; die EU erreichte das Wirtschaftswachstum der USA nur in zwei Jahren (1995 und 2000); in dieser Hinsicht hatte Japan die schlechtesten Werte.
- Im Hinblick auf die Inflation schnitt Japan mit der niedrigsten Inflationsrate in allen sieben Jahren am besten ab (das geringe Wirtschaftswachstum der japanischen Wirtschaft ist zweifellos die Rückseite dieser Leistung); in dieser Hinsicht schnitt auch die EU in vier Jahren sehr gut ab.

---

[34] In diesen Analysen werden nur die zwölf alten Mitgliedesstaaten der EU betrachtet, weil es nur in ihrem Fall Sinn macht, die Effekte von EG/EU Mitgliedschaft zu untersuchen. Die Zehnjahres-Periode 1995–2004 erscheint als geeignet um die Effekte der Integration und ihre Wahrnehmung durch die Öffentlichkeit zu erfassen.
[35] Typisch dafür etwa J. Servan-Schreibers Buch *Die amerikanische Herausforderung*, zuerst veröffentlicht 1967.

- Im Hinblick auf Arbeitslosigkeit und Beschäftigungsniveau insgesamt erscheint die EU als voller Versager: sie zeigt in allen zehn Jahren die schlechtesten Werte.

Tabelle 6.6: Indikatoren der sozioökonomischen Entwicklung in der EU-15, den USA und Japan, 1995–2004

		1995	1996	1997	1998	1999	2000	2001	2002	2003	2004
Reales Wirtschafts-wachstum (BSP)	EU-15	2,6	1,7	2,6	2,9	3	3,9	2	1,1	1,1	2,3
	USA	2,5	3,7	4,5	4,2	4,4	3,7	0,8	1,6	2,5	3,9
	Japan	2,0	2,6	1,4	-1,8	-0,2	2,9	0,4	0,1	1,8	2,3
Inflationsrate	EU-15	2,8	n.a.	1,7 (a)	1,3	1,2	1,9	2,2	2,1	2	2
	USA	2,8	3	2,3	1,6	2,2	3,4	2,8	1,6	2,3	2,7
	Japan	-0,1	0,1	1,8	0,6	-0,3	-0,7	-0,7	-0,9	-0,3	0
Arbeitslosigkeitsrate (in %)	EU-15	10,1	10,2	9,9	9,3	8,6	7,7	7,3	7,6	8	8,1
	USA	5,6	5,4	4,9	4,5	4,2	4	4,8	5,8	6	5,5
	Japan	3,1	3,4	3,4	4,1	4,7	4,7	5	5,4	5,3	4,7
Beschäftigungsrate c)	EU-15	60,1	60,3	60,7	61,4	62,5	63,4	64	64,2	64,3	64,7
	USA	72,5	72,9	73,5	73,8	73,9	74,1	73,1	71,9	71,2	71,2
	Japan	69,2	69,5	70	69,5	68,9	68,9	68,8	68,2	68,4	68,7
Soziale Ausgaben als % des BSP	EU-15	28,2	28,4	27,9	27,5	27,4	27,2	27,5 (b)	27,7 (a)	28,3 (a)	n.v.

keine vergleichbaren Daten für die USA und Japan

Anmerkungen: (a) Geschätzter Wert; (b) Prognose; (c) % Beschäftigte unter der 15–65jährigen Bevölkerung; n.v.: nicht verfügbar.
Quelle: Eurostat 2005 (http://epp.eurostat.ec.europa.eu/)

Zwei französische Autoren (Fitoussi/Le Cacheux 2005: 41) ziehen aus diesen Fakten eine sehr kritische Folgerung: »Die Diagnose ist eindeutig: die Eurozone verliert an Boden, sie stellt die rote Laterne der Weltökonomie dar« (vgl. auch Lorentzen 1999).

Es ist hier auch von Interesse jene EU Mitgliedsländer, die im Jahre 2001 die gemeinsame Währung Euro eingeführt haben, mit jenen zu vergleichen, die dies nicht getan haben; unter den ersten wird eine Unterscheidung gemacht zwischen den sechs EWG-Gründungsmitgliedern und jenen Ländern, die zwischen 1973 und 1995 der EU beitraten. Die Länder, die sich weigerten den Euro zu übernehmen – Dänemark, Schweden und das Vereinigte Königreich –, hatten in vier Indikatoren die besten Werte aufzuweisen (Beschäftigungsniveau, Arbeitslosigkeit, Inflation und Umfang der Wohlfahrtsausgaben); nur im Wirtschaftswachstum schnitten die osteuropäischen Mitgliedstaaten besser ab.

Betrachtet man alle Länder und Regionen innerhalb der EU, so scheint der allgemeine Trend der zu einem Wandel in Richtung des generellen Mittelwerts zu sein. Für manche Länder bedeutete dies eine Verbesserung, für andere jedoch eine relative Verschlechterung. Ökonomisch schwache Mitgliedstaaten und Staaten mit einem schwach ausgeprägten Wohlfahrtsstaat konnten ihre Situation erheblich verbessern. Dies betraf insbesondere die peripheren Kohäsionsländer im Süden (Griechenland, Spanien und Portugal) sowie die beiden peripheren Mitgliedsländer im Nordwesten und Nordosten der EU (Irland, Finnland). Für sie ist anzunehmen, dass die EU-Mitgliedschaft tatsächlich in signifikanter, wenn auch nur schwacher Weise zu einem Aufholprozess beigetragen hat (Bornschier et al. 2004). In anderen Ländern jedoch, etwa in Österreich und Deutschland, fand eine relative Verschlechterung statt: Das Wirtschaftswachstum schwächte sich ab und die Arbeitslosigkeit nahm zu. Die großen Vorteile, die Unternehmen in diesen Ländern aus den neuen Möglichkeiten in Osteuropa ziehen konnten, haben offenkundig der Bevölkerung insgesamt nicht in gleicher Weise genützt (insbesondere im Hinblick auf Beschäftigungsniveau und Entwicklung der Reallöhne). Die skandinavischen Länder und die Niederlande mussten signifikante Einschnitte in ihre Sozialausgaben vornehmen. In den meisten EU-Mitgliedsländern stieg die Kriminalität, insbesondere in jenen an den Grenzen des Schengengebietes. Das heißt, auf dem Makroniveau kann man klare Gewinner und (relative) Verlierer der Integration identifizieren.

Die Wahrnehmung der sozioökonomischen Entwicklungen in der Bevölkerung

Betrachten wir nun die Wahrnehmung und die Einstellung der Bevölkerung unter den 15 EU-Mitgliedstaaten im Hinblick auf verschiedene Politikbereiche und erforschen systematisch, in wieweit diese auf die objektiven Entwicklungen in den gleichen Ländern bezogen sind.

Abbildung 6.3 zeigt die Ergebnisse auf eine Frage über die allgemeine Bewertung der Rolle der EU in sechs ausgewählten, zentralen Politikbereichen. Die Befunde zeigen kein rosiges Bild: In drei der fünf Bereiche – Inflation, Arbeitslosigkeit und soziale Standards – ist der Anteil der Befragten, die eine positive Rolle der EU sehen, niedriger als jener, die negative Effekte sehen. In den meisten Bereichen sehen im Jahre 2004 nur etwa ein Viertel der Bürger in den EU-Mitgliedstaaten eine positive Rolle der EU. Im Hinblick auf Wirtschaftswachstum und Kampf gegen die Kriminalität betrug dieser Anteil 41–44%; das heißt, auch hier sahen weniger als die Hälfte der Befragten einen positiven Einfluss der EU. Auf der anderen Seite wird ein negativer Einfluss der EU Politik von 20–30% der Befragten in den Bereichen Sicherung der sozialen Standards und Kampf gegen die Kriminalität gesehen, zwischen 30% und 51% in allen anderen Bereichen.

Abbildung 6.3: Einstellungen der Bevölkerung der EU-15 über politische Prioritäten der EU (1995) und Bewertungen der aktuellen Rolle der EU (2004) in fünf Bereichen (in %)

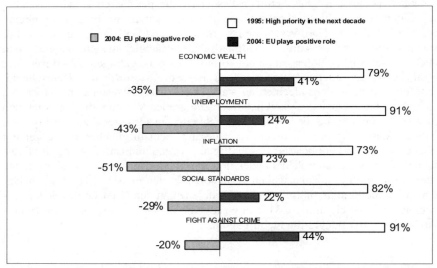

Quelle: Eurobarometer 43.1, 45.1, 61.0, 15 EU-Mitgliedsstaaten, n=16216; Antwort »weder – noch« auf die Frage »Spielt die EU eine positive oder negative Rolle« wurde weggelassen.

Es gibt signifikante Unterschiede zwischen den Ländern in der Bewertung des politischen Einflusses der EU. Luxemburg liegt an der Spitze im Hinblick auf die Zahl der Bereiche, wo die Bevölkerung einen positiven Einfluss der EU sieht; aber auch in Spanien, Griechenland und Irland sind positive Bewertungen häufiger als in der EU insgesamt. In Dänemark sind positive und negative Bewertungen etwa gleich stark vertreten. In allen anderen Ländern sind die negativen Bewertungen häufiger und weit verbreitet. Dies gilt besonders für Frankreich, Deutschland und Österreich, aber auch für Italien, Schweden und Großbritannien. Es scheint daher, dass die subjektiven Wahrnehmungen der Bürger ziemlich gut den objektiven Entwicklungen entsprechen.

6 Eine Union oder viele?

Man kann diese Frage jedoch auch direkt erforschen, indem man auch die Effekte von persönlichen Merkmalen und gesamtgesellschaftlichen Entwicklungen auf die Wahrnehmung der Leistungen der EU untersucht. Die multivariate statistische Analyse ermöglicht es uns festzustellen, ob es direkte Effekte der objektiven Entwicklungen auf die subjektiven Wahrnehmungen gibt, wenn man andere relevante Faktoren kontrolliert. Von Interesse ist es hier auch, welche sozialen Gruppen die Integration positiver und welche sie negativer sehen. Wir können annehmen, dass jene sozialen Gruppen, die in der Lage sind, die neuen Möglichkeiten auszunützen, die sich durch den großen freien Markt ergeben, auch eine positivere Einstellung haben werden als jene, die dazu nicht in der Lage sind oder die durch die Integration sogar negativ betroffen werden.

Tabelle 6.7: Effekte von Merkmalen der Länder auf die Wahrnehmung der Rolle der EU durch die Befragten in fünf Politikbereichen 2004 (0=negative, 1=positiver Einfluss der EU; logistische Mehrebenen-Regression) (Odds-Ratios)

Prädiktoren	Effekte einzelner Prädiktoren			Kumulative Modelle mit allen Prädiktoren zugleich							
	B-Wert	SE	Unerklärte Varianz (Uo/SE)	B-Wert	SE	Unerklärte Varianz (Uo/SE)	Korr[a]	Min	Max	Mittelwert	SD
Modell 1: Ökonomische Situation											
Angepaßtes Modell auf Mikroebene			0,11/0,04								
BSP/Kopf (KKS) 2004 (niedrig – hoch)	-0,00	0,00	0,10/0,03	0,00	0,00			73,1	216,8	114,7	25,1
Durchschnittliches BSP-Wachstum 1995-2004 (niedrig – hoch)	0,16*	0,06	0,08/0.03	0,14*	0,06	0,08/0,03	0,18	1,21	6,6	2,5	1,4
Modell 2: Arbeitsmarkt											
Angepasstes Modell auf Mikroebene			0,11/0,04								
Rate der Arbeitslosigkeit 2004 (niedrig-hoch)	-0,03	0,04	0,11/0,04	-0,06*	0,03			4,5	11,0	7,3	2,3
Veränderung in der Arbeitslosigkeit 1995-2004 (Abnahme – Zunahme)	-0,04	0,03	0,09/0,03	0,02	0,03			-7,8	1,9	-2,2	3,2
Rate der Beschäftigung 2004 (niedrig – hoch)	-0,02	0,02	0,10/0,04	-0,02	0,01			57,6	75,7	66,0	5,3
Veränderung in der Rate der Beschäftigung 1995-2004 (Abnahme – Zunahme)	0,06*	0,02	0,04/0,02	0,07*	0,02	0,03/0,01	0,13	-1	14,0	4,8	4,0

Prädiktoren	Effekte einzelner Prädiktoren			Kumulative Modelle mit allen Prädiktoren zugleich							
	B-Wert	SE	Unerklärte Varianz (Uo/SE)	B-Wert	SE	Unerklärte Varianz (Uo/SE)	Korr[a]	Min	Max	Mittelwert	SD
Modell 3: Inflation											
Angepasstes Modell auf der Mikroebene			0,08/0,03								
Rate der Inflation 2004 (niedrig – hoch)	0,04	0,09	0,08/0,03	0,04	0,09			0,1	3,2	1,9	0,8
Veränderung der Inflationsrate 1995-2004 (Abnahme – Zunahme)	0,06	0,04	0,07/0,03	0,06	0,05	0,08/0,03	0,08	-4,9	2,0	-0,7	1,6
Model 4. Soziale Standards											
Angepaßtes Modell auf Mikroebene			0,23/0,09								
Sozialausgaben 2002 (niedrig – hoch)	-0,10*	0,02	0,07/0,03	-0,10*	0,02			16	32,5	26,8	4,3
Durchschnittliches Wachstum der Sozialausgaben 1995-2002 (gering – stark)	0,01	0,06	0,26/0,10	0,02	0,03	0,07/0,03	0,11	-5,3	4,3	-0,4	2,4
Modell 5: Kriminalität											
Angepaßtes Modell auf Mikroebene			0,08/0,03								
Kriminalitätsrate 2004 (unterstes – oberstes Quartil**)	-0,19*	0,06	0,06/0,02	-0,19*	0,07			(1) 13,2	(4) 142,8	66,6	37,1
Veränderung der Kriminalitätsrate 1995-2004 (Abnahme – Zunahme)	0,00	0,00	0,10/0,04	0,00	0,00	0,06/0,02	0,08	-10	346,5	37,7	82,8

*) Signifikanter Beta-Wert **) Unrekodierte Werte der Kriminalitätsrate 2004 sind auch signifikant, haben aber einen weniger deutlichen Effekt
[a] Korrelation zwischen beobachteten und erwarteten Werten
Hinweis zur Interpretation: Die odds-ratios geben den relativen Effekt einer unabhängigen Variablen auf die abhängige Variable an. Beträgt ihr Wert 1, besteht kein Effekt; beträgt sie mehr als 1, wird die abhängige Variable durch diesen Faktor erhöht; beträgt sie weniger als 1, wird der Wert der abhängigen Variable entsprechend verringert.
Quelle: Eurobarometer 2004, EU-15, Stichprobenumfang N = 16216

Um klar zwischen den Effekten auf der Individualebene und Makroeffekten zu unterscheiden, wurde eine Mehrebenen-Regressionsanalyse aufgeführt (Goldstein 1995). Als abhängige Variablen zu erklären sind dabei die Wahrnehmungen und Bewertungen der Leistungen der EU in den fünf vorher genannten Politikbereichen. Aus Platzgründen können nicht die gesamten Ergebnisse dieser Analyse in *Tabelle 6.7* präsentiert werden, sondern nur jene, die sich auf die Effekte der gesamtgesellschaftlichen Merkmale beziehen. In der betreffenden statistischen Analyse wurden jedoch die individuellen und Makromerkmale zugleich in die Regressionsanalyse einbezogen.

Wie werden die Leistungen der EU von verschiedenen sozialen Gruppen bewertet? Hier zeigen die Daten (die nicht in der Tabelle enthalten sind), dass Frauen in den meisten Bereichen eine signifikant negativere Wahrnehmung der EU haben. Das gleiche gilt für ältere im Vergleich zu jüngeren Menschen. Höhergebildete Menschen sehen eher einen positiven Einfluss der EU für das Wirtschaftswachstum und für den Kampf gegen die Arbeitslosigkeit. Beschäftigte sehen eher einen positiven Einfluss der EU als Arbeitslose; aber sie sehen auch häufiger einen negativen Einfluss der EU auf die sozialen Standards. In Bezug auf die Berufsposition zeigt sich ein Befund, der in klarem Gegensatz zu den Erwartungen steht: Personen in Angestelltentätigkeiten sehen häufiger einen negativen Effekt der EU auf das Wirtschaftswachstum und die Inflation als Personen in Arbeitertätigkeiten.

Betrachten wir nun die Effekte der makrosozialen Merkmale, d.h. der Merkmale der Mitgliedstaaten mit ihrer objektiven Entwicklung auf die subjektive Wahrnehmung der Bürger über die Effekte der Integration. Hier wurden für die verschiedenen abhängigen Variablen (die subjektive Wahrnehmung von Wirtschaftswachstum, Arbeitslosigkeit usw.) nur jene Gruppen von unabhängigen Variablen betrachtet, die dabei jeweils inhaltlich relevant waren. So wurde das absolute wirtschaftliche Entwicklungsniveau eines Landes (BNP/pro Kopf) und das Wirtschaftswachstum in der Periode 1995–2004 als eine Determinante der Wahrnehmung der Bevölkerung über die Effekte der EU auf das Wachstum betrachtet; für die Bewertung der EU-Effekte auf die Inflation wurde die Inflationsrate 2004 und die mittlere Inflationsrate in der gesamten Periode 1995–2004 als Erklärungsfaktor einbezogen.

Man kann die Ergebnisse in Tabelle 6.6 folgendermaßen zusammenfassen. Zum Ersten ergibt sich eine klare Bestätigung der These, dass die subjektiven Bewertungen der Befragten eindeutig auf die objektiven Entwicklungen in ihren Ländern bezogen sind. In vier der fünf Dimensionen haben die objektiven Niveaus oder Veränderungen in einem spezifischen Aspekt einen signifikanten Einfluss auf die subjektive Bewertung dieses Aspektes durch die Bevölkerung. Ist das Wirtschaftswachstum hoch, so wird signifikant häufiger eine positive Rolle der EU in dieser Hinsicht gesehen; das gleiche gilt für Veränderungen im Niveau der Arbeitslosigkeit. In Bezug auf Sozialstandards und Kriminalität ist es das aktuelle Niveau, das signifikant auf die Wahrnehmung bezogen ist: War der Anteil der Sozialausgaben im Jahre 2002 niedrig, sehen die Befragten häufiger einen positiven Einfluss der EU (tatsächlich haben die Sozialausgaben absolut in solchen Ländern stärker zugenommen); war das Niveau der Kriminalität niedrig, so sehen die Befragten häufiger einen positiven Effekt der EU auch in dieser Hinsicht. Wir können daher schließen, dass die kritische öffentliche Wahrnehmung des Integrationsprozesses eindeutig auf die objektive sozioökonomische Entwicklung bezogen ist. Es ist schlicht falsch zu behaupten, dass die Mehrheit der Bevölkerung »der EG/EU keine signifikante Rolle in der Beeinflussung dieser Bedingungen zuschreibt« (Moussis 2006: 189f.). Das heißt, auch im Hinblick auf die »Outputlegitimität« besitzt die EU nur ein sehr begrenztes Ausmaß an Zustimmung seitens der Bürger.

Ein zusätzlicher Grund für diese Tatsache mögen auch die *überambitionierten, unrealistischen Zielsetzungen* der EU sein. Das offenkundigste Beispiel dafür war der *Lissabon-Prozess*. Auf ihrem Treffen in Lissabon im März 2000 setzten sich die Regierungschefs sehr hohe Ziele im Hinblick auf die Entwicklung der EU für die nächsten zehn Jahre, d.h. bis zum Jahre 2010: Innovation sollte voll als Motor für ein dynamischeres Wirtschaftswachstum implementiert werden, die Wissensgesellschaft sollte geschaffen und soziale Kohäsion und das Umweltbewusstsein in der gesamten Union gefördert werden; dadurch sollte »die dynamischste und wettbewerbsfähigste wissensbasierte Ökonomie der Welt« entstehen. Bereits fünf Jahre nach der Proklamierung dieser Ziele und Strategien wurde ihr Fehlschlag offenkundig. Eine hochrangige Expertenkommission, die den Fortschritt dieses Prozesses bewertete, zog vernichtende Folgerungen:[36] »In den letzten 10 Jahren war die Gesamtleistung der europäischen Ökonomie enttäuschend [...] auf dem halben Weg bis 2010 ist das Gesamtbild sehr gemischt und viel ist noch zu tun, um zu verhindern, dass Lissabon ein Synonym für verfehlte Ziele und falsche Versprechungen wird.«

---

[36] Vgl. »The Lisbon strategy for growth and employment«, Report from the High Level Group, presided by Wim Kok, November 2004, Luxembourg 2004, Office for Official Publications of the European Communities (verfügbar auch im Internet).

6 Eine Union oder viele?

Abbildung 6.4: Bewertung der EU-Mitgliedschaft[1], 1973–2006

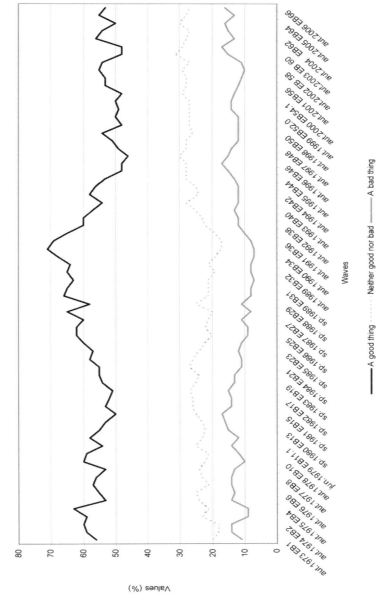

[1] »Allgemein gesehen, glauben Sie, dass die Mitgliedschaft (Ihres Landes) in der Europäischen Union eine gute Sache weder – noch/schlechte Sache ist«
Quelle: EB1 (1973) – EB66 (2006)

Was können wir aus diesen Ergebnissen im Hinblick auf die Outputlegitimität der EU bereits hier folgern? (Eine zusätzliche Diskussion dieses Themas wird in Kapitel 8 erfolgen). Zum Ersten haben wir gesehen, dass der Output tatsächlich nicht sehr beeindruckend war – auf jeden Fall deutlich bescheidener als von den Eliten angepriesen. Zum Zweiten ist Outputlegitimität eng verknüpft mit Inputlegitimität: Defizite in der Ersten werden im Mehrebenen-System der EU oft auch zu einer niedrigeren Leistung im Output beitragen. In Bereichen wie Landwirtschaftspolitik, regionale Entwicklung, Wissenschaftspolitik usw. sind die EU Programme weniger effizient als sie es sein könnten, wenn es eine starke Mitbestimmung und enge Kooperation aller relevanten Einheiten und Akteure geben würde. Schließlich könnte eine Vernachlässigung der Inputlegitimität für die langfristige Legitimität der EU fatal werden, weil es heute politische Bewegungen und Parteien gibt, die gegenüber der EU grundsätzlich kritisch eingestellt sind. In einer solchen Situation kann eine abnehmende Effizienz zu einem Verlust an Grundvertrauen in das politische System führen (vgl. auch Weil 1989; McAllister 1994; Hooghe/Marks 2002).

6.6 Strategien der Eliten, die Zustimmung der Bevölkerung zur Integration zu gewinnen

Die bisher präsentierten Daten haben gezeigt, dass die Unterstützung der Bürger für die europäische Integration allenfalls als lauwarm bezeichnet werden kann: In der EU insgesamt beträgt der Anteil jener, die eine eindeutig positive Einstellung dazu haben, nicht mehr als 50%; in erheblichen Subgruppen der Bevölkerung und in manchen Mitgliedstaaten hat eine Mehrheit eine negative Einstellung; die EU scheint keine klare und in allen Mitgliedsländern allgemein akzeptierte Identität zu besitzen. Besonders wichtig ist hier die Tatsache, dass es über die Zeit hinweg keinen Trend zu einer positiveren Einstellung zur Integration gibt. Vom Anfang bis zur Mitte der 1990er Jahre nahm die Zustimmung sogar ab und seither ist sie nicht mehr gestiegen (*Abbildung 6.4*). Diese nüchternen Fakten sind den »Machern« der EU wohl bekannt. Man könnte erwarten, dass die europäischen Eliten Bemühungen unternehmen würden, um mit den skeptischen Einstellungen zu Rande zu kommen und eine positivere Sicht der Integration unter der Bevölkerung zu erreichen. Es ist ja bekannt, dass kontinuierliche Bemühungen gemacht werden, die Meinung der Bürger in der gesamten EU regelmäßig zu erfassen, um möglicherweise gefährliche negative Einstellungen korrigieren zu können.

Es zeigt sich in der Tat, dass keine andere politische Gemeinschaft so viel in Bemühungen investiert um ihr Image zu verbessern und ihre Aktionen zu rechtfertigen wie die EU. Die EU ist wahrscheinlich jene politische Gemeinschaft, die die Strategie der Überzeugung und Überredung (*strategy of persuasion*) als Instrument politischer Steuerung am meisten einsetzt (die beiden anderen Strategien sind Steuerung durch politische Zentralisierung und Macht sowie durch Marktmechanismen; Lindblom 1977). Es gibt zwei Möglichkeiten der Überredung: *Politische Indoktrinierung*, die von totalitären Regimen benützt wird, sowie *Werbung* und *public-relations Kampagnen*, die typischerweise von Demokratien benutzt werden. Der kumulative Effekt dieser letzteren Aktivitäten kann sehr erfolgreich sein, wenn er über lange Zeit hinweg kontinuierlich eingesetzt wird. Solche Kampagnen führen dann aber genau nur zu *traditioneller Legitimität* im Sinn von Max Weber (1978a:226ff.); sie besteht darin, dass man politische Institutionen als legitim betrachtet, vor allem aus dem Grund, weil sie schon lange Zeit bestehen.

Drei Strategien der EU in diesem Zusammenhang sollen im Folgenden kurz diskutiert werden: Die kontinuierlichen und über die Zeit hinweg intensivierten Informations- und public-relations Kampagnen; das Bemühen, die öffentlichen Meinungen in der EU durch die zweimal jährlich durchgeführten Eurobarometer-Erhebungen zu erfassen; und spezielle Informationskampagnen und public-relations Aktionen vor wichtigen Entscheidungen.

Die Vermarktung der europäischen Integration

Public-relations Aktivitäten sind ein zentrales Anliegen der Europäischen Union. Seit Jahrzehnten verteilt die EU Prospekte und Hochglanzbroschüren im großen Maßstab, organisiert Gruppenbesuche in Brüssel und ermöglicht Besichtigungen der EU-Gebäude. Der Inhalt vieler dieser Broschüren lautet wie etwa im Folgenden: »Die Europäische Union ist in vielerlei Hinsicht eine bemerkenswerte Erfolgsgeschichte. In mehr als 50 Jahren hat sie den Lebensstandard ihrer Bürger zu einem bisher unerreichten Niveau angehoben. Sie hat einen Markt ohne Grenzen geschaffen und eine gemeinsame Währung, den Euro. Sie ist eine wichtige Wirtschaftsmacht und führt weltweit in der Entwicklungshilfe ...«[37] Alles was in Europa erreicht worden ist, scheint der EU zugeschrieben zu werden. Nach der Zurückweisung der Verfassung für Europa in Frankreich und den Niederlanden wurden diese Bemühungen intensiviert. Eine Vizepräsidentin der Kommission (Margot Wallström) wurde mit einer besonderen Kommunikationsstrategie be-

---

[37] Facts and Figures about Europe and the Europeans, Luxembourg, Office for Publications of the EC 2006.

auftragt. In einer Reihe von Papieren[38] hat die EU ihre Absicht bekräftigt, diese Bemühungen sowohl auf der gesamten EU-Ebene wie jener der Nationalstaaten zu intensivieren. Sie beinhalten die Schaffung eines »europäischen öffentlichen Raumes«, in dem die Menschen Informationen erhalten können und EU-Fragen gemeinsam mit offiziellen Vertretern diskutieren können; ein neues Internetforum für interaktive Diskussionen und eine neue audiovisuelle Strategie, in der Programme zu EU-Angelegenheiten produziert werden; intensivierte Zusammenarbeit mit den Medien und deren Information mit »Neuigkeiten höchster Qualität und mit Material über laufende Angelegenheiten«; Besuche offizieller EU-Vertreter in den Mitgliedstaaten und Installierung von »Botschaftern des guten Willens«; Abhaltung von »Runden Tischen für Demokratie« in Städten der Mitgliedstaaten. Es ist jedoch klar, dass all diese Bemühungen das Problem des niedrigen Interesses und des negativen Images nicht wirklich in den Griff bekommen. Dies zeigt sich deutlich, wenn man die Prinzipien dieser neuen »Kommunikationsstrategie« etwas genauer betrachtet.

Zum Ersten hat sie einen zweifelhaft elitären Charakter. Auch wenn argumentiert wird, dass Vertreter der Zivilgesellschaft und die Bürger eingeschlossen werden und auf sie gehört werden soll, kann durch solche Bemühungen nur ein kleinster Anteil der fast 500 Millionen Einwohner der EU erfasst werden. Die Kommissarin Margot Wallström berichtet auf ihrer Homepage z.B., dass – seit Plan D im Jahre 2005 gestartet wurde – 305 Besuche offizieller EU-Vertreter in den Mitgliedstaaten stattgefunden haben und 20.000 Kommentare auf dem Online Diskussionsforum »Debatte Europa« positioniert wurden. Zum Zweiten stellt die Kommunikationsstrategie, trotz des behaupteten »genuinen Dialoges« zwischen Bürgern und Offiziellen, eindeutig eine Einbahnstraße dar, auf der Informationen über die Leistungen der EU an die Bürger vermittelt werden sollen. Erfahrungen mit den konkreten Resultaten vieler der vorhin erwähnten runden Tische waren enttäuschend. Zum Dritten wird das Hauptproblem der Politikverdrossenheit der Bürger nicht angesprochen, nämlich das Demokratiedefizit der EU und ihr Schwerpunkt auf (neoliberaler) Marktintegration. Sämtliche Referenda über EU-Angelegenheiten haben gezeigt, dass die Bürger, wenn sie tatsächlich die Möglichkeit haben durch ihre Stimme an einer Entscheidung mit zu wirken, durchaus zu einer intensiven Diskussion bereit sind. Die Vernachlässigung dieses Aspektes ist deutlich sichtbar im Schwerpunkt der EU-Informationskampagnen auf der »Erbringung von Resultaten« und auf dem Ziel »einen neuen Konsensus über Europa zu klären, zu vertiefen und zu legitimieren« (Plan D).

---

[38] Plan D for Democracy, Dialogue and Debate, Brussel 13.10.2005; White paper on European communication policy, Brüssel, 1.2.2006; Vgl. auch die Homepage der Kommissarin Margot Wallström.

6 Eine Union oder viele?

Anlässlich von speziellen wichtigen Gelegenheiten und Entscheidungen führt die EU systematische »public-relations Kampagnen« durch, um die Zustimmung der Bürger zu ihren Zielen zu erreichen. Eine dieser Kampagnen wurde durch Cris Shore genau analysiert (2000: 97ff.). Es war dies die Kampagne für die Einführung des Euro im Jahre 1996; viele der Charakteristika ihrer Kampagne finden sich auch bei anderen. Diese von der EU-Kommission durchgeführte Kampagne beinhaltete u.a. die Ausarbeitung und Verbreitung politischer Dokumente; die Durchführung von Meinungsumfragen; die Bereitstellung vom Europäischen Parlament genehmigten Budgets; die Ernennung von speziellen Beauftragten, einschließlich von Marketingspezialisten, und den Aufbau einer bürokratischen Infrastruktur. Zu dieser Zeit (um 1999/2000) war die Einführung des Euro ein schwieriges und umstrittenes Unterfangen. (So war in Deutschland etwa eine Mehrheit der Bürger dagegen). Die politischen Eliten der EU, einschließlich führender Politiker in den Mitgliedstaaten, wie etwa der deutsche Bundeskanzler Helmut Kohl, sahen in der gemeinsamen Währung ein großes politisches Projekt, das den Integrationsprozess in stärkster Weise fördern würde. Dieser politische Aspekt wurde durch die europäischen Eliten jedoch heruntergespielt und die ganze Problematik dadurch entpolitisiert; der Euro wurde den Menschen als »ein sicheres und zuverlässiges Unternehmen« präsentiert, das ausschließlich positive Folgen für alle Mitgliedstaaten und Bürger haben würde. Eine Vielfalt von Strategien wurden in dieser Hinsicht benutzt, einschließlich von »Prospekten, Glanzbroschüren, Newsletters und Informationspackungen zu Konferenzen, runden Tischen, Radio- und Fernsehsendungen, sowie Videos, die die Gewerkschaft und Unternehmer über den Nutzen informieren sollten, die der Euro der Arbeitswelt und Wirtschaft bringen würde« (Shore 2000: 103). Obwohl die Vertreter der EU in der Öffentlichkeit versicherten, dass Europa nicht ohne die Zustimmung der Bürger gebaut werden könne, wurde die öffentliche Meinung de facto als etwas betrachtet, das man entsprechend dem vorgefassten Plan, den Euro einzuführen, ändern könnte und sollte. Die Kommission versuchte sich selbst als unparteiischen Informationsvermittler darzustellen; zu diesem Zweck wurde auch der Begriff *Kampagne* vermieden und durch den Begriff *Informationsaktivität* ersetzt. Ein Hauptgrund für die Verbannung des Wortes *Kampagne* war, dass es implizierte, man könnte über etwas argumentieren; »der Begriff Informationsaktivität dagegen stellt die Rolle der Kommission nicht nur als neutral und unparteiisch dar, sondern präsentiert die gemeinsame Währung auch als ein Thema, zu dem die Debatte bereits abgeschlossen ist und die außerhalb des Bereichs der Politik steht« (Shore 2000: 106). In persönlichen Interviews waren die Vertreter der Kommission jedoch nicht in der Lage, die Ambiguität dieser Unterscheidung zu verbergen. Die negativen Resultate der Meinungsumfragen wurden in diesem Fall missachtet; was die Bürger dachten, war für das Ergebnis der Kampagne irrelevant.

Öffentliche Meinungs-Demokratie

Ein zentrales Element der Beziehung der EU zu ihren Bürgern ist seit langem die sorgfältige Erfassung der öffentlichen Meinung. Zu diesem Zweck wurde schon im Jahre 1973 das *Eurobarometer* (EB) eingerichtet, eine Serie regelmäßiger repräsentativer Bevölkerungsumfragen, die zweimal im Jahr durchgeführt wird.[39] In allen Mitgliedstaaten werden 1.000 (in Ministaaten weniger) Personen über ihre allgemeine Einstellung zur europäischen Integration und über zusätzliche spezielle variable Themen interviewt. Die EU ist wahrscheinlich die erste politische Gemeinschaft, die ein solches Instrument eingerichtet hat, um regelmäßige und verlässliche Informationen über die politische Meinung ihrer Bürger zu erhalten. Diese Umfragen können auch als Instrument gesehen werden, das der EU hilft, ihre Aktionen zu legitimieren (Bornschier 2000a:33), vor allem angesichts der Tatsache, dass direkte demokratische Verfahren (Wahlen, Referenda) für ihre Politik kaum relevant sind. Diese regelmäßigen Erhebungen über die politischen Meinungen in der EU kann man mit den Kommissaren (*maitres des requetes*) des französischen *Ancien Régime* (in den Jahrhunderten vor der Revolution) vergleichen, die die Provinzen des Landes regelmäßig inspizieren und alle Arten von Daten erheben mussten, die für die Erhaltung der Zentralmacht wichtig sein konnten (Puntscher-Riekmann 1998: 89ff.). Die Ergebnisse der Eurobarameter-Erhebungen werden regelmäßig veröffentlicht und ihre Daten stehen dem interessierten Publikum (auch Sozialwissenschaftlern) ohne Kosten zur Verfügung. Aus dieser Perspektive ist die Einführung dieser Methode auch aus der Sicht der normativen demokratischen Theorie durchaus positiv zu sehen. Tatsächlich sind die EB-Daten eine sehr wertvolle Quelle für sozialwissenschaftliche Analysen, insbesondere im Hinblick auf langfristige Trends. Es gibt jedoch einige Aspekte des Eurobarometer, die problematisch sind. Diese Probleme werden zusehends auch in den Medien thematisiert.[40]

Zum Ersten ist zu beachten, dass die Eurobarometer-Surveys durch die EU finanziert werden. Methodische Forschung zu Umfragen hat gezeigt, dass die Art des Auftraggebers signifikante Effekte auf die Resultate haben kann (Stocké/Becker 2004). Wenn ein Interviewer sagt, er mache eine Umfrage im Auf-

---

[39] Eine umfassende Information über die EB-Erhebungen findet sich in http://www.gesis.org/en/data_service/eurobarometer/standard_eb/index.htm.
[40] Vgl. z.B. »What does a poll really tell to you?« von Herb Ladley in *European Voice*, 5.–12. Juli 2007, S. 13.

6 Eine Union oder viele?

trag der EU, ist wahrscheinlich, dass die Antworten eher in Richtung einer positiven Haltung ausfallen werden und damit verzerrt sind, wenn der Effekt auch nicht groß sein mag.[41] Unabhängige Institute erhalten oft weniger positive Antworten auf Fragen zur europäischen Integration wie die EB Erhebungen. Diese Tatsache wurde für Deutschland dokumentiert (von Arnim 2006: 100). Sie ist auch evident, wenn wir die Ergebnisse anderer EU-weiter Erhebungen betrachten, wie z.b. jener von *Open Europe* in London, die in *Tabelle 8.2* dargestellt werden.

Zum Zweiten ist festzustellen, dass die Themenstellung und Fragen, die in den Eurobarometer-Erhebungen erfasst werden, oft einseitig sind. Fragen über kritische Probleme der EU, wie Bürokratismus, Verschwendung, Korruption und Ähnliches werden nicht eingeschlossen. Wenn Fragen über kontroversielle Themen gestellt werden, nennt man oft nur die positiven Aspekte und »vergisst« die negativen. Eines dieser Themen ist die EU-Agrarpolitik, wie in Kapitel 4 gezeigt wurde. In EB 50/1998 wurde dazu etwa gefragt: »Vor 20 Jahren versuchten die Mitgliedstaaten der Europäischen Gemeinschaft eine Reihe von gemeinsamen Problemen gemeinsam zu lösen. Hier ist eine Aufzählung solcher Probleme. Können sie mir bitte sagen, welches dieser Probleme ihrer Meinung nach derzeit am Wichtigsten ist?« Unter 13 angeführten Themen war die folgende Aussage auf die Landwirtschaft bezogen: »Die Modernisierung der europäischen Landwirtschaft durch Förderung der produktivsten Bauernbetriebe und durch Umschulung und Weiterbildung von Menschen, die aus der Landwirtschaft weggehen.« Keiner der grundlegenden Probleme der Agrarpolitik wurde erwähnt. Wer würde zu den beiden vorhin genannten Aussagen nein sagen? Häufig werden in das EB auch Themen eingeschlossen, über welche die Befragten kaum viel Wissen haben können; dies ist der Fall bei der häufig gestellten Frage über das Vertrauen in die EU-Institutionen, die nicht nur das Europäische Parlament und die Kommission einschließt, sondern auch den Europäischen Rechnungshof, den Ausschuss der Regionen und den Wirtschafts- und Sozialausschuss; sie alle sind wahrscheinlich nur einem minimalen Teil der Europäer bekannt, selbst unter Akademikern. Oft beinhaltet die Formulierung eines Problems selber problematische Begriffe und Theorien. Dies ist etwa der Fall in der folgenden Frage: »Aus der folgenden Liste, wem vertrauen sie am meisten, dass er die Effekte der Globalisierung unter Kontrolle bringen kann? Die nationale Regierung, die EU, NGOs ...« (EB 55). Inzwischen hat sich die Erkenntnis durchgesetzt, dass »Glo-

---

[41] Wir haben die allgemeine EB-Frage über die Einstellung zur EU auch in den repräsentativen österreichischen Sozialen Survey von 2003 aufgenommen und fanden keine Unterschiede in den Ergebnissen zum EB. Unterschiede ergaben sich jedoch im Hinblick auf die Parteipräferenzen je nachdem, welches Institut die Erhebung durchgeführt hatte; diese war auf zwei Institute aufgeteilt worden, von denen eines (Fessel&GFK der ÖVP), eines (IFES) der SPÖ nahesteht.

balisierung« ein sehr breiter Allerweltsbegriff ist, unter dem man sehr viel Unterschiedliches verstehen kann.

Eine Verzerrung zugunsten einer positiven Einstellung wird auch oft erzeugt durch die Formulierung der Fragen. Die Forschung über die Umfragemethodik hat gezeigt, dass die Formulierung von Fragen einen signifikanten Einfluss auf die Antworten haben kann (Rossi et al. 1983; Diekmann 1995). Der suggestive Charakter mancher EB-Fragen war bereits im oben genannten Beispiel über die Landwirtschaftspolitik evident. Er tritt noch deutlicher zutage im folgenden Beispiel: »Ich zähle nun eine Reihe von Aktionen auf, die die EU unternehmen könnte. Bitte sagen sie mir für jede von diesen, was nach ihrer Meinung eine Priorität sein sollte und was nicht? Erfolgreiche Erweiterung der EU um neue Mitgliedstaaten aufzunehmen« (EB59). »Erfolgreiche Erweiterung« ist ein suggestiver Begriff. Im gleichen EB wurde eine Liste von 11 Aussagen vorgelegt, die die Außenpolitik der EU betreffen; sie alle waren positiv und keine davon erwähnte mögliche negative Konsequenzen einer solchen Politik. In EB 61 wurde gefragt ob »die Präsidentschaft des [Europäischen Rates] verlängert werden sollte, weil sechs Monate zu kurz ist um signifikante Resultate zu erzielen«. Ein intelligenter und ehrlicher Befragter könnte auf diese Frage nur mit Nein antworten, denn wenn die Aussage wahr wäre, hätte die EU bis zum heutigen Tage kein signifikantes Resultat erzielt! Die Befragten sind bei Umfragen im Allgemeinen geduldig und bereit auch solche Fragen zu beantworten, die für sie eigentlich sinnlos sind. Evident für diese Tatsache in den EB-Umfragen ist, dass der Anteil der Nichtantwortenden meist sehr klein ist. Zusammen mit der Tendenz zu positiven Antworten (wenn auch nur, um dem Interviewer einen Gefallen zu tun) kann all dies durchaus Effekte auf das allgemein sehr positive Einstellungsbild über die Integration haben, das sich aus den EB-Surveys ergibt.

Schließlich sind auch die Datenanalyse und die Präsentation der Ergebnisse aus den EB-Erhebungen in mehrerlei Hinsicht problematisch. Die übliche Methode bei der Präsentation von Befunden besteht darin, die Antwortverteilung für die einzelnen Mitgliedstände darzustellen; die Massenmedien berichten oft in Schlagzeilen darüber. Nun ist aus der Methodenforschung bekannt, dass ein Vergleich von Randverteilungen zwischen Ländern oft sehr irreführend ist, weil diese Randverteilungen auch durch unterschiedliche Stichprobenverfahren, Gewichtung der Daten und Ähnliches beeinflusst werden (Jowell et al. 2007). Zum Zweiten wird die Interpretation der Ergebnisse meist in einer eher naiven pro-EU-Weise durchgeführt; oft suggeriert schon allein ihre Präsentation eine solche Sicht. Einige wenige Beispiele aus EB 63 (Frühjahr 2005): Es wird berichtet, dass das Vertrauen in die Europäische Union 44% beträgt, welches der dritte Platz nach den Vereinten Nationen und nach den nationalen Rechts- und Justizsystemen sei, aber deutlich höher als das Vertrauen in die nationalen Parlamente und Regierungen. Es ist jedoch evident, dass ein Hauptfaktor für die positive Bewertung dieser politischen Institution der EU, aber auch auf der internationalen Ebene, die Distanz der Befragten zu ihnen ist. Unter der Schlagzeile »Aber die Lebensqualität in der EU wird als unvergleichlich angesehen« wird berichtet, dass die Mehrheit der Befragten der Ansicht war, dass die Lebensqualität in Europa (nicht in der EU) besser sei als in den U.S.A. und Japan, gar nicht zu reden von China oder Indien. Es wird berichtet, dass die EU in sechs von 10 Bereichen (Umweltschutz, Gesundheitsversorgung, Bildung, Kampf gegen soziale Diskriminierung, Ungleichheiten, Arbeitslosigkeiten) besser abschneide als die USA. Tatsächlich jedoch glauben viele Bürger – mit gutem Grund – dass die Europäische Union dazu beiträgt, soziale Ungleichheit und Arbeitslosigkeit zu erhöhen; die Hauptakteure in diesem Bereich sind allerdings nicht die EU, sondern die Mitgliedstaaten.

Die Erfindung und Pflege von Mythen über die Integration

Alle diese Strategien und Aktionen kann man zusammenfassen unter dem Stichwort der Schaffung von »Mythen« über die europäische Integration. Politikwissenschafter haben gezeigt, dass der politische Prozess stets zwei Seiten hat: (a) Die realen Interessen, Konflikte und Resultate der Politik und (b) ihre öffentliche Präsentation und sowie die Art und Weise, wie die Rolle der Eliten darin und die realen Machtstrukturen dargestellt werden (Edelman 1972; Schöpflin 2000: 79ff.). Zwischen diesen beiden Aspekten besteht oft eine bemerkenswerte Diskrepanz. Über grundlegende und umstrittene Fragen werden politische Mythen geschaffen, die komplex und ambivalent sind. Die Schaffung dieser Mythen ist nicht notwendige eine bewusste Irreführung durch die Eliten, aber sie hilft plausible Interpretationen für komplexe Probleme zu finden und einer politischen Gemeinschaft Kohärenz und moralische Integrität zu verleihen. Die politischen Eliten neigen dazu, diese Mythen kontinuierlich zu wiederholen und ihre Handlungen auf diese Weise zu legitimieren. So erscheint es, als ob sie im Interesse aller arbeiten würden, auch wenn sie de facto ihre eigenen Interessen fördern. Im Falle der europäischen Integration wurden eine ganze Reihe solcher Mythen erfolgreich geschaffen (indiziert auch durch die Tatsache, dass sie sehr selten in Frage gestellt werden; vgl. auch Hellström 2006):

- Die europäische Integration war der ausschlaggebende Prozess, der seit 1945 Frieden in Europa gesichert hat.
- Die europäische Integration ist ein unumkehrbarer Prozess. Wenn die Integration durch einzelne Länder verzögert wird, ist der gesamte Integrations-

prozess gefährdet. Politiker, die Handlungen setzen, die zu solchen Ereignissen führen, wie der französische Präsident Chirac, der ein Referendum über die Verfassung von Europa ansetzte, machen einen riesigen Fehler. Ein Detailaspekt dieses Mythos mag die These sein, dass bereits 70%–80% aller nationalen Gesetze durch die europäischen Institutionen bestimmt werden.
- Die europäische Integration ist notwendig um die Gefahren der wirtschaftlichen Globalisierung zu kontrollieren. Trotz der ungeheuren Popularität des Begriffes der Globalisierung seit einem Jahrzehnt und dem Erscheinen von Hunderten, wenn nicht Tausenden von Büchern darüber, ist evident, dass der Begriff Globalisierung nicht mehr ist als ein diffuser Sammelbegriff für eine Vielfalt sehr unterschiedlicher Prozesse und Resultate.
- Die europäische Integration ist unerlässlich für eine Sicherstellung von weiterem kontinuierlichem Wachstum in Europa und sie nützt allen sozialen Gruppen, Ländern und Regionen. Sie ist auch notwendig, um die europäische Landwirtschaft zu schützen und bei der Entwicklung der ärmeren Länder und Regionen im Süden und Osten Europas zu helfen.

Die meisten dieser Behauptungen und Mythen wurden bereits in diesem und anderen Kapiteln dieses Buches diskutiert, sodass wir hier nicht weiter darauf eingehen müssen.

Ausblick

Die Analysen dieses Kapitels haben gezeigt: Zwischen den verschiedenen Mitgliedsländern und Makroregionen innerhalb der EU sowie zwischen Eliten und Bürgern gibt es sehr unterschiedliche Interessen, Ziele und Erwartungen in Zusammenhang mit der europäischen Integration. Für manche von ihnen ist sie ein Mittel um eine neue, machtvolle Rolle in der Welt spielen zu können. Für andere ist sie ein Mittel ökonomische Rückständigkeit und politische Instabilität zu überwinden. Für andere sollte die EU ein großer freier Markt bleiben (oder wieder werden); andere möchten, dass sie sich zu einem umfassenden Wohlfahrtsstaat weiterentwickelt.

Ein Ausweg aus diesen Widersprüchen wird von vielen darin gesehen, dass die EU eine hohe »Output-Legitimität« aufweist, das heißt effiziente sozioökonomische Leistungen für die Bürger erbringt. Es hat sich jedoch gezeigt, dass diese Leistungen weit weniger spektakulär sind als von den Eliten gepriesen; diese Tatsache wird von den Bürgern auch gesehen. Output-Legitimität ist aber grundsätzlich ungeeignet, fehlende Mitbestimmungsmöglichkeiten der Bürger zu ersetzen. Darüber hinaus gilt: selbst ein positiver Output muss nicht notwendig

6 Eine Union oder viele?

zu hoher Akzeptanz, negativer Output zur Abwendung von einem System oder einer Regierung führen. Ein anderer Ausweg ist die Selbstdarstellung der EU als einer »Wertegemeinschaft« oder als einer politischen Gemeinschaft, die den typischen »europäischen Lebensstil« sichern muss. Aber in kultureller und religiöser Hinsicht sind die internen Differenzierungen innerhalb der EU (wenn nicht Widersprüche und Konflikte) stärker als die Gemeinsamkeiten; der »europäische Lebensstil« ist ein verschwommenes Phänomen, das schwerlich ausreicht, um darauf eine umfassende, neue politische Gemeinschaft zu errichten. Gibt es einen Ausweg aus diesem Dilemma?

Ein tragfähiges Konzept, auf welches die weitere Entwicklung und die Finalität der EU begründet werden kann, muss sicherlich Werte einschließen, wie Philip Alston und Joseph Weiler (1999: 13) geschrieben haben: »Es wäre etwas schrecklich falsch mit einer politischen Gemeinschaft, die ausschließlich auf die Realisierung ihrer ökonomischen Zielsetzungen hinarbeitet [...] die aber zur gleichen Zeit bewusst ihre ebenso wichtigen ethischen und rechtlichen Verpflichtungen dabei vernachlässigt, [das Ziel], dass ihre Politik auch zu einer weitestgehenden Verwirklichung der menschlichen Rechte führen muss.« In dieser Hinsicht muss man zwei zentrale Themen in Betracht ziehen. Das eine betrifft die Frage, welches die Werte sind, welcher die europäische Integration zu allererst verpflichtet sein sollte. Wir müssen hier die Beziehung zwischen der formellen Erklärung von Werten (die in allen grundlegenden EU-Dokumenten den breitesten Raum einnimmt) und ihrer realen Verwirklichung in konkreten Institutionen, Normen und politischen Praktiken unterscheiden. Zum Zweiten ist der Bezug auf Werte allein nicht genug. Die Europäische Union ist keine ethisch-moralische oder gar religiöse, sondern eine politische Gemeinschaft. Als solche liegt ihre Hauptaufgabe in der Sicherstellung und Förderung der Interessen ihrer Bürger. Wie diese zwei Aspekte in Übereinstimmung gebracht werden können, ist die Fragestellung der nächsten zwei Kapitel. Im folgenden Kapitel wird die Frage der Ideen und Werte diskutiert, die mit dem »Traum von Europa« seit Jahrhunderten verbunden worden sind. Im letzten Kapitel wird die Frage des Charakters und der Finalität der EU behandelt sowie die Frage, wie Werte und Interessen dabei in Übereinstimmung gebracht werden können.

7 Der Traum von Europa
Intellektuelle Ideen der Integration und ihre »Realisierung«

Einleitung

In diesem Kapitel sollen die Ideen zur Einigung und Integration Europas untersucht werden, wie sie sich seit der frühen Neuzeit entwickelt haben. In dieser Hinsicht haben die intellektuellen Eliten die entscheidende Rolle gespielt. Intellektuelle sind Personen, die sich mit sozialen und gesellschaftlichen Entwicklungen und Problemen aus einem moralischen und einem rationalen Standpunkt befassen und die sowohl in der allgemeinen Öffentlichkeit wie in der Politik durch ihre Veröffentlichungen Anerkennung zu gewinnen versuchen (Shils 1982: 179ff.). Der Begriff der »Intellektuellen« wurde in Russland, Polen und Frankreich im 19. Jahrhundert erfunden – einer Zeit, in der viele Menschen in diesen Ländern gegen totalitäre und skrupellose Machteliten oder gegen ausländische Herrschaft kämpften; in diesen Fällen unterstützten die Intellektuellen meist die revolutionären Bewegungen (Charle 2001; Winock 2003). In diesen Zeiten waren die Intellektuellen oft frei-schwebende Journalisten oder Schriftsteller und lebten in prekären materiellen und sozialen Verhältnissen; heute sind sie meist tätig als öffentliche Angestellte (wie Universitätsprofessoren), kommerziell erfolgreiche Schriftsteller usw. Intellektuelle orientieren sich (oder beanspruchen es) an universellen menschlichen Werten wie Gerechtigkeit, Rationalität und Wahrheit; aus diesem Grunde geraten sie oft in Gegensatz zu den herrschenden Eliten. Intellektuelle sind »chronisch Unzufriedene«; sie leiden unter dem Zustand der Gesellschaft; hieraus ergibt sich ihr utopisches Denken, das eine bessere Welt entwirft (Lepenies 1992).

Es gibt viele verschiedene Typen von Intellektuellen und ihre Rolle unterscheidet sich in verschiedenen Epochen, Gesellschaften und Kulturen, je nach dem Charakter des bestehenden politischen Regimes (Münch 1986; Korom 2007). Die Intellektuellen standen nicht immer im Gegensatz zu den Mächtigen; sie können auch als »Ideologen« fungieren, d.h. als Lieferanten von Ideen und Argumenten im Interesse der herrschenden politischen Eliten. Nicht Gründlichkeit, sondern Sensibilität ist die Haupttugend von Intellektuellen; ihre theoretischen Konstrukte sind oft falsch, »aber irgendetwas ist immer ›gut gesehen‹« (Mannheim 1970: 457).

Intellektuelle haben schon sehr früh über die europäische Integration nachgedacht, und ihre Gedanken waren interessant für das allgemeine Publikum und nützlich für die politischen Eliten. Seit Beginn der europäischen Integration in den frühen 1950er Jahren nehmen die politischen Eliten in Anspruch, dass die Ziele und Methoden ihrer Integrationsstrategie durch die Ideen großer und respektierter historischer Intellektueller inspiriert worden sind. Es erscheint daher angebracht, die konkrete Entwicklung der europäischen Integration mit den intellektuellen Ideen über »Europa« zu konfrontieren; dabei kann man erhebliche Divergenzen, aber auch unerwartete Übereinstimmungen erkennen. Für die meisten historischen Denker hatte die Errichtung einer politischen Union zwischen den Staaten und Völkern von Europa ein Hauptziel: die Herstellung und Sicherung des Friedens. Sie fanden vor allem zwei Strategien wichtig, um dieses Ziel zu erreichen: die Herstellung republikanischer (d.h. demokratischer) Verfassungen und die Einrichtung einer lockeren Föderation zwischen allen europäischen Staaten. Die tatsächliche Struktur und Entwicklung der Einigung seit 1952 ging jedoch in Richtung *Integration* – d. h. der Schaffung einer neuen politischen Gemeinschaft, die in vielerlei Hinsicht die bestehenden Nationalstaaten ersetzt und ihre Kompetenzen übernimmt. Unter den heutigen intellektuellen Eliten unterstützen viele diese Entwicklung; die Profession der Juristen ist einer ihrer stärksten Promotoren.

Ein weiterer überraschender Befund bei der Betrachtung der historischen »Idee Europa« besteht darin, dass es nicht eine einzige, sondern mehrere verschiedene Visionen eines Vereinigten Europa gab. Das gleiche galt für die Europabewegungen nach dem Zweiten Weltkrieg. Während die *Föderalisten* auf die Schaffung eines europäischen Bundesstaates hin arbeiteten, zielten die *Unionisten* (repräsentiert durch W. Churchill) nur auf eine lockere zwischenstaatliche Zusammenarbeit ähnlich dem *British Commonwealth* ab; einige der historischen Denker vertraten sogar Ideen, die aus heutiger Sicht sehr problematisch sind. Die positiven Visionen zu »Europa« werden in feierlichen Reden und festlichen Ansprachen immer wieder zitiert; die weniger positiven jedoch selten oder überhaupt nicht erwähnt.

Dieses Kapitel ist folgendermaßen gegliedert: zuerst wird ein Überblick über die historischen Visionen von Europa gegeben. Zum Zweiten wird die zentrale Idee von Immanuel Kant im Hinblick auf die Einigung Europas, die Einrichtung von republikanisch-demokratischen Verfassungen als Vorbedingung für den Frieden, dargestellt. Zum Dritten werden die Ideen der Intellektuellen mit den realen Zielen und Mustern der institutionellen Entwicklung der EG/EU seit 1957 sowie mit dem Inhalt der Verfassung für Europa konfrontiert. Schließlich wird die Rolle der Intellektuellen und akademischen Professionen seit 1945 untersucht.

7.1 Der Traum von Europa in der Geschichte: Eine kritische Analyse der Ideen über die europäische Einigung vom Abbé de Saint-Pierre (1713) bis Richard Coudenhove-Kalergi (1923)

Im folgenden kurzen Überblick werden die Ideen der europäischen Integration seit dem frühen 18. Jahrhundert bis zum frühen 20. Jahrhundert dargestellt, aber nicht in chronologischer Reihenfolge, sondern nach den Hauptthemen und Visionen, auf welchen sie beruhen. Es wird eine Unterscheidung gemacht zwischen positiven und respektierten universellen Zielen, die mit der Integration verknüpft waren und die auch heute noch akzeptiert werden können. Es gibt jedoch auch weniger positive Ideen, die man nur mehr selten offen zum Ausdruck bringt, weil sie mit einer neuen Art von Machtpolitik verknüpft sind. Zum Zweiten diskutieren wir die Ideen eines herausragenden Denkers in dieser Hinsicht, Immanuel Kant, sowie die Ideen und das Schicksal der nationalen Bewegungen des 19. Jahrhunderts in Deutschland und Italien. Dies sind paradigmatische und auch für die Entwicklung der EU relevante Fälle die zeigen, dass die Ideen von nationaler Unabhängigkeit und Freiheit, Demokratie und Frieden von den Intellektuellen als untrennbar angesehen wurden, aber nicht so von den herrschenden Machteliten dieser Zeit. Im 19. und 20. Jahrhundert wurden vor allem die Ideen der nationalen Einigung und Macht realisiert und dies oft auf Kosten von Freiheit, Demokratie und Frieden.

Eine Reihe von Autoren haben umfassende Überblicke über die »Idee Europa« in der neueren Geschichte gegeben (vgl. Foerster 1963; Tschubarjan 1992; Lützeler 1992; Wilson/van der Dussen 1995; Pagden/Hamilton 2002). Im Folgenden wird eine systematische Analyse dieser Ideen aus zwei soziologischen Perspektiven durchgeführt: zum Einen aus der Sicht der *Soziologie als Wirklichkeitswissenschaft* im Sinne von Max Weber (Weber 1973; Lepsius 1988). In dieser Sicht haben Ideen zentrale Bedeutung für menschliches Handeln und soziale Prozesse; ihre Relevanz kann jedoch nur im Zusammenhang mit der Rolle von Interessen beurteilt werden; auch die letzteren spielen nahezu immer eine wichtige Rolle. Die andere Sicht ist jene einer kritischen *Soziologie des Wissens,* die auch die praktische und politische Anwendung von Ideen untersucht sowie den sozialen und ideologischen Hintergrund ihrer Proponenten (Mannheim 1970; Boudon 1986; Camic/Gross 2004). Hier liegt unsere Zielsetzung darin »Europa vom Kopf auf die Füße zu stellen«, wie es ein junger schwedischer Soziologe (Hellström 2006) treffend formuliert hat, d.h. zu untersuchen, wie das öffentliche Reden, beeinflusst vor allem durch die politischen Eliten, heute bestimmt »was Europa ist oder sein sollte«. Durch diese Bezüge auf die historische Idee von

Europa möchten die Eliten einem politischen Prozess eine Art von intellektueller Segnung geben, der in der Realität jedoch in starkem Maße durch Interessen bestimmt wird. Drei Thesen werden hier aufgestellt: (1) Es gibt unter den historischen Schriftstellern keine einzige oder einheitlich-konsistente Idee der europäischen Integration. Die häufige politische Bezugnahme auf die »Idee Europa« verschleiert die Tatsache, dass sehr unterschiedliche Modelle eines integrierten Europa vorgeschlagen wurden (vgl. auch Tschubarjan 1992; Joerissen 2001). (2) Die meisten Autoren von Büchern, Essays und Pamphleten zur Idee Europa stellten sich nicht ein integriertes Europa in jener Form vor, wie sie der Vertrag von Rom begründet und in den weiteren Entwicklungen seither ausgestaltet worden ist. Für viele von ihnen war der Bezug auf Europa nichts als eine Strategie, um die Machtinteressen ihrer eigenen Nation zu verschleiern. Einige von ihnen haben sich sogar ein autoritäres, antidemokratisches und imperialistisches »Vereintes Europ« ausgemalt. (3) Für viele Autoren – so auch für die »Schöpfer« der Europäischen Wirtschaftsgemeinschaft – war die Vereinigung und Integration dieses Kontinents eine Strategie um Europa von »anderen« abzugrenzen, die man als feindliche Bedrohung betrachtete.

Die allgemeine These lautet: Wir können heute nicht sagen, dass die Europäische Union einen Jahrhunderte alten Traum von Europa »realisiert«, schon deswegen nicht, weil es einen kohärenten, einzelnen Traum dieser Art gar nicht gab. Wir müssen vielmehr feststellen, dass die Macher der EU die intellektuellen Ideen über »Europa« vielfach benützen um ihre politischen Ambitionen zu legitimieren. In dieser Hinsicht gehen sie genau in derselben Weise vor wie es alle Nationalstaaten früher getan haben, als sie eine historische Legitimität ihrer Politik herzustellen versuchten (Faber 1979; Smith 1991; Swedberg 1994; Haller 1996a, b). Diese Praxis hat bereits im Hochmittelalter ihren Ursprung. Der Begriff von »Europa« wurde vom Intellektuellen Karl des Großen als ein respektableres Konzept angesehen als jenes eines »imperium occidentale«. In der Tat jedoch ist dieses Imperium wie auch Karl der Große selber eher eine mythische Figuren (Segl 1993; Illig 2001).

Im Folgenden werden zuerst die positiven Ideen der Europäischen Integration und ihre Hauptelemente dargestellt; sodann betrachten wir einige der weniger vornehmen Visionen und Vorschläge. Dabei werden nicht nur einzelne Intellektuelle, sondern auch relevante soziale Bewegungen einbezogen.

(a) Europa als ein Kontinent demokratischer und friedlicher Nationen

Vier Ideen waren für die Denker über Europa zentral, seit der Abbé de Saint-Pierre seinen berühmten Essay zum *Projekt über den ewigen Frieden unter den*

7 Der Traum von Europa

christlichen Herrschern im Jahre 1713 veröffentlichte: (1) Die Verhinderung von Kriegen und die Etablierung eines dauerhaften Friedens in Europa; (2) die Einrichtung republikanisch-demokratischer Regierungen in allen Nationen; (3) die Bewahrung des kulturellen Reichtums und der Vielfalt in Europa; (4) die Etablierung einer europäischen Konföderation der Nationen.

Die Verhinderung von Kriegen und die Sicherung des Friedens

Dies war ein zentrales Ziel der meisten Autoren, die über die europäische Integration geschrieben haben. Es sollen hier nur drei davon, jeweils einer aus dem 18., 19. und 20. Jahrhundert, etwas ausführlicher diskutiert werden. Die Idee der Herstellung eines »ewigen Friedens« war der Kern der bereits genannten, einflussreichen Arbeit des Abbé de Saint-Pierre (1658–1743). Saint-Pierre war auch Diplomat und er wird als ein Vorläufer der Aufklärungsphilosophie betrachtet. Das Ziel seines Vorschlages war es, das Denken in den Begriffen einer Machtbalance zwischen den europäischen Fürsten zu ersetzen durch die Idee einer friedlichen Föderation unter den seinerzeit vierundzwanzig größeren Staaten Europas. Sein Vorschlag beinhaltete auch eine ökonomische Integration durch die Schaffung einer Freihandelszone, aber er sah keine Veränderung in den monarchischen Verfassungen der Staaten vor.

Der Begriff »Vereinigte Staaten von Europa« wurde zum ersten Mal in der Mitte des 19. Jahrhunderts durch den schottischen Schriftsteller Charles Mackay eingeführt, der umfangreiche Reisen durch Nordamerika gemacht und zahlreiche Bücher über dessen Kulturgeschichte veröffentlicht hatte (Lützeler 1992: 152ff.). Auch seine zentrale Idee war die Verhinderung zukünftiger Kriege in Europa. Er betrachtete die freie Presse, den Freihandel und das Prinzip der Repräsentation des Volkes in den Vereinigten Staaten als beispielhaft. Mackay schlug aber keine europäische Regierung vor, sondern nur eine lockere Föderation, in welcher alle souveränen Staaten mit verfassungsmäßigen Regierungen Mitglieder werden sollten.

Eine wichtige Kraft im Kampf gegen den Krieg in Europa war die *Friedensbewegung,* die sich in den 1840er Jahren entwickelte. Zwischen 1843 und 1851 fanden fünf große Friedenskongresse statt (Tschubarjan 1992: 67). Auch diese Bewegung entwickelte die Idee einer friedlichen Zusammenarbeit in Europa. Als Folge des Aufstieges des Nationalismus in der zweiten Hälfte des 19. Jahrhunderts verlor die Friedensbewegung jedoch ihre Dynamik. Eine spätere Vertreterin war die österreichische Gräfin und Schriftstellerin Bertha von Suttner (1843Z1914); ihr autobiografischer und pazifistischer Roman *Die Waffen nieder,* zuerst veröffentlicht 1889, wurde ein weltweiter Erfolg (in fast 40 Auflagen gedruckt und in etwa ein Dutzend anderer Sprachen übersetzt).[1] Durch ihr Werk animierte Bertha von Suttner Alfred Nobel zur Stiftung des Friedensnobelpreises und sie erhielt ihn im Jahre 1905 selber. Nach dem Ersten Weltkrieg tauchten die pazifistischen Ideen wieder auf. Die Erhaltung des Friedens in Europa war sicherlich ein Ziel von Coudenhove-Kalergi, dem Gründer der Pan-Europa-Bewegung in den frühen 1920er Jahren. Ich werde, wie auch andere Autoren (vgl. Wilson/van der Dussen 1993: 99), jedoch argumentieren, dass dies nicht sein Hauptziel war.

Die Einrichtung republikanischer und demokratischer Verfassungen und eines europäischen Parlaments

Der umfassendste Plan für die europäische Einigung im 19. Jahrhundert wurde durch den französischen Sozialphilosophen und Schriftsteller Henri de Saint-Simon (1760–1825) in seinem Buch *De la réorganisation de la société Européenne* entwickelt (1814; Lützeler 1992: 72ff.). Saint-Simon, von adeliger Herkunft, hatte ein äußerst bewegtes Leben; er nahm aktiv am amerikanischen Unabhängigkeitskrieg teil und arbeitete während der französischen Revolution als Unternehmer, zugleich aber auch als produktiver Schriftsteller und Journalist. Er entwickelte eine frühe Version eines utopischen Sozialismus mit christlichen Elementen.

Saint-Simon kritisierte den Wiener Kongress, auf dem zwar viele Staatsmänner von der Notwendigkeit sprachen, eine neue europäische Ordnung zu schaffen; diese Ordnung sah de facto jedoch nur die Wiederherstellung des alten dynastischen Systems von Großmächten vor. In einem solchen System, so Saint-Simon, werden auch Kriege immer wieder auftreten. Die wichtigste Voraussetzung für die Herstellung eines dauerhaften Friedens war für ihn die Beseitigung des Absolutismus und die Einführung parlamentarischer Systeme in ganz Europa. Die nationalen Parlamente sollten Gesandte in ein europäisches Parlament entsenden, das bei Konflikten zwischen Staaten vermitteln sollte. Seine Aufgaben waren darüber hinaus die Entwicklung eines europäischen Rechtssystems, die Sicherung von Frieden und religiöser Toleranz, die Entwicklung und Kontrolle von Bildungssystemen und einer Infrastruktur für Transport und Verkehr in Europa; dies alles sollte durch eine neue überkonfessionelle geistige Macht angeleitet werden. Die europäischen Institutionen sollten aber die nationalen politischen Institutionen nicht ersetzen; es sollte kein zentralisierter Staat geschaffen werden, sondern nur eine Konföderation unabhängiger, souveräner

---

[1] Vgl. dazu den Aufsatz von S. und H. Bock in Suttner 2006: 405ff.

7 Der Traum von Europa

Staaten. Aus Saint-Simons Sicht war Regieren weniger eine Sache von demokratischen Wahlen und Entscheidungsverfahren, als vielmehr Aufgabe einer qualifizierten Verwaltung. Politische Rhetorik sollte durch positives Wissen sowie durch die Erfahrungen von Bankiers, Industriellen und Wissenschaftlern ersetzt werden (Siedentop 2001: 32). Aus dieser Sicht war Saint-Simon ein wichtiger Ideengeber für das so erfolgreiche französische Modell der europäischen Integration, das in der berühmten »Monnet-Methode« Realität wurde (Swedberg 1994).

Das Modell von Saint Simon wurde durch die europäische Integration nach dem Zweiten Weltkrieg in der Tat in einem erheblichen Ausmaß realisiert mit einer wichtigen Ausnahme: in seinen Schriften gibt es überhaupt keine Erwähnung eines öffentlichen europäischen Dienstes oder einer europäischen Bürokratie, sondern nur jene eines europäischen Parlaments. (Die Administration sollte Sache der nationalen Regierungen bleiben). In der tatsächlichen Integration von Europa wurde jedoch der Bürokratie die Führungsposition zugewiesen, wie in Kapitel 5 gezeigt worden ist.

Die wahrscheinlich wichtigste intellektuelle Figur in den Diskussionen über »Europa« im zwanzigsten Jahrhundert war der österreichische Graf Richard Coudenhove-Kalergi (1894–1972). Auch für Coudenhove-Kalergi war die Vermeidung von Kriegen und die Herstellung eines dauerhaften Friedens in Europa ein wichtiges Ziel (Lützeler 1992: 312ff.; Coudenhove-Kalergi 1953; 1958). Er sah die Aussöhnung zwischen Deutschland und Frankreich als ersten Schritt zur Realisierung dieses Zieles. Nach der Veröffentlichung seines Buches *Pan-Europa* und der Gründung der Zeitschrift *Paneuropa* in den Jahren 1923/24, kontaktierte Coudenhove-Kalergi Intellektuelle und Politiker in ganz Europa, um deren Unterstützung zu gewinnen. Für ihn war die europäische Einigung notwendig um mit der blutigen Vergangenheit Europas zu brechen. Dies sollte ein schrittweiser Prozess sein, beginnend mit einer paneuropäischen Konferenz, welche die Statuten einer Konföderation ausarbeiten und verabschieden sollte; später sollte eine Zollunion und letztendlich eine voll integrierte politische Union geschaffen werden. Der »Idealist« Coudenhove-Kalergi hatte keinen direkten Einfluss auf die Form der europäischen Integration, wie sie sich von 1953 an entwickelte; der »Realist« Jean Monnet schaute sogar mit gewisser Verachtung auf seine Ideen und Aktivitäten. Hier wird jedoch die These aufgestellt, dass auch die Ideen von Coudenhove-Kalergi tatsächlich erheblichen Einfluss auf den faktischen europäischen Integrationsprozess nach 1945 ausgeübt haben und weiterhin ausüben. Die Friedensidee spielte in seinen Visionen nur eine untergeordnete Rolle; seine Hauptmotivation lag darin, Europa zu einer neuen Weltmacht zu machen (wir werden auf dieses Thema zurückkommen).

Die Bewahrung der kulturellen Vielfalt und des kulturellen Reichtums von Europa

Auch dies war ein immer wiederkehrendes Thema bei vielen Autoren zum Thema »Europa«, so insbesondere bei den Vertretern der deutschen Romantik im frühen neunzehnten Jahrhundert. Einer der ersten darunter war der große deutsche Geschichts- und Kulturphilosoph Johann Gottfried Herder (1744–1803). Herder entwickelte die fruchtbare und positive Idee, dass ein eingehendes Verständnis aller Kulturen und Sprachen der vielen Völker der Welt notwendig und kulturell bereichernd ist, weil alle gleich wertvoll sind (Lützeler 1992: 19ff.). Herders Begriff der »Völker« und ihres »Volksgeistes« wurde durch die romantische Schule aufgegriffen und als intellektuelle Waffe im nationalen Unabhängigkeitskampf gegen Napoleon benutzt. Die nationalen Eigenheiten sollten gegen den großen Gleichmacher Napoleon gewahrt werden, der in viel zu vielen Bereichen (wie Verwaltung, Militär, Rechtswesen und Bildung) allen Staaten Europas Vereinheitlichung, Rationalisierung und Zentralisierung aufzwingen wollte (Lützeler 1992: 21).

Es gab noch weitere deutsche Autoren, die im Geiste Herders Schriften über Europa, seine Eigenheiten, Vielfalt und Zukunft, verfassten. Darunter war auch der deutsche Dichter Novalis, der an seinem Essay »*Die Christenheit oder Europa*« (1799), einer Apologie gegen den Materialismus des aufsteigenden Bürgertums, ein romantisches Plädoyer (weniger ein politisches Manifest) für eine erneuerte Christenheit entwarf (Wilson/van der Dussen 1993: 69). Weiters zu nennen ist Ernst Moritz Arndt, ebenfalls ein einflussreicher politischer Schriftsteller im Kampf gegen Napoleon und für die deutsche Einigung. In Deutschland, aber auch in England und Frankreich, wurden um 1830 mehrere Zeitschriften gegründet, deren Absicht darin lag, ausländische Literatur und Kunst den eigenen Landsleuten näher zu bringen. Ein Beispiel in Deutschland war August Lewald's *Europa. Chronik der gebildeten Welt,* ein französisches Beispiel *L'Europe littéraire* (Lützeler 1992: 131). Diese Zeitschriften waren jedoch kosmopolitisch ausgerichtet und kritisierten zum Beispiel auch den Antisemitismus. Der »Zwilling« dieser frankophonen deutschen Autoren war auf der französischen Seite Madame Germaine de Stael, die ein sehr positives und einflussreiches Portrait von Deutschland verfasste *(De l'Allemagne, 1810).* Ähnliche Absichten – wenn auch vor einem konservativen Hintergrund und einer pragmatischen Zielsetzung – wurden verfolgt durch den preußischen (später österreichischen) politischen Philosophen und Diplomaten Friedrich Gentz in seiner Schrift *Fragmente aus der neuesten Geschichte des politischen Gleichgewichts in Euro-*

pa (1797). Sein Ziel war die Wiederherstellung der alten dynastischen Ordnung nach ihrer Zerstörung durch Napoleon.[2]

Die Gründung einer Konföderation oder Liga der Nationen

Die Gründung einer europäischen Föderation der Nationen wurde nie als Ziel an sich gesehen. Die Hauptidee dafür war stets, dass durch ein solches Bündnis Vertrauen und langfristige friedliche Beziehungen zwischen den europäischen Staaten hergestellt werden könnten. Diese Idee war eindeutig vorhanden schon im ersten umfassenden Text über Europa des Abbé de Saint-Pierre. Es ist keine Überraschung, dass eine weitgehende politische Integration von Europa auch kein Ideal der englischen oder schottischen Autoren war, wie wir im Falle von Charles Mackay gesehen haben. Das gleiche galt für die romantischen Denker und intellektuellen Unterstützer der nationalistischen Bewegungen in Deutschland und Italien. Sie alle betonten die Einmaligkeit der verschiedenen Kulturen und Gesellschaften Europas sowie die Notwendigkeit ihrer Bewahrung; daher forderten sie auch politische Autonomie und Unabhängigkeit der Nationalstaaten, die auf dieser Basis errichtet worden waren bzw. errichtet werden sollten. Für viele von ihnen war das alte *Heilige Römische Reich Deutscher Nation* das Vorbild. Dieses Reich glich keinem hoch integrierten modernen Staat, selbst wenn wir an große, föderalistisch-strukturierte Staaten denken. Das *Römische Reich* war eher eine vor- oder übernationale Einheit, eine politische Gemeinschaft, die auf feudalen Banden begründet war, eine Art von »Dachverband«, der zahlreiche Territorien unterschiedlicher Größe und von unterschiedlichem rechtlichem Status einschloss. Die Könige und Fürsten der Mitgliedsländer und -territorien erkannten den Kaiser und die kaiserlichen Gesetz- und Gerichtshöfe an (dies oft aber auch nur formell), aber sie bestimmten die Politik des Reiches mit. Es war also weder ein echter Bundesstaat noch ein bloßes Staatenbündnis; sein verfassungsmäßiger Charakter war meist umstritten.

(b) Innere Ordnung und Stabilität, nationale Hegemonie und globale Macht von Europa

Die im Folgenden zu skizzierenden historisch-intellektuellen Ideen von Europa waren weit weniger »vornehm« als jene, die im vorigen Abschnitt dargestellt wurden. Wir können hier drei Themen finden: Die europäische Einigung und Integration als Mittel (1) die innere Ordnung wieder herzustellen und revolutio-

---

[2] http://de.wikipedia.org/Friedrich_Gentz

näre Bewegungen zu unterdrücken; (2) eine Hegemonie der eigenen Nation über alle anderen Länder Europas aufzurichten und zu sichern; (3) Europa insgesamt als eine neue Weltmacht zu etablieren.

Die Einigung Europas als Mittel zur Unterdrückung revolutionärer Bewegungen und zur Aufrichtung autokratischer Systeme

Dieses am wenigsten vornehme aller Motive war eindeutig schon vorhanden in dem bereits mehrfach genannten, bahnbrechenden Essay des Abbé de Saint-Pierre. Er argumentierte, dass es ein Bündnis der europäischen Staaten möglich machen würde, die für Kriege untereinander notwendigen Armeen zu reduzieren. Die militärischen Kräfte könnten dann auf die Unterdrückung und Niederschlagung innerer Revolutionen in den Mitgliedsstaaten konzentriert werden (Lützeler 1992: 15).

Ein sehr einflussreicher neuerer Autor in dieser Tradition ist der deutsche Philosoph Friedrich Nietzsche (1844–1900). Eines der Hauptthemen dieses exzentrischen, wortgewaltigen Schriftstellers war die Kritik von Religion und Moral. Er unterschied zwischen einer Herren- und einer Sklavenmoral; die erstere steht für starke und mächtige Männer und soziale Gruppen, die letztere für Arme und Elende; die »Moral« der letzteren wird vor allem durch Neid und Ressentiment begründet. Nietzsche prägte den Begriff *»Übermensch«*: dies ist eine Person, in welcher der Wille zur Macht konzentriert ist und die von allen moralischen Beschränkungen ausgenommen ist. Nietzsche sah keinerlei Fortschritt in der Geschichte – vielmehr hat alles, was geschieht, schon einmal stattgefunden und wird auch in Zukunft immer wieder stattfinden. Die radikalen und provokativen, aber mehrdeutigen Begriffe von Nietzsche wirkten als Inspiration für viele spätere Denker und soziale Bewegungen. So bezogen sich Faschismus und Nationalsozialismus auf seine antidemokratisch-elitäre Haltung und seine Verherrlichung des Krieges, auch wenn Nietzsche selber engstirnigen Nationalismus (den er auch als *teutonomania* kritisierte) und Antisemitismus verachtete.

Nietzsche bezieht sich an mehreren Stellen seiner Werke auf Europa (Lützeler 1992: 190ff.; Bassina/Bas 2002). Er argumentiert, dass in der historischen Entwicklung von Europa die »Schwachen« und ihre politische Ideologie, die Demokratie, mehr und mehr an Einfluss gewonnen haben. Die Einigung von Europa bietet eine Möglichkeit zur Überwindung des Nationalstaatensystems und der Demokratie insgesamt, wenn auch in der ersten Phase die Demokratie stärker werden wird. Später wird jedoch eine Verzweigung stattfinden: auf der einen Seite – bei den Massen – wird sich ein Menschentyp entwickeln, der »für eine neue Sklaverei vorbereitet ist«. Auf der anderen Seite wird «ein ›starker

Mann‹ auftreten – vorurteilslos, von einem gefährlichen, aber auch attraktiven Charakter, ein Tyrann, der unabsichtlich durch die europäische Demokratie hervorgebracht wird« (Bassina/Bas 2002: 8). Laut Nietzsche wird in Zukunft eine neue paneuropäische gemischte Rasse und herrschende Kaste entstehen. Der Aufstieg der Letzteren wird durch eine elitäre Bildung gefördert; die Ausbildung einer besonderen supranationalen, aristokratischen Solidarität wird nationale Engstirnigkeit überwinden. Ein positives Beispiel war für Nietzsche Frankreich und Napoleon, der Letztere das herausragendste Symbol seines Ideals des »guten Europäers«.

Einige von Nietzsches Ideen über Europa – die Überwindung engstirnigen Nationalismus, aber auch das Streben nach Macht – bleiben bis heute einflussreich.[3] Ein in vieler Hinsicht kongenialer Autor von Nietzsche war Oswald Spengler (1880–1936). Sein äußerst erfolgreiches Buch *Der Untergang des Abendlandes,* veröffentlicht 1918, am Ende des Ersten Weltkrieges, propagierte den Aufstieg eines heroischen, rationalen und handlungsorientierten »faustischen« Typus von Mann, eines neuen »Cäsars« in Europa. Schriftsteller im Geiste von Nietzsche waren auch die klassischen soziologischen Elitetheoretiker (G. Mosca, V. Pareto, R. Michels), die eine unüberwindbare Kluft zwischen Eliten und Massen diagnostizierten und die Machtkämpfe zwischen Eliten als immer wiederkehrendes Prinzip der menschlichen Geschichte sahen (vgl. dazu auch Abschnitt 2.1 oben).

Die europäische Einigung als Mittel zur Aufrichtung einer Hegemonie der eigenen Nation

Diese Idee war bereits bei einem der ersten Autoren vorhanden, der über die Einigung Europas schrieb. Dies war der Herzog von Sully, ein französischer Heerführer im Dreißigjährigen Krieg. In seiner Abhandlung *Grand Dessein* (1638), schlug er eine christlich-europäische Bundesrepublik vor, in der alle Konfessionen anerkannt und Freihandel und Frieden durch eine gemeinsame Polizeimacht gesichert würden (Lützeler 1992: 15ff.). Das Paradigma für seinen Vorschlag war Frankreich unter König Heinrich IV, der das Land von Bürgerkriegen befreit, religiöse Toleranz etabliert und wirtschaftliche Integration und Wohlstand gefördert hatte. Ein wesentlicher Teil seines Planes war jedoch die

---

[3]Vgl. »Pavel Kouba ›Die guten Europäer‹. Friedrich Nietzsches Beitrag zur gegenwärtigen Diskussion über die europäische Integration«, Transit 31/2003. Patrick Horvath bezeichnet Nietzsche als »weitsichtigen Visionär eines Vereinten Europa« (»Friedrich Nietzsche. Der Philosoph mit dem Hammer«, vgl. http://members.surfeu.at/4all/nietz.htm, 2002)

Entmachtung der Habsburger als der dominanten Dynastie in Europa; die Mitglieder dieser Familie sollten nicht mehr zu Kaisern gewählt werden. Einer der paradoxesten Repräsentanten dieses Themas war Napoleon Bonaparte. Während seiner Herrschaft hatte Napoleon keine Vision eines integrierten Europa; sein Hauptziel war es, die Vorherrschaft Frankreichs über Europa herzustellen und zu sichern (Lützeler 1992: 70; Salvatorelli 1971; Tschubarjan 1992: 37ff.). Napoleon entdeckte die Idee von Europa erst nach seinem Sturz, während des zweiten Exils auf der Insel St. Helena (1815–1829). Seine autobiographische Schrift *Memorial de Sainte Hélène* (1823) wurde einer der größten Bestseller des 19. Jahrhunderts. Diese Tatsache zeigt, dass die gebildeten Schichten schon zu dieser Zeit durch herausragende Persönlichkeiten und mächtige Reiche fasziniert wurden (Sieburg 1971; Tschubarjan 1992: 40). Selbst Kriege wurden oft bewundert, wenn sie erfolgreich waren und zur Gründung großer Reiche führten (Hondrich 2002). Napoleon stellte sich die ideale Verfassung Europas als ein konföderales System vor (Lützeler 1992: 70ff.; Foerster 1963: 167f.). In seinen Memoiren versuchte er, sein Regime rückblickend als logische Fortsetzung der Französischen Revolution zu rechtfertigen und schrieb, dass es seine Intention gewesen sei, ein solches System nach dem erfolgreichen Feldzug gegen Russland zu realisieren. Als Elemente dieses neuen Systems nannte er einen europäischen Kongress, Rechtscode und Hohen Gerichtshof, einheitliche Maßeinheiten, freie Schifffahrt und die Beseitigung der stehenden Heere. Napoleons Schrift kann man als Paradebeispiel für die Legitimationsfunktion sehen, welche Autobiografien für ihre Verfasser erfüllen sollen. Ein geeintes und friedliches Europa hätte sich diese als Feldherr zweifellos herausragende, aber auch vollkommen skrupellose Persönlichkeit, dessen Kriege Hunderttausende, wenn nicht Millionen Tote zur Folge hatten, wohl allenfalls unter französischer Hegemonie vorstellen können.

Eine konservativ-restaurative Idee von Europa stand auch hinter dem lockeren Staatenbund der *Heiligen Allianz*, die nach der Niederlage von Napoleon durch den Zaren von Russland, den Kaiser von Österreich und den König von Preußen geschlossen wurde (Wilson/van der Dussen 1993: 70; Tschubarjan 1992: 52ff.). Dieses frühe supranationale Bündnis tolerierte keinerlei Einmischung in die jeweiligen innerstaatlichen Allianzen von Thron und Altar und kooperierte vor allem dann, wenn es um die Unterdrückung von nationalen und liberalen Bewegungen ging. Es war eine Art »internationale Regierung der Großmächte« (Morgenthau 1962: 456ff.).

In jüngerer Zeit war einer der Intellektuellen dieser Kategorie der Deutsche Friedrich Naumann (1860–1919). In seinem erfolgreichen Buch *Mitteleuropa* (1915) schlug er vor, dass sich Deutschland und Österreich-Ungarn zu einer vereinten Großmacht zusammenschließen und die politische Führung in Mitteleuropa übernehmen sollten (Wilson/van der Dussen 1993: 90f.). Naumann konnte sich in dieser Hinsicht auf Ideen stützen, die bereits der Historiker Konstantin Frantz in seinem Buch *Der Föderalismus* (1879) entwickelt hatte. Interessanterweise wurden Naumanns Träume einer deutschen Großmacht dem breiten Publikum bekannt durch einen Kriminalroman des englischen Autors Henry Cord Meyer, *The Great Impersonation,* veröffentlicht im Jahr 1920 (Lützeler 1992: 263). Dieses Buch und mit ihm die Ideen von Naumann wurden auch von den Nationalsozialisten enthusiastisch aufgenommen; bis 1945 wurde der Roman von Meyer in 45 Auflagen nachgedruckt.

Auch eine Reihe anderer Autoren griffen die Idee der europäischen Integration hauptsächlich deshalb auf, um eine Wiederherstellung der Vorherrschaft ihrer eigenen Nation über den Rest von Europa zu legitimieren. Eine von ihnen war Mazzini's Idee der Demokratisierung und Vereinigung von Europa mit Italien und mit Rom als neuem geistigem Zentrum. Im Jahre 1821 veröffentlichte der katholische deutsche Schriftsteller Joseph Görres den Essay *Europa und die Revolution,* in welchem er eine Föderation der europäischen Völker als eine Art erneuertes Heiliges Römisches Reich mit einem deutschen Imperium als seinem Zentrum vorschlug. In ähnlichem Geiste argumentierte Miguel de Unamuno, das tiefkatholische Spanien hätte es nicht notwendig »europäisiert« zu werden, sondern es wäre im Gegenteil eine »Hispanisierung« von Europa angebracht (Lützeler 1992: 212).

Die Einigung von Europa als Schritt zu einer globalen Macht

Auch dieses Motiv war deutlich vorhanden bereits im ersten Vorschlag für eine europäische Föderation des Abbé de Saint-Pierre, der weiter oben diskutiert wurde. Für ihn würde eine solche Föderation eine starke Kraft gegen die seinerzeit andauernden Attacken des Osmanischen Reiches darstellen. Saint-Pierre stellte sich vor, dass die Welt in große kontinentale Machtblöcke aufgeteilt sein sollte; daher schlug er auch eine asiatische Staatenföderation vor (Lützeler 1992: 15). Die gleiche Idee vertrat Conrad F. von Schmidt-Phiseldek in seinem Vorschlag einer europäischen Föderation, der 1821 veröffentlicht wurde. Dieser Autor sah zwei Gründe für die Notwendigkeit einer solchen Föderation: Die zunehmende faktische Integration der verschiedenen Teile von Europa und der Aufstieg der Vereinigten Staaten zu einer neuen Großmacht. Anfang des 20. Jahrhunderts wurde diese Idee im erfolgreichen Buch *Le Declin de l'Europe* des französischen Geographen Albert Demangeon (1920) aufgegriffen. In diesem Buch, einem Vorläufer des Nachkriegsbestsellers von Jean-Jacques Servan-Schreiber *Die Amerikanische Herausforderung,* dokumentiert der Autor mit umfangreichen Statistiken den (relativen) wirtschaftlichen und politischen Rückfall Europas nach dem Ersten Weltkrieg im Vergleich zu den Vereinigten Staaten; Europa, so Demangeon, erschien in vieler Hinsicht bereits als eine Kolonie der Neuen Welt.

Foto 12:
Richard Coudenhove-Kalergi, *Die Europäische Union* (1953): *»Europa geht mit raschen Schritten seiner Einigung entgegen. In wenigen Jahren wird es ein Bundesstaat sein, der zunächst Deutschland, Frankreich, Italien und die Benelux-Ländern umfasst, ergänzt durch das afrikanische Kolonialreich Frankreichs und Belgiens mit seinen gigantischen Räumen, seinen Rohstoffreserven und Bodenschätzen. Dieser Bundesstaat wird ein machtvolles Weltreich sein, ebenbürtig seinem britischen und seinem amerikanischen Verbündeten.«*
Quelle: Paneuropabewegung Österreich

Der einflussreichste Autor, für den die Idee von Europa als eine neue Weltmacht von zentraler Bedeutung war, war jedoch Richard Coudenhove-Kalergi, der Begründer der Paneuropabewegung (Wilson/van der Dussen 1993: 96ff.). Coudenhove-Kalergi wird von führenden europäischen Politikern immer wieder

7 Der Traum von Europa

zitiert und er war der erste Empfänger des Karls-Preises der Stadt Aachen – Tatsachen, die belegen, dass man seine Ideen nach wie vor als richtungweisend betrachtet. Coudenhove-Kalergi begann seine rastlose Propagandakampagne für ein »Vereintes Europa« im Jahre 1922. Seine Schriften vermischen kontinuierlich die normative und empirisch-faktische Perspektive (in dieser Hinsicht nehmen sie eine typische Argumentationsweise der politischen Eliten der EU heute vorweg): »Entweder wird sich Kontinentaleuropa von Portugal bis Polen vereinigen oder schon im Laufe dieses Jahrhunderts politisch, wirtschaftlich und kulturell untergehen«. In seinem Buch *Die Europäische Nation* (1953), veröffentlicht nach dem Zweiten Weltkrieg, macht er die zutreffende Beobachtung, dass die meisten zwischenstaatlichen Föderationen in Situationen äußerer Bedrohungen entstanden sind (vgl. Kapitel 2). Für Coudenhove-Kalergi ist die Einigung Europas eine direkte und notwendige Folge der neuen Bedrohung von Seiten der bolschewistischen Sowjetunion (vgl. auch Tschubarjan 1992: 139ff.). In dieser Hinsicht stellt er folgendes fest:

> »Seit der Revolution ist [in der Sowjetunion] eine neue elitäre Schicht entstanden, welche Russen und Ukrainer, Georgier und Armenier einschließt. Die Muttersprache spielt keine Rolle mehr [...] alle Republiken fühlen sich verbunden durch einen gemeinsamen Patriotismus, einen gemeinsamen Nationalismus, das Gefühl eines Lebensstils. Diese neugeborene Sowjetunion erzeugte eine Gefahr erster Ordnung für Europa. Sie bedroht Europa von innen und von außen. Ihr Ziel ist die Vernichtung der europäischen Kultur und Tradition und die Liquidierung ihrer Träger, so weit sie sich nicht dem Kommunismus anschließen [...]. Die direkte Folge dieser Bedrohung ist die Vereinigung von Europa als Bundesstaat und als Nation« (Coudenhove-Kalergi 1953: 14; Übersetzung M.H.).

Wir werden im Folgenden auf einige der falschen Annahmen in diesen Behauptungen zurückkommen.

Laut Coudenhove-Kalergi sind vier große Weltkulturen im Entstehen: die europäische, die islamische, die indische und die ostasiatische. In seinem Spektrum umfasst die europäische Kultur auch Amerika, Australien und Südafrika, also die angelsächsische, außereuropäische Welt. Europa sollte ein echter Bundesstaat werden, der in der ersten Stufe Deutschland, Italien, Frankreich und Belgien einschließt, einschließlich der »afrikanischen Kolonien von Frankreich und Belgien mit ihren riesigen Territorien und Reserven an Rohmaterialien und Mineralressourcen«. Dieser neue Bundesstaat »wird ein machtvolles Weltimperium sein, ebenso stark wie seine britischen und amerikanischen Alliierten« (Coudenhove-Kalergi 1953: 142). Im Buch *Paneuropa* von 1923 präsentiert Coudenhove-Kalergi eine Landkarte, in der die Welt in fünf »globale Machtfelder« aufgeteilt ist (Wilson/van der Dussen 1993: 100). Man kann sagen, dass diese Ideen eine frühe Version der kontroversellen These von Samuel Huntington (1996) darstellen, dass die Welt im 21. Jahrhundert entlang von kulturell-religiösen Bruchlinien gespalten sein wird und nicht nach Staaten bzw. politischen Bündnissen.

Schon diese Zitate aus den Schriften von Coudenhove-Kalergi machen deutlich, dass sein Denken sehr elitär war und inspiriert von Großmachtambitionen für ein Vereintes Europa. Der Begriff *Demokratie* taucht in seinen Schriften dagegen sehr selten auf[4] und er stellt auch keines der vier Grundprinzipien der Paneuropabewegung dar, welche sind: Christentum, konservativ, europäisch und liberal.[5] Der aristokratisch-elitäre Charakter der Paneuropabewegung wird auch durch die Tatsache indiziert, dass Otto Habsburg, der Sohn des letzten österreichischen Kaisers, internationaler Ehrenpräsident, und sein Sohn Karl Habsburg derzeitiger Präsident der österreichischen Sektion der Paneuropabewegung ist. Auch Otto Habsburg ist ein glühender Verfechter der europäischen Integration (Habsburg 1965). Als aktives Mitglied des europäischen Parlamentes entwickelte er einige sehr zutreffende Kritiken und Ideen in Bezug auf die notwendigen Aufgaben der EU-Institutionen (Habsburg 1999).

7.2 Demokratie und Friede in Europa: Der universale Traum von Kant und seine politisch-praktische Bedeutung in Geschichte und Gegenwart

Verhinderung von Kriegen und Sicherstellung eines dauerhaften Friedens waren die Hauptthemen aller Denker über Europa seit Beginn der frühen Neuzeit. Ein Autor ragt in dieser Hinsicht unter allen anderen hervor, der deutsche Aufklärungsphilosoph Immanuel Kant. Im ersten Teil dieses Abschnittes soll gezeigt werden, dass das Denken von Kant von höchster praktischer Bedeutung für ein kritisches Verständnis der europäischen Integration ist. Im zweiten Teil diskutieren wir die Erfahrungen und das Schicksal der republikanisch-demokratischen Bewegungen für nationale Unabhängigkeit in Deutschland und Italien. Ihr Misserfolg zeigt in dramatischer Weise die negativen Folgen der Trennung zwischen Kämpfen für Demokratisierung und für nationale Unabhängigkeit und Vereinigung.

---

[4] In seinem Buch berichtet Coudenhove-Kalergi (1953: 120), dass er im Jahre 1946 eine postalische Umfrage unter 4.256 Parlamentsabgeordneten aller freien Länder Europas gemacht habe, die von 1.818 Abgeordneten beantwortet wurde. 97% von ihnen sagten »ja« auf seine Frage »Sind Sie für eine europäische Föderation im Kontext der Vereinten Nationen?« Aus diesem Ergebnis folgert er unmittelbar, dass »nicht nur die Abgeordneten, sondern auch die Völker von Europa reif für eine Lösung der europäischen Frage« seien.

[5] Vgl. auch die Webpage der Paneuropa-Bewegung: http://www.paneuropa.or.at/index2.html

7 Der Traum von Europa

Immanuel Kant: Voraussetzungen für den ewigen Frieden

Immanuel Kant (1724–1804) war eine der bedeutendsten Persönlichkeiten in den historischen Diskussionen über den Frieden in Europa. Seine philosophischen Werke werden als revolutionärer Durchbruch betrachtet, weil sie die Grundlage für ein philosophisches Denken gelegt haben, das auf reiner Vernunft, frei von allem spekulativen metaphysischen Denken, begründet ist.[6] In seinem Aufsatz »*Ewiger Frieden: Ein philosophischer Entwurf*« (1795) hat Kant einige weitreichende Ideen der politischen Philosophie entwickelt, die bis heute hoch relevant sind. Der Aufsatz von Kant war nur einer unter vielen Schriften des 18. Jahrhunderts, in welchen Vorschläge zur Sicherung des Friedens gemacht wurden (von Raumer 1953: 127). Einer davon war auch der Aufsatz des Abbé Saint-Pierre »Projekt um den Frieden dauerhaft zu machen«, der bereits oben diskutiert wurde. Ein anderer Autor war Rousseau, der die Ideen von Saint-Pierre in einem ausführlichen Aufsatz von 1756 diskutierte (von Raumer 1953: 135; Foerster 1963: 86ff.). Rousseau argumentierte, dass der Friede vor allem durch eine unbefriedigende innere politische Situation in den einzelnen Staaten Europas bedroht wurde. Der Aufsatz von Kant wurde nach seiner Veröffentlichung nicht nur unter akademischen Kreisen populär; innerhalb weniger Wochen war die erste Auflage ausverkauft und in der Folge wurde er immer wieder abgedruckt.[7] Bis heute bleibt dieser relativ kurze Aufsatz seine berühmteste Schrift; sie wurde in viele Sprachen der Welt übersetzt (von Raumer 1953: 162). Im 20. Jahrhundert erlangte sein Aufsatz auch in der politischen Philosophie starken Einfluss.[7]

Kant's Aufsatz über den Frieden besteht aus zwei Teilen. Der erste enthält sechs notwendige, der Herstellung des Friedens vorausgehende Bedingungen, die sofort realisiert werden sollten; der zweite Teil zählt drei »definitive Voraussetzungen« auf. Das Grundprinzip, das hinter den sechs Voraussetzungen für ewigen Frieden steht, ist die Souveränität der Nationalstaaten. Die sechs Vorbedingungen für den Frieden sind: (1) Es soll kein Friedensvertrag als gültig angesehen werden, in welchem insgeheim ein zukünftiger Krieg vorgesehen ist; (2) kein unabhängiger Staat soll durch Erbschaft, Tausch, Kauf oder Schenkung unter die Herrschaft eines anderen Staates kommen (dies war zur Zeit der Herrschaft von adeligen Dynastien in Europa ja gang und gäbe und – als »Erbfolgekriege« – häufig Auslöser bewaffneter Auseinandersetzungen; (3) stehende Heere sollen mit der Zeit ganz abgeschafft werden; (4) es sollen keine Staatsschulden gemacht werden, die nur zur eigenen Stärkung im Falle von Konflikten mit anderen Staaten dienen;

---

[6] Für einen konzisen Überblick Bernhard Plé, Immanuel Kant. Einführung in seine Philosophie, Universität Bayreuth (2005).
[7] Sigrid Pöllinger, »Immanuel Kant's Kampf um den ›Ewigen Frieden‹ bleibt aktuell,« Die Presse, 27.12.2006 (http://www.diepresse.com/Artikel.aspx?channel=m&ressort=g&id=607618).

(5) kein Staat soll sich in die Verfassung und die Währung eines anderen Staates gewaltsam einmischen; (6) kein Staat soll sich während eines Krieges Feindseligkeiten erlauben, die das wechselseitige Vertrauen in einen künftigen Frieden unmöglich machen würden (bis heute stellen enorme Staatsschulden nach Kriegen immer wieder enorme Hypotheken für die betroffenen Staaten dar). Dies sind offenkundig alles normative Prinzipien, jedoch mit engem Bezug auf praktisch-historische Erfahrungen und reale politische Spielregeln.

Foto 13:
Immanuel Kant, *Zum ewigen Frieden* (1795): *»Denn wenn das Glück es so fügt: dass ein mächtiges und aufgeklärtes Volk sich zu einer Republik (die ihrer Natur nach zum ewigen Frieden geneigt seyn muss) bilden kann, so gibt diese einen Mittelpunkt der föderativen Vereinigung für andere Staaten ab, um sich an sie anzuschließen, und so den Freyheitszustand der Staaten ... zu sichern... Dieser [Friedens-] Bund geht auf keinen Erwerb irgendeiner Macht des Staats, sondern lediglich auf Erhaltung und Sicherung der Freyheit eines Staats, für sich selbst und anderer verbündeter Staaten, ohne dass diese doch sich deshalb ... öffentlichen Gesetzen ... unterwerfen dürfen.«*
Quelle: Wikipedia

ID# 7 Der Traum von Europa

Kant gibt selbst eine Reihe »empirischer Begründungen« für diese Prinzipien, die aus der Sicht des heutigen Wissens sehr plausibel sind. Prinzip 3 zum Beispiel wird als notwendig betrachtet, weil stehende Armeen eine ständige Gefahr darstellen:

> »Denn sie bedrohen andere Staaten unaufhörlich mit Krieg, durch die Bereitschaft, immer dazu gerüstet zu erscheinen; reitzen diese an, sich einander in Menge der Gerüsteten, die keine Grenzen kennt, zu übertreffen, und, indem durch die darauf verwandten Kosten der Friede endlich noch drückender wird als ein kurzer Krieg, so sind sie selbst Ursache von Angriffskriegen, um diese Last loszuwerden«.

Heute ist nicht mehr unbedingt die bloße Anzahl von Soldaten der entscheidende Punkt, sondern der Umfang und die technologische Qualität der Waffensysteme. Die historische Erfahrung des späten 19. und des gesamten 20. Jahrhunderts hat gezeigt, dass es einen starken Druck zur Steigerung der eigenen Militärmacht gibt, wenn die Gegenseite aufrüstet; dadurch wird die eigene Sicherheit nicht unbedingt verbessert, jedoch das allgemeine Kriegsrisiko erhöht (Singer 2004).

Am wichtigsten für die Diskussion in diesem Kapitel sind die drei »Definitivartikel« von Kant für die Herstellung und Sicherung des Friedens zwischen den Staaten. Sie sind sehr kurz und besagen Folgendes: (1) »Die bürgerliche Verfassung in jedem Staate soll republikanisch sein«; (2) »Das Völkerrecht soll auf einen Föderalismus freier Staaten gegründet sein«; (3) »Das Weltbürgerrecht soll auf Bedingungen der allgemeinen Hospitalität eingeschränkt sein«. Betrachten wir kurz die Begründung für diese drei Regeln.

Das erste Prinzip, in unserem Kontext das wichtigste, besagt, dass alle Staaten eine republikanische Verfassung haben sollten. Laut Kant kann man sagen, dass ein Staat eine republikanische Verfassung besitzt, wenn er durch drei Merkmale charakterisiert ist: (1) Freiheit aller Mitglieder der Gesellschaft; (2) Unterordnung aller unter eine einheitliche, gemeinsame Gesetzgebung (wir könnten auch sagen: Herrschaft des Gesetzes); (3) Gleichheit zwischen allen Bürgern. Was Kant hier also meint, ist nichts anderes, als dass eine demokratische Verfassung innerhalb der einzelnen Staaten und die Herrschaft des Gesetzes in den Beziehungen zwischen den Staaten die Grundlage für lang dauernde friedliche internationale Beziehungen bilden sollen.[8] Ein Staat ist republikanisch (oder demokratisch, wie man heute sagen würde), wenn die ausführende Gewalt

---

[8] Kant selber unterscheidet die *republikanische Verfassung* von einer *demokratischen Verfassung*. Er argumentiert, dass die letztere eine Art von Despotismus sei, weil sie – über den »Willen des Volkes« – de facto die Dominanz einer Mehrheit über Minderheiten darstelle. Wenn man jedoch zugibt, dass der Respekt und der Schutz von Minderheiten ein zentrales Element auch von Demokratien darstellt, stellt sich dieses Problem nicht. Es scheint mir daher unnötig, hier weiter auf die Kant'sche Unterscheidung einzugehen.

getrennt ist von der gesetzgeberischen und wenn die Bürger die Möglichkeit haben bei allen wichtigen und politischen Entscheidungen mitzubestimmen; dies schließt insbesondere auch die Frage der Kriegführung ein (Rauch 2005: 20). Eine weitere, aus der Sicht der europäischen Integration bemerkenswerte, förderliche Bedingung für die Einrichtung demokratischer Verfassungen sieht Kant in einer relativen Kleinheit einer politischen Gemeinschaft.

Sehr wichtig sind die Gründe, die es wahrscheinlicher machen, dass republikanisch-demokratische Staaten mehr am Frieden interessiert sind als nicht demokratische Staaten. Kant schreibt in dieser Hinsicht:

»Nun hat aber die republikanische Verfassung, außer der Lauterkeit ihres Ursprungs, aus dem reinen Quell des Rechtsbegriffs entsprungen zu sein, noch die Aussicht in die gewünschte Folge, nämlich den ewigen Frieden; ... wenn (wie [es] in dieser Verfassung nicht anders sein kann) die Beistimmung der Staatsbürger dazu erfordert wird um zu beschließen ›ob Krieg sein soll oder nicht‹, so ist nichts natürlicher als das, da sie alle Drangsale des Krieges über sich selbst beschließen müssten (als da sind: selbst zu fechten; aus ihrer eigenen Habe herzugeben; die Verwüstung, die er hinter sich lässt, kümmerlich zu verbessern, zum Übermaße des Übels endlich noch eine, den Frieden selbst verbitternde nie [wegen immer neuer Kriege] zu tilgende Schuldenlast selbst zu übernehmen) sie sehr bedenken werden, so schlimmes Spiel anzufangen: da hingegen in einer Verfassung, wo der Untertan nicht Staatsbürger, diese also nicht republikanisch ist, die unbedenklichste Sache von der Welt ist, weil das Oberhaupt nicht Staatsgenosse, sondern Staatseigentümer ist, in seinen Tafeln, Jagden, Lustschlössern, Hoffesten und dergleichen durch den Krieg nicht das Mindeste einbüßt, diese nahezu wie eine Art von Lustpartie aus unbedeutenden Ursachen beschließen ...«.

Rein rationale, auf dem Selbstinteresse begründete Überlegungen werden die Bürger demokratischer Nationen abhalten, einem Krieg zuzustimmen, den ihre Regierungen beginnen möchten. Diese Idee – dass die politischen Führer für die Kriege verantwortlich sind – war auch zentral in Bertha von Suttners oben erwähntem pazifistischen Roman. Das gleiche gilt für den berühmten französischen Schriftsteller Viktor Hugo, der von Politikern heute häufig als Zeuge für die Idee eines Vereinigten Europa zitiert wird. Obwohl Hugo den Begriff einer »Republik von Europa« benützte, war auch sein Hauptziel die Sicherung des Friedens. Die Hauptfeinde des Friedens waren seiner Ansicht nach die Könige, die »um sich selber zu verteidigen, die Soldaten benötigten, die ihrerseits morden müssen um zu überleben. Die Könige brauchen die Armeen, die Armeen brauchen den Krieg« (Hugo 1938: 291). Die Beseitigung des monarchischen Despotismus wird zu Wohlfahrt und Frieden in ganz Europa führen. Viktor Hugo unterstützte auch die Friedensbewegung der 1848er Jahre (Benz 1988).

7 Der Traum von Europa

Nach Kant ist die Durchsetzung einer republikanischen Verfassung in allen Nationen der Welt allein aber keine ausreichende Garantie für den Frieden. Sein zweites Prinzip erfordert zusätzlich, dass diese Nationen eine Art »Föderation« oder »Liga der freien Staaten« bilden. Im »Naturzustand«, ohne eine solche Föderation, würden sich die Staaten zueinander wie potentielle Feinde verhalten. Nur ein die Staaten übergreifendes und für alle verbindliches Rechtssystem würde die Überwindung einer so unsicheren Situation ermöglichen (von Raumer 1953: 168). Hier gilt für den internationalen Bereich dasselbe wie für die nationalen Verfassungen, die den Krieg aller gegen alle innerhalb der einzelnen Staaten beseitigen. Eine Liga der Nationen oder »*Friedensliga*«, schreibt Kant, »*wäre ein Völkerbund, der aber gleich wohl kein Völkerstaat sein müsste«. In der letzteren Vorstellung wäre nämlich ein Widerspruch enthalten, »weil ein jeder Staat das Verhältnis eines oberen [gesetzgebenden] zu einem unteren [gehorchenden, nämlich dem Volk] darstellt, viele Völker aber in einem Staat nur ein Volk ausmachen würden, welches [...] der Voraussetzung widerspricht«.* Die Einrichtung einer friedlichen Liga der Nationen würde zur Folge haben, dass jeder einzelne Staat sich einer verpflichtenden äußeren Rechtsautorität unterwerfen müsste, einem internationalen Gerichtshof. Als Folge würden sich auch in den Beziehungen zwischen den Staaten die Prinzipien des Rechts durchsetzen und es würde ewiger Friede herrschen. Für Kant ist es in dieser Hinsicht unerlässlich die Welt insgesamt zu betrachten, weil nur auf diesem Niveau der ewige Friede garantiert werden kann. Ein supranationales Europa würde kein Ersatz dafür sein. Heute, im Zeitalter der Globalisierung, erkennt man vielleicht erst wirklich, wie weitsichtig diese Ideen von Kant waren.

Die dritte von Kant genannte Grundvoraussetzung für den Frieden ist, dass die »Weltbürgerschaft« auf Bedingungen der universellen Gastfreundschaft eingeschränkt werden soll. Diesen Artikel kann man in zweierlei Hinsicht interpretieren. Zum Ersten war er gegen die zu Kants Zeit dominante Praxis des Kolonialismus gerichtet, im Rahmen derer sich die großen Mächte nicht nur in fremden Ländern niederließen, sondern auch eine Herrschaft über diese errichteten – beides vielfach äußerst brutal und blutig (von Raumer 1953: 169). Die andere Bedeutung dieser Regel kann man als »negative« Seite des Prinzips der Souveränität der Nationalstaaten betrachten; sie impliziert, dass ein Staat nicht für das Schicksal der Bürger anderer Staaten verantwortlich gemacht werden kann (mit der Ausnahme des Falles von Flüchtlingen). Dieses Prinzip von Kant könnte man auch als Argument gegen die utopische Idee sehen, dass Europa so etwas wie eine »universelle Bürgerschaft« verleihen könne (vgl. dazu auch Abschnitt 7.3 unten).

Die verhängnisvolle Trennung zwischen den Kämpfen für Demokratie und nationale Einheit in Deutschland und Italien

Die Erfahrungen und das Schicksal der Bewegungen für nationale Unabhängigkeit und Demokratie in Deutschland und Italien des 19. Jahrhunderts sind für das Thema dieses Kapitels von höchster Bedeutung: In diesen Kämpfen war – zumindest am Beginn – auch das Ziel der Demokratisierung von zentraler Bedeutung. Tatsächlich haben sich die Bestrebungen nach Demokratisierung und Nationalismus sehr bald voneinander getrennt – eine Tatsache, die verhängnisvolle Folgen nicht nur für Deutschland und Italien, sondern für Europa insgesamt hatte. Eine ähnliche, wenn auch weit spektakulärere Divergenz kann man auch im heutigen Prozess der europäischen Integration beobachten. Es scheint daher angemessen, dass wir die entscheidenden sozialen Kräfte, Persönlichkeiten und Ereignisse in diesen Kämpfen betrachten.

Nach dem Wiener Kongress erschien die politische Situation in Mitteleuropa vielen Zeitgenossen mehr und mehr als große Enttäuschung: auf der einen Seite waren die deutschsprachigen Länder zwischen Preußen und Österreich aufgeteilt; viele von ihnen stellten nur Mini-Fürstentümer dar; große Teile Italiens waren unter direkter oder indirekter ausländischer Herrschaft. Auf der anderen Seite wurden die zivilen Rechte und Verfassungen, die vielerorts unter dem Einfluss von Napoleon eingeführt worden waren, mehr und mehr eingeschränkt. Im Laufe des politisch ruhigen »Vormärz« ab 1830 begann die Industrialisierung die Sozialstrukturen zu verändern, eine unabhängige öffentliche Presse war im Entstehen, innere politische Krisen und Aktivitäten und nationales Bewusstsein entwickelten sich. Die Februarrevolution 1848 in Frankreich gab den Anstoß für Revolutionen auch in einer Reihe von deutschen Fürstentümern. In den folgenden Monaten wurden Abgeordnete nach Frankfurt, der Hauptstadt des alten Römischen Reiches, gesandt. Diese Abgeordneten bildeten die berühmte *Paulsversammlung*, ein »Parlament« von 809 Personen aus allen deutschen Ländern, einschließlich des österreichischen Teiles der Habsburgermonarchie.[9] Dieses Parlament, das hauptsächlich aus gebildeten bürgerlichen Intellektuellen und liberal gesinnten Beamten bestand, arbeitete eine völlig neue Verfassung für Deutschland aus. Sie enthielt einen Katalog von Grundrechten, sah eine Vertretung des Volkes in zwei parlamentarischen Versammlungen vor sowie eine konstitutionelle Erbmonarchie. Es war dies ohne Zweifel eine revolutionäre Verfassung, wenn sie in mancher Hinsicht auch einen »konservativen« Charakter besaß (Palmade 1974: 51). Ihre Realisierung hätte den Lauf der deutschen und europäi-

---

[9] Vgl. die konzise Zusammenfassung in: http://de.wikipedia.org/wiki/Frankfurter_Nationalversammlung.

schen Geschichte im 19. und 20. Jahrhundert grundlegend geändert. Sie wurde jedoch aus zwei Gründen nicht verwirklicht: Zum Ersten wegen des nahezu unlösbaren Problems, wie man das große und intern äußerst differenzierte multinationale österreichisch-ungarische Kaiserreich in den neuen deutschen Bundesstaat einordnen sollte (insgesamt oder nur die deutschsprachigen Teile davon?); zum Zweiten, weil die herrschenden Klassen von Preußen und Österreich die Verfassung nicht akzeptierten und die revolutionären demokratischen Bewegungen in ihren Ländern sehr bald mit militärischen Kräften niederschlugen.

Der Kampf für die nationale Einheit von Deutschland auf der Grundlage demokratischer Verfassungsreformen war eng bezogen auf die Idee eines »Neuen Europa« (Franz 2004). Bereits auf dem patriotischen Treffen *Hambacher Fest* am Oberrhein 1832 hatte der Publizist Johann Georg Wirth ein »konföderiertes republikanisches Europa« gefordert. Im Parlament der *Paulskirche* hatte der Schriftsteller Arnold Ruge die politische Struktur Europas nach der napoleonischen Ära mit der bereits erwähnten »Heiligen Allianz« als das »Alte Europa« charakterisiert. Der Hauptzeuge für die These, dass die Ideen eines Vereinigten Europas sehr eng mit jener der Errichtung republikanisch-demokratischer Verfassungen verknüpft waren, ist jedoch der glühende Kämpfer für die nationale Unabhängigkeit Italiens, Giuseppe Mazzini (1805–1872). Dessen politische Vereinigung *La Giovine Italia* (Junges Italien), gegründet 1831, und die Bewegung des *Risorgimento* zielten auf eine Vereinigung der »vielen Staaten und Königreiche der Halbinsel in eine einzige Republik als die einzige wahre Grundlage für die Freiheit Italiens«.[10] Dieses neue Italien und ein »drittes Rom« sollten das Zentrum eines neugeordneten Europa werden (Tschubarjan 1992: 59ff.; Plé 1993; Smith 19943; Lützeler 1992: 118ff.). Später gründete Mazzini ähnliche Organisationen in der Schweiz, in Deutschland und Polen wie auch eine internationale Vereinigung, die er *Junges Europa* nannte. Als überzeugter Gegner der absolutistischen Regimes und besonders des österreichischen, das zu dieser Zeit große Teile von Norditalien besaß, wurde er bald gezwungen Italien zu verlassen. In den folgenden Phasen seines Exils in der Schweiz, in Frankreich und England setzte Mazzini jedoch nicht nur seine schriftstellerische Tätigkeit fort, sondern auch seine Bemühungen Geld und Menschen für Aufstände innerhalb Italiens sowie für Militäraktionen in seinen nordwestlichen Grenzregionen aufzutreiben. Alle diese Versuche schlugen jedoch fehl. Am Ende stand Mazzini als isolierter Kämpfer da, weil er nicht bereit war eine Sache mit Garibaldi zu machen, der sich mit dem Prinzen von Savoyen arrangiert hatte, um die Einigung Italiens unter monarchischer Herrschaft zu realisieren.

---

[10] Zitiert nach http://enwikipedia.org/wiki/Giuseppe_Mazzini.

Aber wenn die Verschwörungen von Mazzini auch ein Misserfolg waren, »übten sie [doch] einen kontinuierlichen Druck aus, der auf lange Sicht sehr effizient war [...]. Er war ein unermüdlicher Kämpfer und effizienter Pamphletschreiber, dessen Schriften von den führenden Politikern Europas gefürchtet wurden ...« (Smith 1994: 2). Mazzini wurde durch drei Quellen inspiriert: die Aufklärung von Saint Simon und dessen Idee, dass es einen Fortschritt in der Geschichte gibt und die Intellektuellen die Aufgabe haben, das Volk als den einzigen Souverän zu erziehen und zu indoktrinieren; die Herder'sche bzw. romantische Idee der Einmaligkeit und des hohen Wertes aller Kulturen und Nationen der Erde; und die katholische Soziallehre, die sein Engagement für das Schicksal der Arbeiter motivierte, ihn aber auch zur Bekämpfung von Marxismus und Kommunismus führte. Auch Mazzini sah einen engen Zusammenhang zwischen den Kämpfen für nationale Unabhängigkeit und europäische Vereinigung. Die europäischen Länder sollten sich in ihrem Bemühen, demokratische Regierungen einzurichten, untereinander unterstützen. Aber auch Mazzini sah keine enge Integration Europas voraus, sondern nur eine lockere Konföderation unabhängiger, autonomer und demokratischer Nationalstaaten. Er war gegen politische Zentralisierung der Nationalstaaten und befürwortete stattdessen die Beibehaltung lokaler Selbstverwaltung. Aus dieser Sicht kritisiert er den aufgeblähten öffentlichen Dienst, den er als eine Hauptgefahr für Italien betrachtete (Smith 1994: 153). Grundsätzlich waren die patriotischen Ideen von Mazzini stets seinen weiterreichenden Forderungen nach allgemeiner Humanität untergeordnet.

Ein später lebender Autor und Politiker, dessen Ideen kongenial mit jenen von Mazzini waren, war Thomas G. Masaryk (1850–1937), der Gründungsvater der modernen Tschechoslowakei (Wilson/van der Dussen 1993: 93ff.). Masaryk ging zu Beginn des Ersten Weltkriegs ins Exil, um seinen Kampf für eine unabhängige Tschechoslowakei fortzusetzen. Auch Masaryk verknüpfte seine Forderung nach Unabhängigkeit für die Tschechoslowakei mit einem Vorschlag für Zusammenarbeit auf der europäischen Ebene.

Der Misserfolg von Mazzinis Bestrebungen, Italien unter dem Banner einer demokratischen Republik zu vereinigen, stellt eine offenkundige Parallele zum Schicksal der Kämpfe für nationale Unabhängigkeit und demokratische Reformen in Deutschland dar. Auch hier scheiterten die Bemühungen der patriotischen Intellektuellen und politischen Idealisten der Paulskirche, Deutschland unter den Auspizien einer konstitutionellen parlamentarischen Monarchie zu vereinigen. Die nationale Vereinigung Deutschlands wurde jedoch drei Jahrzehnte später durch Preußen und seinem »Eisernen Kanzler« Bismarck erreicht, aber jetzt durch eine erfolgreiche Armee und unter autoritärer, monarchischer Herrschaft. Das Gleiche geschah in Italien, wo der König von Piemont-Savoyen, Karl Albert und sein Ministerpräsident, Camillo di Cavour, die vielversprechende Möglichkeit sahen, ihren Herrschaftsbereich durch Unterstützung der italienischen Einheitsbewegung zu erweitern. Auch dies war eine Einigung von oben; in Süditalien gab es einen erheblichen Widerstand gegen die Vereinigung unter dem Banner von Piemont-Savoyen und es wurden nahezu tausend Rebellen erschossen. Die nun an die Herrschaft gelangten bürgerlichen Eliten Norditaliens waren aber unfähig die dringenden Probleme Süditaliens zu lösen und Italien insgesamt auch gesellschaftlich-kulturell zu »vereinigen« und zu modernisieren (Palmade 1974: 262ff.; Procacci 1983).

Der verheerende Misserfolg all dieser Bemühungen, nationale Unabhängigkeit und demokratische Reformen in den revolutionären Ereignissen von 1848 zugleich zu verwirklichen, hatte lang nachwirkende, negative Folgen; durch ihn »wurde die Utopie in Verruf gebracht, den Unterlegenen ihre Untauglichkeit bescheinigt und den Realisten mit aller Härte ein Platz geschaffen« (Palmade 1974: 67). Der Patriotismus wandelte sich ins Reaktionäre und der alte Despotismus wurde im Namen der Freiheit von Neuem abgesegnet (Salvatorelli 1971: 200).

Die Politik Deutschlands und Italiens in den folgenden Jahrzehnten war eine direkte Folge der nationalen Einigung dieser Länder von oben und mit militärisch-autoritären Mitteln. Im Falle von Deutschland führte diese Politik zu tief verwurzelten Rachegefühlen in anderen Ländern (insbesondere in Frankreich, nachdem sich Deutschland Elsass-Lothringen einverleibt hatte), zu einer allgemeinen Aufrüstung der Großstaaten in Europa (Vergrößerung der stehenden Armeen, Ausbau der Flotten), und zur kolonialen Expansion in Afrika. Am folgenreichsten war die Entwicklung von Plänen in Deutschland für eine militärische Invasion in seinen Nachbarländern. Der *Schlieffen-Plan*, der einen Angriff auf Belgien und Frankreich und später auch auf Russland vorsah, wurde bereits am Ende des 19. Jahrhunderts entwickelt und durch den militaristischen Kaiser Wilhelm II. gefördert (Fischer 1979). Auch Italien unternahm ähnliche expansionistische Abenteuer in Afrika und anderen Plätzen der Welt, wenn auch oft mit spektakulären Misserfolgen. Die Hauptmotivation für diese Aktionen war die Innenpolitik, d.h. die Sicherstellung der Herrschaft der regierenden konservativen Eliten (Procacci 1983: 292ff.). Diese Entwicklungen in Deutschland und Italien waren die entscheidenden Voraussetzungen, die später direkt in die europäische Katastrophe des Ersten Weltkrieges führten. Auch hier waren die Eliten die treibende Kraft; so wünschte sich im Falle von Italien die große Mehrheit der Bevölkerung keinen Eintritt in den Ersten Weltkrieg.

7.3 Historische Visionen und das »reale Europa«

Kommen wir nun zurück auf die Frage, die am Beginn dieses Kapitels gestellt wurde: Wie ist der konkrete Prozess der europäischen Integration seit 1950 im Angesicht der Ideen zu bewerten, die von den Intellektuellen im Laufe der Jahrhunderte entwickelt worden sind? Bei der Beantwortung dieser Frage muss man selbstverständlich zugestehen, dass die konkrete Realisierung eines politischen Ideals nie perfekt sein kann. Es ist die Aufgabe politischer Kunst akzeptable Kompromisse zwischen einem Ideal und der Realität zu finden. Stellt man jedoch signifikante Unterschiede zwischen Ideal und Realität fest, so muss man sorgfältig untersuchen, worin diese Unterschiede liegen. Ein Vergleich zwischen den historischen Ideen von »Europa« und der realen europäischen Integration ermöglicht auch signifikante Einsichten in die Gründe für die Entwicklung der tiefen Kluft zwischen Eliten und Bürgern in der EU heute. Im ersten Teil dieses Abschnittes werden die erklärten Zielsetzungen der politischen Eliten dargestellt, aber auch ihre tatsächlichen Strategien und Verhaltensweisen in den Prozessen des politischen Wandels und der Integration seit 1945; im zweiten Teil wird eine Inhaltsanalyse der »Verfassung für Europa« durchgeführt.

(a) Erklärte Zielsetzungen und konkrete Aktionen und Leistungen der Eliten

Vier Themen sollen in diesem Abschnitt diskutiert werden: (1) Die Gründe für den Frieden in Europa seit 1945; (2) die Bedeutung und die Rolle der Demokratisierung; (3) die Frage, welche Art von Föderation für Europa adäquat ist; (4) die Rolle der EU in der Welt.

Die Theorie des demokratischen Friedens als ausreichende Erklärung für das Ende der Kriege in Europa

Wir haben gesehen, dass das Hauptanliegen aller Autoren, die sich mit »Europa« befassten, die Sicherung des Friedens war. Hier ist es nun angebracht, dass wir die starke These von Immanuel Kant (aber auch von Saint-Simon, V. Hugo, Mazzini und vielen anderen) nochmals betrachten, die besagt, dass es eine zentrale Vorbedingung für die Sicherung des ewigen Friedens gibt, und zwar die Errichtung demokratischer Institutionen und Regierungen. Wie kann man diese These heute, im Lichte der historischen Erfahrungen und empirischen Evidenz des 20. Jahrhunderts, bewerten?

In den letzten Jahrzehnten hat Kants Aufsatz über den Ewigen Frieden eine sehr große Anzahl von sozialwissenschaftlichen Studien inspiriert. Einige weni-

7 Der Traum von Europa

ge davon kamen zur Folgerung, dass seine Thesen in Frage gestellt werden müssen. Die kritischen Argumente dieser Autoren beinhalten logische Schwächen und Widersprüche in der Theorie (Koller 1996; Rosato 2003); empirische Fakten, die ihr zu widersprechen scheinen, wie z.b. jenes, dass Demokratien immer wieder Kriege gegen nicht-demokratische Länder führen; dass die öffentliche Meinung und die gewöhnlichen Bürger nicht immer gegen Kriege sind; dass insbesondere die Vereinigten Staaten sehr häufig Kriege begonnen haben, oft sogar gegen andere demokratische Staaten.

Eine theoretische Alternative zur Theorie des demokratischen Friedens ist die Theorie des *politischen Realismus,* die besagt, dass Macht die primäre Determinante und das letzte Ziel aller Politik ist (Morgenthau 1960; Waltz 1979). Nach dieser Theorie werden starke Nationalstaaten nie zögern einen Krieg zu beginnen, wenn sie der Ansicht sind, dass dies das beste Mittel ist um ihre Macht zu sichern oder zu erweitern. Aus der Sicht dieser Theorie ist das Fehlen von Kriegen zwischen fortgeschrittenen Ländern seit 1945 nur ein vorübergehender »*imperialer Friede*«, gesichert durch die amerikanische militärische Supermacht. Nun ist es sicherlich eine Tatsache, dass Kriege eine kontinuierliche Begleiterscheinung der menschlichen Geschichte von den ältesten bis zu den gegenwärtigen Zeiten sind. Die realistische Theorie der Politik vernachlässigt aber die Tatsache, dass Demokratie ein völlig neues Phänomen der modernen Zeit ist und dass dies einen fundamentalen Wandel mit sich bringen kann.

Tatsächlich hat die überwältigende Mehrheit aller Forscher, die Kant's Theorie des demokratischen Friedens empirisch untersucht haben, festgestellt, dass sie weitgehend gültig ist. Sie haben die These von Kant weiterentwickelt zu einer *Theorie des demokratischen Friedens* (Rauch 2005; vgl. auch Rummel 1995; Doyle 1996; Ward/Gleditsch 1998). Dutzende von Forschern haben die Häufigkeit und die Art von Kriegen seit Mitte des 19. Jahrhunderts bis zum Ende des 20. Jahrhunderts empirisch untersucht; sie alle fanden starke Evidenz für die These, dass Demokratien keine Kriege gegeneinander führen (Herman/Kegley 1996; Cederman 2001; Rosato 2003).

Neuere Studien haben zusätzliche Argumente für die Theorie des demokratischen Friedens beigebracht (Rauch 2005: 31ff.; Huth/Allee 2002). In demokratischen Staaten müssen Politiker danach trachten wiedergewählt zu werden; daher müssen sie die Präferenzen der Bürger berücksichtigen. Man kann auch sagen, dass sie den Frieden generell hoch bewerten, auf jeden Fall höher als Eliten, für welche internationale Macht und Einfluss wichtiger sind (CIRCAP 2006). Darüber hinaus sind auch kulturelle Werte von Bedeutung: Demokratien entwickeln Normen und Muster der Interaktion, die Gewalt eher ausschließen und die friedliche Lösung von Konflikten bevorzugen. Demokratische Entscheidungsstrukturen sind sehr komplex und brauchen oft lange Zeit; dies führt zu einer Abkühlung von Leidenschaften und zu einer Vermeidung von überhasteten Entscheidungen. Diese Tatsachen sind auch nicht-demokratischen Führern wohl bekannt und führen sie dazu, ihr Verhalten gegenüber Demokratien entsprechend anzupassen. Das heißt, auch die *Wahrnehmung und die Einschätzung eines Feindes* ist von ausschlaggebender Bedeutung: Wenn er als nicht-demokratisch wahrgenommen wird, wird Krieg eher möglich. Schließlich muss die Beziehung zwischen Demokratien aus einer dynamischen Perspektive betrachtet werden: Demokratie ist ein Lernprozess sowohl von Seiten der Individuen wie auf Seiten des politischen Systems. Man kann daher erwarten, dass das Verhalten von und gegenüber jungen Demokratien noch nicht voll der Theorie entsprechen wird (Cederman 2001).

Welche Folgerungen ergeben sich aus dieser so stark bestätigten Theorie für das Problem der europäischen Integration? Inwieweit hat die Integration selber zur Erhaltung des Friedens beigetragen? Nach weithin herrschender Auffassung war die Sicherung des Friedens eines der wichtigsten deklarierten Ziele der europäischen Integration seit dem Zweiten Weltkrieg, wie wir am Anfang dieses Kapitels gesehen haben. Die politischen Eliten und Führer preisen die Integration immer wieder dafür, dass dieses Ziel durch sie erreicht wurde; auch viele Sozialwissenschaftler akzeptieren diese Sicht (vgl. z.B. Schmidt 2000: 34). Als neueres Beispiel sei aus einer Rede der deutschen Bundeskanzlerin Angela Merkel vor dem Europäischen Parlament in Strassburg am 17. Jänner 2007 (in ihrer Funktion als Präsident des Europäischen Rates) zitiert:»Von außen betrachtet ist die Europäische Union eine historische Erfolgsgeschichte ohne Beispiel. Die Europäische Union ist eines der beeindruckendsten Friedenswerke auf dem Planeten Erde«. Alle Erklärungen dieser Art schreiben jedoch der Integration etwas zu, das durch einen anderen Faktor bewirkt worden ist. Drei Argumente unterstützen diese These.

(1) Seit dem Zweiten Weltkrieg gab es zwischen allen westlichen demokratischen Ländern keinen Krieg. Darin eingeschlossen sind auch all jene europäischen Länder, die nicht Mitglieder der EG/EU sind, sowie auch alle demokratischen Länder in Nordamerika, Australien und Asien. (2) Die blutigen europäischen Kriege des zwanzigsten Jahrhunderts wurden durch Länder vom Zaun gebrochen, die keine Demokratien waren (so insbesondere durch Hitler-Deutschland 1939) oder die nur in einem sehr begrenzten Sinn als Demokratien betrachtet werden können (wie etwa Österreich-Ungarn, das Deutsche Kaiserreich und das zaristische Russland vor dem Ersten Weltkrieg.). (3) Die früheren europäischen Weltmächte wie Großbritannien, Frankreich und Deutschland wurden nach dem Zweiten Weltkrieg zu Mächten zweiter Ordnung degradiert. Eine Hauptmotivation für die Weltkriege, die durch die europäischen Staaten initiiert wurden, waren Versuche dieser Staaten, eine dominante Position nicht nur in

Europa, sondern auch in anderen Teilen der Welt, insbesondere in der Dritten Welt zu erlangen. Dieses Argument ist seit dem Verlust der Kolonien außerhalb Europas weggefallen.

Es mag stimmen, dass noch nach dem Zweiten Weltkrieg ein erhebliches Niveau von Misstrauen zwischen Frankreich und Deutschland bestand (Loth 1996). Die Idee erscheint jedoch absurd, dass diese beiden Länder tatsächlich zu dieser Zeit nochmals einen Krieg gegeneinander in Betracht gezogen hätten. Tatsächlich hätte eine grundlegende Aussöhnung zwischen Deutschland und Frankreich wahrscheinlich schon nach dem Ersten Weltkrieg stattgefunden, wenn in Deutschland nicht Hitler an die Macht gekommen wäre. Führende deutsche und französische Politiker der Zwischenkriegszeit (so insbesondere die Außenminister Briand und Stresemann) versuchten eine Versöhnung zwischen den zwei Ländern herbeizuführen (Wilson/van der Dussen 1993: 101:ff.). Schon im Jahre 1925 verwendete Aristide Briand den Begriff »Vereinigte Staaten von Europa« und lud alle europäischen Außenminister, deren Länder Mitglied in der Liga der Nationen waren, zu informellen Diskussionen über eine wirtschaftliche und politische Zusammenarbeit ein.

Wir müssen daher folgern, dass die Theorie des demokratischen Friedens die Abwesenheit von Kriegen zwischen den Mitgliedsstaaten der EG/EU seit 1955 völlig ausreichend erklärt. Veränderungen der Machtverteilung auf der Ebene der Welt mögen zu diesem Frieden zusätzlich beigetragen haben ebenso wie die Erfindung der Atombombe (Thody 2000: 3ff.). In Europa waren darüberhinaus auch das Wirtschaftswachstum und der steigende Wohlstand ein für den Frieden förderlicher Faktor. Der wichtigste Faktor, der zur Erhaltung des Friedens beitrug, war aber ohne Zweifel die Demokratisierung aller westeuropäischen Länder. Der einzige größere Krieg, der in Europa seit 1945 ausgebrochen ist, fand im früheren Jugoslawien statt, das zu dieser Zeit keine Demokratie war. Daher muss man schließen, dass es nicht in erster Linie die Integration war, die den Frieden in Europa etabliert und gesichert hat. Dieser Faktor ist nicht nur in jüngster Zeit nicht mehr sehr bedeutsam (Offe 2003), sondern war es schon seit 1945, dem Beginn der europäischen Integration, nicht.

Die ambivalente Rolle der EU in der Herstellung und Sicherung der Demokratie in Europa

Welche Rolle hat die europäische Integration für die Etablierung und Sicherung der Demokratie in Europa gespielt? Die EU und ihre Vertreter sind auch in dieser Hinsicht sehr stolz auf sich selber. Die Etablierung demokratischer politischer Systeme ist in der Tat einer der spektakulärsten und weitreichendsten

Wandlungsprozesse des 20. Jahrhunderts in Europa: Nach dem Zweiten Weltkrieg bis weit hinein in die Nachkriegszeit gab es noch undemokratische autoritäre politische Systeme in mehreren Ländern Südeuropas (Portugal, Spanien, Griechenland) und im kommunistischen Mittelost- und Südosteuropa. Zu Beginn des 21. Jahrhunderts haben die meisten dieser Länder Demokratien eingeführt und sind als Mitglied in die EU aufgenommen worden. Die EU preist sich selber, dass sie signifikant zu diesem Wandel beigetragen hat: Zum Ersten, indem sie selbst ein positives Modell für die Länder mit undemokratischen Systemen dargestellt habe; zum Zweiten, indem sie ihnen finanzielle und administrative Hilfestellungen für institutionelle Reformen zur Verfügung bereit gestellt habe; zum Dritten, indem sie das Funktionieren der demokratischen Institutionen nach ihrem Eintritt in die EU unterstütze und kontrolliere.

Foto 14:
27. Juni 1989 – Die »Wiedervereinigung von Europa«: Die Außenminister Alois Mock (Österreich) und Gyula Horn (Ungarn) durchschneiden den Eisernen Vorhang zwischen an der österreichisch-ungarischen Grenze bei Klingenbach im Burgenland.
Quelle: Bernhard J. Holzner/HOPI-MEDIA

Diese Argumente sind begründet und sollen nicht in Frage gestellt werden. Die *Kopenhagener Kriterien* von 1993 definieren als eine der Bedingungen, unter welchen ein Land zur Aufnahme in die Union geeignet ist, dass es stabile und funktionierende demokratische Institutionen haben muss (Glenn 2003). Die Frage ist jedoch: Hat die europäische Integration tatsächlich zur Implementierung der Demokratie in den früheren nicht-demokratischen Ländern beigetragen und ist sie in der Lage nicht-demokratische Tendenzen innerhalb ihres eigenen Gebietes hintan zu halten? In dieser Hinsicht werden drei Thesen aufgestellt: Der Übergang zu Demokratien in Süd- und Mittelosteuropa war hauptsächlich das Ergebnis von Revolutionen innerhalb dieser Länder und von Veränderungen der Machtverhältnisse auf der Ebene der Welt; die EU war bislang nicht in der Lage, nicht-demokratische Tendenzen in einem ihrer großen Mitgliedsländer hintanzuhalten; die institutionelle Entwicklung der EU führt teilweise zu einer Erosion der Demokratie auf der Ebene der Mitgliedsstaaten, die nicht durch eine entsprechende Zunahme an Möglichkeiten zu demokratischer Mitbestimmung auf der Ebene der Union ausgeglichen wird.

Die *demokratischen Übergänge in Portugal, Spanien und Griechenland* in den 1970er Jahren können als Resultat mehrerer Faktoren gesehen werden: Einer zunehmenden Schwäche der herrschenden militärischen und politischen Eliten und ihrer autoritären Regimes, die sich oft in erfolglose militärische Abenteuer im Ausland eingelassen hatten; Aufstände jüngerer, liberal gesinnter fortschrittlicher Offiziere, wie im Falle von Portugal;[11] ein sozialer und ökonomischer Rückstand bedingt durch die Abkapselung von Zentral- und Nordwesteuropa, die von vielen zunehmend als Hindernis des Fortschrittes gesehen wurde; die Unterstützung der Bevölkerung für einen demokratischen Wandel. Im kommunistischen Mittelosteuropa waren drei Faktoren entscheidend: Zum Ersten die internen demokratischen Revolutionen, die in der DDR, Ungarn und der Tschechoslowakei eine Wiederaufnahme früherer Aufstände gegen die Sowjetherrschaft darstellten; zum Zweiten die Beseitigung des Einparteiensystems in der UdSSR und die Auflösung der Sowjetunion unter Gorbatschow; zum Dritten das zunehmende Zurückbleiben der Produktivität der Ökonomie und der Lebensstandards im Vergleich zum Westen. Alle diese Probleme waren der Bevölkerung der fortgeschritteneren mittelosteuropäischen Länder, der Deutschen Demokratischen Republik, Polens, der Tschechoslowakei und Ungarns, am stärksten bewusst. Die EU selber hat nur in bescheidener Weise zu diesen revolutionären Übergängen beigetragen. So wurde auch die Süderweiterung der EG zum Teil als eine Strategie gesehen, die politische Instabilität in diesen Ländern zu reduzieren und den

---

[11] In diesem Land hat sogar ein hoher Offizier, General A. de Spinola, durch seine regimekritische Publikation *Portugal e o Futuro* den Anstoß zum Sturz des autoritären Regimes gegeben. Darüber hinaus bestand auch eine kritische »Bewegung der Streitkräfte«.

Einfluss kommunistischer Parteien einzuschränken (Strezhneva 1991: 84). Diese Argumente erhalten Unterstützung durch die Tatsache, dass Spanien für einige Zeit lang als neues Mitglied willkommener war als England, und dass die EG für lange Zeit nicht glaubte, dass die kommunistischen Staaten Mittelosteuropas fähig sein würden, sich in demokratische Marktgesellschaften zu transformieren.

Foto 15:
Auf dem Weg zu einem »kosmopolitischen Europa«? Ein neuer Eiserner Vorhang wurde um die spanische Enklave Mellilla (Marokko) errichtet, um den Zustrom von Migranten und Flüchtlingen von Afrika nach Europa einzudämmen.
Quelle: PRO ASYL

7 Der Traum von Europa

Die entscheidenden Faktoren für die demokratischen Revolutionen in Süd- und Osteuropa waren eine zunehmende Schwäche der dort herrschenden Eliten, aber auch die Aktionen der oppositionellen Eliten und ihre breite Unterstützung durch die Bevölkerung. In dieser Hinsicht sind die zehn Millionen polnischen Arbeiter zu erwähnen, die in den Jahren 1980–1990 der Gewerkschaft *Solidarnosc* beitraten und sie unterstützten; die mehreren hunderttausend Menschen, die Ende 1989, Anfang 1990 an monatelangen Demonstrationen in Leipzig, Prag und Budapest teilnahmen; und vor allem die unerschrockenen und hartnäckigen Aktionen oppositioneller Intellektueller und politischer Persönlichkeiten wie der Polen und Tschechen Adam Michnik, Jakek Kuron, Bronislav Geremek, Lech Walesa, Vaclav Havel, Petr Uhl, Jan Patocka, aber auch der ungarischen Freiheitskämpfer, die nach dem Aufstand gegen die sowjetische Herrschaft im Jahre 1956 hingerichtet wurden, darunter Jozsef Szilagyi, Pál Maléter, Imre Nagy und viele andere. Alle diese Männer scheuten in ihren Kämpfen für Freiheit und Demokratie nicht vor Verfolgung, Gefangennahme, ja selbst Lebensgefahr, zurück. Man könnte geradezu sagen, dass es eine Beleidigung dieser historischen Persönlichkeiten ist zu behaupten, dass es die EU war, die entscheidend zur Überwindung der autokratischen politischen Systeme unter sowjetischer Herrschaft beigetragen hatte. Die Haltung vieler einflussreicher westeuropäischer Politiker zu dieser Zeit sah ganz anders aus. Vladimir Boukovsky (2005: 105) zitiert zahlreiche Aussagen von Politikern, die deutlich machen, dass das sowjetische System von ihnen vor 1989/90 weitgehend akzeptiert wurde. Einer darunter war der frühere französische Präsident und spätere Vorsitzende des EU-Verfassungskonvents, Valery Giscard d'Estaing. Er sagte im Jänner 1999, anlässlich eines Besuchs von Gorbatschow in Moskau Folgendes: »Wir haben nicht die Absicht, die osteuropäischen Länder ›aufzustacheln‹ und die Basis ihrer Stabilität zu erschüttern. Wir wissen um die Gefahren der Destabilisierung in den verschiedenen Staaten und dies ist nicht in unserem Interesse«. Der frühere US-Außenminister Henry Kissinger äußerte, dass er und seine Kollegen »in einer konstruktiven Weise zur Konstruktion dieses Europas beitragen möchten, für welches die UdSSR und die Vereinigten Staaten die gleiche positive Rolle gespielt haben« (Boukovsky 2005: 120).

Welches ar die Rolle der EU im Hinblick auf die Sicherung der Demokratie in ihren eigenen Mitgliedsstaaten? Auch in dieser Hinsicht ist die Antwort enttäuschend. Die EU war (und ist) in der Tat nicht in der Lage, nicht-demokratische Tendenzen zumindest in einem seiner Mitgliedsstaaten hintanzuhalten; in einem anderen hat sie es versucht, sich dabei aber geradezu blamiert. Die beiden Fälle sind Österreich und Italien.

Am 31.1.2000 wurden von 14 Mitgliedsstaaten der EU diplomatische Sanktionen gegen den 15. Mitgliedsstaat Österreich verhängt. Der Grund für diese

Sanktionen war die Tatsache, dass Wolfgang Schüssel, Obmann der christlich-konservativen *Österreichischen Volkspartei*, eine Koalitionsregierung mit der *Freiheitlichen Partei Österreichs* (FPÖ) von Jörg Haider gebildet hatte. Dieser wurde nicht nur in ganz Europa als einflussreicher Vertreter der »neuen Rechten« angesehen, sondern – was besonders schlimm war – als ein möglicher »Neonazi«. Diese Parteien waren durch die österreichischen Bürger jedoch in einer freien Wahl gewählt worden. Das Hauptmotiv der Wahl für Haider's FPÖ war nicht Nostalgie für das Dritte Reich[12], sondern Unzufriedenheit mit mehreren Dekaden von Koalitionsregierungen der beiden großen Parteien (ÖVP und SPÖ), was zu politischer Verkrustung, Klientelismus und Unfähigkeit zu Strukturreformen geführt hatte (Haller 1996a). Später installierte die EU ein Komitee von drei angesehenen Persönlichkeiten, die einen Bericht über die politische Situation in Österreich verfassten. Die Untersuchung sollte klären, wie weit europäische Werte durch die österreichische Regierung unterstützt wurden, sie sollte die rechtliche Situation von Minderheiten, Einwanderern und Flüchtlingen in Österreich darstellen und den politischen (demokratischen) Charakter der FPÖ untersuchen. Das Komitee stellte in der Tat fest, dass es in Österreich eine Reihe von Problemen im Zusammenhang mit rechtsorientierten Parteien, unfairen Einwanderungsgesetzen und Ähnlichem gab; diese waren aber nicht signifikant anders als in anderen Mitgliedsstaaten. Insgesamt, so stellte der Bericht fest, respektiere die österreichische Bundesregierung die europäischen Werte, die rechtliche Situation entspreche jener in anderen Mitgliedsstaaten, und die FPÖ sei zwar eine rechtsorientierte Partei, aber ihre Minister hätten alle rechtlichen und administrativen Verpflichtungen beachtet. Im Rückblick ist es eindeutig, dass die Aktionen der EU nicht primär das Resultat einer Sorge um die politische Stabilität der Demokratie in Österreich waren, sondern Folge einer Reihe anderer Faktoren. Einer davon war eine besondere Sensitivität gegenüber jedem Politiker in Deutschland und Österreich, der auch nur den Anschein eines Neonazis bot (wohl aus diesem Grund unterstützte auch die seinerzeitige sozial-liberale deutsche Regierungskoalition die Sanktionen); das Gefühl des französischen Präsidenten Chirac, dass er durch Haider persönlich beleidigt worden sei;[13] die Tatsache, dass die ÖVP Mitglied eines der zwei großen Parteienblöcke im Europäischen Parlament war; und nicht zuletzt die Tatsache, dass Österreich nur eines der kleineren EU-Mitgliedsländer ist. Ein amerikanischer Zeithistoriker schreibt über diese Affäre: »Die Schikanie-

---

[12] Allerdings trat auch die Nähe Haiders zu neo-nazistischem Gedankengut immer wieder hervor. So hatte er als Landeshauptmann von Kärnten von einer »ordentlichen Beschäftigungspolitik des Dritten Reiches« gesprochen, was zu seinem (vorübergehenden) Sturz von diesem Amt führte.
[13] In seiner bekannt aggressiven Ausdrucksweise argumentierte Haider in aller Öffentlichkeit (im Fernsehen), Chirac selber sei der Korruption schuldig und wäre deshalb nicht legitimiert, ihn, Haider, zu kritisieren.

rung der Alpenrepublik ließ Brüssel sowohl als Bedrohung wie auch als lächerlich erscheinen und sie stellte ein Paradebeispiel für die Arroganz der Kommission und für die Nichtbeachtung der Rechte der Mitgliedsstaaten dar« (Gillingham 2003: 315; vgl. auch Giorgi et al. 2006: 58ff., 138).

Das zweite Beispiel ist die mehrmalige Regierungsübernahme durch Silvio Berlusconi in Italien in den Jahren 1994, 2001, 2006 und 2008. In der Folge hat diese Regierung eines großen EU-Mitgliedsstaates tatsächlich Gesetze und Maßnahmen verabschiedet, die aus demokratischer Sicht höchst problematisch sind. Berlusconi wurde, u.a. nach einer Tätigkeit als Entertainer auf Kreuzschiffahrten, Unternehmer in der Bauindustrie, der seine wirtschaftlichen Aktivitäten in sehr dubioser Weise finanziert hatte; später betätigte er sich in weiteren Branchen und insbesondere im Medienbereich, wo er das große private Fernsehnetzwerk *Mediaset* erwarb.[14] Komplexe undurchsichtige Firmenkonstruktionen, die oft ihren Sitz im Ausland hatten, gestalteten die Finanzierung seiner Aktivitäten zu allen Zeiten sehr intransparent; Anschuldigungen, dass er sogar Schwarzgeld der Mafia verwendet habe, wurden durch Berlusconi nie widerlegt. Als äußerst fähiger Kommunikator nutzte er sein ausgedehntes Mediennetzwerk, um in die Politik einzusteigen und seine eigene, neu gegründete Partei *Forza Italia* zu unterstützen, zusätzlich zu massiven Public Relations-Kampagnen vor den Wahlen. Als Premierminister verabschiedete die Regierung von Berlusconi eine Reihe von Gesetzen, die ihn vor rechtlicher Verfolgung schützten und die Medienpluralität einschränkten (vgl. Veltri/Travaglio 2001; Ginsborg 2004). Im April 2004 verabschiedete das Europäische Parlament einen kritischen Bericht, in welchem festgestellt wurde, in Italien bestehe »eine einmalige Konzentration von wirtschaftlicher, politischer und Medienmacht in den Händen eines Mannes, des gegenwärtigen Premierministers Silvio Berlusconi«.[15] Das Europäische Parlament nahm dann mit geringer Mehrheit eine Resolution an, die jedoch nur sehr allgemein gehalten war, ohne dass Berlusconi erwähnt wurde. Ein Hauptgrund dafür, dass man Berlusconi im Europäischen Parlament mit Samthandschuhen behandelte, war wohl die Tatsache, dass seine Partei *Forza Italia* ein Mitglied des großen konservativen Parteiblocks war.

Ein dritter Aspekt, welcher belegt, dass Demokratie kein herausragender Grundwert der EU ist, ist ihr eigener institutioneller Aufbau und ihre Entwicklung. Die Struktur der EU weicht in entscheidender Hinsicht von den normativen Prinzipien einer Demokratie ab, wie in Kapitel 8 gezeigt werden wird.

---

[14] z.B. http://de.wikipedia.org/Silvio_Berlusconi.
[15] Gian Enrico Rusconi, Die Mediendemokratie und ihre Grenzen – am Beispiel von Berlusconis Italien, in: *Aus Politik und Zeitgeschichte* B35–36/2004.

Welche Art der Integration für ein »Vereinigtes Europa«?

Unser Rückblick über die historischen Visionen von der Einigung Europas hat gezeigt, dass keine von ihnen eine eng integrierte, neue politische Gemeinschaft ins Auge gefasst hat. Die meisten stellten sich nur eine lockere Liga unabhängiger Nationalstaaten vor mit übergreifenden gemeinsamen Gesetzen, die friedliches Verhalten in den Beziehungen zwischen den Staaten vorschreiben sollten. Man könnte sagen, dass all diese Ideen nur auf eine *Einigung* Europas, aber nicht auf *Integration* hinzielten. Einige Autoren haben auch an eine wirtschaftliche Integration Europas gedacht, jedoch vor allem im Hinblick auf einen freien Handel zwischen den Staaten. Manche, wie Saint-Simon, stellten sich auch eine politische Integration und die Einrichtung eines Europäischen Parlamentes vor; dieses sollte aber nur begrenzte Kompetenzen erlangen. Keiner der dargestellten Autoren sprach von einer europäischen Regierung oder Verwaltung.

Dies war jedoch ohne Zweifel die Richtung, in welche der erfolgreiche Prozess der aktuellen europäischen Integration seit den späten 1950er Jahren eingeschwenkt ist. Wie in Kapitel 5 gezeigt wurde, haben Jean Monnet und Robert Schuman die Einrichtung einer unabhängigen bürokratischen Behörde, *der Hohen Autorität*, vorgeschlagen, deren Aufgabe war, die französische und deutsche Stahlindustrie zu verwalten und dadurch den Prozess der Integration in Gang zu bringen. Dieses Modell wurde durch die Europäische Wirtschaftsgemeinschaft 1956/57 übernommen. Die Kommission der EWG – eine hybride bürokratisch-politische Konstruktion – wurde mit weitreichenden politischen Kompetenzen ausgestattet, einschließlich der Kompetenz Gesetze, Verordnungen und Richtlinien zu erlassen. Die Geschichte der europäischen Integration seither hat gezeigt, dass diese Kommission und ihr großer und kontinuierlich wachsender bürokratischer Apparat die Hauptmotoren der Integration waren (vgl. Kapitel 5 oben). Heute beklagen auch führende Staatsmänner, dass diese Kommission ein unkontrollierbarer bürokratischer Apparat geworden ist, dessen Regulierungen und Erlässe die Entfaltung von wirtschaftlichen Aktivitäten und selbständigem Unternehmertum behindern.

Es sind jedoch nicht nur das institutionelle Modell und die praktische Methode der Integration, die sie klar von den historischen Idealen über die europäische Integration unterscheiden; das gleiche gilt auch für das heute noch immer relevante Endziel der Integration. Schon das Gründungsdokument der Europäischen Wirtschaftsgemeinschaft, der Vertrag von Rom von 1957, stellt in der Präambel explizit fest, dass die Regierungschefs der sechs Gründungsstaaten »bestimmt waren durch die Absicht, die Grundlage *für eine immer engere Union zwischen den Völkern von Europa* zu legen«. Dies ist eine berühmte Formulierung, die immer wieder zitiert wird und auch als treffender Buchtitel verwendet wurde (Dinan 1999). Die Entwicklung des Integrationsprozesses im letzten halben Jahrhundert hat gezeigt, dass dieses weitreichende Ziel in der Tat als eine effektive Richtlinie gedient hat. Das berühmte »*Subsidiaritätsprinzip*« konnte das Wachstum der Kompetenzen und der Macht der Kommission und der EU insgesamt gegenüber den Mitgliedsstaaten nicht verhindern.

Wir können daher beobachten, dass die Idee einer »immer engeren Union« mehr und mehr zur Realität wird. Wie wird eine solche Union letztendlich aussehen? Diese zentrale Frage kann in der Tat als eines der größten Mysterien der Integration betrachtet werden. Diese Formulierung spezifiziert in der Tat kein bestimmtes Modell der Integration, sondern nur einen *Prozess* – und noch weitergehend, einen nie endenden Prozess. Man könnte dies sogar als eine Art von Drohung ansehen, wenn man sich dem Prinzip einer definitiven Beschränkung der Regierungsmacht als einem Grundprinzip der Demokratie verpflichtet fühlt. Die Teilung der Macht zwischen verschiedenen Ebenen der Regierung wie auch zwischen dieser und den politischen Untereinheiten stellt eine notwendige Spezifikation des demokratischen Prinzips dar.

Wenn man die zentralen Ziele der Integration ansieht – die Sicherung des Friedens und die Förderung von wirtschaftlichem Wachstum und Wohlfahrt – ist es keineswegs evident, warum sich die Integration Europas zu einer »immer engeren Union« fortentwickeln soll. Dieses Ziel wird jedoch deutlicher, wenn wir auf die Visionen im Hinblick auf die Rolle schauen, die Europa nach Ansicht mancher Autoren und Akteure in der Weltpolitik spielen soll.

Europa als neue Weltmacht

Für die meisten historischen Autoren war die europäische Integration eng verbunden mit Veränderungen in den Beziehungen Europas zum Rest der Welt. Aber auch in dieser Hinsicht können zwischen den verschiedenen Autoren große Differenzen festgestellt werden. Die Idee eines neuen und mächtigen Europa lag all jenen Autoren fern, die nur eine Art lockere Vereinigung zwischen den einzelnen Staaten und die Einrichtung gemeinsamer Institutionen vorsahen, die primär auf das Ziel der Versöhnung, Kommunikation und Koordination gerichtet waren. Die Idee von Europa als einer neuen Groß- und Weltmacht entwickelte sich erst im zwanzigsten Jahrhundert. Der Grund dafür liegt auf der Hand. Bis zum Ersten Weltkrieg waren die großen Länder Europas selber Weltmächte oder sie konnten zumindest noch den Anspruch darauf erheben. Die beiden Weltkriege und der Aufstieg der Vereinigten Staaten und der Sowjetunion zu ökonomischen und militärischen Supermächten reduzierte sie auf Mächte zweiter Klasse. Aus diesem Grunde wurde die Idee des Vereinigten Europa als neuer Weltmacht entwickelt. Sein entschiedenster Vertreter war der bereits vorgestellte Gründer der Paneuropa-Bewegung, Richard Coudenhove-Kalergi; kommen wir kurz auf seine einschlägigen Ideen zurück.

Coudenhove-Kalergi argumentiert zum Ersten, das auch Europa eine neue »Nation« im Sinne einer »Gemeinschaft von Kultur und Schicksal« werden könne, ja, dass Europa eine solche Nation bereits im Mittelalter war, als es unter dem Heiligen Römischen Reich Deutscher Nation vereint war. Dieses Argument vertreten auch viele zeitgenössische Spitzenpolitiker, die sich auf Karl den Großen als den »Vater von Europa« berufen (so z.B. R. Prodi, F. Mitterand, H. Kohl).[16] Diese Berufung ist jedoch aus mehreren Gründen höchst fragwürdig. Karl der Große schuf sein Imperium in einer Reihe äußerst blutiger Kriege, in welchen er die Bayern, Sachsen und Lombarden unterwarf. Außerdem schloss sein Reich nur die Gebiete des heutigen Frankreich, Deutschland und Mittelitaliens, aber nicht die großen nordwestlichen, nördlichen, östlichen und südlichen Teile des Kontinents ein (vgl. Segl 1993).

Coudenhove-Kalergi argumentiert für die Notwendigkeit eines neuen und mächtigen europäischen Superstaates noch aus einem zweiten Grund, nämlich jenem einer Bedrohung Europas von Seiten der Sowjetunion. Es wurde bereits festgestellt, dass er annahm, die Sowjetunion sei in der Lage gewesen, eine neue »Nation« zu schaffen – eine These, die durch die jüngste Geschichte des Zerfalls dieses Imperiums klar widerlegt worden ist. Das heutige Russland kann und wird aus mehreren Gründen nicht auf einen Angriff Westeuropas oder auf eines seiner großen Länder hinarbeiten: Es hat kein stark zentralisiertes autoritäres System mehr; es hat eigene, massive Interessen am Ausbau friedlicher Wirtschaftsbeziehungen mit Westeuropa (ein Zudrehen der Öl- und Gashähne, eine vielfach genannte Bedrohung, würde Russland sehr bald seiner größten Einnahmequelle berauben); seine riesige geographische Ausdehnung weit nach Asien hinein und seine Grenzen mit China und Japan machen es auch von dieser Seite her äußerst verwundbar (vgl. auch Habsburg 1965, 1999).

Welches waren die Ideen, die im Prozess der Integration relevant waren, wie entwickelt sich die Europäische Union im Hinblick auf die Außen- und Weltpolitik? Man kann auch in dieser Hinsicht einen klaren Trend zu einer immer stärkeren Integration sehen. Im Vertrag von Rom waren Fragen der Außenpolitik jenen der internen ökonomischen Integration noch klar untergeordnet. Nur einige nebensächliche Paragraphen waren den Außenbeziehungen der EWG gewidmet. Diese Situation veränderte sich grundlegend mit dem Maastricht-Vertrag: Hier wurde die *Gemeinsame Außen- und Sicherheitspolitik* (GASP) als zweiter Pfeiler der EU definiert; ihr Ziel war, »eine europäische Sicherheits- und

---

[16] K. Adenauer Stiftung, Europäische Grundsatzreden, http://www.karlspreis.de/portrait/1988_3.html

7 Der Traum von Europa

Verteidigungsidentität zu entwickeln«. Dabei soll die westeuropäische Verteidigungsunion zum europäischen Pfeiler der NATO weiterentwickelt werden; die Zusammenarbeit zwischen den Mitgliedsstaaten ist im Hinblick auf Verteidigung und Militär zu verstärken; und spezifische Institutionen zu diesem Zwecke sollen eingerichtet werden. Dies ist inzwischen bereits realisiert worden in Form der *Europäischen Verteidigungsagentur*, des *Europäischen Instituts für Sicherheitsstudien* und des *Europäischen Satellitenzentrums*. Diese neue Säule der GASP wurde durch die Verfassung für Europa von 2004 übernommen und verstärkt. In dieser wird festgestellt, dass die GASP weiterentwickelt werden soll zu einer gemeinsamen Verteidigungspolitik, dass sie ein »Außenminister« der Union leiten soll und dass diese Politik der Union eine Kapazität für weltweite Operationen ziviler und militärischer Art verschaffen soll (Artikel I-41). All diese Merkmale machen klar, dass die Union jetzt auf eine wirkliche politische Gemeinschaft hinstrebt, einem Staat im Sinne der klassischen Definition von Max Weber.[17]

In den offiziellen Texten der EU und in der vorgeschlagenen Verfassung gibt es keine Definition der inhaltlichen Ziele dieser Außenpolitik. Dies ist einigermaßen überraschend, wenn man die ausführlichen Listen von ökonomischen Zielen und Rechten darin betrachtet. Wenn man jedoch den Geist der einschlägigen Paragraphen, wie auch anderer Texte und Reden untersucht, wird evident, dass die Europäische Union ohne Zweifel danach trachtet, ein starker neuer Spieler auf der Weltebene, ein »*global player*« zu werden. Auf der *Homepage* der Gemeinschaft werden die Außenbeziehungen und Aktivitäten der EU auf folgende Weise charakterisiert:

> »Die bloße Größe der Europäischen Union in ökonomischer, Handels- und finanzieller Hinsicht macht sie zu einem world player. Sie besitzt ein Netz von Abkommen mit den meisten Ländern und Regionen des Globus [...]. Die Europäische Union beginnt eine gemeinsame Außen- und Sicherheitspolitik zu entwickeln, sodass ihre Mitglieder gemeinsam in der Welt als vereinigte Kraft für Stabilität, Zusammenarbeit und Verständnis agieren können. Zugleich entwickelt die EU eine Verteidigungskapazität und hat die ersten friedenserhaltenden Missionen durchgeführt. Sie ist also auch im Kampf gegen Terrorismus engagiert«.[18]

Eine Reihe von Begriffen in diesen Charakterisierungen – Sicherheit, Stabilität, Ordnung, Kampf gegen Terrorismus – weisen klar darauf hin, dass sich die EU jetzt als ein mächtiger Akteur sieht, der selbst definieren kann, welche Art von

---

[17] Weber sieht als die Grundmerkmale des Staates die Kontrolle der Gewalt innerhalb eines bestimmten Territoriums und dessen Verteidigung nach außen (Weber 1978, Bd. II, Kap.8).
[18] http://ec.europa.eu/publications/booklets/move/47/index_en.htm.

Stabilität und Ordnung notwendig ist, welche Arten von Terrorismus bekämpft werden müssen und welche Mittel dabei einzusetzen sind. Unter den führenden Politikern in Europa war es wahrscheinlich der frühere deutsche Außenminister, Joschka Fischer, der in seiner Rede an der Berliner Humboldt Universität am 12. Mai 2000 die Idee eines mächtigen »Vereinigten Europa« am deutlichsten aussprach.[19] Er gab eine klare Antwort auf die Frage: *Quo vadis Europa?* nämlich: »Vorwärts zur Vervollständigung der europäischen Integration«. Ausgehend von der nun wohlbekannten Eliten-These, dass sich die europäische Integration als »phänomenalst erfolgreich« erwiesen habe, argumentierte er, dass die Schumann-Methode – schrittweise Ausweitung und Vertiefung der gemeinsamen Institutionen – ihre Grenzen erreicht habe. Jetzt sei es Zeit für eine »volle Parlamentarisierung« und die Errichtung einer wirklichen »Europäischen Föderation« und Europäischen Regierung. In zahlreichen Zeitungskolumnen verficht Fischer diese Idee auch nach seinem Abschied von der Politik weiter.[20]

(b) Inhaltsanalyse der Verfassung für Europa

Eine andere Möglichkeit herauszufinden, welches tatsächlich die wichtigsten Werte und Ziele der heutigen EU sind, besteht darin, den Inhalt der Verfassung für Europa zu untersuchen, die im Jahre 2003 ausgearbeitet und 2004 von den Staats-und Regierungschefs der EU in Rom feierlich unterzeichnet wurde. Dieser umfangreiche Text ist für diesen Zweck sehr gut geeignet, weil er alle früheren Integrationsverträge in ein umfassendes Dokument integriert hat. Wenn diese Verfassung auch nicht umgesetzt wurde, ist sie trotzdem bis heute hoch relevant. Dies vor allem deshalb, weil mehr als 90% ihres Inhalts im Reformvertrag von Lissabon übernommen wurden (vgl. Kapitel 8). Die folgende Inhaltsanalyse der Verfassung geht quantitativ und qualitativ vor. Zum einen wird ausgezählt, wie oft bestimmte wertbezogene Begriffe genannt werden; zum anderen werden die inhaltlichen Aussagen zu wichtigen Themen untersucht. Zusätzlich vergleichen wir die EU-Verfassung mit der Verfassung mehrerer Mitgliedsstaaten der EU, sowie mit jener anderer Staaten, einschließlich der USA und Indiens.

Was sind die grundlegenden Werte der EU, wenn wir diesen Text als ihren repräsentativsten Ausdruck betrachten? Wenn man die Ergebnisse in *Tabelle 7.1*

---

[19] http://zope.hu-berlin/presse/veranstaltunge/reden.
[20] Dafür nur ein Beispiel. Nach der Ablehnung des Vertrags von Lissabon durch die Iren schrieb Fischer in der »Zeit«: »Diesen 12. Juni 2008 wird man sich merken müssen, denn an diesem Tag wurde europäische Geschichte geschrieben. [...] die EU [wird] in den kommenden zehn Jahren – wenn nicht sogar viel länger – auf der Weltbühne kein ernst zu nehmender Akteur sein [...] ein handlungsfähiges, starkes, sein eigenes Schicksal bestimmendes Europa ist auf lange Zeit dahin ...« (Zeit online, 16.6.2008). Auffallend ist die Ähnlichkeit dieser Diktion mit jener von Coudenhove-Kalergi.

betrachtet, stechen in quantitativer Hinsicht drei Grundwerte als die mit Abstand wichtigsten hervor (jeder wird über hundert Mal erwähnt): Sicherheit, Freiheit und Gerechtigkeit. Jene zwei Werte, die für die intellektuellen Schriftsteller über die europäische Integration die wichtigsten waren, Frieden und Demokratie, werden im Vergleich dazu äußerst selten erwähnt. Dies ist ein sehr überraschendes Resultat. Im Folgenden werden diese fünf Werte näher diskutiert.

Frieden – ein für die EU nebensächlicher Wert?

Friede ist jener Wert, der von Eliten und Medien im Zusammenhang mit der europäischen Integration mit Abstand am öftesten erwähnt wird (vgl. auch Weiler 1999: 240). Der Integrationsprozess, so die weithin akzeptierte Darstellung, war notwendig um ein für alle Mal sicherzustellen, dass in Europa nicht aufs Neue selbstzerstörerische Kriege ausbrechen. Frieden ist auch ein zentrales Anliegen der Bevölkerung in ganz Europa. Man kann daher annehmen, dass die Behandlung der Themen von Krieg und Frieden in der vorgeschlagenen EU-Verfassung ein entscheidender Faktor für die Annahme oder Ablehnung dieser Verfassung durch die Bürger war.

Wie relevant ist der Wert des Friedens für die EU im Text der Verfassung für Europa? Überhaupt nicht, könnte man schließen, zumindest in quantitativer Hinsicht (vgl. *Tabelle 7.1*). Das Wort Frieden wird in dem äußerst umfangreichen Text, der über 627 wertbezogene Begriffe oder Konzepte enthält, nur neun Mal erwähnt. Er erscheint erst am Ende der Rangordnung aller Wörter, die mit Grundwerten zusammenhängen; die am häufigsten erwähnten Begriffe, Sicherheit und Freiheit, tauchen dagegen über hundert Mal auf. Die niedrige Priorität, die dem Frieden zugemessen wird, zeigt sich auch, wenn man den Inhalt jener Paragraphen genauer ansieht, in denen er thematisiert wird. Dies gilt in zweierlei Hinsicht.

Zum Ersten zeigt sich, dass das Wort Frieden entweder nur in sehr allgemeiner Weise verwendet wird (in der Präambel und in Artikel I-3) oder als ein Mittel für andere Ziele. Artikel I-43 stellt fest, dass die gemeinsame Außen- und Sicherheitspolitik eine Fähigkeit eröffnet »Operationen auszuführen«, die helfen sollen, Frieden und internationale Sicherheit herzustellen. Zum Zweiten wird der dem Frieden entgegengesetzte Begriff, nämlich Krieg, auch nur zwei Mal im Text erwähnt, und ebenfalls nicht als ein wichtiges eigenes Thema. Er wird nur im Zusammenhang mit wirtschaftlichen Werten genannt: Artikel III-131 stellt fest, dass im Falle einer ernsthaften internationalen Spannung, welche das Risiko eines Krieges beinhaltet, die Mitgliedsstaaten ihre Aktivitäten koordinieren werden um Verzerrungen der Funktionsweise des freien Marktes zu verhindern. In gleicher Weise stellt Artikel III-436 fest, dass jeder Mitgliedsstaat in seinen Maßnahmen zur Herstellung von Sicherheit frei ist soweit die Produktion und der Handel von Waffen betroffen ist; die einzige Verpflichtung besteht darin, dass diese Maßnahmen nicht mit den Regeln des Markt-Wettbewerbs in Widerspruch stehen dürfen. Dies ist also offenkundig einer jener Fälle, wo ein Grundwert klar den Prinzipien des freien Marktes untergeordnet ist!

Tabelle 7.1: Die Häufigkeit der Nennung von Grundwerten in der »Verfassung für Europa«

Grundbegriffe (Wortzusammensetzungen)	Absolute Häufigkeit	% aller wertbezogenen Begriffe
Sicherheit (Nationale, internationale, Mitgliedstaaten-S.; S.s-Politik, soziale S.; S. der Energieversorgung; öffentliche Ordnung und S.)	144	22,9
Freiheit (als universeller Wert; F. der Kunst, Wissenschaft, Religion; F. der Berufswahl, Mobilität, und Niederlassung; Gedanken-, Medien-F.)	132	21.1
Recht und Gerechtigkeit (Soziale G., Solidarität, Menschenrechte, -würde, Toleranz, Herrschaft des R., Nicht-Diskriminierung)	126	20,0
Beschäftigung	75	12,0
Gleichheit, soziale Ausschließung, Armut	34	5,4
Wettbewerb	31	4,9
Fortschritt, sozialer Fortschritt	20	3,2
Territorialer Zusammenhalt	16	2,5
Frieden	11	1,7
Prosperität, Wohlfahrt, Wohlbefinden	10	1,6
Umweltschutz	10	1,6
Kulturelle Vielfalt, nationale Identität, Pluralismus	9	1,4
Demokratie	9	1,4
Gesamtzahl der Wörter bzw. Begriffe	(627)	99,7

Datenbasis: Vertrag über eine Verfassung für Europa; Auswertungsmethode: Abzählung der Wörter bzw. Begriffe ohne Zwischentitel (Grundlage war der englische Text); Analyseprogramm: ATLAS.ti; die Analyse wurde durchgeführt von Liria Veronesi.

Diese nebensächliche Erwähnung von Krieg kontrastiert in schärfster Weise mit den Verfassungen mehrerer EU-Mitgliedstaaten, in welchen die Verhinderung von Kriegen in mehreren spezifischen Paragraphen explizit erwähnt wird. Dafür nur zwei Beispiele: »Italien lehnt Kriege als ein Mittel des Angriffs auf die Freiheit anderer Völker ab und als ein Mittel zur Lösung konflikueller internationaler Probleme« (Art. 11). »Die Republik Ungarn lehnt Krieg als Mittel zur Lösung von Konflikten zwischen Nationen ab ...« (Art. 6). Der österreichische

7 Der Traum von Europa

Verfassungsrechtsexperte Fried Esterbauer (1983) hat eine EU-Verfassung vorgeschlagen, welche einen expliziten Artikel beinhalten sollte mit dem Titel »Verpflichtung zu innerem Frieden« und einen weiteren mit dem Titel »Verpflichtung zum Frieden in Beziehung zu anderen Staaten«. Im letztgenannten Artikel sollte stehen, dass die Mitgliedsstaaten versprechen, keine militärischen Angriffe gegen andere Staaten zu unternehmen. Ein anderer, in diesem Zusammenhang wichtiger Aspekt betrifft die Frage, welche politischen Institutionen die Kompetenz haben sollen, einen Krieg zu erklären. Dazu stellt etwa die Verfassung von Frankreich fest, dass das Parlament eine Kriegserklärung der Regierung genehmigen muss (Art. 35); die Verfassung der Bundesrepublik Deutschland hält sogar fest, dass der Bundestag zuerst feststellen muss, ob das Territorium des Staates militärisch attackiert worden ist. (Wir kommen im Folgenden darauf zurück, wie dies in der EU-Verfassung geregelt ist).

Was sagt die Verfassung für Europa über weitere Themen im Kontext von Krieg und Frieden aus? Während sie nur wenige konkrete Aussagen über den Frieden beinhaltet, gilt keineswegs dasselbe für Sicherheit und Verteidigung. Acht Aspekte sind hier relevant.

(1) Die erste und wichtigste Tatsache ist die Definition und Einrichtung der *Gemeinsamen Außen- und Sicherheitspolitik* (GASP), die auch eine »fortschreitende Definition einer gemeinsamen Verteidigungspolitik« beinhaltet (Art. I-12). Die Kompetenzen der Union sollen alle Bereiche der Außen- und Sicherheitspolitik umfassen und die Mitgliedsstaaten sollen die Politik der Union in dieser Hinsicht »aktiv und ohne Vorbehalte« unterstützen (Art. I-16). Es ist bislang aber nur eine Koordination der Zusammenarbeit der Mitgliedsstaaten vorgesehen, die in wichtigen Fragen Einstimmigkeit voraussetzt. Nichtsdestoweniger beinhaltet dieser Artikel, dass es den EU-Mitgliedsstaaten in solchen Fällen nicht mehr erlaubt sein soll, eine unabhängige Außenpolitik verfolgen.[21]

(2) Die Operationen im Zusammenhang mit der GASP sollen nicht auf das Territorium der Union beschränkt bleiben: Die GASP »soll die Union mit einer operativen Kapazität ausstatten, die auf zivile und militärische Mittel zurückgreifen kann. Die Union kann diese nützen für Missionen außerhalb der Union für friedenserhaltende Operationen, Konfliktprävention und Verstärkung der internationalen Sicherheit in Übereinstimmung mit den Prinzipien der Charta der Vereinten Nationen« (Art. I-41).

(3) Die Verfassung spricht nur in einer sehr vagen Weise über »Aufgaben« oder »Missionen«. Die Absicht dieser Missionen geht jedoch weit über Friedenserhaltung hinaus – jene Art der Aktion, die durch die UNO genehmigt wird. Die

---

[21] »EU Foreign Security and Military Policy,« TEAM – The Alliance of EU-Critical Movements, Fact Sheet No. 6, 1994; http://www.teameurope.info/FSno6-militarization-FINAL.pdf.

Verfassung nennt auch als Ziel »Stärkung der internationalen Sicherheit«. Dies ist ein sehr breiter Begriff, unter den man eine Vielfalt von Aktionen subsumieren kann. Artikel III-295 schließt auch den Gebrauch militärischer Mittel für den Kampf gegen den Terrorismus ein.

(4) Eine wichtige weitere Spezifikation ist, dass die Mitgliedsstaaten »Bemühungen unternehmen sollen ihre militärischen Kapazitäten laufend zu verbessern« (Art. I-41). Das heißt, hier enthält die Verfassung eine Verpflichtung zu einer konkreten Politik (Erhöhung der Verteidigungsausgaben), was aus zweierlei Hinsicht äußerst problematisch erscheint. Zum Ersten gehört ein konkretes politisches Ziel generell nicht in einen fundamentalen Verfassungstext. Zum Zweiten erscheint die Forderung nach einer Ausweitung der Militärausgaben höchst überraschend angesichts der Tatsache, dass die Gefahr von Kriegen in Europa signifikant abgenommen hat. Die meisten EU-Mitgliedsstaaten haben dieser Tatsache Rechnung getragen und die Größe ihrer Armeen reduziert und/oder den verpflichtenden Militärdienst abgeschafft.

(5) Im gleichen Artikel wird die Gründung der *Europäischen Verteidigungsagentur* angekündigt, die den Mitgliedsstaaten bei der Entwicklung von Verteidigungskapazitäten helfen soll und zwar durch Forschung und Entwicklung und eine Verstärkung der industriellen und technologischen Basis des Verteidigungssektors. Die Einrichtung dieser autonomen Institution ist ein klarer Schritt in Richtung einer selbständigen EU-Militärpolitik.

(6) Sehr interessant ist weiters das Ziel, internationale Missionen der EU einzurichten, »um die Werte der Union zu schützen«. Man könnte hier eine enge Parallele zur Außen- und Sicherheitspolitik der Regierung Bush II in den Vereinigten Staaten sehen, die einen Krieg gegen den Irak begonnen hat, um dort Freiheit und Demokratie wiederherzustellen, wobei sie die vielen negativen Folgen eines Krieges hintangestellt hat. Viele EU-Mitgliedsstaaten (einschließlich Frankreichs und Deutschlands) hatten mit guten Gründen äußerst starke Bedenken gegen diesen Krieg.

(7) Die Entscheidung über Missionen oder Aufgaben im Zusammenhang mit Fragen der internationalen Sicherheit liegt in den Händen des Europäischen Rates; er kann eine Gruppe von Mitgliedsstaaten mit solchen Missionen beauftragen »um die Werte der Union zu schützen und ihre Interessen zu fördern«. Das Europäische Parlament soll nur »regelmäßig konsultiert« werden und über die Entscheidungen der gemeinsamen Außen- und Sicherheitspolitik informiert werden. Hier wird also eine weit weniger transparente demokratische Entscheidungsprozedur vorgeschlagen als sie in vielen EU-Mitgliedsstaaten besteht (vgl. oben). Diese Situation könnte im Ernstfall höchst problematisch werden. So werden selbst von den USA, wo der Präsident und seine Regierung unter starker

Kontrolle durch Kongress und Senat stehen, Kriege vielfach ohne Zustimmung der letzteren begonnen und oft lange Zeit hindurch weitergeführt.

(8) Schließlich wird die neue Position eines »Außenministers« der EU geschaffen, dessen Aufgaben auch die Sicherheitspolitik einschließen. Das heißt, er muss zur gleichen Zeit als Außen- und als Verteidigungsminister fungieren. In allen modernen Staaten wurden diese beiden Funktionen aus guten Gründen getrennt. Im Falle eines ernsthaften internationalen Konfliktes muss sich der Außenminister auf alle Möglichkeiten für eine friedliche Lösung durch Verhandlung konzentrieren, während der Verteidigungsminister die Armee für den eventuellen Fall eines Krieges vorbereiten muss.

In den besprochenen Paragraphen setzt sich die Europäische Union also eindeutig das Ziel, eine gemeinsame Sicherheits-, Verteidigungs- und Militärpolitik zu entwickeln, eine gemeinsame Armee aufzustellen und diese Kräfte gegebenenfalls für nicht genau spezifizierte »Interventionen« auf der ganzen Welt einzusetzen. Es gibt zweifellos viele gute Argumente für die Entwicklung einer gemeinsamen Außen- und Sicherheitspolitik der EU. Im Zusammenhang mit der Art und Weise, wie dieses extrem wichtige und delikate Thema der Außen- und Sicherheitspolitik in der EU-Verfassung behandelt wird, gibt es jedoch größte Bedenken.

Zum Ersten ist evident, dass die Verfassung hauptsächlich darauf abzielt, die EU mit militärischen Fähigkeiten auszustatten; wie bereits oben festgestellt, wird jedoch viel weniger ausgesagt über die Möglichkeiten Kriege zu verhindern und den Frieden in der Welt aktiv zu fördern. Die Verfassung sagt etwa nichts aus über die Notwendigkeit der Abrüstung, insbesondere die Reduktion der Atomwaffen; über die Begrenzung der Waffenproduktion und des internationalen Waffenhandels, die einen der Hauptgründe für die vielen blutigen Konflikte in den armen Regionen der Welt darstellen; und über die Eindämmung und Bestrafung von halblegal- und illegal agierenden Waffenhändlern und Waffentransporten. Ein Grund dafür mag sein, dass mehrere EU-Mitglieder zu den größten Waffenproduzenten der Welt gehören. Zum Zweiten sollte angesichts seiner Bedeutung das Thema einer »Europäischen Armee« zweifellos einen eigenen Teil der Verfassung beinhalten und nicht nur in verschiedenen Teilen dieses umfangreichen Textes erwähnt werden (und auch dies oft nur nebenher). Zum Dritten ist es aus der Sicht der normativen Demokratietheorie ein ernsthaftes Problem, dass viele Festlegungen der Verfassung (die Einrichtung der Verteidigungsagentur, der Kampftruppen, des Außen- und Sicherheitsministers) realisiert wurden, bevor die Verfassung in Kraft trat (Diedrichs/Wessels 2005: 364). Für die holländischen Promotoren der Nein-Kampagne gegen die Verfassung war die in all diesen Festlegungen zum Ausdruck kommende »Militarisierung« der EU das Hauptargument (Giorgi et at. 2006: 192ff.). Bei diesem Thema tritt auch die Kluft zwischen Eliten und Bürgern wieder stark hervor. Die Verstärkung der militärischen Macht der EU ist ein Ziel, das 65% der hohen EU-Beamten und 71% der Europa-Abgeordneten befürworten, aber nur 48% der Bürger (CIRCAP 2006).

Sicherheit und globaler Einfluss

Im Lichte dieser Überlegungen kann das äußerst überraschende Ergebnis in *Tabelle 7.1* besser verstanden werden. Es zeigt in der Tat, dass *Sicherheit* der am häufigsten genannte, wertbezogene Begriff in der Verfassung ist; er wird 144 Mal genannt und stellt über ein Viertel aller wertbezogenen Begriffe dar. Dies ist mehr als überraschend, weil Sicherheit sehr selten als Grundwert der EU erwähnt wird. Aus der Sicht der theoretischen Überlegungen und empirischen Fakten, die in diesem Buch bereits präsentiert worden sind, ist es jedoch nicht mehr überraschend. Vier Punkte sind in diesem Zusammenhang von Relevanz.

Zum Ersten besteht kein Zweifel daran, dass Sicherheit als ein Grundwert jeder menschlichen Gesellschaft anzusehen ist.[22] Die Gewährleistung innerer und äußerer Sicherheit ist eine Zentralaufgabe jeder politischen Gemeinschaft. Sicherheit muss daher auch für die EU eine zentrale Bedeutung besitzen. Dies bezieht sich nicht nur auf Aspekte der miltärischen Verteidigung, sondern auch auf jene der Grenzkontrolle. Die Mitgliedsstaaten des Schengen-Vertrags haben ihre internen Grenzen weitgehend aufgehoben; die unmittelbare Folge ist, dass die neuen Außengrenzen dieses großen Gebietes verstärkt werden müssen. Die Sicherung dieser Außengrenzen hat besonders im Mittelmeer den Charakter einer militärischen Grenzkontrolle angenommen (Milborn 2006).

Die hohe Relevanz der Sicherheit ergibt sich zum Zweiten aus unserer Analyse der ursprünglichen und frühen Entwicklung der EWG (vgl. Kapitel 2). Durch ihre enge Zusammenarbeit in Westeuropa wollten die Gründungsstaaten der EWG auch Sicherheit gegenüber der potentiellen Bedrohung durch die Sowjetunion gewinnen (vgl. auch Swedberg 1994). In diesem Bestreben wurden sie durch ihren Alliierten, die Vereinigten Staaten, stark unterstützt (bis zu einem gewissen Grad sogar dazu gedrängt). Es mag hier angemerkt werden, dass die Einrichtung einer gemeinsamen Verteidigungspolitik in der Tat eines der ersten Ziele der europäischen Integration war. Der französische Premierminister Pleven legte einen Plan für eine *Europäische Verteidigungsgemeinschaft* schon im Jahre 1950 vor; weil das französische Parlament ihn 1954 ablehnte, wurde er nicht weiter verfolgt (Dinan 1999: 26). Nach dem Zusammenbruch der Sowjetunion

---

[22] In der bekannten Wertehierarchie von A. Maslow (1987) wird »Sicherheit« als einer der grundlegenden sozialen Werte betrachtet, gleich wichtig wie Liebe, Zugehörigkeit oder Anerkennung durch andere.

7 Der Traum von Europa

wird eine neue äußere Bedrohung im internationalen Terrorismus gesehen, der in der »Solidaritätsklausel« der Verfassung drei Mal erwähnt wird (Art. I-43). Der Terrorismus soll hauptsächlich mit militärischen Mitteln bekämpft werden. Dies ist jedoch eine sehr zweifelhafte Methode und sie übernimmt die Terminologie des »Krieges gegen den Terrorismus« von US Präsident Bush (Strobe/Chanda 2002). Anders Hellström (2006: 163ff.) diagnostizierte eine Tendenz in der Richtung, dass Sicherheit von der EU immer stärker als zentrales Problem angesehen wird; das Sicherheitsproblem schließt als Teilaspekt auch (illegale) Immigration ein.

Die hohe Bedeutung des Wertes der Sicherheit ist zum Dritten auch weniger überraschend, wenn wir die Grundwerte und Ziele der europäischen Wohlfahrtsstaaten ansehen. Auch deren Hauptziel ist die Herstellung von (sozialer) Sicherheit. Trotz vielfacher Behauptungen, dass der Wohlfahrtsstaat (insbesondere in seiner skandinavischen, sozialdemokratischen Variante) eine signifikante Umverteilung bewirken und eine gleiche und gerechte Gesellschaft garantieren könne, ist seine Hauptaufgabe überall die horizontale Umverteilung. Dies bedeutet, dass er für die neuen Unsicherheiten des Lebens sorgt, die sich ergeben als Folge der Ausbreitung des universalen Marktes (einschließlich des Arbeitsmarktes) sowie der Auflösung der Familie als der Hauptinstitution, die soziale Sicherheit im Lebensverlauf garantiert (Spieker 1986; Kirchhoff 2006). Der Begriff *Sicherheit* in der Verfassung für Europa bezieht sich oft auch auf soziale Sicherheit und sozialen Schutz.

Sicherheit ist zum Vierten ein Ziel, das aus ökonomischer Sicht sehr wichtig ist. Wirtschaftliche Transaktionen und internationaler Handel können sich ohne rechtliche, politische und militärische Sicherheit nicht entfalten (Bornschier 1988). Die Wiederbelebung des Prozesses der europäischen Integration in den 1980er Jahren kann auch als Reaktion auf den zunehmenden globalen Wettbewerb zwischen der Triade Westeuropa – USA – Japan gesehen werden. Die transnationalen europäischen Kooperationen und die EU-Kommission formten einen »Elitenpakt«, um die Position des europäischen Kapitals zu stärken (Bornschier 2000a; Ziltener 2000). Hier ist auch das eng mit Sicherheit zusammenhängende Konzept der Stabilität von Bedeutung, das ebenfalls eine wichtige Stellung im Verfassungstext einnimmt. Die Verpflichtung der Politik der Europäischen Zentralbank auf das Ziel der Preisstabilität, auf Kosten anderer Grundziele der Wirtschaftspolitik (Wachstum, Schaffung von Arbeitsplätzen), kann auch als Widerspiegelung dieser Priorität gesehen werden (Attac 2006: 55).

Wir können aus all diesen Überlegungen ableiten, dass hinter der Betonung von Sicherheit in der Verfassung für Europa ein zusätzliches Ziel oder ein weiterer Wert liegen mag. Dies ist das Streben der Europäischen Union nach Einfluss und Macht in der Welt. Nach diesem »*imperialen Argument*« (Möschel 1994:

126) muss die EU eine globale politische und militärische Macht entwickeln, die ihrer ökonomischen Stärke entspricht: »Ein ökonomischer Gigant, aber ein politisch-militärischer Zwerg«. Dieses Ziel taucht jedoch in der Verfassung nicht offen auf. Dies ist wahrscheinlich deshalb der Fall, weil das Streben nach Einfluss und Macht nicht so positiv und vornehm ist wie alle anderen Grundwerte, die explizit erwähnt werden. In einigen Texten der EU Kommission wird dieses Ziel jedoch deutlich ausgedrückt: »Die EU ist ein *world player* [...] in dem Maße, wie sich die EU ausweitete und mehr Verantwortlichkeiten übernahm, musste sie auch ihre Beziehung zum Rest der Welt neu definieren [...]. Eine zentrale Herausforderung heute ist, Frieden und Sicherheit über die Grenzen der Union hinaus zu verbreiten«.[23] Ähnliche Aussagen wurden auch von führenden EU-Politikern wie J. Chirac, R. Prodi, u.a. mehrfach getroffen. Der finnische Premierminister Lipponen drückte es am deutlichsten aus: »Die EU sollte sich zu einer Großmacht entwickeln, damit sie als voll handlungsfähiger Akteur in der Welt agieren kann«[24] (vgl. auch Attac 2006: 254ff.).

Es ist in dieser Hinsicht von Interesse sich daran zu erinnern, dass das Ziel der Europäischen Union ihre eigene Identität zu entwickeln, hauptsächlich durch ihre Aspirationen nach Prestige, Macht und Einfluss auf der globalen Szene bedingt war. Der Vertrag von Maastricht wird mit den folgenden Feststellungen eröffnet:

> »Durch diesen Vertrag gründen die Hohen Vertragsparteien untereinander eine Europäische Union [...]. Dieser Vertrag stellt eine neue Stufe bei der Verwirklichung einer immer engeren Union der Völker Europas dar, in der die Entscheidungen möglichst bürgernah getroffen werden [...]. Die Union setzt sich folgende Ziele:
> - die Förderung eines ausgewogenen und dauerhaften wirtschaftlichen und sozialen Fortschritts, insbesondere durch Schaffung eines Raumes ohne Binnengrenzen, durch Stärkung des wirtschaftlichen und sozialen Zusammenhalts und durch Errichtung einer Wirtschafts- und Währungsunion, die auf längere Sicht auch eine einheitliche Währung nach Maßgabe dieses Vertrags umfasst;
> - die Behauptung ihrer Identität auf internationaler Ebene, insbesondere durch eine gemeinsame Außen- und Sicherheitspolitik, wozu auf längere Sicht auch die Festlegung einer gemeinsamen Verteidigungspolitik gehört, die zu gegebener Zeit zu einer gemeinsamen Verteidigung führen könnte ...«.[25]

---

[23] European Commission, »A world player. The European Union's external relations«, Brussel 2004; http://ec.europa.eu/publications/booklets/move/47/index_en.htm.
[24] Team Fact Sheet 6, 1994.
[25] Vertrag über die Europäische Union, Titel I, Art. A und B (Auszüge), veröffentlicht im Amtsblatt der EU Nr. C vom 29.7.1992; in Internet verfügbar unter http://eur-lex.europa.eu/de/treaties/dat/11992M/htm/11992M.html (auch Pfetsch 1997: 97ff.).

7 Der Traum von Europa

Wie bereits erwähnt, sagt die Verfassung sehr wenig aus über nicht-militärische Mittel der Konfliktlösung und Friedenssicherung in der Welt (vgl. auch Attac 2006: 263). Die attraktive Idee von »*Europa als Zivilmacht*«, bereits vom Holländer Max Kohnstamm (1964), seinerzeit Sekretär der Hohen Behörde der EGKS, formuliert, taucht in der Verfassung nicht auf. Diese Idee würde implizieren, dass die EU in ihren internationalen Beziehungen eine klare Priorität auf friedenssichere Aktivitäten setzt anstelle des Gebrauches von militärischen Mitteln (Ruf 2004). In dieser Hinsicht müsste sie auch der UNO eine zentrale Rolle zuschreiben. Die Rolle der Vereinten Nationen wird in der vorgeschlagenen EU-Verfassung jedoch nur am Rande erwähnt; es wird nur ein Hinweis auf ihre Charta gegeben, aber nichts über ihre friedenserhaltenden Aktionen selber gesagt (vgl. die Artikel I-3,4, I-41.7, III-292.1, etc.). Vielmehr bringt die Verfassung deutlich zum Ausdruck, dass die EU parallele Aktivitäten der »Friedenssicherung« entwickeln will. In den Medien wurde zu Recht diskutiert, ob sich die EU hier nicht Aufgaben anmaßt, die eigentlich Aufgaben der UNO sind.

Es ist aus dieser Sicht auch nicht überraschend, dass die Verfassung für Europa nichts über die Notwendigkeit sagt, die extrem asymmetrische Machtverteilung der militärischen Macht in der Welt von heute zu reduzieren (mit den USA als Supermacht) und keinerlei kritische Äußerungen über die Aufrüstungsbemühungen der aufsteigenden neuen Weltmacht China enthält. Auch hier mag es sein, dass die wirtschaftlichen Interessen der europäischen Unternehmen und Regierungen (etwa am Verkauf von militärischen Produkten oder einem nutzbringenden Handel mit China) jede explizite kritische Bezugnahme verhindert haben. Dies sind selbstverständlich sehr heiße Themen, aber eine selbstbewusste Europäische Union mit nahezu einer halben Milliarde Menschen und einer enormen Wirtschaftskraft sollte in der Lage sein, wichtige Wahrheiten jedem anderen großen Staat in der Welt klar zu sagen. Eine Aussage im Hinblick auf diese Themen hätte man sehr leicht in die Verfassung einbauen können. Als Richtlinie dafür könnte man Artikel 7.2 in der Verfassung von Portugal heranziehen, die Folgendes feststellt: »Portugal unterstützt die Beseitigung von Imperialismus, Kolonialismus und jede andere Form von Aggression, Herrschaft und Ausbeutung zwischen den Nationen, sowie die allgemeine und ausgewogene Abrüstung, die Auflösung von Militärblöcken und die Einrichtung eines internationalen Sicherheitssystems mit dem Ziele der Schaffung einer internationalen Ordnung, die fähig ist Frieden und Gerechtigkeit in den Beziehungen zwischen den Völkern zu garantieren«.

In der Zielsetzung einer kontrollierten Abrüstung könnte die EU einen starken Verbündeten in Japan finden, das ökonomisch einen der drei stärksten Blöcke in der Welt darstellt, aber bewusst darauf verzichtet hat, auch eine entsprechende Armee und Rüstung aufzubauen (einschließlich von Atomwaffen); Japan wird in der Verfassung nie erwähnt. Interessanterweise war auch für die französischen Befürworter der Verfassung das Argument der Stärkung der EU sehr wichtig. Das Argument von Europa als einer »Weltmacht im Entstehen« wird auch durch manche Sozialwissenschaftler unterstützt (vgl. z.B. Weidenfeld 1991). Andere haben diese Tendenzen dagegen sehr kritisch gesehen. Johan Galtung (1973) charakterisierte die EG schon in den 1970er Jahren als eine »Supermacht im Entstehen«. Jüngst hat Joseph Weiler (1999: 95) festgestellt, dass »ein Teil des Interesses für eine gemeinsame Außenpolitik auf der Attraktivität der Stärke und der Vision von Europa als einer neuen globalen Supermacht beruht«.

Betrachten wir nun die beiden anderen wertbezogenen Begriffe, die in der Verfassung für Europa sehr häufig genannt werden und die ebenfalls die Selbstdefinition der EU berühren.

Freiheit und Wettbewerb

Weniger überraschend ist die Tatsache, dass Freiheit einer der wichtigsten Werte der EU ist, wenn wir seine Bedeutung anhand der Zahl der Bezüge darauf in der Verfassung bewerten. Dieser Begriff wird als zweiter in der Rangordnung der grundlegenden wertbezogenen Begriffe genannt, nämlich 132 Mal (vgl. Tabelle *7.1*). Dies entspricht der bekannten Tatsache, dass die europäische Integration vor allem eine »negative Integration« war mit der Absicht, Barrieren für den wirtschaftlichen Austausch zwischen den Mitgliedsstaaten zu beseitigen. Der Begriff *Freiheit* wird vor allem bezogen auf wirtschaftliche Freiheit, die Freiheit des Handels, die Freiheit Unternehmen zu gründen und zu führen usw. Wenn wir den Begriff *Wettbewerb* dazunehmen, der ebenfalls sehr häufig genannt wird (31 Mal), so machen die Bezüge auf wirtschaftliche Freiheit in etwa 40% aller Nennungen aus, die mit dem Begriff Freiheit zusammen vorkommen. Es ist aber nicht nur wirtschaftliche Freiheit in der Verfassung von Bedeutung. Etwa ein Drittel aller Nennungen beziehen sich auf Freiheit in allgemeiner Hinsicht, etwa ein Viertel auf politische und soziale Freiheiten (Freiheit der Meinungsäußerung, der Religion, der Bildung von Vereinigungen, akademische Freiheit usw.), etwa ein Zehntel auf individuelle Freiheiten (Freiheit einen Beruf zu wählen, Freiheit der Bewegung und Reise). Wir können daher sagen, dass die Verfassung hier in der Tat einen Grundwert implementiert hat, den man prinzipiell als sehr positiv ansehen kann.

Es gibt jedoch auch in dieser Hinsicht drei Probleme: zum Ersten wird das Prinzip der Freiheit, wie bereits festgestellt, vor allem auf den Wirtschaftsbereich bezogen, viel weniger auf nichtökonomische kollektive und individuelle Akteure. Man könnte aus dieser Sicht in der Tat sagen, dass die Verfassung ein (neo-)

7 Der Traum von Europa

liberales Wirtschaftsmodell propagiert, wenn man ihre vielen detaillierten Festlegungen in dieser Hinsicht betrachtet (Attac 2006: 53). Zum Zweiten zeigt sich, dass das Prinzip der Freiheit im Falle von Konflikten anderen grundlegenden Werten übergeordnet ist (wie jenem der Gleichheit, der nationalen Autonomie usw.). Zum Dritten gilt, dass sogar in einem Bereich wie der Kultur ökonomische Prinzipien dominieren. Während die Union bei jeder Gelegenheit die kulturelle Vielfalt von Europa preist und die Bewahrung dieses Erbes als ein fundamentales politisches Ziel bezeichnet, wird in ihrer praktischen Politik die Kultur ökonomisch instrumentalisiert: »Die Bedeutung der Kultur für Beschäftigung, Export und zusätzlichen ökonomischen Wert hat sich zu einer Doktrin der Europäischen Union« entwickelt (Giorgi et al. 2006: 151).

Gerechtigkeit, Menschenrechte, Nichtdiskriminierung und soziale Rechte

In diesem Bereich, der ein sehr breites Themenfeld beinhaltet, kann zunächst ein positives Gesamturteil abgegeben werden. Wir finden hier Bezüge auf Gerechtigkeit als universellen Wert und zahlreiche Bezüge auf den Kampf gegen Diskriminierung in vielerlei Formen (nach Nationalität, Geschlecht, Rasse, ethnischer und sozialer Herkunft, im wirtschaftlichem Austausch usw.). Diese Werte sind vor allem in Teil II der Verfassung enthalten, in der *Charta der Grundrechte*. Dieser Teil enthält Abschnitte über die menschliche Würde (persönliche Integrität, Recht auf Leben usw.), über individuelle Grundrechte und soziale Rechte, über Gleichheit und Solidarität, politische Rechte und Rechte bei Gerichtsverfahren. Das Recht auf Solidarität schließt Solidarität als einen allgemeinen Wert der Union ein (Solidarität zwischen den Mitgliedsstaaten und Völkern, zwischen den Generationen und Ähnliches).

Das Hauptproblem im Zusammenhang mit diesen Rechten ist jedoch, dass sie nur in sehr allgemeiner Weise formuliert werden. Im nächsten Kapitel wird argumentiert, dass die Attraktivität der Verfassung und die Wahrscheinlichkeit ihrer Annahme durch die Bevölkerung signifikant verbessert werden könnte, wenn auch diese sozialen Rechte klarer formuliert würden. Dies gilt insbesondere für den Begriff der Beschäftigung, der in der Verfassung sehr häufig auftaucht. Zum Teil wird dieser Begriff auf Beschäftigungspolitik bezogen, zum Teil auf den Arbeitsmarkt und verschiedenste soziale Dienste, zum Teil auf die Arbeitsbedingungen (und Bedingungen zur Erleichterung der Arbeitsmobilität in der Union), und zum Teil auch auf individuelle Probleme in Zusammenhang mit Beschäftigung (Beschäftigung von Kindern, neue Beschäftigungsmöglichkeiten, Diskriminierung). Der Bezug auf Begriffe, die sich auf soziale Rechte und Probleme im weitesten Sinn beziehen, kommt jedoch sehr viel seltener vor als der

Bezug auf Probleme der Sicherheit und der Freiheit; sie werden aber noch relativ häufig erwähnt (34 Mal). Das Problem besteht auch hier darin, dass die meisten dieser Rechte nur in einer sehr allgemeinen und nicht verpflichtenden Weise formuliert sind. Wir werden auf diese Frage im nächsten Kapitel zurückkommen.

Beschäftigung

Beschäftigung ist ein Begriff, der in der Verfassung sehr häufig, bereits an vierter Stelle, unmittelbar nach den drei bereits diskutierten Grundwerten auftritt. Es erscheint diskutabel, ob dieser Begriff in eine Liste der Grundwerte gehört. Er bestätigt jedoch deutlich die Ambivalenz und Verschwommenheit der Verfassung im Hinblick auf die Definition von bzw. Unterscheidung zwischen Grundwerten, rechtlichen Vorschriften und konkreten politischen Zielen und Maßnahmen. Ursprünglich war es die Idee der Arbeitsgruppe »Soziales Europa«, im Rahmen des Verfassungskonventes das Ziel der Vollbeschäftigung in die Verfassung einzuschließen. In dieser Zielsetzung konnte man sich auf die »Europäische Beschäftigungsstrategie« berufen, die in Vorwegnahme des europäischen Währungssystems durch den Beschäftigungsgipfel in Luxemburg etabliert und in den Vertrag von Amsterdam 1997 aufgenommen wurde. Diese Strategie sieht eine Koordination der Beschäftigungs- und Sozialpolitiken der Mitgliedsstaaten vor, um die negativen Effekte der Wirtschafts- und Währungsintegration auszugleichen (Giorgi et al. 2006: 147ff). Der Erfolg dieser Strategie war bislang jedoch sehr bescheiden. Hier wird die These vertreten, dass das Ziel einer »Vollbeschäftigung« oder »Beschäftigung auf hohem Niveau« in einer Liste fundamentaler sozialer Rechte keinen Platz hat aus zwei Gründen: Zum Ersten stellt es kein individuelles Recht dar, sondern ein politisches Ziel. Als solches kann es aus verschiedenen Gründen auch in Frage gestellt werden. Zum Zweiten ist es auch als ein konkretes politisches Ziel der EU nicht angebracht, weil die Union nicht über die Mittel zur Realisierung einer solchen Politik verfügt. Da sie jedoch konkrete Ziele in dieser Hinsicht aufstellt, kann die Folge nur Enttäuschung in der Bevölkerung sein. Der dramatische Misserfolg der Lissaboner Agenda ist die eindeutige Bestätigung dieser These. Wir werden auf diese Frage im nächsten Kapitel zurückkommen.

Demokratie – der vergessene Grundwert?

Nach Frieden ist Demokratie wahrscheinlich der am häufigsten mit der europäischen Integration verbundene Wert und die politischen Eliten werden nicht mü-

7 Der Traum von Europa

de, sich für die Realisierung dieses Zieles zu preisen. In Abschnitt 7.3 wurden jedoch bereits ernsthafte Zweifel im Hinblick auf die Substanz dieser Behauptungen erhoben. Am Beginn des Integrationsprozesses war Demokratie kein wichtiges Ziel (Falkner/Nentwich 1995: 5). Mit der Ausweitung der Kompetenzen und der Aufgaben der EWG/EU wurde dies jedoch immer mehr der Fall. Eine Reihe von Maßnahmen – insbesondere eine Verstärkung der Kompetenzen des Europäischen Parlamentes – wurden getroffen, um die Union demokratischer zu machen. Wie stellt sich die Situation heute dar? Die Inhaltsanalyse der Verfassung bestätigt nur das negative Urteil in dieser Hinsicht. Mit nur neun Nennungen ist Demokratie der am seltensten erwähnte Wert unter allen (vgl. *Tabelle 7.1*). Drei Bemerkungen sind in Bezug auf dieses mehr als überraschende und bedenkliche Faktum angebracht.

Zum Ersten kann man sagen, dass die Verfassung starke Lippenbekenntnisse für den Wert der Demokratie ablegt. Ein Bezug darauf erfolgt gleich am Beginn in der Präambel zusammen mit vier anderen Grundwerten (Menschenrechte, Freiheit, Gleichheit, Herrschaft des Gesetzes) und in Artikel I-2, in welchem die Werte der Union aufgezählt werden. Es scheint als gegebene Tatsache angesehen zu werden, dass das Prinzip der Demokratie in Europa bereits voll realisiert ist. Es gibt jedoch eine Vielzahl von politischen Philosophen und Sozialwissenschaftlern, welche mit guten Gründen argumentieren, dass die Demokratie, auch wie sie in den demokratischen Nationalstaaten der westlichen Welt realisiert worden ist, zahlreiche und ernsthafte Schwächen aufweist (vgl. z. B. Arendt 1963; Etzioni-Halevy 1993; Zürn 1998; von Arnim 2000; Siedentop 2001; Abromeit 2001; Offe 2003; Schmitter/Trechsel 2004; wir werden auf dieses Problem im folgenden Kapitel zurückkommen). Empirische Fakten, wie die abnehmende Wahlbeteiligung und die Zunahme des Misstrauens gegenüber politischen Institutionen und Persönlichkeiten, bestätigen die Urteile dieser Autoren (Dogan 1997, 2001). Keines dieser Probleme wird in der Verfassung angesprochen.

Eine zweite Tatsache ist, dass die Verfassung explizit den Begriff der »*repräsentativen Demokratie*« als ihr wichtigstes und nahezu einziges Prinzip anführt (Art. I-46). Das Prinzip, dass die Bürger ihre Abgeordneten wählen, die dann über den Lauf der Politik entscheiden, ist kennzeichnend für die moderne Demokratie. Die zentrale Bedeutung dieses Verfahrens liegt darin, dass jeder Bürger eine (und nur eine) Stimme hat und damit Gleichheit aller Bürger bei demokratischen Wahlen gegeben und das Abwählen von Regierungen möglich ist. Die Schwäche dieses Prinzips liegt darin, dass die Bürger die Politik nicht inhaltlich mitbestimmen können. Die Parteien, die sie wählen, haben normalerweise sehr viele verschiedene Ziele und ein Wähler unterstützt kaum jemals alle diese Ziele. Allzu bekannt ist auch das Faktum, dass Wahlversprechen und tatsächliche politische Entscheidungen später oft nicht übereinstimmen. Politische

Vertreter werden für eine Periode für vier bis sechs Jahren gewählt; in der Zwischenzeit gibt es keine direkte Kontrolle durch die Bürger. Bei den Wahlen zum Europäischen Parlament kommt als weiteres Problem dazu, dass das Gewicht der Wahlstimme eines Bürgers in verschiedenen Mitgliedsländern unterschiedlich groß ist. In Luxemburg (dem einen Extrem) repräsentiert ein Mitglied des Europäischen Parlaments etwa 70.000 Wähler, in Deutschland jedoch 800.000 Wähler.

Zum Dritten ist festzuhalten, dass die Verfassung (in Art. I-47) zwar das Prinzip der »*partizipativen Demokratie*« anführt, indem festgestellt wird, dass die EU-Institutionen »den Bürgern und repräsentativen Verbänden die Möglichkeit gewähren sollen, ihre Ansicht in allen Bereichen der Politik der Union bekannt zu machen und öffentlich auszutauschen«. Dies ist zweifellos eine beachtliche und positive Verpflichtung. Sie hat jedoch zwei Schwächen. Auf der einen Seite repräsentieren Verbände, Bürgerbewegungen usw. keineswegs die gesamte Bevölkerung, sondern typischerweise solche Subgruppen, die fähig sind, sich zu organisieren und ihre Ansichten öffentlich zum Ausdruck zu bringen. Dieser Vorschlag der EU passt im Übrigen sehr gut zur Entwicklung der engen Beziehungen zwischen den Tausenden von Interessen- und Lobbygruppen in Brüssel mit der EU-Kommission und dem Europäischen Parlament, wie in Kapitel 5 gezeigt wurde. Die Intransparenz dieser Beziehungen ist jedoch eines der Hauptprobleme, wenn es um die Demokratie auf der Ebene der EU geht.

Auf der anderen Seite eröffnete die Verfassung für Europa durch das »Bürgerbegehren« auch die Möglichkeit einer direkten Beteiligung der einzelnen Bürger. In Artikel I-47 wird festgestellt: Mindestens eine Million Unionsbürger aus »einer erheblichen Anzahl von Mitgliedsstaaten können die Initiative ergreifen und die Kommission auffordern, im Rahmen ihrer Befugnisse geeignete Vorschläge zu Themen zu unterbreiten, zu denen es nach Ansicht jener Bürgerinnen und Bürger eines Rechtsaktes der Union bedarf, um die Verfassung umzusetzen.« Eine Million Unterschriften von Bürgern in mehreren Mitgliedsstaaten zu organisieren stellt jedoch eine ziemlich hohe Barriere dar. Darüber hinaus eröffnet ein solches Bürgerbegehren nur einen sehr indirekten Einfluss der Bürger, weil es auch im Erfolgsfall keine klare Verpflichtung der EU-Institutionen auf eine bestimmte Handlung hin zur Folge hat. Es ist aus der politischen Praxis verschiedener Mitgliedsstaaten sehr gut bekannt (insbesondere aus Österreich), dass derartige, nicht verpflichtende Volksbegehren in der Regel keinerlei politische Konsequenzen zur Folge haben, egal, wie viele Bürger sie unterschrieben haben.

7.4 Wo sind die kritischen Intellektuellen geblieben?

Wie am Beginn dieses Kapitels erwähnt, ist es eine Hauptaufgabe der Intellektuellen, politische und institutionelle Entwicklungen kritisch zu verfolgen und sie mit grundlegenden, humanistischen Werten zu konfrontieren. Die Analysen in diesem Kapitel haben gezeigt, dass es eine erhebliche Kluft gibt zwischen den universellen Werten, welche die Intellektuellen in ihrem Denken über Europa durch die Jahrhunderte inspiriert haben und der konkreten Entwicklung der Europäischen Union seit 1945. Es wäre daher zu erwarten, dass die zeitgenössischen Intellektuellen ihre kritische Stimme erheben und die feststellbaren Diskrepanzen deutlich aufzeigen. Der Eindruck ist jedoch, dass dies nicht der Fall ist (vgl. auch Narr 1989; Hornstein und Mutz 1993; König/Sicking 2004: 7ff.). Man kann hier drei Typen von Intellektuellen unterscheiden: radikale Kritiker der EU, »progressive«, aber im Prinzip sehr EU-freundliche Intellektuelle und Apologeten der Integration.

Radikale Kritiker der europäischen Integration

Man kann nicht sagen, dass die Schwächen des »realen Europa« nicht ihre Kritiker gefunden hätten. Es gibt in der Tat nicht wenige Sozialwissenschaftler, die sich von unterschiedlichen theoretischen Perspektiven her sehr kritisch zur Entwicklung der EU geäußert haben; ihre Vertreter sind in der allgemeinen Öffentlichkeit jedoch wenig bekannt oder einflussreich. Diese Autoren weisen hin auf die Defizite der EU im Hinblick auf Demokratie, politisch-ökonomische Effizienz, Dominanz neoliberaler ökonomischer Ideen, Vorherrschen wirtschaftlicher Interessen, den Druck auf Ausgabenkürzungen der nationalen Wohlfahrtsstaaten, zunehmende Ungleichheit in Europa sowie Bürokratismus und Korruption in den europäischen Behörden (Vaubel 1995; Ohr 1996; Hankel 1998; Chryssochoou 1998; Höreth 1999; Bach 2000a; Bieling and Steinhilber 200; Siedentop 2001; Tausch 2001; Abromeit 2001; Sklair 2001; van Apeldoorn 2002; von Arnim 2006).

Es steht jedoch außer Frage, dass eine kritische Haltung gegenüber der europäischen Integration in intellektuellen und akademischen Kreisen die Ausnahme darstellt. Eine Person, die in dieser Hinsicht Zweifel erhebt, wird sehr rasch als »Antieuropäer«, konservativ oder gar als reaktionärer Nationalist diskreditiert (vgl. das schöne Beispiel dazu in Hellström 2006: 18f.). Es mag viele Gründe für diese Art der Gleichschaltung einer professionellen Gruppe geben, die sich von anderen Eliten durch ihr unabhängiges Denken unterscheiden sollte. Manche davon mögen Karriereinteressen sein, die mit der europäischen Integration verknüpft sind, etwa im Falle vieler Angehöriger der Rechtsprofession (vgl. Kapitel 3). Ein anderer Grund mögen die Bemühungen der EU sein, ihr Selbstbild und ihre Leistungen in weltgeschichtlicher Hinsicht möglichst positiv darzustellen und durch wissenschaftliche Expertisen und Publikationen bestätigen zu lassen. Diese Bemühungen der EU in Form von Forschungsfinanzierungen, das Sponsoring von Jean Monnet-Lehrstühlen und Ähnliches, mögen auch im Bereich von akademischer Forschung und Lehre durchaus Wirkungen ausüben. Es wäre eine interessante Forschungsfrage, wie viele Inhaber der Monnet- Lehrstühle (hauptsächlich Juristen und Ökonomen) etwa eine kritische Haltung gegenüber der EU einnehmen; seit 1990 wurden immerhin rund 650 solcher Lehrstühle eingerichtet. Durch ihre Lehre und ihre Schriften üben diese Professoren einen erheblichen Einfluss auf die Meinungsbildung unter jungen Studierenden nicht nur in der EU, sondern in all jenen Ländern aus, in denen man die europäische Integration mit Aufmerksamkeit betrachtet. Schon ein kurzer Blick in sechs große Textbücher über die EU auf dem Bücherregal des Autors dieser Arbeit zeigt, dass nicht weniger als fünf Autoren davon enge Beziehungen zur EU aufweisen.[26] Es ist hier nicht notwendig, die Argumente der vorhin genannten kritischen Akademiker im Detail anzuführen, da wir auf diese ja an vielen Stellen dieses Buches zurückgreifen.

Eine erhebliche Anzahl kritischer Bücher über die EU wurden von Journalisten und anderen Schriftstellern veröffentlicht.[27] Vielleicht werden den Journalisten die Probleme der EU deshalb besser bewusst, weil sie die konkrete Arbeitsweise der EU-Institutionen in Brüssel und anderswo direkt beobachten. Dass diese Journalisten in der Lage waren, eine solch kritische Haltung zu entwickeln, ist sehr bemerkenswert angesichts der Zwänge und des Druckes, dem sie in ihrer alltäglichen Arbeit ausgesetzt sind. So ist der Medienbesitz in vielen Ländern immer mehr konzentriert und einflussreiche »Medienmogule« (Rupert Murdoch in Großbritannien, Silvio Berlusconi in Italien, früher Axel Springer in Deutschland, Hans Dichand in Österreich, Bernard Arnault und andere in Frankreich) geben ihren Redakteuren oft eine sehr einseitige politische Sicht des europäischen Integrationsprozesses vor (allerdings nicht immer eine positive). Be-

---

[26] Die Bücher und ihre Autoren: Dinan (1999): Desmond Dinan, Professor am College of Europe (Bruges/Natolin), das hauptsächlich durch die EU finanziert wird; Nicoll/Salmon (2001): Sir William Nicoll, Ehren-Generaldirektor der EU-Kommission; Trevor C. Salmon , J. Monnet Professor, Aberdeen; Cini (2003a): Michelle Cini: J. Monnet Professor, Bristol; Moussis (2006): Nicolas Moussis arbeitete direkt für die EU-Kommission 1967-2000; (dieses Buch, das bereits in 15. Auflage erschienen ist, enthält die höchste Lobpreisung der EU: »ein Unternehmen, das die Geschichte der Menschheit verändern wird« usw.). Das einzige Lehrbuch, dessen Autor nicht direkt mit der EU verbunden ist, ist El-Agraa (2004).
[27] Einige deutsch- und englischsprachigen Bücher dieser Art sind: Baader 1993; Newhouse 1997; Bandulet 2000; Wehr 2004; Oldag/Tillack 2005; Reimon/Weixler 2006; Milborn 2006.

merkenswert ist die relativ unabhängige und kritische Haltung mancher Journalisten auch angesichts der Tatsache, dass die EU eine erhebliche Zahl von Strategien entwickelt hat, um die Unterstützung von Medien und Journalisten zu gewinnen.[28] Zu erwähnen sind hier schließlich auch EU-kritische, europäische Bewegungen wie *Attac* oder *Newropeans*, die ebenfalls kritische Veröffentlichungen herausgebracht haben (vgl. z.B. Attac 2006).

Ein herausragender Vertreter der Gruppe kritischer Intellektueller war der französische Soziologe Pierre Bourdieu (1930–2002). Er war Inhaber des angesehenen Lehrstuhls für Soziologie am Collége de France, ein hochproduktiver Sozialforscher, aber auch unermüdlich bis zum Ende seines Lebens in politischen Bewegungen und Aktionen engagiert, wie bei Streiks und Demonstrationen von Arbeitern und in der Bewegung gegen neoliberale Globalisierung (als Mitglied von Attac). In diesem Kontext hielt er zahlreiche öffentliche Ansprachen, gab Interviews und schrieb Kommentare in vielen Zeitungen Europas. Nach seinem Tode veröffentlichten Qualitätszeitungen Nachrufe in einer Zahl, wie es früher wahrscheinlich noch für keinen Intellektuellen geschehen ist. Die Position von Bourdieu in Bezug auf die europäische Integration soll hier kurz dargestellt werden, weil sie nicht untypisch ist; er veröffentlichte aber nur wenig zu diesem Thema (Bourdieu 2000). Bourdieu sah die europäische Integration als Teil eines weltweiten Prozesses der Globalisierung, angeführt durch den amerikanischen Neoliberalismus und unterstützt durch das transnationale europäische Kapital und bürgerlich-konservative Regierungen einzelner Mitgliedsstaaten. Aus seiner Sicht ist der Neoliberalismus nicht nur eine spezielle ökonomische Doktrin, sondern eine umfassende Weltanschauung (doxa), welche die Wahrnehmungen und das Denken der Menschen auf der ganzen Welt mehr und mehr durchtränkt. Sein zentrales Ziel ist, dass der Staat zurückgestutzt werden muss zugunsten von Markt und privaten Aktivitäten. Die EU ist laut Bourdieu und anderen linksorientierten Globalisierungskritikern eine Strategie, dieses neue System auch in Europa zu implementieren. Die allgemeine Kritik der Globalisierung, des ökonomisch-liberalistischen Charakters der EU und die Betonung der wichtigen Rolle von Ideen in politischen Kämpfen durch Bourdieu sind zweifellos gut begründet. Er teilt jedoch mit anderen Kritikern dieser Art (vgl. z.B. Martin/Schumann 1997) eine eher vereinfachende und einseitige Sicht der Welt, obwohl er keineswegs ein engstirniger Marxist war. Bourdieus Kritik des Neoli-

---

[28] Im April 2006 berichteten Zeitungen, dass das EP für 60 Journalisten jeden Monat die Reise-, Aufenthalts- und Verpflegungskosten bezahlt habe, damit sie an den Plenarsitzungen in Strassburg teilnehmen konnten. (z.B. *New Herald Tribune*, 5.4.2006, S.1). In der Periode der österreichischen EU-Präsidentschaft wurden 60 internationale Journalisten von Österreich eingeladen und deren Reisekosten übernommen. (*Der Standard*, 4.5.2006, S.35). Nach dem US-Handbuch *Ethical Journalism* wären solche Praktiken verboten.

beralismus und seines Hauptvertreters, der USA, bietet auch wenig Ansatzpunkte für eine konkrete Kritik und Reform der EU-Institutionen.

»Progressive« Intellektuelle mit wenig Zweifeln über die Leistungen der europäischen Integration

Ein zweiter Typus von Intellektuellen ist in der Öffentlichkeit deutlich stärker präsent als die meisten der vorher genannten Autoren; er scheint auf den ersten Blick im Hinblick auf den gegenwärtigen Zustand der EU sehr kritisch zu sein und zielt auch auf die Entwicklung alternativer Visionen ab. Letztlich bleiben die Vorschläge dieser Intellektuellen aber sehr vage. Eine genaue Betrachtung ihrer Argumente zeigt jedoch, dass sie im Grunde die EU in ihrer gegenwärtigen Form oder in der Form, wie sie die Eliten anstreben, mehr oder weniger vorbehaltlos unterstützen. Zwei Vertreter dieser Gruppe sollen hier kurz diskutiert werden.

Der deutsche Soziologe Ulrich Beck, dem gebildeten Publikum auch außerhalb Deutschlands bekannt, hat mit einem Ko-Autor ein Buch mit dem Titel *»Das kosmopolitische Europa«* veröffentlicht (Beck/Grande 2004). Die zentrale Idee des Buches besagt, dass die europäische Integration eine neue begriffliche Basis benötigt, eine »neue Erzählung«, die ihrer Entwicklung einen Sinn gibt, der im Grunde noch von niemandem verstanden worden ist. Was ist Kosmopolitismus? Es ist eine Mentalität und Orientierung, eine neue Form der Anerkennung der Vielfalt in der Einheit; in ihr liegt die wahre Leistung Europas. Sie schließt die Prinzipien der Toleranz, der demokratischen Legitimität und Effizienz ein und bezieht sich sowohl auf Individuen wie auf kollektive Einheiten. Zentrale Elemente dieser Orientierung sind die Überwindung des Nationalstaates und dessen Einbettung in ein komplexeres System des Mehr-Ebenen-Regierens. Die nationale und die europäische Politik wurden zum Vorteil beider sehr eng miteinander verflochten. Die europäische Integration ist – und sollte es auch bleiben – ein kontinuierlicher Prozess ohne einen vorformulierten »Masterplan«. Die EU kann man als eine neue Form von »Empire« beschreiben, die aus Teilen unterschiedlicher Größe, Macht und Integrationsniveaus besteht, ohne dass eines davon dominieren würde; sie besitzt ein hohes Niveau interner Differenzierung in sozialer, kultureller und politischer Hinsicht; eine effiziente Absicherung im Hinblick auf soziale Wohlfahrt; eine hoch differenzierte interne Netzwerkstruktur, keine fixen äußeren Grenzen, und eine neue, »kosmopolitische Souveränität«, die auch Nichtmitgliedsstaaten in der Nachbarschaft von Europa einschließt.

Wie schon diese knappe Charakterisierung zeigt, ist diese Arbeit voll von interessanten Begriffen und Ideen. Sie ist eine Fundgrube zur Diskussion vieler

7 Der Traum von Europa

Probleme und Fragen der europäischen Integration. Es ist jedoch schwer zu sehen, wie weit die Idee des »kosmopolitischen Europa« wirklich führt. Die Thesen von Beck und Grande über die EU selber bleiben relativ vage, auch indiziert durch den kontinuierlichen Gebrauch des Begriffes »Europa« anstelle des meist angemessenen Begriffs »Europäische Union«. Man kann argumentieren, dass die Hauptprinzipien des »Kosmopolitismus« bereits durch jene Denker formuliert worden sind, die wir in diesem Kapitel diskutiert haben: Freiheit und Demokratie bei Kant, die Anerkennung kultureller Vielfalt bei Herder und anderen. Die Idee eines »kosmopolitischen Europa« erscheint eher als utopisch und realitätsfern. Sie verbleibt auf einem sehr allgemeinen und abstrakten Niveau, sodass man daraus kaum konkrete Konsequenzen für institutionelle Reformen der EU ableiten kann. Ein Hauptproblem der Idee eines »kosmopolitischen Europa« ist die Tatsache, dass die Rolle von Grundwerten darin unklar bleibt. Laut Beck und Grande (2004: 31, 163) benötigt die europäische Integration Werte und Normen, aber deren Spezifizierung könne offen bleiben, oder sie müssten überhaupt erst neu geschaffen werden. Welche Werte sollten dies aber sein – zusätzlich zu den altbekannten Werten von Freiheit, Demokratie und Achtung der Menschenrechte? In deutlicher Übereinstimmung mit der offiziellen historischen Interpretation der EU argumentieren Beck und Grande, dass die Bewahrung des Friedens in Europa der Integration zuzuschreiben ist, aber nicht – wie wir vorher argumentiert haben – der Etablierung von Demokratien. Die beiden Autoren unterschreiben auch die »offizielle« Vision, wonach die europäische Integration ein unvollendeter, nie endender Prozess ist. Schließlich wird auch die Rolle der einflussreichen und mächtigen sozialen und politischen Akteure im Prozess der Integration nicht thematisiert. Dies betrifft sowohl die politischen Eliten (Beck und Grande schreiben meist nur über Nationalstaaten) wie auch ökonomische und bürokratische Interessen und Eliten.[29] Aber auch Bezüge auf die Bürger und deren Interessen und Partizipationschancen finden sich sehr selten, ausgenommen den Begriff der »Zivilgesellschaft«. Auf der Grundlage von Becks Konzept wäre es schwierig zu verstehen, warum die französischen und holländischen Bürger gegen die so vornehme Zukunfts-Vision rebelliert haben, wie sie in der Verfassung für Europa entworfen wurde. In einem mit dem britischen Soziologen A. Giddens verfassten Aufsatz gibt Beck folgende Erklärung dafür: »Es ist nicht der Misserfolg der EU, sondern gerade ihre Erfolge, die die Menschen beunruhigen und stören«.[30]

---

[29] Vgl. auch Frieder Otto Wolf, »Europa neu denken«, Freitag 24. Die Ost-West-Wochenzeitung, 17.6.2005 (verfügbar auch im Internet).
[30] Ulrich Beck/Anthony Giddens, »Nationalism has now become the energy of Europe's nations«, *The Guardian*, 4.10.2005, S. 24.

Ein anderer Vertreter dieser Gruppe ist der deutsche Philosoph und Soziologe Jürgen Habermas (geb. 1929), ebenfalls ein international bekannter Intellektueller. Habermas, ein später Vertreter der Frankfurter Schule der »kritischen Theorie«, publiziert neben seinen umfangreichen akademischen Schriften regelmäßig über Politik und über die EU in Zeitungen und Zeitschriften. Zwei Dokumente von Habermas sind hier besonders relevant. Einer ist sein Aufsatz »*Warum braucht Europa eine Verfassung*«, 2001 in vielen europäischen Sprachen veröffentlicht. Darin argumentiert Habermas, dass sich für die EU heute neue Aufgaben ergeben, nachdem die Ziele der Nachkriegszeit (Frieden und Integration von Deutschland in die westliche Staatengemeinschaft) realisiert worden sind. Diese beinhalten die Friedenssicherung in der Welt und den Widerstand gegen die neoliberale Globalisierung, die die europäischen Wohlfahrtsstaaten sowie den »spezifisch europäischen Lebensstil bedroht«. Eine starke Union ist notwendig um diese Ziele zu erreichen. Wir erkennen hier das gleiche Argument, das schon Jacques Chirac in der in Kapitel 1 analysierten Fernsehdiskussion immer wieder vorgebracht hat. Ein weiteres Argument von Habermas lautet, dass die politische Integration in Europa im Vergleich zur wirtschaftlichen Integration hinterherhinkt; diese Denkfigur liegt eindeutig im Denkschema der neofunktionalistischen Integrationstheorie. Die Ausarbeitung und Ratifizierung einer europäischen Verfassung würde einen »Katalysatoreffekt« haben; würde man ein EU-weites Referendum, so würde es zur Entstehung einer europäischen Öffentlichkeit beitragen (dies ist zweifellos ein begründetes Argument). Schließlich argumentiert Habermas wie Joschka Fischer, dass die EU sich in Richtung eines vollen Staates weiterentwickeln sollte, mit finanzieller Autonomie, zwei parlamentarischen Vertretungen, einer spezifischen politischen Kultur usw. Die Verfassung selber wird nicht im Detail diskutiert, trotz der bereits dargestellten Tatsache, dass sie eine Vielzahl problematischer Aspekte enthält und darin wichtige Punkte fehlen, die aus der Sicht einer normativen Demokratietheorie (wie sie auch Habermas zu vertreten in Anspruch nimmt) essentiell sind.

Ein anderes Dokument, das in diesem Kontext relevant ist, ist ein Manifest gegen den zweiten Irak-Krieg, das von Habermas am 31. Mai 2003 zusammen mit dem ebenfalls international bekannten französischen Philosophen Jacques Derrida veröffentlicht wurde.[31] Der Anlass dafür waren große Demonstrationen in Madrid, London, Berlin und anderen europäischen Hauptstädten gegen die Beteiligung am US-amerikanischen Irak-Krieg, den mehrere europäische Regierungen beschlossen hatten (so insbesondere auch Spanien und Großbritannien). In diesem Aufsatz argumentieren die Autoren, dass der Irak-Krieg neuerlich die

---

[31] Jürgen Habermas/Jacques Derrida, »Nach dem Krieg: Die Wiedergeburt Europas,« Frankfurter Allgemeine Zeitung, 31.5.2003 (verfügbar unter www.faz.net).

Schwäche und das Versagen der europäischen Außenpolitik gezeigt habe. Es sei daher notwendig, eine neue und attraktive Vision für Europa zu entwickeln – eine Vision, die es ermöglichen würde, die bedrückenden Erinnerungen an Totalitarismus und Holocaust zu überwinden, die Europa im 20. Jahrhundert geprägt haben. Habermas und Derrida plädieren sodann für die Idee eines zukünftigen *Kerneuropa*, das eine kohärente und starke gemeinsame Außen- und Sicherheitspolitik haben sollte; unter den Mitgliedern dieser Gruppe sollte »Separatismus nicht erlaubt sein« (!). Dieses neue Europa würde einen Schritt weg von früherem imperialistischem Denken bedeuten und es könnte dazu beitragen, Kants Hoffnung zu einer »Weltinnenpolitik« zu realisieren.[32] Aus beiden Aufsätzen geht klar hervor, dass Habermas die Ambitionen der europäischen politischen Eliten unterstützt, die Verfassung Europas so schnell wie möglich zu implementieren. Probleme und Schwächen dieser Verfassung werden nicht diskutiert. Habermas und sein französischer Ko-Autor Derrida scheinen auch die Vision einer zukünftigen europäischen Union als einem starken politischen (und militärischen?) »Player« auf der Weltszene zu unterstreichen.

Europa – ein Wirklichkeit gewordener Traum. Apologeten der Integration

Einen dritten Typus von Intellektuellen kann man als überzeugten Verteidiger oder sogar Apologeten der EU in ihrer gegenwärtigen Form bezeichnen. Diese Haltung scheint besonders deutlich hervor zu treten in den osteuropäischen Ländern, die erst kürzlich Mitglied der EU geworden sind, sowie unter Intellektuellen außerhalb von Europa. Auch ihre Sicht ist sehr wichtig, weil die Intellektuellen verschiedener Gesellschaften miteinander kommunizieren (Shils 1982: 183).

Eine mehr oder weniger apologetische Haltung zur europäischen Integration ist deutlich feststellbar bei vielen Autoren im postkommunistischen Osteuropa. »Ein Vereinigtes Europa und Polen in seinem Zentrum – dies war der Traum meiner Generation, die verurteilt war, unter sowjetischer Herrschaft und dem Diktat der kommunistischen Partei zu leben«, sagte der polnische Journalist und Berater von Lech Walesa, Adam Michnik, in einem Interview.[33] Der tschechische Schriftsteller und Diplomat Jiri Grusa, Präsident des internationalen PEN Clubs, drückte diese Sicht anlässlich eines Symposiums in Wien im Jahre 2006 noch deutlicher aus; er verstieg sich zur These, eine neue Art von »biblischer

---

[32] Es ist nicht zu sehen, aus welchen Schriften von Kant sich diese Folgerungen von Habermas und Derrida ableiten lassen. Kant macht vielmehr klar, dass es einen globalen Weltstaat nicht geben könne.
[33] Adam Michnik, »L'accomplissement d'un reve«, Le Figaro, 28./29.5.2005, S. 18.

Frohbotschaft« sei angebracht, ein »*EUangelium*« für die Europäische Union angesichts ihrer ungeheuren Leistungen.[34]

Ein umfassendes Werk dieser Art, das Buch *Der europäische Traum. Die Vision einer leisen Supermacht* wurde von einem Amerikaner geschrieben, Jeremy Rifkin (2004). Rifkin (geboren 1943) ist einer der einflussreichsten amerikanischen Populärwissenschaftler und Intellektuellen. Er gründete die *Foundation of Economic Trends,* ist Universitätslehrer, Berater von Regierungen, einschließlich der EU-Kommission, und Autor zahlreicher einflussreicher Bücher. In dem vorher erwähnten Werk vergleicht er Europa mit den Vereinigten Staaten. Rifkin ist der Hauptvertreter jenes Typus von Autoren, die Europa als eine Art »*USA plus*« sehen (Alber 2006). Für sie schneidet dieser Kontinent (oder nur die EU?) in fast allen Bereichen besser ab als die Vereinigten Staaten: Europa hat bessere Bildungs- und Gesundheitssysteme; es fördert öffentliche und gemeinschaftliche gegenüber individuellen und privaten Investitionen, und es schätzt die Lebensqualität höher ein als das Wirtschaftswachstum; in Europa »arbeiten die Menschen um gut zu leben«, während die Amerikaner leben um zu arbeiten. Der »europäische Traum« ist hoch attraktiv, weil er eine »neue Geschichte« vorschlägt, die sich auf »Lebensqualität, Nachhaltigkeit, Frieden und Harmonie« stützt. In Europa ist »ein leises Wirtschaftswunder« im Gang; eine neue Art ökonomischer Supermacht entsteht; es herrscht eine optimistische »Aufbruchsatmosphäre«. Die europäische Integration und die Europäische Union werden in Rifkins Buch hoch gepriesen: Die EU ist die drittgrößte Regierungsinstitution in der Welt; sie ist ein bemerkenswerter Erfolg und »verurteilt zu weiterem Erfolg.« Die EU stellt die erste postmoderne Regierungsform dar, entstanden aus der »Asche der Geschichte«; ihre menschlichen und sozialen Grundrechte sind äußerst progressiv und umfassend (als Zeuge dafür zitiert Rifkin Giscard d'Estaing); die vorgeschlagene EU-Verfassung etabliert alle hohen vorher genannten Prinzipen ein für allemal; nahezu alles, was in Europa geschieht, ist »revolutionär« (z.B. auch die Tatsache, dass Frankreich und Italien gemeinsam einen Naturpark für Steinböcke einrichteten; vgl. Rifkin 2004, S. 378); alle diese Fakten werden die Folge haben, dass die EU bald wie ein Staat funktionieren wird. Rifkin gibt zu, dass sein *Europäischer Traum* etwas utopisch klingt; aber wie der alte »*American Dream*« ist er eine Vision, die die reale Entwicklung inspirieren kann und dies auch tut.

Es dürfte schon aus dieser kurzen Skizze klar geworden sein, dass Rifkin die Begriffe Europa und Europäische Union kontinuierlich vermischt; dass er Letzterer Ziele und Maßnahmen zuschreibt, die mit ihr nichts zu tun haben; in manchen Fällen sind die dominante Ausrichtung und Politik der EU das gerade

---

[34] Der Standard (Wien), 25.11.2005.

7 Der Traum von Europa

Gegenteil dessen, was der europäische Traum von Rifkin beinhaltet. Die empirischen Daten, auf die sich der Autor bezieht, werden meist sehr großzügig zu Gunsten der EU interpretiert. Seine Charakterisierung der vorgeschlagenen Verfassung für Europa stellt eine Glorifizierung dar, der keinerlei systematische Analyse des Textes zugrunde liegt.

Zwischenresümee

Was kann man aus diesem kurzen Überblick über einige zeitgenössische Intellektuelle und deren Haltung zur europäischen Integration folgern? Vier allgemeine Aspekte sind besonders relevant.

Zum Ersten ist evident, dass die Visionen all dieser Intellektueller sehr stark durch den jeweiligen nationalen Komplex beeinflusst sind, in dem sie leben (vgl. Münch 2008a für eine ausführliche Diskussion der sehr unterschiedlichen Sichten von Intellektuellen in Frankreich, Deutschland und Großbritannien zur europäischen Integration). Es ist kein Zufall, dass der Franzose Pierre Bourdieu einer der heftigsten Kritiker der EU war. Die französischen Intellektuellen waren historisch meist eher links (Boudon 2004), und die Kritik des angelsächsischen Liberalismus hat in Frankreich eine alte Tradition. Auch die glühende Argumentation von Beck gegen wissenschaftlichen und andere Formen von »Nationalismus«, wie auch Habermas' Insistenz auf der These, dass die europäische Integration das Ergebnis der Erfahrung von totalitären Regimes und des Holocaust ist, stimmen voll überein mit dem spezifisch deutschen Verständnis der europäischen Integration, wie es in Kapitel 6 dargelegt wurde. Selbst die geringe Teilnahme britischer Intellektueller an Diskussionen über Europa ist ein nationales Merkmal: Britische Intellektuelle beanspruchen für sich allgemein keine so wichtige Rolle wie die französischen und sie teilen den allgemeinen Skeptizismus in Großbritannien gegenüber der EU (Münch 2008a).

Zum Zweiten scheint es ein Faktum zu sein, dass kein zeitgenössischer Intellektueller von internationaler Reputation eine kritische Haltung zur europäischen Integration entwickelt und eine systematische Analyse der EU durchgeführt hat. Eine grundlegend positive Haltung zum »realen Europa« scheint die Regel zu sein, trotz der grundlegenden Schwächen dieses Projektes aus vielerlei Sicht. Die Tatsache, dass es unter Intellektuellen wenig Ansätze zu einer kritischen Sicht der EU gibt, zu einem Aufzeigen ihrer Schwächen und zur Entwicklung konkreter Vorschläge, unterscheidet sich deutlich vom Verhalten vieler Intellektueller noch in der jüngeren Vergangenheit. Es sind erst einige Jahrzehnte vergangen, seit kritische Intellektuelle in den »realsozialistischen« Ländern Osteuropas sehr scharf auf Diskrepanzen zwischen demokratischen Grundwerten und Idealen und der politischen Realität hingewiesen und für diese Ideale gekämpft haben. Ein Grund für diese Situation kann sein, dass die europäische Integration ein Prozess ist, der sich nur kontinuierlich, kaum merklich und in einer formal-rechtlich korrekten Weise entwickelt, ohne dass direkter Druck oder Gewalt eingesetzt wird. Es ist auch ein Prozess, der allen Teilnehmern zu nützen scheint und die mit ihm verbundene, schleichende Aushöhlung des demokratischen Lebens ist nicht leicht zu erkennen. Für den Anthropologen Chris Shore (2000:xi) ist es ein Prinzip jeder guten Wissenschaft kritisch zu sein; in der Europäischen Union wird Skeptizismus »aber sehr schnell bestraft. Skeptiker werden als engstirnig und antieuropäisch dargestellt. Dies ist möglich, weil die europäische Integration mit dem modernistischen Mythos von Rationalisierung und Fortschritt assoziiert wird« (vgl. auch Hansen/Williams 1999).

Zum Dritten wurden viele Intellektuelle auf den Universitäten und in anderen Institutionen, insbesondere jene in der Rechtsprofession, als Experten, Richter, Forschungsdirektoren usw. direkt durch die EU kooptiert. Einige der einschlägigen Fakten dazu wurden in Kapitel 3 dargestellt.

Ausblick

Es gibt einen großen, ungelösten Disput über den Charakter der Europäischen Union und die Endziele der Integration. Dieses Kapitel ging aus von der Annahme, dass diese Diskussion nur einen echten Fortschritt machen kann, wenn wir sehr genau die Idee »Europa« betrachten, wie sie im Laufe der Jahrhunderte entwickelt worden ist und wie sie von den heutigen Eliten beschworen wird um den Integrationsprozess zu rechtfertigen. In dieser Hinsicht nahm und nimmt das Ziel der Friedenssicherung in Europa eine zentrale Stellung ein. Wir haben jedoch gezeigt, dass diese Idee nicht wirklich die Grundlage für das weitreichende Ziel einer »immer engeren Union« darstellen kann. Frieden zwischen Ländern wurde und wird aber vor allem dadurch gesichert, dass sie Demokratien geworden sind und dies auch bleiben (was selbst nicht in allen westlichen Ländern selbstverständlich ist). Die Europäische Gemeinschaft und die Europäische Union haben nur unwesentlich zum Sturz der autoritären Regimes in Süd- und Osteuropa seit 1960 beigetragen. Neben der Idee des Friedens waren bei Intellektuellen und politischen Schriftstellern aber auch andere, weit weniger vornehme Visionen mit der Europäischen Integration verknüpft. Die wichtigste darunter war jene, dass das Vereinigte Europa eine neue Weltmacht werden sollte. Die Inhaltsanalyse der Verfassung für Europa hat – ebenso wie neuere Surveys unter europäischen Eliten – gezeigt, dass diese Idee bis heute unter den politischen Machern der Integration sehr einflussreich ist – auch wenn dies nur wenige öffentlich zum Ausdruck bringen. Diese Diskrepanz zwischen den offiziell deklarierten und den tatsächlich verfolgten Zielen der Integration mag einer der Hauptgründe für die zunehmende Kluft zwischen Eliten und Bürgern in der Bewertung des Integrationsprozesses sein. Eine Lösung dieses Widerspruches ist eine Voraussetzung dafür, dass die Sichtweisen und Erwartungen von Bürgern und Eliten wieder in Übereinstimmung gebracht werden können. Sie erfordert eine neue Perspektive im Hinblick auf die Integration. Eine solche Perspektive soll im folgenden, letzten Kapitel entwickelt werden.

8 Die Europäische Union als eine »soziale Rechtsgemeinschaft«
Vorschläge für eine Stärkung ihres sozialen und demokratischen Charakters

Einleitung

Die Analysen in den vorhergehenden Kapiteln haben gezeigt: Es gibt tiefgehende Diskrepanzen im Hinblick auf die Visionen und Ziele der europäischen Integration sowohl zwischen Bürgern und Eliten wie auch zwischen den verschiedenen Mitgliedsländern; die tatsächliche Entwicklung der europäischen Integration war nicht nur durch jene hehren Werte – Demokratie und Frieden – inspiriert, die mit der historischen Idee oder dem »Traum von Europa« verbunden waren, sondern auch von jenen, die Europa als neue wirtschaftliche und politische Macht sehen möchten. Diese Arbeit soll nicht mit der Herausarbeitung dieser Widersprüche enden, sondern es sollen in diesem letzten Kapitel auch einige politisch-praktische Ideen und Vorschläge für die Reform und weitere institutionelle Entwicklungen der EU ausgearbeitet werden. Dies ist aus der Sicht des Autors eine zentrale Aufgabe, die vielfach nicht gesehen wird. Sie stellt etwas anderes dar als die Analyse der Entstehung und Arbeitsweise einer Institution. Beide Ansätze – die theoretische angeleitete, empirische Analyse und die normativ-konstruktivistische Perspektive – benötigen jedoch einander. Es ist eine der Schwächen der Literatur zur europäischen Integration, dass Versuche zur Verbindung dieser beiden Ansätze weitgehend fehlen.

Die erste Aufgabe besteht hier darin, die Frage des Charakters der EU und der Finalität des Integrationsprozesses zu klären. Eine Klarstellung dieses Sachverhalts ist von grundlegender Bedeutung für alle weiteren Überlegungen über die zukünftige Entwicklung der Union. Zuerst werden hier die sozialstrukturellen Merkmale der Gesellschaft(en) der EU dargestellt und es wird diskutiert, welche Art von Verfassung ihr angemessen ist. Es wird argumentiert, dass das derzeitige politische Konsenssystem der enormen internen Vielfalt (einer »strukturell konsolidierten« Gesellschaft) durchaus angemessen ist. Ein solches System weist jedoch eine Schwäche auf: es ist sehr elitär. Als weitere Voraussetzung für die Beantwortung der Frage einer angemessenen Verfassung für die EU werden im zweiten Abschnitt die Ursachen für die Ablehnung der Verfassung durch die

Franzosen und Niederländer dargestellt, wie auch die Einstellungen der Bürger in der EU zu einer solchen Verfassung. Im dritten Abschnitt dieses Kapitels wird sodann vorgeschlagen, die EU als eine »soziale Rechtsgemeinschaft« zu sehen. Ein solches Verständnis ermöglicht eine Lösung der zwei besonders gravierenden Probleme der gegenwärtigen institutionellen Struktur der EU, nämlich ihrer schwachen sozialen Orientierung und ihres Demokratiedefizits. Der vierte Abschnitt befasst sich mit dem demokratischen Defizit der EU. Er geht aus von der These, dass sich die EU selbst nicht als eine »regierende« politische Gemeinschaft sehen sollte. Die Folgerungen aus einer solchen Sicht machen bereits eine Reihe von Kritiken ihrer heutigen Arbeitsweise gegenstandslos. Es wird weiters vorgeschlagen, die Transparenz der Elitenetzwerke zu erhöhen, die persönliche Verantwortlichkeit der einzelnen Politiker im System der EU zu stärken und starke Elemente direkter Demokratie einzuführen. Im letzten Abschnitt wird vorgeschlagen, den Prozess der Diskussion und der Aus- bzw. Überarbeitung einer Verfassung für die EU wieder aufzunehmen.

8.1 Grundmerkmale der Sozialstruktur und des politischen Systems der EU

Vier Themen werden in diesem Abschnitt behandelt: Zum Ersten wird argumentiert, dass die Grundprinzipien eines politischen Systems, seine Verfassung, der Sozialstruktur seiner Gesellschaft entsprechen muss. Im Anschluss daran werden die Sozialstruktur und die soziokulturelle Konfiguration der Europäischen Union als neuer Typus einer »Makrogesellschaft« charakterisiert. Zum Dritten wird dargelegt, dass das politische System der EU, insbesondere sein Konsenscharakter, der Komplexität der europäischen Gesellschaft sehr gut entspricht. Als Folge aus diesen Überlegungen ergibt sich jedoch zum Vierten, dass die europäische Integration ein Grundproblem aufwirft, und zwar die unzureichende Einbeziehung der Bürger in politische Entscheidungsprozesse.

Der Geist von Verfassungen als Ausdruck der sozialen Strukturen und soziokulturellen Konfigurationen einer Gesellschaft

Eine Verfassung kann als die »Grundordnung eines Staates« betrachtet werden, als eine Sammlung der allgemeinsten Prinzipien, innerhalb derer sich die konkreten gesellschaftlichen und politischen Prozesse abspielen (Kelsen 1925; Montesquieu 1965[1748]; Wolf-Phillips 1972; Fioravanti 1999). Die Institutionalisierung von Verfassungen ist ein charakteristisches Element moderner, demokrati-

8 Die Europäische Union als eine »soziale Rechtsgemeinschaft«

scher Regierungssysteme; diese werden daher auch als »Verfassungsstaaten« bezeichnet (Löwenstein 1975). Verfassungen sind für das Funktionieren von modernen Demokratien von grundlegender Bedeutung. Um ihre Leistungen in dieser Hinsicht zu bewerten, ist ein kontinuierlicher interdisziplinärer Dialog notwendig, insbesondere zwischen den normativen Disziplinen (wie vor allem der Rechtswissenschaft) auf der einen Seite, die sich mit den allgemeinen und formalen Prinzipien von Verfassungen beschäftigen, und den empirisch-analytischen Disziplinen (Politikwissenschaft, Soziologie, Ökonomie) auf der anderen Seite, welche ihr tatsächliches Funktionieren erforschen.

In seinem klassischen Werk *De l'esprit des loix* (Vom Geist der Gesetze) hat der bedeutende französische Schriftsteller und Staatstheoretiker Charles de Secondat, Baron de Montesquieu (1689–1755) im Hinblick auf das Funktionieren einer Verfassung zwei allgemeine Prinzipien aufgestellt: (1) Die Summe der in einer Gesellschaft gültigen Normen und Gesetze stellt kein bloßes Sammelsurium dar, sondern eine Gesamtheit, der ein übergreifender Sinn oder »Geist« innewohnt; (2) dieser »*Geist der Gesetze*« bezieht sich nicht nur auf den Inhalt von Regeln, sondern auch auf die Beziehung zwischen den Gesetzen und den gesellschaftlichen Strukturen, Lebensformen und Bräuchen; er entspricht daher dem »Geist der Gesellschaft« selber. Dieser Geist kann daher nicht erfasst werden, wenn man nur die Gesetze allein betrachtet, sondern man muss auch gesellschaftliche Strukturen und Lebensformen, Werte und Sitten, aber auch die »natürlichen«, geographisch-territorialen, klimatischen und demographischen Charakteristika einer Gesellschaft und ihrer Umwelt einbeziehen. Obwohl die grundlegendsten Gesetzesprinzipien – Freiheit, Gleichheit usw. – universell sind, müssen sich die konkreten Gesetze und Verfassungen verschiedener Gesellschaften voneinander unterscheiden, weil auch die jeweiligen strukturellen und kulturellen Voraussetzungen andere sind. Der Gesetzgeber soll nicht Gesetze erlassen, die tief verwurzelten sozialen Anschauungen, Sitten und Bräuchen widersprechen (vgl. auch Weigand 1965).

Aus dieser außerordentlich aktuellen und modernen Perspektive folgt, dass es keinen Sinn macht, auf dem Schreibtisch eine ideale Verfassung zu entwerfen, wenn es um die Frage geht, welche Verfassung für die Europäische Union am besten angemessen ist. Der erste Schritt in einer Analyse der EU-Verfassung und von Vorschlägen zu deren Verbesserung muss daher eine Betrachtung der sozialstrukturellen Differenzierung und soziokulturellen Vielfalt der Union sein.

Die Europäische Union als eine »Makrogesellschaft« mit einer vielfach differenzierten und konsolidierten gesellschaftlich-politischen Struktur

Wie kann man die Integration Europas aus soziologischer Sicht am besten erfassen? Ist es überholt, den Begriff der »Gesellschaft« mit jenem des Nationalstaates zu identifizieren und müssen wir bereits von einer »europäischen« oder sogar von einer »Weltgesellschaft« sprechen? (vgl. in diesem Sinn Luhmann 1975; Beck/ Grande 2004; zur Kritik Haller 2008b:41ff.). Es stimmt sicherlich, dass regionale und globale Integration neue Arten von umfassenderen Gesellschaften erzeugen. Die Prozesse, die zur Entstehung einer »europäischen Gesellschaft« führen, sind jedoch weit umfassender als nur politischer Natur. Sie beinhalten eine schon seit Jahrhunderten zunehmende Interdependenz zwischen den Ländern und Regionen Europas in wirtschaftlicher Hinsicht, im Hinblick auf Verkehr und Transport, Migration und Tourismus, wissenschaftlichen und kulturellen Austausch. Integrationsprozesse dieser Art gibt es bereits seit der frühen Neuzeit; seit Mitte des 20. Jahrhunderts haben sie sich intensiviert (Friedrich 1969; Kaelble 1987; Jordan 1988; Busch 1991; Immerfall 1994, 2006; Rokkan 2000).

Zugleich bestehen jedoch starke Kräfte der Beharrung, welche die Folge haben, dass sich Europa heute als ein Kontinent mit einer sehr hohen internen Differenzierung präsentiert. Vier Dimensionen sind in dieser Hinsicht besonders wichtig, wie bereits in Abschnitt 6.1 angesprochen wurde: (1) der hohe Grad an territorial-geographischer und klimatischer Vielfalt, der unterschiedlichste Siedlungs- und Wirtschaftsformen bedingt; er entspricht einer hohen Bindung der Europäer an ihre Lebensräume und einem niedrigen Niveau an geographischer Mobilität; (2) die recht ungleichmäßige wirtschaftliche Integration, welche die verschiedenen Länder in unterschiedlicher Weise miteinander und mit den Weltmärkten verknüpft, wie in Abschnitt 4.2 gezeigt wurde; (3) eine extrem hohe interne Differenzierung in sprachlicher, religiöser und kultureller Hinsicht; es ist ein klar ausgesprochenes Ziel der EU, diese Vielfalt zu bewahren; (4) schließlich erscheint Europa auch in politischer Hinsicht als ein komplexes Mosaik von Staaten, die sich unterscheiden nach Größe, Regierungs- und Wohlfahrtssystemen und politischen Kulturen. Als Folge all dieser Differenzierungen innerhalb Europas hat sich bislang keine starke »europäische Identität« entwickelt und der Nationalstaat bleibt die mit Abstand wichtigere politische Identifikationseinheit für die Bevölkerung (Haller 1990; Haller/Höllinger 1995; Haller/Hadler 2004/05; Haller/Ressler 2006b; Immerfall 2006).

Um zu einer soziologisch aussagekräftigen Charakterisierung von Europa insgesamt und der Europäischen Union im Besonderen als neuen »Makrogesellschaften« zu gelangen, können wir die Sozialstruktur-Theorie von Peter M. Blau (1977; vgl. auch Haller 2008b:20ff.) heranziehen. Dieser Autor geht davon aus,

8 Die Europäische Union als eine »soziale Rechtsgemeinschaft« 435

dass man eine Gesellschaft nach der Art der in ihr vorkommenden Sozialstruktur-Parameter sowie der zwischen diesen bestehenden Beziehungen charakterisieren kann. Es gibt »Nominalparameter« und »Vertikalparameter«; die ersteren implizieren nur Unterschiede, aber keine graduellen Differenzen zwischen den einzelnen Kategorien wie die Vertikalparameter. Beispiele für die ersten sind Geschlecht, Zugehörigkeit zu einer Sprachgruppe usw., für die letzteren Ausbildung, Einkommen und – im Falle einer ethnisch geschichteten Gesellschaft – auch ethnische Zugehörigkeit. Entscheidend ist nun, ob die Lage einer sozialen Gruppe in den verschiedenen Parametern hoch miteinander korreliert oder nicht. Im ersteren Fall wären z.b. alle Weißen hoch gebildet, reich usw., im zweiten Falle wären Hautfarbe und soziale Lage unabhängig voneinander. Die zentrale These, die sich aus diesen Unterscheidungen ergibt, lautet nun, dass eine Gesellschaft mit einer *konsolidierten Sozialstruktur*, d.h., einer Struktur mit einer hohen Koinzidenz zwischen den verschiedenen Parametern, stärker konfliktanfällig ist als eine solche mit einer *vielfältig ausdifferenzierten Sozialstruktur*. Der Grund liegt darin, dass im ersteren Falle Konflikte zwischen zwei Gruppen sich sehr rasch in gefährlicher Weise aufschaukeln können, da sich der Konflikt leicht auf mehrere Dimensionen ausbreiten und eine einzelne Gruppe als Ganzes erfasst. Dies war der Fall im früheren Jugoslawien, wo die zunächst durch interne Verteilungsprobleme motivierten Konflikte zwischen den Teilrepubliken sich sehr rasch zu »Glaubenskriegen« ausweiteten, in welchem die jeweiligen Gegner auch als sprachlich, religiös usw. »Andere« mit einem Vernichtungskrieg überzogen wurden. Das Gegenbeispiel ist die Schweiz, wo die sprachlichen und religiösen Differenzierungen nicht mit den politischen Kantonsgrenzen übereinstimmen, sodass sich Konflikte zwischen Kantonen nicht in dieser Weise aufschaukeln können.

Europa als Ganzes und die Europäische Union im Besonderen sind Paradebeispiele nicht nur für hochkomplexe, sondern auch für strukturell konsolidierte Makrogesellschaften. Dies stellt einen grundlegenden Unterschied zu den Vereinigten Staaten dar, wo es zwar ebenfalls eine Vielzahl an religiösen, ethnischen und anderen (inzwischen auch sprachlichen) Subgruppen gibt; diese sind jedoch nicht innerhalb bestimmter Territorien oder politischer Einheiten konzentriert. In Europa dagegen fallen die kulturellen, territorial-politischen und – zu einem hohen Grad – auch sozioökonomischen Differenzierungen weitgehend zusammen und bilden relativ homogene Subeinheiten, nämlich die Nationalstaaten. Die innere Struktur der Europäischen Union besitzt aus dieser Perspektive einige Eigenheiten, die von höchster Bedeutung für das Problem der politischen Integration und einer angemessenen Verfassung sind.

Zum Ersten haben die 27 Mitgliedsstaaten der EU eine extrem unterschiedliche Größe. Die EU enthält einerseits drei Ministaaten mit weniger als einer

Million Einwohnern (Luxemburg, Malta, Zypern) und zwei Kleinststaaten mit weniger als zwei Millionen (Estland, Slowenien); andererseits gibt es vier Großstaaten mit über 50 Millionen Einwohnern. Der größte Mitgliedsstaat, Deutschland, hat mehr Einwohner als die 16 kleineren EU-Mitgliedsstaaten zusammen (76,1 vs. 82,5 Millionen).[1] Da alle diese Länder politisch stark integrierte und unabhängige Einheiten darstellen, besteht zwischen den verschiedenen Mitgliedsstaaten der EU ein viel größeres Ungleichgewicht als etwa zwischen den Staaten der USA. Zwar haben auch acht von diesen weniger als eine Million Einwohner; der größte darunter, Kalifornien, hat aber nicht mehr als 36 Millionen und die Mehrheit der Staaten ist im Hinblick auf die Einwohnerzahl recht ähnlich (2 bis 9 Millionen Einwohner[2]). Die innere Heterogenität der USA wird aus europäischer Sicht zwar oft unterschätzt; es steht jedoch außer Zweifel, dass die historischen, institutionellen und kulturellen Unterschiede zwischen diesen Staaten mit der Vielfalt Europas nicht vergleichbar sind. Dies wird auch indiziert durch die Tatsache, dass die Mobilität zwischen den Staaten in den USA weit höher ist als in Europa. Die einzige, auch politisch integrierte »Makrogesellschaft« auf der Erde, die eine ähnlich hohe Differenzierung aufweist wie die EU ist Indien; der Vergleich der EU mit Indien ist daher in vielerlei Hinsicht von besonderem Interesse (vgl. dazu Austin 1966).

Ein entscheidender Faktor der größeren Heterogenität der EU im Vergleich zu den USA ist die Sprache. Nicht weniger als 18 der 27 EU-Mitgliedsstaaten besitzen eine eigene Sprache. Darunter befinden sich nicht nur Länder wie Italien, Portugal, Spanien oder Ungarn, deren Sprache in keinem anderen europäischen Land durch eine Mehrzahl von Menschen gesprochen wird, sondern auch Kleinstaaten wie Estland, Finnland oder Slowenien. Nur die Sprachen der Briten, Portugiesen und Spanier werden auch in anderen Regionen der Erde gesprochen. Mehrere Länder Europas – wie die protestantischen Länder der britischen Insel und der nordischen Länder sowie die orthodoxen osteuropäischen Länder – haben auch eigene nationale Kirchengemeinschaften. Zusätzlich zu diesen »horizontalen Differenzierungen« besteht auch eine »vertikale Differenzierung« zwischen den Mitgliedsländern der EU; die größten Länder gehören auch zu jenen mit den fortgeschrittensten Wirtschaftsstrukturen; vor allem die neuen osteuropäischen Mitgliedsländer liegen in wirtschaftlicher Produktivität und gesellschaftlichem Wohlstand weit zurück. Es lässt sich auch statistisch zeigen, dass die Ungleichheit zwischen den Mitgliedsländern der EU weit höher ist als jene zwischen den Staaten der USA (Fitoussi/Le Cacheux 2005: 140ff.).

---

[1] Daten für 2002. Quelle: Eurostat; zusammengefasst in http://www.europa-waechst-zusammen.de/laender.php?order=habitants.
[2] Daten für 2006. Quelle: US – Census Bureau; zusammengefasst in http://de.wikipedia.org.

Es liegt daher auf der Hand, dass es innerhalb der EU nicht nur einen hohen Grad an interner sozioökonomischer und soziokultureller Heterogenität gibt, sondern auch an Ungleichheit. Die großen Länder werden ohne Zweifel mehr politische Macht und politischen Einfluss haben, Entscheidungen werden ohne ihre Zustimmung nicht getroffen werden können. Tatsächlich waren sie es, die den Integrationsprozess initiiert und entscheidend vorangetrieben haben.[3] Es stellt sich daher die Frage: Wie kann eine Verfassung für die EU sicherstellen, dass sowohl das besondere Gewicht der großen Länder, wie auch das Bestreben der kleinen Mitgliedsstaaten, nicht »unter die Räder zu kommen«, in angemessener Weise berücksichtigt wird? Wie kann trotz der hohen inneren Heterogenität ein Ausmaß an Integration sichergestellt werden, dass den notwendige Zusammenlt ermöglicht, ohne die Vielfalt zu unterdrücken?

Perspektiven für die politische Integration der EU im Vergleich zu anderen großen und komplexen politischen Gemeinschaften

In der Diskussion einer für die EU adäquaten Verfassung ist es unerlässlich, den Begriff des *Föderalismus* einzuführen. Föderalismus kann als eine Form der vertikalen Kontrolle der politischen Macht bezeichnet werden. Er hat zwei Funktionen: Er ergänzt die horizontale Teilung der Macht zwischen den verschiedenen Gesellschaftsbereichen (Wirtschaft, Politik, Kultur usw.) und ihren Eliten, und er stellt sicher, dass die verschiedenen Untereinheiten des politischen Systems in ein funktionierendes Ganzes integriert werden (Löwenstein 1975: 128). Der Föderalismus wurde speziell für intern hoch differenzierte politische Gemeinschaften entwickelt. Diese sind meist, wenn auch nicht immer, sehr große Einheiten. Aus diesem Grunde wurde und wird der Föderalismus von vielen Autoren und Politikern als Idealmodell für die Europäische Union betrachtet. In diesem Abschnitt soll untersucht werden, welche Modelle des Föderalismus es gibt und welches die Faktoren waren, die zur Stabilität oder Instabilität von politischen Gemeinschaften mit einem solchen System beigetragen haben.

Um zu einer Beantwortung der Frage zu gelangen, wann und in welcher Form der Föderalismus eine ideale Lösung für eine politische Gemeinschaft darstellt, müssen zumindest vier Aspekte sowohl struktureller wie historisch-institutioneller Art betrachtet werden:

---

[3] Die Größe allein ist aber nicht der einzige Faktor, der hier relevant ist. So wurde in Kapitel 2 und 3 gezeigt, dass die vergleichsweise kleinen Beneluxstaaten einen überproportional starken Einfluss auf den Integrationsprozess nehmen konnten.

- Der Grad der sozioökonomischen und kulturellen Homogenität oder Heterogenität der verschiedenen Subeinheiten (Teil- oder Mitgliedsstaaten);
- die Beziehung zwischen der sozialstrukturellen und kulturellen Heterogenität und der politisch-administrativen Gliederung; hier ist die vorhin eingeführte Unterscheidung zwischen strukturell konsolidierten vs. vielfältig differenzierten Gesellschaftssystemen relevant;
- die Art der Entstehung einer politischen Gemeinschaft. Entscheidend ist hier zum Ersten die Frage, ob diese von oben oder außen, durch Einsatz von Gewalt oder Zwang, geschaffen wurde, oder durch einen freiwilligen Zusammenschluss der Teilstaaten. Ein freier Zusammenschluss von Staaten wird langfristig zweifellos eher Bestand haben als eine von oben oder außen oktroyierte politische Gemeinschaft.
- Das politische System und die Funktionsweise einer politischen Gemeinschaft. Dieser Aspekt bezieht sich auf die Freiheit und Gleichheit in den inneren Beziehungen, was vor allem mit dem Aspekt demokratischer Institutionen und Prozesse zusammenhängt.

Wenn wir einige der wichtigsten und typischen föderalistischen Systeme der Gegenwart und der letzten Jahrhunderte betrachten, können wir diese nach der in *Übersicht 8.1* entwickelten Typologie beschreiben.

Auf dem einen Extrem finden wir hier Länder mit einer intern relativ homogenen Sozialstruktur sowie einem ausgewogenen Gewicht der föderalistischen Untereinheiten; in einem solchen Falle ist eine hohe Stabilität und zeitliche Beständigkeit am wahrscheinlichsten. Beispiele sind die Bundesrepublik Deutschland und das heutige Österreich. Diese Stabilität mag etwas, aber nicht wesentlich weniger hoch sein, wenn es sich um intern differenzierte Gesellschaften mit einer pluralistischen Differenzierung handelt, wie im Falle Australiens und der USA. Entscheidend ist die Frage, was passiert, wenn eine Staatsgesellschaft intern eine hohe, strukturelle Heterogenität aufweist, wenn also sozialstrukturelle Differenzierungen mit den politischen Einheiten mehr oder weniger zusammenfallen. Dieses Faktum stellt eine sehr ungünstige Voraussetzung für politische Integration und Stabilität dar. Hier kommen zwei weitere, politisch-institutionelle Aspekte ins Spiel, die den Ausschlag geben: das eine ist die Art des Föderalismus, der zweite die demokratische Qualität der jeweiligen politischen Gemeinschaft. Vor allem die Schweiz ist entstanden durch autonome, innere Bestrebungen zu einem freiwilligen Zusammenschluss, und sie ist – wie auch Indien – eine demokratische Gemeinschaft; beide Länder weisen daher eine erstaunlich hohe politische Stabilität auf. Das Gegenteil war der Fall bei Österreich-Ungarn, Jugoslawien und der Sowjetunion; alle diese großen politischen Gemeinschaften sind von der Landkarte verschwunden. Antidemokratische, zentralistisch-autoritäre Bestrebungen haben im Falle von Jugoslawien zu einem blutigen Krieg geführt und das, obwohl es auf dem Papier eine vorbildliche föderalistische Verfassung besaß. (Eine solche besaß auch die k.u.k. Monarchie, zumindest in der österreichischen Reichshälfte.) Auch die Geschichte des indischen Subkontinents belegt die Bedeutung der sozialstrukturellen Voraussetzungen für politische Stabilität: Schon vor der Erlangung der Unabhängigkeit konnten sich die Vertreter des überwiegend muslimischen Pakistan nicht mit jenen Indiens auf eine gemeinsame Verfassung und auf das Zusammenleben in einem Staat einigen. Damit zerfiel die ehemals riesige Einheit »Indien« durch die Abtrennung von Pakistan in zwei Staaten; letzteres war übrigens der erste Staat der Welt, der sich 1956 als »islamische Republik« deklarierte. Die indischen Bundesstaaten weisen dagegen keine strukturelle Konsolidierung auf. Dazu kommt, dass friedliche Lösung von Konflikten und Konsens ein Grundmerkmal der indischen Gesellschaft ist (Austin 1966). Belgien, Kanada und Spanien liegen zwischen diesen Extremen. Dies sind zwar alles zweifellos demokratische Staaten, aber die Entstehung des Staates war nicht völlig autonom, und es gibt ein deutliches (faktisches oder vermeintliches) Übergewicht einer nationalen Subgruppe über die andere(n). Der Fortbestand mancher dieser Staaten in der heutigen Form ist durchaus eine offene Frage.

Die Europäische Union nimmt in dem in *Übersicht 8.1* dargestellten mehrdimensionalen Feld eine extreme Position ein: Sie hat eine hoch differenzierte und stark konsolidierte interne Struktur, was eine sehr ungünstige Voraussetzung darstellt. Warum hat sie sich bislang dennoch so dynamisch entwickelt und auch in Krisenzeiten eine so hohe Stabilität gezeigt? Dafür gibt es zwei Gründe. Zum ersten hat die EU ein sehr stark ausgeprägtes »föderalistisches« System; auch die kleinen und kleinsten Untereinheiten sind politisch sehr stark vertreten; im Vergleich zu den Großen sogar überproportional stark. Dass ihnen dies zugestanden wurde, war sicherlich auch durch die potentiell hohe Konfliktträchtigkeit zwischen großen und kleinen Mitgliedsstaaten motiviert (vgl. auch Fitoussi/Le Cacheux 2005: 88ff.). Zum zweiten kann die Gründung und Weiterentwicklung der EU als ein autonomer, von den Mitgliedsstaaten frei durchgeführter Prozess bezeichnet werden. Das politische System der EU weist jedoch eine gravierende Schwäche auf. Dies ist die Tatsache, dass sich die starke Einbeziehung und Gleichberechtigung aller Einheiten nur auf die politischen Eliten, aber nicht auf die Bürger bezieht. Um die Bedeutung dieser Tatsache zu erkennen, müssen wir eine begriffliche Differenzierung zwischen verschiedenen Formen von Demokratien einführen.

Übersicht 8.1: Eine Typologie föderalistischer Systeme nach ihrer internen Sozialstruktur, ihren politischen Basisprinzipien[a] und der vermuteten politischen Stabilität[b]

Föderalistische Struktur/Gewicht der Untereinheiten	Grad der internen sozialstrukturellen und kulturellen Heterogenität		
	niedrig (homogen)	mittel (pluralistische Differenzierung)	hoch (strukturelle Segmentierung)
Nicht konsolidiert/ausgewogen (gleiches Gewicht)	(****) *Bundesrepublik Deutschland Österreich, Zweite Republik (1945-)*	(***) *Australien USA*	(***) *Schweiz Indien* (?)
Nicht konsolidiert/ relativ ausgewogen	-	-	(**) *Belgien Spanien Kanada*
Konsolidiert/ unausgewogen	(**) Deutsches Kaiserreich (1871–1918) Weimarer Republik (1918–1933) Österreich, Erste Republik (1918–1938)	(*) -	(?) *Europäische Union* Österreich-Ungarn (1848–1918) Jugoslawien Sowjetunion

[a] Kursiv: »gefestigte politische Demokratien«.
[b] Vermutete bzw. faktische politische Stabilität und Persistenz: (****) sehr hoch, (*) sehr niedrig.

Die Europäische Union als ein politisches Konsens-System und dessen grundlegende Schwäche

Von Arend Lijphart (1984, 1999) wurde die fruchtbare Unterscheidung zwischen Wettbewerbs- und Konsensdemokratien eingeführt. *Mehrheits-* oder *Konkurrenzdemokratien* haben meist Zwei-Parteien-Systeme, die sich in der Regel als Regierungs- und Oppositionsparteien gegenüberstehen. Der politische Prozess spielt sich hier als eine – oft heftige – Auseinandersetzung darüber ab, welche Partei die Mehrheit und damit die Regierungsgewalt erlangt. Einmal an der Regierung ist sie weitgehend frei (da es hier typischerweise Systeme des Mehrheitswahlrechts gibt), welche Politik sie verfolgt; daher kann eine Regierung oft

8 Die Europäische Union als eine »soziale Rechtsgemeinschaft« 441

eine völlige Kehrtwendung gegenüber der Politik der vorhergegangenen Regierung durchführen. Mit dieser Form ist meist ein hohes gesellschaftliches Konfliktniveau verbunden; so bestehen in diesen Ländern meist auch kompetitive und konfliktträchtige industrielle Beziehungen. Der Paradefall eines solchen Systems ist Großbritannien; auch die USA kommen ihm nahe. Eine *Konsensdemokratie* dagegen besteht darin, dass die großen politischen Gruppierungen zusammenarbeiten, indem sie sich die politischen Ämter aufteilen, alle wichtigen Themen zuerst weitgehend aus verhandeln und einen gemeinsamen Nenner suchen, bevor eine Entscheidung getroffen wird. Paradigmatisch für diesen Typus ist die Schweiz.

Die Europäische Union entspricht offenkundig weitgehend dem Typus einer Konsensdemokratie: im Europäischen Parlament gibt es keine starke Parteienkonkurrenz, nicht zuletzt deshalb, weil die nationale Zugehörigkeit oft wichtiger ist als die parteipolitische; es gibt auch keine echt europäischen Parteien (vgl. auch Poier 2004; Immerfall 2006); die Kommission, quasi die »Regierung« der EU, wird von den Staats- und Regierungschefs eingesetzt, wobei auf eine sorgfältige Ausgewogenheit ihrer Zusammensetzung nach der Stärke der verschiedenen politischen Richtungen geachtet wird; im Europäischen Rat muss satzungsgemäß in vielen Fragen Einigkeit erzielt werden, bevor ein Beschluss gefasst werden kann; die Verhandlungen dieses und der meisten anderen Gremien erfolgen vielfach informell, persönliche Kontakte und Vertrauensbeziehungen spielen eine wichtige Rolle.[4] Ganz allgemein gilt, dass Verhandlungen anstelle von Konflikt, Pragmatismus anstelle von Ideologie im Vordergrund stehen. Heftige gesellschaftliche Auseinandersetzungen (etwa in Form von Streiks, Demonstrationen usw.) sind in solchen Systemen eher selten.

Ein Konsenssystem muss aus demokratietheoretisch-normativer Sicht nicht von vornherein negativ beurteilt werden – im Gegenteil. Aus A. Lijpharts systematischen Vergleichen zwischen drei Dutzend modernen Demokratien ergibt sich, dass Konsensdemokratien demokratiepolitisch in mancher Hinsicht sogar besser abschneiden als Wettbewerbsdemokratien: Sie zeigen etwa höhere Wahlbeteiligung und größere Zufriedenheit der Bürger mit der Demokratie ihres Landes (Lijphart 1999). Eines steht jedoch außer Zweifel: eine Konsensdemokratie hat einen stärker elitären Charakter als eine Mehrheits- oder Wettbewerbsdemokratie. Dies ist deshalb so, weil die zwischen den gesellschaftlich-politischen Segmenten und Lagern bestehende Fragmentierung ausgeglichen werden muss durch Zusammenarbeit auf der Ebene der Eliten (Dogan 2003: 11; Steffani/Thaysen 1995: 57ff.). Dies ist in der EU in der Tat der Fall, wie in diesem Band be-

---

[4] Vgl. allgemein dazu auch Puchala 1979; Hrbek 1981; Taylor 1993; Chryssochoou 1998; Axt 2005; Weiler et al. 1995.

reits mehrfach gezeigt wurde: Es besteht eine sehr enge Kooperation zwischen der EU-Kommission, dem EU-Parlament, den nationalen Regierungen und ihrem »Exekutivorgan« COREPER, und einer Vielzahl von Interessenverbänden, Lobby-Gruppen und Vertretern zivilgesellschaftlicher Verbände. Angesichts des stark konsolidierten Charakters des gesellschaftlich-politischen Systems der EU und ihres hochkomplexen Systems politischer Steuerung (*governance*) gibt es jedoch keine Alternative zu einem Konsensmodell (Kohler-Koch 1999). Ein Mehrheits- und Wettbewerbssystem müsste abweichende und Minderheitenmeinungen oft übergehen, alternative politische Visionen ausschließen; es könnte die EU letztlich zerreißen.

Unter den problematischen Aspekten von Konsensdemokratien sind besonders drei zu nennen: (1) Da Entscheidungen meist einstimmig getroffen werden, werden abweichende Meinungen später nicht mehr toleriert. Deren Äußerung wird oft – besonders dann, wenn die Form nicht formalen Ansprüchen an Höflichkeit usw. entspricht – diskriminiert und ihre Vertreter von der weiteren Kommunikation überhaupt ausgeschlossen. (2) Ein elitäres Konsenssystem ist relativ geschlossen und für die Öffentlichkeit intransparent; eine Autorin spricht hier von »Integration durch Geheimhaltung« (Pintarits 1996: 302ff.). (3) Die Möglichkeiten direkter Beteiligung der Bürger sind sehr gering. In der EU gibt es eine solche nur über die Wahl der Europaabgeordneten, die nur einen begrenzten Einfluss auf die Politik der EU haben, wobei die Zusammensetzung des Parlaments für die Öffentlichkeit kaum einen spürbaren Effekt auf die Politik hat. Die abnehmende Wahlbeteiligung bei den Europawahlen zeigt diese Problematik sehr deutlich.

Das politische System der EU kann daher gekennzeichnet werden als ein elitär-konsensuelles System mit einer engen Kommunikation und Kooperation zwischen den Eliten, aber sehr begrenzten Möglichkeiten der Bürger, die Auswahl der politischen Eliten und den Inhalt der Politik mit zu bestimmen (Chryssochoou 1998; Coultrap 1999; Bach 2000a; Ferry 2000; Courable 2001; Siedentop 2001; Höreth 2002; Rumford 2002; Alliès 2005). Die Folge ist eine tiefe Kluft in der Art und Weise, wie politische Entscheidungen in Brüssel wahrgenommen werden: Für die Eliten erscheinen diese als angemessen, konsensuell und effizient, für die Bürger dagegen als undurchsichtig und geheim, ja vielfach verschwörerisch. Die elitäre Entscheidungsstruktur begünstigt einflussreiche, große und gut organisierte Interessengruppen auf Kosten weniger gut organisierter Gruppen und der allgemeinen Bevölkerung. Man muss in dieser Hinsicht ohne Zweifel von einem »Demokratiedefizit« sprechen (vgl. auch Axt/Deppe 1979; Opp 1994; Kohler-Koch 1999). Die folgenden Abschnitte befassen sich mit der Frage, wie dieses Defizit behoben oder zumindest gelindert werden könnte.

8.2 Möglichkeiten und Grenzen der Verfassung für Europa: die Sicht der Bürger

Der »Vertrag über eine Verfassung für Europa«, feierlich unterzeichnet von den Staats- und Regierungschefs der EU in Rom am 29. Oktober 2004, stellte einen entscheidenden Schritt im Hinblick auf die Reform und Weiterentwicklung der Europäischen Union dar. Wie in Kapitel 1 dargestellt, wurde die Ablehnung dieser Verfassung in Frankreich und in den Niederlanden in ganz Europa wie ein politisches Erdbeben empfunden. Die Bürger zweier einflussreicher Gründungsmitglieder der Europäischen Wirtschaftsgemeinschaft hatten einen Text abgelehnt, der in vieler Hinsicht als ein klarer Fortschritt betrachtet werden konnte: Die Verfassung fasste die umfangreichen und komplexen früheren Verträge in einen einheitlichen Text zusammen; sie verstärkte die Rolle des europäischen und der nationalen Parlamente und hätte damit zu einer Abschwächung des Demokratiedefizits der EU beigetragen; sie beinhaltete einen Abschnitt über die grundlegenden Menschen- und sozialen Rechte; sie erhöhte die Transparenz und Effizienz der politischen Prozesse im politischen System der EU; und sie etablierte zwei neue politische Ämter (das eines Präsidenten und eines »Außenministers«) um die Effizienz der Entscheidungsprozesse zu erhöhen und der EU »persönliche Gesichter« zu verleihen.

Es ist daher nicht überraschend, dass die Interpretation dieser negativen Resultate sehr rasch zum Objekt einer hitzigen öffentlichen Debatte wurde. Die politischen Eliten betonten, dass Aspekte der Innenpolitik in beiden Ländern eine wichtige, wenn nicht die ausschlaggebende Rolle gespielt hatten. In Frankreich waren dies vor allem die niedrige Popularität von Präsident Chirac und die schlechte wirtschaftliche Lage des Landes (Perrineaux 2005: 231). Den Ausschlag gab die Bildung einer »Anti-EU Allianz« zwischen rechtsorientierten konservativen Nationalisten und linksorientierten antikapitalistischen Kräften (»Rechts und links vereint gegen Europa«[5]). Es wurde daher argumentiert, aus den negativen Referenden könne man keinerlei konkrete Folgerungen für die Verfassung ableiten (Kuhle 2005; Schildt 2005).

Man kann die Fakten im Zusammenhang mit den Referenden in Frankreich und den Niederlanden aber auch in einem ganz anderen Lichte sehen. Hier wird argumentiert, dass diese von höchster Relevanz für die Überarbeitung der vorgeschlagenen Verfassung sind und keineswegs eine generelle Ablehnung der Idee einer solchen Verfassung implizieren. Zwei spezifische Thesen werden in diesem Zusammenhang aufgestellt und im folgenden belegt: (1) Die allgemeinen Ein-

---

[5] Dies war der Titel eines Vortrags des international renommierten Innsbrucker Politikwissenschaftlers Anton Pelinka in Graz am 7.5.2007.

stellungen der französischen und holländischen Wähler zur Integration und zu einer Verfassung für Europa waren grundsätzlich positiv, aber auch kritisch im Hinblick auf den konkret vorgelegten Text; (2) aus den Referenda kann man konkrete Folgerungen im Hinblick auf die Überarbeitung der Verfassung ableiten und diese entsprechen sehr gut der Elitentheorie, die in diesem Buch vertreten wird. Sie werfen auch zusätzliches Licht auf die Kluft zwischen Eliten und Bürgern.

Die allgemeine Bedeutung einer Verfassung für die Europäische Union

Braucht die EU überhaupt eine Verfassung? Begründete Argumente besagen, dass die Summe der bestehenden Integrationsverträge bereits eine solche darstellt (Griller/Müller 1995). Andere Autoren argumentieren, dass die EU auch ohne eine formale Verfassung gut funktioniert (Moravcsik 2006). Beide Argumente sind wohl richtig. Schwieriger zu begegnen ist dem Einwand, dass die EU gar keine Verfassung haben kann, weil sie keinen Staat darstellt (Stein 2001). Die Idee einer Verfassung für die Europäische Union ist auch deshalb kontrovers, weil sie mit einer solchen tatsächlich als eine neue politische Gemeinschaft *sui generis* angesehen werden müsste (Deloche-Gaudez 2005: 27ff.). Hier wird jedoch argumentiert, dass die Ausarbeitung und Ratifizierung eines formellen, spezifischen Dokuments mit dem Titel »Verfassung für die Europäische Union« einen bedeutenden Fortschritt darstellen würde.

Die Bedeutung einer Verfassung liegt nicht nur darin, dass sie im Hinblick auf die Ziele und Institutionen einer politischen Gemeinschaft klare Prinzipien und Regeln einführt, sondern auch in ihrem symbolischen Charakter (Fellmann 2003). Real betrachtet, besitzt jede politische Gemeinschaft – in der Summe ihrer geltenden Gesetze – eine Verfassung. Eine formale, schriftlich niedergelegte Verfassung enthält die grundlegenden Ideale und Spielregeln einer politischen Gemeinschaft und definiert diese in einer relativ eindeutigen Art und Weise (Kelsen 1925; Montesquieu 1965[1748]; Löwenstein 1957; Fioravanti 1999). Ein Verfassungsexperte schreibt in diesem Zusammenhang: »Aus symbolischer Sicht stellt eine Verfassung die Summe der nationalen Erfahrungen dar und ein Symbol der Aspirationen einer Nation. Sie hat die wichtige Funktion einer Artikulierung der Ideale einer Gemeinschaft und der Formulierung ihrer sozialen und ökonomischen Ziele. Sie übt einen enormen Einfluss aus, auch als ein handliches, leicht zu lesendes Kompendium der Grundziele und Prinzipien einer Nation« (Fellmann 2003: 491). Eine Verfassung kann durch den normalen Gesetzgebungsprozess nicht verändert werden und sie ergibt sich direkt als Ausdruck des Willens der Bürger; daher wird sie auch in einem schriftlichen geschriebenen

8 Die Europäische Union als eine »soziale Rechtsgemeinschaft« 445

Dokument festgehalten und in einer besonderen Weise ratifiziert. Zwei Hauptprinzipien sind in allen demokratischen Verfassungen enthalten: eine gesetzliche Beschränkung der Macht und die Verantwortlichkeit der Regierung gegenüber den Regierten (Dippel 2001). Jenen Gruppen, die um Macht konkurrieren, dienen Verfassungen auch als Reservoir für politische Forderungen (Adam/Heinrich 1987: 41).

Fünf Argumente haben besondere Bedeutung für eine Verfassung für Europa (zum Überblick vgl. auch Timmermann 2001; Liebert et al. 2003, Jopp/Matl 2005; Wessels 2005; Stone Sweet 2005). Zum Ersten gilt, dass ein einheitlicher Verfassungstext den institutionellen Aufbau und die Arbeitsweise der EU sehr viel deutlicher machen würde (Leinen 2001; Langen 2001; Pernice 2004: 19; Bast et al. 2003; Fitoussi/Le Cacheux 2005). Zweitens macht die Erweiterung der EU auf 27 Mitgliedsstaaten Reformen besonders dringend; dies gilt sowohl für die zunehmende Ineffizienz ihrer institutionellen Organe wie auch für die Notwendigkeit, die Prinzipien der Agrarsubventionen und strukturellen Umverteilung zu reformieren. Zum Dritten kann den Bedenken der Bürger in der gesamten EU Rechnung getragen werden, die sich auf die Intransparenz und die unbefriedigende demokratische Qualität der Entscheidungsprozesse beziehen. Durch die Einrichtung eines spezifischen Verfassungskonvents würde sich zum Vierten die Legitimität der EU signifikant erhöhen. Es wird im Folgenden vorgeschlagen, dass ein solcher »konstitutioneller Moment« (Ackerman 1989; Grimm 2004) nochmals geschaffen werden sollte. Zum Fünften würde die Existenz eines geschriebenen Grunddokuments, das die Kompetenzen der EU-Institutionen klar abgrenzt und ihre Beziehung zu den Mitgliedsstaaten und anderen kollektiven Akteuren genau definiert, die Sicherheit und Transparenz des europäischen Rechts in der gesamten Gemeinschaft erhöhen (Siedentop 2001: 178). Sie würde auch zu einer schrittweisen Annäherung der derzeit divergierenden nationalen Rechtskulturen führen (Schneider 2000: 178).

Eine Rechtsgemeinschaft, die dadurch konstituiert würde, ist jedoch kein Superstaat, auch wenn sie eine Verfassung besitzt. In einer solchen Gemeinschaft fehlen zentrale Elemente eines Staates. Es ist daher nicht zu erwarten, dass die Menschen je eine solche tiefgehende Bindung an die EU entwickeln, wie gegenüber ihren Regionen und Nationalstaaten (Haller/Ressler 2006b). Eine Verfassung allein kann keinen Patriotismus erzeugen, wie es einige deutschen politischen Theoretiker (Dolf Stevnberger, Jürgen Habermas) erwarten (Nettesheim 2003; vgl. auch Obermeyer/J. Nielsen-Sikora in Heit 2005). Alles was man erwarten kann ist, dass sich in der allgemeinen Bevölkerung eine realistischere Beurteilung der EU und ihrer Politik entwickelt. Als Folge würde jedoch auch ihre Legitimität zunehmen.

Gründe für die Ablehnung der Verfassung in Frankreich und in den Niederlanden

Wenn wir die Stärken und Schwächen der Verfassung diskutieren, müssen wir auch ihre Bewertung durch die Bürger einschließen. Betrachten wir daher die Gründe für die Ablehnung der Verfassung durch diese. Drei Themen sollen in diesem Zusammenhang diskutiert werden: die Determinanten für die Teilnahme an der Referenda, Gründe für die Annahme oder Ablehnung der Verfassung und die sozialen Merkmale der Befürworter und Gegner. Nach den Referenden in Frankreich und den Niederlanden wurden zahlreiche Studien durchgeführt, darunter zwei Eurobarometer-Erhebungen und eine Umfrage durch das französische IPSOS Institut.[6]

Betrachten wir zuerst die Determinanten für die Teilnahme am Referendum und die Merkmale der Wähler und Nichtwähler. Die Hauptgründe für die Nichtteilnahme in Frankreich waren laut Eurobarometer: persönliche Verhinderung am Tag des Referendums (66%); der Text war zu kompliziert (60%); die Wähler hatten nicht genug Information (49%); das Gefühl, dass die Teilnahme keinen Unterschied gemacht haben würde und Fehlen politischen Interesses (beide 30%); der Wunsch Präsident Chirac zu bestrafen (27%). Jene, die nicht an der Wahl teilgenommen hatten, waren unter Menschen jüngeren und mittleren Alters überrepräsentiert, ebenso unter Personen in größeren Städten sowie unter jenen ohne Parteipräferenz. In den Niederlanden war der Hauptgrund für die Nichtteilnahme Fehlen von Information (51%); gefolgt von persönlichen Umständen (41%); dem Gefühl, dass die Teilnahme keinen Unterschied gemacht haben würde (26%); dass die Verfassung zu kompliziert war (26%); kein Interesse an der Politik, an der Verfassung oder an EU Angelegenheiten (jeweils 23%); auch hier war die Absicht die Regierung zu »bestrafen«, sehr selten vertreten (14%). Nichtteilnahme aufgrund persönlicher Umstände am Tag der Wahl ist ein typisches Phänomen bei jeder Wahl. Die weiteren Gründe, die vorhin genannt wurden, geben jedoch wichtige Hinweise: so die Tatsache, dass der Text der Verfassung zu kompliziert war; dass man nicht genug informiert war; und das Gefühl, dass eine Teilnahme keinen Unterschied gemacht haben würde.

Betrachten wir die Gründe für ein positives oder negatives Abstimmungsverhalten. In Frankreich sticht unter den Befürwortern ein Grund hervor: die Erwartung, dass die Verfassung den globalen Einfluss und die Macht Frank-

---

[6] Quellen: European Commission, The European Constitution: Post-referendum survey in France, Flash Eurobarometer 171, 2005. European Commission, The European Constitution: Post-referendum survey in the Netherlands, Flash Eurobarometer 172, 2005. IPSOS, Post referendum survey; N = 3355. Nationale, repräsentative telephonische Quotenerhebung für die Zeitung *Le Figaro*. Daten verfügbar unter: http://www.ipsos.fr/CanalIpsos/poll/8074.asp (6.6.2005).

reichs im Vergleich zu den Vereinigten Staaten und zu China stärken würde (64%); darüber hinaus glauben 43%, dass die Verfassung den Einfluss Frankreichs in Europa verstärken würde (IPSOS-Erhebung). Diese Meinung der Bevölkerung entspricht dem allgemeinen Befund in Kapitel 6, wonach die europäische Integration für die Franzosen primär ein Mittel war, um ihren Einfluss in Europa und in der Welt wiederzugewinnen und zu verstärken. Weitere Argumente sind unter den Befürwortern der Verfassung weniger von Bedeutung; so etwa jenes der Verbesserung der Funktionsweise der EU (44%) und die Verstärkung des »sozialen Europa«. Nach den Eurobarometer-Erhebungen war der Hauptgrund für die Befürworter der Verfassung in beiden Ländern, dass sie grundlegend für den weiteren europäischen Integrationsprozess sei (39% bzw. 24%); alle anderen Gründe kamen viel seltener vor.

Unter den Wählern, die die Verfassung ablehnten, können drei Hauptargumente festgestellt werden (IPSOS-Survey):[7] (1) Die Unzufriedenheit mit der derzeitigen wirtschaftlichen und sozialen Situation in Frankreich sowie mit der französischen politischen Klasse und mit Präsident Chirac; (2) die Befürchtung, dass die Verfassung den marktliberalistischen Charakter der EU verstärken würde; (3) Befürchtungen im Zusammenhang mit dem Beitritt der Türkei zur EU und mit der französischen nationalen Identität. Die Eurobarometer-Erhebung erbrachte ähnliche Befunde: Sorgen über negative ökonomische Effekte auf Frankreich (57%); die Verfassung sei zu liberal und nicht genügend sozial (35%); Gegnerschaft zu Präsident Chirac (18%). In den Niederlanden ergab sich ein etwas anderes Bild: die meisten der Gegner (32%) gaben einen Mangel an Information an, 19% fürchteten einen Verlust der nationalen Identität und 14% drückten eine Gegnerschaft zur Regierung aus. Das heißt, dass insgesamt für mehr als die Hälfte der französischen und holländischen Wähler die allgemeine Meinung über die Integration und die Verfassung der entscheidende Faktor war.

Weitere Einsichten in die Gründe für die Ergebnisse der Referenden erhält man, wenn man die sozialen Merkmale der Befürworter und Gegner betrachtet (IPSOS-Erhebung). Befürworter waren unter den älteren Altersgruppen überrepräsentiert; weiters unter den besser Gebildeten, unter Studenten und Pensionisten, unter akademischen Professionen und Managern sowie unter Menschen mit höheren Einkommen.[8] Jene, die mit Nein abstimmten, waren häufiger Menschen mit niedriger Bildung, Bauern, Arbeiter und einfache Angestellte, sowie Arbeitslose und – bis zu einem gewissen Grad – öffentlich Bedienstete. Es ist daher deutlich, dass die bessergestellten sozialen Gruppen die stärksten Befürworter der neuen Verfassung waren, während die eher Benachteiligten oder jene, die

---

[7] Vgl. die vorhergehende Fußnote.
[8] Für ähnliche Befunde aus einer Erhebung von SOFRES vgl. Perrineaux 2005: 241f.

befürchten mussten, durch die weitere Integration Nachteile zu erleiden (öffentlich Bedienstete) gegen die Verfassung waren. Sehr signifikant ist die Tatsache, dass die jungen Menschen keineswegs durchwegs stärkere Befürworter waren, wie oft argumentiert wird.

Hochbedeutsam sind auch die politischen Faktoren, die die Entscheidung für oder gegen die vorgeschlagene Verfassung beeinflussten. Die Parteineigung der Wähler war die wichtigste einzelne Determinante des Wahlverhaltens. Unter den Personen, die in Frankreich mit der extremen Rechten oder Linken sympathisierten, votierten weniger als 10% für die Verfassung. Dies hat manche sozialwissenschaftlichen Kommentatoren zur problematischen bereits erwähnten These geführt: »Rechts und links vereint gegen Europa«. Aber auch unter jenen, die der sozialistischen Partei oder den Grünen nahestanden, sowie jenen, die der Rechtspartei (UDF, UMP) zuneigten, bestand eine große Kluft: 40-44% der Ersteren, aber 76-80% der Letzteren wählten mit Ja. Ähnlich große Differenzen bestanden im Hinblick auf die Gewerkschaftszugehörigkeit: Personen, die zu linken Gewerkschaften tendierten (CGT, CGT-FO, SUD) votierten seltener mit Ja als jene, die zu zentristischen Gewerkschaften neigten (CGC, CFE, CFTC). Diese Ergebnisse sind nicht überraschend, wenn man die Tatsache bedenkt, dass die extremen Parteien die Verfassung vollkommen ablehnten, die Sozialisten und Grünen intern uneins und nur die bürgerlichen Zentrumsparteien eindeutig für die Verfassung waren. Es ist daher evident, dass die Position der politischen Eliten sich sehr stark in den Entscheidungen ihrer Wähler bzw. Sympathisanten widerspiegelt. Diese Tatsache wird auch bestätigt, wenn man die Ergebnisse von EU-Referenda in anderen Ländern ansieht. Hier zeigte sich, dass große Mehrheiten für die Integration nur dann zustande kommen, wenn die politischen Eliten vollkommen einer Meinung sind, während das Resultat viel offener ist in jenen Fällen, wo dies nicht der Fall ist (Luthardt 1995).

Was kann man aus diesen Ergebnissen lernen? Muss man daraus folgern, dass die Wahl der Bürger hauptsächlich durch ihre politischen Führer bestimmt wird und nicht durch ihre eigenen rationalen Überlegungen? Diese Folgerung wäre aus zwei Gründen verfehlt. Zum Ersten: aus der Sicht der demokratischen Elitentheorie ist ein solches Resultat nicht überraschend. Der »Mann auf der Straße« kann nicht völlig allein eine abgewogene definitive Entscheidung über ein so komplexes Problem entwickeln wie die europäische Integration. Komplexe und weitreichende neue Ideen müssen stets durch Eliten entwickelt und erklärt werden. Aus dieser Sicht ist es sehr wichtig, dass auch grundlegende Probleme und Schwächen bestimmter politischer Ziele und Maßnahmen durch kritische Eliten, Intellektuelle und Aktivisten in die öffentliche Diskussion eingebracht werden. Nur so kann der »normale« Bürger die problematischen Aspekte einer Idee oder eines Vorschlags erkennen und sie in seinem Wahlverhalten berücksichtigen. Zweitens ist es unbegründet zu behaupten, dass die Haltung eines politischen Führers problematisch ist, weil er auch seine eigene Karriere dadurch fördern will, dass er eine oppositionelle Haltung einnimmt und vertritt. Für einen politischen Führer haben beide Motive – persönlich in einer Wahl zu gewinnen und ein bestimmtes inhaltliches Programm zu realisieren – gleiche Bedeutung; das eine kann nicht ohne das andere erfolgreich erreicht werden. »Jeder parlamentarische Kampf ist selbstverständlich ein Kampf nicht nur um sachliche Gegensätze, sondern ebenso: um persönliche Macht,« schrieb Max Weber, und allein »Leute mit Führungseigenschaften« gewährleisten, »dass auf bestimmten Persönlichkeiten der Öffentlichkeit gegenüber die Verantwortlichkeit ruht, die sich innerhalb einer vielköpfigen Versammlung ja ganz verflüchtigen würde« (Weber 1988 [1918]: 340, 348). Dies gilt nicht nur für die Regierenden. Wenn es keine prominenten und »lauten« oppositionellen Intellektuellen und Politiker gibt, kann sich die Unzufriedenheit unter jenen Bevölkerungsgruppen, die kritisch gegen bestimmte politische Entwicklungen eingestellt sind, mit der Zeit aufstauen und es kann sich politische Unzufriedenheit und Politikverdrossenheit ausbreiten, die dann plötzlich in unerwarteten und problematischen Formen zur Entladung kommt.

Die allgemeine Einstellung zur Verfassung und ihrem Inhalt

Ein weiterer Aspekt bezieht sich auf die allgemeine Unterstützung für die Integration und die Idee einer Verfassung, sowie auf ihren konkreten Text. Hier lautet die Frage, ob die Ablehnung der Verfassung ein Hinweis auf eine allgemein kritische Haltung zur europäischen Integration war. Dies war offenkundig nicht der Fall. Die Einstellung zur europäischen Integration ist in beiden Ländern sehr positiv. In den Eurobarometer- Erhebungen nach den beiden Referenden (Juni 2005) sagten 88% der Franzosen und 82% der Niederländer, die Mitgliedschaft ihres Landes in der EU sei eine gute Sache (vgl. *Tabelle 8.1*).

In Frankreich war eine große Mehrheit der Bürger (75%) auch der Meinung, dass »die europäische Verfassung wichtig sei, um die europäische Konstruktion weiterzubringen«. In den Niederlanden war diese Rate niedriger (41% dagegen, 50% dafür). Die konkreten Institutionen der EU haben jedoch in beiden Ländern ein deutlich weniger positives Image. Nur für 53% der Franzosen und für 31% der Holländer »besitzt die EU ein gutes Image«. Die Ablehnung der vorgeschlagenen Verfassung bedeutet also nicht, dass man die Idee einer Verfassung als solche ablehnt. Dies gilt besonders für die Franzosen; 75% von ihnen stimmen der Aussage zu, dass eine europäische Verfassung wesentlich sei, um die europäische Integration weiterzubringen. (Unter den Holländern betrug dieser Anteil 41%).

Tabelle 8.1: Einstellungen der Franzosen und Holländer zur EU und zur Verfassung für Europa (2005)

Aussage/Frage	Frankreich %	Niederlande %
Die Mitgliedschaft von [Land] ist eine gute Sache	88	82
Die Verfassung für Europa ruft bei mir ein gutes Image hervor	53	31
Die Verfassung für Europa ist unentbehrlich um die europäische Integration voranzutreiben	75	41
Der Sieg eines Nein im Referendum wird eine Neuverhandlung der Verfassung ermöglichen um ...		
... zu einem sozialeren Text zu kommen	62	65
... zu einem Text zu kommen, der die Interessen von [Land] besser zu schützen erlaubt	59	66

Quelle: Eurobarometer Post-Referendum Survey in Frankreich (Mai 2005, N = 2015) und in den Niederlanden (Juni 2005, N = 2000): Übersetzung der Fragen aus dem Englischen vom Autor.

Schließlich sind auch die Meinungen über das weitere Schicksal der Verfassung im Falle ihrer Ablehnung von Bedeutung. Hier wurden den Befragten zwei Aussagen vorgelegt: »Der Sieg der Gegner im Referendum erlaubt eine Neuverhandlung der Verfassung, um zu einem sozialeren Text zu kommen ... um die Interessen Frankreichs/der Niederlande besser zu verteidigen«. Deutliche Mehrheiten in beiden Ländern (60–66%) stimmten diesen beiden Statements zu. Es ist daher sehr klar, dass die Wähler wünschten, die Verfassung sollte revidiert, aber nicht zurückgewiesen werden. Bemerkenswert ist auch, dass der Wunsch nach einer Neuverhandlung der Verfassung aus diesen zwei Gründen häufiger vorkommt unter den Jüngeren, den besser Gebildeten, den Arbeitern und jenen Befragten, die die Verfassung abgelehnt haben.

All diese Ergebnisse kann man folgendermaßen zusammenfassen: (1) Es bestand ein hohes Interesse an den Referenden, besonders in Frankreich, und die meisten jener, die teilnahmen, waren gut informiert. Die Nichtteilnehmer hatten das Gefühl, dass ihre Teilnahme keinen Unterschied im Resultat machen würde. (2) Die Einstellung zur europäischen Integration im Allgemeinen und zur Verfassung im Besonderen waren wichtige positive Motive für die Teilnahme am Referendum. (3) Drei Motive waren für das Wahlverhalten am Wichtigsten: dass die eigene Nation unabhängig und autonom bleiben sollte; dass der Text der Verfassung zu lang und zu kompliziert war; und dass die Verfassung zu liberalistisch-ökonomisch war und soziale Aspekte zu wenig berücksichtige.

8 Die Europäische Union als eine »soziale Rechtsgemeinschaft« 451

An dieser Stelle ist es von hohem Interesse, die Ergebnisse eines anderen EU-weiten Surveys über die Einstellung der Bürger zur Verfassung und zu den EU-Institutionen anzusehen. Diese Erhebung wurde durch die Organisation *Open Europe* in London durchgeführt, einem »unabhängigen Denkinstitut, das durch einige führende Unternehmer Großbritanniens gegründet wurde, um mutiges neues Denken in die Debatte über die zukünftige Richtung der EU einzubringen«.[9] Wie angesichts der kritischen Überlegungen zum Auftraggeber-Bias in europäischen Meinungsumfragen zu erwarten ist (vgl. Kapitel 6), ergibt sich aus dieser Umfrage eine deutlich weniger positive Sicht der Integration als jene, die wir aus den Eurobarometer-Erhebungen kennen.

Der Survey befasste sich mit zwei Themen, der allgemeinen Einstellung zu einem Referendum und jener der Arbeitsteilung zwischen der EU und den Mitgliedsstaaten. Eine Frage lautete, ob ein Referendum über einen Vertrag abgehalten werden sollte, »der der EU mehr Macht gibt« (etwas, was die europäische Verfassung zweifellos tun würde). Eine große Mehrheit der Befragten, – insgesamt 75% – antwortete auf diese Frage mit Ja (vgl. *Tabelle 8.2*). Eine große Mehrheit zeigt sich nicht nur im EU-kritischen Großbritannien, sondern auch in den EWG-Gründungsstaaten Frankreich, Deutschland und Italien. Selbst in den Ländern mit den niedrigsten Anteilen an Befürwortern einer allgemeinen Volksabstimmung – so vor allem in den postkommunistischen, ökonomisch weniger entwickelten Ländern Mittel-Osteuropas – war eine klare Mehrheit (55%–66%) für die Abhaltung eines solchen Referendums.

Die nächste Frage lautete, ob die Befragten diesen Vertrag, der der EU mehr Macht gibt, befürworten würden. Hier waren die Meinungen geteilt: Insgesamt sagten 41% Ja, und der gleiche Anteil Nein (der Rest waren »weiß nicht« oder »keine Antwort«). In dieser Hinsicht zeigt sich eine sehr große Variation zwischen den Ländern: In Südeuropa (Italien, Spanien) und in den Ländern, die von der EU am meisten profitieren (Belgien, Luxemburg), ist eine klare Mehrheit dafür (ca. 60%); dafür sind auch 50% der Franzosen und 40% der Deutschen, aber nur 20 – 30% der Briten, Schweden, Dänen und Österreicher. Auch in Osteuropa ist die Zustimmung zur Idee einer Stärkung der EU gegenüber den Mitgliedsländern gering; sie variiert von einem extrem niedrigen Wert von 15% (Lettland, Slowakei) bis zu 40%.

---

[9] Vgl. http://www.openeurope.org.uk/about-us/(17.4.2007).

Tabelle 8.2: Einstellungen zu einer Verfassung für Europa und zur europäischen Integration in den 27 Mitgliedsländern der EU (2007)

Fragen/Aussagen[*]	(1) Die Menschen sollten bei einer neuen Verfassung mitreden können	(2) Würden Sie dafür stimmen, der EU mehr Macht zu verleihen?	(3) Die EU repräsentiert einfache Menschen nicht
Land	%	%	%
Alle	75	41	56
Frankreich	81	50	59
Belgien	73	59	54
Luxemburg	74	58	35
Niederlande	62	41	51
Deutschland	77	40	56
Italien	70	60	49
Vereinigtes Königreich	83	21	68
Dänemark	73	31	36
Irland	87	38	50
Portugal	64	44	46
Spanien	73	60	47
Griechenland	83	40	59
Österreich	71	21	65
Schweden	68	16	70
Finnland	72	29	63
Slowenien	55	50	48
Ungarn	66	28	70
Slowakei	64	17	62
Tschechische Republik	82	27	65
Polen	74	38	58
Estland	74	31	60
Lettland	80	15	74
Litauen	67	37	60
Zypern	76	42	54
Malta	77	26	33
Bulgarien	71	29	58
Rumänien	66	25	47

[*] Voller Text der Fragen/Aussagen: (1) »Wenn ein neuer Text erarbeitet würde, der der EU mehr Macht verleiht, wären Sie dann der Meinung, dass dem Volk eine Mitsprache in einem Referendum oder einer Bürgerbefragung gegeben werden sollte, oder sind Sie der Meinung, dass die Ratifizierung dieses Vertrages den nationalen Parlamenten überlassen werden sollte?« (2) »Welche der folgenden Aussagen entspricht Ihrer Meinung am besten? (i) Die EU sollte mehr Macht haben, als sie jetzt hat, und wir sollten mehr Entscheidungen auf der europäischen Ebene treffen; (ii) die EU sollte die Macht behalten, die sie jetzt hat, aber nicht mehr bekommen; (iii) die EU sollte weniger Macht haben, als sie jetzt hat, und wir sollten mehr Entscheidungen auf der nationalen oder lokalen Ebene treffen.« (Aus dem Englischen übersetzt vom Autor).
Quelle: »Poll on the future of Europe«, *Open Europe* (London). Gesamtstichprobe: 17.443 (n = 500-1000 in den einzelnen Ländern).

8 Die Europäische Union als eine »soziale Rechtsgemeinschaft« 453

Eine weitere Frage betraf die Wahrnehmung des Einflusses eines gewöhnlichen Bürgers in der EU. Hier sehen wir, dass eine klare Mehrheit – 56% – der Befragten der Aussage zustimmen: »Die Europäische Union repräsentiert nicht die gewöhnlichen Menschen in unserem Land«. Diese Ergebnisse bestätigen klar die Befunde der kleinen Nachwahlstudie zur Europawahl 2004, die im Kapitel 4 präsentiert worden sind. Auch hier sind die Unterschiede zwischen den Ländern sehr ausgeprägt: In Nordwesteuropa (Großbritannien, Finnland, Schweden) und Österreich ist die Mehrheit (60% und darüber) dagegen, mehr Macht an die EU zu transferieren. Selbst in vielen neuen Mitgliedsstaaten in Osteuropa sind etwa die Hälfte der Bevölkerung oder sogar mehr nicht dafür. Dieses Ergebnis bestätigt neuerlich, dass es ein Mythos ist, dass die Bevölkerung in den postkommunistischen Ländern »enthusiastisch« für den Beitritt zur EU gestimmt hätte.

Wir können die Ergebnisse dieses Abschnittes folgendermaßen zusammenfassen: die Bürger in Frankreich und in den Niederlanden wie auch jene in der gesamten EU haben eine sehr positive Einstellung zur Idee einer Verfassung für Europa und sie möchten unbedingt in die Entscheidungen über ihren Inhalt einbezogen werden. Sie hatten aber auch ernsthafte Bedenken gegen den vorgelegten Text der Verfassung. In den nächsten beiden Abschnitten wird vorgeschlagen, die EU als eine soziale Rechtsgemeinschaft zu verstehen. Eine solche Sicht ermöglicht es uns, die Vorbehalte der Bürger ernst zu nehmen und die unterschiedlichen Erwartungen und Ziele im Zusammenhang mit der Integration in den verschiedenen Mitgliedsstaaten der EU miteinander zu versöhnen.

8.3 Die EU als eine »soziale Rechtsgemeinschaft« und die Charta der Grundrechte als Ansatz für ein *Soziales Europa*

Im Folgenden soll zuerst die Idee der EU als einer »sozialen Rechtsgemeinschaft« dargelegt werden. Dann wird gezeigt, dass ein solches Verständnis eine Verstärkung ihres schwach ausgeprägten »sozialen Charakters« ermöglichen würde, ohne auf das Ziel eines echten Wohlfahrtsstaates hinarbeiten zu müssen.

Die Europäische Union als eine »soziale Rechtsgemeinschaft«

Es gibt eine alte und umfangreiche Diskussion über die »wahre Natur« der Europäischen Union (Schneider 1992, 2000; Weiler 1999; Ferry 2000; Weiler/Wind 2003; Timmermann 2001; Griller 2005). Stellt sie nur einen Zusammenschluss oder eine Konföderation unabhängiger Staaten dar oder bereits einen Bundesstaat? Es ist evident, dass beide diese Begriffe unzutreffend sind. In mindestens dreierlei Hinsicht ist die EU bereits mehr als nur eine Konföderation unabhängiger Nationalstaaten: (1) Die Grundverträge zwischen den Regierungen schließen viel mehr Bereiche ein, als es ein internationaler Vertrag üblicherweise tut; es gibt in der Tat praktisch keinen sozialen oder politischen Bereich, der völlig aus der Gesetzgebung der Union ausgeschlossen wäre. (2) Die EU hat unabhängige und fest eingerichtete starke Institutionen, deren ausschließliche Aufgabe darin liegt, die Integration voranzutreiben; in Kapitel 5 wurde gezeigt, dass sie auch sehr erfolgreich waren. (3) Die Interaktionen zwischen den Mitgliedsstaaten sind regelmäßig, kontinuierlich und intensiv und sie beziehen sich auf nahezu alle Ebenen der Politik und Verwaltung.

Die Europäische Union kann aber auch nicht als ein Bundesstaat betrachtet werden. Das zentrale Element eines Staates fehlt ihr, nämlich der Besitz »des Monopols legitimen physischen Zwanges für die Durchführungen der Ordnungen« auf einem spezifischen Territorium (Weber 1964: 39). Die Europäische Union hat keine Polizei und keine Armee; sie hat auch keine Bürokratie, die direkt mit den Bürgern bei der Bereitstellung von öffentlichen Diensten interagiert und keine Befugnis eigene Steuern einzuheben.

Es scheint fast, dass man keine adäquate Antwort auf die Frage geben könne, welche Art von politischer Gemeinschaft die EU heute darstellt. Sie bloß als neues »politisches System *sui generis*« zu bezeichnen oder neue Begriffe dafür zu erfinden (»eine neue Form von Empire«; Beck/Grande 2004: 97 ff.) hilft wenig weiter. Eine andere Möglichkeit ist zu argumentieren (oder zu postulieren), dass sich die EU zu einem vollen Bundesstaat weiterentwickeln wird. Diese Forderung wurde in der berühmten Rede des früheren deutschen Außenministers Joschka Fischer an der Humboldt Universität im Jahre 2000 erhoben. Als Antwort auf seine eigene Frage: »Europa quo vadis?« stellte er fest: »Vorwärts bis zur Vervollständigung der europäischen Integration«[10] (vgl. auch Wind 2003). Volle politische Integration bedeutet in seiner Sicht die Ausstattung des Europäischen Parlamentes und der europäischen Regierung mit praktisch allen gesetzgeberischen und exekutiven Kompetenzen. Dies würde aber ohne Zweifel eine Aushöhlung der Nationalstaaten und die Entmachtung ihrer Regierungen bedeuten, wenn gleich deren Fortbestand auf dem Papier sicherlich anerkannt würde. In aktuellen Medienbeiträgen fährt Fischer fort, für die Notwendigkeit einer Entwicklung der EU zu einem vollen Staat zu argumentieren, insbesondere im Hinblick auf ihre Außen- und Militärpolitik. Es haben aber nicht nur die seinerzeitigen kritischen Antworten vieler führender EU Spitzenpolitiker auf diese Rede gezeigt, dass eine solche Lösung unmöglich ist. Sie scheint auch aus der

---

[10] Joschka Fischer, »Vom Staatenbund zur Föderation; Gedanken über die Finalität der europäischen Integration,« Vortrag an der Humboldt Universität, Berlin, 12.5.2000 ; vgl. http://www.auswaertiges-amt.de/6_archiv/2/r0005512a.htm (15.5.2000).

8 Die Europäische Union als eine »soziale Rechtsgemeinschaft«

Sicht von historischen, theoretischen, rechtlichen und sozialwissenschaftlichen Überlegungen weder notwendig noch wünschenswert.

Hier wird vorgeschlagen, die Europäische Union als eine *soziale Rechtsgemeinschaft* zu sehen. Diese Bezeichnung impliziert zwei Thesen: zum einen jene, dass das Hauptprinzip, welches die Einheit der EU-Institutionen und ihre Arbeitsweise bestimmt, das Recht im weitesten Sinne ist; zum zweiten jene, dass soziale Aspekte ein wesentliches Element einer solchen Gemeinschaft sein müssen. Eine umfassende Rechtsgemeinschaft ist etwas deutlich Anderes als spezielle internationale Verträge zwischen Staaten aufgrund zweier Tatsachen: (a) alle Bereiche des sozialen, wirtschaftlichen und politischen Lebens können eingeschlossen werden; (b) die Mitglieder der Gemeinschaft entwickeln auch ein Gefühl der Zusammengehörigkeit. In diesem Sinn kann man von einem Prozess der *Vergemeinschaftung* im Sinne von Max Weber (1964: 29ff.) sprechen. Vergegenwärtigen wir uns kurz die Ansichten einiger Autoren, die eine ähnliche Perspektive vertreten und die verschiedene Aspekte herausgearbeitet haben, die eine solche Charakterisierung beinhaltet. Wir werden sehen, dass viele davon weitgehend übereinstimmen mit dem bestehenden Charakter des politischen Systems der EU.

Aus der Sicht der Rechts- und Verfassungswissenschaft sieht Joseph Weiler (1999: 91 ff.) die EU an einem Scheideweg zwischen einem *»Einheitsmodell«* mit einem vollen freien Markt und dem ökonomischen Liberalismus als herrschenden Werten, und einem *»Gemeinschaftsmodell«*, in welchem die Mitgliedsstaaten autonom bleiben und auch viele andere Werte grundlegende Bedeutung haben. Dieses Modell weist die klassische Idee des internationalen Rechts zurück, das »die staatliche Souveränität; Interdependenz und Autonomie als unantastbar zelebriert«. Die Idee von Europa als einer Rechtsgemeinschaft bestimmt nicht nur den Diskurs zwischen den Staaten, sondern wirkt sich auch auf die Bürger dieser Staaten aus und beeinflusst die Beziehung zwischen Individuen (Weiler 1999: 93). Die Politikwissenschaftler Alec Stone Sweet und Thomas Brunell (1998) haben die EU als eine »transnationale, durch Recht regulierte Polis« (*polity*) gekennzeichnet. Aus ihrer Sicht ergab sich die Rechtsintegration Europas aus drei Faktoren – dem transnationalen Austausch zwischen (primär ökonomischen) Akteuren, triadischen Disputbeziehungen und der Produktion von Rechtsnormen zur Erleichterung und Institutionalisierung dieser Beziehungen. Die treibenden Kräfte für die Integration waren private (hauptsächlich ökonomische) Prozessführer, nationale Richter und der Europäische Gerichtshof (EuGH), die miteinander im Rahmen der Verträge interagierten. Seit 1964 (»Costa versus Enel«-Fall) übernahm der EuGH immer mehr eine zentrale Rolle durch die Etablierung der Doktrin von der Vormachtstellung des Gemeinschaftsrechts über das nationale Recht. Das Prinzip des *»direkten Effektes«* ermächtigt

Individuen und Unternehmen, nationale Regierungen zu verklagen, wenn sie sich nicht den Verpflichtungen entsprechend verhalten, die in den Verträgen festgelegt sind. Es wurde daher zu Recht festgestellt, dass der EuGH die Verträge »konstitutionalisiert« hat (Burley/Mattli 1993; Beck/Grande 2004: 18f.). In diesem Zusammenhang ist auch eine These von Marlene Wind sehr wichtig (2003). Sie argumentiert, dass die meisten historischen Rechtssysteme durch eine große Vielfalt von gleichzeitig existierenden rechtlichen Ordnungen auf der nationalen und internationalen Ebene, für das private und öffentliche Recht usw. charakterisiert waren. Aus dieser Sicht ist das komplexe Rechtssystem der EU keineswegs völlig neu oder einmalig. Es gibt auch einen generellen Trend, dass in modernen Gesellschaften das Recht eine immer zentralere Rolle einnimmt, nicht nur als Ausdruck von Interessen, sondern auch als ein Verbindungsglied zu universellen Prinzipien und als Quelle der Identität für Individuen und politische Gemeinschaften (Boyle/Meyer 1998).

Wenn wir die Europäische Union als eine »soziale Rechtsgemeinschaft« definieren, können wir auch die unglückliche Entscheidung zwischen den Scylla und Charybdis von *Staatenbund* gegen *Bundesstaat* vermeiden. Das Wesen des Rechts besteht darin einen Rahmen bereitzustellen, innerhalb dessen sich friedliche und wechselseitig nützliche Austauschbeziehungen und Formen der Zusammenarbeit entwickeln können. Dies ist möglich, ohne dass eine zentrale bürokratische Koordination der Aktivitäten eingerichtet wird. Rechtliche Integration ermöglicht nicht nur eine weitreichende ökonomische, sondern auch eine politische und soziale Integration. In der Rechtstheorie wurde diese These am überzeugendsten von Hans Kelsen (1925) vorgetragen. In seiner »Reinen Rechtstheorie« argumentiert er, dass das Recht die Hauptbasis für die politische Integration darstellt, weil es mit Sanktionen verbunden ist. Wenn eine gewisse Anzahl von Männern und Frauen einer gemeinsamen rechtlichen Ordnung unterstellt sind, bilden sie ein »Staatsvolk«, einen *demos*. Ein Staat ist nichts anderes als eine gültige Rechtsordnung. Der radikale Rechtspositivismus von Kelsen wurde in der Rechtswissenschaft nicht generell akzeptiert, insbesondere in seinem Staatsverständnis. Betrachten wir die Europäische Union, so erscheinen seine Ideen jedoch in verblüffender Weise als adäquat. Neuerdings haben in der Tat zahlreiche Autoren die Union als eine Rechtsgemeinschaft beschrieben und die Tatsache hervorgehoben, dass seit Beginn der Integration die Integration vor allem durch Recht erfolgt. Schon Walter Hallstein (1979), der einflussreiche erste Präsident der EWG Kommission, charakterisierte die EWG als eine Rechtsgemeinschaft (vgl. auch Pernice/Maduro 2004: 14). A. Stone Sweet (2005: 28) bezeichnete die EU als eine »Gemeinschaft der Rechtsherrschaft«; gesetzliche und rechtliche Regulierungen sind jedoch nicht unabhängig von politischen Prozessen und Machtverhältnissen, sondern institutionalisieren diese in einer bestimmten Form.

8 Die Europäische Union als eine »soziale Rechtsgemeinschaft«

Ein Indiz für den Rechtscharakter der EU ist die zentrale Rolle des Europäischen Gerichtshofes (EuGH). Dieser Gerichtshof stellte in der Tat bereits in den 1960er Jahren fest, dass die Europäische Gemeinschaft »eine neue Rechtsordnung des internationalen Rechts darstellt, zu deren Gunsten die Mitgliedsstaaten ihre eigenen Souveränitätsrechte eingeschränkt haben und deren Rechtssubjekte nicht nur die Mitgliedsstaaten sind, sondern auch die individuellen Bürger« (Fall »van Gend und Loos«, 1969; vgl. Langen 2001: 382): Seit dieser Zeit hat der EuGH kontinuierlich und in höchst effizienter Weise, ohne ernsthafte Einwände von Seiten der Mitgliedsstaaten, seine selbst sehr weit definierten rechtlichen Kompetenzen ausgeschöpft, um den Charakter der EU als einer autonomen neuen politischen Gemeinschaft zu stärken und den Verfassungscharakter seines Rechtssystems zu zementieren (Griller/Müller 1995: 210 ff.). Nach Bryde (1992) und Stone Sweet (2005) hat der EuGH die EWG-Verträge schon seit 1969 zu einer Verfassung weiterentwickelt und sich selbst de facto zu einem Verfassungsgerichtshof gemacht. Die Vorherrschaft der Rechtsintegration wird weiters dokumentiert durch die Tatsache, dass die Hauptaktivitäten der großen Eurokratie in Brüssel sich auf die Entwicklung von rechtlichen Regulierungen und Vorschlägen konzentrieren, wie in Kapitel fünf dargelegt wurde. Neuerdings hat auch der deutsche Soziologe Richard Münch (2008a) für ein solches Verständnis der EU argumentiert. Dies ist seiner Meinung nach so zum Ersten, weil Recht eine Grundstruktur jeder modernen Gesellschaft ist; in dieser Hinsicht bezieht er sich auf Kant, der das Recht als das Hauptinstrument zur Herstellung von gesellschaftlicher Integration ansah. Die EU ist zum Zweiten eine Rechtsgemeinschaft, weil in den einflussreichsten Mitgliedsstaaten sehr unterschiedliche Integrationsdiskurse vorherrschen, die nur durch eine gemeinsame und übergreifende juristische Konstruktion der EU integriert werden können. Angesichts dieser Tatsache wird das Problem der Demokratisierung des Rechts und der rechtlichen Institutionen in der EU, wie in der modernen Welt überhaupt, ein zentrales Problem, wie bereits Kelsen betont hat (vgl. auch Alliès 2005: 50).

Aus soziologischer Perspektive stellt sich die Frage, wie weit das Recht in der Lage ist, die Integration einer Gemeinschaft herzustellen. Aus einer Perspektive hat das Recht in dieser Hinsicht sehr weit reichende Möglichkeiten. Für Max Weber (1964: 252) garantiert das Recht im soziologischen Sinn »keineswegs nur ökonomische, sondern die aller verschiedensten Interessen, von den normalerweise Elementarsten: Schutz rein persönlicher Sicherheit bis zu rein ideellen Gütern, wie der eigenen Ehre und derjenigen göttlicher Mächte. Es garantiert vor allem auch politische, kirchliche, familiäre oder andere Autoritätsstellungen und überhaupt soziale Vorzugslagen aller Art ...«. Auf der anderen Seite betonen Rechtssoziologen, dass die formale Existenz einer legalen Ordnung nicht immer mit entsprechenden realen Verhältnissen zusammenhängen muss (Gephart 1992;

Gessner 1992; Zürn/Wolf 2000). Die faktische Anerkennung und Gültigkeit einer Rechtsordnung durch die Menschen wird durch den Begriff der *Rechtskultur* erfasst; die Differenz dieser zum formellen Rechtssystem verhält sich ähnlich wie das Verhältnis zwischen der geschriebenen Verfassung und der *»Realverfassung«.*

Im Bezug auf die EU existieren in dieser Hinsicht zwei Probleme. Zum Ersten ist bekannt, dass in den verschiedenen Mitgliedsstaaten der EU unterschiedliche Rechtskulturen existieren. Diese Unterschiede haben einen formalen und einen Verhaltensaspekt. Besonders relevant ist der Unterschied zwischen der Tradition des römischen Rechts in Kontinentaleuropa und jener des *Common Law* in Großbritannien (Ebert 1978 unterscheidet sogar fünf ,Rechtskreise in Europa). Auch die Unterschiede in den Einstellungen zu Staat und Recht zwischen dem europäischen Norden, insbesondere in Skandinavien, und im Süden, in den Mittelmeerländern, sind in dieser Hinsicht von großer Bedeutung; in den Ersteren bestehen viel vertrauensvollere Einstellungen als in den Letzteren. Es gibt aber auch gemeinsame Elemente in den verschiedenen europäischen Verfassungssystemen (Dippel 2001: 28ff.). Zum Zweiten ist das EU-Recht weiter von der konkreten Lebenswelt der Menschen und ihren Gemeinschaften entfernt als das nationale Recht (Zürn/Wolf 2000). Verletzungen des EU-Rechts erwecken meist keine öffentlichen Skandale; diskussionswürdige Entscheidungen des Europäischen Gerichtshofes führen selten zu EU-weiten Protesten.

Trotz all dieser Probleme wird hier argumentiert, dass die Europäische Union am besten als eine Rechtsgemeinschaft verstanden werden kann. Ein solches Verständnis eröffnet weitreichende Möglichkeiten, die Prinzipien von Einheit und Vielfalt, von Zentralisierung und Dezentralisierung zu integrieren wie auch zu einer Verbesserung des sozialen und demokratischen Charakters der Union zu gelangen. Ein klares Selbstkonzept der Union in dieser Sicht eröffnet eine Möglichkeit die Probleme zu überwinden, die mit dem Verständnis Europas als einem Prozess mit offenem Ende zusammenhängen (Beck/Grande 2004: 62). Dieses Verständnis würde die EU von ihrer Ratlosigkeit über die weitere Entwicklung entlasten und die ständige »Unruhe« und den Druck von ihr nehmen, von einer Reform zur nächsten zu hasten.

Die Grundrechte in der Verfassung – eine ausreichende Basis für ein »Soziales Europa«?

Die Einseitigkeit der EU im Hinblick auf ihre liberalistische, ökonomische Ausrichtung ist einer der zwei am meisten problematischen Aspekte, wenn man eine Reform der EU beabsichtigt, die sie attraktiver für ihre Bürger machen würde, und dem Projekt »Europa« einen neuen Geist einhauchen könnte, der auch in der

8 Die Europäische Union als eine »soziale Rechtsgemeinschaft«

Lage wäre Enthusiasmus zu erwecken. Wie oben festgestellt, wird hier angenommen, dass auch der soziale Aspekt ein zentrales Element einer umfassenden und hochkomplexen politischen Gemeinschaft wie der EU sein muss. Die Integration einer solchen Gemeinschaft allein durch ökonomische Marktbeziehungen erzeugt zwangsläufig nicht nur neue Differenzierungen, sondern auch neue soziale Ungleichheiten (Polanyi 1977). Der soziale und politische Zusammenhalt muss daher auch durch entsprechende Grundsatzbestimmungen in der Verfassung festgelegt werden. Man kann annehmen, dass eine Erklärung für die erstaunliche Stabilität der indischen Demokratie trotz enormer innerer Vielfalt und größter sozialer Probleme darin liegt, dass dessen Verfassung nicht nur soziale Gleichheit, sondern auch positive Diskriminierung zugunsten der großen, früher stark benachteiligten sozialen Schichten (etwa der Kaste der »Unberührbaren« und ethnischer Minderheiten) ausdrücklich als Staatsziel formuliert.[11]

Die Lösung des Problems, der EU einen stärkeren »sozialen Charakter« zu verleihen, scheint der Quadratur eines Kreises zu entsprechen. Das Problem einer Reform in der EU, die ihr umfangreiche Kompetenzen im Bereich der sozialen Wohlfahrtspolitik einräumen würde, liegt darin, dass dies mit dem Prinzip der Subsidiarität in Widerspruch geraten würde. Es würde wenig Sinn machen, die Union mit weitreichenden Kompetenzen in dieser Hinsicht auszustatten, weil soziale Probleme auf der Ebene der Nationalstaaten, der Regionen oder sogar der Gemeinden zu lösen sind. Ein »soziales Europa« in dem Sinne, wie es viele Sozialdemokraten anzustreben scheinen, würde in der Tat implizieren, dass aus der EU ein Superstaat werden müsste.

Im Verfassungskonvent gab es allgemeine Übereinstimmung darüber, dass es notwendig sei, die Bemühungen der Union, sozialen Ausschluss und Ungleichheit zu bekämpfen, besser zu koordinieren. Die Mehrheit der Mitglieder war jedoch nicht überzeugt – wie die meisten Sozialwissenschaftler – dass dies am besten durch eine Harmonisierung der Systeme sozialer Sicherung geschehen würde (Giorgi et al. 2006: 33; Liebert et al. 2003: 119ff.). Ein europäischer Wohlfahrtsstaat ist in der voraussehbaren Zukunft unmöglich, auch deshalb, weil es keinen europäischen Arbeitsmarkt gibt und die geografische Mobilität zwischen den Mitgliedsstaaten sehr niedrig ist (Leibfried 1996; Majone 1996a,b; Scharpf 2002; vgl. auch Kapitel 4).

Eine Lösung des Problems kann man jedoch finden, wenn man die EU als eine soziale Rechtsgemeinschaft versteht. Aus dieser Sicht ist es ihre einzige Aufgabe, die grundlegenden gesetzlichen Regelungen im Hinblick auf die soziale Wohlfahrt zu formulieren. Die konkreten, rechtlich-normativen Festlegungen und Verfahren der sozialen Steuerung und Verwaltung würden vollkommen den

---

[11] In der Verfassung werden diese bezeichnet als »scheduled castes and tribes«.

Mitgliedsstaaten und ihren Untereinheiten überlassen. Die vorgeschlagene Verfassung für Europa hat bereits einen signifikanten Schritt zur Definition allgemeiner sozialer Grundrechte in Teil II (Charta der Grundrechte der Union) getan. Im Folgenden werden die Stärken und Schwächen dieser Charter diskutiert.

Die *Charta der Grundrechte der Europäischen Union* wurde durch einen speziellen Konvent der EU in den Jahren 1999-2000 entwickelt und im Jahre 2000 von den EU-Institutionen und dem Europäischen Rat in Nizza verabschiedet. Diese Charta wurde unverändert und als Ganzes in die Verfassung für Europa aufgenommen. Die explizite Einschließung solcher Rechte in eine Verfassung ist ohne Zweifel wichtig und im Prinzip auch richtig (vgl. auch Pernice/Poiares Maduro 2004: 59ff.). Diese Entscheidung erfolgte erst, nachdem mehrere Untergruppen und Mitglieder des Verfassungskonvents entschiedene Aktionen dafür gesetzt hatten.[12] Deren Vertreter sind bis heute zu Recht sehr stolz auf diesen Erfolg. Nach dem österreichischen MEP Johannes Voggenhuber, der bei diesen Bemühungen führend beteiligt war, stellte der Einschluss dieser Rechte einen »revolutionären Prozess« dar; es war »das erste Mal in der Geschichte der Menschenrechte, dass soziale Rechte als klassische einklagbare Menschenrechte formuliert wurden«.[13] Auch manche Analytiker preisen diesen Grundtext, der »rechtliche Klarheit und Sicherheit herstellen und das Vertrauen der Bürger verstärken wird« (Liebert et al. 2003: 154). Eine genauere Betrachtung des Inhalts dieser Rechte lässt jedoch Zweifel entstehen, ob alle diese Behauptungen zutreffen; vier Aspekte sind hier besonders relevant (vgl. auch M. Opielka in Heit 2005: 123).

Zum Ersten ist auffallend, dass viele dieser Rechte selbstverständlich sind; man könnte sich fragen, warum es notwendig ist sie in einer Verfassung explizit hervorzuheben. Beispiele schließen ein das Recht auf Gedankenfreiheit (dieses »Recht« findet sich in keiner anderen Verfassung), das Verbot der Sklaverei, das Recht zu heiraten und eine Familie zu gründen, das Recht zu arbeiten. Manche der angeführten Rechte sind natürlich nicht trivial und ihr Einschluss in die Verfassung weist tatsächlich auf ein spezifisch europäisches Rechtssystem hin, das auf besondere Werte begründet ist. Beispiele sind das Verbot der Todesstrafe und der Tortur (ein sehr aktuelles Recht, wenn man sich gewisse Praktiken der US-Armee vor Augen hält) und das Verbot der Zwangsarbeit.

Zum Zweiten sind viele dieser Grundrechte sehr ähnlich jenen, die bereits in den bestehenden Verfassungen der Mitgliedsstaaten (so etwa das Recht auf persönliche Würde und Leben, auf Gleichheit vor dem Gesetz usw.) oder in der Europäischen Konvention der Menschenrechte enthalten sind, die von allen EU

---

[12] So insbesondere die Sozialdemokraten und Grünen.
[13] Interview mit dem Europaabgeordneten Johannes Voggenhuber in Wien am 21. Juli 2005 (Interviewer: M. Haller).

8 Die Europäische Union als eine »soziale Rechtsgemeinschaft« 461

Mitgliedsstaaten ratifiziert worden ist. Man könnte sich fragen, warum es in diesem Fall notwendig ist, sie in der EU Verfassung zu wiederholen oder ob dieser Einschluss ihre Geltung verstärkt.

Drittens: Die Formulierung dieser sozialen Rechte oder auch neuer Rechte – etwa jener in Bezug auf die Umwelt – ist im Hinblick auf den Grad ihrer Verbindlichkeit sehr schwach. Es wird meist nicht gesagt, dass die EU diese Rechte schützen oder verstärken will, sondern es wird nur festgestellt, dass sie respektiert werden sollen. Einige Beispiele: »Die Freiheit und der Pluralismus der Medien soll respektiert werden« (Art. II-71); »jeder hat das Recht auf Bildung ... dieses Recht schließt die Möglichkeit einer freien Pflichtschulbildung ein« (Art. II-74); »Die Union soll die kulturelle, religiöse und sprachliche Vielfalt respektieren« (Art. II-82). Manchmal werden einfach faktische Aussagen getroffen: »Politische Parteien auf der Ebene der Union tragen zum Ausdruck des politischen Willens der Bürger der Union bei« (Art. II-72).

Zum Vierten ist der Gültigkeitsbereich dieser Rechte stark eingeschränkt. Die allgemeine Klausel am Schluss der Verfassung stellt fest, dass die Festlegungen dieser Charta nur die Institutionen und Körperschaften der Union betreffen, jene der Mitgliedsstaaten aber nur insofern, als sie Gemeinschaftsrecht implementieren (Art. II-111). An mehreren Stellen wird eine Klausel eingeführt, die feststellt, dass die Rechte nur in dem Grad gültig sind, wie sie den bestehenden nationalen Gesetzen entsprechen. Zwei Beispiele: Die Freiheit, Bildungseinrichtungen zu begründen »soll respektiert werden in Übereinstimmung mit den nationalen Gesetzen, die die Ausübung solcher Freiheiten und Rechte regulieren« (Art. II-74); »Jeder hat das Recht auf Zugang zu Gesundheitsvorsorge und das Recht von medizinischer Behandlung zu profitieren unter den Bedingungen, die von nationalen Gesetzen und Praktiken festgelegt worden sind« (Art. II-95). Alle diese Rechte könnten in einer viel stärker verpflichtenden Art und Weise festgelegt werden. Im Folgenden werden zwei detaillierte Beispiele aus den Verfassungen zweier großer Mitgliedsstaaten gegeben und Hinweise auf analoge Spezifikationen in mehreren anderen. Es mag kein Zufall sein, dass eine eindeutigere Sprache nur in zwei Fällen gewählt wurde. Sie betreffen die Gleichheit zwischen Männern und Frauen (Art. 83) und die Rechte von Arbeitern (Art. II-7ff.). In beiden Fällen bestehen starke *pressure groups* – feministische Organisationen und Gewerkschaften – die diese Rechte fordern. Nur in einem einzigen Fall wird eine positive Aktion vorgesehen, um einem Recht Geltung zu verschaffen. Art. II-107 stellt fest, dass »jenen Rechtshilfe zur Verfügung gestellt werden soll, die keine ausreichenden Ressourcen haben ...«. Stand vielleicht die einflussreiche Profession der Juristen hinter diesem Artikel, der einen wichtigen Tätigkeitsbereich für ihre Mitglieder eröffnet?

Vergleich mit sozialen Grundrechten in den Verfassungen einiger Mitgliedsstaaten der EU[14]

Die Verfassung von Italien enthält eine Reihe weitreichender sozialer Rechte.[15] Ein erheblicher Teil dieser relativ kurzen Verfassung ist ihnen gewidmet. Der erste Titel der italienischen Verfassung betrifft zivile Freiheiten, der zweite »ethisch-soziale Beziehungen«, der dritte »ökonomische Beziehungen« und der vierte »politische Beziehungen«. Der Abschnitt »ethisch-soziale Beziehungen« enthält auch Pflichten; im Hinblick auf Ehe und Familie wird etwa die Verpflichtung der Eltern festgehalten, für ihre Kinder zu sorgen und sie zu erziehen. Es wird auch festgestellt, dass die Republik »durch wirtschaftliche und andere Maßnahmen die Gründung einer Familie erleichtert und die Erfüllung der Pflichten, die mit ihr verbunden sind«. Diese Tatsache ist sicherlich relevant, weil eine gut funktionierende soziale und politische Gemeinschaft voraussetzt, dass die Bürger aktiv an öffentlichen, gesellschaftlichen und politischen Angelegenheiten teilnehmen. Die EU-Verfassung enthält keinerlei Bezug auf konkrete Aufgaben oder Verpflichtungen der Bürger. Die Ausnahme ist eine allgemeine Bemerkung in der Präambel, die festhält, dass die Ausübung der Rechte auch mit Verpflichtungen gegenüber den Mitmenschen, gegenüber der Gemeinschaft und zukünftigen Generationen verbunden ist. Diese Tatsache entspricht einer kritischen Interpretation des politischen Systems der EU, das diese als eine neue Art von paternalistischem »Superstaat« sieht, der für das Wohlergehen seiner Bürger in jeder Hinsicht sorgt, von ihnen selbst aber nicht viel Aktivitäten erwartet.

Was die Konkretisierung sozialer Rechte betrifft, spricht die Verfassung von Italien eine ganz andere Sprache als die EU-Charta der Sozialen Grundrechte. Dafür einige Beispiele. Gleich zu Beginn wird klar gemacht, dass Gleichheit ein ebensolches Grundrecht darstellt wie Freiheit. Artikel 3 stellt fest, »alle Bürger verdienen den gleichen Respekt und sind vor dem Gesetz gleich ... es ist eine Aufgabe der Republik alle wirtschaftlichen und sozialen Barrieren zu besei-

---

[14] Die meisten Texte der nationalen Verfassungen in Europa sind im Internet verfügbar. In deutscher Fassung sind sie abgedruckt in *Verfassungen der EU-Mitgliedsstaaten* (München 2005).
[15] Man könnte sich fragen, warum gerade die italienische Verfassung so weitreichende soziale Rechte enthält. Die Erklärung ist wohl, dass 1945–1947, nach dem Sturz des faschistischen Regimes, linksorientierte Kräfte sehr stark waren; die Sozialisten erhielten bei den ersten Wahlen 20,7%, die Kommunisten 18,9% der Stimmen. Für die Ausarbeitung der Verfassung wurde ein eigener Konvent gewählt. Die Verfassung wird in einer Zusammenfassung so beschrieben: »Die Verfassung legt den Schwerpunkt auf ökonomische und soziale Rechte und deren effiziente Garantie. Sie wird auch durch eine antiautoritäre Staatsauffassung inspiriert ... Es fehlen nicht wichtige Hinweise auf die Anerkennung der individuellen Freiheits- und sozialen Rechte, verstärkt durch eine solidarische Grundhaltung ...« (Vgl. http://wikipedia.org/wiki/ Costituzione_della_Repubblica_Italiana" (26.9.2008). (Übersetzung aus dem Italienischen vom Autor).

tigen, welche de facto Freiheit und Gleichheit der Bürger einschränken«. In ähnlicher Weise wird festgestellt, dass der Staat die Gesundheit als Grundrecht der Individuen und als Interesse der Gemeinschaft schützt. In Bezug auf Bildung wird erklärt, dass begabte und verdienstvolle Schüler ein Recht haben die höchsten Stufen des Bildungssystems zu erreichen, auch wenn sie selber nicht ausreichende Mittel dafür haben; in diesem Falle unterstützt sie der Staat mit Stipendien, Familienbeihilfen und ähnlichem. In Bezug auf wirtschaftliche Beziehungen stellt der erste Artikel der Verfassung klar: »Italien ist eine demokratische Republik, begründet auf der Arbeit«, und es wird erklärt, dass jeder Bürger das Recht auf Arbeit hat. Im Abschnitt über ökonomische Rechte und Beziehungen wird festgestellt, dass die Republik Arbeit schützt und dass jede arbeitende Person das Recht auf eine Entlohnung hat, die der Qualität und dem Umfang seiner oder ihrer Arbeit entspricht; das Einkommen muss angemessen sein, um für das einzelne Individuum und seine Familie ein freies und würdevolles Leben zu sichern. Jeder Bürger, der nicht fähig ist zu arbeiten, hat ein Recht auf Lebensunterhalt und soziale Unterstützung. In Bezug auf Eigentum wird festgestellt, dass dies »öffentlich oder privat« sein kann; aus Gründen der allgemeinen Wohlfahrt kann das Gesetz erklären, dass bestimmte Kategorien von Unternehmen oder Diensten öffentlichen Körperschaften übertragen werden; der Staat anerkennt und unterstützt die sozialen Funktionen von nicht profitorientierten Kooperativen. Im Abschnitt über die politischen Beziehungen werden nicht nur die grundlegenden Rechte formuliert, sondern es wird auch festgestellt, dass jeder zu den öffentlichen Ausgaben beitragen muss »entsprechend seiner oder ihrer Steuerkraft« und dass das Steuersystem eine progressive Struktur hat.

Ein bemerkenswertes Beispiel in diesem Zusammenhang ist die »Umweltcharta von 2004«, die als erster Abschnitt mit zehn Artikeln in die französische Verfassung aufgenommen wurde. Auch hier finden sich Bezüge sowohl auf Rechte und Pflichten der Bürger, wie auch auf konkrete Verpflichtungen des Staates. Artikel 1 und 2 stellen fest, dass jeder das Recht hat, in einer ausgewogenen und gesunden Umwelt zu leben, aber auch die Pflicht dazu beizutragen und Aktivitäten zu vermeiden, die der Umwelt schaden könnten. Die Regierung hat den Zustand der Umwelt laufend zu kontrollieren und nachhaltige Entwicklung zu fördern; zu diesem Zweck muss sie eine Balance herstellen zwischen Wirtschaftswachstum und sozialer Entwicklung und sie muss Information, Bildung und Forschung (!) über die Umwelt fördern.

Dies sind nicht die zwei einzigen EU-Mitgliedsstaaten, die in ihrer Verfassung explizite soziale und Umweltrechte festgelegt haben. Auch die belgische und spanische Verfassung halten ein Recht auf Arbeit fest. Die holländische und griechische Verfassung erklären, es sei die Verpflichtung des Staates für »ausreichende« Beschäftigung zu sorgen; dies scheint ein besseres Ziel zu sein (weil es auf die Bedürfnisse der einzelnen Bürger bezogen ist) als die Formulierung in der EU-Verfassung, wo versprochen wird, in Richtung auf Vollbeschäftigung zu wirken. Vollbeschäftigung ist ein umstrittenes statistisches Maß, wobei in verschiedenen Staaten unterschiedliche Niveaus der Beschäftigung als adäquat angesehen werden können. In Großbritannien (wie in den USA) wird der Schwerpunkt auf die Sicherung der Flexibilität des Arbeitsmarktes gelegt, in Skandinavien auf die Sicherung eines hohen Beschäftigungsniveaus. Beide Modelle haben ihre Vorzüge und Schwächen (Haller 1997; Haller/Heschl 2004). Wenn die EU erklärt, dass das Erreichen eines bestimmten Beschäftigungsniveaus ihr Ziel sein wird, greift sie in Angelegenheiten der nationalen Politik ein. In diesem Sinne kritisieren auch Alston und Weiler (1999: 27) die EU-Dokumente wegen ihres Fokus auf »Sozialpolitik«, auf das Ziel »soziale Ausschließung« zu überwinden usw., anstatt dass sie ihren Schwerpunkt auf die Zusicherung individueller Rechte legt. Wie Italien formulieren auch mehrere weitere Staaten das Recht auf Unterhalt für alle Personen, die nicht fähig sind zu arbeiten oder für sich selbst zu sorgen (Belgien, Spanien). Die spanische Verfassung legt, ebenso wie die italienische, das Recht fest, dass man eine Entlohnung aus der Arbeit erhalten soll, die einen angemessenen Lebensunterhalt für den Arbeitenden und seine Familie sicherstellt (Art. 35). Die schwedische Verfassung formuliert konkrete Rechte der in Schweden wohnhaften Ausländer, einschließlich ihres Zugangs zum Bildungssystem. Im Abschnitt »Leitende Prinzipien der Sozialpolitik« in der Verfassung von Irland wird festgehalten, dass der Staat eine destruktive Konzentration essentieller Güter in den Händen einiger weniger verhindern muss, dass jeder das Recht auf einen angemessenen Beruf hat und dass der Staat sozial verwundbare Personen, wie Waisenkinder oder alte Menschen, schützen muss. Auch viele der mittelosteuropäischen EU-Mitgliedsstaaten, die früher staatssozialistische Systeme hatten, haben wohl definierte soziale Rechte in ihre Verfassung aufgenommen; wir können hier darauf nicht im Detail eingehen.

Es ergibt sich also sehr eindeutig, dass viele Mitgliedsstaaten der EU sehr viel weiter gegangen sind als die EU-Verfassung, wenn es um die Definition konkreter sozialer Rechte geht und um die Festlegung von Verpflichtungen ihrer Realisierung, sowohl von Seiten der Individuen wie des Staates. Das Gleiche gilt zum Teil sogar für die Europäische Charta der Menschenrechte von 1961 (Feldman 1993; Waldschmitt 2001). Wir können aus den angeführten Beispielen einige allgemeine Folgerungen ziehen.

Drei Prinzipien für die Festlegung sozialer Grundrechte in der EU-Verfassung

Zum Ersten sollte eine Verfassung der EU nicht nur soziale Grundrechte von Individuen, sondern auch Verpflichtungen in ihren Prinzipien einschließen. Diese Forderung ergibt sich direkt aus dem Begriff der Demokratie. Politische Theoretiker von Aristoteles bis Rousseau haben argumentiert, dass eine Demokratie nicht funktionieren kann, wenn die sozialen Ungleichheiten zu groß sind (Graubard 1973). Die Anerkennung grundlegender sozialer Rechte würde der weitverbreitenden Forderung entsprechen, dass die EU »sozialer« werden muss (vgl. z.B. Falkner/Nentwich 1995; Ferry 2000: 180 ff.; Weiler 2002: 56; Benz 2004; Attac 2006; Hermann 2006). Sie würde auch größere Kohärenz und Klarheit in einem Bereich schaffen, der in der EU und ihren Mitgliedsstaaten bis jetzt durch eine verwirrende Vielfalt von Prinzipien und Regulierungen gekennzeichnet ist (Waldschmitt 2001: 77 ff.). P. Alston und J. Weiler (1999: 26) haben diesen Punkt am Klarsten zum Ausdruck gebracht: »Das Prinzip der Unteilbarkeit der Menschenrechte ist der Schlüsselstein der EU Politik. Dies bedeutet, dass wirtschaftlichen, sozialen und kulturellen Rechten die gleiche Bedeutung zugemessen wird wie zivilen und politischen Rechten«. Bis jetzt sind die sozialen Rechte der Menschen (wie sie im Begriff der »sozialen Bürgerschaft« enthalten sind) viel weniger ausformuliert als jene von wirtschaftlichen Akteuren. Im Maastricht-Vertrag waren soziale Rechte auf beschäftigte Menschen beschränkt, die ganze Logik dieser Rechte war marktorientiert (Cole 1994). Umfassende soziale Rechte für alle Bürger würden auch dem Begriff der *Unionsbürgerschaft* mehr Substanz verleihen. Bis jetzt hat dieser mehr eine symbolische als eine praktische Bedeutung und es ist nur die nationale Staatsbürgerschaft, die wirklich zählt (Dell'Olio 2005; Donati 2008; Nettesheim 2003; Dehove 2004: 36 ff.). Diese Rechte sollten in einer Weise formuliert werden, die sehr deutlich auch eine Verpflichtung der Politik zu ihrer Realisierung festlegt. Rechte sollten aber auch nicht ohne Verpflichtungen für die Individuen gewährt werden (Giddens 1998). Die zunehmende persönliche Autonomie in modernen Gesellschaften impliziert auch, dass die Individuen selber Beiträge leisten müssen, bevor sie sich auf öffentliche Unterstützung berufen. Arbeitslosenzahlungen müssen etwa mit individuellen Bemühungen einen Job zu suchen verbunden sein.

Die Forderung, die grundlegenden sozialen Rechte als individuelle Rechte zu formulieren, führt zu einem zweiten Postulat: Die konkrete Festlegung und Implementation dieser Rechte sollte vollständig den Mitgliedsstaaten und ihren jeweils zuständigen Untereinheiten überlassen werden. Auch wenn die Europäische Union ein allgemeines Rahmensystem für diese Grundrechte festlegt, muss ihre konkrete Umsetzung den Mitgliedsstaaten überlassen bleiben. Die europäische Staatsbürgerschaft würde mit Leben erfüllt, indem die nationalen Staatsbürgerschaften entsprechend den europäischen sozialen Grundrechten ergänzt würden (Miller 2000). Lokale, nationale und EU-Bürgerschaft zusammen würden »*vernetzte Mitgliedschaftsrechte*« darstellen (Faist 2001; Lehning/Weale 1997). Auf diese Weise könnten die spezifischen nationalen Wohlfahrtsstaaten und ihre Systeme der sozialen Sicherung, die unterschiedlichen sozioökonomischen Entwicklungsniveaus der verschiedenen EU-Mitgliedsländer, aber auch die Präferenzen ihrer Bürger einbezogen werden (vgl. auch Pernice/Poiares Maduro 2004; Donati 2008). Wir haben dieses Prinzip bereits im Fall von Arbeit und Beschäftigung illustriert.

Ein weiteres schönes Beispiel, an welchem man zeigen kann, wie ein solches Prinzip funktionieren könnte, ist der *Mindestlohn*. Diese Idee wurde auch auf der Ebene der EU ausführlich diskutiert (Dehove 2004: 139). Es wäre vorstellbar, in der gesamten Union die gleichen Mindestlöhne einzuführen. Angesichts der extremen Unterschiede in den Lohnniveaus zwischen den Mitgliedsstaaten würde dies aber nicht nur eine unakzeptierbare Einmischung in nationale Angelegenheiten bedeuten, sondern auch eine Verzerrung des Prozesses der Lohnbildung. Dieses Problem kann jedoch gelöst werden, wenn sich die EU selber darauf beschränken würde, zu erklären, dass jeder Staat einen Mindestlohn definieren muss, der dem allgemeinen Einkommensniveau in seinem Land entspricht. Tatsächlich haben bereits 20 der 27 EU-Mitgliedsstaaten einen solchen Mindestlohn definiert, einschließlich von Großbritannien (Dehove 2004: 137). Die signifikanten Unterschiede in den allgemeinen Lebensstandards, die derzeit zwischen den verschiedenen Mitgliedsländern bestehen, könnten auf diese Weise berücksichtigt werden.[16] In einem reichen Land ist ein viel höheres Niveau von Wohlfahrtsleistungen möglich wie in einem armen Land; nicht in allen Ländern wünschen die Bürger eine starke Ausweitung sozialer Rechte und Leistungen, die ja auch mit höheren Steuern einhergehen (Mau 2005). Die Verleihung individueller sozialer Rechte würde die Folge haben, dass ein einzelner Bürger seinen Staat bzw. seine Regierung verklagen kann, wenn er diese nicht einlöst. Dieser Staat hätte dann zwei Möglichkeiten: er könnte diese Rechte implementieren oder er könnte etwa argumentieren – gegen die EU- Kommission oder den EuGH – dass das Niveau an sozialen Leistungen, dass er zur Verfügung stellt, seinen finanziellen Möglichkeiten, seinem typischen Wohlfahrtsystem oder den Wünschen der meisten seiner Bürger entspricht.

Es gibt eine Reihe von Einwänden in dieser Hinsicht, die man jedoch leicht widerlegen kann. Zum Ersten wäre es zentral das Prinzip durchzusetzen, dass nur individuelle soziale Rechte in der Verfassung festgelegt werden sollten. Indivi-

---

[16] Derzeit beträgt der monatliche Mindestlohn in Luxemburg 1570 Euro, in Bulgarien 92 Euro; dies sind die zwei Extremwerte in der EU. Vgl. http://de.wikipedia.org (Mindestlohn).

8 Die Europäische Union als eine »soziale Rechtsgemeinschaft« 467

duelle Rechte sind gegenüber Rechten von Gruppen oder anderen kollektiven Einheiten generell vorzuziehen (Offe 2003). Im Rahmen der europäischen Integration ist es besonders notwendig, dass sich ein Gesetz oder eine sozialpolitische Maßnahme auf allgemeine Prinzipien berufen kann; dies bedeutet im wesentlichen wiederum, dass sich soziale Rechte auf Individuen beziehen müssen (Münch 2008a).

Ein anderer Einwand gegen diesen Vorschlag könnte lauten, dass der Einschluss sozialer Grundrechte in der Verfassung wenig oder gar keinen Einfluss auf die tatsächliche Praxis in den Mitgliedsstaaten haben würde. Tatsächlich ist das bereits derzeit bestehende EU-Recht im sozialen Bereich (z.B. in der Arbeitswelt) nicht überall voll implementiert worden (Falkner et al. 2005). Dieser Einwand ist bis zu einem gewissen Grad zweifellos richtig. Trotzdem kann man sagen, dass der größte Teil des EU-Rechtes in den Mitgliedsstaaten tatsächlich umgesetzt worden ist und dass bestehende EU-Gesetze tatsächlich einen gewissen Einfluss ausüben.

Eine dritte Frage betrifft das Problem, ob der Einschluss von sozialen Grundrechten in der EU-Verfassung tatsächlich einen realen Effekt auf die Politik der Mitgliedsstaaten haben würde und sich in der Folge die soziale Situation auch der weniger gut gestellten Bürger verbessern würde. Auch hier kann man argumentieren, dass auf mittlere und lange Sicht solche verfassungsmäßig niedergelegten Grundprinzipien eine Auswirkung haben würden und zwar aus drei Gründen.

(1) Auch der Europäische Gerichtshof würde die Möglichkeit erhalten, Urteile auszusprechen, die die Verwirklichung sozialer Grundrechte durchsetzen würden, wenn diese als konkrete individuelle Rechte in der Verfassung festgelegt wären. Bis jetzt hat der EuGH wenig zur Durchsetzung grundlegender Menschenrechten beigetragen (Stein 2001). Individuelle Klagen würden den EuGH dahin bringen, das Gemeinschaftsrecht auch im Bereich der sozialen Grundrechte zu spezifizieren und zu bekräftigen (wie er es bereits im Bereich jener Rechte getan hat, die mit wirtschaftlicher Freiheit zusammenhängen).

(2) Der Einschluss der grundlegenden Menschen- und sozialen Rechte würde »eine Entscheidung von großer symbolischer Bedeutung« darstellen (Pernice/Poiares Maduro 2004: 64) und wichtige Folgen haben. Eine Verfassung für Europa kann als eine weitreichende institutionelle Innovation gesehen werden, die sowohl auf Ideen und wie auf Interessen begründet ist und die die unterschiedlichen Aufgaben von Individuen und kollektiven Einheiten festlegt und damit zu ihrer Respektierung beiträgt (Garret/Weingast 1993: 184). Aus dieser Sicht würden sich die Verfassung als grundlegende Sammlung der Regeln der Gemeinschaft und die dezentralisierte, politisch-praktische Umsetzung der Normen in den Mitgliedsstaaten einander ergänzen. Eine Verfassung mit konkreten

sozialen Rechten würde ein normatives System darstellen, das die allgemeine Idee der sozialen Integration in Europa in spezifische Erwartungen und Ziele umsetzt. Sie würde auch das Vertrauen in die politischen Institutionen und Eliten verstärken. Heute sind diese »in der Gefahr, eine tiefe moralische institutionelle Krise zu erzeugen«, gerade weil »die öffentliche Propagierung von Europa derzeit fast ausschließlich in wirtschaftlichen Begriffen erfolgt« (Siedentop 2001: 216f.).

(3) Es würden durchaus Chancen für die Implementierung dieser weitreichenden Prinzipien in der Verfassung bestehen. Es wäre sicherlich viel leichter, die Zustimmung der Eliten und Bürger auch in den integrationsskeptischen Ländern (insbesondere in Großbritannien) für rein formale rechtlich-verfassungsmäßige Prinzipien zu gewinnen, als für einen direkten Transfer von Regierungs- und Wohlfahrtsfunktionen nach Brüssel. Wenn diese Länder und ihre Bürger auch auf keinen Fall wünschen, einer zentralen EU-Regierung unterworfen zu werden, könnten sie doch zustimmen, sich der Herrschaft des europäischen Rechtes zu unterwerfen (Schneider 2000). Dies ist in Großbritannien – wie in jedem anderen EU-Mitgliedsstaat – bereits in einem weitgehenden Ausmaß geschehen. Auch dort existiert heute eine »neue Welt sich überlappender nationaler und internationaler Rechtsordnungen« als Folge der Mitgliedschaft in der EU (Hunt 1997: 3). Darüber hinaus würde ein vor allem auf Individuen bezogenes Rechtssystem auch für die Briten mit ihrer liberal-individualistischen Rechtstradition leichter akzeptierbar sein (Ginsberg 1992: 139ff.; Feldmann 1993; Münch 2008a).

8.4 Verbesserung der Transparenz und Stärkung der direkten Demokratie: Folgerungen aus dem Charakter der EU als konsensuellem politischem System

Das zweite Hauptproblem der EU heute betrifft ihr demokratisches Defizit. In diesem Abschnitt sollen die Art dieses Defizits, sowie die Lösungen, die dafür in der Verfassung für Europa vorgeschlagen wurden, besprochen werden. Im Anschluss daran betrachten wir die *Berliner Erklärung* von 2007 – die Antwort der politischen Eliten auf die schwere Krise der Integration nach der Ablehnung der Verfassung für Europa in Frankreich und den Niederlanden. Es wird argumentiert, dass die EU eine historische Chance versäumt, wenn sie verfahren wird, wie in dieser Erklärung beabsichtigt, d.h. die Verfassung nur geringen Modifikationen unterziehen und sie nur dann durch den Europäischen Rat und die nationalen Parlamente verabschieden lassen wird. Dieses Verfahren ist inzwischen tatsächlich in Gang gesetzt worden. Bis Herbst 2008 wurde der Vertrag von

Lissabon von 23 Mitgliedsländern ratifiziert; in drei weiteren hängt diese noch an Entscheidungen des Verfassungsgerichtshofes (Tschechien) bzw. Bundespräsidenten (Deutschland), bzw. ist erst durchzuführen (Schweden). Das Ziel einer glatten, plangemäßen Verabschiedung wurde jedoch neuerdings jäh durchkreuzt vom Nein der Iren in der Volksabstimmung vom 12. Juni 2008; 53,4% der Iren stimmten gegen den Vertrag. Die darauf folgenden Abschnitte diskutieren Probleme und Lösungen für verschiedene Aspekte des demokratischen Defizits der EU. Im letzten Abschnitt wird der Vorschlag gemacht, die Verfassungsdiskussion wieder aufzunehmen, einen neuen Verfassungstext auszuarbeiten und diesen den Bürgern in der gesamten EU vorzulegen.

Probleme moderner Demokratien und das Demokratiedefizit der EU

Was ist die Natur des »demokratischen Defizits« der EU? Es gibt Autoren, die argumentieren, dass ein solches Defizit gar nicht existiert. Infolge ihres Charakters als internationale Gemeinschaft seien Standards nationaler Demokratien auf die EU nicht anwendbar; dies auch deshalb, weil es kein europäisches Volk gebe, und weil die EU eine Gemeinschaft von Nationalstaaten *sui generis* darstelle. Einige dieser Argumente sind zweifellos zutreffend. Die aus normativer demokratietheoretischer Sicht erforderlichen formal-demokratischen Bedingungen sind im Falle der EU in der Tat gegeben. So werden die Mitglieder des Europäischen Rates, des mächtigsten Gremiums der EU, durch die Bürger in den Mitgliedsstaaten jeweils getrennt gewählt. Das Europäische Parlament wird sogar direkt durch die Bürger gewählt. Es ist wohl auch zutreffend, dass die Größe und die Vielfalt der EU die Entwicklung der Bedingungen für eine weitgehende direkt-demokratische Teilnahme ausschließt; schließlich zeigt der Erfolg der Integration, – zumindest im Hinblick auf seine kontinuierliche Vertiefung und Erweiterung –, dass das System an sich funktioniert (Coultrap 1999; Dahl 2001; Moravcsik 2002; für einen Überblick vgl. Giorgi et al. 2006: 34ff.). Ein Hauptargument dieser Autoren ist die Tatsache, dass die EU ein sehr komplexes Mehr-Ebenen-System von Regierung darstellt, das keine einfache Anwendung von demokratischen Prinzipien gestattet, wie sie auf der Ebene von Nationalstaaten existieren. Einige dieser Argumente sind, wie festgestellt, durchaus begründet. Hier wird jedoch argumentiert, dass schon heute erhebliche Probleme der Qualität der Demokratie auf der Ebene der EU-Mitgliedsstaaten bestehen. Die europäische Integration hat diese Probleme in signifikanter Weise verschärft.

Es wurde bereits in Kapitel 3 auf einige der wichtigsten Probleme zeitgenössischer Demokratien hingewiesen. Sie schließen u.a. ein (vgl. Arendt 1963; Kelsen 1963; Pitkin 1967; Sartori 1968; Barber 1984; Held 1996; Zürn 1998;

Höreth 1999, 2002; Norris 2005; Dalton 1999; Klingemann 1999; Siedentop 2001; Schmitter und Trechsel 2004a): die Kommerzialisierung der Politik als Folge der Ausbreitung des Fernsehens und der Anwendung von Marketingmethoden; der Aufstieg einer »politischen Klasse« mit ihren eigenen spezifischen Interessen; zunehmende Verfilzung von Politikern und politischen Parteien mit gesellschaftlichen Interessen, als Folge der Ausweitung des öffentlichen Einflusses in vielen Bereichen; eine Tendenz der Parteiapparate, eigene Interessen zu entwickeln und sich zunehmend auf öffentliche Finanzierung zu stützen (dies vor allem in Europa); ideologische Aushöhlung der Parteien und zunehmende Austauschbarkeit ihrer politischen Programme; sowie – als Folge all dieser Tendenzen – Sinken der Wahlbeteiligung und zunehmendes Misstrauen in Politik und Politiker unter den Bürgern.

Auf der Ebene der EU (wie in der globalisierten Welt insgesamt) wiederholen sich manche dieser Probleme, andere stellen sich noch gravierender dar. Die Folgenden treten am deutlichsten zu Tage:

- Dem *Europäischen Parlament* (EP) fehlt eine zentrale Funktion eines Parlaments, nämlich selbst Gesetze formulieren und verabschieden zu können (Steffani/Thaysen 1995: 36); innerhalb des Europäischen Parlaments kann man kaum von einem offenen Wettbewerb zwischen verschiedenen politischen Ideologien und Lagern sprechen. Die Hauptarbeit des EP spielt sich in einer Vielzahl von Ausschüssen ab, deren Tätigkeit von der Öffentlichkeit nicht wahrgenommen wird. Das Parlament ist mit nebensächlichen Dingen überbeschäftigt, etwa mit der Formulierung von Resolutionen zu allen großen und kleinen Problemen rund um die Welt,[17] aber oft nicht fähig (oder willens) seinen eigenen Standpunkt oder gegen die Interessen großer Mitgliedsstaaten (wie im vorhergehenden Kapitel gezeigt) oder gegen andere EU-Institutionen durchzusetzen.
- Die *Europäische Kommission*, die »Regierung« der EU, besteht aus einer Gruppe ernannter Politiker, die keiner Wählerschaft direkt verantwortlich sind und praktisch nicht aus ihren Ämtern abgewählt werden können; noch verstärkt gilt dies für die mächtigen Spitzenbürokraten der EU, die Generaldirektoren der Kommission.
- Der *Europäische Rat*, das mächtigste kollektiv entscheidende Organ in der EU, ist in seinen Entscheidungen ebenfalls keiner Wählerschaft direkt verantwortlich; seine Verhandlungen finden unter Ausschluss der Öffentlich-

---

[17] Der italienische EU-Abgeordnete der Lega Nord drückte dies in der für diese Partei typisch drastischen Sprache folgendermaßen aus: »Es reicht, dass irgendwo auf der Welt ein Mann in die falsche Richtung uriniert, dass das Europaparlament eine Resolution verabschiedet ...« (Interview von L. Veronesi).

keit statt. Paul Alliès (2005: 161ff.) nennt diese Körperschaft ein »Kartell der Regierungen«.
- Der *Europäische Gerichtshof*, eine Körperschaft unabhängiger Juristen, agiert wie ein Nebenparlament ohne jede demokratische Kontrolle. Auch seine Mitglieder werden durch die Regierungen ernannt und seine Entscheidungen stärken in der Regel das Prinzip des freien Marktes auf Kosten anderer (insbesondere sozialer) Prinzipien.
- Die *Interaktionsmuster* zwischen der Kommission, dem EP und der Vielzahl von Lobbygruppen sind äußerst intransparent; unter den Lobbyisten sind wirtschaftlich starke und artikulationsfähige Gruppen überrepräsentiert. In Kapitel 4 wurde gezeigt, dass diese Situation durch die Öffentlichkeit sehr kritisch wahrgenommen wird.
- Selbst aus der Sicht der *repräsentativen Demokratie* schneidet die EU schlecht aber, weil die Repräsentation in den meisten Fällen höchst indirekt ist und viel zu viele Zwischenstufen zwischen den Wählern und ihren Entscheidungsträgern involviert (Pollak 2007).

Roman Herzog, der frühere Präsident der Bundesrepublik Deutschland und Vorsitzende der EU-Konvention, welche die Charta der Grundrechte ausgearbeitet hatte, hat vier Gründe genannt, warum immer mehr Kompetenzen in Brüssel zentralisiert werden[18]: (1) Die EU-Politiker sind de facto Bürokraten und haben als solche ein Interesse daran, die Regulierungen der EU auszuweiten – unabhängig davon, ob die EU laut Verträgen sich in einem bestimmten Bereich überhaupt Kompetenzen aneignen durfte; (2) Im Mehr-Ebenen-Regierungssystem der EU erfolgt häufig ein »Spiel über die Bande«: nationale Politiker oder Interessensgruppen, die nicht fähig sind, ein bestimmtes Gesetz oder eine Regulierung in ihrem Staat durchzusetzen, unternehmen in Brüssel Initiativen, damit dies für die EU insgesamt geschieht; die Folge ist oft, dass institutionelle Reformen der EU die Regierung der Mitgliedsstaaten stärken auf Kosten der Kontrolle durch nationale Parlamente und Bürger (Weiler 1999: 264ff.). (3) Ein weiterer problematischer Mechanismus ist die häufige Annahme von »Verhandlungspaketen« durch den Europäischen Rat. Um zu Mehrheitsentscheidungen zu gelangen, bilden die Regierungsvertreter mehrerer Länder Allianzen und verknüpfen Themen, die inhaltlich nichts miteinander zu tun haben. Es wird dadurch möglich, dass die Regierungen der Mitgliedsstaaten mit einem Füllhorn von Maßnahmen nach Hause kommen, insbesondere im Bereich der Landwirtschafts- und Strukturpolitik (Alliès 2005: 174ff.). (4) Die Rechtssprechung des Europäischen Ge-

---

[18] Roman Herzog/Lüder Gerken, »Europa entmachtet uns und unsere Vertreter,« Die Welt, 13.1.2007.

richtshofes privilegiert ganz eindeutig die Kompetenzen der EU auf Kosten jener der Mitgliedsstaaten. Demokratie ist eng mit der Herrschaft von Recht und Gesetz verknüpft (Skrapska 2001). Deshalb hat die Verfassung für Europa eine Reihe von Maßnahmen vorgeschlagen, die einige dieser Probleme des Demokratiedefizits der EU lindern sollten. Sie schließen ein: Die Verstärkung der Kompetenzen des Europaparlaments durch Ausweitung der Mitentscheidung in den meisten Bereichen; öffentliche Sitzungen des Europäischen Rates, wenn er als Gesetzgeber fungiert; die Verpflichtung der Kommission, die nationalen Parlamente über neue EU-Gesetzesvorschläge zu informieren; die Einführung des Prinzips der Subsidiarität, das die Arbeitsteilung zwischen der EU und den Mitgliedsstaaten eindeutiger festlegen soll; eine Möglichkeit für die direkte Teilnahme der Bürger durch das Recht auf Bürgerinitiativen (eine Million Wahlberechtigte aus mehreren Ländern können eine solche Initiative starten). Angesichts der vorher erwähnten Defizite ist es jedoch evident, dass all diese Maßnahmen unzureichend sind. Die Kommission bleibt der Hauptinitiator für Gesetzesvorschläge; andere Körperschaften, aber auch die Bürgerinitiative, können nicht mehr bewirken als die Kommission zu veranlassen einen Vorschlag umzuformulieren oder noch einmal zu diskutieren.

In diesem Abschnitt sollen einige konkrete Vorschläge für eine Reform der EU-Institutionen gemacht werden, die weiter gehen und die vor allem an ihren grundlegenden Schwächen aus demokratie-theoretischer Perspektive anknüpfen. Sie erfolgen im Geiste von Karl Poppers Idee von »*piecemeal reforms*«, d.h. von Reformen, die klar umschriebene, schrittweise Verbesserungen beinhalten, deren Effekte kontinuierlich realistisch abgeschätzt und bewertet werden können (vgl. auch Griller/Müller 1995; Höreth 1999: 309). Eine solche Vorgangsweise ist auch deshalb angebracht, weil der derzeitige institutionelle Aufbau der EU mit all seinen Schwächen dennoch das Ergebnis von praktisch-politischen Erfahrungen eines halben Jahrhunderts ist, deren Wert nicht unterschätzt werden darf. Die EU stellt ein historisch neues und einmaliges System dar, »welches in vielerlei Hinsicht eine Balance und Machtgleichgewicht zwischen verschiedenen Aspekten herzustellen versucht« (Poier 2004: 1072, vgl. auch Lepsius 2000). Im folgenden werden vier Typen von Vorschlägen gemacht: Verzicht auf Regierungsfunktionen der EU; Verbesserung der Transparenz der Eliten-Netzwerke; Verstärkung der persönlichen Verantwortlichkeit der individuellen politischen Akteure; Einführung direktdemokratischer Elemente.

8 Die Europäische Union als eine »soziale Rechtsgemeinschaft« 473

Verzicht auf Regierungsfunktionen und Demokratisierung der Gesetzgebungsfunktionen der EU

Wenn wir die EU als eine Rechtsgemeinschaft verstehen, wie es hier der Fall ist, folgt daraus direkt, dass sie keine Regierung sein und auch nicht als eine solche handeln kann, d.h., durch eine Umverteilungs- und Steuerungspolitik, die mehr oder weniger direkt in soziale Prozesse und in das Leben der Bürger eingreift. Stefano Bartolini (2006) hat gezeigt, dass eine graduelle »Politisierung« der EU höchst problematische Konsequenzen haben könnte, weil dadurch ihr gesamtes, fein austariertes System zerstört würde. In der sozialwissenschaftlichen Literatur wird in diesem Zusammenhang neuerdings der Begriff *governance* verwendet (Cameron 1998; Sandholtz und Stone Sweet 1998; Zürn 1998; Kohler-Koch 1999; Jachtenfuchs 2001; Held 2004; Jachtenfuchs und Kohler-Koch 2004; Axt 2005). Dieser Begriff zielt auf die Tatsache, dass in der gegenwärtigen Welt eine Vielfalt von Akteuren auf unterschiedlichen Ebenen und mit unterschiedlichen Methoden der Koordination (hierarchisch-demokratisch, marktbezogen, netzwerkbasiert) an den Prozessen der politischen Regierung und Steuerung beteiligt sind. »Gutes Regieren« (good governance) bedeutet, dass alle diese verschiedenen Mechanismen optimal integriert sind. Dadurch sollen die Transparenz, die Offenheit für die teilnehmenden Bürger und die Ergebniseffizienz optimiert werden.

Dieser Begriff ist ohne Zweifel nützlich, auch wenn er eine stark normative Komponente hat, besonders in seiner Anwendung auf die EU. Er sollte aber nicht dazu führen, die Tatsache zu übersehen, dass die EU derzeit tatsächlich bereits als eine Art »Regierung« im klassischen Sinn funktioniert und dies auch immer stärker möchte. Dies betrifft vor allem jene zwei Politikbereiche, in denen sie die höchsten Ausgaben tätigt, nämlich in der Agrar- und Strukturpolitik. Es ist aber auch der Fall in einer großen Anzahl von Bereichen, in welchen sich die EU zunehmend konkrete politische Ziele setzt (z.B. im Hinblick auf ein bestimmtes Beschäftigungsniveau) oder wo sie bestimmte Arten von Politik in der gesamten Union etablieren will (z.B. im Bereich der Bildungspolitik). Auch das problematische Bestreben der EU, »konkrete Resultate« für die Bürger zu erbringen, hängt eng zusammen mit ihren Ambitionen, regierungsähnliche Steuerungsfunktionen zu übernehmen. Dazu schreiben etwa Dimitris Chryssochoou et al. (1999: 202): »Tatsächlich lag die größte Schwäche der Verträge von Amsterdam und Nizza in ihrer Betonung von *policy* an Stelle von *politics*, auf Effizienz statt Demokratie, auf Verteilungskompromissen statt auf integrativer Anpassung, auf einer funktionalistischen Struktur statt auf gemeinsamen normativen Verpflichtungen ....«

Das Argument, dass die EU auf alle Bemühungen eines mehr oder weniger direkten »Regierens« verzichten sollte, scheint einen radikalen Bruch mit dem Selbstbild der EU wie auch mit ihrer Wahrnehmung durch die Öffentlichkeit darzustellen. In der Tat ist eine solche Sicht aber nicht so weit entfernt von den realen Kompetenzen und Funktionen, welche die EU heute (zumindest außerhalb der beiden vorhin genannten Bereiche) hat. Es besteht weithin Übereinstimmung darüber, dass diese hauptsächlich legaler und regulierender Art sind (Majone 1993, 1996 a,b). Damit stimmt auch die Tatsache überein, dass die EU in jüngster Zeit immer mehr zu horizontalen, »weichen« Methoden der Koordination und Zielsetzung tendiert (Mosher/Trubek 2003; Schäfer 2005). Der Erfolg dieser Steuerungsprinzipien bleibt jedoch umstritten (Schäfer 2005). Alec Stone Sweet (2005: 55) kommt in dieser Hinsicht zum folgenden Urteil: »… die EU regiert prinzipiell dadurch, dass sie Regeln festlegt (Richtlinien, Regulierungen, Entscheidungen) und indem sie beteiligte Gruppen in Entscheidungsprozeduren einbezieht (insbesondere durch das System der Komitologie und andere Formen der Beratung); sie hat [aber] wenig Fähigkeit direkt zu agieren durch Besteuerung, Umverteilung und direkte Anordnungen bzw. Kontrollen. Die Europäische Gemeinschaft hat nur eine schwache Zwangskapazität. Der Erfolg der Kommission liegt in der Aushandlung und Austarierung von Interessen zwischen verschiedenen Bereichen und Organisationen; die Verwaltung und Durchsetzung des EU-Rechtes wird typischerweise den Mitgliedsstaaten überlassen. Als Folge sind diese Formen supranationaler Regierung (*governance*) stark normbasiert, legalistisch aber unvollständig« (Stone Sweet 2005: 55).

Der Vorschlag, die EU auf Regulierungsfunktionen einzuschränken, lässt nicht nur unter EU-Politikern, sondern auch unter Sozialwissenschaftlern die weit verbreitete Erwartung als unrealistisch erscheinen, dass die EU zugleich »effektiv und demokratisch« sein könne (Scharpf 1999). Als eine Rechtsgemeinschaft kann die EU nur die Rahmenbedingungen festlegen, innerhalb derer effektive Wirtschafts- oder Sozialpolitiken ausgeführt werden können; dies kann nur durch politische Institutionen und Akteure auf der Ebene der Mitgliedsstaaten und ihrer Regionen und Gemeinden erfolgen. Ob diese Politik erfolgreich ist oder nicht, hängt also in erster Linie von den Mitgliedsstaaten, aber auch von vielen anderen Faktoren ab. Die sehr unterschiedlichen politischen *Outcomes* in den verschiedenen Mitgliedsstaaten der EU, selbst innerhalb der Eurozone, bestätigen diese These eindeutig (Vgl. Abschnitt 6.5. vorne). Manche Autoren haben argumentiert, dass eine hohe »Output-Legitimität« der EU ihre niedrige »Input-Legitimität« kompensieren könne, d.h. die beschränkten Möglichkeiten der Bürger den politischen Prozess zu beeinflussen durch die Leistungen der EU für ihre Bürger ausgeglichen werden könnten. Wäre diese Vorstellung haltbar, würde sie in der Tat ein Argument für eine Relativierung der These vom Demokratiedefizit der EU darstellen. Dieses Thema wurde bereits in Kapitel 6 diskutiert. Da es von zentraler Bedeutung ist, sollen hier noch einige zusätzliche Perspektiven einbezogen werden.

Exkurs: Kann die Politik der Europäischen Union eine hohe »Output-Legitimität« erzeugen?[19]

Eine hohe »Output-Legitimität« eines politischen Systems (man könnte auch von einer *»Regierung für das Volk«* statt einer *»Regierung durch das Volk«* sprechen) ist gegeben, wenn es effizient arbeitet und seine Ziele erreicht (Majone 1996a; Schimmelfennig 1996; Scharpf 1997, 1999, Crum 2003; Boedeltje/Cornips 2005). Aber schon der von politischen Wissenschaftlern entwickelte Begriff der »Output-Legitimität«, erscheint aus der Sicht der theoretisch-normativen und soziologischen Perspektive, die in diesem Buch entwickelt wurde, fragwürdig. Zum Ersten ist er problematisch aus normativer Sicht. Effizientes Regieren erhält hier eine sich selbst legitimierende Qualität, unabhängig von seiner Form und Struktur; es erfolgt eine problematische Umorientierung weg von den zentralen Fragen der politischen Freiheit und Selbstbestimmung hin zu Fragen der Wohlfahrtsproduktion (De Tocqueville 194/; Arendt 1963; Abromeit 2000). Zum Zweiten erfasst dieser Begriff nicht wirklich das entscheidende Merkmal von »Legitimität«; dies besteht darin, dass ein soziales oder politisches System de facto durch die Bürger als legitim angesehen wird (Weber 1964: 22). Positive Leistungen eines Systems können zu einer Akzeptierung dieses Systems führen, zu einer hohen Legitimität, aber sie müssen dies nicht notwendig. Um feststellen zu können, ob ein System eine hohe oder niedrige Legitimität besitzt, muss man auch die Wahrnehmungen der Menschen über das System und seine Politik einbeziehen. Man muss daher auch die Bemühungen von Regierungen in Betracht ziehen, die immer und überall danach trachten, unter der Wählerschaft eine positive Meinung über ihre Politik zu erzeugen, wie diese auch immer aussieht. Dies ist auch im Falle der EU von großer Bedeutung. Auch deren politische Eliten werden nicht müde, die Erfolge der Integration zu preisen und alle positiven Entwicklungen, die man in Europa seit 1945 beobachten kann, der Integration zuzuschreiben. Die EU hat auch umfassende wissenschaftliche Studien in Auftrag gegeben, um zu zeigen, wie bedeutsam diese Leistungen waren bzw. wie verheerend die Verluste wären, wenn der Integrationsprozess nicht stattgefunden

---

[19] Aus Raumgründen kann diese Thematik hier nur in einem Abschnitt behandelt worden. (Im ursprünglichen Manuskript machte sie ein eigenes Kapitel aus).

hätte oder unterbrochen würde (letzteres vor allem im berühmten, aber schwer greifbaren Cecchini-Report von 1988). Zwei Fragen ergeben sich in diesem Zusammenhang: Ist es wahr, dass die Europäische Integration so erfolgreich war? Wie sehen die Bürger in ganz Europa diesen Erfolg? Es ist bekannt und wurde auch in dieser Studie schon dokumentiert, dass viele Bürger in dieser Hinsicht sehr kritisch sind. Die politischen Eliten argumentieren, dass die Bevölkerung die tatsächlichen Leistungen der Integration nicht wirklich anerkennt. Um zu einer ausgewogenen Sicht dieses Sachverhaltes zu gelangen, müssen wir daher sowohl die objektiven Entwicklungen wie auch deren subjektive Wahrnehmung durch die Bevölkerung betrachten.

Wenn man die objektiven Entwicklungen im vergangenen Jahrzehnt (1994-2005) betrachtet und sie mit jenen ihrer drei »Rivalen« im Weltmaßstab, den Vereinigten Staaten und Japan vergleicht, dann erscheint die EU nicht als besonders erfolgreich. Es wurde bereits im Kapitel 6 gezeigt, dass die EU und Japan im vergangenen Jahrzehnt im Hinblick auf das Wirtschaftswachstum deutlich hinter den USA lagen; im Hinblick auf die Beschäftigung war die Entwicklung in der EU ein eindeutiger Misserfolg, es zeigten sich in allen 10 Jahren die schlechtesten Zahlen; nur im Hinblick auf die Inflation schnitt die EU relativ gut ab; in jüngster Zeit (Sommer 2008) ist auch dieser Erfolg mit Inflationsraten von 4% dahingeschmolzen; die Staaten des *Euroland* haben signifikant schlechter abgeschnitten als jene außerhalb der Eurozone (Dänemark, Großbritannien, Schweden). Innerhalb der EU gab es im Hinblick auf diese Erfolge jedoch sehr große Unterschiede: die großen und alten Mitgliedsstaaten Frankreich, Deutschland und Italien waren weit weniger erfolgreich als die südeuropäischen Mitgliedsstaaten sowie Luxemburg, Irland und Finnland. Insgesamt mag es stimmen, dass die europäische Integration zum Wirtschaftswachstum in den meisten Mitgliedsländern beigetragen hat; dies war allerdings nur in einem bescheidenen Maße der Fall (Bornschier et al. 2004; Ziltener 2004).

Was zeigt sich, wenn wir die Wahrnehmungen und Bewertungen dieser Trends unter den Bürgern betrachten? Auf die Frage nach der Rolle und dem Erfolg der EU in fünf zentralen Politikbereichen zeigen die Ergebnisse aus den Eurobarometer-Umfragen, dass die negativen Bewertungen die positiven in drei Bereichen deutlich überwogen: EU-weit war die Mehrheit der Befragten der Meinung, dass die EU eine negative Rolle spielte im Bereich der Beschäftigung (43 % sehen hier eine negative, 24% eine positive Rolle), im Bereich der Inflation (51% negativ, 23 % positiv) und im Bereich sozialer Standards (29% negativ, 22 % positiv).[20] Nur in zwei Bereichen sind positive Bewertungen häufiger als negative (Wirtschaftswachstum und Wohlstand: 41% positiv, 35% negativ;

---

[20] Ergebnisse des Eurobarometer 61.00, Frühjahr 2004.

8 Die Europäische Union als eine »soziale Rechtsgemeinschaft« 477

Kampf gegen Kriminalität: 44% positiv, 20% negativ). Menschen in Ländern mit positiven Entwicklungen bewerten diese auch eher positiv, jene in Ländern mit negativen Entwicklungen sehen diese kritischer und negativ. Das heißt, die Wahrnehmungen der Bürger sind sehr zutreffend, wenn sie die Leistungen der EU als nicht besonders bemerkenswert oder sogar sehr kritisch sehen.

Tabelle 8.3: Wahrgenommene Leistungen der EU und Befürchtungen über die Errichtung von Europa (2004)

Wahrgenommene Leistungen		Stimme eher zu	Stimme eher nicht zu[1]
Ich fühle mich sicherer weil [Land] Mitglied der Europäischen Union ist	%	43.0	46.6
Ich glaube, wir sind wirtschaftlich stabiler, weil [Land] ein Mitglied der Europäischen Union ist	%	43.7	45.7
Ich glaube, wir sind politisch stabiler, weil [Land] ein Mitglied der Europäischen Union ist	%	40.0	47.7
Meine Stimme zählt in der Europäischen Union	%	31.8	55.0
Die Stimme [des Landes] zählt in der Europäischen Union	%	62.8	26.9
Die größten Länder haben in der EU die meiste Macht	%	76.0	14.3
Befürchtungen über die Integration			
Machtverlust der kleinen Mitgliedsstaaten	%	49.4	42.0
Zunahme des Drogenhandels und der internationalen organisierten Kriminalität	%	68.2	27.2
Unsere Muttersprache wird immer weniger verwendet werden	%	39.7	55.7
Unser Land zahlt immer mehr an die Europäische Union	%	64.4	26.5
Der Verlust sozialer Leistungen	%	53.6	38.5
Der Verlust nationaler Identität und Kultur	%	42.2	52.3
Eine wirtschaftliche Krise	%	47.7	42.5
Die Auslagerung von Arbeitsplätzen in andere Mitgliedsländer mit niedrigeren Produktionskosten	%	74.1	19.9
Mehr Schwierigkeiten für Bauern [des Landes]	%	62.2	26.2

[1] Auf 100% fehlende Prozentwerte: "weiß nicht"
Quelle: Eurobarometer 61 (Frühjahr 2004). Fragen 12 und 15; N=16216. (Frageformulierungen aus der österreichischen Erhebung).

Darüber hinaus haben erhebliche Anteile – 40% bis 80% – der Bürger konkrete Ängste über das Voranschreiten der Integration (vgl. *Tabelle 8.3*). Unter sechs angeführten Bereichen sieht die Mehrheit der Befragten nur in einem einzigen Aspekt einen positiven Effekt der EU, nämlich im wahrgenommenen Einfluss des eigenen Landes in der EU. In zwei Bereichen sind die negativen Bewertungen weit häufiger als die positiven: Einer davon ist der überproportionale Einfluss großer Länder, der andere der persönliche Einfluss in der EU. 76% der Befragten in den 15 EU-Mitgliedsstaaten haben das Gefühl, dass »die größten Länder die meiste Macht in der EU haben«; nur 32% haben das Gefühl, dass ihre eigene Stimme in der EU zählt. Eine Aufgliederung der Ergebnisse nach Ländern zeigt, dass auch in dieser Hinsicht die Bürger eine sehr zutreffende Wahrnehmung haben: Die meisten Befragten in Frankreich und Deutschland (75–78%) sind der Meinung, dass die Stimme ihres Landes in der EU zählt, aber weniger als 50% der Finnen, Portugiesen, Briten, Italiener und Österreicher. Ein noch negativeres Bild der Folgen der Integration ergibt sich, wenn wir die konkreten Ängste betrachten, welche die Befragten mit der EU verbinden. In den meisten von neun Themen, die in der Befragung genannt wurden, hat eine Mehrheit Befürchtungen. In vier Dimensionen – Verlagerung von Arbeitsplätzen in andere Mitgliedsländer, Drogenhandel, nationale Zahlungen an die EU und Schwierigkeiten für Bauern – äußern große Mehrheiten (62% bis 74%) Ängste im Zusammenhang mit der europäischen Integration. Unter erheblichen Teilen der Bevölkerung scheint sich also ein bedenkliches Gefühl der Entfremdung von der EU auszubreiten.

Die Tatsache, dass subjektive Bewertungen der EU-Politik unter dem allgemeinen Publikum sehr eng auf die objektiven Entwicklungen bezogen sind, wird bestätigt durch die Mehrebenen-Regressionsanalyse in Kapitel 6. Positive Entwicklungen in einem Land sind klar verbunden mit positiven, negative Entwicklungen mit negativen Bewertungen in den jeweiligen Bereichen. Wenn sich zum Beispiel die Beschäftigungssituation in einem Land positiv entwickelt hat, erkennen dies die Menschen in der Bewertung dieses Bereiches an. Wir können daher zweifelsfrei schließen, dass die öffentlichen Meinungen über die Integration klar auf objektive sozioökonomische Entwicklungen bezogen sind. Es ist schlicht falsch zu behaupten, dass die Mehrheit der Bevölkerung »der EG/EU keine signifikante Rolle in der Gestaltung dieser Bedingungen zugesteht« (Moussis 2006: 189f.). Aus der Sicht der Output-Legitimität genießt die EU unter den Bürgern nur eine sehr begrenzte Legitimität. Diese Tatsache ist darauf gegründet, dass die EU – zumindest im letzten Jahrzehnt – deutlich weniger erfolgreich war, als es durch Politiker und Wirtschaftsführer, aber auch von manchen Ökonomen und Sozialwissenschaftlern dargestellt wird (Bornschier 2000b; Trichet 2001; Galati/Tsatsaronis 2003; Bergsten 2005; Moussis 2006). Einige Sozialwissenschaftler haben allerdings sehr wohl auf diese bescheidenen Leistungen und oft sogar Misserfolge der EU hingewiesen (vgl. Bader 1993; Friedman/Mundell 2001; Eichengreen 2005; Caporale/Kontonikas 2006; Wyplosz 2006).

Versuchen wir die Urteile von Experten bei der Bewertung des Erfolges der EU in spezifischen Politikbereichen zusammen zu fassen. Auch diese sind sehr gemischt und oft negativ. Dies gilt etwa für die Agrarpolitik, jenem Bereich, in welchem die Politik der EU von den Experten, trotz partieller Leistungen, nahezu einhellig als ein Misserfolg bezeichnet wird. Sie hat perverse Verteilungseffekte, wie in Kapitel 4 gezeigt; sie führt zu überhöhten Lebensmittelpreisen; und die riesigen Summen, die umverteilt werden, verleiten zu Verschwendung, Klientelismus und Korruption im großen Maßstab (May 1985; Rieger 1996; Foilleux 2003; El-Agraa 2004b:354ff.; Koland 2005; Wiggerthale 2005; Moussis 2006). Eine sehr wichtige Folgerung wurde in dieser Hinsicht von Eve Fouilleux (2003: 251 f) gezogen; sie wies darauf hin, dass gerade die intransparenten, mächtigen Interessenkoalitionen zwischen Großbauern, Nahrungsmittelproduzenten und Landwirtschaftsministern diese problematischen politischen Ergebnisse erzeugt haben: »Die gemeinsame Agrarpolitik ist ein herausragendes Beispiel dafür, was geschieht, wenn es keine wirkliche Beziehung zwischen den EU-Institutionen und den EU-Bürgern gibt. In solchen Umständen ist es für die Regierungen leicht, die europäische Union als Sündenbock für Entscheidungen zu sehen, die sie selber nicht treffen wollen. Die Kommission selber ist in dem, was sie tun kann eingeschränkt, und sie wird oft letztlich für eine Politik beschuldigt, die sie eigentlich selber gerne reformiert hätte.«

Auch die Regional- und Strukturpolitik der EU ist seit langem höchst kontroversiell, ebenso wie ihre Leistungen im Hinblick auf die gesetzten Ziele (Molle 2001); die politische Idee eines »*Europa der Regionen*« ist weit von der Realität entfernt (Les Galès/Lequesne 1998; Armstrong 004; Pollak/Slominski 2006: 97ff.; Haller 2007). Manche Ökonomen und Sozialwissenschaftler stellen die positiven Effekte der Integration auf das Wirtschaftswachstum überhaupt in Frage, und zwar sowohl auf der Basis theoretischer Überlegungen wie empirischer Daten (Vanhoudt 1999; Sapir et al. 2003; Ziltener 2003, 2004; Aiginger 2004; Wyplosz 2006). In Bezug auf die gemeinsame Währung argumentieren viele, dass die Priorität der EU für die Hartwährungspolitik mit ein signifikanter Grund für die wirtschaftlichen Schwierigkeiten in der Eurozone ist (Lorentzen 1999; Cameron 1998; Ingham 2004; Wyplosz 2006). Die industrielle Forschungs-und Technologiepolitik der EU kann man nur dann positiv bewerten, wenn man das Ziel der EU, ein »*global player*« zu werden, unterschreibt. Man kann aber auch argumentieren, dass diese Politik den Prinzipien des freien Marktes widerspricht und ein klares Beispiel von Interventionismus darstellt; dass die gewaltigen Investitionen in diesem Bereich (zum Beispiel für die Entwicklung der Airbus-Industrie) massive Subventionen der Mitgliedsstaaten und der EU an

Großkonzerne impliziert haben (Grande 1996b; Mussler/Streit 1996; Ziltener 2003; El-Agraa 2004b:236). Keine ausführlichen Kommentare sind schließlich notwendig im Hinblick auf die Leistungen der EU in der gemeinsamen Außen- und Sicherheitspolitik; in diesem Bereich ereigneten sich einige ihrer spektakulärsten Fehlschläge, begründet auf der grundlegenden Uneinigkeit zwischen den Mitgliedsstaaten, etwa in den Fällen der Kriege in Jugoslawien und im Irak.

Welche Folgerungen können wir aus all dieses Fakten ziehen im Hinblick auf die Möglichkeit, die unzureichende Input-Legitimität der EU durch eine Output-Legitimität zu ersetzen? Die Antwort darauf steht außer Frage: Eine solche Ersetzung ist unmöglich, sowohl aus normativer wie auch aus empirisch-faktischer Sicht. Ein politisches System mit geringer »Input-Legitimität« würde eine »aufgeklärte Autokratie« oder eine »milde bzw. gütige Diktatur« (benevolent dictatorship) darstellen, wie sie Alexis de Tocqueville schon vor 150 Jahren voraussah:

> »Käme es in den demokratischen Nationen unserer Tage zum Errichten des Despotismus, so besäße er andere Merkmale; er wäre ausgedehnter und milder, und die Entwürdigung der Menschen vollzöge er, ohne sie zu quälen ... [Er wäre trotzdem] eine gewaltige, bevormundende Macht, die allein dafür sorgt, ihre Genüsse zu sichern und ihr Schicksal zu überwachen. Sie ist unumschränkt, ins Einzelne gehend, regelmäßig, vorsorglich und mild. Sie wäre der väterlichen Gewalt gleich ... es ist ihr recht, dass die Bürger sich vergnügen, vorausgesetzt, dass sie nichts anderes im Sinne haben als sich zu belustigen. Sie arbeitet gerne für deren Wohl; sie will aber deren alleiniger Betreuer und einziger Richter sein...“ (Tocqueville 1976: 814).

Würde die EU ein- für allemal auf Regierungsfunktionen im engeren Sinne verzichten, hätte dies eine Reihe von unmittelbar positiven Folgen: zum Ersten würden die vielen Möglichkeiten für »schlechtes Regieren" im weitesten Sinn beseitigt, die Verschwendung von Geld für falsche Zwecke, unnötiger bürokratischer Aufwand, und Anreize für Klientelismus und Korruption. Es wird geschätzt, dass etwa Dreiviertel des EU-Haushaltes und 80% der Gesetzgebungsaktivitäten der EU auf Lobbyingaktivitäten zurückzuführen sind (Waldschmitt 2001: 44). Zum Zweiten würde sie die »wortreiche Rhetorik« der Europapolitiker überflüssig machen, das vollmundige Versprechen hoher Leistungen, die nicht eingelöst werden können (Alesina et al. 2001). Diese Rhetorik findet sich immer wieder nicht nur im Bereich der Wirtschaftspolitik, sondern auch in anderen Bereichen, etwa der gemeinsamen Außen- und Sicherheitspolitik. Ein Beobachter nannte diese Rhetorik der EU im letzteren Bereich geradezu als gespenstisch, da dahinter kein einziger Soldat stehe (Stein 2001: 50). Es scheint, dass die EU aus dem offenkundigen Versagen der Lissabon-Strategie nichts gelernt hat, sondern weiterhin auf dem Ziel der Herstellung einer hohen »Output-Legiti-

8 Die Europäische Union als eine »soziale Rechtsgemeinschaft« 481

mität« beharrt. Die folgende Aussage von Kommissionspräsident Barroso scheint dies jedenfalls klar zu bestätigen:

> »Europa muss mehr leisten. Was wir heute vorschlagen ist, dass Europas gewaltige wirtschaftliche Potentiale offengelegt werden. Dies ist notwendig um das europäische Modell der Gesellschaft, das Modell, das wir so hoch schätzen, zu bewahren. Es ist die Begründung für soziale Gerechtigkeit und Chancen für alle. Unsere Ambitionen bleiben unvermindert. Die generellen Lissabon-Ziele waren richtig, aber die Implementierung war unzureichend. ... Wir müssen diese Agenda neu fokussieren um Resultate zu erzielen. Die reale Frage betrifft nicht Fakten und Zahlen auf dem Papier. Sie betrifft ihren Einfluss auf das Leben der Menschen: wie wir für unsere Bildung, Pensionen, unseren öffentlichen Dienst und Gesundheitssysteme zahlen.«[21]

In der gleichen Pressekonferenz wurde festgestellt, dass die neue Strategie das Bruttonationalprodukt der EU bis 2010 um 3% erhöhen und über 6 Millionen neue Jobs schaffen würde. In diesen Aussagen sind alle Merkmale der typischen EU-Rhetorik enthalten: Das Versprechen reale Verbesserungen für die Menschen innerhalb einer konkreten Zeitperiode zu erreichen; der Bezug auf das »europäische Gesellschaftsmodell«, dessen Existenz fraglich ist, wie im letzten Kapitel gezeigt wurde; der Bezug auf politische Bereiche (Bildung, Gesundheit, Pensionen), die eindeutig in die primäre Zuständigkeit der Mitgliedsstaaten fallen.

Der gleiche Schwerpunkt auf der Erbringung konkreter politischer Leistungen anstelle demokratischer Reformen tritt hervor im »*Plan D für Demokratie*«, der durch die Kommission im Oktober 2005 herausgegeben wurde, nachdem die Verfassung für Europa in Frankreich und der Niederlanden abgelehnt worden war. Dieser Plan schlägt vor, einen breiten Dialog und eine breite Debatte zwischen den Institutionen der EU und den Bürgern zu initiieren und damit das öffentliche Vertrauen in die EU wiederherzustellen. Der im Folgenden zitierte Abschnitt macht deutlich, dass es sich hier eher um eine Image-Kampagne für die EU handelt als um einen wirklichen Versuch, substanzielle Reformen der institutionellen Struktur und des Mangels an »Input-Legitimität« der EU zu initiieren:

> »Die Menschen müssen spüren, dass Europa einen Mehrwert schafft und dass sie die Möglichkeit haben die Art und Weise zu beeinflussen, wie Entscheidungen gefällt werden... die Debatten in den Mitgliedsstaaten sollten die Aufmerksamkeit der Bürger auf die Zukunft von Europa lenken, ihre Erwartungen prüfen und den Mehrwert und den konkreten Nutzen der Handlungen der EU diskutieren. Auf diese Frage sollte die Debatte um institutionelle Fragen und die Verfassung hinausgehen. Sie sollten sich konzentrieren auf die Frage wie Europa Probleme angeht, wie Arbeitsplätze,

---

[21] EAEA News 2.3.2005; see http://www.eaea.org/news.php?k=5604&aid=5605.

Wirtschaft, Transport, Kampf gegen Terrorismus, Umwelt, Ölpreise, Naturkatastrophen oder Armutsreduktion in Afrika und anderswo.«[22]

Die negativen Effekte des fortdauernden Gebrauchs einer solchen Rhetorik sollte man nicht unterschätzen. Die Kluft zwischen Versprechungen und realen Leistungen mag eine der wichtigsten Ursachen für das bescheidene, ja vielfach negative Image der EU unter der allgemeinen Öffentlichkeit sein.

Die Konzentration der EU auf ihre zentrale Aufgabe als Gesetzgeber würde zum Dritten auch einen Anreiz für die Hyperaktivität von EU-Politikern aller Art beseitigen: Jene der Mitglieder der nationalen Regierungen, die sich regelmäßig zwei Mal pro Jahr treffen und häufig auch noch dazwischen; auch auf diesen Treffen werden oft nur Themen diskutiert, die zu einem bestimmten Moment aktuell sind, in welchen die EU aber praktisch keinen Einfluss hat; sie würde mit dazu beitragen, die Aktivitäten des Europäischen Parlaments zu fokussieren, das derzeit rund um die Uhr mit Themen von sekundärer Bedeutung befasst ist; sie würde die nationalen und EU-Bürokraten entlasten, die derzeit überbeschäftigt sind mit der Erlassung oft detailliertester Regulierungen über die Verteilung, den Gebrauch und die Kontrolle der vielen Fonds, durch welche die EU ihre Segnungen über ganz Europa ausstreut (in diesem Falle ist der Begriff »Europa« angemessen, weil die EU Geld nicht nur an ihre Mitgliedsstaaten verteilt, sondern auch an europäische Staaten, die gar nicht EU-Mitglieder sind). Auch das Ziel, die wirtschaftlich weniger starken Regionen zu unterstützen, könnte durch einen automatischen Finanzausgleich möglicherweise viel besser erreicht werden (Haller 1995; Stiglitz/Schönfelder 1989: 705ff.).[23] In einem solchen System könnte man die Subventionierung oft fragwürdiger Infrastrukturprojekte oder Industrieanlagen, etwa durch Steuerbegünstigungen für lokale Unternehmer ersetzen.

Verstärkung der Transparenz der Elite-Netzwerke und der Arbeitsweise der EU-Institutionen

Aus der Sicht der demokratischen Elite-Theorie sind die Beziehungen zwischen den Eliten ein zentrales Thema. Zwei Erfordernisse sind in dieser Hinsicht besonders wichtig: Erstens müssen die verschiedenen Eliten voneinander unabhängig und zweitens müssen die Beziehungen zwischen ihnen für die Öffentlichkeit transparent sein (Etzioni-Halevy 1993). Eine Demokratisierung der Elite-

---

[22] Commission of the European Communities, The Commission's contribution to the period of reflection and beyond: Plan-D for Democracy, Dialogue and Debate, Brussels 13.10.2005.
[23] Dieser Vorschlag wurde auch vom Ökonomie-Nobelpreisträger James Buchanan bei einem Vortrag an der Universität Graz am 29.9.2004 gemacht.

Strukturen ist entscheidend für ein politisches System, weil sie »die Versuchung der Bürger reduziert, die politische Elite insgesamt als ‚die Anderen' zu sehen, als eine privilegierte und abgehobene Gruppe, die in der Lage ist, die Staatsmaschinerie zu ihrem eigenen Vorteil zu manipulieren« (Siedentop 2001: 129). In der Europäischen Union stellen sich in dieser Hinsicht besondere Probleme. Wir haben gesehen, dass die Bürger gerade in diesem Punkt sehr kritisch sind (vgl. Kapitel 6). Aus strukturell-institutioneller Sicht liegt der Grund dafür darin, dass die EU ein komplexes Mehrebenen-System von Regierung darstellt, in welchem viele unterschiedliche Körperschaften bei politischen Entscheidungen beteiligt sind. In einem solchen System kann sehr leicht eine Verschleierung und Diffusion der Macht entstehen, die kein Mitgliedsstaat innerhalb seines Bereiches tolerieren würde (Alliès 2005: 173). Dadurch ist es am Ende meist unmöglich zu sagen, wer für eine bestimmte Entscheidung verantwortlich war. Da die EU jedoch ein sehr komplexes, pluralistisches Mehrebenen-System darstellt, kann sie auch nicht von vornherein als undemokratisch bezeichnet werden. (Coultrap 1999; Fabbrini 2003). Drei Probleme sind in diesem Zusammenhang relevant: Die Teilung der Macht und Kompetenzen zwischen den verschiedenen EU-Institutionen und Akteuren; ihre Beziehung zu den Mitgliedsstaaten und Bürgern; und die Beziehung zwischen den EU-Institutionen und -Akteuren und Nicht-Regierungsinstitutionen und Akteuren. Es ist hier nicht der Platz sehr detaillierte Vorschläge zu entwickeln. Einige allgemeine Folgerungen kann man jedoch ableiten, welche die Hauptprobleme der verschiedenen EU-Institutionen und Akteure betreffen.

Der *Europäische Rat* nimmt eine zentrale Position in den Entscheidungsprozessen der EU ein und seine Rolle wurde durch die Verfassung sogar gestärkt. Diese Tatsache bestätigt, dass die EU weiterhin primär eine Zusammenarbeit unabhängiger Nationalstaaten darstellt. Im Hinblick auf den Europäischen Rat sind jedoch zwei Aspekte problematisch. Einer betrifft die begrenzte Transparenz und Öffentlichkeit seiner Entscheidungen; dies würde durch die Verfassung bis zu einem gewissen Grad verbessert. Wenn der Europäische Rat als Gesetzgeber fungieren würde, müssten seine Verhandlungen und Entscheidungen öffentlich ablaufen. Man könnte dieses Erfordernis ohne weiteres auf seine gesamten Entscheidungen ausweiten. Ein anderes Problem in der Arbeitsweise des Rates betrifft seine Tendenz zum Hyperaktivismus. Seine Präsidentschaft wechselt alle halben Jahre und jede neue Präsidentschaft ist bestrebt ein ambitioniertes Arbeitsprogramm vorzulegen. Ein ständiger Druck zur Ausarbeitung zahlreicher neuer Vorschläge ergibt sich weiters aus den vielen regelmäßigen und außerordentlichen Sitzungen des Rates und seiner unterschiedlichen Zusammensetzung während des gesamten Jahres. Eine Konzentration auf weniger und dafür zentralere Probleme und ein Verzicht auf allzu ambitionierte Zeitpläne würde die Qualität der Entscheidungen oft verbessern. Schließlich sollten die Mitglieder des Europäischen Rates verpflichtet werden, ihren nationalen Parlamenten regelmäßig über die Arbeitspläne des Rates und dessen Entscheidungen zu berichten.

Das *Europäische Parlament* (EP) würde durch die Verfassung deutlich gestärkt. Dies wäre auch angemessen angesichts der Tatsache, dass seine derzeitigen Kompetenzen noch weit von jenen eines wirklichen Parlaments entfernt sind. Eine Stärkung des Parlaments gegenüber der Regierung und Verwaltung ist in modernen Gesellschaften allgemein notwendig (Weber 1988). Es würde jedoch dem Charakter der EU als Rechtsgemeinschaft widersprechen, sich eine Lösung des Demokratiedefizits von einer vollen »Parlamentarisierung« zu erhoffen. Die Vertretung durch Parlamente ist nur eine (wenn auch eine zentrale) unter verschiedenen Möglichkeiten demokratischer Teilnahme. Dies betrifft insbesondere die EU, wo wir gesehen haben, dass die Menschen mehr und mehr den Europawahlen fernbleiben.

Wir müssen hier auch die Wahrnehmungen und das Verhalten der Bevölkerung betrachten. Es scheint, dass das Europäische Parlament von den Bürgern in den Mitgliedsstaaten nicht wirklich als eine wichtige Institution gesehen wird. Seit den ersten Europawahlen 1979 bis zu den letzten Wahlen 2004 ist die Wahlbeteiligung signifikant von 75% auf nur 45,7% gesunken (vgl. auch Blondel et al. 1998). Dies ist ein alarmierender Trend, insbesondere angesichts der Tatsache, dass die Kompetenzen des Europäischen Parlaments in dieser Periode erheblich ausgeweitet wurden. Die Wahlbeteiligung bei nationalen Wahlen ist signifikant höher (in den meisten Mitgliedsstaaten beträgt sie 70% und mehr) und sie zeigt nur in wenigen Ländern einen langfristig abnehmenden Trend. Zusätzlich ist es eine bedenkliche Tatsache, dass in den Europawahlen von 2004 mehrere politische Parteien starken Zulauf erhielten, die gegenüber der EU äußerst kritisch eingestellt sind. Darunter waren die *United Kingdom Independence Party* (sie erhielt 16% der Wählerstimmen in Großbritannien), die Liste von Hans Peter Martin in Österreich oder jene von Paul Buitenen in den Niederlanden. In diesem Buch wurde eine eigene kleine Studie im Zusammenhang mit den Europawahlen 2004 in neun Mitgliedsländern der EU durchgeführt.[24] Die Ergebnisse dieser Umfragen wie auch jene der Nachwahlstudie 2004 des Eurobarometers zeigten, dass der Hauptgrund für die Nichtteilnahme an den Europawahlen allgemeines politisches Desinteresse dar. Sie zeigten aber auch, dass man den Einfluss der Europaabgeordneten als sehr begrenzt einschätzte, zugleich aber

---

[24] Die Länder waren: Deutschland, Frankreich, Italien, Polen, Österreich, Schweden und Spanien. Die Größe der Gesamtstichprobe betrug 244. Der Fragebogen enthielt 40 geschlossene und 10 offene Fragen. Die Studie wurde jeweils von jungen SozialwissenschafterInnen in diesen Ländern durchgeführt (vgl. Danksagungen vorne).

8 Die Europäische Union als eine »soziale Rechtsgemeinschaft« 485

ihre Gehälter und Vergütungen als zu hoch. Nur 34% der Befragten stimmen der Aussage zu, dass die europäischen politischen Eliten ihren Wählern ausreichend verantwortlich sind, aber 74% stimmten jener zu, dass Klientelismus und Korruption in den politischen Institutionen der EU in Brüssel große Probleme darstellen. Weniger negativ waren immerhin die Urteile über die individuellen EU-Abgeordneten. Eine Mehrheit ist z.B. der Meinung, dass diese aufgrund ihrer politischen Kompetenzen für das Europäische Parlament ausgewählt wurden und nicht nur, weil sie vorher einflussreiche Politiker waren oder weil sie dieses Amt bekamen, um ihnen eine gute Position zu verschaffen. Sehr signifikant waren die Ergebnisse auf eine Frage, welche Gruppen einen großen Einfluss in Brüssel haben und welche zu wenig Einfluss haben; 75% und mehr der Befragten hielten den Einfluss von Großstaaten, multinationalen Unternehmen und politischen Eliten als sehr stark. Das umgekehrte galt für Arbeiter, Arbeitslose und Bürger; 73% und mehr hielten ihren Einfluss für zu gering.

Trotzdem kann man die Forderung nicht zurückweisen, dass das Europäische Parlament das Recht erhalten sollte, über alle zentralen politischen Fragen mitzubestimmen. Es würde auch notwendig sein, dass das Europäische Parlament seine Arbeitsmethoden verbessert. Es sollte sich – wie bereits festgestellt – stärker auf zentrale Themen konzentrieren und sich weniger mit rein technischen Fragen der Regulierung befassen, aber auch seine Hyperaktivität reduzieren im Hinblick auf Resolutionen über periphere Fragen oder über Probleme, bei denen die EU keinerlei Einfluss hat. Derzeit arbeitet das Europäische Parlament aufgrund der Dominanz der zwei großen Parteifraktionen (Konservative und Sozialdemokraten) auch oft sehr intransparent. Es gibt eine Vielzahl von Möglichkeiten, die Transparenz der Arbeitsweise des EP sowohl intern wie auch im Verhältnis zur Öffentlichkeit zu verbessern.

In Kapitel 5 wurde die Europäische Kommission analysiert als jene EU-Institution, die hauptsächlich für die kontinuierliche Ausweitung der Aktivitäten und Kompetenzen der EU verantwortlich ist. Die Forderung nach einer signifikanten Einschränkung der Befugnisse der Kommission und einer Verlagerung von EU-Institutionen aus Brüssel in die »Europäischen Hauptstädte« der Mitgliedsstaaten (wie einige EU-kritische Bewegungen fordern[25]) würde einen radikalen Wandel des gesamten politischen Systems der EU notwendig machen. Auch wenn man dies nicht will, sind signifikante Verbesserungen in der Kontrolle der Tätigkeiten der Kommission und ihrer öffentlichen Verantwortlichkeit möglich und notwendig. So könnte die EU-Kommission verpflichtet werden stets mitzuteilen, woher oder von wem neue Vorschläge kommen. Weiters könn-

---

[25] Vgl. die 16 Vorschläge von *Newropeans*, die EU demokratischer zu gestalten (www.Newropeans.eu), sowie die 10 Prinzipien von *Attac* für eine demokratische EU-Verfassung (www.attac.at).

te das *Prinzip der Diskontinuität* festgelegt werden, das besagt, dass Gesetzgebungsprojekte verfallen, die nicht innerhalb einer Legislaturperiode realisiert werden.[26] Derzeit ist es eine typische Praxis der Kommission, abgelehnte Vorschläge nicht zurückzuziehen, sondern zu modifizieren und wiederholt auf die Tagesordnung der Kommission oder des Europäischen Rates zu bringen, sodass sie am Ende in der Regel doch akzeptiert werden. Schließlich müsste auch die Rolle der Spitzen-Eurokraten, der einflussreichen Generaldirektoren in Frage gestellt werden. Warum sollten sie nicht, wie es auf der Ebene von leitenden Beamten in den Mitgliedsstaaten mehr und mehr der Fall ist, nur für eine begrenzte Zeitperiode bestellt werden? Auch der Prozess ihrer Bestellung sollte für die Öffentlichkeit transparenter gestaltet werden.

Äußerst wichtig wären schließlich Reformen, die die Arbeitsweise des *Europäischen Gerichtshofes* (EuGH) betreffen, der eine entscheidende Rolle im Integrationsprozess gespielt hat. Seine Unabhängigkeit muss dabei sicherlich außer Frage bleiben. Es existieren jedoch drei Probleme, bezüglich derer eine Reform notwendig erscheint. Erstens hat sich, wie in Kapitel 3 gezeigt wurde, der EuGH selbst eine zentrale Rolle im Integrationsprozess angeeignet. Seine Entscheidungen haben oft sogar eine weitergehende Integration zur Folge gehabt (und sie waren in der Regel auf strikt ökonomisch-liberalistischen Prinzipien begründet), als die Verträge es vorsehen (Waldschmitt 2001: 45). Die erste Forderung an den Europäischen Gerichtshof müsste daher lauten, dass er sich auf jene Rolle beschränken muss, die für ihn in den Verträgen vorgesehen ist. Zum Zweiten müsste der Prozess der Bestellung der Richter des EuGH transparenter gemacht und demokratischen Prinzipien unterworfen werden, soweit es in diesem Falle möglich ist. Schließlich müssten auch die nationalen Gerichtshöfe und Parlamente eine kritischere Haltung gegenüber den Entscheidungen des EuGH entwickeln und nicht unkritisch all seine Entscheidungen hinnehmen. Nach der Verfassung der Republik Österreich sind etwa die fünf grundlegendsten Prinzipien des Staates auch dem Europäischen Recht übergeordnet. Diese Prinzipien sind Demokratie, republikanische und bundesstaatliche Verfassung, Recht des Gesetzes und Teilung der politischen Macht (liberales Prinzip). Es liegt auf der Hand, dass die europäische Integration sie alle direkt berührt und z. T. wohl auch eingeschränkt hat.

Ein wichtiger Aspekt betrifft die Beziehungen zwischen den EU-Institutionen und Nicht-Regierungs-Akteuren und -Institutionen. Hier stellt sich vor allem das Problem des Lobbyismus. Die erste Forderung wäre hier, dass sich sämtliche Lobbyisten registrieren lassen müssen. Dies ist heute keineswegs der Fall. Eine andere wäre, dass die Beziehungen zwischen den Lobbyisten und den Institutio-

---

[26] Vgl. auch Herzog/Gerken, zit. in Fussnote 17 oben.

nen der EU – hauptsächlich der Kommission – transparenter gestaltet werden müssen. Es ist grundsätzlich zweifellos positiv zu sehen, dass die EU versucht Interessensgruppen, Bürgerbewegungen usw. ausführlich in Konsultationsprozesse einzubeziehen. Man muss sich dabei jedoch bewusst sein, dass diese Gruppen und Verbände keineswegs ein repräsentatives Profil der gesamten Bevölkerung darstellen (Etzioni-Halevi 1999). Diese Tatsache wird von den Proponenten der Idee der »Zivilgesellschaft« häufig übersehen (vgl. z.B. Beck/Grande 2004: 195ff.). Gebildete und finanziell stärkere soziale Gruppen werden unter ihnen immer überrepräsentiert sein. Daher kann der Einfluss von Interessensgruppen und Bürgerbewegungen in Entscheidungsprozessen der EU den Mangel an direkten und gleichen Teilnahmechancen der einzelnen Bürger nicht kompensieren.

Ein weiteres wichtiges Problem betrifft die Beziehung zwischen den zentralen EU-Institutionen in Brüssel und den nationalen Regierungen, die Arbeitsteilung zwischen der EU und den Mitgliedsstaaten. Positiv an der Verfassung für Europa bzw. am Vertrag von Lissabon ist sicherlich die Tatsache, dass die Bereiche exklusiver Kompetenz der Union ausdrücklich angeführt werden, ebenso wie jene gemeinsamer Zuständigkeit und jene, wo die EU unterstützende, koordinierende oder ergänzende Aktionen durchführt. Die Bestimmung jener Fälle, wo nur ergänzende Aktionen der EU notwendig sind, sowie das Ausmaß, in welchem diese Unterstützung gewährleistet werden sollte, bleibt jedoch vage. Das gleiche gilt für das Prinzip der »*Subsidiarität*«, das besagt, dass die Union »nur dann und nur insoferne tätig sein soll, als die Ziele einer vorgeschlagenen Aktion durch die Mitgliedsstaaten allein nicht ausreichend erreicht werden können, sei es auf deren zentraler oder regionaler oder lokaler Ebene, sondern die aufgrund von Skaleneffekten oder Effekten der vorgeschlagenen Aktion auf der Ebene der Union besser erreicht werden können« (Art.I-11). Das Subsidiaritätsprinzip ist »täuschend einfach« (Dehove 2004: 75, und es kann in praktisch jedem Bereich der Politik auch dafür verwendet werden um Aktivitäten der Union zu legitimieren. Für sich allein ist es ein zahnloses Instrument um den Trend zur zunehmenden Zentralisierung der Politik auf der Ebene der EU einzuschränken. Es muss ergänzt werden durch starke, gesetzlich bindende Mechanismen, durch welche die Mitgliedsstaaten, sowie regionale und lokale Behörden, Maßnahmen der zentralen EU-Institutionen, die ihre eigenen Kompetenzen beschränken, in Frage stellen können. So ist etwa die Möglichkeit, dass das Komitee der Regionen »auf eigene Initiative« eine Stellungnahme formulieren kann zu Angelegenheiten, die es »als spezifisch regionale Interessen berührend ansieht« (Art. III-338), für dieses Ziel zweifellos unzureichend.

Verstärkung der persönlichen Verantwortlichkeit der politischen Akteure

Individuelle Persönlichkeiten spielen im politischen Prozess eine ausschlaggebende Rolle, wie in Kapitel 2 argumentiert und in den Kapiteln 3 bis 5 gezeigt wurde. Dies ist deshalb der Fall, weil es in der Politik nicht nur um Interessen und Ideen, Ziele und Programme geht, sondern auch um die Persönlichkeiten, die diese Programme vorschlagen und durchsetzen wollen. Die persönliche Autorität, das Charisma und die Vertrauenswürdigkeit politischer Persönlichkeiten sind entscheidend sowohl für die Effizienz des politischen Systems insgesamt wie auch für das Vertrauen, welches ihm die Bürger entgegenbringen. Der Hauptgrund, warum die EU für die Bürger als eine so weit entfernte Einheit erscheint ist, dass seine Institutionen keine persönlichen »Gesichter« haben, wie es bei den nationalen Regierungen der Fall ist. Dies ist, wie bereits gezeigt wurde, ein inhärentes Problem des Systems der EU, weil die Entscheidungen in den wichtigsten Organen (Europäischer Rat und EP, Kommission, EuGH), das Ergebnis kollektiver Verhandlungsprozesse sind und kein individuelles Mitglied dieser Körperschaften für sie verantwortlich gemacht werden kann. Eine Lösung dieses Problems auf der Ebene der EU ist nicht leicht, insbesondere wenn wir die EU als eine Rechtsgemeinschaft verstehen. (Allerdings reduziert sich das Problem in einem solchen Verständnis erheblich, weil die EU dann ja keine wirkliche »Regierungspolitik« mehr durchführen sollte). Aus dieser Sicht sind Vorschläge wie etwa die Direktwahl der Inhaber der höchsten Ämter der EU (etwa des Kommissionspräsidenten oder des Präsidenten des Europäischen Rates) problematisch, weil sie die EU in Richtung eines echten supranationalen Staates bringen würden. Die EU-Verfassung bzw. der Lissabon-Vertrag sieht das Amt eines Präsidenten des Europäischen Rates vor, der durch seine Mitglieder für eine Periode von zweieinhalb Jahren gewählt werden sollte. Dieses Amt ist schon deshalb problematisch, weil es nicht mit besonderen Befugnissen verbunden ist. Auch die Koordination mit den Kommissionspräsidenten würde ständig Probleme erzeugen. Es gibt jedoch eine Reihe anderer Möglichkeiten, die den Aspekt der persönlichen Verantwortlichkeit von politischen Akteuren auf der Ebene der EU stärken könnten. Sie schließen ein:

- Verpflichtung für die Mitglieder des Europäischen Rates, ihre individuellen Positionen bei wichtigen Entscheidungen klar auszudrücken und zu begründen; Verpflichtung des Rates seine Sitzungen öffentlich abzuhalten.
- Reform der Wahlverfahren zum Europäischen Parlament. Ein Problem in diesem Zusammenhang ist die Tatsache, dass das Europäische Parlament als direkter Repräsentant der Bürger fungiert, aber jeder Abgeordnete eine sehr hohe Anzahl von Wählern (in der EU im Durchschnitt 600.000) repräsen-

tiert. Auch in dieser Hinsicht »wäre es wünschenswert, dass nicht nur Parteien, sondern auch individuelle Kandidaten eine zentrale Rolle in der Beziehung zwischen Politik und Bürger übernehmen« (Poier 2004: 1077; vgl. auch Blondel et al. 1998). Dies könnte man erreichen durch Mehrheitswahlsysteme in den Wahlbezirken der Mitgliedsstaaten (in diesem Fall würde ein Abgeordneter einen Wahlbezirk repräsentieren) und eine Verstärkung des Persönlichkeitselements bei der Wahl.
- Bestellung der Generaldirektoren der Kommission für eine begrenzte Periode und in einer öffentlich transparenten Weise.
- Wahl der Richter des EuGH durch ein öffentliches Verfahren. Dies geschieht so etwa in den Vereinigten Staaten, wo deren Bestellung auch durch den Senat bestätigt werden muss (Alliès 2005: 121). Dieser Punkt ist besonders wichtig, wenn wir die Union als eine Rechtsgemeinschaft verstehen: Die Schöpfung von neuen Gesetzen darf nicht allein juristischen Experten überlassen werden, die von den Regierungen ohne öffentliche Debatte und Kontrolle bestellt werden.

Einführung starker Elemente direkter Demokratie

Ein Schlüsselelement für die Verstärkung des demokratischen Charakters der EU wäre die Einführung effizienter Elemente direkter Demokratie. Die Begründung für dieses Argument ergibt sich, wie im ersten Abschnitt gezeigt, unmittelbar aus dem Charakter der EU als einem politischen Konsenssystem mit stark elitärem Charakter. Die politischen Prozesse und Entscheidungen in einem solchen System benötigen ein Korrektiv. Das effizienteste Korrektiv in dieser Hinsicht ist die Einführung von Elementen direkter Demokratie. Auf diese Weise – etwa durch Initiativen (Ausarbeitung von Vorschlägen) und Referenda, die für die Gesetzgeber verpflichtend sein müssten – könnten die Bürger direkt an wichtigen politischen Entscheidungen teilnehmen.

Sämtliche Argumente, die die Schwächen der repräsentativen Demokratie betreffen und die für direkte Demokratie sprechen, gelten auch für die EU (Pitkin 1967; Vauvel 1995)[27]: Die in politische Ämter gewählten Individuen sind in ihren sozialen Merkmalen nicht repräsentativ für ihre Wähler, sondern kommen aus privilegierten Klassen und Gruppen; sie haben eigene Interessen und sie entwickeln sehr oft Praktiken des Klientelismus, der Patronage und Korruption; politische Parteien sind ein »notwendiges Übel«, das zwischen Politik und Bür-

---

[27] Vgl. auch die Zusammenfassung in »Direct democracy,« http://en.wikipedia.org/wiki/Direct_democracy (29.4.07).

gern vermitteln muss; Regierungswechsel erzeugen oft erhebliche Brüche bei der Durchsetzung langfristiger politischer Ziele; Wahlen sind sehr kostspielig; sobald sie einmal gewählt sind, entscheiden die politischen Vertreter oft gegen die Wünsche ihrer Wähler. Aus all diesen Gründen waren bedeutende politische Denker und Verfassungstheoretiker (z.B. Kelsen 1963: 38ff.; Arendt 1963; Barber 1984), wie auch die meisten jener Autoren, die ein demokratisches Defizit der EU sehen, starke Befürworter der direkten Demokratie (Zürn 1996; von Arnim 2000: 284ff.; Beck/Grande 2004: 352f.; Giorgi et al. 2006).

Ein wichtiges weiteres Argument für EU-weite Referenda ist, dass diese in signifikanter Weise zur Entstehung einer *europäischen Öffentlichkeit* beitragen würden. Das Fehlen einer solchen Öffentlichkeit, zusammen mit der Vielzahl von Sprachen, unterschiedlichen politischen Systemen in den Mitgliedsländern usw., könnte als Hindernis gegen direkte Demokratie auf der Ebene der EU gesehen werden. Referenda könnten jedoch zur Entstehung einer solchen Öffentlichkeit beitragen: »Wenn man den Bürgern Verfahren bereit stellt, die es ihnen ermöglicht als wirkliche Bürger zu handeln, dann werden sie auch als solche handeln und sich als wirkliche Mitglieder einer politischen Gemeinschaft fühlen« (Giorgi et al. 2006: 17). Eine klare Bestätigung dieser Tatsache war die intensive öffentlichen Diskussion über EU-Angelegenheiten und die hohe Wahlbeteiligung dort, wo das Wahlverhalten der Bürger einen tatsächlichen Einfluss auf das Ergebnis hatte, wie war bei den Referenda in der Schweiz, Norwegen, Schweden und Frankreich. Die folgenden Argumente gegen die Möglichkeit der Einführung von Elementen der direkten Demokratie auf der Ebene der EU haben einiges für sich, sind aber nicht überzeugend: Referenda funktionieren nur in kleinen politischen Systemen; diese Form politischer Entscheidung ist langsam und ineffizient; Demagogen können die Resultate beeinflussen; die Wähler entscheiden nur aufgrund von Eigeninteresse; die Beteiligung ist oft niedrig. Völlig zurückzuweisen ist das Argument, dass die Wähler nicht genügend informiert sind und nicht genügend Voraussetzungen dafür besitzen, um über hochkomplexe Sachverhalte auf der Ebene der EU mitentscheiden zu können (Höreth 2002; Seidenfaden 2005). Dieses Argument liegt vollkommen auf der Linie des elitären Denkens, das die europäische Integration seit 1950 gesteuert hat und das zur derzeitigen tiefen Kluft zwischen Bürgern und Eliten geführt hat. Es gibt jedoch ein Argument, das sehr relevant ist und sich auf den Umfang bzw. Inhalt des Textes bezieht, der den Bürgern bei einem Referendum vorgelegt werden kann. Man sollte vermeiden, dass die Bürger über einen höchst komplexen und umfangreichen Text abstimmen müssen, der durch ein sehr arbeitsintensives Vorverfahren ausgearbeitet und etwa von einem Parlament bereits vorbeschlossen wurde. Der Text, der zur Abstimmung vorgelegt wird, müsste die Hauptalternativen in einer sehr klaren und kompakten Weise darstellen (Seidenfaden 2005).

8 Die Europäische Union als eine »soziale Rechtsgemeinschaft« 491

Dazu könnten – wie es etwa in der Schweiz praktiziert wird – knappe, aber objektive Erläuterungen der Pro- und Kontraargumente und der wichtigsten Befürworter und Gegner des Vorschlags den Bürgern vorher übermittelt werden.

Elemente direkter Demokratie bestehen in vielen modernen demokratischen Nationalstaaten. Wenn sie auf der Ebene eines Zentralstaates nicht vorgesehen sind, dann gibt sie auf jener von Teilstaaten oder Provinzen, wie etwa in Deutschland oder den Vereinigten Staaten. Im Zeitalter von Internet und elektronischer Demokratie (Gibson/Rommele 2004) würde die Durchführung von EU-weiten Referenden immer leichter. Hoch relevant sind in diesem Kontext die Erfahrungen mit Referenda in der Schweiz. Dies ist ein herausragendes Beispiel einer politischen Gemeinschaft mit starken Elementen direkter Demokratie, aus dem die EU sehr viel lernen könnte (Neidhart 1988; Linder 1999; Kriesi et al. 2005). Die Demokratie wurde in diesem Land früher als in den meisten anderen Teilen Europas etabliert; das demokratische System ist in der Bevölkerung stark verankert trotz der starken internen kulturellen (sprachlichen und religiösen) Vielfalt. Das Vertrauen der Bürger in das politische System ist höher als in den meisten anderen europäischen Ländern. Die Schweiz ist mit der EU auch deshalb sehr gut vergleichbar, weil sie einen paradigmatischen Fall einer *Konsensdemokratie* darstellt, in deren Rahmen die vier großen politischen Parteien immer an der Regierung beteiligt sind. Dieses System wurde im Laufe des 19. und 20. Jahrhundert allmählich eingeführt und aufgebaut, weil es zu dieser Zeit starke innere ideologische und politische Konflikte gab, zugleich mit ernsthaften Bedrohungen von außen (etwa durch Nazi Deutschland), welche die Nation zu zerreißen drohten. Im politischen System der Schweiz besteht auf der Ebene der Eliten eine enge Kooperation; diese wird jedoch durch ein starkes System direkter Demokratie ausgeglichen. Nicht nur Veränderungen der Verfassung selber, sondern auch von anderen Gesetzen, die eine gesellschaftliche Gruppe als wichtig betrachtet, müssen einem verpflichtenden Referendum unterworfen werden. Tatsächlich werden 10 bis 15% aller gesetzgeberischen Akte den Bürgern zur direkten Entscheidung vorgelegt. Zusätzlich kann, wenn es 50.000 Bürger verlangen, jedes Gesetz einem Referendum unterworfen werden; 100.000 Bürger können ein Referendum über die Verfassung verlangen. In der Folge werden in der Schweiz jedes Jahr etwa ein Dutzend Referenda durchgeführt. Es wird geschätzt, dass mehr als die Hälfte dieser Referenda Themen betreffen, die heute in die Kompetenz der EU-Behörden in Brüssel fallen.[28] Ein EU-Beitritt der Schweiz würde also die schweizerische Demokratie signifikant schwächen. Die Referenda haben auch eine hohe Bedeutung für die Klärung politischer Prioritä-

---

[28] Andreas Kellerhals et al., Konsequenzen einer Mitgliedschaft in der EU, Gutachten für den Schweizerischen Bundesrat 1999. Vgl. www.crossnet.ch/europe-magazin.

ten. Selbst im Falle der Abweisung eines Vorschlages (was oft der Fall ist) führt ein Referendum zu einer breiten öffentlichen Diskussion und trägt signifikant zur Herausbildung einer öffentlichen Meinung bei. Es trifft auch nicht zu, dass die Bürger all jene Vorschläge ablehnen, die kostspielig sind und höhere Steuern verlangen. Das wichtigste Element der schweizerischen direkten Demokratie ist die Tatsache, dass es die etablierten Akteure, wie die politischen Parteien, das Parlament und die Regierung, im Vergleich zum direkten Einfluss der Bürger schwächt. Dies mag auch erklären, warum die Beteiligung an Wahlen in der Schweiz relativ niedrig ist.

In diesem Zusammenhang sind auch die Erfahrungen mit Referenda in den postkommunistischen Demokratien in Mittelosteuropa und anderen Ländern von Bedeutung, die von Andreas Auer und Michael Bützer (2001) ausführlich untersucht wurden. Sie fanden, dass die Teilnahme an den Referenda sehr hoch war, wenn sie zentrale Probleme des jeweiligen Landes betrafen. In den Referenda über die nationale Unabhängigkeit, die in vierzehn Ländern 1990-1991 durchgeführt wurden, betrug die Wahlbeteiligung in sechs Fällen 90% und mehr und in fünf Fällen über 80%. Die meisten dieser Länder haben die Möglichkeit von Referenda in ihre neuen Verfassungen aufgenommen. Für Italien stellen diese Autoren fest, dass die Einbeziehung der Bevölkerung die politischen Prozesse nicht komplizierter gemacht hat, sondern de facto die Parteien und die gesetzgeberischen Körperschaften bei der Durchsetzung wichtiger Reformen sogar gestärkt hat (Auer/Bützer 2001: 307ff.). Selbst in den Vereinigten Staaten, wo die Teilnahme an Referenden oft sehr niedrig ist, sind dies wichtige Instrumente, die sicherstellen, dass die Politik der Regierungen mit den Präferenzen der Bürger übereinstimmt.

Angesichts der Wichtigkeit des Prinzips der Demokratie war es ein Fortschritt der Verfassung von Europa, dass das politische System nicht mehr nur auf dem Prinzip der repräsentativen Demokratie begründet wird, sondern ein weiterer Artikel über die direkte Demokratie in die Verfassung aufgenommen wurde (Art. I-47). Es ist jedoch offenkundig, dass die Autoren der Verfassung keine wirkliche »partizipatorische Demokratie« im Auge hatten, wie sie in der Schweiz existiert, sondern allenfalls etwas so wie eine *»Beratungsdemokratie«*. Das Hauptziel des Bürgerbegehrens liegt darin, »den Bürgern und repräsentativen Verbänden die Möglichkeit zu geben, ihre Ansicht über alle Bereiche der Tätigkeit der Union bekanntzumachen und öffentlich auszutauschen« und die Institutionen der Union zu verpflichten »einen offenen, transparenten und regelmäßigen Dialog mit repräsentativen Verbänden und der Zivilgesellschaft zu führen«. Die neue Möglichkeit einer *»Bürgerinitiative«* verbleibt innerhalb dieses Rahmens; sie stellt fest, dass eine Million Bürger aus einer erheblichen Anzahl von Mitgliedstaaten der Kommission »jeden geeigneten Vorschlag vorlegen können über Dinge, in deren Bereich sie eine rechtliche Aktion der Gemeinschaft für notwendig halten um die Verfassung zu implementieren«. Die Kommission muss dann über diese Initiative beraten, es bleibt aber voll ihrer Entscheidung überlassen, welche Konsequenzen sie daraus ziehen will. Dies sind alles sehr bescheidene Festlegungen und sie verpflichten die Union tatsächlich zu nicht mehr als dem, was sie ohnehin bereits seit langem tut. Der Eindruck, den man von diesem neuen »demokratischen Recht« erhält ist, dass es sehr gut zum Image der EU als einem aufgeklärten, aber in der Tat wenig demokratischen Obrigkeitsstaat passt, deren politischen Lenker durchaus offen sind für die Wünsche und Bedürfnisse ihrer Untergeordneten, aber selbst entscheiden, ob und in welcher Form diese erfüllt werden sollen oder nicht.

8.5 Vorschlag zur Herbeiführung eines erneuerten »konstitutionellen Moments«

In diesem letzten Abschnitt wird der Vorschlag gemacht, eine neue Verfassung für Europa auszuarbeiten. Vier Themen werden hierbei diskutiert: (1) Formelle Probleme des derzeitigen Verfassungstextes; (2) die Art und Weise der Ausarbeitung und Implementation und Ratifikation eines solchen Textes; (3) die Berliner Erklärung vom März 2007, welche die weitere Vorgangsweise mit der Verfassung festgelegt hat; (4) eine alternative Strategie. Die folgenden Ausführungen sind, obwohl die »Verfassung für Europa« durch den Vertrag von Lissabon ersetzt wurde, immer noch relevant, weil der letztere die Bestimmungen der Verfassung für Europa zu 90-95% übernommen hat. Einer der Schwachpunkte der Verfassung wurde durch den Vertrag von Lissabon noch verschlimmert.

Formale Mängel der Verfassung: Unübersichtlicher Umfang und Komplexität, Vermischung allgemeiner Prinzipien und konkreter politischer Ziele

Alle Kommentatoren der Verfassung stimmen zu, dass dies ein sehr langer und komplizierter Text ist. Dies ist keine nebensächliche Angelegenheit, da eine Verfassung das grundlegende schriftliche Dokument einer politischen Gemeinschaft darstellt, das für die Bürger gut lesbar und verständlich sein sollte; nur dann kann es seine symbolische Bedeutung und seinen erzieherischen Einfluss entfalten. Wir haben im vorhergehenden Abschnitt gesehen, dass die Kompliziertheit dieses Textes einer der Hauptgründe für die Nichtteilnahme an den Referenden war. Aus dieser Sicht erscheint es sinnvoll, die Verfassung für Europa mit den Verfassungen verschiedener Nationalstaaten zu vergleichen. *Abbil-*

dung 8.1 zeigt, dass die Länge der EU-Verfassung jene der Verfassungen von acht Mitgliedsstaaten, aber auch jene der Vereinigten Staaten, weit übersteigt. Mit etwa 414.000 Wörtern stellt sie ein voluminöses, nahezu 500 Seiten dickes Buch dar. Sie ist zweieinhalbmal so lang wie die deutsche Verfassung (die längste unter den neun nationalen Verfassungen) und über achtmal so lang wie die amerikanische. Die EU-Verfassung enthält 448 Kapitel, die deutsche Verfassung 149, die italienische 139 und die französische 189. Der Grund, warum die EU-Verfassung so lang ist, liegt auf der Hand: 43% ihres Textes betreffen detaillierte Vorschriften über verschiedene Bereiche der Politik (hauptsächlich in den Teilen III und IV). Betrachten wir nur die allgemeinen Abschnitte, welche die Grundprinzipien der Arbeitsweise der Institutionen betreffen, sowie den Abschnitt über die Grundrechte (Teile I und II), so ist der Unterschied zu den Verfassungen der Nationalstaaten nicht so groß. Diese Teile der EU Verfassung schließen etwa 128.000 Wörter ein, verglichen mit 159.000 Wörtern in der deutschen und 43.000 in der US-Verfassung.

Abbildung 8.1: Der Umfang der Europäischen Verfassung im Vergleich zu den Verfassungen ausgewählter Staaten (Anzahl der Zeichen)

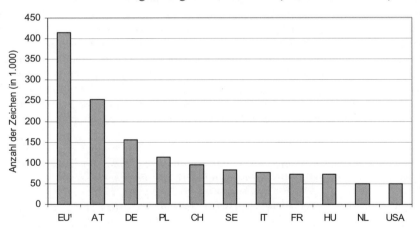

»Vertrag über eine Verfassung für Europa« (2004), Teil I-III
Quellen: EU-Mitgliedsstaaten: Verfassungen der EU-Mitgliedsstaaten (2005); Schweiz und USA: Internet

Länge an sich ist sicherlich kein Kriterium, um eine Verfassung grundsätzlich zurückzuweisen. Der Grund für diese Länge ist auch, dass sie einen Verfassungsvertrag internationalen Rechts darstellt, der alle früheren Verträge über die europäischen Gemeinschaften enthält, die bis heute in Kraft sind. Diese sind ihrerseits umfangreiche juridische Texte, die eine Vielzahl von internen Verweisen auf andere Teile oder auf frühere Verträge enthalten, sodass sie nur für juristische Experten lesbar sind. Aus dieser Sicht stellte die Verfassung der EU tatsächlich einen Fortschritt dar (Deloche-Gaudez 2005: 28), die Rückkehr des Lissabon-Vertrages zum alten System einer Sammlung von verschachtelten Einzelverträgen jedoch einen eindeutigen Rückschritt. Die Verfassung war auch ein Sieg »der Integrationisten« über die Skeptiker gegenüber einer weiteren Integration. Überraschend war auch, dass sich die Verwendung des Begriffs der Verfassung überhaupt durchsetzen konnte (Jopp/Matl 2005: 16). Dieser Umstand hat u.a. auch die Regierungen mehrerer Mitgliedsstaaten motiviert, den Text einem Referendum zu unterwerfen. Die Vereinfachung der Verträge im Text der Verfassung endete jedoch quasi auf halbem Wege: Viele der detaillierten Vorschriften in Teil II »wurden einfach aus den bestehenden Verträgen übernommen. Die 465 Artikel und mehrere Protokolle sollten ebenso konsolidiert und vereinfacht werden wie es beim Grundtext in Teil I der Fall war« (Pernice 2004: 19).

Das Problem der Länge ist eng bezogen auf ein bereits erwähntes inhaltliches Problem der Verfassung, nämlich die Vermischung von allgemeinen Prinzipien und konkreten politischen Absichten und Vorschriften (Fitoussi/Le Cacheux 2005: 26). Wenn die Verfassung sehr schwer änderbare Regeln über aktuelle politische Fragen aufstellt, verletzt sie das Prinzip, dass die konkrete Politik durch die jeweils im Amt befindlichen Regierungen bestimmt werden soll, und nicht in einer Verfassung festgelegt werden darf. Indem sie konkrete Politiken kodifiziert, legt die Verfassung sehr spezifische Arten der Politik auch für damit nicht übereinstimmende Gruppen und zukünftige Generationen fest. Dies betrifft insbesondere den ökonomischen Bereich, wo das Modell einer (neo-) liberalen Politik klar dominiert. Ähnliches gilt für die Währungspolitik, wo die Verfassung definitiv feststellt: »Das primäre Ziel des europäischen Systems der Zentralbanken soll die Erhaltung der Preisstabilität sein« (Art.III-185). Ein weiteres Beispiel ist die Außen- und Sicherheitspolitik, wo ebenfalls sehr konkrete politische Vorschriften in die Verfassung aufgenommen wurden. Diese Heterogenität entspricht einem weiteren, fundamentalen Paradox der Verfassung: Während sie in ökonomischer Hinsicht liberal ist, ist sie in politischer Hinsicht antiliberal oder sogar antidemokratisch (Fitoussi/Le Cacheux 2005: 27).

Der Prozess der Ausarbeitung und Ratifizierung der Verfassung

Die Idee einer Verfassung für eine Europäische Gemeinschaft war nicht neu. Sie wurde schon früh durch die Föderalisten unterstützt, die die Entwicklung eines europäischen Bundesstaates im Auge hatten. Bereits beim Kongress von Den Haag 1948 und dann wieder bei der Gründung der Europäischen Gemeinschaft für Kohle und Stahl 1952 wurden Vorschläge für eine europäische politische Gemeinschaft vorgetragen (Jopp/Matl 2005: 20). Später arbeitete der italienische Europaparlamentarier, Altiero Spinelli, einen Vorschlag aus, der durch das Europäische Parlament 1984 befürwortet, aber von den Vorsitzenden der nationalen Regierungen abgelehnt wurde (Lafan 2005). Vor den Europawahlen 1999 wurde die Idee einer Verfassung durch mehrere politische Parteien wiederbelebt (Sozialisten, Grüne, UDF). Ein weiterer Impetus kam von der Rede des deutschen Außenministers Joschka Fischer an der Humboldt Universität Berlin im Jahre 2000. Nach dem Maastricht Prozess und dem negativen Ergebnis der irischen Abstimmung über den Vertrag von Nizza verlor der Integrationsprozess generell an Legitimation (Wehr 2004: 15). Auf dem Hintergrund der Unfähigkeit der Regierungschefs in Nizza zu einer Reform zu gelangen, die vor der EU-Erweiterung im Jahre 2004 notwendig wurde, wurde ein Konvent eingesetzt mit der Aufgabe einen neuen Reformvorschlag auszuarbeiten (Liebert et al. 2003: 6; Alliés 2005: 65). Erst im Laufe der ersten Sitzungen dieses Konvents begann dessen Präsident Giscard d'Estaing den Begriff der »Verfassung« zu verwenden. Überraschenderweise erhoben die Chefs der Mitgliedsstaatsregierungen – einschließlich Großbritanniens – keine Einwände dagegen (Duhamel 2005: VIIIff.; Deloche-Gaudez 2005: 27; Jopp/Matl 2005: 28).

Der Verfassungskonvent selbst – mit 105 Vollmitgliedern und insgesamt 207 Mitgliedern – war zusammengesetzt aus Vertretern der Mitgliedsstaatsregierungen, nationalen und europäischen Parlamentariern und Vertretern der Europäischen Kommission; Abgeordnete stellten die Mehrheit (68 %). Zusätzlich nahmen Vertreter der Kandidatenländer und des Ausschusses der Regionen sowie des Wirtschafts- und Sozialausschusses an den Diskussionen teil (Fischer 2003: 27f.; Lafan 2005). Den Vorsitz des Konvents führten drei angesehene Europapolitiker, die alle Premierminister ihrer Staaten gewesen waren (Giscard d'Estaing, Luc Dahaene und Giuliano Amato). Die umfassende Vertretung aller Länder und vieler Gruppen war ein positiver Aspekt, ebenso wie die Tatsache, dass alle Mitglieder intensiv an den Diskussionen in der kurzen ersten Arbeitsperiode des Konvents teilnahmen. (Sie dauerte etwas länger als ein Jahr, vom 28.2.2002 bis zum 10.7.2003). Man kann sagen, dass der Verfassungskonvent insgesamt sehr erfolgreich war, weil er in der Lage war, ein fertiges Verfassungsdokument auszuarbeiten und vorzulegen. Die zeitliche Aufteilung der Arbeit in drei Phasen – eine Phase der Anhörung, eine der Reflexion und eine der Ausarbeitung von Vorschlägen – erwies sich als sehr nützlich. Über Internet versuchte der Konvent auch die Öffentlichkeit in ganz Europa einzubeziehen (dafür wurde eine spezielle Homepage eingerichtet); alle Plenarsitzungen waren öffentlich und viele Nicht-

8 Die Europäische Union als eine »soziale Rechtsgemeinschaft«

regierungsorganisationen wurden regelmäßig informiert und um ihre Meinung gebeten.

Diese »Konventsmethode« wies allerdings auch Schwächen auf. Eine erste lag darin, dass die Mitglieder des Konvents nicht durch die Bürger gewählt wurden, wie es aufgrund der weitreichenden Bedeutung ihrer Aufgabe angemessen gewesen wäre, sondern eingesetzt wurden (Giorgi et al. 2006: 192). Die politische Ausrichtung der Mitglieder war einseitig insoferne, als Abgeordnete der zwei großen politischen Lager (Christlich-Soziale bzw. Konservative und Sozialdemokraten) überrepräsentiert waren; dabei hatten die Konservativen klar die Mehrheit (Wehr 2004: 23; Alliès 2005: 67). Zum zweiten wurde die Arbeitsweise des Konvents sehr stark vom Präsidium und seinem Präsidenten dominiert; die Zeit für Diskussionen war streng begrenzt, es wurden keine Abstimmungen durchgeführt, und oft wurden umfangreiche Texte erst in allerletzter Minute präsentiert, sodass praktisch darüber keine Diskussion mehr möglich war (Efler/ Rhode 2005). Zum dritten erwies sich auch das vom Europäischen Rat gesetzte Zeitlimit bald als Zwangsjacke – so vor allem in der dritten Phase – und machte es unmöglich, die vorgelegten Entwürfe im Detail und im Plenum zu diskutieren.[29] Besonders in dieser Phase agierten die Konventsvorsitzen in einer geradezu autoritären Art und Weise und trachteten eher danach, Vorschläge durchzubringen, von denen man annehmen konnte, dass sie vom Europäischen Rat akzeptiert würden, als nach neuen, wegweisenden Ideen zu suchen (Alliès 2005: 71).

Die Bürger der Mitgliedsstaaten wurden nicht in den Prozess der Ausarbeitung der Verfassung einbezogen. Die regelmäßig durchgeführten Eurobarometer-Umfragen, die parallel zu den Beratungen des Konvents zweimal jährlich durchgeführt wurden, zeigten, dass die Öffentlichkeit EU-weit sehr wenig über Existenz und Arbeitsergebnisse des Konvents wusste. Im Frühjahr 2003, auf der Höhe der Arbeit des Konvents, wussten laut EB 59, 57% der 16.410 Befragten nichts über den Konvent; 53% wussten nicht, dass ihre eigene Regierung bzw. Abgeordneten darin vertreten waren (Fischer 2005: 54ff.). Im Juli 2003 wussten 45% der Befragten zwar etwas über den Konvent, aber 40% äußerten, kein Interesse am Text der Verfassung zu haben; 38% hatten allenfalls Interesse daran, eine Zusammenfassung davon zu lesen. Im Hinblick auf die Ergebnisse der Konventsarbeit zeigte sich: Nur 30% erklärten sich damit als zufrieden, 50% hatten keine Meinung dazu. Noch im November 2003 wussten nur 39% der Befragten etwas über den Konvent; 41% glaubten (irrtümlicherweise, aber vielleicht der Sache nach nicht mit Unrecht), dass ein Referendum über die Verfassung in allen EU-Mitgliedsstaaten durchzuführen sei. Trotz dieses großen Wis-

---

[29] Bei der Ausarbeitung der Verfassung von Indien (1946-49) erwies sich die Sprachenproblematik als besonders schwierig; man verwendete für die Diskussion dafür drei Jahre (Austin 1966: 313).

sensmangels befürwortete eine deutliche Mehrheit der Befragten (etwa zwei Drittel) während dieser gesamten Zeitperiode die Idee einer Verfassung für Europa. Auch eine »Versammlung der Jugend« kann nicht als repräsentativ angesehen werden, die einberufen wurde, um ihre Ideen dem Verfassungskonvent vorzutragen (Liebert et al. 2003: 205ff.; Wehr 2004: 27).

Der Prozess der Ratifikation ist aus der Sicht der zentralen Perspektive dieses Buches, der Beziehung zwischen den Bürgern und den Eliten, von großer Bedeutung. Es ist ein weithin anerkanntes Prinzip, dass eine neue Verfassung einer Volksabstimmung unterworfen werden sollte. Eine Volksabstimmung über die neue EU-Verfassung war aber nur in Dänemark und Irland verpflichtend, während die Verfassungen in manchen Mitgliedsstaaten (Deutschland, Belgien, Niederlande, Malta und Zypern) keine Referenden vorsehen. Trotzdem kündigten etwa die Hälfte der EU-Mitgliedsstaaten an, ein Referendum über die Verfassung durchzuführen. In Frankreich und Großbritannien wurde eines angekündigt, aber auch erst nach zunehmendem Druck von Seiten der Öffentlichkeit oder bestimmter politischer Gruppen. Nach dem französischen und holländischen Nein änderte der britische Premier Tony Blair seine Meinung und erklärte, die Idee eines Referendums überhaupt fallen zu lassen. Es ist evident, dass die Entscheidung, ein Referendum abzuhalten, in vielen dieser Fälle eher auf kurzfristigen Überlegungen der Innenpolitik beruhte, als auf dem Wunsch, eine wirkliche Meinungsäußerung der Bürger zur Verfassung zu erhalten. In vielen Ländern, wo nur das Parlament über die Abhaltung eines Referendums entschied, zeigten Bevölkerungsumfragen große Mehrheiten für die Abhaltung eines Referendums.

Die Folgerung aus all diesen Fakten ist eindeutig: Der Prozess der Ausarbeitung und Ratifizierung der Verfassung für Europa wurde durch die politischen Eliten gesteuert. Die Bürger wurden nie systematisch einbezogen und nur in wenigen Ländern konnten sie letztendlich über den fertigen Text abstimmen. In all diesen Hinsichten entsprach die Vorgangsweise schwerlich demokratischen Prinzipien (Asbach 2002).

Die Berliner Erklärung und der Reformvertrag von 2007. Wie die politischen Eliten eine Jahrhundertchance versäumten

Am 25. März 2007, anlässlich des 50. Jahrestages des Vertrags von Rom, verabschiedeten die Regierungschefs der EU-Mitgliedsstaaten unter dem Vorsitz der deutschen Bundeskanzlerin Angela Merkel die »*Berliner Erklärung*« über die Zukunft der Verfassung für Europa und die weitere institutionelle Entwicklung der EU. Dieser Text stellte die offizielle »Antwort« der EU-Spitzenführer zur tiefen Krise der Integration nach der Zurückweisung der Verfassung für Europa

8 Die Europäische Union als eine »soziale Rechtsgemeinschaft« 499

in Frankreich und den Niederlanden und der damals verordneten *Denkpause* dar. Die Aufgabe von Angela Merkel als Präsidentin des Europäischen Rates war in dieser Phase einer tiefen Krise zweifellos schwierig und es kann bereits als Leistung angesehen werden, dass dieser Text überhaupt angenommen wurde (Schulmeister 2007). Die Art und Weise, wie diese Erklärung ausgearbeitet wurde, ihr Inhalt und die weitere Vorgangsweise, die sie vorschlug, zeigen jedoch, dass sie den Eliten-gesteuerten Integrationsprozess der vergangenen Jahrzehnte perfekt fortsetzt; das gleiche galt für den Stil der portugiesischen Präsidentschaft der EU in der zweiten Hälfte des Jahres 2007. Dies übte Druck auf die Einhaltung eines hoch ambitionierten, straffen Zeitplanes für eine schnelle Ratifikation des »Reformvertrages« (wie er nun genannt wurde) aus und versuchte jede weitere Diskussion über den Inhalt zu vermeiden.[30] Am 13. Dezember 2007 unterzeichneten die Regierungschefs der EU-Mitgliedsstaaten die revidierte Verfassung des Reformvertrags in Lissabon. Durch diese Vorgangsweise haben sie eine einmalige Chance versäumt eine fundamentale Reform der EU-Institutionen in die Wege zu leiten, welche die Akzeptanz der Integration unter den Bürgern in signifikanter Weise erhöht hätte (vgl. auch Wehr 2004: 140ff.). Betrachten wir kurz diese beiden Schritte.

Die kurze *Berliner Erklärung* besteht aus 3 Teilen: Im ersten Teil werden die positiven Leistungen der Integration (Frieden, Freiheit, Demokratie, Wohlstand usw.) gepriesen; der zweite Teil konzentriert sich auf die Stärken und Ziele der Integration; der dritte enthält die Zukunftspläne. Die folgenden fünf Aspekte zeigen jedoch, dass diese Erklärung einen sehr geringen Fortschritt darstellt, wenn man sie am Ziel einer Fortführung des EU-Reformprozesses in einem wirklich neuen Geist misst: (1) Die Erklärung setzt die typische »Verbalrhetorik« der EU (Alesina/Perotti 2004; Weiler 1999) fort, indem sie ihren hohen Erfolg in vielen Bereichen preist. Es wurde in mehreren Kapiteln dieses Buches gezeigt, dass es schlicht falsch ist, dass die europäische Integration der Hauptfaktor für bestimmte Entwicklungen (etwa die Erhaltung des Friedens in Europa) war und dass der Erfolg in anderen Hinsichten (Wirtschaftswachstum, Beschäftigung) eher bescheiden war. (2) Die Erklärung enthält zahlreiche inhaltslose Klischees (»Die Europäische Union ist unsere Antwort auf diese Herausforderungen«), aber schlägt keine einzige Lösung über den weiteren Reformprozess vor, ausgenommen eine einzige. Dies ist der zeitliche Plan, dass die EU noch vor den Wahlen zum Europäischen Parlament 2009 »auf eine erneuerte gemeinsame Basis« gestellt werden soll.[31] Dies ist eine sehr problematische Festlegung, weil sie wieder alle Bemühungen die Verfassung zu überarbeiten unter einen hohen

---

[30] *Der Standard* (Wien), 12.7.2007, S.5.
[31] Der Premier von Luxemburg, Jean-Claude Juncker, ging noch weiter und forderte, das ein revidierter Text der Verfassung bis Ende 2007 vorgelegt werden sollte (*Kurier*, Wien, 25.3.2007, S.6).

Zeitdruck setzt. Die Opposition der tschechischen Regierung gegen die Erklärung von Berlin betraf genau diesen Punkt.[32] (3) Eines der beiden zentralen Probleme der EU – ihr Demokratiedefizit – wird nicht angesprochen. Der einzige Bezug auf Demokratie ist die Aussage, dass die Union die Demokratie »außerhalb ihrer Grenzen« (!) fördern wird. Die Verfassung selber wird in der Erklärung nicht angesprochen, nachdem die tschechische, britische und polnische Regierung Einwände dagegen erhoben hatten. Die Erklärung stellt im Hinblick auf den weiteren Integrationsprozess daher nichts anderes dar als den »kleinsten gemeinsamen Nenner«. (4) Der Eindruck, dass die Autoren dieser Erklärung kein Gefühl für das Demokratiedefizit der EU hatten, wird auch durch die Art und Weise belegt, wie die Erklärung ausgearbeitet wurde. Dies war ein klassisches Beispiel von *Geheimdiplomatie*: Der Text wurde durch ein sehr kleines Gremium ausgearbeitet, im Anschluss an getrennte Beratungen der deutschen Präsidentschaft mit den einzelnen Mitgliedsstaaten; er wurde in der allerletzten Minute veröffentlicht; nur drei hohe Repräsentanten der EU, der Präsident des Europäischen Rates (Angela Merkel), der Präsident der EU-Kommission (J. Manuel Barroso) und des Europaparlaments (Hans-Gert Pöttering) unterzeichneten die Erklärung (siehe Foto 16).[33]

All diese kritischen Argumente werden unterstützt durch die Tatsache, dass die Bewertung dieser Erklärung von Seiten der EU In- und Outsider völlig unterschiedlich ist. Die Vertreter der EU preisen sie als eine große Leistung, die geeignet sei »die Tage der elite-getriebenen Integration ohne Teilnahme von Europas Bürgern« zu beenden.[34] Unabhängige Beobachter sehen dies viel kritischer: »Die jüngste Berliner Erklärung bietet wenig Anlass für Optimismus. Sie liest sich wie eine auswendig gelernte Liturgie, die nicht mehr anbietet als einen Lobgesang auf universelle Werte in einer Sprache, angemessen einer quasi religiösen Zeremonie in der Kirche des Heiligen Charles de Gaulle«.[35]

---

[32] European Voice, 15-21 March, 2007, p.2.
[33] Für diese Vorgangsweise wurde eine interessante Begründung gegeben: Es hätte eineinhalb Stunden gedauert, 30 Politiker den Text unterschreiben zu lassen und die Zeremonie wäre daher von der Bevölkerung in den Mitgliedsstaaten nicht mitverfolgt worden. (European Voice, 22.-28.3.2007, S.2).
[34] Margot Wallström (EU-Kommissarin für Kommunikation), »What to do after the birthday party«, *European Voice*, 4.–11. April 2007, S. 14.
[35] John Wyles, »Europe must be united or be irrelevant«, European Voice, 4.–11. April 2007, S. 12.

8 Die Europäische Union als eine »soziale Rechtsgemeinschaft« 501

Foto 16:
Zurück zu elitären politischen Entscheidungen: Hans Gert Pöttering (Präsident des Europäischen Parlaments), Angela Merkel (Bundeskanzlerin, Deutschland) und José Manuel Barroso (Präsident der EU-Kommission) unterzeichnen die Erklärung von Berlin vom 25. März 2007.
Quelle: Auswärtiges Amt, Berlin und Kühler.

Nach hektischen Verhandlungen über spezielle Einwände von Seiten einiger Mitgliedsländer (insbesondere Polen und Italien) war die portugiesische Präsidentschaft in der Lage, eine neue revidierte Version der Verfassung für Europa zu präsentieren und durch den Europäischen Rat am 13. Dezember 2007 genehmigen zu lassen. Dieser sogenannte *Vertrag von Lissabon* hält praktisch sämtliche institutionellen Innovationen bei, die in der Europäischen Verfassung enthalten waren, wie die eines permanenten Präsidenten des Europäisches Rates, einen Außenminister (neu benannt als »Hoher Repräsentant der Union für Äußere Angelegenheiten und Sicherheitspolitik«), dieselbe Verteilung der Parlamentssitze nach Ländern, eine reduzierte Anzahl von Kommissaren, eine Klausel über die Möglichkeit des Austrittes aus der EU und die volle Rechtspersönlichkeit für die Union (bis dahin hatte diese nur die Europäische Gemeinschaft), welche ihr es erlaubt, internationale Verträge zu unterzeichnen. Zusätzlich wurden auch viele der politischen Veränderungen und inhaltlichen Zusätze zu den alten Verträgen, welche in die Europäische Verfassung aufgenommen worden waren, beibehalten.

Die folgenden Punkte betreffen »grundlegende« Änderungen: (1) Der Name »Verfassung« wird aus allen Teilen des Textes gestrichen. (2) Alle Bezüge auf staatsähnliche Symbole – Fahne, Hymne, Motto – werden beseitigt. (3) Der Vertrag beinhaltet und integriert nicht – wie die Verfassung – alle früheren Verträge in einem einheitlichen Text; stattdessen besteht er aus zwei unterschiedlichen Texten, dem »Vertrag über die Europäische Union« (dem alten Maastricht Vertrag) und dem »Vertrag über die Funktionsweise der Europäischen Union« (dem Vertrag von Rom); der Lissabon-Vertrag wird nur als ein Zusatz zu diesen älteren Verträgen betrachtet. (4) Praktisch sämtliche anderen wichtigen neuen Elemente der Verfassung für Europa wurden in den neuen Vertrag aufgenommen. Diese Tatsache wurde durch führende Politiker in ganz Europa öffentlich bestätigt. Eine detaillierte Analyse zeigt, dass nur zehn von 250 Vorschlägen im neuen Vertrag sich von jenen in der Verfassung unterscheiden; dies bedeutet, dass 96% des Textes identisch sind.[36] Die Charta der Grundrechte ist nicht Teil der Verträge, sondern es gibt eine gesetzlich bindende Bezugnahme auf sie. Das heißt, dass alle Analysen der Verfassung, die in diesem und früheren Kapiteln durchgeführt wurden, auch für den Reformvertrag von Lissabon gelten. (5) Damit der Vertrag von Lissabon bis zum Jahre 2009 in Kraft treten kann, muss er von den Mitgliedsstaaten bis Ende 2008 ratifiziert werden; dies wird in den allermeisten Ländern nur durch eine parlamentarische Abstimmung geschehen bzw. ist bereits geschehen (siehe oben).

Aus der Sicht der normativen Demokratietheorie, die diesem Buch zu Grunde liegt, muss diese Verfahrensweise und diese Merkmale des neuen Vertrages als extrem problematisch angesehen werden; diskutieren wir die verschiedenen Aspekte kurz. Die Veränderungen (1) und (2) – das Streichen des Begriffes Verfassung und der Bezüge auf staatsähnliche Symbole – haben nur symbolischen Wert; darüberhinaus sollen und werden die Fahne und Hymne der EU weiterhin verwendet; dass dies geschehen sollte, erklärte das Europäische Parlament sogar formell. (3) Der Verzicht darauf, die vielen Verträge in einen einzigen umfassenden Text zu integrieren, hat den Mangel verstärkt, dass die EU-Verträge ein extrem kompliziertes und unleserliches Dokument selbst für einen gebildeten und politisch interessierten Bürger darstellen. Das heißt, eine Hauptschwäche der Verfassung, die in den französischen und holländischen Referenda

---

[36] OpenEurope, A Guide to the Constitutional Treaty, London 2007 (verfügbar unter http://openeurope.org.uk)

8 Die Europäische Union als eine »soziale Rechtsgemeinschaft« 503

zutage trat – dass sie zu unübersichtlich und zu kompliziert war – wurde noch verschlimmert. (4) Die Tatsache, dass die neuen Verträge der Verfassung für Europa als äquivalent zu betrachten sind, begründet die Forderung nach Referenda auch für den Fall des Lissaboner Vertrags ebenso wie im Falle der Verfassung für Europa. Tatsächlich wurde starker Druck auf jene Regierungen (z.B. die portugiesische) ausgeübt, die versprochen hatten, ein Referendum über den neuen Vertrag abzuhalten, dies nicht zu tun. Der britische Premier Gordon Brown hatte größte Schwierigkeiten seinen Wählern zu erklären, warum es jetzt kein Referendum mehr geben sollte – wie es sein Vorgänger Tony Blair für die Verfassung für Europa in Aussicht gestellt hatte.

Zum derzeitigen Moment scheint es sehr utopisch zu sein, die Wiederbelebung dieser Diskussion und die Ausarbeitung einer neuen Verfassung vorzuschlagen. Ich werde dies im folgenden Abschnitt trotzdem tun. Die Sozialwissenschaft darf nicht nur Ereignisse von heute und morgen, sondern muss eine längere Zeitperspektive im Auge haben. Aus einer solchen Sicht ist es sehr wahrscheinlich, dass die EU bald wieder in eine neue Krise der Identität und Legitimation geraten wird. Tatsächlich ist eine solche Krise schon viel früher eingetreten, als man es sich bei der Abfassung der vorigen Sätze (Mitte 2007) vorstellen konnte. Am 12. Juni 2008 fand in Irland (als einzigem Mitgliedsland der EU) ein Referendum über den Vertrag von Lissabon statt. Eine klare Mehrheit – 53,4% der Wähler stimmten gegen diesen Vertrag. Damit hatten in der Tat weniger als 1% der EU-Bürger diesen Text abgelehnt – wie die Apologeten des Vertrages feststellten. Suggeriert wurde damit, dass die übrigen 99% der fast 500 Millionen EU-Bürger dafür gestimmt hätten, wären sie befragt worden – eine Annahme, die jeder Grundlage entbehrt, wie wir aufgrund der umfangreichen, in dieser Arbeit präsentierten Daten inzwischen wissen. Tatsächlich kann man sagen, dass der Vertrag von Lissabon bereits von fast 80 Millionen abgelehnt wurde, da er ja nahezu identisch ist mit der von Franzosen und Holländern zurückgewiesenen Verfassung für Europa. Falsch ist auch die Behauptung, dass nur spezifisch irische Probleme (wie etwa die Befürchtung konservativ-katholischer Kreise, in Irland werde man auf EU-Druck die straffreie Abtreibung ermöglichen müssen) zur Ablehnung geführt hätten. Wie in Frankreich, den Niederlanden, der Schweiz und Norwegen war auch für die Iren ein Bündel von kritischen Argumenten relevant, unter denen sich wirtschaftliche Probleme (zunehmende Ungleichheit und Arbeitslosigkeit) ebenso finden wie politische (Furcht vor Involvierung Irlands in die EU-Verteidigungspolitik, vor einer Minderung des Gewichts Irlands in der EU usw.).[37] Offenkundig sind den Bürgern rein wirtschaftliche Vorteile (die Irlands EU-Mitgliedschaft zweifellos mit sich brachte), keineswegs so

---

[37] Vgl. Flash Eurobarometer (No.245): Post-Referendum Survey in Ireland, 13-15 June 2008.

wichtig, wie es die oben beschriebene EU-Politik glaubt. Die Reaktionen der führenden Politiker auf dieses Resultat zeigen, dass man sich inzwischen bereits damit abgefunden hat, dass die Bürger ihrem Integrationsprojekt immer wieder eine Absage erteilen. Der französische Präsident Nicholas Sarkozy und die deutsche Bundeskanzlerin Angela Merkel äußerten in einer gemeinsamen Erklärung, ebenso wie der Präsident des Europaparlaments, Hans-Gert Pöttering, dass die Ratifizierung unvermindert weitergeführt werden solle (entgegen dem Geist des Lissabon-Vertrages); Angela Merkel ließ verlauten, sie »möchte das Wort ›Krise‹ gar nicht in den Mund nehmen«.[38] Politiker in manchen Ländern erwogen sogar einen Ausschluss Irlands aus der EU oder gaben den Iren den Rat, freiwillig auszutreten.

Vorschlag für eine Wiederaufnahme der Verfassungsdiskussion und eine revidierte Strategie für die Ratifikation einer neuen Verfassung

Abschließend soll in aller Kürze ein Vorschlag für eine Erneuerung der Verfassungsdiskussion der Europäischen Union gemacht werden. Diese sollte in drei Schritten erfolgen. Zum Ersten: Es sollte ein neuer Verfassungskonvent einberufen werden mit der Aufgabe, die bestehenden Texte zu überarbeiten. Die Auswahl der Mitglieder des Konvents sollte sehr transparent sein und strengen demokratischen Prinzipien entsprechen. Es sollte von vorneherein kein eiserner Zeitplan für die Arbeit des Konvents festgelegt werden, wenn auch ein gewisser Zeitrahmen (nicht zu lange) vorzugeben wäre.

Zum Zweiten: Für viele jener, die nicht am Referendum über die Verfassung teilnahmen oder sie ablehnten, war ein Grund dafür, dass sie zu lang und zu kompliziert war. Dieses Problem muss ernst genommen werden. Es wird daher vorgeschlagen, dass der Verfassungstext in zwei Teile geteilt werden sollte: nur der erste und grundlegende Teil (entsprechend etwa den bisherigen Teilen in I und II) sollte einem Referendum unterworfen werden (vgl. auch Leinen 2001). Die anderen Teile, die spezifische Bereiche der Politik und Arbeitsweise der Union betreffen (Teile III und IV), sollten durch Politiker und Experten sorgfältig überarbeitet werden um sicher zu stellen, dass sie dem allgemeinen Geist der beiden grundlegenden Teile entsprechen. Aber auch in diesen Teilen sollten keine konkreten politischen Ziele und Strategien und Maßnahmen enthalten sein.

Zum Dritten: Die Verfassung (Teile I und II) sollte dann einem Referendum der Bürger zum gleichen Tag in allen EU-Mitgliedsstaaten unterworfen werden. Auch ein solches Referendum würde keine Wunder wirken, was die Entwicklung

---

[38] Vgl. http://www.zeit.de/news/artikel/2008/06/13/2550280.xml (19.9.2008)

von Öffentlichkeit und Demokratie in Europa betrifft (vgl. dazu verschiedene Beiträge in Timmermann 2001; Pernice/Maduro 2004). Es würde jedoch einen entscheidenden Schritt in diese Richtung darstellen. Es müsste vorher klar festgelegt werden, wann man die Verfassung als akzeptiert anzusehen wäre. Dabei wäre eine klare Mehrheit sowohl von Ländern wie von Bürgern notwendig.

Ausblick

Hat die Europäische Integration einen jahrhundertealten Traum erfüllt? Dies war tatsächlich der Fall, wenn wir den politischen Eliten glauben und wenn wir die Entwicklung in Europa seit 1945 nur oberflächlich betrachten. Seit über einem halben Jahrhundert gab es zwischen den Mitgliedsstaaten der EU keinen Krieg mehr, das Wirtschaftswachstum war über lange Perioden hinweg sehr stark, autoritär-diktatorische Regimes wurden gestürzt, der Eiserne Vorhang ist gefallen und die mittelosteuropäischen Länder wurden Mitglieder der Union. All diese Errungenschaften stehen außer Zweifel. Über die Ursache dieser Entwicklungen gibt es jedoch auch andere Erklärungen, ebenso wie über das Bild der Entwicklungen in Europa selber. In den alten Mitgliedsländern der EU war die europäische Integration begleitet von bescheidenem Wachstum, Entstehung massiver Beschäftigungsprobleme und einer signifikanten Zunahme von Ungleichheiten; extrem sinkenden Geburtenraten und einer unzureichende Integration von Einwanderern (oft deren Ausbeutung als rechtlose Schwarzarbeiter); auch einer Unterminierung der Qualität der Demokratie. Eine klare Mehrheit der Bürger von Frankreich und den Niederlanden sahen in dieser Hinsicht ebenfalls ernste Probleme, als sie die Verfassung für Europa ablehnten. Man kann mit großer Wahrscheinlichkeit sagen, dass die wichtigsten Leistungen der europäischen Integration, die Sicherung des Friedens und die Etablierung der Demokratie, nicht eine Folge der Integration waren, sondern zum einen eine Folge von Veränderungen in den globalen Machtstrukturen, sowie autonomer Revolutionen im Innern der früher nicht demokratischen Länder. Für die Eliten jedoch wurde die Integration zu einem nicht mehr hinterfragbaren Ziel an sich, wie es zum Ausdruck kommt im Motto, dass die Integration zu einer »immer engeren Union« führen sollte.

Als die Intellektuellen in den vergangenen Jahrhunderten ihren Traum von Europa träumten, hatten sie de facto die Welt im Auge, da Europa ihr unangefochtenes Zentrum darstellte. In der heutigen Ära der Globalisierung steht es außer Frage, dass Frieden und Demokratie Probleme der Welt darstellen. Auf dieser Ebene sind diese Ziele noch weit von ihrer Realisierung entfernt. Auch aus dieser Sicht erscheinen die Leistungen in Europa viel weniger beeindruckend. Die Europäische Union entwickelte sich zu einer Insel des Reichtums inmitten einer Welt, die in großen Teilen weiterhin von extremer Armut, Unsicherheit und militärischer Gewalt gekennzeichnet ist. Ein neuer Eiserner Vorhang wurde an den Außengrenzen der Schengen-Länder errichtet, insbesondere im Mittelmeer, um die EU von unwillkommenen armen Einwanderern und Flüchtlingen abzuschirmen. Nicht wenige unter den heutigen politischen Eliten scheinen den alten Traum weiter zu träumen oder wieder aufgenommen zu haben, der Europa auf dem Wege sah, eine neue politische und militärische Weltmacht zu werden. Ein solcher Traum ist jedoch schwer in Übereinstimmung zu bringen mit einer anderen Vision von Europa, die hofft, dass sie sich entwickelt als eine demokratische und sozial ausgeglichene Gemeinschaft von Nationen, die vertrauensvolle und friedliche Beziehungen zu ihrem immer noch mächtigen Nachbarn im Osten entwickelt, die den Menschen, die auf ihrem armen Nachbarkontinent im Süden leben, effizient hilft, und die signifikant zu effektiver Abrüstung und zur Verstärkung der Herrschaft des Rechts auf der ganzen Welt beiträgt. Ist es nur ein Wunschdenken, den Traum von einer solchen alternativen Union zu träumen? Es mag so scheinen, solange das derzeitige elitäre Muster der Integration fortgesetzt wird, das nicht nur auf Integration, sondern auch auf Zentralisierung und Machtzuwachs hinzielt (Vaubel 1995). Dieser Traum könnte wohl nur dann zur Realität werden, wenn die Völker und Bürger der EU mehr Einfluss auf die Ziele und Form des Integrationsprozesses gewinnen. Es gibt zwei Voraussetzungen für eine solche Entwicklung: Dass die Eliten ihren Völkern und Bürger stärker vertrauen und dass die Bürger bereit und willig sind, sich auch selber mehr dafür zu interessieren und einzusetzen.

Bibliographie

Abkürzungen
JCMS – Journal of Common Market Studies
KZfSS – Kölner Zeitschrift für Soziologie und Sozialpsychologie

Abbott, Andrew. (1988). *The System of Professions.* Chicago/London: University of Chicago Press.
Abromeit, Heidrun. (2000). "Kompatibilität und Akzeptanz–Anforderungen an eine integrierte Politik," in Grande/Jachtenfuchs, *Wie problemlösungsfähig ist die EU,* S. 59–75.
Abromeit, Heidrun. (2001). Ein Maß für Demokratie. Europäische Demokratien im Vergleich, Institut für Höhere Studien. Wien: Reihe Politikwissenschaft 76.
Ackerman, Bruce. (1989). "Constitutional Politics and Constitutional Law," *Yale Law Journal* 99: 453–547.
Adam, Antail/Hans-Georg Heinrich. (1987). *Society, Politics and Constitutions. Western and Eastern European Views.* Wien/Köln/Graz: Böhlau.
Aiginger, Karl. (2004). "The Economic Agenda: A View From Europe." *Review of International Economics* 12: 187–206.
Aiginger, Karl/Gunther Tichy. (n.d.). *Die Größe der Kleinen. Die überraschenden Erfolge kleiner und mittlerer Unternehmungen in den achtziger Jahren,* Wien: Signum.
Ajzen, Icek/Martin Fishbein. (1980). *Understanding Attitudes and Predicting Social Behavior.* Upper Saddle River, NJ: Prentice Hall.
Alber, Jens. (2006). Das 'europäische Sozialmodell' und die USA. *Leviathan* 34: 208–41.
Albrow, Martin. (1972). *Bürokratie,* München; List (engl.: *Bureaucracy.* London: Pall Mall Press 1970).
Alesina, Alberto et al. (2001). *What Does the European Union Do?* NBER Working Paper 8647. Cambridge, MA: National Bureau for Economic Research.
Alesina, Alberto/Roberto Perotti. (2004). *The European Union: A Politically Incorrect View.* Unpublished paper, NBER and CEPR, Harvard University und IGIER–Università Bocconi, Milan.
Alf, Sophie. (1977). *Leitfaden Italien. Vom antifaschistischen Kampf zum historischen Kompromiss.* Berlin: Rotbuch.
Alliès, Paul. (2005). *Une Constitution contre la Démocratie? Portrait d'une Europe depolitisée.* Castelnau-le-Lez: Climats.
Alston, Philip, Joseph H. H. Weiler. (1999). *An 'Ever Closer Union' in Need of a Human Rights Policy: The European Union and Human Rights.* Howard Jean Monnet Working Paper 1/99 (http://www.jeanmonnetprogram.org/papers/99/990105.html).

Altvater, Elmar/Birgit Mahnkopf. (2007). *Konkurrenz für das Empire. Die Zukunft der Europäischen Union in der globalisierten Welt.* Münster: Westfälisches Dampfboot
Anderson, Peter J./Aileen McLeod. (2004). "The Great Non-Communicator? The Mass Communication Deficit of the European Parliament and Its Press Directorate." *JCMS* 42: 897–917.
Antes, Peter. (2005). "Christentum und europäische Identität." In *Heit, Die Werte Europas,* S. 49–56.
Ardi, Brian/Ali El-Agraa. (2004). "The General Budget." In El-Agraa, *The European Union,* S. 343–53.
Arendt, Hannah. (1951). *The Origins of Totalitarianism.* New York: Harcourt, Brace.
Arendt, Hannah. (1963). *On Revolution.* New York: Harcourt, Brace Jovanovich.
Armstrong, Harvey. (2004). "Regional policy." In El-Agraa, *The European Union,* S. 401–20.
Arndt, Helmut. (1980). *Wirtschaftliche Macht. Tatsachen und Theorien.* München: Beck.
Arnold, Hans. (1993). *Europa am Ende? Die Auflösung von EG und NATO.* München/Zürich: Piper.
Arnull, Anthony. (1999). *The European Union and Its Court of Justice.* Oxford: Oxford UP.
Arnull, Anthony. (2003). "The Community Courts." In Cini, *European Union Politics,* S. 179–91.
Asbach, Olaf. (2002). "Verfassung und Demokratie in der Europäischen Union." *Leviathan* 30: 267–97.
Attac, Hrsg. (2006). *Das kritische EU-Buch. Warum wir ein anderes Europa brauchen.* Wien: Deuticke.
Auer, Andreas/Michael Bützer. (2001). *Direct Democracy: The Eastern and Central European Experience.* Aldershot, UK: Ashgate.
Axt, Heinz-Jürgen. (2005). *Konkordanz als governance.* Unveröffentlichter Aufsatz, University of Duisburg, Essen.
Axt, Heinz-Jürgen/Frank Deppe. (1979). *Europaparlament und EG-Erweiterung. Krise oder Fortschritt der Integration?* Köln: Pahl-Rugenstein.
Baader, Roland. (1993). *Die Euro-Katastrophe. Für Europas Vielfalt – gegen Brüssels Einfalt.* Böblingen: Anita Tykve Verlag.
Bach, Maurizio. (1992). "Eine leise Revolution durch Verwaltungsverfahren. Bürokratische Integrationsprozesse in der Europäischen Gemeinschaft." *Zeitschrift für Soziologie* 21: 16–30.
Bach, Maurizio. (1999). *Die Bürokratisierung Europas. Verwaltungseliten, Experten und politische Legitimation in Europa.* Frankfurt/New York: Campus.
Bach, Maurizio. (2000a). "Die europäische Integration und die unerfüllten Versprechungen der Demokratie." In Hans-Dieter Klingemann/Friedhelm Neidhardt, Hrsg., *Zur Zukunft der Demokratie.* Berlin: Edition Sigma, S. 185–213.
Bach, Maurizio, Hrsg. (2000). "Die Europäisierung nationaler Gesellschaften." Special Issue No. 40, *KZfSS.*
Bach, Maurizio, Christian Lahusen, Georg Vobruba, Hrsg. (2006). *Europe in Motion. Social Dynamics and Political Institutions in an Enlarging Europe.* Berlin: Edition Sigma.

Baechler, Jean. (1975). *The Origins of Capitalism.* Oxford: Basil Blackwell (Französisch: *Les Origines du capitalisme.* Paris: Gallimard 1971).
Balanyá, Bela, et al. (2000). *Europe Inc. Regional and Global Restructuring and the Rise of Corporate Power.* London: Pluto Press.
Baldwin, Richard. (2005, June). "The Real Budget Battle. Une crise peut en cacher une autre." Brussels: *CEPS Policy Brief* 75 (available at http://www.ceps.be).
Bandulet, Bruno. (1999). *Tatort Brüssel. Das Geld, die Macht, die Bürokraten.* München: Wirtschaftsverlag Langen Müller und Herbig.
Barber, Benjamin. (1984). *Strong Democracy. Participatory Politics for a New Age.* Berkeley: University of California Press.
Bartolini, Stefano. (2006). "Mass Politics in Brussels: How Benign Could It Be?" *Zeitschrift für Staats- und Europawissenschaften* 1: 28–56.
Bassina, Irina/Marcel Bas. (2002). "The United Europe as an Antidote to a Democratic Nation State in the Ideas of F. Nietzsche" (http://www.roepstem.net/nietzsche.html).
Bast, Jürgen et al. (2003). Der Verfassungsentwurf des Europäischen Konvents. *Integration* 24(4).
Bauer, Michael/Bénédicte Bertin-Mourot. (1999). "National Models for Making and Legitimating Elites. A Comparative Analysis of the 200 Top Executives in France, Germany and Great Britain." *European Societies* 1: 9–31.
Beck, Ulrich. (1986). *Risikogesellschaft. Auf dem Weg in eine andere Moderne.* Frankfurt: Suhrkamp.
Beck, Ulrich/Edgar Grande. (2004). *Das kosmopolitische Europa. Gesellschaft und Politik in der zweiten Moderne.* Frankfurt am Main: Suhrkamp.
Belafi, Matthias. (2005). "Christliche Werte und europäische Verfassung." In Heit, *Die Werte Europas,* S. 70–84.
Bell, Daniel. (1999). *The Coming of Post-Industrial Society. A Venture in Social Forecasting.* New York: Basic Books.
Bellier, Irène/Thomas M. Wilson, Hrsg. (2000). *An Anthropology of the European Union. Building, Imaging and Experiencing the New Europe.* Oxford/New York: Berg.
Bendix, Reinhard. (1960). *Max Weber. An Intellectual Portrait.* London: Methuen.
Beninger, Werner. (2004). *Beamtenrepublik Österreich. Die unglaublichen Privilegien unserer Staatsdiener.* Wien: Ueberreuter.
Benz, Bemjamin. (2004). *Nationale Mindestsicherungssysteme und europäische Integration.* Wiesbaden: VS Verlag für Sozialwissenschaften.
Benz, Wolfgang, Hrsg. (1988). *Pazifismus in Deutschland. Dokumente zur Friedensbewegung 1890–1939.* Frankfurt: Fischer.
Bergier, Jean-François. (1996). *Europe et les Suisses.* Genève: Ed. Zoé.
Bergsten, Fred. (2005). *The Euro and the World Economy.* Paper delivered at the conference The Eurosystem, the Union and Beyond, Frankfurt; April 27, 2005.
Berthold, Norbert/Jörg Hilpert. (1996). "Wettbewerbspolitik, Industriepolitik und Handelspolitik in der EU." In Ohr, *Europäische Integration,* S. 77–109.
Best, Heinrich. (1990). "Elite structure and regime (dis)continuity in Germany 1867-1933: The case of parliamentary leadership groups", *German History* 8: 1-27.

Best, Heinrich/Rudi Schmidt. (2004). "Caders into Managers: Structural and Attitudinal Changes of East German Economic Elites." Second Workshop on Elites and Transformation in East Europe, Budapest, Hungary.

Bieler, Andreas. (2002). "The struggle Over EU Enlargement: A Historical Materialist Analysis of European Integration." *Journal of European Public Policy* 9: 575–97.

Bieling, Hans-Jürgen/Jochen Steinhilber, Hrsg. (2000). *Die Konfiguration Europas. Dimensionen einer kritischen Integrationstheorie.* Münster: Westfälisches Dampfboot.

Blau, Peter M (1978), Parameter sozialer Strukturen. S. 203-233 in ders. (Hrsg.), *Theorien sozialer Strukturen: Ansätze und Probleme*, Opladen: Westdeutscher Verlag.

Blondel, Jean/Richard Sinnott/Palle Svensson. (1998). *People and Parliament in the European Union. Participation, Democracy, and Legitimacy.* Oxford: Clarendon Press.

Bockstette, Carsten. (2002). *Konzerninteressen, Netzwerkstrukturen und die Entstehung einer europäischen Verteidigungsindustrie.* Hamburg: Verlag Dr. Kovac.

Boedeltje, Mijke/Juul Cornips. (2005). *Input and Output Legitimacy in Interactive Governance.* https://ep.eur.nl/bitstream/1756/1750/2/NIG2–01.pdf.

Bohle, Dorothee. (2000). "EU-Integration und Osterweiterung: die Konturen einer neuen europäischen Unordnung." In Bieling/Steinhilber, *Die Konfiguration Europas*, S. 304–30.

Böhm-Amtmann, Edeltraud. (2003). "Entstehung, Grundzüge und Entwicklungstendenzen des Konzepts 'European Governance' und die Rolle der EU-Mitgliedstaaten." In E. Bohne, Hrsg., *Ansätze zur Kodifikation des Umweltrechts in der Europäischen Union.* Berlin: Duncker & Humblot, S. 85–97.

Bonde, Jens-Peter, Hrsg. (2005). *The Proposed EU Constitution – The Reader-Friendly Edition.* Brussels: European Parliament.

Bornschier, Volker. (1988). *Westliche Gesellschaft im Wandel.* Frankfurt/New York: Campus.

Bornschier, Volker. (2000a). *State-Building in Europe. The Revitalization of Western European Integration.* Cambridge: Cambridge University Press.

Bornschier, Volker. (2000b). "Ist die Europäische Union wirtschaftlich von Vorteil und eine Quelle beschleunigter Konvergenz? Explorative Vergleiche mit 33 Ländern im Zeitraum von 1980 bis 1998." In Bach, *Die Europäisierung nationaler Gesellschaften*, S. 178–204.

Bornschier, Volker/Mark Herkenrath/Patrick Ziltener. (2004). "Political and Economic Logic of Western European Integration. A Study of Convergence Comparing Member And Non-Member States, 1980–98." *European Societies* 6: 71–96.

Borrmann, Axel, et al., Hrsg. (1995). *Regionalismus-Tendenzen im Welthandel.* Baden-Baden: Nomos.

Boudon, Raymond. (1986). *L'idéologie. L'origine des idées recues.* Paris: Librairie Arthème Fayard.

Boudon, Raymond. (1999). *Les sens des valeurs.* Paris: Presses Universitaire de France.

Boudon, Raymond. (2004). *Pourquoi les intellectuels n'aiment pas le Libéralisme.* Paris: Odile Jacob.

Boukovsky, Vladimir, avec Pavel Stroilov. (2005). *L'Union Européenne, une Nouvelle URSS?* Monaco: Éditions du Rocher.

Bourdieu, Pierre. (1999). *Language and Symbolic Power*. Cambridge, MA: Harvard University Press.
Bourdieu, Pierre. (2000). "Die Durchsetzung des amerikanischen Modells und die Folgen." In *Loccumer Initiative, Europa des Kapitals oder Europa der Arbeit?* S.171–89.
Bourricaud, Francois.(1958), "France," in: Arnold M. Rose, Hrsg., *The Institutions of Advanced Societies*, Minneapolis: University of Minnesota Press.
Boyle, Elizabeth Heger/John W. Meyer. (1998). "Modern Law as a Secularized and Global Model: Implications for the Sociology of Law." *Soziale Welt* 49: 213–32.
Bozóki, András. (2003). "Theoretical Interpretations of Elite Change in East Central Europe." In Dogan, *Elite Configurations at the Apex of Power*, S. 215–47.
Braun, Neville L/Francis G. Jacobs, Hrsg. (1989), *The Court of Justice of the European Communities*, London: Sweet & Maxwell.
Brechon, Pierre. (2004). "Crise de confiance dans les elites politiques." In Cautrés/Mayer, *Le nouvau désordre électoral*, S. 47–69.
Brettschneider, Frank/Jan van Deth/Edeltraud Roller. (2003). *Europäische Integration in der öffentlichen Meinung*. Opladen: Leske und Budrich.
Breuss, Fritz. (2002). "Benefits and Dangers of EU Enlargement." *Empirica* 29: 245–74.
Brinkmann, Gerhard. (1981). *Ökonomik der Arbeit*. Vol. 2: *Die Allokation der Arbeit*. Stuttgart: Klett-Cotta.
Brinkmann, Gerhard. (1984). *Ökonomik der Arbeit*. Vol. 3: *Die Entlohnung der Arbeit*. Stuttgart: Klett-Cotta.
Brunn, Gerhard. (2002). *Die Europäische Einigung von 1945 bis heute*. Stuttgart: Reclam.
Bryant, Christopher G. A. (1991). "Commentary: Europe and the European Community 1992." *Sociology* 25: 189–207.
Bryde, Brun-Otto. (1992). "Europarecht in rechtssoziologischer Perspektive." In Schäfers, *Lebensverhältnisse und soziale Konflikte im neuen Europa*, S. 79–88.
Buckwell, Allan, et al. (1982). *The Costs of the Common Agricultural Policy*. London/Canberra, Australia: Croom Helm.
Burgess, Michael. (2003). "Federalism and Federation." In Cini, *European Union Politics*, S. 65–79.
Burley, Anne-Marie/Walter Mattli. (1993). "Europe Before the Court: A Political Theory of Legal Integration." *International Organization* 47: 41–76.
Buruma, Jan. (1994). *The Wages of Guilt. Memories of War in Germany and Japan*. London: Vintage/Random House.
Busch, Klaus. (1991). *Umbruch in Europa. Die ökonomischen, ökologischen und sozialen Perspektiven des einheitlichen Binnenmarktes*. Köln: Bund-Verlag.
Cameron, David R. (1998). "Creating Supranational Authority in Monetary and Exchange-Rate Policy: The Sources and Effects of EMU." In Sandholtz/Stone Sweet, *European Integration and Supranational Governance*, S. 188–216.
Camic, Charles/Neil Gross. (2004). "The New Sociology of Ideas." In Judith R. Blau, Hrsg., *The Blackwell Companion to Sociology*, S. 236–49. Malden, MA/Oxford/ Carlton, UK: Blackwell.
Cancian, Francesca. (1975). *What Are Norms? A Study of Beliefs and Action in a Maya Community*. London: Cambridge University Press.

Caporale, Guglielmo Maria/Alexandros Kontonikas. (2006). *The Euro and Inflation Uncertainty in the European Monetary Union.* Economics and Finance Discussion Papers, No. 06–01, Economics and Finance Section, Brunel University (auch online verfügbar).
Carrubba, J. Clifford, et al. (2004). "A Second Look at Legislative Behaviour in the European Parliament. Roll-Call Votes and the Party System." Political Science Series, No. 94, Institute for Advanced Studies, Wien.
Castells, Manuel. (1997). The Power of Identity, Vol. II of the *Information Age. Economy, Society and Culture.* Oxford: Blackwell.
Castells, Manuel. (1999). *The Information Age: Economy, Society and Culture.* Vol. 1, The Rise of the Network Society. Cambridge, MA: Blackwell.
Cautrès, Bruno/Nonna Mayer. (2004). *Le nouveau désordre electoral. Les lecons du 21 avril 2002.* Paris: Presses de Sciences Po.
Cecchini Report. (1988). *Europe 1992: The Overall Challenge.* European Communities, Document SEC (88) 524 Final.
Cederman, Lars-Erik. (2001). "Back to Kant: Reinterpreting the Democratic Peace as a Macrohistorical Learning Process." *American Political Science Review* 95: 15-31
Chalmers, Damian. (2004). "The Legal Dimension in EU Integration." In A. M. El-Agraa, *The European Union,* S. 57–75.
Chandler, Alfred. (1977). *The Visible Hand: The Managerial Revolution in American Business.* Westport: Greenwood.
Charle, Christoph. (2001). "Intellectuals: History of the Concept." In Neil Smelser/Paul Baltes., Hrsg., *International Encyclopedia of the Social and Behavioral Sciences,* S. 7627–7631. Amsterdam: Elsevier.
Chryssochoou, Dimitris N. (1998). *Democracy in the European Union.* London/New York: Tauris Academic Studies.
Chryssochoou, Dimitris N., et al., Hrsg. (1999). *Theory and Reform in the European Union,* Manchester/New York: Manchester University Press.
Chubb, Judith/Maurizio Vanicelli. (1988). "Italy: A Web of Scandals in a Flawed Democracy." In Markovits/Silverstein, *The Politics of Scandal,* S. 122–50.
Cini, Michelle, Hrsg. (2003a). *European Union Politics.* Oxford/New York: Oxford University Press.
CIRCAP. (2006). *European Elites Survey 2006.* Siena, Italy: Centre for the Study of Political Change (Research Report; auch im Internet verfügbar).
Coen, David. (1997). "The Evolution of the Large Firma as a Political Actor in the European Union." *Journal of European Public Policy* 4: 91–108.
Coenen-Huther, Jacques. (2004). *Sociologie des elites.* Paris: Armand Colin.
Cole, Phillip. (1994). "Towards a Citizens' Europe?" In Paul Gilbert, Paul Gregory, Hrsg., *Nations, Cultures and Markets,* S. 153–64. Aldershot, UK: Avebury.
Coleman, James S. (1982). *The Asymmetric Society.* Syracuse, NY: Syracuse University Press.
Coleman, James S. (1990). *Foundations of Social Theory.* Cambridge, MA/London: The Belknap Press.
Collins, Randall. (2005). *Interaction Ritual Chains.* Princeton, NJ: Princeton University Press.

Coser, Lewis. (1956). *The Functions of Social Conflict.* New York/London: The Free Press and Collier Macmillan.
Coudenhove-Kalergi, Richard. (1953). *Die Europäische Nation.* Stuttgart: Deutsche Verlags-Anstalt.
Coudenhove-Kalergi, Richard. (1958). *Eine Idee erobert Europa. Meine Lebenserinnerungen.* Wien/München/Basel: Verlag Kurt Desch.
Coultrap, John. (1999), "From Parliamentarism to Pluralism. Models of Democracy and the European Union's 'Democratic Deficit.' " *Journal of Theoretical Politics* 11: 107–35.
Courable, John. (2001). "The Death of Democracy: A View From the Left." *The European Journal* 8: 19–21.
Coxall, Bill/Lynton Robins/Robert Leach. (2003). *Contemporary British Politics.* Houndmills, UK/New York: Palgrave Macmillan.
Crozier, Michael. (1967). *The Bureaucratic Phenomenon.* Chicago: University of Chicago Press.
Crum, Ben. (2003). *Output Legitimacy of European R&D-Policy.* Paper prepared for the EUSA 8th International Biennial Conference, Nashville, Tennessee (auch online verfügbar).
Cutler, Tony, et al. (1989). *1992 – The Struggle for Europe. A Critical Evaluation of the European Community.* New York: Berg.
Dahl, Robert A. (2001). "Is Post-National Democracy Possible?" In Fabbrini, *Nation, Federalism and Democracy,* S. 35–46.
Dahrendorf, Ralf. (1962). *Gesellschaft und Freiheit. Zur soziologischen Analyse der Gegenwart.* München: R. Piper.
Dahrendorf, Ralf. (1965). *Gesellschaft und Demokratie in Deutschland.* München: Piper. (München 1968, Deutscher Taschenbuch Verlag).
Dalton, Russel J. (1999). "Political Support in Advanced Industrial Democracies." In Norris, *Critical Citizens,* S. 57–77.
Debus, Karl Heinz, Hrsg. (1995). *Robert Schuman. Lothringer, Europäer, Christ.* Speyer: Pilger.
Deflem, Mathieu/Pampel, Fred C. (1996): The Myth of Postnational Identity: Popular Support for European Unification. *Social Forces* 75: 119-143.
Dell'Olio, Fiorella. (2005). *The Europeanization of Citizenship: Between the Ideology of Nationality, Immigration and European Identity.* Ashgate, UK: Aldershot.
Dehousse, R. (1994). *La Cour de Justice des Communautés européennes,* Paris: Montchrestien.
Dehove, Mario, Hrsg. (2004). *Le nouvel état de l'Europe. Les idées-forces pour comprendre les nouveaux enjeux de l'Union.* Paris: La Découverte.
Deloche-Gaudez, Florence. (2005). *La Constitution Européenne. Que faut-il savoir?* Paris: Presse de la Fondation Nationale des Sciences Politiques.
Delors, Jacques. (1993). *Das neue Europa.* München: C. Hanser.
De Tocqueville, Alexis. (1976[1835]). *Über die Demokratie in Amerika.* München: Deutscher Taschenbuch Verlag (engl. Ausgabe New York 1947).
De Tocqueville, Alexis. (1988[1856]). *L'ancien régime et la révolution.* Paris: GF Flammarion.

Deutsch, Karl W., et al. (1957). *Political Community and the North Atlantic Area: International Organisation in the Light of Historical Experience.* Princeton, NJ: Princeton University Press.
Deutsch, Karl. W. (1966). *Nationalism and Social Communication. An Inquiry Into the Foundations of Nationality.* Cambridge, MA/London: MIT Press.
Diedrichs, Udo/Wolfgang Wessels. (2005). "Die Europäische Union in der Verfassungsfalle? Analysen, Entwicklungen und Optionen." *Integration* 4: 287–306.
Diekmann, Andreas. (1995). *Empirische Sozialforschung. Grundlagen, Methoden, Anwendungen.* Reinbeck: Rowohlt.
Diez Medrano, Juan. (2003). *Framing Europe. Attitudes to European Integration in Germany, Spain, and the United Kingdom.* Princeton, NJ/Oxford: Princeton University Press.
Dinan, Desmond. (1999). *Ever Closer Union. An Introduction to European Integration.* Houndmills, Basingstoke, UK: Palgrave.
Dippel, Horst. (2001). "Warum Verfassung? Der Gedanke der Verfassung in der europäischen Rechtskultur" In Timmermann, *Eine Verfassung für die Europäische Union,* S. 13–40.
Docksey, Christopher/Karen Williams. (1994). "The Commission and the Execution of Community Policy." In Edwards/Spence, *The European Commission,* S. 117–45.
Dogan, Mattei, Hrsg. (1975). *The Mandarins of Western Europe. The Political Roles of Top Civil Servants.* Beverly Hills, CA: Sage.
Dogan, Mattei. (1997). "Erosion of Confidence in Advanced Democracies." *Studies in Comparative International Development* 32.
Dogan, Mattei. (2001) "Deficit of Confidence Within European Democracies ." In Haller, *The Making of the European Union,* S. 241–61.
Dogan, Mattei, Hrsg. (2003). *Elite Configurations at the Apex of Power.* Leiden/Boston: Brill.
Dogan, Mattei, Hrsg. (2005). *Political Mistrust and the Discrediting of Politicians.* Leiden/Boston: Brill.
Dogan, Mattei/Dominique Pelassy. (1987). *Le Moloch en Europe. Etatisation et Corporatisation.* Paris: Economica.
Domhoff, G. William. (1990). "Social Clubs, Policy-Planning Groups, and Corporations: A Network Study of Ruling-Class Cohesiveness." In Scott, *The Sociology of Elites I,* S. 173–82.
Donati, Pier Paolo. (2008). "Quale cittadinanza europea? Costruire una fortezza o creare un nuovo modello di cittadinanza aperta?" In Haller, *Identität und Grenzen Europas/Identitá e Confini dell'Europa* (in press).
Donges, Jürgen/Andreas Schleef. (2001). *Die EU-Osterweiterung – gesamtwirtschaftliche und unternehmerische Aspekte.* Berlin: Verlag GDA.
Donnelly, Martin/Ella Ritchie. (1994). "The College of Commissioners and Their Cabinets." In Edwards, Geoffrey, David Spence, Hrsg., *The European Commission,* S. 31–61. Harlows, Essex, UK: Longman.
Downs, Anthony. (1967). *Inside Bureaucracy.* Boston: Little, Brown.

Doyle, Michael W. (1996). "Reflections on the Liberal Peace and Its Critics." In Michael Brown et al., Hrsg., *Debating the Democratic Peace – An International Security Reader*, S. 358–363. Cambridge, MA: MIT Press.
Draxler, Gudrun. (2002). *Das Europäische Amt für Betrugsbekämpfung OLAF*, Wildon (Österreich)
Duchene, F. (1994). *Jean Monnet: The Statesman of Independence*. London: Norton.
Duhamel, Olivier, Hrsg. (2005). *La Constitution Européenne. Les principaux textes présentés par O. Duhamel*. Paris: Armand Colin/Éditions Dalloz.
Durkheim, Emile. (1965[1895]). *Die Regeln der soziologischen Methode*. Neuwied/Berlin: Luchterhand.
Ebert, Kurt Hanns. (1978). *Rechtsvergleichung. Einführung in die Grundlagen*. Bern: Stämpfli.
Ebner, Michl. (2004). *Mein Rechenschaftsbericht. Zehn Jahre im Einsatz für Südtirol in Europa*. Bozen: Athesia.
Edelman, Murray. (1972). *Politics as Symbolic Action. Mass Arousal and Quiescence*. Chicago: Markham.
Edwards, Geoffrey/David Spence, Hrsg. (1994). *The European Commission*. Harlows, Essex, UK: Longman.
Efler, Michael/Percy Rhode (2005). "Critical Analysis of the Democratic Aspects of the EU." Online at www.mehr-demokratie.de/eu-kritik.html.
Egan, Michelle. (2003). "The Single Market." In M. Cini, *European Union Politics*, S. 28–45.
Egeberg, Morten. (2003). "The European Commission." In M. Cini, *European Union Politics*, S. 131–47.
Eichenberg, Richard C./Dalton, Russell J. (1993): Europeans and the European Community: the dynamics of public support for European integration. *International Organization* 47: 507-534.
Eichengreen, Barry. (2005). "Europe, the Euro and the ECB: Monetary Success, Fiscal Failure." *Journal of Policy Modeling* 27: 427–439.
Eising, Rainer. (2004). "Der Zugang von Interessengruppen zu den Organen der Europäischen Union: Eine organisationstheoretische Analyse." *Politische Vierteljahresschrift* 45: 494–518.
El-Agraa, Ali (2004a), "General Introduction: the EU within the global context of regional integration," in: El-Agraa, *The European Union Economics and Politics*, S. 1–22.
El-Agraa, Ali M., Hrsg. (2004b). *The European Union. Economics and Policies*. Harlow, UK: Pearson Education/Prentice Hall.
Elias, Norbert. (1978). *The Civilizing Process*. New York: Uritzen Books.
Elias, Norbert. (1985). *Humana Conditio. Beobachtungen zur Entwicklung der Menschheit am 40. Jahrestag eines Kriegsendes* (Mai 1985). Frankfurt: Suhrkamp.
Elsasser, Hans, et al. (1988). *Die Schweiz*. Stuttgart: Kohlhammer.
Elwert, Georg. (1999). "Deutsche Nation." In B. Schäfers/Wolfgang Zapf, Hrsg., *Handwörterbuch zu Gesellschaft Deutschlands*. Opladen: Westdeutscher Verlag.
Engelmann, Bernt. (1993). *Wir Untertanen. Ein deutsches Geschichtsbuch*. Göttingen: Steidl.

Erhard, Ludwig. (1957). *Wohlstand für alle.* Düsseldorf: Econ.
Erikson, Erik H. (1980). *Identity and the Life Cycle.* New York: Norton.
Esping-Andersen, Gøsta. (1985). *Politics Against Markets. The Social Democratic Road to Power.* Princeton, NJ: Princeton University Press.
Esping-Andersen, Gøsta (1990). *The Three Worlds of Welfare Capitalism.* Cambridge: Polity Press.
Esterbauer, Fried. (1983). "Die institutionelle Sackgasse der Europäischen Gemeinschaft auf dem Wege zur Föderation." In Fried Esterbauer et al. , Hrsg., *Von der freien Gemeinde zum föderalistischen Europa,* S. 603–27. Berlin: Duncker & Humblot.
Etzioni, Amitai. (1988). *The Moral Dimension. Toward a New Economics.* New York/London: The Free Press/Collier Macmillan.
Etzioni, Amitai. (2001). *Political Unification Revisited. On Building Supranational Communities.* Lanham, MD: Lexington Books.
Etzioni-Halevy, Eva. (1990). "Comparing Semi-Corruption Among Parliamentarians in Britain and Australia." In Else Oyen, Hrsg., *Comparative Methodology. Theory and Practice in International Social Research,* S. 112–33. London: Sage.
Etzioni-Halevy, Eva. (1993). *The Elite Connection. Problems and Potentials of Western Democracy.* Cambridge: Polity Press.
Etzioni-Halevy, Eva. (1999). "Elites, Inequality and the Quality of Democracy in Ultramodern Society." *International Review of Sociology* 9: 477–93.
Eyal, Gil/Iván Szelenyi/Eleanor Townsley. (2000). *Making Capitalism Without Capitalists. Class Formation and Elite Struggles in Post-Communist Central Europe.* London/New York: Verso.
Fabbrini, Sergio, Hrsg. (2001). *Nation, Federalism, and Democracy. The EU, Italy and the American Experience,* Bologna: Editrice Compositori.
Fabbrini, Sergio. (2003). "Bringing Robert A. Dahl's Theory of Democracy to Europe." *Annual Review of Political Science* 6: 119–37.
Faber, Anne. (2005). Europäische Integration und politikwissenschaftliche Forschung. Neofunktionalismus und Intergouvernementalismus in der Analyse. Wiesbaden: VS Verlag für Sozialwissenschaften.
Faber, Richard. (1979). *Abendland. Ein 'politischer Kampfbegriff.'* Hildesheim: Gerstenberg Verlag.
Faelcker, Margot. (1991). "Demokratische Grundhaltungen und Stabilität des politischen System: Ein Einstellungsvergleich von Bevölkerung und politisch-administrativer Elite in der Bundesrepublik Deutschland." *Politische Vierteljahresschrift* XXXII:71–91.
Faist, Thomas. (2001). "Social Citizenship in the European Union: Nested Membership." *JCMS* 39: 37–58.
Falkner, Gerda, et al., Hrsg. (2005). *Complying With Europe. EU Harmonisation and Soft Law in the Member States.* Cambridge: Cambridge University Press.
Falkner, Gerda/Michael Nentwich. (1995). *European Union: Democratic Perspectives After 1996.* Wien: Service Fachverlag.
Farmer, Karl/Thomas Vlk. (2005). *Internationale Ökonomik. Eine Einführung in die Theorie und Empirie der Weltwirtschaft.* Wien: Lit.

Farr, James. (1985). "Situational Analysis: Explanation in Social Science." *The Journal of Politics* 47: 1085–1107.
Fehr, Helmut. (2004). "Eliten und Zivilgesellschaft in Ostmitteleuropa." Beilage zur Wochenzeitung *Das Parlament*, B 5–6/2004.
Feldman, David. (1993). *Civil Liberties and Human Rights in England and Wales*. Oxford: Clarendon Press.
Feldmann, Horst. (1993). "Europäische Industriepolitik." In ORDO. *Jahrbuch für die Ordnung von Wirtschaft und Gesellschaft*, Struttgart: Lucius & Lucius, Vol. 44, S. 139–68.
Fellman, David. (2003). "Constitutionalism," S. 485–92, in *Dictionary of the History of Ideas*, Vol. 1. Charlottesville, VA: Electronic Text Center of the University of Virginia.
Fennell, Rosemary. (1987). *The Common Agricultural Policy. Its Institutional and Administrative Organisation*. Oxford: BSP Professional Books.
Fennema, M. (1982). *International Networks of Banks and Industries*. The Hague, Boston/London: M. Nijhoff.
Feron, Elise/John Crowley/Liana Giorgi. (2006). "The Emergence of a European Political Class." In Giorgi et al., *Democracy in the European Union*, S. 79–114.
Ferry, Jean-Marc. (2000). *La question de l'ètat européen*. Paris: Gallimard.
Fioravanti, Maurizio. (1999). *Costituzione*. Bologna: Il Mulino.
Fischer, Fritz. (1979). *Griff nach der Weltmacht. Die Kriegszielpolitik des kaiserlichen Deutschland 1914/18*. Frankfurt: Fischer Taschenbuch Verlag.
Fischer, Klemens H. (2003). *Konvent zur Zukunft Europas. Texte und Kommentar*. Baden-Baden: Nomos.
Fischer, Klemens H. (2005). *Der Europäische Verfassungsvertrag. Texte und Kommentar*. Baden-Baden/Wien/Bern: Nomos/Manz/Stämpfli.
Fischer Weltalmanach. *Zahlen – Daten – Fakten*, Frankfurt: Fischer Taschenbuch Verlag (appears annually).
Fischer Weltalmanach. (2006). *Zahlen – Daten – Fakten*. Frankfurt: Fischer Taschenbuch Verlag (erscheint jährlich).
Fitoussi, Jean-Paul/Jacques Le Cacheux. (2005). *L'État de l'Union Européenne 2005*. Paris: Fayard et Presses de Sciences Po.
Fix, Elisabeth. (1992/93). "Integration als 'Vernunftehe' im Spannungsfeld zwischen ‚loyalty,' ‚voice' und ‚exit' – Zu den Rahmenbedingungen der Genese und des Fortbestandes von Föderationen." In *Jahrbuch zur Staats- und Verwaltungswissenschaft*, Bd. 6, Hrsg. T. Ellwein u.a., Baden-Baden: Nomos, S.113–61.
Fligstein, Neil. (2001). *The Architecture of Markets. An Economic Sociology of Twenty-First-Century Capitalist Societies*. Princeton, NJ/Oxford: Princeton University Press.
Foerster, Rolf Helmut. (1963). *Die Idee Europa 1300–1946. Quellen zur Geschichte der politischen Einigung*. München: Deutscher Taschenbuch Verlag.
Fontaine, P. (2000). *Una proposta nuova all'Europa. La dichiarazione Schuman, 1950–2000*. Luxembourg, Luxembourg: Ufficio delle Publicazioni Ufficiali delle Comunità Europee.

Forder, James. (1999). *Is European Integration Really the Friend of Free Trade?* London: Politeia.
Fouilleux, Eve. (2003). "The Common Agricultural Policy." In Cini, *European Union Politics,* S. 246–63.
Franz, Monika. (2004). "Fundamente europäischer Identität. Teil II." BLZ-Report 03/2004 (Beilage der Bayerischen Staatszeitung; auch online verfügbar).
Frei, Bruno/A. Stutzer. (2002). *Happiness and Economics. How the Economy and Institutions Affect Well-Being.* Princeton, NJ/Oxford: Princeton University Press.
Friedman, Milton/Robert Mundell, (2001). "One World, One Money?" *Policy Options* 10–30.
Friedrich, Carl J. (1969). *Europe. An Emergent Nation?* New York/Evanston, IL: Harper & Row.
Fuhrmann, Nora. (2005). *Geschlechterpolitik im Prozess der europäischen Integration.* Wiesbaden: VS Verlag für Sozialwissenschaften.
Gabel, Matthew J./Christopher J. Anderson (2002), "The Structure of Citizen Attitudes and the European Political Space", *Comparative Political Studies* 35: 893-913.
Gabriel, Oscar. (2000). " 'It's time for a change.' – Bestimmungsfaktoren des Wählerverhaltens bei der Bundestagswahl 1998." In Fritz Plasser et al., Hrsg., *Das österreichische Wahlverhalten,* S. 333–92. Wien: Signum.
Galati, Gabriele/Kostas Tsatsaronis. (2003). "The Impact of the Euro on Europe's Financial Markets." *Financial Markets, Institutions and Instruments* 12: 165–221.
Galtung, Johan. (1973). *The European Community. A Superpower in the Making.* Oslo/London: Universitetsforlaget.
Garrett, Geoffrey/Barry R. Weingast. (1993). "Ideas, Interests, and Institutions: Constructing the European Community's Internal Market." In Judith Goldstein/Robert O. Keohane, Hrsg., *Ideas and Foreign Policy. Beliefs, Institutions, and Political Change,* S. 173–206. Ithaca, NY/London: Cornell University Press.
Gasparski, Wojciech, Hrsg. (1996). *The Political Economy of EU Enlargement. The Polish Report.* Warsaw: Institute of Philosophy and Sociology, Polish Academy of Sciences.
Gasteyger, Curt. (1966). *Einigung und Spaltung Europas 1942–1965. Eine Darstellung und Dokumentation über die Zweiteilung Europas.* Frankfurt: Fischer Bücherei.
Gatnar, Lumir. (2004). "Czech Political, Economic and Cultural Elites. Structural Relationships During the EU Entry Process." In Lengyel, *Cohesion and Division of Economic Elites in Central and Eastern Europe,* S. 63–72.
Gellner, Winand/Hans-Joachim Veen, Hrsg. (1995). *Umbruch und Wandel in westeuropäischen Parteisystemen.* Frankfurt am Main: Peter Lang.
Gephart, Werner. (1992). "Einführung." In Schäfers, *Lebensverhältnisse und soziale Konflikte im neuen Europa,* S. 55–59.
Gerhards, Jürgen. (2000). "Europäisierung von Ökonomie und Politik und die Trägheit der Entstehung einer europäischen Öffentlichkeit." In Bach, *Die Europäisierung nationaler Gesellschaften,* S. 277–305.
Gessner, Volkmar. (1992). "Wandel europäischer Rechtskulturen." In Schäfers, *Lebensverhältnisse und soziale Konflikte im neuen Europa,* S. 68–78.

Gibson, Rachel K./Andrea Rommele, Hrsg. (2004). *Electronic Democracy: Mobilisation, Organisation and Participation via New Icts*, London/New York: Routledge.
Giddens, Anthony. (1998). *The Third Way. The Renewal of Social Democracy.* Cambridge: Polity Press.
Gillingham, John. (1985). *Industry and Politics in the Third Reich. Ruhr Coal, Hitler and Europe.* Stuttgart: Franz Steiner.
Gillingham, John. (1986). "Zur Vorgeschichte der Montan-Union. Westeuropas Kohle und Stahl in Depression und Krieg." *Vierteljahresheft für Zeitgeschichte* 34: 381–405.
Gillingham, John. (1987). "Die französische Ruhrpolitik und die Ursprünge des Schuman-Plans. Eine Neubewertung." *Vierteljahreshefte für Zeitgeschichte* 35: 1–24.
Gillingham, John. (2004). *Coal, Steel, and the Rebirth of Europe, 1945–1955: The Germans and French from Ruhr Conflict to Economic Community.* Cambridge/New York: Cambridge University Press.
Ginsberg, Norman. (1992). *Divisions of Welfare. A Critical Introduction to Comparative Social Policy.* London: Sage.
Ginsborg, Paul. (2004). *Silvio Berlusconi. Television, Power and Patrimony.* London: Verso.
Giorgi, Liana/Ingmar von Hohmeyer/Wayne Parsons, Hrsg. (2006). *Democracy in the European Union. Towards the Emergence of a Public Sphere.* London/New York: Routledge.
Glenn, John K. (2003). "EU Enlargement." In Cini, *European Union Politics,* S. 211–28.
Goldhagen, Daniel J. (1996), *Hitlers willige Vollstrecker. Ganz gewöhnliche Deutsche und der Holocaust.* Berlin: Siedler
Goldscheid, Rudolf/Joseph Schumpeter. (1976). *Die Krise des Steuerstaates.* Frankfurt am Main: Suhrkamp.
Goldstein, H. (1995), *Multilevel Statistical Models*, London: Edward Arnold.
Grande, Edgar. (1996a). "Demokratische Legitimation und europäische Integration." *Leviathan* 24: 339–60.
Grande, Edgar. (1996b). "Das Paradox der Schwäche. Forschungspolitik und die Einflußlogik europäischer Politikverflechtung. In: *Jachtenfuchs/Kohler-Koch*, Hrsg., Europäische Integration, S. 373–399.
Grande, Edgar/Markus Jachtenfuchs, Hrsg. (2000). *Wie problemlösungsfähig ist die EU? Regieren im europäischen Mehrebenensystem.* Baden-Baden: Nomos.
Grant, Charles. (1994). *Delors. Inside the House that Jacques Built.* London: Nicholas Brealey Publishing.
Austin, Granville (1966), *The Indian Constitution. Cornerstone of a Nation*, Oxford: Oxford University Press
Graubard, Stephen R. (1973). "Democracy." In Philip L. Wiener, Hrsg., *Dictionary of the History of Ideas,* Vol. 1, S. 652–67. New York: Charles Scribner's Sons.
Green Cowles, Maria. (1995). "Setting the Agenda for a New Europe: The ERT and EC 1992." *JCMS* 33: 501–26.
Greenwood, Justin, Hrsg. (1998). *Collective Action in the European Community. Interests and the New Politics of Associability.* London: Routledge.

Greib, Harald. (2006). *Berlin, mit der Bitte um Weisung.* Halle/Leipzig: Mitteldeutscher Verlag.
Greiffenhagen, Martin und Sylvia. (1979). *Ein schwieriges Vaterland. Zur politischen Kultur Deutschlands.* Frankfurt: Suhrkamp.
Greschat, Martin/Wilfried Loth, Hrsg. (1994). *Die Christen und die Entstehung der europäischen Gemeinschaft.* Stuttgart/Berlin/Köln: W. Kohlhammer.
Griller, Stefan. (2005). "Die Europäische Union – ein staatsrechtliches Monstrum?" In Gunnar Folke et al., Hrsg., *Europawissenschaft,* S. 201–272. Baden-Baden: Nomos.
Griller, Stefan/Barbara Müller. (1995). "Demokratie-, Institutionen- und Grundrechtsreform der EU." In Anton Pelinka et al., Hrsg., *Europa 1996. Mitbestimmen, Menschenrechte und mehr Demokratie,* S. 21–104. Wien: Verlag Österreich.
Grimm, Dieter. (2004). "Integration durch Verfassung. Absichten und Aussichten im europäischen Konstitutionalisierungsprozess." *Leviathan* 34: 448–63.
Guerra, Simona. (2006). *Polish Public Opinion Before and After Accession: Is Something Changing?* Paper presented to the Third International Conference "Elites and EU Enlargement," 17–18 February 2006, Prague.
Guttsman, W. L. (1990). "Social Stratification and Political Elite." In Scott, *The Sociology of Elites,* S. 137–99.
Haas, Ernst B. (1958). *The Uniting of Europe. Political, Social, and Economic Forces 1950–1957.* Stanford, CA: Stanford University Press.
Haas, Ernst B. (1964). *Beyond the Nation State. Functionalism and International Organization.* Stanford, CA: Stanford University Press.
Habermas, Jürgen (2001), „Warum braucht Europa eine Verfassung?" *Die Zeit* Nr.27 (auch unter http://zeus.zeit.de/text/archiv/2001/27/200127_verfassung_lang.xml)
Habsburg, Otto. (1965). *Europa – Großmacht oder Schlachtfeld.* Wien/München: Herold.
Habsburg, Otto von. (1999). Die paneuropäische Idee. Eine Vision wird Wirklichkeit. Wien/München: Amalthea.
Hadler, Markus. (2005). *Die Qual der Wahl: Eine Überprüfung unterschiedlicher Wahltheorien anhand einer Panelstudie zur steiermärkischen Landtagswahl 2000.* Wien: LIT-Verlag.
Hadler, Markus. (2006). "Intentions to Migrate Within the European Union: A Challenge for Simple Economic Macro Level Explanations?" *European Societies* 8: 111–40.
Hakim, Catherine. (2001). "Alternative European Models of Women's Roles in the Family and the Labour Market." In M. Haller, *The Making of the European Union,* S. 265–86.
Halberstam, Daniel. (2003). *From Competence to Power: Bureaucracy, Democracy, and the Future of Europe.* Jurist EU, Paper 7/2003 (http://www.fd.unl.pt/je/edit_pap2003–07.htm).
Haller, Max. (1987). "Soziale Normen und Gesellschaftsstruktur." In T. Meleghy u.a. (Hrsg.), *Normen und soziologische Erklärung,* S. 39–64. Innsbruck/Wien: Tyrolia.
Haller, Max. (1990) "The Challenge for Comparative Sociology in the Transformation of Europe." *International Sociology* 5: 183–204. .
Haller, Max. (1995). "Das Vereinte Europa als demokratisch-föderalistische Staatenunion. Soziologische Überlegungen zu Grundlagen und Funktionsprinzipien einer neuen 'Verfassung' der EU." In Josef Langer/Wolfgang Pöllauer, Hrsg., *Kleine Staaten in*

großer Gesellschaft, S. 196–232. Eisenstadt: Verlag für Soziologie und Humanethologie.
Haller, Max. (1996a). "The Dissolution and Building of new Nations as Strategy and Process Between Elites and People. Lessons From Historical European and Recent Yugoslav Experience." *International Review of Sociology* 6: 231–47.
Haller, Max. (1996b). *Identität und Nationalstolz der Österreicher. Gesellschaftliche Ursachen und Funktionen–Herausbildung und Transformation seit 1945 – Internationaler Vergleich.* Wien/Köln/Weimar: Böhlau.
Haller, Max. (1997). "Klassenstruktur und Arbeitslosigkeit – Die Entwicklung zwischen 1960 und 1990." In Stefan Hradil/Stefan Immerfall, Hrsg., *Die westeuropäischen Gesellschaften im Vergleich,* S. 377–428. Opladen: Leske + Budrich.
Haller, Max. (1999). "Voiceless Submission or Deliberate Choice? European Integration and the Relation Between National and European Identity." In Hanspeter Kriesi et al., Hrsg., *Nation and National Identity. The European Experience in Perspective,* S. 263–96. Chur/Zürich: Rüegger Verlag.
Haller, Max. (1999b). "Effizienter Staat, beschämte Nation – ineffizienter Staat, stolze Nation? Befunde über nationale Identität und Nationalstolz der Deutschen und Italiener." In H. von Meulemann/R. Gubert, Hrsg., *Gesellschaftsvergleich Deutschland-Italien. Annali di Sociologia/Soziologisches Jahrbuch.* Trento: Università degli studi.
Haller, Max. (2001a). *Sociology as a Science of Social Reality. Elements of an Integrative Theoretical Approach.* Paper presented at the 5th European Conference of Sociology, Helsinki, Finland.
Haller, Max. (2001b). "The Model of Science and Research Policy of the European Union in Perspective." In M. Haller, *The Making of the European Union,* S. 363–92.
Haller, Max. (2003a). *Soziologische Theorie im systematisch-kritischen Vergleich,* 2. Auflage, Wiesbaden: VS Verlag für Sozialwissenschaften.
Haller, Max. (2003b). "Die Europäische Einigung als Elitenprozess." In Stefan Hradil/Peter Imbusch, Hrsg., *Oberschichten – Eliten – herrschende Klassen,* S. 337–67. Opladen: Leske + Budrich.
Haller, Max. (2003c). "Europe and the Arab-Islamic World. A Sociological Perspective on the Socio-Cultural Differences and Mutual (Mis-) Perceptions Between Two Neighbouring Cultural Areas." *Innovation* 15: 285–311.
Haller, Max. (2007). "A 'Europe of Regions' – Myth and Reality." In Josef Langer, Hrsg., *Euroregions – The Alps-Adriatic Context,* S. 47–63. Frankfurt am Main: Peter Lang.
Haller, Max (2008a), *European Integration as an Elite Process. The Failure of a Dream?* New York/London: Routledge
Haller, Max (2008b), *Die österreichische Gesellschaft. Sozialstruktur und sozialer Wandel,* Frankfurt/New York: Campus
Haller, Max, Hrsg. (2001). *The Making of the European Union. Contributions of the Social Sciences.* Berlin/Heidelberg/New York: Springer.
Haller, Max, Hrsg. (im Erscheinen). *Identität und Grenzen Europas.* Jahrbuch für Soziologie/Annali di Sociologia. Trento: University of Trento.

Haller, Max/Markus Hadler. (2004/05). "Ist der Nationalstaat überholt? Überlegungen und Fakten über die sinnvollste Einheit bzw. Analyseebene in der international vergleichenden Sozialforschung." *AIAS-Informationen* 23: 141–61.

Haller, Max/Markus Hadler. (2006). "How Social Relations and Structures Can Produce Happiness and Unhappiness: An International Comparative Analysis." *Social Indicators Research* 75: 169–216.

Haller, Max/Franz Heschl. (2004). " 'Der Staat sollte einen Arbeitsplatz für jeden bereitstellen, der arbeiten will…' Einstellungen zu arbeitsmarkt- und beschäftigungspolitischen Maßnahmen in 24 Ländern." *Arbeit. Zeitschrift für Arbeitsforschung, Arbeitsgestaltung und Arbeitspolitik* 13: 368–98.

Haller, Max/Franz Höllinger. (1990). "Kinship and Social Networks in Modern Societies: A Cross-Cultural Comparison Among Seven Nations." *European Sociological Review* 6: 103–24.

Haller, Max/Franz Höllinger. (1995). "Zentren und Peripherien in Europa. Eine Analyse und Interpretation der Verschiebungen zwischen dem ersten und dritten Viertel des 20. Jahrhunderts." In Stefan Immerfall/Peter Steinbach, Hrsg., Historisch-vergleichende Makrosoziologie, Historical Social Research – Historische Sozialforschung, Köln: Quantum, Vol. 20/2, S. 4–54.

Haller, Max/Franz Höllinger/Martin Gomilschak. (2000). "Attitudes Toward Gender Roles in International Comparison. New Findings From Twenty Countries." In Rudolf Richter/Sylvia Supper, Hrsg., *New Qualities in the Life Course. Intercultural Aspects*, S. 131–52. Würzburg: Ergon Verlag.

Haller, Max/Bogdan Mach/Heinrich Zwicky. (1995). "Egalitarismus und Antiegalitarismus. Zwischen gesellschaftlichen Interessen und kulturellen Leitbildern. Ergebnisse eines internationalen Vergleichs." In Hans-Peter Müller/Bernd Wegener, Hrsg., *Soziale Ungerechtigkeit und soziale Gerechtigkeit*, S. 221–64. Opladen: Leske + Budrich.

Haller, Max/Regina Ressler, Hrsg. (2006a). *Wir da unten – Die da oben. Die Europäische Union aus der Sicht von BürgerInnen und Eliten.* Graz: University of Graz, Department of Sociology.

Haller, Max/Regina Ressler. (2006b). "National and European Identity. A Study of Their Meanings and Interrelationships." *Revue Française de Sociologie* 47: 817–50.

Haller, Max/Rudolf Richter, Hrsg. (1994). *Toward a European Nation? Political Trends in Europe. East and West, Center and Periphery.* Armonk, NY/London: M. E. Sharpe.

Haller, Max/Peter Schachner-Blazizek, Hrsg. (1994). *Europa wohin? Wirtschaftliche Integration, soziale Gerechtigkeit und Demokratie.* Graz: Leykam.

Haller, Max et al. (1990), "Leviathan or Welfare State? The Role of Government in Six Advanced Western Nations", in: D. Alwin et al., Hrsg. *Attitudes to Inequality and the Role of Government.* Rijswijk, NL: Social en Cultureel Planbureau/CIP-Gegevens Koninklije Bibiotheeek, S. 33-62.

Hallstein, Walter. (1979). "Die EWG – eine Rechtsgemeinschaft." In W. Hallstein, *Europäische Reden,* S. 341–48. Stuttgart: Deutsche Verlags-Anstalt.

Hancock, Donald, et al. (1993). *Politics in Western Europe.* Houndmills, UK/London: Basinstoke.

Hankel, Wilhelm. (1993). *Die sieben Todsünden der Vereinigung. Wege aus dem Wirtschaftsdesaster*. Berlin: Siedler.
Hankel, Wilhelm. (1998). *Die Euro-Klage: Warum die Währungsunion scheitern muss*. Reinbek bei Hamburg: Rowohlt.
Hansen, Line/Michael C. Williams. (1999). "The Myths of Europe: Legitimacy, Community and the 'crisis' of the EU." *JCMS* 37: 233–49.
Hartley, Trevor C. (1998). *The Foundations of European Community Law*. New York: Oxford University Press.
Hartmann, Heinz. (1999). "Auf dem Weg zur transnationalen Bourgeoisie? Die Internationalisierung der Wirtschaft und die Internationalität der Spitzenmanager Deutschlands, Frankreichs, Grossbritanniens und der USA." *Leviathan* 27: 113–41.
Hartmann, Heinz. (2002). *Der Mythos von den Leistungseliten. Spitzenkarrieren und soziale Herkunft in Wirtschaft, Politik, Justiz und Wissenschaft*. Frankfurt/New York: Campus.
Hartmann, Heinz. (2003). "Nationale oder transnationale Eliten? Europäische Eliten im Vergleich." In Stefan Hradil/Peter Imbusch, Hrsg., *Oberschichten – Eliten – herrschende Klassen*, S. 273–97. Opladen: Leske + Budrich.
Hartmann, Jürgen. (2001). *Das politische System der Europäischen Union. Eine Einführung*. Frankfurt/New York: Campus.
Hartmann, Michael. (1999). "Auf dem Weg zur transnationalen Bourgeoisie? Die Internationalisierung der Wirtschaft und die Internationalität der Spitzenmanager in Deutschland, Frankreich und den USA." *Leviathan* 27: 113–41.
Hartmann, Michael. (2002). "Die Spitzenmanager der internationalen Großkonzerne als Kern einer neuen 'Weltklasse.' " In Rudi Schmidt et al., Hrsg., *Managementsoziologie*, S. 184–208. München/Mering: Rainer Hampp.
Hauser, Richard. (1949). *Autorität und Macht*. Heidelberg: Lambert Schneider.
Heidenreich, Martin, Hrsg. (2006). *Die Europäisierung sozialer Ungleichheit. Zur transnationalen Klassen- und Sozialstrukturanalyse*. Frankfurt/New York: Campus.
Heismann, Günter. (1999). *Die entfesselte Ökonomie. Ein Standort-Report*. Berlin: Rowohlt.
Heit, Helmut, Hrsg. (2005). *Die Werte Europas. Verfassungspatriotismus und Wertegemeinschaft in der EU?* Münster: Lit.
Held, David. (1996). *Models of Democracy*. Stanford, CA: Stanford University Press.
Held, David. (2004). *Global Covenant. The Social Democratic Alternative to the Washington Consensus*. Cambridge amd Malden, MA: Polity Press.
Hellström, Anders. (2006). *Bringing Europe Down to Earth. Lund Political Studies* No. 144. Lund: Lunds Universitet, Department of Political Science.
Hentschel, Volker. (1996). *Ludwig Erhard. Ein Politikerleben*. München/Landsberg: Olzog.
Herman, Margaret G./Charles W. Kegley. (1996). "Ballots, a Barrier Against the Use of Bullets and Bombs." *Journal of Conflict Resolution* 40: 436–59.
Hermann, Peter. (2006). *Politics and Policies of the Social in the European Union: Looking at the Hidden Agenda*. New York: Nova Science Publishers.
Heschl, Franz. (2002). *Drinnen oder draußen? Die öffentliche österreichische EU-Beitrittsdebatte vor der Volksabstimmung 1994*. Wien/Köln/Weimar: Böhlau.

Heschl, Franz. (2003)."Der Europäische Rat und die europäische Realität. Zur Wahrnehmung sozialer Ungleichheit durch den Europäischen Rat." *SWS-Rundschau* (2)256–76.
Hilferding, Rudolf. (1968[1910]). *Das Finanzkapital*, Frankfurt am Main: Europäische Verlagsanstalt, 2 Bde
Hirter, Hans. (1993). *Die schweizerische Abstimmung über den EWR*. Tübingen: Eberhard Karls-Universität.
Hofbauer, Hannes. (2003). *Osterweiterung. Vom Drang nach Osten zur peripheren EU-Integration*. Wien: ProMedia.
Hoffmann-Lange, Ursula. (1992). *Eliten, Macht und Konflikt in der Bundesrepublik*. Opladen: Leske + Budrich.
Holland, Stuart. (1980). *Uncommon Market. Capital, Class and Power in the European Community*. London/New York: Macmillan.
Höllinger, Franz. (1996). *Volksreligion und Herrschaftskirche. Die Wurzeln religiösen Verhaltens in westlichen Gesellschaften*. Opladen: Leske + Budrich.
Höllinger, Franz/Max Haller/Adriana Valle-Höllinger (2007), „Christian religion, society and the state in the modern world", *Innovation. The European Journal of Social Science Research* 20: 133-156
Holman, Otto. (1992). "Introduction: Transnational Class Strategy and the New Europe." *International Journal of Political Economy* 22: 3–22.
Holmes, Dougas R. (2000). "Surrogate Discourses of Power: The European Union and the Problem of Society." In Irène Bellier/Thomas M. Wilson, Hrsg., *An Anthropology of the European Union. Building*, S. 93–115. Oxford/New York: Berg.
Hondrich, Karl Otto. (2002). *Wieder Krieg*. Frankfurt: Suhrkamp.
Hooghe, Lisbeth/Gary Marks. (2005). "Calculation, Community and Cues: Public Opinion on European Integration", *European Union Politics* 6: 419-443.
Hoover, Kenneth, et al. (1997). *The Power of Identity. Politics in a New Key*. Chatham, NJ: Chatham House.
Hopf, Christel. (1991). "Regelmäßigkeiten und Typen. Das Durchschnittshandeln in Max Webers Soziologie." *Zeitschrift für Soziologie* 20: 124–37.
Höpner, Martin. (2003). *Wer beherrscht die Unternehmen? Shareholder Value, Managerherrschaft und Mitbestimmung in Deutschland*. Frankfurt/New York: Campus Verlag.
Höreth, Marcus. (1999). *Die Europäische Union im Legitimationstrilemma. Zur Rechtfertigung des Regierens jenseits der Staatlichkeit*. Baden-Baden: Nomos.
Höreth, Marcus. (2002). "Das Demokratiedefizit lässt sich nicht wegreformieren. Über Sinn und Unsinn der europäischen Verfassungsdebatte. *Internationale Politik und Gesellschaft* (4)11–38.
Hörmann, Günter. (1997). "Wie ein Gesetz entsteht – oder: The fine art of lobbying." In Ludwig Krämer et al., Hrsg., *Law and diffuse Interests in the European Legal Order*, S. 905–11. Baden-Baden: Nomos.
Hornstein, Walter/Gerd Mutz u.a. (1993). *Die europäische Eignung als gesellschaftlicher Prozess. Soziale Problemlagen, Partizipation und kulturelle Transformation*. Baden-Baden: Nomos.

Hradil, Stefan/Peter Imbusch, Hrsg. (2003). *Oberschichten – Eliten – Herrschende Klassen*. Opladen: Leske + Budrich.

Hrbek, Rudolf (1981), "Die EG ein Konkordanz-System? Anmerkungen zu einem Deutungsversuch der politikwissenschaftlichen Europaforschung," in: Roland Bieber/Dietmar Nickel, Hrsg., *Das Europa der Zweiten Generation*, Baden-Baden: Nomos, S. 87-03.

Huemer, Ulrike. (1994). Der keltische Tiger: Irlands Transformation vom Armenhaus zum Musterland für Aufschwung und Konsolidierung. Diplomarbeit, Institut für Volkswirtschaftslehre, Universität Graz.

Hugo, Victor, *Actes et Paroles,* Vol.1 (1937); Vol. 2 (1938); Vol. 3 (1940). Paris: Albin Michel.

Hunt, Murray. (1997). *Using Human Rights Law in English Courts.* Oxford: Hart Publishing.

Huntington, Samuel P. (1996). *The Clash of Civilisations and the Remaking of World Order.* New York: Simon & Schuster.

Hunya, Gábor. (2006). Increasing Significance of Repatriated and Reinvested Earnings, WIIW Database on Foreign Direct Investment in Central, East and Southeast Europa. Wien: The Vienna Institute for International Economic Studies.

Huth, Paul K./Todd L. Allee, Hrsg. (2002). *The Democratic Peace and Territorial Conflict in the Twentieth Century.* Cambridge: Cambridge University Press.

Hyde-Price, Adrian. (2006). "'Normative' Power Europe: A Realist Critique." *Journal of European Public Policy* 13: 217–34.

Identity Foundation. (2003). *Quellen europäischer Identität. Die Generaldirektoren der Europäischen Kommission.* Düsseldorf: Identity Foundation.

Illig, Heribert. (2001). *Das erfundene Mittelalter. Die größte Zeitfälschung der Geschichte.* Düsseldorf/München: Econ.

Ilzkovitz, Fabienne/Roderick Meiklejohn, Hrsg. (2006). *European Merger Control. Do We Need an Efficiency Defence?* Cheltenham, UK/Northampton, MA: Edward Elgar.

Immerfall, Stefan. (1994). *Einführung in den europäischen Gesellschaftsvergleich. Ansätze – Problemstellungen – Befunde.* Passau: Wissenschaftsverlag Rothe.

Immerfall, Stefan. (2000). "Fragestellungen einer Soziologie der europäischen Integration." In Bach, *Die Europäisierung nationaler Gesellschaften,* S. 481–503.

Immerfall, Stefan. (2006). *Europa – politisches Einigungswerk und gesellschaftliche Entwicklung: Eine Einführung.* Wiesbaden: VS Verlag für Sozialwissenschaften.

Ingham, Barbara. (2004). *International Economics. A European Focus.* Harlow, UK: Prentice Hall.

Inglehart, Ronald. (1977). *The Silent Revolution. Changing Values and Political Styles Among Western Publics.* Princeton, NJ: Princeton University Press.

Inglehart, Ronald. (1997). *Modernization and Postmodernization. Cultural, Economic and Political Change in 43 Societies.* Princeton, NJ: Princeton University Press.

Inglehart, Ronald/Wayne E. Baker. (2000). "Modernization, Cultural Change, and the Persistence of Traditional Values." *American Sociological Review* 65: 19–51.

Jachtenfuchs, Markus. (1996b). "Regieren durch Überzeugen: Die Europäische Union und der Treibhauseffekt." In Jachtenfuchs/Kohler-Koch, *Europäische Integration*, S. 429–54.

Jachtenfuchs, Markus. (2001). "The Governance Approach to European Integration." *JCMS* 39: 221–40.

Jachtenfuchs, Markus/Beate Kohler-Koch. (2004). "Governance and Institutional Development." In Wiener/Diez, *European Integration Theory*, S. 97–115.

Jachtenfuchs, Markus/Beate Kohler-Koch, Hrsg. (1996). *Europäische Integration.* Opladen: Leske + Budrich.

Jackall, Robert. (1989). *Moral Mazes: The World of Corporate Managers.* New York: Oxford University Press.

Janssen, Joseph H. (1991). "Postmaterialism, Cognitive Mobilization and Public Support for European Integration." *British Journal of Political Science* 21: 443–68.

Jaques, Elliott. (1967). *Equitable Payment. A General Theory of Work, Differential Payment, and Individual Progress.* Harmonsworth, Middlesex, UK: Penguin Books.

Jarass, Hans D. (1975). *Politik und Bürokratie als Elemente der Gewaltenteilung.* München: Beck.

Jaspers, Karl. (1966). *Wohin treibt die Bundesrepublik? Tatsachen, Gefahren, Chancen.* München: R. Piper.

Jenkins, Richard. (1996). *Social Identity.* London/New York: Routledge & Kegan Paul.

Jensen, Carsten Stroby. (2003). "Neo-Functionalism." In Cini, *European Union Politics,* S. 80–92.

Joerissen, Britta. (2001). *Europa-Ideen in Deutschland und Frankreich.* Masterarbeit, Fachbereich Politikwissenschaft, Universität Trier.

Jopp, Mathias/Saskia Matl, Hrsg. (2005). *Der Vertrag über eine Verfassung für Europa. Analysen zur Konstitutionalisierung der EU.* Baden-Baden: Nomos.

Jordan, Terry G. (1988). *The European Culture Area. A Systematic Geography.* New York: Harper & Row.

Jost, Hans-Ulrich. (1999). *Europa und die Schweiz 1945–1950. Europarat, Supranationalität und schweizerische Unabhängigkeit.* Lausanne: Ed. Payot.

Jowell, Roger, et al., Hrsg. (2007). *Measuring Attitudes Cross-Nationally: Lessons From the European Social Survey.* Thousand Oaks, CA: Sage.

Kaelble, Hartmut. (1987). *Auf dem Weg zu einer europäischen Gesellschaft. Eine Sozialgeschichte Westeuropas 1880–1980.* München: Beck.

Kant, Immanuel. (1795). *Zum ewigen Frieden. Ein philosophischer Entwurf.* Königsberg: Friedrich Nicolovius.

Kanter, Rosabeth Moss. (1995). *World Class.* New York: Simon & Schuster.

Kastoryano, Riva, Hrsg. (2002). *Quelle identité pour l'Europe? Le multiculturalisme à l'épreuve.* Paris: Presses des Sciences.

Katz, Richard S./Bernhard Wessels. (1999). *The European Parliament, the National Parliaments, and European Integration.* Oxford: Oxford University Press.

Kelsen, Hans. (1925). *Allgemeine Staatslehre.* Berlin: J. Springer.

Kelsen, Hans. (1963). *Vom Wesen und Wert der Demokratie.* Aalen: Scientia.

Khoury, Adel Theodor, Hrsg. (1999). *Die Weltreligionen und die Ethik.* Freiburg/Basel/Wien: Herder.

Kielmannsegg, Peter Graf. (1996). "Integration und Demokratie." In Jachtenfuchs/Kohler-Koch, *Europäische Integration*, S. 47–71.
Kirchhoff, Paul. (2006). *Das Gesetz der Hydra. Gebt den Bürgern ihren Staat zurück!* München: Droemer.
Kirchner, Emil Joseph. (1977). *Trade Unions as a Pressure Group in the European Community.* Westmiad: Hunts, UK: Saxon House.
Kirchner, Emil Joseph/Konrad Schwaiger. (1981). *The Role of Interest Groups in the European Community.* Aldershot, UK: Gower.
Klages, Helmut. (1993). *Häutungen der Demokratie.* Zürich: Ed. Interfrom.
Kleinert, Jörn. (2004). *The Role of Multinational Enterprises in Globalization.* Berlin, Heidelberg/New York: Springer.
Kleinsteuber, Hans J. (1994). "Kommunikationsraum Europa – Europa als ein Raum verdichteter Kommunikation." In Haller/Schachner-Blazizek, *Europa wohin*, S. 337–49.
Klingemann, Hans-Dieter. (1999). "Mapping Political Support in the 1990s: A Global Analysis." In Norris, *Critical Citizens*, S. 57–77.
Kluckhohn, Clyde. (1951). "Values and Value-Orientations in the Theory of Action: An Exploration in Definition and Classification." In Parsons/Shils, *Toward a General Theory of Action*, S. 388–433.
Koester, Ulrich. (1977). *Agrarpolitik in der Sackgasse. Divergierende Interessen bei der Verwirklichung der EWG-Agrarpolitik.* Baden-Baden: Nomos.
Koester, Ulrich. (1996). "Gemeinsame Agrarmarktordnungen der EU." In Ohr, *Europäische Integration*, S. 141–72.
Koester, Ulrich/Ali El-Agraa. (2004). "The Common Agricultural Policy." In A. El-Agraa, *The European Union. Economics and Politics*, S. 354–90.
Kohler-Koch, Beate. (1996). "Die Gestaltungsmacht organisierter Interessen." In Jachtenfuchs/Kohler-Koch, *Europäische Integration*, S. 193–222.
Kohler-Koch, Beate. (1999). *Europe in Search of Legitimate Governance.* ARENA Working Paper 99/27.
Kohnstamm, Max. (1964). *The European Community and Its Role in the World.* Columbia, MO: University of Missouri Press.
Kohr, Leopold. (1977). *The Overdeveloped Nations. The Diseconomies of Scale.* New York: Schocken Books.
Kohr, Leopold. (1978). *The Breakdown of Nations.* New York: Dutton.
Koland, Olivia. (2005). Landwirtschaft auf neuen Wegen. Die Agrarpolitik der Europäischen Union im Spannungsfeld zwischen Osterweiterung und Internationalisierung. Diplomarbeit, Institut für Volkswirtschaftslehre, Karl Franzens-Universität Graz.
Koller, Peter. (1996). "Frieden und Gerechtigkeit in einer geteilten Welt." In Reinhard Merkel/Roland Wittmann, Hrsg., *Zum ewigen Frieden. Grundlagen, Aktualität und Aussichten einer Idee von Immanuel Kant*, S. 213–39. Frankfurt: Suhrkamp.
König, Helmut/Manfred Sicking, Hrsg. (2004). *Der Irak-Krieg und die Zukunft Europas.* Bielefeld: transcript.
König, Johann-Günther. (1999). *Alle Macht den Konzernen. Das neue Europa im Griff der Lobbyisten.* Reinbek: Rowohlt.

König, Thomas (1997), *Europa auf dem Weg zum Mehrheitssystem. Gründe und Konsequenzen nationaler und parlamentarischer Integration*, Opladen/Wiesbaden: Westdeutscher Verlag
Konrad, György/Ivan Szelenyi (1978), *Die Intelligenz auf dem Weg zur Klassenmacht*, Frankfurt: Suhrkamp
Korom, Philipp. (2007). *Öffentliche Intellektuelle in der österreichischen Presse*. Diplomarbeit, Institut für Soziologie, Karl Franzens-Universität Graz.
Kovách, Imre/Eva Kucerová. (2006). "The Project Class in Central Europe: The Czech and Hungarian Cases." *Sociologia Ruralis* 46: 3–21.
Krämer, Manfred. (1973). *Kirche kontra Demokratie? Gesellschaftliche Probleme im gegenwärtigen Katholizismus*. München: J. Pfeiffer.
Kriesi, Hanspeter. (1998). *Le Système Politique Suisse*. Paris: Economica.
Kriesi, Hanspeter, et al., Hrsg. (2005). *Contemporary Switzerland*. Hampshire, UK: Palgrave.
Kristóf, Luca/András Csite. (2004). "Firm Networks and Growth Strategies in the Hungarian Large Company Population." In Lengyel, *Cohesion and Division of Economic Elites in Central and Eastern Europe*, S. 73–91.
Kronbichler, Florian. (2005). *Was gut war. Ein Alexander-Langer-ABC*. Bozen: Edition Raetia.
Krugman, Paul. (1994). "Competitiveness – a Dangerous Obsession." *Foreign Affairs* 73: 29–44.
Kübler, Hans-Dieter. (2005). *Mythos Wissensgesellschaft. Gesellschaftlicher Wandel zwischen Information, Medien und Wissen. Eine Einführung*. Wiesbaden: VS Verlag.
Kuhle, Gesa S. (2005). "Schlussfolgerungen aus den gescheiterten Referenden zum Europäischen Verfassungsvertrag." Berlin: Institut für Europäische Politik, IEP Policy Brief 20/2005.
Kühnhardt, Ludger. (2005). "Quo vadis Europa?" *Aus Politik und Zeitgeschichte* 36, 3–7.
Küng, Hans. (1990). *Projekt Weltethos*. München/Zürich: Piper.
Kuzmics, Helmut. (2001). "(Europäische) Regionen zwischen (Des-) Integration und Identität." In Erhard Busek, Hrsg., *Europa – Vision und Wirklichkeit. Europäisches Forum Alpbach 2001*, S. 259–80. Wien: Verlag Österreich.
Lafan, Brigid. (2005). "Der schwierige Weg zur Europäischen Verfassung." In Jopp/Matl, *Der Vertrag über eine Verfassung für Europa*, S. 473–92.
Lane, David. (1997). "Russian Political Elites, 1991–1995: Recruitment and Renewal." *International Politics* 34: 169–92.
Langen, Werner. (2001). "Das Europäische Parlament und die Verfassungsdebatte der Europäischen Union." In Timmermann, *Eine Verfassung für die Europäische Union*, S. 373–86.
Lasch, Christopher. (1995). *The Revolt of the Elites and the Betrayal of Democracy*. New York/London: Norton.
Le Galès, Patrick/Christian Lequesne, Hrsg. (1998). *Regions in Europe*. London/New York: Routledge.
Lehning, Percy B./Albert Weale, Hrsg. (1997). *Citizenship, Democracy and Justice in the New Europe*. London/New York: Routledge.

Leibfried, Stephan. (1996). "Wohlfahrtsstaatliche Perspektiven der Europäischen Union: Auf dem Weg zu positiver Souveränitätsverflechtung?" In Jachtenfuchs/Kohler-Koch, *Europäische Integration*, S. 455-77.
Leinen, Jo. (2001). "Eine europäische Verfassung – Grundlage einer föderalen und demokratischen Ordnung der EU." In Timmermann, *Eine Verfassung für die europäische Union*, S. 57-66.
Lengyel, György, Hrsg. (2004). *Cohesion and Division of Economic Elites in Central and Eastern Europe*. Corvinus University of Budapest, Department of Sociology and Social Policy.
Lepenies, Wolf. (1992). *Aufstieg und Fall der Intellektuellen in Europa*. Frankfurt/New York: Campus.
Lepsius, M. Rainer. (1988). *Ideen, Interessen und Institutionen*. Opladen: Westdeutscher Verlag.
Lepsius, M. Rainer. (2000). "Welche Verfassung für Europa?" *Gegenwartskunde* 49: 269-74.
Leydendecker, Hans. (2003). *Die Korruptionsfalle. Wie unser Land im Filz erstickt*. Reinbek: Rowohlt.
Leydendecker, Hans/Michael Stiller/Heribert Prantl. (2000). *Helmut Kohl, die Macht und das Geld*. Göttingen, Steide.
Lieberman, Robert C. (2002). "Ideas, Institutions, and Political Order: Explaining Political Change." *American Political Science Review* 96: 697-712.
Liebert, Ulrike, et al., Hrsg. (2003). Verfassungsexperiment. Europa auf dem Weg zur transnationalen Demokratie? Münster: Lit.
Lijphart, Arend (1984), *Democracies. Patterns of Majoritarian and Consensus Governments in Twenty-One Countries*, New Haven/London: Yale University Press
Lijphart, Arend (1999), *Patterns of democracy: Government Forms and Performance in Thirty-six Countries*, New Haven, Conn./London: Yale University Press
Lindblom, Charles. (1977). *Politics and Markets. The World's Political-Economic Systems*. New York: Basic Books.
Linder, Wolf. (1999). *Schweizerische Demokratie. Institutionen – Prozesse – Perspektiven*. Bern/Stuttgart/Wien: Verlag Paul Haupt.
Lipgens, Walter (1974), "Europäische Integration," in: Richard Löwenthal/Hans-Peter Schwarz, Hrsg., *Die zweite Republik. 25 Jahre Bundesrepublik. Eine Bilanz*, Stuttgart: Seewald, S. 519-553.
Lipset, Seymour M./William Schneider. (1983). *The Confidence Gap. Business, Labor, and Government in the Public Mind*. New York/London: The Free Press/Collier Macmillan.
Lipsey, Richard G. (1972). *An Introduction to Positive Economics*. London: Weidenfeld and Nicolson.
Lorentzen, Jochen. (1999). "Who Loses? Economic integration, unemployment and inequality", in: Ronald Tiersky, Hrsg., *Europe Today. National Politics, European Integration, and European Security*, Lanham, Boulder etc.: Rowman & Littlefield, S. 337-367.
Loth, Wilfried. (1996). *Der Weg nach Europa. Geschichte der europäischen Integration 1939-1957*. Göttingen: Vandenhoeck & Ruprecht.

Loth, Wilfried et al. (1995). *Walter Hallstein – der vergessene Europäer?* Bonn: Europa Union Verlag.
Löwenstein, Karl. (1957). *Political Power and the Governmental Process.* Chicago: University of Chicago Press
Löwenstein, Karl (1975), *Verfassungslehre*, Tübingen: Siebeck
Lucks, Kai/Reinhard Meckl. (2002). *Internationale Mergers & Acquisitions. Der prozessorientierte Ansatz.* Berlin: Springer.
Luhmann, Niklas. (1975). "Die Weltgesellschaft." In Niklas Luhmann, *Soziologische Aufklärung 2*, S. 51–71. Opladen: Westdeutscher Verlag.
Luthardt, Wolfgang. (1995). "Die Referenda zum Vertrag von Maastricht. Politikmanagement und Legitimation im Europäischen Integrationsprozess." In Steffani/Thaysen, *Demokratie in Europa*, S. 65–84.
Lutz, Burkhart. (1984). *Der kurze Traum immerwährender Prosperität. Eine Neuinterpretation der industriell-kapitalistischen Entwicklung im Europa des 20. Jahrhunderts.* Frankfurt/New York: Campus.
Lützeler, Paul Michael. (1992). *Die Schriftsteller und Europa. Von der Romantik bis zur Gegenwart.* München: Piper (Neuauflage: Baden-Baden 1998).
Luxemburg, Rosa. (1923). *Die Akkumulation des Kapitals. Ein Beitrag zur ökonomischen Erklärung des Kapitalismus.* Berlin: Vereinigung Internationaler Verlags-Anstalten (Wiederabdruck Verlag Neue Kritik, Frankfurt 1966).
Maier, Hans. (1983). *Katholizismus und Demokratie.* Freiburg/Basel/Wien: Herder.
Majone, Giandomenico. (1993). "The European Community Between Social Policy and Social Regulation." *Journal of Common Market Studies* 32: 153–70.
Majone, Giandomenico. (1996a). "Redistributive und sozialregulative Politik." In Jachtenfuchs/Kohler-Koch, *Europäische Integration*, S. 225–47.
Majone, Giandomenico, Hrsg. (1996b). *Regulating Europe.* London: Routledge.
Malgeri, Francesco. (1982). *Alcide De Gasperi.* Roma: Il Poligono Editore.
Mannheim, Karl. (1970). *Wissenssoziologie. Auswahl aus dem Werk.* Neuwied/Berlin: Luchterhand.
Manow, Philip/Armin Schäfer/Hendrik Zorn. (2006). "Europäische Sozialpolitik und Europas parteipolitisches Gravitationszentrum in den Jahren 1957–2003." *Zeitschrift für Internationale Beziehungen* 1: 77–112.
Markard, Morus. (1984). *Einstellung. Kritik eines sozialpsychologischen Grundkonzepts.* Frankfurt/New York: Campus.
Markovits, Andrei S./Mark Silverstein. (1988). *The Politics of Scandal. Power and Process in Liberal Democracies.* New York/London: Holmes & Meier.
Martin, Hans-Peter/Harald Schumann. (1997). *Die Globalisierungsfalle. Der Angriff auf Demokratie und Wohlstand.* Reinbek bei Hamburg: Rowohlt.
Maslow, Abraham H. (1987). *Motivation and Personality.* New York: Harper & Row.
Mathonyte, Irmina/Vladas Gaidys (2004). *The Lithuanian Rich and Their Attitudes Toward the EU and the State.* Paper presented at the second Workshop on Elites and Transformation in East Europe, Budapest, 2–4 September 2004.
Matthews, Alan (2004). "The EU and the developing world." In A. El-Agraa, *The European Union*, S. 471–92.

Mau, Steffen. (2005). "Democratic Demand for a Social Europe? Preferences of the European Citizenry." *International Journal of Social Welfare* 14: 76–85.
May, Bernhard. (1985). *Kosten und Nutzen der deutschen EG-Mitgliedschaft.* Bonn: Europa Union Verlag.
Mayes, David/Juha Kilponen. (2004). "Factor Mobility." In A. El-Agraa, *The European Union Economics and Politics*, S. 311–32.
Mayntz, Renate. (1985). *Soziologie der öffentlichen Verwaltung.* Heidelberg: C. F. Müller Juristischer Verlag.
Mazey, Sonia. (1992). "Conception and Evolution of the High Authority's Administrative Services (1952–1956): From Supranational Principles to Multinational Practices." *Jahrbuch für europäische Verwaltungsgeschichte* 4: 31–47.
Mead, George H. (1934). *Mind, Self and Society From the Standpoint of a Behaviorist.* Chicago: University of Chicago Press.
Mearsheimer, John J. (2001). *The Tragedy of Great Power Politics.* New York/London: Norton.
Meiklejohn, Roderick. (2006). "M&A Activity and Merger Control Since 1991." In Ilzkovitz/Meiklejohn, Hrsg., *European Merger Control*, S. 10–42.
Meleghy, Tamas. (2001). *Soziologie als Sozial-, Moral- und Kulturwissenschaft.* Berlin: Duncker & Humblot.
Mendras, Henri. (1988), *La seconde Révolution française 1965–1984.* Paris: Gallimard.
Meyer, John W./Ronald L. Jepperson. (2000). "The 'Actors' of Modern Society: The Cultural Construction of Social Agency." *Sociological Theory* 18: 100–20.
Meyer, Thomas. (2004). *Die Identität Europas. Der EU eine Seele?* Frankfurt am Main: Suhrkamp.
Michels, Robert (1925[1911]. *Zur Soziologie des Parteiwesens in der modernen Demokratie*, Leipzig: Kröner
Michalowitz, Irina. (2004). *EU – Lobbying – Principals, Agents and Targets. Strategic Interest Intermediation in EU Policy-Making.* Münster: Lit.
Middlemas, Keith. (1995). *Orchestrating Europe. The Informal Politics of the European Union 1973–95.* London: Fontana Press.
Milborn, Corinna. (2006). *Gestürmte Festung Europa. Einwanderung zwischen Stacheldraht und Ghetto. Das Schwarzbuch.* Wien/Graz/Klagenfurt: Styria.
Miller, David. (2000). *Citizenship and National Identity.* Cambridge: Polity Press.
Mills, C. Wright. (1959). *The Power Elite.* London: Oxford University Press.
Milward, Alan. (1992). *The European Rescue of the Nation State.* London: Routledge.
Mitchell, G. Duncan, Hrsg. (1968). *A Handbook of Sociology.* London: Routledge & Kegan Paul.
Mitterauer, Michael. (2003). *Warum Europa? Mittelalterliche Grundlagen eines Sonderwegs.* München: Beck.
Molle, Willem. (2001). *The Economics of European Integration.* Aldershot, UK: Ashgate.
Momin, A. R. (2006). *India as a Model for a Multiethnic Society.* Unpublished Manuscript, Bombay.
Monnet, Jean. (1988). *Erinnerungen eines Europäers.* Baden-Baden: Nomos (French ed.: *Mémoires.* Paris. Ed. Fayard 1976).

Montesquieu, Charles de Secondat, Baron de. (1965[1748]). *Vom Geist der Gesetze*, Stuttgart: Reclam.
Moore, Barrington (1978), *Injustice: The Social Bases of Obedience and Revolt*, White Plains, N.Y.: M. E. Sharpe.
Moravcsik, Andrew. (1998). *The Choice for Europe. Social Purpose and State Power From Messina to Maastricht*. London: UCL Press.
Moravcsik, Andrew. (2002). "In defence of the 'Democratic Deficit': Reassessing Legitimacy in the European Union." *Journal of Common Market Studies* 40: 603–24.
Moravcsik, Andrew. (2006). "What Can We Learn From the Collapse of the European Constitutional Project?" *Politische Vierteljahresschrift* 47: 219–41.
Morel, Julius (2003). *Radikale Kirchenreform. Für eine mutige Erneuerung*. Innsbruck/ Wien: Tyrolia
Morgan, Roger. (1992). "Jean Monnet and the ECSC Administration: Challenges, Functions and the Inheritance of Ideas." *Jahrbuch für europäische Verwaltungsgeschichte* 4: 1–9.
Morgenthau, Hans J. (1962). *Politics Among Nations. The Struggle for Power and Peace*. New York: Knopf.
Mörz, Johanna. (2007). *Personalrekrutierung in der Europäischen Union*. Diplomarbiet, Institut für Soziologie, Universität Graz.
Mosca, Gaetano. (1966[1896]). *La Classe Politica*. Bari: Editori Laterza (Deutsch: Die herrschende Klasse, Salzburg: Bergland Buch, 1950).
Möschel, Wernhard. (1994). "Europäische Integration am Wendepunkt? Perspektiven nach Maastricht." *Wirtschaftswissenschaftliches Studium* 23: 123–31.
Mosher, James S./David M. Trubek. (2003). "Alternative Approaches to Governance in the EU: EU Social Policy and the European Employment Strategy." *JCMS* 41: 63–88.
Mouffe, Chantal. (2005). *On the Political*. London/New York: Routledge.
Moussis, Nicholas. (2006). *Access to the European Union. Law, Economics, Politics*. Rixensart, Belgium: European Studies Service.
Moxon-Browne, Edward, Hrsg. (2004), *Who Are the Europeans Now?* Aldershot, UK: Ashgate.
Müller, Günther. (1994). *Faß ohne Boden. Die Eurokratie von Brüssel und unser Geld*. München: Wirtschaftsverlag Langen Müller/Herbig.
Müller, Jan-Werner. (2002). *Memory and Power in Post-War Europe. Studies in the Presence of the Past*. Cambridge: Cambridge University Press.
Münch, Richard. (1982). *Theorie des Handelns. Zur Rekonstruktion der Beiträge von Talcott Parsons, Emile Durkheim und Max Weber*. Frankfurt: Suhrkamp.
Münch, Richard. (1986). *Die Kultur der Moderne. 1. Ihre Grundlagen und Entwicklung in England und Amerika. 2. Ihre Entwicklung in Frankreich und Deutschland*. Frankfurt am Main: Suhrkamp.
Münch, Richard. (1993). *Das Projekt Europa. Zwischen Nationalstaat, regionaler Autonomie und Weltgesellschaft*. Frankfurt am Main: Suhrkamp.
Münch, Richard. (2008a). *Die europäische Gesellschaft. Wirtschaft, Recht und Verfassung jenseits des Nationalstaats*. Frankfurt/New York: Campus.

Münch, Richard. (2008b, im Erscheinen). "Christentum oder Zivilreligion als Grundlagen der europäischen Identität?" In M. Haller, *Identität und Grenzen Europas.*
Münz, Rainer/Wolfgang Seifert. (2001). "Immigration to Europe and Its Consequences for the Host Societies." In M. Haller, *The Making of the European Union,* S. 309–29.
Mussler, Werner/Manfred E. Streit. (1996). "Integrationspolitische Strategien in der EU." In Ohr, *Europäische Integration,* S. 265–92.
Narr, Wolf-Dieter. (1989). "Von den kommenden Segnungen der europäischen Gemeinschaft – Ansichten eines provinziellen Weltbürgers", *Leviathan* 17: 574-595.
Nassmacher, Karl-Heinz. (1982). "Öffentliche Parteienfinanzierung in Westeuropa." *Politische Vierteljahresschrift* 28: 101–25.
Nassmacher, Karl-Heinz. (1992). "Parteifinanzen im westeuropäischen Vergleich." *Zeitschrift für Parlamentsfragen,* H.3, 462–88.
Neidhart, Leonhard. (1988). "Die Schweizer Konkordanzdemokratie." In Hans Elsasser et al., *Die Schweiz,* S. 128–55. Stuttgart: W. Kohlhammer.
Neisser, Heinrich. (1993). *Das politische System der EG.* Wien: Holzhausen.
Nettesheim, Martin. (2003). "Die Unionsbürgerschaft im Verfassungsentwurf – Verfassung des Ideals einer politischen Gemeinschaft der Europäer?" *Integration* 26: 428–39.
Newhouse, John. (1997). *Europe Adrift.* New York: Pantheon Books.
Nicoll, William/Trevor C. Salmon. (2001). *Understanding the European Union.* Harlow, Essex, UK: Pearson Education.
Nieminen, Ari. (2005). "Toward a European Society? Integration and Regulation of Capitalism." *Research Report* N. 245, University of Helsinki, Department of Sociology, Helsinki.
Nippel, Wilfried. (2000). *Virtuosen der Macht. Herrschaft und Charisma von Perikles bis Mao.* München: Beck.
Niskanen, William. (1971). *Bureaucracy and Representative Government.* Chicago/New York: Aldine-Atherton.
Nissen, Silke. (2006). "European Identity and the Future of Europe." In Bach et al., *Europe in Motion,* S. 155–174.
Noelle-Neumann, Elisabeth/Renate Köcher, Hrsg. (1987). *Die verletzte Nation. Über den Versuch der Deutschen, ihren Charakter zu ändern.* Stuttgart: Deutsche Verlags-Anstalt.
Nollert, Michael. (2000). "Lobbying for a Europe of Big Business: The European Round Table of Industrialists." In Bornschier, *State Building in Europe,* S. 187–209.
Nollert, Michael. (2005). *Unternehmensverflechtungen in Westeuropa. Nationale und transnationale Netzwerke von Unternehmen, Aufsichtsräten und Managern.* Münster: Lit.
Nollmann, Gerd. (2002). "Die Einführung des Euro. Vom Edelmetall zum reinen Beziehungsgeld." *KZfss* 54: 226–45.
Norris, Pippa, Hrsg. (2005). *Critical citizens. Global Support for Democratic Government,* Oxford etc.: Oxford University Press.
Nugent, Neill, Hrsg. (2002). *At the Heart of the Union. Studies of the European Commission.* London/New York: Macmillan/St. Martin's Press.

Offe, Claus. (2003). *Herausforderungen der Demokratie. Zur Integrations- und Leistungsfähigkeit politischer Institutionen.* Frankfurt/New York: Campus.
Ohr, Renate, Hrsg. (1996). *Europäische Integration.* Stuttgart/Berlin/Köln: W. Kohlhammer.
Oldag, Andreas/Hans-Martin Tillack. (2005). *Raumschiff Brüssel. Wie die Demokratie in Europa scheitert.* Frankfurt: Fischer Taschenbuch Verlag.
Opp, Karl-Dieter. (1994). "The Role of Voice in a Future Europe." *Kyklos* 47: 385–402.
Oswald, Bernd. (2003). *Europa. Wissen 3000.* Hamburg: Europäische Verlagsanstalt.
Pagden, Anthony/Lee H. Hamilton. (2002). *The Idea of Europe: From Antiquity to the European Union.* Cambridge: Cambridge University Press.
Page, Edward C./Linda Wouters. (1995). "The Europeanization of the National Bureaucracies?" In Jon Pierre, Hrsg., *Bureaucracy in the Modern State,* S. 185–204. Aldershot,UK: E. Elgar.
Palmade, Guy, Hrsg. (1974). *Das bürgerliche Zeitalter,* Fischer Weltgeschichte, Bd. 27. Frankfurt am Main: Fischer Taschenbuch Verlag.
Parker, R. A. C. (1967). *Das Zwanzigste Jahrhundert I,* Fischer Weltgeschichte, Bd. 34. Frankfurt am Main: Fischer Taschenbuch Verlag.
Parkinson, C. Northcote. (1957). *Parkinson's Law.* Boston/Cambridge: Houghton Mifflin/The Riverside Press.
Parsons, Talcott. (1951). "Systems of Value Orientations." In Parsons/Shils, *Toward a General Theory of Action,* S. 159–89.
Parsons, Talcott/Edward A. Shils, Hrsg. (1951). *Toward A General Theory of Action.* Cambridge, Mass.: Harvard University Press.
Parsons, Talcott/Neil J. Smelser. (1984). *Economy and Society. A Study in the Integration of Economic and Social Theory.* London: Routledge & Kegan Paul.
Pelinka, Anton. (2005). *Vergleich politischer Systeme.* Wien/Köln/Weimar: Böhlau.
Pernice, Ingolf. (2004). "The Draft Constitution of the European Union: A Constitutional Treaty at a Constitutional Moment?" In Pernice/Poiares Maduro, *A Constitution for the European Union,* S. 11–22.
Pernice, Ingolf/Miguel Poiares Maduro, Hrsg. (2004). *A Constitution for the European Union: First Comments on the 2003-Draft of the European Convention.* Baden-Baden: Nomos Verlagsgesellschaft.
Perrineaux, Pascal, Hrsg. (2005). *Le vote européen 2004–2005. De l'élargissement au referendum français.* Paris: Presses des la Fondation Nationale des Sciences Politiques.
Peters, B. Guy. (1995). *The Politics of Bureaucracy.* White Plains, NY: Longman.
Pfetsch, Frank R. (1997). *Die Europäische Union. Geschichte, Institutionen, Prozesse.* München: W. Fink.
Pierre, Jon, Hrsg. (1995). *Bureaucracy in the Modern State. An Introduction to Comparative Public Administration.* Aldershot, UK: E. Elgar.
Pintarits, Sylvia (1996), *Macht, Demokratie und Regionen in Europa. Analysen und Strategien der Integration und Desintegration,* Marburg: Metropolis
Pitkin, Hannah Fenichel. (1967). *The Concept of Representation.* Berkeley: University of California Press.

Planitz, Ulrich. (1975). *Konrad Adenauer. Eine Biografie in Wort und Bild*. Bergisch-Gladbach: G. Lübbe.
Plé, Bernhard. (1993). "Giuseppe Mazzini." In *Biographisch-Bibliographisches Kirchenlexikon,* S. 1118–1143. Nordhausen: Traugott Bautz.
Poferl, Angelika. (2006). "Solidarität ohne Grenzen? Probleme sozialer Ungleichheit und Teilhabe in europäischer Perspektive." In Heidenreich, *Die Europäisierung sozialer Ungleichheit,* S. 231–52.
Poier, Klaus. (2004) "In Search of the 'Ideal' Electoral System for the European Union." In Hedwig Kopetz et al., Hrsg., *Soziokultureller Wandel im Verfassungsstaat. Phänomene politischer Transformation,* S. 1059–1099. Wien/Köln/Graz: Böhlau Verlag.
Polanyi, Karl (1977). *The great transformation. Politische und ökonomische Ursprünge von Gesellschaften und Wirtschaftssystemen.* Wien: Europa-Verlag
Pollack, Mark A. (2003). *The Engines of European Integration. Delegation, Agency, and Agenda Setting in the EU.* Oxford/New York: Oxford University Press.
Pollak, Johannes. (2007). *Repräsentation ohne Demokratie. Kollidierende Systeme der Repräsentation in der Europäischen Union.* Wien/New York: Springer.
Pollak, Johannes/Peter Slominski. (2006). *Das politische System der EU.* Wien: Facultas/WUV (UTB 2852).
Popper, Karl R. (1972). *Objective Knowledge.* Oxford: Clarendon Press (dt.: *Objektive Erkenntnis. Ein evolutionärer Entwurf,* Hamburg: Hoffmann und Campe, 1973).
Procacci, Giuliano. (1983). *Geschichte Italiens und der Italiener.* München: C. H. Beck (Italienisch: Storia degli Italiani, Roma: Laterza 1993).
Puchala, Donald J. (1979), "Of blind men, elephants and international integration", in: *Journal of Common Market Studies* 10: 267-284
Puntscher-Riekmann, Sonja. (1998). *Die kommissarische Neuordnung Europas. Das Dispositiv der Integration.* Wien/New York: Springer.
Putnam, Robert D. (1976). *The Comparative Study of Political Elites.* Englewood Cliffs, NJ: Prentice Hall.
Rasmussen, Hjalte. (1986). *On Law and Policy in the European Court of Justice.* Dordrecht, Leiden, the Netherlands/Boston: M. Nijhoff.
Ratzinger, Joseph. (2005). *Die Einheit der Nationen. Eine Vision der Kirchenväter.* Salzburg/München: Anton Pustet.
Rauch, Carsten. (2005). *Die Theorie des demokratischen Friedens. Grenzen und Perspektiven.* Frankfurt/New York: Campus.
Reichel, Peter, Hrsg. (1984). *Politische Kultur in Westeuropa. Bürger und Staaten in der Europäischen Gemeinschaft.* Frankfurt/New York: Campus.
Reif, Karl/Hermann Schmitt. (1980). "Nine Second-Order National Elections." *European Journal of Political Research* 8: 3–44.
Reimon, Michel/Helmut Weixler. (2006). *Die sieben Todsünden der EU. Vom Ausverkauf einer großen Ide*e. Wien: Ueberreuter.
Reinelt, Elke. (1998). *Die EG-Bankbilanzrichtlinie und der Lobbyismus der Banken.* Frankfurt am Main:
Reinhardt, Nickolas. (2004). "Pecuniary Identity and European Integration." In Moxon-Browne, *Who Are the Europeans Now?* S. 112–35.

Rieger, Elmar. (1996). "Agrarpolitik: Integration durch Gemeinschaftspolitik?" In Jachtenfuchs/Kohler-Koch, *Europäische Integration*, S. 401–28.
Rifkin, Jeremy. (2004). *Der Europäische Traum. Die Vision einer leisen Supermacht*, Frankfurt am Main: Fischer Taschenbuch Verlag (engl. New York 2004).
Rikin, Hanna Fenichel. (1967). *The Concept of Representation*. Berkeley/Los Angeles/London: University of California Press.
Risse-Kappen, Thomas. (1996). "Exploring the Nature of the Beast: International Relations Theory and Comparative Policy Analysis Meet the European Union." *JCMS* 34: 53–80.
Roesler, Jörg. (1999). *Der Anschluss von Staaten in der modernen Geschichte. Eine Untersuchung aus aktuellem Anlass*. Frankfurt am Main: Peter Lang.
Rokkan, Stein (2000), *Staat, Nation und Demokratie in Europa. Die Theorie Stein Rokkans*, Aus seinen gesammelten Werken rekonstruiert und eingeleitet von Peter Flora, Frankfurt: Suhrkamp
Roland, Gèrard. (2001). "Ten Years After ... Transition and Economics." *IMF Staff Papers*, Vol. 48 (Special issue), S. 29–52.
Roniger, Luis/Ayse Günes-Ayata. (1994). *Democracy, Clientelism, and Civil Society*. Boulder, CO: L. Rienner.
Rosamond, Ben. (2000). *Theories of European Integration*. Basingstoke, UK: Palgrave.
Rosato, Sebastian. (2003). "The flawed logic of Democratic Peace theory." *American Political Science Review* 97: 585–602.
Ross, George. (1995). *Jacques Delors and European Integration*. Cambridge: Polity Press.
Rossi, Peter H./James D. Wright/Andy B. Anderson, Hrsg. (1983). *Handbook of Survey Research*. New York: Academic Press.
Rouban, Luc. (1995). "Public Administration at the Crossroads: The End of French Specificity?" In Jon Pierre, Hrsg., *Bureaucracy in the Modern State*, S. 39–63. Aldershot, UK: E. Elgar.
Roy, William. (1997). *Socializing Capital. The Rise of the Large Industrial Corporation in America*. Princeton, NJ: Princeton University Press.
Rudzio, Wolfgang. (1995). "Der demokratische Verfassungsstaat als Beute der Partien? Parteienkritik als Krisenelement." In Gellner/Veen, *Umbruch und Wandel in westeuropäischen Parteisystemen*, S. 1–15.
Ruf, Werner. (2004). "Die Finalität Europas – Ende des Traum von der Zivilmacht?" Unveröffentlichte Vorlesung auf der Sommerakademie Stadtschlaining, Österreich.
Rumford, Chris. (2002). *The European Union. A Political Sociology*. Malden, MA/Oxford: Blackwell Publishing.
Rummel, Rudolph J. (1995). "Democracies ARE less warlike than other regimes." *European Journal of Industrial Relations* 1: 457–79.
Sainsbury, Diane. 1999. *Gender and Welfare State Regimes*. Oxford etc.: Oxford University Press.
Salmon, Pierre. (2002). *Accounting for Centralisation in the European Union: Niskanen, Monnet or Thatcher?* Unveröff. Paper, Bougogne: Université de Bougogne, Faculté de Science Economique , LATEC.

Salvatorelli, Luigi. (1971). "Napoleon und Europa." In Heinz-Otto Sieburg, Hrsg., *Napoleon und Europa,* S. 171–200. Köln/Berlin: Kiepenheuer & Witsch.
Sandholtz, Wayne/Alec Stone Sweet, Hrsg. (1998). *European Integration and Supranational Governance.* Oxford: Oxford University Press.
Sapir, André, et al. (2003). *An Agent for a Growing Europe. Making the EU-System Deliver.* Report of an Independent high-level study group established on the initiative of the president of the European Commission, Brussels.
Sartori, Giovanni. (1968). "Democracy." In David L. Sills, Hrsg., *International Encyclopedia of the Social Sciences,* Vol. 3, S. 112–21. New York: Macmillan & Free Press/London: Collier-Macmillan.
Savary, Gilles. (2004). *L'Europe va-t-elle démanteler les services publics?* La Tour d'Aignes: Éditions de l'Aube.
Schäfer, Armin. (2005). *Die neue Unverbindlichkeit. Wirtschaftspolitische Koordinierung in Europa.* Frankfurt/New York: Campus.
Schäfer, Armin. (2006). "Die demokratische Grenze output-orientierter Legitimation." Köln: Max-Planck-Institut für Gesellschaftsforschung (auch online verfügbar).
Schäfers, Bernhard, Hrsg. (1992). *Lebensverhältnisse und soziale Konflikte im neuen Europa.* Verhandlungen des 26. Deutschen Soziologentages in Düsseldorf 1992. Frankfurt/New York: Campus.
Scharpf, Fritz. (1997). *Demokratische Politik in der internationalisierten Ökonomie,* Köln: Max Planck Institut für Gesellschaftsforschung, Arbeitspapier 97/9.
Scharpf, Fritz. (1999). *Regieren in Europa: Effektiv und demokratisch?* Frankfurt/New York: Campus (Englisch: *Governing in Europe: Effective and Democratic?* Oxford: Oxford University Press).
Scharpf, Fritz W. (2002). "The European Social Model: Coping With the Challenges of Diversity." *JCMS* 40: 645–70.
Scheff, Thomas. (1990). *Microsociology. Discourse, Emotion and Social Structure.* Chicago/London: University of Chicago Press.
Scheff, Thomas. (1994). *Bloody Revenge. Emotions, Nationalism and War.* Boulder, CO: Westview Press.
Scheingold, Stuart A. (1965), *The Rule of Law in European Integration. The Path of the Schuman Plan,* New Haven/London: Yale University Press
Schepel, Harm/Rein Wesseling (1997), "The legal community: Judges, lawyers, officials and clerks in the writing of Europe," *European Law Journal* 3: 165–188.
Scheuch, Erwin K./Ute Scheuch. (1992). *Cliquen, Klüngel und Karrieren. Über den Verfall der politischen Parteien – eine Studie.* Reinbek: Rowohlt.
Schildt, Joachim. (2005). "Ein Sieg der Angst – das gescheiterte französische Verfassungsreferendum." *Integration* 1: 187–200.
Schimmelfennig, Frank. (1996). *Legitimate Rule in the European Union. The Academic Debate.* Tübinger Arbeitspapier zur internationalen Politik und Friedensforschung 27 (http://tobias-lib-ub.uni-tuebingen.de/volltexte/2000/150/index.htm).
Schmid, Günther/Hubert Treiber. (1975). *Bürokratie und Politik. Zur Struktur und Funktion der Ministerialbürokratie in der Bundesrepublik Deutschland.* München: Wilhelm Fink Verlag.

Schmidt, Manfred G. (2000). "Der konsoziative Staat. Hypothesen zur politischen Struktur und zum politischen Leistungsprofil der europäischen Union." In Grande/Jachtenfuchs, *Wie problemlösungsfähig ist die EU,* S. 33–58.
Schmidtke, Oliver. (1998). "Obstacles and Prospects for a European Collective Identity and Citizenship." In Ulf Hedetoft, Hrsg., *Political Symbols, Symbols Politics. European Identities in Transformation.* Aldershot, UK: Ashgate.
Schmitt, Hermann/Jacques Thomassen, Hrsg. (1999). *Political Representation and Legitimacy in the European Union.* Oxford: Oxford University Press.
Schmitter, Philippe C. (2004). "Neo-Neofunctionalism." In Wiener/Diez, *European Integration Theory,* S. 45–74.
Schmitter, Philippe C./Alexander H. Trechsel, Hrsg. (2004). *The Future of Democracy in Europe. Trends, Analyses and Reforms.* Strasbourg: Council of Europe Publishing.
Schneider, Heinrich. (1992). "Europäische Integration: die Leitbilder und die Politik." In Michael Kreile, Hrsg., *Die Integration Europas,* S. 3–35. Opladen: Westdeutscher Verlag.
Schneider, Heinrich. (2000). "Alternativen der Verfassungsfinalität: Föderation, Konföderation – oder was sonst? *Integration* 23: 171–84.
Schneider, Heinrich. (2001). *Jacques Delors: Mensch und Methode.* Vienna: Institute for Advanced Studies, Political Science Series 73.
Schoenbaum, David. (1967). *Hitler's Social Revolution. Class and Status in Nazi Germany.* London: Weidenfeld & Nicholson.
Scholz, Reiner. (1995). *Korruption in Deutschland. Die schmutzigen Finger der öffentlichen Hand.* Reinbek: Rowohlt.
Schöpflin, George. (2000). *Nations, Identity, Power. The New Politics of Europe.* London: Hurst & Co.
Schroeder, Wolfgang. (2006). "Change and Continuity of Industrial Relations in Central and Eastern Europe." In Bach/Lahusen/Vobruba, *Europe in Motion,* S. 97–117.
Schulmeister, Paul. (2007). "Wohin führt Angela Merkel die EU? Die deutsche Ratspräsidentschaft: Möglichkeiten und Grenzen." *Europäische Rundschau* 35: 31–47.
Schumacher, E. F. (1973). *Small Is Beautiful. A Study of Economics as if People Mattered.* London: Blond & Briggs.
Schumpeter, Joseph A. (1962). *Capitalism, Socialism, and Democracy.* New York: Harper.
Scitovsky, Tibor. (1962). *Economic Theory and Western European Integration.* London: Unwin University Press.
Scoppola, Pietro. (1991). *La Repubblica dei Partiti. Profilo storico della democrazia in Italia (1945–1990).* Bologna: Il Mulino.
Scott, John, Hrsg. (1990). *The Sociology of Elites,* Vol. I. Aldershot, UK: E. Elgar.
Scully, Roger/David M. Farrell (2003). "MEPs as Representatives: Individual and Institutional Roles." *JCMS* 41: 269–88.
Segl, Peter. (1993). *Karl der Große und die Grundlegung Europas im Mittelalter.* Abensberg: Verlag der Weltenberger Akademie.
Seidenfaden, Toeger. (2005, Spring). "Saving Europe From the Tyranny of Referendums." *Europe's World,* S. 65–75.

Seldeslachts, Jo. (2005). "Warum Fusionen scheitern. Von Informationen und Integrationsanstrengungen." *WZB-Mitteilungen* 108: 16–19.
Servan-Schreiber, Jean-Jacques (1968), *Die amerikanische Herausforderung*, Hamburg: Hoffmann und Campe
Shils, Edward. (1982). *The Constitution of Society*. Chicago/London: University of Chicago Press.
Shore, Cris. (2000). *Building Europe. The Cultural Politics of European Integration*. London/New York: Routledge.
Shore, Cris. (2001). "European Union and the Politics of Culture." Talk given to the Bruges Group; available at http//:www.brugesgroup.com/mediacentre/index.live?article=13.
Sieburg, Heinz-Otto. (1971). *Napoleon und Europa*. Köln/Berlin: Kiepenheuer & Witsch.
Siedentop, Larry. (2001). *Democracy in Europe*. New York: Columbia University Press.
Siedschlag, Alexander. (2006). "Neorealist Contributions to a Theory of ESDP." Beitrag zur European Security Conference II, Innsbruck (www.esci.at/papers/NR-ESDP.pdf).
Siegwart, Hans/Gregory Neugebauer, Hrsg. (1998). *Mega-Fusionen. Analysen – Kontroversen – Perspektiven*. Bern/Stuttgart/Wien: P. Haupt.
Simmel, Georg. (1971). *On Individuality and Social Forms. Selected Writings*. Chicago: University of Chicago Press.
Singer, Peter Warren (2004), *Corporate Warriors. The Rise of the Privatized Military Industry*, Ithaca, NY etc.: Cornell University Press.
Sklair, Leslie. (1991). *Sociology of the Global System*. New York: Harvester Wheatsheaf.
Sklair, Leslie. (1997). "Social Movements for Global Capitalism. The Transnational Capitalist Class in Action." *Review of International Political Economy* 4: 514–38.
Sklair, Leslie. (2001). *The Transnational Capitalist Class*. Oxford: Blackwell.
Skrapska, G. (2001). "Law and Democracy." *International Encyclopedia of the Social and Behavioral Sciences*, S. 8839–8842. Amsterdam: Elsevier.
Smeets, Heinz-Dieter. (1996). "Grundlagen der regionalen Integration: Von der Zollunion zum Binnenmarkt." In Ohr, *Europäische Integration*, S. 47–75.
Smith, Anthony D. (1991). *National Identity*. London: Penguin Books.
Smith, Denis Mack. (1994). *Mazzini*. New Haven, CT: Yale University Press.
Spence, David. (1994). "Staff and Personnel Policy in the Commission." In Geoffrey Edwards/David Spence, Hrsg. S. 62–96, *The European Commission*. Harlow, Essex, UK: Longman.
Spieker, Manfred. (1986). *Legitimitätsprobleme des Sozialstaats. Konkurrierende Sozialstaatskonzeptionen in der Bundesrepublik Deutschland*. Bern/Stuttgart: Paul Haupt.
Spierenburg, Dirk/Raymond Poidevin. (1994). *The History of the High Authority of the European Coal and Steel Community: Supranationality in Operation*. London: Weidenfeld & Nicolson.
Steffani, Winfried/Uwe Thaysen, Hrsg. (1995). *Demokratie in Europa: Zur Rolle der Parlamente*. Opladen: Westdeutscher Verlag.
Stein, Thorsten. (2001). "Europas Verfassung." In Timmermann, *Eine Verfassung für die Europäische Union*, S. 41–56.

Stevens, Anne. (2002). "Europeanisation and the Administration of the EU: A Comparative Perspective." Queen's Papers on Europeanisation, No. 4, Aston University, Birmingham, UK.
Stiglitz, Joseph E./Bruno Schönfelder. (1989). *Finanzwissenschaft.* München/Wien: Oldenbourg.
Stocké, Volker/Birgit Becker. (2004). "Determinanten und Konsequenzen der Umfrageeinstellung." *ZUMA-Nachrichten* 54: 89–116.
Stone Sweet, Alec. (2005). *European Integration and the Legal System.* Reihe Politikwissenschaft 101. Wien: Institut für Höhere Studien.
Stone Sweet, Alec/Thomas Brunell. (1998). "Constructing a Supranational Constitution: Dispute Resolution and Governance in the European Community." *American Political Science Review* 92: 63–81.
Stone Sweet, Alec/Wayne Sandholtz/Neil Fligstein, Hrsg. (2001). *The Institutionalization of Europe.* Oxford/New York: Oxford University Press.
Strezhneva, Marina. (1991). "Lessons of the European Community." *International Affairs* 12: 83–91.
Strobe, Talbott/Nayan Chanda, Hrsg. (2002). *Das Zeitalter des Terrors. Amerika und die Welt nach dem 11. September.* München/Berlin: Propyläen.
Strong, Carol. (2006). "Vacláv Klaus, Lech Kaczyński, and the Future of the European Union." Paper presented at the Third International Conference "Elites and EU Enlargement," 17–18 February 2006, Prague, Czech Republic.
Stürmer, Michael. (1977). "Gesellschaftskrise und Bürokratie in Preussen-Deutschland seit 1800." In T. Leuenberger/K.-H. Ruffmann, Hrsg., *Bürokratie. Motor oder Bremse der Entwicklung.* Bern: Peter Lang.
Suttner, Bertha von. (2006[1889]). *Die Waffen nieder! Eine Lebensgeschichte.* Husum: Verlag der Nation.
Swanson, Guy. (1967). *Religion and Regime. A Sociological Account of the Reformation.* Ann Arbor: University of Michigan Press.
Swedberg, Richard. (1994). "The Idea of 'Europe' and the Origin of the European Union – A Sociological Approach." *Zeitschrift für Soziologie* 23: 378–387.
Swedberg, Richard. (1998). *Max Weber and the Idea of Economic Sociology.* Princeton, NJ: Princeton University Press.
Sweeney, Paul. (1998). *The Celtic Tiger: Ireland's Economic Miracle Explained.* Dublin: Oak Tree Press.
Szczerbiak, Aleks. (2001). "Polish Public Opinion: Explaining Declining Support for EU Membership." *JCMS* 39: 105–22.
Tausch, Arno. (2001). "The European Union: Global Challenge or Global Governance?" In Gernot Köhler/Emilio J. Chaves, Hrsg., *Globalization: Critical Perspectives,* S. 93–197. Huntington, NY: Nova Science Publishers.
Taylor, Charles. (1992). *The Sources of the Self.* Harvard, MA: Harvard UP.
Taylor, Paul. (1993). *International Organization in the Modern World. The Regional and the Global Process.* London/New York: Pinter.
Thatcher, Margaret. (1993). *The Downing Street Years.* London: HarperColllins.
The European Public Affairs Directory. (2008). Brussels: Landsmarks S.A.

Therborn, Göran. (1995). *European Modernity and Beyond. The Trajectory of European Societies, 1945–2000.* London: Sage.
Thody, Philip. (2000). *Europe Since 1945.* London/New York: Routledge.
Tichy, Gunther. (1994). "Geliebte Vielfalt in der nötigen Einheit. Zur Langsamkeit des europäischen Integrationsprozesses." In M. Haller, *Europa wohin?* S. 49–64.
Tichy, Gunther. (2002). "What Do We Know About Success and Failure of Mergers?" *Journal of Industry, Competition and Trade* 1: 347–94.
Tiersky, Ronald, Hrsg. (1999), *Europe Today. National Politics, European Integration and European Security,* Lanham, Boulder etc.: Rowman & Littlefield
Timmermann, Heiner, Hrsg. (2001). *Eine Verfassung für die europäische Union. Beiträge zu einer grundsätzlichen und aktuellen Diskussion.* Opladen: Leske + Budrich.
Tocqueville, Alexis de. (1976) *Über die Demokratie in Amerika.* München: Deutscher Taschenbuch Verlag (frz. zuerst 1835).
Tracy, Michael. (1989). *Politics and Agriculture in Europe 1889–1988.* New York: Harvester Wheatsheaf.
Trichet, Jean-Claude. (2001). "The Euro After Two Years." *Journal of Common Market Studies* 39: 1–13.
Tsatsos, Dimitris T., Hrsg. (1992). *Parteifinanzierung im europäischen Vergleich.* Baden-Baden: Nomos Verlagsgesellschaft.
Tschubarjan, Alexander. (1992). *Europakonzepte von Napoleon bis zur Gegenwart.* Berlin: Edition Q.
Van Apeldoorn, Bastian. (2000). "Transnationale Klassen und europäisches Regieren: Der European Round Table of Industrialists." In Bieling/Steinhilber, *Die Konfiguration Europas,* S. 189–221.
Van Apeldoorn, Bastian. (2002). *Transnational European Capitalism and the Struggle Over European Integration.* London/New York: Routledge.
Van Apeldoorn, Bastian/Laura Horn. (2005). *The Marketisation of European Corporate Control: A Critical Political Economy Perspective.* Paper presented at the Seventh Conference of the European Sociological Association, Torun, Poland.
Van Buitenen, Paul. (2000). *Unbestechlich für Europa.* Basel-Gießen: Brunnen Verlag.
Van Buitenen, Paul. (2004). *Korruptionskrieg in Brüssel. Kampf um mehr Transparenz für Europa.* Basel-Gießen: Brunnen Verlag.
Van der Pijl, Kees. (1989). "Ruling Classes, Hegemony, and the State System." *International Journal of Political Economy* 193: 7–35.
Vanhoudt, Patrick. (1999). "Did the European Unification Induce Economic Growth? In Search of Scale Effects and Persistent Changes." *Welt-Wirtschafts-Archiv* 135: 193–20.
Van Miert, Karel. (2000). *Meine Erfahrungen als Kommissar in Brüssel.* Stuttgart: DVA.
Várhegyi, Éva. (1998). "A Magyar banktulajdonosi szerkezet sajátos vonásai." *Közgazdasági Szemle* XLV:906–22.
Vaubel, Roland. (1995). *The Centralisation of Western Europe. The Common Market, Political Integration and Democracy.* London: Institute of Economic Affairs (IEA).
Veltri, Elio/Marco Travaglio. (2001). *L'odore dei soldi.* Rome: Editori Riuniti.
Verfassungen der EU-Mitgliedsstaaten. (2005). Mit einer Einleitung von A. Kimmel und C. Kimmel. München: Deutscher Taschenbuch Verlag.

Verheugen, Günter. (2005). *Europa in der Krise. Für eine Neubegründung der Europäischen Idee.* Köln: Kiepenheuer & Witsch.

Verschave, Francois-Xavier. (2002). *Noir Chirac. Secret et impunité.* Paris: Les Arènes.

Vetik, Raivo. (2003). "Elite vs. People: Eurosceptic Public Opinion in Estonia." *Cambridge Review of International Affairs* 16: 257–71.

Vobruba, Georg. (2005). *Die Dynamik Europas.* Wiesbaden: VS Verlag für Sozialwissenschaften.

Von Arnim, Hans Herbert. (2000). *Vom schönen Schein der Demokratie. Politik ohne Verantwortung – am Volk vorbei.* Frankfurt am Main/Wien: Büchergilde Gutenberg.

Von Arnim, Hans Herbert. (2006). *Das Europa-Komplott. Wie EU-Funktionäre unsere Demokratie verscherbeln.* München/Wien: Carl Hanser.

Von Beyme, Klaus. (1993). *Die politische Klasse im Parteienstaat.* Frankfurt am Main: Suhrkamp.

Von Raumer, Kurt. (1953). *Ewiger Friede. Friedensrufe und Friedenspläne seit der Renaissance.* Freiburg/München: Verlag Karl Alber.

Waffenschmidt et al. (1979). *Erstickt der Bürokratismus unsere Demokratie?* Schriftenreihe des Deutschen Städte- und Gemeindetages, H. 35. Göttingen: O. Schwartz.

Wagner, Anne-Catherine. (2004). «La mondialisation des dirigeants économiques», in : Paul Bouffartigue, Hrsg., *Le Retour des Classes Sociales*, Paris : La Dispute/ SNÉDIT, S. 125-139

Waldschmitt, Elmar. (2001). *Die europäische Sozialunion. Ordnungspolitischer Prüfstein des europäischen Integrationsprozesses.* Frankfurt: Peter Lang.

Wallace, Helen/A. Young, Hrsg. (1997). *Participation and Policy Making in the European Union.* Oxford: Clarendon Press.

Wallerstein, Immanuel. (1974). *The Modern-World System. Capitalist Agriculture and the Origins of the European World-Economy in the Sixteenth Century.* New York: Academic Press.

Waltz, Kenneth N. (1979). *Theory of International Politics.* Reading, MA: Addison-Wesley.

Ward, Michael/Kristian S. Gleditsch. (1998). "Democratizing for Peace." *American Political Science Review* 92: 51–61.

Wasner, Barbara. (2004). *Eliten in Europa. Einführung in Theorien, Konzepte und Befunde.* Wiesbaden: VS Verlag für Sozialwissenschaften.

Weber, Max (1964), *Wirtschaft und Gesellschaft. Grundriß der verstehenden Soziologie,* Köln/Berlin: Kiepenheuer & Witsch, 2 Bde. (engl. 1978)

Weber, Max. (1973). *Soziologie. Universalgeschichtliche Analysen, Politik.* Stuttgart: Kröner.

Weber, Max. (1973a). "Die 'Objektivität' sozialwissenschaftlicher Erkenntnis." In M. Weber, *Soziologie,* S. 286–62.

Weber, Max. (1973b). "Der Beruf zur Politik." In M. Weber, *Soziologie,* S. 167–85.

Weber, Max (1988[1918], "Politik und Regierung im neugeordneten Deutschland", in: ders., *Gesammelte Politische Schriften*, Tübingen: Mohr, S.306-443

Weber, Max (1988[1918]), „Parlament und Regierung im neugeordneten Deutschland. Zur politischen Kritik des Beamtentums und Parteiwesens", in: ders., *Gesammelte Politische Schriften*, Tübingen: Mohr, S.,306-46

Weber, Max. (1988). *Gesammelte politische Schriften.* Tübingen: Mohr.
Wehr, Andreas. (2004). *Europa ohne Demokratie? Die europäische Verfassungsdebatte – Bilanz, Kritik und Alternativen.* Köln: PapyRossa Verlag.
Weidenfeld, Werner, Hrsg. (1983). *Die Identität der Deutschen.* Bonn: Bundeszentrale für Politische Bildung.
Weidenfeld, Werner, Hrsg. (1991). *Wie Europa verfasst sein soll. Materialien zur Politischen Union.* Gütersloh: Bertelsmann.
Weigand, Kurt (1965), „Einleitung: Montesquieu und die höhere Gesetzlichkeit", in: Montesquieu, *Vom Geist der Gesetze,* Stuttgart: Reclam, S.3-85.
Weil, Frederick D. (1989), "The sources and structure of legitimation in western democracies: A consolidated model tested with time-series in six countries since World War II," *American Sociological Review* 54: 682-706.
Weiler, Joseph H. H. (1999). *The Constitution of Europe, "Do the New Clothes Have an Emperor?" and Other Essays on European Integration.* Cambridge: Cambridge University Press.
Weiler, Joseph H. H. (2002). "A constitution for Europe? Some Hard Choices." *JCMS* 40: 563–80.
Weiler, Joseph H. H. (2003). *Un' Europa Cristiana.* Milano: Biblioteca Universale Rizzoli.
Weiler, Joseph H. H./Marlene Wind, Hrsg. (2003). *European Constitutionalism Beyond the State.* Cambridge: Cambridge University Press.
Weiler, Joseph H.H./Ulrich R. Haltern/Franz C. Mayer. (1995). "European Democracy and Its Critique." *West European Politics* 18: 4–39.
Weiss, Linda. (1998). *The Myth of the Powerlessness of the State. Governing the Economy in the Global Era.* Cambridge: Polity Press.
Weiss, Linda. (2002). *How to Argue With an Economist. Reopening Political Debate in Australia.* Cambridge: Cambridge University Press.
Wendt, Ingeborg. (1973). *Freiheit, du bist ein böser Traum. Die amerikanische Tragödie.* München: Kindler.
Wesolowski, Wlodzimierz. (2004). "Evolution of the Polish Economic Elite Since 1989." In Lengyel, *Cohesion and Division of Economic Elites in Central and Eastern Europe,* S. 35–62.
Wessels, Wolfgang. (1996). "Verwaltung im EU-Mehrebenensystem: Auf dem Weg zur Megabürokratie?" In Jachtenfuchs/Köhler-Koch, *Europäische Integration,* S. 165–92.
Wessels, Wolfgang. (2005). "Die institutionelle Struktur des Verfassungsvertrags; Ein Meilenstein der Integrationskonstruktion." In Jopp/Matl, *Der Vertrag über eine Verfassung für Europa,* S. 45–85.
Westin, Charles. (1998). "On migration and Criminal Offence Report on a Study From Sweden." *IMIS-Beiträge,* H. 8: 7–29.
Westle, Bettina. (1999). *Kollektive Identität im vereinten Deutschland: Nation und Demokratie in der Wahrnehmung der Deutschen.* Opladen: Leske + Budrich.
Wiener, Antje/Thomas Diez, Hrsg. (2004). *European Integration Theory.* Oxford: Oxford University Press.

Wiggerthale, Marita. (2005). *What's Wrong With EU Agricultural Subsidies?* www.attac. de/agrarnetz/dokumente/marita_eusubsidies.pdf.

WIIW Handbook of Statistics. (2005). *Central, East and Southeast Europe.* Edited by the Vienna Institute for International Economic Studies, Vienna.

Willi, Victor. (1983). *Ueberleben auf italienisch.* Wien: Europaverlag.

Willke, Gerhard. (2003). *Neoliberalismus.* Frankfurt/New York: Campus.

Wilson, Kevin/Jan van der Dussen. (1995). *The History of the Idea of Europe.* London: Routledge.

Wimmer, Hannes. (2000). *Die Modernisierung politischer Systeme. Staat. Parteien. Öffentlichkeit.* Wien/Köln/Weimar: Böhlau.

Wind, Marlene. (2003). "The European Union as a Polycentric Polity: Returning to a Neo-Medieval Europe?" In Weiler/Wind, *European Constitutionalism Beyond the State,* S. 103–31.

Windolf, Paul. (1992). "Mitbestimmung und 'corporate control' in der Europäischen Gemeinschaft." In Michael Kreile, Hrsg., *Die Integration Europas,* S. 120–42. Opladen: Westdeutscher Verlag.

Windolf, Paul. (1994). "Die neuen Eigentümer. Eine Analyse des Marktes für Unternehmenskontrolle." *Zeitschrift für Soziologie* 23: 79–92.

Winock, Michel. (2003). *Das Jahrhundert der Intellektuellen,* Konstanz: UVK.

Wolfe, Alan. (1989). *Whose Keeper? Social Science and Moral Obligation.* Berkeley: University of California Press.

Wolf-Phillips, Leslie. (1972). *Comparative Constitutions.* London/Basingstoke, UK: Macmillan.

Wolton, Thierry. (2004). *Brève Psychoanalyse de France.* Paris: Plon.

Würtenberger Jr., Thomas. (1977). "Bürokratie und politische Führung." In T. Leuenberger/K.-H. Ruffmann, Hrsg., *Bürokratie. Motor oder Bremse der Entwicklung,* S. 99–116. Bern: Peter Lang.

Wyplosz, Charles. (2006). "European Monetary Union: The Dark Sides of a Major Success." *Economic Policy,* April, S. 207–61.

Zapata-Barrero, R. (2006). "The Muslim Community and Spanish Tradition: Mauropho bia as a Fact and Impartiality as a Desideratum." In Tariq Modood et al., Hrsg., *Multiculturalism, Muslims, and Citizenship: A European Approach.* London: Routledge.

Zapf, Wolfgang. (1987). *Individualisierung und Sicherheit. Untersuchungen zur Lebensqualität in der Bundesrepublik Deutschland.* München: Beck.

Zarek, Brigitte. (2006). "Die Osterweiterung der Europäischen Union: Auswirkungen auf die Handelstrukturen zwischen der EU-15 und den Ländern Mittel- und Osteuropas." *Osteuropa-Wirtschaft* 51: 107–26.

Zenkert, Georg. (n.d.). "Kants Friedensschrift in der Diskussion." http://www.informationphilosophie.de/kantfrieden.htm.

Ziegler, Jean. (1998). *The Swiss, the Gold, and the Dead.* New York: Harcourt Brace.

Ziegler, Jean. (2003). *Die neuen Herrscher der Welt und ihre globalen Widersacher.* Gütersloh: Bertelsmann.

Ziltener, Patrick. (2000). "Regionale Integration im Weltsystem. Die Relevanz exogener Faktoren für den europäischen Integrationsprozeß." In Bach, *Die Europäisierung nationaler Gesellschaften,* S. 156–77.

Ziltener, Patrick. (2003). "Hat der EU-Binnenmarkt Wachstum und Beschäftigung erbracht?" *WSI-Mitteilungen* 4: 221–27.
Ziltener, Patrick. (2004). "The Economic Effects of the European Single Market Project: Projections, Simulations – and the Reality." *Review of International Political Economy* 11: 953–79.
Zingerle, Arnold. (1981). *Max Webers historische Soziologie.* Darmstadt: Wissenschaftliche Buchgesellschaft.
Zschiedrich, Harald. (2004). "Ausländische Direktinvestitionen: Segen oder Fluch?" *Wirtschaft und Gesellschaft* 30: 45–71.
Zürn, Michael. (1996). "Über Staat und Demokratie im europäischen Mehrebenensystem." *Politische Vierteljahresschrift* 37: 27–55.
Zürn, Michael. (1998). *Regieren jenseits des Nationalstaates. Globalisierung und Denationalisierung als Chance.* Frankfurt: Suhrkamp.
Zürn, Michael/Dieter Wolf. (2000). "Europarecht und internationale Regime: Zu den Merkmalen von Recht jenseits des Nationalstaates." In Grande/Jachtenfuchs, *Wie problemlösungsfähig ist die EU?* S. 113–40.
Zweifel, Thomas D. (2003). "Democratic Deficits in Comparison: Best (and Worst) Practices in European, US and Swiss Merger Regulation." JCMS 41: 541–66.

Theorie

Dirk Baecker (Hrsg.)
**Schlüsselwerke
der Systemtheorie**
2005. 352 S. Geb. EUR 24,90
ISBN 978-3-531-14084-1

Ralf Dahrendorf
Homo Sociologicus
Ein Versuch zur Geschichte,
Bedeutung und Kritik der Kategorie
der sozialen Rolle
16. Aufl. 2006. 126 S. Br. EUR 14,90
ISBN 978-3-531-31122-7

Shmuel N. Eisenstadt
**Die großen Revolutionen und
die Kulturen der Moderne**
2006. 250 S. Br. EUR 34,90
ISBN 978-3-531-14993-6

Shmuel N. Eisenstadt
Theorie und Moderne
Soziologische Essays
2006. 607 S. Geb. EUR 49,90
ISBN 978-3-531-14565-5

Axel Honneth /
Institut für Sozialforschung (Hrsg.)
**Schlüsseltexte der
Kritischen Theorie**
2006. 414 S. Geb. EUR 34,90
ISBN 978-3-531-14108-4

Niklas Luhmann
Beobachtungen der Moderne
2. Aufl. 2006. 220 S. Br. EUR 24,90
ISBN 978-3-531-32263-6

Uwe Schimank
**Differenzierung und Integration
der modernen Gesellschaft**
Beiträge zur akteurzentrierten
Differenzierungstheorie 1
2005. 297 S. Br. EUR 29,90
ISBN 978-3-531-14683-6

Uwe Schimank
**Teilsystemische Autonomie
und politische Gesellschafts-
steuerung**
Beiträge zur akteurzentrierten
Differenzierungstheorie 2
2006. 307 S. Br. EUR 29,90
ISBN 978-3-531-14684-3

Jürgen Raab / Michaela Pfadenhauer /
Peter Stegmaier / Jochen Dreher /
Bernt Schnettler (Hrsg.)
Phänomenologie und Soziologie
Theoretische Positionen, aktuelle Pro-
blemfelder und empirische Umsetzungen
2008. 415 S. Br. EUR 29,90
ISBN 978-3-531-15428-2

Erhältlich im Buchhandel oder beim Verlag.
Änderungen vorbehalten. Stand: Juli 2008.

www.vs-verlag.de

VS VERLAG FÜR SOZIALWISSENSCHAFTEN

Abraham-Lincoln-Straße 46
65189 Wiesbaden
Tel. 0611.7878-722
Fax 0611.7878-400

Das Grundlagenwerk für alle Soziologie-Interessierte

> in überarbeiteter Neuauflage!

Werner Fuchs-Heinritz /
Rüdiger Lautmann /
Otthein Rammstedt /
Hanns Wienold (Hrsg.)
Lexikon zur Soziologie
4., grundl. überarb. Aufl.
2007. 748 S. Geb. EUR 39,90
ISBN 978-3-531-15573-9

Erhältlich im Buchhandel
oder beim Verlag.
Änderungen vorbehalten.
Stand: Juli 2008.

Das **Lexikon zur Soziologie** ist das umfassendste Nachschlagewerk für die sozialwissenschaftliche Fachsprache. Für die 4. Auflage wurde das Werk völlig neu bearbeitet und durch Aufnahme zahlreicher neuer Stichwortartikel erheblich erweitert.

Das **Lexikon zur Soziologie** bietet aktuelle, zuverlässige Erklärungen von Begriffen aus der Soziologie sowie aus Sozialphilosophie, Politikwissenschaft und Politischer Ökonomie, Sozialpsychologie, Psychoanalyse und allgemeiner Psychologie, Anthropologie und Verhaltensforschung, Wissenschaftstheorie und Statistik.

Die Herausgeber:

Dr. Werner Fuchs-Heinritz ist Professor für Soziologie an der FernUniversität Hagen.

Dr. Rüdiger Lautmann ist Professor an der Universität Bremen und Leiter des Instituts für Sicherheits- und Präventionsforschung (ISIP) in Hamburg.

Dr. Otthein Rammstedt ist Professor für Soziologie an der Universität Bielefeld.

Dr. Hanns Wienold ist Professor für Soziologie an der Universität Münster.

www.vs-verlag.de

Abraham-Lincoln-Straße 46
65189 Wiesbaden
Tel. 0611.7878-722
Fax 0611.7878-400

DIE NEUE BIBLIOTHEK DER SOZIALWISSENSCHAFTEN IM VS VERLAG

Weitere Infos
unter www.vs-verlag.de

VS Verlag für Sozialwissenschaften
Abraham-Lincoln-Straße 46 | 65189 Wiesbaden
Telefon 0611. 7878-245 | Telefax 0611. 7878-420

Johannes Rehner

Netzwerke und Kultur

Unternehmerisches Handeln deutscher Manager in Mexiko

WIRTSCHAFT & RAUM

Herausgeber:
Prof. Dr. Hans-Dieter Haas
Universität München

Band 11
Zugl.: Ludwig-Maximilians-Universität München, Diss., 2003 (D 19)
ISBN 3-8316-0352-9

**Bibliografische Information
der Deutschen Bibliothek**

Die deutsche Bibliothek verzeichnet diese Publikation in der Deutschen Nationalbibliografie; detaillierte bibliografische Daten sind im Internet über http://dnb.ddb.de abrufbar

Copyright © Herbert Utz Verlag GmbH, 2004
Herbert Utz Verlag GmbH, München
089-277791-00, www.utzverlag.de

Dieses Werk ist urheberrechtlich geschützt.
Die dadurch begründeten Rechte, insbesondere die der Übersetzung, des Nachdrucks, der Entnahme von Abbildungen, der Wiedergabe auf photomechanischem oder ähnlichen Wege und der Speicherung in Datenverarbeitungsanlagen bleiben - auch bei nur auszugsweiser Verwendung - vorbehalten.

Gesamtherstellung: digitalreprint gmbh, 83075 Bad Feilnbach. Printed in Germany.

Geleitwort

Globalisierungsprozesse führen dazu, dass Unternehmen im Rahmen ihrer Kundenbeziehungen zu einem Internationalisierungsprozess veranlasst werden, der sie vor neue Herausforderungen stellt. Sie müssen in einem Markt bestehen, der nicht nur andere ökonomische und politische Rahmenbedingungen bietet, sondern auch ein fremdes Wertesystem aufweist. Erfolgreiches Agieren im Ausland ist dadurch nicht nur eine Frage geeigneter unternehmerischer Strategien und Produkte, sondern auch abhängig von der interkulturellen Kompetenz der Akteure und deren Fähigkeit, in fremdkultureller Umgebung geeignete Kooperationsformen zu etablieren und zu entwickeln.

Die vorliegende Dissertation entstand im Rahmen eines FORAREA®-Forschungsprojektes und untersucht insbesondere die Netzwerkbildung unter deutschen Managern in Mexiko. Die Einbindung in derartige Netze ist für die Marktauswahl wie auch für die Form der Marktbearbeitung deutscher Unternehmen von hoher Relevanz. Im Zentrum der Analyse stehen die Folgen für die Auseinandersetzung mit den Spezifika des Zielmarktes sowie die Probleme der Integration in die Residenzgesellschaft. Ziel ist es, den möglichen Nutzen solcher Netzwerke zu systematisieren und deren Beitrag zur Mobilisierung von Sozialkapital herauszuarbeiten. Hierfür entwickelt der Autor ein Analysemodell, das Netzwerkverbindungen auf drei Ebenen identifiziert und ihren Einfluss auf den Manager sowie dessen Erfolg analysiert.

Diese Thematik erfordert eine interdisziplinäre Herangehensweise, wobei die Fragen zwar aus dem Blickwinkel der Wirtschaftsgeographie analysiert werden, aber unverzichtbare Bezüge zur Betriebswirtschaftslehre und zu Forschungen aus dem Bereich der Interkulturellen Kommunikation herzustellen sind. Johannes Rehner geht dabei von einem Raumverständnis aus, welches der sozialen Konstruktion, insbesondere dem Aspekt der Reproduktion der eigenen Kultur im fremden Raum, einen zentralen Stellenwert beimisst. Die spezifische Form dieser Reproduktion hat Konsequenzen für die Integration des Entscheidungsträgers in die Residenzgesellschaft und sein wirtschaftliches Handeln sowie letztlich auch für den ökonomischen Erfolg des Unternehmens.

München, im Dezember 2003

Der Herausgeber

II

Dank

Die vorliegende Arbeit entstand während meiner Tätigkeit als wissenschaftlicher Mitarbeiter bei Prof. Dr. Hans-Dieter Haas am Institut für Wirtschaftsgeographie der LMU München. Ihm möchte ich an dieser Stelle zuallererst meinen herzlichen Dank für die Betreuung der Arbeit, die akademische Freiheit und langjährige Förderung aussprechen. Herrn Prof. Dr. Hubert Job danke ich für die freundliche Übernahme des Korreferates.

Zur Schaffung der empirischen Basis meiner Ausführungen waren zahlreiche Interviews notwendig, für die sich dankenswerterweise kompetente Unternehmensvertreter in Mexiko und Deutschland zur Verfügung gestellt und ihre Zeit geopfert haben. Für ihre Erläuterungen, Erfahrungsberichte und die freundliche Gesprächsbereitschaft schulde ich ihnen herzlichen Dank.

Möglich war die Sammlung des empirischen Materials nur durch die Forschungsförderung im Rahmen des bayerischen Forschungsverbundes Area-Studies FORAREA®, wofür ich ebenso zu danken habe wie für den intensiven und produktiven Gedankenaustausch und die angenehme Zusammenarbeit mit Wissenschaftlern aus verschiedenen Disziplinen. Für die tatkräftige Unterstützung und Mitarbeit bei der empirischen Arbeit im genannten FORAREA-Forschungsprojekt gilt mein Dank Sebastian Röhrig und Sabine Persicke. Für die kritische Durchsicht des Manuskriptes danke ich Katrin Schießl und Michael Handke ebenso wie Herrn Heinz Sladkowski für die grafische Gestaltung der vorliegenden Arbeit.

Ich möchte es nicht versäumen, den Studierenden der Wirtschaftsgeographie in München zu danken. Sie haben zwar nicht direkt zum Entstehen der Arbeit beigetragen, aber sie waren eine stete Motivationsquelle für mich, den Weg bis zur Fertigstellung dieser Arbeit zu beschreiten.

Schließlich würde ich meinen Kollegen am Institut für Wirtschaftsgeographie, insbesondere Karl Hennermann, Dr. Martin Heß und Marco Pütz meine Dankbarkeit aussprechen wollen – sie haben mich in zahlreichen Diskussionen inhaltlich bereichert. Leider bietet die deutsche Sprache zu wenig Möglichkeiten, um „Danke" zu sagen. Die Suche nach Synonymen erbringt nur absurde Vorschläge wie „Lohn" oder „Gegenleistung". Die Aufmunterung und Unterstützung der lieben Menschen in meinem Leben hatte für mich aber unschätzbaren Wert. Ich muss beim Danken bleiben.

München, im Februar 2003   Johannes Rehner

IV

INHALT

Geleitwort des Herausgebers I

Dank III

Inhaltsverzeichnis V

Abbildungsverzeichnis X

Tabellenverzeichnis XII

Abkürzungsverzeichnis XIII

1 EINFÜHRUNG 1

   1.1 Der *cultural turn* in Wirtschaftsgeographie und Betriebswirtschaft 1

   1.2 Zum Wert kultureller Erklärungsmuster zwischen *global village* und *clash of civilizations* 5

   1.3 Problemstellung und Zielsetzung 7

   1.4 Aufbau der Arbeit 9

2 ZUR KONZEPTION VON KULTUR IM KONTEXT INTERNATIONALER UNTERNEHMENSTÄTIGKEIT 11

   2.1 Kulturdefinitionen und die Ebenen kultureller Identität 11

      2.1.1 Zur Klärung eines vielschichtigen Begriffs 11

      2.1.2 Das „Fremde" und das „Eigene" als Kategorien im Kulturdiskurs 13

      2.1.3 Kulturrelativismus und Ethnozentrismus 14

      2.1.4 Schichten kultureller Identität 16

      2.1.5 Kulturelle Identität und der Nationalstaat 18

2.2 Kulturdimensionen und kulturelle Distanz **19**
  2.2.1 Zur Messbarkeit von Kultur 19
  2.2.2 Kulturdimensionen nach Hofstede 21
  2.2.3 Zeitkonzepte und Kontextualität der Kommunikation 25
  2.2.4 Kulturelle Distanz zwischen ausgewählten Ländern 27
2.3 Mexiko – Eckpunkte kultureller Identität im Land der drei Kulturen **30**
  2.3.1 Die Wurzeln der *Mexicanidád* – ein Abriss historischer Hintergründe mexikanischer Identitätssuche und -findung 31
  2.3.2 Verhältnis zur Zeit – das Land des *mañana?* 35
  2.3.3 Kommunikationsstile – die Maske und das Gesicht 37
  2.3.4 Formen sozialer Netzwerke in Mexiko und deren ökonomische Relevanz 38
2.4 Manager deutscher Herkunft in Mexiko **44**
  2.4.1 Theoretische Grundlagen und Neukonzeptualisierung von Diaspora im Kontext der Globalisierung 45
  2.4.2 Die deutsche Gemeinde in Mexiko – eine moderne Diaspora? 47
  2.4.3 Reproduktionen von Heimatkultur, Eigen- und Fremdbilder der Deutschen in Mexiko 50

3 UNTERNEHMERISCHE ENTSCHEIDUNGSTRÄGER IN FREMDKULTURELLER UMGEBUNG 52

3.1 Interkulturelles Personalmanagement **52**
  3.1.1 Besetzungsstrategien 52
  3.1.2 Interkulturelle Kompetenz 54
  3.1.3 Kulturschock und interkulturelle Anpassung 58
  3.1.4 Anxiety-Uncertainty-Management 60
3.2 Anpassung und kulturelle Distanz **62**
  3.2.1 Das Adaptionsparadigma 62
  3.2.2 Wert und Ambivalenz von Stereotypen 63
  3.2.3 Der Expatriate – vom Handeln des „local hero" in einer „lose-lose-Situation" 65

4 NETZWERKE IM INTERNATIONALEN KONTEXT 68

4.1 „Alles ist Netzwerk" – Begriffsbestimmungen 68

4.2 Theoretische Ausgangspunkte 71
4.2.1 Der Beitrag der Neoinstitutionenökonomie zur Netzwerkanalyse 71
4.2.2 Interaktionsorientierter Netzwerkansatz 76

4.3 Personale Netzwerke und Unternehmensnetzwerke 81
4.3.1 *Embeddedness* – die Bedeutung sozialer Einbettung wirtschaftlicher Interaktionen 82
4.3.2 Sozialkapital als Ressource für unternehmerisches Handeln 84
4.3.3 Personales und organisationales Vertrauen 87

4.4 Herleitung von Forschungsfragen 90

5 EMPIRISCHES ANALYSEKONZEPT UND METHODISCHES VORGEHEN 95

5.1 Analysemodell 95
5.2 Der qualitative Zugang 97
5.3 Untersuchungsraum und –sample 99
5.4 Erhebungsinstrumente 101
5.5 Auswertungsmethoden 104

6 DEUTSCHE UNTERNEHMENSNETZWERKE UND DIE MEXIKANISCHE WIRTSCHAFT 107

6.1 Das deutsche Zuliefernetzwerk in der mexikanischen Automobilindustrie 107
6.1.1 Verbundfertigung, Hierarchisierung der Zulieferstrukturen und Netzwerkbildung vor dem Hintergrund der Globalisierung 108
6.1.2 Angebots- und Nachfragestrukturen im mexikanischen Automobilmarkt 113
6.1.3 Volkswagen de México – vom *local hero* zum *global player*? 118
6.1.4 Struktur und Aussichten der Automobilzulieferindustrie in Mexiko 123

6.1.5 Netzwerkbeziehungen deutscher Automobilzulieferer in Mexiko 126

6.2 Umwelttechnologie in Mexiko und die Einbindung deutscher Akteure ... 131

6.2.1 Internationalisierung der deutschen Umwelttechnologie 132

6.2.2 Strukturen des mexikanischen Umwelttechnologiemarktes 134

6.2.3 Institutionen der Regulierung, Umweltgesetzgebung und Kontrolle 141

6.2.4 Deutsche Umwelttechnologieunternehmen und ihre Netzwerkverbindungen in Mexiko 143

6.3 Deutsche Unternehmen im mexikanischen Incoming-Tourismus 147

6.3.1 Zur Entwicklung und Struktur des deutschen Outgoing-Tourismus im globalen Kontext 147

6.3.2 Destination Mexiko: Bedeutung des Incoming-Reiseverkehrs und Tourismuspolitik 150

6.3.3 Nachfrage- und Angebotsstrukturen in Mexiko 154

6.3.4 Deutsche Unternehmen im mexikanischen Incoming-Markt 156

7 NETZWERKEINBINDUNG DEUTSCHER MANAGER IN MEXIKO 158

7.1 Kulturübergreifender Vergleich persönlicher Netzwerkbeziehungen 158

7.1.1 Zur Bedeutung persönlicher Beziehungen für das Geschäftsleben 159

7.1.2 Zur Zusammenarbeit in deutschen Unternehmensnetzwerke im Ausland 164

7.2 Persönliche Verflechtungen deutscher Manager in Mexiko 169

7.2.1 Interaktionsintensität in der Diaspora 170

7.2.2 Integration in die Residenzgesellschaft 173

7.2.3 Adaption, Anpassungshandlungen und der Aufbau von Wissensbeständen 177

7.2.4 Zur Bedeutung der sozialen Einbettung für das wirtschaftliche Handeln 182

7.3 Die Beziehungen deutscher Manager auf organisationaler Ebene 183

7.3.1 Verbindungen zu den Beschäftigten und Führungsstile 183

7.3.2 Commitment zum Stammhaus und zum Tochterunternehmen 187

7.3.3 Kooperation mit mexikanischen Partnern 189
7.3.4 Zum Beitrag der Netzwerkbeziehungen zur organisatorischen Evolution 193
7.4 Beziehungen deutscher Manager zu anderen Marktteilnehmern 194
7.4.1 Austauschintensität mit dem fokalen Unternehmen 195
7.4.2 Interaktion mit Zulieferern in Mexiko 197
7.4.3 Kooperative Austauschbeziehungen zu Wettbewerbern 199
7.4.4 Die Zusammenarbeit mit Marktregulatoren und *non-profit*-Organisationen 203

8 DIE MOBILISIERUNG VON SOZIALKAPITAL UND DER ERFOLG UNTERNEHMERISCHEN HANDELNS 207

9 ZUSAMMENFASSUNG 216

LITERATUR 220

ANHANG 243

Abbildungsverzeichnis

Abbildung 1: Aufbau der Arbeit 10

Abbildung 2: Ebenen der mentalen Programmierung 13

Abbildung 3: Schichten kultureller Identität 17

Abbildung 4: Das AUM-Modell 61

Abbildung 5: Typologie interorganisationaler Netzwerke 70

Abbildung 6: Das Netzwerkmodell der schwedischen Schule 78

Abbildung 7: Idealtypische Netzwerkstrukturen 80

Abbildung 8: Vertrauen als Investition zur Reduzierung von Unsicherheit 88

Abbildung 9: Phasenmodell des Markteintritts deutscher Unternehmen in Mexiko im Rahmen von Unternehmensnetzwerken 91

Abbildung 10: Wirkungsgefüge zwischen Kultur und Sozialkapital in fremdkulturellem Kontext 94

Abbildung 11: Analysemodell: Netzwerkbeziehungen von Managern im fremdkulturellen Kontext 96

Abbildung 12: Verteilung des Untersuchungssamples im FOR AREA-Verbund 101

Abbildung 13: Netzwerkkonstellation in der Automobilindustrie 112

Abbildung 14: Verkaufszahlen Automobile in Mexiko (1995 bis 2006) 114

Abbildung 15: Prognose der Fahrzeugproduktion in Mexiko, Brasilien und der VR China (2001 bis 2009) 115

Abbildung 16: Die Automobilhersteller in Mexiko: Produktionsvolumen und Exportquote 116

Abbildung 17: Marktanteile im mexikanischen Pkw-Markt 2000 119

Abbildung 18: Produktionszahlen VWM 1985 bis 2002 120

Abbildung 19: Produktionszahlen VWM nach Modellen 2000 bis 2002 121

Abbildung 20: Absatzmärkte VWM 1996 bis 2000 122

Abbildung 21: Ausländische Investitionen in die mexikanische Automobilindustrie (1994-2000 kummuliert, in Mio. US-$) 125

Abbildung 22: Emissionsquellen im Großraum Mexiko-Stadt 1998 137

Abbildung 23: Entwicklung der Gästezahlen und der Einnahmen im
mexikanischen Incoming-Tourismus 151

Abbildung 24: Bedeutung persönlicher Beziehungen für die Geschäftstätigkeit 159

Abbildung 25: Zusammenarbeit mit deutschen Unternehmen im Zielmarkt 165

Abbildung 26: Person des Unternehmensvertreters und Kooperation mit
deutschen Unternehmen 167

Abbildung 27: Mobilisierung von Sozialkapital durch Deutsch-Mexikaner /
Auswanderer 210

Abbildung 28: Mobilisierung von Sozialkapital bei bikulturellen Managern 211

Abbildung 29: Mobilisierung von Sozialkapital durch Expatriates 213

Tabellenverzeichnis

Tabelle 1: Phasen der Kulturforschung in der deutschsprachigen Betriebswirtschaftslehre 5

Tabelle 2: Kulturelle Distanz zwischen ausgewählten Räumen 28

Tabelle 3: Dimensionen interkultureller Kompetenz 56

Tabelle 4: Typen kultureller Einbindung und Commitment 66

Tabelle 5: Exportstruktur der mexikanischen Automobilindustrie 118

Tabelle 6: Standorte der Automobilzulieferindustrie 124

Tabelle 7: Ausgewählte Maßnahmen des Programms PROAIRE 2002-2010 140

Tabelle 8 : Die größten Reiseveranstalter in Deutschland im Jahr 2001 148

Tabelle 9: Die größten Reisekonzerne Europas 2001 149

Tabelle 10: Incoming-Tourismus in Mexiko 152

Tabelle 11: Incoming-Tourismus nach Herkunftsregionen 2000-2020 154

Tabelle 12: Auslastung der Hotels in Mexiko (jeweils erstes Halbjahr) 155

Tabelle 13: Bedeutung sozialer Beziehungen von Locals und Expatriates in den Untersuchungsräumen 160

Tabelle 14: Anforderungen an deutsche Geschäftsführer aus der Perspektive verschiedener Akteursgruppen 179

Tabelle 15: Stereotype deutscher Manager über Mexikaner 209

Abkürzungsverzeichnis

AUM	Anxiety / Uncertainty Management
BIP	Bruttoinlandsprodukt
BOT	Build-Operate-Transfer
CAMEXA	Cámara Mexicano-Alemana de Comercio e Indústria
CAN	Comisión Nacional del Agua
CANACINTRA	Cámara Nacional de la Industria de la Transformación
CBU	Completely Built Up
CIP	Centros Integralmente Planeados
CKD	Completely Knocked Down
CONIECO	Consejo Nacional de Industriales Ecologistas
EU	Europäische Union
F&E	Forschung und Entwicklung
FONATUR	Fondo Nacional de Fomento al Turismo
GBA	German Business Association
GTZ	Deutsche Gesellschaft für Technische Zusammenarbeit
INARE	Instituto Nacional de Recicladores
INE	Instituto Nacional de Ecologia
INEGI	Instituto Nacional de Estadística, Geografía e Informática
ITUT	Internationales Transferzentrum für Umwelttechnik GmbH
IWF	Internationales Währungsfond
Kfz	Kraftfahrzeug
KPD	Kommunistische Partei Deutschlands
LC	Local Content
MNU	Multinationale Unternehmen
NAFTA	North American Free Trade Agreement
NGO	Non Governmental Organisation
OEM	Original Equipment Manufacturer
PAN	Partido Acción Nacional

Abkürzungsverzeichnis

PEMEX	Petróleos de México
Pkw	Personenkraftwagen
PRI	Partido de la Revolución Institucional
PROFEPA	Procuraduría Federal de Protección al Medio Ambiente
SECTUR	Secretaría de Turismo
SEMARNAT	Secretaría de Medio Ambiente, Recursos Naturales
SKD	Semi Knocked Down
UNAM	Universidád Nacional Autónoma de México
USA	United States of America
VDA	Verband der Automobilindustrie e.V.
VWM	Volkswagen de México
WTO	World Trade Organization

1 EINFÜHRUNG

Entscheidungsträger in mittelständischen Unternehmen in Deutschland sehen sich im Zuge der Globalisierung häufig mit einem Internationalisierungsdruck konfrontiert, dem sie sich nicht entziehen können. Im Kielwasser größerer Firmen wagen sie den Markteintritt in neue Ländermärkte, ohne sich vorab mit den ökonomischen und kulturellen Gegebenheiten in den jeweiligen Räumen intensiv auseinandersetzen zu können. Die vorliegende Arbeit untersucht die sich hieraus ergebende Konsequenzen und Risiken, unternehmerische Anpassungshandlungen sowie Lernprozesse der einzelnen Akteure.

Leitfrage der Arbeit ist, inwieweit eine bestimmte kulturräumliche Herkunft das wirtschaftliche Handeln in einem fremden Raum steuert. Sie will dadurch einen Beitrag leisten, um das Zusammenwirken von Kultur und Raum in seiner Konsequenz für das wirtschaftliche Handeln von Individuen zu klären. Von besonderem Interesse ist dabei die Frage, welchen Stellenwert die Zusammenarbeit deutscher Firmen untereinander im Ausland zur Vermeidung oder Lösung kulturell begründeter Probleme einnimmt. Inwiefern helfen solche Verflechtungen den Entscheidungsträgern im fremdkulturellen Umfeld, ihre neue und komplexe Umwelt im Ausland zu strukturieren? Regen sie mittelfristig Lernprozesse an oder führen sie zur Reproduktion von Stereotypen, was der erfolgreichen Integration in die lokale Gesellschaft und deren Wirtschaftssystem entgegenwirkt?

1.1 Der *cultural turn* in Wirtschaftsgeographie und Betriebswirtschaft

In der Globalisierungsdiskussion dominieren Schlagworte und Ideen, die auf einen Bedeutungsverlust klassischer Raumkategorien hindeuten. Die zunehmende Entterritorialisierung wirtschaftlichen Handelns, das Entstehen eines *global village* sowie die *time-space-compression* berühren den Kern wirtschaftsgeographischen Forschens und Selbstverständnisses. Sie machen eine Auseinandersetzung mit der Veränderung bestehender Raumkategorien und Raumkonzepte notwendig. Da die vorliegende Arbeit vor dem Hintergrund der genannten Entwicklungen entstanden ist und gleichzeitig die Bedeutung lokaler und nationaler Verwurzelungen thematisiert, erscheint eine Einordnung in die jüngere Diskussion um den *cultural turn* in der Wirtschaftsgeographie

1 Einführung

notwendig. Doch ähnlich wie der schillernde Globalisierungsbegriff bedarf auch der *cultural turn* einer Begriffspräzisierung. In Ermangelung einer allgemein anerkannten Definition wird als das einzig sichere Charakteristikum des *cultural turn* bisweilen die „Einführung eines neuen Zentralbegriffs in die aktuellen Diskurse" diagnostiziert (BOECKLER / LINDNER 2001, S. 9). Es lassen sich jedoch durchaus definitorische Elemente erkennen, die es erlauben, die Diskussion greifbarer zu machen und die vorliegende Arbeit in dem Kontext derselben zu positionieren.

Cultural turn bezeichnet einen Paradigmenwechsel, der v.a. eine Veränderung der Perspektive auf die Beziehungen zwischen Mensch, Gesellschaft und Raum brachte. Im Sinne eines konstruktivistischen Verständnisses sind Umwelt, Region, Natur etc. nicht mehr als gegeben anzusehen, sondern gelten als (sozial) konstruiert. Die zunehmende Individualisierung und Pluralisierung der Lebensentwürfe führt zu einer Vielfalt unterschiedlicher Interpretationen derselben räumlichen Gegebenheiten (vgl. MEUSBURGER ET AL. 2002, S. 285f.).

Hierbei nimmt die anglo-amerikanische *cultural geography*[1] einen zentralen Stellenwert ein. In deren Fokus steht jedoch nicht die Andersartigkeit oder kulturelle Differenz im ethnologischen Sinne, sondern die Identitätskonstruktion im eigenkulturellen Kontext. Daher zählen die typischen Elemente eines expressiven Kulturbegriffs (geistige und künstlerische Lebensäußerung wie Musik, Theater, Kino, Literatur etc.) zu den zentralen Forschungsgegenständen, ebenso wie die Frage nach Subkulturen und Lebensstilen, kurz: die Identität stiftenden Aspekte alltäglicher Lebenswelten (vgl. BOECKLER / LINDNER 2001, S. 2). Dadurch wird die Nähe zu metatheoretischen Konzepten postmoderner Pluralisierungen offensichtlich – die Gesellschaft löst sich nicht nur in sozial, sondern auch kulturell unterschiedliche Subgruppen auf. Dieser Ansatz lässt sich als „Ethnographie der eigenen Kultur" (EICKELPASCH 1997, S. 17) beschreiben. Diese auch als *new cultural geography* bezeichnete, in den 1980er Jahren vor allem im anglo-amerikanischen Raum entstandene Forschungsorientierung innerhalb der *human geography* berief sich anfangs auf neo-marxistische und andere gesellschaftskritische Ansätze. Ende der 1980er Jahre weitete sich jedoch unter dem Einfluss des Poststrukturalismus und des aufkommenden *cultural turn* das Feld der Forschungsfragen erheblich aus und behandelt heute beispielsweise Fragen der Identitäts-

---

[1] Auf die inhaltliche Abgrenzung von der deutschsprachigen Kulturgeographie wird hier nicht weiter eingegangen, widmet sich letztere doch der Aneignung von Natur und steht damit im Gegensatz zur Physischen Geographie. Somit wird in der angelsächsischen cultural geography ebenso wie in der vorliegenden Arbeit von einem grundsätzlich anderen Kulturbegriff ausgegangen (vgl. auch Kap. 2.1).

konstruktion, der Konstruktion von imaginären Geographien oder den Zusammenhang zwischen Kapitalismus, Postmodernismus und Kultur (vgl. SAHR 2002).

Der *cultural turn* ist Gegenstand kontroverser Diskussionen und keineswegs allgemein als eine Bereicherung wirtschaftsgeographischer Forschungen anerkannt. Während ihn beispielsweise Amin und Thrift ausdrücklich begrüßen und eine Intensivierung dieser Forschungsrichtung einfordern (vgl. AMIN / THRIFT 2000), identifizieren einige Autoren den *cultural turn* als eine der zentralen Bedrohungen für das Fach, weil dadurch ihrer Ansicht nach die Wirtschaftsgeographie i.e.S. von Kultur- und Sozialgeographie unterwandert würde (vgl. STERNBERG 2001, RODRIGUEZ-POSE 2001)[2]. In der Konsequenz wäre das Fach weniger ökonomisch ausgerichtet und würde sich selber der Fachterminologie berauben, die eine Kooperation mit Ökonomen erlaubt. Dabei wird Wirtschaftsgeographie weitgehend (und meist nur implizit) mit raumwirtschaftlich geprägten, teilweise ökonometrisch argumentierenden Herangehensweisen an raumbezogene Fragestellungen gleichgesetzt. Ohne die Berechtigung eines solchen Ansatzes anzuzweifeln, muss dessen Alleinvertretungsanspruch für die wirtschaftsgeographische Forschung in Frage gestellt werden. Auch Kritiker des *cultural turn* bezeichnen u.a. den Prozess der Globalisierung und Internationalisierung von Produktion und Dienstleistungen als eines der Themen, zu deren Bearbeitung es der Kompetenz von Wirtschaftsgeographen bedarf (vgl. STERNBERG 2001, S. 4). Alleine schon aufgrund seiner Vielschichtigkeit bedarf die Analyse dieses Prozesses auch der Forschung aus einer akteurszentrierten Perspektive unter Einbeziehung kultureller Fragestellungen.

Eine Veränderung dominanter Perspektiven in der Wirtschaftsgeographie, die der Bedeutung formeller wie informeller Institutionen Rechnung trägt, führt u.a. zur Diskussion der Interaktion von Unternehmen und deren Konsequenzen für lokalisierte Prozesse und Strukturen. Auch die Prägung der Unternehmen durch den sozio-kulturellen Kontext der Stammregion bzw. umgekehrt die Prägung des Umfeldes durch unternehmerische Kommunikations- und Abstimmungsprozesse und deren Folgen für Wettbewerbsfähigkeit und Innovation rücken so ins Blickfeld wirtschaftsgeographischer Forschung (vgl. BATHELT / GLÜCKLER 2002, S. 30).

---

[2] Die geschilderte Diskussion greift teilweise auf altbekannte Fragestellungen nach den inhaltlichen Grenzen wirtschaftsgeographischer Forschungsfelder zurück und stellt teilweise sogar Existenzberechtigung und mittelfristige Behauptung der Disziplin in Frage. Typisch für die Diskussion scheint auch die Abwendung von den theoretischen Inhalten und die Zuwendung zur Diskussion um die Bevorzugung quantitativer oder qualitativer methodischer Zugänge zu sein.

1 Einführung

Bereits diese Zusammenschau macht die enge Verflechtung und Wechselwirkung zwischen kultureller Prägung und wirtschaftlichem Handeln deutlich. Die vorliegende Arbeit ist insofern als ein Beitrag zum *cultural turn* zu verstehen, als sie sich der kulturellen Einbettung wirtschaftlicher Prozesse widmet (vgl. BARNETT 1998, S. 380). Für wirtschaftsgeographische Fragestellungen, die Kultur und wirtschaftliches Handeln als Teile eines Systems untersuchen, kann weder eine sprachliche Entfernung von den wirtschaftswissenschaftlichen Nachbardisziplinen noch Irrelevanz im Hinblick auf praktische Handlungsempfehlungen konstatiert werden.

Vor dem Hintergrund globaler Wirtschaftsverflechtungen hat sich auch in der Betriebswirtschaftslehre die Erkenntnis durchgesetzt, dass zunehmend kulturelle Fragestellungen zu behandeln sind. Unternehmen, die mit kulturellen Differenzen schneller und besser umgehen können, erzielen international Wettbewerbsvorteile.

Diese Erkenntnisse führten zunächst zu einem Boom der Managementberatungsliteratur, der vielfach auf kulturspezifische *Do's* und *Don'ts* zurückgriff. Es kam aber zunehmend zur intensiven Auseinandersetzung mit Forschungen der Nachbardisziplinen, zu einer Öffnung der Betriebswirtschaftslehre für neue Fragen und neue Sprachkodizes.

> „Der Kulturschock bewirkt, dass sich in der Betriebswirtschaftslehre verstärkt der Prozess zur Psychologisierung und zur Soziologisierung durchsetzen wird, ob dies den Betriebswirten passen wird, oder nicht. Die Betriebswirtschaftslehre wird sich vor dem Hintergrund dieser Entwicklung insoweit verändern, dass sie in ihrem theoretischen Selbstverständnis nicht mehr eine angewandte Naturwissenschaft darstellt, sondern dass sie eine spezialisierte Kulturwissenschaft wird, die gerade in dieser Ausformung ein wichtiges Zukunftspotential sowohl für das Fach, aber darüber hinaus auch für die Unternehmen und für die Gesellschaft insgesamt bildet" (MEISSNER 1997, S. 12).

Auch der Bedeutung kultureller Andersartigkeit als Ressource zur Mobilisierung von Wissensbeständen und Kreativität in interkulturellen Teams wird in der betriebswirtschaftlichen Forschung Beachtung geschenkt. Im Kontext internationalen Marketings ist feststellbar, dass sich Märkte zwar öffnen und räumlich näher rücken, Konsummuster aber nach wie vor in hohem Ausmaß kulturell geprägt sind.

In die betriebswirtschaftliche Forschung hat das Thema Kultur vor allem in den 1980er Jahren Eingang gefunden, als die Diskussion um Unternehmenskultur (und nicht etwa Landeskulturen) der Kulturthematik in der wirtschaftswissenschaftlichen Forschung den Weg geebnet hat (vgl. Tab. 1). Erst danach fand das Thema Kultur breite Beachtung, insbesondere in den Forschungen und Publikationen zum internationalen Management.

Tabelle 1: Phasen der Kulturforschung in der deutschsprachigen Betriebswirtschaftslehre

Zeitraum	Kulturelle Thematik	Forschungsrichtung	Methodische Ausrichtung
bis 1960	weitgehende Ignoranz kultureller Thematik		
ab 1960	Annäherung an die kulturelle Thematik	cross-national	empirisch / quantitativ
ab 1970	landeskulturelle Thematik	cross-cultural	empirisch / quantitativ
ab 1980	unternehmenskulturelle Thematik	Unternehmens-kulturforschung	eher konzeptionell als empirisch
ab 1990	Beginn der Integration landes- und unternehmungskultureller Thematik	partiell-integrative Kulturforschung	eher konzeptionell als empirisch
ab 1995	Integration diverser kultureller Problemfelder	integrative Kulturforschung	konzeptionell sowie empirisch / qualitativ

Quelle: KUTSCHKER / SCHMID 2002, S. 669

Zurzeit befindet sich die deutsche Betriebswirtschaftslehre in einer Phase zunehmender Integration der unternehmenskulturellen und landeskulturellen Fragestellungen und Perspektiven (vgl. KUTSCHKER / SCHMID 2002, S. 668f.).

1.2 Zum Wert kultureller Erklärungsmuster zwischen *global village* und *clash of civilizations*

Die zahlenmäßige Zunahme interkultureller Kontaktsituationen und die organisatorische Verfestigung kulturübergreifender Wirtschaftskooperationen führen zwangsläufig zur steigenden Relevanz der Auseinandersetzung mit kulturellen Konflikten. Insbesondere die Einbindung mittelständischer Firmen in globale Produktionsnetze zwingt Unternehmen ohne fundierte Erfahrung in interkulturellen Kooperationen, sich dieser neuen Herausforderung zu stellen. Dieser Trend wird in den nächsten Jahren weiter

1 Einführung

zunehmen, es sei denn, es reduzieren sich im Gegenzug zur steigenden internationalen Verflechtung die kulturellen Unterschiede zwischen den Akteuren.

Als Gegenthese zur vielfach thematisierten Bedeutung kultureller Differenzen ist das Phänomen der „kulturellen Globalisierung" bzw. der Entstehung einer „Globalkultur" zu diskutieren. In kontroversen Auseinandersetzungen wird sie entweder als logische Folge der Modernisierung und notwendiger Bestandteil der globalen Völkerverständigung angesehen und stellt für deren Verfechter eine Zielvorstellung dar, oder sie steht für die Erwartung westlicher Machtausdehnung und die Entstehung einer Einheitskultur. Solche Befürchtungen rühren daher, dass in diesen Diskussionen Globalisierung als ein Prozess des kulturellen Imperialismus angesehen wird, durch den sich westlich-kapitalistische Praktiken weltweit durchsetzen. Insbesondere die Kulturen in Entwicklungsländern werden als besonders anfällig für homogenisierende Kräfte der westlichen Konsumwelten angesehen (vgl. TOMLINSON 1998, S. 259). Solche Befürchtungen sind jedoch keineswegs neu, vielmehr wurde bereits in der Nachkriegszeit unter dem Einfluss von modernisierungstheoretischen Vorstellungen als Ergebnis von Entwicklung und Modernisierungsprozessen eine mehr oder weniger westlich geprägte homogene Weltkultur (das *global village*) erwartet. In dieser Tradition ist auch die Haltung des Politologen Francis Fukuyama zu sehen, die davon ausgeht, dass Globalisierung langfristig zur weltweiten Etablierung von Demokratie und freier Marktwirtschaft und implizit zu einer Reduktion kultureller Differenzen führt (vgl. FUKUYAMA 1992). Aufgrund zunehmender Kommunikation zwischen den Kulturen, weltweiter Verbreitung identischer Medieninhalte und der technologischen Annäherung könnte eine Angleichung und Standardisierung von Konsumentenpräferenzen stattfinden, und eine funktionale Elite mit gleichen Normen, Konsummustern sowie Gebräuchen und somit eine Globalkultur entstehen.

Für den ebenso beachteten wie kritisierten Politologen Samuel P. Huntington hingegen bedeutet wirtschaftliche und soziale Modernisierung keineswegs zwangsläufig eine Verwestlichung nichtwestlicher Gesellschaften oder die Entstehung einer solchen Globalkultur (vgl. HUNTINGTON 1996, S. 19). Seine Thesen seien hier als Gegenposition zur oben skizzierten angeführt und sind vor dem Hintergrund ihres weltpolitischen Entstehungskontextes zu interpretieren. Das Ende des Kalten Krieges hinterließ hinsichtlich der globalen Machtverhältnisse ein Vakuum und führte zum Überdenken der etablierten Feindbilder. In derselben Zeit war ein massiver Globalisierungsschub ökonomischer Aktivitäten zu verzeichnen, der zur Intensivierung interkultureller Kontakte führte und neue Konflikte schuf. Ein Rückgriff auf kulturelle Unterschiede bot sich als Erklärung für politische Streitigkeiten ebenso wie für Probleme bei ökonomischen Transaktionen an. Die Verkürzung und Instrumentalisierung des Kulturbegriffes durch eine solche Sichtweise gipfelt in der Generierung neuer Feindbilder durch die Idee vom *clash of civilizations* („Kampf der Kulturen"), deren Hauptvertreter von sieben oder acht „großen Kulturen" spricht, in die sich die Welt einteilen lasse und die sich mehr oder weniger feindlich gegenüberstünden (vgl. HUNTINGTON 1996, S. 21)[3]. Auf dieses Weltbild und Konstrukt kultureller Räume wird in ebenso verkürzter Sichtweise im Zuge der terroristischen Anschläge in jüngerer Zeit gerne zurückgegriffen.

Der amerikanische Kulturanthropologe Clifford Geertz vertritt die vielfach anerkannte These, dass trotz zunehmender Globalisierung in zahlreichen Lebensbereichen wie Konsum, Transport- und Produktionssystemen, medial unterstützter Kommunikation etc. die Bedeutung der Ethnien und der Regionen bzw. der *localities* wächst (vgl. GEERTZ 1987). Die Gleichzeitigkeit und gegenseitige Durchdringung von Globalisierung und zunehmender Bedeutung lokaler Identitäten wird auch in der Debatte um die „Glokalisierung" thematisiert (vgl. HESS 1998, SWYNGEDOUW 1992).

Zweifellos entsteht durch global tätige Unternehmen und die Interaktion der Manager ein Set global gültiger Geschäftsgepflogenheiten, das als eigene Kultur des *global business* ein steuerndes und zuverlässiges Normen- und Wertesystem bietet. Durch diese Begründung und Reichweite ist *global business* aber eine Elitenkultur, die nur auf der Top-Managementebene der Multinationalen Unternehmen ihre volle Wirkung entfaltet. Mittelständische Unternehmer und Mitglieder der mittleren Managementebene in großen Unternehmen sind bei der Ausgestaltung der Beziehungen in ihrer eigenen Organisation, z.B. zu den Mitarbeitern im Ausland, von der kulturellen Differenz nach wie vor unmittelbar betroffen. Ebenso kann die Differenz zwischen der eigenkulturellen Prägung und der Kultur in der Residenzgesellschaft auf diesen Managementebenen die Zusammenarbeit mit lokalen Geschäftspartnern empfindlich stören.

1.3 Problemstellung und Zielsetzung

Zur Strukturierung der fremdkulturellen Umgebung, der Deutung von unbekannten Verhaltensweisen sowie zur Reduktion von Risiken und Unsicherheiten können Unternehmen auf die Erfahrungen und Beziehungen anderer deutscher Unternehmen zu-

---

[3] Die umfangreiche wissenschaftliche Kritik an Huntingtons Weltbild kann hier nicht wiedergegeben werden. Eine Diskussion der Gefahren dieser Vorstellungen und des Zweifels an deren Wert findet sich u.a. in MÜLLER 1998, MÜLLER 2001, EHLERS 1996, OSSENBRÜGGE / SANDNER 1994.

1 Einführung

rückgreifen. Die Ausgangsüberlegung der vorliegenden Arbeit ist daher, dass Netzwerke gerade im interkulturellen Kontext eine besondere Rolle spielen, da sie die Möglichkeit bieten, auf Wissensressourcen zuzugreifen, ohne dabei die eigene Unabhängigkeit preiszugeben. Ziel ist es, die Bedeutung von Netzwerkbeziehungen deutscher Entscheidungsträger im Ausland hinsichtlich des Zugangs zu fremden Märkten, des Erfolgs und der persönlichen Integration in die Residenzgesellschaft zu analysieren.

Die zentralen Fragestellungen lassen sich in zwei Komplexe unterteilen. Der erste Komplex widmet sich der Frage ökonomischen Handelns im internationalen und interkulturellen Kontext mit dem Ziel der Identifikation und Gestaltung effizienter Organisationsformen. Hier sind die Fragen zu untersuchen:

- Warum kooperieren deutsche Unternehmen im Ausland?
- Auf welche Weise kooperieren deutsche Unternehmen im Ausland?
- Welche Folgen haben diese Kooperationen für den Erfolg des Unternehmens?

Der zweite Fragenkomplex zielt auf die Folgen für die Kulturdebatte. Hier sind zwei zentrale Fragen zu klären:

- Welchen Beitrag zum interkulturellen Lernen können Netzwerkbeziehungen zwischen deutschen Akteuren leisten?
- Unter welchen Bedingungen wird Sozialkapital mobilisiert?
- Inwiefern entstehen durch die Globalisierung ökonomischer Austauschbeziehungen und die Vernetzung von Individuen unterschiedlicher kultureller Prägung neue Kulturen?

Zur Klärung dieser Fragen wird ein akteurszentrierter Zugang gewählt, der es ermöglicht, den unternehmerischen Entscheidungsträger in seinen Verflechtungen und Verpflichtungen auf verschiedenen Ebenen zu fokussieren. Die ausländischen Tochtergesellschaften deutscher Unternehmen werden in der Regel von einzelnen Personen deutscher Herkunft geleitet, die über eine sehr hohe Entscheidungskompetenz verfügen. Sie stellen als Individuum die Schnittstelle zwischen den verschiedenen Kulturen und Organisationen dar, sind in unterschiedlicher Form in die Kulturen eingebettet und stehen daher im Mittelpunkt der folgenden Betrachtungen. Der Akteursbegriff wird deswegen im Folgenden im Sinne eines Individuums, eines einzelnen Entscheidungsträgers und nicht der Organisation selbst verwendet, ohne damit in Frage stellen zu wollen, dass eine Interpretation von Organisationen als kollektive Akteure ebenso zulässig wäre.

1.4 Aufbau der Arbeit

Die vorliegende Arbeit verfolgt parallel drei verschiedene theoretische Argumentationslinien (vgl. Abb. 1). Die Analyse thematisiert zunächst Bedeutung von Kultur in der internationalen Geschäftstätigkeit deutscher Unternehmen. Damit versteht sich die Arbeit als Beitrag zum *cultural turn* in der Wirtschaftsgeographie. Den theoretischen Hintergrund hierfür liefern verschiedene Kulturkonzepte und Überlegungen zur Messbarkeit von Kultur. Der Erklärungswert der quantifizierenden Operationalisierung der kulturellen Distanz auf der Basis von Kulturdimensionen im Hinblick auf Konsequenzen für das unternehmerische Handeln wird kritisch diskutiert. Diese Perspektive auf das Phänomen Kultur wird durch einen hermeneutischen Zugang zur mexikanischen Kultur ergänzt (Kap. 2). Die zweite Argumentationslinie verfolgt eine akteurszentrierte Perspektive. Die gewählte Betrachtungsweise der Internationalisierungsproblematik, stellt den Manager als Individuum in den Mittelpunkt der Analysen und thematisiert dessen Handeln in einer fremdkulturellen Umwelt (Kap. 3). Schwierigkeiten, Anforderungen und Lösungsmechanismen für das Agieren in einer fremdkulturellen Umgebung sind hier zu analysieren. Es folgt als dritter theoretischer Zugang die Diskussion des Phänomens „Netzwerk" und deren Anwendungsmöglichkeiten im internationalen Kontext (Kap. 4). Hier sind Unternehmensnetzwerke ebenso zu thematisieren wie personale Netzwerke. Die verschiedenen theoretischen Perspektiven werden in einem empirischen Analysemodell zusammengeführt, das Netzwerkverbindungen auf verschiedenen Ebenen abbildet (Kap. 5).

Aufbauend auf die theoretische Auseinandersetzung mit Unternehmensnetzwerken werden die strukturellen Marktbedingungen und die existenten Netzwerkstrukturen in den ausgewählten Untersuchungsbranchen herausgearbeitet und hinsichtlich ihres Aufbaus und ihrer Eigenschaften diskutiert (Kap. 6). Im zweiten Teil der empirischen Arbeit wird eine akteurszentrierte qualitative Analyse der Netzwerkbeziehungen deutscher Manager in Mexiko zu anderen Akteuren auf personaler, organisationaler und marktlicher Ebene durchgeführt (Kap. 7).

1 Einführung

Abbildung 1: Aufbau der Arbeit

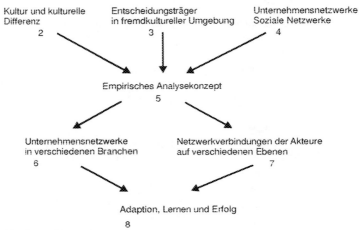

Quelle: eigener Entwurf

Den Abschluss dieser Arbeit bildet die Analyse des Beitrags von Netzwerken zur Mobilisierung von Sozialkapital, dem Aufbau von Wissensbeständen und dem erfolgreichen Handeln in einer fremden Kultur (Kap. 8). Wie die Netzwerkbeziehungen wird auch der Erfolg auf verschiedenen Ebenen thematisiert und bezieht sich sowohl auf die persönliche Integration in die Residenzgesellschaft, als auch auf den Aufbau und die Stabilisierung der Organisation sowie die Etablierung des Unternehmens im mexikanischen Markt.

2 ZUR KONZEPTION VON KULTUR IM KONTEXT INTERNATIONALER UNTERNEHMENSTÄTIGKEIT

Es ist unstrittig, dass die Kontakthäufigkeit zwischen Menschen unterschiedlicher Kulturen zunimmt und solche Kontaktsituationen aufgrund der unterschiedlichen Prägung der Akteure potentiell konfliktträchtig sind. Bei der Suche nach Erklärungen für differierende Handlungsweisen in verschiedenen Räumen gilt es, kulturalistische Globaltheorien und Stereotypisierungen zu vermeiden, da eine konstruktive Gestaltung der Kontaktsituation das Ziel interkultureller Interaktion sein soll. Im Rahmen der vorliegenden Arbeit muss zunächst eine Begriffsklärung erfolgen, um kulturelle Unterschiede der Akteure zu operationalisieren und herauszustellen, welche Konsequenzen das „Fremde" für das wirtschaftliche Handeln hat.

2.1 Kulturdefinitionen und die Ebenen kultureller Identität

2.1.1 Zur Klärung eines vielschichtigen Begriffs

Da „Kultur" seitens zahlreicher Disziplinen als Gegenstand wissenschaftlicher Forschung thematisiert wird, unterscheiden sich die Definitionen je nach Disziplin und Forschungsziel. Gemeinsam ist den Zugängen aus soziologischer, ethnologischer, psychologischer und in jüngerer Zeit auch wirtschaftswissenschaftlicher Perspektive ein Begriffsverständnis, das Kultur nicht im Sinne eines anthropogenen Gegenparts zur Natur definiert. Ein solches Verständnis verbliebe nämlich auf einer deskriptiven Ebene, die sich mit der Beschreibung der Artefakte begnügt. Vielmehr stellt Kultur das Ergebnis und gleichzeitig die Bedingung sozialen Handelns dar und umfasst neben der Ebene der Artefakte auch eine abstrakte Ebene, die das Wertesystem beinhaltet.

Die Aussichtslosigkeit der Bemühungen um die Formulierung einer einheitlichen und allgemein anerkannten Kulturdefinition zeigten bereits die Anthropologen Kroeber und Kluckhohn in den 1950er Jahren auf. In einer umfangreichen Literaturanalyse fanden sie über 160 verschiedene Kulturdefinitionen (vgl. PERLITZ 2000, S. 280).

2 Zur Konzeption von Kultur

In Ermangelung einer allgemeingültigen Kulturdefinition erfolgt daher zunächst ein Rückgriff auf die **Eigenschaften** von Kultur nach KELLER (1982), die hier aber nicht mehr im Einzelnen diskutiert werden können:

> - Kultur ist vom Menschen geschaffen. Sie wird durch das Denken und Handeln von Menschen konstituiert.
> - Kultur ist überindividuell und somit ein soziales Phänomen.
> - Kultur wird erlernt und durch Symbole übermittelt.
> - Kultur äußert sich verhaltenssteuernd. Eine gemeinsame Kultur konkretisiert sich in geteilten Werten, Regeln, Normen und Verhaltenskodizes und übt somit eine steuernde Funktion auf das Verhalten von Individuen aus.
> - Kultur strebt nach innerer Konsistenz und Integration.
> - Kultur ist ein Instrument zur Anpassung an die Umwelt.
> - Kultur ist sowohl langfristig adaptiv als auch wandlungsfähig.

Für das handelnde Individuum erfüllt Kultur vielfältige Funktionen (vgl. KUTSCHKER / SCHMID 2002, S. 660f.). Sie bietet ihm u.a. ein Orientierungssystem, mit dessen Hilfe eigene Erfahrungen organisiert und interpretiert werden können. Der kulturelle Rahmen setzt die Standards für Wahrnehmung und Bewertung von Informationen, die Entscheidungsfindung und das daraus resultierende Handeln.

Um einen griffigen Zugang zum komplexen und vielschichtigen Phänomen Kultur zu schaffen, bedient sich Hofstede einer Metapher aus der Informationstechnologie (vgl. HOFSTEDE 2001, S. 2ff.). Danach gibt es verschiedene Ebenen der mentalen Programmierung des Menschen (vgl. Abb. 2). Die unterste Ebene ist ererbt und gilt universell, d.h. sie ist allen Menschen gemeinsam. Jeder Mensch kann Angst, Zorn, Liebe empfinden und hat das Bedürfnis und die Fähigkeit, mit anderen Menschen zu kommunizieren. In der Computer-Metapher entspricht diese unterste Ebene der „mentalen Programmierung", dem Betriebssystem. Es bestimmt, was ein Computer ist und über welche Grundfunktionen er verfügt.

Die erlernten Fähigkeiten werden durch Sozialisation[4] bzw. Enkulturation[5] vermittelt und sind vom gesellschaftlichen Kontext, in welchem das Individuum aufwächst und lernt, abhängig. Die mittlere Ebene ist somit gruppen- bzw. kategorienspezifisch, da sich die Gruppen durch gemeinsame Eigenschaften voneinander abgrenzen. Die Ebene erlernter Eigenschaften stellt die Kultur der jeweiligen Gruppe dar. In der Com-

---

[4] Sozialisation ist das Erlernen gruppenspezifischer Normen und Werte.
[5] Enkulturation bezeichnet den Prozess des Lernens spezifischer Kulturmuster und Werte.

puter-Metapher entspricht die kollektive Programmierung des Menschen der Software. Von der installierten Software hängt letztlich ab, was welcher Computer kann, worin seine Stärken liegen und wie er mit den gestellten Problemen umgeht. Wie der Mensch seine mehr oder weniger alltäglichen Probleme löst und wie er kommuniziert hängt von der Kultur ab, in welcher er aufgewachsen ist. Darüber liegt die individuumsspezifische Persönlichkeitsebene, die sowohl erlernte als auch ererbte Eigenschaften beinhaltet.

Abbildung 2: Ebenen der mentalen Programmierung

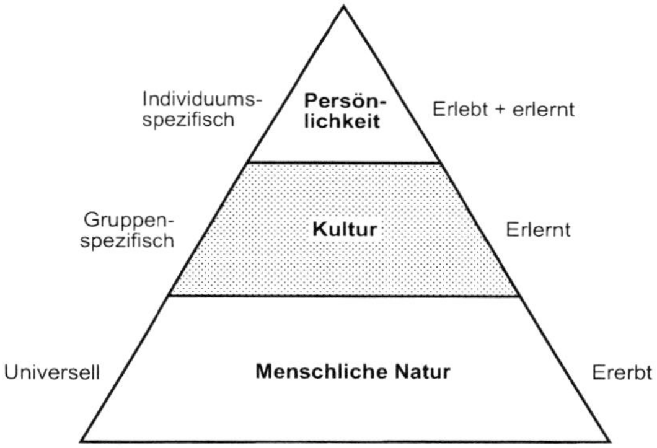

```
                    /\
                   /  \
   Individuums-   /Persön-\   Erlebt + erlernt
   spezifisch   / lichkeit \
               /------------\
   Gruppen-   /    Kultur    \   Erlernt
   spezifisch/                \
            /------------------\
   Universell/ Menschliche Natur \  Ererbt
           /_____\
```

Quelle: HOFSTEDE 2001, S. 5

Nach Hofstede ist Kultur daher ein gruppenspezifisches Phänomen aus geteilten Werthaltungen. Kultur ist in seinem Verständnis die „kollektive Programmierung des Geistes", welche die Mitglieder einer Kategorie von denen anderer Kategorien unterscheidet (vgl. HOFSTEDE 2001, S. 4). Der Begriff „Kategorie" von Menschen kann sich dabei sowohl auf Nationen bzw. Ethnien als auch auf demographisch definierte Schichten oder Tätigkeits- bzw. Berufsgruppen beziehen.

2.1.2 Das „Fremde" und das „Eigene" als Kategorien im Kulturdiskurs

Im Kontext internationaler Wirtschaftsbeziehungen ist von besonderem Interesse, dass dem Individuum die eigene Kultur größtenteils nicht bewusst ist. Sie wird erst über den Kontrast des Fremden mit dem Eigenen wahrgenommen. Durch Interaktion mit

Menschen einer fremden Kultur und über Kognition[6] kann es gelingen, sich mit dem Fremden vertraut zu machen. Intensiver Kontakt zu einer anderen Kultur führt aber möglicherweise – in Abhängigkeit vom Grad der Fremdheit – zu einem „Kulturschock" (vgl. Kap 3.2.3).

Die eigene Kultur wird vielfach gerade durch die Ausgrenzung von Fremdem gefestigt. Dies hat in der Fremde eine stärkere Akzentuierung der eigenen Kultur als in der Heimat zur Folge. Im Ausland aufgewachsene Kinder deutscher Eltern haben deutsche Werte und Normen in der Regel stärker verinnerlicht, als die in Deutschland aufgewachsenen Kinder (vgl. BRANDENBURGER 1995, S. 34).

Entgegen der im Zuge von Modernisierungs- und Globalisierungsdiskursen vielfach unterstellten kulturellen Homogenisierung lassen auch neuere Forschungen, trotz des ambivalenten Umgangs mit der eigenen (hier: deutschen) Identität, keine häufigen Hinweise auf eine Unschärfe der Wahrnehmung des Eigenen und des Fremden erkennen. Auch finden sich nur wenig Hinweise auf eine erhebliche Entterritorialisierung kollektiver Identitäten und das Entstehen hybrider Teilidentitäten (vgl. HONOLKA / GÖTZ 1999, S. 117).

Fremd- und Eigenwahrnehmungen enthalten grundsätzlich Bewertungen, daher ist im Umgang mit dem Fremden entscheidend, ob diese Bewertungen die Vorstellung implizieren, dass die eigene Kultur im Vergleich zu der anderen höherwertig oder minderwertig sei (vgl. HONOLKA / GÖTZ 1999, S. 31).

2.1.3 Kulturrelativismus und Ethnozentrismus

Die meisten Kulturwissenschaftler betonen die Relativität des eigenen kulturellen Standpunktes, indem sie jegliche Wertigkeit verschiedener Kulturen ablehnen und feststellen,

> „dass verschiedene 'Kulturen' unterschiedliche Antworten auf Fragen sind, die das Leben stellt. Diese Antworten trägt dann jeder aufgrund von Enkulturationsprozessen in sich. Wenn man beginnt, sich mit fremden Kulturen zu beschäftigen, lernt man im Grunde nur andere Antworten kennen, die den gleichen Anspruch auf 'Richtigkeit' oder 'Wahrheit' haben wie die eigenen" (BRANDENBURGER 1995, S. 32).

---

[6] Kognition bezieht sich hier auf die Selbstreflexion und das Bewusstwerden sowohl der eigenen als auch der fremden Kultur.

Der Kulturrelativismus betont ausdrücklich, dass es nicht möglich ist, eine Kultur in Bezug auf eine andere als über- oder unterlegen einzustufen. Eine solche kulturrelativistische Grundhaltung wird vielfach als unerlässliche Basis jeder wissenschaftlichen Auseinandersetzung mit kulturellen Unterschieden zwischen Gruppen, Gesellschaften oder Nationen angesehen (vgl. HOFSTEDE 2001, S. 7), auch wenn das bisweilen als eine „im Grunde romantische Kulturphilosophie" (KOHL 1993, S. 150) bezeichnet wird.

Der Eigenwert jeder Kultur ist die zentrale Aussage des Kulturrelativismus, der die radikalste Form des Wertrelativismus darstellt. Da die jeder einzelnen Kultur innewohnenden eigenen Werte- und Normensysteme alle gleichermaßen gültig sind, müssen die Kulturen untereinander eigentlich als inkommensurabel angesehen werden (vgl. KOHL 1993, S. 148).

Ethnozentrismus kann als das Gegenteil zum Kulturrelativismus betrachtet werden oder als Symptom, das sich aus interethnischen Konflikten ergibt (vgl. ANTWEILER 1994, S. 143). Er ist jedoch keine Störung, sondern eine anthropologische Grundkonstante, die die Verwurzelung des Individuums in der eigenen Kultur beschreibt (vgl. MOOSMÜLLER 1996, S. 279). Auf der Grundlage dieser Wurzeln wird alles andere, insbesondere das „Fremde", interpretiert und beurteilt. Für das Individuum sind eben nicht alle Kulturen gleichwertig, sondern die eigene kulturelle Prägung hat Vorrang gegenüber anderen Kulturen, sei es nun bewusst oder unbewusst. Dabei sind verschiedene Formen ethnozentrischen Verhaltens und Denkens zu unterscheiden. Der „harte Ethnozentriker" lehnt es grundsätzlich ab, kulturelle Unterschiede wahrzunehmen und anzuerkennen. Die eigene Kultur ist der einzig richtige Maßstab, andere existieren nicht oder sind minderwertig und werden sich folglich irgendwann der eigenen angleichen. Im Gegensatz dazu steht der „heimliche Ethnozentriker", der weltoffen und tolerant ist und die multikulturelle Gesellschaft als persönliches und gesellschaftliches Ziel definiert. Somit sind seine Ideen frei von ethnozentrischem Gedankengut, im tatsächlichen Verhalten verfällt er aber leicht in solche Grundhaltungen. Der „reflektierte Ethnozentriker" hingegen akzeptiert den Ethnozentrismus als eine unvermeidliche Gegebenheit, die sich nicht durch den Willen zu mehr Verständnis abschaffen lässt. Er hält sich deswegen auch nur für eingeschränkt tolerant und geht in kleinen Schritten den Weg zu mehr Offenheit und Kooperationsfähigkeit (vgl. MOOSMÜLLER 1996, S. 280).

2.1.4 Schichten kultureller Identität

Aus der Vielzahl der Kulturelemente, die sich in der Literatur finden lassen, sind zum Verständnis kulturell bedingter Probleme im internationalen Management die folgenden Elemente als eine Synthese zu betrachten: Symbole, Helden, Rituale und Werte (vgl. HOFSTEDE 2001, S. 8ff.; Abb. 3).

➢ **Symbole** sind Worte, Objekte und Gesten, deren Bedeutung auf Konventionen der jeweiligen Gemeinschaft beruht und nur mit Hilfe dieser Konventionen zu entschlüsseln ist. Sie stellen die Außenansicht einer Kultur dar, werden beim Kontakt mit einer bisher unbekannten Kultur als Erstes wahrgenommen und erscheinen oftmals fremd. Dazu zählen auf der Ebene der Nationalkulturen u.a. Sprache, Kleidung, Nahrung und Essensgewohnheiten sowie Baustile. Mittels der gemeinsamen Sprache wird eine bestimmte Bedeutung durch ein Symbol (das Wort) kodiert und übermittelt. Die Bedeutung dieses Symbols erschließt sich nur demjenigen, der die betreffende Sprache beherrscht. In Unternehmen zählen dazu beispielsweise Abkürzungen und Kleidungsordnungen, die in ihrer vollen Bedeutung nur für Insider erkennbar sind. Vorurteile gegenüber fremden Kulturen lassen sich meist an dieser äußersten Schicht festmachen.

➢ **Helden** sind Personen, die als Vorbilder für das eigene Verhalten dienen. Diese Personen können real (tot oder lebendig) aber auch fiktiv sein. Zu den Helden des amerikanischen Unternehmertums zählen beispielsweise Personen aus der Realität oder aus Spielfilmen, die den Aufstieg vom Tellerwäscher zum Millionär geschafft haben. Im chinesischen Kulturkreis sind reale Personen wie der Hongkonger Unternehmer Lee Ka Hsiung, der ein gigantisches Familienimperium aufgebaut hat, Vorbilder für Aufschwung und das Vertrauen in die eigene neue Wirtschaftskraft.

➢ **Rituale** sind kollektiv ausgeführte Aktivitäten, deren Bedeutung vor allem in sozialen Funktionen begründet ist und für die aus technischer oder wirtschaftlicher Sicht Notwendigkeit besteht. Dazu zählen beispielsweise Begrüßungsformeln und Feste. Aber auch einige Aktivitäten, die scheinbar rational notwendig sind, wie z.B. regelmäßige Besprechungen, das Schreiben von Memos etc. können eher rituellen Charakter annehmen. Auch das systematische Sich-Verspäten in Sitzungen kann hierzu zählen – entscheidend ist dabei die Frage, welche Personen es sich erlauben können, zu spät zu kommen, und welche es auch tatsächlich tun.

➢ **Werte** sind die tiefste Schicht der Kultur und eng mit den Idealen einer Gruppe verbunden. Es handelt sich dabei um Gefühle, die von den Mitgliedern einer Gesellschaft geteilt werden und dabei helfen, die Umwelt zu strukturieren, indem sie festlegen, was gut und was böse ist. Weitere semantische Paare, die zu den Werten zählen, sind: „hässlich – schön", „anomal – normal" oder „paradox – logisch". Von den Werten zu unterscheiden ist der Begriff der Norm. **Normen** können entweder formal als Gesetze festgeschrieben sein oder sich informell als soziale Kontrolle äußern.

Zum Teil wird auch – unter Verwendung der Eisberg-Metapher – zwischen den sichtbaren Elementen einer Kultur (Verhaltensweisen, Artefakte) oder der **Percepta**-Ebene einerseits und den verborgenen Schichten (Grundannahmen, Werte, Normen, Einstellungen, Überzeugungen) oder der **Concepta**-Ebene andererseits unterschieden (vgl. KUTSCHKER / SCHMID 2002, S. 659).[7]

Abbildung 3: Schichten kultureller Identität

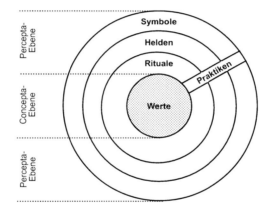

Quelle: HOFSTEDE 2001, S. 9

---

[7] In der Managementliteratur wird häufig auf das Schichtenmodell nach Trompenaars Bezug genommen (z.B. APFELTHALER 1999, S. 65ff.; BLOM / MEIER 2002 S. 56ff.), das eine unterhalb der Werte und Normen liegende innerste Schicht definiert, welche absolute Grundannahmen beinhaltet. Diese betreffen die Beziehungen zum Menschen an sich, zur Zeit und zur Natur. Sie basieren auf dem von Kluckhohn und Strodtbeck entwickelten Konzept der Wertorientierung (vgl. TROMPENAARS 1993, S. 46). Sie definieren fünf universelle Grundthemen menschlicher Existenzbewältigung, die jedes Individuum für sich lösen muss. Dies sind: Wie ist die Natur des Menschen im Allgemeinen und kann sich der Mensch ändern? Wie ist die Beziehung des Menschen zur Natur? Mit welcher Zeitvorstellung wird das Leben betrachtet? Wie ist die Einstellung zur menschlichen Aktivität? Wie ist die Beziehung der Menschen untereinander?

Alle Ebenen einer Kultur unterliegen einem langfristigen Wandel, der sich an der äußeren Schicht am schnellsten vollzieht. Baustile in modernen asiatischen Bürozentren sehen jenen in Westeuropa sehr ähnlich; Kleidungsstile im Geschäftsleben gleichen sich weltweit zunehmend an. Die Elemente der äußersten Schicht sind aber auch relativ schnell erlernbar. Firmenentsandte im Ausland können die Sprache des Gastlandes lernen, Essensgewohnheiten imitieren und sich den Kleidungsnormen anpassen. Da die Symbole aber Ausdruck der tieferliegenden kulturellen Schichten sind, ist ihre volle Bedeutung nur bei tiefem Verständnis dieser Schichten richtig erschließbar.

2.1.5 Kulturelle Identität und der Nationalstaat

Kulturelle Identität manifestiert sich auf unterschiedlichen räumlichen und analytischen Maßstabsebenen[8]. Der synonyme Gebrauch der Begriffe „Kultur" und „Nation" entbehrt der theoretischen Fundierung (vgl. ONO 1998, S. 193; BRANDENBURGER 1995, S. 15), was aber nicht bedeutet, dass es keine Nationalkultur gibt. Sowohl die angeführten Definitionen als auch die Merkmale von Kultur machen deutlich, dass verschiedene Ebenen kultureller Identität existieren, von denen die nationale Ebene nur eine sein kann. Über diese in der akademischen Diskussion unstrittige Aussage hinaus stellt sich aber durchaus die grundsätzliche Frage, ob nationale Kulturen überhaupt existieren.

In zahlreichen Nationalstaaten existieren auf dem Staatsgebiet sehr unterschiedliche Kulturen, die sich z.T. fremder sind, als die einzelnen „Teilkulturen" den Kulturen benachbarter Länder. Vielvölkerstaaten wie Indien oder China müssten aufgrund der Vielzahl unterschiedlicher Sprachen, Ethnien und Religionen vielmehr als multikulturelle Staaten begriffen werden. Insbesondere bei jungen Staaten, die in Folge des kolonialen Erbes und im Zuge der Entkolonialisierung entstanden sind, tritt eine deutliche Inkonsistenz zwischen Staatsgrenzen und kulturellen Bruchlinien auf. Aber auch im Zuge der Kolonialisierung bzw. Landnahme neu entstandene Staaten wie die USA weisen multikulturelle Elemente auf und lassen sich durch deutliche kulturelle Differenzen innerhalb des Nationalstaates charakterisieren (vgl. USUNIER / WALLISER 1993, S. 29; HOFSTEDE 2001, S. 13). Nationalstaaten sind also keinesfalls als homogene Gesellschaften aufzufassen.

---

[8] In der modernen Wirtschaftsgeographie findet beispielsweise eine intensive Diskussion um Kultur auf organisatorischer Ebene, insbesondere in Form der Unternehmenskultur, statt (vgl. SCHOENBERGER 1997).

Kritisch ist auch anzuführen, dass für die Erarbeitung von Kulturmerkmalen auf nationaler Ebene oftmals forschungspragmatisch bedingte Argumente angeführt werden. Die Verfügbarkeit von Daten und die Koordinierung kulturvergleichender empirischer Studien, die eine weltumspannende Datenbasis liefern sollen, spricht für die Wahl der Nationalstaaten als Aggregationsebene der Kultur (vgl. HOFSTEDE 2001, S. 14f.). Mit einem solchen empirischen Konzept ist es selten möglich, unterhalb der nationalen Ebene weitere Differenzierungen vorzunehmen.

Der daraus ableitbare Vorwurf, Nationalkulturen würden gar nicht existieren, sondern seien aus rein pragmatischen Gründen konstruiert, scheint jedoch nicht haltbar. Vielmehr sprechen eine Reihe von inhaltlichen Argumenten für nationalstaatlich angelegte Kulturanalysen. Die dominante Landessprache, ein einheitliches Bildungssystem, das nationale politische System und landesweite Massenmedien treiben die „kollektive Programmierung des Geistes" aller Bewohner eines Staates voran. Gegenläufige Tendenzen der Betonung der Eigenständigkeit bestimmter Regionen und Bevölkerungsgruppen bis hin zu separatistischen Tendenzen werden z.T. toleriert, aber auf die Pflege von Tradition und Brauchtum eingeschränkt. Teilweise weisen sie terroristische Elemente auf, so dass sie im Ergebnis zu einer Marginalisierung oder Ausgrenzung der Minderheiten führen können. Auch in Mexiko lassen sich solche Tendenzen nicht übersehen – sie sprechen aber keineswegs gegen die Analyse und Diskussion einer „mexikanischen" Kultur, vielmehr ist die damit verbundene Zerrissenheit und der *indígenismo* integraler Bestandteil des mexikanischen Selbstverständnisses (vgl. Kap. 2.3).

2.2 Kulturdimensionen und kulturelle Distanz

2.2.1 Zur Messbarkeit von Kultur

Zwei Hauptzugänge zur Analyse von Kulturen lassen sich grob differenzieren: der kulturzentrierte und der personenzentrierte (vgl. LENARTOWICZ / ROTH 1999, S. 782ff.). Die kulturzentrierten Ansätze sind meist qualitativ und leiten sich aus der Ethnographie her. Sie begreifen Kultur als einen spezifischen Kontext, innerhalb dessen menschliches Handeln stattfindet. Erst durch den Kontext werden die Handlungen bedeutsam. Vom Grundverständnis her handelt es sich hierbei um eine kulturrelativistische Ausrichtung. Die methodologische Position dieses Zugangs stellt sich meist als interpretativ dar (vgl. HOLZMÜLLER 1997; S. 57). In Studien zu interkultureller Wirtschaftskommunikation findet sie allerdings selten Anwendung. Ihre Stärken liegen in der theoretischen Fundierung und in der Möglichkeit, auch Untergruppen in Form von Subkulturen zu identifizieren. Diese Vorteile können aber aus der Sicht des internationalen Managements die Schwächen, die im hohen Zeitbedarf und der mangelnden Vergleichbarkeit und Praxisnähe liegen, in Bezug auf deren Anwendungsmöglichkeit nicht kompensieren.

Personenzentrierte Ansätze zielen meist auf die Erhebung quantitativer Daten, um mit deren Hilfe die Kulturen zu beschreiben. Von der methodologischen Grundposition her ist der Zugang positivistisch und wird beispielsweise durch die Erfassung der Wertehaltung mittels Fragebögen umgesetzt. Ziel ist es i.d.R., Kulturdimensionen zu identifizieren, die möglichst tragfähig, d.h. in vielen Kulturen messbar, sein sollen. Den meisten Studien zur interkulturellen Wirtschaftskommunikation liegt eine solche universalistische Ausrichtung des Zugangs zum Phänomen Kultur zugrunde.

Jeder positivistische Versuch, Kultur messbar zu machen, beruht auf einigen nicht aufhebbaren Annahmen (vgl. LENARTOWICZ / ROTH 1999, S. 795):

1. Der Kern von Kultur besteht aus Wertehaltungen.
2. Kultur ist ein objektiv beobachtbares Phänomen.
3. Kultur ist zeitlich relativ stabil.
4. Kultur manifestiert sich in gemeinsamen Eigenschaften einer Gruppe.

Dennoch bleibt aus positivistischer Sicht das Problem, dass auf keiner Maßstabsebene Kultur in ihrer Gänze messbar ist. Aus der Sicht der Umsetzung von solchermaßen erzielten Ergebnissen in der interkulturellen Wirtschaftskommunikation besteht hierfür aber auch keine Notwendigkeit, da es nicht Ziel ist, das Wertesystem an sich zu messen, sondern die resultierenden Verhaltensmerkmale. Untersuchungen, die einen möglichst umfassenden Vergleich von Nationalkulturen zum Ziel haben, setzen an Verhaltensmerkmalen an, die mit Hilfe psychologischer bzw. soziologischer Messinstrumente erfasst werden. Dabei ist aber zu berücksichtigen, dass sowohl die Wahl der Fragen als auch die Interpretation der Ergebnisse immer aus der kulturellen Perspektive des Forschers erfolgt.

2.2.2 Kulturdimensionen nach Hofstede

Die bedeutendste quantitative Untersuchung nationaler Kulturunterschiede, die sogenannte „IBM-Studie" des niederländischen Wissenschaftlers Geert Hofstede, hat die managementorientierte Kulturforschung in einem bis heute unerreichten Ausmaß geprägt (vgl. KUTSCHKER 2002, S. 702 u. 715ff.). Anhand multivariater Analyseverfahren wurden die im Folgenden erläuterten Kulturdimensionen isoliert (vgl. HOFSTEDE 2001).

Die **Machtdistanz** beschreibt das Ausmaß, in dem weniger mächtige Mitglieder der Gesellschaft erwarten und akzeptieren, dass Macht ungleich verteilt ist. Gemessen wird der Machtdistanzindex anhand wahrgenommener und präferierter Führungsstile sowie der Möglichkeit, Vorgesetzten oder mächtigeren Personen zu widersprechen.

In Ländern mit niedriger Machtdistanz (z.B. in Deutschland, Großbritannien, den skandinavischen Ländern und den USA) erwarten auch die Mitarbeiter in untergeordneten Positionen, in die Entscheidungsprozesse eingreifen zu können. Es herrscht eine begrenzte Abhängigkeit des Mitarbeiters von seinem Vorgesetzten und eine Interdependenz zwischen beiden. Die emotionale Distanz ist gering, auch vom Vorgesetzten wird erwartet, für Anregungen und Kritik stets offen zu sein. Hierarchie im Unternehmen bedeutet eine Ungleichheit der Rollen, die aus praktischen Gründen – um reibungslose Arbeitsabläufe zu sichern – akzeptiert wird. Der ideale Vorgesetzte ist in solchen Kulturen der fähige Demokrat (vgl. HOFSTEDE 2001, S. 46).

In Ländern mit großer Machtdistanz, z.B. in den meisten lateinamerikanischen, asiatischen und afrikanischen Ländern sowie in Frankreich und Spanien, stellt man dagegen eine große Abhängigkeit des Mitarbeiters vom autokratischen oder patriarchalischen Vorgesetzten fest. Die emotionale Abhängigkeit ist groß, d.h. der Mitarbeiter spricht seinen Vorgesetzten kaum direkt an bzw. äußert sehr selten offenen Widerspruch (vgl. HOFSTEDE 2001, S. 44ff.). In diesem Kontext ist der ideale Chef ein wohlwollender Autokrat, mit bestimmten Elementen einer Vaterfigur.

Die Auswirkungen der hohen Machtdistanz der mexikanischen Kultur, die sich für das Handeln von Unternehmern ergeben, konzentrieren sich daher auf die folgenden Problembereiche (vgl. STEPHENS / GREER 1997):

➢ Der mexikanische Managementstil ist eher autokratisch und paternalistisch.
➢ Der Umgang miteinander ist sehr höflich und förmlich und es besteht die Gefahr des Gesichtsverlustes bei direkter Kommunikation.
➢ Vorgesetzten wird zugestimmt, teilweise aber nicht entsprechend gehandelt.

2 Zur Konzeption von Kultur

> Macht ist stark zentralisiert und die Entscheidungsstrukturen sind relativ autoritär.
>
> Es besteht die Gefahr arrogant aufzutreten, bzw. von Mexikanern als arrogant wahrgenommen zu werden.

Die Dimension **Individualismus versus Kollektivismus** misst, ob die Mitglieder einer Gesellschaft sich selbst als ein unabhängiges Individuum sehen oder über die Zugehörigkeit zu einer bestimmten Gruppe definieren.

„Individualismus beschreibt Gesellschaften, in denen die Bindungen zwischen den Individuen locker sind: Man erwartet von jedem, dass er für sich selbst und seine unmittelbare Familie sorgt. Sein Gegenstück, der Kollektivismus, beschreibt Gesellschaften, in denen der Mensch von Geburt an in starke, geschlossene Wir-Gruppen integriert ist, die ihn ein Leben lang schützen und dafür bedingungslose Loyalität verlangen" (HOFSTEDE 2001, S. 66).

Je niedriger der Individualismusindex ist, desto kollektivistischer ist die jeweilige Gesellschaft. Besonders hohe Individualismuswerte sind im anglo-amerikanischen Einflussbereich zu erkennen, ebenfalls individualistisch geprägt sind die meisten europäischen Länder. Dagegen ist der gegenteilige Pol – der Kollektivismus – in den lateinamerikanischen Ländern sowie in Asien besonders ausgeprägt.

In individualistischen Kulturen ist die Beziehung zwischen Arbeitgeber und -nehmer rein zweckbezogen. Die gemeinsame Aufgabe dominiert grundsätzlich die zwischenmenschlichen Beziehungen am Arbeitsplatz und der Einzelne wird gemäß seiner individuellen Fähigkeiten beurteilt. Kollektivistische Gesellschaften hingegen betrachten Personen v.a. als Gruppenmitglieder und die zwischenmenschliche Beziehung dominiert die Aufgabe. Die Beziehung zum Arbeitgeber ist moralisch fundiert.

Diese Dimension weist einen engen Bezug zu dem Umgang mit bestehenden Normen und Regeln auf, insbesondere zu deren Anwendung im Konfliktfall. In individualistischen Gesellschaften sind Regeln allgemein verbindlich, sie sind unbedingt einzuhalten – unabhängig von der Person, um die es in einer konkreten Situation geht. Ein solcher Umgang mit Regeln wird auch als Universalismus bezeichnet, da Regeln universell für alle Menschen und Situationen gelten (vgl. TROMPENAARS 1993, S. 52ff.). Für Mitglieder kollektivistischer Kulturen hingegen stellen Regeln eine Grundlage dar, die je nach Situation und Beziehung zu den betroffenen Personen flexibel interpretiert wird – ein Verhalten, das Trompenaars als Partikularismus bezeichnet.

Die Rollenverteilung zwischen den Geschlechtern ist ein fundamentales Thema in jeder Gesellschaft. Der **Maskulinitäts**index misst, wie stark sich die Wertvorstellungen von Männern und Frauen unterscheiden, d.h. wie fest eine Rollentrennung in der Gesellschaft verwurzelt ist. Ausgangspunkt für die Einführung dieser Kulturdimension war der statistische Nachweis, dass sich die Wertehaltungen der Männer im Vergleich der verschiedenen Nationen wesentlich stärker unterscheiden als diejenigen der Frauen. In einigen Nationen sind Männer wie Frauen gleichermaßen bescheiden, fürsorglich und konsensorientiert. In anderen Kulturen hingegen sind die Männer stärker bestimmend und konkurrenzbetont, während die Frauen auch hier eher konsensorientiert sind. Der erste Fall mit weniger ausgeprägten Unterschieden der Werthaltungen von Frauen und Männern wird als feminine Kultur bezeichnet. Zwischenmenschliche Beziehungen stehen hier im Vordergrund, es wird Wert auf Lebensqualität und die Umwelt des Menschen gelegt. Auch Männer sollen bescheiden, feinfühlig und kompromissbereit sein.

> „Maskulinität kennzeichnet eine Gesellschaft, in der die Rollen der Geschlechter klar gegeneinander abgegrenzt sind: Männer haben bestimmt, hart und materiell orientiert zu sein, Frauen müssen bescheidener, sensibler sein und Wert auf Lebensqualität legen" (HOFSTEDE 1993, S. 115).

In maskulinen Gesellschaften werden Konflikte generell ausgefochten, Mitglieder mit abweichendem Verhalten tendenziell übergangen und zumindest von Männern wird ein selbstbewusstes Verhalten erwartet und anerkannt. Für das Individuum besitzt die Karriere einen hohen Stellenwert und um ein Ziel zu erreichen, ist es üblich, sich über Wert zu verkaufen. Entschlossenheit ist eine dominante und von Führungspersonen erwartete Eigenschaft.

In femininen Gesellschaften hingegen wird selbstbewusstes Verhalten eher als ein Aufspielen lächerlich gemacht. Das Individuum sollte sich zurücknehmen und unter Wert verkaufen, um nicht als selbstsüchtig zu erscheinen. Von Führungskräfte wird vor allem Intuition erwartet. Insgesamt besitzt in femininen Gesellschaften die Lebensqualität einen höheren Stellenwert als die Karriere.

Im mexikanischen Alltag sind die stereotypen Geschlechtszuschreibungen, die sich in unterschiedlichen gesellschaftlichen Pflichten ausdrücken und sozial fest verankert sind, eindeutig: Der mutige, auch gewalttätige Mann steht der hingebungs- und aufopferungsvollen Frau gegenüber, die die familiären und religiösen Räume beherrscht. Vor allem die *Fiesta*-Kultur bildet einen von Frauen gestalteten sozialen Raum, in dem Vertrauensbeziehungen hergestellt werden. Die Familie bildet das untergründige Machtzentrum der männerdominierten Kultur.

Mit **Unsicherheitsvermeidung** ist der Grad gemeint, in welchem sich die Mitglieder einer Kultur durch unbekannte Situationen bedroht fühlen. Dieses Bedrohungsgefühl drückt sich in einem Bedürfnis nach Vorhersehbarkeit und Kontrolle auf der Basis von Regeln aus (vgl. HOFSTEDE 2001, S. 154ff.). Dabei ist Unsicherheit nicht mit Risiko zu verwechseln. Unsicherheit lässt sich nicht durch die Wahrscheinlichkeit eines bestimmten Ereignisses ausdrücken, da sie nicht objektbezogen, sondern ein unbestimmtes Gefühl ist. Folglich führt die Vermeidung von Unsicherheit nicht zur Reduzierung eines Risikos, sondern zur Vermeidung von uneindeutigen Situationen. Weist eine Kultur hohe Unsicherheitsvermeidung auf, bedeutet das nicht, dass hier nur wenige Unternehmer die Bereitschaft haben, unternehmerisches Risiko auf sich zu nehmen. Vielmehr wird versucht, durch Regeln, Gesetze, Verhaltensvorschriften und Planung möglichst klare Rahmenbedingungen zu schaffen und die Vorhersehbarkeit zukünftiger Entwicklungen sicherzustellen. Solche Gesellschaften sind gegenüber abnormem Verhalten meist intolerant, da sich dieses meist nur schlecht prognostizieren lässt. In Bezug auf die Arbeitsorganisation lassen sich deutliche Einflüsse dieser Dimension festhalten: Gesellschaften mit starker Tendenz zur Unsicherheitsvermeidung haben ein emotionales Bedürfnis nach Vorschriften und tendieren daher zu mehr Formalisierung und Standardisierung im Arbeitsleben. Hohe Unsicherheitsvermeidung ist typisch für lateinamerikanische Länder und den Mittelmeerraum sowie Japan und Südkorea, mittlere für Deutschland, Österreich und die Schweiz. Niedrige Unsicherheitsvermeidung ist dagegen in anderen asiatischen Ländern sowie in afrikanischen, anglophonen und nordischen Staaten anzutreffen.

Die umfangreiche kritische Auseinandersetzung mit Hofstedes Konzept[9] lässt sich in den folgenden Punkten zusammenfassen:

> Die Existenz von Nationalkulturen ist ein Artefakt; in der Realität sind darunter liegende Ebenen der Kultur entscheidend. Die eindimensionale Konzentration auf Nationalkulturen verbaut den Blick auf darunter liegende Subkulturen (vgl. APFELTHALER 1999, S. 62f.).

> Die empirische Basis genügt nicht wissenschaftlichen Ansprüchen, da die Daten veraltet und nicht repräsentativ sind. Hofstedes Erhebungen fanden Ende der 1960er und Anfang der 1970er Jahre statt. Da Kultur dynamisch ist und sich langfristig verändert, wäre eine umfassende Nachfolgestudie nötig. Der Vorwurf der fehlenden Repräsentativität resultiert aus der Beschränkung des Untersuchungssamples auf IBM-Mitarbeiter und IBM-Standorte sowie aus der Auswahl dieser Mitarbeiter (vgl. APFELTHALER 1999, S. 62f.; VAN OUDENHOVEN 2001, S. 91).

---

[9] Zur Kritik an Hofstedes bzw. an Trompenaars' Konzept sowie zu dem akademischen Disput der beiden Ansätze vgl. z.B. HAMDEN-TURNER / TROMPENAARS 1997 und HOFSTEDE 1996.

➢ Die gesamte Studie trägt eine westliche Verzerrung in sich, da sie von westlichen Forschern konzipiert wurde. Eine Studie asiatischer Wissenschaftler ergab andere Ergebnisse[10].

Die Interpretation der Ergebnisse von Hofstedes Arbeit muss erstens immer berücksichtigen, dass das Durchschnittsverhalten in einem bestimmten Land erfasst wurde und die einzelnen Individuen in ihrem Verhalten von diesen Durchschnittswerten abweichen. Zweitens liegt der Wert dieser Ergebnisse nicht in einer absolut gültigen Positionierung einer Kultur, sondern nur in den relativen Bezügen, d.h. in der Aussage, dass die Mitglieder einer Kultur in Bezug auf eine bestimmte Frage zu einer Haltung tendieren, während die einer anderen Kultur eher zu einer anderen Haltung neigen. Ein solches Ergebnis lässt sich in konkrete Hilfestellung bei interkulturellen Kontakten umsetzen, ohne dass sie einen Anspruch auf Allgemeingültigkeit hätten. Im Einzelfall müssen sie nicht unbedingt zum Erfolg führen, da sich das Individuum anders verhalten kann, als seine Kultur erwarten lässt.

2.2.3 Zeitkonzepte und Kontextualität der Kommunikation

Der Umgang mit Zeit ist ein wesentliches konstitutives Merkmal von Kulturen. Darüber hinaus haben verschiedene **Zeitkonzepte** unmittelbare Auswirkung auf das interkulturelle Management. Daher sind sie im Folgenden als eine Ergänzung zu Hofstedes Dimensionen zu berücksichtigen.

Die in den westlichen (christlichen) Kulturen selbstverständliche lineare Zeitvorstellung geht davon aus, dass Zeit einen Anfang und ein Ende hat, somit messbar ist und aus einer Aneinanderreihung von Zeiteinheiten besteht. Was gestern geschah ist unwiederbringlich vorbei, und die Zukunft wird in Zeitkontingente aufgeteilt und geplant. Zeit wird als ein knappes Gut betrachtet – sie ist Kapital, das man „sparen" oder „vergeuden" kann. Dies manifestiert sich in Zeitplänen für jedes Projekt, Terminkalendern und Tagesordnungspunkten bei Besprechungen. Sukzessive wird ein Punkt abgearbeitet, bevor man sich dem nächsten zuwenden kann.

In der zyklischen Zeitvorstellung ist das bestimmende Element im Zeitablauf der immerwährende zyklische Wechsel von Jahreszeiten, Tag und Nacht. „Vergeudete"

---

[10] Der kanadische Wissenschaftler Michael Bond griff den Kritikpunkt der „westlichen" Verzerrung auf und schuf eine Wertestudie mit bewusst chinesischer Verzerrung (der sogenannte „chinese value survey"; vgl. BOND 1988). In Bonds Arbeit wurde die konfuzianische Dynamik als eine fünfte, in Hofstedes Konzept integrierbare Dimension herausgearbeitet.

2 Zur Konzeption von Kultur

Zeit gibt es nicht, da jede verstrichene Gelegenheit in der Zukunft wiederkommt, somit verursacht Zeit auch keine Opportunitätskosten. Das zyklische Zeitverständnis ist vor allem in asiatischen Kulturen und in traditionellen Agrargesellschaften wiederzufinden.

Ebenfalls im Zusammenhang mit Zeitkonzepten wird häufig der Unterscheidung zwischen monochronen und polychronen Kulturen der Vorzug gegeben (vgl. HALL 2000). Die monochrone Kultur entspricht dem oben dargestellten linearen Zeitverständnis. Monochrone Menschen betrachten Zeit als ein knappes Gut, weshalb Zeitpläne, terminliche Verpflichtungen und deren strikte Einhaltung elementare Voraussetzung erfolgreicher Zusammenarbeit und Kommunikation sind. Menschen in polychronen Kulturen hingegen befinden sich gleichzeitig auf mehreren parallel verlaufenden Zeitachsen. Sie tun viele Dinge gleichzeitig, d.h. wenn in der einen Aufgabe kein wesentlicher Fortschritt zu erzielen ist, wendet man sich einer anderen zu, und nimmt erstere zu einem späteren Zeitpunkt wieder auf. Aufgestellte Pläne können daher bei Bedarf jederzeit umgestoßen werden. Polychrone Menschen messen zeitlichen Verpflichtungen weniger große Bedeutung zu und kommen oft zu spät. Der Schwerpunkt liegt nicht auf der Einhaltung von Terminen, sondern auf der Kommunikation und der Erledigung von Aufgaben. Daher haben in solchen Kulturen lebenslange Beziehungen besondere Bedeutung. Hall weist aber auch darauf hin, dass gerade im Geschäftsleben in polychronen Kulturen bei Außenkontakten ein Wechsel zu einem monochronen System stattfindet. Bei Rückkehr an den eigenen Arbeitsplatz und der Organisation von Aufgaben „nach innen" wird dies jedoch wieder durch die polychrone Vorgehensweise ersetzt (vgl. HALL 2000, S. 286).

Die **Kontextualität** bezieht sich direkt auf den gepflegten Kommunikationsstil. Sie sagt aus, inwiefern eine verbal kommunizierte Botschaft vom Kontext der Kommunikation und der non-verbalen Unterstützung abhängt. Eine Kultur, in welcher der non-verbalen Kommunikation und der Kontextualität des Kommunikationsprozesses eine hohe Bedeutung zukommt, bezeichnet Hall als *high-context-culture*. Diese Kommunikationsform stellt höhere Anforderungen an die persönliche Einbindung der Partner in das Gespräch. Ein zu vermittelnder problematischer Punkt wird in der Regel langsam argumentatorisch eingekreist. Die Kommunikation konzentriert sich nicht auf den kritischen Punkt selber, sondern auf zahlreiche Dinge, die ihn peripher betreffen. Vom Gesprächspartner wird erwartet, das gemeinte – gewissermaßen eingekreiste – Problem selbst zu erkennen. Zurückhaltung stellt in high-context-Kulturen eine wichtige Tugend dar, eigene Gedanken werden nicht offen mitgeteilt und daher ist ein hohes Maß an Information nötig, um die Botschaften richtig zu interpretieren (vgl. GUDYKUNST / KIM 1997, S. 67).

Im Gegensatz dazu sprechen die Mitglieder von low-context-Kulturen kritische Punkte direkt aus. Die übertragene Botschaft formuliert im Allgemeinen genau das, was dem Gesprächspartner vermittelt werden soll. Das bedeutet nicht unbedingt Ehrlichkeit – die übermittelte Botschaft kann schließlich eine bewusste Unwahrheit enthalten. Angehörigen der low-context-Kulturen erscheint die high-context-Kommunikation oft unehrlich, weil die vermittelte Botschaft vor dem Hintergrund der eigenen Kommunikationsgewohnheiten entschlüsselt und wörtlich aufgefasst wird – das führt zu Fehlinterpretationen.

Die Kontextualität zeigt einen engen Zusammenhang mit der Dimension Individualismus-Kollektivismus (vgl. GUDYKUNST / KIM 1997, S. 68). Individualistische Kulturen tendieren zur low-context-Kommunikation, während die kollektivistischen eher einen stark kontextbezogenen Kommunikationsstil bevorzugen (Asien, Lateinamerika, Afrika). Das hängt mit dem Harmonie-Gebot in kollektivistischen Kulturen zusammen. Ein low-context Kommunikationsstil müsste Probleme, Kritik u.ä. direkt ansprechen und könnte somit die Harmonie in einer Beziehung oder Gruppe erheblich stören.

2.2.4 Kulturelle Distanz zwischen ausgewählten Ländern

Da kulturelle Unterschiede eine wichtige Quelle von Fehlinterpretationen und Schwierigkeiten in interkulturellen Kontaktsituationen sind, andererseits Hofstede eine Operationalisierung des Kulturbegriffs anhand messbarer Dimensionen erarbeitet hat, erscheint es naheliegend, eine aggregierte kulturelle Distanz zwischen Kulturräumen zu ermitteln, deren Ausmaß als Indikator für die Andersartigkeit und zu erwartende Schwierigkeiten heranzuziehen wäre. Das Konstrukt kultureller Distanz ist auf große Akzeptanz in der Managementliteratur gestoßen und wird vielfach eingesetzt, sei es bei der Entwicklung internationaler Marketingstrategien, der Anpassung von Organisationsstrukturen, Fragen des Wissenstransfers, der Innovation oder der Vorbereitung von Auslandseinsätzen von Firmenentsandten (vgl. SHENKAR 2001, S. 519). Aus dem Forschungsfeld ausländischer Direktinvestitionen ist das Konstrukt der kulturellen Distanz heute nur noch schwer wegzudenken.

Durchgesetzt hat sich dabei der Index von KOGUT / SINGH (1988), der auf Hofstedes Kulturdimensionen beruht und sich als Wurzel aus der Summe der quadrierten Differenzen in jeder der vier Dimensionen errechnet. Er dient in zahlreichen Untersuchungen als Erklärungsvariable für unternehmerische Entscheidungen, wie die Sequenz internationaler Investitionsentscheidungen, die Standortwahl oder die Markteintrittsstrategie (vgl. SHENKAR 2001, S. 520).

2 Zur Konzeption von Kultur

Tabelle 2: Kulturelle Distanz[11] zwischen ausgewählten Räumen[12]

	Individualismus		Unsicherheitsvermeidung		Maskulinität		Machtdistanz		Aggregierte kulturelle Distanz
	Wert	Distanz zu D[13]	Wert	Distanz zu D	Wert	Distanz zu D	Wert	Distanz zu D	Distanz zu D
Deutschland	67		65		66		35		
Südafrika	65	-2	49	-16	63	-3	49	14	22
Japan	46	-21	92	27	95	29	54	19	49
Arabische Länder	38	-29	68	3	53	-13	80	45	55
Mexiko	30	-37	82	17	69	3	81	46	62
Indonesien	14	-53	48	-17	46	-20	78	43	73
Singapur	20	-47	8	-57	48	-18	74	39	85

Quelle: eigene Berechnungen nach HOFSTEDE (2001)

Mexiko ist im Vergleich zu Deutschland deutlich kollektivistischer und weist eine wesentlich höhere Machtdistanz auf (vgl. Tab. 2). Für die Organisationsstruktur und die Mitarbeiterführung deutscher Unternehmen in Mexiko ist daher zu erwarten, dass weniger partizipative Führungsstile einzusetzen sind und sich Teamarbeit schwerer umsetzen lässt als in Deutschland. Zudem ist mit einer niedrigeren Kritikfähigkeit zu rechnen und dem deutschen Geschäftsführer widersprechende Meinungen werden vermutlich kaum geäußert. Des Weiteren ist zu erwarten, dass Schwierigkeiten gegenüber dem Vorgesetzten verschwiegen werden, um einen Gesichtsverlust zu vermeiden und daher die auftretenden Unregelmäßigkeiten der Geschäftsleitung zu einem späten Zeitpunkt bekannt werden, nämlich wenn sie nicht mehr zu verbergen sind. Die mexikanische Kultur gilt somit als hierarchisch (große Machtdistanz) und kollektivistisch (vgl. HOFSTEDE 2001, S. 72). Die bekannteste Metapher zur Beschreibung der gesellschaftlichen Ordnung Mexikos ist die Pyramide (vgl. z.B. PAZ 1998, S. 217; RUDNER 1996, S. 143; PANSTERS 1997, S. 1). Eine zentralistische und hierarchische Gesell-

---

[11] Die Tabelle gibt die Berechnung des Index nach KOGUT / SINGH (1988) wieder. Für jedes einzelne Land wurde für jede der vier Dimensionen ein Punktwert zwischen 0 und 100 errechnet, der das Maß für die Ausprägung der jeweiligen Dimension in der jeweiligen Kultur darstellt. Eine Interpretation ist nur auf der Basis der relativen Positionen der Länder zueinander zulässig.

[12] Die Auswahl der Länder beinhaltet neben Deutschland und Mexiko diejenigen Länder, die in Forschungen im Rahmen des FORAREA-Verbundes, auf die im Folgenden Bezug genommen wird (vgl. Kap. 5.3), ihrerseits Untersuchungsregionen waren.

[13] D steht für Deutschland.

schaftsordnung bestimmt noch heute den Aufbau des mexikanischen Staates, wo sich alle Macht in der Spitze der Pyramide, beim Präsidenten, konzentriert.

In der aggregierten Betrachtung der kulturellen Distanz nimmt Mexiko im Verhältnis zu den anderen Vergleichsräumen eine mittlere Position ein. Die kulturelle Distanz zwischen Deutschland und Mexiko ist höher als die zu Südafrika oder Japan. Hingegen ist die mexikanische Kultur der deutschen weniger fremd als die kulturelle Prägung in Indonesien oder Singapur.

Die empirischen Studien auf der Basis kultureller Distanz kommen allerdings teilweise zu widersprüchlichen Ergebnissen, woran sich massive Kritik anschließt, die eine Reihe konzeptioneller Illusionen aufzeigt (vgl. SHENKAR 2001, S. 523f.):

- **Symmetrie**: Die kulturelle Distanz zwischen dem Land A und dem Land B ist genau dieselbe wie die zwischen dem Land B und dem Land A. Es gibt jedoch keinen Grund anzunehmen, dass ein Deutscher Investor in China mit demselben Niveau kulturbedingter Schwierigkeit konfrontiert ist wie ein chinesischer Investor in Deutschland. Es macht sehr wohl einen Unterschied, welches die Heimatkultur, in der man verwurzelt ist, darstellt und welches die Kultur der Residenzgesellschaft, der man sich stellen muss.

- **Stabilität**: Der zeitliche Wandel ist definitorisches Merkmal von Kultur (vgl. Kap. 2.1.1). An historischen Belegen für die Richtigkeit dieses definitorischen Elementes mangelt es nicht, weswegen die Annahme unveränderlicher kultureller Distanzwerte nicht haltbar ist. Zudem würde die Berücksichtigung lerntheoretischer Überlegungen es ermöglichen, den Blick für die Veränderbarkeit von Kultur zu öffnen. Individuen und Organisationen können durch Lernprozesse ein Herauslösen aus der Kultur des Herkunftslandes erfahren und so die Differenz zum Zielmarkt verringern.

- **Diskordanz**: Die Allgemeingültigkeit der impliziten Annahme des Konzeptes, nämlich dass höhere kulturelle Distanz Schwierigkeiten erzeugt und ökonomische Transaktionen erschwert, ist anzuzweifeln. Erstens sind nicht alle gemessenen Unterschiede relevant für das wirtschaftliche Handeln. Zweitens können Unterschiede auch komplementär wirken und die unternehmerischen Aktivitäten im jeweiligen Ausland erleichtern.

Die methodische Kritik an dem Konzept kultureller Distanz konzentriert sich neben den bereits angesprochenen Maßstabsproblemen auf die **Äquivalenz**annahme. Die Unterschiede der gemessenen Werte in den verschiedenen Dimensionen werden ungeachtet der Dimension miteinander verrechnet, obwohl Hofstede selbst darauf verwiesen hat, dass die verschiedenen Dimensionen unterschiedliche Bedeutung für das wirtschaftliche Handeln haben (vgl. SHENKAR 2001, S. 524ff.).

Die vorliegende Arbeit sucht weder nach einem Beleg für die Korrektheit und Zuverlässigkeit der gemessenen Unterschiede, noch wird versucht, in einer positivistischen Argumentation die Differenzen in Form einer Ursache-Wirkungs-Beziehung mit bestimmten Schwierigkeiten zu korrelieren, um solche Zusammenhänge zu testen. Der Wert der Hofstedeschen Dimensionen wird vielmehr als ein erster Orientierungsrahmen für das Individuum bei der Auseinandersetzung mit einer fremden Kultur gesehen. Daher steht der individuelle, bewusste oder unbewusste Rückgriff auf die genannten Erklärungsmuster im Zentrum der Betrachtung. Es wird thematisiert, inwiefern sie für die Wahrnehmung von Unterschieden zwischen deutschen Akteuren und ihren mexikanischen Interaktionspartnern, für die Erkennung konkreter Probleme und den Entwurf von Lösungsstrategien ein Rolle spielen.

Aufgrund der angeführten Kritikpunkte an dem quantitativ fundierten Distanzkonzept wird in der vorliegenden Arbeit zur Beschreibung kultureller Unterschiede zwischen deutschen und mexikanischen Akteuren ein qualitativer Zugang zu den Grundzügen der mexikanischen Kultur bevorzugt. Hierdurch werden bestimmte Leitmotive der „kollektiven Programmierung" identifiziert und interpretiert, um so die mechanistische Differenzberechnung durch einen hermeneutischen Zugang zu ergänzen.

2.3 Mexiko – Eckpunkte kultureller Identität im Land der drei Kulturen

Der Zugang zur mexikanischen Identität ist nur über ein Verständnis der verschiedenen Formen des Synkretismus möglich: Mexiko definiert sich religiös, ethnisch und historisch als eine Hybridkultur, als das Amerika der Mestizen. Mehr als achtzig Prozent der Bevölkerung sind Mestizen und nur zehn Prozent sind *Indígenas*[14]. Gerade wegen der komplexen ethnischen Heterogenität bemüht sich Mexiko seit 200 Jahren, besonders aber seit Beginn des 20. Jahrhunderts, um die Definierung einer homogenisierenden nationalen Identität. Dabei wurde und wird versucht, die „Moderne", die sich an Nordamerika und Europa orientiert, mit einer starken indianischen Tradition in Einklang zu bringen. Der von Abgrenzung und Ungerechtigkeit gekennzeichneten Re-

---

[14] *Indígenas* = Eingeborene. In Mexiko steht *indígenas* als Sammelbegriff für die Angehörigen verschiedener indianischer Populationen.

alität wird das Ideal einer Einheit entgegengesetzt (vgl. GARZÓN VALDÉZ 1995, S. 58f.).

Kennzeichen der Identitätsreflexion – die sich in ähnlicher Weise in vielen lateinamerikanischen Ländern wiederfinden lässt – war die historische Abhängigkeit von fremden Identitätszuschreibungen. Vor dem Hintergrund entsprechender Fremdbilder erfolgte auch die Bestimmung des mexikanischen Selbstbildes als Gegenidentität in Opposition zu den Identitätsvorstellungen der kulturellen Zentren in Europa und den USA.

Trotz aller Unterschiede innerhalb des Landes und zwischen den verschiedenen ethnischen Gruppen ist der Begriff der *Mexicanidád* in öffentlichen wie wissenschaftlichen Diskussionen präsent. Gormsen erkennt die gemeinsame Identität nicht in den Symbolen der offiziellen Kultur (z.B. den Pyramiden und den Helden der Revolution), sondern er führt die einheitliche „Lebenseinstellung" als Grundlage der *Mexicanidád* an (GORMSEN 1995, S. 61). Sie konkretisiert sich in Alltagsritualen, in der Einstellung zum Tod, in den *Fiestas*, im Familiensinn und im *Machismo*. Die folgende Skizze einiger Eckpunkte der *Mexicanidád* verfolgt einen hermeneutischen Zugang, wohl wissend, dass damit subjektive Interpretationen und Zuschreibungen unvermeidbar sind.

2.3.1 Die Wurzeln der *Mexicanidád* – ein Abriss historischer Hintergründe mexikanischer Identitätssuche und -findung

Der Versuch, eine nationale mexikanische Identität zu beschreiben, führt zwangsläufig zu ihrem Fundament, der gemeinsamen Geschichte. Nach dem Ende verschiedener indianischer Imperien brachte zunächst das Vizekönigreich Neuspanien, danach das moderne Mexiko ein Volk der Mestizen hervor. Der historisch begründete Synkretismus stellt das zentrale Merkmal mexikanischer Identität dar: Die *Mexicanidád* ergibt sich aus dem historischen Schicksal, das zur Vermischung von indianischem Erbe mit den kulturellen Elementen der *Conquista* führte.

Im engeren Sinne meint Synkretismus die religiöse Facette dieser Vermischung. Mexiko gilt als ein zutiefst katholisches Land. Die in Mexiko entstandene Form des Katholizismus ist jedoch keine Kopie der europäischen katholischen Frömmigkeit.

> „Vielmehr haben sich nach der ‚geistigen Eroberung' Mexikos religiöse Mischformen entwickelt, die es den unterdrückten Ureinwohnern erlaubten, trotz ihrer Unterwerfung unter einer fremden, religiösen Symbolwelt eigenen Überzeugungen und Praktiken in Form einer heimlichen Widerstandskultur beizubehalten" (KRUIP 1996, S. 293).

2 Zur Konzeption von Kultur

Trotz des gewaltsamen Vorgehens und Schleifens aztekischer Tempel fand die Missionierung der indigenen Bevölkerung durch spanische Mönche im Wesentlichen auf eine subtile und langfristig erfolgreiche Art und Weise statt. Die auf der Percepta-Ebene anzusiedelnden Rituale, z.B. in Form gewohnter Zeremonien, wurden vielfach beibehalten, wenn auch nominell ausgetauscht. Dasselbe gilt für verschiedene „Helden": Die Eigenschaften einiger indianischer Götter wurden nun auf Heilige der katholischen Kirche übertragen. Auf diese Art entstand ein synkretischer Katholizismus, in dem sich heute noch katholische und aztekische Glaubensinhalte und Rituale auf intensive Art vermischen. Ein Beispiel für diese Entwicklung ist der Marienkult, der sich in Mexiko auf die *Virgen de Guadalupe* bezieht und selbst für den spanischen Katholizismus ungewöhnliche Ausmaße annimmt. In dieser Figur lebt die aztekische Göttin Tonantzin weiter. An deren zerstörtem Heiligtum soll einem Indio[15] eine dunkelhäutige, Nahuátl[16] sprechende Jungfrau Maria erschienen sein. Die an dieser Stelle auf einem Hügel im heutigen Mexiko-Stadt errichtete Basilika ist die wichtigste Pilgerstätte in Mexiko und enthält eine indianische Züge tragende Marienstatue, die landesweit unter dem Namen *La Morena*[17] verehrt wird (vgl. BOLL 1997, S. 28).

Auch das präkolumbianische Erbe ist keineswegs durch kulturelle Homogenität gekennzeichnet. Vielmehr waren zeitlich wie räumlich unterschiedliche Kulturen dominant. Die älteste belegte Kultur wurde von der ethnischen Gruppe der Olmeken gebildet. Es folgten die Mayakulturen in verschiedenen Phasen und Ausbreitungsgebieten, von denen die bedeutendsten im Südosten, auf der Halbinsel Yucatán und an der Grenze zu Guatemala liegen. Die jüngste der besonders einflussreichen Kulturen war die der Azteken, die überwiegend im politischen und wirtschaftlichen Zentrum des heutigen Mexiko, dem zentralen Hochland, ansässig waren. Aber auch die Zapoteken, Mixteken und Tolteken in den heute noch überwiegend von *indígenas* bewohnten Bundesstaaten Chiapas und Oaxaca zählen zu den Azteken[18].

---

[15] Dieser wurde 2002 von Papst Johannes Paul II. als Juan Diego (Cuauhtlatohuac) heilig gesprochen.

[16] Nahuátl ist die Sprache der Azteken.

[17] *La Morena* = die Dunkelhäutige. Als *Morenos* werden sowohl *Indígenas* als auch Mestizen bezeichnet.

[18] Der Begriff „Azteken" wurde erst von der spanischen Geschichtsschreibung im 18. Jahrhundert eingeführt. Der ursprüngliche Begriff, mit dem sich die Bewohner der Zentren Tenochtitlan und Tlatelolco – beide im Stadtzentrum der heutigen Ciudad de México gelegen – bezeichneten, lautete *México*. Es ist anzunehmen, dass die Einführung des Begriffs „Azteken" eine Verwechslung mit der heutigen, im wesentlichen mestizischen mexikanischen Bevölkerung vermeiden sollte (vgl. PREM 1999, S. 9f.).

2 Zur Konzeption von Kultur

Die dritte der drei Kulturen stellt das moderne Mexiko dar. Prägende historische Meilensteine und Entwicklungsphasen waren die Unabhängigkeitsbewegung (ab 1810), der verlorene Krieg gegen die USA (1846-1848), der mit dem Verlust umfangreicher Gebiete zwischen Kalifornien und Texas endete, die 30-jährige diktatorische Regierung von Porfirio Diaz (ab 1867) und die anschließende Revolution. Die zentralen Figuren der Revolution (Pancho Villa und Emilio Zapata) sind noch heute als Helden im Sinne des genannten Kulturschichtenmodells (vgl. Kap. 2.1.4) Teil des mexikanischen Selbstverständnisses.

„Die mexikanische Revolution hat zur Entstehung eines Nationalbewusstseins in entscheidendem Maße beigetragen. Sie hat das allen Bewohnern des Landes gemeine Repertoire an Werten, Symbolen und Sprachen konsolidiert" (BREMER 1996, S. 635).

Einen Zugang zur mexikanischen Hybridkultur bieten die verschiedenen „Helden" der mexikanischen Kultur. Als solche können beispielsweise betrachtet werden:

➢ Cuauhtémoc und Moctezuma,
➢ Hernán Cortés,
➢ Malinche,
➢ *La Virgen* und die *Chingada*.

Die Erstgenannten waren die beiden letzten Aztekenherrscher. Moctezuma ist der legendäre Herrscher des Aztekenreiches zu dessen Blütezeit bis zum Zeitpunkt der *Conquista*. Er war es, der in den spanischen Eroberern zunächst die Rückkehr der „weißen Götter" zu erkennen meinte. Später führte er die zeitweise erfolgreiche Verteidigung gegen die spanische Invasion an. Cuauhtémoc war der letzte Aztekenherrscher, der sich nach erfolgloser Verteidigung der Hauptstadt Tenochtitlán und einem gescheiterten Fluchtversuch ergab. Er wurde von Cortés jahrelang auf seinen Expeditionen mitgeführt und schließlich erhängt. Ihm gilt heute als größtem indianischen Held und Märtyrer die Verehrung aller Schichten und Ethnien Mexikos. Dabei steht die Heldenfigur Cuauhtémoc für die Erfolglosigkeit des Aufbegehrens gegen die Übermächtigen, für das ehrenhafte aber unausweichliche Scheitern. Sein Name („fallender Adler") ist Programm: Er stieg nur auf, um zu stürzen (vgl. PAZ 1998, S. 87). Ein allgemeines, dominantes Minderwertigkeitsgefühl ist wichtiger Bestandteil des mexikanischen Selbstbildes.

„Wir Mexikaner sind häufig geneigt, unsere eigenen Mängel zu unterstreichen. Vielleicht sind unsere unergründlichen indianischen Wurzeln daran schuld, dass wir uns gern selbst zerreißen, uns selbst opfern. Es ist ein Verhalten, das viele Mexikaner zu genießen scheinen: uns selbst herabzusetzen, uns in Stücke zu zerreißen, zuzugeben, dass wir über alle Mängel der Welt verfügen" (López Portillo, zitiert nach BOLL 1997, S. 55).

Hernán Cortés als der Gegenspieler der beiden Aztekenherrscher ist der Prototyp des Macho, der sich rücksichtslos und mit Gewalt nimmt, was er haben möchte. Er ist der mächtige Siegertyp, ungeliebt, aber durch seine Verbindung mit Malinche gewissermaßen der Vater aller Mexikaner. Malinche war eine *indígena* die Nahuátl und Maya sprach und die Cortés auf seinen Expeditionen durch Mexiko als Dolmetscherin und Geliebte begleitete. Ihr gemeinsamer Sohn wird symbolisch als „der erste Mexikaner" bezeichnet.

Mit *Chingada*[19] ist keine konkrete Person gemeint, vielmehr ist „die Geschändete" ein Synonym für geradezu verwerfliche Passivität, für die widerstandslose Hingabe, die zwangsläufig zum Identitätsverlust führt. Die „Heldin" Malinche ist das Symbol dieser Hingabe. Sie steht für alle Indiofrauen, die von Conquistadoren verführt oder vergewaltigt worden sind (vgl. PAZ 1998, S. 89).

„Und wie ein Kind seiner Mutter nicht verzeiht, wenn diese es verlässt, um dem Vater nachzulaufen, so verzeiht auch Mexiko Doña Malinche den Verrat nicht" (PAZ 1998, S. 89).

Malinchista ist zum Synonym für Vaterlandsverräter geworden. *Malinchista* sind all diejenigen, die sich dem Ausland öffnen – sie wollen Mexiko verkaufen. Sie sind die wahren Erben der *Chingada*[20]. Aus dem historischen Schicksal resultiert auch das tiefe Misstrauen und die Unsicherheit, die sich im *Machismo*, der überhöhten Betonung von Stärke und Männlichkeit, äußert. Die Erfahrung der Gewalt durch die *Conquista* (Chingada), des weiblichen Verrates (Malinche) und die unausweichliche Unterlegenheit, der mit erhobenem Haupt entgegengetreten werden muss (Cuauhtémoc), sind als Basis des typischen *Machismo* interpretierbar. Die Vermischung der Rassen begann mit Vergewaltigung, Schmach und Erniedrigung, dem daraus entstehenden tiefen Minderwertigkeitsgefühl und der gleichzeitigen Auflehnung dagegen (vgl. FREUDENFELD 2002, S. 69ff.). Paz betont den Aspekt der Wut und Aggressivität als wesentli-

---

[19] *chingar* – schänden. Diese wörtliche Übersetzung wird dem ungewöhnlichen Facettenreichtum oder den Inhalten, die mit dem Wort gemeint sein können, auch nicht im Ansatz gerecht. Bei PAZ (1998, S. 79ff.) findet sich eine ausführliche Begriffsanalyse.

[20] Der Ruf „*Viva México, hijos de la Chingada!*", der im Zuge der *Fiesta del grito* am Vorabend des Unabhängigkeitstages zu hören ist, bedeutet einen Ruf nach Abgeschlossenheit. Gleichzeitig beinhaltet er aber auch eine Verleugnung der eigenen Vergangenheit, die der mexikanische Essayist und Nobelpreisträger Octavio Paz als das „hybride Blut" (PAZ 1998, S. 90) zusammenfasst.

ches Merkmal des Macho. Ein Macho gibt in jeder Lebenssituation der Ehre den Vorzug gegenüber Fairness, Wahrheit oder Nächstenliebe.

Im Bezug auf die Wirkung dieser historisierenden Identitätskonstruktion auf das alltägliche ökonomische Handeln lassen sich mögliche Erklärungszusammenhänge und Interpretationen festhalten. Aus dem skizzierten historischen Schicksal und den in Helden personifizierten Konflikten und Konstellationen ergibt sich das dialektische Zusammenspiel von Minderwertigkeitsgefühl, Stolz und Aggression, das vielfach als typisch für Mexiko erachtet wird. Im Bezug auf Ausländer und Fremde im Allgemeinen kann das zu Ausgrenzung und einer besonderen Form von Fremdenfeindlichkeit führen: der Kombination von Bewunderung und Hass. Diese lässt sich am deutlichsten im Verhältnis zu den USA erkennen, während im Bezug auf Deutschland das Zuneigungsmoment dominant scheint. Als Folge für das Handeln deutscher Entscheidungsträger in Mexiko ergeben sich daraus zwei erste Aussagen:

➢ Der ausgeprägte Nationalstolz bei gleichzeitiger Verletzbarkeit erfordert ein hohes Maß an Empathie im Umgang mit Mexikanern, insbesondere wenn es um das sensible Zusammenspiel von Macht und Interdependenz geht. Der in Mexikohandbüchern oft zitierte Rat, das Land nicht zu kritisieren, sollte eine Selbstverständlichkeit sein und greift zudem zu kurz.

➢ Aus den genannten Minderwertigkeitsgefühlen könnte fälschlicherweise ein Sendungsbewusstsein deutscher Akteure gegenüber ihren mexikanischen Interaktionspartnern und die Legitimation für eine Höherbewertung der eigenen Kultur konstruiert werden.

2.3.2 Verhältnis zur Zeit – das Land des *mañana?*

> *„Ist die Vergangenheit erst mal gesichert, kann man in der Gegenwart improvisieren, Phantasien nachhängen und die ferne Zukunft ruhig sich selbst überlassen"* (mexikanische *„Volksweisheit"*, zitiert nach BOLL 1997, S. 68).

Zur Interpretation des aus obigem Zitat sprechenden Verhältnisses zur Zeit ist ein Rückgriff auf unterschiedliche Erklärungsansätze notwendig. Oft wird auf einen kulturhistorischen Ansatz verwiesen. Die präkolumbianischen Kulturen Mexikos verwendeten zwei unterschiedliche Kalender, die wohl bereits auf die Olmeken zurückzuführen sind. Der Alltagskalender beinhaltete 18 Monate mit jeweils 20 Tagen und fünf bis sechs Unglückstagen. Der zweite, rituelle Kalender hingegen umfasste 260 Tage. Jeweils nach Ablauf von 52 Jahren stimmten die Anfangstage der beiden Kalender wieder überein. Dieser 52-Jahre-Zyklus bestimmte die Existenz der präkolumbianischen Kulturen insofern, als für das Ende eines solchen Zyklus der Untergang der Welt vorhergesagt war. Als Folge hiervon erschien es unsinnig, in langen Zeiträumen zu planen, Unternehmen oder Vermögen aufzubauen, deren Existenz Generationen überdauern sollte.

Der Rückgriff auf Naturrisiken und den kulturspezifischen Umgang mit denselben führt zu einem ähnlichen Ergebnis. Ebenso wie die Bedrohung durch das genau prognostizierbare Ende der Welt können auch die nicht vorhersagbaren, aber mit hoher Wahrscheinlichkeit wiederkehrenden Katastrophen im stark erdbeben- und vulkanausbruchgefährdeten Hochtal von Mexiko – der Kernregion des Aztekenreiches wie auch des heutigen Mexiko – den Sinn eines generationenübergreifenden Planens obsolet machen[21].

Eine weitere, über den Aspekt des langfristigen Planens hinausführende Interpretation beruht auf Problemen des modernen Mexiko und dem typischen zyklischen Wachstum der mexikanischen Wirtschaft. Gebunden an die alle sechs Jahre stattfindenden Wahlen wird Mexiko mit bemerkenswerter Regelmäßigkeit von einer Wirtschaftskrise betroffen, die teilweise mit einer schweren Währungskrise einhergeht. Auch daher ist das Agieren in mittelfristiger Perspektive häufig nicht möglich und das von Deutschen oft beklagte kurzfristige Denken mexikanischer Partner ist eine logische Folge. Es entspricht ökonomischem Rationalismus mehr als auf den ersten Blick vermutet wird. Entsprechend dem hohen Risiko instabiler wirtschaftlicher Lagen und der damit verbundenen Abwertung der Währung ist Sparen nicht sinnvoll. Auch Geld, über das man gar nicht verfügt, wird lieber heute als morgen ausgegeben. Das Streben nach kurzfristigen Gewinnen und danach, die erwirtschafteten finanziellen Mittel schnell wieder in Umlauf zu bringen, ist prägend für das moderne Geschäftsleben und das mexikanische Unternehmertum.

Das stereotype Bild des unpünktlichen Mexikaners ist also differenzierter zu betrachten. Zum einen ist das berühmte *mañana*[22] als Zeitangabe durchaus Realität und

---

[21] Der hohe Punktwert, den Mexiko auf Hofstedes Skala der Unsicherheitsvermeidung erhält, ist kein Widerspruch zu diesem – für unsere Begriffe entspannten – Umgang mit Risiko. Unsicherheit ist nämlich nicht gleich Risiko. Letzteres ist objektbezogen und kann in Prozent gemessen werden. Unsicherheit hingegen ist ein unbestimmtes nicht objektbezogenes Gefühl. Es rührt daher, dass unklar ist, ob und was passieren kann oder wird. Unsicherheitsvermeidung führt nicht zu einer Reduzierung von Risiken sondern zu einer Reduzierung von Uneindeutigkeit (vgl. HOFSTEDE 2001, S. 159 und 164f.)

[22] *mañana* = morgen

bedeutet im Wesentlichen eine Bitte um etwas Geduld. Eine Lösung ist noch nicht in Sicht. Es dauert noch eine Weile. Dies darf jedoch nicht darüber hinwegtäuschen, dass im Geschäftsleben durchaus nach „westlichen" Zeitvorstellungen agiert wird. Es scheint vor allem eine Frage der Hierarchie und der Macht zu sein, welche Zeitvorstellungen durchsetzbar sind. Im Geschäftsleben geben z.b. internationale Partner oder weltweite Standards gewisse Zwänge vor, an die sich Mexikaner selbstverständlich auch halten. Dennoch bleibt die *paciencia*[23] eine Tugend, die von Ausländern auch im Geschäftsleben erwartet wird. Bestimmte Besonderheiten (z.b. *San Lunes*[24]) sind Ausdruck jener Freiräume, die sich Arbeitnehmer – trotz der formell weniger mächtigen Position – aufgrund gesellschaftlicher Standards nehmen können (vgl. BOLL 1997, S. 69f.).

2.3.3 Kommunikationsstile – die Maske und das Gesicht

Mexikaner werden dazu erzogen, ihre Gefühle zu verbergen und die Form zu wahren. Dies ist ein in kollektivistischen Ländern oft anzutreffendes Verhalten, das dem Prinzip des „Gesichtwahrens" folgt und nicht nur dem Selbstschutz dient. Vielmehr geht es auch darum, der Gruppe keine Schande zu bereiten, indem man gegenüber nicht Gruppenzugehörigen Schwäche zeigt und seine Emotionen preisgibt. Dies wird teilweise durch die historische Erfahrung der *Conquista* begründet. Die Eroberten müssen, um sich zu schützen, ihre Aggression oder Angst hinter einer Fassade aus Gleichgültigkeit oder gespielter Unterwürfigkeit verstecken (vgl. FREUDENFELD 2002, S. 70). Bei Octavio Paz ist die Maske, die Verschlossenheit, ein zentrales Merkmal indianischer Kulturen. Ein Rückbezug auf die Erfahrung der Niederlage erfolgt hier nicht (vgl. PAZ 1998, S. 37ff.).

Sichtbar ist aber die Widerspiegelung dieses Prinzips in Sprache und Kommunikationsstil im Allgemeinen. Im Unterschied zu Deutschland dominiert in Mexiko ein indirekter Kommunikationsstil. Kontroverse Diskussionen oder offener Widerspruch sind unüblich. Treffen mit wenig vertrauten Gesprächspartnern sind durch förmliche Freundlichkeit und ausgesuchte Höflichkeit gekennzeichnet. Dies zeigt sich ebenfalls in der extremen Häufigkeit von Höflichkeitsfloskeln – auch im Vergleich zu der in Spanien gesprochenen Sprache. Zusätzlich hat sich in Mexiko eine Vorliebe für das

---

[23] *paciencia* = Geduld

[24] *san lunes* = heiliger Montag

Spiel mit Doppeldeutigkeiten in der gesprochenen Sprache entwickelt (vgl. FREUDEN-FELD 2002, S. 70).

2.3.4 Formen sozialer Netzwerke in Mexiko und deren ökonomische Relevanz

Eine weitere Facette der kulturellen Identität Mexikos mit direkten Auswirkungen auf das wirtschaftliche Handeln von Individuen und Organisationen ist die herausragende Bedeutung informeller Beziehungsnetze[25]. Im Folgenden wird auf die wichtigsten Formen solcher Netzwerke in Mexiko eingegangen. Es sind dies Freundschafts- und Familiennetze, personenbezogene Verpflichtungsnetzwerke und der sogenannte Klientelismus. Anschließend ist auf das Phänomen der Korruption als Reaktion auf das Versagen informeller Netzwerke einzugehen.

Informelle soziale Netzwerke sind in der Tradition von Bourdieu bzw. Polanyi als eine mögliche Form des „sozialen Kapitals" zu betrachten (vgl. Kap. 4.3.2; LOMNITZ 1996, S. 375). Als Grund für ihre Existenz und elementare Bedeutung im Bezug auf den wirtschaftlichen Erfolg in Mexiko sind zu nennen (vgl. ADLER LOMNITZ / PÉREZ LIZAUR 1988, S. 35):

> Kapitalknappheit,
> wirtschaftliche Unsicherheit und
> politische Instabilität.

Informelle soziale Netzwerke erfüllen eine wichtige Funktion zur Absicherung von Risiken in sozio-ökonomischen Systemen, die wenig institutionelle Absicherung bieten[26]. Auch in Mexiko belegen empirische Untersuchungen die Funktion der sozialen Absicherung die Netzwerke in Krisensituationen bzw. bei schwachem Sozialversicherungssystem übernehmen können (vgl. FUCHS 1999, S. 390ff.). Alleine die Defizite des formalen Sicherungssystems, mangelnde Planungssicherheit sowie der ausgeprägte Bürokratismus in Mexiko genügen allerdings nicht, um diese reziproken Austausch-

---

[25] Deren Bedeutung wird sowohl in der anthropologischen Literatur (vgl. z.B. RUDNER 1996, S. 243ff; LOMNITZ 1996, S. 375; ADLER LOMNITZ / PÉREZ LIZAUR 1988, S. 35) wie auch in geographischen Darstellungen (vgl. SOMMERHOFF / WEBER 1999, S. 128ff; FUCHS 1996, S. 71) thematisiert.

[26] Andererseits kann die Grundlage für intensive informelle Beziehungsgeflechte in einer entgegengesetzten Argumentation gesucht werden: Je höher der Grad an bürokratischer Formalität und je stärker ein soziales System reguliert ist, desto eher entstehen informelle Mechanismen (vgl. ADLER LOMNITZ 1988, S. 43).

verhältnisse zu erklären (vgl. RUDNER 1996, S. 250). Sie sind Ausdruck der mexikanischen Kultur und lediglich auf der Grundlage kultureller Besonderheiten zu verstehen[27].

Die Bedeutung der **Freundschafts- und Familiennetze** wurde vor allem bezüglich der Bewältigung wirtschaftlicher Krisen im städtischen Umfeld belegt (z.B. LOMNITZ 1996; FUCHS 1999). Aber auch für die unternehmerische Tätigkeit sind die Großfamilie und freundschaftliche Beziehungen der Familie zu anderen Akteuren in der mexikanischen Wirtschaft von herausragender Bedeutung, wie beispielsweise eine Studie der Unternehmerfamilie Gomez zeigt. Die Freundschaften der Familie zur Elite aus Politik und Kirche sowie zu Bankiers erwiesen sich als entscheidend für den wirtschaftlichen Erfolg (vgl. ADLER LOMNITZ / PÉREZ-LIZAUR 1987). Auch eine historische Untersuchung des Bankensystems im Porfiriat[28] zeigt dies auf. Sie belegt die Bevorzugung eigener Direktoren und direkter Partner bzw. der Familienmitglieder bei der Kreditvergabe (vgl. MAURER 1999, S. 360). Dies ist eine Reaktion auf Informationsasymmetrien und steht im Einklang mit dem kulturellen Wert des Familienzusammenhaltes. Dies Verhalten hatte allerdings ineffiziente und oligopolistische Strukturen zur Folge.

Der grundsätzliche Zusammenhang zwischen Familienstruktur und Kultur findet sich auch bei HOFSTEDE (2001, S. 64f.). In von Großfamilien dominierten Gesellschaften ist Loyalität zur eigenen Gruppe und kollektivistisches Verhalten stärker ausgeprägt. In von Kleinfamilien bzw. Singles dominierten Ländern findet sich ein höheres Maß an Individualismus. Zudem sind die Menschen in kollektivistischen und familienorientierten Gesellschafts stärker hierarchieorientiert – Hofstede identifizierte den Zusammenhang zwischen Kollektivismus und Machtdistanz. Die besondere Rolle von Beziehungen zu Machtfiguren äussert sich in Mexiko im sogenannten *Personalismo*.

Personalismo bezeichnet die herausragende Bedeutung, die in der mexikanischen Gesellschaft den persönlichen Beziehungen zukommt. Sie besteht nicht nur im Zugang zu Ressourcen, sondern ist insbesondere für die Positionierung eines Individuums in der Gesellschaft und für den Aufbau sowie die Pflege persönlicher Beziehungen entscheidend. Dies persönliche Netzwerk bestimmt die soziale Stellung und die Möglichkeit einer Person Macht auszuüben (vgl. PANSTERS 1997, S. 14). Der *personalismo* ist eine meist symmetrische, reziproke Beziehung zwischen sozial ähnlich positionierten

---

[27] Auch in anderem kulturellen Kontext, wie beispielsweise in Thailand, kann es zur Herausbildung sehr ähnlicher Konstellationen informeller Netzwerke kommen.

[28] Die Zeit des diktatorischen Systems unter Porfirio Diaz.

Akteuren, die beim Austausch von Gefälligkeiten wirksam wird (vgl. RUDNER 1996, S. 43). Beispiele sind die Vermittlung von Arbeitsstellen oder Regierungskrediten, die Bevorzugung in rechtlichen Angelegenheiten oder verschiedene bürokratische Erleichterungen. Die Inhalte müssen nicht zwischen den Akteuren direkt ausgetauscht werden. Oft stellen die Beziehungen nur den Kontakt zu einem Freund oder Familienmitglied mit Zugang zu der benötigten Ressource her.

Der **Klientelismus** ist eine hierarchische Variante informeller Netzwerke, die als Patron-Klient-Beziehung zu beschreiben ist – hierbei tauschen Untergegebene ihre Loyalität, Macht, Information und politische Anhängerschaft gegen Begünstigungen (vgl. LOMNITZ 1996, S. 376; ADLER LOMNITZ 1988, S. 47). Dadurch stellt sie ein Bindeglied der mexikanischen Gesellschaftspyramide dar und überbrückt nicht nur Klassenunterschiede, sondern auch kulturelle und regionale Differenzen (vgl. RUDNER 1996, S. 263). Insbesondere in der Politik spielen Gruppen treuer Anhänger, die auf klientelistischen Beziehungen beruhen, eine wichtige Rolle, wenn auch mit dem politischen Wandel und dem Aufbrechen der jahrzehntelangen Dominanz der PRI (*Partido de la Revolución Institucional*) Auflösungserscheinungen dieser Strukturen zu beobachten sind (vgl. SHEFNER 2001). Als Gegenleistung für ihre Loyalität gewährt der Patron seinen Anhängern ökonomische Sicherheit, beispielsweise in Form von Verwaltungsposten. Klientelistische Beziehungen sind langfristig angelegt und krisenresistent – eine Eigenschaft, die angesichts der regelmäßigen Wirtschaftskrisen in Mexiko besonders wichtig ist (vgl. ADLER LOMNITZ 1988, S. 47). Hinweise auf die Funktion des Klientelismus finden sich im Zusammenhang mit politischen Karrieren, wo die Wahl der Universität und die Pflege von Beziehungen zu ehemaligen Studienkollegen für die eigene Karriere entscheidend sein können. Die Patron-Klient-Beziehungen sind sehr langfristig angelegt: Im politischen Bereich können Karrieren rasch enden, und danach wenden sich die meisten mexikanischen Politiker einer selbstständigen Unternehmertätigkeit zu. In dieser Rolle benötigen sie wiederum die Unterstützung ihrer früheren Untergebenen. Der Input, den der Patron in die Beziehung zum Klienten geleistet hat, sichert ihm diese langfristige Loyalität. Diese Unterstützung entscheidet über den Erfolg oder die Existenz der zukünftigen, selbstständigen unternehmerischen Aktivität.

Klientelismus ist aber auch für die mexikanische Unternehmensstruktur typisch. In einem Familienunternehmen besetzt der Unternehmer typischerweise Managementposten und andere gut dotierte Leitungsfunktionen mit zahlreichen Verwandten (vgl. ADLER LOMNITZ / PÉREZ-LIZAUR 1987, S. 233f.).

Das entscheidende Merkmal dieser Netzwerkbeziehungen ist ihr Charakter einer reziproken Interaktion – sie stellt das zentrale Unterscheidungsmerkmal zur Korruption dar. In den obigen Fällen wird nicht eine Leistung gegen eine andere getauscht, sondern ein Part erbringt eine Leistung im Vertrauen darauf, dass sich die Leistungen langfristig ausgleichen. Eine Interpretation dieser Kooperationsformen als Bestechungssumpf und Vetternwirtschaft stellt eine unzulässige Verkürzung dar, da der Begünstigte in der Beziehung keine direkte Gegenleistung erbringt. Es entstehen auch keine direkten Verpflichtungen – sie sind nur langfristig definiert. Das bedeutet, dass sie untrennbar mit der Existenz von Vertrauen verbunden sind, was in Mexiko besonders bedeutend erscheint, da Vertrauen hier als ein rares Gut gilt (vgl. PANSTERS 1997, S. 15). Eine Begründung des niedrigen Vertrauensniveaus ist nicht nur in kulturellen und historischen Argumenten zu suchen, sondern auch in Problemen des ökonomischen Systems. So postuliert Rodriguez-Coss, dass es die wirtschaftlichen Krisen waren, die traditionelle mexikanischen Werte wie den Respekt voreinander sowie den Glauben an die menschliche Würde, untergraben haben. Die Anwendung des Gesetzes geht mit der Verletzung desselben einher. Die Interpretation der Gesetze zum eigenen Vorteil und die Korruption gelten als Standard. Jeder Teil der Gesellschaft hat seine eigene Wahrheit, deshalb existiert in Mexiko nicht eine einzige Wahrheit. Folglich glauben die Mexikaner keinem: weder dem Beamten noch der Statistik, weder der Zeitung noch einem anderen Mexikaner. Der Mangel an Vertrauen ergibt sich aus dem Wissen, dass jeder eine bessere Position anstrebt und nichts von dem unter großen Schwierigkeiten Erreichten wieder verlieren will (vgl. RODRIGUEZ-COSS 1994, S. 228ff.).

Da Mexiko ein Land mit niedrigem Vertrauensniveau ist, nehmen die familiären Beziehungen und Empfehlungen im Rahmen der *compadrazga*[29] zur Erweiterung des Netzes einen zentralen Stellenwert ein. Das Vertrauen wird entscheidend von der Nähe beeinflusst, die verschiedene Dimensionen aufweist: verwandtschaftliche, geographische, ökonomische und soziale Nähe (vgl. LOMNITZ 1996, S. 381, zum Konzept der Nähe vgl. auch BATHELT/GLÜCKLER 2001). Zwischen Verwandten ist das Vertrauen in der Regel am stärksten ausgeprägt, weshalb die Großfamilie meist die Basis des sozialen Austauschnetzes bildet. In der Erforschung der sozialen Netzwerke von Migranten im städtischen Umfeld hat sich herausgestellt, dass Vertrauen von einem

---

[29] *compadre* = Taufpate. *Compadrazga* ist die rituell hergestellte Verwandtschaftsbeziehung zwischen der Familie des Kindes und dem *compadre*. Sie hat weniger ein religiöses Fundament, sondern dient vielmehr der Festigung horizontaler oder vertikaler Verpflichtungen.

gemeinsamen kulturellen Hintergrund abhängig ist, der geographisch (vgl. FUCHS 1999, S. 391) oder ethnisch definiert sein kann (vgl. LOMNITZ 1996, S. 383).

Die Möglichkeiten dieser verschiedenen Formen sozialer Netzwerke sind allerdings begrenzt sind, da sie als reziproke Austauschbeziehungen Vertrauen und soziale Nähe der Beteiligten voraussetzen. Versagen die Netzwerke, so können reziproke Austauschbeziehungen durch eine Sonderform des Marktmechanismus, die **Korruption**, ersetzt werden (vgl. ADLER LOMNITZ 1988, S. 46). Dabei handelt es sich um einen quasi-marktlichen Austausch, in dem für eine bestimmte Leistung, wie z.b. die Erteilung einer behördlichen Genehmigung, die Vermittlung eines Auftrages oder das Erlassen einer Strafe eine unmittelbare Gegenleistung, meist eine finanzielle Transaktion, erfolgt. Der beschriebene Austausch ist keine Transaktion im Rahmen einer Netzwerkbeziehung im eigentlichen Sinn, da das entscheidende Merkmal der Reziprozität nicht erfüllt ist. Da erst die Korruption das Gesamtbild informeller Wirtschaftsstrukturen in Mexiko vervollständigt, ist eine Behandlung des Themas unverzichtbar.

„Die Korruption ist ein Phänomen, das alle Sektoren und Schichten der mexikanischen Gesellschaft durchdringt und das politische wie ökonomische Leben entscheidend beeinflusst" (RUDNER 1996, S. 274).

Korruption ist aber weder das dominierende Merkmal mexikanischer Kultur noch Ausdruck einer besonderen Kriminalitätsneigung, sondern ein informelles Beziehungsgefüge. Sie ist als notwendiges Instrument zur Flexibilisierung der hierarchischen staatlichen Ordnung interpretierbar. In einer solchen Interpretation ergibt sich Korruption gewissermaßen zwangsläufig aus einem übermäßig bürokratischen System (RUDNER 1996, S. 274). Dieser kulturellen Perspektive ist die Gegenposition gegenüberzustellen, die Korruption nicht als ein soziokulturelles Problem betrachtet, sondern als Ausdruck eines Mangels an institutioneller Ordnung. Korruption entsteht in dieser Auffassung als Folge falscher Anreizsysteme und unzureichender Rechtssysteme in denen Kontroll- und Sanktionsmechanismen versagen (DORSCHEL 1999, S. 310).

Prominente Beispiele für Bestechungsfälle mit zum Teil spektakulären Volumina sind in Mexiko zahlreich zu finden (vgl. RUDNER 1996, S. 274ff.; BOLL 1997; S. 89ff.; MORRIS 1999). Wer sich am Korruptionsmechanismus beteiligt, um seine Ziele zu erreichen, sieht sich nicht als schuldig an, sondern vielmehr als Opfer des Systems. Aus dem personalistischen Muster der mexikanischen Politik – dem Beamten oder Politiker ist ein großer Spielraum bei der Auslegung und Anwendung von Gesetzen und Vorschriften gegeben – ergibt sich nach Auffassung RUDNERS (1996, S. 276) direkt der Zwang zur Korruption, wenn etwa Genehmigungen nicht durch persönliche oder familiäre Querverbindungen zwischen öffentlichem und privatwirtschaftlichem

Sektor erwirkt werden können. Die Bestechung (*mordida*[30]) im öffentlichen Sektor ist im mexikanischen administrativen Apparat weit verbreitet vom hohen Beamten bis zum Straßenpolizisten (vgl. ADLER LOMNITZ 1988, S. 46). Sie wird in Mexiko oft diskret über Mittelsmänner abgewickelt.

Mexiko wird auch von der Organisation Transparency International als überdurchschnittlich korrupt eingestuft (vgl. LAMBSDORFF 2003, S. 265) und mit dem Begriff einer *culture of bribery* in Verbindung gebracht (vgl. RODAS-MARTINI 2002, S. 90). Mit einem Wert von 3,6 auf der Skala von 0 (korrupt) bis 10 (frei von Korruption) liegt Mexiko im Vergleich zu anderen lateinamerikanischen Ländern im Mittelfeld. Korruption hat in Mexikos Politik eine lange Tradition, gerade in den späten 90er Jahren veränderten sich jedoch die Muster. Insbesondere durch die Einbeziehung von Drogenkartellen wurden die Beziehungen zunehmend kriminell. Darüber hinaus stieg die Verwicklung hochrangiger Politiker und ihrer Familien in Korruptionsskandale, und eine zunehmende Wirtschaftskriminalität wurde festgestellt (vgl. MORRIS 1999, S. 628ff.).

Im Rahmen des wirtschaftlichen und gesellschaftlichen Transformationsprozesses in Mexiko ändert sich das Rechtsempfinden bezüglich der Korruption seit den 1980er Jahren. Die Korruption wird in der mexikanischen Gesellschaft zunehmend als moralisch anrüchig strikt abgelehnt (vgl. ADLER LOMNITZ 1988, S. 47). Im Zusammenhang mit der zunehmenden Kriminalisierung in den 1990er Jahren zeigt sich ein Trend zu sinkender Akzeptanz gegenüber dem korrupten System. Die Öffentlichkeit ist weniger gleichgültig und diskutiert in steigendem Maße Korruptionsskandale. Die ersten Verluste der ehemaligen Regierungspartei PRI im Sommer 1997 wurden direkt mit der massiven Kritik und den Korruptionsskandalen der Salinas-Regierung (von 1988 bis 1994) in Zusammenhang gebracht. Transparency International bescheinigt der heutigen Regierung um Vicente Fox die besten Fortschritte bei der Korruptionsbekämpfung in der gesamten Region Mittelamerika und Karibik (vgl. RODAS-MARTINI 2002, S. 95).

Die wahrgenommene Korruption wiederum beeinflusst den Zufluss von Direktinvestitionen negativ. Der Zusammenhang mit den inländischen Investitionen ist wesentlich schwächer. Dies ist dahingehend interpretierbar, dass inländische Unternehmen der Herausforderung, in einem korrupten System zu bestehen, besser gewachsen sind als ausländische Unternehmen, die die spezifischen Mechanismen weniger genau kennen. Als Handlungsoption für ausländische Interessenten wird die Kooperation mit

---

[30] *Mordida* = Häppchen

lokalen Unternehmen vorgeschlagen, da sich so ein besserer Umgang mit Korruption erreichen lässt: sowohl im Hinblick auf die beste Anpassung an deren Funktionsmechanismus als auch um ihr auszuweichen (vgl. HABIB / ZURAWICKI 2001, S. 698)[31]. Nicht nur das Prinzip der Korruption, sondern auch klientelistische Strukturen geraten zunehmend in die Kritik. Die *compadrazga* auf politischer Ebene ist in der öffentlichen Wahrnehmung präsent.

Willensbekundungen, den „Korruptionssumpf" trockenlegen zu wollen, sind jedoch so alt wie die mexikanische Republik. Gleichzeitig sind die Bindungen, die auf Korruption und *compadrazga* beruhen, nach wie vor wichtige Bausteine und Träger des mexikanisches Machtgefüges und der Loyalitätsbeziehungen zwischen den Akteuren. Da sich zudem kultureller Wandel nur sehr langsam vollzieht und einige Grundprinzipien erhalten bleiben ist zu erwarten, dass sich die kollektivistische Denkweise als beständig erweisen wird. Loyalität, Solidarität und Vertrauen innerhalb der eigenen Gruppe sind schliesslich wesentliche Bestandteile mexikanischer Kultur und prägen auch wirtschaftliche Koordinationsmechanismen (vgl. ADLER LOMNITZ 1988, S. 53). Für unternehmerisches Handeln in Mexiko sind daher persönliche Beziehungen, die ein Unternehmer knüpft, auch in langfristiger Sicht erfolgsfördernd. Da in kollektivistischen Gesellschaften zudem das persönliche Verhältnis Vorrang vor der Aufgabe hat, sollte es als erstes aufgebaut werden (vgl. HOFSTEDE 2001, S. 86ff.). Investitionen in Beziehungen, eine langfristige Planung, und Integration in komplexe informelle Netzwerkstrukturen sind für das unternehmerische Handeln ausländischer Manager in Mexiko erfolgsrelevant.

2.4 Manager deutscher Herkunft in Mexiko

Durch die steigende Anzahl und Intensität der Auslandsaktivitäten von Unternehmen kam es zu einem raschen Anstieg der Zahl ins Ausland entsandter Firmenmitarbeitern. Zum Ende der 1990er Jahre befanden sich schätzungsweise 100.000 Deutsche als Entsandte im Auslandseinsatz. Gleichzeitig erhöhte sich auch die Häufigkeit des Wech-

---

[31] Ein Hinweis auf eine anderweitige Interpretationsmöglichkeit der Ergebnisse ist anzuführen. Basis der statistischen Analysen ist die wahrgenommene Korruption, die durch Befragung überwiegend westlicher Manager gemessen wurde. Es ist naheliegend zu vermuten, dass in einigen Fällen im Inland die Korruption wesentlich weniger wahrgenommen wird, da manche Praktiken, die von westlichen Managern als Ausdruck von Korruption wahrgenommen werden, im Inland als normale Geschäftsgepflogenheiten gelten.

sels zwischen verschiedenen, global gestreuten Einsatzorten. Zunehmende weltweite Verflechtung wirtschaftlicher Aktivitäten führt nicht nur zu interkulturellen Kontakten zwischen Organisationen, sondern auch dazu, dass immer mehr Menschen in der Fremde leben. Somit ist ein Prozess der „Zerstreuung" festzustellen, der begriffliche Assoziationen zur „Diaspora" weckt und in der Diskussion um die moderne Diaspora theoretisch wie konzeptionell neu aufgerollt wurde.

2.4.1 Theoretische Grundlagen und Neukonzeptualisierung von Diaspora im Kontext der Globalisierung

Die historische Diaspora-Forschung verwendet das Konzept Diaspora ausschließlich zur Beschreibung bestimmter, meist religiös definierter Gruppen. Definitorische Merkmale sind Vertreibung, Heimatverlust und Machtlosigkeit. Die in weltweiter Verstreuung lebende jüdische Gemeinschaft gilt hierfür als Prototyp. Vor dem Hintergrund der Globalisierung erscheint jedoch eine Ausweitung des Begriffs sinnvoll.

In dieser Neukonzeptualisierung bedeutet Diaspora nicht mehr Vertreibung und Verlust der eigenen Wurzeln (vgl. TÖLÖLYAN 1996), sondern das Leben in der Fremde wird in einer global vernetzten Wirtschaft durch *time-space-compression* und individuelle Mobilität zum Normalzustand, der mit den Begriffen „Weltoffenheit" und „Flexibilität" positiv belegt ist (vgl. MOOSMÜLLER 2002, S. 11).

Gerade in den Zentren globaler Wirtschaftsbeziehungen, wie z.B. den *global cities*, bilden sich Expatriate-Eliten als Gemeinschaften heraus, die bemerkenswerterweise zum Teil auf kultureller bzw. nationaler Zusammengehörigkeit basieren. Cohen führt auf der Basis ihrer Bedeutung für weltwirtschaftliche Zusammenhänge das Konzept *business diaspora* (vgl. COHEN 1997) ein. Kotkin spricht im Kontext der japanischen Wirtschaftseliten und ihrer selbstkonstruierten institutionellen Infrastrukturen im Ausland von *diaspora by design* (vgl. KOTKIN 1996). Verbindendes Element ist immer die Migration und der gemeinsame kulturelle oder nationale Hintergrund.

> „Diasporische Gemeinschaften können überall dort entstehen, wo Menschen derselben nationalen bzw. ethnischen Herkunft in einem fremden Land leben und sich dort direkt oder symbolisch vermittelt aufeinander beziehen" (MOOSMÜLLER ET AL. 2002, S. 39).

Als Merkmale der Diaspora lassen sich festhalten (vgl. MOOSMÜLLER ET AL. 2002, S. 40):

➢ Es bestehen wichtige Gründe, die Heimat zu verlassen. Dieses Element wurde in der klassischen Diasporaforschung als Vertreibung definiert. Nun tritt es abgeschwächter Form als konstitutives Element auf. Der wichtige Grund besteht für Expatriates meist in Karrierezielen und vielfach auch in der Notwendigkeit, sich der übertragenen Aufgabe im Ausland zu stellen.

➤ Es bilden sich Einrichtungen, die der gemeinsamen Identitätspflege dienen, ebenso wie Führungsstrukturen innerhalb der Diaspora.

➤ Die Mitglieder der Diaspora verspüren das Gefühl, durch die Residenzgesellschaft nicht vollständig akzeptiert zu werden. Sie grenzen sich als Gruppe von der lokalen Kultur ab, übernehmen aber gleichzeitig einige Elemente der Kultur des Gastlandes. Dabei treten unterschiedliche Formen der Anpassung an die Residenzgesellschaft auf.

➤ Es ist davon auszugehen, dass eine bestimmte Anzahl Angehöriger derselben Kultur an einem Ort leben muss, um eine Diaspora zu bilden, dabei ist aber keine einheitlich definierte Mindestgröße bekannt.

➤ Es wird ein bedeutsamer Kontakt zu der jeweiligen Herkunftsregion aufrechterhalten. Dieser kann sich entweder in einem Rückkehrwunsch, in einem Gefühl der Solidarität mit dem Herkunftsland[32] oder in einer Idealisierung der Heimat konkretisieren.

Insbesondere dem Aspekt der Ablehnung durch die Residenzgesellschaft wird hier besondere Beachtung geschenkt, da das Gefühl der Ablehnung zur Konstruktion einer kollektiven Identität führt. Das Zusammengehörigkeitsgefühl stellt die Basis eines Schutzschildes dar, das sich in einem Gefühl der Andersartigkeit und letztlich in einem Überlegenheitsgefühl äußert (vgl. MOOSMÜLLER 2002, S. 19). Letzteres steht häufig im Widerspruch zu den individuellen kulturrelativistischen Ansprüchen. Die Grenzziehung zwischen dem „Fremden" und dem „Eigenen" dient der Aufrechterhaltung dieses Schutzschildes und birgt die Gefahr einer Selbstidealisierung.

Die Expatriate-Diaspora ist eine kleine Migrantengruppe, die über hohe Macht verfügt und sich an der Spitze einer sozialen bzw. beruflichen Pyramide befindet. Ihre Mitglieder zeichnen sich meist durch hohe Mobilität und fundierte internationale Erfahrung aus. Vielfach bedeutet der Auslandsaufenthalt auch einen markanten Aufstieg in der Struktur des Gesamtunternehmens oder zumindest die Chance hierauf. Somit ist das Überlegenheitsgefühl im Falle der Expatriate-Diaspora auch statusbedingt und nicht rein kulturell definiert.

---

[32] Eine solche kann sich beispielsweise in politischer und wirtschaftlicher Unterstützung in Krisenzeiten äußern.

Die Diasporakultur setzt sich aus Elementen der Heimatkultur und der Residenzgesellschaft zusammen. Je nach Kontext und personalen Bedingungen wird auf die verschiedenen Elemente zurückgegriffen und sie erfahren individuelle Ausprägungen. In der modernen Diaspora finden Expatriates ein Spiegelbild der Heimatkultur wieder und können somit zur Überwindung von Unsicherheiten und Ängsten auf das Gewohnte zurückgreifen. Außerdem stellt die Diaspora eine Ressource im interkulturellen Kontakt dar. Im Laufe der Zeit entwickelt sich in der Diaspora ein Wissenspool an interkulturellen Erfahrungen sowohl allgemeiner als auch auf die Kultur der jeweiligen Residenzgesellschaft bezogener Art. Auf die hieraus entwickelten Lösungsstrategien für interkulturelle Probleme können Expatriates zurückgreifen und dadurch Handlungskonzepte für ihr Leben in der Fremde entwickeln (vgl. MOOSMÜLLER ET AL. 2002, S. 39).

Das sogenannte *homing desire* (vgl. MOOSMÜLLER 2002, S. 17) hat zur Folge, dass sich der in „Verstreuung" lebende Mensch an einem fremden Ort Heimat schafft. Dies kann auf individueller Ebene geschehen, ist aber meist durch kollektives Handeln konstituiert und braucht den Gruppenbezug zur Aufrechterhaltung von Ritualen und zur Identitätsstiftung. Eine solche überindividuelle Konstruktion von Heimat in der Fremde muss organisiert werden. Das ist für die moderne Diaspora von besonderer Bedeutung, da sie von Expatriates getragen wird, die ihre Einsatzorte relativ schnell wechseln. Daher ist die Frage nach den Personen, die das Überdauern der Erfahrungen und des kollektiven Wissens sicherstellen von existenzieller Bedeutung für die Gemeinschaft.

2.4.2 Die deutsche Gemeinde in Mexiko – eine moderne Diaspora?

Alleine in Mexiko-Stadt leben heute ca. 8.000-20.000 Deutsche[33]. Traditionell bezeichnen sie sich selbst als „deutsche Kolonie", ein Begriff der zunehmend durch „deutsche Gemeinde" verdrängt wird[34]. Zum Verständnis der Zusammensetzung dieser Gemeinde ist ein kurzer Rückblick auf ihre Entstehung hilfreich. In Mexiko lassen sich drei Entwicklungsphasen unterscheiden (vgl. BUCHENAU 1999):

---

[33] Da die geschätzte Anzahl sehr stark schwankt, wird hier auf die Bandbreite der verschiedenen Nennungen im Rahmen der FORAREA-Konferenz „Interkulturelle Herausforderungen deutsch-mexikanischer Wirtschaftsbeziehungen" in München, Nov. 2001 zurückgegriffen.

[34] Im Folgenden kommt der Begriff „deutsche Gemeinde" zur Anwendung. Im empirischen Teil der vorliegenden Arbeit wird in jenen Fällen bewusst auf die Bezeichnung „deutsche Kolonie" zurückgegriffen, wo die Interviewpartner diesen Ausdruck wählten.

1. **Formative Phase**: Im Neunzehnten Jahrhundert wanderten vor allem junge Kaufleute aus Deutschland nach Mexiko aus, die nur einen mittelfristigen Aufenthalt in Mexiko planten, um dann mit dem erwirtschafteten Kapital nach Deutschland zurückzukehren. In dieser Phase entstanden kaum kulturelle und soziale Einrichtungen.

2. **Enklave**: Von der Jahrhundertwende bis zum Ende des Zweiten Weltkrieges andauernd war diese Phase von der Entstehung zahlreicher kultureller und sozialer Einrichtungen, vor allem aber von einer massiven Segregation von der Residenzgesellschaft geprägt. Als Begründung hierfür wird unter anderem die Fremdenfeindlichkeit des post-revolutionären Mexiko angeführt, die eine Segregation notwendig machte. Zum Ende dieser Phase wurde Mexiko im Laufe des Zweiten Weltkrieges zu einem der wichtigen Zentren von Exildeutschen[35]. Eine Vielzahl von KPD-Funktionären und kommunistischen Intellektuellen, die nicht in die USA einreisen durften, fanden in Mexiko Zuflucht (vgl. POHLE 1996, S. 674 ff.).

3. **Assimilation**: Die im Anschluss an den Zweiten Weltkrieg einsetzende Phase ist durch eine graduelle Integration der deutschen Gemeinde in die mexikanische Elite gekennzeichnet. Dies ist natürlich auch durch den Einfluss neuer, in Mexiko geborener Generationen und den Zeitverlauf zu erklären. In der angesehenen deutschen Schule (Colégio Alemán) wurde Spanisch als Unterrichtssprache eingeführt. Heute sind über 80 % der Schüler des Colégio Mexikaner und der Deutsche Club in hohem Maße mexikanisiert.

Zeitgleich mit der Phase der Assimilation fand eine zunehmende Zuwanderung von Firmenentsandten statt. Zwischen 1960 und 1990 wanderten etwa 6.000 Deutsche nach Mexiko-Stadt zu. Da die Expatriates nur für eine relativ kurze Zeit nach Mexiko entsandt werden, haben sie wenig Verbindung zu der alteingesessenen deutschen Gemeinde. Die Ursache der Segregation der beiden Gruppen ist aber nicht nur in der Entsendungssituation zu suchen, sondern auch in markanten Vorurteilen der Firmenentsandten über die „deutsche Kolonie". Solche Vorurteile beziehen sich überwiegend auf „Deutschtümelei" und lassen sich nicht mit dem Anspruch der Weltoffenheit und möglichst hoher Integration in die Gesellschaft vereinbaren. Ob jedoch die alteingesessenen Deutschen in Mexiko tatsächlich von der Residenzgesellschaft in höherem Maße segregiert sind als die Expatriates, ist anzuzweifeln.

---

[35] Zahlenmäßig emigrierten wesentlich mehr in die südamerikanischen Länder Argentinien, Brasilien und Chile.

Die bedeutendsten Institutionen der deutschen Gemeinde sind zweifelsfrei die deutschen Schulen. Die erste deutsche Schule in Mexiko Stadt, das Colegio Alemán Alexander von Humboldt, wurde bereits 1894 gegründet und spielte eine zunehmend wichtige Rolle für den Erhalt und die Weitergabe der deutschen Kultur (vgl. DOBLER / GROLL 2002, S. 116f.). Seine Bedeutung reichte weit über den Kreis der Schüler hinaus. In der Zeit nach dem zweiten Weltkrieg wurde aus politischen Gründen Spanisch als Unterrichtssprache eingeführt und die Schule für mexikanische Schüler geöffnet. Der ehemals wichtigste Kristallisationspunkt der Abschottung wurde auf diese Weise zum Träger der Integration. Das Colegio Alemán versteht sich heute als „Begegnungsschule"[36], die der „Begegnung zweier Kulturen im Geiste gegenseitigen Verstehens und gegenseitiger Achtung" (WANKEL 1994, S. 162) dient. Diese Entwicklung und die Gründung zweier weiterer deutscher Schulen führte jedoch auch zur Fragmentierung der deutschen Gemeinde. Heute sind zwei relativ deutlich voneinander getrennte deutsche Gemeinden identifizierbar (vgl. MOOSMÜLLER ET AL. 2002, S. 46). Daneben spielen die Kirchen, das Goethe-Institut, die CAMEXA sowie die Deutsche Botschaft eine gewisse Rolle. Auch hinsichtlich der sozialen Struktur ist keine Geschlossenheit der deutschen Gemeinde in Mexiko-Stadt mehr feststellbar, vielmehr zeigt sich eine deutliche hierarchische Schichtung.

Die deutsche Gemeinde in Mexiko kann trotz ihrer heterogenen Zusammensetzung und des Zerfalls in verschiedene Subgruppen, die sich teilweise meiden, als eine moderne Diaspora bezeichnet werden, da sie die wichtigen definitorischen Merkmale einer solchen erfüllt (vgl. DOBLER / GROLL 2002, S. 126). Für die vorliegende Arbeit von besonderem Interesse ist das Gefühl, in der Gastkultur nicht ganz akzeptiert zu sein. Das ist insofern bemerkenswert, als Mexikaner als tendenziell germanophil gelten und die Stereotypen, die Mexikaner über Deutsche äußern, vielfach eindeutige positive Konnotationen tragen. Aus der empfundenen Ablehnung bzw. dem Gefühl, nicht ganz dazuzugehören, ergibt sich die Notwendigkeit, eine Gruppenindentität zu schaffen. Die Mitglieder der Diaspora bilden daher ein soziales Netzwerk, zu dem die meisten der in Mexiko lebenden Deutschen Kontakt haben. Obwohl die Entsendungssituation insgesamt als eine freiwillig gewählte Lebenssituation betrachtet wird und mit vielen Vorteilen verbunden ist, verursacht sie auch schwerwiegende Probleme. Die Möglichkeit, vor Ort andere Deutsche und deren Familien zu treffen, wird in diesem Kontext als ein bedeutender Faktor angesehen (vgl. DOBLER / GROLL 2002, S. 126).

---

[36] Deutsche Schulen im Ausland werden unterschieden in Expertenschulen und Begegnungsschulen, je nach dem Grad der Integration in das Gastland und der Zusammensetzung der Schulklassen.

2.4.3 Reproduktionen von Heimatkultur, Eigen- und Fremdbilder der Deutschen in Mexiko

Deutsche identifizieren sich im Allgemeinen nicht mit der Diaspora, eine Reproduktion von „Heimat" in der Fremde ist nicht erwünscht. Nur für eine Teilgruppe der deutschen Gemeinde können Diasporamerkmale wie die Ausgrenzung und das Überlegenheitsgefühl als gültig angesehen werden. Die meisten in Mexiko lebenden Deutschen definieren sich selber nicht als Diaspora-Angehörige. Eine Anwendung der Selbstzuschreibung als Abgrenzungskriterium ergibt daher folgendes, auf den ersten Blick paradoxes Bild: in Mexiko leben Tausende von Personen, die sich als Deutsche oder Deutsch-Mexikaner bezeichnen, aber kaum einer gehört zur deutschen Diaspora.

Empirische Analysen lösen dieses paradoxe Bild in zweierlei Hinsicht auf: Erstens zeigt sich eine deutliche Diskrepanz zwischen dem Anspruch, in der Residenzgesellschaft aufzugehen, der durch die normative Vorgabe einer kulturrelativistischen Grundhaltung verursacht zu sein scheint, und den tatsächlich erkennbaren Verbindungen. Die Verleugnung der Diaspora-Zugehörigkeit bei gleichzeitiger Integration in dieselbe scheint eine typische Konstellation in Expatriate-Diasporas zu sein (vgl. MOOSMÜLLER 2002, S. 26). Das hängt damit zusammen, dass in der heutigen Gesellschaft Offenheit gegenüber anderen Kulturen und Integrationsbereitschaft als Wert an sich anerkannt sind. Für Deutschland ist darüber hinaus nicht nur ein gewisser Individualismus kennzeichnend, sondern kollektive Identitäten gelten grundsätzlich als anrüchig; in Kombination mit „Deutschtum" werden sie als gefährlich angesehen.

Diese Wahrnehmung führt zu der zweiten Auflösung des oben genannten Paradoxons: Mit der Diaspora werden vielfach die „alteingesessenen" Deutsch-Mexikaner in Verbindung gebracht, denen eine konservative und „ewiggestrige" Grundhaltung unterstellt wird (vgl. MOOSMÜLLER ET AL. 2002, S. 50). In der Konsequenz heben Deutsche vielfach die eigene Distanzierung von dieser deutschen Gemeinde hervor.

Im Vergleich zu anderen diasporischen Gemeinden ist den deutschen Expatriates tatsächlich eine geringe Abschottung gegenüber der Residenzgesellschaft zuzuschreiben. Beispielsweise verfügen die amerikanischen Entsandten in Mexiko über in höherem Maße formalisierte Institutionen und über festere Verbindungen innerhalb der Expatriate-Community. Als Begründung hierfür wird nicht nur auf die große Anzahl amerikanischer Entsandter in Mexiko-Stadt verwiesen, sondern auch eine kulturelle Erklärung mitgeliefert: Nationalstolz und die Überzeugung, diesen auch im Ausland demonstrieren zu dürfen (vgl. MOOSMÜLLER ET AL. 2002, S. 50). In anderem kulturellen Kontext sind für britische Expatriate-Communities in Singapur markante Trennlinien zu der lokalen Gesellschaft nachgewiesen worden (vgl. BEAVERSTOCK 2002).

Die bereits angeführte germanophile Grundeinstellung der Mexikaner lässt sich nicht – wie das Wort vermuten lässt – als Zuneigung interpretieren, sondern stellt eher eine Wertschätzung dar. Mexikaner schreiben den Deutschen folgende Stereotypen zu: Pünktlichkeit, Disziplin, Organisation und Zuverlässigkeit. In engem Zusammenhang dazu stehen aber auch negativ konnotierte Stereotypen wie zwischenmenschliche Kälte, Härte und Herzlosigkeit. „Der Deutsche" unterschätzt die Bedeutung persönlicher Beziehungen und den Wert ihrer Pflege (vgl. MOOSMÜLLER ET AL. 2002, S. 47).

Das Bild der Mexikaner in den Augen der deutschen Diaspora-Angehörigen in Mexiko-Stadt reicht von korrupt, faul, verschlossen und unehrlich bis hin zum Vergleich mit Kindern, der Zuschreibung eines kindlichen Gemütes oder einer „Kindergartenmentalität" (vgl. DOBLER / GROLL 2002, S. 123). Dies korrespondiert mit Wahrnehmungen des Landes Mexiko, in denen die Motive Wirtschaftskrise, Korruption und rettungsloses Chaos, aber auch paradiesische Unschuld dominieren (vgl. RALL / RALL 1996, S. 666f.). Aus dieser Konstellation an Stereotypen und Wahrnehmungen wird eine Rechtfertigung für das Überlegenheitsgefühl konstruiert und z.B. für sich in Anspruch genommen, die besseren Lösungen zu kennen, effizienter zu arbeiten, weitsichtiger und umweltbewusster zu sein. Das Recht, diese Eigenschaften auch zu kommunizieren, ergibt sich aus der genannten „Kindergartenmentalität" (vgl. MOOSMÜLLER ET AL. 2002, S. 47).

3 UNTERNEHMERISCHE ENTSCHEIDUNGSTRÄGER IN FREMDKULTURELLER UMGEBUNG

Kulturelle Differenz bewirkt Fehlinterpretationen und Probleme, mit denen die Entscheidungsträger vor Ort konfrontiert werden. Die interkulturelle Kompetenz, derer es zur Überwindung dieser Schwierigkeiten bedarf, ist vorrangig eine Frage individueller Fähigkeiten. Ebenso kann die Einbindung in persönliche und soziale Netzwerke, seien es diasporische Gemeinden oder Untergruppen der Residenzgesellschaft, nur in Abhängigkeit von persönlichen Hintergründen interpretieret werden. Das folgende Kapitel fokussiert im Rahmen der definierten akteurszentrierten Herangehensweise die Situation der Akteure in einer fremdkulturellen Umgebung.

3.1 Interkulturelles Personalmanagement

3.1.1 Besetzungsstrategien

Bei der Besetzung von Führungsfunktionen im Ausland stellt sich international tätigen Unternehmen die Frage, ob Mitarbeiter des Stammhauses entsandt, lokale Führungskräfte eingestellt oder Manager aus Drittländern akquiriert werden sollen. Diese Frage birgt eine besondere Brisanz angesichts der hohen Risiken und der strategischen Bedeutung eines internationalen Investments in Kombination mit den besonderen Anforderungen, die an Führungskräfte an interkulturellen Schnittstellen gestellt werden. In Anlehnung an das EPRG-Modell nach Perlmutter werden die folgenden idealtypischen Besetzungsstrategien unterschieden (vgl. PERLITZ 2000, S. 137ff., S. 437ff.).

Die **ethnozentrische** Besetzungsstrategie verfolgt eine weltweite und möglichst stringente Umsetzung der eigenen Unternehmenskultur, um auf diesem Wege die eigenen Wettbewerbsvorteile uneingeschränkt in Wert zu setzen. Zu diesem Zweck werden alle Führungs- und Schlüsselfunktionen im Ausland mit Mitarbeitern des Stammhauses besetzt. Die Vorteile dieser Strategie liegen in verbesserter Kontrolle des Tochterunternehmens, vereinfachter Kommunikation der Auslandsvertretung mit dem Stammhaus und erleichtertem Know-how-Transfer. Grundlage der Vorteile ist die hohe Loyalität der wichtigsten Personen im Auslandsunternehmen gegenüber dem

3 Entscheidungsträger in fremdkultureller Umgebung

Stammhaus, da sie für eine bestimmte Zeit entsandt wurden und nach dieser Zeit in der Regel zurückkehren, um ihre Laufbahn im Stammhaus fortzusetzen. Den Vorteilen stehen gravierende Nachteile entgegen: Demotivierung der lokalen Führungskräfte aufgrund mangelnder Aufstiegsmöglichkeiten, Konflikte mit lokalen Mitarbeitern durch unangepassten Führungsstil, fehlende Kontinuität aufgrund häufiger Wechsel der entsandten Führungskräfte. Zudem verursacht eine solche Strategie durch Zuschläge, Ausbildung, Einarbeitungszeit und Zusatzleistungen für die sogenannten Expatriates erhöhte Personalkosten (vgl. BLOM / MEIER 2002, S. 133).

Die entgegengesetzte, **polyzentrische** Besetzungsstrategie zielt auf die Besetzung der Führungspositionen durch Mitarbeiter aus dem jeweiligen Land und beruht auf der Annahme, dass Unternehmenskulturen grundsätzlich nicht in fremde Kulturen transferiert werden können, sondern vielmehr eine angepasste Führung notwendig ist. Zudem wird angenommen, dass nur lokale Führungskräfte diese Adaptionsleistung erbringen können. Die Vorteile polyzentrischer Strategien sind neben niedrigeren Kosten die Sprachkompetenz, kulturelle Eingebundenheit und höhere Motivation sowie Kontinuität in der Führungsspitze. Das Unternehmen kann eine bessere Integration in das Gastland erzielen, da Geschäftskontakte der lokalen Führungskräfte mobilisierbar sind. Zudem bringt eine polyzentrische Strategie vielfach eine Aufwertung des Unternehmensimages, da die Firma in einem solchen Fall eher als lokales Unternehmen angesehen wird. Nachteilig sind Kommunikationsprobleme zwischen der Leitung des Tochterunternehmens und jener des Stammhauses sowie Loyalitäts- oder Zielkonflikte der ausländischen Manager.

Die **regiozentrische** Strategie kann als Variante der polyzentrischen Strategie interpretiert werden und weist eine Verwandtschaft zu dem Kulturkonzept der Kulturerdteile auf. Hier wird davon ausgegangen, dass die Gemeinsamkeiten zwischen verschiedenen Ländern einer Region sehr hoch sind, so dass es sich beispielsweise für japanische Hersteller anbietet, eine Europazentrale einzurichten, in der europäische Manager die Leitung innehaben und die Anpassung an Europa vornehmen. Eine detaillierte Anpassung an einzelne Länder ist nicht nötig bzw. wird von den Europamanagern im Einzelfall vorgenommen.

Hinter der **geozentrischen** Besetzungsstrategie steht das Ziel, eine globale Unternehmenskultur zu schaffen, die kulturelle Elemente aus allen Niederlassungen enthält, ohne dass das Mutterunternehmen dabei eine dominante Rolle einnähme. Die Nationalität spielt bei der Besetzung von Führungspositionen keine Rolle mehr. Auf diese Art steht dem Unternehmen ein größeres Reservoir an Kandidaten zur Verfügung und die Flexibilität in der Personalbeschaffung erhöht sich. Gerade in Führungsfunktionen und in Innovationsabteilungen (Technischer Stab) ist auch die gegenseitige Befruchtung in einem Ideen-Pool aufgrund der unterschiedlichen Herkunft der beteiligten Personen ein wesentlicher Vorteil. Probleme entstehen durch die hohen Kosten dieser Praktik und durch die Tatsache, dass für ihren Erfolg die Führungsfunktionen mit Persönlichkeiten von herausragender interkultureller Kompetenz erforderlich sind; der Menschentypus „globaler Manager" ist gefragt. Auch die Existenz einer gefestigten und global umsetzbaren Unternehmenskultur ist unabdingbar.

3.1.2 Interkulturelle Kompetenz

Bei jeder Strategie entstehen interkulturelle Begegnungen; es differiert deren räumliche, organisationale und hierarchische Verortung. Deshalb sind von den Entscheidungsträgern in jedem Fall Fähigkeiten gefordert, die ihnen behilflich sind Konflikte zu vermeiden und mit kulturell verankerten Missverständnissen umzugehen. Insbesondere von den ins Ausland entsandten Mitarbeitern werden herausragende Eigenschaften erwartet. Dies sind Managamentfähigkeiten, die unter dem sehr unterschiedlich interpretierten Konzept „interkulturelle Kompetenz" subsumiert werden[37].

Der Begriff interkulturelle Kompetenz bezeichnet im Folgenden „die allgemeine linguistische, soziale und psychische Fähigkeit einer Person, mit Individuen und Gruppen, die einer anderen Kultur angehören, erfolgreich zu kommunizieren" (MOOSMÜLLER 1996, S. 272). Aus der Literatur[38] lassen sich folgende persönlichkeitsbezogene Komponenten der interkulturellen Kommunikationskompetenz zusammenfassen (vgl. REDMOND 2000, S. 153f.):

➢ **Empathie:** Sie bezeichnet die Fähigkeit, andere Perspektiven, Gefühle und Gedanken nachzuvollziehen.

➢ **Kenntnis der lokalen Kultur**: Wissen über historische Hintergründe, Traditionen und dominante Werte.

---

[37] Der Entsendungsprozess wird teilweise auch als individueller Internationalisierungsprozess interpretiert. Interkulturelle Kompetenz bedeutet dann – in einer etwas mechanistischen Sichtweise – die individuelle Fähigkeit, in anderen Kulturen als ökonomischer Akteur effizient zu funktionieren.

[38] Die Frage, welche Persönlichkeitsfaktoren interkulturelle Kompetenz ausmachen, wurde in zahlreichen Untersuchungen thematisiert, beispielsweise in REDMOND 2000; LEIBA-O'SULLIVAN 1999; CUPACH / IMAHORI 1993; MAMMAN / RICHARDS 1996; MILHOUSE 1993.

3 Entscheidungsträger in fremdkultureller Umgebung

- **Kenntnisse der Landessprache:** Sie gelten immer noch, trotz Globalisierung und Ausbreitung der englischen Sprache, als ein „Muss" – allerdings abhängig vom Einsatzort.
- **Konflikt- und Ambiguitätstoleranz:** Letztere bezeichnet das Maß an Souveränität im Umgang mit Unklarheiten und Unvollkommenheiten.
- **Adaption** meint die Anpassung des Managers an Lebensstil und Gepflogenheiten des Gastlandes.
- **Kommunikationseffizienz:** Erfolgreich Kommunizieren und Probleme mit Hilfe von Kommunikation lösen.
- **Soziale Integration:** Aufbau und Pflege zwischenmenschlicher Beziehungen mit Angehörigen der lokalen Kultur.

Interkulturelle Kompetenz der Akteure wird um so bedeutender, je höher die kulturelle Distanz zwischen dem Heimatland und dem Gastland ist. Dabei ist jedoch der Index kultureller Distanz (vgl. Kap. 2.2.4) nicht ausreichend. Vielmehr ist die Lage der Unterschiede in den verschiedenen Kulturdimensionen zu berücksichtigen. Es kann keine Äquivalenz unterstellt werden. Die Differenzen zwischen zwei Ländern in den verschiedenen Hofstede-Dimensionen sind von unterschiedlicher Relevanz für das unternehmerische Handeln und stellen in unterschiedlichem Ausmaß Anforderungen an die interkulturelle Kompetenz ökonomischer Akteure. Somit lassen sich auch nicht weltweit gleichermaßen gültige Anforderungen an die interkulturelle Kompetenz formulieren. Sie hängen immer vom Herkunftsland und der Entsendungsdestination ab. Generell ist dennoch anerkannt, dass Empathie und Adaption den höchsten Beitrag zur Stress**vermeidung** leisten. Zur Stress**bewältigung** sind insbesondere Adaption und Kommunikationseffizienz hilfreiche Fähigkeiten (vgl. REDMOND 2000, S. 157).

Zur Systematisierung der verschiedenen Merkmale interkultureller Kompetenz hat sich die Betrachtung dreier Dimensionen durchgesetzt (vgl. Tab. 3; GERTSEN 1990, LANGHOFF 1996, S. 150f.):

- **Affektiv:** Akzeptieren und Verstehen der anderen Kultur.
- **Kognitiv:** Wissen über die andere Kultur.
- **Kommunikativ:** Wille und Fähigkeit zu effizienter Kommunikation mit Angehörigen einer fremden Kultur. Sie gilt als die wichtigste Dimension, durch die die beiden zuerst genannten ausgedrückt werden können.

3 Entscheidungsträger in fremdkultureller Umgebung

Tabelle 3: Dimensionen interkultureller Kompetenz

Affektiv	Kognitiv	Kommunikativ
Ambiguitätstoleranz	Verständnis für fremdkulturelle Handlungszusammenhänge	Kommunikationswille
Frustrationstoleranz	Verständnis für eigenkulturelle Handlungszusammenhänge	Kommunikationsfähigkeit
Flexibilität	Verständnis für Kulturunterschiede	Soziale Kompetenz
Selbstvertrauen	Verständnis für die Besonderheit interkultureller Kommunikation	
Vorurteilsfreiheit und Lernbereitschaft		
Empathie		
Geringer Ethnozentrismus		

Quelle: BOLTEN 2002, S. 68

Eine differenzierte Darstellung der Inhalte dieser Dimensionen im Einzelnen macht ihre Komplexität offensichtlich. Vor allem aber wird erkennbar, dass einzelne Teilkompetenzen (z.B. Selbstvertrauen und Flexibilität in der affektiven Dimension) nicht eindeutig als spezifische interkulturelle Kompetenz zu betrachten sind, sondern allgemeine Anforderungen an erfolgreiches Führungspersonal darstellen. Auch an anderer Stelle werden allgemeine Schlüsselqualifikationen an einen internationalen Manager teilweise unter dem Stichwort *intercultural skills*[39] aufgeführt und erscheinen wenig an der besonderen Situation eines interkulturellen Geschäftskontaktes orientiert. Zielführender erscheint die Einteilung in die folgenden vier Hauptkomponenten (vgl. BLOM / MEIER 2002, S. 139):

> **Fachliche Anforderungen:** Branchen- und Unternehmenskenntnisse, einschlägige Fachkenntnisse, Erfahrung und Entwicklungspotenzial.

> **Management Schlüsselqualifikationen:** Mitarbeiterführungsqualitäten, Flexibilität, Teamfähigkeit, Selbstständigkeit.

> **Interkulturelle Anforderungen:** Auslandserfahrung, Adaptionsvermögen, Sprachkompetenz.

> **Persönliche Anforderungen:** Belastbarkeit, familiäre Bindungen und deren Auslandsmotivation, kulturelle Bedingungen.

---

[39] Analysefähigkeit, Planungsvermögen, Informationsverarbeitung, selbstständiges Lernen, Problemlösungsfähigkeit, Transferfähigkeit, Teamfähigkeit, Flexibilität, Kommunikations- und Verhandlungsfähigkeit, Initiative, Verantwortung (vgl. BLOM / MEIER 2002, S. 136f.).

3 Entscheidungsträger in fremdkultureller Umgebung

Bolten hält es für grundsätzlich problematisch, interkulturelle Kompetenz als einen eigenständigen Bereich anzusehen und definiert eine übergreifende internationale Handlungskompetenz, die sich aus individuellen, fachlichen, sozialen und strategischen Kompetenzen zusammensetzt. Es ist explizit darauf zu verweisen, dass die Kompetenzen interdependent sind (vgl. BOLTEN 2002, S. 69ff.).

Expatriates benötigen für einen erfolgreichen Umgang mit der Entsendungssituation sowohl bestimmte psychische Fähigkeiten als auch erlernbare, fachliche Kompetenzen und Kommunikationsfähigkeiten. Nun stellt sich die Frage, inwiefern diese erstens vermittelbar und zweitens universell einsetzbar sind. Sollten sie sich ausschließlich auf bestimmte Kulturen und konkrete Entsendungssituationen beziehen, wären kulturspezifische Trainings nötig und universelle Tools interkultureller Kompetenz liessen sich nicht erkennen.

Kultur basiert auf Werten, die in der Kindheit erlernt und verinnerlicht wurden, im Unbewussten ablaufen und sich in der Regel nicht sichtbar manifestieren. Tritt ein Mensch als Auslandsentsandter einer Firma in eine fremde Kultur ein, so wird er mit den sichtbaren Schichten (Ritualen, Helden und Symbolen) konfrontiert, die er vor dem Hintergrund seines eigenen Wertesystems interpretiert. In der Regel kann er dadurch das Verhalten seiner Interaktionspartner nur unzureichend antizipieren. Es kommt zu Fehlinterpretationen und Missverständnissen. Der Expatriate kann nur versuchen, die richtige Interpretation möglichst schnell zu erlernen. Es ist aber unwahrscheinlich, dass er die darunter liegenden Werte des Gastlandes sofort erkennen und verinnerlichen kann.

Um auch in fremder Umgebung handlungsfähig und erfolgreich zu sein, bedarf es einer ausreichenden Orientierung des Individuums in seiner Umwelt. Deshalb versuchte man bereits in den 1970er Jahren, Entsandte durch Trainings auf interkulturelle Überschneidungssituationen vorzubereiten, wobei anfangs überwiegend die Vermittlung sogenannter „Do's and Don'ts" zur Vermeidung von Konflikten im Zentrum der Trainings standen. Diese auch heute noch vielfach thematisierten Inhalte helfen zwar sicher dabei, grobe Fauxpas zu vermeiden. Zum Verständnis der Gastkultur, dem Aufbau interkultureller Kompetenz und dem interkulturellen Lernen tragen sie jedoch wenig bei.

3.1.3 Kulturschock und interkulturelle Anpassung

Trotz des Erlernens von Verhaltensregeln als Vorbereitung kommt es in der Regel zu Missverständnissen zwischen dem Auslandsentsandten und lokalen Mitarbeitern oder Geschäftspartnern. Wenn sich die Missverständnisse negativ auf den geschäftlichen Erfolg auswirken, führt dies zu Frustration. Sie wird auf unzureichende Anpassung an die Gesellschaft und Kultur des Gastlandes zurückgeführt und fand bereits in den 1960er Jahren unter dem Namen „Kulturschock" Eingang in die wissenschaftliche Diskussion[40].

Für Individuen, die im Zuge eines beruflichen Auftrags für eine begrenzte Zeit im Ausland arbeiten, lässt sich ein typischer U-förmiger Verlauf der kulturellen Anpassung feststellen. In der ersten Phase („Euphorie") dominieren positive Gefühle, die neue Umgebung macht neugierig, die berufliche Herausforderung motiviert, man lernt schnell Neues kennen und größere Probleme werden zunächst nicht sichtbar. Diese Phase ist meist sehr kurz und wird auch bildhaft als eine Kombination aus „Flitterwochen" und „Reisefieber" beschrieben.

Die zweite Phase beinhaltet den eigentlichen Kulturschock. Die positiven Gefühle der Anfangsphase schlagen mit Beginn des Alltags rasch um, es dominieren nun negative Erlebnisse und Gefühle. Die ererbten und in der eigenen Kindheit erlernten Problemlösungsmechanismen erweisen sich in der fremden Kultur als wenig hilfreich oder haben keine Gültigkeit mehr. Werte und Normen sowie deren Konsequenzen für das Handeln müssen neu erlernt und erprobt werden; eine streckenweise kindliche Hilflosigkeit kann die Folge sein.

Der Kulturschock äußert sich, je nach Ausprägung, in folgenden Aspekten (vgl. APFELTHALER 1999, S. 107; OBERG 1960; SELMER 1999, S. 517):

➢ Ermüdung aufgrund der psychologischen Adaptionsleistung,
➢ Gefühl der Verlustes von Freunden, Status und Besitz,
➢ Zurückweisung im Kontakt mit Mitgliedern der lokalen Kultur,
➢ Verwirrung im Hinblick auf die Rolle und Erwartungen, die man zu erfüllen hat,
➢ Überraschung, Angst und Abscheu angesichts der kulturellen Differenzen,
➢ Gefühl der Machtlosigkeit.

Die dritte Phase setzt mit Beginn des erwähnten Lernprozesses ein. Teile des Werte- und Normensystems des Gastlandes werden verinnerlicht, Teilerfolge stellen sich

---

[40] Die folgende Beschreibung der Phasen geht auf OBERG 1960 zurück.

ein und das Selbstvertrauen steigt. Hat der Auslandsentsandte seinen eigenen Weg gefunden, stellt sich eine stabile Situation ein. Diese kann überwiegend negativ belegt sein, wenn sich der Entsandte weiterhin als Fremder, wenig akzeptiert und integriert fühlt. In einer neutralen stabilen Situation lassen sich gegenüber der Situation in der Heimat keine Abweichungen in der persönlichen Zufriedenheit des Entsandten feststellen. Es können aber auch die positiven Gefühle dominieren, die Integration in die lokalen sozialen Netze hat sich auf einem hohen Niveau stabilisiert und der Entsandte ist zum Einheimischen geworden.

Eine Besonderheit des idealtypischen Ablaufes ist, dass zwar eine Zeitachse existiert, diese in ihrer Dimension aber variabel ist. Ein Durchlaufen der Phasen lässt sich sowohl bei einem dreimonatigen als auch bei einem mehrjährigen Auslandsaufenthalt feststellen. Auslandsentsandte, die nur kurz vor Ort sind, durchlaufen die Phasen also wesentlich schneller als diejenigen mit mittelfristigen Aufenthalten. Das Ausmaß des Kulturschocks hängt neben den individuellen Eigenschaften von der kulturellen Distanz zwischen Heimat- und Residenzgesellschaft ab (vgl. REDMOND 2000, S. 153). Die Tiefe des Verlaufes ist für die psychologischen und auch gesundheitlichen Auswirkungen dieser Phase entscheidend. Sie können so gravierend sein, dass der Aufenthalt vorzeitig abgebrochen werden muss.

Die Kritik an der Kulturschock-These konzentriert sich im wesentlichen auf die als nicht ausreichend erachtete empirische Evidenz (vgl. SELMER 1999, S. 520), was eine Ablehnung der These allerdings nicht rechtfertigt. Zum Teil wird die These aufgrund theoretischer Überlegungen als falsch erachtet, da sie keine kulturspezifische Komponente aufweise, sondern ein normales Frustrations-Reaktions-Symptom sei (vgl. ANDERSON 1994).

In der psychologischen Forschung zu Reaktionen auf den Kulturschock wurden im Zusammenhang mit Auslandsmanagern die folgenden typischen Reaktionen ermittelt (vgl. THOMAS / HAGEMANN 1992, S. 179; APFELTHALER 1999, S. 108f.):

> **Flucht**: Der Betroffene akzeptiert die Berechtigung beider Kulturen und sieht deren jeweilige Stärken, es dominiert aber das Gefühl der Machtlosigkeit angesichts der Inkompatibilität der Kulturen. Dieser „Grenztyp" sieht sich außerstande, die Unterschiede zu überbrücken.

> **Kampf**: Der „Kontrasttyp" erlebt die Unterschiede sehr intensiv und löst sie durch Ausgrenzung des Fremden. Eine radikale Ablehnung der fremden Kultur ist die Folge; die eigene Kultur wird betont und als überlegen empfunden. Er versucht in ethnozentrischer Vorgehensweise die eigenen Vorstellungen mit Macht durchzusetzen.

3 Entscheidungsträger in fremdkultureller Umgebung

➢ *Going Native*: Hier wird die eigene Kultur radikal abgelehnt und versucht, die neue Kultur zu verinnerlichen. Da eine rasche „Neu-Programmierung" des Geistes aber unmöglich ist, folgt meist eine Entwurzelung und das Fehlen einer kulturellen Basis. Gelingt diesem „Assimilationstyp" dennoch die problemlose Übernahme der Gastkultur, so hat das den Verlust der ursprünglichen Identität zur Folge, was die Reintegration in das Heimatland erheblich erschwert.

➢ **Adaption**: Hierbei handelt es sich nicht um die komplette Übernahme der Kultur des Gastlandes, sondern um eine situationsadäquate Anpassung, indem bestimmte Elemente der verschiedenen Kulturen verschmolzen werden und somit eine Synthese erreicht wird. Nur dieser Typ – so die Annahme – kann langfristig im interkulturellen Kontext erfolgreich sein. Der „Synthesetyp" erfährt dadurch eine Bereicherung seiner Persönlichkeit und eröffnet Chancen zur interkulturellen Verständigung.

Es muss jedoch festgehalten werden, dass der Kulturschock ein Lernprozess ist und nicht etwa eine Krankheit – eine irrige Annahme, die nicht zuletzt aufgrund der negativen Konnotation sehr verbreitet ist. Ziel von Trainingsmaßnahmen ist heute nicht mehr die Vermeidung des Kulturschocks, sondern vielmehr die Befähigung, mit diesem natürlichen Prozess aktiv umzugehen. Der Lernprozess führt zu einem gesteigerten Maß an Selbstreflexion und zum Wandel von Persönlichkeitsmerkmalen. Der Kulturschock ist somit das Herzstück des interkulturellen Lernens (vgl. ADLER 1987, MOOSMÜLLER 1996, S. 282ff.).

3.1.4 Anxiety-Uncertainty-Management

Die psychologische Forschung der 1990er Jahre stellte zwei zentrale Kräfte in den Mittelpunkt der Diskussion um die Einflussfaktoren für den Erfolg des Anpassungsprozesses an eine fremde Gesellschaft: *anxiety* (Angst) und *uncertainty* (Unsicherheit). Die Anxiety-Uncertainty-Management-Theorie (AUM) widmet sich der effizienten Kommunikation sowohl zwischen Individuen als auch zwischen Gruppen (vgl. GUDYKUNST 1988; GUDYKUNST 1995; MOOSMÜLLER 1996, S. 285ff.). Eine der zentralen Aussagen besteht darin, dass effiziente Kommunikation nur dann stattfindet, wenn das Individuum in der Lage ist, seine Angst zu managen und die Einstellungen, Gefühle und Verhaltensweisen des Interaktionspartners sicher vorherzusagen und zu erklären. Alle anderen Einflussfaktoren (Identität, positive Erwartungshaltung, Informationsverarbeitungskapazität, Empathie etc.) sind nur oberflächliche Erklärungen und ihre Einflüsse auf den Anpassungsprozess werden letztlich durch *anxiety* und *uncertainty* gesteuert.

Uncertainty bezeichnet ein kognitives Phänomen, nämlich die individuelle Fähigkeit, Einstellungen, Gefühle, Werte und Verhaltensweisen von anderen vorherzusagen. In jeder Kommunikation bestehen Unsicherheiten, sie steigen jedoch in interkulturellen Kommunikationssituationen.

Anxiety ist das emotionale, affektive Äquivalent zur Unsicherheit, das mit Angst nur unzureichend umschrieben ist. *Anxiety* ist ein dialektischer Zustand, bestimmt durch Furcht und Vertrauen. Auch hier gilt, dass ein bestimmtes Maß an *anxiety* jeder Kommunikationssituation innewohnt, es in interkulturellen Interaktionen aber oft ein höheres Niveau erreicht. Ist das Niveau von *anxiety* sehr hoch, greifen Individuen auf simplifizierende Informationen zurück, benutzen Vorurteile und die Kommunikation wird ineffektiv. Auch extrem niedriges *anxiety*-Niveau hat negative Folgen für die Anpassung, da das Interesse und die Motivation zur Kommunikation entfällt. Individuen sind sich zu sicher, die Verhaltensweisen der Interaktionspartner zu kennen. Sowohl sehr hohes als auch sehr niedriges Angst-/Unsicherheitsniveau hindern eine effektive Kommunikation (vgl. GUDYKUNST / NISHIDA 2001, S. 56).

Abbildung 4: Das AUM-Modell

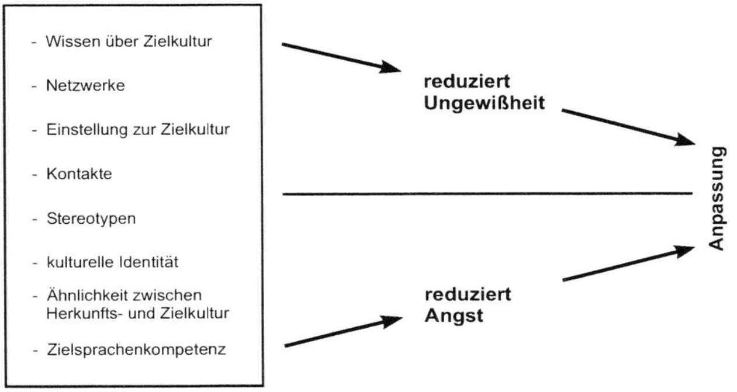

- Wissen über Zielkultur
- Netzwerke
- Einstellung zur Zielkultur
- Kontakte
- Stereotypen
- kulturelle Identität
- Ähnlichkeit zwischen Herkunfts- und Zielkultur
- Zielsprachenkompetenz

→ reduziert Ungewißheit
→ reduziert Angst
→ Anpassung

Quelle: eigener Entwurf in Anlehnung an MOOSMÜLLER 1996, S. 286.

Es sind verschiedene Faktoren identifiziert worden, die sowohl auf das Unsicherheitsniveau als auch auf die Angst reduzierende Wirkung entfalten (vgl. Abb. 4). Sie können eine Veränderung bewirken, das Niveau wird aber nach wie vor von psychischen Eigenschaften des Individuums, kulturellen Eigenschaften des Herkunfts- und Entsendungslandes und von der Situation bestimmt.

3 Entscheidungsträger in fremdkultureller Umgebung

3.2 Anpassung und kulturelle Distanz

In der Diskussion um interkulturelle Kompetenz nimmt die Fähigkeit zur Anpassung an die Zielkultur einen zentralen Stellenwert ein. Die jüngere Literatur fokussiert die Anpassung der Expatriates in zahlreichen Untersuchungen und beruht meist auf dem Adaptionsparadigma.

3.2.1 Das Adaptionsparadigma

Die Forschungsarbeiten zur Entsendungssituation geben meist die Anpassung von Expatriates an die Residenzgesellschaft als normatives Ziel vor. Je höher der Anpassungsgrad ist, umso erfolgreicher wird deren unternehmerische Tätigkeit sein. Hierfür fehlen jedoch die eindeutigen empirischen Belege. Zahlreiche Untersuchungen, die Erfolg in Abhängigkeit von der individuellen Adaption thematisieren, beruhen auf einem Sample aus Studenten oder Entwicklungshelfern. Damit werden Ergebnisse produziert, deren Übertragbarkeit auf die Situation von Expatriates kritisch zu hinterfragen ist. Ihre Lebenssituation im Ausland, ihre berufliche und persönliche Zielsetzung sowie ihre Verpflichtungen sind nicht mit der Situation der Firmenentsandten vergleichbar.

Obwohl der Zusammenhang zwischen erfolgter Anpassung und beruflicher Leistung nicht als bewiesen angesehen werden kann, ist davon auszugehen, dass mit steigender Anpassung an die Residenzgesellschaft auch die Wahrscheinlichkeit für den beruflichen Erfolg steigt (vgl. MOOSMÜLLER 1996, S. 281)[41]. Ziel des Adaptionsprozesses ist aber nicht eine Veränderung von Kultur, sondern eine Reduzierung des Stressniveaus durch erhöhte Interaktion.

> "One cannot change another culture and the goal of cross-cultural adaptation is not to avoid the source of stress (people in the host culture) but to increase interaction with the local people" (WEAVER 1996, S. 178).

Die Anpassung der Expatriates an die Residenzkultur ist ein mehrdimensionaler Prozess und kann in den folgenden Dimensionen erfasst werden (vgl. BLACK ET AL. 1991; SELMER 1999, S. 520f.).

---

[41] Eine besondere Problematik methodischer Natur ergibt sich durch individuelle Definition von beruflichem Erfolg. Es ist davon auszugehen, dass sich diese im Verlauf des Adaptionsprozesses ändert – somit bleibt im Zeitverlauf der Bewertungsmaßstab nicht gleich.

- *Work adjustment* bezeichnet die Anpassung der Arbeitsstile,
- *Interaction adjustment* steht für die Anpassung der Interaktion mit Mitgliedern der Residenzgesellschaft,
- *General adjustment* bezieht sich auf das subjektive Wohlbefinden.

Weaver empfiehlt als Maßnahme, um die Anpassung zu erleichtern, explizit den Rückgriff auf die Erfahrungen von anderen, die den jeweiligen Stress schon durchlaufen haben (vgl. WEAVER 1996, S. 180). Er weist aber dezidiert darauf hin, dass die entsprechenden Personen keinesfalls alle der eigenen Nationalität angehören sollten und keine „reaktionäre" Natur aufweisen dürfen. Ansonsten würde ein Rückzug von der Residenzgesellschaft die Folge sein und damit das Ziel der erfolgreichen Anpassung definitiv verfehlt werden.

Diese Grundannahme entspringt nicht zuletzt einem normativen Ziel und ist der Idee des *global mind* verwandt. Gerade die fortschreitende Globalisierung, die durch den Zwang zu weltweiter Präsenz der Motor für die zunehmenden interkulturellen Kontaktsituationen im Geschäftsleben ist, wirkt aber durch den raschen Wechsel der Einsatzorte von Expatriates der intensiven Auseinandersetzung mit der Residenzgesellschaft entgegen. Zusätzlich reduziert sie, sofern ein *global mind* entsteht, auch die Notwendigkeit, sich auf die lokalen Gegebenheiten einzustellen. Dadurch findet eine schleichende Distanzierung von kulturellen Unterschieden und Eigenheiten statt, die einen erheblichen Risikofaktor birgt. Eine erfolgreiche Zusammenarbeit mit den lokalen Mitarbeitern des Hauses und die subjektive Zufriedenheit mit der Entsendungssituation erfordert Offenheit und eine Lernhaltung des Individuums gegenüber der Kultur der Residenzgesellschaft.

3.2.2 Wert und Ambivalenz von Stereotypen

Als das Gegenteil von Offenheit und Lernhaltung werden Stereotypen angesehen, was aber ihren potentiellen Wert für eine erfolgreiche Adaptionsleistung verkennt. Kulturelle Stereotypen[42] sind vorgeformte Bilder über andere soziale Gruppen oder fremde Völker, die eine stark simplifizierte und wertende Repräsentation der wahrgenommenen Wirklichkeit darstellen. In der Regel sind sie sozial geteilt und werden durch Interaktion innerhalb der eigenen Gruppe reproduziert. Insgesamt gelten sie als ände-

---

[42] Der Begriff Stereotyp bezieht sich im Folgenden auf Heterostereotype, d.h. die Wahrnehmung fremder Gruppen. Das Gegenstück, die sich auf das Selbstbild beziehenden Autostereotypen, werden in dieser Arbeit explizit als solche benannt.

rungsresistent und rigide; sie unterscheiden sich aber von Vorurteilen dadurch, dass letztere durch mangelnden Realitätsbezug und stark negative Wertung gekennzeichnet sind. Stereotype an sich sind hingegen nicht zwangsläufig negativ konnotiert.

Stereotype erfüllen mehrere Funktionen, die nicht nur bis zu einem gewissen Grad harmlos sind, sondern als unverzichtbar gelten. Nur unter Rückgriff auf Stereotype können Informationen geordnet und verarbeitet werden und auch soziales Zusammenleben wäre ohne sie schlichtweg nicht möglich (vgl. QUASTHOFF 1989, S. 38). Auch für interkulturelle Lernprozesse können sie also wertvoll sein, da sie helfen, die komplexe Realität zu strukturieren und Erklärungsmuster sowie Möglichkeiten anbieten, mit der Fremdheit umzugehen.

Stereotype können im einzelnen verschiedene Funktionen übernehmen, von denen zunächst die „positiven" thematisiert werden sollen. Die kognitive Funktion besteht in einem interkulturellen Lernmechanismus, nämlich der Einordnung von Informationen in Schemata. Es handelt sich hierbei also um eine Orientierungsfunktion die für das Verstehen unabdingbar ist (vgl. QUASTHOFF 1989, S. 43). Die soziale Funktion besteht in der Definierung von ingroup-outgroup-Bezügen. Die gruppeninterne Kohäsion ist nur durch Abgrenzung nach außen möglich. Da Stereotype implizit kontrastiv sind, zeigt sich hier ihre Ambivalenz. Als Gegenentwurf zu dem eigenen (positiven) Selbstbild muss das den „anderen" zugeschriebene Stereotyp fast zwangsläufig negativ bzw. abwertend sein. Eine Bewertung der Inhalte von Stereotypen als „positiv" oder „negativ" ist aber gerade im interkulturellen Kontext nicht haltbar: Das Stereotyp „Mexikaner sind lebensfroh" kann in konnotativ anderer Lesart beispielsweise äquivalent sein mit dem Satz „Mexikaner sind verantwortungslos". Der Übergang von „gut" zu „schlecht" ist zum einen graduell und zum anderen von der jeweiligen kulturellen und individuellen Perspektive abhängig.

Auch die Funktion von Stereotypen ist per Definition ambivalent: Die verstehensfördernde Funktion von Stereotypen ist in der interkulturellen Kommunikation nicht von verstehenshemmenden Funktionen zu trennen. Entscheidend ist dabei, ob die Bereitschaft bestehen bleibt, die Stereotypen zu hinterfragen und gegebenenfalls zu revidieren. Eine Forderung nach permanenter Reflexion der Stereotypen und Kontrolle von ihrer Wirkung ist allerdings realitätsfremd.

Aus der Perspektive der vorliegenden Arbeit ist die Auseinandersetzung mit Stereotypen in zweierlei Hinsicht relevant: Zum einen kann die deutsche Gemeinde in Mexiko eine maßgebliche Rolle bei der Weitergabe von Stereotypen spielen und zum anderen können diese eine hilfreiche Orientierungsfunktion für deutsche Manager entfalten und somit dem Erfolg zuträglich sein. Ebenso sind aber eine Überhöhung der Gruppenidentität und intensivierte Grenzziehungen mögliche Konsequenzen. Eine kollektive Reproduktion der Urteile über das „Fremde", würde den interkulturellen Lernprozess und das Verstehen behindern. Eine Verschlechterung der subjektiven Zufriedenheit der Expatriates mit ihrer Lebenssituation wären die potentiellen Folgen.

3.2.3 Der Expatriate – vom Handeln des „local hero" in einer „lose-lose-Situation"

Im Zuge der Globalisierung kam es bereits in den 1980er Jahren zu einem massiven Anstieg der Zahl der weltweiten Firmenentsandten. Durch das Aufkommen polyzentrischer Besetzungsstrategien bei den *global players* mit hoher Internationalisierungserfahrung ist die Anstiegskurve in den 1990er Jahren deutlich abgeflacht (vgl. HASENSTAB 1998, S. 41). Die Relevanz der Entsendungsproblematik ist jedoch ungebrochen, da MNU, vor allem aber Mittelständische Unternehmen, nach wie vor am Anfang ihres Internationalisierungsprozesses bei der Besetzung von Schlüsselpositionen auf die Entsendung von Mitarbeitern aus dem Stammhaus zurückgreifen.

Der Einsatz von Mitarbeitern des Stammhauses in den Auslandsniederlassungen als Expatriates entspricht teilweise der erläuterten ethnozentrischen Besetzungsstrategie (vgl. Kap. 3.1.1). Er kann aber auch, aufgrund der Nichtverfügbarkeit qualifizierter lokaler Führungskräfte oder der strategischen Bedeutung insbesondere in der Aufbauphase einer Auslandsniederlassung, die einzige Alternative sein. Dann stellt sich das Problem der Auswahl bzw. der Rekrutierung geeigneter Kräfte. Nicht der Abenteurertyp ist gefragt, vielmehr wird der Einsatz von Nachwuchsführungskräften, die sich dadurch Aufstiegschancen erarbeiten, propagiert (vgl. SCHNEIDEWIND 1992, S. 149). Für den Einsatz von jüngeren Mitarbeitern spricht auch deren höhere Flexibilität und interkulturelle Anpassungsfähigkeit (vgl. THOMAS / HAGEMANN 1992, S. 176). Eine solche Strategie bevorzugt interne Mitarbeiter. Denn nur wer das Mutterunternehmen gut kennt, hat die Unternehmenskultur verinnerlicht und genießt die nötige Unterstützung durch das Stammhaus (vgl. SCHNEIDEWIND 1992, S. 150).

Die Entsendungssituation konfrontiert den Expatriate mit zahlreichen Paradoxen bzw. Konfliktsituationen. In Bezug auf die lokale Kultur wird von Expatriates eine hohe Anpassungsleistung erwartet, die den Unternehmenserfolg steigern soll. Außerdem sind sie Repräsentanten der Firma, ihrer Unternehmenskultur und der Deutschen Kultur – es wird von ihnen deutsches Verhalten erwartet. Sie sollen sich überall wohl fühlen, können jedoch aufgrund der gängigen Entsendungspraxis nirgendwo zu Hause sein. Auch der Umgang mit Stereotypen ist ambivalent: Expatriates müssen einerseits die Bereitschaft mitbringen, jedes Stereotyp zu hinterfragen und durch eigene Erfahrungen zu testen. Das erfordert neben der Lernbereitschaft und Offenheit auch eine kulturrelativistische Grundeinstellung. Andererseits führen die Erfahrungen in der Regel auch zu Fällen, die bekannte Stereotype bestätigen und somit ein Verfallen in vorschnelle Erklärungsmuster begünstigen. Gemäß den Anforderungen an interkulturell kompetente Akteure besteht die Notwendigkeit, den Mitgliedern der Residenzgesellschaft offen und freundlich gegenüber zu treten. Auf der anderen Seite müssen sie aus der Perspektive des Unternehmens besondere Vorsicht an den Tag legen, um nicht übervorteilt zu werden. Dieser Interessenskonflikt zwischen Stammhaus und Tochterunternehmen kann noch gesteigert werden, wenn Anweisungen aus dem Mutterhaus den lokalen Notwendigkeiten oder den Interessen beteiligter *stake holders* in der Residenzgesellschaft nicht zuträglich sind (vgl. APFELTHALER 1999, S. 110).

Tabelle 4: Typen kultureller Einbindung und Commitment

Kulturelle Einbindung	Reaktion	Charakteristische Äußerungsformen	Commitment zum Stammhaus	Commitment zur Auslandsfirma
Passing	Assimilation	Aufgeben der eigenen Kultur, Übernahme des neuen Wertesystems	niedrig	Hoch
Chauvinism	Konfrontation	Ablehnen der neuen Kultur, Überhöhung der eigenen Kultur	hoch	niedrig
Marginalism	Separation	Ablehnung der neuen und der alten Kultur, Rückzug ins Private	niedrig	niedrig
Mediation	Integration	Individuelle Integration der neuen und der alten Kultur	hoch	hoch

Quelle: TRIMPOP / MEYNHARDT 2002, S. 194f.

In der Beziehung zwischen Stammhaus und dem eigenverantwortlich zu leitenden Tochterunternehmen ist der Expatriate typischerweise in einen Loyalitätskonflikt eingebunden, den er nicht nur für sich auflösen muss, sondern bei dem er zusätzlich Mediator zwischen den relevanten Interessensgruppen unterschiedlicher kultureller Prägung sein soll. Das Zusammenwirken dieser Spannungsfelder in seinen idealtypischen Ausprägungen zeigt Tabelle 4.

Bei Einbeziehung des privaten bzw. familiären Hintergrundes ergibt sich ein weiteres Spannungsfeld. Die Idee des interkulturell kompetenten, weltweit einsetzbaren, flexiblen *global manager* steht in Konkurrenz zu der im modernen Personalmanagement vieler *global players* propagierten Familienidee. Die meisten Expatriates sind männlich und ihre Partnerin / Ehefrau wird in der Regel als mitreisende Begleitperson betrachtet. Aus arbeitsrechtlichen Gründen ist sie oft zur Untätigkeit gezwungen. Insbesondere bei häufigem Wechsel zwischen verschiedenen Einsatzorten ist dieses Problem kaum zu lösen und es wird bei Entsandten mit Kindern im schulpflichtigen Alter noch erheblich verschärft. Die Kinder sind in ihrer Schulbildung und im Aufbau freundschaftlicher Beziehungen erheblichem Druck und hohen Flexibilitätsanforderungen ausgesetzt.

Mit Blick auf den Erfolg unternehmerischer Entscheidungsträger in fremdkulturellem Kontext steht das Ziel der Unsicherheitsreduktion im Mittelpunkt der Diskussion um die kulturelle Adaption. Dies betrifft Unsicherheiten, die ihre Ursache in kulturellen Unterschieden haben und sich auf Verhaltenserwartungen beziehen. Neben der individuellen Anpassungsleistung und dem Aufbau der nötigen Kompetenzen gilt es, das geeignete organisationale Setting zu finden, um die Unsicherheiten zu reduzieren.

4 NETZWERKE IM INTERNATIONALEN KONTEXT

Netze werden geflochten, sie setzen sich aus Verbindungen zwischen Knoten zusammen und bestehen zum Großteil aus Hohlraum; entscheidend ist die Festigkeit und Vielzahl der Verbindungen. Netze dienen beispielsweise dazu, einen Fall abzufangen – sei es der Sturz des Zirkuskünstlers vom Seil oder der soziale Absturz eines Individuums in unserer Gesellschaft. In das Netz setzt man sein Vertrauen, es hat die Funktion aufzufangen, da zu sein, wenn man es braucht. Als Teil des Netzes, zum Beispiel als Knoten, erfüllt man eine bestimmte Funktion, da Andere ihr Vertrauen in die Leistungsfähigkeit des Netzes setzen. Netzwerkverflechtungen sind ein Zusammenspiel aus Vertrauen und Verpflichtungen.

Die folgenden Abschnitte thematisieren verschiedene theoretische Zugänge zu dem Konzept „Netzwerk". Dabei werden sowohl Unternehmensnetzwerke aus der Perspektive der Neoinstitutionenökonomie und des interaktionsorientierten Ansatzes beleuchtet (Kap. 4.2), als auch verschiedene Formen und Ansätze personaler Netzwerke diskutiert (Kap. 4.3). Kap. 4.4 leitet aus der Zusammenführung der Netzwerkansätze die Forschungsfragen her.

4.1 „Alles ist Netzwerk" – Begriffsbestimmungen

> „Das Netzwerk hat Einzug in die Alltagssprache gehalten.
> Als irgendwie ‚vernetzt' gilt mittlerweile fast alles, was
> Menschen und Organisationen miteinander treiben"
> (KADRITZKE 1999, S. 64).

Die Fülle der Literatur zu Netzwerken, die seit den 80er Jahren in allen sozial- und wirtschaftswissenschaftlichen Disziplinen Gegenstand akademischer Diskussionen sind, lässt den Verdacht aufkommen, dass nahezu jedes gesellschaftliche Phänomen als Netzwerk betrachtet werden kann. Das würde nicht nur zur Verwässerung des Konzeptes führen, sondern letztlich die Aushöhlung des Begriffes und die Tendenz zur Beliebigkeit nach sich ziehen.

Eine schwerwiegende Wirkung entfaltet die Kritik an der Konzeption von Netzwerken als Zwischenform zwischen Markt und Hierarchie. Diese beiden Pole sind Abstraktionen, die in einer reinen Form gar nicht existieren. Wenn zudem jede ökonomische Aktivität sozial eingebettet ist, lässt sich jegliche ökonomische Austauschbeziehung als Netzwerkinteraktion interpretieren.

„Der Netzwerkbegriff unterliegt der ständigen Gefahr, zur Residualkategorie für die Benennung komplizierter gewordener Koordinations- und Steuerungsprozesse zu werden, um sich so der Feinanalyse der Mischungsverhältnisse von Markt, Macht und Kontrolle zu entledigen. Auch dies ist nicht nur ein Problem schlampiger Anwendung, sondern der Netzwerkbegriff lädt dazu geradezu ein" (KÖHLER 1999, S. 369).

Das Netzwerk ist zunächst nur ein methodisches Konstrukt des Forschers (vgl. SYDOW 1992, S. 75), das es zu definieren und abzugrenzen gilt. Die intensiven Forschungstätigkeiten in den 90er Jahren konnten zur weitgehenden Begriffsklärung und umfangreichen Aufarbeitung der phänomenologischen Komponente des Konzeptes „Netzwerk" beitragen. Die ökonomischen, technischen und politischen Bedingungen der Evolution und Verbreitung der Organisationsform Netzwerk gelten als weitgehend ergründet. Bereits 1992 formulierte Sydow eine Definition, die sich als Basis der meisten Arbeiten zu Unternehmensnetzwerken durchgesetzt hat:

„Ein Unternehmungsnetzwerk stellt eine auf die Realisierung von Wettbewerbsvorteilen zielende Organisationsform ökonomischer Aktivitäten dar, die sich durch komplex-reziproke, eher kooperative denn kompetitive und relativ stabile Beziehungen zwischen rechtlich selbstständigen, wirtschaftlich jedoch zumeist abhängigen Unternehmungen auszeichnet" (SYDOW 1992, S. 79).

Eine Interpretation von Konzernen als Netzwerke, die durch Quasi-Externalisierung entstehen (BECKER ET AL. 1999)[43] oder die Betrachtung internationaler Unternehmen als Wertschöpfungsnetzwerke (vgl. KLEMM 1997; VON TUCHER 1999) wird in der vorliegenden Arbeit ausgeklammert[44]. Die verwendete, oben angeführte Netzwerkdefinition fokussiert Beziehungen zwischen rechtlich selbstständigen Unternehmungen und schließt damit intraorganisationale Strukturen eigentlich aus. Die in Netzwerken vorausgesetzte Autonomie der Teilnehmer ist in konzerninternen Strukturen nämlich nicht ausreichend gegeben (vgl. KÖHLER 1999, S. 378). Selbst bei erfolgter Dezentralisierung und Organisation in autonome *profit-center* verfügen Konzerne über eine zentrale Leitung und die Macht, die Delegierung von Entscheidungsbefugnissen wieder zurückzunehmen und in der Zentrale zu konzentrieren (vgl. SYDOW 2001b, S. 283ff.).

---

[43] Quasi-Externalisierung bezeichnet z.B. die Organisation in *profit-center* und die Hereinnahme von Marktprinzipien in die Organisation (vgl. BECKER ET AL. 1999 S. 339f.).

[44] Auch wenn durchaus von der „Erosion des Einzelunternehmens" gesprochen wird und als Endergebnis die Auflösung der traditionellen Unternehmung in ein internationales Netzwerk von Projekten und Kommunikationsbeziehungen erwartet wird, so ist dieses Szenario doch bisher nicht Realität geworden.

4 Unternehmensnetzwerke

Eine Konzeptualisierung von Konzernen als Netzwerke (oder umgekehrt) erscheint daher noch problematischer als das Netzwerkkonzept an sich und ist im Zusammenhang mit der vorliegenden Fragestellung nicht zielführend.

In seiner synoptischen Darstellung zur Netzwerkforschung sowie in der Aktualisierung derselben (vgl. SYDOW 1992; SYDOW 2001A) entwirft Sydow eine Typologie interorganisationaler Netzwerke (vgl. Abb. 5). Das **strategische** Netzwerke unterscheidet sich von Unternehmensnetzwerken im allgemeinen durch den Aspekt, dass es von einer oder mehreren Unternehmungen strategisch geführt wird (vgl. SYDOW 1992, S. 81). Das Führungsunternehmen bestimmt in höherem Maße als andere Teilnehmer die Ausgestaltung des Netzwerkes, den zu bearbeitenden Markt sowie die einzusetzenden Technologien.

Abbildung 5: Typologie interorganisationaler Netzwerke

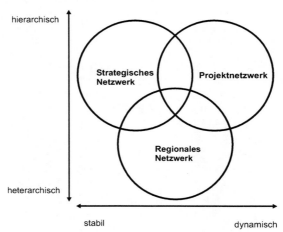

Quelle: SYDOW 2001A, S. 301

Regionale Netzwerke unterscheiden sich von strategischen Netzwerken durch eine räumliche Agglomeration, vor allem aber durch die stärker polyzentrische und heterarchische Struktur, die sich auch aus der Größe der Akteure (meist KMU) und dem Fehlen einer strategischen Führerschaft durch ein fokales Unternehmen ergibt[45]. Die Definition und das Unterscheidungskriterium zwischen strategischen und regionalen Netzwerken implizieren, dass es Überschneidungsbereiche zwischen den verschiedenen Netzwerkformen gibt.

Projektnetzwerke unterscheiden sich von den oben genannten durch ihre höhere Dynamik bzw. Instabilität, die meist in einer zeitlichen Befristung der Kooperation erkennbar wird. Die Befristung bedeutet aber nicht, dass mit Ende der ökonomischen Transaktion auch die Beziehung beendet wäre; vielmehr finden sich Hinweise auf ihren latenten Weiterbestand, der eine Reaktivierung des Netzwerkes im Falle eines neuen gemeinsam zu bearbeitenden Projekts erleichtert. Es ist zwar kein konstitutives Element von Projektnetzwerken, aber dennoch typisch für sie, dass auch hier ein fokales Unternehmen die strategische Führerschaft übernimmt[46].

4.2 Theoretische Ausgangspunkte

Ebenso wie die verschiedenen definitorischen Abgrenzungen und fachlichen Perspektiven ist auch die Vielfalt der theoretischen Zugänge charakteristisch für die wissenschaftliche Auseinandersetzung mit dem Phänomen Netzwerk. Sydow hat in umfassenden Bestandsaufnahmen zur Netzwerkforschung zahlreiche theoretische Ansätze auf ihre Brauchbarkeit für die Erklärung der Entstehung, Struktur und Wirkung von Netzwerken sowie des Verhaltens ihrer Mitglieder hin untersucht. Er kommt dabei bereits 1992 zu dem Schluss, dass eine eklektische Theorie der Netzwerke zu entwickeln sei.

4.2.1 Der Beitrag der Neoinstitutionenökonomie zur Netzwerkanalyse

Die enge Verbindung des Netzwerkbegriffs zum Begriffspaar Markt – Hierarchie macht die Nähe der Netzwerkdiskussion zur **Transaktionskostentheorie** deutlich. Grundlegende Untersuchungseinheit dieses theoretischen Zugangs ist die einzelne

---

[45] Zur umfangreichen wirtschaftsgeographischen Auseinandersetzung mit verschiedenen Formen regionaler Vernetzung von Unternehmen vgl. MARKUSEN 1996; FROMHOLD-EISEBITH 1995; KOSCHATZKY 2001.

[46] Insbesondere in der jüngeren Zeit findet in der wirtschaftsgeographen Forschung eine Auseinandersetzung mit Projektnetzwerke statt, wie z.B. bei GRABHER 2002a und b.

4 Unternehmensnetzwerke

Transaktion, die nicht als der Güteraustausch selbst, sondern als die Übertragung von Verfügungsrechten zu verstehen ist (vgl. PICOT ET AL., 1999 S. 67). Die Transaktionskostentheorie beruht auf der Annahme, dass die beteiligten Akteure die Kosten der zur Verfügung stehenden alternativen Organisationsformen vergleichen und diejenige Organisationsform wählen, die eine Minimierung der Transaktionskosten erlaubt.

Es sind verschiedene Arten von Transaktionskosten zu unterscheiden, da bei der Verwirklichung des Leistungsaustausches Ressourcenaufwendungen und Nachteile in Kauf zu nehmen sind (vgl. PICOT ET AL. 1999, S. 67), nämlich bei

- **Anbahnung** (z.B. Reise, Kommunikation, Beratung),
- **Vereinbarung** (z.B. Verhandlungskosten, Rechtsberatung, Abstimmung, Planung),
- **Abwicklung** (z.B. Steuerung des Tauschprozesses, Managementkosten für Führung und Kontrolle),
- **Kontrolle** (z.B. Qualitäts- und Terminüberwachung),
- **Anpassung** (z.B. nachträgliche qualitative, mengenmäßige, terminliche Änderungen).

Die Akteure, zwischen denen Transaktionen stattfinden, können sowohl Individuen als auch Organisationen sein. Es sind jedoch im Unterschied zum neoklassischen *mainstream* Verhaltensannahmen zu treffen, die sich vom Idealbild des *homo oeconomicus* entfernen. Sie beinhalten die begrenzte Rationalität und den Opportunismus.

Die **begrenzte Rationalität** (*bounded rationality*) beruht auf unvollkommener Information und hat zur Folge, dass der Abschluss perfekter Verträge auszuschließen ist. Sie ergibt sich aus der begrenzten Informationsverarbeitungskapazität des Menschen und bestimmten Kommunikationshemmnissen in der Wissensvermittlung. Nicht jedes Wissen kann durch verbale Kommunikation weitergegeben werden. Praktische Fertigkeiten und Fähigkeiten, die auf Erfahrung basieren, lassen sich teilweise nicht verbal beschreiben und weitergeben. Diese Fertigkeiten werden als „tacites Wissen" (auch „implizites Wissen") bezeichnet.

Im Kontext des interkulturellen Kontaktes, des Lernens und des Lebens in der Diaspora kommt dem taciten Wissen eine ebenso wichtige wie auch problembehaftete Funktion zu. Zum einen können Problemlösungsstrategien (z.B. im Bezug auf den Kulturschock oder den Umgang mit kulturbedingten Problemlagen) vorgelebt werden und implizites Wissen auf diese Weise vermittelt werden. Zum anderen ist der Transport und die Reproduktion von Stereotypen eine mögliche Folge, die interkulturelles Lernen behindert (vgl. Kap. 3.2.2).

4 Unternehmensnetzwerke

Opportunismus bezeichnet Handlungsweisen, bei denen ein Akteur bewusst in Kauf nimmt, dass die Durchsetzung der eigenen Interessen andere Akteure schädigen kann. Diese Annahme ist letztlich nur eine Betrachtung der Nutzenmaximierung aus einer anderen Perspektive, nämlich die Fokussierung auf die Konsequenzen der Handlungen eines Nutzenmaximierers für die anderen beteiligten Akteure (vgl. PICOT ET AL. 1999, S. 38). Das Problem wird dann virulent, wenn nur wenige potentielle Austauschpartner zur Verfügung stehen (vgl. SYDOW 1992, S. 132).

Die Merkmale der Transaktion selber bestimmen die Höhe der Transaktionskosten. Diese sogenannten „Umweltfaktoren" beinhalten Unsicherheit, Spezifität bzw. strategische Bedeutung der Transaktion (vgl. PICOT ET AL. 1999, S. 69). Für die Netzwerkanalyse hat die Berücksichtigung der **Transaktionsatmosphäre** eine besondere Bedeutung. Hierunter werden alle soziokulturellen und technischen Faktoren zusammengefasst, die Einfluss auf die Transaktionskosten haben. In der Literatur wird darauf verwiesen, dass Freundschaft, Reputation der Partner und gemeinsame, durch Sozialisation und Erziehung vermittelte Normen und Werte transaktionskostensenkend wirken (vgl. PICOT ET AL. 1999, S. 72). Diese Wirkung beruht darauf, dass z.B. zwischen Freunden auch bei hochspezifischen Transaktionen aufwändige Sicherungsmechanismen entfallen, da „faires", also nicht opportunistisches Verhalten, einen gemeinsamen Wert darstellt. Zusätzlich gibt es Sanktionsmöglichkeiten, die außerhalb ökonomischer Mechanismen liegen, wie beispielsweise die Zerstörung von Freundschaft und der Reputationsverlust.

In der vorliegenden Arbeit ist u.a. der Frage nachzugehen, inwiefern bei der Aktivität deutscher Firmen im Ausland dem Konzept „Freundschaft" das Konzept einer gemeinsamen kulturellen Basis zur Seite zu stellen ist. Durch die gemeinsame Herkunft wird – ohne dass dies auf direkten Erfahrungen mit dem Interaktionspartner beruhen würde – eine Vertrauensbasis und damit eine günstige Transaktionsatmosphäre vorzufinden sein, die das Risiko opportunistischen Verhaltens erheblich reduziert.

Durch strategische Netzwerke eröffnen sich verschiedene Möglichkeiten, Transaktionskosten zu reduzieren. Der Opportunismus als solcher ist zwar ökonomischen Akteuren inhärent und daher nicht ausschaltbar, jedoch kann das Risiko, dass sich ein bestimmter Partner in einer gegebenen Situation opportunistisch verhält, massiv reduziert werden. Netzwerke können dazu beitragen, (vgl. SYDOW 1992, S. 140 f.; GENOSKO 1999, S. 47) indem

➢ interorganisationale Abhängigkeiten entstehen und wechselseitige Kontrolle stattfindet,

➢ die Interdependenz durch *credible commitments* verstärkt wird,

- durch vertrauensbildende Maßnahmen eine „Interorganisationskultur" gebildet wird und
- transaktionsspezifische Investitionen durch langfristige Absprachen mit Kunden und Abnehmern abgesichert werden.

Netzwerkorganisationen beeinflussen auch die zweite verhaltensbezogene Ursache für das Entstehen von Transaktionskosten, die begrenzte Rationalität der Akteure. Insbesondere erhöht sich die limitierte Informationsverarbeitungskapazität, indem im Rahmen strategischer Netzwerke

- Produkt- und Prozessinnovationen im Netzwerk gemeinschaftlich umgesetzt werden und
- interorganisationales Lernen beschleunigen (vgl. KOSCHATZKY 2001; STRAMBACH 1993, S. 159f.; STÖRMER 2001, S. 323f.).

Des Weiteren können strategische Netzwerke die Kommunikationshemmnisse als Quelle unvollkommener Information einschränken, indem

- stabile und intensive Austauschbeziehungen eine genaue Kenntnis der Stärken und Schwächen der Transaktionspartner ermöglichen und
- durch intensive gegenseitige Information der Netzwerkpartner die Qualitätsrisiken reduziert werden.

Der Erklärungswert dieser Theorie für die Netzwerkanalyse ist aber insgesamt eingeschränkt und Gegenstand kontroversen Diskussionen. Auf der Basis der transaktionskostentheoretischer Annahmen wäre die Schlussfolgerung abzuleiten, dass sich bei Transaktionen mittlerer strategischer Bedeutung, Spezifität und Unsicherheit eine intermediäre Organisationsform empfiehlt. In diesem Fall ist eine Netzwerkorganisation die transaktionskostenoptimale Variante. Diese Betrachtungsweise und das abgeleitete Ergebnis waren im Kontext der Netzwerkforschung massiver Kritik ausgesetzt (vgl. BECKER / SABLOWSKI 1998, S. 5ff.; SYDOW 1992, S. 145ff.).

Die Analyse von Zulieferbeziehungen aus transaktionskostentheoretischer Perspektive erfordert die Thematisierung von Machtverhältnissen zwischen den Akteuren (vgl. BERTRAM 1992, S. 216f.). Den Zulieferern werden Entwicklungs- und Logistikfunktionen übertragen, Preisvorgaben gemacht und detaillierte Informationen über ihre Kostenstrukturen abverlangt. Dabei wird z.T. eine Erhöhung der Transaktionskosten durch den Abnehmer in Kauf genommen, um eine verbesserte Verhandlungsposition zu erzielen und die Verhandlungsmacht der Zulieferer zu schwächen. Die Transaktionskostentheorie kann weder die Entstehung noch den Bestand von Netzwerken erklären, die auf einer Ausbeutung der schwächeren Machtposition von Zulieferbetrieben beruhen (vgl. SYDOW 1992, S. 158).

Die **Principal-Agent-Theorie** ist der Transaktionskostentheorie zwar eng verwandt, betrachtet aber nicht die Austauschbeziehungen zwischen ökonomischen Akteuren im Allgemeinen, sondern fokussiert auf Beziehungen zwischen dem Auftraggeber (Prinzipal) und dem Auftragnehmer (Agent). Die Handlungen des Agenten beeinflussen nicht nur seinen eigenen Erfolg, sondern auch das Nutzenniveau des Prinzipal. Wer jeweils die Rolle des Prinzipal bzw. Agent einnimmt, ist situationsabhängig und jeder Akteur ist gleichzeitig in mehrere Prinzipal-Agent-Beziehungen eingebunden (vgl. PICOT ET AL. 1999, S. 85).

Zentrale Elemente dieser Theorie sind die ungleiche und unvollkommene Information der Akteure sowie die *agency*-Kosten. Letztere werden definiert als die Differenz zwischen der *first-best*-Lösung, die bei vollkommener Information erzielbar wäre, und der bei unvollkommener Information tatsächlich realisierten *second-best*-Lösung. Die *agency*-Kosten setzen sich aus den Signalisierungskosten (des Agent), den Kontrollkosten (des Prinzipal) und dem verbleibenden Wohlfahrtsverlust zusammen (vgl. PICOT ET AL. 1999, S. 86).

Die Entscheidungssituation wird in der Principal-Agent-Theorie bewusst einseitig aus der Perspektive des Prinzipals auf seine Umwelt konstruiert. Die Verwendung des Begriffs Umwelt ist hier rein beziehungsbezogen und definiert sich durch das Informationsniveau und die Eigenschaften des Agenten, seine Handlungen und seine Absichten. Über diese Umwelt ist der Principal nur unvollständig informiert. Zwischen Principal und Agent besteht somit eine asymmetrische Informationsverteilung, die folgende Formen annehmen kann (vgl. PICOT ET AL. 1999, S. 88 f.):

- ➤ *Hidden characteristics*: Der Prinzipal kennt bestimmte leistungsrelevante Eigenschaften des Agenten bzw. der angebotenen Leistungen vor Abschluss des Vertrages nicht.
- ➤ *Hidden action*: Der Prinzipal kann die Handlungen des Agenten nicht beobachten.
- ➤ *Hidden information*: Der Prinzipal kann die Handlungen zwar beobachten, aber nicht beurteilen. Er kann das Ergebnis der Handlungen erkennen, aber die spezifische Leistung des Agenten nicht bewerten, d.h. er weiß nicht, inwiefern das Ergebnis durch die Leistung des Agenten ursächlich bedingt war oder externe Faktoren zusätzlich eine Rolle gespielt haben.
- ➤ *Hidden intention*: Der Prinzipal kann opportunistisches Verhalten des Agenten zwar erkennen, aber nicht verhindern.

4 Unternehmensnetzwerke

Im Rahmen der Netzwerkforschung ist das Ziel der Interessensangleichung zur Bewältigung der angeführten Problemlagen von besonderem Interesse. Im Falle der *hidden characteristics* ist der drohende Reputationsverlust ein Mechanismus, der den Agenten dazu bewegen mag, die gewünschten Leistungen in der angebotenen Qualität zu erbringen. Auch Qualitätsgarantien gelten als solche Interessensangleichungen, da der Agent kein Interesse hat, mehr Leistungen anzubieten, als er erbringen kann. *Hidden action* und *hidden information* führen zur Gefahr opportunistischer Ausnutzung von Verhaltensspielräumen, dem sogenannten *moral hazard*. Da dies um so relevanter ist, je größer die Verhaltensspielräume des Agenten und je kleiner die Kontrollmöglichkeiten des Prinzipal sind, können *moral hazards* im Rahmen von Netzwerkbeziehungen zu einem virulenten Problem werden. Die *hidden intention* und das sich daraus ergebende Risiko einer opportunistischen Ausnutzung von Abhängigkeiten sind dadurch begrenzbar, dass ein einseitiges Abhängigkeitsverhältnis in eine wechselseitige, interdependente Beziehung umgewandelt wird. Eine weitere Möglichkeit, dem *hold up* zu begegnen, ist die institutionelle Integration, sei es in Form lockerer Integrationsformen (z.b. langfristige vertragliche Bindungen), sei es durch vollständige Übernahme.

Die Principal-Agent-Theorie zeigt die Möglichkeit auf, durch netzwerkartige Organisationsformen interne Anreiz- und Kontrollsysteme zu externalisieren, d.h. durch marktliche Mechanismen zu ergänzen. Eine Verlagerung des Risikos in Netzwerkbeziehungen sollte nur dann erfolgen, wenn die Vertrauensbasis der kooperierenden Organisationen gut ist und durch die Transaktion nicht zerstört wird. Principal-Agent-Beziehungen, die durch mangelndes Vertrauen gekennzeichnet sind, verursachen hohe *agency-costs* (vgl. SYDOW 1992, S. 226).

4.2.2 Interaktionsorientierter Netzwerkansatz

Ökonomisches Handeln darf jedoch nicht isoliert betrachtet werden, sondern ist immer im Zusammenhang mit den sozialen Beziehungen der Akteure (*social embeddedness*) zu betrachten – eine Feststellung, die auf den programmatischen Aufsatz von GRANOVETTER (1985) zurückgeht. Die Natur zahlreicher ökonomischer Austauschbeziehungen verdeutlicht die Bedeutung sozialer Einbettung: Sie sind vielfach stabil, langfristig und durch hohen Kommunikationsbedarf gekennzeichnet. Solche Beziehungen wurden von der schwedischen Forschergruppe um Håkansson, Johansson und Mattson als Netzwerke konzeptualisiert (vgl. HÅKANSSON 1987) und fanden unter der Bezeichnung „interaktionsorientierter Netzwerkansatz" Eingang in die deutschsprachige

Netzwerkforschung. Der interaktionsorientierte Netzwerkansatz beruht auf dem Resource-Dependence-Ansatz (vgl. SYDOW 1992, S. 196ff.; PFÜTZER 1995, S. 53) und wurde in der deutschsprachigen industriegeographischen Forschung der letzten Jahre intensiv rezipiert und weiterverfolgt (vgl. z.B. PFÜTZER 1995, HESS 1998, SCHAMP 2000). Die dauerhaften Beziehungen zwischen den Akteuren, die verschiedene Ressourcen kontrollieren, werden als Alternative zur Internalisierung verstanden. Durch Netzwerkorganisationen gelingt es Unternehmen, gleichzeitig Autonomie zu wahren und preiszugeben und die hohe Umweltkomplexität sowie Unsicherheiten zu reduzieren bzw. zu kontrollieren (SYDOW 1992, S. 193). Sydow bescheinigt dem Ansatz, der komplexen Realität strategischer Netzwerke gewachsen zu sein (vgl. SYDOW 1992, S. 219).

Der interaktionsorientierte Netzwerkansatz basiert auf Analysen von Investitionsgütermärkten. Die mikroökonomische Vorstellung eines atomistischen, wenig konzentrierten und wenig strukturierten Marktes trifft auf Investitionsgütermärkte noch weniger zu als auf andere. Investitionsgüter zeichnen sich durch relativ stabile, langfristige (wenn auch wandelbare) und intensive Austauschbeziehungen aus; sie weisen zusätzlich meist einen hohen Kommunikations- und Interaktionsbedarf auf. Daraus entsteht ein gesteigertes Maß an Interdependenz der beteiligten Akteure (Unternehmungen) untereinander, aber auch eine relative Geschlossenheit der Beziehungen. Die Entwicklung solcher Beziehungen erfordert erhebliche Ressourcen und Zeit – der Ansatz geht daher von einem Entwicklungsprozess aus, der dem organischen Wachstum gleicht. Somit sind der Aufbau und die Pflege dieser Beziehungen als Investitionen zu betrachten. Ein Partnerwechsel würde hohe Kosten verursachen.

Interaktionen beinhalten sowohl Austauschprozesse zwischen Akteuren als auch deren Anpassung aneinander. Der Austausch ökonomischer und sozialer Güter ist somit Teil eines Prozesses, in dessen Verlauf die Akteure Wissen über und Vertrauen zu den Interaktionspartnern aufbauen. Anpassungsprozesse bedeuten eine iterative Annäherung und Angleichung der ökonomischen, sozialen und technischen Systeme der Partner (vgl. STÖRMER 2001, S. 143). Dadurch entstehen dauerhafte, aber nicht statische Beziehungen. Ein Zusammengehörigkeitsgefühl wird aufgebaut und es ergeben sich Interdependenzen, da sich die Interaktionen im Zeitverlauf von relativ unbedeutenden Transaktionen mit niedrigem Risiko zu komplexen und spezifischen Beziehungen hin entwickeln.

Eine Stärke des interaktionsorientierten Netzwerkansatzes ist die Berücksichtigung der Dynamik von Netzwerken, die nicht nur als deren Wandlung in Abhängigkeit von der Zeit zu verstehen ist, sondern ein grundlegendes Verständnis von Netzwerken als

„lebende", sich selbst verändernde Strukturen beinhaltet (vgl. HÅKANSSON 1992, S. 135). In der Konsequenz bedeutet dies, dass Netzwerke sich nicht nur permanent verändern, sondern auch niemals vollständig im Gleichgewicht sind. Aus den zwangsläufig entstehenden Ungleichgewichten ergibt sich die Notwendigkeit zur Adaption des Netzwerkes an die neue Situation. Indem technische, strukturelle, administrative oder auch finanzielle Anpassungen gesucht werden, stabilisieren sich interorganisationale Beziehungen. Mit zunehmender Stabilisierung der Interaktion werden Konflikte tendenziell eher durch *voice* als durch *exit* gelöst. Voraussetzung hierfür ist die Annahme, dass Interaktionen überwiegend im gegenseitigen Interesse der Akteure erfolgen. Die Interaktionen haben im Netzwerk eine regulierende Funktion, vergleichbar mit der Funktion von Preisen auf Märkten und der Funktion von Anweisungen in hierarchischen Beziehungen.

Die Evolution eines Netzwerkes – d.h. seine Historie – bestimmt sein Erscheinungsbild. Das Netzwerk ist gewissermaßen das Produkt aus der Erfahrung, den Investitionen der Akteure in die Beziehungen und dem Aufbau kollektiven Wissens (vgl. HÅKANSSON 1987, S. 18). Aber auch andere Kräfte beeinflussen die permanente Dualität von Stabilität und Entwicklung, insbesondere die Machtstruktur, die sich aus der Kontrolle der Akteure über verschiedene Ressourcen und Aktivitäten ergibt.

Im Unterschied zu anderen Netzwerkansätzen wird der Fokus hier auf Aktivitäten und Ressourcen sowie die gegenseitigen Abhängigkeiten der Ebenen gerichtet (vgl. AXELSSON / JOHANSSON 1992, S. 240).

Abbildung 6: Das Netzwerkmodell der schwedischen Schule

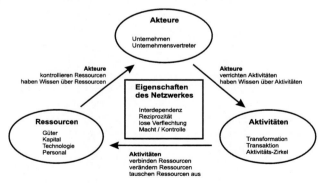

Quelle: HÅKANSSON 1987, PFÜTZER 1995

Der Analyserahmen dieses Netzwerkansatzes umfasst (vgl. Abb. 6):
- **Akteure** (Individuen, Personengruppen und Unternehmungen),
- **Ressourcen** (Produkte, Kapital, Personal, Technologien, Informationen, soziale Aspekte) und
- **Aktivitäten** (Transformation, Transaktion).

Die Akteure kontrollieren die Ressourcen und verrichten Aktivitäten – sie besitzen Wissen über Ressourcen und über Aktivitäten. Aktivitäten verbinden Ressourcen miteinander, tauschen sie aus und verändern sie.

Im Sinne des interaktionsorientieren Netzwerkansatzes benennt GRABHER (1993) vier Basismerkmale von Netzwerken (vgl. auch STÖRMER 2001, S. 146; HESS 1998, S. 66 f.; PFÜTZER 1995, S. 54 f.):

- **Reziprozität:** Bei Markttransaktionen müssen sich die Leistungen immer ausgleichen, daher versuchen die Akteure, Verträge zu möglichst günstigen Bedingungen abzuschließen. In Netzwerken hingegen gleichen sich die Leistungen, d.h. die eingesetzten Ressourcen, über den gesamten Zeitraum der Beziehung aus. Die Erwartung eines fairen Ausgleichs bezieht sich also nicht auf den einzelnen Tauschvorgang, sondern auf die Beziehung insgesamt und auf ihren langfristigen Bestand. Die Basis des Austausches sind informelle Arrangements, was bedeutet, dass sich reziproke Austauschbeziehungen vom wirtschaftlichen Tausch durch ihre soziale Einbettung unterscheiden. Langfristigkeit und die „nichtökonomische Kategorie" **Vertrauen** (KADRITZKE 1999, S. 75) sind die Basis dieser Beziehungen. Vertrauen ist der soziale „Kitt", der das Netzwerk in seinen zunächst ökonomisch und taktisch begründeten Interessensverbindungen stabil hält. Reziprozität kann zusammenfassend als die freiwillige Gewährung von angemessenen Gegenleistungen beurteilt werden.

- **Interdependenz** bezeichnet die wechselseitige Abhängigkeit der Akteure. Die Ursache hierfür liegt in den Anpassungsprozessen, mit Hilfe derer die Netzwerkakteure in langfristigen Austauschprozessen komplementäre Stärken aufbauen und Synergieeffekte generieren. Interdependenz ist die Folge des Zusammenspiels der Basiselemente dieses Ansatzes, der Interaktion und der Adaption. Durch die wechselseitige Abhängigkeit festigen sich die Beziehungen im Netzwerk und das Risiko eines *Exits* des Transaktionspartners aufgrund von Unstimmigkeiten sinkt mit der Dauer der Beziehung. Interdependenz bedeutet aber keineswegs, dass die Abhängigkeiten in alle Richtungen gleich stark sind.

4 Unternehmensnetzwerke

➢ **Lose Verbindungen:** Trotz der Anpassungsprozesse und der Interdependenz bleibt der Grad der vertikalen und horizontalen Verflechtung der Akteure untereinander gering. Das Maß für lose Verbindungen ist die rechtliche und wirtschaftliche Selbstständigkeit der Akteure. Durch diese Lockerheit der Beziehungen wird vermieden, dass die Akteure in eine *lock-in* Situation gelangen. Die Offenheit nach außen ermöglicht eine kontinuierliche Erneuerung des Netzwerkes durch Zugang bzw. Wegfall von Teilnehmern.

➢ **Machtasymmetrien:** Oft werden Netzwerken gleichberechtigte Kooperationsbeziehungen unterstellt. Dies entspricht weder der Realität noch den Annahmen des interaktionsorientierten Ansatzes. Ungleiche Machtverteilung bestimmt die Positionen der Akteure im Netzwerk. Sie sind meist nicht gleichberechtigt. Machtasymmetrien werden als notwendig zur Handhabung von Interdependenzen angesehen, da sie Koordinationsprozesse vereinfachen können.

Abbildung 7: Idealtypische Netzwerkstrukturen

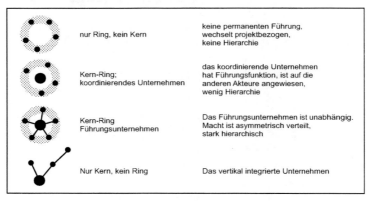

Quelle: verändert nach STORPER / HARRISON 1991, S. 412

Die Macht- oder Kontrollstruktur ist konstitutives Element ökonomischer Netzwerke (vgl. HÅKANSSON / JOHANSON 1993, S. 42), wobei jeder Akteur danach strebt, Kontrolle über die Aktivitäten im Netzwerk zu erlangen. Die folgende Typisierung beschreibt die Machtstruktur eines Netzwerkes, wobei das Vorhandensein einer strategischen Steuerung durch ein fokales Unternehmen im Zentrum der Betrachtung steht (vgl. Abb. 7; STORPER / HARRISON 1991, S. 412; HESS 1998, S. 68). Eine qualitative

Bewertung der Machtbeziehungen wird in diesem Modell allerdings nicht geleistet. Gruppieren sich die Unternehmen ringartig um ein das Netzwerk kontrollierendes Unternehmen, wird letzteres als fokales Unternehmen bezeichnet. In diesem Fall ist die Machtverteilung extrem asymmetrisch. Eine symmetrische Machtverteilung wird in Netzen angenommen, die nur aus einem Ring bestehen.

Die Netzwerkposition ist ein zentrales Konzept des interaktionsorientierten Netzwerkansatzes. Sie ist entscheidend für den Zugriff eines Akteurs auf die im Netzwerk existenten Ressourcen und bestimmt sich über:

- die bisher ausgeübte Funktion einer Unternehmung,
- die relative Bedeutung der Unternehmung im Netzwerk,
- die Stärke der Beziehungen zu anderen Unternehmungen im Netzwerk,
- die Identität der Unternehmung.

Sowohl der neoinstitutionenökonomische als auch der interaktionsorientierte Ansatz haben ihre Stärken in der Analyse von Austauschbeziehungen zwischen Organisationen. In der vorliegenden Arbeit wird im empirischen Teil auf die beschriebenen Eigenschaften von Netzwerken im Sinne des interaktionsorientierten Ansatzes zurückgegriffen, um die Beziehungen zwischen deutschen Unternehmen in den ausgewählten Branchen zu analysieren. Die daran anschließende differenzierte Betrachtung der Beziehungen der Akteure muss sich von der Organisation als Untersuchungsgegenstand lösen.

4.3 Personale Netzwerke und Unternehmensnetzwerke

Auch wenn das Netzwerk zunächst nur ein Konstrukt des Forschers darstellt und der Netzwerkdiskussion der Makel eines etwas in die Jahre gekommenen akademischen Modetrends anhaftet, ist bemerkenswert, dass gerade von Praktikerseite der Bedeutungszuwachs interpersonaler Netzwerke als einer der wesentlichen Trends der heutigen Zeit konstatiert wird. Dieser Trend beinhaltet eine zunehmende Bedeutung von *face-to-face*-Kontakten gerade im Kontext von Internationalisierung und Globalisierung. Informelle personale Kontakte werden mehr und mehr zum Gegenstand strategischer Managementplanung.

4.3.1 *Embeddedness* – die Bedeutung sozialer Einbettung wirtschaftlicher Interaktionen

Unternehmerische Austauschprozesse finden nicht in einem Vakuum, sondern in einem dynamischen, strukturierten sozialen Umfeld statt (vgl. GRANOVETTER 1985). Mit dieser Feststellung distanziert sich Granovetter von den Vertretern der Neuen Institutionenökonomie und wirft ihnen vor, die Rolle sozialer Beziehungen für das wirtschaftliche Handeln zu verkennen und die Institution rein funktionalistisch zu interpretieren[47]. Nicht nur gegen die als *undersocialized* bezeichnete Perspektive der Neoklassik und der Neuen Institutionenökonomie wendet sich seine Kritik, sondern auch gegen die als *oversocialized* bezeichnete Herangehensweise der modernen Soziologie. Beiden Perspektiven ist eine atomistische Betrachtungsweise des ökonomischen Akteurs gemeinsam: im ersten Fall als vereinfachtes Konstrukt des Nutzenmaximierers, im zweiten als ein durch Sozialisierung geformtes Individuum (vgl. OINAS 1997, S. 24 f.). Das *embeddedness*-Konzept vermeidet solche vereinfachenden Perspektiven und betrachtet den Akteur[48] als eingebettet in ein konkretes, sich permanent fortentwickelndes System sozialer Beziehungen. Nicht nur in traditionellen Gesellschaften, sondern auch in modernen Ökonomien ist das wirtschaftliche Handeln in den Strukturen sozialer Beziehungen verwurzelt. Durch dieses Konzept findet Vertrauen als eine zentrale Variable für das unternehmerische Handeln Eingang in organisationstheoretische Überlegungen.

An dem programmatischen Aufsatz Granovetters ist jedoch zu kritisieren, dass er in Bezug auf die konkreten Inhalte der *embeddedness* und auch im Hinblick auf die Begriffsdefinition unpräzise bleibt. Daher wird der Artikel auch mehr als ein exploratives Essay beurteilt, denn als eine ausformulierte theoretische Argumentation (vgl. OINAS 1997, S. 25). In der Wirtschaftsgeographie wurden einige Versuche unternommen, das Konzept zu fassen. Dicken betrachtet in Anlehnung daran Unternehmen als Produkte des spezifischen Zusammenwirkens kognitiver, kultureller, sozialer, politischer und ökonomischer Eigenschaften der Herkunftsregionen – gewissermaßen als Ergebnis eines historischen Prozesses der Einbettung (vgl. DICKEN ET AL. 1994). Einen Über-

---

[47] Von sozialwissenschaftlicher Seite wird auch angeführt, dass das „Ökonomische" als eine spezifische Form des „Sozialen" aufzufassen sei. Somit sei die Idee einer sozialen Einbettung des „Ökonomischen" eigentlich nicht haltbar (vgl. BECKER / SABLOWSKI 1998, S. 3). Gerade das Konzept der *embeddedness* habe dazu beigetragen, die Idee der grundsätzlich unterschiedlichen Natur von Markt und Gesellschaft zu verfestigen und habe damit zu einseitig argumentierenden Studien in der Wirtschaftssoziologie geführt (vgl. KRIPPNER 2001).

[48] In dieser Arbeit ist damit das wirtschaftlich handelnde Individuum gemeint.

blick über in den 90er Jahren intensiv geführte Auseinandersetzung der englischsprachigen Wirtschaftsgeographie mit Fragen der *embeddedness* gibt OINAS (1997). Was jedoch weitgehend unbeachtet blieb, ist der Aspekt, dass das Konzept gleichzeitig auf zwei Ebenen zu untersuchen ist: erstens die *embeddedness* der Entscheidungsträger in ihr soziales Umfeld und zweitens die Einbettung der Organisation als Ganzes in ihre ökonomische, politische und soziale Umwelt.

Konzeptionell zu unterscheiden sind verschiedene Formen der Einbettung (vgl. BATHELT / GLÜCKLER 2002, S. 160f.). **Relationale** *embeddedness* kennzeichnet die Qualität der Beziehung zwischen zwei Akteuren. Das Verhältnis zwischen ökonomischen Akteuren ist keineswegs nur durch opportunistisches Verhalten zu beschreiben. Vielmehr wird durch Festigung von Beziehungen Vertrauen als eine informelle Institution zur Reduktion von Unsicherheit aufgebaut. Im Unterschied zu dieser dyadischen Perspektive meint **strukturelle** *embeddedness* die Qualität der Struktur der Beziehungen zwischen zahlreichen Akteuren. Dieser strukturellen Perspektive liegt die Annahme zugrunde, dass das ökonomische Handeln zweier Akteure nicht nur von ihrer Beziehung zueinander abhängt, sondern situiert ist, d.h. in soziale Beziehungen zu Dritten eingebettet ist. Ein Vertrauensbruch zwischen zwei Akteuren zerstört in diesem Verständnis nicht nur die Beziehung zum unmittelbar Betroffenen, sondern wirkt auch auf zahlreiche andere Akteure zurück, je nach deren Verhältnis zu den direkt betroffenen Interaktionspartnern. *Embeddedness* **in räumlicher Perspektive**[49] manifestiert sich auf unterschiedlichen Maßstabsebenen. Zum einen sind Unternehmen in nationalstaatliche Strukturen eingebunden, die sich in ihrer Organisationsstruktur und rechtlichen Konstitution sowie in der Unternehmenskultur widerspiegeln. Zum anderen belegen zahlreiche wirtschaftsgeographische Untersuchungen die regionale/lokale Einbettung, die eine kooperative Nutzung räumlich gebundener Kompetenzen zur Steigerung der eigenen Wettbewerbsfähigkeit erst ermöglicht.

In der vorliegenden Arbeit wird dem Konzept der strukturellen *embeddedness* gefolgt, wobei die einzelnen Entscheidungsträger als Akteure im Zentrum der Betrachtung stehen. Die Analyse einer strukturellen *embeddedness* kann sich daher auch nicht auf die Untersuchung der Einbettung in ein Unternehmensnetzwerk beschränken. Im Gegenteil: Die Vorstellung der eindeutigen Einbindung eines Unternehmens in **ein** Unternehmensnetzwerk mit einer klar bestimmbaren Position ist nicht haltbar. Vielmehr sind die Akteure in unterschiedliche Netzwerke und Einzelbeziehungen, welche die definitorischen Merkmale von Interaktionen in einem Netzwerk erfüllen, einge-

---

[49] Dieser Terminus wird gegenüber der Alternative „lokale *embeddedness*" aufgrund der theoretischen und methodischen Kritik (vgl. BATHELT / GLÜCKLER 2002, S. 161f.) vorgezogen.

bunden. *Business networks* werden definiert als „an integrated and co-ordinated set of ongoing economic and non-economic relations embedded within, among and outside business firms" (YEUNG 1997, S. 5). Bewährt hat sich die Analyse der gleichzeitigen Einbettung in Netzwerkbeziehungen auf verschiedenen Ebenen:
- Extra-firm: z.B. Beziehungen zu politischen Entscheidungsträgern,
- Inter-firm: z.B. Beziehungen zu Kooperationsunternehmen oder Zulieferern,
- Intra-firm: z.B. Beziehungen zum Mutterunternehmen.

Diese Beziehungen zu anderen Organisationen und Entscheidungsträgern berücksichtigen explizit auch nicht-ökonomische Beziehungen zu anderen Individuen. Diese interindividuellen Beziehungen müssen nicht dyadisch sein, sondern können in eine überindividuelle, sozial konstruierte Struktur eingebettet sein. Diese soziale Einbettung kann, auch wenn die Interaktionen nicht ökonomischer Natur sind, einen wirtschaftlichen Nutzen entfalten. Der Ausgangsgedanke der vorliegenden Arbeit – der Rückgriff auf Beziehungen zu anderen Akteuren mit gemeinsamen kulturellen Hintergrund – macht die Nähe einer solchen strukturellen *embeddedness* zu den Forschungen zu ethnischen Netzwerken und deren Bedeutung als Sozialkapital deutlich.

4.3.2 Sozialkapital als Ressource für unternehmerisches Handeln

Der Grundgedanke des Sozialkapitalansatzes besteht in einer Interpretation sozialer Beziehungen als Ressource. Er geht im Wesentlichen auf Bourdieu und später Coleman bzw. Granovetter zurück (vgl. LIN 2001, S. 22; EGBERT 2001, S. 18f.; KRÄTKE 2001, S. 158 ff.). Im Unterschied zu anderen Ressourcen befindet sich Sozialkapital nicht in der Verfügungsgewalt eines einzelnen Akteurs bzw. einer Organisation. Für diese Kapitalform gibt es daher auch keinen Markt – Sozialkapital hat Kollektivgut-Charakter (vgl. KRÄTKE 2001, S. 160). Es ist über Beziehungen definiert und lässt sich nur in Abhängigkeit von den Partnern mobilisieren (vgl. BATHELT / GLÜCKLER 2002, S. 168). Das soziale Kapital ergibt sich aus dem Bestreben der Individuen, den Erwartungen des Kollektivs zu entsprechen. Gemeint sind damit

> „those expectations for action within a collectivity that affect the economic goals and goal-seeking behaviour of its members, even if these expectations are not oriented towards the economic sphere" (PORTES / SENSENBRENNER 1993, S. 1323).

Die Ressource Sozialkapital kann aus mikroökonomischer wie auch aus makroökonomischer Perspektive analysiert werden (vgl. WOOLCOCK 1998, S. 162). Die makroökonomische Betrachtung stellt soziales Kapitals in den Kontext gesamtwirtschaftlicher und –gesellschaftlicher Entwicklungsprozesse. Dieser Ansatz ist für die Untersuchung der Forschungsfragen der vorliegenden Arbeit nicht von Bedeutung, da sich diese auf individuelles unternehmerisches Handeln beziehen und nicht auf die gesamtgesellschaftliche Ebene.

Zielführender ist die Thematisierung von Sozialkapital auf der Mikroebene. Hierbei wird zwischen *Embeddedness* und Autonomie als gegensätzlichen aber komplementären Formen des Sozialkapitals unterschieden (vgl. Abb. 8). *Embeddedness* bezeichnet auf dieser Betrachtungsebene die Verbindungen innerhalb einer Gruppe, die beispielsweise familiär oder durch den gemeinsamen ethnischen Hintergrund definiert ist. Autonome Beziehungen im Sinne des Sozialkapitals sind jene Netzwerkbeziehungen, welche die Grenzen dieser Gruppe überschreiten (vgl. Woolcock 1998, S. 164f.).

Zunächst ist zu klären, welche Inhalte soziales Kapital hat und in welcher Art sich diese manifestieren. Hierzu zählen (vgl. FEDDERKE ET AL. 1999, S. 712):

➢ Verpflichtungen und Erwartungen,
➢ Normen und Sanktionsmöglichkeiten,
➢ Informations- und Wissensvorräte,
➢ Autorität und Machtbeziehungen.

Da der Begriff des Sozialkapitals somit explizit auf die Rolle von Normen und anderen institutionellen Arrangements verweist, wird ihm eine besondere Eignung für die Zusammenführung wirtschaftssoziologischer Überlegungen mit neoinstitutionalistischen regionalwissenschaftlichen Perspektiven zugesprochen (vgl. KRÄTKE 2001, S. 160). Die genannten Inhalte führen zu einer Reduktion der Transaktionskosten und damit zur Erleichterung des Austausches zwischen den beteiligten Akteuren; hybride Organisationsformen werden effizient.

Im Hinblick auf das ökonomische Handeln bezieht sich Sozialkapital letztlich auf die Möglichkeit eines Individuums, kraft seiner Zugehörigkeit zu Netzwerken oder zu weiteren sozialen Strukturen knappe Ressourcen zu kontrollieren. Von besonderem Interesse sind hier die Wechselwirkungen des sozialen Kapitals mit anderen Kapitalformen, wie z.B. sein Beitrag zum Aufbau von Humankapital. Das Konzept des Sozialkapitals lässt zwar meist eine positive Wirkung auf das unternehmerische Handeln erwarten, schließt aber negative Rückwirkungen keineswegs aus. Der Erfolg unternehmerischen Handelns kann durch soziale Beziehungen sowohl gefördert als auch behindert werden (vgl. PORTES / SENSENBRENNER 1993, S. 1322; EGBERT 2001, S. 90 ff. und 145f.).

Explizit festzuhalten ist, dass Soziales Kapital durch seine Verwendung nicht „abgenutzt" oder in irgendeiner Form gemindert wird, sondern im Gegenteil: Es wird durch fortlaufende Verwendung gepflegt und kann auf diese Art wachsen (vgl. KRÄTKE 2001, S. 160). Das bedeutet aber nicht, das Sozialkapital ein freies Gut ist. Vielmehr sind Investitionen in das Sozialkapital zu tätigen, Beziehungen müssen aufgebaut und Vertrauensvorschuss gewährt werden (vgl. KYLE 2003).

Auf der Basis der Arbeiten über Immigranten in den USA identifizieren Portes und Sensenbrenner vier Bedingungen, die zu einer Stärkung des Sozialkapitals einer Gruppe führen (vgl. PORTES / SENSENBRENNER 1993; WOOLCOCK 1998, S. 165):

➢ Klare phänotypische oder kulturelle Unterscheidungsmerkmale der Gruppe von anderen,
➢ Intensiver und häufiger Austausch mit anderen Gruppen, die als mächtiger wahrgenommen werden,
➢ Hohes Ausmaß an Diskriminierung,
➢ Möglichkeit zur gruppeninternen Kommunikation und „Belohnung".

Dabei wird explizit herausgestellt, dass die Bildung sozialen Kapitals positive wie negative Folgen haben kann. Im Rahmen der Mobilisierung von Sozialkapital ist beispielsweise die Ausbeutung weniger mächtiger Akteure eine mögliche Folge (vgl. KYLE 2003).

Die Frage nach den „Erträgen" dieser Kapitalform im Hinblick auf das wirtschaftliche Handeln ist unter Rückgriff auf oben genannte Inhalte zu stellen. Unmittelbare Wirkungen des Sozialkapitals auf das unternehmerische Handeln sind in den folgenden Bereichen zu erwarten:

Risikoreduzierung: Im Falle eines selbstständigen, kleingewerblichen Unternehmertums ist zu berücksichtigen, dass gerade wegen der Verwurzelung in familiären Beziehungen Risikovermeidung ein zentrales Anliegen sein muss, um das dahinter stehende soziale Netzwerk vor Belastungen zu schützen. In Krisenzeiten kann auf die Unterstützung durch das Netzwerk zurückgegriffen werden.

Information: Soziale Netzwerke erleichtern einerseits den Zugang zu relevanten Informationen und helfen damit, die Problematik unvollständiger Information zu reduzieren. Andererseits verhindern sie die Diffusion von Information aus dem Netzwerk an „externe" Akteure. Dies gilt insbesondere für soziale Netzwerke, die auf familiärer, ethnischer oder religiöser Basis konstruiert sind, da sie einen exklusiven Charakter haben und ihnen ein Ausschlussprinzip zugrunde liegt.

Vertrauen: Netzwerke setzen Vertrauen voraus, aber sie sind auch ein Mittel der Vertrauensgenese und stärken das Vertrauen mittelfristig. In diesem Zusammenhang sei auf den interaktionstheoretischen Netzwerkansatz verwiesen, der die Bedeutung des „Wachsens" von Netzwerkstrukturen herausstellt. Begonnen wird mit Interaktionen, die wenig Vertrauen erfordern, nach und nach werden höhere Vertrauensniveaus erreicht. Vertrauen kann den Charakter eines Exklusivgutes annehmen: Nur den Akteuren im Netzwerk wird Vertrauen geschenkt, den wirtschaftlichen Akteuren außerhalb des Netzwerkes wird misstraut.

4.3.3 Personales und organisationales Vertrauen

Vertrauen dient in zwischenmenschlichen Austauschprozessen grundsätzlich der Stabilisierung unsicherer Erwartungen und der Komplexitätsreduktion. Im ökonomischen Sinne ist Vertrauen eine irreversible Investition des Vertrauensgebers in den Vertrauensnehmer. Auf die umfangreiche interdisziplinäre und kontrovers geführte Diskussion um die Definition des Vertrauensbegriffes wird an dieser Stelle nicht eingegangen[50], sondern auf eine Definition zurückgegriffen, die sich in der deutschsprachigen Betriebswirtschaft durchgesetzt hat:

> „Vertrauen ist die freiwillige Erbringung einer riskanten Vorleistung unter Verzicht auf explizite vertragliche Sicherungs- und Kontrollmaßnahmen gegen opportunistisches Verhalten (Vertrauenshandlung) in der Erwartung, dass der Vertrauensnehmer motiviert ist, freiwillig auf opportunistisches Verhalten zu verzichten (Vertrauenserwartung)" (RIPPERGER 1998, S. 60).

Zur definitorischen Diskussion des Vertrauensbegriffes ist also auch eine Unterscheidung zwischen Vertrauens**erwartung** und Vertrauens**handlung** notwendig. Erstere ist die subjektive Wahrscheinlichkeit, die der Vertrauensgeber den Absichten des Vertrauensnehmers beimisst. Die riskante Vorleistung des Vertrauensgebers, d.h. sein sichtbares Verhalten, wird als Vertrauenshandlung bezeichnet (vgl. KETTEL 2002, S. 26).

---

[50] In einer umfangreichen Analyse der Inhalte verschiedener Definitionen (vgl. CASTALDO 2002) wurden verschiedene Typen beschrieben, die im Wesentlichen die folgenden vier Merkmale identifizieren (a) Annahmen bzgl. zukünftigen Verhaltens, (b) Erwartungen, die auf persönlichen Merkmalen beruhen, (c) die Bereitschaft Risiken einzugehen und (d) die Erwartung, dass das Verhalten anderer Personen in riskanten Situationen vorteilhafte Folgen für den Akteur hat.

4 Unternehmensnetzwerke

Abbildung 8: Vertrauen als Investition zur Reduzierung von Unsicherheit

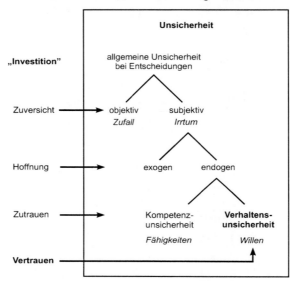

Quelle: KETTEL 2002, S. 4

Zutrauen bezieht sich auf die Kompetenz, also die (technische) Fähigkeit des Partners, die ihm zugedachte Aufgabe zur eigenen Zufriedenheit abzuwickeln. Zutrauen bezieht sich also auf das Können eines Partners, während das Vertrauen ausschließlich motivationale Komponenten berücksichtigt (vgl. Abb. 8).

Vertrauen gilt allgemein als eine Voraussetzung für Kooperationen, da die Merkmale der Interdependenz der Partner und der Verhaltensunsicherheit für jede Kooperation anzunehmen sind (vgl. KÜHLMANN 2002, S. 151). Dabei erfüllt es eine Reihe wichtiger Funktionen. Allgemein wird angenommen, dass Vertrauen

- ➢ zum offenen Informationsaustausch beiträgt,
- ➢ schnelle Anpassung an neue Herausforderungen ermöglicht,
- ➢ die Notwendigkeit formaler Kontrollmechanismen reduziert,
- ➢ das Konfliktmanagement erleichtert,
- ➢ zu höherer Risikobereitschaft anregt,
- ➢ Solidarität unter Geschäftspartnern verstärkt und

➢ Geschäftsbeziehungen stabilisiert (vgl. KÜHLMANN / SCHUMANN 2002 S. 1).

Im internationalen und interkulturellen Kontext lässt sich jedoch ein **Vertrauensdilemma** identifizieren. Der Bedarf an Vertrauen nimmt bei interkulturellen Kooperationen zu, da die Gestaltung formalisierter Vereinbarungen über Ländergrenzen hinweg aufwändiger wird und die Kontrolle des Kooperationspartners zur Vermeidung opportunistischen Verhaltens erschwert ist. Gleichzeitig hemmt der interkulturelle Austausch die Vertrauensbildung.

Das Vertrauensdilemma ist vermeidbar, indem ein Unternehmen auf global agierende Manager-Eliten zurückgreift (moderne Expatriate-Diaspora, vgl. Kap. 2.4.1). Manager-Eliten sind Entscheidungsträger, die über eine hohe Macht verfügen, welche sie sowohl aus den von ihnen kontrollierten Unternehmensressourcen, als auch aus ihren Netzwerken beziehen (vgl. OINAS 1999, S. 353). Diese Eliten treten daher typischerweise innerhalb von *global players* auf. Unter ihnen etabliert sich eine entterritorialisierte Kultur, die so genannte *global business culture*.

Manager mittelständischer Unternehmen sind mangels Machtfülle nicht Teil dieser Kultur und deswegen nicht in der Lage, internationale Geschäfte innerhalb elitärer Strukturen und losgelöst von der jeweiligen lokalen Struktur abzuwickeln. Ihnen bietet sich aber durch den Rückgriff auf ethnisch definierte Beziehungen eine alternativer Weg zur Umgehung des Vertrauensdilemmas.

Ethnische Netzwerke sind schon in vor- und frühkapitalistischer Zeit ein wichtiges Element der Weltwirtschaft gewesen, für den weltweiten Handels ebenso wie als Grundlage erfolgreichen Wirtschaftens in fremdkulturellen Gastländern. Jüngere Forschungen haben gezeigt, dass diese gerade in modernen, globalen Wirtschaftssystemen effizient funktionieren und eine wichtige Rolle nicht nur für die internationale Migration, sondern auch für Informations- und Kapitalbewegungen spielen. Mit ethnischen Netzwerken sind nicht zwingend national definierte Netzwerke gemeint.

„Networks of ethnicity are relational social and economic ties based on various commonalities shared by a group of people. These commonalities generally include some combination of traits such as language, culture, religion, and/or home town origin: groups base their sense of social collectivity and cohesion on one ore more of these common traits. Any group, that identifies itself as sharing a common heritage and belonging together and distinct from other groups can be considered ‚ethnic'" (MITCHELL 2000, S. 392).

Ethnische Netzwerke unternehmerischer Entscheidungsträger entfalten eine wichtige Funktion für Unternehmen im Kontext von Globalisierung und Flexibilisierung. Für die effiziente und reibungslose Abwicklung von Koordinationsprozessen in Zuliefernetzwerken ist der Rückgriffs auf soziale Beziehungen der Akteure eine wichtige

Grundlage. Im Rahmen der genannten ethnischen Netzwerke kann das zwischen diesen bestehende Vertrauen zum Aufbau langfristige reziproker Verbindungen genutzt werden (vgl. MITCHELL 2000, S. 401). Mitchell weist darauf hin, dass innerhalb ethnischer Netzwerke ein *social glue* besteht, der langfristige Beziehungen aufrechterhält und Vertrauen schafft.

4.4 Herleitung von Forschungsfragen

Ausgangspunkt der vorliegenden Analyse ist die Annahme, dass der Markteintritt von KMU in fremde Kulturen typischerweise von der Integration in Zuliefernetzwerke begünstigt wird. Im Rahmen der Direktinvestitionsforschung ist die herausragende Bedeutung der Kundennachfolge als Internationalisierungsmotiv insbesondere mittelständischer Unternehmen empirisch belegt worden (vgl. WERNECK 1998, S. 73f. SCHARRER 2000, S. 174). Empirische Forschungen, die sich an dem lerntheoretisch inspirierten dynamischen Internationalisierungsmodell (vgl. JOHANSON / VAHLNE 1994) orientieren, bescheinigen Netzwerkbeziehungen die Fähigkeit, als Brücke zu Auslandsmärkten zu fungieren. Netzwerke im Heimatmarkt versorgen Akteure sowohl mit der Möglichkeit als auch mit der Motivation, international aktiv zu werden (vgl. COVIELLO / MUNRO 1997, S. 366). Der erfolgreiche Eintritt in neue Märkte hängt stärker von den Netzwerkbeziehungen eines Unternehmens in den aktuell bearbeiteten Märkten als von den Eigenschaften des Zielmarktes ab.

Insbesondere für kleine Firmen in global organisierten Branchen ist daher zu erwarten, dass ihr Internationalisierungsprozess von mächtigen, d.h. kapitalstarken und global tätigen fokalen Unternehmen nicht nur angeregt, sondern hinsichtlich Marktauswahl und Markteintrittstrategie direkt beeinflusst wird (vgl. Abb. 9).

Abbildung 9: Phasenmodell des Markteintritts deutscher Unternehmen in Mexiko im Rahmen von Unternehmensnetzwerken

Phase 1:
MNU erschließt Mexiko

Phase 2: MNU bewegt Zulieferer zu Markteintritt in Mexiko

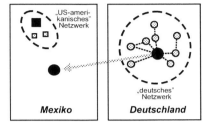
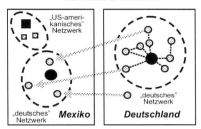

Phase 3: Das Netzwerk erneuert und vertieft sich durch Wachstum und Überschreitung ethnischer Grenzen

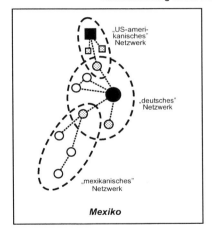
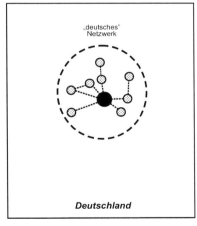

- ● fokales Unternehmen (deutsch)
- ◉ deutsche Unternehmen
- ○ mexikanische Unternehmen
- ■ fokales Unternehmen (US-amerikanisch)
- ▣ US-amerikanische Unternehmen
- ⋯ Markteintritt

Quelle: eigener Entwurf

4 Unternehmensnetzwerke

Daraus entstehen neue Probleme, die sich auf die Planung des Produktionsprogramms und der einzusetzenden Marktstrategien beziehen. Aber auch das Risiko einseitiger Abhängigkeit von einem dominanten Partner ist in einer solchen Situation hoch (vgl. z.B. COVIELLO / MUNRO 1997, S. 377). Die Kundennachfolge ist also für das investierende Unternehmen mit erheblichen Risiken verbunden, während der Kunde vor allem Vorteile davon hat. Die Entscheidung dem Kunden zu folgen, bzw. dessen Erwartung an seine Zulieferer dies zu tun, stellt eine Investition der beiden Austauschpartner in ihre Beziehung dar. Sie ist eine Interaktion der Partner, die dazu dient, das in Deutschland bestehende Netzwerk im Ausland zu reproduzieren. Dies impliziert, dass vorab keine Auseinandersetzung mit den kulturellen und ökonomischen Spezifika des Zielmarktes erfolgt, der Zulieferer aber die eigene Wertschöpfungskette im Zielland koordinieren muss. Das fokale Unternehmen ist typischerweise ein großes MNU. Alternativ können auch andere Organisationen wie Interessensverbände, Nichtregierungsorganisationen (NGO), staatliche und halbstaatliche Organisationen eine ähnliche Rolle übernehmen.

In der vorliegenden Arbeit wird zunächst der Frage nachgegangen, inwiefern die Integration in deutsche Unternehmensnetzwerke im Ausland abhängig ist von:

➢ dem Anlass der Internationalisierungs- oder Markteintrittsentscheidung,
➢ der Machtungleichheit und Hierarchie der Zulieferstrukturen im Herkunftsland,
➢ der Komplexität der Produkte und Aufgaben, sowie
➢ der Spezifität der Transaktionen.

Zur Beantwortung dieser Fragen werden im ersten Teil der empirischen Untersuchung die Formen und Inhalte der Netzwerkbeziehungen zwischen deutschen Akteuren analysiert. Ziel ist es dabei nicht, ein Abbild des Netzwerkes zu produzieren oder die Grenzen des Netzwerkes zu bestimmen. Vielmehr stehen die Interaktionsinhalte einzelner Beziehungen im Zentrum der Betrachtung. Außerdem werden die Beziehungen zwischen Unternehmen vor dem Hintergrund des transaktionskostentheoretischen (Kap. 4.2.1) und interaktionsorientierten (Kap. 4.2.2) Ansatzes untersucht.

Eine entscheidende Rolle spielt dabei die Existenz und die Eigenschaften einer fokalen Organisation, die entweder ein Unternehmen oder eine nicht-unternehmerische Organisation sein kann und die Rolle eines Vorreiters übernimmt. Fokussiert wird dabei auf die Frage, inwiefern sich verschiedene fokale Organisationen in ihren strategischen Orientierungen unterscheiden und welche Folgen dies für die Beziehung zu anderen Akteuren hat.

4 Unternehmensnetzwerke

Es kann angenommen werden, dass Netzwerke, die sich um ein fokales MNU konstituieren, strategische Unternehmensnetzwerke darstellen, die langfristig angelegt und zielmarktorientiert begründet sind. Eine Integration in und die Anpassung an den lokalen Markt sind notwendig, was letztlich die Einbindung in lokale Netzwerke fördert. Alternativ wäre zu prüfen, ob in solchermaßen konstruierten Netzen nur eine produktspezifische Anpassung stattfindet. Eine Integration in lokale Netzwerke würde dann nicht erfolgen. Basis dieser Überlegung ist, dass das fokale Unternehmen die Macht hat, eigene Konzepte umzusetzen und von den Zulieferern die Integration in diese Konzepte erwartet.

Nicht-unternehmerische Organisationen entwickeln dagegen starke Netze, die kurzfristig angelegt sind. Sie sind als Projektnetzwerke konstituiert und ziehen keine Integration in lokale Netzwerke nach sich. Alternativ kann unterstellt werden, dass gerade sie aktiv zur Bildung interkultureller Kompetenz beitragen und als ein Inkubator für einen langfristigen Markteintritt wirken.

Die vorliegende Arbeit geht über die Betrachtung von Unternehmensnetzwerken hinaus, indem sie im Hauptteil der empirischen Untersuchung eine akteurszentrierte Argumentation verfolgt, die den Entscheidungsträger (Manager) in der interkulturellen Kontaktsituation betrachtet. Auf diese Weise werden verschiedene Ebenen der Netzwerkbeziehungen miteinander verbunden. Netzwerkuntersuchungen im internationalen Kontext zeigen, dass kulturelle Besonderheiten die Ausgestaltung von Produktionsnetzen entscheidend prägen (vgl. AXELSSON / JOHANSON 1992, S. 223). Kooperationsneigung und Vertrauen sowie deren Wertschätzung als Sozialkapital sind erstens in verschiedenen Kulturen in unterschiedlicher Weise als Norm verankert und differenzieren zweitens per Definition zwischen *in-group* und *out-group*. Welcher Akteur zur eigenen Gruppe gehört, ist insbesondere im Ausland eine Frage der gemeinsamen ethnischen Herkunft.

Deswegen ist unter Rückgriff auf die Diskussion der Entsendungspraktiken, der Kulturschock-These und des Adaptionsparadigmas (vgl. Kap. 3.1 und 3.2) die Integration der Manager in verschiedene Gruppen hinsichtlich ihrer Wirkung auf das unternehmerische Handeln in fremden Kulturen zu bewerten. Als Kriterium dieser Bewertung dient die Mobilisierung von Sozialkapital, zu deren Beurteilung die folgenden Fragen diskutiert werden:

➢ Inwiefern stellen kulturell bedingte Gruppenzugehörigkeiten die Basis für Vertrauen dar?
➢ Welche Arten von Information werden übermittelt?

4 Unternehmensnetzwerke

➢ Worin besteht der spezifische Beitrag des Sozialkapitals zum individuellen Erlernen impliziten und expliziten Wissens?

➢ Führen Vertrauen und Information zu einer Reduzierung der Unsicherheit im Bezug auf *in-group-* oder *out-group*-Akteure?

Abbildung 10: Wirkungsgefüge zwischen Kultur und Sozialkapital in fremdkulturellem Kontext

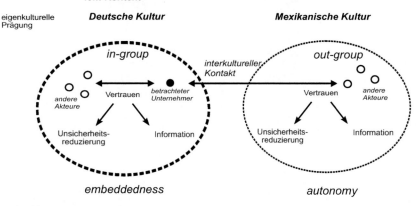

Quelle: eigener Entwurf

Es ist anzunehmen, dass eine gemeinsame kulturelle Basis als entscheidender Faktor für die *embeddedness* wirkt, also die Stärke und Dauerhaftigkeit der Verbindungen innerhalb des Netzwerkes bestimmt. Auf der Grundlage geteilter Werte bildet sich leichter Vertrauen zwischen den Akteuren. Somit wirkt die gemeinsame Kultur über das gemeinsame Vertrauen zum einen unsicherheitsreduzierend und zum anderen informationsflussfördernd (vgl. Abb. 10). Die verbesserte gemeinsame Informationsbasis wirkt wiederum auf die Reduzierung von Unsicherheit zurück. Ein vergleichbarer Informationsstand der Transaktionspartner senkt die Unsicherheit.

5 Empirisches Analysekonzept und methodisches Vorgehen

Zur empirischen Überprüfung der Forschungsfragen (vgl. Kap. 4.4) entwirft Kap. 5.1 ein Analysemodell, welches die verschiedenen Ebenen der Netzwerkbetrachtung durch einen akteurszentrierten Zugang miteinander verbindet. Im Anschluss daran wird das methodische Vorgehen insbesondere die Notwendigkeit eines qualitativen Forschungsdesigns erläutert.

5.1 Analysemodell

Zur Untersuchung der Netzwerkbeziehungen deutscher Unternehmen in Mexiko wird ein akteurszentriertes Analysemodell entwickelt. Es ist dabei nicht Ziel der Untersuchung, ein Netzwerk zu identifizieren und ein Abbild hiervon zu zeichnen. Vielmehr stellt folgende Annahme den Ausgangspunkt der Analysen dar: Jeder Akteur ist auf mehreren Ebenen gleichzeitig in unterschiedliche Netzwerke eingebunden und weist deswegen eine Vielzahl von Verbindungen auf, welche die definitorischen Merkmale der Interaktionen innerhalb von Netzwerken erfüllen (vgl. Kap. 4.2.2). Die Verbindungen haben unterschiedliche Qualität; die Interaktionsinhalte können erheblich variieren und sind daher für das unternehmerische Handeln von unterschiedlicher Relevanz. Speziell für das Handeln des unternehmerischen Entscheidungsträgers im fremdkulturellen Kontext werden Netzwerkverbindungen auf drei verschiedenen Ebenen identifiziert und einer tiefergehenden Analyse unterzogen: der personalen, der organisationalen und der marktlichen Ebene (vgl. Abb. 11).

➢ Die personale Ebene stellt gewissermaßen die Basis des unternehmerischen Handelns des Entscheidungsträgers dar. Hier finden sich Netzwerkverbindungen familiärer Art, die in das Herkunftsland zurückreichen oder auch im Residenzland bestehen können. Desweiteren treten Beziehungen zu der Diaspora bzw. zu anderen Expatriates auf. Außerdem betrachtet die Analyse der personalen Ebene die Einbindung in die Residenzgesellschaft.

➢ Die organisationale Ebene beinhaltet die Verbindungen zum Stammhaus und zu anderen Tochtergesellschaften, sowie diejenigen zu den Beschäftigten vor Ort und zu weiteren *stakeholders*. In der Literatur wird diese Ebene teilweise auch als intraorganisationale Verflechtung bezeichnet (vgl. YEUNG 1997).

➢ Auf der marktlichen Ebene bestehen funktionale und organisatorische Verflechtungen mit Kunden, Zulieferern, Wettbewerbern und Regierungs- bzw. Nichtregierungsorganisationen, die einen Einfluss auf das Marktgeschehen haben. Der Begriff Wettbewerber beinhaltet nicht nur unmittelbare Konkurrenten auf demselben Produktmarkt, sondern steht allgemein für die anderen Unternehmen im Markt.

Abbildung 11: Analysemodell: Netzwerkbeziehungen von Managern im fremdkulturellen Kontext

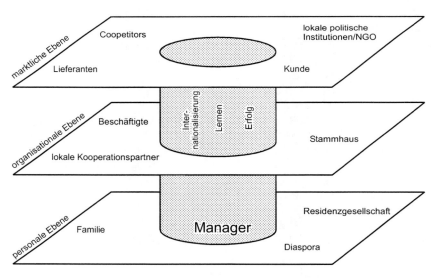

Quelle: eigener Entwurf

Der Akteur stellt die Verbindung zwischen den verschiedenen Ebenen der *embeddedness* dar. Jedes unternehmerische Handeln geschieht vor dem Hintergrund der Verbindungen auf der marktlichen Ebene, aber auch dem nicht immer unmittelbar erkennbarem Einfluss der darunter liegenden Ebenen.

Auf allen drei Ebenen werden im interkulturellen Kontext Lernprozesse angeregt. Auf der untersten Ebene ist die interkulturelle Kompetenz als Einflussfaktor maßgeblich, auf der mittleren Ebene die Internationalisierungserfahrung der Organisation und auf der oberen Ebene die kulturelle Distanz. Sie beeinflussen alle den Lernprozess, der im Individuum ebenenverbindend abläuft. Dieser wiederum beeinflusst den Erfolg, der in der vorliegenden Arbeit nicht nur den wirtschaftlichen Erfolg bezeichnet, sondern individuumsspezifisch definiert wird und sich auf den genannten drei Ebenen manifestiert.

- ➤ Erfolg auf der persönlichen Ebene zeigt sich in der subjektiven Zufriedenheit und Integrationsintensität.
- ➤ Erfolg auf der organisationalen Ebene besteht in der Erfüllung der Erwartungen des Stammhauses und der Qualität der Beziehungen zu Beschäftigten und anderen Stakeholders.
- ➤ Erfolg auf marktlicher Ebene wird hier nicht in unternehmerischen Kennzahlen ausgedrückt sondern über die Zufriedenheit mit Kundenbeziehungen, der Beurteilung der eigenen Unabhängigkeit sowie Integration in den lokalen Markt operationalisiert.

5.2 Der qualitative Zugang

Um die genannten Fragen und unterschiedlichen Betrachtungsebenen in der empirischen Arbeit miteinander verbinden zu können, wäre der Versuch Netzwerke in ihrer Gänze zu erfassen und abzubilden nicht zielführend. Vielmehr muss im Rahmen einer solchermaßen angelegten Netzwerkforschung die Auflösung scheinbar fester Strukturen und Objekte in Relationen das Ziel der empirischen Untersuchung sein. Qualitative Zugänge kommen diesem Ziel näher, als es eine quantitative orientierte Methodik vermag. Die vorliegende empirische Untersuchung stützt sich auf Methoden qualitativer Sozialforschung, um den erforderlichen offenen Zugang zum Objekt sicherzustellen. Dadurch können

- ➤ Verbindungen und Wechselbeziehungen erforscht,
- ➤ die Beschaffenheit unbekannter Beziehungen aufgedeckt und
- ➤ auch nicht vermutete Beziehungen erkannt werden.

5 Analysekonzept

Qualitativer Forschung liegen die metatheoretischen Ausrichtungen der Phänomenologie und der Hermeneutik[51] zugrunde. Aus dem phänomenologischen Gedanken ergibt sich die Notwendigkeit, eine Ausschaltung von theoretischem oder vorurteilsgeprägtem Vorwissen anzustreben, um so zu relevanten und neuen Erkenntnissen vorzudringen und nicht nur die bereits vorgezeichneten Wege zu beschreiten (vgl. LAMNEK 2002, S. 164ff.).

Ein entscheidendes Merkmal des qualitativen Vorgehens ist die Substitution des klassischen, quantitativ geprägten Forschungsablaufs aus Hypothesenbildung, Datenerhebung und Überprüfung der Hypothese durch das Dialog-Konzept. Eine Interaktion zwischen dem Forscher und dem Untersuchungsobjekt ist nicht nur zulässig, sondern wird zum wichtigen Bestandteil des Forschungsprozesses. Im Extremfall erfolgt keine theoretische Strukturierung des Untersuchungsbereiches und es werden keine Hypothesen formuliert, da beide die Wahrnehmung einengen. Nur durch eine Anpassung des Forschungsgegenstands und des Erkenntnisziels im Verlaufe des Forschungsprozesses kann die notwendige Offenheit gegenüber dem Objekt sichergestellt werden.

Der Zugang zum Untersuchungsobjekt ist somit idiographisch – im Gegensatz zum grundsätzlich nomothetischen Selbstverständnis der quantitativen Forschung. Letzteres wurde – insbesondere in der Form des empirischen Instruments vollstandardisierter Fragebögen – massiver Kritik unterzogen, da es nicht in der Lage ist, Erklärungen für strategische Entscheidungen und die Strukturen und Prozesse, die diese beeinflussen, zu liefern. Dies hat zu einer Zuwendung hin zu qualitativen Instrumenten geführt (vgl. MULLINGS 1999 S. 338ff.).

Qualitative Sozialforschung führt zur Betrachtung individueller Fälle, die in dieser Weise kein zweites Mal vorkommen. Das Erkenntnisziel liegt aber nicht in der Individualität der Fälle an sich, sondern im Verstehen des Handelns. Somit besteht der entscheidende Schritt der empirischen Forschung aus der Interpretation der Aussagen in Form von Kategorien, die den Fall repräsentieren. Diese Rekonstruktion hat die Aufgabe, die zugrundeliegenden Strukturen zu erhellen (vgl. BUDE 2000, S. 577).

> „Die Ergebnisse qualitativer Forschungen sind daher keine generellen Theorien mit dem Anspruch auf universelle Gültigkeit, universelle Anwendbarkeit und universelle Relevanz, sondern kontextualistische Erklärungen, die von befristeter Gültigkeit, von lokaler Anwendbarkeit und von perspektivischer Relevanz sind" (BUDE 2000, S. 576).

---

[51] Phänomenologie versucht, ausgehend von der Erscheinung der Wirklichkeit, zu deren Wesen vorzudringen. Hermeneutik als Lehre der Deutung und Interpretation von Texten stellt das Verstehen vorfindbarer Lebensäußerungen des Menschen in den Vordergrund (vgl. LAMNEK 2002, S. 163; BORTZ / DÖRING 2002, S. 302).

Als grundlegende Prinzipien des qualitativen Vorgehens in der vorliegenden Studie sind zusammenfassend zu nennen: Offenheit, Prozesscharakter und Flexibilität. Sie haben direkte Konsequenzen für die Konzeption des empirischen Vorgehens, für das Sampling, ebenso wie für die Ausarbeitung und den Einsatz des Erhebungsinstruments und letztlich für die Datenauswertung.

5.3 Untersuchungsraum und –sample

Die Zusammensetzung des Untersuchungssamples folgt dem in der qualitativen Forschung üblichen theoretischen Sampling (vgl. KOCH / GRETSCH 1994 S. 27). Daher war es nicht Ziel, eine Zufallsstichprobe mit Anspruch auf Repräsentativität zu ziehen. Vielmehr wurde aufgrund theoretischer Vorüberlegungen eine gezielte Auswahl der Untersuchungsobjekte getroffen, mit dem Ziel, den Untersuchungsgegenstand differenziert aufzufächern und breit abzudecken. Als Untersuchungsobjekte werden deutsche Manager in Mexiko definiert, wobei als „deutsche" Manager sowohl Expatriates gelten als auch dauerhaft in Mexiko lebende Personen, die sich selber als deutsch bezeichnen. Als unternehmerische Entscheidungsträger sind sie in organisationale und vor allem marktliche Beziehungen eingebunden, die in entscheidendem Maße von der Branche geprägt werden, in der ihr Unternehmen aktiv ist. Die Untersuchung fokussiert deshalb grundsätzlich unterschiedliche Branchen (Automobilzulieferer, Umwelttechnologie und Tourismus). Die Auswahl der Untersuchungsobjekte erfolgt branchenorientiert und schließt deutsche Manager aller Unternehmen in Mexiko ein, die zu den betrachteten Branche bzw. verwandten und unterstützenden Branchen gehören. So sind Netzwerke um ein „fokales" Unternehmen (z. B. aus der Automobilindustrie) oder eine Non-Profit-Organisation identifizierbar.

Die konkrete Auswahl der Untersuchungsobjekte erfolgte im ersten Schritt über die Suche nach deutschen Firmen oder mexikanischen Unternehmen mit deutscher Leitung in den einschlägigen Firmenverzeichnissen der CAMEXA. Ob die Unternehmen eine formalisierte Kooperation zwischen einem deutschen und einem mexikanischen Unternehmen darstellen (z.B. in Form eines Joint-Venture), ist für ihre Berücksichtigung in dieser Untersuchung nicht maßgeblich. Alleine die Herkunft und die zunächst hypothetische Integration in ein Unternehmensnetzwerk sind Auswahlkriterien. Neben Unternehmensvertretern wurden auch andere Akteure in den möglichen Netzwerken betrachtet, die eine zentrale, eine koordinierende oder vermittelnde Rolle einnehmen können. Differierende Dimensionen, Probleme und Strategien werden auf diese Weise

5 Analysekonzept

erkennbar. Die Folge ist, dass das Sample im Verlauf des Forschungsprozesses zu erweitern ist. Vom Verfasser wurden 44 Leitfadeninterviews überwiegend im August und September 2001 in Mexiko durchgeführt. Davon fanden 19 Interviews mit Vertretern der Automobilzulieferindustrie, sieben mit Akteuren aus der Umwelttechnologie und sechs weitere mit Managern touristischer Unternehmen statt[52]. Weitere Interviews wurden mit Vertretern verschiedener nicht unternehmerischer Institutionen (z.B. Interessensverbände) und einzelnen Unternehmern aus anderen Branchen geführt.

Die empirische Datenerhebung in Mexiko wurde im Rahmen des interdisziplinären und universitätsübergreifenden Forschungsverbundes Area Studies (FORAREA) durchgeführt. Deswegen kann bei einzelnen Forschungsfragen zum Vergleich zusätzlich auf Ergebnisse aus anderen FORAREA-Projekten zurückgegriffen werden. Der Verbund ist ein Zusammenschluss von Vertretern der Disziplinen Betriebswirtschaftslehre, Volkswirtschaftslehre, Wirtschafts- und Kulturgeographie sowie Regionalwissenschaften unter dem Rahmenthema „Chancen und Risiken Interkultureller Kooperationen von KMU" (vgl. FRICKE ET AL. 2002). Die einzelnen Projekte widmeten sich jeweils einem oder zwei Untersuchungsregionen und konzentrierten sich inhaltlich auf einen Themenkomplex. Auf diese Weise war es möglich, sich aus unterschiedlichen disziplinären Blickwinkeln dem Untersuchungsgegenstand zu nähern und komplementäre Erkenntnisse zu gewinnen. Folgende Forschungsfragen standen im Mittelpunkt des Verbundes:

➤ Welche Formen der Unternehmenskooperation werden in einzelnen Ländern aus welchen Gründen eingesetzt? Wie ist der Erfolg kooperativer Auslandsengagements unter verschiedenen Rahmenbedingungen einzuschätzen?

➤ Welche Konfliktkonstellationen und -verläufe treten in internationalen Unternehmenskooperationen auf? Wie deuten die Kooperationspartner diese Konflikte und welche Strategien des Konfliktmanagements werden eingesetzt?

➤ Wie konstituiert sich Vertrauen/Misstrauen in internationalen Unternehmenskooperationen? Welche Instrumente werden eingesetzt, um Vertrauen zu schaffen sowie Kontrolle in der Kooperation auszuüben?

➤ Welche Rolle spielen deutsche Unternehmensnetzwerke beim Eintritt in ausländische Märkte? Welche Handlungsmöglichkeiten zur Integration in ausländische Unternehmensnetzwerke stehen zur Verfügung?

---

[52] Des weiteren wurden Gespräche mit verschiedenen Interessensvertretern und mit einzelnen Unternehmen anderer Branchen geführt. Auf die namentliche Auflistung der Unternehmen und Manager muss in dieser Arbeit aus Datenschutzgründen verzichtet werden.

5 Analysekonzept

Im Verlauf der Forschungszusammenarbeit haben die beteiligten Projektpartner Interviews mit 367 Unternehmensvertretern geführt. Dabei wurden teilweise sowohl deutsche als auch ausländische Unternehmen, die eine Kooperation unterhalten, berücksichtigt. Gegliedert nach Untersuchungsregionen ergibt sich die folgende Verteilung der analysierten Unternehmen (vgl. Abb. 12):

Abbildung 12: Verteilung des Untersuchungssamples im FORAREA-Verbund

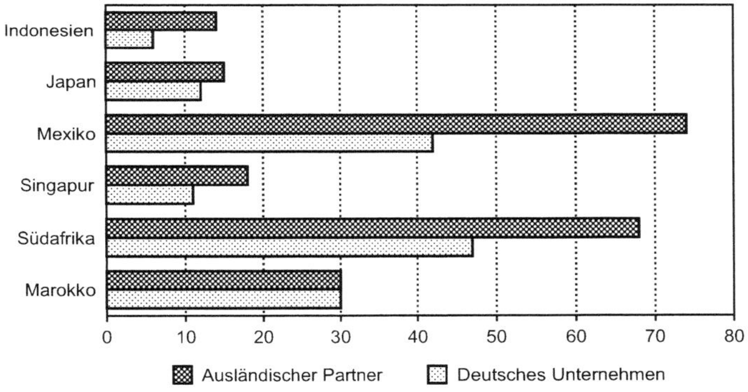

Quelle: FRICKE ET AL. 2002, S. 58

In der vorliegenden Arbeit wird es durch dieses Vorgehen möglich, die in Mexiko im Rahmen eigener Interviews gewonnenen Ergebnisse in Beziehung zu den Ergebnissen der Kooperationspartner aus den anderen Untersuchungsregionen und einem erheblich erweiterten Untersuchungssample zu setzen. Die methodischen Konsequenzen, die sich hieraus ergeben, werden bei der folgenden Vorstellung des Erhebungsinstruments und der Analysemethode diskutiert und an den entsprechenden Stellen des empirischen Teils dieser Arbeit thematisiert (vgl. Kap. 7.1).

5.4 Erhebungsinstrumente

Der empirische Teil der vorliegenden Arbeit beruht überwiegend auf Daten, die mit Hilfe qualitativer Leitfadeninterviews erhoben wurden. Im Zuge der zunehmenden Etablierung qualitativer Forschung in den deutschsprachigen Sozialwissenschaften konnte sich das qualitative Interview aus dem untergeordneten Status eines Instrumentes, das im Vorfeld quantitativ-standardisierter Studien zur Hypothesengenerierung eingesetzt wird, lösen. Seine eigenständige Bedeutung mit eigenem Erkenntnispotenzial gilt inzwischen als anerkannt (vgl. LAMNEK 2002, S. 157). In der wirtschaftsgeographischen Forschung wird in jüngerer Zeit dem Interview mit Unternehmern und anderen relevanten Akteuren zentrale Bedeutung beigemessen, weswegen sogar das Schlagwort vom *qualitative turn* Eingang in die Wirtschaftsgeographie gefunden hat (vgl. SCHOENBERGER 1991, MULLINGS 1999). Insbesondere in der Erforschung von *embeddedness* haben Unternehmensinterviews nichts von ihrer Aktualität verloren, da quantitative Zugänge eine adäquate Behandlung der Themen nicht ermöglichen (vgl. MARKUSEN 1999, S. 44). Auch im Kontext der Auseinandersetzung mit kultureller Differenz, der Auseinandersetzung mit Eliten im Ausland und im weitesten Sinne im Kontext des *cultural turn* ist der Wert qualitativer Interviews als Erhebungsinstrument ausführlich diskutiert und betont worden (vgl. HEROD 1999; HUGHES 1999).

Als Erhebungsinstrument wurden Leitfadeninterviews eingesetzt, da bei ihnen zu erwarten ist, dass die relativ offene Gestaltung der Interviewsituation mehr Raum für die spezifischen Sichtweisen der einzelnen Gesprächspartner lässt als standardisierte Erhebungsinstrumente. Es ist davon auszugehen, dass die Interviewpartner zu dem Thema der Untersuchung über einen komplexen Wissensstand verfügen und zu dessen Erklärung subjektive Theorien gebildet haben, z.B. zur Erklärung spezifischer Schwierigkeiten in der Zusammenarbeit mit Mexikanern. Der eingesetzte Interviewleitfaden (vgl. Anhang 1) enthält sowohl offene als auch standardisierte Fragen.

„Der Interviewer gleicht einem Mitreisenden auf der Zugfahrt, dem man sein ganzes Leben erzählt. Die Begrenztheit des Kontakts scheint die Bedingung für die besondere Wahrheitsfähigkeit dieser Beziehung darzustellen. (...) Es handelt sich um eine zufällige, aber außeralltägliche Begegnung, in der sich der Befragte als singuläres Subjekt einer Aussage und zugleich als kategorialer Repräsentant eines Kollektivbewusstseins begreifen kann" (BUDE 2000, S. 573).

Zur Rekonstruktion dieser subjektiven Theorien ist der Einsatz offener Fragen notwendig, die den nötigen Raum lassen, um explizit verfügbare Annahmen spontan zu äussern. Die offenen Fragen werden durch theoriegeleitete, auf Hypothesen basierende standardisierte Fragen ergänzt. Sie dienen dazu, das nicht unmittelbar verfügbare Wissen der Interviewpartner zu erfassen (vgl. FLICK 1996, S. 99ff.)[53].

---

[53] Auf den Einsatz der Struktur-Lege-Technik (vgl. LAMNEK 2002, S. 174f.) in einem zweiten Termin ca. zwei Wochen nach dem Interview, in welchem der Gesprächspartner mit einer ersten Auswertung seiner Aussagen konfrontiert wird um diese zu kommentieren und ggf. zu revidieren, musste verzichtet werden, um unzumutbare Belastungen der Manager zu vermeiden.

Da die befragten Manager in Mexiko äußerst unterschiedliche persönliche Hintergünde aufweisen und sich zudem auch die organisatorischen und marktlichen Bedingungen ihrer Unternehmen durch eine hohe Vielfalt auszeichnen, war eine Anpassung der Fragen an deren Situation im Verlauf des Interviews erforderlich. Aus diesem Grund kam ein teilstandardisierter Leitfaden zum Einsatz, der die notwendige Flexibilität gewährleistet, um diese Vielfalt abzubilden. Zusätzlich ergänzen Erkenntnisse aus Expertengesprächen mit Vertretern zentraler oder koordinierender Akteure die Auswertungen von Unternehmensinterviews. Ein direkter Vergleich ist dabei nicht möglich und war auch nicht beabsichtigt. Da die Position der jeweiligen Akteure im Netzwerk vorab nicht genau bestimmbar war, mussten die Leitfadeninterviews flexibel gehandhabt werden.

Der Einsatz eines Methodenmixes ist in der vorliegenden Studie durch die Kooperation innerhalb FORAREA möglich und sinnvoll, um die jeweiligen Stärken unterschiedlicher Instrumente miteinander zu kombinieren. Diese Kombination besteht dabei nicht in einer quantitativen Überprüfung von Hypothesen, die durch den Einsatz qualitativer Methoden explorativ generiert wurden. Vielmehr sollen quantitative und qualitative Instrumente komplementäre Ergebnisse liefern, indem eine Methodenintegration auf der Basis einer „methodologischen Triangulation" stattfindet. Deren Wert wurde früher in der Validierung erzielter Ergebnisse durch den Einsatz komplementärer Instrumente gesehen – dieses Verständnis hat sich zuletzt verändert. Der entscheidende Vorteil der Triangulation wird heute in der Anreicherung und Vervollständigung von Erkenntnis durch die Überschreitung methodischer Grenzen gesehen (vgl. FLICK 1996, S. 250). Die unterschiedlichen Methoden erfassen verschiedene Aspekte desselben Untersuchungsgegenstandes und vermitteln auf diese Weise ein umfassenderes Bild. Quantitative Verfahren können beispielsweise Zusammenhänge nicht lückenlos aufarbeiten. Solche Lücken können ex-post durch qualitative Verfahren geklärt werden. Umgekehrt erweitern bei überwiegend qualitativ angelegten Vorgehensweisen zusätzlich eingesetzte quantitative Verfahren den Horizont. Sie können überindividuelle Strukturzusammenhänge aufzeigen, die sich aus der qualitativ erfassten subjektiven Sichtweise des Einzelnen nicht erschließen (vgl. KELLE / ERZBERGER 2000, S. 302ff.).

Insbesondere die Teile des gemeinsamen Fragenpools aus dem Projektverbund FORAREA sind standardisiert und daher auch quantitativ auswertbar. Somit konzentrieren sich die Vergleiche der in Mexiko erzielten Ergebnisse größtenteils auf quantitative Analysen. Den Kern der Untersuchung machen jedoch die eigenen – vom FORAREA-Verbund unabhängigen Fragestellungen – aus, für die ein qualitativer Zugang gewählt wird. Daher ist im Folgenden die Auswertung der qualitativen Interviews zu diskutieren.

5.5 Auswertungsmethoden

Angesichts der großen Anzahl der Interviews, der sich daraus ergebenden Materialfülle und der theoretisch bereits vorstrukturierten Fragestellungen wurde die qualitative Inhaltsanalyse als Auswertungsmethode der Leitfadeninterviews eingesetzt (vgl. MAYRING 1988). Bei der Auswertung qualitativer Interviews muss der Reflexivität sowohl des Analysegegenstandes als auch der Analyse selbst Rechnung getragen werden. Das bedeutet, dass die einzelnen Aussagen des Interviews nicht für sich stehen, sondern sich auf andere Aussagen des Sprechers oder des Interviewers beziehen. Die Ausführungen sind nur in diesem Kontext analysierbar und verständlich. Das Interview ist als ein Kommunikationsprozess zu verstehen, in dessen Verlauf es zu Anpassungsprozessen kommt – zum Beispiel was die gegenseitigen Erwartungen anbetrifft (vgl. LAMNEK 2002, S. 197).

Die qualitative Auswertung darf jedoch nicht als ein „impressionistisches" Deuten der Texte verstanden werden, bei dem der Forscher das Material überfliegt und einzelne Passagen hervorhebt und gemäß seiner subjektiven Assoziationen analysiert, da ein solches Vorgehen nur zu einer vermeintlichen Bestätigung bestehender persönlicher Vorurteile führen kann (vgl. BORTZ / DÖRING 2002, S. 335). Vielmehr hat auch die qualitative Datenerfassung und -auswertung eine Reihe von Qualitätskriterien zu erfüllen, von denen die bedeutendsten hier erwähnt sein sollen. Eine Übertragbarkeit quantitativer Kriterien in die qualitative Forschung wird vielfach angezweifelt (vgl. STEINKE 2000, S. 321). Neben dem Kriterium der Übertragbarkeit, das von der qualitativen Forschung gar nicht angestrebt wird, ist auch die Anwendbarkeit des Objektivitätskriteriums auf qualitative Methoden anzuzweifeln, da es in Widerspruch zu dem Dialog-Prinzip steht. Es muss jedoch sichergestellt werden, dass die **intersubjektive Nachvollziehbarkeit** gesichert ist. Hieraus ergibt sich die Verpflichtung zur Transparenz: Der Dokumentation des Forschungsprozesses durch Offenlegung der Erhebungsmethoden und des Erhebungskontextes sowie der Transkriptionsregeln und der Auswertungsmethoden kommt beim qualitativen Zugang eine wichtige Rolle zu.

5 Analysekonzept

Die Auswertung der Interviews erfolgt in mehreren Schritten unter Einsatz sowohl qualitativer als auch quantitativer Auswertungsmethoden[54]. Wichtigster methodischer Baustein ist die Auswertung der wörtlich und vollständig transkribierten Interviewtexte mittels qualitativer Inhaltsanalyse, für die folgende Grundsätze gelten (vgl. MAYRING 2000, S. 471):

> ➢ Das Material ist als in den Kommunikationskontext eingebettet zu betrachten.
> ➢ Die Inhaltsanalyse erfolgt regelgeleitet, theoriegeleitet und schrittweise.
> ➢ Es werden nachvollziehbare Gütekriterien angesetzt.
> ➢ Die qualitative Inhaltsanalyse verschließt sich nicht grundsätzlich quantitativen Auswertungsschritten.

Angesichts des umfangreichen Textmaterials stand zunächst die **Reduktion** des Materials im Vordergrund. Auf der Basis der theoriegeleiteten Fragestellungen wurden die Transkriptionen einer zusammenfassenden Inhaltsanalyse unterzogen und die Aussagen der Interviewpartner sukzessive paraphrasiert, generalisiert und anschließend reduziert.

Zur Klärung einzelner Aussagen der Gesprächspartner kam die **Explikation** zum Einsatz. Diese Technik qualitativer Inhaltsanalyse dient der Präzisierung unklarer Begriffe durch die Einbeziehung von Kontextmaterial, das entweder aus der unmittelbaren Umgebung der fraglichen Textstelle (enge Kontextanalyse) oder durch Rückgriff auf über das Interview hinausgehendes Material bezogen wird. Die enge Kontextanalyse greift auf die Aussagen des Interviewten zurück, die sich auf die fragliche Stelle beziehen und zur Textstelle eine der folgenden Beziehungen aufweisen (vgl. MAYRING 1988, S. 72):

---

[54] Die quantitative Auswertung bezieht sich vor allem auf die Themen des gemeinsamen Fragenpools im Rahmen des FORAREA-Verbundes und wird daher nicht weiter diskutiert. Sie beinhaltet Elemente der deskriptiven Statistik und der bivariaten schließenden Statistik zur Aufdeckung von Zusammenhängen im kulturübergreifenden Vergleich. Die Daten des Projektverbundes wurden in SPSS zu einem gemeinsamen Datensatz zusammengeführt. Durch die Kooperation wurden ausreichende Fallzahlen erzielt, um eine Überprüfung der Zusammenhänge zwischen einzelnen Fragestellungen und den Untersuchungsräumen z.B. anhand von Chi-Quadrat-Tests oder Mittelwertvergleichen zu ermöglichen. Die Stichprobe ist aber nicht umfangreich genug, um tiefergehende Kausalanalysen unter Ausschluss bestimmter Einflüsse (z.B. Branche, Herkunft des General Managers oder Erfolg der Kooperation) zuzulassen. Zudem ist das Sample des Gesamtverbundes unter den Grundsätzen eines theoretischen Samplings entstanden. Die für die Anwendung quantitativer Verfahren notwendige Voraussetzung einer Zufallsauswahl ist nicht gegeben.

5 Analysekonzept

- definierend, erklärend;
- ausschmückend, beschreibend;
- beispielgebend, Einzelheiten beschreibend;
- korrigierend, einschränkend;
- antithetisch.

Der letzte Schritt der qualitativen Inhaltsanalyse hat zum Ziel, aus den Aussagen eines jeden Interviews eine bestimmte Struktur herauszufiltern. Aus den in der Literatur erwähnten Methoden der Strukturierung wurde die typisierende Strukturierung ausgewählt. Sie verfolgt als Ziel die Identifikation und genauere Beschreibung von Typen. Solche Typen müssen nicht Personen, es können auch typische Merkmale sein. Die Typisierungsdimension und die dazu denkbaren Ausprägungen müssen vorab theoriegeleitet festgelegt werden. Die Bezeichnung von Aussagen als besonders markant ist variabel zu handhaben, aber zu dokumentieren. Es wurden diejenigen Ausprägungen beschrieben, die

- extrem oder
- von besonderem theoretischen Interesse sind, oder
- besonders häufig vorkommen.

Der Vorteil gegenüber anderen Methoden der Strukturierung liegt darin, dass nicht das gesamte Material, sondern nur einzelne Prototypen analysiert werden müssen. Das bedeutet zwar einen Informationsverlust, im Gegenzug ist die Analyse der Prototypen aber wesentlich detaillierter und genauer als beim Einsatz einer alternativen Strukturierung (vgl. MAYRING 1988, S. 85).

Grundsätzlich hat die qualitative Inhaltsanalyse gegenüber anderen qualitativen Techniken eindeutige Stärken in der regelgeleiteten Vorgehensweise im Hinblick auf die intersubjektive Nachvollziehbarkeit. Dem Grundprinzip der Offenheit wird durch den flexiblen Umgang mit dem Kategoriensystem dennoch Rechnung getragen. Kategorien werden im Laufe des Forschungsprozesses überarbeitet und an neue Erkenntnisse aus dem Material angepasst. Verfechter dieser Methode sehen die Möglichkeit, quantitative Auswertungsschritte in die Analyse zu integrieren, keinesfalls als eine Schwäche, sondern als Beitrag zur Überwindung der Dichotomie „qualitativ vs. quantitativ" an.

6 DEUTSCHE UNTERNEHMENSNETZWERKE UND DIE MEXIKANISCHE WIRTSCHAFT

Im ersten Schritt der empirischen Arbeit werden die strukturellen Rahmenbedingungen der ökonomischen Austauschbeziehungen zwischen deutschen Unternehmen in Mexiko analysiert. Die Bedingungen für die Entstehung kooperativer Austauschbeziehungen weisen grundsätzliche Unterschiede auf, die durch die Machtverhältnisse, technologische und konjunkturelle Einflüsse bestimmt werden. Ein Branchenzugang erlaubt es, dieser Unterschiedlichkeit Rechnung zu tragen. Hierzu bedarf es einer branchenspezifischen Analyse sowohl der aktuellen konjunkturellen Lage in Mexiko als auch der weltwirtschaftlichen Verflechtung der Branche. Sofern sie eine wesentliche Wirkung auf die Marktgestaltung entfalten, werden auch die wirtschaftspolitischen Institutionen und deren Maßnahmen und Politiken thematisiert. Neben dieser Analyse der grundlegenden Rahmenbedingungen in den betrachteten Branchen gilt es, Existenz und Struktur von Unternehmensnetzwerken sowie die Interaktionsinhalte der Netzwerkbeziehungen zu analysieren.

6.1 Das deutsche Zuliefernetzwerk in der mexikanischen Automobilindustrie

Die Automobilindustrie ist insbesondere seit der NAFTA-Gründung nicht nur ein wichtiger Motor wirtschaftlicher Entwicklung, sondern auch ein wichtiges Ziel ausländischer Direktinvestitionen. So entstand in den letzten Jahren ein moderner und maßgeblich von ausländischen, nicht zuletzt deutschen, Firmen kontrollierter Sektor. An dieser Entwicklung nehmen auch zahlreiche kleine Firmen teil, die so einen Internationalisierungsprozess einleiten. Daher wird die Automobilindustrie als ein Beispiel für die mögliche Rolle deutscher Unternehmensnetzwerke im Internationalisierungsprozess untersucht.

6.1.1 Verbundfertigung, Hierarchisierung der Zulieferstrukturen und Netzwerkbildung vor dem Hintergrund der Globalisierung

Die räumlichen Organisationsmuster der globalen Automobilindustrie haben sich zum Ende des 20. Jahrhunderts massiv verändert: neue betriebliche Organisationsformen, Logistiksysteme und Marktanforderungen waren die Triebkräfte dieser Entwicklung (vgl. GAEBE 1993). Sie führten zur Durchsetzung des postfordistischen Produktionsmodells mit flexiblen Fertigungssystemen auf der Basis von Mehrzwecktechnologie, stark zunehmender Produkt- und Variantenvielfalt, abnehmender vertikaler Integration, der Etablierung von Systemlieferanten und nicht zuletzt zu beschleunigter Marktkonzentration durch Fusionen oder durch die steigende Anzahl strategischer Allianzen. Kennzeichnend für das post-fordistische Produktionssystem ist die sogenannte schlanke Produktion, die Kostenersparnisse durch *economies of scale* mit der flexiblen Erfüllung von Kundenwünschen (*economies of scope*) verbindet (vgl. WOMACK ET AL. 1990; HUDSON 1997, S. 482).

Zum Ende der 1990er Jahre litt der weltweite Automobilbau unter erheblichen Überkapazitäten und Überproduktion (vgl. HUDSON 1997, S. 481). Für das Jahr 1998 wurde geschätzt, dass die Produktionskapazitäten 71 Millionen Einheiten betrugen, jedoch nur 49 Millionen Einheiten verkauft wurden (beide inkl. Nutzfahrzeuge; vgl. NUNNENKAMP 2000, S. 4f.). Zum Beginn des 21. Jahrhunderts fördern weiterhin einige Faktoren die massive Verschärfung des Wettbewerbs auf globaler Ebene. Dies sind (vgl. WERNECK 2003; SCHLIE / YIP 2000; NUNNENKAMP 2000):

➢ **Nachfragestrukturen**: Zum einen verlagern sich die räumlichen Schwerpunkte der Nachfrage nach Pkw. Die klassischen Triademärkte verlieren relativ an Bedeutung, da die Wachstumsraten hier sehr niedrig sind, während die sogenannten *emerging markets* in Lateinamerika, Ost-/Südostasien sowie in Mittel- und Osteuropa mit hohen Wachstumsraten aufholen. In qualitativer Hinsicht ist eine fortschreitende Individualisierung der Kundenwünsche zu beobachten. Sie bewirkt steigende Qualitätsanforderungen und engere Preiserwartungen der Kunden.

➢ **Beschaffung**: Auch die Zulieferbranchen befinden sich in einer Phase intensiver Wettbewerbsverschärfung. Im Rahmen eines *global sourcing* wird es den Automobilherstellern möglich, Preisdifferenzen in weltweitem Maßstab zu nutzen. Die Konsolidierungstrends der Automobilindustrie schließen auch die Zulieferer ein. Die Zahl der direkten Zulieferer ist dramatisch gesunken, und ein weiterer Unternehmenskonzentrationsprozess in diesem Sektor wird

6 Deutsche Unternehmensnetzwerke in Mexiko

erwartet. Gleichzeitig intensiviert sich die Kooperation zwischen Herstellern und Lieferanten.

> **Produktionstechnologie**: Flexible Fertigungstechnologien ermöglichen erst die Befriedigung differenzierter Kundenwünsche. Durch Modul- und Systemtechnik wird die Produktion einer breiten Variantenvielfalt ermöglicht, die auf einem Satz grundlegender Komponenten basiert. Prominentes Beispiel dafür ist die Plattformstrategie des Volkswagen-Konzerns. Gemeinsame Plattformen und Gleichteile erlauben die Nutzung von Größenvorteilen. Das Streben nach Wachstum und Realisierung von *economies of scale* hat sowohl bei den Fahrzeugherstellern als auch bei den Zulieferern einen Konzentrationsprozess ausgelöst.

> **Politische und rechtliche Rahmenbedingungen** verändern die Branchenstruktur maßgeblich. Insbesondere supranationale Institutionen wie die WTO vereinfachen den internationalen Zugang zu Produktionsfaktoren und eröffnen neue Marktchancen in räumlicher wie auch in rechtlicher Hinsicht. Dem steht der Schutz der nationalen Industrie entgegen, der in national/regional definierten protektionistischen Maßnahmen seinen Ausdruck findet.

Die Periodisierung des Globalisierungsprozesses in der Automobilindustrie zeigt zwei starke Wachstumsphasen von 1984 bis 1989 und von 1996 bis 2000. In den 1980er Jahren stand die Automobilindustrie unter zunehmendem Einfluss von Globalisierungsprozessen. Dies war die Phase, in der sich die japanischen Hersteller auf den Triademärkten Nordamerika und Europa fest etablierten. Wichtiger Bestandteil dieses Globalisierungsprozesses waren die sogenannten *transplants* japanischer Hersteller (Honda, Nissan und Toyota) in Großbritannien (vgl. HUDSON 1997, S. 482). Die Wachstumsphase der 1990er Jahre ist auf die *emerging markets* in Osteuropa sowie in Süd- und Ostasien zurückzuführen (vgl. ENGELHARD 2000, S. 3f.).

Anders stellt sich das Bild der weltweiten Verteilung der Produktionsstandorte dar. Außerhalb der Triade sind neue Produktionsschwerpunkte v.a. in Lateinamerika, in Südkorea sowie in Mittel- und Osteuropa entstanden (vgl. DIEHL 2001). Auch die Verteilung der Direktinvestitionen der deutschen Automobilindustrie zeigt dieses Bild: Schwerpunkte liegen in Lateinamerika (Mexiko und Brasilien) sowie in den Transformationsländern Mittelosteuropas. In Asien finden sich überwiegend SKD- bzw. CKD-Montagestandorte[55].

---

55 *Semi knocked down* (SKD) und *completely knocked down* (CKD) bezeichnen zwei unterschiedliche Zerlegungsgrade von Fahrzeugteilesätzen, die an den Heimatstandorten der Her-

6 Deutsche Unternehmensnetzwerke in Mexiko

Die sinkende Fertigungstiefe[56] bei Herstellern wie auch bei Zulieferern weist auf die zunehmende Bedeutung von Outsourcing-Strategien bereits bis Mitte der 1990er Jahre hin. Das Outsourcing ist in den meisten Fällen international orientiert, wie die Betrachtung von Importstatistiken erkennen lässt. Es findet also unter maßgeblicher Beteiligung ausländischer Zulieferer bzw. Integration ausländischer Standorte deutscher Lieferanten statt (vgl. NUNNENKAMP 1998, S. 300ff.). Europäische Niedriglohnstandorte v.a. in Mittel- und Osteuropa gewannen in den 1990er Jahren für die Globalisierung der Automobilindustrie und das Outsourcing an Bedeutung.

Die deutsche Automobilindustrie sieht sich mit folgenden zentralen Globalisierungseinflüssen konfrontiert (vgl. HAAS/REHNER 2002b, S. 167f.):

➢ Räumliche Marktdivergenzen: Das größte Marktvolumen konzentriert sich in der Triade, das Wachstum verschiebt sich jedoch zunehmend zu den *emerging markets* in Osteuropa, Asien und Lateinamerika.

➢ Die *emerging markets* werden von dem Spannungsfeld Liberalisierung versus Regulierung bestimmt.

➢ Unternehmensrestrukturierungen und Globalisierungsprozesse stehen in wechselseitig verstärkender Beziehung zueinander.

Der Zwang zu Flexibilisierung, markt- und kundenspezifischer Anpassung sowie die Notwendigkeit, durch weltweite Vermarktung *economies of scale* zu erzielen, führen in logischer Konsequenz zu der Plattformstrategie. Die meisten Hersteller setzen heute auf eine flexible Plattformstrategie, bei der die in Entwicklung und Herstellung kostenintensive Bodengruppe als Basisplattform dient, auf der eine differenzierte Modellstrategie aufbaut. Die Plattformen sind heute in Breite und Länge veränderbar, so dass in der Regel marktspezifische Anpassungen möglich sind. Sogenannte Weltautos gehören inzwischen der Vergangenheit an; auch Modelle wie der Honda Accord werden nun in einer regionalspezifisch angepassten Plattformversion gebaut (vgl. TUCHER 1999, S. 141ff.).

---

steller gefertigt werden, um in meist stark protektionistischen Märkten vor Ort montiert zu werden. Auf diese Weise werden die extrem hohen Zölle auf den PKW-Import (CBU – *completely built up* – Fahrzeuge) vermieden. SKD beinhaltet meist nur eine Endmontage vor Ort (ggf. inkl. Rohbau und Lackiererei); im Falle von CKD findet vor Ort auch der Rohbau und die Lackierung statt, der *local content* wird dabei teilweise sukzessive erhöht. Eine detaillierte Analyse von SKD- und CKD-Montagestandorten als Marktbearbeitungsstrategie findet sich bei TUCHER 1999.

[56] Wertschöpfungsanteil am Bruttoproduktionswert des Endproduktes.

Konstitutive Merkmale der japanisch geprägten *lean-production*-Systeme sind das Outsourcing und eine wesentlich niedrigere vertikale Integration, als dies bei traditionellen fordistischen Produktionssystemen der Fall war. Damit einhergehend wurde die Lagerhaltung der Hersteller wesentlich reduziert und *just-in-time*-Systeme wurden eingeführt.

Im Kontext der Globalisierung der Automobilbranche und ihrer flexiblen Spezialisierung entstand auf die Zulieferer ein erheblicher Druck durch

- gestiegene Qualitätsanforderungen,
- Forderungen nach Preisnachlässen,
- *just-in-time*-Lieferungen und
- Beteiligung an Design und Entwicklung.

Die sich ergebende Konsequenz war ein massiver Restrukturierungsprozess der Zulieferbranchen, der in den 1990er Jahren die Unternehmenskonzentration unter den Herstellern an Dynamik bei weitem übertraf. Strategische Neukonzeptionen und umfangreiche Restrukturierungen waren die Folge und führten letztlich zu einer steigenden Anzahl von *Mergers & Acquisitions* (M&A), vor allem innerhalb der EU und der USA (vgl. NUNNENKAMP 2000, S. 26). Diese fanden zunächst vor allem zwischen Spezialisten für bestimmte Teile statt, zum Ende der 90er Jahre jedoch auch zunehmend funktionenübergreifend (vgl. HUDSON 1997, S. 484). Die Zahl der weltweit tätigen Automobilzulieferer ist nicht genau bestimmbar, Schätzungen beziffern einen drastischen Rückgang von 30.000 (1988) auf 4.000 (1998). Diese Entwicklung hängt direkt mit dem Bedeutungsgewinn der Systemlieferanten zusammen. Prognosen lassen erwarten, dass sich in den nächsten Jahren eine nur zweistellige Zahl weltweit aktiver Systemlieferanten herauskristallisieren wird (vgl. NUNNENKAMP 2000, S. 26). Diese Entwicklung hat aber auch eine Verschiebung der Machtverteilungen im Fertigungssystem zur Folge: Einige wenige global aktive Systemlieferanten haben zweifellos eine verbesserte Machtposition gegenüber den Automobilherstellern als die vormals übliche große Anzahl kleiner und meist lokal gebundener Lieferanten[57].

---

[57] Beispiele für M&A im Zulieferbereich, bei denen Anfang 1997 einige große deutsche Lieferanten übernommen wurden, finden sich in HUDSON 1997, S. 486.

6 Deutsche Unternehmensnetzwerke in Mexiko

Abbildung 13: Netzwerkkonstellation in der Automobilindustrie

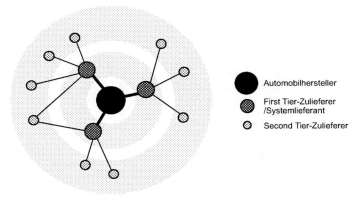

Quelle: eigener Entwurf

Eine Beschränkung der Betrachtung auf reine Kosten- und Flexibilitätsaspekte wäre jedoch eine unzulässige Verkürzung des Wandels in den Hersteller - Zulieferbeziehungen. Die beschriebenen strategischen Anpassungen der Hersteller in Form von Modularisierung und Plattformstrategie führen zu einer Komponenten-Homogenisierung. Gleichzeitig verursachen Produktdiversifizierung, Nischenstrategien und die Globalisierung der Märkte eine fortschreitende Verkürzung der Produktentwicklungszeiten. Für die Zulieferer bedeutet dies: Teile und Komponenten müssen multipel in verschiedenen Modellen einsetzbar, beschaffungsfreundlich konstruiert sein und in direkter Absprache gemeinsam von Hersteller und Zulieferer entwickelt werden (vgl. PRIES 1999, S. 34).

Dies ist nur durch ein reflexives *engineering* möglich. In Forschung und Entwicklung, Konstruktion, Vorserie, Nullserie und Produktion müssen permanente Rückkopplungsschleifen zwischen Hersteller und Lieferanten bestehen. Im Bezug auf die Netzwerkdiskussion ergeben sich daraus folgende Konsequenzen:

> Die Beziehungen zwischen Hersteller und Lieferanten sind durch eine zunehmende Interdependenz geprägt. Sie beruht auf technologischen wie auch logistischen und marktlichen Aspekten. Durch die gemeinsame Entwicklung sind Hersteller und Zulieferer mittelfristig aneinander gebunden. Durch *just-in-time*-Fertigung wird die Auswirkung von Problemen an bestimmten Stellen des Systems für alle Teilnehmer schneller spürbar und Globalisierung macht

die gemeinsame Marktpräsenz von Herstellern und Zulieferern an verschiedenen Standorten nötig.
➢ Die Zulieferstrukturen zeigen zunehmende Machtunterschiede; die Hersteller lagern einen Teil ihrer Macht und Verantwortung an ihre strategischen Partner unter den Systemlieferanten aus. Daher ist im modellhaften Abbild von Zuliefernetzwerken eine Struktur aus mehreren Ringen aufzunehmen.

Netzwerken sind bestimmte Risiken immanent, die in der Automobilindustrie zu einer gewissen Gegentendenz in Form von Rezentralisierung und Hierarchisierung führen. Das Motiv hierfür sind drohende Know-how- und Kompetenzverluste, Abhängigkeiten und der Verlust der Steuerungsfähigkeit, da „Outsourcingspirale" bzw. „Dezentralisierungsfalle" drohen. Zudem haben kooperative Organisationsformen in der Automobilindustrie selbst nur selten zu Erfolgen geführt. Die meisten existenten Joint-Ventures entstanden durch politischen Druck der jeweiligen Regierungen. Die freiwillig eingegangenen Joint-Ventures sind eher in Randbereichen der Konzerne anzusiedeln. Es gibt auch eine generelle Tendenz hin zur Auflösung kooperativer Formen (insbesondere von Joint-Ventures), sofern der rechtliche Rahmen der jeweiligen Länder und die eigene finanzielle Ausstattung dies erlaubt. Die erwartete Transformation der Konzernzentralen in koordinierende Holdings widerspricht der empirischen Evidenz. Im Gegenteil, gerade durch die technisch-organisatorische Entwicklung hin zur Plattformstrategie ist eine Straffung der Konzernorganisation und ein operativer Machtzuwachs der Konzernzentrale festzustellen (vgl. KÖHLER 1999, S. 374ff.).

6.1.2 Angebots- und Nachfragestrukturen im mexikanischen Automobilmarkt

Der mexikanische Binnenmarkt für Automobile zeigte in der Zeit unmittelbar nach der Währungskrise 1994/1995 zunächst eine sehr rasche Entwicklung, von der nationale Produkte ebenso wie importierte Fahrzeuge profitieren konnten (vgl. Abb. 14). Diese Phase endet jedoch im Jahr 2000. Für die Zeit bis 2006 wird nur noch ein moderates Wachstum der Verkaufszahlen prognostiziert, von dem aber vor allem importierte Fahrzeuge profitieren werden: Es ist ein Anstieg der Verkaufszahlen von 2000 bis 2006 von rund 250.000 auf ca. 450.000 Einheiten zu erwarten. Demgegenüber wird für die im Inland hergestellten Fahrzeuge nur eine Steigerung von 600.000 auf ca. 770.000 verkaufte Einheiten prognostiziert. Somit von einer Steigerung der Importpenetration auf mehr als ein Drittel auszugehen.

6 Deutsche Unternehmensnetzwerke in Mexiko

Mexiko ist in den 1990er Jahren neben Südkorea, der VR China und Spanien zu einem der neuen Anbieter auf dem Weltmarkt für Automobile avanciert (vgl. NUNNEN-KAMP 2000, S. 56). Von den lateinamerikanischen Herstellerländern hat Mexiko das höchste Wachstum aufzuweisen. Es erreichte Ende der 1990er Jahre einen höheren Anteil an der Weltproduktion als Brasilien. Mit rund 1,4 Millionen Pkws hielt Mexiko im Jahr 1999 einen Anteil von 3 % an der Weltproduktion.

Abbildung 14: Verkaufszahlen Automobile in Mexiko (1995 bis 2006)

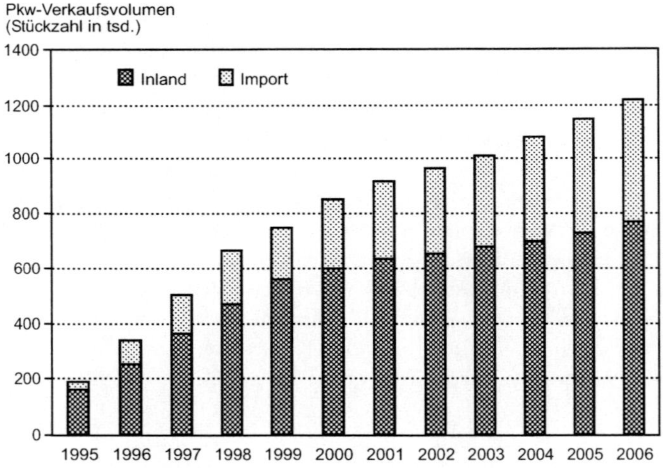

Quelle: CEESP 2001, S. 35.

Nach dem Rekordjahr 2000 ist von einem leichten Rückgang der Produktionszahlen bis 2004 auszugehen, gefolgt von einer raschen Erholung bis zum Jahr 2009, wenn Mexiko pro Jahr voraussichtlich 1,9 Millionen Automobile fertigen wird (vgl. Abb. 15). Die Entwicklung ist damit im Wesentlichen stagnativ, das Wachstum wird von den beiden expansiven Produktionsstandorten China und Brasilien getragen werden (vgl. PWC 2002, S. 1).

Abbildung 15: Prognose der Fahrzeugproduktion in Mexiko, Brasilien und der VR China (2001 bis 2009)

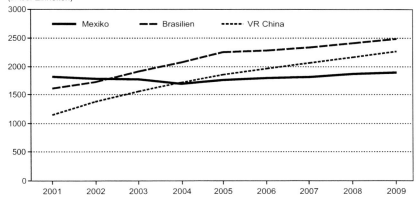

Quelle: PWC 2002., S. 1

Es gibt keine rein mexikanischen Kraftfahrzeughersteller, die umfangreiche mexikanische Pkw-Produktion wird von ausländischen multinationalen Herstellern kontrolliert. Wenn daher im Folgenden von der mexikanischen Automobilproduktion gesprochen wird, so ist damit die Summe aller in Mexiko befindlichen Automobilproduktionsstätten gemeint, unabhängig von deren Besitzverhältnissen. Die Frühphase der Automobilindustrie in Mexiko begann in der Zwischenkriegszeit mit Investitionen der amerikanischer Hersteller Ford und General Motors. Das 1962 erlassene „Dekret über die Integration der Automobilindustrie" bedeutete eine industriepolitische Wende, da im Rahmen der importsubstitutionsorientierten Industriepolitik Mexikos *local-content*-Vorschriften eingeführt wurden. Die unter dem Druck des IWF eingeleitete sukzessive Aufhebung dieser Maßnahmen ab 1982 führten zu einer zunehmenden Handelsliberalisierung. Mit dem Beitritt zur NAFTA 1994 wurde schließlich Ablösung der mexikanischen *local content* durch einen *North American regional content* abgelöst. 50 % der eingekauften Vorleistungen mussten aus NAFTA-Ländern stammen. Diese Vorschrift ist durch WTO-Regelungen sukzessive reduziert worden und soll 2004 vollständig entfallen.

Insgesamt waren Ende der 1990er Jahre acht Pkw-Hersteller auf dem mexikanischen Markt aktiv, die insgesamt 20 Produktionsstätten betrieben (vgl. CARILLO /

GONZALEZ LÓPEZ 1999, S. 100). Die traditionellen Standorte lagen im zentralen Hochland. In den 1980er Jahren entstanden im Zuge der Liberalisierungspolitik und des *Maquiladora*-Programms eine Reihe neuer Standorte US-amerikanischer Produzenten in den nördlichen Bundesstaaten Chihuahua und Coahuila.

Abbildung 16: Die Automobilhersteller in Mexiko: Produktionsvolumen und Exportquote

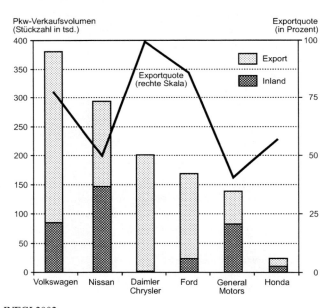

Quelle: INEGI 2002

Die Produktionszahlen der wichtigsten Hersteller sind in Abbildung 16 dargestellt. Die in Mexiko gefertigten Stückzahlen der ebenfalls präsenten Hersteller BMW, Mercedes-Benz und Honda sind vernachlässigbar. Die Produktion von Ford, Chrysler und Nissan in Mexiko entwickelte sich in den letzten Jahren stagnativ bis rückläufig. Nissan konnte sich nach der Währungskrise zwar erholen, erreicht aber heute nur das Niveau von unmittelbar vor der Krise. Die Auswirkungen der Währungskrise auf die beiden amerikanischen Hersteller Ford und Chrysler waren höchst unterschiedlich: Für Ford stellte 1994 eines der besten Jahre in den 1990ern dar; für Chrysler bedeutete es einen schweren Einbruch. General Motors und Volkswagen sind die eindeutigen Gewinner unter den Herstellern in Mexiko, nur sie konnten sich in den 1990ern durchgängig positiv entwickeln. Volkswagen ist dabei mit einer Verdoppelung der Produktionszahlen eindeutiger Spitzenreiter sowohl hinsichtlich des Wachstums als auch hinsichtlich des Volumens.

Seit der Wechselkursanpassung im Anschluss an die Währungskrise 1994/95 gewinnt die mexikanische Automobilindustrie weltweit an Bedeutung. Mexiko ist nach Spanien und Südkorea zu dem führenden Exporteur unter den neuen Anbietern von Kraftwagen und Kfz-Teilen geworden, wobei über 90 % der Exporte in den NAFTA-Raum fließen (vgl. NUNNENKAMP 2000, S. 58f.). Größte Bedeutung hat dabei der unternehmensinterne Handel mit den USA, der von US-amerikanischen Herstellern dominiert wird. Durch den NAFTA-Beitritt ist zwar der Anreiz gestiegen, Mexiko als eine Produktionsbasis für den US-amerikanischen Markt zu nutzen, europäische Hersteller nutzen dies aber bisher kaum. Für General Motors und Nissan lässt sich im Zeitraum von 1981 bis 1998 nachweisen, dass zunehmende Produktionszahlen in Mexiko mit sinkenden Stückzahlen der Inlandsproduktion der beiden Hersteller in ihren jeweiligen Heimatländern einhergingen, was auf kostenorientierte Auslagerungen von Produktionskapazitäten bzw. bestimmten Fertigungsschritten nach Mexiko hinweist (vgl. NUNNENKAMP 2000, S. 47)[58].

Bereits im Jahr 1995 war die relativ junge mexikanische Automobilindustrie unter den weltweit führenden Nationen die am stärksten exportorientierte. 56 % der mexikanischen Automobile wurden exportiert. Die Produktion in den USA ist stark binnenmarktorientiert, und die japanischen und südkoreanischen Hersteller bedienen die Triademärkte nicht aus ihrem Heimatland, sondern über so genannte *transplants*, weswegen auch hier die Exportquoten vergleichsweise niedrig sind.

Auch im Bereich der Kfz-Teile ist Mexiko zu einer relevanten Produktionsbasis im NAFTA-Markt geworden. Die US-amerikanischen Importe aus Mexiko nahmen bereits in der ersten Hälfte der 1980er Jahre im Bereich der Motoren massiv zu, in den 1990er Jahren hat sich insbesondere der Bereich *electrical equipment* sehr expansiv gezeigt und zu Lasten der US-Importe aus Japan und der EU etwa verdoppelt. Der Anteil mexikanischer Autoteile an den US-Importen war bereits Mitte der 1990er Jahre höher als jener der europäischen Produzenten (vgl. DIEHL 2001, S. 17f.). Diese Entwicklung ist nicht zuletzt auf die Wirkung der sogenannten *Maquiladora*-Industrie

---

[58] Ein weiterer Hinweis hierauf ist die sehr niedrige vertikale Integration der mexikanischen Automobilindustrie, die schon seit Jahren bei ca. 25 % (vgl. DIEHL 2001, S. 7) liegt. Ein solcher Wert ist nur durch die Einbindung in internationale Fertigungsverbünde von Herstellern zu erklären. Trotz Outsourcing erreicht eine Vollproduktion meist Werte um 30 %.

zurückzuführen. Auf deren Grundlage und begünstigt durch die Gründung der NAFTA konnte sich ein grenzüberschreitendes Produktionsnetzwerk aus US-amerikanischen Automobilherstellern und deren Zulieferern entwickeln. Dies zeigt sich deutlich in der außenwirtschaftlichen Verflechtung der Branche. Von 1993 bis 2000 stieg das Volumen der mexikanischen Automobilexporte (inkl. Kfz-Teile und Zubehör) fast auf das Dreifache und erreichte im Jahr 2000 über 10 Mrd. US-$. Die Analyse der Exportstruktur zeigt die besondere Bedeutung der Maquiladora beim Export von Autoteilen (vgl. Tab. 5).

Tabelle 5: Exportstruktur der mexikanischen Automobilindustrie

	Anteile an den Exporten 2000 (in %)	
	Ohne *Maquiladora*-Industrie	Mit *Maquiladora*-Industrie
Automobile	76,8	66,2
Motoren	7,5	6,6
Felgen/Reifen	0,7	0,6
Autoteile	12,7	23,3
Andere	2,3	3,3

Quelle: CEESP 2001, S. 32

Unter Ausschluss der *Maquiladora*-Industrie zeigt sich eine wesentlich stärkere Konzentration der mexikanischen Exporte auf Endprodukte, während die Ausfuhren von Autoteilen bei Berücksichtigung der *Maquiladora*-Industrie auf knapp 25 % steigen. Dies macht die herausragende Bedeutung der Exporte von Autoteilen aus der *Maquiladora* klar erkennbar.

6.1.3 Volkswagen de México – vom *local hero* zum *global player*?

Die Betrachtung der Anteile verschiedener Hersteller im mexikanischen Binnenmarkt im Jahr 2000 zeigt bei neu zugelassenen Pkw die Marktführerschaft von Volkswagen vor General Motors und dem japanischen Hersteller Nissan. Die beiden anderen Hersteller unter den amerikanischen *big three* liegen mit Marktanteilen von jeweils rund 11 % schon deutlich zurück (vgl. Abb. 17).

Abbildung 17: Marktanteile im mexikanischen Pkw-Markt 2000

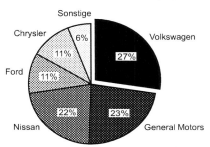

Quelle: Volkswagen de México 2000

Für lange Zeit war das Volkswagenwerk in Puebla in der Strategie des Konzerns ein „passiver Brückenkopf". Es hatte die Funktion, den geschützten mexikanischen Markt mit älteren und in Europa ausgelaufenen Modellen, insbesondere mit dem „Käfer", zu bearbeiten. Bereits Mitte der 1950er Jahre wurde VW Käfer in Form von CKD-Sätzen importiert und in Mexiko montiert. 1962 ging das Werk Promotora Mexicana de Automobiles (Promexa) in Xalostoc / Estado de México in Betrieb. Das Werk in Puebla wurde 1968 eingeweiht und war bis in die 1980er Jahre hinein mit der Herstellung sogenannter *coches populares*[59] alleine auf den Binnenmarkt orientiert.

Vor dem Hintergrund der Netzwerkbildung im Ausland ist die in den 1980er Jahren vollzogene Änderung der Konzernstrategie von herausragender Bedeutung. Als Volkswagen zunehmend zu der Verbundfertigung überging, veränderte sich auch die Funktion des Werkes Puebla. Die Verbundfertigung beinhaltet einen systematischen und weltweiten Austausch von Teilen und Komponenten zwischen den verschiedenen Werken des Konzerns. Dabei übernehmen die wichtigen Werke jeweils für bestimmte Modelle die Leitfunktion. Mit der Einführung des *New Beetle* hat das Werk Puebla erstmals die Rolle eines weltweiten Leitwerkes im Gesamtkonzern übernommen.

Die Entwicklung der Produktionszahlen von Volkswagen de México zeigt eine erste deutliche Wachstumsphase 1989/1990, danach einen Einbruch des Binnenmarktes im Jahr 1995, der auch durch weiter steigende Exporte nicht kompensiert werden konnte (vgl. Abb. 18). Im Anschluss an die Währungskrise folgte ein massiver Produktionsanstieg bis zum Jahr 2000, der überwiegend von den Exporten getragen wurde. Der markante Rückgang in den Jahren 2001 und 2002 wird auf weltkonjunkturelle Einflüsse

---

[59] *coches populares* = Volksautos

6 Deutsche Unternehmensnetzwerke in Mexiko

zurückgeführt, hatte aber massive Anpassungen im Unternehmen zur Folge. Nachdem das Werk im Jahr 2000 voll ausgelastet war, brachte das Jahr 2001 zunächst eine Überproduktion, die dann in der zweiten Jahreshälfte reduziert wurde. Innerhalb eines Jahres wurden 2.000 Arbeitsplätze abgebaut. Mit 14.000 Beschäftigten ist Volkswagen de México aber immer noch der wichtigste Arbeitgeber der Region.

Abbildung 18: Produktionszahlen VWM 1985 bis 2002

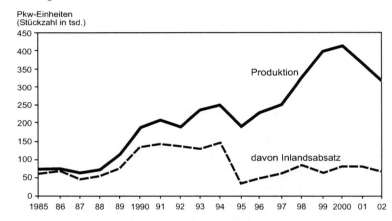

Quelle: VOLKSWAGEN DE MÉXICO 2003

Das Volkswagenwerk in Puebla produzierte im Rekordjahr 2000 über 400.000 Fahrzeuge, die zu 80 % für den Export bestimmt waren. Hierbei macht das Massenmodell Jetta und nicht etwa der *New Beetle* den Großteil der Fertigung aus (vgl. Abb. 19). Der *New Beetle* hat aber eine besondere Bedeutung für das Werk, ebenso wie für die Zulieferer und damit für die Entwicklung des Unternehmensnetzes. Er wurde in einer Stückzahl von knapp 150.000 gefertigt und zu fast 100 % exportiert. Das Modell ist ein sogenanntes *fun car* und bedient daher einen Nischenmarkt, der sich vor allem durch die gute Nachfrage in den USA umsatzstärker war als erwartet.

6 Deutsche Unternehmensnetzwerke in Mexiko

Abbildung 19: Produktionszahlen VWM nach Modellen 2000 bis 2002

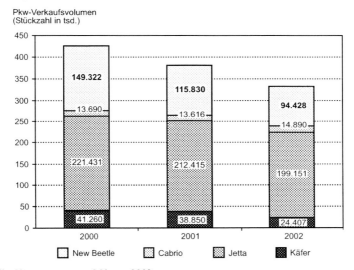

Quelle: VOLKSWAGEN DE MÉXICO 2003

Mit der Einführung des *New Beetle* verschoben sich auch die regionalen Absatzmärkte von VWM. Waren bis dahin ausschließlich Märkte des amerikanischen Kontinents beliefert worden, spielten ab 1998 auch Europa und der „Rest der Welt" (z.B. Japan) eine wesentliche Rolle als Absatzmarkt. Der Absatz in den USA entwickelte sich – ebenfalls unter dem Einfluss des *New Beetle* zum Ende der 90er Jahre ebenfalls sehr positiv. Die Jahre 2001 und 2002 waren jedoch von dem Einbruch der US-Konjunktur geprägt, die einen massiven Rückgang der Verkaufszahlen des *New Beetle* brachte. Die anderen Exportmärkte zeigten im Jahr 2002 noch schlechtere Tendenzen als der US-Markt (vgl. Abb. 20). Im Frühjahr 2003 soll die Cabrio-Version des *New Beetle* wieder eine Verbesserung der Bestellungszahlen bringen.

Die Einführung eines neuen Produktes dieser Rangordnung im Werk Puebla stellte Volkswagen de México vor gewaltige Herausforderungen:

➢ Die bis dahin in Puebla gefertigten Modelle benutzten die A3-Plattform; der *New Beetle* baut auf einer verkürzten Version der A4-Plattform auf. In die laufende Produktion der Modelle der alten Plattform musste mit dem *New Beetle* auch eine neue Plattform eingeführt werden, was erhebliche technische und logistische Flexibilität erforderlich machte.

➤ Erstmals wurde ein Volkswagenprodukt von Beginn an außerhalb Deutschlands gefertigt.

➤ Das Design des *New Beetle* machte ungewöhnliche Anpassungen der Plattform nötig. Von den ca. 950 Teilen, die von der Golf-Plattform A4 übernommen wurden, mussten 500 bis 600 an die spezifischen Karosserieverhältnisse angepasst werden. Es gibt 144 Lieferanten, die ausschließlich Teile für den *New Beetle* liefern.

Abbildung 20: Absatzmärkte VWM 2001 und 2002

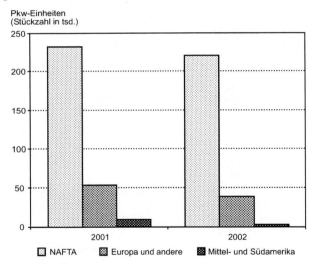

Quelle: VOLKSWAGEN DE MÉXICO 2000, S. 8.

Diese Veränderungen unterstützten den Internationalisierungsprozess der Zulieferer. Durch die Einbindung von Systemlieferanten sowie durch die genauere zeitliche Sequenzierung der Zulieferungen mit dem Ziel, die Lagerhaltung zu reduzieren, stieg mit Einführung der neuen Plattform für die Zulieferer auch die Notwendigkeit, vor Ort präsent zu sein. Zusätzlich förderten die Verbundfertigung im Konzern und externe wirtschaftspolitische Einflüsse den Anreiz, ein qualifiziertes Zuliefernetzwerk im Umfeld des Leitwerkes zu schaffen. Die Zahl der Volkswagenzulieferer in Mexiko, die zu einem großen Teil deutscher Herkunft sind, ist daher in den 90er Jahren rasch angestiegen. BMW und Mercedes Benz hätten aufgrund der geringen Volumina nicht die

Kraft, die Zulieferer zu diesem Schritt zu bewegen; sie greifen auf die existente Struktur zurück.

Im Jahr 2000 arbeitete Volkswagen de México mit insgesamt 391 Lieferanten zusammen, von denen 285 (73 %) ihren Standort in Mexiko hatten und 65 in den USA. Gegenüber der Situation Mitte der 1990er Jahre, als noch 583 Unternehmen das Werk in Puebla belieferten, ist eine deutliche Reduzierung der Lieferantenzahlen zu konstatieren. Vor allem die Anzahl der Zulieferer aus Europa wurde drastisch reduziert: von 176 auf heute nur noch 14 (vgl. FUCHS 1995 S. 127 und VOLKSWAGEN DE MÉXICO 2000, S. 11). Heute liefern 27 Zulieferer ihre Produkte *just in time* direkt in den Montageprozess. Die meisten dieser just-in-time-Lieferanten sind im dem Volkswagenwerk unmittelbar benachbarten FINSA-Industriepark ansässig.

Im Vergleich der Globalisierungsstrategien der international dominierenden Automobilproduzenten nimmt Volkswagen eine besondere Rolle ein und zeigt Ansätze zu der Entwicklung einer neuen, innovativen polyzentrischen Strategie. Dennoch ist bei Volkswagen durch die Umsetzung der Plattformstrategie und damit einer Entwicklung von einer *multidomestic company* zu einer *world-wide company*, die sich von ersterer durch eine stärker ausgeprägte Hierarchie und homogenere Strukturen unterscheidet, eine zunehmende Zentralisierung zu erkennen (vgl. BÉLIS-BERGOUIGNAN ET AL. 2000).

6.1.4 Struktur und Aussichten der Automobilzulieferindustrie in Mexiko

Zum Ende des Jahres 2000 waren in der gesamten Automobilindustrie in Mexiko 550 Unternehmen mit ausländischer Beteiligung registriert, darunter 357 Hersteller von Autoteilen und -zubehör, 58 Hersteller elektronischer Systeme für Automobile, 40 Motorenproduzenten, 38 Hersteller von Automobilen (inkl. Nutzfahrzeuge) und 57 weitere Zulieferer (vgl. CEESP 2001, S. 28). Deutsche Zulieferer nehmen knapp vor den US-amerikanischen Herstellern die führende Position ein (vgl. AUSTRADE 2002, S. 22f.).

Die regionale Verteilung der Zulieferer spiegelt die Dominanz des zentralen Hochlandes von Mexiko (der *mesa central*) in der Automobilindustrie wieder. Die wichtigsten Standorte finden sich im Estado México, im Distrito Federal und in den benachbarten Bundesstaaten Puebla und Querétaro, wo zusammen 60 % aller Zulieferer ansässig sind (vgl. Tab. 6). Bemerkenswerterweise sind die klassischen *Maquiladora*-Standorte in der Automobilindustrie vergleichsweise unbedeutend, obwohl hier zahlreiche amerikanische Hersteller ihre Standorte haben.

Unter Berücksichtigung ihrer Herkunft und dominanter Marktbeziehung lassen sich verschiedene Basissegmente der Zulieferindustrie in Mexiko identifizieren (vgl. CEESP 2001, S. 16). Für die vorliegende Untersuchung sind die Unternehmen der ersten und vierten Kategorie von besonderer Bedeutung.

1. **Große transnationale Zulieferer**: Sie beliefern Exportmärkte und/oder die in Mexiko ansässigen Hersteller als OEM.
2. **Große nationale Unternehmen**: Sie sind meist Tochtergesellschaften großer mexikanischer Holdings und beliefern alle Märkte, vom Export bis zum Direktverkauf von Ersatzteilen an die Endkunden.
3. **Mittelgroße nationale Unternehmen**, die den nationalen Ersatzteilmarkt beliefern, aber als *second* oder *third tier supplier* in die Zuliefersysteme eingebunden sind.
4. **Mittelgroße internationale/ausländische Unternehmen**, die fast alle auf Einladung von Automobilherstellern nach Mexiko kamen, um sich in deren Wertschöpfungskette einzubringen.
5. **Kleine nationale Hersteller**, die ausschließlich den nationalen Ersatzteilmarkt beliefern.

Tabelle 6: Standorte der Automobilzulieferindustrie

	Unternehmen		Beschäftigte	
	Anzahl	Anteil in %	Anzahl	Anteil in %
Distrito Federal	286	18,2	12705	6,8
México	282	18,0	39315	21,0
Jalisco	172	11,0	7171	3,8
Nuevo León	151	9,6	15129	8,1
Puebla	83	5,3	23888	12,8
Coahuila	56	3,6	17412	9,3
Querétaro	46	2,9	7770	4,2
San Luis	44	2,8	4158	2,2
Tamaulipas	44	2,8	12770	6,8
Guanajuato	43	2,7	7636	4,1
Chihuahua	37	2,4	11868	6,4
Rest	325	20,7	26977	14,4
Gesamt	1569	100,0	186799	100,0

Quelle: INEGI 2002, Cuadro 2.1.14

6 Deutsche Unternehmensnetzwerke in Mexiko

Seit dem Jahr 1994 sind in die gesamte mexikanische Automobilindustrie Direktinvestitionen in Höhe von knapp 8,5 Mrd. US-$ geflossen. Die Zulieferindustrie hat damit insgesamt in den letzten Jahren mehr Investitionen in Mexiko getätigt als die Automobilhersteller[60] selbst. Deutschland ist dabei mit knapp 10 % der Direktinvestitionen nur der drittwichtigste Investor, nach den USA mit 50 % und Japan mit 30 % der gesamten Investitionssumme (vgl. CEESP 2001, S. 29).

Abbildung 21: Ausländische Investitionen in die mexikanische Automobilindustrie (1994-2000 kummuliert, in Mio. US-$)

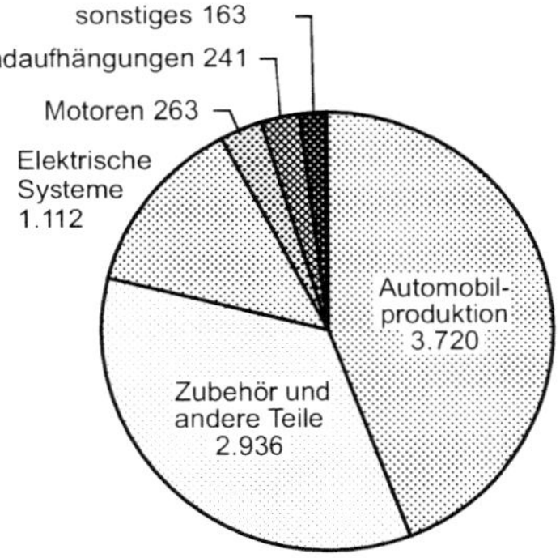

- sonstiges 163
- Radaufhängungen 241
- Motoren 263
- Elektrische Systeme 1.112
- Automobilproduktion 3.720
- Zubehör und andere Teile 2.936

Quelle: CEESP 2001, S. 29

Für die Zulieferindustrie ist in den nächsten Jahren mit den folgenden zentralen Entwicklungen zu rechnen (vgl. CEESP 2001, S. 36):

➢ Durch den Wegfall des vorgeschriebenen *local content* (von zur Zeit 29 %) im Jahr 2004 ist mit der Einleitung einer Konsolidierungsphase zu rechnen. Etwa 80 % der Zulieferer werden dann Schwierigkeiten haben, sich im Markt zu behaupten.

➢ In der Folge werden sich bis 2006 voraussichtlich nur ca. 300 der heute noch 500 *first-tier-supplier* behaupten können.

➢ Für die rein mexikanische Zulieferindustrie ist ein steigender Spezialisierungsgrad zu erwarten.

---

[60] Die Entwicklung über die einzelnen Jahre hinweg zeigt insbesondere in der Zulieferindustrie starke Schwankungen.

6 Deutsche Unternehmensnetzwerke in Mexiko

> Für 2004 und 2005 wird ein leichter Rückgang des Produktionsvolumens der Zulieferer prognostiziert, der aber durch eine Steigerung der Exportaktivitäten bereits mittelfristig kompensiert werden kann.

Die Prognose des CEESP lässt für die mittelgroßen ausländischen Produzenten große Probleme erwarten. Da sie auf der Basis so genannter „Kielwasserinvestitionen" in den mexikanischen Markt eingetreten sind, haben sie bisher eine sehr wenig diversifizierte Kundenstruktur entwickelt. Das Niveau der Wettbewerbsfähigkeit dieser Lieferanten ist laut CEESP zudem international nicht ausreichend. Somit zielen die vom Institut empfohlenen Strategien auf eine verstärkte Kundendiversifizierung, speziell auf europäische und japanische Hersteller, sowie auf eine zunehmende Exportorientierung gerichtet. Aufgrund der bevorstehenden Marktöffnung bereits im Jahr 2004 ist mit einer Reihe von Exits und Übernahmen von Zulieferern durch größere *global players* zu rechen (vgl. CEESP 2001, S. 37). Schlechter stellen sich die Prognosen für die mexikanischen Kleinstanbieter dar, für die zu erwarten ist, dass sie ab 2004 sukzessive übernommen oder geschlossen werden.

6.1.5 Netzwerkbeziehungen deutscher Automobilzulieferer in Mexiko

Die Austauschbeziehungen zwischen dem Hersteller und seinen Lieferanten können in der Automobilindustrie nicht als rein marktbasierte Transaktion betrachtet werden. Vielmehr ist schon aufgrund der beschriebenen technischen und strategischen Entwicklung der Branche eine zunehmende Intensität und Vielfältigkeit der Interaktionen zu erwarten. Zudem sind nicht nur die Beziehungen zwischen dem Hersteller und seinen Lieferanten, sondern auch die der Lieferanten untereinander, ihre Hierarchie, sowie ihre formellen und informellen Austauschbeziehungen relevant. Die Zulieferstruktur eines Automobilherstellers ist als Beschaffungsnetzwerk zu begreifen, zu dessen Verständnis weitere, über das Ökonomische und die räumliche Distanz hinausgehende Einflussfaktoren sowohl technologischer als auch kultureller Natur nötig sind. Eine wesentliche Rolle spielt dabei die Herkunft des Firmenkapitals (vgl. CARILLO / GONZÁLEZ LÓPEZ 1999, S. 93f.). Die Entwicklung eines Beschaffungsnetzwerkes mit hoher deutscher Beteiligung lässt sich wie folgt beschreiben: zunächst fällt auf der Basis langjähriger Zusammenarbeit in Deutschland und der expliziten Forderung von Volkswagen die Entscheidung, sich in Mexiko anzusiedeln. Im Anschluss an die Ansiedlung in Mexiko werden zügig Versuche zur Diversifizierung der Kundenstruktur unternommen.

6 Deutsche Unternehmensnetzwerke in Mexiko

Die Basis der Beziehungen zwischen den deutschen Zulieferern und Volkswagen in Mexiko sind langfristige Kooperationsvereinbarungen. Dies unterscheidet sie von den Beziehungen des fokalen Kunden zu transnationalen und mexikanischen Zulieferern, wo marktliche Ausschreibungen als Basis der Zusammenarbeit dominieren.

Wie dargelegt, nimmt Volkswagen de México eine herausragenden Position unter den Herstellern ein. Das Werk in Puebla ist das einzige vom Volumen her relevante Produktionswerk eines deutschen Automobilkonzerns in Mexiko. Aus diesem Grund konzentrieren sich die folgenden Ausführungen zum deutschen Automobilzuliefernetzwerk in Mexiko auf die Konstellation um Volkswagen de México. Die Analyse der Netzwerkkonstellation in der Automobilindustrie erfolgt anhand der definitorischen Merkmale nach dem interaktionsorientierten Netzwerkansatz (vgl. Kap. 4.2.2).

Interdependenz als konstitutives Merkmal von Netzwerkbeziehungen bezeichnet ein gewisses Maß an Abhängigkeit der Akteure untereinander, ohne dass damit Gleichberechtigung gemeint wäre. Die gegenseitige Abhängigkeit ist maßgeblich für die Stabilität eines Netzwerkes: Sie mindert die Gefahr des Exits von Akteuren, erhöht aber andererseits im Falle eines Exits die Auswirkungen auf die anderen Akteure.

Die in Mexiko ansässigen Zulieferer sind in hohem Maße auf einen einzigen Kunden orientiert: Die befragten Unternehmen erzielen meist 70-80 %, teilweise auch 100 % ihres Umsatzes aus dem Verkauf an Volkswagen. Auf der anderen Seite kann Volkswagen die Zulieferer nicht kurzfristig wechseln. Dafür lassen sich mehrere Gründe finden, die zunächst in allgemeinen Merkmalen und Strukturen der Automobilindustrie liegen: Die gemeinsame Produktentwicklung, das spezialisierte und beim Zulieferer installierte Werkzeug, die technologische Leistungsfähigkeit und Zuverlässigkeit der etablierten Zulieferer verursachen bei einem Wechsel außerordentlich hohe Kosten, da bei Zulieferern, mit denen noch keine Zusammenarbeit etabliert ist, ein erhöhtes Risiko gegeben ist. Teilweise ist der Wechsel während der Bauzeit eines Modells technisch und logistisch kaum zu leisten, bzw. die Angebotsstruktur in Mexiko lässt einen Wechsel nicht zu. Für zahlreiche Teile sind keine weiteren Hersteller in angemessener Entfernung ansässig. Von Zulieferern wird explizit darauf verwiesen,

> „dass ein Kunde sehr froh ist, wenn er einen ruhigen Lieferanten hat und den dann auch nicht piesackt. Ich will es nicht gegenseitige Abhängigkeit nennen. Aber es besteht die Notwendigkeit, dass man miteinander spricht und nicht sagt: ‚Weißt Du was? Ich kann Dich aus dem Fenster fegen'. Denn die Ausweichmöglichkeiten (...) sind bei den ausgelasteten Kapazitäten hier im Markt zur Zeit schwer. (...) Deswegen ist das eher gegenseitiger Respekt, weil man miteinander arbeiten muss" (Interview 25).

Hinsichtlich der Beziehung zwischen Zulieferern lässt sich eine unmittelbare Abhängigkeit nur dann konstatieren, wenn gemeinsam Projekte durchgeführt werden. Das konnte nur in seltenen Fällen bei Herstellern mit komplementären Produkten beobachtet werden. Eine Interdependenz ist aber in den Fällen gegeben, bei denen durch die unmittelbare Nachbarschaft in einem Industriepark die Notwendigkeit besteht, als Interessensgruppe gemeinsam aufzutreten.

Die **lose Verflechtung** äußert sich in der Regel durch rechtliche und/oder wirtschaftliche Selbstständigkeit der betrachteten Unternehmen im Netzwerk. Es gibt einige wenige Zulieferer und Dienstleistungsunternehmen, die zu Automobilkonzernen gehören; der größte Teil ist rechtlich unabhängig. Eine wirtschaftliche Abhängigkeit ist hingegen gegeben. Durch den oben angeführten hohen Anteil des fokalen Unternehmens am Gesamtumsatz der Zulieferer (*first tier*), aber meist auch der *second tier*, entsteht eine eindeutige wirtschaftliche Abhängigkeit, die von diesen Unternehmen meist auch als solche wahrgenommen wird. Die *second tier* Zulieferer sehen in der Regel den Kfz-Hersteller als Kunden und weniger den *first tier*.

Die wirtschaftliche Abhängigkeit wird jedoch durch Tendenzen zur Diversifizierung der Kundenstruktur reduziert, wobei die meisten Unternehmen sich noch in der Anfangsphase dieses Diversifizierungsprozesses befinden. Volkswagen unterstützt diese Tendenzen grundsätzlich, da aufgrund der beschriebenen Interdependenz auch das fokale Unternehmen gesunde Teilnehmer im Unternehmensnetzwerk wünscht. Insgesamt reduziert sich dadurch das Risiko des fokalen Unternehmens: Der vollständige Exit des Zulieferers aus dem Netz wird unwahrscheinlicher und die Verantwortung des fokalen Unternehmens reduziert sich.

Zwischen den Zulieferern besteht fast immer eine lose Verflechtung. Nur in seltenen Fällen sind Zulieferer komplett an andere Zulieferer gebunden, z.B. ein Teilelieferant an einen Systemzulieferer. Da Globalisierung und Unternehmenskonzentration in den letzten Jahren die mittelständische Struktur einiger Zulieferbranchen teilweise aufgebrochen haben, gibt es einige Zulieferer, die eine ganze Reihe unterschiedlicher Betriebe in Mexiko besitzen. Diese werden hier aber nicht als eigenständige Teilnehmer des Netzwerkes, sondern als ein einziges Unternehmen betrachtet.

Auch in Unternehmensnetzwerken sind **Macht und Kontrolle** ungleich verteilt. Es geht daher nicht um die Frage, ob Ungleichgewichte bestehen, sondern wie die Machtungleichgewichte konstituiert sind, welche Folgen sie für strategische Entscheidungen haben und wie die Kontrolle zwischen den Akteuren organisiert ist. Im Bezug auf die Zulieferer verfügt das fokale Unternehmen zweifelsfrei über die nötige Macht, um die Standortentscheidung pro Mexiko aktiv zu forcieren. Die Ursache hierfür liegt in den

Beziehungen in Deutschland und in allgemeinen Tendenzen der Automobilindustrie – speziell der Einführung der Plattformproduktion und des *single sourcing* – begründet. Der Verzicht auf eine Investition in Mexiko bedeutet nicht nur, aus dem NAFTA-Markt weitgehend ausgeschlossen zu sein, sondern birgt für den Zulieferer die Gefahr, aus der Produktion eines Modells oder sogar einer Plattform weltweit ausgeschlossen zu sein. In den Interviews wurde durchgängig die eindeutige Rolle des fokalen Unternehmens für die Entscheidung, überhaupt in Mexiko aktiv zu werden, bestätigt. Teilweise handelt es sich dabei um die erste Internationalisierung, die alleine aufgrund des Automobilherstellers gefällt wurde. Andere Akteure sehen den Schritt nach Mexiko als Teil einer Internationalisierungsstrategie, Volkswagen war in diesen Fällen nur der Auslöser und hat den Zeitpunkt der Entscheidung bestimmt.

„Wir haben eine Einladung vom Kunden bekommen, uns hier in Mexiko niederzulassen. Eine sehr deutliche Einladung, die man nicht ausschlagen konnte, und deswegen haben wir dieses Zweigwerk in Mexiko aufgebaut. Das war eigentlich der Auslöser. Es wäre früher oder später im Rahmen der Gesamtexpansion sowieso gekommen, aber der Auslöser war die Einladung des Kunden" (Interview 51).

Als Sicherheit für die Zulieferer bestehen mittelfristige Verträge bzw. Absichtserklärungen, die sich meist auf die Dauer der Laufzeit eines oder mehrerer Modelle beziehen. Der Zulieferer garantiert dem Kunden die Bereitstellung von Produktionskapazitäten und meist auch jährliche gestaffelte Preisnachlässe. Die Forderung nach letzteren begründet der Kunde mit Lernkurveneffekten auf Seiten der Zulieferer.

Eine Besonderheit der Situation in Mexiko ist der massive Einfluss des fokalen Unternehmens auf die Zusammensetzung des gesamten Zuliefernetzes. Zulieferer müssen von Volkswagen nicht nur dann die Freigabe erhalten, wenn sie direkt liefern, sondern dies bezieht sich auch auf die *third-tier*-Zulieferer. Aufgrund der weniger vielfältigen Angebotsstruktur – in Mexiko sind wesentlich weniger international zertifizierte Lieferanten ansässig als in den traditionellen Produktionsländern – bestimmt diese Zulassung durch das fokale Unternehmen letztlich die Zusammensetzung des Netzwerkes. Zusätzlich scheint die Kontrolle der Zulieferer durch das fokale Unternehmen wesentlich intensiver zu sein als dies in Deutschland der Fall ist.

Gemäß transaktionskostentheoretischer Überlegungen müsste der Vorteil des *single sourcing* bzw. des *modular sourcing* darin liegen, die Anzahl der Tauschpartner erheblich zu reduzieren, um Kontrollkosten zu sparen bzw. die Kontrolle der *second tier* und *third-tier*-Zulieferer an die Systemlieferanten auszulagern (vgl. z.B. BERTRAM 1992, S. 224). Diese Auslagerung der Kontrollkosten wird von Volkswagen de México nicht vorgenommen, was vermuten lässt, dass das Risiko opportunistischen Verhaltens als hoch eingeschätzt wird, das Zutrauen in die technische Leistungsfähigkeit der Partner nicht gegeben ist oder die Anpassungskosten (vgl. 4.2.1) sehr hoch sind. Dies gilt auch für die in Mexiko ansässigen deutschen Zulieferer, nicht aber für die Zulieferungen direkt aus Deutschland.

In der Beziehung zwischen den Zulieferern besteht im Vergleich dazu wenig Machtungleichgewicht. Die Hierarchisierung der Zulieferstrukturen führt zwar auch im Falle des Zuliefernetzes in Mexiko in eine deutliche Differenzierung zwischen den *first-tier*-Unternehmen, die meist global aktive große Systemlieferanten sind, und den *second-tier* bzw. *third-tier*-Lieferanten. Die meist im Rahmen von erheblichen Konzentrationsprozessen entstandenen *global players* verfügen aufgrund ihrer Position im Netzwerk, die meist eine Stellung als Systemlieferant beinhaltet, eine höhere Macht sowohl im Hinblick auf ihre Zulieferer als auch im Bezug auf den zentralen Kunden. Bemerkenswert ist, dass von den nachgelagerten Zulieferern von einem wahrgenommenen Machtungleichgewicht im Bezug auf Volkswagen gesprochen wird, aber kaum in Bezug auf die Systemlieferanten. Sie verstehen sich als Volkswagenlieferanten und nicht als Zulieferer von z.B. Bosch, und werden auch von ersterem zugelassen und kontrolliert.

Mit **reziproken** Interaktionen sind Austauschvorgänge zwischen Akteuren des Netzwerkes gemeint, die materielle oder immaterielle Inhalte haben können, sich aber nicht kurzfristig, sondern nur in langfristiger Perspektive ausgleichen müssen. Ein Beispiel dafür ist eine Information, die an andere Netzwerkteilnehmer weitergegeben wird, ohne dass dafür unmittelbar eine Gegenleistung erfolgt.

Der Leistungsaustausch zwischen Hersteller und Lieferant erfüllt das Kriterium der Reziprozität nicht. Die überwiegend materiellen Inhalte der Transaktionen gleichen sich kurzfristig aus. Unter den Zulieferfirmen besteht hingegen durchaus ein reziprokes Austauschverhältnis. Vor allem bei der Betrachtung von Kooperationen innerhalb eines Industrieparks lassen sich vielfach Kooperationen finden, die informell konstituiert sind und in denen kein kurzfristiger Ausgleich erfolgt. Zum Beispiel findet bei konkreten Problemen eine sehr schnelle und unkomplizierte Aushilfe zwischen den Zulieferfirmen statt. Beispielsweise wird bei Materialengpässen dem benachbarten Unternehmen Material zur Verfügung gestellt, oder man hilft sich bei Reparaturen mit Technikern aus. Diese Hilfestellung erfolgt in der Erwartung des Akteurs, dass er selber in die gleiche Lage kommen kann und dann auch die entsprechende Hilfe erfährt.

Als Zwischenfazit kann festgehalten werden, dass es sich bei den betrachteten Zulliefer-, bzw. Kooperationsbeziehungen um ein in mittelfristiger Perspektive stabiles Unternehmensnetzwerk handelt, das seinen Wandel und seine Erneuerung eher durch Wachstum als durch den Wechsel von Akteuren erfährt. Zweifelsfrei beruhen die für den Markteintritt ausschlaggebenden Beziehungen auf der langfristigen Zulieferbeziehung in Deutschland. Dabei spielt der zentrale Automobilhersteller die maßgebliche Rolle.

Die Entscheidungen über
- Markteintritt,
- Zeitpunkt,
- Produktstrategie und
- teilweise auch Standortwahl

werden maßgeblich durch das fokale Unternehmen beeinflusst. Das führt in den meisten Fällen zu einem erfolgreichen Einstieg des Zulieferers. Bestimmte Kapazitätsauslastungen sind gesichert und der Start gelingt.

6.2 Umwelttechnologie in Mexiko und die Einbindung deutscher Akteure

Eine grundsätzlich andersartige Konstellation ist für die Umwelttechnologie zu erwarten. In dieser jungen, überwiegend mittelständischen Branche ist mit hoher Turbulenz im Markt zu rechnen, weswegen zeitlich befristete Netzwerkkonstellationen um zentrale Projektträger oder NGOs eingegangen werden könnten. Zur Untersuchung der Netzwerkbeziehungen im Umwelttechnologiemarkt bedarf es jedoch einer vorgeschalteten Analyse der globalen und der mexikospezifischen Marktstrukturen in dieser Querschnittsbranche.

Umwelttechnologie ist weder einheitlich definiert, noch in der amtlichen Statistik explizit erfasst, sondern sie wird verschiedenen Branchen zugerechnet. Zudem werden einige der umwelttechnologischen Produkte auch zu anderen Zwecken eingesetzt, und die Leistungen der integrierten Technik lassen sich wertmäßig nicht isolieren.

„Zur Umwelttechnologie zählen Waren und Dienstleistungen, die entstandene Umweltbelastungen erfassen und vermindern, der Vermeidung von Umweltschäden dienen und zur Schonung der natürlichen Ressourcen beitragen" (PLOSS 2001, S. 15).

Es handelt sich also um eine Querschnittsbranche, die explizit sowohl Dienstleistungen als auch das Produzierende Gewerbe einschließt. Diese Definition umfasst eigentlich auch die Fertigung umweltfreundlicher Produkte; ein Ansatz, dem in der vorliegenden Untersuchung nicht gefolgt wird, da bei diesen Produkten die Umweltfreundlichkeit einen Zusatznutzen und nicht das originäre Anwendungsgebiet darstellt. Die verschiedenen Teilbereiche der Umwelttechnologie können nach der Art der Anbieter in additive (oder nachsorgende) und integrierte Umwelttechnologie unterteilt werden.

6.2.1 Internationalisierung der deutschen Umwelttechnologie

Die Umwelttechnologie hat sich zu einer gesamtwirtschaftlich bedeutenden Querschnittsbranche entwickelt, deren Beschäftigtenzahl in Deutschland auf etwa 1,3 Millionen geschätzt wird und somit die Beschäftigten im Maschinenbau oder Fahrzeugbau übersteigt (vgl. UMWELTBUNDESAMT 2001, S. 1f.). Die Entwicklung dieses Marktes hat in Deutschland im Wesentlichen in den 1980er und 1990er Jahren stattgefunden; seit Ende der 1990er Jahre treten Marktsättigungseffekte auf. Neue Wachstumsmärkte stehen im Mittelpunkt der Betrachtung und der strategischen Neuorientierung. Da der Sektor überwiegend durch KMU dominiert wird, ist die Orientierung auf neue Märkte von zahlreichen Hemmnissen behindert, so dass die deutschen Umwelttechnologieanbieter insgesamt wenig internationalisiert sind: Nur etwa 10 % der deutschen Umwelttechnikunternehmen vermarkten ihre Produkte auf internationalen Märkten. Demzufolge ist die Exportquote mit nur ca. 20 % im Vergleich zu anderen Industriezweigen extrem niedrig. Zusätzlich konzentrieren sich diese Exporte überwiegend auf die Zielregion EU (75 %), während die Absatzmärkte USA und Japan bereits deutlich zurückliegen. Ostasien und die Transformationsländer Mittel- und Osteuropas stehen im Fokus jüngerer Internationalisierungsbemühungen der Unternehmen im Umweltbereich. Die Hauptsegmente sind Abwasserbehandlung, Abfallwirtschaft und Luftreinhaltung, wobei deutsche Anbieter bei vor- wie nachgelagerter Umwelttechnik international in etwa gleich stark vertreten sind. Trotz der zunehmenden Internationalisierungsbemühungen verlor die deutsche Umwelttechnologie im Verlaufe der 1990er Jahre sukzessive Weltmarktanteile und lag 1998 nach den USA und Japan mit einem Anteil von 16,5 % nur noch an dritter Stelle.

Als Reaktion auf diese Entwicklung führten wirtschaftspolitische Institutionen und Interessenvertretungen eine Vielzahl unterschiedlicher Programme und Fördermaßnahmen zur Stärkung der Wettbewerbsposition deutscher Anbieter im internationalen Kontext ein. Sie sollen helfen, die Stärken deutscher Anbieter von Umwelttechnik, die in herausragenden technologischen Lösungen und langfristigen Geschäftsstrategien liegen, in Wettbewerbsvorteile umzusetzen. International werden zukünftig die fol-

genden Qualitäten zum langfristigen Bestehen notwendig sein (vgl. MINK-ZAGHLOUL 1999, S. 2-6):
- technologische Innovationen,
- qualitativ hochwertige Produkte und Serviceleistungen vor Ort,
- Orientierung an Kundenwünschen und angepasste Technologien,
- Flexibilität in der Produktion,
- Partnerschaften mit lokalen und mit deutschen Unternehmen,
- Finanzierungslösungen.

Den Markteintritt behindernde Probleme lassen sich zu den folgenden Gruppen zusammenfassen, die zum Teil generelle Internationalisierungshemmnisse darstellen, zum Teil KMU-typisch sind, aber auch umwelttechnologiespezifische Aspekte enthalten (vgl. PLOSS 2001, S. 85 ff.):
- marktliche Rahmenbedingungen, z.b. Zölle und lizenzrechtliche Einschränkungen,
- kulturelle Probleme, z.b. fehlendes Umweltbewusstsein in Zielregionen,
- Markttransparenz,
- Gesetzgebung, z.b. nicht existente Umweltgesetze und andere Normen,
- unternehmensinterne Gegebenheiten, z.B. fehlende Ressourcen für BOT-Modelle,
- Finanzierung.

Zur Erschließung internationaler Märkte sind angesichts der mittelständischen Struktur der Industrie in Deutschland kooperative Strategien empfehlenswert. Kooperationen mit lokalen Firmen sollten aus Kostengründen ebenso wie wegen der Risikominimierung und zur Überwindung protektionistischer Maßnahmen und *buy-national*-Forderungen angestrebt werden. Insbesondere wird auf Partnerschaften mit anderen deutschen Firmen als Handlungsoption verwiesen:

> „Um die Vorteile und Synergieeffekte durch Kooperation zwischen deutschen Firmen nutzen zu können, müssen bei Unternehmen noch Umdenkungsprozesse stattfinden. In der Vergangenheit was es leider häufig so, dass sich viele deutsche Unternehmen im Ausland darauf konzentrierten, ihre deutschen Wettbewerber in Schach zu halten. Dadurch wurden viele Kapazitäten gebunden. Unternehmen anderer Nationen kooperieren wesentlich stärker und erzielen dadurch erhebliche Vorteile auf den Auslandsmärkten." (MINK-ZAGHLOUL 1999, S. 7-4)

Solche Kooperationen deutscher Firmen können in der Umwelttechnologie vielfältige Formen annehmen, die insgesamt durch lose Verflechtungen gekennzeichnet sind:

6 Deutsche Unternehmensnetzwerke in Mexiko

Projektbezogene Partnerschaften und die Bildung von Arbeitsgemeinschaften und Konsortien stellen Kooperationsformen dar, die Merkmale von Projektnetzwerken tragen können. Aber auch die Beteiligung an einem Firmenpool oder der Markteintritt im Rahmen einer Kielwasserinvestition sind gangbare Wege in die neuen Märkte. Studien in Deutschland belegen die tragende Rolle von Kooperationspartnern in Deutschland, die ihrerseits Auslandskontakte besitzen, als Anstoß für die Internationalisierungsbestrebungen. Daneben wird Messen sowie auch den Kammern und Informationsbüros eine wichtige Funktion in der Erschließung von Auslandsmärkten zugestanden (vgl. PLOSS 2001, S. 86f.). Daher ist der Frage nachzugehen, inwiefern auf der Basis der empfohlenen Kooperationsstrategien und der in Deutschland festgestellten Verflechtungen und Informationsquellen ein Netzwerk deutscher Unternehmen in Mexiko feststellbar ist und welche Funktionen es für den Markteintritt von Umwelttechnologieunternehmen übernehmen kann.

6.2.2 Strukturen des mexikanischen Umwelttechnologiemarktes

Der mexikanische Markt für Umwelttechnik ist noch schwach entwickelt, mit einem Marktvolumen von ca. 4,2 Mrd. US-$ (2001) macht er zur Zeit nur etwa 0,6 % des BIP aus; der Vergleichswert der meisten Industrieländer liegt bei etwa 3 %. Der Nachholbedarf wird durch diese Zahlen ebenso offensichtlich wie durch die Betrachtung des Handlungsbedarfs aufgrund akuter Umweltprobleme. Der Markt zeigt seit Gründung der NAFTA und der Unterzeichnung der wichtigsten multilateralen Umweltkonventionen aufsteigende Tendenz. Positive Marktfaktoren lassen eine dynamische Entwicklung erwarten, so dass ein Anstieg des Umweltmarktes auf 1,8 % des BIP bis zum Jahr 2010 prognostiziert wird. Zu den positiven Marktfaktoren zählen folgende Entwicklungen:

- Der internationale Wettbewerbsdruck zwingt zur Prozessoptimierung.
- Internationale Großkonzerne fordern von ihren Lieferanten die Einhaltung von Qualitäts- und Umweltstandards.
- Freiwillige Initiativen zur Selbstregulierung wurden abgeschlossen.
- Öko-Audit-Systeme wie *Industria Limpia* und ISO 14.000 verbessern die Öffentlichkeitswirkung.
- Diverse staatliche Maßnahmen bringen finanzielle Anreize.

Die Umwelttechnologie stellt sich als eine Querschnittsbranche mit unterschiedlichen Rahmenbedingungen und Marktvolumina sowie maßgeblichen Akteuren in verschiedenen Teilmärkten dar. Die wichtigsten Segmente in dem jungen mexikanischen Umwelttechnologiemarkt sind Abfallentsorgung, Abwasserreinigung, Trinkwasserversorgung und Luftreinhaltung. Die Struktur der Kunden von umwelttechnologischen Produkten präsentiert sich äußerst heterogen. Folgende Gruppen lassen sich identifizieren:

- mexikanische Großunternehmen,
- private Haushalte,
- deutsche bzw. europäische Firmen,
- mexikanische Kleinstunternehmen,
- staatliche und kommunale Einrichtungen.

Die Reihenfolge gibt in etwa die Bedeutung der jeweiligen Kundengruppe wieder, wobei die größte Bedeutung den mexikanischen Großunternehmen wie z.b. der PEMEX (Mineralölindustrie), der Grupo Modelo (Brauerei) sowie Unternehmen der chemischen Industrie und Zementfabriken zukommt. Die Beziehung zu deutschen Kunden ist in der Umwelttechnologie von nachrangiger Bedeutung. Da die Struktur heterogen ist, werden die wichtigsten Segmente hinsichtlich ihrer momentanen Lage, der Entwicklungsaussichten und der wichtigen Akteure kurz analysiert.

Wasserversorgung und Abwasserentsorgung

Landesweit fallen 231 m³/Sekunde kommunales Abwasser an, von denen allerdings nur 46 m³/Sekunde (18 %) in Kläranlagen eingeleitet werden. Angesichts dieses Defizits und des hohen prognostizierten Wachstums, das bis 2010 eine Erhöhung der Abwassermenge auf 360 m³/Sekunde bringen soll, ist erheblicher Aus- und Neubaubedarf an Leitungsinfrastruktur und Kläranlagen gegeben. Das größte aktuelle Problem stellt jedoch die Qualität der Kläranlagen und deren Betrieb dar. Von den existierenden 1.018 kommunalen Kläranlagen sind nur etwa drei Viertel in Betrieb, und diese wiederum arbeiten weit unter ihrer Kapazität (unter 70 % Auslastung). Die Qualität der Anlagen ist mangelhaft, vielfach reichen die einfachen Technologien nicht aus, um die zulässigen Grenzwerte bei Einleitung in die Vorfluter einzuhalten.

Industrieunternehmen verursachten im Jahr 2000 eine Abwassermenge von ca. 170 m³/Sekunde. Diese werden fast zur Hälfte von der Zuckerindustrie verursacht, gefolgt von der chemischen Industrie, Petrochemie, Eisen- und Stahl- sowie Papierindustrie (vgl. CNA 2002, S. 36). Landesweit existieren ca. 1.400 industrielle Kläranlagen, ein Drittel davon mit nur einer einzigen Reinigungsstufe. In diesen Anlagen werden jedoch nur 25,3 m³/Sekunde (15 % der industriellen Abwässer) behandelt. Darüber hinaus entsprechen fast 900 dieser Anlagen nicht den aktuellen Normen und Gesetzen.

Hinsichtlich der Wasserversorgung privater Haushalte besteht die Hauptproblematik aus Sicht der Technologieanbieter und der Betreiber darin, dass das Registrierungs- und Fakturierungssystem schlecht organisiert und intransparent ist, so dass nur etwa ein Viertel des Wasserverbrauchs abgerechnet und bezahlt wird. In ländlichen Regionen sind nur zwei Drittel der Haushalte an fließendes Trinkwasser und nur ein Drittel an ein Abwasserentsorgungssystem angeschlossen – in den Städten sind es 95 % bzw. 90 %. Der Bedarf an neuen und modernisierten Versorgungssystemen ist enorm, da die Versorgungsnetze marode sind und massive Transportverluste von bis zu 50 % verursachen. Die Trinkwasserpreise steigen und erreichen in den wichtigen Städten bereits deutlich über 1,00 US-$ /m³. Die höchsten Preise sind in den Industriezentren der Trockengebiete in den nördlichen Provinzen, z.B. in Tijuana/Baja California (5,67 US-$/m³) und Aguascalientes (4,96 US-$/m³) fällig. Dies übt einen erheblichen Druck auf das Wassermanagement in den Branchen mit hohem Verbrauch aus. Der industrielle Wasserverbrauch konzentriert sich in den Branchen Zuckerherstellung, Nahrungsmittelverarbeitung, Chemie und Petrochemie, Papierherstellung und Textilindustrie.

Abfallwirtschaft

Der Markt für die Behandlung von Hausmüll und Industrieabfällen ist noch weniger entwickelt als jener für Abwasserbehandlung. Angesichts der hohen Abfallmengen – landesweit fallen täglich 83.000 Tonnen Hausmüll an – und des prognostizierten Anstiegs auf über 100.000 Tonnen/Tag bis zum Jahr 2010 besteht dringender Handlungsbedarf. Hausmüll wird in Mexiko bisher fast ausschließlich deponiert, Kompostierung und Verbrennung befinden sich noch im Versuchsstadium. Etwa 80 % des anfallenden Hausmülls werden gesammelt und auf Deponien verbracht. Diese bestehen zu mehr als der Hälfte nur aus offenen Halden. Die Zusammensetzung des Hausmülls wird zu über 50 % von organischen Abfällen dominiert, erst danach folgen Verbundstoffe sowie Papier und Karton.

Die Recyclingquote wird derzeit auf 30 % geschätzt, wobei diese Schätzung mit hoher Unsicherheit behaftet ist, da der Recyclingbereich vom informellen Sektor dominiert wird. Da landesweit mehrere 100.000 so genannte *pepenadores*[61] von der Müllverwertung leben, gestaltet sich eine Formalisierung des Marktes für Abfallwirtschaft politisch wie sozial äußerst problematisch. Integrierte Entsorgungszentren wurden unter Beteiligung deutscher Firmen geplant, auf politischen Druck der Bevölkerung hin aber gestoppt (vgl. CAMEXA 2002, S. 5). Eine Modernisierung des Systems,

---

[61] Sogenannte *pepenadores* sammeln v.a. in Mexiko Stadt den Hausmüll ein, und sortieren die Wertstoffe aus.

Steigerung der Recyclingquoten und Einführung von Trennsystemen muss unter Einbeziehung der *pepenadores* erfolgen.

Das jährliche Aufkommen an Sondermüll wird auf 5-6 Mio. Tonnen geschätzt, von denen nur für ca. ein Viertel irgendeine Form der Behandlung nachgewiesen ist. Es existiert im Moment eine einzige Sondermülldeponie in Nordmexiko, weitere Projekte befinden sich unter Beteiligung internationaler Konsortien derzeit in Ausarbeitung.

Emissionsschutz

Insbesondere der Großraum Mexiko-Stadt (*Zona Metropolitana Valle de México* ZMVM) steht im Zusammenhang mit Emissionen im Mittelpunkt des öffentlichen, politischen und wissenschaftlichen Interesses. Hier übersteigen z.B. die Ozonwerte an 90 % der Tage die zur Gesundheitsvorsorge offiziell festgelegten Grenzwerte.

Abbildung 22: Emissionsquellen im Großraum Mexiko-Stadt 1998

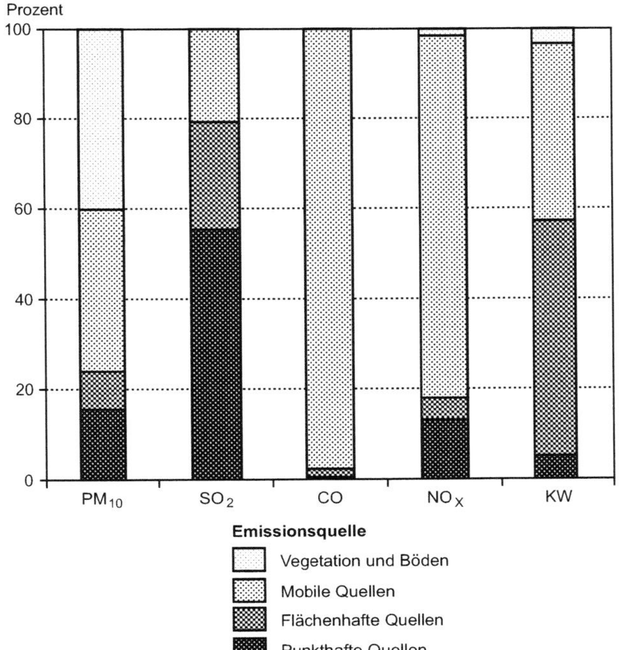

Quelle: SEMARNAT 2002, S. 5-6

Die dominante Emissionsquelle in der ZMVM ist der Straßenverkehr, der für den Großteil der Kohlenmonoxid- und Stickoxid-Emissionen verantwortlich ist (vgl. Abb. 22). Davon macht der private Pkw-Verkehr den größten Anteil aus (47 % bei Kohlenmonoxid und 23 % bei den Stickoxiden) gefolgt von Mikrobussen, Pickups und leichten Lkws bei den Kohlenmonoxid-Ausstössen. Bei Stickoxiden stellen die Dieselfahrzeuge (Lkws und Busse) nach den privaten Pkws die wichtigsten Emittenten dar. Die Kohlenwasserstoffemissionen sind zwar zu 17 % auf private Pkws zurückzuführen, die größte Bedeutung kommt hier jedoch flächenhaften Quellen zu, da insbesondere Lösungsmittel und die Reinigung von Oberflächen hohe Kohlenwasserstoffmengen freisetzen. Aber auch die unvollständige Gasverbrennung und Verluste von Methangas aufgrund undichter Leitungssysteme sind für Kohlenwasserstoffemissionen in erheblicher Menge verantwortlich.

Der größte Teil der Schwefeldioxid-Emissionen entstammt den als „punkthafte Quellen" zusammengefassten verschiedenen Industriebetrieben. Insbesondere die chemische Industrie, die Holzverarbeitung und die Bekleidungsindustrie dominieren mit über 10 % der gesamten Emissionen. Fast ein Viertel der gesamten Emissionen geht auf das Konto der Verbrennung fossiler Energieträger für Heizung und Warmwasserversorgung kommerzieller und öffentlicher Gebäude. Nur bei den Mikropartikeln (PM_{10}) haben die Böden eine nennenswerte Bedeutung als Emissionsquelle. Sie sind für über 40 % der Staubentwicklung verantwortlich.

Bereits in den 1990er Jahren wurden durch die Einführung von bleifreiem Benzin und die Katalysatorpflicht für Neuzulassungen bemerkenswerte Erfolge erzielt: Trotz des ansteigenden Verkehrsaufkommens gingen die Schwefeldioxid- und Stickstoffemissionen zurück. Die Schwefeldioxid- und Kohlenmonoxidkonzentrationen in der Atemluft sind in den 1990er Jahren stark zurückgegangen und überschreiten heute nur noch selten die mexikanische Norm (vgl. SEMARNAT 2002, S. A3-1f.)

Um diese Probleme der ZMVM in Angriff zu nehmen, wurde das Programm PRO-AIRE 2002-2010 geschaffen. Darin ist ein detaillierter Maßnahmenkatalog zur Emissionsreduktion enthalten. Die **Emissionsreduktion bei Verkehrs- und Transportmitteln** stellt das zentrale Element des Planes dar und beinhaltet u.a. eine Reihe unterschiedlicher Kontrollmaßnahmen wie Verbrauchsvorschriften, Senkung der gesetzlichen Schadstoffgrenzen (Schwefel), Verbesserung der technischen Überwachung der Fahrzeuge, besondere Kontrollen und Normen für importierte Fahrzeuge, Orientierung der Abgasstandards an den in Kanada und den USA gültigen Grenzwerten. Zudem werden einige bereits bestehende Programme neu aufgelegt[62]. Auch eine Reihe von Maßnahmen, die auf die Erneuerung bzw. Modernisierung der Fahrzeugflotte abzielen, sind vorgesehen. Hierbei soll neben der Eliminierung älterer Modelle v.a. der Einsatz effizienterer Transportmittel im Busverkehr Verbesserungen bringen; die Einführung von Elektroautos und eine Verstärkung des Methangas-Tankstellennetzes dient der Etablierung alternativer Treibstoffe. Infrastrukturelle Maßnahmen sind vor allem im Bereich des öffentlichen Nahverkehrs anzusiedeln (Metroausbau, Trolleibusse, suburbane Züge etc.). Im Bereich der **Emissionsreduktion durch Industriebetriebe** zielt das Programm auf verstärkte Kontrollmaßnahmen zur Vermeidung von Verschmutzung, aber auch auf Programme zur sauberen Fertigung und freiwilligen Selbstkontrolle. Die Emissionsreduktion im Bereich der Dienstleistungen sieht unter anderem die Etablierung von umweltorientierten Qualitätsstandards bei KMU vor. Zudem sind einzelne Maßnahmen vorgesehen, um z.B. effizientere Verbrennungsprozesse zu erreichen oder den Gasaustritt durch undichte Leitungen zu vermeiden. Auch die Solarenergienutzung soll verstärkt werden. Der **Erhalt natürlicher Ressourcen** ist ein weiterer Programmpunkt, der eine geordnetere Flächennutzung und den Erhalt von Freiflächen und landwirtschaftlichen Flächen ebenso zum Ziel hat, wie die Vermeidung von Waldbränden und einen verbesserten Erosionsschutz.

Weitere Maßnahmen zielen auf den Gesundheitsschutz, die Einführung von Umwelterziehungsprogrammen sowie institutionelle Maßnahmen, wie z.B. die Modernisierung des Netzes der Überwachungsstationen. Tabelle 7 bietet einen Überblick über die wichtigsten Maßnahmen des Programms PROAIRE inkl. der erwarteten Auswirkungen und Kosten. Die Kosten sind in den meisten Fällen zum Großteil geplante staatliche Mittel, sondern Schätzungen der Investitionen, die Unternehmen und Haushalte zu tätigen haben, um die gesteckten Ziele zu erreichen.

---

[62] Hierzu zählt das „hoy no circula" Programm, dass tageweise den Pkws mit verschiedenen Nummernschildern das Fahren verbietet.

Tabelle 7: Ausgewählte Maßnahmen des Programms PROAIRE 2002-2010

	Reduktion PM_{10} (t/Jahr)	Reduktion SO_2 (t/Jahr)	Reduktion CO (t/Jahr)	Reduktion No_x (t/Jahr)	Reduktion KW (t/Jahr)	Kosten (US-$) gesamt
Strenge Emissionsauflagen für neue Fahrzeuge	426	159	10.482	11.006	3.564	340 Mio.
Reduzierung des Schwefelgehaltes im Benzin (auf 50 ppm)			21-27 % je verbrauchter Benzineinheit	21-27 % je verbrauchter Benzineinheit	21-27 % je verbrauchter Benzineinheit	3.000 Mio.
Nachrüstung privater Pkw mit Katalysatoren			153.419	12.643	14.959	200-300/ Fahrzeug
Erneuerung der Taxiflotte	124			8.579	11.434	800 Mio.
Erneuerung der Busflotte	12		151.933	5.027	13.374	744 Mio.
Strengere Auflagen für neue Dieselfahrzeuge	640			6.362	1.012	166
Eliminierung älterer Fahrzeuge	155		102.267	5.234	8.323	4.000 Mio.
Erneuerung der lokalen Gütertransportflotte	24		86.829	6.131	5.728	1.546 Mio.
Ausweitung der Metro	352	91	9.375	7.074	2.841	450 Mio.
Suburbane Züge	265	72	7.064	5.330	2.140	15 Mio./ km
Trolleibusse und *Tren Ligero*	2.189	598	62.830	45.729	18.554	1.400 Mio.
Emissionsreduktion in der Industrie	95			1.532	5.953	4 Mio.
Einführung geschlossener Kreisläufe in Wäschereien					6.000	10 Mio.
Reduzierung der Methangasverluste durch undichte Leitungen					5.181	50 Mio.

Quelle: SEMARNAT 2002 S. 8-7 ff.

Regenerative Energien

Die Erzeugung elektrischen Stromes ist in Mexiko fast vollständig auf die Verbrennung fossiler Energieträger orientiert, was zum einen an dem Ölreichtum des Landes und zum anderen an der dominanten Rolle der PEMEX liegt, die als Lobbyist gegen eine Erhöhung von Energiepreisen agiert und auf diese Weise verhindert, dass sich teurere Stromformen im Markt etablieren können. Erneuerbare Energien spielen im mexikanischen Strommarkt daher bis auf Wasserkraft und Geothermie, die vor allem in Baja California bereits traditionell genutzt werden, bisher keine Rolle. Letztere tragen mit 13 % bzw. 3 % in nicht unerheblichem Maße zur Stromversorgung des Landes bei. Die anderen Formen sind bisher unterentwickelt, sollen aber durch Gesetzesänderungen unterstützt werden. Das größte Potential wird dabei der Windenergie zugeschrieben. Insbesondere im Südwesten des Landes finden sich die attraktiven Standorte für den potentiellen Aufbau von Windparks. Die Nutzung von Solarenergie konzentriert sich überwiegend auf die Erzeugung von Heißwasser, wobei vor allem solarthermische Anlagen zum Einsatz kommen. Photovoltaikelemente werden aus Kostengründen relativ wenig genutzt und erreichen derzeit ein installierte Kapazität von nur 14 MW, die bis 2009 auf 23 MW gesteigert werden soll. Sie werden als sogenannte *stand-alone*-Anlagen zur Stromversorgung entlegener Gemeinden und zum Betrieb von Wasserpumpen in peripheren Gebieten eingesetzt (vgl. CAMEXA 2002, S. 7). Erhebliche Potentiale sind im Bereich regenerativer Energien im Bau von Wasserkraftwerken mit einer installierten Leistung bis 10 MW im südlichen Mexiko und in der Nutzung von Geothermie im mittleren Temperaturbereich auszumachen. Auch die Nutzung von Solarenergie bietet gute Potentiale. Allerdings ist deren aktuelles Marktpotential aufgrund der niedrigen Energiepreise noch sehr gering.

6.2.3 Institutionen der Regulierung, Umweltgesetzgebung und Kontrolle

Das Volumen des Umwelttechnikmarktes und das Nachfrageverhalten wird maßgeblich von den rechtlichen Rahmenbedingungen beeinflusst. Die Gesetze in Mexiko sind heute auf einem hohen Standard und im lateinamerikanischen Vergleich führend (vgl. RATAJCZYK 2000, S. 3). Die Basis hierfür legte die Regierung Ernesto Zedillo, die das Umweltministerium SEMARNAT gründete und auch einige Anreizsysteme wie z.B. Abschreibungsmodelle und Zollsenkungen für Umwelttechnologie einführte. Strukturelle Probleme verhindern die Umsetzung der relativ strengen Standards allerdings vielfach bereits im Ansatz. Erstens haben die staatlichen und kommunalen Einrichtungen nicht die finanziellen Mittel, um die nötigen Anlagen zur Einhaltung der Standards zu bauen, insbesondere was die Abfallwirtschaft und Wasserbehandlung betrifft. Zweitens verhindern Korruption, Personalismus und Willkür eine konsequente Kontrolle der großen Firmen. Im gesamtwirtschaftlich wie auch sozial bedeutsamen Kleingewerbe macht die Vielzahl der informellen Werkstätten eine Kontrolle dieser Firmen beinahe unmöglich. Erschwerend kommt hinzu, dass der politische Wille zur systematischen Kontrolle zwar da ist, die Strukturen in den zuständigen Behörden aber noch nicht klar sind, Erfahrungen fehlen, Kompetenzen zwischen verschiedenen Behörden und Abteilungen zersplittert sind.

Seit 1994 existiert in Mexiko das eigenständige Umweltministerium SEMARNAT[63], dem u.a. die folgenden Institutionen unterstehen:

Das *Instituto Nacional de Ecología* (**INE**) ist verantwortlich für die Formulierung umweltpolitischer Programme und Standards, die Erarbeitung umweltpolitischer Expertisen, Bewertung der UVPs und die Erteilung derjenigen Genehmigungen, die unter Bundeskompetenz fallen.

Die *Comisión Nacional del Agua* (**CNA**) ist für die gesamte Wasserwirtschaft des Landes zuständig. Grundwasserschutz, der Schutz der Küstengewässer und des Oberflächenwassers gehören ebenso in ihren Zuständigkeitsbereich wie die Klärwerke. Anfangs war sie v.a. für den Aufbau der Infrastruktur zuständig, während sie heute eine regulierende und durchsetzende Instanz in allen Fragen der Wasserqualitätsstandards und der Wassernutzung ist.

Die **Umweltbundesanwaltschaft PROFEPA** (*Procuraduría Federal de Protección al Medio Ambiente*) ist zuständig für die Durchsetzung von Vorschriften, die Kontrolle von Auflagen, die Verwaltung von Strafen im Falle der Nichteinhaltung und die Aufnahme öffentlicher Beschwerden. Sie koordiniert auch das mexikanische Öko-Audit-Programm *Industria Limpia*.

Dennoch gibt es nach wie vor erhebliche Unklarheiten in Zuständigkeiten und Kompetenzstreitigkeiten. Die drei Ebenen staatlicher Verwaltung (Kommunen, Staaten und der Bund) sind in ihren Zuständigkeiten oft nicht klar definiert, und die einzelnen gleichrangigen Institutionen auf staatlicher Ebene sind zum Teil unterschiedlichen Ministerien zugeordnet.

Zu einer wichtigen Organisation ist der **Unternehmerverband CONIECO** (*Consejo Nacional de Industriales Ecologistas*) herangewachsen. Als Verband der Umweltindustrie definiert er als seine Hauptaufgaben die Lobbyarbeit und die Herstellung einer

---

[63] Das heutige SEMARNAT trug ursprünglich den Namen SEMARNAP (*Secretaría de Medio Ambiente, Recursos Naturales y Pesca*)

Schnittstelle zwischen der Gesetzgebung, den genannten ausführenden Instanzen und der Unternehmerschaft. Daher nehmen die Bekanntmachung der Umweltgesetzgebung unter den Unternehmern sowie die Politikberatung bei der Festlegung von Normen und Standards einen zentralen Stellenwert ein. Aber auch die Verbreitung von Informationen über Nachhaltige Ressourcennutzung und Umwelttechnologien sowie die Vermittlung internationaler Kontakte fallen in den Aufgabenbereich des CONIECO.

6.2.4 Deutsche Umwelttechnologieunternehmen und ihre Netzwerkverbindungen in Mexiko

Die Präsenz deutscher Umwelttechnologieanbieter in Mexiko stellt sich insgesamt als sehr gering dar und die Dominanz der US-amerikanischen Anbieter ist auf dem mexikanischen Umwelttechnologiemarkt ungebrochen. Deutsche Unternehmen sind meist als 100 %-Tochtergesellschaften konstituiert und vor allem im Bereich der Wasserbehandlung und Luftreinhaltung bei industriellen Anlagen aktiv.

Die großen Infrastrukturprojekte der öffentlichen Hand und einiger großer mexikanischer Industrieunternehmen werden vielfach im Rahmen von Betreibermodellen von Multinationalen Unternehmen oder Konsortien abgewickelt und sind daher für die überwiegend mittelständischen deutschen Umwelttechnologieanbieter schwer zugänglich. Im Bereich der kommunalen Abwasserbehandlung sehen sich zudem lokale *low-cost*-Anbieter in der Lage, auf der Basis aggressiver Preisstrategien den Markt zu besetzen. Im Bereich des Emissionsschutzes handelt es sich im Wesentlichen um einen Importmarkt, und auch die Reinigung industrieller Abwässer erfordert komplexere und technisch anspruchsvollere Lösungen, als sie die meisten mexikanischen Hersteller bieten können.

Aufgrund der beschriebenen rechtlichen Entwicklungen in Mexiko und der Etablierung internationaler Umweltstandards legen die meisten ausländischen Industrieunternehmen Wert auf eine Zertifizierung der mexikanischen Standorte nach internationalen Standards. Dadurch entsteht ein Bedarf nach hochwertiger Umwelttechnologie und kostspieligen integrierten Lösungen.

Auf der Basis dieser Entwicklungen ist zu erwarten, dass in Deutschland bestehende Kundenbeziehungen in Mexiko reproduziert werden, ähnlich wie dies im Beispiel der Automobilzulieferindustrie gezeigt werden konnte. Dieses Muster lässt sich allerdings nur in wenigen Fällen erkennen. Deutsche Anbieter in Mexiko kommen meist nicht im Zuge von Internationalisierungsentscheidungen wichtiger Kunden nach Mexiko. Einige sind originär mexikanische Unternehmen im Besitz von Deutsch-Mexikanern bzw.

werden von Auswanderern betrieben. Zudem konzentrieren sich die meisten Anbieter auf große mexikanischen Unternehmen oder mexikanische Privatpersonen als wichtigste Kundengruppen. Es sind aber auch Gegenbeispiele zu finden, nämlich Unternehmen, die sich vor allem auf deutsche Kunden z.b. aus der chemischen Industrie oder Automobilunternehmen und deren Zulieferer orientieren. Insgesamt kann aber nicht von einer markanten Anstoßwirkung im Rahmen von Kielwasserinvestitionen gesprochen werden. Der Grund hierfür liegt in dem doch relativ engen Markt und der Tatsache, dass im Bereich der Umwelttechnologie die Transaktionen, trotz Wartungs- und Erweiterungsarbeiten, vergleichsweise selten sind und damit die Notwendigkeit einer kontinuierlichen Interaktion mit dem Zulieferer aus Transaktionskostengründen nicht gegeben ist.

Desweiteren war ein Markteintritt im Rahmen von Projektnetzwerken erwartet worden. Im Großanlagengeschäft könnten mittelständische Unternehmen gewissermaßen im Schlepptau deutscher Leitfirmen oder deutscher Beteiligungen in internationalen Konsortien in den mexikanischen Markt eintreten und sich nach Auflösung des Projektnetzwerkes hier etablieren, Beziehungen zu mexikanischen Unternehmen aufbauen und gleichzeitig die Kooperationsbeziehungen zu den Projektträgern latent aufrechterhalten, um bei sich bietenden Gelegenheiten wieder darauf zurückzugreifen. Solche Konstellationen sind aus den Forschungen zu Projektnetzwerken in anderem Kontext bekannt, in der Umwelttechnologie in Mexiko konnten sie aber nicht festgestellt werden. Die befragten Umwelttechnologieunternehmen weisen keine Einbindunge in solche Projektnetzwerke auf. Es sind Unternehmen erkennbar, die beispielsweise als Anlagenbauer in Projekte integriert sind, wo umwelttechnologische Elemente meist als integrale Bestandteile einer Komplettanlage aus dem Ausland, oft auch an ausländische Bauträger, geliefert werden. Somit sind Macht und Entscheidungskompetenz in Deutschland konzentriert. Die befragten Anlagenbauer mit Umwelttechnologieangeboten haben momentan keine aktuellen Projekte in diesem Sektor. Somit stellt sich die Umwelttechnologiesparte als ein Randbereich dar, der gegebenenfalls im Rahmen von Gesamtlösungen integrierbar ist, aber nicht als eigener Geschäftsbereich. Daher können diese Fälle nicht als Beleg für eine „Katalysator-Wirkung" von Projektnetzwerken für den Markteintritt und die Etablierung deutscher Umwelttechnologieanbieter in Mexiko angesehen werden. Die meisten Firmen haben eine diversifizierte und z.T. auch heterogene Kundenstruktur. Eine direkte Anbindung an Großkunden in der Rolle fokaler Unternehmen wie im Falle der Automobilzulieferer ist nicht erkennbar.

Im Umwelttechnologiesektor konnte von verschiedenen Non-Profit-Organisationen eine mögliche Mittlerrolle vermutet werden, da sie als Organisation über Marktinformationen und Kontakte zu Behörden und Verwaltungen in Mexiko, sowie über Erfahrungswissen im Zusammenhang mit in Deutschland praktizierten Lösungen verfügen. Sie könnten als unabhängige Akteure eine Mittlerrolle ausführen. In Mexiko lässt sich eine solche Mittlerrolle jedoch nur eingeschränkt konstatieren. Die Einbindung in Informationsnetzwerke, in denen deutsche Umwelteinrichtungen von staatlichen Institutionen oder Nichtregierungsorganisationen eine besondere Rolle spielen, scheint weniger bedeutend zu sein als ursprünglich angenommen. Im Sample finden sich entgegen den Erwartungen kaum Firmen, die mit staatlichen und kommunalen Einrichtungen zusammenarbeiten.

Als Informationsmittler und Anlaufstelle zur Kontaktanbahnung sieht sich dagegen die CAMEXA, die wie viele andere Außenhandelskammern in *emerging markets* auch eine Umweltberatungsabteilung in der Person des Umwelt-Area-Managers unterhält. Sie wird jedoch von den befragten Unternehmen in den meisten Fällen als unbedeutend für die Marktbearbeitung beurteilt. Ihr gestehen die deutschen Akteure, nicht aber die mexikanischen Vertreter deutscher Firmen, eine Bedeutung im sozialen Bereich zu. Als Mitveranstalter von Messen (z.B. Enviro-Pro) und Partner der CONIECO gewinnt sie jedoch an Bedeutung für mittelständische Neueinsteiger zur Beschaffung von Marktinformationen.

Das Fehlen zentraler deutscher Akteure in Form von fokalen Unternehmen oder anderen Organisationen, die eine solche Funktion übernehmen könnten, ist jedoch nicht der alleinige Grund für die schwächere Einbindung in deutsche Unternehmensnetzwerke. Nicht nur ökonomische *hard facts*, namentlich die Kundenstruktur, zwingen zur intensiveren Einbindung in den lokalen Markt, sondern hierfür lassen sich auch gesellschaftliche Gründe finden. Die Entwicklung der Branche hängt in hohem Maße von gesellschaftlichen Rahmenbedingungen und deren Veränderungen ab. Der Nachfrage nach Umwelttechnologie wird überwiegend nicht von den Kunden selbst, sondern von Institutionen der Regulation geschaffen. Erst durch die Etablierung von regulierenden Maßnahmen wie Normen oder Gesetzen, aber auch durch Anreizsysteme und einem gewissen Wertewandel der Gesellschaft entsteht eine Nachfrage nach neuen umweltschonenden Produkten bzw. Technologien. Solche Veränderungen sind auch für die Entstehung neuer koordinierender Institutionen, wie Umweltschutzbehörden, Interessensvertretungen und Verbände verantwortlich. Diese Institutionen der Koordination wiederum gestalten den jungen Markt.

In diesem Kontext ist das Handeln der Non-Profit-Organisationen zu interpretieren, die sich in der Pflicht sehen, die notwendigen Rahmenbedingungen zu etablieren, wie z.B. Umweltbewusstsein als gesellschaftlichen Wert oder auch ein praktikables System gesetzlicher Regeln. Die Beziehung zu deutschen Unternehmen ist von nachrangiger Bedeutung und wird explizit nicht als ein wichtiges Element zur Auftragserfüllung vor Ort angesehen. Organisationen wie die GTZ definieren ihre Aufgabe im Aufbau von Ausbildungsmaßnahmen für selbstständige Gewerbetreibende und Beschäftigte in Zusammenarbeit mit lokalen Unternehmen und bemühen sich im Bereich der Umweltökonomie um ein ressourcenschonendes Stoffstrommanagement bzw. um Zertifizierungsprogramme bei mexikanischen Kleinunternehmen. Diese sind meist als Familienbetrieb organisiert und benötigen zunächst Beratung und die Etablierung eines Qualitätsmanagements in bescheidenem Umfang. Neue technologische Lösungen sind meist nicht nötig oder aufgrund der sehr dünnen Kapitaldecke nicht finanzierbar, weswegen sie für deutsche Umweltberater ebenso wie für die Anbieter deutscher Umwelttechnologie als Zielgruppe unrelevant sind.

In der Umwelttechnologie ist zwischen deutschen Akteuren in den Kernbereichen der Geschäftstätigkeit meist kein direkter Zusammenhang und daher auch **keine Interdependenz** festzustellen. In der Umwelttechnologie bestehen vielmehr interdependente Beziehungen zu mexikanischen Vertriebspartnern. Im Zusammenhang mit mehrfach angeführten, eher diffusen persönlichen Kontakten lassen sich vereinzelt Konstellationen erkennen, an denen mehrere deutsche Firmen beteiligt sind. Deren Interaktionen beinhalten aber vorrangig Informationsfluss, vereinzelt auch die Vermittlung von Kontakten, z.B. zu Regierungsstellen. Abhängigkeitsbeziehungen zwischen deutschen Unternehmen und Einzelpersonen sind in diesem Sektor in den Bereichen Lobbyarbeit, Bildung, Ausbildung und bei der politischen Durchsetzung von Standards zu identifizieren, da hier einige deutsche Firmen und Institutionen auf freiwilliger Ebene kooperieren. Eine **lose Verflechtung** der Akteure hingegen ist als gegeben anzusehen. Die deutschen Unternehmen und die individuellen Akteure im mexikanischen Umwelttechnologiemarkt sind rechtlich meist nicht verbunden. Bezüglich der **Machtbeziehungen** können keine deutlichen Ungleichgewichte der deutschen Firmen untereinander erkannt werden – die Verbindungen sind sehr lose. Im Bezug auf die lokalen Vertriebspartner hingegen lassen sich deutliche Machtungleichgewichte erkennen, der Kontrollmechanismus ermöglicht den Ausschluss von nicht vertrauenswürdigen Partnern aus dem Netzwerk, auch wenn dafür aufwändig Ersatz gesucht werden muss. Im Unterschied zur Konstellation im Automobilsektor ist es meist möglich, einen solchen Ersatz zu finden.

Im Umwelttechnologiesektor lässt sich also zusammenfassend zwar **keine formalisierte Unternehmensnetzwerkstruktur deutscher Anbieter** erkennen, aber eine starke **Einbindung in lokale Netzwerke**. Dabei übernimmt der Zusammenschluss umweltorientierter Unternehmen CONIECO eine zentrale Rolle. Diese privatwirtschaftliche Interessensvertretung organisiert diverse Kontaktbörsen, den wichtigsten

Umweltkongress in Mexiko (Enviro-Pro/Tecomex) und scheint die dominierende zentrale Informationsstelle im mexikanischen Umwelttechnologiemarkt zu sein. In diesem Verband gehört eine deutsche Auswanderin zu den zentralen Akteuren. Durch diese Person, aber auch unter Beteiligung von Deutsch-Mexikanern sowie der GTZ und des mexikanischen Unternehmerverbandes CANACINTRA (*Cámara nacional de la industria de transformacion*) wird die Lobbyarbeit und die formelle Organisation des noch jungen Sektors vorangetrieben, um verbindliche Standards und Ausbildungssysteme zu etablieren.

6.3 Deutsche Unternehmen im mexikanischen Incoming-Tourismus

Der Incoming-Markt touristischer Destinationen wird auf globaler Ebene von den dominanten Reiseveranstaltern der wichtigsten Herkunftsländer gesteuert. Daher ist zum Verständnis der Kooperationsformen deutscher Unternehmen im mexikanischen Tourismussektor eine vorausgehende Betrachtung globaler Entwicklungen, insbesondere des deutschen Outgoing-Marktes nötig.

6.3.1 Zur Entwicklung und Struktur des deutschen Outgoing-Tourismus im globalen Kontext

Der internationale Reiseverkehr wächst in der langfristigen Betrachtung nicht nur wesentlich schneller als das Welt-BIP, sondern auch schneller als der Welthandel. Gleichermaßen Motor und Resultat dieser Entwicklung ist die Entstehung weltweit operierender Reisekonzerne, die sich durch hohe Integration in horizontaler wie vertikaler Richtung auszeichnen (vgl. VORLAUFER 1993, S. 267f.).

Die horizontale Konzentration hat in der Reiseveranstalterbranche besonders deutliche Formen angenommen und in den wichtigen Quellgebieten des internationalen Reiseverkehrs zur Entstehung einer oligopolistischen Angebotsstruktur geführt. Dennoch sind weiterhin zahlreiche Anbieter dem mittelständischen Segment zuzurechnen.

Die vertikale Integration ist ein weiteres maßgebliches Merkmal der Entwicklung im Wettbewerb internationaler Reiseveranstalter. Sie wird von der Tatsache getragen, dass drei Bereiche für den Erfolg eines Reiseveranstalters elementar sind: die Verfügbarkeit und das Preis-/Leistungsverhältnis der Hotelkapazitäten, die Flugleistungen und die Service-Leistungen der Incoming-Agenturen im Zielgebiet (vgl. VORLAUFER 1993, S. 274). Daher lässt sich im Zuge fortschreitender Globalisierung und Unternehmenskonzentration in der Branche der Aufbau eigener bzw. der Aufkauf bestehender Zielgebietsagenturen und Hotelgesellschaften sowie eine zunehmende Integration von Fluggesellschaften und Reiseveranstaltern beobachten. Beispielsweise entwickelte sich im Laufe der 1980er Jahre die Fluggesellschaft **LTU** durch die Gründung bzw. den Kauf einiger Reiseveranstalter (Jahn Reisen, Meiers Weltreisen und Tjaereborg) vom „Ferienflieger" zum integrierten Reisekonzern. Er wurde 2001 von der **REWE-Gruppe** übernommen und ging in die REWE-Touristik ein, zu der bereits die Veranstalter Atlas, ITS Reisen und DERTour gehören und die zusätzlich eine Mehrheitsbeteiligung an ADAC Reisen hält.

Tabelle 8 : Die größten Reiseveranstalter in Deutschland im Jahr 2001

Unternehmen	Umsatz 2001 (in Mio. €)	Wachstum (in % ggü. 2000)
TUI Deutschland	4.570	+7,3%
Thomas Cook Deutschland	3.315	+8,0%
REWE Deutschland Touristik	2.721	+2,1%
Alltours	859	+18,3%
FTI Deutschland[64]	868	-19,3%
Öger Tours	574	+36,0%
Eins Zwei Fly	500	+8,7%
Airtours Deutschland	316	+3,0%
Studiosus	213	-1,3%
Nazar (Tochter von First Choice)	202	+41,1%

Quelle: FVW 2002, S. 11ff.

Thomas Cook ist einer der weltweit führenden Konzerne im Reisemarkt. In Deutschland wurde 1998 die Thomas Cook AG gegründet, deren Gesellschafter mit jeweils 50 % der Anteile die Deutsche Lufthansa AG und die Karstadt AG sind. Die Thomas Cook AG entstand durch die Zusammenführung der **NUR Touristic** und der Charterfluggesellschaft **Condor** und firmierte anfangs unter dem Namen C&N Touristic. Durch die anschließende Übernahme eines französischen Veranstalters sowie des britischen Reisekonzerns Thomas Cook Holdings Ltd. entstand der zweitgrößte

---

[64] **FTI** – Frosch Touristik GmbH wurde im Jahr 2000 an einen der führenden europäischen Reisekonzerne, den britischen Veranstalter Airtours, verkauft.

Reisekonzern Europas, der unter anderem die Veranstaltermarken Neckermann Reisen, Air Marin und Kreutzer Touristik führt.

Die beiden bedeutendsten Reiseveranstalter mit mittelständischer Struktur sind **Alltours**, das vom Unternehmensgründer und Eigentümer geleitet wird, und der Veranstalter **Öger Tours,** an dem die Familie Öger noch 90 % der Anteile hält[65].

In Deutschland halten somit die drei führenden Unternehmen einen Marktanteil von 69 % am geschätzten gesamten Umsatzvolumen (vgl. Tab. 8). Die Unternehmensfusionen und Übernahmen der letzten Zeit spielten sich überwiegend auf europäischer Ebene ab: z.B. die „Elefantenhochzeiten" der britischen und deutschen Großunternehmen TUI und Thomson, bzw. C&N und Thomas Cook.

Europaweit sind nun TUI und Thomas Cook die führenden Reisekonzerne, insbesondere durch ihre direkte Präsenz auf dem britischen Markt sowie in den nordischen und den Benelux-Ländern. Zu den großen Anbietern auf dem europäischen Reisemarkt gehören noch die dominierenden britischen Reisekonzerne Airtours und First Choice, sowie die zwei führenden Schweizer Anbieter Kuoni und Hotelplan (vgl. Tab. 9).

Tabelle 9: Die größten Reisekonzerne Europas 2001

Unternehmen	Umsatz 2001 (in Mrd. €, konsolidiert)	Hauptsitz
TUI	12,8	Deutschland
Airtours (My Travel)	8,2	Großbritannien
Thomas Cook	7,9	Deutschland
Rewe Touristik	4,7	Deutschland
First Choice	3,9	Großbritannien
Kuoni	2,7	Schweiz
Club Med	2,0	Frankreich
Hotelplan	1,5	Schweiz
Alpitour	1,1	Italien
Alltours	1,1	Deutschland

Quelle: KRANE 2002, S. 1

Die Zukunft lässt weitere Fusionen erwarten, da der europäische Gerichtshof das erst 1999 ausgesprochene Verbot der Fusion der britischen Anbieter Airtours und First Choice inzwischen wieder aufgehoben hat und somit der Weg für eine Fortführung des Unternehmenskonzentrationsprozesses frei zu sein scheint. Seit dem Jahr 2000 hem-

---

[65] Nur 10 % der Anteile wurden 1995 an Condor veräußert.

men einige wesentliche Rahmenbedingungen die Entwicklung des europäischen Outgoing-Marktes. Die Konjunkturkrise mit niedrigem Wirtschaftswachstum in ganz Europa und insbesondere im besonders bedeutenden deutschen Markt hat zu einer Konsumzurückhaltung geführt. Frühere Konjunkturschwächen sind bemerkenswerterweise weitgehend spurlos an der Entwicklung des Reisemarktes vorbeigegangen. Das ist diesmal nicht der Fall, da weitere Faktoren hemmend wirken. Die Euro-Einführung und die Euro-Schwäche haben zu einer erheblichen Verteuerung der Fernreisen geführt, was durch gestiegene Flugpreise zusätzlich verschärft wurde. Der Fernreiseverkehr wurde in ungekanntem Ausmaß von den Terroranschlägen des 11. September 2001 betroffen, was zur Folge hatte, dass sich das Geschäftsjahr 2002 noch wesentlich schlechter entwickelte als das bereits schwache Jahr 2001. Beispielsweise lagen die Buchungen bei Pauschalreisen in der ersten Jahreshälfte 2002 um etwa 15 % unter dem Vorjahresniveau.

6.3.2 Destination Mexiko: Bedeutung des Incoming-Reiseverkehrs und Tourismuspolitik

Mexiko verfügt über ein herausragendes touristisches Potenzial als Destination des internationalen Incoming-Tourismus[66]: Die Kombination aus attraktiven Natur- und Kulturlandschaften und einer gut ausgebauten Infrastruktur macht das Kernelement der Anziehungskraft Mexikos aus (vgl. z.B. GORMSEN 1995, S. 217).

Der Tourismus ist heute einer der wichtigsten Wirtschaftszweige Mexikos, da die meisten Deviseneinnahmen in diesem Sektor erwirtschaftet werden und umfangreiche ausländische Investitionen in den mexikanischen Fremdenverkehr fließen. Bereits in den 1960er und 1970er Jahren hat sich der Tourismus als wichtige Einnahmequelle etabliert und nimmt etwa den selben Stellenwert wie der Erdölexport ein[67]. Insgesamt ist die Bilanz des Incoming-Tourismus hinsichtlich der Gästezahlen wie auch der Einnahmen im Verlauf der 1980er und 1990er Jahre rundum positiv (vgl. Abb. 23).

---

[66] Da die untersuchten Unternehmen im Incoming-Tourismus tätig sind, wird der Binnentourismus aus der Diskussion ausgeklammert.

[67] Allerdings haben sich die gesamten Exporterlöse durch die zunehmende Integration Mexikos in den Weltmarkt (GATT-Beitritt, NAFTA) im Verlauf der 1990er Jahre verzehnfacht, so dass die relative Bedeutung des Incoming-Tourismus als Quelle von Deviseneinnahmen im Verlauf der 1990er Jahre massiv zurückgegangen ist.

Abbildung 23: Entwicklung der Gästezahlen und der Einnahmen im mexikanischen Incoming-Tourismus

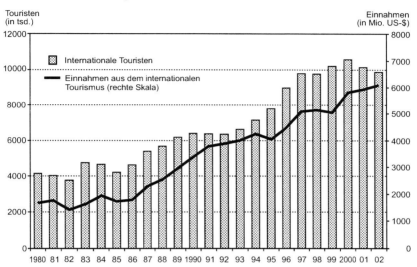

Quelle: SECTUR 2003, DATATUR 2003

Der Tourismus zählt zwar zu den Wachstumsbranchen der mexikanischen Wirtschaft, aber er reagiert äußerst sensibel auf Konjunktur- und Wechselkursschwankungen (vgl. SOMMERHOFF / WEBER 1999, S. 337). Eine Betrachtung der langfristigen Entwicklung der Gästezahlen zeigt diese Krisenanfälligkeit. Dennoch entfaltet der Incoming-Tourismus meist stabilisierende Wirkung, da er zu Zeiten wirtschaftlicher Krisen, sofern diese mit einer Währungsschwäche einhergehen, eine positive Entwicklung verzeichnet und so für einen stabilisierenden Devisenzufluss sorgt. Die hohe Anzahl der Gästeankünfte im Jahr 1983 lässt sich durch den Wechselkursverfall des Pesos erklären. Es zeigt sich aber auch eine besondere Sensibilität europäischer Touristen für die Wahrnehmung von Naturrisiken in Mexiko: Das schwere Erdbeben in Mexiko-Stadt (1985) und der Hurrican Gilbert in Yucatán (1988) fallen mit einem Minimum europäischer Touristenankünfte zusammen.

Im Rekordjahr des mexikanischen Incoming-Tourismus – dem Jahr 2000 – brachten über zehn Millionen internationale Touristen bereits 5,8 Mrd. US-$ ins Land (vgl. Tab. 10, SECTUR 2001, S. 29). Hinzu kamen noch weitere zehn Millionen überwiegend US-amerikanische Grenztouristen, die jedoch aufgrund ihrer kurzen Verweildauer mit etwa 600 Millionen US-$ nur vergleichsweise geringe Deviseneinnahmen brachten. In den Jahren 2001 und 2002 ging die Anzahl der Gästeankünfte deutlich zurück, aufgrund des hohen Peso-Kurses stiegen die Einnahmen jedoch weiter an.

Tabelle 10: Incoming-Tourismus in Mexiko

	1998	1999	2000	2001	2002
Gästeankünfte Inland (in 1000)	9.775	10.214	10.593	10.151	9.882
Gästeankünfte Grenzregion (in 1000)	9.617	8.829	10.050	9.659	9.784
Ausgaben Touristen Inland (in Mio. US-$)	5.135	5.062	5.817	5.941	6.084
Ausgaben Touristen Grenzregion (in Mio. US-$)	499	444	619	597	641

Quelle: SECTUR 2001, S. 29, SECTUR 2003, DATATUR 2003

Aus volkswirtschaftlicher Perspektive sind die damit verbundenen Beschäftigungseffekte von besonderer Bedeutung: Im Jahr 2002 waren 1,7 Mio. Arbeitnehmer formal im Tourismussektor beschäftigt (vgl. SECTUR 2003, S. 7). Zusätzlich können für jeden direkt im Tourismus Beschäftigten bis zu drei Beschäftigte in nachgeordneten Wirtschaftsbereichen geschätzt werden (vgl. SOMMERHOFF /WEBER 1999, S. 338). Diese herausragende Bedeutung des Incoming-Tourismus ist Ergebnis einer langjährigen staatlichen Tourismuspolitik. Bereits seit den 1960er Jahren wurde der Tourismus aktiv gefördert. Durch die Gründung des *Fondo de Promoción de Infraestructura Turística* (der Vorläufer des heutigen FONATUR[68]) im Jahr 1969 sollte der Incoming-Tourismus gestärkt werden, um auf diesem Weg die Deviseneinnahmen zu erhöhen, Arbeitsplätze zu schaffen, die allgemeine Infrastruktur zu verbessern und zur räumlichen Dezentralisierung der Wirtschaft sowie der Förderung der Küstenregion beizutragen (vgl. VORLAUFER 1996, S. 197).

Der FONATUR (Gründung 1974) ist dem eigenständigen Tourismusministerium SECTUR (*Secretaría de Turismo*) unterstellt und für die Koordination sowie die integrierte Planung der Tourismusprojekte zuständig. In seine Zuständigkeit fallen die fünf staatlich geplanten Touristenzentren CIP (*Centros Integralmente Planeados*) – das sind Cancun in Quintana Roo, Huatulco in Oaxaca, Ixtapa in Guerrero, sowie Los Cabos und Loreto in Baja California del Sur (vgl. SOMMERHOFF / WEBER 1999, S. 343; GORMSEN 1995, S. 233). Grundsätzlich kann ein Erfolg der CIP-Strategie konstatiert werden, da die CIP herausragende Entwicklungen der Gästezahlen erreichen konnten, die auch in krisenhaften Zeiten relativ stabil sind und zudem die erwirtschafteten Devisen je Gast ein wesentlich höheres Niveau annehmen als in anderen Destinationen.

---

[68] *Fondo Nacional de Fomento al Turismo*

Auch eine Milderung der regionalen Disparitäten durch die massiven staatlichen Förderungen ist zu konstatieren (vgl. VORLAUFER 1996, S. 221).

Durch die Einbindung der Staatsbank *Banco de Mexico* ist FONATUR heute der bedeutendste Kreditgeber der Tourismuswirtschaft. Die in den 1960er Jahren noch überwiegend auf Mexiko-Stadt konzentrierten Mittel wurden bereits in den 1970er Jahren massiv erhöht und gleichzeitig in die Küstendestinationen umgeleitet. Neben dem Distrito Federal sind heute die Staaten Quintana Roo sowie Guerrero und Oaxaca die wichtigsten Zielregionen der von FONATUR vergebenen Kredite.

Das prominenteste Beispiel eines solchen CIP stellt Cancún (Quintana Roo) dar, wo sich neben den positiven Übernachtungszahlen und Devisnezuflüssen auch die negativen Folgen des Massentourismus zeigen. Belastungen der Umwelt, soziale Probleme und die Ausgrenzung der lokalen Bevölkerung von der touristischen Entwicklung einerseits sowie die wirtschaftliche Abhängigkeit von diesem Marktsegment andererseits begründen kritische Stellungnahmen zum Erfolg Cancúns (vgl. GORMSEN 1995, S. 234). Da diese Abhängigkeit in die Kritik kam, wendet sich die mexikanische Tourismuspolitik von diesem seit Anfang der 1970er Jahre geförderten Segment zunehmend ab. Angesichts der Abhängigkeit vom US-amerikanischen Strandtourismus sind die Alternativen aber bisher nicht aussichtsreich. Die Versuche, verschiedene Nischensegmente aufzubauen, wirken im Vergleich zu den Dimensionen des Massentourismus bedeutungslos. Zu diesen Segmenten zählen die offiziellen Entwicklungsprogramme für den Alpinismus, den Ökotourismus, den Aufbau von Wassersport- und Tauchzentren (*Parques submarinos*), den Kultur- und Archäologietourismus.

In jüngeren Programmen wird insbesondere dem Ökotourismus und dem Abenteuertourismus besondere Beachtung geschenkt. Ersterer umfasst im Verständnis des SECTUR jene Reisen, deren Hauptziel das Lernen über und das Erleben von Natur sowie das aktive Mitwirken an ihrer Erhaltung ist. Sie werden in Destinationen durchgeführt, an denen bisher wenig anthropogene Einflüsse das Gleichgewicht stören und schließen für gewöhnlich Kurse über kulturelles Verständnis ein. Abenteuerreisen hingegen sind durch die Motivation des Gastes gekennzeichnet, sich den Herausforderungen durch die Natur zu stellen und Erfolge über natürliche Widrigkeiten zu erleben, ohne dass sportliche Wettkämpfe stattfinden (Quelle: CESTUR 2001, S. 3).

Dieses politische Programm zur Etablierung von Ökotourismus und Abenteuerreisen zeigt in der quantitativen Betrachtung der Marktstrukturen bisher wenig Wirkung, während die Förderung von Tourismuszentren (CIP) in den 1970er Jahren die Angebots- und Nachfragestrukturen des mexikanischen Tourismussektors bis heute prägt.

6.3.3 Nachfrage- und Angebotsstrukturen in Mexiko

Für die erste Hälfte des Jahres 2001 wies die SECTUR noch eine Steigerung der Gästeankünfte ggü. dem Vorjahreszeitraum um 4,8 % aus. In der zweiten Hälfte 2001 verschlechterte sich die Lage jedoch und es wurden Rückgänge der Gästezahlen verzeichnet. Im Jahr 2002 verschärfte sich die Lage weiter und führte in der ersten Jahreshälfte zum Rückgang der internationalen Gästezahlen um 10,7 % (vgl. SECTUR 2002, 2003). Dieser Einbruch ist überwiegend auf das Ausbleiben der Flugreisenden in den Stranddestinationen zurückzuführen. Die Zahl der Charter-Flugreisenden in die traditionellen Destinationen wie auch in die CIP-Tourismuszentren ist massiv zurückgegangen (-17 % bzw. -24 %).

Auch der prognostische Ausblick auf die nächsten 20 Jahre zeigt die einseitige Abhängigkeit des mexikanischen internationalen Tourismus vom US-amerikanischen Markt. Rund 88 % der Mexiko-Touristen (ohne Grenztouristen) kamen im Jahr 2000 aus den USA (vgl. Tab. 11). Das macht die Bemühungen des mexikanischen Staates verständlich, die Zielmärkte zu diversifizieren und vor allem ein stärkeres Gewicht auf den europäischen Markt zu legen (vgl. SOMMERHOFF/WEBER 1999, S. 340). Aus Europa reisen im Jahr 2000 445.800 Touristen nach Mexiko, das entspricht 4,1 % aller Touristen. Dieser Anteil soll weiter steigen, ebenso wie die Gästezahlen aus anderen lateinamerikanischen Ländern. Allerdings wird sich an der dominanten Stellung der amerikanischen Touristen nichts ändern.

Tabelle 11: Incoming-Tourismus nach Herkunftsregionen 2000-2020

	2000		2010		2020	
	Ankünfte (in 1000)	Anteil (in %)	Ankünfte (in 1000)	Anteil (in %)	Ankünfte (in 1000)	Anteil (in %)
USA	9.673,7	88,0	13.817,7	87,1	18.355,1	86,0
Kanada	323,3	2,9	446,9	2,8	635,5	3,0
Europa	445,8	4,1	718,3	4,5	1.017,5	4,8
Lateinamerika	497,9	4,5	826,0	5,2	1.264,5	5,9
Andere	47,8	0,4	60,7	0,4	74,0	0,3
Gesamt	10.988,5		15.869,6		21.346,6	

Quelle: SECTUR 2000, S. 142

Bereits seit Anfang der 1970er Jahre war es erklärtes Ziel der mexikanischen Tourismuspolitik, auch ausländische Investoren für ein Engagement im Land zu gewinnen. Der globale Massentourismus-Markt war nur mit Hilfe bekannter Markennamen im

Hotelsektor erschließbar (vgl. CLANCY 1999, S. 13). Die protektionistischen Direktinvestitionsgesetze in den 1970er Jahren ermöglichten internationalen Hotelketten zunächst nur eine Bearbeitung des mexikanischen Marktes mittels Management- und Franchisingverträgen bevor diese Regelungen durch einen Treuhandmechanismus gelockert wurden. Die gesetzliche Verankerung eines investitionsfreundlichen Klima folgte erst 1993 mit der Neufassung des Investitionsgesetzes (vgl. KRYZDA 1995, S. 35). Das Direktinvestitions-Maximum aus dem Jahr 1990 konnte jedoch trotz dieses neuen Gesetzes nicht mehr erreicht werden.

Tabelle 12: Auslastung der Hotels in Mexiko (jeweils erstes Halbjahr)

	2002	Veränderung 2002/2001	2001	Veränderung 2001/2000
Stranddestinationen	56,32	-6,37	66,93	0,15
geplante Zentren	65,62	-6,42	74,59	3,38
Traditionelle Zentren	51,59	-8,83	66,73	-0,50
Andere	51,82	-1,33	55,77	-3,56
Städte	52,1	-3,44	56,21	-0,48
Metropolen	54,55	-3,68	58,68	1,05
Inland	48,56	-3,13	52,86	-2,05
Grenzstädte	50,85	-2,12	53,05	-5,49
Gesamt	54,16	-4,86	61,42	-0,22

Quelle: SECTUR 2001b, S. 10

Die mexikanische Hotellerie ist inzwischen durch eine komplexe Struktur gekennzeichnet. Strategische Allianzen zwischen mexikanischen und international tätigen Hotelketten, insbesondere US-amerikanischen Ursprungs, haben im Verlauf der 1990er Jahre massiv an Bedeutung gewonnen und zunehmend sind auch ursprünglich nicht im Tourismus tätige mexikanische Holdings[69] im Hotelsektor aktiv (vgl. CLANCY 1999).

Bereits in der ersten Hälfte des Jahres 2001 wurde ein leichter Rückgang der Belegungsraten festgestellt, da neue Kapazitäten aufgebaut worden waren, die Gästezahlen aber nur noch sehr schwach anstiegen.

---

[69] Ein Beispiel ist die Kooperation zwischen dem Zementunternehmen Cemex und der Hotelkette Marriott. Auch Stahl-, Telekommunikations- und Baufirmen sowie Banken unterhalten ähnliche Allianzen.

Die räumlichen Schwerpunkte des Incoming-Tourismus liegen in den Stranddestinationen Cancún, Cozumel, Loreto, Los Cabos und Puerto Vallarta. Mitte der 1980er Jahre konnte Cancún die traditionsreiche Destination Acapulco, die mit zunehmenden Imageproblemen und veralteter Infrastruktur zu kämpfen hatte, in der Gunst der Touristen überholen. Die Zahl der ausländischen Gäste ging in Acapulco von Mitte der 1970er bis Mitte der 1990er Jahre zurück, ein Trend, der von steigenden Zahlen inländischer Gäste überkompensiert werden konnte (vgl. VORLAUFER 1996, S. 201). In den Tourismuszentren CIP wurden bis 1995 fast 30.000 Gästezimmer neu aufgebaut. Die CIP erreichten eine weit überdurchschnittliche Auslastung und erwirtschafteten 1995 zwei Drittel der Bruttoeinnahmen des mexikanischen Incoming-Tourismus. Die bekannteste dieser Destinationen ist Cancún im Bundesstaat Quintana Roo (Halbinsel Yucatán). Hier hat sich nach der Einrichtung des CIP Cancún ein dynamischer Tourismus-Korridor in südliche Richtung, mit den Zentren Playa del Carmen, Tulum und Cozumel entwickelt.

6.3.4 Deutsche Unternehmen im mexikanischen Incoming-Markt

Der mexikanische Tourismussektor weist ein hohes Engagement ausländischer Unternehmen auf. Zum Jahresende waren über 3.000 Unternehmen in verschiedenen Bereichen in Mexiko registriert. Davon sind 56 % US-amerikanische Firmen, die somit den mexikanischen Tourismus dominieren. Mit immerhin 3,5 % der ausländischen Firmen liegt Deutschland an fünfter Stelle. Ähnlich stellt sich das Bild der Direktinvestitionszuflüsse in den 1990er Jahren dar. Mit einem kumulierten Investitionsvolumen (1994-2001) von knapp 170 Mio. US-$ liegt Deutschland auch hier an fünfter Stelle und trägt mit 4,0 % zu den gesamten Direktinvestitionszuflüssen in den mexikanischen Tourismus bei.

In der Reisebranche wurden grundsätzlich verschiedene Typen von Netzwerken beschrieben (vgl. STAUDACHER 1995). In Mexiko waren sowohl Netze mit einer dominanten Stellung von großen Reiseveranstaltern im Sektor des Massentourismus (Kern-Ring-Netzwerk), als auch kleinstrukturierte kooperative Netzwerke, z.B. im Abenteuertourismus oder im alternativen Kulturtourismus (nur Ring), zu erwarten. Die zentrale Frage hier ist aber wiederum nicht die nach der Existenz solcher Verflechtungen, sondern die nach der Beteiligung deutscher Unternehmen in diesen Kooperationsbeziehungen. Es galt deren Rolle für den Markteintritt und den Erfolg deutscher Unternehmen sowie die strategische Position der deutschen Veranstalter, Incoming-Agenturen und Hoteliers in solchen Netzwerken zu durchleuchten.

6 Deutsche Unternehmensnetzwerke in Mexiko

Im mexikanischen Tourismussektor sind die deutschen Akteure meist wenig aneinander gebunden und eine **Interdependenz** ist nicht zu konstatieren. In einigen Fällen besteht eine einseitige Abhängigkeit der Incoming-Agenturen von deutschen Veranstaltern (in Deutschland) – hier kann aber nicht von Interdependenz gesprochen werden, da die Veranstalter in der Regel über genügend Ausweichmöglichkeiten verfügen. Hinsichtlich der **losen Verflechtung** stellt sich die Lage sehr unterschiedlich dar: Es finden sich Incoming-Agenturen, die rechtlich zu großen international aktiven Veranstaltern gehören ebenso wie eigenständige kleinere Agenturen, die auf der Basis von Saisonverträgen mit Internationalen Veranstaltern kooperieren. Auch im Beherbergungssektor sind sowohl Franchise-Hotels, die zu großen Ketten gehören, als auch Kleinstbetriebe, die zum Teil von Auswanderern selbstständig betrieben werden, anzutreffen. Die meisten Unternehmen wahren ihre rechtliche und wirtschaftliche Unabhängigkeit, weisen aber vielfach informelle langfristige Beziehungen zu Reisevermittlern oder Reiseveranstaltern auf. Diese Beziehungen sind im Allgemeinen durch eine lose mündliche Vereinbarung konstituiert.

Regional gebunden (z.B. in Yucatán) sind jedoch intensive Beziehungen zwischen Unternehmen mit deutschen Betreibern/Inhabern identifizierbar. In solchen Fällen regional gebundener Netzwerke lässt sich **reziprokes Verhalten** feststellen. Hier werden nicht nur Informationen und Empfehlungen weitergegeben, bei guter Kapazitätsauslastung und daraus resultierenden Engpässen vermitteln sich die verschiedenen Akteure gegenseitig Gäste weiter. Basis dieses Verhaltens ist die Erwartung, dass hierfür langfristig ein gleichwertiger Ausgleich erfolgt.

In dem kleinteiligen lokal gebundenen Netzwerk gibt es keine wesentlichen **Machtunterschiede**, die Akteure können als wirtschaftlich unabhängig voneinander betrachtet werden, und auch keine anderen Machtasymmetrien sind erkennbar. Die Incoming-Agenturen sind hingegen in einer relativ schwachen Machtposition gegenüber den Veranstaltern in Europa.

Im Bereich des Tourismus lässt sich **keine zusammenhängende Struktur deutscher Unternehmen** erkennen: im Allgemeinen herrscht ein wenig kooperatives Klima in einem hart umkämpften Incoming-Markt. Die Unternehmen deutscher Herkunft pflegen intensive Kontakte zu ihrem Netzwerk mexikanischer Dienstleister, mit den Deutschen verbinden sie meist nur lose Bekanntschaften und gelegentliche Treffen.

7 NETZWERKEINBINDUNG DEUTSCHER MANAGER IN MEXIKO

Die unternehmerischen Austauschprozesse finden nicht in einem Vakuum statt, sondern in einem dynamischen und strukturierten sozialen Umfeld. Netzwerkbeziehungen sind nicht rein ökonomischer Natur, sondern soziale Beziehungen und persönliche Kontakte gelten als integraler Bestandteil. GRANOVETTER (1985) brachte den Aspekt der Einbettung ökonomischer Verbindungen in soziale Beziehungen (*social embeddedness*) in die wissenschaftliche Diskussion ein. Der persönliche Hintergrund der Interviewpartner ist in der vorliegenden Untersuchung aus zwei Gründen von herausragender Bedeutung. Erstens ist der subjektive Bedarf nach einem deutschen Netzwerk zur Umweltstrukturierung und Unsicherheitsvermeidung von der Wahrnehmung kultureller Differenzen abhängig. Zweitens beeinflusst die kulturelle Kompetenz der Akteure den Zugang zu verschiedenen personenzentrierten Netzen.

Nach einem ersten Kapitel, das sich der unterschiedlichen Bedeutung von Netzwerkbeziehungen von Managern in verschiedenen Kulturen widmet, werden die Verbindungen deutscher Manager in Mexiko auf den definierten drei Ebenen (personal, organisational und marktlich) diskutiert.

7.1 Kulturübergreifender Vergleich persönlicher Netzwerkbeziehungen

Im Folgenden wird für einige ausgewählte Fragestellungen die Bedeutung sozialer Beziehungen und wirtschaftlicher Kooperation mit anderen deutschen Unternehmen für die Geschäftstätigkeit in verschiedenen Ländern, namentlich Japan, Indonesien, Singapur, Südafrika und Marokko verglichen. Dieser Vergleich stützt sich auf die standardisierten Elemente des gemeinsamen Leitfadens innerhalb des FORAREA-Forschungsverbundes und konzentriert sich auf deren quantitative Auswertung. Die dazugehörigen Transkriptionen wurden dahingehend überprüft, inwiefern sie die Aussagen ergänzen bzw. relativieren.

7 Netzwerkeinbindung deutscher Akteure

7.1.1 Zur Bedeutung persönlicher Beziehungen für das Geschäftsleben

Zunächst ist die Frage zu stellen, inwiefern persönliche Beziehungen im Geschäftsleben eine Rolle spielen und ob sich ihre Bedeutung zwischen den verschiedenen Kulturen unterscheidet. Auf der Basis von Hofstedes Kulturdimensionen ist davon auszugehen, dass Manager in kollektivistischen Ländern, den persönlichen Beziehungen tendenziell mehr Bedeutung beimessen als in individualistischen Gesellschaften. Auch die Dimension Maskulinität übt erheblichen Einfluss auf die Beurteilung von Beziehungen aus: je femininer die Grundhaltung in einer Kultur ist, umso eher ist eine Beziehungsorientierung zu erwarten.

Da Deutschland von den betrachteten Ländern den deutlich höchsten Individualismusindex erreicht, ist zu erwarten, dass die deutschen Entsandten im Vergleich zu den lokalen Geschäftsführern („Locals") in allen Ländern den persönlichen Beziehungen eine vergleichsweise geringe Bedeutung zumessen. Generell ergibt sich jedoch ein sehr homogenes Bild: Freundschaften und langfristige Bekanntschaften mit Geschäftspartnern gelten als die wichtigsten Beziehungsarten. Als für das Geschäft unbedeutend werden die Kontakte zu deutschen Personen sowie verwandtschaftliche Beziehungen bewertet.

Abbildung 24: Bedeutung persönlicher Beziehungen für die Geschäftstätigkeit

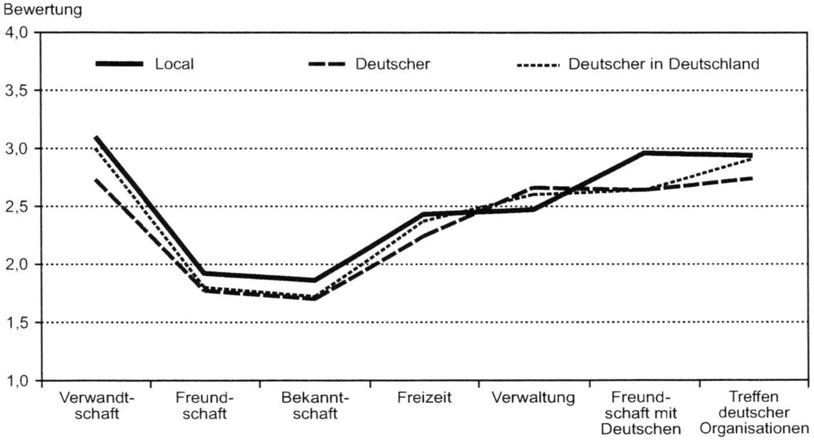

Quelle: eigene Erhebungen; FRICKE ET AL. 2002, S. 79

7 Netzwerkeinbindung deutscher Akteure

Bei der aggregierten Betrachtung der Daten über alle Regionen hinweg zeigen die Bewertungen zeigen keine signifikanten Unterschiede zwischen Expatriates und Locals (vgl. Abb. 24). Auch die in Deutschland befragten deutschen Manager weichen nicht von Bewertung der Expatriates und der Locals ab. Das gezeichnete Bild kann als *common sense* über die Bedeutung sozialer Kontakte im Geschäftsleben interpretiert werden.

Die Differenzierung nach Untersuchungsländern zeigt jedoch deutliche Unterschiede in der Wahrnehmung (vgl. Tab. 13). In Südafrika beurteilen die Befragten verwandtschaftliche Beziehungen als besonders unbedeutend. Aus verwandtschaftlichen Beziehungen können Verpflichtungen entstehen, die sich auf das Geschäftsleben negativ auswirken. Daher wird in Südafrika die Tendenz beobachtet, geschäftliche Beziehungen von verwandtschaftlichen Beziehungen zu trennen.

Tabelle 13: Bedeutung sozialer Beziehungen von Locals und Expatriates in den Untersuchungsräumen

(Bewertung der Bedeutung von 1 = „sehr wichtig" bis 4 = „unwichtig")

	Local					Expatriate			
	Südafrika	Mexiko	Indonesien	Singapur	Japan	Südafrika	Mexiko	Indonesien	Singapur
Verwandtschaft	3,4	2,0	1,6	2,5	2,5	3,7	2,1	3,3	2,8
Freundschaft	2,1	1,5	1,3	1,5	1,0	1,8	1,7	2,0	2,3
Bekanntschaft	1,8	1,8	1,2	1,4	1,6	1,7	1,9	1,8	2,2
Gemeinsame Freizeitaktivitäten	2,1	2,2	2,3	2,7	2,3	2,3	2,5	2,5	2,6
Kontakte zur Verwaltung	2,7	2,1	2,0	3,2	3,6	2,5	1,6	2,6	3,0
Freundschaft mit Deutschen	3,0	2,0	2,3	2,5	3,0	3,0	2,3	3,5	3,0
Treffen deutscher Organisationen	3,0	2,2	2,3	3,0	3,5	3,1	2,8	2,9	2,9
Anzahl (n)	44	22	6	11	5	28	17	14	15

Quelle: eigene Erhebungen, FRICKE ET AL. 2002, S. 79

In Mexiko zeigen sich in zwei Punkten deutliche Abweichungen vom dargelegten Bewertungsmuster. „Kontakte zur lokalen Verwaltung/Politik" und „Freundschaft mit anderen Deutschen" werden in Mexiko als wichtiger wahrgenommen als in den Vergleichsräumen. Bezeichnenderweise halten deutsche Expatriates die Kontakte zur lokalen Verwaltung für noch bedeutender als die mexikanischen Geschäftsführer, was in Widerspruch zur individualistischen Prägung der deutschen Kultur mit deren universalistischen Grundprinzipien steht. Als Erklärung für dieses scheinbare Paradoxon bietet sich die von Deutschen gelegentlich beklagte Willkür und Undurchschaubarkeit von Verwaltungsabläufen an. Die daraus entstehenden Unsicherheiten können in Ermangelung eines zuverlässigen Rechtssystems nur durch persönliche Beziehungen abgesichert werden. Zum anderen werden eigene Nachteile gerne durch die besseren „Beziehungen" der Konkurrenten begründet. Die besondere Rolle der Freundschaft mit Deutschen vor Ort ist auf die in Mexiko zahlenmäßig besonders starke Diaspora und deren wirtschaftliche Bedeutung zurückzuführen (vgl. Kap. 2.4.2).

Die sozialen Beziehungen in der Form von „Freundschaft" und „Bekanntschaft" gelten in allen Kulturräumen als die wichtigsten der genannten sozialen Faktoren und werden in den asiatischen Ländern etwas höher eingestuft. Bekanntschaften und gemeinsame Freizeitaktivitäten mit Geschäftspartnern zeigen zwischen den Kulturräumen keine signifikanten Unterschiede. Die Kontakte zu Vertretern der Politik hingegen werden sehr unterschiedlich beurteilt. Sowohl die Locals als auch die Expatriates nehmen solche Beziehungen in Mexiko in einem signifikanten Ausmaß als wichtiger wahr als in Südafrika, Singapur und vor allem Japan.

Signifikante Unterschiede zwischen den verschiedenen Ländern treten bei den Locals in der Bewertung von verwandtschaftlichen Beziehungen, Kontakten zur Verwaltung und Politik sowie Freundschaften mit Deutschen und Treffen deutscher Organisationen auf. Dabei wird diesen Merkmalen in Indonesien und in Mexiko jeweils die höchste Bedeutung zugemessen.

Deutsche Expatriates bewerten im Allgemeinen die Bedeutung der sozialen Beziehungen ähnlich wie die Locals in dem jeweiligen Untersuchungsraum. Zwischen den beiden Gruppen lassen sich in den meisten Ländern keine signifikanten Unterschiede messen. Das lässt vermuten, dass sich die Expatriates in der Bewertung dieser Frage bereits stark an den lokalen Begebenheiten orientiert haben. Der obige Vergleich der Expatriates-Bewertungen in den verschiedenen Ländern bestätigt diese Annahme.

In Mexiko und in den beiden Ländern mit der höchsten kulturellen Distanz zu Deutschland, Indonesien und Singapur, zeigen sich klare Abweichungen von diesem Ergebnis. Die deutschen Firmenentsandten in den beiden südostasiatischen Ländern bewerten Freundschaft bzw. Bekanntschaft mit Geschäftspartnern etwa gleich wie die Expatriates in den anderen Kulturräumen. Die Locals hingegen weichen in Asien deutlich von dem Muster in den anderen Untersuchungsregionen ab und bewerten diese Aspekte wesentlich höher. Besonders auffällig ist dies in Singapur, was vermuten lässt, dass das Erscheinungsbild und Image als *global city* diese Aspekte in der Wahrnehmung der Expatriates in den Hintergrund drängt. Eine derart niedrige Bewertung sozialer Beziehungen entspricht aber nicht dem lokalen kulturellen Standard. Eine Überprüfung der Transkriptionen hinsichtlich dieser These zeigt, dass hier besonders häufig die Bedeutung persönlicher Beziehungen als „wie überall auf der Welt" hilfreich, aber nicht bedeutend, beurteilt wird. Andererseits erbringen diese Analysen auch mehrfach Hinweise auf die Bedeutung freundschaftlicher Beziehungen bzw. der Verwandtschaft mit lokalen Geschäftsleuten für den Aufbau eines tiefen Verständnisses für das Land.

> „Der persönliche Kontakt im Geschäftsleben ist von enormer Bedeutung, man muss ein Vertrauensverhältnis aufbauen. Die persönlichen Kontakte sollten dementsprechend intensiv sein, denn primär im chinesisch-indonesischen Geschäftsleben spielt das Vertrauen, und dass man sich gut kennt, eine wichtige Rolle (...). Da werden nicht so viele Verträge gemacht, aber es muss ein Vertrauensverhältnis da sein und dazu braucht man einen gewissen Bekanntheitsgrad, und um den zu erreichen, bedarf es eben Zeit" (Indonesien, Interview 117).

Als ein Beispiel der Bedeutung freundschaftlicher Kontakte zu Behörden und Politik sei auf ein Interview in Indonesien verwiesen. Der Kontakt zu den Zollbehörden ist sehr wichtig, da das System sehr bürokratisch ist und es leicht zu Verzögerungen kommt. Die guten Beziehungen müssen im Normalfall nicht in Anspruch genommen werden, aber in Konfliktsituationen kann man darauf zurückgreifen. Der Interviewpartner stellt heraus, dass es sich hierbei nicht um Korruption handelt, sondern um eine Notwendigkeit, die durch den überhöhten Bürokratismus verursacht ist.

> „Dieser Kontakt ist ganz wichtig, damit wir keine Verzögerungen im administrativen Ablauf haben, damit wir planen können. Nicht dass wir bevorzugt werden sollen, aber es muss eine gesunde Basis da sein, damit wir im Zeitrahmen bleiben. Und solche Leute können Ihnen dann behilflich sein, die Abläufe zu beschleunigen oder einzuhalten. Wir werden es selten in Anspruch nehmen, aber wenn es hart wird, dann schon. Das (...) ist ein respektabler Mann, der versucht, etwas für sein Land zu tun und die Dinge in Gang zu halten. Gerade das Administrative in Indonesien ist schon ein Hammer" (Indonesien, Interview 118).

Hinsichtlich der Beziehungen zu anderen deutschen Akteuren vor Ort ist zu erwarten, dass deutsche Unternehmensvertreter aus Gründen der Vermeidung von Anpassungsstress bzw. zum verbesserten Umgang mit dem Kulturschock private Kontakte zu deutschen Personen vor Ort aufbauen. Vor dem Hintergrund der Frage nach unternehmerischem Erfolg wird an dieser Stelle nicht die Kontaktintensität an sich fokussiert, sondern deren grundsätzliche Bedeutung für das unternehmerische Handeln im Ausland. Im Bezug auf die Zusammenarbeit unter Deutschen ist zunächst zu konstatieren, dass die lokalen Geschäftsleute die Bedeutung dieser Beziehungen in den eher beziehungsorientierten Ländern Mexiko, Indonesien und Singapur höher einschätzen als in den individualistischen und maskulinen Kulturen Südafrika und Japan. Dieses scheint weniger durch die kulturelle Distanz zwischen Deutschland und den lokalen Kulturen bedingt als durch die eigenkulturelle Prägung. Bemerkenswerterweise beurteilen die deutschen Expatriates die Beziehung zu anderen Deutschen in den drei erstgenannten Ländern signifikant als weniger bedeutend als dies die Locals tun. Ob diese Einschätzung – analog zur obigen Argumentation – eine Widerspiegelung der eigenkulturellen Prägung, eine normative Zielvorstellung oder aber Realität ist, lässt sich anhand quantitativer Vorgehensweisen nicht überprüfen. Die qualitative Betrachtung der Transkriptionen deckt im Widerspruch zu der insgesamt negativen Bewertung sehr markante Beispiele für konkreten Nutzen aus den persönlichen Freundschaften zu Deutschen vor Ort auf. Dieser Nutzen wird beispielsweise folgendermaßen bewertet:

> Freundschaften „sind sehr hilfreich, um sich schnell mal eine Information über Telefon zu besorgen, die man möglicherweise anderweitig nicht bekäme (...). Wir hatten ein Problem mit einem Material, wo wir sehr schnell Hilfe brauchten und da kannte ich rein zufällig einen Deutschen, dessen Frau und meine sich sehr gut kennen. Meine Leute haben sich abgemüht und sich mit den *counter parts* bei der anderen Firma in die Haare gekriegt, dann hab ich ihn einfach angerufen und innerhalb von 10 Minuten war das Thema vom Tisch. Er hat mir sehr entscheidend geholfen. Auf der anderen Seite krieg ich dann mal Anrufe von Leuten, da kann ich dann helfen" (Indonesien, Interview 115).

Die Bedeutung von Bekanntschaften, die nicht im Geschäftlichen verwurzelt sind, sondern in der Diaspora-Situation, entfaltet sich im Hinblick auf die Informationsweitergabe und die Lösung konkreter Probleme. Zusätzlich wird an obigem Beispiel der reziproke Tauschcharakter der Interaktion deutlich. Als Gegenleistung für die erhaltene Hilfestellung erbringt der Akteur im Bedarfsfall ebenso Unterstützung. Diese muss aber nicht zwingend derselben Person zugute kommen, sondern kann sich auch auf die Gemeinschaft oder die Gruppe beziehen. Solche Interaktionen sind als Netzwerkbeziehungen interpretierbar, die zur Mobilisierung von Sozialkapital dienen. Es werden auch Investitionen in das Netzwerk erbracht, um das Sozialkapital aufzubauen. Langfristig gleichen sich diese Investitionen durch die Vertrauensbeziehungen und die Verfügbarkeit von Informationen und die Reduzierung von Unsicherheiten aus.

Im Folgenden ist zu untersuchen, inwiefern deutsche Akteure auf der organisatorischen und auf der marktlichen Ebene mit anderen deutschen Unternehmen kooperieren. Außerdem wird geprüft, inwieweit sich unterschiedliche Kooperationsintensitäten zwischen deutschen Unternehmen durch die kulturelle Distanz zu den jeweiligen Untersuchungsräumen erklären lassen.

7.1.2 Zur Zusammenarbeit in deutschen Unternehmensnetzwerke im Ausland

Das Vertrauen in andere Akteure stellt die unabdingbare Grundlage von Netzwerkbeziehungen dar, da nur auf dieser Basis das Prinzip Reziprozität greift. Das Vertrauen zwischen Akteuren gleicher kultureller Herkunft ist wegen des gemeinsamen Wertesystems leichter herzustellen als zwischen Akteuren mit unterschiedlichem Hintergrund. Eine wesentliche Ursache für die Existenz deutscher Unternehmensnetzwerke ist die Fremdheit des geschäftlichen Umfeldes im Ausland, welche die Ungewissheit steigert und das Vertrauen zu lokalen Akteuren in Vergleich zu den deutschen Akteuren senkt. Zur Ungewissheits- und Transaktionskostenreduktion wird die institutionelle Nähe zu anderen deutschen Unternehmen im Gastland gesucht. Dabei ist der Grad der Fremdheit im Gastland bzw. in der jeweiligen Residenzgesellschaft entscheidend für den Aufbau und die Intensität deutscher Netzwerke. Je stärker sich die Kultur des Gastlandes von der deutschen unterscheidet, umso die höher wird die Neigung deutscher Akteure sein, vor Ort mit anderen Deutschen zusammenzuarbeiten.

Auf der Basis obiger Überlegungen wird die folgende Hypothese aufgestellt: Mit zunehmender kultureller Distanz steigt die Intensität der Unternehmenskooperation mit anderen deutschen Firmen vor Ort. Zur Operationalisierung dieser Aussage muss vorausgesetzt werden, dass kulturelle Distanz erstens messbar und zweitens bekannt ist. Hierzu wird auf Hofstedes Konzept und die Berechnung einer aggregierten kulturellen Distanz nach Kogut / Singh zurückgegriffen (vgl. Kap. 2.2.4). Während Südafrika durch eine niedrige und Indonesien sowie Singapur durch eine hohe kulturelle Distanz zu Deutschland gekennzeichnet sind, weist die kulturelle Distanz Mexikos zu Deutschland eine mittlere Ausprägung auf.

Die Zusammenarbeit deutscher Unternehmen vor Ort wird bezüglich ihrer Intensität und der Richtung der Kooperation gemessen (vgl. Anhang 1, Frage 6). Die Kooperationsintensitäten mit deutschen Zulieferern bzw. Firmenkunden zeigen nur sehr schwachen oder keinen Zusammenhang mit der kulturellen Distanz. Anders stellt sich das Bild bei der Zusammenarbeit deutscher Firmen mit Dienstleistungsanbietern deutscher Herkunft dar. Die Intensität der Kooperation mit deutschen Beratungsunternehmen zeigt einen starken, positiven Zusammenhang mit der kulturellen Distanz (Kendalls tau-b = 0,7; Irrtumswahrscheinlichkeit = 0,0 %). Auch die Kooperation mit deutschen Anbietern technischer Dienstleistungen hängt signifikant, wenn auch nur mäßig, mit der kulturellen Distanz zusammen. Für die Zusammenarbeit im Dienstleistungssektor lässt sich demzufolge die deutlichste Abhängigkeit von kultureller Distanz konstatieren. Es bleibt also festzuhalten, dass obige Hypothese für die Kooperation mit

7 Netzwerkeinbindung deutscher Akteure

Dienstleistern angenommen werden kann, nicht aber für die Zusammenarbeit mit industriellen Kunden und Zulieferern gilt.

Zur Begründung dieser unterschiedlichen Ergebnisse sei auf die besondere Kultursensitivität immaterieller Transaktionen verwiesen. Beim Austausch von Dienstleistungen spielt die kulturelle Distanz zwischen Leistungsanbieter und Leistungsnehmer eine herausragende Rolle. Die intensive Beziehung zwischen Anbieter und Nachfrager, die Vertraulichkeit der Informationen und das finanzielle Risiko erhöhen die Gefahr opportunistischen Verhaltens. Vertrauen in den Anbieter der Leistung stellt in diesen Fällen eine unverzichtbare Basis der Transaktion dar. Für die Zusammenarbeit im Dienstleistungssektor lässt sich demzufolge die deutlichste Abhängigkeit von kultureller Distanz konstatieren.

Abbildung 25: Zusammenarbeit mit deutschen Unternehmen im Zielmarkt

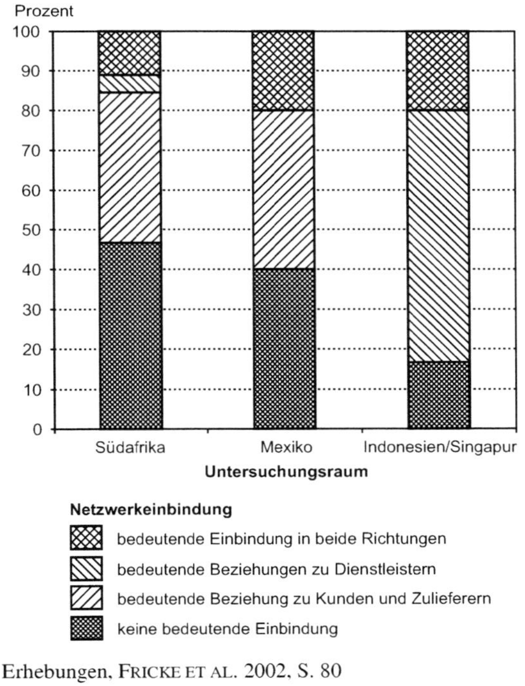

Netzwerkeinbindung
- bedeutende Einbindung in beide Richtungen
- bedeutende Beziehungen zu Dienstleistern
- bedeutende Beziehung zu Kunden und Zulieferern
- keine bedeutende Einbindung

Quelle: eigene Erhebungen, FRICKE ET AL. 2002, S. 80

7 Netzwerkeinbindung deutscher Akteure

Die zusammenfassende Darstellung dieser Ergebnisse beruht auf der Aggregation obiger Informationen über Richtung und Intensität der Zusammenarbeit zu vier Typen der Kooperationen mit deutschen Firmen vor Ort. Es werden unterschieden:

➢ keine bedeutende Netzwerkeinbindung,
➢ bedeutende Beziehungen mit deutschen Zulieferern und Kunden,
➢ bedeutende Beziehungen zu deutschen Anbietern von Dienstleistungen,
➢ bedeutende Beziehungen in beide Richtungen.

Die Tendenz der Unternehmen vor Ort mit anderen deutschen Unternehmen zu kooperieren variiert erheblich zwischen den Untersuchungsräumen. Dabei zeigt sich ein signifikanter Zusammenhang (auf dem 1 % Niveau; Chi-Quadrat-Test) mittlerer Stärke (Cramers V= 0,38) zwischen Kulturraum und der Intensität sowie Richtung deutsch-deutscher Unternehmenskooperationen (vgl. Abb. 25).

In Südafrika dominieren Firmen, die keine bedeutende Einbindung in deutsche Unternehmensnetzwerke vor Ort aufweisen gefolgt von solchen Unternehmen, die Beziehungen zu Zulieferern einerseits bzw. Kunden andererseits unterhalten. Hingegen ist in Ländern mit hoher kultureller Distanz (Singapur und Indonesien) zu Deutschland in wenigen Fällen keine bedeutende Zusammenarbeit mit Deutschen vor Ort festzustellen. Im Bezug auf die Richtung der Verbindungen dominiert in diesen asiatischen Ländern deutlich die Zusammenarbeit mit deutschen Dienstleistungsanbietern vor Ort. Mexiko nimmt eine Zwischenposition ein, wobei Kooperationen mit deutschen Zulieferern und Kunden sowie Mehrfachkooperationen überproportional vertreten sind. Firmen, die mit anderen deutschen Firmen ausschließlich im Dienstleistungsbereich zusammenarbeiten, sind hier nicht anzutreffen.

Zur Vermeidung eines Fehlschlusses durch den Einfluss der Branchenzugehörigkeit auf die dargelegten Zusammenhänge wurden die Netzwerkverbindungen auf Branchenabhängigkeit hin überprüft. Die Branche erklärt nur die Variation der Zusammenarbeit mit Firmenkunden, nicht aber die Unterschiede bei den anderen Kooperationen. Für die zahlreichen Verbindungen zu deutschen Kunden in Mexiko und Südafrika zeichnen vor allem Automobilzulieferer und Logistikanbieter verantwortlich, während die Beziehungen zu deutschen Lieferanten und Dienstleistern keine branchenspezifischen Unterschiede aufweisen.

Die Analyse der Interviewtranskriptionen ermöglicht es, die Gründe für die besonders häufige Zusammenarbeit mit deutschen Dienstleistern in Indonesien und Singapur zu identifizieren. Sie liegen in ökonomischen Faktoren wie dem Preis-Leistungs-

Verhältnis, der Qualität der Leistung und Sicherheitsaspekten sowie den Vorgaben des Mutterhauses begründet. Erstere sind Aspekte des Zutrauens und nicht des Vertrauens und letzteres ist eine Frage der Machtungleichheit und Entscheidungskompetenz zwischen Stammhaus und Tochtergesellschaft. Letztlich sind sie aber in bewährter Kooperation und in der Vermeidung von Unsicherheit begründet, da die endogene Unsicherheit, die in den Fähigkeiten des Partners liegt, auf der Basis des Zutrauens reduziert wird (vgl. Kap. 4.3.3). Zudem sind „weiche" Aspekte wie das Vertrauen in die deutschen Geschäftspartner, deren kulturelle Kompetenz auf der Basis der Kenntnis der deutschen wie auch der lokalen Geschäftsgepflogenheiten, sowie die Langfristigkeit der Beziehungen von großer Bedeutung für die Kooperation deutscher Partner untereinander. Als Beispiel für die Spannweite möglicher Gründe der Zusammenarbeit mit Deutschen werden nun einige Motive der Wahl deutscher Logistik-Dienstleister in Indonesien angeführt:

- internationale Erfahrung und weltweites Standortnetz des Anbieters,
- Preis-Leistungs-Verhältnis,
- sichere Kapitaldecke,
- Erfahrung in der Zusammenarbeit mit lokalen Behörden,
- gute Erfahrung mit diesem Anbieter,
- Vertrauen,
- Unzufriedenheit mit lokalen Anbietern.

Da sich die deutschen Expatriates vor Ort einer fremden Umgebung stellen müssen, ist von ihnen eine stärkere Netzwerkeinbindung zu erwarten. Übernimmt jedoch ein Mitglied der Residenzgesellschaft die Leitung des Unternehmens, ist eine wesentlich geringer ausgeprägte Zusammenarbeit mit deutschen Firmen zu erwarten. Die in Abbildung 26 dargestellten Ergebnisse bestätigen diese Hypothese. Im Gesamtsample des Verbundes ist bei Einsatz lokaler Geschäftsführer eine signifikant niedrigere Einbindung in deutsche Unternehmensnetzwerke im Gastland auszumachen (auf dem 1 %-Niveau).

7 Netzwerkeinbindung deutscher Akteure

Abbildung 26: Person des Unternehmensvertreters und Kooperation mit deutschen Unternehmen

Netzwerkeinbindung
- bedeutende Einbindung in beide Richtungen
- bedeutende Beziehungen zu Dienstleistern
- bedeutende Beziehung zu Kunden und Zulieferern
- keine bedeutende Einbindung

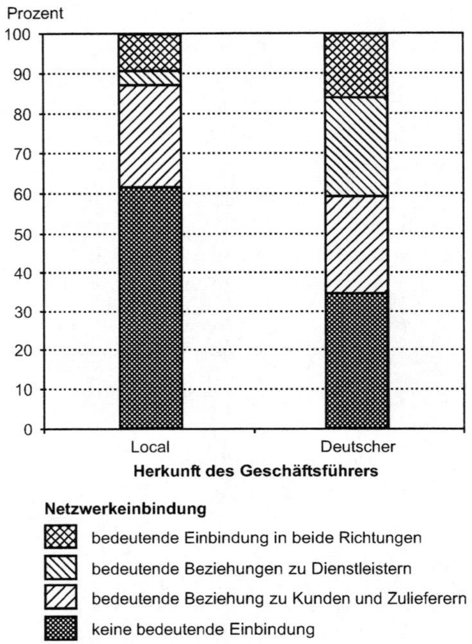

Quelle: eigene Erhebungen, FRICKE ET AL. 2002, S.78

Die auch bei Locals konstatierten bedeutenden Verbindungen zu deutschen Kunden und Zulieferern sind aber eben nicht durch kulturell bedingte Stresssituation des Akteurs oder den Bedarf nach Sicherheit zu erklären. Vielmehr liegt die Ursache hierfür in deren Aufgabe, einen deutschen Kunden vor Ort zu betreuen. Hierfür spricht auch die Tatsache, dass in vor- bzw. nachgelagerten Bereichen solche Unternehmen, die von Expatriates geleitet werden, in demselben Ausmaß Verbindungen zu deutschen Unternehmen aufweisen, wie diejenige, in denen der General Manager ein Local ist. In solchen Fällen ist der Aufbau und die Pflege bedeutender Beziehungen zu deutschen Kunden keine Entscheidung des lokalen Vertreters, sondern die des Mutterunternehmens. Damit stehen die Kooperationen von Locals mit deutschen Unternehmen nicht in Widerspruch zu der Erkenntnis, dass deutsche Unternehmensvertreter aufgrund der Fremdheit im Gastland zur Netzwerkbildung mit deutschen Akteuren neigen. Im Unterschied dazu suchen im Servicebereich die Expatriates wesentlich öfter den Kontakt zu deutschen Dienstleistern, als dies Locals tun. Die kulturelle Distanz kann als ein zentraler Beweggrund solcher Verflechtung im Ausland bestätigt werden, da qualitative Aussagen zur Basis der Zusammenarbeit in diesem Bereich diese Feststellung stützen.

Obige Ausführungen dienen einem ersten quantitativen Zugang zur Richtung und Intensität der Beziehungen deutscher Unternehmer in Mexiko im Vergleich zu anderen Standorten. Die zentrale Forschungsfrage geht jedoch über eine bloße Quantifizierung hinaus und sucht nach Ursachen und Wirkungen der Zusammenarbeit deutscher Manager im Ausland (vgl. Kap. 4.4). Hierfür müssen Netzwerkbeziehungen auf persönlicher, organisationaler und marktlicher Ebene (vgl. Kap. 5.1) untersucht werden, ohne dass deren mögliche Ausprägungen a priori bekannt wären. Daher erlaubt nur der offene Zugang über eine qualitative Methodik eine adäquate Bearbeitung der angeführten Fragen. Insbesondere das Verstehen von Wechselwirkungen zwischen den drei genannten Ebenen erfordert den Rückgriff auf subjektive Theorien der befragten Manager.

7.2 Persönliche Verflechtungen deutscher Manager in Mexiko

Das Individuum in seinen verschiedenen Beziehungen und Interaktionen mit anderen Akteuren steht im Mittelpunkt der Betrachtung auf der Analyseebene persönlicher Beziehungen (vgl. Kap. 5.1). Neben den familiären Beziehungen werden hier vor allem die Integration in die Residenzgesellschaft und die Intensität der Einbindung in die deutsche Diaspora in Mexiko diskutiert. Zunächst ist zu untersuchen, inwiefern sich die theoretisch definierten Integrationstypen Flucht, Kampf, Adaption und *going native* (vgl. Kap. 3.1.3) bei den deutschen Geschäftsführern in Mexiko finden lassen, und welchen Einfluss die unterschiedliche Integration auf den persönlichen Erfolg und die Lernprozesse hat. Erfolg wird auf der persönlichen Ebene als allgemeine Zufriedenheit mit der Lebenssituation operationalisiert. Der Lernprozess beinhaltet nicht nur das Vermehren des Wissens über die Kultur des Gastlandes, sondern vor allem einen Prozess des Verstehens.

Wie bereits dargelegt (vgl. Kap. 2.4.2), zerfällt die moderne Diaspora in Mexiko in einzelne, zum Teil unzusammenhängende Gruppen (vgl. DOBLER / GROLL 2002, S. 126). Somit sind unterschiedliche Typen deutscher Unternehmensvertreter zu definieren. Zunächst ist die Gruppe jener Deutschen zu beschreiben, die bereits seit Generationen in Mexiko leben, und in Mexiko ihren eindeutigen Lebensmittelpunkt haben. Im Folgenden werden sie als **Deutsch-Mexikaner** bezeichnet. Definitorisches Element ist die Geburt in Mexiko und der hier befindliche Lebensmittelpunkt, der sich im Fehlen eines konkreten „Rückkehr"-Wunsches und/oder in der Anwendung des Heimatbegriffes auf Mexiko äußert. Die Zuordnung von Gesprächspartnern zur Gruppe der Deutsch-Mexikaner anstelle der Anwendung der staatsrechtlich korrekten Bezeichnung „Mexikaner" beruht alleine auf der Selbstzuschreibung der Gesprächspartner. Notwendig hierfür ist die Aussage, von „deutschen" Eltern abzustammen oder Teil der deutschen „Kolonie" oder „Gemeinde" in Mexiko zu sein.

Eine weitere Gruppe sind deutsche **Auswanderer**, die entweder für eine deutsche Firma nach Mexiko kamen und blieben, oder die zuerst den Auswanderungswunsch hatten und dann nach wirtschaftlichen Lösungen suchten. Auch sie haben in Mexiko ihren Lebensmittelpunkt. Ihnen gemeinsam ist der Wunsch, langfristig in Mexiko zu leben. Als konstitutives Merkmal wird erachtet, dass sie keine konkreten Rückkehrwünsche und keine Berufs- bzw. Lebensplanungen in Deutschland haben.

Eine dritte Gruppe sind die Delegierten bzw. Firmenentsandten, die nur für einen bestimmten Zeitraum nach Mexiko entsandt wurden und diesen Aufenthalt als eine Etappe im eigenen beruflichen Werdegang auffassen, langfristig aber eine Karriere in Deutschland anstreben. Im Folgenden werden sie als **Expatriates** bezeichnet. Da sich die definierten Gruppen in ihrer Einbindung in die Residenzgesellschaft deutlich unterscheiden, wird im weiteren Verlauf der empirischen Untersuchung auf die Gruppenzuordnung der Gesprächspartner als wichtigem Einflussfaktor auf die Netzwerkbildung und das unternehmerische Handeln zurückgegriffen.

7.2.1 Interaktionsintensität in der Diaspora

Die Einbindung der Gesprächspartner in die beschriebene „deutsche Gemeinde" in Mexiko nimmt sehr unterschiedliche Formen an, da die deutsche Diaspora in Mexiko im Unterschied zu den neuen Zentren weltwirtschaftlicher Vernetzung bereits knapp 200 Jahre alt ist (vgl. Kap. 2.4.2). Seit der zweiten Hälfte der 1990er Jahre erhält sie durch die zahlreichen neuen deutschen Investoren in Mexiko wieder Zulauf.

Unzweifelhaft hoch ist die Einbindung der Deutsch-Mexikaner in die Diaspora. Die deutsche Gemeinde und die verschiedenen Organisationen, die ihr als Kristallisationspunkt dienen und dadurch die deutsche Gemeinde bilden, wird als definitorisches Merkmal für die eigene Gruppenzugehörigkeit angesehen.

7 Netzwerkeinbindung deutscher Akteure

Es finden sich insbesondere in der Gruppe der Deutsch-Mexikaner explizite Hinweise auf die Bedeutung des „Handschlags" unter Deutschen. Es wird ausdrücklich betont, dass mit mexikanischen Geschäftspartnern niemals ein so genanntes „Handschlaggeschäft" abgeschlossen wird, schon viel eher mit deutschen. Auch unter den Auswanderern finden sich Hinweise auf die Notwendigkeit, alle Transaktionen vertraglich abzusichern und explizit mit Mexikanern keine Handschlaggeschäfte zu machen. Für diese beiden Gruppen darf daher eine unmittelbare Relevanz der Diaspora für das unternehmerische Handeln zumindest innerhalb der Gruppe konstatiert werden, auch wenn die definitorischen Merkmale von Diaspora (vgl. Kap. 2.4.1) auf diese Gruppen sicher nicht vollständig zutreffen.

Da Deutsch-Mexikaner und Auswanderer zum einen über profunde Kenntnisse der mexikanischen Geschäftsgepflogenheiten verfügen und zum anderen meist ihre deutsche Identität pflegen und sich selbst als sehr kooperativ bezeichnen, sehen sie sich als die idealen Mittler zwischen den Kulturen. Ein Auswanderer führt aus:

„Wenn man so lange im Lande ist wie ich, ist irgendwann eine Entscheidung gefallen, dass man in diesem Lande sein möchte. Und das ist eine freie Entscheidung, man ist ja nicht hier geboren und festgefroren. Ich glaube, dann versucht man kooperativer zu sein, weil man einfach sagt: Mir geht es hier ja doch viel besser als sehr vielen" (Interview 25).

Das Zitat macht zum einen die freie Entscheidung in Mexiko zu leben, deutlich, was einen eklatanten Unterschied zu der in der klassischen Diaspora-Diskussion unterstellten „Vertreibung" darstellt. Dennoch birgt die Situation offenbar eine diffuse Bedrohung, der der Befragte aufgrund seiner Erfahrung besser gewachsen ist. Aus dieser Bedrohung wird eine gewisse Zusammengehörigkeit und eine Kooperationsbereitschaft oder Verantwortung abgeleitet, die stärker ist als das Konkurrenzverhältnis.

„Wenn jemand neu hereinkommt und sich noch nicht ganz auskennt, es gibt ja auch noch ein paar andere deutsche Firmen hier, die sogar Konkurrenten sind, trotzdem sagt man: Bei wem kaufst Du Deine Maschinenschrauben ein? Bei meinem Lieferanten kosten die einen Peso, bei seinem zehn. Kann man nicht einen gemeinsamen Einkauf machen? Natürlich machen wir das dann" (Interview 25).

Hier ist insbesondere die Bereitschaft, in die Entwicklung der Beziehung zu investieren, hervorzuheben. Selbst wenn es sich um einen direkten Konkurrenten handelt, wird das Wissen geteilt, um auf diese Weise einen gemeinsamen Vorteil zu erzielen – der auf der Seite des Partners im Beispiel deutlich größer ist. In diesem Fall scheint es sich nicht nur um eine grundsätzliche Kooperationsbereitschaft, sondern um reale Kooperation zu handeln.

7 Netzwerkeinbindung deutscher Akteure

Ein solches Angebot, die Brücke zwischen den Kulturen zu schlagen, ist oft anzutreffen, wird aber nicht immer genutzt. Auf die Frage nach Möglichkeiten des Lernens für neu nach Mexiko kommende Expatriates führt ein Deutsch-Mexikaner aus:

> „Das Einstellen auf die Mentalität wäre eigentlich wichtig hervorzuheben. Wie sind die Abläufe in Mexiko, wie sind da Arbeitnehmer zu behandeln, gerade auf mittlerer und unterer Ebene? Das sind so Punkte, die sollte man [als Expatriate] sich mal durch den Kopf gehen lassen und auch mal besprechen mit einem lokal erfahrenen Kollegen" (Interview 53).

Der Konjunktiv im Zitat deutet bereits an, dass dies ein eher theoretisches Angebot ist und nicht durch konkrete Interaktionen mit Expatriates belegt. Die engere Kontextanalyse der Textstelle hat dies bestätigt. Der Vergleich dieses Selbstbildes mit der Wahrnehmung durch die Expatriates ergibt einige Diskrepanzen, die für die vielfach fehlenden Verbindungen zwischen den Teilgruppen der Diaspora als Begründung herangezogen werden können. Ohne ihre interkulturellen Kompetenzen in Zweifel zu ziehen, wird die Wahrnehmung der Deutsch-Mexikaner bzw. Auswanderer durch Expatriates gelegentlich durch Negativerfahrungen beeinflusst. Bemerkenswerterweise werteten Expatriates das Verhalten der Deutsch-Mexikaner bisweilen als typisch mexikanisch. In mehreren Fällen stellte sich heraus, dass Geschäftspartner, über die von problematischen Situationen berichtet wurde und denen stereotype Eigenschaften der Mexikaner zugeschrieben wurden, deutsche Auswanderer waren.

Im Allgemeinen wird die Zusammenarbeit zwischen Deutschen nicht als besonders gut gewertet, eine grundsätzliche Kooperationsbereitschaft scheint nicht gegeben und vor allem fehlt es an formalisierten Institutionen.

> „Die Amerikaner arbeiten kooperativer zusammen, sehr viel kooperativer. Die Deutschen sind eigentlich mehr jeder für sich. Es gibt wenig Zusammenkünfte, und die richten sich in erster Linie auf die großen Unternehmen" (Interview 29).

Auch weitere Äußerungen von deutschen Firmenentsandten, welche die Besonderheit der „deutschen Kolonie" in Mexiko hervorheben, lassen deutliche Grenzziehungen zwischen den angeführten Gruppen der Deutschen in Mexiko erkennen. Dies steht im Einklang mit dem bereits dargestellten Zerfall der deutschen Diaspora in Mexiko in mehrere Teilgruppen (vgl. Kap. 2.4.2). Im Widerspruch dazu stehen jedoch die sehr konkreten Hilfeleistungen zwischen Deutschen, auch wenn sie unterschiedlichen Akteursgruppen zugehören. Auf die Erklärung dieser Kooperation wird bei der Diskussion der Interaktionen auf der marktlichen Ebene noch einzugehen sein. Die mangelnde Institutionalisierung der deutschen Diaspora und insbesondere die relativ schwach ausgeprägte Geschlossenheit lässt in einem Umkehrschluss die Aufweichung der

Grenzziehungen zur Residenzgesellschaft, verstärkte Interaktion mit Mitgliedern derselben und dadurch verbesserte Adaption und höheren Erfolg erwarten.

7.2.2 Integration in die Residenzgesellschaft

Die Integration in die Residenzgesellschaft ist zunächst anhand der in den theoretischen Ansätzen definierten Ausprägungen Flucht, Kampf, *going native* und Adaption analysiert worden (vgl. Kap. 3.1.3). Aufgrund der offenen Fragestellungen zu diesem Thema und der vielfältigen Antworten wurden zusätzliche Erweiterungen der Merkmalsausprägungen und damit eine Veränderung des Kategorienschemas im Laufe des Forschungsprozesses vorgenommen. Es ist denkbar, dass sich durch dieses explorative Element neue Formen finden lassen, aber auch eine nachträgliche Zuordnung der neuen Ausprägungen zu den theoretisch vordefinierten Typen ist möglich.

In der Gruppe der **Auswanderer** ergibt sich als typisches Muster ein hohes Maß an Adaption an die lokale Gesellschaft auf der Basis intensiver persönlicher Beziehungen, in der Regel verwurzelt in den familiären Bindungen. Eine Heirat mit einer Mexikanerin/einem Mexikaner kann als typisch für die Lebenssituation der Auswanderer angesehen werden[70].

> „Wenn jemand mit einer Mexikanerin verheiratet ist, dann taucht er ganz anders in die Kultur ein und hat ein besonderes Standing. Jemand, der eine Bindung mit einer Person von hier eingeht, der genießt den Ruf, dass er die Kultur sehr schätzt und insofern wird er über die Maßen aufgenommen" (Interview 29).

Eine Adaption führt zum besseren Verständnis der lokalen Kultur und hat über diesen Lerneffekt hinaus direkte Auswirkungen auf den Erfolg des Individuums in seiner persönlichen Einbindung in das Land. Unter den Auswanderern finden sich intensive Freundschaften mit Mexikanern. Der Erfolg solchermaßen eingebundener Personen auf der persönlichen Ebene scheint unzweifelhaft.

Dennoch kann auf der Basis einer Integration durch verwandtschaftliche Bindungen und Freundschaften mit Mitgliedern der Residenzgesellschaft nicht automatisch auf eine Adaption geschlossen werden. Vielmehr zeichnet sich eine Pendelbewegung zwischen den Kulturen ab, die Alternation. Alternation äußert sich in der Kombination von Verhaltensweisen, die mexikanischen und deutschen Werten entsprechen. Das scheint kein Widerspruch zu sein, sondern ein situatives und kontextspezifisches

---

[70] Eine solche ist aber keineswegs definitorisches Merkmal und es lassen sich im Sample auch Auswanderer ohne mexikanischen Partner finden.

7 Netzwerkeinbindung deutscher Akteure

Wechseln zwischen verschiedenen Handlungsweisen, die im Rahmen eines Lernprozesses verinnerlicht wurden. Ein Auswanderer führt im folgenden Zitat seinen Kommunikationsstil im Gespräch mit mexikanischen Geschäftspartnern aus. Er betont dabei nicht nur seine Andersartigkeit, sondern hebt die Kontrastierung zum „typisch mexikanischen" Stil durch die Kommentare seiner mexikanischen Frau noch hervor:

> „Ich rede mit denen aber nicht *a la Mexicana* sondern gerade heraus. Meine Frau sagt immer: ‚wie du mit den Hoteliers hier redest'. Sag' ich ‚wieso, ich rede mit denen Tacheles, ich rede mit denen übers Geschäft'. Sagt sie ‚Nein, das kannst du in Mexiko nicht machen'. ‚Warum nicht? Lass es mich doch mal versuchen'. ‚Sie werden dich hassen'. Hab' ich gesagt: ‚Gut, ich hab' auch nicht vor, dass sie mich lieben und wenn wir Erfolg haben wollen, dann sollten wir nicht versuchen, *everybody's darling* zu sein'. Und heute ist es so, dass sie uns mehr als achten. Sie rennen uns die Türe ein, um mit uns zu arbeiten. Bei uns gibt es ein ehernes Gesetz: ‚Hier ist die Rechnung, da ist der Scheck'. Das ist alles" (Interview 37).

Derselbe Gesprächspartner stellt gleichzeitig explizit die herausragende Bedeutung der persönlichen und verwandtschaftlichen Beziehungen zu der Residenzgesellschaft für den geschäftlichen Erfolg heraus. Auf die Frage nach Erfolgsfaktoren für Deutsche in Mexiko führt er an:

> „In erster Linie eine möglichst schnelle Integration in die mexikanische Gesellschaft. Der Idealfall, wie er mir zugestoßen ist, ist ja nicht planbar: in eine mexikanische Familie einzuheiraten, die auch nicht gerade aus Arbeiterkreisen kommt. Verwandtschaftliche Beziehungen zu Mexikanern spielen eine enorme Rolle" (Interview 37).

Diese Bedeutung wird anhand konkreter Beispiele ausgeführt, die sich auf die Zusammenarbeit sowohl mit mexikanischen Geschäftspartnern als auch mit Politikern beziehen. Insgesamt scheinen die Auswanderer typischerweise eine solche Alternation zwischen den Kulturen zu zeigen. Zum einen weisen sie im Allgemeinen eine starke Integration in die Residenzgesellschaft auf, die sich in der familiären Verbindung, den profunden Sprachkenntnissen, dem expliziten Wissen über die Markt- und Gesellschaftsstrukturen und dem Verstehen von Verhaltensmustern zeigt. Meist sind Auswanderer in höherem Maße auf Beziehungen zu anderen Akteuren und auf Interaktionen orientiert und betonen die persönliche Verankerung jeglicher geschäftlicher Beziehung. Andererseits betonen sie gerne die Unterschiede. Kein Vertrauensvorschuss, Kontrolle z.B. der technischen Leistung und rechtliche Absicherung sind bestimmende Merkmale in der Kooperation mit mexikanischen Partnern.

Dies gilt neben den Auswanderern auch für die **Deutsch-Mexikaner**, wo sich die Alternation unter anderem in der wechselnden Selbstzuschreibung der Gruppenzugehörigkeit zeigt:

„Deutsche haben *sie* gern, aber die Gringos haben *wir* nicht gern" (Interview 47; Hervorhebung durch den Verfasser).

Im selben Interview werden Personalismo und Klientelismus als typisch mexikanisch dargestellt. Aufgrund fehlender Leistungsanreize untergraben diese Netzwerkstrukturen die Arbeitsmoral. Aus diesen Gründen kritisiert der Interviewpartner ihre häufige Existenz. Das Wissen über solche Zusammenhänge und das Verstehen der lokalen Kultur führt aber weder direkt zum Ablehnen oder Bekämpfen dieser Kultur noch zum Eintauchen in dieselbe. Vielmehr finden sich bei ein und demselben Individuum zwei Handlungsweisen, die auf ein situationsabhängiges Zugreifen auf die eine oder andere Kultur hinweisen. Zum einen wird der als typisch deutsch angesehene Weg mit einer klaren vertraglichen Fixierung, der Androhung sowie auch dem tatsächlichen Einsatz juristischer Mittel eingeschlagen.

„Anfangs haben wir viel vertraut, heute ist alles legal. Da geht keiner aus der Tür, bevor nicht alles unterschrieben ist. Und wenn sie nicht zahlen, ist die Polizei hinter denen her. Das ist die einzig mögliche Art" (Interview 47).

Zum anderen wird aber auch die besondere Bedeutung der Beziehungen zu Freunden in ganz konkreten alltäglichen ökonomischen Fragestellungen hervorgehoben. Insbesondere bei der Gewinnung neuer Kunden und auch bei der Finanzierung der Unternehmung wird direkt auf persönliche Beziehungen zurückgegriffen.

Das Selbstbild von Deutsch-Mexikanern wird vom Thema Mexiko-Kompetenz dominiert. Im Zentrum der Wahrnehmung steht der reiche Erfahrungsschatz, das vielfältige und langjährige Wissen über den mexikanischen Markt. Dieses geht über marktspezifisches Wissen weit hinaus. Der Deutsch-Mexikaner sieht sich als denjenigen, der von den Mexikanern akzeptiert wird, der über die Kontakte verfügt und es versteht, diese zu pflegen. Die Relevanz von Kontaktpflege und freundschaftlichen Beziehungen zu Geschäftspartnern ist zwar als allgemeine Aussage kulturindifferent hoch (vgl. auch Kap. 7.1 und die dort gemessenen Werte in anderen Ländern). In der konkreten Ausgestaltung dieser Kontaktpflege sind jedoch massive Unterschiede festzustellen:

„Ich kenne in unserem Bereich vielleicht tausend Leute und wir bemühen uns, die im Computer zu erfassen. Wohin die Leute zur Schule gehen, was ihre Probleme sind, wann die Tochter heiratet und so weiter. Das geben wir in den Computer ein, und bevor wir einen Besuch machen, lassen wir uns das ausdrucken. Diese Sachen sind sehr wichtig" (Interview 36).

Eine gezielte Instrumentalisierung oder auch ein spielerischer Umgang sowohl mit familiär-intimen Informationen als auch der direkte Einsatz persönlicher Kontakte zum Erreichen der eigenen ökonomischen oder privaten Ziele zeugt von Alternation und ist v.a. bei Deutsch-Mexikanern und Auswanderern anzutreffen.

7 Netzwerkeinbindung deutscher Akteure

Typisch für die Einstellung der deutschen **Expatriates** ist der erklärte Wille, Beziehungen zur Residenzgesellschaft aufzubauen und nach Möglichkeit wenig Freundschaften mit Deutschen zu pflegen – also keinesfalls als deutsche Insel in einer fremden Umgebung aufzutreten. Dies entspricht der normativen Vorgabe kulturrelativistischer Grundeinstellungen (vgl. Kap. 2.1.3). Es kann auch mit dem Willen, im Ausland erfolgreich zu agieren, erklärt werden. Wenn man erstens annehmen darf, dass Expatriates heute in der Regel vor einem Auslandseinsatz in irgendeiner – wenn auch meist nur minimalen Form – an interkulturellen Trainings teilnehmen, zweitens diese Trainings meist dem Adaptionsparadigma folgen (vgl. Kap. 3.2.1) und drittens die Interviewpartner erfolgreich sein und ihre Firma positiv darstellen wollen, so ist zu erwarten, dass sie im Interview eine kulturrelativistische Haltung wiedergeben und Integrationswillen äußern.

Dieser Wille soll auch gar nicht angezweifelt werden, die tatsächlichen Verbindungen der Expatriates zur Residenzgesellschaft scheinen aber schwach oder nur theoretischer Natur zu sein. Letzteres beinhaltet beispielsweise Aussagen, dass konkrete persönliche Verbindungen zu Mexikanern als prinzipiell wichtig für den Kundenkontakt erachtet werden, ohne dass ihre reale Existenz erkennbar ist. Die Verbindungen zu anderen deutschen Unternehmensvertretern in Mexiko werden eher vorsichtig bewertet. Es lassen sich auch in anderen Forschungen Hinweise auf die Gleichzeitigkeit des Integrationszieles und der starken Einbindung in Freundschaften unter Deutschen finden. Auch in anderen Studien findet sich eine Bestätigung der positiven Grundeinstellung der Expatriates zu dem Land und den Leuten, aber gleichzeitig zahlreiche Hinweise auf private Enttäuschungen im Integrationsprozess. Der gewünschte Kontakt konnte nicht aufgebaut werden oder die anfänglichen Kontaktversuche verliefen enttäuschend, sodass insgesamt nur wenige Freundschaften entstanden (vgl. MOOSMÜLLER ET AL. 2002, S. 47f.).

Insgesamt ist zu konstatieren, dass weder bei den Deutsch-Mexikanern noch bei den Expatriates und schon gar nicht bei den Auswanderern klare Grenzziehungen in Form undurchlässiger ethnischer Trennungen festzustellen sind. Die unter den Deutsch-Mexikanern jahrzehntelang gegebene Trennung löst sich in den letzten Jahren insbesondere seit der Öffnung der deutschen Schule für mexikanische Schüler auf (vgl. Kap. 2.4.2). Die Auswanderer verfügen in den meisten Fällen über familiäre Verbindungen zu Mexikanern. Für beide Gruppen kann hohe Integration in die Residenzgesellschaft konstatiert werden, bei gleichzeitiger Überzeichnung bestimmter identitätsstiftender und abgrenzender Werte und Verhaltensweisen: ein Hinweis auf Alternation und die Existenz einer losen und offenen Form moderner Diaspora. Im Falle der Expatriates ist die Integration sowohl in die Residenzgesellschaft als auch in die Diaspora am wenigsten ausgeprägt. Der bereits diskutierte konkrete Integrationswille steht in Kontrast zur schwachen Ausprägung erkennbarer Interaktionen mit lokalen Freunden, Geschäftspartnern und Mitarbeitern. Solche Beziehungen scheinen selten von Aspekten des Begegnens und des Lernens dominiert, sondern vielmehr von einer resignierten Grundhaltung.

Es muss aber festgehalten werden, dass gerade im Geschäftsleben das Merkmal „deutsch" als Qualitätsmerkmal und Basis für Vertrauen angesehen und dementsprechend betont wird. Die persönliche Ebene der deutschen Netzwerke generiert zwar Grenzziehungen, stellt aber keinen Abschottungsmechanismus dar. Daher können insbesondere Deutsch-Mexikaner und Auswanderer auf Sozialkapital durch verschiedene soziale Beziehungen zugreifen: innerhalb und außerhalb der eigenen Gruppe. *Embeddedness* und *autonomy* als Formen sozialen Kapitals scheinen gegeben zu sein (vgl. Kap. 4.3.2). Deren potentielle Funktion in der Generierung und Weitergabe von Informationen als einem „Ertrag" sozialen Kapitals gilt es als nächstes zu diskutieren.

7.2.3 Adaption, Anpassungshandlungen und der Aufbau von Wissensbeständen

Nach der Untersuchung der unterschiedlichen Akteursgruppen und ihrer Verbindungen zur Diaspora bzw. zur Residenzgesellschaft soll im Folgenden die Bedeutung dieser Beziehungen für die Adaption, die Entwicklung und Weitergrabe von Lösungsstrategien und den kollektiven Aufbau expliziter und impliziter Wissensbestände analysiert werden. Eine schwache Integration in die Residenzgesellschaft, die sich in der Zuordnung zum „Kampf"-Typus äußert, tritt in der Regel gemeinsam mit der Einstellung auf, die fremde Mentalität „akzeptieren" zu müssen. Das „Akzeptieren" als Anpassungshandlung drängt das „Verstehen" der fremden Verhaltensweisen in den Hintergrund und angesichts der kulturellen Differenz wird Resignation erkennbar.

> „Sie können mir nicht erzählen, dass man, wenn man aus Europa kommt, das Land versteht. Das versteht man nicht. Als Ausländer wird man das Land nie richtig verstehen. Man kann es akzeptieren und mit ihm arbeiten" (Interview 48).

Der Aspekt des Akzeptierens der Gegebenheiten bzw. der Mentalität wird von den Expatriates meist als eine zentrale Herausforderung ansehen. Um ihn zu konkretisieren, wurde der Begriff „Akzeptieren" einer Explikation durch enge Kontextanalyse unterzogen. Beispielhaft wird für ein Interview mit einem Expatriate aufgeschlüsselt, was inhaltlich mit dem Akzeptieren gemeint ist:

7 Netzwerkeinbindung deutscher Akteure

➢ Bei dem **Objekt** des Akzeptierens handelt es sich um mexikanische Mentalität, Lebensart und Gewohnheiten. Aber auch äußere Lebensverhältnisse wie Klima, Beschwerden durch die große Höhe in Mexiko-Stadt und Puebla, sowie Gesundheits- und Sicherheitsrisiken sind damit gemeint.

➢ Als **Beispiele** für die Einflüsse von Mentalitätsunterschieden auf die Arbeitswelt wird in diesem Interview auf den Themenkomplex Verspätungen und Unzuverlässigkeit verwiesen: Vereinbarte Termine und Lieferzusagen werden nicht eingehalten und man kann nicht genau planen, etwas zu einem bestimmten Zeitpunkt erreicht zu haben.

Solche Aussagen werden aber durch Reflexion eingeschränkt und es werden auch äußere Umstände wie Stau oder Wettereinflüsse als Begründung für die häufigen Verspätungen herangezogen. Auch andere Interviews mit Expatriates lassen die Wahrnehmung von Mentalitätsproblemen als markanten Stressfaktor für das persönliche Agieren in fremdkultureller Umgebung erkennen.

> „Wenn ich nicht bereit bin, die hiesigen Verhältnisse zu akzeptieren, werde ich mich festbeißen. Der Mexikaner ist extrem nationalbewusst und es gibt gewisse Gepflogenheiten im Geschäftsleben, die ein Muss sind. Es ist sehr viel Smalltalk, bis man zu des Pudels Kern kommt. Es ist zeitaufwändig, muss man aber machen, sonst wird man langfristig nicht erfolgreich sein" (Interview 28).

Um wirtschaftliche Nachteile bzw. Verluste zu vermeiden, ergibt sich aus der Perspektive der Entsandten die Schlussfolgerung, dass es ihre Aufgabe ist, die kulturell bedingten Konflikte auf irgendeine Art zu lösen. Als Lösungsstrategie steht wiederum das Akzeptieren im Mittelpunkt, d.h. es gilt den Partner nicht zu kritisieren, sich mit der Mentalität anzufreunden und die eigenen Erwartungshaltungen am lokalen Standard zu orientieren.

Explizit verweisen Expatriates – und nur diese – darauf, dass gegenüber den Mexikanern keine Überheblichkeit entstehen darf. Eine solche bestünde bei bestimmten Deutschen und äußere sich darin, dass Gewohnheiten der Mexikaner von diesen Personen eben nicht akzeptiert würden.

In enger Verbindung damit steht eine weitere persönliche Herausforderung, mit der sich Expatriates konfrontiert sehen. Sie müssen die für Mexiko erforderliche Geduld aufbringen:

> „Er muss sehr viel Geduld mitbringen, das heißt, er kann deutsche Verhaltensregeln, deutsche Richtlinien vergessen. Er muss sich ziemlich schnell mit der Mentalität hier anfreunden" (Interview Nr. 40).

Diese gewisse Hilflosigkeit und die Diskrepanz zwischen Integrationsanspruch und alltäglichen Schwierigkeiten mit kulturellen Gegebenheiten der Residenzgesellschaft äußert sich auch im individuellen Erfolg und in der subjektiven Zufriedenheit mit der Lebenssituation in Mexiko. Obwohl die meisten Gesprächspartner betonen, sich in Mexiko wohl zu fühlen, scheinen eine Vielzahl negativer Gefühle typisch zu sein.

> „Wer hier Fehler macht, sind die Leute, die reinkommen. Das ist das Land. Wenn man das vorher nicht weiß, rauscht man sehr schnell in eine Sackgasse rein und kommt nicht mehr raus" (Interview 48).

Die Situation wird insgesamt als bedrohlich und unsicher wahrgenommen, das subjektive Wohlbefinden ist durch die Wahrnehmung einer unspezifizierten, aber massiven Bedrohung, die vom Land selber ausgeht, extrem eingeschränkt. Die Spezifizierung der bedrohenden Momente zeigt gerade unter Expatriates zahlreiche Hinweise auf die Rezeption von Stressfaktoren, die außerhalb des Geschäftlichen liegen und deren Begründung sowohl in kulturellen und sozialen Rahmenbedingungen als auch in den natürlichen Gegebenheiten des Landes Mexiko gesucht wird. Beispielhaft sei auf den Aspekt der Kriminalität verwiesen, wo insbesondere das Gefährdungspotential durch europäisches Aussehen sowie die erschreckende Gewalttätigkeit auch bei kleineren Delikten betont wird.

Hinsichtlich der Reaktionen und Anpassungshandlungen, die erforderlich sind, um in Mexiko erfolgreich zu agieren, stellen die Expatriates stärker die affektive Komponente der interkulturellen Kompetenz heraus und betonen Frustrationstoleranz, Stressbewältigung und Selbstvertrauen als zentrale Anforderungen (vgl. Kap. 3.1.2). Hingegen stehen Empathie und Lernbereitschaft eher bei den Auswanderern im Mittelpunkt (vgl. Tab. 14).

Insbesondere bei den Deutsch-Mexikanern im Sample lassen sich zahlreiche Hinweise auf „Kognition" im Sinne einer Selbstreflexion finden. Die Bewusstwerdung der fremden und der eigenen Kultur und das Verstehen eigen- und fremdkultureller Handlungszusammenhänge als Dimension interkultureller Kompetenz ist unter diesen Akteuren meist anzutreffen. Dies ist auch als ein Hinweis auf die diskutierte kulturelle Alternation in bikulturellen Diaspora-Situationen interpretierbar. Trotz der Geburt in Mexiko findet eine anhaltende Konfrontation mit dem fremden und auch dem eigenen Wertesystem statt. In der Folge sind hier die Grenzziehungen zwischen dem Fremden und dem Eigenen deutlicher und vor allem reflektierter (vgl. Kap. 2.1.2).

7 Netzwerkeinbindung deutscher Akteure

Tabelle 14: Anforderungen an deutsche Geschäftsführer aus der Perspektive verschiedener Akteursgruppen

Expatriate	Auswanderer	Deutsch-Mexikaner
Geduld	Geduld	
Mit der Mentalität anfreunden, umgehen	Mentalität verstehen, hineindenken	Einstellen auf die Mentalität
Verhältnisse akzeptieren	Verstehen, wie die Behörden funktionieren	Verstehen, wie die Dinge laufen
Erwartungshaltung an den Verhältnissen orientieren	Ansprechen können	Verstehen, wie Mitarbeiter behandelt werden sollen
Zuhören	Zuhören	Das Land verstehen, rausgehen ins Land
Nicht leichtgläubig sein	Hilfreich sein	Mexikanische Geschichte lernen
Organisationstalent	Höflich sein	
Deutsche Richtlinien vergessen	besserwisserisches Verhalten ablegen	
Kontakte finden	Schnellste Integration	
Von den Erfahrungen anderer profitieren		
Positives Denken		
Schockresistenz, dickes Fell		
Toleranz		
Hohe Einsatzbereitschaft		

Quelle: eigene Erhebung. Die Reihenfolge der Items ist willkürlich.

In den Interviews wurde deutlich, dass Deutsch-Mexikaner sich als Deutsche in Mexiko verstehen und in dieser Rolle als privilegiert empfinden. Dies hat auch direkte Auswirkungen auf das subjektive Wohlbefinden, und ein hohes Niveau des *general adjustment* ist trotz klarer Grenzziehungen gegeben. Deutsch-Mexikaner betonen bei Fragen nach dem und dem subjektiven Wohlbefinden wiederholt, dass man es als Deutscher in Mexiko sehr leicht habe.

> „Deutsche sind in Mexiko hoch angesehen, man heute Deutsche sehr gern und das vereinfacht natürlich das Einleben. Mexikaner sind sowieso sehr offen, insofern hat man in der Hinsicht überhaupt keine Probleme, aber es geht hier jetzt um Beruf und um Leistung und darum, etwas durchzusetzen (...). Darauf muss man sich einstellen, dass die Menschen hier eben nicht so sind wie drüben [in Deutschland]. Das kann man nicht ändern und das sollte man auch nicht ändern" (Interview 53).

Das Ende des Zitates sollte nicht als Hinweis auf das „Akzeptieren" missverstanden werden. Die Unveränderbarkeit der Differenz ist nämlich nicht ein Hindernis, mit dem man leben muss, sondern sie wird in normativer Weise als „gut" bezeichnet. Wobei unmittelbar darauf der Hinweis erfolgt, dass sich Mexikaner an internationale Geschäftsgepflogenheiten anpassen. Dennoch sollten sich Entsandte vorbereiten und auf Mexiko einstellen, weil sie sonst schwere Enttäuschungen erfahren.

Zur Rolle der deutschen Community für den Integrationsprozess in die Residenzgesellschaft ist festzuhalten, dass der Interaktion mit anderen Deutschen von den Befragten zunächst eine geringe Bedeutung beigemessen wird. Weil die kulturelle Differenz nicht besonders hoch ist, besteht keine Notwendigkeit, sich mit anderen Deutschen zu solidarisieren.

„Mexiko ist der gleiche Kulturkreis wie Deutschland oder Mitteleuropa. Insofern sind uns die Mexikaner ja nicht so fremd. Wir Ihnen auch nicht, und das bringt natürlich mit sich, dass man sich als Ausländer nicht unbedingt im Ghetto fühlt und damit auch nicht beginnt, sich zu solidarisieren. (...) Klar hat man Gemeinsames und viele Deutsche, die man dann hier trifft, sind aus ähnlichen Motiven hierher gekommen. Man tauscht sich aus, und der eine hat einen Bekannten usw.; da gibt es schon die eine oder andere Form von Hilfe" (Interview 27).

Auch hier relativiert sich die Aussage bei Betrachtung der informellen Interaktionen und es zeigt sich auch eine Kooperation mit anderen Angehörigen der Diaspora zum Austausch impliziten wie auch expliziten Wissens konkreter Hilfeleistungen. Andere Forschungen des FORAREA-Verbundes in Mexiko belegen die hohe Bedeutung der Diaspora im Bezug auf das *general adjustment* im Sinne eines subjektiven Wohlbefindens. Insbesondere den mitreisenden Familienangehörigen hilft sie bei der Orientierung, um Erklärungen für unerklärliches Verhalten zu finden und Lösungsstrategien zu entwickeln. Der Rückgriff auf dieses Wissen im Rahmen informeller Netzwerke erlaubt eine rasche Problemlösung, birgt aber bei ungeprüfter Übernahme der vorgefertigten Konzepte die Gefahr der Verfestigung derselben und von Bildung von Vorurteilen (vgl. MOOSMÜLLER ET AL. 2002, S. 48).

Somit birgt der informelle Austausch in der deutschen Community auch die Gefahr einer Behinderung im Integrationsprozess. Die im Rahmen des Kulturschocks erlebten Enttäuschungen führen zu einem Rückzug in die deutsche Community, wo der gemeinsame Hintergrund und die gemeinsame Interpretation der Erfahrungen zu einer Verstärkung der Gruppenidentität führt. Wird dabei der Unterschied zu der Residenzkultur besonders herausgestellt, die konfliktbehafteten Erfahrungen mit deren Mitgliedern hochgespielt, so behindert das den Austausch mit der Residenzgesellschaft. Wenn dieser Rückzug durch ein Überlegenheitsgefühl und verfestigte Vorurteile begleitet wird, verhindert das die Einnahme einer angemessenen Lernhaltung. Somit kann sich die gewünschte interkulturelle Kompetenz nicht entwickeln und die Einbindung in die deutsche Community wirkt kontraproduktiv (vgl. MOOSMÜLLER ET AL. 2002, S. 49).

7.2.4 Zur Bedeutung der sozialen Einbettung für das wirtschaftliche Handeln

Deutsche Expatriates definieren sich überwiegend als Einzelkämpfer und stellen die eigene Professionalität in den Vordergrund. Folgerichtig bewerten sie die Bedeutung der Freundschaft mit anderen Deutschen für das Geschäft als niedrig. Dies hängt auch damit zusammen, dass gelegentlich Klagen über ethnisch basierte Netzwerke geäußert werden und diesen eine negative Konnotation beigemessen wird. Durch diese Sichtweise rücken die Interaktionen in der Diaspora ebenso wie Freundschaften mit mexikanischen Geschäftsleuten oder politischen Entscheidungsträgern in die Nähe von Korruption und Klientelismus.

Wesentlich größere Bedeutung für das ökonomische Handeln wird solchen Beziehungen von Seiten der Deutsch-Mexikaner und Auswanderer beigemessen.

> „Viele Dinge gehen nur über persönliche Kontakte. Das ist sozusagen der Türöffner und man braucht das, sonst kommt man hier nur sehr schwierig vorwärts. Wenn man sich also an den normalen Weg hält, dauert alles sehr viel länger. Man kann Dinge beschleunigen und insofern sind persönliche Kontakte sehr wichtig" (Interview 29).

Wie gezeigt, lassen Expatriates eine wesentlich niedrigere Einbettung in die Residenzgesellschaft erkennen, weswegen bei dieser Akteursgruppe keine Nutzung von Netzwerken zur Mobilisierung von Sozialkapital stattfindet. Die Deutsch-Mexikaner weisen eine höhere Integration in die deutsche Diaspora auf als die Auswanderer. Beide Gruppen nutzen ihre Netzwerkbeziehungen zu Angehörigen sowohl der Diaspora als auch der Residenzgesellschaft zur Mobilisierung von Sozialkapital und zum Erzielen wirtschaftlichen Nutzens. Mitglieder der Diaspora gewähren einander einen Vertrauensvorschuss und es gibt deutliche Hinweise auf das Praktizieren des „Handschlags unter Gleichen". Auf der Basis diasporisch begründeten Vertrauens werden Unsicherheiten und Risiken reduziert und Informationen in Form expliziten Wissens transportiert. Durch die erhöhte Kooperationsbereitschaft unter den Mitgliedern der Diaspora und die vielfältigen Kooperationsformen sowie die Häufigkeit der Interaktionen ist außerdem anzunehmen, dass auf diese Weise auch implizites Wissen vermittelt wird, indem Handlungsoptionen und Lösungsstrategien vorgelebt werden.

Ein offensichtlicher ökonomischer Nutzen entsteht auf der Basis von Sozialkapital durch die Mobilisierung von Mitteln zur Finanzierung unternehmerischer Aktivitäten. Dies gilt auch im Bereich der Kundenakquisition, wo insbesondere bei der Gewinnung neuer privater Kunden auf die Rolle von Freundschaften und Empfehlungen verwiesen wird.

7.3 Die Beziehungen deutscher Manager auf organisationaler Ebene

Auf der organisationalen Ebene werden die Verflechtungen des Managers mit drei Kategorien von *stake-holders* thematisiert, denen er in unterschiedlicher Weise verpflichtet ist. *Stake-holders* tragen verschiedene Projektionen und Erwartungen an ihn heran und er stellt seinerseits bestimmte Leistungs-, Loyalitäts- und Verhaltenserwartungen an sie. Die drei Kategorien von Anspruchsgruppen sind erstens die Beschäftigten der eigenen Organisation (Kap. 7.3.1), zweitens das Stammhaus (Kap. 7.3.2) und drittens lokale Kooperationspartner, zu denen eine formalisierte Beziehung besteht (Kap. 7.3.3). Den Abschluss des Kapitels bildet eine kurze Diskussion des Beitrags dieser Beziehungen zu der Evolution der Organisation am Standort in Mexiko (Kap. 7.3.4).

7.3.1 Verbindungen zu den Beschäftigten und Führungsstile

Innerhalb der Organisation steht der einzelne Akteur in permanenter und intensiver Interaktion mit seinen Mitarbeitern. Dieser Austausch stellt eine Schnittstelle dar, an welcher interkulturelle Kontaktsituationen selbst erlebt und Kommunikationsprobleme virulent werden. Im Arbeitsverhältnis zu seinen Mitarbeitern ergeben sich zahlreiche Differenzen zwischen dem deutschen Akteur und seinen mexikanischen Interaktionspartnern, deren Ursache in unterschiedlichen Wertvorstellungen und Kommunikationsstilen liegen.

Sowohl Expatriates als auch Deutsch-Mexikaner und Auswanderer lassen ähnliche Muster der Beurteilung der mexikanischen Mitarbeiter erkennen, die meist einen oder mehrere der folgenden Aspekte enthalten. Mexikaner werden beschrieben als

➢ unselbstständig und wenig kreativ,
➢ unkritisch,

- hierarchieorientiert,
- unpünktlich,
- unzuverlässig,
- verschwiegen (in Bezug auf Probleme).

Die ersten drei Punkte korrespondieren mit den Merkmalen solcher Gesellschaften die durch hohe Machtdistanz geprägt sind, zu denen auch Mexiko zählt. Für solche Länder ist typisch, dass Lehrer einen „Guru"-Status haben und eigenes Wissen vermitteln, das nicht in Frage gestellt wird. Auch in Unternehmen dominieren hierarchische Strukturen, die als Ausdruck der natürlichen Ungleichheit in der Gesellschaft als normal und gegeben angesehen werden. Mitarbeiter erwarten, dass sie Anweisungen erhalten, und der ideale Vorgesetzte ist in diesem Fall der wohlwollende Autokrat, ein gütiger Vater (vgl. HOFSTEDE 2001 S. 48).

„In Mexiko wird in vielen Bereichen nicht kreativ und kritisch gedacht. Da wird abgewickelt. Ich denke, das ist die Schwachstelle in Mexiko. Es gibt wenig Personal, das wirklich dazu erzogen ist, sich kritisch mit seiner eigenen Arbeit auseinanderzusetzen. Das ist meistens auf das Führungspersonal begrenzt. (...) Die Mitarbeiter werden in den Schulen nicht zur Kritikfähigkeit erzogen" (Interview 28).

Neben der angeführten mangelnden Kreativität und Kritikfähigkeit führt die hohe Machtdistanz auch dazu, dass ein gesteigertes Maß an Kontrolle notwendig ist, um den Erfolg der Organisation, im Sinne eines störungsfreien Ablaufs, zu sichern.

„Es gibt da einen Häuptling und viele, viele Indios. Wenn der Chef nicht da ist, funktioniert gar nichts. Das macht es auch unerfreulich. Leistungen müssen permanent kontrolliert werden" (Interview 28).

Die hohe Übereinstimmung solcher Aussagen deutscher Manager über ihre mexikanischen Mitarbeiter mit den Merkmalen in Hofstedes Ausführungen erhebt aber keinesfalls den Anspruch auf Generalisierbarkeit. Sie kann weder ein „Beweis" für die Gültigkeit dieser Merkmale für Mexikaner im Allgemeinen sein, noch als Beleg dafür angesehen werden, dass Mexiko als Land mit hoher Machtdistanz anzusehen ist. Die vorliegende Untersuchung misst nämlich nicht die Eigenschaften mexikanischer Mitarbeiter, sondern nur die Wahrnehmung der Handlungen durch die deutschen Geschäftsführer. Das Ergebnis zeigt daher, dass die befragten deutschen Manager ihre mexikanischen Mitarbeiter auf diese Weise erleben und die für eine solche Diskrepanz typischen Konflikte real auftreten. Dies sagt vorrangig etwas über die deutschen Akteure aus: Es finden sich in vergleichbaren Forschungen zahlreiche Hinweise darauf, dass es sich hierbei um typische Probleme deutscher Unternehmer im Ausland handelt[71].

Als Konsequenz für deutsche Geschäftsführer ergeben sich mehrere Handlungsalternativen, von denen die meisten in Einklang mit dem paternalistischen Führungsstil stehen und von „erzieherischen" Elementen dominiert werden. Die Maßnahmen

➤ erhöhter Leistungsdruck,
➤ intensive Kontrolle,
➤ Motivations- und
➤ Ausbildungsmaßnahmen

scheinen durch Kombination miteinander zum gewünschten Erfolg zu führen. Expatriates neigen dabei im Vergleich zu den beiden anderen Akteursgruppen stärker zum „Erziehen" ihrer Mitarbeiter, trotz des oben schon besprochenen Anspruchs, die lokale Mentalität zu akzeptieren:

> „Bei einer kleinen Mannschaft kann man die Mitarbeiter ziemlich schnell erziehen oder umerziehen. Aber bei großen Unternehmen ist das nicht so einfach. Meiner Meinung nach ist es aber möglich, auch aus meiner ersten Erfahrung hier" (Interview 40).

Als Möglichkeit, um die Leistungsbereitschaft zu erhöhen, verweisen sowohl Expatriates als auch Deutsch-Mexikaner auf die Motivation durch finanzielle Anreize – ein Weg, den mittelständische Unternehmen allerdings oft nicht beschreiten können. Als Alternative wird auf Ausbildungsmaßnahmen verwiesen:

> „Man kann Mexikaner auch motivieren. Natürlich ist das Gehalt ein großer Motivationsfaktor. Aber man kann das auch mit Einsatz und mit Schulungen in Griff bekommen, das geht schon" (Interview 40).

Das Stereotyp des „faulen, siestahaltenden" Mexikaners lässt sich so meist nicht wiederfinden. Vielmehr wird die in schwierigen Phasen hohe Leistungsbereitschaft herausgestellt, vorausgesetzt der Manager selbst lebt ein solches leistungsorientiertes System durch den eigenen Einsatz vor und versteht es, durch Beziehungen eine kollektive Identität im Unternehmen zu schaffen. Ein Expatriate beschreibt eine solche Situation und vergleicht sein Unternehmen mit der Familie, einem äußerst wichtigen Bezugspunkt in der kollektivistischen Gesellschaft:

---

[71] Die Vergleichsforschung in Südafrika, wo die Machtdistanz nur unwesentlich höher ist als in Deutschland (vgl. Tab. 2), zeigt ebenfalls die Problemfelder Unzuverlässigkeit (zeitlich wie qualitätsbezogen) sowie Unehrlichkeit im Bezug auf Absprachen als die Hauptproblempunkte auf (vgl. FRICKE / BABO 2002, S. 98).

„Mexikaner sind sehr fleißig. Ich habe Leute, die mit mir im ersten Jahr bis zwei oder drei Uhr nachts gearbeitet haben. Ohne Überstundenzuschlag und ohne Beschwerden und am nächsten Morgen um sieben oder acht Uhr wieder da waren. Das gibt's. Das Unternehmen wird Familie. Wenn man gute Beziehungen zu den Mitarbeitern aufbaut, wenn man sich aufopfert, kriegt man das wieder zurück. Wenn man sie davon überzeugen kann, dass man das Unternehmen retten wird" (Interview 50).

Die Art der potentiellen Schwierigkeiten mit den Mitarbeitern und vor allem die daraus abgeleiteten Lösungsstrategien unterscheiden sich deutlich, je nach dem Tätigkeitsbereich der Mitarbeiter. Im Bezug auf Mitarbeiter in der Produktion ist vor allem Verständnis und Zuhören erforderlich. Ein paternalistischer Führungsstil, der mehr Verantwortung in persönlichen und familiären Belangen der Mitarbeiter bedeutet, als das in deutschen Unternehmen üblich ist, ist in den meisten Fällen gegeben. Im Bezug auf Mitarbeiter in Verwaltungsfunktionen, insbesondere im mittleren Management, wird die Notwendigkeit, ein Klima der Gleichberechtigung herzustellen, hervorgehoben.

Sowohl unter Expatriates als auch unter Auswanderern finden sich bei Managern mit internationaler Erfahrung auch Elemente, die einen stärkeren Rückgriff auf das Sozialkapital, das lokale Beschäftigte in die Firma mit einbringen, erkennen lassen. Manager mit internationalem Hintergrund stellen heraus, dass man den Beschäftigten zugestehen muss, die eigene Organisation zu beeinflussen, etwas von ihrer Eigenart und kulturellen Prägung in das Unternehmen hineinzutragen. Ein solches Verhalten kann als „gelebtes" Akzeptieren interpretiert werden. Der deutsche Akteur akzeptiert nicht nur, dass „der Mexikaner" eben anders ist, sondern lässt zu, dass er durch seine Andersartigkeit die eigene Firma mitgestaltet und verändert.

„Man muss akzeptieren, was sie von ihrer mexikanischen Mentalität und mexikanischen Charakterzügen in die Firma mitbringen. Man muss flexibel sein, also auch Verständnis dafür haben, dass sie öfter mal zu spät kommen, da muss man darüber hinwegsehen. Die Problematik der Arbeiter hier ist auch eine andere. Die kriegen hier nur acht Tage Urlaub, deshalb fehlen sie ein bisschen öfter. Da muss man ein bisschen großzügiger sein" (Interview 31).

Zusammenfassend lässt sich festhalten, dass sich auf der Ebene der Zusammenarbeit mit lokalen Mitarbeitern, ein deutliches Überlegenheitsgefühl zeigt. Es wird zum einen aus der persönlichen Erfahrung und Qualifikation, zum anderen aus der eigenen Unternehmenskultur abgeleitet und führt entweder zum Erziehen und Umerziehen, oder wie bei Auswanderern öfter anzutreffen zu der Identifikation mit der Rolle des gütigen, autokratischen Vaters. Eine zusätzliche Erklärungskraft scheint hier die Betrachtung der internationalen Erfahrung des Managers zu entfalten. International erfahrene Manager lassen die Organisation bewusst von Mitarbeitern mitgestalten und erwähnen explizit, dass sie die Netzwerke der Beschäftigten für ihre eigene Orientierung und den Aufbau von Geschäftsbeziehungen nutzen.

7.3.2 Commitment zum Stammhaus und zum Tochterunternehmen

Die Verflechtungen und Verpflichtungen des Entscheidungsträgers im Bezug auf das Stammhaus sind in Relation zu seiner Einbindung in das Tochterunternehmen in Mexiko zu analysieren. Das Commitment zum Stammhaus bzw. zur Tochtergesellschaft steht in enger Beziehung zu den Paradoxa des Expatriate-Daseins. Der Expatriate muss einerseits Repräsentant des Stammhauses sein, dessen Kultur und Interessen vertreten, und andererseits soll er sich auf die Kultur des Gastlandes einstellen und die Interessen des Tochterunternehmens, die immer wieder in bestimmten Fragen mit jenen des Stammhauses kollidieren, durchsetzen. Ebenso stehen die beiden Kulturen, auch wenn sie sich auf unterschiedlichen Ebenen befinden (Unternehmenskultur vs. Nationalkultur) im Falle deutscher Firmen in Mexiko offensichtlich meist in Konkurrenz zueinander.

Die Zwiespältigkeit der Entsendungssituation äußert sich bei den meisten Expatriates. Das hier erkennbare Bild zeigt eine enge Kontrolle durch das Stammhaus, häufige Kontakte zu dessen Vertretern und eine Konzentration zahlreicher Kompetenzen im Stammhaus. Eine Erweiterung der Zuständigkeiten der Tochtergesellschaft ist in einigen Fällen geplant bzw. in Vorbereitung. Im Falle einiger Automobilzulieferer wird dabei beklagt, dass der Kontakt zum zentralen Kunden teilweise über das Stammhaus läuft, was die Arbeit in Mexiko erheblich erschweren kann. Dies wird zum Teil darauf zurückgeführt, dass das Vertrauen der mexikanischen Ansprechpartner beim Kunden oder anderen Partnerunternehmen sich auf die Organisation in Deutschland richtet und eben nicht auf die Tochtergesellschaft in Mexiko. In diesen Fällen ist das Commitment zum Stammhaus in der Regel sehr hoch und das zu der Tochtergesellschaft scheint niedrig zu sein. Die Situation lässt sich insgesamt als Konfrontation beschreiben. Daraus kann sich eine *lose-lose*-Situation ergeben, nämlich dann, wenn der Erfolg in der Tochtergesellschaft als wichtiger Karrierebaustein angesehen wird, gleichzeitig aber ein Umsetzen der Strategie des Mutterunternehmens in erheblichen Konflikt mit dem Willen der Belegschaft gerät, wodurch der Erfolg gefährdet wird.

Aber auch das Gefühl, mit dem hohen Commitment zum Stammhaus letztlich „draußen" alleine gelassen zu sein, taucht gelegentlich auf. In mehreren Fällen wurde von Expatriates ihre Einbindung in das Mutterunternehmen als besonders erfolgsrelevant herausgestellt. Dabei geht es darum, die notwendige Unterstützung durch das

Stammhaus auch bei schwierigen Entscheidungen zu haben. Ist eine solche Unterstützung nicht gegeben, kann es erstens zu erheblichen Schwierigkeiten mit Geschäftspartnern vor Ort kommen, und zweitens letztlich zum Scheitern einer Kooperation in Mexiko führen.

> *„Was waren die größten Probleme in dem gescheiterten Joint-Venture?*
>
> Fehlende Unterstützung des Mutterhauses und Missmanagement vor Ort.
>
> *War der damalige Manager hier ein Entsandter vom Mutterhaus?*
>
> Ein Entsandter - Jaja.
>
> *Und trotzdem fehlte die Unterstützung vom Mutterhaus.*
>
> Ja die Beziehung war nicht da. Von beiden Seiten nicht, klar. Vielleicht auch bedingt durch Frustration des Expatriates und fehlende Internationalisierung des Mutterhauses (...).
>
> *Hat sich die Unterstützung jetzt gebessert?*
>
> Durch meine Beziehungen, ja. Ich komme aus dem Mutterhaus. Und weil ich viele Leute schon seit langem kenne. Ich habe die Automotive-Abteilung als Controller schon in Deutschland restrukturiert. Ich habe Kontakte, ich kenne im Mutterhaus hundert Mitarbeiter mehr oder weniger gut. Und dadurch erlangt man viel"
> (Interview 50).

Es wird am Beispiel klar, dass ein Mangel an Unterstützung existenzbedrohende Ausmaße annehmen kann. Hohes Commitment zum Stammhaus muss durch direkte, häufige und persönliche Beziehungen zu Mitarbeitern des Stammhauses getragen werden, um den erwünschten Erfolg zu bringen. Im genannten Beispiel telefoniert der Expatriate täglich 3-4 Stunden mit dem Stammhaus, berichtet viermal pro Jahr in Deutschland und zusätzlich verbringen andere Mitarbeiter des Stammhauses ca. 100 Manntage am Standort in Mexiko.

Über fehlendes Verständnis und fehlende Unterstützung des Stammhauses wird in vielen Fällen, von Expatriates und Auswanderern gleichermaßen, geklagt. Dabei konzentrieren sich die Kritikpunkte meist auf die folgenden Bereiche:

- ➢ Kommunikation: Die Sprachkenntnisse im Stammhaus sind ungenügend, es wird oft nur Deutsch gesprochen, was die Kommunikation mit dem mexikanischen Tochterunternehmen behindert. Desweiteren ist die Reaktionsdauer auf Anfragen oft hoch.
- ➢ Fehlende Internationalisierungserfahrung: Der Umgang mit Angehörigen fremder Kulturen und anderen ökonomischen wie technischen Rahmenbedingungen führt im Stammhaus zu Unverständnis für auftretende Schwierigkeiten und zur Aufstellung überhöhter Erwartungen.

Grundsätzlich ist das Commitment zur Tochtergesellschaft bei Deutsch-Mexikanern[72] und Auswanderern höher als bei Expatriates. Dies zeigt sich beispielsweise in der stringenteren Umsetzung von Diversifizierungsstrategien und in einer stärkeren Einbindung eigener Kontakte in die Geschäftstätigkeit des Unternehmens. Auf diese Weise wird ein Informationsvorsprung gegenüber dem Stammhaus und ein höheres Maß an Unabhängigkeit generiert.

7.3.3 Kooperation mit mexikanischen Partnern

Aufgrund der eigenen Unvertrautheit mit dem mexikanischen Markt, mit den kulturell bedingten spezifischen Arten der Regulation, wählten einige Firmen zum Zeitpunkt des Markteintritts eine Kooperationsstrategie. Diese war in den meisten Fällen nicht nur als ein erster Einstieg definiert, sondern mittelfristig angelegt. Die meist als Joint-Venture formalisierte Zusammenarbeit mit einem mexikanischen Unternehmen diente in der Regel dem Ziel, die Geschäftskontakte des Partners als Zugang zu lokalen Netzwerken zu nutzen. Insbesondere dessen persönliche Beziehungen und sein implizites Wissen sollten helfen, sich in der unsicheren Umgebung zurechtzufinden. Die Streuung des finanziellen Risikos durch Reduzierung der im Land gebundenen Ressourcen spielt als Motivation für die Kooperation keine Rolle.

Offensichtlich wurde das Risiko eines Engagements in Mexiko als hoch wahrgenommen und die Vorbereitungsphase bis zum Einstieg in den Markt war zu kurz, um Wissensdefizite auszugleichen. Aufgrund mangelnder Internationalisierungserfahrung und mangelnden Wissens über Mexiko steigen die organisationalen und administrativen Kosten. Daher versucht der Investor, durch kooperative Eintrittsformen Risiko und Kosten zu reduzieren[73]. Transaktionskostenüberlegungen hatten im Widerspruch dazu erwarten lassen, dass aufgrund des hohen Risikos eher versucht wird, die Kontrolle über die Aktivitäten vollständig in eigener Hand zu behalten. Die Unvertrautheit mit dem Zielmarkt erhöht nämlich die Informationskosten in erheblichem Ausmaß und

---

[72] Einige der Deutsch-Mexikaner im Sample betreiben eine eigene Firma und haben daher gar kein Stammhaus in Deutschland, weswegen sie hier nicht berücksichtigt werden.

[73] Zur theoretischen Diskussion der Wahl verschiedener Markteintrittsformen in Abhängigkeit von kulturellen Risiken vgl. BROUTHERS / BROUTHERS 2001, sowie SHENKAR 2001. Sie stellen die Wahl und Sequenz verschiedener Markteintrittsformen in Abhängigkeit von kultureller Distanz in den Mittelpunkt der Betrachtung. Diese Diskussion des *national culture distance paradoxon* wird in der vorliegenden Untersuchung aufgrund des hier gewählten qualitativen Zugangs und der Bedeutung von Netzwerken für die Marktauswahl nicht weiter verfolgt.

erschwert den Transfer von Wissen, was wiederum die Kosten kooperativer Organisationsformen erhöht. Bei ungenügender Marktinformation und hoher Unsicherheit können zudem zukünftige Transaktionsinhalte nicht sicher spezifiziert werden. Da zusätzlich die Gefahr des opportunistischen Verhaltens des Partners hoch ist, wäre also eigentlich eine Internalisierung vorzuziehen.

Als Erklärung ist auf die Wahrnehmung der kulturellen Merkmale Mexikos zurückzugreifen. Wie dargestellt (vgl. Kap. 2.3.4) gilt Mexiko als ein Land, in dem persönliche Netzwerke eine herausragende Rolle spielen – vom *personalismo* bis zur Korruption. Da das System zusätzlich als stark reguliert und bürokratisch gilt, bedarf es zur Unsicherheitsvermeidung guter persönlicher Beziehungen zu regulierenden Behörden ebenso wie zu verschiedenen Interessensgruppen, u.a. den Gewerkschaften. Diese Beziehungen erhofften sich die deutschen Unternehmen zum Zeitpunkt des Markteintritts von ihren lokalen Kooperationspartnern.

In solchermaßen konstruierten Kooperationsbeziehungen konzentrieren sich die Interaktionsinhalte auf den Austausch von Kapital und Technologie einerseits gegen Informationen und Lobbyarbeit von Seiten des mexikanischen Partners andererseits. Diese Interaktion ist in den meisten Fällen als Joint-Venture formalisiert, bedeutet aber in jedem Fall das gegenseitige Eingehen von *credible commitments*.

Das Ziel, die Netzwerke des mexikanischen Partners zu nutzen, um im Markt Fuß zu fassen, wurde jedoch im Allgemeinen nicht erreicht. Es lässt sich unter den geführten Gesprächen kein positives Beispiel einer solchermaßen konstruierten Kooperation finden. Es blieb dem Akteur nur der Exit aus der Kooperation als zielführende Handlungsoption übrig, so dass in den meisten Fällen das Ausbezahlen des Joint-Venture Partners bereits wenige Monate nach Eingehen der Kooperation dieselbe wieder beendete. Als Gründe für das Scheitern der Kooperation beklagen die deutschen Akteure, dass der lokale Partner:

➢ die obigen Erwartungen nicht erfüllt hat,

➢ Zusagen nicht eingehalten hat, oder

➢ unseriös war. Beispielsweise wollte er sich auf Kosten des deutschen Partners bereichern, oder in anderen Fällen hat er nachweislich bewusst falsche Zahlen geliefert.

Für das Scheitern der Kooperation sind somit in erster Reihe *hidden characteristics* des lokalen Joint-Venture-Partners verantwortlich. Erst nach Beginn der Kooperation stellte sich heraus, dass die Zielvorstellungen der beteiligten Akteure unterschiedlich waren. Zum Teil spielte zusätzlich *hidden intention* eine Rolle, da das opportunistische

7 Netzwerkeinbindung deutscher Akteure

Verhalten des Kooperationspartners zwar erkennbar wurde, sich der deutsche Akteur aber nicht dagegen wehren konnte.

Somit sind Verbindungen der Akteure zu mexikanischen Kooperationspartnern zur Zeit kaum gegeben und die Erfahrungen der befragten Akteure negativ, meist in existenzbedrohendem Ausmaß. Diese Negativbilanz ist aber nicht ausschließlich auf die Problematik der interkulturellen Kommunikation und kulturellen Differenzen zwischen den Interaktionspartnern und schon gar nicht alleine auf mexikanische Eigenschaften zurückführbar. Vielmehr wurde in mehreren Fällen, um zusätzlich zu den obigen Zielen auch die Risiken interkultureller Austauschbeziehungen zu reduzieren, auf deutsche Auswanderer in Mexiko als lokale Partner zurückgegriffen. Trotzdem traten auch in diesen Kooperationen die genannten Probleme auf. Ebenso halfen auch Empfehlungen des fokalen Unternehmens bei der Wahl des Joint-Venture-Partners, nicht die genannten Probleme zu vermeiden.

Anders stellt sich das Bild im Falle der Auswanderer oder Deutsch-Mexikaner dar, die von einer deutschen Firma mit dem Aufbau der Organisationsstruktur einer Tochtergesellschaft in Mexiko betraut wurden. Sie gingen zum Teil in der Startphase des Unternehmens Kooperationen mit rein mexikanischen Unternehmen ein, um schnell handlungsfähig zu sein. In der Anfangsphase eines neuen Modells sind viele technische Anpassungen notwendig, wofür zahlreiche Maschinenstunden aufzuwenden sind. Um diese Zeit zu gewinnen bzw. die Kapazitäten zusätzlich verfügbar zu machen, war es für eine bestimmte Zeit einfacher, Teile von externen Kooperationspartnern fertigen zu lassen.

In einem dieser Fälle der Kooperation mit einem rein mexikanischen Unternehmen zeigt sich eine weitere Facette opportunistischen Verhaltens trotz Netzwerkbeziehungen und trotz einer gemeinsamen kulturellen Basis. Der deutsch-mexikanische Akteur leistete in Form von Erfahrungswissen und Manpower ein hohes Investment in den lokalen Kooperationspartner, um ihn als Lieferanten aufzubauen und die unternehmensinternen Prozessabläufe zu verbessern. Er erhielt als Gegenleistung die Möglichkeit, eigene Kapazitäten bei Bedarf auszulagern bzw. Kapazitäten des Partners zu nutzen. Auf der Basis dieser gegenseitigen *credible commitments* war eine Vertrauensbasis gegeben, die der mexikanische Partner jedoch – so die wörtliche Aussage – durch „Unwissenheit" zerstört habe.

"Unwissenheit ist vielleicht nicht das richtige Wort, ich kann aber auch nicht sagen, dass es böse Absicht war. Er hat unter äußerstem Druck [...][74], was natürlich ein Vertragsbruch ist. Ganz zu schweigen von Ethik im Geschäft. Mein Vertrauen in ihn ist sehr verletzt, sehr zerstört. Wir arbeiten zwar noch zusammen, aber weitere größere Zusammenarbeit und Unterstützung ist damit sicherlich ins Wasser gefallen" (Interview 53).

Die besondere Bedeutung dieses Beispiels besteht darin, dass der erwähnte Druck auf den mexikanischen Partner von einem deutschen Unternehmen ausgeübt wurde. Damit ist ein markantes Gegenbeispiel zur These des kooperativen Verhaltens unter deutschen Akteuren sichtbar. Das deutsche Unternehmen nutzt Machtungleichgewichte gegenüber einem mexikanischen Unternehmen, um Informationen über den befragten Deutschen zu erhalten. Informationen, die er dann wiederum opportunistisch gegenüber letzterem nutzt.

"Also das ist eine sehr unschöne Geschichte. Eine Erfahrung, die wir machen mussten, mit einem rein mexikanischen Unterlieferanten. Das heißt nicht, dass es bei allen so sein mag, aber es gibt dafür keine Entschuldigung. Absolut keine" (Interview 53).

Im Untersuchungssample sind auch reine Vertriebskooperationen zu finden, die beispielsweise bei zwei Umwelttechnologieunternehmen zum Einsatz kommen, die beide eine hohen Kundenzahl zu betreuen haben. Räumliche bzw. kundenspezifische Zuständigkeiten werden definiert und hierfür mit den jeweiligen Vertriebspartnern Exklusivverträge abgeschlossen. Diese Kooperationen mit den Vertriebspartnern sind durch eine besondere Interaktionsintensität zwischen den Akteuren gekennzeichnet. Dabei bestehen als Qualifikations- und Vertrauensgrundlage die

➤ technische Leistungsfähigkeit,

➤ Ehrlichkeit und

➤ Zuverlässigkeit der jeweiligen Vertriebspartner.

Auffällig ist hierbei, dass die genannten Merkmale gerade von Akteuren mit hoher Einbindung in die Residenzgesellschaft in den Vordergrund gestellt werden. In diesem Fall zeigt sich in der Zusammenarbeit eine dominante Leistungsorientierung und eine stark formalisierte Herangehensweise. Klare Verträge, Lieferung gegen Vorabkasse und intensive Kontrolle der Partner werden als Basis erfolgreicher Zusammenarbeit betrachtet; einen Vertrauensvorschuss gibt es nicht.

---

[74] An dieser Stelle führt der Interviewpartner aus, welche Art vertraulicher Informationen weitergegeben wurden und nennt Unternehmensnamen. Aus Datenschutzgründen wurden diese wörtlichen Aussagen entfernt.

Eine der wenigen Kooperationen[75] im Tourismus ist ein Joint-Venture eines deutschen Unternehmens in Mexiko-Stadt, das seit mehreren Jahren mit einem Mexikaner in Cancún besteht. Der mexikanische Partner gibt personellen Support und der deutsche Akteur konzentriert sein ganzes Geschäft in der Region auf diesen einen Partner. Die Gründe für die Präsenz im Bundesstaat Quintana Roo liegen zum einen in der unterschiedlichen Steuergesetzgebung in Mexiko[76]. Darüber hinaus macht die Entfernung[77] die Kontrolle des Personals und der Verwaltungsabläufe äußerst schwierig, man muss also als Unternehmen vor Ort präsent sein. In diesem Fall lässt sich die Bevorzugung der Kooperation in Form eines Joint-Ventures gegenüber einem Alleingang durch rein ökonomische Aspekte (nicht ausreichendes Volumen vor Ort und Risikostreuung) begründen. Die Zusammenarbeit ist hinsichtlich der Interaktionsinhalte insgesamt als wenig differenziert zu beschreiben, so dass hier nicht von Netzwerkbeziehungen gesprochen werden kann. Auch die Machtverhältnisse sind eindeutig:

> „Wir sind derjenige, der vorgibt bzw. weiterreicht, was der Kunde verlangt. Und das muss dann umgesetzt werden. Das ist kein Thema für eine Diskussion. Was wir manchmal vermissen, ist so ein bisschen *input* über die Entwicklung vor Ort. Da muss man selber nachfassen. (...) Das ist wie so ein verlängerter Arm, das sind praktisch unsere Erfüllungsgehilfen" (Interview 28).

7.3.4 Zum Beitrag der Netzwerkbeziehungen zur organisatorischen Evolution

Die Evolution bzw. Entwicklung der Organisation durch aktive Gestaltung ist als Lernprozess des Akteurs auf der organisationalen Ebene anzusehen. Die Manager haben zum Teil am Aufbau der Organisation, zum Teil an deren grundlegender Umgestaltung aktiv mitgewirkt.

Die markanteste Umgestaltung der Organisationen besteht in zahlreichen Fällen in der Beendigung der Kooperationen mit mexikanischen Firmen. Dabei spielen die Netzwerkbeziehungen des Managers zu den Vertretern der mexikanischen Unternehmen eine nachrangige oder negative Rolle. Wie gezeigt beeinflussen zahlreiche Grün-

---

[75] Im Tourismus ist zwar in vielen Fällen eine Zusammenarbeit mit lokalen Unternehmen festzustellen, die aber nur selten eine organisationale Einbindung beinhaltet, folglich als Zulieferbeziehung betrachtet wird und im folgenden Kapitel 7.4 zu behandeln ist.

[76] Für Unternehmen mit Standort in Quintana Roo ergibt sich ein Mehrwertsteuervorteil von 5 %.

[77] Cancún liegt etwa 1.300 km östlich von Mexiko-Stadt.

de den Abbau von Vertrauen und das Scheitern der Kooperationsbeziehung. Hierzu gehört unter anderem die fehlende Qualität der persönlichen Beziehung zum Partner. In Bezug auf die Entwicklung solcher Kooperationen zeigt sich eine Wechselwirkung mit den persönlichen Beziehungen zu anderen Deutschen. Der Austausch von Informationen auf der persönlichen Ebene innerhalb der Diaspora führt in Kombination mit den tatsächlichen negativen Erfahrungen zu einer Verstärkung der Stereotypen. Es werden Lösungswege sowohl vorgelebt als auch verbal in Form strategischer Empfehlungen weitergegeben. Der Trend geht eindeutig zur Auflösung formalisierter Partnerschaften mit mexikanischen Unternehmen.

In der Beziehung zum Stammhaus zeigen vor allem Manager, welche auf der persönlichen Ebene eine starke Integration in die Residenzgesellschaft aufweisen (z.B. Auswanderer), ein hohes Maß an Unabhängigkeit. Sie sehen sich eher in der Rolle eines Unternehmers und tendieren daher stärker dazu, das Tochterunternehmen eigenständig zu führen und eine größere organisatorische Unabhängigkeit vom Stammhaus anzustreben.

Hinsichtlich der Beziehung zu den Mitarbeitern nehmen deren Ausbildung und die Schaffung eines Loyalitäts- und Verpflichtungsverhältnisses zentrale Rollen ein. Durch die verbesserte Ausbildung und zahlreiche begleitende Maßnahmen, die der Motivation der Mitarbeiter dienen, lässt sich in einigen Fällen die erfolgreiche Reduzierung der Fluktuation und damit eine Stabilisierung der Organisation durch Bindung der Humankapitalressourcen beobachten.

7.4 Beziehungen deutscher Manager zu anderen Marktteilnehmern

Die letzte der drei Ebenen im vorgestellten Analysemodell beinhaltet die Beziehungen zu anderen Marktteilnehmern wie Kunden, Zulieferern, Wettbewerbern oder Marktregulatoren. Fokussiert werden dabei (im Unterschied zu Kap. 6) die individuellen Interaktionen der Manager zu anderen Marktteilnehmern. Daher erfolgt ein Rückgriff auf die Eigenschaften der Manager hinsichtlich ihrer persönlichen Einbindung. Dennoch ist auch den strukturellen Hintergründen des Marktes, in dem sie agieren, Rechnung zu tragen. Deswegen berücksichtigt das vorliegende Kapitel (im Unterschied zu den vorherigen Kapiteln 7.2 und 7.3) zusätzlich die Branchenbezüge.

Auf dieser Marktebene werden die Beziehungen zu Vertretern des Kunden als fokalem Unternehmen (Kap. 7.4.1) ebenso thematisiert wie diejenigen zu den Managern von Zulieferern (Kap. 7.4.2.). Besondere Bedeutung hat im Rahmen der Diskussion ethnisch begründeter kooperativer Austauschverhältnisse die informelle Zusammenarbeit mit Wettbewerbern (Kap. 7.4.3) deutscher oder lokaler Herkunft. Branchenspezifische Besonderheiten der Beziehungen sind im Austausch deutscher Manager mit den Vertretern der Marktregulatoren und sonstiger nicht-unternehmerischer Organisationen zu erwarten (Kap. 7.4.4).

7.4.1 Austauschintensität mit dem fokalen Unternehmen

Ein fokales Unternehmen im Sinne der strategischen Führerschaft im Unternehmensnetzwerk (vgl. Kap. 4.2.2) lässt sich nur in der Automobilzulieferindustrie feststellen. Der Markteintritt von Automobilzulieferern erfolgt in den meisten Fällen als unmittelbare Folge der Aufforderung durch den zentralen Kunden (vgl. Kap. 6.1.5). Die Strukturen dieser Zulieferverflechtungen und die Merkmale der Beziehungen wurden an genannter Stelle schon diskutiert, weswegen sie hier nicht mehr thematisiert werden sollen. Vielmehr ist im Folgenden dem Aspekt der Machtverhältnisse, der Austauschintensität und die Einbettung ökonomischer Interaktionen in die Beziehungen des Akteurs zum fokalen Unternehmen besondere Beachtung zu schenken.

Die ungleichen Machtverhältnisse äußern sich nicht nur in der Entscheidung über die Marktwahl und den Markteintritt, sondern im das Timing und der Produktstrategie. Nach dem Markteintritt ist die Abhängigkeit vom fokalen Unternehmen durch Diversifizierungstendenzen der Zulieferer reduzierbar. Solche Tendenzen unterstützt der Automobilkonzern grundsätzlich, was als ein Hinweis auf interdependente Strukturen interpretiert werden kann. Diese Möglichkeit können aufgrund der höheren Markterfahrung und intensiveren Integration in die Residenzgesellschaft die Deutsch-Mexikaner und Auswanderer im Allgemeinen besser nutzen als die Expatriates[78].

Insgesamt sind – auch unter Expatriates – relativ wenig direkte persönliche Kontakte zu den Vertretern des fokalen Unternehmens zu beobachten. Ein direkter Rückgriff auf deren Beziehungen, um sich in dem neuen Umfeld zurechtzufinden und das Leben zu organisieren, findet nur in Ausnahmefällen statt. Insgesamt scheint die Vermeidung intensiver persönlicher Beziehungen ein Ausdruck der Wahrung von Unabhängigkeit

---

[78] Den höchsten Einfluss auf die Diversifizierung der Kundenstrukturen haben jedoch natürlich die Branche des jeweiligen Unternehmens und die Produktmerkmale.

zu sein. Fast alle Manager betonen, dass sie Hilfestellungen vom fokalen Unternehmen weder erhalten noch eingefordert haben[79]. Auch die Standortwahl wird teilweise als eine Demonstration einer gewissen Unabhängigkeit vom fokalen Unternehmen dargestellt, nämlich wenn bewusst nicht der unmittelbar benachbarte FINSA-Park als Standort gewählt wurde.

Im Widerspruch zu der Annahme, dass die Kooperation mit einem deutschen Kunden vor Ort das Maß an Unsicherheit reduziert, da eine gemeinsame kulturelle Basis gegeben ist, stellen einige Expatriates heraus, dass sich der Kunde in Mexiko anders darstellt als in Deutschland. Es findet wesentlich mehr Kontrolle statt, und die Qualitätsanforderungen sind wesentlich höher als in Deutschland. Als Begründung wird wiederum auf kulturelle Eigenheiten verwiesen. Der befragte Manager stellt die mexikanische Prägung des Kunden durch seine mexikanischen Mitarbeiter heraus:

„... der Mexikaner will keine Verantwortung übernehmen, oder nur sehr ungern. Kommen Teile aus Deutschland, die von der Qualität her schlecht sind, akzeptiert der Mexikaner in Puebla diese, weil sie aus Deutschland kommen. Kommt ein Teil aus Mexiko, will er 100 % nach Richtlinien arbeiten. Wir haben hier wesentlich andere Anforderungen als unsere Schwester in Deutschland" (Interview 48).

Unter den Deutsch-Mexikanern und Auswanderern finden sich einige Manager, die bereits seit vielen Jahren mit dem fokalen Unternehmen zusammenarbeiten oder früher selbst Mitarbeiter beim Kunden waren. Diese betonen im Allgemeinen sowohl die Bedeutung der persönlichen Beziehungen, als auch die persönliche Kenntnis der internen Strukturen des Kunden für die erfolgreiche Kooperation. Startpunkt dieser Kooperation war in mehreren Fällen die persönliche Bekanntschaft, wobei das Vertrauen in den Manager wichtiger war als das Zutrauen in die technische Leistungsfähigkeit seines Unternehmens. Diese Situation war zum einen in der Produktstruktur des Volkswagenwerkes in den 1970er und 1980er Jahren begründet, zum anderen in der protektionistischen Marktstruktur, die ein erhebliches Defizit an Anbietern verursachte. Mit der dargestellten Entwicklung zum Leitwerk, der Liberalisierung im Zuge der NAFTA und der zahlreichen Kielwasserinvestitionen hat sich die Situation grundlegend geändert. Die Zusammenarbeit mit den bisherigen Partnern besteht aber oftmals fort, da sich diese in langjähriger Kooperation bewährt haben. Teilweise wird dabei aber von Seiten der betroffenen deutsch-mexikanischen Manager eine zunehmende Formalisierung des Austausches beklagt.

---

[79] Davon nicht betroffen sind die Abnahmeversprechungen des Kunden in Form eines Letter of Intent, der eine wichtige Grundlage der unternehmerischen Entscheidung ist, da er die Kalkulationsgrundlage und Basis des erfolgreichen Starts darstellt.

Die Integration in Zuliefernetzwerke beispielsweise US-amerikanischer Herkunft stellt sich als schwierig dar. Selbst wenn in Deutschland bereits kooperiert wird, präsentieren sich diese Kunden in Mexiko teilweise als völlig anders strukturiert. Der Manager eines Umwelttechnologieunternehmens beklagt die Starrheit der Zulieferstrukturen:

> „Man muss einfach das Vertrauen gewinnen. Unsere Firma kann in Deutschland bekannt sein, aber hier in Mexiko ist es einfach nicht so. Ich kann ein Beispiel geben: Die US-Firma XY ist weltweit ein sehr guter Kunde von uns und es hat vier Jahre gedauert, bis wir den ersten Auftrag hier in Mexiko platziert haben. Das sind langjährige Beziehungen zwischen Einkauf und irgendwelchen Lieferanten, die man aufbrechen muss" (Interview 40).

Die bereits anklingende „Verfilzung" dieser Strukturen wird zusätzlich im Korruptionsvorwurf konkretisiert:

> „Viele Einkäufer bekommen ein Geschenk oder eine Geldsumme. Solche Strukturen nur mit unserer Technologie und mit einer anderen Philosophie aufzubrechen, das ist schwer. Wir sind eben ein deutsches Unternehmen, das deutsch geführt wird, das nicht korrupt ist und auch das System nicht unterstützt. Das heißt: Ich mache meine Verkäufe eben nicht so, dass ich da hingehe und sage: ‚kauf' unser Produkt, und du bekommst auf dein Konto eine Summe X überwiesen'. Und daher scheitert das dann natürlich schon" (Interview 40).

7.4.2 Interaktion mit Zulieferern in Mexiko

Die Notwendigkeit, in kürzester Zeit ein Unternehmen in Mexiko aufzubauen, verursacht nicht nur auf der persönlichen Ebene erheblichen Anpassungsdruck auf den Manager des betroffenen Unternehmens. Findet der Markteintritt im Rahmen von Netzwerken statt, stellt das den Manager auch auf der marktlichen Ebene vor gewaltige Herausforderungen. Da angesichts der kurzen Anlaufphase ein kompletter Neustart in Mexiko oft nicht zu leisten ist, der Kunde aber die Leistungen vor Ort erwartet, besteht der Zwang, die Wertschöpfungskette vor Ort über eine Kooperation mit bereits in Mexiko bestehenden Unternehmen zu etablieren.

> „Da wir in sechs Monaten keine Fabrik aufbauen konnten, behalfen wir uns mit Unterzulieferern, die in der Lage waren – das war auch nicht einfach, einen da zu finden – vernünftige Teile zu produzieren und die unsere Werkzeuge nicht zu Schrott fahren. Dadurch haben wir dann auch in der ersten Phase mit einigen Mitarbeitern unterstützen müssen, für einen gewissen Zeitraum für den Anlauf" (Interview 53).

Bei solchen Kooperationsformen kommt es vielfach zu einer hohen Interaktionsintensität der Manager und zur Bindung von Ressourcen, da eigene Mitarbeiter zum

7 Netzwerkeinbindung deutscher Akteure

„Aufbau" des Zulieferers nötig sind. Insbesondere unter den deutsch-mexikanischen Managern und Auswanderern lassen sich zahlreiche Beispiele finden, in denen versucht wurde, die Zusammenarbeit mit mexikanischen Unterlieferanten aufzubauen. Dabei ist meist ein Rückgriff auf solche mexikanische Unternehmer zu beobachten, die über Erfahrung und eine gemeinsame kulturelle Basis verfügen. Erfahrung im mexikanischen Markt und in der Zusammenarbeit mit dem Kunden sowie das Zutrauen in die technische Leistungsfähigkeit sind die entscheidenden Kriterien. Im folgenden Beispiel wird auf das Unternehmen eines VW-Mitarbeiters zurückgegriffen.

> „Das ist ein ehemaliger Volkswagenmitarbeiter, der sich selbständig gemacht hat und jetzt sein eigenes Werk betreibt. Wir brauchten jemanden, der von der Kultur her das Ganze verstehen konnte und auch bei unserem Kunden schon gearbeitet hatte. Und der auch in der Lage war, das Projekt eben mal so zu betreuen. Das ist zwar ein mexikanisches Unternehmen, aber unter Führung eines Deutschen" (Interview 53).

Die Kooperation mit lokalen Zulieferern zeigt eine deutliche Abhängigkeit von den persönlichen Merkmalen der Manager, insbesondere von deren Einbindung in den Markt. Expatriates weisen nur in Ausnahmefällen konkrete Beziehungen zu potentiellen Zulieferern auf, während Deutsch-Mexikaner und Auswanderer aufgrund ihrer Erfahrung mehrfach Versuche unternehmen, Beziehungen mit mexikanischen Zulieferern aufzubauen. Die Beziehungen der Manager zu den potentiellen Partnern sind durch die Bemühungen gekennzeichnet, den mexikanischen Hersteller in das Zuliefernetzwerk des fokalen Unternehmens zu integrieren und die Freigabe zu erwirken. Erhebliche Investitionen in die Beziehung seitens des Managers werden geleistet, zum einen in Form von Vertrauen und Zutrauen, zum anderen in Form von personellem und wissensbezogenem Input. Um den mexikanischen Zulieferer auf das erforderliche Niveau zu bringen, tritt der Aspekt des „Lehrens" wieder in den Vordergrund (vgl. auch Kap. 7.3.1). Diese Bemühungen sind aber bisher nur selten erfolgreich. Neben dem Mangel an technischer Leistungsfähigkeit ist das auch auf die Machtverhältnisse im Netzwerk zurückzuführen.

Die Besonderheit der Machtverhältnisse im Automobilzuliefernetz besteht darin, dass sich die Macht des fokalen Unternehmens auch auf die Zusammenarbeit der Zulieferer untereinander erstreckt.

> „Wir haben Kenntnis über die freigegebenen Lieferanten, das sind mehrere und danach kann ich mich dann orientieren, ob es eine lokale Fertigung gibt. Wenn nicht, dann muss ich auf die an ihrem Heimatort ansässigen Firmen zurückgreifen. Also ich kann jetzt nicht frei wählen und nach Preis entscheiden" (Interview 23).

Somit bestimmt das fokale Unternehmen die Zusammensetzung des Netzwerkes und damit indirekt auch die potentiellen individuellen Austauschpartner eines Managers. Dennoch ist ein kooperatives Verhalten unter den Managern deutscher Unternehmen im Zuliefernetzwerk zu konstatieren. Die Grenzen des kooperativen Verhältnisses sind dort zu ziehen, wo das wahrgenommene ökonomische Risiko ein existenzbedrohendes Ausmaß erreicht. Erkennbar wird dies, wenn Lieferprobleme in der Zulieferkette auftreten, die so schwerwiegend sind, dass beim Kunden Stillstandzeiten der Fertigungsbänder auftreten. Diese werden den Lieferanten in Rechnung gestellt. In dieser Situation stößt das kooperative Verhältnis der Manager untereinander an seine Leistungsgrenze und Haftungsfragen treten in den Vordergrund. Aber auch schon in Krisenzeiten – wenn beim Kunden massive Absatzprobleme auftreten – verhalten sich Lieferanten oft opportunistisch und geben die entstandenen Einnahmeausfälle nicht nur direkt an ihre Lieferanten weiter, sondern rechnen einen gewissen Puffer ihrerseits hinzu, sodass sich die nachteilige Wirkung im Laufe der Zulieferkette immer weiter aufschaukelt.

Auch unter Managern von Tourismusunternehmen sind ähnliche Situationen erkennbar; die Weitervermittlung von Gästen ist eine Verhaltensweise, die unverzüglich eingestellt wird, sobald sich die eigene Kapazitätsauslastung verschlechtert. Im Fall von Krisenzeiten werden aus Kooperationspartnern wieder Konkurrenten, was aber als normales Verhalten gesehen und nicht als unkooperativ beurteilt wird.

7.4.3 Kooperative Austauschbeziehungen zu Wettbewerbern

Neben den vor- und nachgelagerten Bereichen ist der Austausch zwischen Managern von Firmen, die zueinander in Wettbewerb stehen oder die komplementären Charakter haben, also keine Lieferbeziehungen zueinander aufweisen, von besonderem Interesse. Hier lässt sich ein breites Spektrum unterschiedlichster Inhalte und Interaktionsintensitäten konstatieren.

Der zentrale Interaktionsinhalt in den Netzwerkbeziehungen zwischen Wettbewerbern in Mexiko ist der Austausch von Information. Diese umfassen sowohl konkrete Auskünfte hinsichtlich der Marktbedingungen als auch Tipps und Empfehlungen im Hinblick auf das Geschäftsgebaren, eine angemessene Mitarbeiterführung und Verhaltensweisen im Bezug auf die mexikanischen Behörden. Die gegenseitige Empfehlung von Geschäftspartnern, gelegentlich auch ein gemeinsamer Einkauf und in Ausnahmefällen sogar gemeinsame Projekte sind weitere Beispiele für den Inhalt von Interaktionen im Netzwerk.

Gelegentlich findet zwischen den Akteuren eine Koordination der Interessen und deren öffentlicher Artikulation statt. Hier wird gemeinsam Lobbyarbeit betrieben, um gegenüber den lokalen Behörden und politischen Entscheidungsträgern eine gewisse Macht zu entfalten. Es darf angenommen werden, dass im Zusammenhang mit diesen Austauschprozessen zwischen erfahreneren Managern und Neuankömmlingen auch implizites Wissen transportiert wird, da die erfahreneren Manager Lösungswege vorleben bzw. gemeinsam beschreiten. Diese gemeinsame Lobbyarbeit deutscher Manager darf aber nicht als Konfrontation zwischen verschiedenen Kulturen missverstanden werden. Es gibt nämlich ebenso auch Lobbyarbeit im Bezug auf das fokale Unternehmen deutscher Herkunft.

In zahlreichen Fällen leisten die Manager gegenseitig konkrete Hilfestellungen zur Lösung akuter Probleme. Diese Interaktionen stellen einen reziproken Austausch dar, der auf einem Vertrauensvorschuss beruht. Die eingebrachten Leistungen gleichen sich nur langfristig aus. Besondere Beachtung verdient die Tatsache, dass auch in dieser Frage die Vertreter des fokalen Unternehmens eine wichtige Rolle spielen. Sie sind diejenigen, die den Anstoß zu dem Austausch geben und den direkten Kontakt zwischen den betroffenen Unternehmen herstellen.

> „Einer der größeren Lieferanten hatte mal das gleiche Problem wie wir. Ein Problem, dass mit der Abfallbewertung zu tun hatte. Da kam der Anstoß aus dem Einkauf von VW, der sagte: ‚Beide Firmen haben eine ähnliche Problematik, könnt ihr euch nicht mal zusammensetzen?' Eine Stunde später saßen wir zusammen. Und haben das dann auch gemeinsam geklärt. Das ist ganz klar, wenn es gemeinsame Interessen gibt" (Interview 25).

Das Eingehen von *gentlemen's agreements* in kritischen Fragen ist eine weitere Dimension kooperativen Verhaltens von Zulieferern untereinander. Dies betrifft Bereiche, in denen sich die Akteure opportunistisch verhalten und sich gegenseitig schaden könnten, auch ohne auf der Produktebene unmittelbare Konkurrenten zu sein. Als Beispiel sei auf den Problembereich Ausbildung und das Abwerben ausgebildeter Fachkräfte verwiesen. Deutsche Zulieferer sind hier informelle Arrangements eingegangen, um die Gefahr des opportunistischen Verhaltens zu reduzieren.

> „Eine andere Firma wollte uns Mitarbeiter abwerben. Das fanden wir gar nicht schön. Da sprang gleich die Lieferantenentwicklung des Kunden ein und sagte: ‚Das ist zwar ein freier Markt, aber es kann doch nicht einer dem anderen auf die Füße treten'. Das ist dann schon kooperativ" (Interview 25).

Die Kooperationsbereitschaft und das Vertrauen entstehen zum einen aus einer ökonomisch definierbaren Interessensgemeinschaft und zum anderen aus einem diffusen, nicht näher präzisierten Zusammengehörigkeitsgefühl. Letzteres ist vermutlich sowohl durch den Zusammenhang in der Branche als auch durch die gemeinsame kulturelle Basis begründet. Das gilt durchaus auch für Deutsch-Mexikaner, wie das folgende Beispiel zeigt, in welchem trotz des Selbstverständnisses als Mexikaner das gemeinsame „deutsche Verständnis" herausgestellt wird.

> „Eine Kooperation fängt ja richtig an, wenn man in der Beziehung eine Absprache, ein gleiches Verständnis, die gleiche Kultur hat. Ich bin schon mein ganzes Leben lang Mexikaner. Wenn ich hier mit Deutschen spreche, dann läuft das. Wenn ich jetzt mit mexikanischen Firmen oder Eigentümern spreche ... das dauert. Weil eben das Verständnis nicht das gleiche ist" (Interview 32).

Die grundsätzliche Kooperationsbereitschaft der Manager ist nicht von der Größe ihrer Unternehmen abhängig, aber es lassen sich deutliche Hinweise darauf erkennen, dass ein vergleichbarer Hintergrund gegeben sein sollte. Darin spiegelt sich die Machtungleichheit wieder, die in der organisatorischen Ebene verwurzelt ist. Einige Manager betonen, dass sie persönliche Beziehung überwiegend zu Vertretern von Unternehmen mit einem ähnlichen organisatorischen Hintergrund haben. Das Topmanagement von *global players* habe wenig Interesse an den Geschäftsführern mittelständischer Unternehmen in Mexiko. Daher stellen sich die Machtungleichgewichte als Hindernis für den Netzwerkaufbau zwischen den Akteuren verschiedener *coopetitors* dar.

Insgesamt scheinen die Expatriates weniger intensiv in solche Austauschbeziehungen eingebunden zu sein als Auswanderer und Deutsch-Mexikaner. Sie führen entweder keine dieser Beziehungen an, oder geben einen lockeren Informationsaustausch als Interaktionsinhalt an. Deutsch-Mexikaner streichen die Bedeutung der Lobbyarbeit heraus und unternehmen erhebliche Anstrengungen, um Wettbewerber zur gemeinsamen Lobbyarbeit zu bewegen. Hier bezieht sich der Kooperationswille auch explizit auf alle Unternehmen im Markt, insbesondere die mexikanischen.

> „Ich bin überzeugt davon, dass der Sektor organisiert wachsen sollte. Ich habe gesehen, dass hier jede Firma ein Stück vom Kuchen haben wollte, aber nicht daran interessiert war, den Kuchen größer zu machen. Das fand ich schlecht und finde das immer noch schlecht. Das habe ich klar gesagt. Aus meiner Sicht müssen bestimmte Sachen gemacht werden, damit der Sektor wächst" (Interview 47).

Der Versuch, durch Kooperation zwischen Wettbewerbern zu einem gemeinsamen Wachstum zu finden, scheint in Mexiko ein relativ ungewöhnliches Verhalten zu sein. Der Gesprächspartner weist explizit darauf hin, dass ihm ein solches Verhalten deshalb möglich war, weil er relativ jung ist, gerade im Anschluss an langjährige Auslandsaufenthalten nach Mexiko zurückgekehrt war und daher im Markt noch keine „Interessen" hatte.

Einige Akteure im Umwelttechnologiebereich verneinen die Existenz eines kooperativen Verhältnisses unter deutschen Unternehmen:

7 Netzwerkeinbindung deutscher Akteure

> „Manche Unternehmen kennen sich schon aus Deutschland, die haben vielleicht schon Projekte zusammen durchgeführt und die Repräsentanten kennen sich persönlich. Dann ist vielleicht ein Austausch da, aber die meisten machen das hier auf eigene Faust. (...) Dass ein Netzwerk besteht, in dem man sich gegenseitig hilft, das ist nicht mein Eindruck" (Interview 5).

In einem anderen Kontext wird aber die Bedeutung informeller Kontakte und der modernen Diaspora zum Informationsaustausch und auch zur Problemlösung explizit festgestellt:

> „Hier gibt es ja so eine *german community* und gerade im Umweltbereich muss man das Rad ja nicht neu erfinden. Wenn da schon ein Projekt läuft, sind schon Informationen da, dann hilft man sich auch gegenseitig. (...) Oder man hört von jemandem: Wir haben ein Projekt, da ist der Herr ‚soundso' dafür zuständig. Wenn man mal nicht weiterweiß, dann ruft man den mal an, und so kommt man weiter. Mit der Zeit kommt man ins Gespräch, lernt sich persönlich kennen" (Interview 5).

Interviewpartner fassen offensichtlich die direkte Frage nach Netzwerken teilweise in einem formellen Sinn auf. Arbeitskreise, Kontaktbörsen und ähnliches sind in Mexiko eher selten und wenig bedeutend, während der Informationsfluss und auch Kooperationen zur Problemlösung im informellen Bereich, basierend auf persönlichen Beziehungen, als wichtig erachtet werden. Nicht zuletzt in Bezug auf Regierungsstellen und Behörden unterstreichen viele Gesprächspartner die Bedeutung informeller Austauschbeziehungen.

Im Tourismus existiert eine verhältnismäßig niedrige Anzahl an Akteuren, die zudem meist nur wenig intensive Zusammenarbeit pflegen. Im Unterschied zu den obigen Ausführungen endet die Bereitschaft zu kooperativem Verhalten hier bereits sehr früh und das Vertrauensniveau scheint niedrig zu sein. In dieser Branche haben die Marktstrukturen offensichtlich eher hemmende Wirkung auf die Kooperationsbereitschaft.

> „Kooperation deutscher Firmen untereinander in Mexiko gibt es nur bis zu einem gewissen Punkt, wo es ans Eingemachte geht. (...) Untereinander berät man sich mal, aber bei aller Freundschaft ist man natürlich auch Konkurrent. (...) Über einen Gedankenaustausch gehen die Kontakte der Touristikfirmen hier in Mexiko eigentlich nicht hinaus. (...) Ich kann Ihnen da wirklich keine intensiven, konkreten Kontakte nennen" (Interview 37).

Dabei müssen die Akteure nicht einmal unmittelbare Konkurrenten sein; schon eine indirekte Wettbewerbssituation reicht aus, um die Verknüpfung persönlicher Beziehungen mit geschäftlichen Kontakten zu verhindern.

> „Ich war immer mit dem Lufthansa-Vertreter befreundet, aber geschäftlich haben wir eigentlich nichts miteinander zu tun, weil in gewisser Weise eine Wettbe-

werbssituation besteht. Nicht direkt sondern indirekt. Kooperation zwischen deutschen Firmen in unserer Branche in Mexiko existiert eigentlich nicht. Es gibt Kontakte kollegialer, freundschaftlicher Art, hier und da mal eine Beratung, aber eine Kooperation im echten geschäftlichen Sinne ist nicht gegeben" (Interview 37).

Zusammenfassend ist festzuhalten, dass Netzwerkbeziehungen zwischen deutschen Managern auf der marktlichen Ebene verschiedene Formen annehmen und teilweise eine hohe Interaktionsintensität aufweisen. Neben den konkreten Hilfeleistungen zur Problemlösung werden vielfach die Bedeutung des Informationsaustausches und von Empfehlungen betont. Gelegentlich findet zwischen den Akteuren eine Koordination der Interessen und deren öffentlicher Artikulation – bis hin zu Lobbyarbeit – statt. *Gentlemen's agreements* werden teilweise in kritischen Fragen eingegangen. Das betrifft vor allem Bereiche, in denen man sich gegenseitig schaden könnte, auch ohne auf der Produktebene unmittelbarer Konkurrent zu sein. Als Beispiel sei auf den Problembereich Ausbildung und das Abwerben ausgebildeter Fachkräfte verwiesen. Man kann hier – so die Aussagen – mit „anderen deutschen Unternehmern vor Ort vernünftig reden" und trifft Übereinkünfte.

Im interkulturellen Vergleich stellen einige Expatriates, die bereits an anderen Einsatzorten aktiv waren die Unterschiedlichkeit des kooperativen Klimas unter Deutschen heraus:

„Ich habe andere Erfahrungen zum Beispiel in China gemacht. In China war viel Unterstützung, weil auch viel Unterstützung notwendig war. Hier bin eigentlich ich derjenige, der helfen kann, weil ich habe mein Netzwerk aufgebaut. In China haben wir das viel genutzt, weil wir dort im Neuaufbau waren" (Interview 50).

Neben der höheren kulturellen Distanz wird der unterschiedliche Rückgriff auf Beziehungen aber mit der Erfahrung im Markt und der Notwendigkeit zu lernen begründet. Insbesondere stellt der obige Gesprächspartner heraus, dass es zu lernen gilt, wie die lokalen Behörden funktionieren und wie die Beziehungen zu diesen aufgebaut und gepflegt werden können.

7.4.4 Die Zusammenarbeit mit Marktregulatoren und *non-profit*-Organisationen

Im Bezug auf die Kooperation mit den Regulatoren im Markt lässt sich eine grundsätzlich unterschiedliche Haltung der verschiedenen Akteursgruppen erkennen. Expatriates tendieren stärker dazu, die Regulationsinstanzen in der Rolle der formalen Institution „Rechtsstaatlichkeit" zu sehen. Daraus resultiert die äußerst kritische Auseinandersetzzung mit den mexikanischen Behörden. Insbesondere unter Expatriates dominiert die Wahrnehmung der Korruption, des Klientelismus und *Personalismo* als zentrale Problembereiche im mexikanischen Markt. Es scheint eine erhebliche Diskrepanz in der eigenen Vorstellung von der Rolle formaler Institutionen und der Wirkung und Reichweite der obigen informellen Institutionen zu geben.

Die Behörden erfüllen ihre ureigene Aufgabe als Regulierer nicht, wodurch dem Unternehmen ein konkreter Schaden entstehen kann. Im folgenden Zitat zeigt sich, dass sich der Manager als der Situation relativ hilflos ausgeliefert sieht. Er verfügt nicht über die Verbindungen zu den Regulierungsinstanzen und scheint solche auch prinzipiell abzulehnen.

> „Manchmal ist es so, dass man schon mit kleinen Geschenken sehr viele Genehmigungen kaufen kann in Mexiko. Das heißt, selbst wenn die Emissionen außerhalb der mexikanischen Norm liegen, kommt es immer auf die Person an, die das kontrolliert. Bestechung und Korruption ist hier eben noch an der Tagesordnung. (...) Bei Unternehmen, denen es wirklich nicht darauf aufkommt, Norm- oder Grenzwerte einzuhalten, da kommen wir nicht zum Zuge. (...) Das heißt, da können wir dann auch nichts machen" (Interview 40).

Als gegenteiliges Muster lässt sich eine grundsätzliche Kooperation mit den Regulierungsinstanzen erkennen, die zum einen verschiedene Entlastungen bringt, zum anderen nur ein überschaubares und kalkulierbares Investment in die Beziehung bedeutet. Die Verinnerlichung der dahinter stehenden Mechanismen ermöglicht es, persönliche Beziehungen zu Regulatoren zur Lösung konkreter Problemlagen zu instrumentalisieren.

> „In der Umweltschutzbehörde und im Steueramt sollte man die Leute kennen. Man sollte sie kennen, bevor es Ärger gibt.
> *Frage: Lässt sich der Ärger dann vermeiden?*
> Er kriegt einen persönlichen Ton, so dass es nicht nur Schriftverkehr ist. Man kann sich alle 6 Monate mal sehen, für 5 Minuten. Das reicht" (Interview 25).

Ein anderer Manager, wie der obige auch ein Auswanderer, lässt über seine familiären Beziehungen direkte Verbindungen zur politischen und wirtschaftlichen Elite Mexikos erkennen. Hierbei zeigt sich die zwar nur mittelbare, aber bedeutende Rolle der Verbindungen zu den mexikanischen Marktregulatoren.

> „Wenn man in seinem Bekanntenkreis so bis in die politischen Kreise hineinreicht, dann ist man damit auch in unternehmerischen Kreisen tätig. Dadurch kriege ich keinen deutschen Touristen mehr, aber Probleme, die sich stellen, las-

7 Netzwerkeinbindung deutscher Akteure

sen sich leichter lösen und wenn es über zwei, drei Ecken ist. Mit ein paar Anrufen lässt es sich erledigen" (Interview 37)[80].

Es finden sich aber auch unter den Auswanderern Fälle mit klarer Konfrontationsstrategie im Bezug auf die lokalen Regulierungsbehörden. Diese verweisen teilweise darauf, dass ihre eigene interkulturelle Kompetenz und das Verinnerlichen der typischen Koordinationsmechanismen in Mexiko sie in die Lage versetzen, mit einer Konfrontation erfolgreich zu sein. Sie sind sich der Notwendigkeit, Lobbyarbeit zu betreiben, bewusst und verfügen über das implizite Wissen, auf welchem Weg erfolgreiche Lobbyarbeit am besten zu erreichen ist.

Insgesamt lässt sich unter den Deutsch-Mexikanern eine viel höhere Einbindung in den lokalen Regulierungsmechanismus konstatieren. Sie zeigen typischerweise hohes Engagement in den Interessensverbänden und bemühen sich aktiv darum, selbst gestaltend in den Markt einzugreifen. Im insgesamt noch jungen Umwelttechnologiemarkt ist beispielsweise eine deutsch-mexikanische Unternehmerfamilie aktiv. Der Gesprächspartner bemüht sich um die Gründung eines entsprechenden Fachverbandes innerhalb der CANACINTRA und baut gemeinsam mit der GTZ ein Ausbildungsprogramm auf. In dem betroffenen umwelttechnologischen Segment (Solarenergie) sind insgesamt nur wenige, meist kleinere Unternehmen aktiv, und die Branche ist noch gar nicht organisiert. Neben einer Lobby fehlen auch verbindliche Ausbildungsstandards und Qualitätsnormen. Daher haben sich in den letzten Jahren zahlreiche Unternehmen auf dem Markt versucht, die nicht in der Lage waren, den notwendigen Qualitätsanforderungen zu genügen. Das hat der Branche insgesamt geschadet. Um diese Probleme in den Griff zu bekommen und um die Branche insgesamt voranzubringen, versucht das Unternehmen hier ein kooperatives Klima zwischen den Wettbewerbern zu schaffen und gestalterisch bei den Regulatoren des Marktgeschehens aktiv zu werden.

„Das war die Organisation des Sektors, die Einführung von Normen, es gibt keine richtigen Daten über die Branche und über den Markt. Es gibt keine staatliche Unterstützung, keine Gesetze, die dem Umweltschutz nützen. Wir sind im legislativen Bereich 10-15 Jahre zurück, wenn nicht mehr" (Interview 47).

Da sich ein ähnliches Verhalten auch bei anderen deutsch-mexikanischen Akteuren in der Umwelttechnologie und in der Automobilzulieferindustrie findet, kann vermutet

---

[80] Der Ansprechpartner relativiert die Mexiko-Spezifität dieser Aussage umgehend: „Das ist in Deutschland nicht anders. Wenn du da Verbindungen hast, die in gewisse Wirtschafts- und politische Kreise hineinreichen, auch wenn du es nicht brauchst, es kann nicht schaden" (Interview 37). Hierzu ist anzuführen, dass sich das obige Zitat auf reale Situationen bezieht und im weiteren Verlauf des Interviews auch durch Beispiele belegt wird, während das zweite Zitat eine allgemeine Überlegung zu sein scheint.

werden, dass dies auf eine intensivere Einbindung in die lokalen Regulationsmechanismen zurückzuführen ist. Deutsch-Mexikaner sehen sich – in höherem Maße als Expatriates – als Teil des Marktes an und leiten daraus eine gewisse Verantwortung für den Aufbau und die Regulierung des Marktes ab.

Es lassen sich aber auch andere Formen von Kooperationen und Verantwortung im Bezug auf lokale Institutionen finden. Beispielsweise unterhält ein Auswanderer eine Kooperation mit einer höheren Bildungsanstalt zur Schulung von Studenten des Maschinenbaus in der Maschinenwartung und Qualitätskontrolle. Obwohl diese Kooperation dem Unternehmen sicherlich einen direkten Nutzen bringt und das Unternehmen dafür eine unmittelbare Gegenleistung erbringt, leitet der Manager aus der Zusammenarbeit eine mittelfristige Verantwortung für die Entwicklung der Bildungseinrichtung ab.

Auch einige Expatriates betonen die positive Rolle von bestimmten Organisationen auf der marktlichen Ebene, insbesondere der Unternehmensverbände wie beispielsweise der CANACINTRA oder des Automobilherstellerverbandes. Sie spielen eine wichtige Rolle im Hinblick auf die Bereitstellung und Vermittlung von Informationen mit konkretem Marktbezug und damit für die Herstellung des Zugangs zu expliziten Wissensbeständen.

Die Bedeutung der CAMEXA als dem wichtigsten deutschen unternehmerischen Interessensverband und des *Centro Alemán* ist im Vergleich zu der Bedeutung vergleichbarer Institutionen im Fernen Osten wesentlich geringer. Es sind insgesamt weniger institutionalisierte Aktivitäten als beispielsweise in China zu konstatieren, wo auch Freizeitprogramme und informelle Treffen organisiert werden. In Mexiko treten solche Aktivitäten in den Hintergrund, da Mexiko-Stadt und die dort lebende deutsche Gemeinde zahlreiche Kristallisationspunkte formeller wie informeller Art bieten. Daher werden in Mexiko stärker inhaltliche Aspekte nachgefragt und auch angeboten.

> „Der Kernpunkt der German Center ist die Begegnung. Es soll eine Begegnungsstätte sein, eine Kontaktbörse, man soll sich treffen und kennenlernen. Man soll sich untereinander austauschen und man soll viele Erfahrungen mitbekommen. (...) Wir wollen auch Veranstaltungen organisieren, damit sich die Firmen informieren können, und wir wollen auch Regierungskontakte knüpfen. Es geht uns darum, das jemand, der hier im German Center ein Büro hat, sich in kurzer Zeit auskennt in Mexiko und sicher fühlt, um hier die notwendigen Schritte am Markt zu unternehmen" (Interview 29).

Insgesamt beurteilen die Gesprächspartner die deutschen Institutionen zwar grundsätzlich positiv, deren Bedeutung aber als gering. Sie scheinen diese Einrichtungen auch nicht häufig zu nutzen.

8 DIE MOBILISIERUNG VON SOZIALKAPITAL UND DER ERFOLG UNTERNEHMERISCHEN HANDELNS

Das folgende Kapitel thematisiert zunächst zusammenfassend die Grundlagen des kooperativen Verhaltens deutscher Manager in Mexiko. Im Anschluss daran wird die Wahrnehmung der Mexikaner durch deutsche Manager im Allgemeinen diskutiert und dargelegt, welches die vorherrschenden Stereotypen sind. Auf diesen Ausführungen beruht der Versuch, die Wirkungszusammenhänge bei der Mobilisierung von Sozialkapital für drei idealtypische Konstellationen modellhaft darzustellen.

Zusammenfassend ist festzuhalten, dass es unter deutschen Managern in Mexiko intensive Interaktionen auf verschiedenen Ebenen gibt. Die Gesprächspartner legen aber im Allgemeinen Wert auf die Feststellung, dass keinesfalls deutsche Geschäftspartner aufgrund ihrer kulturellen und ethnischen Herkunft bevorzugt werden. Außerdem variiert die Kooperationsbereitschaft stark in Abhängigkeit von der Branchenzugehörigkeit der jeweiligen Firmen. Somit werden die kooperativen Austauschverhältnisse nicht ausschließlich auf nationalkulturelle Bedingungen zurückgeführt.

Als Grundlage dieser kooperativen Verhältnisse lassen sich verschiedene Einflussfaktoren identifizieren:

- Marktbeziehungen: Insbesondere zwischen Akteuren mit komplementärem oder unterstützendem Angebot sind kooperative Strukturen zu beobachten.
- Raumbezug: Vielfach lässt sich erkennen, dass Kooperationen in der unmittelbaren Nachbarschaft, beispielsweise der Ansiedlung im selben Industriepark, und den damit verbundenen gemeinsamen Interessen begründet liegen.
- Kommunikation: Das Verstehen von „Zwischentönen" der Kommunikation wird von den Managern als ein wichtiger Faktor der Kooperation herausgestellt.
- Vertrauen: Das Vertrauen deutscher Manager in andere Deutsche ist höher als in mexikanische Interaktionspartner. Probleme im Vertrauensaufbau in der Beziehung zu Mexikanern ergeben sich daraus, dass Deutsche ihren Geschäftspartnern im Allgemeinen zunächst einen Vertrauensvorschuss geben. Enttäuschtes Vertrauen hat zur Folge, dass verstärkt Partner gesucht werden, die aus Deutschland kommen.
- Zusammengehörigkeitsgefühl. Die Gesprächspartner verstehen sich teilweise als Mitglieder einer Gruppe in einer fremden Umgebung.

➢ Freundschaft. Als Grundlage bedeutender kooperativer Interaktionen mit anderen Deutschen wird in einigen Fällen die persönliche Freundschaft mit den Interaktionspartnern erwähnt.

Bis auf die ersten beiden Faktoren weisen alle genannten Grundlagen eindeutig einen kulturellen Bezug auf, wobei insbesondere dem Vertrauen eine zentrale Rolle zukommt. Die gemeinsame kulturelle Basis ist also wichtig für das kooperative Verhalten. Die letzten beiden – das Zusammengehörigkeitsgefühl und die Freundschaft – bewirken indirekt, über eine Verbesserung der Vertrauensbasis, ein kooperatives Verhalten.

Im Bezug auf die Rolle deutscher Netzwerkbeziehungen im Anpassungsprozess können nur erste Thesen aufgestellt werden. Es scheint sich bei der persönlich basierten Verflechtung zwischen deutschen Expatriates eher um ein Informationsnetzwerk, als um einen Abschottungsmechanismus zu handeln. Auf der Basis des intensiven Austausches zwischen den individuellen Akteuren ist eine Weitergabe expliziten Wissens festzustellen. Durch das kooperative Klima sowie die reale Zusammenarbeit in bestimmten Konfliktsituationen scheinen auch Mechanismen des Vorlebens von Lösungswegen und somit der Weitergabe impliziten Wissens gegeben zu sein. Diese beiden Wissensformen können letztlich über die Reduzierung von Ungewissheit und Angst zu einem verbesserten Anpassungsmechanismus führen.

Die Beantwortung der Frage, inwiefern eine Ausgrenzung als Schutz vor dem Fremden unter den Deutschen in Mexiko stattfindet, erfordert eine differenzierte Betrachtung verschiedener Teilgruppen der Diaspora. Undurchlässige ethnische Grenzlinien spielen in der alteingesessenen Deutsch-Mexikanischen Gemeinde eine immer geringere Rolle. Hierzu trugen die Öffnung der Deutschen Schule und die Einführung der spanischen Unterrichtssprache ebenso bei wie die Zunahme der Eheschließungen zwischen Deutschen und Mexikanern in den letzten Jahrzehnten. Dennoch sind klare Grenzziehungen zur und gleichzeitig die offensichtliche Integration in die Residenzgesellschaft gegeben. Deutsch-Mexikaner scheinen ihre Gruppenzugehörigkeit situativ zu definieren. Auch unter den Auswanderern ergibt sich ein ähnliches Bild. Die Integration ist hoch, sehr gute Sprachkenntnisse selbstverständlich, und es werden intensive Kontakte zu Mexikanern gepflegt. Verwandtschaftliche Beziehungen zu Mexikanern sind bei den deutschen Akteuren aus dieser Gruppe eher die Regel als eine Ausnahme.

Dennoch tragen die oben genannten Grundlagen kooperativen Verhaltens unter Deutschen auch zu einer Grenzziehung gegenüber den Mitgliedern der Residenzgesellschaft bei. Diese manifestiert sich beispielsweise in den Bildern, die Manager von den Mexikanern haben und die als Stereotype eine ambivalente Funktion entfalten. Die dominanten Urteile über „typisch" mexikanisches Handeln wurden durch die engere Kontextanalyse des Begriffes Mentalität herausgearbeitet (vgl. Kap. 5.5 und 7.2.3). Expatriates charakterisieren „den Mexikaner" vor allem als unpünktlich und unzuverlässig (vgl. Tab. 15):

Tabelle 15: Stereotype deutscher Manager über Mexikaner

Expatriate	Auswanderer	Deutsch-Mexikaner
Unpünktlich	Hierarchieorientiert	Locker
Unzuverlässig	Korrupt (eine Hand wäscht die andere)	Unzuverlässig
Hierarchieorientiert	Stolz (auf sein Land)	Unselbständig
Nicht kritikfähig	Nachkarten bei Preisverhandlungen	Klientelistisch
Korrupt	Leere Versprechungen	Nicht gesetzestreu
Nationalbewusst	Schlechte Zahlungsmoral	Wenig qualitätsorientiert
Keine Verantwortungsbereitschaft	Langsam	Ineffizient
Schludrian		
Undurchschaubar		
Falsch		
Zeitaufwändiger *small talk*		
Leicht gekränkt		
Kein richtiger Mann		

Quelle: eigene Erhebung; die Reihenfolge der Items ist willkürlich.

Aus der Betrachtung von Stereotypen kann weder direkt auf die Integration in die Residenzgesellschaft noch auf die potentielle Mobilisierung von Sozialkapital geschlossen werden. Der Grund hierfür liegt in der Ambivalenz der Wirkung von Stereotypen. Im Rahmen der AUM-Theorie wurde die negative Wirkung von Stereotypen auf die Adaptionsleistung thematisiert. Stereotype liefern aber auch Erklärungsmuster und Möglichkeiten, mit der Fremdheit umzugehen und können daher der Anpassung grundsätzlich förderlich sein (vgl. Kap. 3.1.4 und 3.2.2). Entscheidend für eine positive Wirkung ist, dass sie helfen, die komplexe Realität zu strukturieren und vereinfachte Lösungsmuster zu liefern. Zudem muss die Bereitschaft, die Stereotypen zu revidieren, bestehen bleiben.

Zur Beurteilung des Wertes von Netzwerkbeziehungen zwischen Deutschen in Mexiko für Lernprozesse und den unternehmerischen Erfolg werden im Folgenden die

8 Sozialkapital und Erfolg unternehmerischen Handelns

typischen Konstellation der Mobilisierung von Sozialkapital in Abhängigkeit von der Integration in die Residenzgesellschaft und in die Diaspora thematisiert (vgl. Kap 4.4).

Abbildung 27: Mobilisierung von Sozialkapital durch Deutsch-Mexikaner / Auswanderer

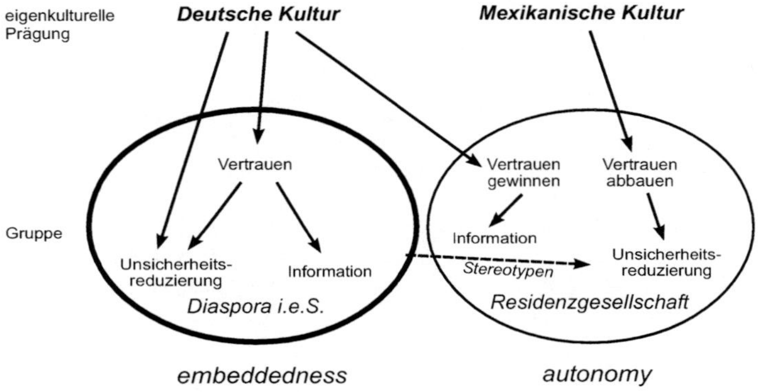

Quelle: eigener Entwurf

Bei den meisten Deutsch-Mexikanern und Auswanderern wird die Gruppe im Wesentlichen durch ethnisch-kulturelle Faktoren definiert und abgegrenzt. Auf der Basis des gemeinsamen kulturellen Hintergrundes entsteht Vertrauen zu den Interaktionspartnern innerhalb der Diaspora. Das lässt sich durch die Bedeutung des „Handschlags unter Gleichen" begründen. Das Vertrauen bewirkt eine Reduktion des Risikos opportunistischen Verhaltens, und das gemeinsame Normen- und Wertesystem ermöglicht es, zukünftige Handlungen des Interaktionspartners sicher vorherzusagen. Daher kommt es zur Unsicherheitsvermeidung innerhalb der *in-group*. Das erhöhte Vertrauensniveau führt zu einem gesteigerten Informationsfluss zwischen den Akteuren. Wie die Analyse der Interaktionsinhalte gezeigt hat, werden dadurch explizite wie auch implizite Wissensbestände transportiert. Somit kann in diesem Fall im Rahmen einer deutschen Diaspora die Mobilisierung sozialen Kapitals konstatiert werden (vgl. Abb. 27).

Weiterhin stellt sich die Frage nach der Wirkung der *in-group*-Beziehungen auf die *out-group*-Beziehungen. Auch wenn keine undurchlässigen Grenzen zwischen der deutschen Diaspora und der Residenzgesellschaft zu konstatieren sind, so ist dennoch auf der Basis der gemeinsamen kulturellen Herkunft eine deutliche Grenzziehung zwischen der eigenen und der fremden Kultur festzustellen. Im Bezug auf das Vertrauen zwischen den Interaktionspartnern im Falle einer Interaktion zwischen einem Manager aus der deutschen Diaspora und dem mexikanischen Partner ist eine weitere Differenzierung vorzunehmen: Aufgrund seiner deutschen Herkunft erhält der deutsche Manager meist einen Vertrauensvorschuss. Dem steht der durch die eigenen negativen Erfahrungen verursachte Vertrauensabbau des deutschen Managers in seine mexikanischen Interaktionspartner gegenüber. Zudem scheinen auch der Transport und die Reproduktion von Stereotypen in der Diaspora einen Vertrauensabbau zu bewirken.

Aus dem Vertrauensabbau ergibt sich paradoxerweise ein Weg zur Reduzierung der Unsicherheit im Bezug auf die Handlungen der fremdkulturellen Interaktionspartner. Negative Erfahrungen und die Weitergabe von Stereotypen führen zu einer Beurteilung mexikanischer Interaktionspartner als grundsätzlich wenig zuverlässig und daher implizit auch wenig vertrauenswürdig. Die Wahrnehmung dieser Stressfaktoren führt zur Anpassungshandlung der Formalisierung von Beziehungen in Form vertraglicher Festlegungen und juristischer Druckmittel. In solchen Fällen ist das Zusammenspiel der einzelnen Elemente des Sozialkapitals in den autonomen *out-group*-Beziehungen also nicht gegeben, hier kann meist keine Mobilisierung von Sozialkapital konstatiert werden.

Abbildung 28: Mobilisierung von Sozialkapital bei bikulturellen Managern

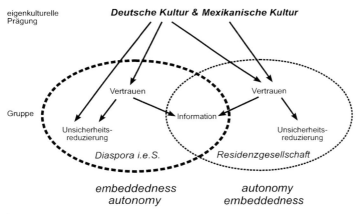

Quelle: eigener Entwurf

Einen besonderen Typus stellt die Variante des bikulturellen Managers dar, der in Mexiko wegen der langen Existenz einer deutschen Diaspora zu finden ist. Der bikulturelle Manager stellt sich idealerweise als in der mexikanischen und deutschen Kultur gleichermaßen verwurzelt dar. Die eigenkulturelle Prägung kann somit nicht mehr eindeutig als deutsch oder mexikanisch festgelegt werden und eine Alternation zwischen den Kulturen ist zu konstatieren. In diesem Fall besteht ein eindeutiger Vorteil hinsichtlich der Mobilisierung von Sozialkapital. *Embeddedness* in die Diaspora ist ebenso gegeben wie in die Residenzgesellschaft. Lerneffekte können daher durch Mobilisierung impliziten und expliziten Wissens aus verschiedenen Gruppen erzielt werden. Der entscheidende Vorteil hinsichtlich der Lerneffekte liegt in der Mobilisierung von Wissensbeständen aus verschiedenen Gruppen, da die *in-group*-Beziehungen situationsabhängig definiert werden (vgl. Abb. 28).

Hinsichtlich des Erfolges ist zwischen den verschiedenen Ebenen zu differenzieren. Auf der persönlichen Ebene kann bei diesem Typus im Allgemeinen sehr guter Erfolg konstatiert werden, da er neben einem hohen Anpassungsniveau auch die Möglichkeit bietet, durch Alternation ein hohes Maß an subjektivem Wohlbefinden zu erzielen. Auf organisatorischer Ebene stellt sich zunächst die Frage nach der Definition von Erfolg. Bikulturelle Manager weisen aufgrund der doppelten Einbettung und der Möglichkeit, die Gruppenbezüge situationsbedingt zu interpretieren, die höchste Unabhängigkeit im Bezug auf das Stammhaus auf. Sie sind aufgrund ihrer persönlichen Einbettung meist in der Lage, die organisatorischen Verpflichtungen niedrig zu halten und die Tochtergesellschaft als eigenständiges Unternehmen in Mexiko zu führen und zu gestalten. Wenn Unabhängigkeit der Tochtergesellschaft als ein entscheidendes Erfolgskriterium auf organisatorischer Ebene definiert wird, ist dieser Managertypus erfolgreich. Stellt allerdings eine stringente Umsetzung von Vorgaben des Stammhauses die entscheidende Grundlage der Beurteilung des Tochterunternehmens dar, sind solche Manager nicht die erfolgreichsten. Diese Beurteilung wiederholt sich im Wesentlichen bei der Betrachtung der marktlichen Ebene. Die Manager des beschriebenen Typus sind durch eine besonders intensive Einbindung in Beziehungen zu den anderen Marktteilnehmern zu beschreiben. Ob dies im Sinne des gesamten Unternehmens im Sinne einer polyzentrischen Struktur positiv beurteilt, oder als negativ angesehen wird, ist eine Frage der Unternehmenskultur und der Zielsetzungen.

Unter den Expatriates, die einen dritten Typus der Mobilisierung von Sozialkapital darstellen (vgl. Abb. 29), lässt sich im Allgemeinen ein hohes Interesse an der Residenzgesellschaft feststellen. Der Wille, sich mit ihr auseinanderzusetzen, ist offensichtlich, aber die Interaktionsintensität mit Mitgliedern der mexikanischen Gesellschaft ist insgesamt niedrig. Expatriates suchen auch nach Erklärungen für die wahrgenommen schwerwiegenden Unterschiede. Da in der Diaspora bereits Antworten und Erklärungsmuster vorliegen, fällt es leicht, sich mit diesen zu versorgen. Somit birgt der informelle Austausch in der deutschen Diaspora auch die Gefahr einer Behinderung im Integrationsprozess, da die vorgefertigten Antworten leicht zu nicht mehr hinterfragten Stereotypen werden können. Im Rahmen des Kulturschocks erlebte Enttäuschungen können im Extremfall zum Rückzug in die deutsche Community führen, wo der gemeinsame Hintergrund und die gemeinsame Interpretation der Erfahrungen zur Verstärkung der Gruppenidentität führen. Wird dabei der Unterschied zur Residenzkultur besonders herausgestellt und werden die konfliktbehafteten Erfahrungen mit deren Mitgliedern hochgespielt, so behindert das den Austausch mit der Residenzgesellschaft. Wenn dieser Rückzug zusätzlich durch ein Überlegenheitsgefühl und verfestigte Vorurteile begleitet wird, verhindert das die Einnahme einer angemessenen Lernhaltung. Somit kann sich nicht die gewünschte interkulturelle Kompetenz entwickeln und die Einbindung in die deutsche Community wirkt kontraproduktiv (vgl. MOOSMÜLLER ET AL. 2002, S. 49).

Abbildung 29: Mobilisierung von Sozialkapital durch Expatriates

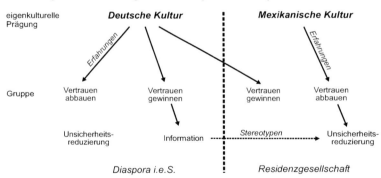

Quelle: eigener Entwurf

Kennzeichnend für die Situation der Expatriates ist eine schwache Einbindung in die Diaspora und eine geringe Interaktionsintensität mit Mitgliedern der Residenzgesellschaft. Aufgrund ihrer Herkunft und der Entsendungssituation bringen ihnen sowohl mexikanische Manager als auch Diasporaangehörige ein hohes Maß an Vertrauen entgegen, während umgekehrt das Vertrauen der Expatriates in ihre jeweiligen Interaktionspartner aufgrund der gemachten Erfahrungen reduziert wird. Weder innerhalb der Diaspora noch aus der Residenzgesellschaft kann ein hohes Maß an Mobilisierung von Sozialkapital konstatiert werden. Dennoch ist daraus nicht allgemein auf ein reduziertes Erfolgsniveau zu schließen. In den meisten Fällen lässt sich unter Expatriates ein niedrigeres Niveau subjektiver Zufriedenheit feststellen. Im Bezug auf die Umsetzung der Zielvorgaben des Stammhauses ist aber ein allgemein hohes Erfolgsniveau zu konstatieren. Problematischer ist die Beziehung zu Beschäftigten und anderen *stake holders* zu bewerten, da hier fehlende Integration und geringe Mobilisierung von Sozialkapital die Erzielung von Lerneffekten behindern. Auf marktlicher Ebene weisen Expatriates meist die intensivsten Interaktionen mit Vertretern des fokalen Unternehmens und ein hohes Erfolgsniveau auf. Gleichzeitig verfügen sie über die niedrigste Einbindung in Beziehungen zu Vertretern der koordinierenden Institutionen. Diese Konstellation ist dann als erfolgreich zu betrachten, wenn die Marktstrukturen der Branche eine hohe Unabhängigkeit des Unternehmensnetzwerkes um ein fokales Unternehmen von den lokalen Strukturen generieren. In jungen und turbulenten Branchen, die zudem eine extreme Abhängigkeit von den Einflüssen der Regulatoren aufweisen, erscheint hingegen eine stärkere Interaktion mit den marktgestaltenden Institutionen wünschenswert und erfolgsfördernd.

Neben der Betrachtung des Erfolges in Abhängigkeit vom Managertypus und der Mobilisierung von Sozialkapital ist eine zeitliche Differenzierung des Beitrags deutscher Netzwerke vor Ort zum erfolgreichen unternehmerischen Handeln zu diskutieren. Hierzu werden Hinweise gegeben, die auf der Aggregation der analysierten Fälle, ungeachtet der persönlichen und unternehmerischen Merkmale, beruhen.

Kurzfristig betrachtet ist die Einbindung in deutsche Netzwerke erfolgsfördernd. Im Automobilzulieferbereich wird durch Zusicherungen des fokalen Unternehmens die erwünschte Sicherheit für einen erfolgreichen Markteintritt in Mexiko geboten. Zusätzlich bringen andere Zulieferer Orientierungshilfen in das kooperative Netzwerk ein, die den Informationsfluss der Expatriates untereinander fördern. Die solchermaßen transportierten expliziten Wissensbestände leisten einen erheblichen Beitrag zur Strukturierung der fremdkulturellen Umgebung und unterstützen den erfolgreichen Start. Dieser Austausch findet meist auf informeller Ebene statt oder ist in Form von Geschäftsführer-Treffen konstituiert. In den beiden anderen Untersuchungsbranchen bezieht sich die erfolgsfördernde Wirkung in der kurzfristigen Perspektive auf die Weitergabe von Information und Wissen sowie Empfehlungen.

In einer mittelfristigen Perspektive spielt die Netzwerkeinbindung im Hinblick auf strategische Anpassungen, die auf organisatorischer Ebene vorgenommen werden müssen, eine wichtige Rolle. Zum Beispiel führen Probleme mit dem Joint-Venture-Partner, die Mitarbeiterfluktuation oder das unzureichende Qualifikationsniveau der

Arbeitskräfte sowie technische Probleme dazu, dass in den ersten zwei bis drei Jahren nach dem Markteintritt eine Anpassung der Strategie erforderlich ist. Im Netzwerk deutscher Automobilzulieferer in Puebla erleichtert der Informationsfluss zwischen Zulieferern die Entwicklung von Problemlösungsstrategien erheblich. Dabei sind auch Mechanismen des Zugriffs auf implizite Wissensbestände erfahrener Manager zu beobachten. Im Bereich der mittelfristigen Auswirkungen entfalten informeller Kooperationen auch in anderen Branchen erfolgsfördernde Wirkung im Bereich konkreter Problemlösungen, der Lobbyarbeit und der Interessensvertretungen.

Die langfristige Betrachtung zeigt jedoch die Grenzen der Tragfähigkeit kooperativer Beziehungen im Netzwerk deutlich auf. In Krisenzeiten, etwa wenn beim Kunden in einem Zuliefernetzwerk massive Absatzprobleme auftreten oder in schlechten Jahren im *incoming*-Tourismus, verhalten sich die Unternehmen oft opportunistisch. Auch wenn Lieferprobleme in der Kette auftreten und den Lieferanten Ausfallzeiten in Rechnung gestellt werden, stößt das kooperative Verhältnis an seine Leistungsgrenze. Im Hinblick auf die Dynamik und Offenheit von Netzwerken ist festzuhalten, dass die Einbindung in das Netzwerk die Möglichkeit der Diversifizierung der Kundenstruktur keineswegs behindert, sondern stellenweise sogar fördert. Somit ist die Möglichkeit zur Umorientierung und Integration in lokale Netzwerke immer gegeben. In der Umwelttechnologie bietet die Zusammenarbeit der Firmen bei gleichzeitig intensiver Einbettung in die Residenzgesellschaft die Möglichkeit, aktiv in die Gestaltung eines noch im Entstehen befindlichen Marktes einzugreifen.

Insgesamt ist die Einbindung in deutsche Netzwerke als stabil zu beurteilen, wobei sich die Netzwerke durch ein hohes Maß an Offenheit auszeichnen. Insbesondere die Verbindung zu lokalen Unternehmen wird als bedeutend und wünschenswert beurteilt. Während dies in der Umwelttechnologie und im Tourismus unausweichlich und üblich ist, scheint es in der Automobilindustrie eher ein mittelfristiges Ziel zu sein. Insgesamt stellt sich die Wirkung der deutschen Unternehmensnetzwerke als erfolgsfördernd dar.

9 ZUSAMMENFASSUNG

Im Zuge der Globalisierung erhöht sich die Intensität internationaler Wirtschaftsbeziehungen. Damit nimmt auch die Zahl und Qualität interkultureller Kontaktsituationen zu. Dies stellt international tätige Manager vor neue Herausforderungen: In einem neuen Marktumfeld verfügt der unternehmerische Entscheidungsträger nur über unzureichende Informationen, weswegen er dem Risiko opportunistischen Verhaltens von Geschäftspartnern besonders ausgesetzt ist. Gerade langfristig angelegte Netzwerke bieten die Möglichkeit, sich gegen ein solches Verhalten zu schützen. Voraussetzung hierfür ist das Vertrauen in die anderen Akteure des Netzwerkes, da in Netzwerken vertragliche Vereinbarungen meist fehlen. Die Vertrauensgenese zwischen Mitgliedern unterschiedlicher Kulturen ist aber ein schwieriger und langwieriger Prozess, der Rückschläge bringen kann – und das meist auch tut. Deswegen wird in fremder Umgebung verstärkt auf die Kooperation mit Akteuren gleicher kultureller Herkunft zurückgegriffen.

Die vorliegende Arbeit untersucht die Risiken und Konsequenzen des Agierens in fremdkultureller Umgebung, insbesondere der Netzwerkbildung unter Deutschen, sowie die Lernprozesse deutscher Manager in Mexiko. Sie geht von einem Raumverständnis aus, welches den Raum als „Container" für Kultur begreift, und erweitert dieses um den Aspekt der Reproduktion der eigenen Kultur im fremden Raum. Die Form dieser Reproduktion hat Konsequenzen für die individuelle Integration, das wirtschaftliche Handeln und den ökonomischen Erfolg. Der Fokus der Arbeit liegt auf der Frage, welchen Stellenwert die Zusammenarbeit deutscher Unternehmen und Manager untereinander im Ausland zur Vermeidung oder Lösung kulturell begründeter Probleme einnimmt.

Zur Beantwortung dieser Frage wird ein Analysemodell entwickelt, das unterschiedliche theoretische Zugänge zum Phänomen Netzwerk in einer akteurszentrierten Perspektive zusammenführt. Der einzelne Manager ist nicht in **ein** Netzwerk eingebunden, sondern er weist gleichzeitig zahlreiche Netzwerkbeziehungen auf der personalen, organisationalen und marktlichen Ebene auf. Deswegen ist es notwendig, deutsche Unternehmensnetzwerke im Ausland nicht nur aus einem ökonomischen Blickwinkel zu analysieren. Vielmehr muss dieser um die Perspektive der persönlichen Verflechtungen des Managers ergänzt werden. Der Rückgriff auf

➢ das *embeddedness*-Konzept,

➢ die Diskussion von Vertrauensbildung auf der Basis des gemeinsamen kulturellen Hintergrundes und insbesondere
➢ die Untersuchung der Mobilisierung von Sozialkapital
hat sich zur Analyse dieser Verbindungen als zielführend erwiesen.

Zur Klärung der Frage nach der Mobilisierung von Sozialkapital ist eine differenziertere Betrachtung der Akteursgruppen notwendig. Expatriates weisen eine geringe Einbindung in die Residenzgesellschaft wie auch in die deutsche Diaspora in Mexiko auf. Die Mobilisierung von Sozialkapital ist in diesen Fällen aufgrund der fehlenden Gruppenbindung meist nicht oder nur eingeschränkt möglich. Deutsch-Mexikaner und Auswanderer sind in der Regel intensiver in die Diaspora eingebunden. Diese Gruppen mobilisieren innerhalb der diasporischen Gemeinschaft Sozialkapital. Die kulturell begründete gemeinsame Vertrauensbasis manifestiert sich beispielsweise im „Handschlag unter Gleichen". Innerhalb der Gruppe kommt es zur Reduzierung von Unsicherheiten und zu Lernprozessen. Gleichzeitig findet eine Abgrenzung zur Residenzgesellschaft statt, welche die Mobilisierung von Sozialkapital aus dieser Gruppe einschränkt. Im Fall der bikulturellen Manager ist durch die Möglichkeit der Alternation zwischen den zwei Kulturen die Mobilisierung von Sozialkapital am stärksten ausgeprägt.

Die Verbindungen zwischen deutschen Managern in Mexiko weisen unterschiedliche Qualität auf, die Interaktionsinhalte variieren erheblich und entfalten differenzierte Wirkungen auf das unternehmerische Handeln.

➢ Auf der personalen Ebene handelt es sich bei der Beziehung zwischen deutschen Managern in Mexiko eher um ein Informationsnetzwerk als um einen Abschottungsmechanismus. Auf der Basis des intensiven Austausches zwischen den Individuen ist eine Weitergabe expliziten Wissens festzustellen. Durch das kooperative Klima sowie die Zusammenarbeit in Konfliktsituationen sind auch Mechanismen des Vorlebens von Lösungswegen und somit der Weitergabe impliziten Wissens zu erkennen.
➢ Auf der organisationalen Ebene der Verflechtungen lassen sich zahlreiche gescheiterte Kooperationen mit lokalen Partnern erkennen, wobei die deutschen Netzwerke eine bemerkenswerte Wirkung auf die Lösung dieser Schwierigkeiten sowie auf die Gestaltung der Beziehungen zu den Mitarbeitern entfalten. Innerhalb der deutschen Gemeinde werden stereotype Vorstellungen transportiert und reproduziert. Inwiefern diese als eine Hilfe zur Strukturierung der Umgebung oder als ein Hemmnis für die interkulturelle Kom-

munikation anzusehen sind, hängt primär vom Individuum und seiner Integration in die Residenzgesellschaft ab.

➢ Auf der marktlichen Ebene reichen die konstatierten Austauschbeziehungen zwischen deutschen Managern von Informationsaustausch und Empfehlungen über informelle, aber konkrete Hilfeleistungen bis hin zu formalisierten Kooperationen. Dabei sind erhebliche Unterschiede zwischen verschiedenen Akteursgruppen und verschiedenen Branchen zu konstatieren.

Zur Erklärung der branchenspezifischen Bedingungen für die Entstehung kooperativer Austauschbeziehungen wurden Machtverhältnisse sowie technologische und konjunkturelle Einflüsse beispielhaft in drei Branchen untersucht. In der **Automobilindustrie** besteht ein branchentypisches strategisches Unternehmensnetzwerk. Im Vergleich zu anderen Ländern ist dieses durch höhere Interdependenz und ausgeprägtere Machtasymmetrien gekennzeichnet. Es handelt sich um ein stabiles Unternehmensnetzwerk, das seinen Wandel und seine Erneuerung eher durch Wachstum als durch den Wechsel von Akteuren erfährt. Zweifelsfrei gibt die in Deutschland bestehende Zusammenarbeit den Ausschlag für den Markteintritt und erfolgreichen Start mittelständischer Zulieferer in Mexiko. Die Integration in den lokalen Markt gestaltet sich aufgrund der technologischen Leistungsdefizite lokaler Unterlieferanten als schwierig. Im **Umwelttechnologiesektor** zwingt vor allem das Fehlen eines zentralen Kunden deutscher Herkunft zur Integration in den lokalen Markt und führt zur Netzwerkbildung mit lokalen Unternehmen. Durch die soziale Einbettung unternehmerischer Beziehungen kann ein besserer Zugang zu Informationen und ein leichterer Aufbau von Kundenkontakten erfolgen. Zudem erfordert die extreme Abhängigkeit der Branche von politisch-administrativen Entscheidungen Kooperationen mit politischen Institutionen. Die Koordination der Lobbyarbeit übernimmt ein mexikanischer Interessensverband umweltorientierter Unternehmen, in dem auch einige deutsche Unternehmensvertreter aktiv sind. Im Bereich des **Tourismus** lässt sich keine klare Netzwerkstruktur erkennen: Im Allgemeinen herrscht ein wenig kooperatives Klima im hart umkämpften Incoming-Markt. Die Unternehmen deutscher Herkunft pflegen intensive Kontakte zu ihrem Netzwerk mexikanischer Dienstleister, mit den Deutschen verbinden sie meist nur Bekanntschaften und unverbindliche gelegentliche Treffen.

Die Frage nach der Bedeutung kultureller Distanz zum Gastland für die Entstehung solcher Netzwerke kann nicht abschließend beantwortet werden. Erkennbar wird aber, dass kulturell bedingte Probleme den Austausch mit lokalen Akteuren erschweren und daher versucht wird, den Problemen durch Interaktion mit kulturell näher stehenden Akteuren beizukommen bzw. sie auf diese Weise zumindest teilweise zu reduzieren.

9 Zusammenfassung

Das Ausmaß, in welchem auf eine solche Strategie zurückgegriffen wird, ist abhängig von der Person des Unternehmensvertreters und von der Branche. Der Erklärungswert der Hofstedeschen Dimensionen für die Intensität der Netzwerkeinbindung ebenso wie für deren Wirkung ist gegeben, er tritt aber gegenüber dem Einfluss der deutschen Diaspora vor Ort und den marktlichen Bedingungen in den Hintergrund. Durch jahrzehntelange Erfahrung ist bei deutsch-mexikanischen Akteuren Wissen über den mexikanischen Markt und die kulturellen Standards der Residenzgesellschaft akkumuliert worden und ihre Beziehungen zu mexikanischen Akteuren sind meist intensiv. Solches Wissen sollte als Ressource begriffen und genutzt werden; deutsche Netzwerke in Mexiko können den Zugang zu spezifischem und oftmals tacitem Wissen erleichtern.

Hinsichtlich der Frage nach dem wirtschaftlichen Erfolg trotz Abschottung vom lokalen Markt lässt sich Folgendes konstatieren: Erstens belegt das Beispiel der Automobilzulieferindustrie, dass im Bezug auf die Kundenbeziehungen unter bestimmten Rahmenbedingungen Erfolg möglich ist, obwohl wenig Kontakt zum lokalen Markt aufgebaut wurde. Zweitens zeigt aber die Beschaffungsseite der Zulieferer die Notwendigkeit einer zunehmenden Integration in die Wirtschaft des Gastlandes. Diese gestaltet sich oftmals schwierig, hierbei bietet auch das Netzwerk keine Lösungen. Drittens ist ein Trend zur Auflösung deutsch-mexikanischer Joint-Ventures festzustellen. Dieser wird von deutscher Seite vielfach auf die unüberbrückbaren Schwierigkeiten mit mexikanischen Kooperationspartnern zurückgeführt, die sich in Zielkonflikten, Unehrlichkeit und mangelnder Leistungsfähigkeit äußern. Auch hier ist die Problemlösungsmöglichkeit des deutschen Netzwerkes begrenzt; einige der genannten Schwierigkeiten treten gerade auch in der Zusammenarbeit mit Angehörigen der alteingesessenen Diaspora auf.

In Rückgriff auf die zentrale Forschungsfrage lässt sich festhalten, dass die kulturelle Herkunft in erheblichem Maße die Vertrauensgenese und damit die Kooperationsneigung der Akteure steuert. Zudem hat die unterschiedliche Einbindung der Manager in die Diaspora und in die Residenzgesellschaft maßgeblichen Einfluss auf die Mobilierung von Sozialkapital und den Rückgriff auf Wissensbestände.

LITERATUR

ADLER LOMNITZ, LARISSA (1988): Informal Exchange Networks in Formal Systems: A Theoretical Model. In: American Anthropologist 90, Nr. 1, S. 42 – 55.

ADLER LOMNITZ, LARISSA und MARISOL PÉREZ-LIZAUR (1988): The Origins of the Mexican Bourgeoisie: Networks as Social Capital. In: Thomas Schweizer (Hrsg.): Netzwerkanalyse: Ethnologische Perspektiven. Berlin. S. 35 – 46.

ADLER LOMNITZ, LARISSA und MARISOL PÉREZ-LIZAUR (1987): A Mexican Elite Family, 1820-1980: Kinship, Class and Cultur. Princeton.

ADLER, P. S. (1987): Culture shock and the cross cultural learning experience. In: L.F. Luce und E.C. Smith (Hrsg.): Toward Internationalism. Cambridge.

AMIN, ASH und NIGEL THRIFT (2000): What kind of economic theory for what kind of economic geography? In: Antipode 32, Nr 1, S. 4-9.

ANDERSON, LINDA E. (1994): A new look at an old construct: cross cultural adaptation. In: International Journal of Intercultural Relations 18, S. 293-328.

ANTWEILER, CHRISTOPH (1994): Eigenbilder, Fremdbilder, Naturbilder. In: Anthropos 89, S. 137-168.

APFELTHALER, GERHARD (1999): Interkulturelles Management. Die Bewältigung kultureller Differenzen in der internationalen Unternehmenstätigkeit. Wien.

AUSTRADE AUSTRALIAN TRADE COMMISSION (2002) : Automotive Industry Mexico.

AXELSSON, BJÖRN und JAN JOHANSON (1992) : Foreign Market Entry – the Textbook versus the Network View. In: Björn Axelsson und Geoffrey Easton (Hrsg.): Industrial Networks: A New view of Reality. London. S. 218-234.

BACKHAUS, KLAUS; JOACHIM BÜSCHKEN und MARKUS VOETH (2000): Internationales Marketing. 3. Auflage. Stuttgart.

BARNES, TREVOR J. (2001): Retheorizing Economic Geography: From the Quantitative Revolution to the „Cultural Turn". In: Annals of the Association of American Geographers. 91, Nr.3, S. 546-565.

BARNETT, CLIVE (1998): The Cultural Turn: Fashion or Progress in Human Geography? In: Antipode 30, Nr.4, S. 379-394.

BATHELT, HARALD und JOHANNES GLÜCKLER (2002): Wirtschaftsgeographie. Ökonomische Beziehungen in räumlicher Perspektive. Stuttgart.

BEAVERSTOCK, JONATHAN V. (2002): Transnational elites in global cities: British expatriates in Singapore's financial district. In: Geoforum 33, S. 525-538.

BECKER, STEFFEN und THOMAS SABLOWSKI (1998): Unternehmensnetzwerke und Region. Zur Kritik ökonomischer und geographischer Verkürzungen. URL: http://www.rz.uni-frankfurt.de/~wmenz/netz.pdf. Abrufdatum: 22.11.02.

BECKER, STEFFEN; MENZ, WOLFGANG und THOMAS SABLOWSKI (1999): Ins Netz gegangen: Industrielle Beziehungen im Netzwerk-Konzern am Beispiel der Hoechst AG. In: Jörg Sydow und Carsten Wirth (Hrsg.): Arbeit, Personal und Mitbestimmung in Unternehmensnetzwerken. München und Mehring. S. 337-364.

BÉLIS-BERGOUIGNAN, MARIE-CLAUDE; GÉRARD BORDENAVE und YANNICK LUNG (2000): Global Strategies in the Automobile Industry. In: Regional Studies 34, Nr.1, S. 41-53.

BERTRAM, HEIKE (1992): Industrieller Wandel und neue Formen der Kooperation. Ein transaktionskostenanalytischer Ansatz am Beispiel der Automobilindustrie. In: Geographische Zeitschrift 80, S. 214-229.

BITTNER, ANDREAS (2002): Interkulturelle Kompetenz und internationales Denken. In: Eberhard Zur Ulrich Krystek (Hrsg.): Handbuch Internationalisierung. Globalisierung – eine Herausforderung für die Unternehmensführung. Berlin. S. 763-776.

BLACK, J.S., MARK MENDENHALL und GARY ODDOU (1991): Toward a comprehensive model of international adjustment: an integration of multiple theoretical Perspectives. In: Academy of Management Review 16, S. 291-317.

BLANKENBURG HOLM, DÉSIRÉE und JAN JOHANSON (1996): Business Network Connections and the Atmosphere of International Business Relationships. In: Ingmar Björkman & Mats Forsgren (Hrsg.): The Nature of the International Firm. Copenhagen. S. 411 - 432.

BLOM, HERMAN und HARALD MEIER (2002): Interkulturelles Management. Herne/Berlin

BOECKLER, MARC und PETER LINDNER (2001): „Cultural turn"? Zum Umgang mit der „Entterritorialisierung von Kultur" in der Wirtschafts- und Sozialgeographie. URL: http://www.uni-erlangen.de/orient/kultur/papers/lindner.htm. Abrufdatum: 17.04.2001.

BOECKLER, MARC und PETER LINDNER (2000): Jüngere Tendenzen im Umgang mit Kultur und Region in der Wirtschafts- und Sozialgeographie. In: Şefik Alp Bahadir (Hrsg.). Kultur und Region im Zeichen der Globalisierung: Wohin treiben die Regionalkulturen? Neustadt an der Aisch. S. 105-128.

BOLL, KLAUS (1997): KulturSchock Mexiko. Bielefeld.

BOLTEN, JÜRGEN (2002): Interkultureller Trainingsbedarf aus der Perspektive der Problemerfahrungen entsandter Führungskräfte. In: Klaus Götz (Hrsg.): Interkulturelles Lernen / Interkulturelles Training. 4. Auflage (= Managementkonzepte Band 8). München und Mering. S. 61-80.

BOND, MICHAEL H. (1988): Finding universal dimensions of individual variation in multicultural studies of values: The Rokeach and Chinese value surveys. In: Journal of Personality & Social Psychology 55, S. 1009-1015.

BORTZ, JÜRGEN und NICOLA DÖRING (2002): Forschungsmethoden und Evaluation für Human- und Sozialwissenschaftler. 3. Auflage. Berlin.

BRAIG, MARIANNE und TERESITA DE BARBIERI (1996): Geschlechterverhältnis zwischen Modernisierung und Krise. In: Dietrich Briesemeister und Klaus Zimmermann (Hrsg.): Mexiko heute. Politik Wirtschaft Kultur. Frankfurt a. M. S. 388-408.

BRANDENBURGER, MARKUS (1995): Interkulturelles Management. Ein Konzept zur Entsendung von Führungskräften unter besonderer Berücksichtigung von Auswahl und Vorbereitung. (= Wirtschafts-, Berufs- und Sozialpädagogische Texte Band 24). Köln.

BREMER, JUAN JOSÉ (1996): Zur kulturellen Identität Mexikos. In: Dietrich Briesemeister und Klaus Zimmermann (Hrsg.): Mexiko heute. Politik Wirtschaft Kultur. Frankfurt a. M. S. 628-635.

BROUTHERS, KEITH D. und LANCE ELIOT BROUTHERS (2001): Explaining the National Cultural Paradox. In: Journal of International Business Studies 32, Nr. 1, S. 177-189.

BUCHENAU, JÜRGEN (1999): Blonde and Blue-Eyed in Mexico City, 1821 – present. Unveröffentlichter Artikel, University of North Carolina. Charlotte.

BUDE, HEINZ (2000): Die Kunst der Interpretation. In: Uwe Flick, Ernst von Kardorff und Ines Steinke (Hrsg.): Qualitative Forschung. Ein Handbuch. Reinbek. S. 569-578.

CAMEXA (2002): Marktinformationen für Umwelttechnologie in Mexiko. URL: http://www.camexa.com.mx/pagesbody/umwelt.html. Abrufdatum 18.08.2002.

CARILLO, JORGE und SERGIO GONZÁLEZ LÓPEZ (1999): Zulieferstrukturen und –strategien von Daimler-Benz, BMW und Volkswagen in Mexiko. In: Heiderose Kilper und Ludger Pries (Hrsg.): Die Globalisierungsspirale in der deutschen Automobilindustrie. Hersteller-Zulieferer-Beziehungen als Herausforderung für Wirtschaft und Politik. München und Mering. S. 91-120.

CASTALDO, SANDRO (2002): Meanings of Trust: a meta-analysis of trust definitions. URL: http://www.sses.com/public/events/euram/

CEESP CENTRO DE ESTUDIOS ECONÓMICOS DEL SECTOR PRIVADO (2001): Actividad Económica. La industria Nacional de Autopartes.

CESTUR (2001) : Estudio estratégico de viabilidad del segmento del ecoturismo en México. Resumen Ejecutivo.

CLIFFORD, JOEL (1994): Diasporas. In: Cultural Anthropology 9, Nr. 3, S. 302-338.

CNA (2002): Compendio Básico del Agua en México 2002.

COHEN, ROBIN (1997): Global Diasporas. An Introduction. London.

COVIELLO, NICOLE und HUGH MUNRO (1997): Network Relationship and the Internationalisation process of Small Software Firms. In: International Business Review 6, Nr. 4, S. 361-386.

CUPACH, WILLIAM R. und T. TODD IMAHORI (1993): Identity Management Theory. Communication Competence in Intercultural Episodes and relationships. In: Richard L. Wiseman und Jolene Koester (Hrsg.) Intercultural communication competence. Newbury Park. S. 112 – 131.

DATATUR (2003): Turismo Internacional. URL http://datatur.sectur.gob.mx/jsp/externos.jsp Abrufdatum: 21. Februar 2003.

DESS, GREGORY und JASON D. SHAW (2001): Voluntary Turnover, Social Capital and Organizational Performance. In: Academy of Management Review 26, Nr. 3, S 446-456.

DICKEN, PETER; FORSGREN, MATS und ANDERS MALMBERG (1994): The Local Embeddedness of Transnational Corporations. In: Ash Amin und Nigel Thrift (Hrsg.): Globalization, Institutions and Regional Development in Europe. Oxford. S. 23-45.

DIEFENBACH, HEIKE und BERNHARD NAUCK (1997): Bildungsverhalten als strategische Praxis: Ein Modell zur Erklärung der Reproduktion von Humankapital in Migrantenfamilien. In: Ludger Pries (Hrsg.): Transnationale Migration. Baden-Baden. S. 277-291.

DIEHL, MARKUS (2001): International Trade in Intermediate Inputs: The Case of the Automobile Industry. (= Kiel Working Paper No. 1027). Kiel.

DOBLER, INGRID und MAREN VON GROLL (2002): Die Deutschen in Mexiko – Beispiel für eine moderne Diaspora? In: Alois Moosmüller (Hrsg.): Interkulturelle Kommunikation in der Diaspora. Die kulturelle Gestaltung von Lebens- und Arbeitswelten in der Fremde. (= Münchener Beiträge zur Interkulturellen Kommunikation, Band 13). S. 113-128.

DOH, JONATHAN P. und HILDY TEEGEN (2002): Nongovernmental organizations as institutional actors in international business: theory and implications. In: International Business Review 11, S. 665-684.

DOLLES, HARALD (2002): Vertrauen in interkulturellen Kooperationen kleiner und mittlerer Unternehmen: Japan. In: FORAREA Arbeitsberichte Heft 18, S. 171-184.

Literatur

DORSCHEL, MARTIN (1999): Korruptionsvermeidung in der finanziellen Zusammenarbeit. In: Entwicklung und Zusammenarbeit 40, Heft 11, S. 310 – 311.

EGBERT, HENRIK (2001): Netzwerke als unternehmerische Ressourcen und Restriktionen. Berlin.

EHLERS, ECKART (1996): Kulturkreise – Kulturerdteile – Clash of Civilizations. In: Geographische Rundschau 48, Heft 6, S. 338 – 344.

EIKELPASCH, ROLF (1997): Kultur statt Gesellschaft: Zur kulturtheoretischen Wende in den Sozialwissenschaften. In: Claudia Rademacher und Gerhard Schweppenhäuser (Hrsg.): Postmoderne Kultur? Soziologische und philosophische Perspektiven. Opladen. S. 10-22.

ENDRES, EGON und THEO WEHNER (2001): Störungen zwischenbetrieblicher Kooperation – Eine Fallstudie zum Grenzstellenmanagement in der Automobilindustrie. In: Jörg Sydow (Hrsg.): Management von Netzwerkorganisationen. Beiträge aus der „Managementforschung". 2. Auflage. S. 215-260.

ENGEL, CHRISTOPH (1999): Vertrauen: Ein Versuch. In: Preprints aus der Max-Planck-Forschungsgruppe Recht der Gemeinschaftsgüter. Bonn.

ENGELHARDT, PETER (2000): Globale Handelsströme in der Automobilindustrie. Essen.

ERTEN-BUCH, CHRISTIANE und CHRISTINE MATTL (1999): Interkulturelle Aspekte von Auslandseinsätzen. In: Dudo von Eckhardstein, Helmut Kasper und Wolfgang Mayrhofer (Hrsg.) Management. Theorien – Führung – Veränderung. Stuttgart. S. 321-356.

ESPINOSA, KRISTIN und DOUGLAS MASSEY (1997): Undocumented Migration and the Quantity and Quality of Social Capital. In: Ludger Pries (Hrsg.): Transnationale Migration. Baden-Baden. S. 141-162.

FAIST, THOMAS (1997): Migration und der Transfer sozialen Kapitals oder: Warum gibt es relativ wenige internationale Migranten? In: Ludger Pries (Hrsg.): Transnationale Migration. Baden-Baden. S. 63-83.

FAUST, JÖRG und JOHANNES MARX (2002): Zwischen Kultur und Kalkül: Vertrauen, Sozialkapital und wirtschaftliche Entwicklung. (= Dokumente und Materialien 33, Institut für Politikwissencahft der Johannes Gutenberg Universität Mainz).

FEDDERKE, JOHANNES; RAPHAEL DE KADT und JOHN LUTZ (1999): Economic Growth and social capital: A critical reflection. In: Theory and Society 28, S. 709-745.

FLICK, UWE (2002): Qualitative Forschung. Eine Einführung. Reinbek bei Hamburg.

FLICK, UWE (1996): Qualitative Forschung. Theorie, Methoden, Anwendung in Psychologie und Sozialwissenschaften. Reinbek bei Hamburg. 2. Auflage.

FLIEDNER, DIETRICH (1992): Anthropogeographie, Paradigmenwechsel, Kulturelle Evolution. In: Geographische Zeitschrift 80, Heft 1, S. 1-19.

FLITNER, MICHAEL (1999): Im Bilderwald. Politische Ökologie und die Ordnungen des Blicks. In: Zeitschrift für Wirtschaftsgeographie 43, Heft 3-4, S. 169-183.

FORSGREN MATS, ULF HOLM und PETER THILENIUS (1996): Network Infusion in the Multinational Corporation. In: Ingmar Björkman & Mats Forsgren (Hrsg.): The Nature of the International Firm. Copenhagen. S. 475 - 494.

FREUDENFELD, ELSBETH (2002): Liebesstile, Liebeskomponenten und Bedingungen für Glück und Trennung bei deutschen und mexikanischen Paaren. Eine kulturvergleichende Studie. Dissertation. Tübingen. URL: w210.ub.uni-tuebingen.de/cgi-bin/w3-msql/dbt/diss.html.

FRICKE, DIETER und TINA M. BABO (2002): Südafrikanisch-deutsche Unternehmenskooperationen: Strategien und Organisationsformen vor dem Hintergrund kulturspezifischer Besonderheiten und sich wandelnder ökonomischer Rahmenbedingungen. In: FORAREA-Arbeitspapier Heft 18, S. 89-104.

FRICKE, DIETER ET AL. (2002): Chancen und Risiken interkultureller Kooperationen von KMU: Struktur, Verlauf und Erträge (Gemeinsamer Abschlussbericht). In: FORAREA-Arbeitspapier Heft 18. S. 55-88.

FROMHOLD-EISEBITH, MARTINA (1995): Das „kreative Milieu" als Motor regionalwirtschaftlicher Entwicklung. In: Geographische Zeitschrift 83, Heft 1, S. 32-47.

FUCHS, MARTINA (1995): Neue räumliche Verflechtungen und veränderte Arbeitsbeziehungen im Produktionssystem „Automobil". Das Beispiel Puebla (Mexiko). In: Zeitschrift für Wirtschaftsgeographie Jg. 39, Heft 2, S. 124-132.

FUCHS, MARTINA (1996): Mexiko: Postfordistische Regulation im nordamerikanischen Akkumulationsregime? In: Zeitschrift für Wirtschaftsgeographie 40, Heft 1-2, S. 71-79.

FUCHS, MARTINA (1999): Puebla – Auswirkungen der Wirtschaftskrise 1994/95 in einer mexikanischen Stadt. In: Geographische Rundschau 51, Heft 7/8, S. 388-392.

FUCHS, MARTINA (2000): Vom „Käfer" zum „New Beetle". Industrieentwicklung in Mexiko. In: Geographie heute, Heft 186, S. 38-41.

FUKUYAMA, FRANCIS (1992): Das Ende der Geschichte. München.

FVW (2002): 150 European Tour Operators 2001. In: fvw dokumentation. Beilage zur fvw international Nr. 14. 14.6.2002. S. 11-13.

GAEBE, WOLF (1993): Neue räumliche Organisationsstrukturen in der Automobilindustrie. In: Geographische Rundschau 45, H. 9, S. 493- 497.

GARCIA-PONT, CARLOS und NITIN NOHRIA (2002): Local versus global mimetism: the Dynamics of Alliance Formation in the Automobile Industry. In: Strategic Management Journal 23, S. 307-321.

GARZÓN VALDÉS, ERNESTO (1995): Anmerkungen zur Kultur in Mexiko. In: Hans-Joachim Lauth und Hans-Rudolf Horn (Hrsg.): Mexiko im Wandel. Frankfurt am Main. S. 57-68.

GEERTZ, CLIFFORD (1987): Dichte Beschreibung. Beiträge zum Verstehen kultureller Systeme. Frankfurt a.M.

GENOSKO, JOACHIM (1999): Netzwerke in der Regionalpolitik. Marburg.

GERTSEN, M.C. (1990): Intercultural competence and expatriates. In: The International Journal of Human Ressource Management 1, Nr. 3, S. 341-362.

GESTELAND, RICHARD R. (1999): Cross-Cultural Business Behavior. Marketing, Negotiating and Managing Across Cultures. Copenhagen.

GNYAWALI, DEVI R. und RAVINDRANATH MADHAVAN (2001): Cooperative networks and Competetitive Dynamics: A Structural Embeddedness Perspective. In: Academy of Management Review 26, Nr. 3, S. 431-445.

GORMSEN, ERDMANN (1995): Mexiko. Land der Gegensätze und Hoffnungen. Gotha.

GRANOVETTER, MARK (1985): Economic action and social structure. The problem of Embeddedness. In: American Journal of Sociology 91, Heft 3, S. 481-510.

GRABHER, GERNOT (1993): Rediscovering the Social in the Economics of interfirm Relations. In: Gernot Grabher (Hrsg.): The embedded firm. On the socioeconomics of industrial networks. London / New York. S. 1-31.

GRABHER, GERNOT und DAVID STARK (1998): Organisation der Vielfalt; Evolutionstheorie, Netzwerkanalyse und Postsozialismus. In: Raumforschung 32. S. 46-53.

GRABHER, GERNOT (2002a): Cool Projects, Boring Institutions: Temporary Collaboration in Social Context. In: Regional Studies 36, Heft 3, S. 205-214.

GRABHER, GERNOT (2002b): The Project Ecology of Advertising: Tasks, Talents and Teams. In: Regional Studies 36, Heft 3, S. 245-262.

GROEBEN, NORBERT und RUTH RUSTEMEYER (2002): Inhaltsanalyse. In: Eckard König und Peter Zedler (Hrsg.): Qualitative Forschung. 2. Auflage. Weinheim und Basel. S. 233-258.

GUDYKUNST, WILLIAM B. (1988): Uncertainty and anxiety. In: Y.Y. Kim und W.B. Gudykunst (Hrsg.): Theories in international communication. Newbury Park. S. 123-156.

GUDYKUNST, WILLIAM B. (1993): Toward a Theory of Effective Interpersonal and Intergroup Communication. An Anxiety/Uncertainty Management (AUM) Perspective. In: Richard L. Wiseman und Jolene Koester (Hrsg.) Intercultural communication competence. Newbury Park. S. 33-71.

GUDYKUNST, WILLIAM B. (1995): Anxiety/uncertainty management (AUM) theory: Current status. In: Richard L. Wiseman (Hrsg.): Intercultural communication theory. Thousand Oaks. S. 8-58.

GUDYKUNST, WILLIAM B. und TSUKASA NISHIDA (2001): International Journal of Intercultural Relations 25. S. 55-71.

GUDYKUNST, WILLIAM B. und YOUNG YUN KIM (1997): Communicating with strangers. An Approach to Intercultural Communication. Third Edition. Boston.

HAAS, HANS-DIETER und JOHANNES REHNER (2002): Die Bedeutung von Netzwerkbeziehungen für den Markteintritt in fremden Kulturen. In: FORAREA-Arbeitspapiere Heft 18, S. 105-119.

HAAS, HANS-DIETER und JOHANNES REHNER (2002b): Die Automobilindustrie in der VR China vor dem Hintergrund wirtschaftlich-gesellschaftlichen Wandels. In: Zeitschrift für Wirtschaftsgeographie 46, Heft 3/4, S.163-180.

HABIB, M. und L. ZURAWICKI (2001): Country-level investments and the effect of corruption – some empirical evidence. In: International Business Review 10, S. 687-700.

HÅKANSSON, HÅKAN (Hrsg. 1987): Industrial Technological Development. A Network Approach. London.

HÅKANSSON, HÅKAN (1992): Evolution Processes in Industrial Networks. In: Björn Axelsson und Geoffrey Easton (Hrsg.): Industrial Networks – A New View of Reality. London. S. 129-143.

HALL, EDWARD T. (2000): Monochronioc and Polychronic Time. In: Larry A. Samovar und Richard E. Porter (Hrsg.): Intercultural Communication. Belmont. S. 280-286.

HAMDEN-TURNER, CHARLES und FONS TROMPENAARS (1997): Response to Geert Hofstede. In: International Journal of Intercultural relations 21, Nr. 1, S. 149-159.

HANSEN, HANS KRAUSE (1998): Governmental Mismanagement and Symbolic Violence; Discourses on Corruption in the Yucatán of the 1990s. In: Bulletin Latin American Research 17. Nr. 3, S. 367-386.

HASENSTAB, MICHAEL (1998): Interkulturelles Management. Bestandaufnahme und Perspektiven. (= Schriftenreihe Interkulturelle Wirtschaftskommunikation. Band 5). Sternenfels.

Literatur

HEALEY, MICHAEL J. und MICHAEL B. RAWLINSON (1993): Interviewing Business Owners and Managers: a Review of Methods and Techniques. In: Geoforum 24, Nr. 3, S. 339-355.

HENDERSON, JEFFREY, DICKEN, PETER; HESS, MARTIN; COE, NEIL und HENRY WAI-CHUNG YEUNG (2002): Global production networks and the analysis of economic development. In: Review of International Political Economy 9, Nr. 3, S. 436-464.

HEROD, ANDREW (1999): Reflections on interviewing foreign elites: praxis, positionality, validity, and the cult of the insider. In: Geoforum 30, S. 313-327.

HESS, MARTIN (1998): Glokalisierung, industrieller Wandel und Standortstruktur. Das Beispiel der EU-Schienenfahrzeugindustrie. (= Wirtschaft & Raum Band 2). München.

HOFSTEDE, GEERT (1996): Riding the Waves of Commerce: A Test of Trompenaars ‚ Model' of National Culture Differences. In: International Journal of Intercultural Relations 20, No.2, S. 189-198.

HOFSTEDE, GEERT (2001): Lokales Denken, globales Handeln. Interkulturelle Zusammenarbeit und globales Management. München.

HOLZMÜLLER, HARTMUT H. (1997): Kulturstandards – ein operationales Konzept zur Entwicklung kultursensitiven Managements. In: Johann Engelhardt (Hrsg.): Interkulturelles Management. Theoretische Fundierung und funktionsbereichsspezifische Konzepte. Wiesbaden. S. 55-73.

HONOLKA, HARRO und IRENE GÖTZ (1999): Deutsche Identität und das Zusammenleben mit Fremden. Opladen / Wiesbaden.

HORN, HANS-RUDOLF und HANS-JOACHIM LAUTH (1995): Das Bröckeln der Pyramide: Einführende Bemerkungen zu Mexiko im Wandel. In: Hans-Joachim Lauth und Hans-Rudolf Horn (Hrsg.): Mexiko im Wandel. Frankfurt am Main. S. 9-15.

HUDSON, RAY (1997): Changing Gear? The Automobile Industry in Europe ion the 1990s. In: Tijdschrift voor Economische en Sociale Geografie 88, Nr. 5, S. 481-487.

HUGHES, ALEX (1999): Constructing economic geographies from corporate interviews: insights from a cross-country comparison of retailer-supplier relationships. In: Geoforum 30, S. 363-374.

HUNTINGTON, SAMUEL P. (1996): Kampf der Kulturen. Die Neugestaltung der Weltpolitik im 21. Jahrhundert. München – Wien.

HUSTED, BRYAN W. (1999): Wealth, Culture and Corruption. In: Journal of International Business Studies 2, S. 339 – 360.

INEGI (2002): La industria automotriz en México 2002.

INGRAM, PAUL und PEER W. ROBERTS (2000): Friendship among Competitors in the Sydney Hotel Industry. In: AJS 106, Nr. 2, S. 387-423.

JOHANSON, JAN und JAN-ERIK VAHLNE (1994): The Internationalization Process of the Firm – a Model of Knowledge Development and Increasing Foreign Market Commitments. In: J. Johanson et al. (Hrsg.): Internationalization, Relationships and Networks (= Studia Oeconomiae Negotiorum, Bd. 36). Uppsala. S. 50-62.

KADRITZKE, ULF (1999): Herrschaft in Unternehmensnetzwerken. Vom Schwinden einer Kategorie in Theorie und Praxis. In: Jörg Sydow und Carsten Wirth (Hrsg.): Arbeit, Personal und Mitbestimmung in Unternehmensnetzwerken. München und Mehring. S. 63-98

KALNINS, ARTURS und WILBUR CHUNG (2002): Ethnic Business Groups, Chain Affiliation and Survival of Geographically dispersed Service Firms. Best Paper Proceedings of the Academy of Management. Denver.

KEEGAN, WARREN J. und MARK S. GREEN (2000): Global Marketing. Second Edition. Upper Saddle River. New Jersey.

KELLE, UDO und CHRISTIAN ERZBERGER (2000): Qualitative und quantitative Methoden: kein Gegensatz. In: Uwe Flick, Ernst von Kardorff und Ines Steinke (Hrsg.): Qualitative Forschung. Ein Handbuch. Reinbek. S. 299-309.

KELLER, E. V. (1982): Management in fremden Kulturen: Ziele Ergebnisse und methodische Probleme der kulturvergleichenden Managementforschung. Bern, Stuttgart.

KETTEL, CHRISTOPH WOLFGANG (2002): Vertrauen als Organisationsprinzip zwischenmenschlicher Austauschbeziehungen. (= Arbeitsbericht 02/03 Institut für Wirtschaftswissenschaften Rheinisch-Westfälische Technische Hochschule Aachen).

KLEMM, WOLFGANG (1997): Wertschöpfungsnetzwerke international tätiger Unternehmen.

KNOX, PAUL L. und SALLIE A. MARSTON (2001): Humangeographie. Heidelberg, Berlin.

KOCH, PATRICIA MARIA und KORNELIA GRETSCH (1994): Qualitative Methodik in der Sozialgeographie. In: Standort, Heft 2, S. 26-32.

KOGUT, B. und H. SINGH (1988): The Effect of National Culture on the Choice of Entry Mode. In: Journal of International Business Studies 19, Nr. 3, S. 411-432.

KOHL, KARL-HEINZ (1993): Ethnologie – die Wissenschaft vom kulturell Fremden: Eine Einführung. München.

KÖHLER, HOLM-DETLEV (1999): Auf dem Weg zum Netzwerkunternehmen? Anmerkungen zu einem problematischen Konzept am Beispiel der deutschen Automobilkonzerne. In: Jörg Sydow und Carsten Wirth (Hrsg.): Arbeit, Personal und Mitbestimmung in Unternehmensnetzwerken. München und Mehring. S. 365-381.

Literatur

KOSCHATZKY, KNUT (2001): Räumliche Aspekte im Innovationsprozess : Ein Beitrag zur neuen Wirtschaftsgeographie aus der Sicht der regionalen Innovationsforschung. (= Wirtschaftsgeographie Band 19). Münster.

KOTKIN, JOEL (1996): Stämme der Macht. Der Erfolg weltweiter Clans in Wirtschaft und Politik. Hamburg.

KRANE, MICHAEL (2002): Konzerne schicken Euro-Marken ins Rennen. In: fvw dokumentation. Beilage zur fvw international Nr. 14. 14.6.2002. S. 1-5.

KRÄTKE, STEFAN (2001): Institutionelle Ordnung und soziales Kapital der Wirtschaftsregionen: zur Bedeutung von Raumbindungen im Kontext der Globalisierung. In: Geographische Zeitschrift 89, Heft 2-3, S. 145-164.

KREBS, MICHAEL und REINHARD ROCK (1994): Unternehmensnetzwerke – eine intermediäre oder eigenständige Organisationsform? In: Jörg Sydow und Arnold Windeler (Hrsg.): Management interorganisationaler Beziehungen. Vertrauen, Kontrolle und Informationstechnik. Opladen. S. 322-345.

KRIPPNER, GRETA R. (2001): The elusive market: Embeddedness and the paradigm of economic sociology. In: Theory and Society 30, S. 775-810.

KRUIP, GERHARD (1996): Religion, Kirche und Staat. In: Dietrich Briesemeister und Klaus Zimmermann (Hrsg.): Mexiko heute. Politik Wirtschaft Kultur. Frankfurt a. M. S. 292-310.

KRYZDA, BILL F. (Hrsg. 1995): Mexico Business Opportunities and Legal Framework. Mexiko.

KÜHLMANN, TORSTEN M. (2002): Vertrauen in interkulturellen Kooperationen kleiner und mittlerer Unternehmen: Ein Vergleich zwischen Mexiko und Deutschland. In: FORAREA Arbeitspapiere Heft 18, S. 151-170.

KÜHLMANN, TORSTEN M. und OLIVER SCHUMANN (2002): Trust in German-Mexican Business Relationships. URL: http://www.sses.com/public/events/euram/ Abrufdatum: 07.01.2003.

KUTSCHKER, MICHAEL (1994): Dynamische Internationalisierungsstrategie. In: Johann Engelhard und Heinz Rehkugler (Hrsg.): Strategien für nationale und internationale Märkte. Konzepte und praktische Gestaltung. Wiesbaden. S. 221 – 248.

KUTSCHKER, MICHAEL und STEFAN SCHMID (2002): Internationales Management. München, Wien.

KYLE, DAVID (2003): La Diáspora del comercio otavaleno: capital social y empresa transnacional. In: Ecuador Debate No. 54. URL: http://www.dlh.lahora.com.ec/paginas/debate/paginas/debate324.htm. Abrufdatum: 15.01.03.

LAMBSDORFF, JOHANN GRAF (2002): 2002 Corruption Perception Index. In: Transparency International (Hrsg.): Global Corruption Report 2003. S. 262-265.

LAMNEK, SIEGFRIED (2002): Qualitative Interviews. In: Eckard König und Peter Zedler (Hrsg.): Qualitative Forschung. 2. Auflage. Weinheim und Basel. S. 157-193.

LANE, HENRY W. und JOSEPH J. DISTEFANO (1997): International Management Behavior. Malden, Oxford.

LANGHOFF, TINE (1996): The Influence of Cultural Differences on Internationalisation Process of Firms – An Introduction to a Semiotic and Intercultural Perspective. In: Ingmar Björkman & Mats Forsgren (Ed.): The Nature of the International Firm. Copenhagen. S. 135-164.

LEIBA-O'SULLIVAN, SHARON (1999): The Distinction between Stable and Dynamic Crosscultural Competencies: Implications for Expatriate Trainibility. In: Journal of International Business Studies 30, Nr. 4, S. 709-725

LENARTOWICZ, TOMASZ und KENDALL ROTH (1999): A Framework for Cultural Assessment. In: Journal of International Business Studies 30, Nr. 4. S. 781-798.

LIN, NAN (2001): Social Capital. A Theory of Social Structure and Action. Cambridge.

LOMNITZ, LARISSA (1996): Die unsichtbare Stadt: Familiäre Infrastruktur und soziale Netzwerke im urbanen Mexiko. In: Dietrich Briesemeister und Klaus Zimmermann (Hrsg.): Mexiko heute. Politik Wirtschaft Kultur. Frankfurt a. M. S. 374 – 387.

LOOSE, ACHIM und JÖRG SYDOW (1994): Vertrauen und Ökonomie in Netzwerkbeziehungen – Strukturationstheoretische Betrachtungen. In: Jörg Sydow und Arnold Windeler (Hrsg.): Management interorganisationaler Beziehungen. Vertrauen, Kontrolle und Informationstechnik. Opladen. S. 160-193.

LOVETT, STEVE; LEE C. SIMMONS und RAJA KALI (1999): Guanxi Versus The Market: Ethics and Efficiency. In: Journal of International Business Studies 30, Nr. 2, S. 231 – 248.

LOWEY, STEFANIE (1999): Organisation und regionale Wirkungen von Unternehmenskooperationen. (= Wirtschaftsgeographie Band 16).

LOZANO-ASCENSIO, FERNANDO; BRIAN ROBERTS und FRANK BEAN (1997): The interconnectedness of internal and international migration: The case of United States and Mexico. In: Ludger Pries (Hrsg.): Transnationale Migration. Baden-Baden. S. 163-178.

LUSTIG, MYRON W. und BRIAN H. SPITZBERG (1993): Methodological Issues in the Study of Intercultural Communication Competence. In: Richard L. Wiseman und Jolene Koester (Hrsg.) Intercultural communication competence. Newbury Park. S. 153-167.

LUTZ, HELMA (1990): Cultural/Ethnisc Identity in the Safety Net of Cultural Hegemony. In: The European Journal of Intercultural Studies 1, Nr. 2, S. 5-13.

MAMMAN, AMINU und DAVID RICHARDS (1996): Perceptions and Possibilities of Intercultural Adjustment: Some Neglected Characteristics of Expatriates. In: International Business Review 5, Nr. 3, S. 283-301.

MARKUSEN, ANN R. (1996): Sticky Places in a Slippery Space: A Typology of Industrial Districts. In: Economic Geography 72, Nr. 3, S. 293-313.

MARKUSEN, ANN R. (1999): Studying Regions by Studying Firms. In: Ann R. Markusen et al. (Hrsg.): Second Tier Cities. Rapid Growth beyond the Metropolis. Minneapolis. S. 43-63.

MARTIN, RON (2000): Institutional Approaches in Economic Geography. In: Eric Sheppard und Trevor Barnes (Hrsg.): A Companion to Economic Geography. Oxford. S. 77-94.

MAURER, NOEL (1999): Banks and Entrepreneurs in Porfirian Mexico: Inside Exploitation or Sound Business Strategy? In: Journal of Latin American Studies 31, S. 331-361.

MAYRING, PHILIPP (1988): Qualitative Inhaltsanalyse. Grundlagen und Techniken. Weinheim.

MAYRING, PHILIPP (2000): Qualitative Inhaltsanalyse. In: Uwe Flick et al. (Hrsg.): Qualitative Forschung. Ein Handbuch. Reinbek. S. 468-475.

MCCANN, PHILIP; ARITA, TOMOKAZU und IAN R. GORDON (2002): Industrial clusters, transaction costs and the institutional determinants of MNE location behaviour. In: International Business Review 11, S. 647-663.

MEFFERT, HERIBERT und JOACHIM BOLZ (1998): Internationales Marketing-Management. 3. Auflage. Stuttgart Berlin Köln.

MEISSNER, HANS G. (1997): Der Kulturschock in der Betriebswirtschaftslehre. In: Johann Engelhardt (Hrsg.): Interkulturelles Management. Theoretische Fundierung und funktionsbereichsspezifische Konzepte. Wiesbaden. S. 1-14.

MEISSNER, HANS GÜNTHER und HEIKE SIMMET (1994): Managing the Future: Changes in Values and Requirements of German Managers. In: Dan Voich und Lee P. Stepina (Hrsg.): Cross-Cultural Analysis of Values and Political Economy Issues. Westport. S. 67-77.

MEUSBURGER, PETER ET AL. (2002, Hrsg.): Lexikon der Geographie in vier Bänden. Heidelberg, Berlin.

MILHOUSE, VIRGINIA H. (1993): The Applicability of Interpersonal Communication Competence to the Intercultural Communication Context. In: Richard L. Wiseman und Jolene Koester (Hrsg.) Intercultural communication competence. Newbury Park. S. 184-247.

MITCHELL, KATHARYNE (2000): Networks of Ethnicity. In: Eric Sheppard und Trevor Barnes (2000): A Companion to Economic Geography. Oxford. S. 377-391.

MINK-ZAGHLOUL, ERIKA (1999): Fördermaßnahmen zur Erschließung von Auslandsmärkten. Ein Kursbuch für die deutsche Umweltindustrie. Berlin.

MOHR, GEORG (1995): Umweltpolitik in Mexiko. In: Hans-Joachim Lauth und Hans-Rudolf Horn (Hrsg.): Mexiko im Wandel. Frankfurt am Main. S. 153-177.

MOOSMÜLLER, ALOIS (2002): Einleitung: Diaspora – zwischen Reproduktion von „Heimat", Assimilation und transnationaler Identität. In: Alois Moosmüller (Hrsg.): Interkulturelle Kommunikation in der Diaspora. Die kulturelle Gestaltung von Lebens- und Arbeitswelten in der Fremde. (= Münchener Beiträge zur Interkulturellen Kommunikation, Band 13). S. 11-28.

MOOSMÜLLER, ALOIS, INGRID DOBLER und THOMAS HUFNAGEL (2002): Die Bedeutung der Diaspora für die Unternehmenstätigkeit in Indonesien und Mexiko: deutsche und US-amerikanische Entsandte im Vergleich. In: FORAREA Arbeitspapiere Heft 18, S. 39-54

MOOSMÜLLER, ALOIS (1996): Interkulturelle Kompetenz und interkulturelle Kenntnisse. Überlegungen zu Ziel und Inhalt im auslandsvorbereitenden Training. In: Roth, Klaus (Hrsg.): Mit der Differenz leben. Europäische Ethnologie und Interkulturelle Kommunikation. Münster et al. S. 271-290.

MORRIS, STEPHEN D. (1999): Corruption and the Mexican political system: continuity and change. In: Third World Quarterly 20, Nr. 3, S. 623-643.

MUDAMBI, RAM und PIETRO NAVARRA (2002): Institutions and internation business: a theoretical overview. In: International Business Review 11, S. 635-646.

MÜLLER, HARALD (2001): Das Zusammenleben der Kulturen. Ein Gegenentwurf zu Huntington. 5. Auflage. Frankfurt a.M.

MÜLLER, HARALD (1998): Der Mythos vom Kampf der Kulturen. Eine Kritik an Huntingtons kulturalistischer Globaltheorie. In: Entwicklung und Zusammenarbeit 39, Heft 10, S. 262-264.

MULLINGS, BEVERLEY (1999): Insider or outsider, both or neither: some dilemmas of interviewing in a cross-cultural setting. In: Geoforum 30, S. 337-350.

NEWIG, JÜRGEN (1986): Drei Welten oder eine Welt: Die Kulturerdteile. In: Geographische Rundschau 38, Heft 5, S. 262-267.

Literatur

NIEMINEN, JARMO AND JAN-AKE TÖRNROOS (1996): The Role of Learning in the Evolution of Business Networks in Estonia: Four Finnish Case Studies. In: Ingmar Björkman & Mats Forsgren (Ed.): The Nature of the International Firm. Copenhagen. S. 165-188.

NUNNENKAMP, PETER (1998): Die deutsche Automobilindustrie im Prozeß der Globalisierung. In: Die Weltwirtschaft Heft 3, S. 294-315.

NUNNENKAMP, PETER (2000): Globalisierung der Automobilindustrie: Neue Standorte auf dem Vormarsch, traditionelle Anbieter unter Druck? (= Kieler Arbeitspapier Nr. 1002).

OBERG, KALVERO (1960): Culture Shock: adjustment to new cultural environments. In Practical Anthropologist 7, S. 177-182.

OINAS, PÄIVI (1997): On the socio-spatial embeddedness of business firms. In: Erdkunde. Band 51, S. 23-32.

OINAS, PÄIVI (1999): Voices and Silences: the problem of access to embeddedness. In: Geoforum 30, S. 351-361.

ONO, KENT A. (1998): Problematizing „Nation" in Intercultural Communication Research. In D.V. Tanno und A. González (Hrsg.): Communication and identity across cultures. Thousand Oaks. S. 193 – 202.

OSSENBRÜGGE, JÜRGEN und G. SANDNER (1994): Zum Status der politischen Geographie in einer unübersichtlichen Welt. In: Geographische Rundschau 46, Heft 12, S. 676-684.

PAHLBERG, CECILIA (1996): Cultural Differences and Problems in HQ-Subsidiary Relationship in MNCs. In: Ingmar Björkman und Mats Forsgren (Hrsg.): The Nature of the International Firm. S. 451-473.

PALLONI, ALBERTO; DOUGLAS S. MASSEY, MIGUEL CEBALLOS, KRISTIN ESPINOSA und MICHAEL SPITTEL (2001): Social capital and International Migration: A Test Using Information on Family Networks. In: AJS 106, Nr. 5, S. 1262-1298.

PANSTERS, WILL (1997): Theorizing Political Culture in Modern Mexico. In: Citizens of the Pyramid: Essays on Mexican Political Culture. Will G. Pansters (Hrsg.) Amsterdam: Thela Publishers. S. 1 – 37.

PAZ, OCTAVIO (1998): Das Labyrinth der Einsamkeit. Frankfurt a.M.

PERLITZ, MANFRED (2000): Internationales Management. 4. Auflage. Stuttgart.

PERLITZ, MANFRED und THORSTEN PESKE (2000): Die Konsequenzen der Globalisierung für internationale Unternehmensnetzwerke und deren strategische Führung. Die Notwendigkeit eines betriebswirtschaftliche-politologischen Ansatzes. In: Dodo zu Knyphausen-

Aufseß (Hrsg.): Globalisierung als Herausforderung der Betriebswirtschaftslehre. Wiesbaden. S. 49-65.

PETERMANN, THOMAS (1998): Folgen des Tourismus. Band 1: Gesellschaftliche, ökologische und technische Dimensionen. Berlin.

PETERMANN, THOMAS (1999): Folgen des Tourismus. Band 2: Tourismuspolitik im Zeitalter der Globalisierung. Berlin.

PFÜTZER, STEPHANIE (1995): Strategische Allianzen in der Elektronikindustrie. Organisation und Standortstruktur. (= Wirtschaftsgeographie Band 9).

PICOT, ARNOLD, HELMUT DIETL und EGON FRANCK (1999): Organisation. Eine ökonomische Perspektive. 2. Auflage. Stuttgart.

PICOT, ARNOLD; RALF REICHWALD und ROLF T. WIGAND (1996): Die grenzenlose Unternehmung. Information, Organisation und Management. Lehrbuch zur Unternehmensführung im Informationszeitalter. Wiesbaden.

PLOSS, DINA (2001): Die Bedeutung von Innovationsnetzwerken für den Strukturwandel von Regionen. Ein Konzept zur Stärkung der Wettbewerbsfähigkeit der Region Mittelfranken aufbauend auf einer Stärken-Schwächenanalyse der Umwelttechnologie. In: Mitteilungen der Fränkischen Geographischen Gesellschaft. Band 48, S. 1-176.

POHLE, FRITZ (1996): deutschsprachiges Exil in Mexiko. In: Dietrich Briesemeister und Klaus Zimmermann (Hrsg.): Mexiko heute. Politik Wirtschaft Kultur. Frankfurt a. M. S. 674-681.

PORNPITAHPAN, CHANTHIKA (1999): The Effects of Cultural Adaption on Business Relationships: Americans Selling to Japanese and Thais. In: Journal of International Business Studies 30, Nr. 2, S. 317 – 338.

PORTES, ALEJANDRO und JULIA SENSENBRENNER (1993): Embeddedness and Immigration: Notes on the Social Determinants of Economic Action. In: American Journal of Sociology 98, Nr. 6, S. 1320-1350.

PREM, HANNS J. (1999): Die Azteken. Geschichte Kultur Religion. München.

PRIES, LUDGER (1999): Die Globalisierung der deutschen Autohersteller und deren Sogeffekte für die Automobilzulieferer. In: Heiderose Kilper und Ludger Pries (Hrsg.): Die Globalisierungsspirale in der deutschen Automobilindustrie. Hersteller-Zulieferer-Beziehungen als Herausforderung für Wirtschaft und Politik. München und Mering. S. 25-55.

PRIES, LUDGER (1997): Neue Migration im transnationalen Raum. In: Ludger Pries (Hrsg.): Transnationale Migration. Baden-Baden. S. 15-44.

PWC PRICEWATERHOUSECOOPERS (2002): Autofacts. Light Vehicle Assembly by Country.

QUASTHOFF, UTA M. (1989): Ethnozentrische Verarbeitung von Informationen: Zur Ambivalenz der Funktionen von Stereotypen in der interkulturellen Kommunikation. In: Matusch, Petra (Hrsg.): Wie verstehen wir Fremde? Aspekte zur Klärung von Verstehensprozessen. München. S. 37-62.

RALL, DIETRICH und MARLENE RALL (1996): Deutschland und Mexiko. In: Dietrich Briesemeister und Klaus Zimmermann (Hrsg.): Mexiko heute. Politik Wirtschaft Kultur. Frankfurt a. M. S. 651-673.

RALSTON, DAVID A. ET AL. (1999): Doing Business in the 21st Century with the New Generation of Chinese Managers: A Study of Generational Shifts in Work Values in China. In: Journal of International Business Studies 30, Nr. 2, S. 415 – 430.

RAMIREZ HUERTA, LESLI und HERMANN WOLLNER (2000): Mexiko 2000 – Abfallentsorgung und Recycling. Marketreport. Leipzig.

RATAJCZYK, IRIS (2000): Umweltschutz in Mexiko. URL http://www.pfalz.ihk24.de

REDMOND, MARK V. (2000): Cultural distance as a mediating factor between stress and intercultural communication competence. In: International Journal of Intercultural Relations 24, S. 151-159.

REICHERTZ, JO (2000): Abduktion, Deduktion und Induktion in der qualitativen Forschung. In: Uwe Flick, Ernst von Kardorff und Ines Steinke (Hrsg.): Qualitative Forschung. Ein Handbuch. Reinbek. S. 276-286.

REMY, JEAN (1990): The Cosmopolitan City and Interethnic Coexistence. In: The European Journal of Intercultural Studies Vol. 1. No. 2. S. 31-42.

RIPPERGER, TANJA (1998): Ökonomik des Vertrauens: Analyse eines Organisationsprinzips. Tübingen.

RODAS-MARTINI, PABLO (2002): Central America, Mexico and the Caribbean. In: Transparency International (Hrsg.): Global Corruption Report 2003. S. 90-102.

RODRÍGUEZ-COSS, ALFONSO (1994): A Profile of the Mexican. In: Dan Voich und Lee P. Stepina (Hrsg.): Cross-Cultural Analysis of Values and Political Economy Issues. Westport. S. 227-236.

RODRÍGUEZ-POSE, ANDRÉS (2001): Killing economic geography by a 'cultural turn' overdose. A reply to Amin and Thrift. In: Antipode 33, Nr. 2, S 176-182.

ROTH, KLAUS und ASKER KARTARI (2002): Deutsche Unternehmer und Firmenentsandte in der Türkei: ihre Handlungsstrategien und ihre Lebenswelt in der Diaspora. In: FORAREA Arbeitspapiere Heft 18, S. 39-54.

RUDNER, NICOLE (1996): Der mexikanische Wirtschaftsstil. (= Schriften zu Lateinamerika 7) München.

SAHR, WOLF-DIETRICH (2002): New Cultural Geography. In: Peter Meusburger (Hrsg.): Lexikon der Geographie. Heidelberg, Berlin. S. 439-440.

SAUER, DIETER und VOLKER DÖHL (1994): Kontrolle durch Autonomie – Zum Formenwandel von Herrschaft bei unternehmensübergreifender Rationalisierung. In: Jörg Sydow und Arnold Windeler (Hrsg.): Management interorganisationaler Beziehungen. Vertrauen, Kontrolle und Informationstechnik. Opladen. S. 258-274.

SCHAMP, EIKE (2000): Vernetzte Produktion. Industriegepographie aus institutioneller Perspektive. Darmstadt.

SCHARRER, JOCHEN (2000): Internationalisierung und Länderselektion. Eine empirische Analyse mittelständischer Unternehmen in Bayern. (= Wirtschaft & Raum Band 7). München.

SCHEFOLD, BERTRAM (1994): Wirtschaftsstile. Band 1: Studien zum Verhältnis von Ökonomie und Kultur. Frankfurt am Main.

SCHIRM, STEFAN A. (1995): Mexikos internationale Beziehungen und die NAFTA. In: Hans-Joachim Lauth und Hans-Rudolf Horn (Hrsg.): Mexiko im Wandel. Frankfurt am Main. S. 17-33.

SCHLIE, ERIK und GEORGE YIP (2000): Regional follows Global: Strategy Mixes in the World Automotive Industry. In: European Management Journal 18, No. 4, S. 343-354.

SCHLÖDER, BERND (1994): Vorurteile, Stereotype und die Verständigung zwischen Gruppen. In: Thomas, Alexander (Hrsg.): Psychologie und multikulturelle Gesellschaft. Problemanalysen und Problemlösungen. Göttingen, Stuttgart. S. 109-114.

SCHMID, STEFAN (2002): Die Internationalisierung von Unternehmungen aus der Perspektive der Uppsala-Schule. In: WiSt Heft 7, S. 387-392.

SCHNEIDEWIND, DIETER (1992): Rekrutierung und Heranbildung transnationalen Managements. In: Zeitschrift für Betriebswirtschaft. Ergänzungsheft 2 / 1992, S. 145-159.

SCHOENBERGER, ERICA (1991): The corporate interview as a research method in economic geography. In: Professional Geographer 43, S. 180-189.

SCHOENBERGER, ERICA (1997): The Cultural Crisis of the Firm. Oxford.

SCHOENBERGER, ERICA (2000): Creating the Corporate World: Strategy and Culture, Time and Space. In: Eric Sheppard und Trevor Barnes (Hrsg.): A Companion to Economic Geography. Oxford. S. 377-391.

SCOLLON, RON und SUZANNE WONG SCOLLON (1995): Intercultural Communication. A Discourse Approach. Oxford & Cambridge.

SECTUR (2000): Estudio de Gran Visión del Turismo en México: Perspectiva 2020. Reporte Analítico. Ciudad de México.

SECTUR (2001a): Boletín cuatrimestral de Turismo. Numero 1 Enero-Abril 2001. Ciudad de México.

SECTUR (2001b): Estudio estratégico de viabilidad del segmento de ecoturismo en México. Ciudad de México.

SECTUR (2002): Resultados de la actividad Turística. Junio 2002. Ciudad de México.

SECTUR (2003): Resultados de la actividad turística. Diciembre 2002. Ciudad de México.

SECTUR (2003b) : Boletín de inversión turística. URL http://www.sectur.gob.mx Abrufdatum 22. Feb. 2003.

SELMER, JAN (1999): Culture shock in China? Adjustment pattern of western expatriate business managers. In: International Business Review 8, S. 515-534.

SEMARNAT (2002): Programa para Mejorar la Calidad del Aire de la Zona Metropolitana del Valle de México. 2002-2010.

SEMLINGER, KLAUS (2001): Effizienz und Autonomie in Zulieferungsnetzwerken – zum strategischen Gehalt von Kooperationen. In: Jörg Sydow (Hrsg.): Management von Netzwerkorganisationen. Beiträge aus der „Managementforschung". 2. Auflage. S. 29-74.

SHEFNER, JON (2001): Coalitions and Clientelism in Mexico. In: Theory and Society 30, S. 593-628.

SHENKAR, ODED (2001): Cultural Distance Revisited: Towards a More Rigorous conceprualization and Measurement of Cultural Differences. In: Journal of international Business Studies 32, Nr. 3, S. 519-535.

SIEBERT, HOLGER (2001): Ökonomische Analyse von Unternehmensnetzwerken. In: Jörg Sydow (Hrsg.): Management von Netzwerkorganisationen. Beiträge aus der „Managementforschung". 2. Auflage. S. 7-28.

SOMMERHOFF, GERHARD und CHRISTIAN WEBER (1999): Mexiko. Darmstadt.

STAHL, GÜNTER K. (1998): Internationaler Einsatz von Führungskräften. München; Wien.

STAUDACHER, CHRISTIAN (1995): „Fremdenverkehrs-/Freizeitdienstleistungen". Ansätze zu einer Geographie der Tourismus- und Freizeit-Unternehmungen. In: Wirtschaftsgeographische Studien, Heft 19/20, S. 1-23.

STEGMÜLLER, BRUNO (1995): Internationale Marktsegmentierung als Grundlage für internationale Marketing-Konzeptionen. Bergisch-Gladbach Köln.

STEINKE, INES (2000): Gütekriterien qualitativer Forschung. In: Uwe Flick, Ernst von Kardorff und Ines Steinke (Hrsg.): Qualitative Forschung. Ein Handbuch. Reinbek. S. 319-331.

STEPHENS, GREGORY K. und CHARLES R. GREER (1997): Doing Business in Mexico: Understanding Cultural Differences. In: Henry W. Lane, Joseph J. DiStefano und Martha L. Maznevski (Hrsg.): International Management Behavior. Malden, Oxford.

STERNBERG, ROLF (2001): Perspektiven der wirtschaftsgeographischen Forschung in Deutschland im Lichte der „New Economic Geography". (= Working Paper No. 2001-02). Köln.

STÖRMER, ECKHARD (2001): Ökologieorientierte Netzwerke. Regionale Umweltinformationsorientierte Unternehmensnetzwerke als Ansatz für eine ökologisch nachhaltige Wirtschaftsentwicklung. (= Wirtschaft & Raum Band 8). München.

STORPER, MICHAEL (2001): The Poverty of Radical Theory Today: From False Promises of Marxism to the Mirage of the Cultural Turn. In: International Journal of Urban and Regional Research 25, Nr.1, S. 155- 178.

STORPER, MICHAEL und BENNETT HARRISON (1991): flexibility, hierarchy and regional development: The changing structure of industrial production systems and their forms of governance in the 1990s. Research Policy 20, Nr. 5, S. 407-422.

STRAMBACH, SIMONE (1993): Wissensintensive unternehmensorientierte Dienstleistungen: Netzwerke und Interaktion. Am Beispiel des Rhein-Neckar-Raumes. (= Wirtschaftsgeographie Band 6). Münster.

SWYNGEDOUW, ERIK (1992): The Mammon Quest. 'Glocalisation', interspatial competition and the monetary order: construction of new scales. In: Mick Dunford und Grigoris Kafkalas (Hrsg.): Cities and Regions in the New Europe. London.

SYDOW, JÖRG (1992): Strategische Netzwerke. Evolution und Organisation. (= Neue betriebswirtschaftliche Forschung 100). Wiesbaden.

SYDOW, JÖRG (2001): Management von Netzwerkorganisationen – Zum Stand der Forschung. In: Jörg Sydow (Hrsg.): Management von Netzwerkorganisationen. Beiträge aus der „Managementforschung". 2. Auflage. S. 293-339.

THOMAS, ALEXANDER und KATJA HAGEMANN (1992): Training interkultureller Kompetenz. In: Niels Bergemann und Andreas L.J. Sourisseaux (Hrsg.): Interkulturelles Management. Heidelberg. S. 173-200.

THOMAS, ALEXANDER (1994): Können interkulturelle Begegnungen Vorurteile verstärken? In: Alexander Thomas (Hrsg.): Psychologie und multikulturelle Gesellschaft. Problemanalysen und Problemlösungen. Göttingen, Stuttgart. S. 227-237.

TÖLÖLYAN, KHACHIG (1996): Rethinking Diaspora(s). Stateless Power in the Transnational Moment. In: Diaspora 5, Nr. 1, S. 3-36.

TOMLINSON, JOHN (1998): Kulturelle Globalisierung und Deterritorialisierung. Die Bedrohung der westlichen Hegemonie. In: Entwicklung und Zusammenarbeit 39, Heft 10, S. 259-261.

TRIMPOP, RÜDIGER M. und TIMO MEYNHARDT (2002): Interkulturelle Trainings und Einsätze: Psychische Kompetenzen und Wirkungsmessungen. In: Klaus Götz (Hrsg.): Interkulturelles Lernen / Interkulturelles Training. 4. Auflage (= Managementkonzepte band 8). München und Mering.

TROMPENAARS, FONS (1993): Handbuch globales Management. Wie man kulturelle Unterschiede im Geschäftsleben versteht. Düsseldorf.

TSENG, C.-H., C-M. J. YU und D.H.W. SEETOO (2002): The relationship between types of network organization and adoption of management mechanisms: an empirical study of knowledge transactions of MNC's subsidiaries in Taiwan. In: International Business Review 11, S. 211-230.

TUCHER, MATHIAS VON (1999): Die Rolle der Auslandsmontage in den internationalen Wertschöpfungsnetzwerken der Automobilhersteller. (= Wirtschaft & Raum Band 5).

USUNIER, JEAN-CLAUDE und BJÖRN WALLISER (1993): Interkulturelles Marketing. Mehr Erfolg im internationalen Geschäft. Wiesbaden.

UMWELTBUNDESAMT (2001): Hintergrundinformation: Umweltschutz und Beschäftigung. Berlin.

VAN OUDENHOVEN, JAN PIETER (2001): Do organizations reflect national cultures? A 10-nation study. In: International Journal of Intercultural Relations 25, S. 89-107.

VIEHÖVER, ULRICH (2001): Knecht und König zugleich. In: Die Zeit Nr. 50 vom 6. Dezember 2001, S. 34.

VOLKSWAGEN DE MÉXICO (2000): Volkswagen de México. Unveröffentlichte Präsentationsmappe.

VOLKSWAGEN DE MÉXICO (2003): Conociendo Volkswagen. Datos Estadisticos. URL: http://www.vw.com.mx/CWE/volkswagen/DatosEstadisticos/DES002DEstadisticos/0,16 98,09020101,00.html

VORLAUFER, KARL (1993): Transnationale Reisekonzerne und die Globalisierung der Fremdenverkehrswirtschaft: Konzentrationsprozesse, Struktur- und Raummuster. In: Erdkunde Band 47, S. 267-281.

VORLAUFER, KARL (1996): Mexiko: Regionale Disparitäten, Staat und Tourismus. In: Zeitschrift für Wirtschaftsgeographie 40, Heft 4, S. 193-223.

VORLAUFER, KARL (2001): Tourismus – ein Instrument zum Abbau regionaler Disparitäten in Entwicklungsländern? In: Geographie und Schule 23, Heft 133, S. 11-22.

WANKEL, MATTHIAS (1994): Spiegelbild der Geschichte zweier Völker: Die deutsche Schule in Mexiko (1894-1942).

WARDENGA, UTE (2000): Jenseits des Einheitsparadigmas? In: Hans. H. Blotevogel, Jürgen Ossenbrügge und Gerald Wood (Hrsg.): Lokal verankert – weltweit vernetzt. Tagungsbericht ung Wissenschaftlicher Abhandlungen. Stuttgart.

WEAVER, GARY R. (1996): Understanding and Coping with Cross-Cultural Adjustment Stress. In: Gary R. Weaver (Hrsg.): Culture, Communication and Conflict: Readings in Intercultural Relations.

WEBER, BURKHARD (1994): Unternehmensnetzwerke aus systemtheoretischer Sicht – Zum Verhältnis von Autonomie und Abhängigkeit in Interorganisationsbeziehungen. In: Jörg Sydow und Arnold Windeler (Hrsg.): Management interorganisationaler Beziehungen. Vertrauen, Kontrolle und Informationstechnik. Opladen. S. 275-297.

WERNECK, TILL (2003): Internationalisierung und Handelshemmnisse. CKD-Fertigung in der Automobilindustrie. In: Hans-Dieter Haas (Hrsg.): Internationale Unternehmenstätigkeit. Rahmenbedingungen, Strukturen, Akteure. München. (im Druck).

WERNECK, TILL (1998): Deutsche Direktinvestitionen in den USA. Determinanten und Wirkungen am Beispiel der Bundesstaaten Georgia, North Carolina und South Carolina. (= Wirtschaft & Raum Band 1).

WOMACK, JAMES P.; DANIEL T. JONES und DANIEL ROOS (1990): The Machine that changed the World. New York.

WOOLCOCK, MICHAEL (1998): Social capital and economic development: Toward a theoretical synthesis and policy framework. In: Theory and Society 27, Nr 2, S. 151-208.

WURCHE, SVEN (1994): Vertrauen und ökonomische Rationalität in kooperativen Interorganisationsbeziehungen. In: Jörg Sydow unf Arnold Windeler (Hrsg.): Management interorganisationaler Beziehungen. Vertrauen, Kontrolle und Informationstechnik. Opladen. S. 142-159.

Literatur

YAN, AIMIN AND MING ZENG (1999): International Joint Venture Instability: A Critique of Previous Research, A Reconceptualization and Directions for Future Research. In: Journal of International Business Studies 30, Nr. 2, S. 397 – 414.

YEUNG, HENRY WAI-CHUNG (1998): Transnational Economic Synergy and Business Networks: The Case of Two-way Investment Between Malaysia and Singapore. In: Regional Studies 32, Nr. 8, S. 687 - 706.

YEUNG, HENRY WAI-CHUNG (2002): Towards a Relational Economic Geography: Old Wine in New Bottles? Paper presented at the 98th Annual Meeting of the Association of American Geographers, Los Angeles, USA, 19-23 March 2002.

YEUNG, HENRY WAI-CHUNG (2001): Does Economics Matter for/in Economic Geography?. In: Antipode 33, Nr. 2, S. 168-175.

YLI-RENKO, HELENA; AUTIO, ERKKO und VESA TONTTI (2002): Social capital, knowledge and the international growth of technology-based new firms. In: International Business Review 11, S. 279-304.

ZÜNDORF, LUTZ (1994): Manager- und Expertennetzwerke in innovativen Problemverarbeitungsprozessen. In: Jörg Sydow und Arnold Windeler (Hrsg.): Management interorganisationaler Beziehungen. Vertrauen, Kontrolle und Informationstechnik. Opladen. S. 244-257.

ANHANG

FORAREA-Projektverbund

Chancen und Risiken interkultureller Kooperationen von kleinen und mittleren Unternehmen

Poolfragen der Projekte

Prof. Dr. Fricke / Löw (Universität Bayreuth)
Prof. Dr. Haas / Rehner (Universität München)
Prof. Dr. Hopfinger / Scherle (Universität Eichstätt)
Prof. Dr. Houben / Ruppert / Henkel (Universität Passau)
Prof. Dr. Kühlmann / Dr. Dolles / Schumann (Universität Bayreuth)

---

1. **In welcher Form arbeiten Sie mit Ihrem wichtigsten ausländischen Kooperationspartner zusammen?** *(Mehrfachnennung möglich)*

   - ❏ Längerfristige nicht vertragliche Geschäftsbeziehung
   - ❏ Lizenzvertrag
   - ❏ Franchising
   - ❏ Managementvertrag
   - ❏ Auftragsfertigung
   - ❏ Vertriebskooperation
   - ❏ Joint Venture   (Kapitalanteil ca..........................%)
   - ❏ Kapitalbeteiligung   (Kapitalanteil ca..........................%)
   - ❏ Strategische Allianz
   - ❏ Sonstige: _____

2. **Seit wann arbeiten Sie mit Ihrem ausländischen Kooperationspartner zusammen?**

   _____ *(Jahr angeben)*

3. **Wie kam es zu der Kooperation mit dem ausländischen Partner?** *(Mehrfachnennung möglich).*

   - ❏ Werbemittel
   - ❏ Messekontakt
   - ❏ Privater Kontakt
   - ❏ Vermittlung durch eine Institution (z.B. AHK)
   - ❏ Vermittlung durch ein drittes Unternehmen
   - ❏ Anregung oder Vorgabe eines wichtigen Kunden
   - ❏ Internet
   - ❏ Sonstige: _____

   Von welcher Seite ging die Initiative zur Kontaktaufnahme aus?

   - ❏ Deutsche Seite
   - ❏ Ausländische Seite
   - ❏ Nicht eindeutig zuordnebar

Anhang

4. (A) Welche Gründe sprachen für das Eingehen der Kooperation mit Ihrem ausländischen Partnerunternehmen gegenüber einem Alleingang? Bitte kennzeichnen Sie die nachfolgenden Gründe nach ihrer Wichtigkeit für Ihre Entscheidung zur Kooperation.

(B) In Frage (A) haben Sie mit Hilfe der Übersicht verschiedene Gründe nach deren Wichtigkeit für die Entscheidung Ihres Unternehmens zur Kooperation eingestuft. Welcher der von Ihnen angeführten Gründe war für das Eingehen der Kooperation ausschlaggebend?

(C) Inwieweit haben sich die Erwartungen Ihres Unternehmens erfüllt, die hinter den Gründen zur Kooperation stehen?

Bewertung der unter (A) genannten sehr wichtigen und wichtigen Gründe zum Eingehen der Kooperation mit Ihrem ausländischen Partnerunternehmen nach ihrem Grad der Erfüllung. Bitte tragen Sie in Spalte „Frage (B)" je nach Erfüllung folgende Symbole ein:

++	übertroffen,	+	erfüllt,
o	teilweise erfüllt,	--	nicht erfüllt.

Frage (A)						Frage (B)
Warum wurde die Partnerschaft gegenüber einem Alleingang bevorzugt?	\multicolumn{5}{c}{Wichtigkeit}	Grad der Erfüllung der Erwartungen
	Sehr wichtig	Wichtig	Weniger wichtig	Nicht wichtig	Trifft nicht zu	
Um leichter **in den Markt** zu kommen.						
Um allgemein ein stärkeres **Unternehmenswachstum** (Marktanteil, Umsatz etc.) zu erreichen.						
Weil **gesetzliche Regelungen** eine reine ausländische Unternehmung in wichtigen Bereichen benachteiligen (z.B. Importrestriktionen, „local content,-Auflagen, steuerliche Begünstigungen, Tender-Verfahren).						
Um die **Finanzierungsmöglichkeiten** zu verbessern.						
Um durch die Zusammenarbeit mit einem Partner Zugang zu **Know-How** (Technologie, Management) zu erlangen.						
Um die spezifischen Möglichkeiten des Partners auf den **lokalen Arbeits-** und **Beschaffungsmärkten** zu nutzen.						
Um das eigene **Leistungsprogramm** durch die Angebotspalette **des Partners** zu ergänzen/ erweitern.						
Um das Risiko durch **gemeinsame Risikotragung** zu mindern.						
Um allgemeine **Kostenersparnisse** durch die Kooperation mit einem Partner zu realisieren, z.B. durch Skalenerträge oder niedrigere Investitionserfordernisse.						
Weitere, für Ihr Unternehmen wichtige Gründe, die hier nicht aufgelistet sind *(bitte erläutern)*:						

Anhang

5. **Unterhalten Sie wichtige Geschäftsbeziehungen zu deutschen Unternehmen in Mexiko? Können Sie bitte die Gründe nennen, warum diese Geschäftsbeziehung für Sie eine besondere Bedeutung hat?** *(evtl. Nachfrage: Beschreiben Sie bitte kurz die Beziehung zu diesem Geschäftspartner).*

6. **In welchen Bereichen arbeiten Sie mit weiteren deutschen Unternehmen in Mexiko zusammen? Wie bedeutend ist diese Zusammenarbeit für Ihr Unternehmen?** *(Wir geben bewusst keinen Maßstab der Bedeutung, sondern wollen die Wahrnehmung des Befragten hören).*

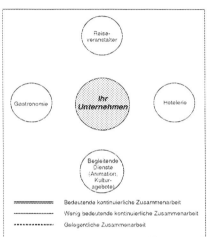

7. **Wie bedeutend sind die folgenden persönlichen Kontakte für die Unterstützung ihres geschäftlichen Erfolges in Mexiko?**

	Sehr wichtig	Wichtig	Weniger wichtig	Nicht wichtig	Trifft nicht zu
Verwandtschaftliche Beziehungen zu Mexikanern					
Persönliche Freundschaften mit Mexikanern					
Langfristige Bekanntschaften mit Mexikanern					
Gemeinsame Freizeitaktivitäten mit Geschäftspartnern					
Kontakte zu Vertretern der lokalen Verwaltung / Politik					
Persönliche Freundschaften mit Deutschen in Mexiko					
Treffen deutscher Organisationen in Mexiko					
Sonstiges_____					

Anhang

8. **(A) Welche Merkmale kennzeichnen die Zusammenarbeit mit Ihrem häufigsten Ansprechpartner in der Kooperation am besten?** Ordnen Sie bitte die folgenden Merkmalskarten in die vier Felder „vollkommen zutreffend", „teilweise zutreffend", „unzutreffend" und „ich weiß nicht".

(B) Bitte wählen Sie in der Rangfolge 1, 2 und 3 aus den von Ihnen als „vollkommen zutreffend" bezeichneten Merkmalen diejenigen drei Merkmale aus, die die Zusammenarbeit in der Kooperation am besten kennzeichnen. (Nationalität des häufigsten Ansprechpartners: _____)

Hinweis für die Einstufung:
- ++ = vollkommen zutreffend,
- + = teilweise zutreffend,
- - = unzutreffend,
- o = ich weiß nicht.

Mein häufigster Ansprechpartner....	Einstufung:	Rang:
ist für die gemeinsam zu bearbeitenden Aufgaben qualifiziert.		
akzeptiert mich als gleichberechtigten Geschäftspartner.		
ist mit mir auch persönlich befreundet.		
teilt mit mir wichtige Wertvorstellungen.		
spricht mit mir offen über Schwierigkeiten.		
teilt wechselseitige interessierende Informationen offen mit.		
hält mir gegenüber seine Zusagen ein.		
ist gegenüber Dritten verschwiegen.		
ist in seinen Handlungen vorhersehbar.		
handelt für mich verständlich.		
spricht sich in Kooperationsfragen mit mir ab.		
Sonstiges:		

9. **Was hat das Vertrauen zu Ihrem häufigsten Ansprechpartner in der Kooperation im Verlauf der Zusammenarbeit beeinflusst? Bitte beschreiben Sie einen konkreten Fall! Was haben Sie persönlich zu dieser Entwicklung beigetragen und was wurde von Ihrem häufigsten Ansprechpartner in der Kooperation zu dieser Entwicklung unternommen?** (Hinweise für Interviewer: positives oder negatives Beispiel, Zeitpunkt des Ereignisses erfragen und seine Konsequenzen in Hinblick auf die interpersonelle und interorganisationale Zusammenarbeit).

10. (A) Welche Merkmale kennzeichnen die Zusammenarbeit zwischen den kooperierenden Unternehmen am besten? Ordnen Sie bitte die folgenden Merkmalskarten in die vier Felder „vollkommen zutreffend", „teilweise zutreffend", „unzutreffend" und „ich weiß nicht".

    (B) Bitte wählen Sie in der Rangfolge 1, 2 und 3 aus den von Ihnen als „vollkommen zutreffend" bezeichneten Merkmalen diejenigen drei Merkmale aus, die die Zusammenarbeit zwischen den kooperierenden Unternehmen am besten kennzeichnen.

    Hinweis für die Einstufung: ++ = vollkommen zutreffend,
                                        + = teilweise zutreffend,
                                         - = unzutreffend,
                                         o = ich weiß nicht.

Das Partnerunternehmen....	Einstufung	Rang
ist auf unsere Produkte/Dienstleistungen angewiesen.		
ist ehrlich in finanziellen Dingen.		
ist für die gemeinsam zu bearbeitenden Aufgaben qualifiziert.		
hat einen guten Ruf.		
hat die gleichen Erwartungen in die Kooperation wie wir.		
hält uns gegenüber seine Zusagen ein.		
verfügt über transparente Unternehmensabläufe.		
trägt zusammen mit uns das Kooperationsrisiko.		
vertritt unsere Interessen gegenüber Dritten.		
Sonstiges:		

11. **Unternehmenskooperationen werfen sehr häufig Probleme auf.** (Hinweise für Interviewer: Sollte der Interviewpartner gleich unter (A) ein Beispiel bringen, dann die Frage damit fortsetzen).

    (A) In welchen Bereichen treten bei Ihnen am häufigsten Probleme in der Zusammenarbeit mit Ihrem ausländischen Partnerunternehmen auf?

    (B) Worin sehen Sie die Gründe für diese Probleme?

    (C) Wie versuchen Sie, diese Probleme zu lösen, und wie erfolgreich sind diese Lösungsstrategien?

    (D) Können Sie bitte eines dieser Probleme an einem konkreten Beispiel ausführen.

12. **Abgesehen von der Unternehmensebene treten Probleme häufig auch zwischen den Ansprechpartnern der Kooperation auf.** (Nationalität des häufigsten Ansprechpartners: _____)

    (A) Welche Probleme ergeben sich in der Zusammenarbeit mit Ihrem häufigsten Ansprechpartner in der Kooperation?

    (B) Worin sehen Sie die Gründe für diese Probleme?

    (C) Wie versuchen Sie, diese Probleme zu lösen, und wie erfolgreich sind diese Lösungsstrategien?

    (D) Können Sie bitte eines dieser Probleme an einem konkreten Beispiel ausführen.

Anhang

13. Einer der wesentlichen Aspekte einer Kooperation ist es, gemeinsam zusätzliche Umsätze und Erträge (oder Kostensenkungen) zu erwirtschaften. Es ist zwar oftmals aufgrund von Zurechnungsproblemen schwer, genaue Daten bzgl. Umsatz und Gewinn/Verlust gerade einer Kooperation abzuschätzen, aber vielleicht könnten Sie es trotzdem versuchen.

(A) In welchem Jahr wurde aus der Kooperation erstmals ein Gewinn erzielt (Break Even Point) bzw. für welches Jahr ist dies geplant?

Im Jahr _____

(B) Liegt die Umsatzrendite aus der Kooperation *(Umsatzrendite vor Steuern, Durchschnitt der letzten 5 Jahre)* mit dem ausländischen Partnerunternehmen im Vergleich zu den anderen Geschäftsaktivitäten Ihres Unternehmens (außerhalb der Kooperation):

- ☐ Über dem Durchschnitt
- ☐ Im Durchschnitt
- ☐ Unter dem Durchschnitt?

(C) Können Sie die tendenzielle Entwicklung des Umsatzes aus der Kooperation in folgendes Diagramm einzeichnen? (Stark/schwach ansteigend; gleichbleibend; stark/schwach fallend) Bitte geben Sie eine grobe Schätzung des Ausgangs- oder Endniveaus an.

(Interviewerhinweis: Bitte darauf verweisen, dass Umsatzsteigerungen, die durch Preissteigerungen hervorgerufen wurden, nicht einbezogen werden sollen; im Fall starker Preissteigerungen soll der Befragte eher an die Entwicklung des mengenmäßigen Umsatzes denken)

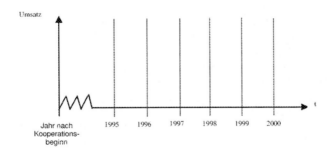

(D) Sind die Gewinne aus der Kooperation in den letzten 5 Jahren bzw. - falls Ihre Kooperation jünger ist - seit Bestehen der Kooperation:

- ☐ Stark gestiegen
- ☐ Gestiegen
- ☐ Etwa gleich geblieben
- ☐ Gefallen
- ☐ Stark gefallen
- ☐ Keine Gewinne

(E) Die Entwicklung war dabei:

- ☐ in etwa gleichbleibend
- ☐ im Zeitablauf deutlich schwankend

Wirtschaft und Raum

Eine Reihe der Münchener Universitätsschriften

Herausgegeben von

Prof. Dr. Hans-Dieter Haas
Universität München

Band 10: Norbert Schultes: **Deutsche Außenwirtschaftsförderung.** Ökonomische Analyse unter Berücksichtigung der Aktivitäten und Programme in Japan
ISBN 3-89481-452-7

Band 9: Petra Oexler: **Citylogistik-Dienste**. Präferenzanalysen bei Citylogistik-Akteuren und Bewertung eines Pilotbetriebs dargestellt am Beispiel der dienstleistungsorientierten Citylogistik Regensburg (RegLog(r))
ISBN 3-89481-450-0

Band 8: Eckhard Störmer: **Ökologieorientierte Unternehmensnetzwerke.** Regionale umweltinformationsorientierte Unternehmensnetzwerke als Ansatz für eine ökologisch nachhaltige Wirtschaftsentwicklung
ISBN 3-8316-8410-3

Band 7: Jochen Scharrer: **Internationalisierung und Länderselektion.** Eine empirische Analyse mittelständischer Unternehmen in Bayern
ISBN 3-8316-8407-3

Band 6: Romed Kelp: **Strategische Entscheidungen der europäischen LKW-Hersteller im internationalen Wettbewerb**
ISBN 3-89481-390-3

Band 5: Mathias von Tucher: **Die Rolle der Auslandsmontage in den internationalen Wertschöpfungsnetzwerken der Automobilhersteller**
ISBN 3-8316-8369-7

Band 4: Claudia Lübbert: **Qualitätsorientiertes Umweltschutzmanagement im Tourismus**
ISBN 3-89481-359-8

Band 3: Christian Michael Schwald: **Religionsgeprägte Weltkulturen in ökonomischen Theorien**
ISBN 3-89481-355-5

Band 2: Martin Heß: **Glokalisierung, industrieller Wandel und Standortstruktur – das Beispiel der EU-Schienenfahrzeugindustrie**
ISBN 3-8316-8335-2

Band 1: Till Werneck: **Deutsche Direktinvestitionen in den USA – Determinanten und Wirkungen am Beispiel der Bundesstaaten Georgia, North Carolina und South Carolina**
ISBN 3-89481-334-2

erhältlich im Buchhandel oder direkt beim Verlag: Herbert Utz Verlag GmbH, München
089-277791-00 · utz@utzverlag.de